Lohnsteuer 2023

von

Prof. Reg.-Rat Josef Hofbauer

StB Mag. (FH) Michael Krammer
Gruppenleiter Steuerpolitik und
stellvertretender Sektionschef im BMF

Mag. Michael Seebacher
Fachvorstand im Prüfdienst
für Lohnabgaben und Beiträge

Wien 2022
MANZ'sche Verlags- und Universitätsbuchhandlung

Zitiervorschlag: *Hofbauer/Krammer/Seebacher*, Lohnsteuer 2023 (2022) Rz ...

Alle Rechte, insbesondere das Recht der Vervielfältigung und Verbreitung sowie der Übersetzung, vorbehalten. Kein Teil des Werkes darf in irgendeiner Form (durch Fotokopie, Mikrofilm oder ein anderes Verfahren) ohne schriftliche Genehmigung des Verlages reproduziert oder unter Verwendung elektronischer Systeme gespeichert, verarbeitet, vervielfältigt oder verbreitet werden.

Sämtliche Angaben in diesem Buch erfolgen trotz sorgfältiger Bearbeitung ohne Gewähr; eine Haftung der Autoren sowie des Verlages ist ausgeschlossen.

ISBN 978-3-214-03937-0

Programmierung und Aufbereitung der Tabellenwerte:
CPU Informatik GmbH, Wörgl

© 2022 MANZ'sche Verlags- und Universitätsbuchhandlung GmbH, Wien
Telefon: (01) 531 61-0
E-Mail: verlag@manz.at
www.manz.at
Bildnachweis: Foto Hofbauer © Wilke, Foto Krammer © BMF,
Foto Seebacher © Foto Lamprechter,
Cover-Hintergrundbild © Bernd Ege – fotolia.com
Druck: FINIDR, s.r.o., Český Těšín

Vorwort

Das Praxishandbuch Lohnsteuer 2023 soll Ihnen auch in diesem Jahr wieder Ihre tägliche Arbeit erleichtern.

Übersichtlich aufgebaut, bietet es die Lohnarten von A bis Z gegliedert und zahlreiche Praxisbeispiele zur leichteren Verständlichkeit.

Auch im Jahr 2023 gibt – es vor allem geprägt durch die hohen Inflationsraten – zahlreiche neue Maßnahmen für die Lohnverrechnung zu berücksichtigen. Im Rahmen der Anti-Teuerungspakete wurde beispielsweise, neben der befristeten Erhöhung des Pendlerpauschales, auch die Möglichkeit einer befristeten steuer- und abgabenfreien Prämie bis zu € 3.000,– geschaffen. Auch der Steuertarif bringt zahlreiche Neuerungen mit sich. Neben der Steuersatzsenkung von 42% auf 40% sorgt die Abschaffung der kalten Progression für eine Valorisierung von Tarifgrenzen und Absetzbeträgen. Aufgrund der weiteren Ökologisierung des Steuerrechts wurden Änderungen beim Anspruch auf Pendlerpauschale in Kombination mit einem steuerfreien Öffi-Ticket sowie die Möglichkeit von steuerfreien Zuschüssen im Rahmen von „Carsharing" beschlossen. Zudem wurde aufgrund einer Entscheidung des EuGH die Indexierung des Familienbonus Plus (und anderer steuerlicher Absetzbeträge) für Kinder im Ausland aufgehoben. Zusätzlich wurde natürlich die aktuelle Judikatur eingearbeitet. Berücksichtigt wurde außerdem ganz aktuell der neue Lohnsteuerrichtlinien-Wartungserlass 2022 (Begutachtungsentwurf) sowie die Änderung der Sachbezugswerteverordnung (Begutachtungsentwurf). Zur besseren Übersicht der Änderungen wurde am Beginn des Textteiles eine Auflistung der Änderungen eingefügt.

Der Tabellenteil beinhaltet wie gewohnt sämtliche Lohnsteuer- und Sozialversicherungstabellen für Ihre Lohnverrechnung. Die neuen Lohnsteuertabellen sind auch unter rdb.at/lohnsteuer abrufbar.

Der gesamte Inhalt des Werks inklusive Tabellen steht unter rdb.at/lohnsteuer jederzeit zur Verfügung. Ihren persönlichen Zugangscode finden Sie auf dem Aufkleber auf der Innenseite des Buchumschlags.

Weiters möchten wir es nicht versäumen, Herrn Ing. Mag. *Ernst Patka*, Geschäftsführer der Kanzlei Mag. Ernst Patka, den Mitarbeitern vom Dienstgeberportal der ÖGK und Herrn *Walter Fellner*, ehemaliger Mitarbeiter der ÖGK, Dienststelle Niederösterreich, für die immerwährende Unterstützung recht herzlich zu danken.

Wien, im November 2022

Prof. Reg.-Rat *Josef Hofbauer*
Mag. (FH) *Michael Krammer*
Mag. *Michael Seebacher*

Inhaltsverzeichnis

Vorwort		III
Abkürzungen		XXI
Wichtige Neuerungen auf einen Blick		XXV
1.	**Abfertigungen**	1
	1.1 Gesetzliche und kollektivvertragliche Abfertigungen	1
	1.2 Anrechenbare Zeiten	3
	1.3 Nicht anrechenbare Zeiten	3
	1.4 Höhe der Abfertigung	4
	1.5 Berechnung der Abfertigung	4
	1.6 Begriff „letzter" Monat („letzter laufender Bezug")	5
	1.7 Fälligkeit der Abfertigung	7
	1.8 Abgabenrechtliche Behandlung der Abfertigung	7
	1.9 Abfertigung neu	10
	1.10 Abfertigungen von Witwer- oder Witwenpensionen (§ 67 Abs 4 EStG)	11
	1.11 Freiwillige Abfertigung (§ 67 Abs 6 EStG)	11
2.	**Abfuhr der Lohnsteuer (§ 79 EStG)**	19
3.	**Abgangsentschädigung**	20
4.	**Abgeordnete zum Europäischen Parlament**	20
5.	**Abschlussprämien (Provision)**	20
6.	**Absetzbeträge**	21
7.	**Abtretung von Pensionsansprüchen**	21
8.	**Alimente an die geschiedene Ehegattin**	21
9.	**Alleinerzieherabsetzbetrag**	22
10.	**Alleinverdienerabsetzbetrag**	22
11.	**Alleinerzieher- und Alleinverdienerabsetzbetrag/Unterhaltsabsetzbetrag – Indexierung für Kinder im Ausland**	23
12.	**All-In-Vertrag**	24
13.	**Alter des Arbeitnehmers**	24
	13.1 Bonus-Altfälle	25
	13.2 Entfall Arbeitslosenversicherungsbeitrag	25
	13.3 Insolvenzentgeltsicherungsbeitrag	25
14.	**Altersteilzeit**	25
15.	**Amtsbescheinigungen und Opferausweise (§ 105 EStG)**	29
16.	**Anmeldung des Arbeitnehmers (§ 128 EStG)**	29
	16.1 Anmeldung Sozialversicherung	29
	16.2 Anmeldung fallweise beschäftigter Personen	30
17.	**Arbeitnehmer, Arbeitgeber (§ 47 EStG)**	30
18.	**Arbeitsessen**	31

Inhaltsverzeichnis

19.	Arbeitskleidung (§ 26 Z 1 EStG)	32
20.	Arbeitslohn (§ 25 EStG)	33
21.	Arbeitslosengeld, Notstandshilfe	35
22.	Arbeitslosenversicherungsbeitrag	35
23.	Arbeitsschutzkleidung	36
24.	Arbeitsvergütungen und Geldbelohnungen gemäß §§ 51–55 StVG (§ 3 Abs 1 Z 31 EStG)	37
25.	Arbeitsverhältnis zwischen Verwandten	37
26.	Aufrollung der Lohnzahlungszeiträume (§ 77 Abs 3 EStG)	37
27.	Aufwendungen für Kraftfahrzeuge als Arbeitsmittel (§ 16 Abs 1 Z 7 EStG)	38
28.	Ausbildungskosten	39
29.	Ausgleichstaxe	40
30.	Aushilfskräfte	41
31.	Auskunftspflicht der Behörde (§ 90 EStG; § 43a ASVG)	41
32.	Auslagenersatz (§ 26 Z 2 EStG; § 49 Abs 3 Z 1 ASVG)	41
33.	Auslandseinkünfte inländischer Arbeitnehmer (§ 3 Abs 1 Z 10 EStG)	42
	33.1 Steuerliche Begünstigung	42
	33.2 Begünstigte Tätigkeiten	43
	33.3 Dauer der Entsendung	43
	33.4 Erschwerende Umstände	45
	33.5 Verlust der Steuerfreiheit	46
	33.6 Lohnverrechnung	47
	33.7 Ausstellen des Lohnzettels	47
34.	Außergewöhnliche Belastungen (§ 34 EStG)	48
35.	Autorenhonorare	53
36.	Bauarbeiter-Urlaubs- und Abfertigungsgesetz	53
37.	Bausparen	53
38.	Beförderung der Dienstnehmer bei Beförderungsunternehmen	54
39.	Begräbniskosten	54
	39.1 Begräbniskostenzuschuss (§ 3 Abs 1 Z 19 EStG; § 49 Abs 3 Z 11 lit c ASVG)	54
40.	Begünstigte Auslandstätigkeit (§ 3 Abs 1 Z 10 EStG)	55
41.	Behinderte (§ 35 EStG)	55
	41.1 Behinderung und Lohnverrechnung	58
42.	Beitragsgrundlage der Sozialversicherung (§ 49 Abs 1 ASVG)	59
43.	Bemessung der Lohnsteuer bei sonstigen Bezügen (§ 67 EStG)	59
44.	Benützung von Einrichtungen und Anlagen sowie Gesundheitsförderungen (§ 3 Abs 1 Z 13 lit a EStG)	59
45.	Berechnung der Lohnsteuer (§ 66 EStG)	61
	45.1 Effektivtabellen	61
	45.2 Anwendung der Effektivtabellen	63
	45.3 Neuerungen aufgrund des ökosozialen Steuerreformgesetzes 2022 und des Teuerungs-Entlastungspakets Teil II	64
46.	Berücksichtigung besonderer Verhältnisse (§ 62 EStG)	65

Inhaltsverzeichnis

47.	Berücksichtigung des Freibetragsbescheids (§ 64 EStG)	66
48.	Beruflich veranlasste Reise (§ 16 EStG)	66
49.	Berufskleidung	66
50.	Berufsverbände (§ 16 Abs 1 Z 3 EStG)	66
51.	Beschränkt Steuerpflichtige (§ 70 EStG)	67
52.	Beteiligungen am Betrieb – unentgeltliche oder verbilligte Abgabe an Arbeitnehmer (§ 3 Abs 1 Z 15 lit b EStG; § 49 Abs 3 Z 18 lit c ASVG)	69
53.	Betriebliche Mitarbeiter- und Selbständigenvorsorge	71
53.1	Höhe des Beitrags – Beginn der Beitragspflicht	72
53.2	Ende der Beitragsleistung	73
53.3	Bemessungsgrundlage	73
53.4	Bemessungsgrundlage in Sonderfällen (§ 6 Abs 4 BMSVG)	73
53.5	Keine Beitragspflicht	76
53.6	Beitragsentrichtung	76
53.7	Steuerliche Auswirkung	76
54.	Betriebshilfe	78
55.	Betriebsratsumlagen (§ 16 Abs 1 Z 3 EStG)	78
56.	Betriebsstätte (§ 81 EStG)	78
57.	Betriebsurlaub	81
58.	Betriebsveranstaltungen (§ 3 Abs 1 Z 14 EStG; § 49 Abs 3 Z 17 ASVG)	81
59.	Betrugsbekämpfung	82
59.1	Nettolohnvereinbarung bei illegaler Beschäftigung (§ 62a EStG)	82
59.2	Nettolohnvereinbarung bei wissentlicher Unterlassung des Lohnsteuerabzuges	83
59.3	Keine Barzahlung für Dienstnehmer bei Bauleistungen	83
60.	Bezugsumwandlung zu Gunsten Elektro-Kfz/-Fahrrad	84
61.	Bilanzgeld	86
62.	Bildungskarenz	87
63.	Bildungsteilzeit	88
64.	Blindenbeihilfe (§ 3 Abs 1 Z 3 lit a EStG)	89
65.	Bonusmeilen	89
66.	Bundesfinanzgericht	89
67.	Bücher, Zeitungen	90
68.	Darlehen des Arbeitgebers (§ 3 Abs 1 Z 20 EStG; § 15 EStG; § 49 ASVG)	90
69.	Dienstgeberbeitrag zum Ausgleichsfonds für Familienbeihilfe	90
69.1	Beitragspflicht	90
69.2	Beitragsgrundlage	91
69.3	Beitragsfreie Bezüge	92
70.	Dienstleistungsscheck	94
71.	Dienstverhältnis	95
72.	Dienstverhältnis zwischen nahen Angehörigen	96
73.	Dienstwohnung	96
73.1	Dienstwohnung für Arbeitnehmer in der Landwirtschaft	96
74.	Doppelte Haushaltsführung	96

Inhaltsverzeichnis

75.	Durchlaufende Gelder (§ 26 Z 2 EStG)	98
76.	E-Card-Gebühr	98
77.	Einbehaltung der Lohnsteuer (§ 78 EStG)	99
78.	Einkommen (§ 2 EStG)	100
79.	Einkünfte von dritter Seite	100
80.	Einmalprämien	102
81.	Einschleifregel (§ 77 Abs 4 EStG)	104
82.	Entgelt in der Sozialversicherung	105
83.	Entschädigung für Verdienstentgang	106
84.	Entschädigung im Zusammenhang mit der Stornierung eines Urlaubs	106
85.	Entschädigung nach dem Gleichbehandlungsgesetz	107
86.	Entschädigung nach dem Epidemiegesetz	108
87.	Entstehung der Lohnsteuerschuld	108
88.	Entwicklungshelfer (§ 3 Abs 1 Z 11 lit b EStG)	109
89.	Erhöhter Pensionistenabsetzbetrag (§ 33 Abs 6 EStG)	109
90.	Ersatzleistung für Urlaub	110
91.	Erschwerniszulage	110
92.	Essensbons (§ 3 Abs 1 Z 17 EStG)	110
93.	Expatriates	110
94.	Fahrten zwischen Wohnung und Arbeitsstätte (§ 16 Abs 1 Z 6 EStG)	110
95.	Fälligkeit der Lohnsteuer (§ 79 EStG)	110
96.	Fälligkeit der Sozialversicherung	111
97.	Fälligkeit von DB, DZ und KommSt	111
98.	Fallweise Beschäftigte	111
99.	Familienbeihilfen	111
	99.1 Zusammenstellung – Familienbeihilfe	112
100.	Familienbonus Plus	113
	100.1 Ausgestaltung des Absetzbetrages	113
	100.2 Höhe des Anspruches	115
	100.3 Indexierung des Familienbonus Plus für Kinder im Ausland	115
	100.4 Anspruchsberechtigte	115
	100.5 Kindermehrbetrag für Geringverdiener	119
	100.6 Familienbonus Plus bei beschränkt Steuerpflichtigen	120
	100.7 Monatslohnzettel	120
	100.8 Berücksichtigung des Familienbonus Plus im Rahmen der Lohnverrechnung	120
	100.9 Haftung des Arbeitgebers	121
	100.10 Behandlung des Familienbonus Plus im Rahmen der Veranlagung	122
101.	Familienheimfahrten	124
	101.1 Familienheimfahrten, die vom Arbeitgeber getragen werden	124
102.	Familienhospizkarenz (§ 14a und § 14b AVRAG)	125
103.	Familienwohnsitz	126
104.	Familienzeitbonus	127

Inhaltsverzeichnis

105.	Fehlgeld	128
106.	Feiertagsentlohnung	128
	106.1 Feiertagsentgelt	128
	106.2 Feiertagsarbeitsentgelt	130
	106.3 Feiertagsüberstunden	131
107.	Ferialpraktikanten	132
	107.1 Ferialpraktikant ohne Taschengeld	133
	107.2 Ferialpraktikant mit Taschengeld	133
	107.3 Sonderfall – Praktikanten aus Hochschulstudien	133
	107.4 Sonderfall – Praktikanten im Hotel- und Gastgewerbe	134
	107.5 Ausländische Ferialpraktikanten	134
108.	Finanzverwaltung – Neustrukturierung	134
109.	Firmen-Pkw – Sachbezug für Privatnutzung	135
110.	Folgeprovisionen	135
111.	Formel 7	136
112.	Fortbildungskosten	136
113.	Freibetrag für sonstige Bezüge	137
114.	Freibetragsbescheid (§ 63 EStG)	137
115.	Freie oder verbilligte Abgabe von Getränken (§ 3 Abs 1 Z 18 EStG; § 49 Abs 3 Z 13 ASVG)	138
116.	Freie oder verbilligte Beförderung (§ 26 Z 5 EStG; § 49 Abs 3 Z 20 ASVG)	139
117.	Freie oder verbilligte Mahlzeiten (§ 3 Abs 1 Z 17 EStG; § 49 Abs 3 Z 12 ASVG)	139
118.	Freier oder verbilligter Haustrunk	142
119.	Freigestellte Mitglieder des Betriebsrates und Personalvertreter (§ 68 Abs 7 EStG; § 49 Abs 3 Z 21 ASVG)	142
	119.1 Reisekosten	143
120.	Freiwillige Abfertigung	143
121.	Freiwillige Beiträge zu einer inländischen gesetzlichen Krankenversicherung	143
122.	Freiwillige soziale Zuwendungen (§ 3 Abs 1 Z 16 EStG; § 49 Abs 3 Z 11 ASVG)	144
123.	Gefahrenzulage	145
124.	Geldstrafen – Geldbußen	145
125.	Gemeinsame Auszahlung von verschiedenen Pensionen (§ 47 Abs 3 – 5 EStG)	146
126.	Geringfügig beschäftigte Arbeitnehmer	147
127.	Geschäftsführer	149
	127.1 Geschäftsführer (Fremdgeschäftsführer) bzw Gesellschafter-Geschäftsführer mit einer Beteiligung von maximal 25% (nicht wesentlich beteiligter Gesellschafter-Geschäftsführer)	150
	127.2 Gesellschafter-Geschäftsführer mit einer Beteiligung von mehr als 25%	152
128.	Gewinnbeteiligung	156
129.	Gleitzeitguthaben	160
130.	Gratifikationen	162
131.	Grenzbetragsermittlung für den Alleinverdienerabsetzbetrag	162
132.	Grenzgänger	163

Inhaltsverzeichnis

133. Grenzgänger und Doppelbesteuerungsabkommen	165
134. Gruppenmerkmal	166
135. Haftung (§ 82 EStG; § 67 ASVG)	167
136. Heiratsbeihilfe	169
137. Hochrechnung steuerfreier Bezugsteile bei der Veranlagung (besonderer Progressionsvorbehalt)	169
138. Homeoffice	169
138.1 Steuerfreie bzw nichtsteuerbare Leistungen des Arbeitgebers	169
138.2 Lohnkonto und Lohnzettel	171
138.3 Pendlerpauschale	171
138.4 Werbungskosten	171
139. Impfungen	175
140. Incentive-Reisen	176
141. Insolvenz-Entgelt (§ 69 Abs 6 EStG)	176
142. Insolvenzentgeltsicherungsbeitrag (IE)	177
143. Internatskosten	177
144. Jahreskarte	178
145. Jahresnetzkarte	178
146. Jobticket	178
147. Jubiläumsgelder	178
147.1 Jubiläumsgeld als freiwillige Abfertigung	180
148. Kalte Progression	180
149. Kammerumlagen und Pflichtbeiträge zu Versorgungseinrichtungen der Ärztekammer	182
150. Kammerumlage 2	182
151. Karenzentschädigung	182
152. Kilometergelder bei Benutzung eines eigenen Kfz	182
153. Kinderbetreuungsgeld (§ 3 Abs 1 Z 5 lit c EStG)	183
154. Kinderbetreuungskosten (§ 34 Abs 9 EStG)	184
155. Kinderfreibetrag (§ 106a EStG)	184
156. Kirchenbeiträge	184
157. Kommunalsteuer – Prüfung	185
158. Konkurrenzklausel	187
159. Kontoführungskosten für eigene Mitarbeiter	188
160. Konventionalstrafe	188
161. Krankenentgelt	190
161.1 Zeitpunkt der Lohnzettelübermittlung bei Krankenentgelt	190
162. Krankengeld (§ 69 Abs 2 EStG)	192
162.1 Krankengeldzuschüsse	192
163. Kundenbindungsprogramme	193
164. Kündigungsentschädigungen	193

Inhaltsverzeichnis

165. Künstliche Befruchtung	197
166. Kurzarbeit – COVID-19-Kurzarbeit	197
167. Kurzarbeitsbeihilfe – Prüfung (§§ 12 ff CFPG)	203
168. Laufende Bezüge	203
169. Lehrbeauftragte	204
170. Lehrlinge	206
171. Lohnabrechnung („Monatslohnzettel")	208
172. Lohnbescheinigung (§ 84 a EStG)	208
173. Lohnfortzahlung im Krankheitsfall	208
173.1 Entgeltfortzahlung im Krankheitsfall für Arbeiter und Angestellte	209
173.2 Entgeltfortzahlung im Krankheitsfall für Lehrlinge	211
173.3 Feiertag – Krankenstand	212
174. Lohnfortzahlung im Katastrophenfall	213
175. Lohnkonto (§ 76 EStG)	214
175.1 Allgemeines	214
175.2 Lohnkontenverordnung	215
176. Lohnsteuerabzug (§ 47 Abs 1 EStG)	216
177. Lohnsteueranmeldung (§ 80 EStG)	218
178. Lohnsteuerprüfung – PLB (§ 86 EStG)	219
179. Lohnsteuertarif (§ 66 EStG)	222
179.1 Bruttobezüge – Bemessungsgrundlage (§ 62 EStG)	222
179.2 Berücksichtigung besonderer Verhältnisse (§ 62 EStG)	223
180. Lohn- und Sozialdumping	224
181. Lohnzahlungszeitraum (§ 77 EStG)	227
182. Lohnzettel (§ 84 EStG)	228
182.1 Inhalt des Lohnzettels	229
183. Lohnzettelarten	230
183.1 Rechtsgrundlage für Lohnzettelarten	231
184. Mankogeld	231
185. Mehrarbeitszeit	231
186. Mitarbeiterbeteiligung (§ 3 Abs 1 Z 15 a EStG)	232
187. Mitarbeiterbeteiligungsstiftung (§ 3 Abs 1 Z 15 c und Z 15 d EStG)	232
188. Mitarbeiterrabatte	234
189. Mittagsbetreuung in Pflichtschulen durch den Schulerhalter (§ 25 Abs 1 Z 1 lit a EStG)	237
190. Mitversicherung in der Sozialversicherung	237
191. Montagezulage	238
192. Nachtschwerarbeitsbeitrag (NB)	238
193. Nachzahlungen in einem Insolvenzverfahren	238
194. Nachzahlungen und nachträgliche Zahlungen von Arbeitslohn (§ 67 Abs 8 lit c EStG)	239
194.1 Nachzahlungen für das abgelaufene Kalenderjahr bis 15. 2. des Folgejahres	239

Inhaltsverzeichnis

194.2	Nachzahlungen für abgelaufene Kalenderjahre ohne willkürliche Verschiebung des Auszahlungszeitpunktes	240
194.3	Nachzahlungen für abgelaufene Kalenderjahre bei willkürlicher Verschiebung des Auszahlungszeitpunktes	240
194.4	Nachzahlungen für das laufende Kalenderjahr	240
194.5	Nachzahlungen im Zusammenhang mit der Altersteilzeit	240
194.6	Nachzahlungen im Zusammenhang mit dem LSD-BG	241

195. Nettolohnvereinbarung ... 242
196. Neugründungs-Förderungsgesetz ... 242
197. Ordensangehörige ... 243
198. Öffi-Ticket ... 244
199. Partnerschaftsbonus ... 244
200. Pauschalierung von Lohnsteuer (§ 69 EStG) ... 244
201. Pauschalierung von Lohnsteuernachforderungen (§ 86 Abs 2 EStG) ... 245
202. Pendlerpauschale (§ 16 Abs 1 Z 6 EStG) ... 246

202.1	Allgemeines	246
202.2	Pendlerpauschale	246
202.3	Kleines Pendlerpauschale	247
202.4	Großes Pendlerpauschale	248
202.5	Berechnung der Entfernung	250
202.6	Teilstrecken	250
202.7	Mehrfacher Wohnsitz	250
202.8	Wechselschicht	250
202.9	Gleitzeit	251
202.10	Pendlerrechner	251
202.11	Pendlerverordnung	252
202.12	Pendlerpauschale bei mehreren Mittelpunkten der Tätigkeit	252
202.13	Vorliegen von mehreren Dienstverhältnissen	253
202.14	Pendlereuro	253
202.15	Antragstellung (Pendlerpauschale/Pendlereuro) und Haftung	254
202.16	Pendlerpauschale bei mehreren Dienstverhältnissen	255
202.17	Pendlerpauschale und Veranlagung	255
202.18	Pendlerpauschale und Pendlereuro – befristete Erhöhung von Mai 2022 bis Juni 2023	255
202.19	Erhöhter Verkehrsabsetzbetrag	257
202.20	Kundenbesuche auf der Strecke Wohnung – Arbeitsstätte	258
202.21	Lehrlingsfreifahrt – Pendlerpauschale	258
202.22	Firmenauto	258
202.23	Werkverkehr (§ 26 Z 5 lit a EStG)	258
202.24	Werkverkehr und Kostenbeiträge des Arbeitnehmers (§ 26 Z 5 lit a EStG; § 16 Abs 1 Z 6 lit i EStG)	259
202.25	Zurverfügungstellung einer Wochen-, Monats- oder Jahreskarte (Öffi-Ticket) oder Kostenbeiträge des Arbeitgebers (§ 26 Z 5 lit b EStG)	260
202.26	Pendlerpauschale bei Zurverfügungstellung einer Wochen-, Monats- oder Jahreskarte (Öffi-Ticket) oder Kostenbeiträge des Arbeitgebers (§ 26 Z 5 lit b EStG; § 16 Abs 1 Z 6 lit i EStG)	262
202.27	Gemeinsame Regelungen betreffend Werkverkehr und Öffi-Ticket	262

Inhaltsverzeichnis

	202.28 Fahrten Wohnung – Arbeitsstätte, die vom Arbeitgeber ersetzt werden (§ 26 Z 4 lit a EStG)	263
203.	**Pensionistenabsetzbetrag (§ 33 Abs 6 EStG)**	**265**
204.	**Pensionsabfindungen (§ 67 Abs 8 lit e EStG)**	**265**
	204.1 Anspruchsvoraussetzungen	265
	204.2 Besteuerung nach Tarif (§ 67 Abs 10 EStG)	266
	204.3 Auszahlungszeitpunkt	266
	204.4 Übertragung in Pensionskasse	266
	204.5 Auszahlung in Teilbeträgen	266
	204.6 Dreijahresverteilung	267
	204.7 Abfindung von Pensionen durch inländische Pensionskassen	267
205.	**Pensionsbezüge aus der gesetzlichen Sozialversicherung**	**268**
206.	**Pensionsbonus**	**268**
207.	**Pensionskassenbeiträge**	**269**
208.	**Pflegefreistellung**	**270**
	208.1 Anspruch (§ 16 Abs 1 UrlG)	270
	208.2 Notwendige Pflege	270
	208.3 Nahe Angehörige	271
	208.4 Begleitfreistellung	271
	208.5 Nachweis	272
	208.6 Regelmäßige wöchentliche Arbeitszeit	272
	208.7 Erweiterter Pflegefreistellungsanspruch (§ 16 Abs 2 UrlG)	272
	208.8 Unterbrechung eines vereinbarten Urlaubs	273
	208.9 Entgeltfortzahlungsanspruch	273
209.	**Pflegegeld**	**273**
210.	**Pflegekarenz (§ 14 c AVRAG)**	**273**
	210.1 Voraussetzungen (§ 14 c Abs 1 AVRAG)	273
	210.2 Nahe Angehörige	275
	210.3 Arbeitsrechtliche Ansprüche	275
	210.4 Rechtsanspruch auf Pflegekarenz	276
	210.5 Pflegekarenzgeld	276
211.	**Pflegeteilzeit (§ 14 d AVRAG)**	**276**
	211.1 Voraussetzungen (§ 14 c Abs 1 AVRAG)	276
	211.2 Arbeitsrechtliche Ansprüche	278
	211.3 Pflegekarenzgeld	279
	211.4 Rechtsanspruch auf Pflegeteilzeit	279
212.	**Pflegetätigkeit**	**279**
213.	**Pflichtbeiträge**	**279**
214.	**Pflichtveranlagung (§ 41 Abs 1 EStG)**	**280**
	214.1 Pflichtveranlagung unbeschränkt Steuerpflichtiger	280
	214.2 Pflichtveranlagung beschränkt Steuerpflichtiger	281
215.	**Poolschwestern**	**282**
216.	**Postensuchtage**	**282**
217.	**Prämien**	**283**
218.	**Prämien für Diensterfindungen**	**283**

Inhaltsverzeichnis

- 219. Prämien für Verbesserungsvorschläge ... 284
- 220. Prämienbegünstigte Pensionsvorsorge (§ 108 a EStG) ... 285
- 221. Prämienbegünstigte Zukunftsvorsorge (§§ 108 g – 108 i EStG) ... 286
  - 221.1 Verhältnis zu Sonderausgaben und Zukunftssicherung gemäß § 3 Abs 1 Z 15 lit a EStG ... 287
- 222. Provisionen (§ 25 EStG) ... 287
- 223. Prozesskosten (Anwalts- und Gerichtskosten) ... 288
- 224. Prüfdienst für Lohnabgaben und Beiträge (PLB) ... 289
- 225. Rechtssicherheit bei der Abgrenzung von selbständiger und unselbständiger Tätigkeit ... 289
  - 225.1 Versicherungszuordnung aufgrund der Anmeldung zur Pflichtversicherung ... 289
  - 225.2 Versicherungszuordnung im Rahmen einer PLB – Prüfung lohnabhängiger Abgaben und Beiträge ... 290
  - 225.3 Versicherungszuordnung auf Antrag ... 290
  - 225.4 Bindungswirkung der Versicherungszuordnung für die steuerliche Qualifikation der Einkünfte ... 291
  - 225.5 Überrechnung entrichteter Beiträge bei Umqualifizierung ... 291
  - 225.6 Inkrafttreten ... 291
- 226. Regelbedarfsätze ... 291
- 227. Regionaler Klimabonus ... 292
- 228. Rehabilitationsgeld (§ 143 a ASVG) ... 292
- 229. Reinigung typischer Berufskleidung ... 292
- 230. Reisekosten ... 293
  - 230.1 Allgemeines ... 293
  - 230.2 Funktionaler Arbeitsplatz ... 294
  - 230.3 Fahrtkostensätze gemäß § 26 Z 4 lit a EStG ... 294
  - 230.4 Tages- und Nächtigungsgelder nach § 26 Z 4 EStG ... 302
  - 230.5 Nächtigungsgelder ... 305
  - 230.6 Dienstreise in Kombination mit Vor-/Zwischen-/Danach-Privataufenthalt ... 323
  - 230.7 Pauschale Reisekosten für Sportler ... 324
  - 230.8 Reisekosten für Mitglieder des Betriebsrats und Personalvertreter ... 325
  - 230.9 Werbungskosten bei beruflich veranlassten Reisen – Abgrenzung zu Fahrten Wohnung – Arbeitsstätte ... 326
- 231. Renten aus der Unfallversicherung, nach dem Kriegsopferversorgungsgesetz und dem Opferfürsorgegesetz ... 326
- 232. Repräsentationskosten (§ 20 Abs 1 Z 3 EStG) ... 327
- 233. Rückzahlung von Arbeitslohn (§ 16 Abs 2 EStG) ... 327
- 234. Rückzahlung von Pflichtbeiträgen (§ 69 Abs 5 EStG) ... 328
- 235. Sachbezüge (§ 15 EStG; § 49 Abs 1 ASVG) ... 328
  - 235.1 Firmenauto, Firmenfahrrad, Firmenmotorrad (§ 4 bis § 4b SachbezugswerteV) ... 330
  - 235.2 Privatnutzung eines arbeitgebereigenen Kfz-Abstell- oder Garagenplatzes (§ 4a SachbezugswerteV) ... 344
  - 235.3 Dienstwohnung ... 345
  - 235.4 Wohnraum für Arbeitnehmer in der Land- und Forstwirtschaft ... 354
  - 235.5 Bonusmeilen ... 354

Inhaltsverzeichnis

    235.6   Freie Station (§ 1 SachbezugswerteV) 355
    235.7   Zinsenersparnisse bei zinsverbilligten oder unverzinslichen Arbeitgeberdarlehen und Gehaltsvorschüssen (§ 3 Abs 1 Z 20 EStG iVm § 5 SachbezugswerteV) 356
    235.8   Kostenlos oder verbilligt abgegebene Optionen (§ 7 SachbezugswerteV) 357
    235.9   Unentgeltliche Kontoführung 358
    235.10 Personalrabatte 358
    235.11 Incentive-Reisen 358
    235.12 Aliquotierung des Sachbezugswerts (LStR Rz 175) 359
    235.13 Sachbezüge nach Ende des Dienstverhältnisses und bei Karenzen 360

236. Sachzuwendungen 360

237. Schadenersatzleistungen 360

238. Schlechtwetterentschädigungsbeitrag 361

239. Schmutz-, Erschwernis- und Gefahrenzulagen (§ 68 EStG) 361

240. Service-Entgelt 364

241. Soldaten – Steuerbefreiung (§ 3 Z 22 a und b EStG) 365

242. Solidarabgabe 365

243. Sonderausgaben (§ 18 EStG) 365
    243.1   Uneingeschränkter Sonderausgabenabzug 365

244. Sonstige Bezüge (§ 67 EStG; § 49 Abs 2 ASVG) 368
    244.1   Arbeitsrechtliche Bestimmungen 368
    244.2   Fälligkeit der Sonderzahlung 368
    244.3   Höhe der Sonderzahlung 369
    244.4   Wechsel der Beschäftigung 370
    244.5   Aliquotierung der Sonderzahlungen 371
    244.6   Aliquotierung bei Beendigung des Lehrverhältnisses 371
    244.7   Aliquotierung Präsenz-, Zivil- oder Ausbildungsdienst und Mutterschutz 372
    244.8   Nachverrechnung von Sonderzahlungen 373
    244.9   Kürzung der Sonderzahlungen bei entgeltfreien Zeiten 373
    244.10 Sonderzahlung bei Austritt des Arbeitnehmers 373
    244.11 Freiwillig gewährte Sonderzahlungen (Gewohnheitsrecht) 374
    244.12 Abgabenmäßige Behandlung 374
    244.13 Maximales Jahressechstel und Aufrollungsverpflichtung des Arbeitgebers (Kontrollsechstel) 382
    244.14 Sonstige Bezüge bei Grenzgängern 387
    244.15 Sechsteloptimierung – Formel 7 388

245. Sozialpläne 399
    245.1   Abgabenrechtliche Behandlung von Sozialplanzahlungen 399

246. Sozialversicherungsbeiträge von sonstigen Bezügen (§ 67 EStG) 405

247. Sozialversicherungsprüfung (§ 41a ASVG) 405

248. Spenden (§ 4a EStG) 405

249. Sportlerbegünstigung 406

250. Sprachkurse 407

251. Steuererklärungspflicht (§ 42 EStG) 408
    251.1   Steuererklärungspflicht für unbeschränkt Steuerpflichtige 408
    251.2   Steuererklärungspflicht für beschränkt Steuerpflichtige 408

Inhaltsverzeichnis

252.	Steuerschuldner (§ 83 EStG)	409
253.	Stipendien	409
254.	Stockablösen eines Versicherungsvertreters	412
255.	SV-Rückerstattung	412
256.	Tagesmütter	414
257.	Tantiemen als Arbeitslohn	415
258.	Teilnahme an Betriebsveranstaltungen (§ 3 Abs 1 Z 14 EStG)	415
259.	Teilpension	415
260.	Teuerungsprämie	416
261.	**Tod eines Dienstnehmers**	**418**
	261.1 Allgemein	418
	261.2 Sterbegelder – Todesfallbeiträge	418
	261.3 Gesetzliche Abfertigung	419
	261.4 Weiterzahlung von Bezügen des verstorbenen Arbeitnehmers bis Monatsende	419
	261.5 Bezüge aufgrund von Sonderverträgen an Rechtsnachfolger	419
	261.6 Arbeitnehmerveranlagung eines Verstorbenen	419
262.	Trinkgelder	420
263.	**Übernommene Dienstnehmeranteile zur Sozialversicherung**	**422**
	263.1 Übernahme im Zusammenhang mit Sachbezügen	422
	263.2 Übernahme im Zusammenhang mit Schlechtwetterentschädigung	422
	263.3 Übernahme im Zusammenhang mit einer Altersteilzeitvereinbarung	423
	263.4 Übernahme im Zusammenhang mit einer PLB	423
	263.5 Übernahme bei Vorständen	423
	263.6 Übernahme bei Kurzarbeitsunterstützungen	423
	263.7 Werbungskosten im Zusammenhang mit übernommenen Sozialversicherungsbeiträgen	424
264.	**Überstundenzuschläge (§ 68 EStG)**	**424**
	264.1 Überstunden bei Teilzeitbeschäftigten	425
	264.2 Mehrarbeitszuschläge bei teilzeitbeschäftigten Arbeitnehmern	426
	264.3 Herausschälen von Überstundenzuschlägen gemäß § 68 Abs 2 EStG	426
	264.4 Nachtarbeit	427
	264.5 Herausschälen von Zuschlägen für Sonntags-, Feiertags- und Nachtarbeit	428
	264.6 Überstundenpauschalen	428
	264.7 Gleitzeitguthaben	429
	264.8 Zulagen und Zuschläge im regelmäßigen Entgelt	429
265.	Überwälzung der Lohnsteuer	430
266.	Umschulungsmaßnahmen	430
267.	Umzugskosten, Übersiedlungskosten (§ 26 Z 6 EStG; § 49 Abs 3 Z 4 ASVG)	431
268.	Unentgeltliche Kontoführung	433
269.	Unregelmäßigkeiten bei der Abfuhr (§ 79 EStG)	433
270.	Unterhaltsabsetzbetrag	433
271.	**Urlaubsentgelt gemäß § 8 BUAG**	**434**
	271.1 Auszahlung durch den Arbeitgeber	435
	271.2 Auszahlung durch die BUAK	435

Inhaltsverzeichnis

272. Urlaubsersatzleistung – Postensuchtage (§ 67 Abs 8 lit d EStG) 437
    272.1 Abgeltung des nicht verbrauchten Urlaubs in Form einer freiwilligen Abfertigung 438
    272.2 Abgeltung von Urlaubstagen im Rahmen eines Vergleichs 438
    272.3 Postensuchtage 439
    272.4 Urlaubsablöse bei aufrechtem Dienstverhältnis 439
273. Veränderliche Werte in der Sozialversicherung 440
274. Veranlagung von lohnsteuerpflichtigen Einkünften (§ 41 EStG) 441
    274.1 Pflichtveranlagung 441
    274.2 Antragsveranlagung 442
    274.3 Automatische Veranlagung 442
    274.4 Allgemeine Bestimmungen zur Veranlagung 442
275. Veranlagung von unbeschränkt steuerpflichtigen Arbeitnehmern 443
276. Vereinsmitglieder und deren Einkünfte 444
    276.1 Gewählte Funktionäre 444
    276.2 Pauschale Betriebsausgaben/Werbungskosten bei Funktionären und anderen Mitarbeitern im Verein 444
    276.3 Kilometergelder, pauschale Fahrt- und Reisekosten 444
    276.4 Mitarbeit im Verein 445
    276.5 Gewerbetreibende und Freiberufler 446
    276.6 Mitarbeiter von Sozialdiensten 446
    276.7 Vereinsmitglieder als Dienstnehmer – hauptberufliche Tätigkeit 446
    276.8 Vereinsmitglieder als Dienstnehmer – nebenberufliche Tätigkeit ... 447
    276.9 Vereinsmitglieder als neue Selbständige 447
    276.10 Vereinsmitglieder als Gewerbetreibende 448
    276.11 Vereinsorganwalter und Sozialversicherungspflicht 448
    276.12 Unentgeltliche Mitarbeit von Vereinsmitgliedern 448
277. Vergleichssummen 448
    277.1 Allgemeines 448
    277.2 Abgabenmäßige Behandlung 449
    277.3 Kündigungsanfechtung 450
    277.4 Vergleichssumme im Zusammenhang mit Anwartschaft gegenüber einer BV-Kasse 450
    277.5 Gemeinsame Versteuerung mit anderen Bezügen 450
    277.6 Aufteilung einer Vergleichssumme 451
    277.7 Enthaltene steuerfreie Bezüge 451
    277.8 Ausnahmen von der Besteuerung als Vergleichssumme 451
278. Verjährung 455
279. Verkehrsabsetzbetrag (§ 33 Abs 5 EStG) 456
280. Verpflichtender gemeinsamer Lohnsteuerabzug (§ 47 Abs 4 EStG) 456
    280.1 Freiwilliger gemeinsamer Lohnsteuerabzug (§ 47 Abs 5 EStG) 457
281. Vertretungsärzte/Notärzte 457
282. Verzugszinsen in der Sozialversicherung 458
283. Volontäre 458
284. Vorschüsse 458
285. Vorübergehend beschäftigte Arbeitnehmer 459

Inhaltsverzeichnis

286. Werbungskosten gemäß § 16 EStG 459
    286.1   Gewerkschaftsbeiträge und ähnliche Beiträge für Berufsverbände und Interessensvertretungen 460
    286.2   Betriebsratsumlage 461
    286.3   Reisekosten (§ 16 Abs 1 Z 9 EStG) 461
    286.4   Fahrtkosten 461
    286.5   Schäden aufgrund höherer Gewalt 462
    286.6   Abgrenzung zu Fahrten zwischen Wohnung und Arbeitsstätte 462
    286.7   Verpflegungsmehraufwand 462
    286.8   Mittelpunkt der Tätigkeit an einem Einsatzort 463
    286.9   Tagesgelder bei eintägigen Reisen 463
    286.10 Nächtigungskosten als Werbungskosten 463
    286.11 Nächtigungskosten im Zusammenhang mit einer doppelten Haushaltsführung 464
    286.12 Nichtselbständig tätige Tagesmütter – Werbungskosten 464
    286.13 Weitere Werbungskosten 464
    286.14 Werbungskosten aufgrund der Verordnung zu § 17 Abs 6 EStG 465

287. Werkverkehr (§ 26 Z 5 lit a EStG) 472
    287.1   Werkverkehr – Spezialfahrzeuge 472
    287.2   Steuerliche Behandlung des Werkverkehrs 473

288. Werkzeuggeld 473

289. Widerrechtlich beschaffte Bezüge 474

290. Wiedereingliederungsteilzeitgesetz 474
    290.1   Voraussetzungen 474
    290.2   Rahmen der Arbeitszeitreduktion 475
    290.3   Wiedereingliederungsgeld 475

291. Wiener Dienstgeberabgabe 476

292. Wohnbauförderungsbeitrag (WFB) 477

293. Zählgeld (Fehlgeld, Mankogeld) 478

294. Zehrgeld 478

295. Zeitkonto, Zeitwertkonto 478

296. Zeitliche Zuordnung von Einnahmen und Ausgaben (§ 19 EStG) 479
    296.1   Pensionsnachzahlungen 480
    296.2   Nachzahlungen aus dem Insolvenzverfahren 480
    296.3   Nachzahlungen von Rehabilitationsgeld, Krankengeld und Leistungen aus der Arbeitslosenversicherung 481

297. Zukunftssicherung des Arbeitgebers für den Arbeitnehmer (§ 3 Abs 1 Z 15 a EStG) 481
    297.1   Er- und Ablebensversicherung 482
    297.2   Durch Arbeitnehmer abgeschlossene Versicherung 483
    297.3   Beendigung eines Dienstverhältnisses 483
    297.4   Pensionisten 483
    297.5   Nachversteuerung durch den Arbeitgeber 483
    297.6   Hinterlegung der Versicherungspolizzen 484
    297.7   Bezugsumwandlung 484
    297.8   Beitragszahlungen des Arbeitnehmers 484
    297.9   Übertragung der Zukunftsvorsorgemaßnahme an den neuen Arbeitgeber 484
    297.10 Jährliche Prämienleistung 485

298. Zuschlag zum Dienstgeberbeitrag	485
299. Zuschläge für Sonntags- und Nachtarbeit (§ 68 EStG)	486
299.1 Sonntagsarbeit	486
299.2 Zuschläge für Ersatzruhetage	487
300. Zuschüsse des Arbeitgebers für Carsharing emissionsfreier Fahrzeuge	487
301. Zuschuss des Arbeitgebers für Kinderbetreuung (§ 3 Abs 1 Z 13 lit b EStG)	488
302. Zuschüsse aus Sozialfonds (§ 3 Abs 1 Z 38 EStG)	490
303. Zuzugsbegünstigung (§ 103 EStG)	491

Checklisten

Steuerspar-Checkliste	495
Kontroll-Checkliste	497
Meldungs-Checkliste	502
Erledigungs-Checkliste	507

Tabellenteil

Allgemeine Voraussetzungen zur Steuerberechnung	511
Taglohn	527
Monatslohn Aktive	535
Pensionsbezug	583
Nettotabelle 1	587
Nettotabelle 2	591
Einleitung zu den Sozialversicherungstabellen	595
Sozialversicherungstabellen	597

Anhang ... 629

Stichwortverzeichnis ... 631

Abkürzungen

aA	andere Ansicht
AbgÄG	Abgabenänderungsgesetz
ABGB	Allgemeines bürgerliches Gesetzbuch JGS 1811/946
Abs	Absatz
AEAB	Alleinerzieherabsetzbetrag
AGG	Arbeit- und Gesundheit-Gesetz BGBl I 2010/111
AlV	Arbeitslosenversicherung
AlVG	Arbeitslosenversicherungsgesetz 1977 BGBl 1977/609
AMFG	Arbeitsmarktförderungsgesetz BGBl 1969/31
AMPFG	Arbeitsmarktpolitik-Finanzierungsgesetz BGBl 1994/315
AMS	Arbeitsmarktservice
AMSG	Arbeitsmarktservicegesetz BGBl 1994/313
AN	Arbeitnehmer, -in
AngG	Angestelltengesetz BGBl 1921/292
AÖF	Amtsblatt der österreichischen Finanzverwaltung
ARG	Arbeitsruhegesetz BGBl 1983/144
ASVG	Allgemeines Sozialversicherungsgesetz BGBl 1955/189
AVAB	Alleinverdienerabsetzbetrag
AVRAG	Arbeitsvertragsrechts-Anpassungsgesetz BGBl 1993/459
BAG	Berufsausbildungsgesetz BGBl 1969/142
BAO	Bundesabgabenordnung BGBl 1961/194
BBG	Bundesbehindertengesetz BGBl 1990/283
BFG	Bundesfinanzgericht
BG	Bundesgesetz
BGBl	Bundesgesetzblatt
BMAFJ	Bundesminister/-in, Bundesministerium für Arbeit, Familie und Jugend
BMF	Bundesminister/-in, Bundesministerium für Finanzen
BMSVG	Betriebliches Mitarbeiter- und Selbständigenvorsorgegesetz BGBl I 2002/100
bspw	beispielsweise
BUAG	Bauarbeiter-Urlaubs- und Abfertigungsgesetz BGBl 1972/414
BUAK	Bauarbeiter-Urlaubs- und Abfertigungskasse
BV	Betriebliche Vorsorge
BVAEB	Versicherungsanstalt öffentlich Bediensteter, Eisenbahnen und Bergbau
CFPG	COVID-19-Förderungsprüfungsgesetz BGBl I 2020/44
COVID-19-StMG	COVID-19-Steuermaßnahmengesetz BGBl I 2021/3
DAG	Dienstgeberabgabegesetz BGBl I 2003/28
DB	Dienstgeberbeitrag zum Ausgleichsfonds für Familienbeihilfen
DBA	Doppelbesteuerungsabkommen
DN	Dienstnehmer, -in
DZ	Zuschlag zum DB
ELDA	Elektronischer Datenaustausch mit den österreichischen Sozialversicherungsträgern
E-MVB	Empfehlungen zur einheitlichen Vollzugspraxis der Versicherungsträger im Bereich des Melde-, Versicherungs- und Beitragswesens
EpiG	Epidemiegesetz BGBl 1950/186

Abkürzungen

Erk	Erkenntnis
EStG	Einkommensteuergesetz 1988 BGBl 1988/400
EStR	Einkommensteuerrichtlinien 2000
FA	Finanzamt
FamZeitbG	Familienzeitbonusgesetz BGBl I 2016/53
FLAG	Familienlastenausgleichsgesetz 1967 BGBl 1967/376
FORG	Finanz-Organisationsreformgesetz
Hbg	Höchstbeitragsgrundlage
HGG	Heeresgebührengesetz 2001 BGBl I 2001/31
HWG 2002	Hochwasserentschädigungs- und Wiederaufbaugesetz BGBl 2005/112
IA	Initiativantrag
idR	in der Regel
iSd	im Sinne der, -des
iVm	in Verbindung mit
iZm	im Zusammenhang mit
JStG 2018	Jahressteuergesetz 2018 BGBl I 2018/62
KAB	Kinderabsetzbetrag
KBGG	Kinderbetreuungsgeldgesetz BGBl 2001/103
KE	Kündigungsentschädigung
Kfz	Kraftfahrzeug
KommStG	Kommunalsteuergesetz 1993 BGBl 1993/819
KonStG 2020	Konjunkturstärkungsgesetz 2020 BGBl 2020/96
KOVG	Kriegsopferversorgungsgesetz 1957 BGBl 1957/152
KStR	Körperschaftsteuerrichtlinien 2013
KU	Kammerumlage
KV	a) Kollektivvertrag b) Krankenversicherung
KZ	Kennzahl (Lohnzettel)
leg cit	legis citatae (der zitierten Vorschrift)
lfd	laufend, -e, -er, -es
lit	litera (= Buchstabe)
LSDB	Lohn- und Sozialdumpingbekämpfung
LSD-BG	Lohn- und Sozialdumping-Bekämpfungsgesetz BGBl I 2016/44
LStR	Lohnsteuerrichtlinien 2002
mBGM	monatliche Beitragsgrundlagenmeldung
MSchG	Mutterschutzgesetz 1979 BGBl 1979/221
NeuFöG	Neugründungs-Förderungsgesetz BGBl I 1999/106 (Art XV)
OECD-MA	OECD-Musterabkommen auf dem Gebiete der Steuern vom Einkommen und vom Vermögen
ÖGB	Österreichischer Gewerkschaftsbund
ÖGK	Österreichische Gesundheitskasse
PKG	Pensionskassengesetz BGBl 1990/281
Pkw	Personenkraftwagen
PLB	a) Prüfung lohnabhängiger Abgaben und Beiträge b) Prüfdienst für Lohnabgaben und Beiträge

Abkürzungen

PLABG	Bundesgesetz über die Prüfung lohnabhängiger Abgaben und Beiträge BGBl I 2018/98
PV	Pensionsversicherung
RGV	Reisegebührenvorschrift 1955 BGBl 1955/133
Rsp	Rechtsprechung
RV	Regierungsvorlage
Rz	Randzahl
S	Seite
SEG-Zulagen	Schmutz-, Erschwernis- und Gefahrenzulagen
StRefG 2015/2016	Steuerreformgesetz 2015/2016 BGBl I 2015/118
stRsp	ständige Rechtsprechung
StVG	Strafvollzugsgesetz BGBl 1969/144
StVO	Straßenverkehrsordnung 1960 BGBl 1960/159
SV	Sozialversicherung
SVS	Sozialversicherungsanstalt der Selbständigen
SZ	Sonderzahlung
UAB	Unterhaltsabsetzbetrag
UFS	Unabhängiger Finanzsenat
UrlG	Urlaubsgesetz BGBl 1976/390
UV	Unfallversicherung
UZ	Urlaubszuschuss
V	Verordnung
VereinsR	Vereinsrichtlinien 2001
VfGH	Verfassungsgerichtshof
VKG	Väter-Karenzgesetz BGBl 1989/651
VwGH	Verwaltungsgerichtshof
WFB	Wohnbauförderungsbeitrag
WG	Wehrgesetz 2001 BGBl I 2001/146
WKG	Wirtschaftskammergesetz 1998 BGBl I 1998/103
WR	Weihnachtsremuneration
Z	Ziffer

Wichtige Neuerungen auf einen Blick

Die folgende Übersicht zeigt im Überblick jene Änderungen auf, die sich im Vergleich zur Vorauflage ergeben haben. Nähere Details finden Sie in den einzelnen Kapiteln.

Kapitel	Neu/Änderung	Basis
Alleinerzieher- und Alleinverdienerabsetzbetrag/Unterhaltsabsetzbetrag – Indexierung für Kinder im Ausland	Streichung der indexierten Beträge aufgrund eines EuGH-Urteils	BGBl I 2022/138
Berechnung der Lohnsteuer	Neue Effektivtabelle (ab 1. 1. 2023) aufgrund der Tarifsenkung ab 1. 7 von 42% auf 40% (Mischsatz im Jahr 2023: 41%) sowie aufgrund der Änderung der Tarifgrenzen und Absetzbeträge („Abschaffung kalte Progression")	Ökosoziales Steuerreformgesetz 2022 Teil I; Teuerungs-Entlastungspaket Teil II
Familienbonus Plus	Höherer Familienbonus rückwirkend mit 1. 1. 2022 und Streichung der indexierten Beträge aufgrund eines EuGH-Urteils	Teuerungs-Entlastungspaket; BGBl I 2022/138
Gewinnbeteiligung	Weitere gesetzliche Klarstellungen und weiterführende Informationen	AbgÄG 2022
Kalte Progression	Neues Kapitel	Teuerungs-Entlastungspaket Teil II
Pendlerpauschale	Befristete Erhöhung von Mai 2022 bis Juni 2023	BGBl I 2022/63
Pendlerpauschale	Geänderter Anspruch auf Pendlerpauschale bei Kombination mit steuerfreiem Öffi-Ticket	AbgÄG 2022
Teuerungsprämie	Neues Kapitel	Teuerungs-Entlastungspaket
Zeitliche Zuordnung von Einnahmen und Ausgaben	Zufluss bei Nachzahlungen von Rehabilitations- und Krankengeld	AbgÄG 2022
Zuschüsse aus Sozialfonds	Neues Kapitel	AbgÄG 2022

Wichtige Neuerungen auf einen Blick

Kapitel	Neu/Änderung	Basis
Anhang/Checklisten/Jahresarbeiten in der Lohnverrechnung	Neues Kapitel Ökologisierung	
Sachbezüge	Berücksichtigung der aktuellen CO_2-Grenzwerte für das Jahr 2023	Sachbezugswerteverordnung

Des Weiteren wurden alle Beispiele an die geänderten Verhältnisse angepasst.

1. Abfertigungen

Abfertigungen gehören grundsätzlich zum steuerpflichtigen Arbeitslohn (§ 25 Abs 1 Z 1 EStG). Sie sind ihrem Wesen nach **sonstige** Bezüge (§ 67 EStG). Unter Abfertigung ist die einmalige Entschädigung durch den Arbeitgeber zu verstehen, die an einen Arbeitnehmer bei Auflösung des Dienstverhältnisses gewährt wird.

Das EStG unterscheidet zwischen:

- ✓ Abfertigungen, die aufgrund einer gesetzlichen Vorschrift oder aufgrund eines Kollektivvertrags bezahlt werden (§ 67 Abs 3 EStG)
- ✓ Abfertigungen von Witwer- oder Witwenpensionen (§ 67 Abs 4 EStG)
- ✓ Freiwillige Abfertigungen (§ 67 Abs 6 EStG)
- ✓ Abfindungen gemäß §§ 8–10 BUAG (§ 67 Abs 5 EStG)

1.1 Gesetzliche und kollektivvertragliche Abfertigungen

Der Abfertigungsanspruch entsteht für alle Arbeitnehmer (auch Teilzeit- und geringfügig Beschäftigte), deren Dienstverhältnis nicht bereits dem BMSVG unterliegt, mit der Beendigung des Dienstverhältnisses, wenn das Arbeitsverhältnis **mindestens drei Jahre** ununterbrochen gedauert hat und wie folgt beendet wurde:

- ✓ Kündigung durch den Arbeitgeber
- ✓ einvernehmliche Auflösung des Arbeitsverhältnisses
- ✓ gerechtfertigter vorzeitiger Austritt durch den Arbeitnehmer
- ✓ Zeitablauf eines befristeten Dienstverhältnisses
- ✓ Entlassung ohne Verschulden des Arbeitnehmers (zB bei Krankheit)
- ✓ unbegründete Entlassung des Arbeitnehmers

Von einem ununterbrochenen Beschäftigungsverhältnis ist auch dann auszugehen, wenn zum Arbeitgeber unmittelbar aufeinanderfolgende Arbeitsverhältnisse bestehen. Wie das vorangehende Arbeitsverhältnis beendet wurde, ist dabei unbeachtlich. Es darf sich dabei jedoch nur um kurzfristige Unterbrechungen handeln. Was unter einer kurzfristigen Unterbrechung zu verstehen ist, wird in der Judikatur nicht exakt geregelt (16 Tage ok – OGH 28. 8. 1997, 8 ObA 202/97 g – 25 Tage zu lange – OGH 19. 2. 2003, 9 ObA 21/03 h). Eventuelle kollektivvertragliche Anrechnungsbestimmungen sind ebenfalls zu beachten.

Nach **drei Jahren** Firmenzugehörigkeit gebührt ebenfalls eine Abfertigung bei:

- ✓ Kündigung durch den Arbeitnehmer wegen Inanspruchnahme einer **Invaliditäts-, Berufs- oder Erwerbsunfähigkeitspension,**
- ✓ Teilzeitbeschäftigung nach dem MSchG oder VKG – durch
  - – Kündigung seitens des Dienstgebers,
  - – unverschuldete Entlassung,
  - – begründeten vorzeitigen Austritt oder
  - – einvernehmliche Auflösung.

Die Abfertigung steht in diesem Falle zur Gänze zu (keine Halbierung).

Nach **fünf Jahren** Firmenzugehörigkeit gebührt eine Abfertigung:

- ✓ **Mutterschafts-** bzw **Vaterschaftsaustritt:**
  Die Mutter bzw der Vater hat Anspruch auf die **Hälfte der Abfertigung,** höchstens jedoch auf das **Dreifache des monatlichen Entgelts,** wenn sie

1. Abfertigungen

- nach der Geburt eines lebenden Kindes innerhalb der Schutzfrist (§ 5 Abs 1 MSchG – acht, zwölf oder 16 Wochen nach Geburt des Kindes) oder
- nach der Annahme eines Kindes, welches das zweite Lebensjahr noch nicht vollendet hat, an Kindes Statt (§ 15c Abs 1 Z 1 MSchG) oder nach Übernahme eines solchen Kindes in unentgeltliche Pflege (§ 15c Abs 1 Z 2 MSchG) innerhalb von acht Wochen

ihren vorzeitigen Austritt aus dem Arbeitsverhältnis erklärt. Bei Inanspruchnahme einer Karenz nach dem MSchG bzw VKG ist der Austritt spätestens drei Monate vor Ende der Karenz zu erklären; bei Inanspruchnahme einer Karenz von weniger als drei Monaten ist der Austritt spätestens zwei Monate vor Ende der Karenz zu erklären. Zeiten einer geringfügigen Beschäftigung nach § 15e Abs 1 MSchG (geringfügige Beschäftigung neben dem karenzierten Dienstverhältnis) bleiben bei Berechnung der Abfertigung außer Betracht.

✓ Teilzeitbeschäftigung nach dem MSchG oder VKG – Kündigung Arbeitnehmer: Ein Anspruch auf die **halbe Abfertigung** nach fünfjähriger Dienstzeit besteht auch dann, wenn während einer Teilzeitbeschäftigung das Dienstverhältnis durch Kündigung seitens des Dienstnehmers endet.

5 In den nachstehenden Fällen gebührt die Abfertigung jedoch nur dann, wenn das Arbeitsverhältnis **mindestens zehn Jahre** ununterbrochen gedauert hat.

✓ Kündigung durch den Arbeitnehmer wegen Erreichung der Altersgrenze bei Männern nach Vollendung des 65. Lebensjahres, bei Frauen nach Vollendung des 60. Lebensjahres. Ein Pensionsanspruch ist dabei nicht Voraussetzung für den Abfertigungsanspruch. Es genügt, wenn das Dienstverhältnis nach dem 65. bzw 60. Lebensjahr beendet wird.
✓ Kündigung durch den Arbeitnehmer wegen Inanspruchnahme der vorzeitigen Alterspension bei langer Versicherungsdauer. Der Nachweis der Inanspruchnahme der vorzeitigen Alterspension ist idR durch den Feststellungsbescheid iZm dem eingereichten Pensionsantrag zu erbringen.
✓ Selbstkündigung eines Arbeitnehmers wegen erfolgreicher Inanspruchnahme des Sonderruhegeldes für Nachtschwerarbeiter.

Achtung auf den anzuwendenden Kollektivvertrag: Einige Kollektivverträge sehen bereits nach einer kürzeren Beschäftigungszeit einen Abfertigungsanspruch vor (zB KV der Angestellten der Industrie schon nach fünf Jahren).

6 Im Falle des **Todes des Arbeitnehmers** besteht nach den Bestimmungen des § 23 Abs 6 AngG und § 2 Abs 1 ArbAbfG nur Anspruch auf die halbe Abfertigung. Anspruchsberechtigt sind nur die gesetzlichen Erben, zu deren Erhaltung der Erblasser zum Zeitpunkt des Todes gesetzlich verpflichtet war. Anspruchsberechtigt sind daher noch nicht selbsterhaltungsfähige Kinder. Bei Ehegatten ist im Regelfall dann von einer Unterhaltspflicht auszugehen, wenn der Ehegatte nicht mehr als 40% des Gesamteinkommens bezieht.

Achtung auf den anzuwendenden Kollektivvertrag (zB KV für Angestellte in Handelsbetrieben): Falls keine unterhaltspflichtigen Erben vorhanden sind, erhält die Abfertigung jene Person, welche die Begräbniskosten bezahlt.

Dass einem Arbeitnehmer anlässlich der Beendigung des Dienstverhältnisses eine Abfertigung Alt ausbezahlt wurde, steht einem neuerlichen Abfertigungsanspruch nicht entgegen, wenn er kurz darauf ein neues Dienstverhältnis zum selben Arbeitgeber eingegangen ist und dieses abfertigungswirksam beendet wird. Wurde ein neuer Dienstvertrag geschlossen, kann auch dann, wenn der Abfertigungsanspruch bereits zwölf Monatsentgelte erreicht hat und ausbezahlt wurde, für das neue Arbeitsverhältnis ein weiterer gesicherter Abfertigungsanspruch entstehen. Für die Berechnung des neuen Abfertigungsanspruchs sind nur jene Zeiten auszuscheiden, die für den damaligen Abfertigungsanspruch rechtlich notwendig waren. (OGH 27. 2. 2018, 9 ObA 155/17 k).

1.2 Anrechenbare Zeiten

Für die Berechnung des Abfertigungsanspruchs sind neben der zurückgelegten Arbeitszeit auch folgende Zeiten anrechenbar: **7**

- ✓ Präsenzdienst gemäß § 19 Abs 1 Z 1 bis 4 und Z 6 bis 8 WG 2001
  - Grundwehrdienst
  - Truppenübungen
  - Kaderübungen
  - freiwillige Waffenübungen und Funktionsdienste
  - Einsatzpräsenzdienst
  - außerordentliche Übungen
  - Aufschubpräsenzdienst
- ✓ Wehrdienstzeiten bis zwölf Monate
- ✓ Ausbildungsdienst
- ✓ Zivildienst
- ✓ Unbezahlter Urlaub (wenn kein Ausschluss vereinbart wurde)
- ✓ Lehrverhältnis, wenn das Arbeitsverhältnis einschließlich der Lehrzeit ununterbrochen sieben Jahre gedauert hat
- ✓ Karenzierung (ohne anderslautende Vereinbarung – OGH 15. 3. 1989, 9 ObA 268/88)
- ✓ Familienhospizkarenz
- ✓ Schutzfrist
- ✓ Beschäftigung iSd § 15 e Abs 2 MSchG (Vollbeschäftigung für maximal 13 Wochen pro Kalenderjahr)
- ✓ Karenz nach dem MSchG für Kinder, die ab dem 1. 8. 2019 geboren (adoptiert oder in unentgeltliche Pflege genommen) sind
- ✓ Freistellung anlässlich der Geburt eines Kindes („Papamonat") nach § 1 a VKG

Auch Zeiten einer Karenzierung sind in die Berechnung der Abfertigung mit einzubeziehen, da in diesem Fall das Arbeitsverhältnis aufrecht bleibt, der Arbeitnehmer lediglich keine Arbeitsleistung erbringt. Im Falle einer freiwillig gewährten Karenz kann ein Ausschluss dieser Zeiten vereinbart werden, wenn die Karenzierung im Interesse des Arbeitnehmers erfolgt.

Zeiten der Karenz nach dem MSchG sind für jedes Kind, das ab dem 1. 8. 2019 geboren (adoptiert oder in unentgeltliche Pflege genommen) wird, bei der Abfertigung in jenem Umfang zu berücksichtigen, in dem sie auch in Anspruch genommen wurden beziehungsweise bis maximal zum Ablauf des zweiten Lebensjahres des Kindes.

Geht ein Unternehmen, Betrieb oder Betriebsteil auf einen anderen Inhaber über (Betriebsübergang), so tritt dieser als Arbeitgeber mit allen Rechten und Pflichten in die im Zeitpunkt des Übergangs bestehenden Arbeitsverhältnisse ein. Die beim anderen Arbeitgeber zugebrachten Beschäftigungszeiten sind daher zur Gänze für die Abfertigungsberechnung zu berücksichtigen. **8**

1.3 Nicht anrechenbare Zeiten

Folgende Zeiten werden für die Berechnung der Abfertigung nicht herangezogen: **9**

- ✓ Auslandspräsenzdienst, wenn dieser nach dem 31. 12. 1991 geleistet wurde

1. Abfertigungen

- ✓ Wehrdienst als Zeitsoldat von über zwölf Monaten, wenn dieser nach dem 31. 12. 1991 geleistet wurde
- ✓ Karenz nach dem MSchG für Kinder, die vor dem 1. 8. 2019 geboren sind (siehe jedoch KV – einige KV sehen bereits eine Anrechnung vor)
- ✓ Unbezahlter Urlaub (wenn vereinbart)
- ✓ Zeiten einer geringfügigen Beschäftigung iSd MSchG und VKG
- ✓ Bildungskarenz

1.4 Höhe der Abfertigung

10 Die Höhe der Abfertigung ist von der ununterbrochenen Dauer des Dienstverhältnisses abhängig.

11 Die Abfertigung beträgt bei einer **Dienstzeit**

von 3 Jahren	2 Monatsentgelte
von 5 Jahren	3 Monatsentgelte
von 10 Jahren	4 Monatsentgelte
von 15 Jahren	6 Monatsentgelte
von 20 Jahren	9 Monatsentgelte
von 25 Jahren	12 Monatsentgelte

12 Bei der Anspruchsermittlung ist auf die kollektivvertraglichen Bestimmungen Rücksicht zu nehmen, da einige Kollektivverträge höhere Abfertigungsansprüche vorsehen (zB Journalisten).

1.5 Berechnung der Abfertigung

13 Berechnungsgrundlage für die Abfertigung ist das Entgelt **für den letzten Arbeitsmonat.** Beim **Arbeiter** ist ebenfalls **von einem Monatslohn** auszugehen. Dies bedeutet, dass das vereinbarte Entgelt (zB pro Stunde) auf einen Monatslohn umzurechnen ist. Neben dem letzten Monatsgehalt/-lohn sind einzubeziehen:

- ✓ 13. und 14. Monatsgehalt/Lohn
- ✓ freiwillige Leistungen des Arbeitgebers (zB Bilanzgeld usw)
- ✓ Leistungsprämien
- ✓ Zuschläge und Zulagen
- ✓ Provisionen (laut *Schrank,* Arbeits- und Sozialversicherungsrecht, keine Trennung in direkte und indirekte Provisionen)
- ✓ Provisionen Dritter, wenn sie vom Arbeitgeber ausbezahlt werden
- ✓ Überstundenpauschale
- ✓ regelmäßig geleistete Überstunden (Durchschnitt der letzten zwölf Monate)
- ✓ Sachbezüge (auch dann, wenn abgabenrechtlich kein Sachbezug zum Ansatz kommt – zB Elektrofahrzeug)
- ✓ Prämien für Zusatzkrankenversicherung
- ✓ monatliche Mitarbeiterbeteiligungen aufgrund einer „Öffnungsklausel"
- ✓ Jahresbonus/-prämie

Im Fall einer dauerhaften Entgeltveränderung (zB bei einem dauerhaften Wechsel von Vollzeit- zu Teilzeitbeschäftigung oder umgekehrt) ist bei Berechnung der Abfertigung grundsätzlich auf das zuletzt bezogene (je nach Lage des Falles dann dauerhaft höhere oder niedrigere) Entgelt abzustellen (OGH 25. 7. 2017, 9 ObA 27/17 m).

Bezieht ein Arbeitnehmer regelmäßig Gewinnbeteiligungen, sind für die Berechnung der Abfertigung aufgrund der OGH-Entscheidung 9 ObA 22/11 t jene heranzuziehen, die für das letzte Jahr gebühren und nicht jene, die in diesem Jahr ausbezahlt wurden.

Auch wenn ein Dienstnehmer nicht zur Erfindertätigkeit im Unternehmen des Dienstgebers angestellt und mit dieser Tätigkeit vorwiegend beschäftigt war, sind regelmäßig bezogene Diensterfindungsvergütungen nach dem Patentgesetz in die Bemessungsgrundlage für die Abfertigung Alt einzubeziehen (OGH 25. 7. 2017, 9 ObA 44/17 m).

Kommt es anlässlich der Verlängerung des Kollektivvertrages zu keiner kollektivvertraglichen Lohnerhöhung, sondern ist stattdessen eine Einmalzahlung vorgesehen, entspricht diese Einmalzahlung einer zeitlich befristeten Lohnerhöhung mit besonderen Auszahlungsmodalitäten, die in die Abfertigungsberechnung einzubeziehen ist (OGH 30. 8. 2018, 9 ObA 151/17 x).

Nicht einzubeziehen sind: **14**

- Sachbezüge, wenn der Arbeitnehmer das zur Verfügung gestellte Gut (Pkw; Wohnung udgl) über das Ende des Dienstverhältnisses hinaus benützen kann und der Benützungszeitraum mindestens so viele Monate als Abfertigungsmonate beträgt
- absolut einmalige Zahlungen (zB Jubiläumsgelder udgl)
- Aufwandsentschädigungen (KM-Gelder, Tagesgelder udgl), unabhängig davon, ob sie abgabenpflichtig oder abgabenfrei sind (Achtung auf KV: laut OGH 30. 3. 2006, 8 ObA 87/05 k, KV eisen- und metallverarbeitende Industrie einzubeziehen)
- Entgelte von dritter Seite (zB Trinkgelder udgl)
- Vorteile aus Beteiligungen an Unternehmen
- Optionen auf den Erwerb von Arbeitgeberaktien
- Erlöse aus dem Verkauf von (kurzfristigen) Aktienoptionen (OGH 23. 7. 2019, 9 ObA 87/19 p)
- Überstunden, wenn diese durch Freizeit abgegolten werden
- freiwillige einmalige Zahlungen (ohne Präjudiz für die Zukunft), ausgenommen, diese Zahlungen wurden dem Arbeitnehmer über einen längeren Zeitraum (fünf Jahre) gewährt

1.6 Begriff „letzter" Monat („letzter laufender Bezug")

Gemäß § 23 Abs 1 AngG beträgt die gesetzliche Abfertigung in Abhängigkeit von der Dauer des Arbeitsverhältnisses ein bestimmtes Vielfaches des dem Angestellten „für den letzten Monat des Arbeitsverhältnisses gebührenden Entgelts". **15**

Unter dem Begriff des Entgeltes für den letzten Monat sind nach § 23 AngG jene Leistungen zu verstehen, die mit einer gewissen Regelmäßigkeit, wenn auch nicht jeden Monat, an den Arbeitnehmer ausbezahlt werden (zB Mehrarbeit- und Überstunden, Provisionen etc). Der Zeitraum für die monatliche Durchschnittsberechnung sind grundsätzlich die letzten zwölf Monate vor Beendigung des Arbeitsverhältnisses.

Man bezeichnet diesen laufenden Bezug daher auch als **„angenommenen (fiktiven) laufenden Bezug"**.

Liegt ein **16**

- längerer Krankenstand,
- ein unbezahlter Urlaub oder
- eine kurz zuvor vereinbarte Teilzeitbeschäftigung

1. Abfertigungen

vor, bemisst sich die Abfertigung **nicht** nach der Höhe der Bezugsbestandteile am Tag der Beendigung des Dienstverhältnisses, sondern nach dem **vollen Entgelt** (OGH 27. 4. 1988, 9 Ob 901/88).

17 Hat ein Arbeitnehmer, bedingt durch einen längeren Krankenstand, für den letzten Monat nur mehr Anspruch auf einen Teil des Entgeltes bzw überhaupt keinen Entgeltanspruch, wird die gesetzliche Abfertigung nach dem **vollen Entgelt** bemessen (OGH 9. 2. 1960, Arb 7170).

18 Ausnahmen hinsichtlich der Berechnungsgrundlage bestehen bei:

Bezugszeitraum	Bemessungsgrundlage
Elternteilzeit	Arbeitszeit vor Elternteilzeit
Bildungskarenz	Monatsentgelt vor Antritt der Bildungskarenz
Bildungsteilzeit	Monatsentgelt vor Antritt der Bildungsteilzeit
Solidaritätsprämienmodellen	Herabsetzung der Normalarbeitszeit zum Zeitpunkt der Beendigung des Arbeitsverhältnisses kürzer als zwei Jahre – frühere Arbeitszeit ist zugrunde zu legen
Sterbebegleitung/Begleitung eines schwerst erkrankten Kindes	Arbeitszeit vor Sterbebegleitung
Altersteilzeit	Arbeitszeit vor Altersteilzeit
Teilzeit nach MSchG/VKG	Beendigung durch Kündigung seitens des Arbeitgebers, unverschuldete Entlassung, begründeten vorzeitigen Austritt oder einvernehmliche Lösung – Entgelt für die Normalarbeitszeit vor der Teilzeitbeschäftigung ohne Überstunden. Die Abfertigung wird nicht halbiert. Beendigung durch Kündigung des Arbeitnehmers – Durchschnitt der letzten fünf Jahre geleisteter Arbeitszeit einschließlich Überstunden
Teilzeitbeschäftigung – dauerhafte Entgeltänderung	Grundsätzlich das Entgelt für die zuletzt ausgeübte Tätigkeit (Ausnahmen beachten – zB Elternteilzeit)
Teilzeitbeschäftigung für ältere Arbeitnehmer	Wenn die Herabsetzung der Normalarbeitszeit zum Zeitpunkt der Beendigung des Arbeitsverhältnisses kürzer als zwei Jahre gedauert hat, so ist die frühere Arbeitszeit zugrunde zu legen. Hat die Herabsetzung der Normalarbeitszeit bereits länger als zwei Jahre gedauert, so ist für die Ermittlung des Monatsentgelts für die Abfertigung vom Durchschnitt der für die Abfertigung maßgeblichen Dienstjahre geleisteten Arbeitszeiten auszugehen (§ 14 Abs 2 bis 4 AVRAG)
Längerer Krankenstand	Besteht für den letzten Monat nur mehr Anspruch auf einen Teil des Entgeltes bzw überhaupt kein Entgeltanspruch, wird die gesetzliche Abfertigung nach dem vollen Entgelt bemessen
Pflegekarenz	Monatsentgelt vor Antritt der Pflegekarenz
Pflegeteilzeit	Monatsentgelt vor Antritt der Pflegeteilzeit

1.7 Fälligkeit der Abfertigung

Beträgt die Abfertigung

- ✓ **nicht** mehr als das Dreifache des Monatsentgelts,

so **muss** die Abfertigung dem Arbeitnehmer bei Beendigung des Arbeitsverhältnisses ausbezahlt werden.

Bei höheren Abfertigungen kann der Mehrbetrag vom vierten Monat an in monatlichen Teilbeträgen im Vorhinein bezahlt werden (drei Monatsentgelte sind sofort fällig, der Rest in Teilbeträgen ab dem vierten Monat).

Auszahlung der Abfertigung bei Pension

Abfertigungen wegen **Erreichung der Altersgrenze** oder wegen **Inanspruchnahme der vorzeitigen Alterspension** kann der Arbeitgeber ab dem auf die Beendigung des Arbeitsverhältnisses folgenden Monatsersten in **Teilbeträgen** in der Höhe **eines halben Monatsentgelts** bezahlen (§ 23 a Abs 2 AngG).

1.8 Abgabenrechtliche Behandlung der Abfertigung

Sozialversicherung

Vergütungen, die aus Anlass der Beendigung des Dienstverhältnisses gewährt werden, zählen **nicht** als Entgelt iSd ASVG und sind daher **beitragsfrei** (§ 49 Abs 3 Z 7 ASVG).

Lohnsteuer

Gesetzliche bzw kollektivvertragliche Abfertigungen werden nach den Bestimmungen des **§ 67 Abs 3 EStG** versteuert, wenn das bisherige Dienstverhältnis formal beendet wurde. Der Anspruch auf steuerliche Begünstigung ist **zwingend an die Auflösung des Dienstverhältnisses** geknüpft.

Die formale Beendigung bedeutet eine **Beendigung mit allen Konsequenzen:**

- ✓ Kündigung des Arbeitgebers bzw einvernehmliche Auflösung des Dienstverhältnisses.
- ✓ Abrechnung und Auszahlung aller aus der Beendigung des Dienstverhältnisses resultierenden Ansprüche (Ersatzleistung, Abfertigung usw). Eine „Wahlmöglichkeit", einzelne Ansprüche, wie zB die Abfertigung, auszuzahlen und andere, wie zB den offenen Urlaub, in das neue Dienstverhältnis zu übernehmen, besteht nicht.
- ✓ Abmeldung des Arbeitnehmers bei der Sozialversicherung (die Abmeldung ist im Hinblick auf die Nachvollziehbarkeit im Allgemeinen sowie die Befreiung in § 49 Abs 3 Z 7 ASVG im Besonderen jedenfalls erforderlich).

Die Lohnsteuer von Abfertigungen, deren Höhe sich nach einem von der Dauer des Dienstverhältnisses abhängigen Mehrfachen des laufenden Arbeitslohns bestimmt, wird in der Form berechnet,

- ✓ dass die auf den laufenden Arbeitslohn (jener Bezug, der der Berechnung der Abfertigung zugrunde gelegt wurde) entfallende tarifmäßige Lohnsteuer mit der gleichen Zahl vervielfacht wird, die dem bei der Berechnung des Abfertigungsbetrags angewendeten Mehrfachen entspricht (Vervielfacher- oder Quotientenmethode),
- ✓ ist die Lohnsteuer bei Anwendung des Steuersatzes von 6% niedriger, so erfolgt die Besteuerung der Abfertigung mit diesem Prozentsatz (Prozentsatzmethode).

1. Abfertigungen

26 Unter einer Abfertigung iS dieser Gesetzestexte ist die **einmalige** Entschädigung durch den Dienstgeber zu verstehen, wenn sie aufgrund

- ✓ gesetzlicher Vorschriften (von Gebietskörperschaften erlassener Dienstordnungen oder aufsichtsbehördlich genehmigter Dienst-[Besoldungs-]ordnungen der Körperschaften des öffentlichen Rechtes oder der für Bedienstete des Österreichischen Gewerkschaftsbunds geltenden Arbeitsordnung) oder
- ✓ eines Kollektivvertrags

zu leisten ist.

Werden alle Voraussetzungen erfüllt, kann als Grundlage auch ein ausländisches Gesetz oder Kollektivvertrag herangezogen werden (BFG 31. 1. 2022, RV/3100703/2018).

27 Damit widerspricht das BFG allerdings seiner eigenen Rsp, wonach Anknüpfungspunkt des § 67 Abs 3 EStG nur eine inländische arbeitsrechtliche Grundlage sein kann. „Abfindungen" bzw „Entschädigungszahlungen" im deutschen Arbeitsrecht fallen nicht darunter und können allenfalls nur gemäß § 67 Abs 6 EStG als freiwillige Abfertigung berücksichtigt werden. Dies gilt auch bei einem Konzernwechsel vom Ausland ins Inland, wenn der österreichische Arbeitgeber die Ansprüche übernommen hat (vgl BFG 10. 8. 2015, RV/5100956/2014; BFG 26. 2. 2020, RV/5100739/2019).

28 Eine aufgrund besonderer kollektivvertraglicher Ermächtigung abgeschlossene Betriebsvereinbarung ist **nicht** nach § 67 Abs 3 EStG einem KV gleichgestellt. Aufgrund einer solchen Betriebsvereinbarung gezahlte Abfertigungen fallen daher nicht unter § 67 Abs 3 EStG (VwGH 15. 9. 1999, 99/13/0146).

29 Wenn das monatliche Entgelt eines Dienstnehmers wenige Monate vor Beendigung des Dienstverhältnisses wesentlich erhöht wird, ohne dass dies durch Zusatzaufgaben des Dienstnehmers gerechtfertigt wäre, führt dies nicht dazu, dass die – auf Basis dieser erhöhten Bezüge gemäß § 23 Abs 1 AngG gewährte – Abfertigung im vollen Umfang gemäß § 67 Abs 3 EStG begünstigt zu versteuern wäre (VwGH 27. 4. 2017, Ra 2015/15/0037).

Prozentsatzmethode

30 Bei Berechnung der Steuer nach dem festen Steuersatz ist die Abfertigung mit **6%** zu multiplizieren.

31 Formel:

- ✓ Abfertigung × Steuersatz

32 Steht am Ende des Dienstverhältnisses bereits fest, dass dieses Dienstverhältnis im Wesentlichen unverändert fortgesetzt wird, liegt ein einheitliches Dienstverhältnis vor und eine eventuell bezahlte Abfertigung kann nicht nach den Bestimmungen des § 67 Abs 3 EStG versteuert werden (ausgenommen im Zuge einer Änderungskündigung – LStR Rz 1070).

33 **Beispiel – Prozentsatzmethode**

Gehalt	€ 2.500,00
Eintritt	1. 11. 2001
Austritt	30. 9. 2023 – Kündigung Arbeitgeber
Berechnung Abfertigung	
Gehalt	€ 2.500,00
+ 1/12 UZ	€ 208,33

1.8 Abgabenrechtliche Behandlung der Abfertigung

+ 1/12 WR	€ 208,33			
Berechnungsbasis	€ 2.916,67	× 9 Monate	= Abfertigung – brutto	€ 26.250,03
Sozialversicherung	beitragsfrei			€ –
Lohnsteuer				
	€ 26.250,03	× 6% =		€ 1.575,00
			Abfertigung – netto	€ 24.675,03

Vervielfacher- oder Quotientenmethode

Bei der Vervielfacher- oder Quotientenmethode ist nach Ermittlung der Abfertigungshöhe diese durch den laufenden Bezug, der für die Berechnung der Abfertigung (= fiktiver laufender Bezug) herangezogen wurde, zu dividieren. Dadurch erhält man den Vervielfacher oder Quotienten. Bei Ermittlung der Lohnsteuer des laufenden Bezuges sind Absetzbeträge (Alleinverdienerabsetzbetrag) und Freibeträge (laut Mitteilung für den Dienstgeber) voll zu berücksichtigen. Dieser ist mit der Lohnsteuer des laufenden Bezuges zu multiplizieren und ergibt die Lohnsteuer der Abfertigung. Dieses Ergebnis ist mit dem Wert der Prozentsatzmethode zu vergleichen. Aufgrund gesetzlicher Anordnung ist zwingend die Versteuerungsart zu wählen, die das für den Arbeitnehmer günstigere Ergebnis bringt. **34**

Nur für Abfertigungen iSd § 67 Abs 3 besteht das Wahlrecht, dagegen **nicht** für freiwillig gewährte Abfertigungen. **35**

Abfertigung – Vervielfachermethode

Arbeiter			
Lohn	€ 1.500,00	AEAB	ja
Urlaubszuschuss	€ 1.500,00	Kind	1
Weihnachtsremuneration	€ 1.500,00	Freibetrag – mtl. € 150,00	
Abfertigungsanspruch	9 ME		
Berechnung Abfertigung			
Lohn	€ 1.500,00		
+ 1/12 UZ	€ 125,00		
+ 1/12 WR	€ 125,00		
Monatsentgelt	€ 1.750,00 × 9 =	Abfertigung – brutto	€ 15.750,00
Sozialversicherung	beitragsfrei – § 49 Abs 3 Z 7 ASVG		€ 0,00
Lohnsteuer – Quotientenmethode			
	€ 1.500,00		
– SV – 15,12%	€ 226,80		
– Freibetrag	€ 150,00		
LSt – Bemessungsgrundlage	€ 1.123,20		
Lohnsteuer – AEAB/1 Kind	€ 0,00		
Quotient	€ 15.750,00 : € 1.500 = 10,5		
LSt	€ 0,00 × 10,5 =	€ 0,00	
Prozentmethode			€ 0,00
Abfertigung	€ 15.750,00 × 6% =	€ 945,00	
		Abfertigung – netto	**€ 15.750,00**

1. Abfertigungen

Abfertigung bei Fortsetzung des Dienstverhältnisses

36 Bei einer vereinbarten **Altersteilzeit** kann eine Besteuerung nach § 67 Abs 3 EStG nur am **tatsächlichen** Ende des Dienstverhältnisses vorgenommen werden.

37 Eine begünstigte Besteuerung einer Abfertigung gemäß § 67 Abs 3 EStG kommt nicht in Betracht, wenn eine „unmittelbare, im Wesentlichen unveränderte Fortsetzung des ersten Dienstverhältnisses" vorliegt.

38 Im Falle einer **Änderungskündigung** (bei mindestens 25% Gehaltsverringerung) ist davon auszugehen, dass das bisherige Dienstverhältnis (einvernehmlich) beendet und gleichzeitig ein neues Dienstverhältnis mit niedrigeren Bezügen begonnen wird. Die 25%ige Gehaltsverringerung bezieht sich auf die Gesamtentlohnung. COVID-19-Bonuszahlungen und Teuerungsprämien sind dabei allerdings nicht zu berücksichtigen.

39 Bei einem Wechsel von einer Vollzeit- auf eine Teilzeitbeschäftigung mit formaler Auflösung des bisherigen Dienstverhältnisses wird grundsätzlich von einem neuen Dienstverhältnis auszugehen sein. Wird die Arbeitszeit bei gleichbleibendem Stundenlohn reduziert, kann eine bezahlte Abfertigung ebenfalls nach den Bestimmungen des § 67 Abs 3 EStG versteuert werden, wenn das Stundenausmaß um mindestens 25% vermindert wird (vgl VwGH 18. 9. 2013, 2009/13/0207).

40 Im Falle einer nur vorübergehenden Reduktion der Bezüge bzw der Arbeitszeit liegt jedenfalls eine Fortsetzung des Dienstverhältnisses vor, sodass eine begünstigte Besteuerung der Abfertigung nicht zulässig ist.

41 Voraussetzung für die Besteuerung nach den Bestimmungen des § 67 Abs 3 EStG im Falle der Fortsetzung des Dienstverhältnisses ist, dass das erste Dienstverhältnis formal beendet wird. Dies erfordert eine komplette Abrechnung des Dienstnehmers (Abmeldung bei der ÖGK, Auszahlung von nicht verbrauchtem Urlaub udgl).

Wird eine gesetzliche Abfertigung ausbezahlt, muss der Arbeitnehmer in das neue Abfertigungssystem (BMSVG) wechseln.

42 Die Bestimmungen über gesetzliche Abfertigungen gelten auch für Bezüge und Entschädigungen iSd § 14 Bezügegesetz sowie dem Grunde und der Höhe nach gleichartige Bezüge und Entschädigungen aufgrund landesgesetzlicher Regelungen und des § 5 Verfassungsgerichtshofgesetz und für Abfertigungen durch die BUAK aufgrund des BUAG.

1.9 Abfertigung neu

43 Die Lohnsteuer von Abfertigungen sowie von Kapitalbeträgen (§§ 59 und 69 BMSVG) aus einer Betrieblichen **Vorsorgekasse** (BV-Kasse) beträgt **generell 6%**. Wird die Abfertigung oder der Kapitalbetrag an ein Versicherungsunternehmen zur Rentenauszahlung oder an eine Pensionskasse übertragen, fällt **keine** Lohnsteuer an (LStR Rz 1079 a).

44 Die Kapitalabfertigung angefallener Renten unterliegt einer Lohnsteuer von 6% (LStR Rz 1079 a).

45 Wechselt der Dienstnehmer in das „neue" Abfertigungssystem, sind von diesem Wechsel nur die gesetzlichen Abfertigungsansprüche erfasst. Eventuell **höhere kollektivvertragliche** Abfertigungsansprüche bleiben gegenüber dem Dienstgeber bestehen (ausgenommen übertragene kollektivvertragliche Ansprüche, die bereits zum 1. 1. 2002 bestanden haben). Werden derartige Ansprüche von Dienstgeber ausbezahlt, können diese **nicht** mehr nach den Bestimmun-

gen des § 67 Abs 3 EStG, sondern nur mehr gemäß § **67 Abs 10 EStG** nach Tarif (wie laufender Bezug) versteuert werden (LStR Rz 1079 b).

1.10 Abfertigungen von Witwer- oder Witwenpensionen (§ 67 Abs 4 EStG)

Die Lohnsteuer von Abfertigungen von Witwer- oder Witwenpensionen, die aufgrund bundes- oder landesgesetzlicher Vorschriften aus dem Grunde der Wiederverehelichung geleistet werden, wird gemäß § 67 Abs 4 EStG so berechnet, dass die auf die letzte laufende Witwer- oder Witwenpension entfallende tarifmäßige Lohnsteuer mit der gleichen Zahl vervielfacht wird, die dem bei der Berechnung des Abfertigungsbetrags angewendeten Mehrfachen entspricht. Als Bemessungsgrundlage für die Berechnung der Steuer wird die letzte Pensionszahlung herangezogen. Ist die Lohnsteuer bei Anwendung des festen Steuersatzes von 6% niedriger, so erfolgt die Besteuerung der Abfertigung der Witwer- oder Witwenpension nach dieser Bestimmung.

46

- ✓ Die Ablösung von Witwer- oder Witwenpensionen aufgrund bundes- oder landesgesetzlicher Vorschriften oder
- ✓ die Ablösung von Witwer- oder Witwenpensionen aufgrund von Satzungen der Versorgungs- und Unterstützungseinrichtungen der Kammern der selbständig Erwerbstätigen sowie
- ✓ Abfindungen iSd § 269 ASVG und vergleichbare Abfindungen an Hinterbliebene im Rahmen der gesetzlichen Pensionsversicherung oder
- ✓ vergleichbare Abfindungen an Hinterbliebene aufgrund von Satzungen der Versorgungs- und Unterstützungseinrichtungen der Kammern der selbständig Erwerbstätigen

sind sinngemäß zu behandeln.

> **Hinweis**
>
> Das Erkenntnis des VwGH (26. 4. 2017, Ro 2015/13/0020) ist nur auf Ablösungen von Pensionen aufgrund von Satzungen der Versorgungs- und Unterstützungseinrichtungen der Kammern der selbständig Erwerbstätigen anzuwenden, die vor dem 15. 8. 2018 zugeflossen sind.

1.11 Freiwillige Abfertigung (§ 67 Abs 6 EStG)

Aus der Bezeichnung des Bezugs lässt sich bereits ableiten, dass für den Arbeitnehmer **kein** Rechtsanspruch auf eine freiwillige Abfertigung besteht. Derartige Ansprüche bedürfen einer ausdrücklichen Vereinbarung zwischen Arbeitgeber und Arbeitnehmer (Dienstvertrag oder Betriebsvereinbarung). Schriftlichkeit (zB im Dienstvertrag) ist dabei nicht erforderlich.

47

Sozialversicherung

Vergütungen, die aus Anlass der Beendigung des Dienst(Lehr-)verhältnisses gewährt werden, wie zB Abfertigungen, Abgangsentschädigungen, Übergangsgelder, gelten **nicht** als Entgelt iSd § 49 Abs 1 und 2 ASVG und es sind daher keine Sozialversicherungsbeiträge davon zu entrichten (§ 49 Abs 3 Z 7 ASVG).

48

Grundvoraussetzung ist jedoch, dass ein unmittelbarer Zusammenhang mit der Auflösung des Dienstverhältnisses besteht. Während eines aufrechten Dienstverhältnisses bezahlte Abferti-

1. Abfertigungen

gungen unterliegen **nicht** dieser Befreiungsbestimmung (ausgenommen iZm einer Änderungskündigung).

Lohnsteuer

49 Sonstige Bezüge, die bei oder nach Beendigung des Dienstverhältnisses anfallen (zB freiwillige Abfertigungen und Abfindungen, ausgenommen von BV-Kassen ausbezahlte Abfertigungen und Zahlungen für Verzicht auf Arbeitsleistungen künftiger Lohnzahlungszeiträume), sind wie folgt mit 6% zu versteuern:
1. Der Steuersatz von 6% ist auf ein Viertel der laufenden Bezüge der letzten zwölf Monate, höchstens aber auf den Betrag anzuwenden, der dem **Neunfachen der monatlichen Höchstbeitragsgrundlage** entspricht (Viertelregelung).
2. Über das Ausmaß des Viertels der laufenden Bezüge der letzten zwölf Monate ist bei freiwilligen Abfertigungen der Steuersatz von 6% auf einen Betrag anzuwenden, der von der nachgewiesenen Dienstzeit abhängig ist. Bei einer nachgewiesenen Dienstzeit ist ein Betrag bis zur Höhe von

3 Jahren	$2/12$ der laufenden Bezüge der letzten 12 Monate
5 Jahren	$3/12$ der laufenden Bezüge der letzten 12 Monate
10 Jahren	$4/12$ der laufenden Bezüge der letzten 12 Monate
15 Jahren	$6/12$ der laufenden Bezüge der letzten 12 Monate
20 Jahren	$9/12$ der laufenden Bezüge der letzten 12 Monate
25 Jahren	$12/12$ der laufenden Bezüge der letzten 12 Monate

mit dem Steuersatz von 6% zu versteuern. Ergibt sich jedoch bei Anwendung der dreifachen monatlichen Höchstbeitragsgrundlage auf die der Berechnung zugrundeliegende Anzahl der laufenden Bezüge ein niedrigerer Betrag, ist nur dieser mit 6% zu versteuern (Zwölftelregelung).

Aufgrund der Deckelungsbestimmung ergibt sich, dass bis zu folgenden Obergrenzen freiwillige Abfertigungen nach der Zwölftelregelung mit 6% versteuert werden können:

Jahre	3-fache Hbg*	Faktor	Maximalbetrag
3 Jahre	€ 17.550,00	2	€ 35.100,00
5 Jahre	€ 17.550,00	3	€ 52.650,00
10 Jahre	€ 17.550,00	4	€ 70.200,00
15 Jahre	€ 17.550,00	6	€ 105.300,00
20 Jahre	€ 17.550,00	9	€ 157.950,00
25 Jahre	€ 17.550,00	12	€ 210.600,00

* Werte 2023

50 Während dieser Dienstzeit
- ✓ bereits erhaltene Abfertigungen iSd § 67 Abs 3 (gesetzliche Abfertigungen) oder Abs 6 (freiwillige Abfertigungen) EStG sowie
- ✓ bestehende Ansprüche auf Abfertigungen iSd § 67 Abs 3 EStG

kürzen das steuerlich begünstigte Ausmaß der Zwölftelregelung, nicht hingegen der Viertelregelung. Den Nachweis über die zu berücksichtigende Dienstzeit sowie darüber, ob und in welcher Höhe Abfertigungen iSd § 67 Abs 3 oder 6 EStG bereits früher ausgezahlt worden sind, hat der Arbeitnehmer zu erbringen (Nachweis, nicht Glaubhaftmachung); bis zu wel-

1.11 Freiwillige Abfertigung

chem Zeitpunkt zurück die Dienstverhältnisse nachgewiesen werden, bleibt dem Arbeitnehmer überlassen. Der Nachweiszeitraum muss dabei jedoch geschlossen sein. Eine Ausklammerung einzelner Zeiten ist nicht möglich. Der Nachweis ist vom Arbeitgeber zum Lohnkonto (§ 76 EStG) zu nehmen.

Die Wortfolge „bis zu welchem Zeitpunkt zurück die Dienstverhältnisse nachgewiesen werden" ist bereits sprachlich so zu verstehen, dass der Nachweis beim aktuellen Dienstverhältnis beginnt und so weit zurück erfolgt, wie es dem Dienstnehmer möglich oder opportun ist. Ein Außerachtlassen einzelner Jahre bzw Dienstverhältnisse (samt der im Rahmen dieser Dienstverhältnisse bezogenen Abfertigungen) kommt dabei nicht in Betracht (BFG 13. 1. 2021, RV/2101719/2016; VwGH 29. 6. 2022, Ro 2021/15/0007). **51**

Der Nachweis (der kein Urkundenbeweis sein muss), dass der Arbeitnehmer bei Beendigung eines früheren Dienstverhältnisses keine Abfertigung erhalten hat, ist vom Arbeitnehmer zu erbringen. Ist dieser Nachweis nicht zumutbar, muss die Behörde so entscheiden, dass die von ihr getroffene Sachverhaltsannahme und ihre Schlussfolgerungen mit den Erfahrungen des täglichen Lebens in Einklang stehen. Dabei muss auch ein Vorbringen des Arbeitnehmers, das geeignet ist, begründete Zweifel am Erhalt der Abfertigung bzw ihrer Höhe hervorzurufen, in die Beweiswürdigung einbezogen werden. Solche Zweifel können sich zB aus der Insolvenz (Zwangsausgleich) des früheren Arbeitgebers ergeben (VwGH 19. 9. 1990, 89/13/0087). **52**

Soweit die Grenzen der Viertelregelung sowie der Zwölftelregelung überschritten werden, sind solche sonstigen Bezüge wie ein laufender Bezug im Zeitpunkt des Zufließens nach dem Lohnsteuertarif des jeweiligen Kalendermonats der Besteuerung zu unterziehen (§ 67 Abs 10 EStG). **53**

Sonstige Bezüge nach § 67 Abs 6 EStG, die nicht mit dem Steuersatz von 6% zu versteuern sind, unterliegen dem Betriebsausgabenabzugsverbot und sind daher bei der Gewinnermittlung auszuscheiden (§ 20 Abs 1 Z 8 EStG). **54**

Mit Erkenntnis vom 16. 3. 2022, G 228/2021-8 hat der VfGH das Betriebsausgabenabzugsverbot gemäß § 20 Abs 1 Z 8 EStG mit Ablauf des 31. 12. 2022 als verfassungswidrig aufgehoben. Dementsprechend wurde § 20 Abs 1 Z 8 EStG ab dem 1. 1. 2023 dahingehend geändert, dass Leistungen im Rahmen von Sozialplänen unabhängig von ihrer Höhe niemals dem Abzugsverbot des § 20 EStG unterliegen. Die Neuregelung gilt für alle Abfertigungen, die ab dem Kalenderjahr 2023 geleistet werden. Bis zum 31. 12. 2022 bleibt das Betriebsausgabenabzugsverbot weiterhin uneingeschränkt anwendbar. **55**

Hinsichtlich freiwilliger Abfertigungen außerhalb von Sozialplänen wurde darüber hinaus entsprechend der bereits bisher geltenden Rechtslage klargestellt, dass – wie vom VwGH in der Entscheidung Ro 2020/13/0013 vom 7. 12. 2020 festgestellt – der Verweis auf § 67 Abs 6 EStG so auszulegen ist, dass unabhängig von der Höhe ihrer Besteuerung beim Empfänger in Folge divergierender Abfertigungsregime nur jene freiwilligen Abfertigungen, die die Werte des § 67 Abs 6 Z 1 bis 3 EStG übersteigen, dem Abzugsverbot des § 20 Abs 1 Z 8 EStG unterliegen. **56**

Werden bspw freiwillige Abfertigungen an Arbeitnehmer ausbezahlt, die dem BMSVG unterliegen, können diese zwar bei den Arbeitnehmern nicht begünstigt mit 6% besteuert werden, jedoch bei der Gewinnermittlung bis zur Höhe der (fiktiven) begünstigt gemäß § 67 Abs 6 EStG zu versteuernden Bezüge als Betriebsausgaben berücksichtigt werden. Nur der darüberhinausgehende Teil unterliegt dem Betriebsausgabenabzugsverbot. **57**

1. Abfertigungen

> **Beispiel – Betriebsausgabenabzugsverbot**
>
> Ein Arbeitnehmer erhält eine freiwillige Abfertigung in der Höhe von € 100.000,–. Das Dienstverhältnis des Arbeitnehmers unterliegt dem BMSVG und dauerte bis zur Beendigung 14 Jahre. Die laufenden Bezüge der letzten zwölf Monate betragen € 36.000,–.
> Eine begünstigte Besteuerung gemäß § 67 Abs 6 EStG mit 6% Lohnsteuer ist nicht möglich, weil das Dienstverhältnis dem BMSVG unterliegt.
> Für die Berücksichtigung des Betriebsausgabenabzugsverbotes ist § 67 Abs 6 EStG fiktiv zu berechnen:
>
> | | | |
> |---|---|---|
> | Viertelbegünstigung (§ 67 Abs 6 Z 1 EStG) | 3/12 | € 9.000,– |
> | Zwölftelbegünstigung (§ 67 Abs 6 Z 2 EStG) | 14 Jahre = 6/12 | € 18.000,– |
> | Freiwillige Abfertigung als Betriebsausgabe abzugsfähig | | € 27.000,– |
> | Nicht abzugsfähig | € 100.000 – € 27.000 | € 73.000,– |

58 Nicht unter das Betriebsausgabenabzugsverbot (§ 20 Abs 1 Z 8 EStG) fallen hingegen Abgangsentschädigungen. Soll der Dienstnehmer durch die Zahlung zur vorzeitigen Auflösung des Dienstverhältnisses bewegt werden, liegt diesbezüglich eine Abgangsentschädigung vor. Diese ist als Betriebsausgabe abzugsfähig (vgl BFG 18. 12. 2020, RV/7103093/2020). Allenfalls kommt das Betriebsausgabenabzugsverbot gemäß § 20 Abs 1 Z 7 EStG zur Anwendung (Aufwendungen oder Ausgaben für das Entgelt für Arbeits- oder Werkleistungen, soweit es den Betrag von € 500.000,– pro Person und Wirtschaftsjahr übersteigt).

59 Hat das Dienstverhältnis vor dem Ausscheiden **kürzer** als zwölf Monate gedauert, können für die Berechnung des Viertels weder die Bezüge aus einem vorhergehenden Dienstverhältnis herangezogen noch die tatsächlich ausgezahlten Bezüge auf einen fiktiven Zwölfmonatsbezug umgerechnet werden (VwGH 19. 2. 1979, 1188/77; UFS Wien 22. 3. 2012, RV/1899-W/11).

60 Hat ein Dienstverhältnis **länger** als zwölf Monate gedauert und sind innerhalb der letzten zwölf Monate zB infolge

- ✓ Präsenz-, Zivil- oder Ausbildungsdienst
- ✓ Krankheit
- ✓ Altersteilzeit
- ✓ Mutterschutz
- ✓ einer Karenz oder
- ✓ Kurzarbeit

geringere oder gar keine Bezüge ausbezahlt worden, ist die Beurteilung von dem Zeitraum zurückgehend vorzunehmen, für den letztmalig die vollen laufenden Bezüge angefallen sind (LStR Rz 1088).

61 Entscheidend in diesen Fällen ist, wann **letztmalig** die **vollen laufenden Bezüge angefallen** sind. Sind nach den vorgenannten Zeiten mit reduzierten Bezügen aber zumindest bei Beendigung des Dienstverhältnisses wieder die vollen Bezüge angefallen, sind die laufenden Bezüge der letzten zwölf Monate von der Beendigung des Dienstverhältnisses zurück – ohne Ausklammerung dieser Zeiten – zu berücksichtigen. Wurde hingegen das Dienstverhältnis mit Zeiten reduzierter Bezüge beendet, ist der Zwölf-Monats-Zeitraum davor ausgehend von den letztmalig angefallenen Bezügen zurück, heranzuziehen. Die LStR vertreten hier eine begünstigende Ansicht gegenüber der Judikatur, wonach ausschließlich auf die laufenden Bezüge der letzten zwölf Monate abzustellen ist. Eine Verlängerung oder Verschiebung dieses Zeitraums sieht die Bestimmung des § 67 Abs 6 EStG nicht vor (VwGH 22. 9. 2021, Ro 2021/13/0004). Ersetzen Krankengelder (mit sechs Siebentel) laufende lohnsteuerpflichtige Bezüge innerhalb der letzten zwölf Monate, sind sie im Rahmen der Pflichtveranlagung in die Bemes-

1.11 Freiwillige Abfertigung

sungsgrundlage als Bezüge der letzten zwölf Monate einzubeziehen (vgl VwGH 22. 9. 2021, Ro 2021/13/0004).

Beispiel 1 – Zwölf-Monats-Zeitraum

Beendigung Dienstverhältnis: 30. 6. 2022
In den Monaten Jänner bis Mai 2022 sind aufgrund von Kurzarbeit reduzierte laufende Bezüge angefallen. Im Juni 2022 sind wegen der Behaltefrist wiederum die vollen laufenden Bezüge angefallen.
Da letztmalig im Juni 2022 die vollen laufenden Bezüge angefallen sind, sind für die Ermittlung der Bemessungsgrundlage gemäß § 67 Abs 6 EStG die laufenden Bezüge von Juli 2021 bis Juni 2022 (= zwölf Monate) heranzuziehen.

Beispiel 2 – Zwölf-Monats-Zeitraum

Beendigung Dienstverhältnis: 30. 6. 2023
Bei Beendigung des Dienstverhältnisses befand sich der Dienstnehmer nach wie vor im Krankenstand. Die volle Entgeltfortzahlung ist mit Februar 2023 ausgelaufen.
Da letztmalig im Februar 2023 die vollen laufenden Bezüge angefallen sind, sind für die Ermittlung der Bemessungsgrundlage gemäß § 67 Abs 6 EStG die laufenden Bezüge von März 2022 bis Februar 2023 (= zwölf Monate) heranzuziehen.

62 Zu den „laufenden Bezügen der letzten zwölf Monate" gehören alle Geld- und Sachleistungen im Zeitpunkt der Beendigung des Dienstverhältnisses (auch nach Übertritt in das neue System), gleichgültig, ob diese der Lohnsteuer unterliegen oder nicht, somit

- ✓ Gehalt/Lohn
- ✓ laufende steuerfreie Zuwendungen gemäß § 3 EStG
- ✓ das Überstundenentgelt
- ✓ die Sachbezüge (geldwerte Vorteile, ausgenommen als sonstige Bezüge zu behandelnde Sachbezugswerte für Zinsersparnisse bei zinsverbilligten oder unverzinslichen Gehaltsvorschüssen und Arbeitgeberdarlehen)
- ✓ Zulagen und Zuschläge (SEG-Zulagen; Sonn-, Feiertags- und Nachtzuschläge)
- ✓ steuerpflichtige Teile von Reisekostenvergütungen
- ✓ das vom Dienstgeber ausbezahlte Krankenentgelt

63 Laufende Bezüge aus vorangegangenen Dienstverhältnissen dürfen nicht einbezogen werden.

64 Die **Sechstelbestimmung** bzw die Bestimmungen betreffend die **steuerfreien € 620,–** sind **nicht** anzuwenden.

65 Wechselt der Arbeitnehmer in eine BV-Kasse und werden freiwillige Abfertigungsansprüche teilweise eingefroren, ist auch die Sprungstellen-Jahresstaffel des § 67 Abs 6 Z 2 EStG zu diesem Stichtag einzufrieren.

Beispiel – Sprungstellen-Jahresstaffel

Anrechenbare Vordienstzeiten bis zum Zeitpunkt der Option in das neue System – zehn Jahre
Anrechenbare Vordienstzeiten zum Zeitpunkt der Auszahlung der Abfertigung – 25 Jahre
Für die Besteuerung der freiwilligen Abfertigung nach § 67 Abs 6 Z 2 EStG können nur 4/12 der laufenden Bezüge der letzten zwölf Monate mit 6% versteuert werden.

1. Abfertigungen

66 Freiwillige (vertragliche) Abfertigungen, die erst aufgrund eines arbeitsgerichtlichen Urteils nach Auflösung des Dienstverhältnisses zur Auszahlung gelangen, sind nicht gemäß § 67 Abs 8 EStG, sondern gemäß § 67 Abs 6 EStG zu besteuern (VwGH 26. 7. 1995, 92/15/0104).

67 Gemäß § 67 Abs 6 Z 7 EStG gelten die Bestimmungen des § 67 Abs 6 EStG nur für jene Zeiträume, für die **keine** Anwartschaften gegenüber einer Betrieblichen Vorsorgekasse bestehen. Die Begünstigung des § 67 Abs 6 EStG kommt somit **nicht** zum Tragen, wenn für neue Dienstverhältnisse ab 1. 1. 2003 laufende Beiträge nach dem neuen System in eine Betriebliche Vorsorgekasse gezahlt werden (LStR Rz 1087a). Dennoch handelt es sich um sonstige Bezüge iSd § 67 Abs 6 EStG. Es können daher auch keine Vordienstzeiten berücksichtigt werden. Keine Möglichkeit der Anwendung von § 67 Abs 6 EStG besteht daher für jene Fälle, die nach altem System aufgrund einer Selbstkündigung den Anspruch auf eine gesetzliche Abfertigung verloren haben und durch die Aufnahme einer Tätigkeit bereits zwingend in das neue System wechseln und vom nachfolgenden Arbeitgeber eine freiwillige Abfertigung zur Abdeckung der „verlorenen" gesetzlichen Abfertigungsansprüche erhalten (LStR Rz 1087g). Kommt es zur Auszahlung einer freiwilligen Abfertigung, ist diese nach den Bestimmungen des **§ 67 Abs 10 EStG** zu versteuern.

68 Verbleibt der Dienstnehmer zur Gänze im „alten" Abfertigungssystem bzw hat er aufgrund seiner arbeitsrechtlichen Stellung (zB Vorstand einer AG, dessen Vorstandsvertrag vor dem 1. 1. 2008 abgeschlossen wurde) keinen Abfertigungsanspruch gegenüber einer Betrieblichen Vorsorgekasse, gelten die Bestimmungen des § 67 Abs 6 EStG unverändert weiter.

69 Wird das „alte" Abfertigungssystem für Anwartschaftszeiträume bis zu einem bestimmten Übertrittsstichtag weiter geführt, werden die gesamten Altabfertigungsansprüche eingefroren und wird lediglich für künftige Anwartschaftszeiträume das neue System gewählt, ist § 67 Abs 6 EStG nur insoweit anzuwenden, als sich die freiwilligen Abfertigungen auf die „alten" Anwartschaftszeiträume beziehen (LStR Rz 1087c).

70 Wurden (gesetzliche) Altabfertigungsanwartschaften für das bisherige Dienstverhältnis im höchstmöglichen Ausmaß übertragen (§ 26 Z 7 EStG), steht die Begünstigung gemäß § 67 Abs 6 Z 1 EStG (ein Viertel der laufenden Bezüge der letzten zwölf Monate) für freiwillige Abfertigungen zu. Eine Begünstigung gemäß § 67 Abs 6 Z 2 EStG (Zwölftelregelung) ist nicht möglich.

71 Wird zur vollen Übertragung bestehender Anwartschaften an eine Betriebliche Vorsorgekasse nicht der gesamte zum Zeitpunkt der Übertragung bestehende (fiktive) kollektivvertragliche oder gesetzliche Abfertigungsanspruch übertragen, steht die Begünstigung des § 67 Abs 6 Z 2 EStG auch dann zu, wenn anstelle des vertraglich vereinbarten „nachzuschießenden" Betrags eine freiwillige Abfertigung gezahlt wird. Der Übertragungsbetrag (einschließlich Verzugszinsen) vermindert den gemäß § 67 Abs 6 Z 2 EStG begünstigt zu versteuernden Betrag (LStR Rz 1087e).

72 Wird ein Teil der Altabfertigungsanwartschaften an eine Betriebliche Vorsorgekasse übertragen und ein Teil eingefroren, kann analog zur Regelung gemäß § 26 Z 7 lit d EStG die Begünstigung des § 67 Abs 6 EStG nur hinsichtlich des nicht übertragenen (eingefrorenen) Teiles angewendet werden. Dabei vermindert der Übertragungsbetrag (einschließlich Verzugszinsen) den gemäß § 67 Abs 6 Z 2 EStG begünstigt zu versteuernden Betrag (LStR Rz 1087f).

73 Maßgeblich für die Berechnung der Begünstigung ist auch bei Übertritt in das neue Abfertigungssystem die Höhe der Bezüge zum Zeitpunkt der Beendigung des Dienstverhältnisses (LStR Rz 1087i).

1.11 Freiwillige Abfertigung

Leistet der Arbeitgeber Zahlungen, damit der Arbeitnehmer einer vorzeitigen Vertragsauflösung zustimmt (zB Arbeitnehmer, die zum Kreis der Behinderten zählen, Betriebsräte udgl), liegt **keine** freiwillige Abfertigung vor. Derartige sonstige Bezüge (Abgangsentschädigungen) sind wie ein laufender Bezug im Zeitpunkt des Zufließens nach dem Lohnsteuertarif des jeweiligen Kalendermonats der Besteuerung zu unterziehen (§ 67 Abs 10 EStG – Tarifbesteuerung). **74**

Maßgeblich für die Abgrenzung „sonstiger Bezug iSd § 67 Abs 6 EStG" zu „Zahlung für den Verzicht auf Arbeitsleistung für zukünftige Lohnzahlungszeiträume" ist, ob die Zahlung – nach ihrem wahren wirtschaftlichen Gehalt – mit der Absicht ausverhandelt bzw angeboten worden ist, eine friktionsfreie vorzeitige Auflösung des Dienstverhältnisses erst herbeizuführen. Von ausschlaggebender Bedeutung sind die Hintergründe der Vertragsauflösung und die Motive, die zur Zahlung führen (vgl VwGH 19. 4. 2018; Ra 2017/15/0073). **75**

Wird das Dienstverhältnis während des Kalendermonats beendet und werden im Zuge der Beendigung Bezüge gemäß § 67 Abs 6 EStG, die zum Tarif zu versteuern sind, ausgezahlt, sind diese Bezüge den laufenden Bezügen des Kalendermonats zuzurechnen und gemeinsam nach dem Monatstarif (unter Berücksichtigung eines monatlichen Lohnzahlungszeitraums) zu versteuern. In diesem Fall ist am Lohnzettel als Zeitpunkt der Beendigung des Dienstverhältnisses der Tag der tatsächlichen Beendigung des Dienstverhältnisses anzuführen (LStR Rz 1090). **76**

Abfertigungen sind bei der Veranlagung der Einkommensteuer (§ 41 Abs 4 EStG) insoweit nicht einzubeziehen, als sie mit den festen Steuersätzen des § 67 EStG zu versteuern waren. Als fester Steuersatz gilt auch die vervielfachte Tariflohnsteuer nach § 67 Abs 3 und 4 EStG. **77**

Nicht unter die Begünstigung des § 67 Abs 6 EStG fallen **78**

- ✓ Tantiemen
- ✓ Jubiläumsgelder
- ✓ Umsatzbeteiligungen
- ✓ Gewinnbeteiligungen
- ✓ Bilanzremunerationen
- ✓ Leistungsprämien

Bei Auszahlung derartiger Bezüge, auch wenn sie iZm der Beendigung des Dienstverhältnisses anfallen, handelt es sich um laufende oder sonstige Bezüge, welche nach dem Lohnsteuertarif des jeweiligen Kalendermonats oder als sonstiger Bezug gemäß § 67 Abs 1 und 2 EStG zu versteuern sind. **79**

Ebenfalls nicht unter die Begünstigung nach § 67 Abs 6 EStG fallen Zahlungen iZm einer Kündigungsanfechtungsklage, auch wenn sie als freiwillige Abfertigungen bezeichnet werden. Diese sind als Vergleichssumme zu versteuern. **80**

Eine bloße Aussage in einem Vergleich, dass die Zahlung eine (freiwillige) Abfertigung darstellt, ist dann nicht ausreichend, wenn sie nicht dem wahren wirtschaftlichen Gehalt entspricht. Es widerspricht jeder Lebenserfahrung, dass ein Arbeitgeber, der sich von seinem Arbeitnehmer im Unfrieden trennt, aus freien Stücken eine Abfertigung zahlt, die über das Ausmaß der Vertragsregelung hinausgeht. Daher sind derartige Zahlungen nicht nach § 67 Abs 6 EStG, sondern als Vergleichssumme zu versteuern. **81**

Unterliegt der Arbeitnehmer nicht den Bestimmungen des BMSVG und wechselt er innerhalb eines Konzerns in ein neues Arbeitsverhältnis, ohne dass eine Vereinbarung nach § 47 Abs 1 BMSVG abgeschlossen wurde, kann bei Beendigung des vorangegangenen Dienstverhältnisses eine freiwillige Abfertigung steuerbegünstigt nach § 67 Abs 6 EStG ausbezahlt werden (VwGH 25. 7. 2018, Ro 2017/13/0006). **82**

1. Abfertigungen

DB – DZ – KommSt

83 Gemäß den Bestimmungen des § 41 Abs 4 lit b FLAG und des § 5 Abs 2 KommStG gehören Abfertigungen, die nach den Bestimmungen § 67 Abs 3 (gesetzliche und kollektivvertragliche Abfertigungen) sowie Abs 6 (freiwillige Abfertigungen) EStG versteuert werden, nicht zur Bemessungsgrundlage. Dazu zählen auch jene Bezugsteile, die wie ein laufender Bezug nach dem Lohnsteuertarif besteuert werden (VwGH 22. 9. 2005, 2011/14/0034). Unterliegt der Arbeitnehmer dem System „Abfertigung neu" und wird dennoch eine freiwillige Abfertigung bezahlt, unterliegt diese ebenfalls nicht der DB-, DZ- und KommSt-Pflicht (VwGH 1. 9. 2015, 2012/15/0122).

84 Die Befreiungsbestimmung ist jedoch nur auf Bezüge aus nichtselbständiger Tätigkeit heranzuziehen. Wird eine Abfertigung an einen mehrheitlich an einer GmbH beteiligten Gesellschafter-Geschäftsführer ausbezahlt, unterliegt diese Abfertigung der Beitragspflicht.

85 **Freiwillige Abfertigung ohne nachgewiesenen Vordienstzeiten**

Angestellter	– keine Überleitung ins neue Abfertigungssystem – keine Vordienstzeiten			
Gehalt	€ 3.600,00			
Sonderzahlungen				
Urlaubszuschuss	€ 3.600,00			
Weihnachtsremuneration	€ 3.600,00			
Ende Dienstverhältnis	30. 6. 2023 – Kündigung Arbeitgeber			
Dauer Dienstverhältnis	22 Jahre 5 Monate			
Anspruch gesetzliche Abfertigung	9 Monatsentgelte			
Freiwillige Abfertigung – laut DV	€ 25.200,00			
lfd Bezüge – 12 Monate	€ 43.200,00			
Abrechnung (ohne Sonderzahlungen)				
Gehalt				€ 3.600,00
Gesetzliche Abfertigung				
Gehalt	€ 3.600,00			
+ 1/12 UZ	€ 300,00			
+ 1/12 WR	€ 300,00			
	€ 4.200,00	× 9 =		€ 37.800,00
Frw Abfertigung	€ 4.200,00	× 6 =		€ 25.200,00
			brutto	€ 66.600,00
Sozialversicherung				
Abfertigungen	beitragsfrei			
Gehalt	€ 3.600,00	× 18,12% =		€ 652,32
Lohnsteuer				
Gesetzliche Abfertigung (Prozentsatzmethode)				
	€ 37.800,00	× 6% =		€ 2.268,00
Frw Abfertigung				
Viertelregelung	€ 43.200,00	: 4 =	€ 10.800,00	
Zwölftelregelung	€ 43.200,00	: 12 × 9 =		
	€ 32.400,00			
– gesetzl Abf	€ 37.800,00		€ 0,00	
			€ 10.800,00 × 6% =	€ 648,00
Frw Abfertigung – gesamt	€ 25.200,00			
– mit 6% versteuert	€ 10.800,00	=		
nach Tarif	€ 14.400,00			

Tarifbesteuerung				
Gehalt	€ 3.600,00			
+ frw Abfertigung	€ 14.400,00			
– SV – lfd Bezug	€ 652,32			
	€ 17.347,68		€ 7.467,57	
		netto	**€ 55.564,11**	

2. Abfuhr der Lohnsteuer (§ 79 EStG)

Der Arbeitgeber hat die gesamte Lohnsteuer, die in einem Kalendermonat einzubehalten war, spätestens am 15. Tag nach Ablauf des Kalendermonats in einem Betrag an sein FA abzuführen. Die Lohnsteuer von Bezügen (Löhnen), die regelmäßig wiederkehrend bis zum 15. Tag eines Kalendermonats für den vorausgegangenen Kalendermonat ausbezahlt werden, gilt als Lohnsteuer, die im vorangegangenen Kalendermonat einzubehalten war. **86**

Werden Bezüge für das Vorjahr nach dem 15. 1. bis zum 15. 2. ausgezahlt, ist die Lohnsteuer bis zum 15. 2. als Lohnsteuer für das Vorjahr abzuführen. § 67 Abs 8 lit c EStG (Nachzahlungen für abgelaufene Kalenderjahre) ist nicht anzuwenden (kein steuerfreies Fünftel). **87**

Der zu zahlende Gesamtbetrag ist gemäß § 204 Abs 2 BAO auf volle Cent abzurunden oder aufzurunden. Dabei sind Beträge unter 0,5 Cent abzurunden, Beträge ab 0,5 Cent aufzurunden. **88**

Fristverlängerungen für die Abfuhr der Lohnsteuer über den gesetzlichen Termin hinaus werden grundsätzlich nicht gewährt, da dies in Widerspruch zu der Bestimmung des § 79 Satz 1 EStG stehen würde. **89**

Um allfällige Zinsverluste zu vermeiden, kann das FA insgesamt drei Säumniszuschläge verhängen (§ 217 Abs 1 bis 3 BAO). **90**

✓ Der erste Säumniszuschlag beträgt 2% des nicht zeitgerecht entrichteten Abgabenbetrags. Wird eine Abgabenschuld nicht spätestens an ihrem Fälligkeitstag beglichen, tritt die Vollstreckbarkeit des aushaftenden Betrags ein.
✓ Der zweite Säumniszuschlag fällt für eine Abgabe an, die nicht spätestens drei Monate nach dem Eintritt ihrer Vollstreckbarkeit beglichen ist.
✓ Wird die Abgabe nicht spätestens drei Monate nach dem Eintritt der Verpflichtung zur Entrichtung des zweiten Säumniszuschlags getilgt, gelangt der dritte Säumniszuschlag zur Vorschreibung.
✓ Der zweite und der dritte Säumniszuschlag beträgt jeweils 1% des zum maßgebenden Stichtag nicht entrichteten Abgabenbetrags.

Die Verpflichtung zur Entrichtung eines Säumniszuschlags entsteht nicht, wenn die Säumnis nicht mehr als fünf Tage beträgt und der Abgabepflichtige innerhalb der letzten sechs Monate vor dem Eintritt der Säumnis alle Abgabenschuldigkeiten, hinsichtlich derer die Gebarung mit der nicht zeitgerecht entrichteten Abgabe zusammengefasst verbucht wird, zeitgerecht entrichtet hat. Überdies wird ein Säumniszuschlag nicht vorgeschrieben, wenn dieser weniger als € 50,– ausmacht – entsprechen einem zu spät entrichteten Steuerbetrag von € 2.500,– (2%) bzw € 5.000,– (1%). **91**

Diese Grenzen beziehen sich bei mit Abgabenbescheid oder Haftungsbescheid geltend gemachten Nachforderungen von Selbstbemessungsabgaben auf die Summe der gleichartigen (jeweils mit Bescheid geltend gemachten) Abgaben (Erlass des BMF 7. 11. 2001, 05 2001/5-IV/5/01). **92**

3. Abgangsentschädigung

93 Als Abgangsentschädigung ist eine Zahlung anzusehen, die dem Dienstnehmer als Gegenleistung dafür gewährt wird, dass er in eine **vorgezogene Auflösung** des Dienstverhältnisses einwilligt. Es wird sozusagen der freiwillige „Abgang" des Dienstnehmers – idR auf Basis einer einvernehmlichen Auflösung – abgegolten, wodurch sich der Dienstgeber die Einhaltung einer Kündigungsfrist erspart (vgl dazu VwGH 16. 11. 2005, 2005/08/0048).

Sozialversicherung

94 Eine einmalige, freiwillige Abgangsentschädigung ist grundsätzlich beitragsfrei. Voraussetzung ist allerdings, dass mit der Abgangsentschädigung keine (strittigen) beitragspflichtigen Ansprüche aus dem Dienstverhältnis abgegolten werden (zB keine Entgeltansprüche).

95 Wie sich aus § 49 Abs 3 Z 7 ASVG ergibt, sind nicht Abgangsentschädigungen aller Art schlechthin von der Beitragspflicht ausgenommen, sondern Abgangsentschädigungen vom Gesetzgeber nur bspw angeführt worden; dem ausdrücklichen Wortlaut der angeführten Bestimmung zufolge muss es sich jedoch um Vergütungen handeln, die lediglich aus Anlass der Beendigung des Dienstverhältnisses gewährt werden, damit die Beitragsfreiheit gegeben ist. Die Beitragsfreiheit der in Rede stehenden Zahlungen lässt sich auch aus § 49 Abs 3 Z 7 ASVG ableiten, wenngleich bei dieser Gesetzesbestimmung eher nur an einmalige Zahlungen aus Anlass der Beendigung des Dienstverhältnisses, wie zB Abfertigungen, gedacht ist (Dachverband 15. 9. 1992, 32 – 53.11/92).

Lohnsteuer

96 Abgangsentschädigungen sind nach den Bestimmungen des § 67 Abs 10 EStG (Tarifbesteuerung) zu versteuern.

DB – DZ – KommSt

97 Abgangsentschädigungen unterliegen zur Gänze der Beitragspflicht bei DB, DZ und KommSt.

4. Abgeordnete zum Europäischen Parlament

98 EU-Parlamentarier erhalten eine einheitliche Entschädigung (Beschluss des Europäischen Parlaments vom 28. 9. 2005, 2005/684/EG), die der EU-Steuer unterworfen wird. Diese Bezüge von unbeschränkt steuerpflichtigen österreichischen Abgeordneten zum EU-Parlament sind gemäß § 3 Abs 1 Z 32 EStG steuerfrei, unterliegen jedoch dem Progressionsvorbehalt gemäß § 3 Abs 3 EStG und führen zu einem Pflichtveranlagungstatbestand gemäß § 41 Abs 1 Z 8 EStG.

5. Abschlussprämien (Provision)

99 Eine Abschlussprämie (Provision) ist das Entgelt für eine verkäuferische oder vermittlerische Tätigkeit und wird idR vom Vertreter/Verkäufer selbst erwirtschaftet. Im Gegensatz dazu wird mit einer Prämie idR eine besondere, über die normalen Arbeitsanforderungen hinausgehende Leistung (Mehrleistung) belohnt.

Besteht laut Dienstvertrag nur ein Anspruch auf eine laufende Provision (zB 3% des monatlichen Verkaufsumsatzes), dann liegt in diesem Umfang jedenfalls ein laufender Bezug, unabhängig vom Auszahlungsmodus, vor. Eine rein rechnerische Aufteilung auf 14 Monatsbezüge ist daher mit steuerlicher Wirksamkeit nicht möglich.

Werden Provisionen, auf die grundsätzlich ein vertraglicher oder kollektivvertraglicher monatlicher Auszahlungsanspruch besteht, monatlich akontiert und nach mehrmonatigem Zeitraum abgerechnet (Provisionsspitze), sind diese Zahlungen als laufende Bezüge zu behandeln (VwGH 21. 11. 1960, 0665/57). Wird diese Provisionsspitze im Folgejahr ausbezahlt und ist eine Aufrollung gemäß § 77 Abs 5 EStG nicht mehr möglich, liegt die Nachzahlung eines laufenden Bezugs vor, der – sofern keine willkürliche Verschiebung vorliegt – nach § 67 Abs 8 lit c EStG zu versteuern ist (siehe auch „Sonstige Bezüge").

6. Absetzbeträge

Von dem sich nach Anwendung der Steuersätze gemäß § 33 Abs 1 EStG ergebenden Betrag sind in folgender Reihenfolge abzuziehen: **100**
1. der Familienbonus Plus
2. der Alleinverdiener-/Alleinerzieherabsetzbetrag
3. der Unterhaltsabsetzbetrag
4. der (erhöhte) Verkehrsabsetzbetrag
5. der (erhöhte) Pensionistenabsetzbetrag (soweit der Verkehrsabsetzbetrag nicht zusteht)
6. der Pendlereuro

Der Familienbonus Plus wird als **erster Absetzbetrag** von der aufgrund des Einkommensteuertarifs errechneten Steuer abgezogen, jedoch maximal bis zum Betrag der tarifmäßigen Steuer. **101**

Alle anderen oben genannten Absetzbeträge können bei der Berechnung der Einkommensteuer zu einem Betrag unter null führen.

7. Abtretung von Pensionsansprüchen

Zur Abtretung von Pensionsansprüchen aus der gesetzlichen Sozialversicherung (§ 47 Abs 3 EStG) siehe „Gemeinsame Auszahlung von Pensionen" (§ 47 Abs 3–5 EStG). **102**

8. Alimente an die geschiedene Ehegattin

Eine Ausnahme von der grundsätzlichen Steuerpflicht wiederkehrender Bezüge (§ 29 Z 1 EStG) bilden die Alimente an die geschiedene Ehegattin. Die Alimente der geschiedenen Ehegattin sind bei dieser steuerfrei und sozialversicherungsfrei. Der Geber hat lediglich für die (Teil-)Beträge, die auch beim Unterhaltsberechtigten selbst eine außergewöhnliche Belastung darstellen würden (zB Krankheitskosten), die Möglichkeit, eine Ermäßigung der Einkommensteuer wegen außergewöhnlicher Belastung zu beantragen. **103**

➢ Siehe auch „Außergewöhnliche Belastungen".

9. Alleinerzieherabsetzbetrag

104 Einem Alleinerzieher steht ein **Alleinerzieherabsetzbetrag von € 520,- jährlich** zu.

105 Alleinerzieher ist eine Person, die mit mindestens einem Kind (§ 106 Abs 1 EStG) mehr als sechs Monate nicht in einer Gemeinschaft mit einem (Ehe)Partner lebt (zB ledig, verwitwet, geschieden oder von seinem Ehegatten dauernd getrennt lebend). Wer mehr als sechs Monate im Kalenderjahr mit einem (neuen) Partner in einer Gemeinschaft lebt, ist kein Alleinerzieher. Der Alleinerzieherabsetzbetrag erhöht sich

- ✓ für das zweite Kind um € 184,-
- ✓ für das dritte und jedes weitere Kind um € 232,-

106 Der Alleinerzieherabsetzbetrag steht dann zu, wenn ein Anspruch auf den österreichischen Kinderabsetzbetrag gemäß § 33 Abs 3 EStG für **mehr als sechs Monate** besteht. Es ist ausreichend, wenn ein Anspruch auf österreichische Familienbeihilfe dem Grunde nach besteht (zB bei Überlagerung des Familienbeihilfenanspruches aufgrund einer zwischenstaatlichen Regelung).

10. Alleinverdienerabsetzbetrag

107 Alleinverdienenden steht ein Alleinverdienerabsetzbetrag zu.

108 Alleinverdiener sind Steuerpflichtige mit mindestens einem Kind, die **mehr** als **sechs Monate** im Kalenderjahr

- ✓ **verheiratet** oder **eingetragener Partner** sind und von ihrem unbeschränkt steuerpflichtigen Ehegatten oder eingetragenen Partner **nicht** dauernd getrennt leben oder
- ✓ die **mehr als sechs Monate** mit einer **unbeschränkt steuerpflichtigen Person** in einer Lebensgemeinschaft leben.

Der Alleinverdienerabsetzbetrag beträgt jährlich

- ✓ bei einem Kind € **520,-**
- ✓ bei zwei Kindern € **704,-**
- ✓ Erhöhung für das dritte und jedes weitere Kind pro Kalenderjahr um € **232,-**

109 Der Alleinverdienerabsetzbetrag steht dann zu, wenn ein Anspruch auf den österreichischen Kinderabsetzbetrag gemäß § 33 Abs 4 Z 3 lit a EStG für mehr als sechs Monate besteht. Es ist ausreichend, wenn ein Anspruch auf österreichische Familienbeihilfe dem Grunde nach besteht (zB bei Überlagerung des Familienbeihilfenanspruchs aufgrund einer zwischenstaatlichen Regelung).

110 Voraussetzung ist, dass der Ehegatte, der eingetragene Partner bzw der Lebensgefährte bei **mindestens einem Kind** Einkünfte von **höchstens € 6.312,-** jährlich erzielt. Die Einkünfte des **gesamten** Kalenderjahrs sind maßgeblich (siehe „Grenzbetragsermittlung").

111 Voraussetzung für den Alleinverdienerabsetzbetrag ist weiters die unbeschränkte Steuerpflicht des Partners des Alleinverdieners. Für Steuerpflichtige iSd § 1 Abs 4 EStG (beschränkt Steuerpflichtige, die in die unbeschränkte Steuerpflicht „optieren" – siehe auch „Beschränkt Steuerpflichtige") ist hingegen die unbeschränkte Steuerpflicht des (Ehe-)Partners nicht erforderlich.

112 Der Alleinverdienerabsetzbetrag steht nur einem der (Ehe-)Partner zu. Erfüllen beide (Ehe-)Partner die Voraussetzungen iS der vorstehenden Angaben, hat jener (Ehe-)Partner Anspruch auf den Alleinverdienerabsetzbetrag, der die höheren Einkünfte erzielt. Haben beide (Ehe-)

11. AEAB und AVAB/Unterhaltsabsetzbetrag – Indexierung für Kinder im Ausland

Partner keine oder gleich hohe Einkünfte, steht der Absetzbetrag dem haushaltsführenden (Ehe-)Partner zu.

113 Nachzahlungen von Pensionen und Bezügen aus der Unfallversorgung, über deren Bezug bescheidmäßig abgesprochen wird, gelten in dem Kalenderjahr als zugeflossen, für das der Anspruch besteht. Käme es durch eine Pensionsnachzahlung zu einer rückwirkenden Überschreitung des maßgeblichen Grenzbetrags für den Alleinverdienerabsetzbetrag, bestehen keine Bedenken, aus Billigkeitsgründen von einer Pflichtveranlagung abzusehen (LStR Rz 773 b).

114 Im Fall eines Konkurses gelten Nachzahlungen aus dem Insolvenzverfahren in dem Kalenderjahr zugeflossen, für das der Anspruch entstanden ist. Durch diese Zuflussfiktion kann der Grenzbetrag für den Alleinverdienerabsetzbetrag überschritten werden.

115 Für die Inanspruchnahme des Alleinverdiener- oder des Alleinerzieherabsetzbetrags hat der Arbeitnehmer dem Arbeitgeber auf einem amtlichen Vordruck eine Erklärung über das Vorliegen der Voraussetzungen gemäß § 33 Abs 4 Z 1 oder 2 EStG abzugeben oder elektronisch zu übermitteln. In dieser Erklärung sind Name und Versicherungsnummer des Ehepartners und von Kindern (§ 106 Abs 1 EStG) anzugeben. Der Arbeitgeber hat die Erklärung des Arbeitnehmers zum Lohnkonto (§ 76 EStG) zu nehmen. Den Wegfall der Voraussetzungen für die Berücksichtigung des Alleinverdiener- oder des Alleinerzieherabsetzbetrags muss der Arbeitnehmer dem Arbeitgeber innerhalb eines Monates melden. Ab dem Zeitpunkt der Meldung über den Wegfall der Voraussetzungen hat der Arbeitgeber den Alleinverdiener- oder den Alleinerzieherabsetzbetrag nicht mehr zu berücksichtigen.

116 Die Erklärung für die Inanspruchnahme des Alleinverdiener- oder des Alleinerzieherabsetzbetrags darf gleichzeitig nur einem Arbeitgeber vorgelegt werden.

117 Eine Haftung des Arbeitgebers wegen unrichtiger Angaben in der Erklärung des Arbeitnehmers besteht nur dann, wenn offensichtlich unrichtige Erklärungen des Arbeitnehmers beim Steuerabzug berücksichtigt wurden – folglich in Fällen von grober Fahrlässigkeit oder Vorsatz (vgl § 129 Abs 7 EStG).

11. Alleinerzieher- und Alleinverdienerabsetzbetrag/Unterhaltsabsetzbetrag – Indexierung für Kinder im Ausland

118 Der Europäische Gerichtshof (EuGH) hat am 16. 6. 2022 entschieden, dass die Indexierung der Familienbeihilfe, des Kinderabsetzbetrages, des Familienbonus Plus und weiterer familienbezogener Absetzbeträge nicht mit dem EU-Recht vereinbar ist. Es sind daher die jeweiligen (nicht indexierten) Absetzbeträge des § 33 EStG anwendbar.

119 Mit dem BGBl I 2022/138 wurde eine Änderung des FLAG und des EStG beschlossen, mit der die Indexierungsbestimmungen bereinigt wurden und eine gesetzliche Grundlage für Nachzahlungen geschaffen wird.

120 Dabei erhalten jene Steuerpflichtige mit indexierten Alleinverdiener-/Alleinerzieher-/Unterhaltsabsetzbeträgen unter dem österreichischen Niveau eine Nachzahlung in Höhe der Differenz (rückwirkendes Ereignis iSd § 295 a BAO im Rahmen der Veranlagung). Jene Steuerpflichtige mit indexierten Alleinverdiener-/Alleinerzieher-/Unterhaltsabsetzbeträgen über dem österreichischen Niveau müssen die Differenz für Kalendermonate bis Juli 2022 nicht zurückzahlen. Ab August 2022 sind nur mehr die gesetzlichen nicht indexierten Beträge anzuwenden.

121 Siehe dazu auch eine BMF-Info „EuGH-Urteil betreffend die Indexierung der steuerlichen Absetzbeträge" auf bmf.gv.at.

12. All-In-Vertrag

122 Bezahlt der Arbeitgeber über das kollektivvertragliche Mindestentgelt, kann der Arbeitgeber mit dem Arbeitnehmer eine Vereinbarung treffen, dass dadurch pauschal ein Teil der arbeitsrechtlichen Ansprüche abgedeckt wird. Dies bezieht sich nicht nur auf Mehrarbeitsstunden (zB Mehrarbeit und Überstunden); es besteht auch die Möglichkeit, Aufwandsentschädigungen und Zulagen damit abzudecken. Grundprinzip ist jedoch, dass der Arbeitnehmer durch eine All-In-Vereinbarung gegenüber einem normalen Arbeitsvertrag nicht schlechter gestellt werden darf. Dies bedeutet, dass eine Deckungsprüfung durchzuführen ist.

123 Der Arbeitgeber ist verpflichtet, diese Deckungsprüfung von sich aus am Ende des vereinbarten Durchrechnungszeitraums durchzuführen. Bei einer Pauschalvereinbarung kann die Frist für den Verfall von Überstundenentgelt nicht vor dem Zeitpunkt zu laufen beginnen, zu dem ein Anspruch erstmals geltend gemacht werden kann. In der Regel ist dieser Zeitpunkt mit dem Ende des Durchrechnungszeitraums anzusetzen. Dieser ist mangels anderer Vereinbarung das Kalenderjahr (OGH 27. 9. 2017, 9 ObA 28/17 h).

124 Werden mit einer All-In-Vereinbarung Mehrarbeitsstunden (Mehrarbeit, Überstunden) abgegolten, können die steuerbegünstigten Teile herausgerechnet werden, sofern zumindest glaubhaft gemacht wird, dass Überstunden im erforderlichen Ausmaß auch angefallen sind.

125 Werden Überstundenzuschläge herausgerechnet, darf der im Kollektivvertrag vorgesehene Überstundenteiler nicht angewendet werden. Wurde kein Stundenausmaß, welches durch das Gehalt abgegolten sein soll, vereinbart, ist generell ein **Teiler von 203** anzuwenden.

126 Werden **Aufwandsentschädigungen** durch eine All-In-Vereinbarung abgegolten, besteht keine Möglichkeit, diese abgabenrechtlich zu begünstigen. Der Arbeitnehmer hat nur die Möglichkeit, im Wege der Arbeitnehmerveranlagung diese als Werbungskosten geltend zu machen.

127 Im Falle einer All-In-Vereinbarung besteht die Verpflichtung, den Grundlohn im Sinne des Lohnes für die Normalarbeitszeit im Dienstvertrag oder im Dienstzettel betragsmäßig festzuhalten. Wird kein Grundlohn definiert, wird auf den angemessenen Ist-Lohn abgestellt. Dabei handelt es sich um jenen Lohn, den ein Arbeitnehmer üblicherweise entsprechend seiner Ausbildung und Berufserfahrung in einer bestimmten Branche und in einer bestimmten Region verdient (§ 2f Abs 1 AVRAG).

13. Alter des Arbeitnehmers

128 Das Alter ist für die Lohnsteuerpflicht grundsätzlich unerheblich. Auch Geschäftsunfähige oder beschränkt Geschäftsfähige können Arbeitslohn beziehen (zB Kinder, die im Film mitwirken). Die bürgerlich-rechtliche Verfügungsbeschränkung ist steuerlich ohne Bedeutung.

In der Sozialversicherung bestehen jedoch Begünstigungen für ältere Arbeitnehmer.

13.1 Bonus-Altfälle

Für Arbeitnehmer, die vor dem 1. 9. 2009 von der Begünstigung des Bonussystems erfasst waren und deren Dienstverhältnis noch aufrecht ist, entfällt der **Dienstgeberanteil** zum Arbeitslosenversicherungsbeitrag in Höhe von 3% weiterhin.

129

13.2 Entfall Arbeitslosenversicherungsbeitrag

Die Pflichtversicherung in der AlV endet, wenn der Dienstnehmer bereits Anspruch auf eine Alterspension hat oder eine solche schon bezieht (nicht relevant ist die Korridorpension).

130

Da sich der Anspruch auf eine Alterspension nicht nur aus dem Alter, sondern auch aus den nötigen Versicherungs- und Beitragszeiten ableitet, muss der Dienstnehmer das Bestehen eines derartigen Anspruchs nachweisen.

Die Arbeitslosenversicherungspflicht endet spätestens mit Vollendung des 63. Lebensjahres.

13.3 Insolvenzentgeltsicherungsbeitrag

Für Dienstnehmer und freie Dienstnehmer ist ein Insolvenzentgeltsicherungsbeitrag zu entrichten:

131

- ✓ bis zum Beginn des Kalendermonats, das auf die Vollendung des 63. Lebensjahres folgt bzw
- ✓ bis zum Zeitpunkt, wo ein Anspruch auf eine gesetzliche Alterspension entsteht (ab Beginn des nächsten Kalendermonats).

Der Insolvenzentgeltsicherungsbeitrag beträgt ab 1. 1. 2022 0,10% (davor: 0,20%).

132

DB – DZ

Weiters besteht eine Begünstigung für ältere Arbeitnehmer im Bereich des DB und des DZ. Der DB und der DZ entfallen für Arbeitslöhne ab dem Folgemonat der Vollendung des 60. Lebensjahrs des Arbeitnehmers. Dies gilt auch für freie Dienstnehmer und wesentlich beteiligte Gesellschafter-Geschäftsführer, die das 60. Lebensjahr vollendet haben und Einkünfte iSd § 22 Z 2 EStG beziehen.

133

KommSt

Die Begünstigung betreffend Arbeitnehmer, die das 60. Lebensjahr vollendet haben, besteht im Bereich der KommSt **nicht**. Die Bezüge dieser Arbeitnehmer sind daher aus der Bemessungsgrundlage nicht auszuscheiden.

134

14. Altersteilzeit

Die Bestimmungen betreffend Altersteilzeit sind für jene Arbeitnehmer anzuwenden, die in den **letzten 25 Jahren mindestens 15 Jahre** in einem arbeitslosenversicherungspflichtigen Arbeitsverhältnis (keine geringfügige Beschäftigung) gestanden sind. Die Rahmenfrist von 25 Jahren wird um arbeitslosenversicherungsfreie Zeiten der Betreuung von Kindern (bis zur Vollendung des 15. Lebensjahrs derselben) erstreckt. Der Dienstnehmer muss mindestens drei Monate im Unternehmen beschäftigt gewesen sein.

135

14. Altersteilzeit

136 Arbeitnehmer haben **keinen** Rechtsanspruch auf Altersteilzeit, diese muss zwischen Arbeitgeber und Arbeitnehmer vereinbart werden.

137 Das Altersteilzeitgeld gebührt nur mehr für **längstens fünf Jahre** für Personen, die spätestens nach fünf Jahren nach Beginn der Inanspruchnahme das Regelpensionsalter vollenden. Erfüllt ein Arbeitnehmer die Voraussetzungen für die Inanspruchnahme der vorzeitigen Alterspension wegen langer Versicherungsdauer, wird der Anspruch auf Altersteilzeit beendet. Erfüllt der Arbeitnehmer die Voraussetzungen für den Bezug einer Korridorpension, kann für den Zeitraum von einem Jahr, längstens bis zur Erreichung der Voraussetzungen für eine vorzeitige Alterspension bei langer Versicherungsdauer, Altersteilzeitgeld bezogen werden.

138 Die gesetzliche oder kollektivvertragliche Normalarbeitszeit wird auf **40% bis 60%** verringert. Anspruch auf Altersteilzeitgeld besteht nur dann, wenn im letzten Jahr vor Eintritt in die Altersteilzeit die Normalarbeitszeit aufgrund von Vereinbarungen zwischen Arbeitgeber und Arbeitnehmer **mindestens 60%** beträgt. Altersteilzeit kann auch von Teilzeitarbeitskräften beansprucht werden, wenn deren Arbeitszeit in den **letzten zwölf Monaten weniger als 80%, mindestens jedoch 60% der Normalarbeitszeit** betragen hat.

139 Altersteilzeit kann **kontinuierlich** oder **geblockt** vereinbart werden. Die Dauer der Freizeitphase richtet sich danach, zu welchem Zeitpunkt die Altersteilzeit vereinbart wurde. Wurde diese nach dem 31. 8. 2009 vereinbart, ist die Freizeitphase mit **2,5 Jahren** begrenzt.

140 Wird eine Blockzeitvereinbarung nach dem 31. 12. 2012 vereinbart, gilt, dass ein Anspruch auf Altersteilzeitgeld nur dann besteht, wenn **spätestens zu Beginn der Freizeitphase** zusätzlich eine **zuvor arbeitslose Ersatzkraft** versicherungspflichtig beschäftigt oder zusätzlich **ein Lehrling** ausgebildet wird. In bereits bestehende Ansprüche wird nicht eingegriffen.

141 Der Lohnausgleich beträgt bis zur Höchstbeitragsgrundlage 50% des Unterschiedsbetrags zwischen dem im letzten Jahr vor der Herabsetzung der Normalarbeitszeit durchschnittlich gebührenden Entgelt (Oberwert) und dem der verringerten Arbeitszeit entsprechenden Entgelt (Unterwert). In die Berechnung des Oberwertes fließen sämtliche Entgeltbestandteile ein, auf die der Arbeitnehmer im Beobachtungszeitraum Anspruch hatte. Dazu zählen insb auch das Entgelt für geleistete Überstunden bzw Mehrstunden sowie Zulagen und Funktionszulagen, soweit es sich dabei um Arbeitsentgelt und nicht um eine bloße Aufwandsentschädigung handelt. Zur Ermittlung des „der verringerten Arbeitszeit entsprechenden Entgelts" somit des reduzierten Entgeltes aufgrund der Altersteilzeitvereinbarung (Unterwert) ist vom Arbeitsentgelt auszugehen, auf das die Person, für ihre jeweilige individuelle Normalarbeitszeit vor deren Reduzierung durch die Altersteilzeitvereinbarung Anspruch hatte und dieses Entgelt entsprechend der Verringerung der Arbeitszeit anteilig zu kürzen. Entgeltbestandteile, auf die zuletzt ein Anspruch bestand, wie insb für geleistete Mehr- und Überstunden, haben bei Ermittlung des Unterwertes somit außer Betracht zu bleiben. Dieser Unterwert ist von dem im Beobachtungszeitraum (von grundsätzlich einem Jahr) vor der Herabsetzung der Arbeitszeit „durchschnittlich gebührenden Entgelt" (Oberwert) in Abzug zu bringen. Die Hälfte des sich ergebenden Unterschiedsbetrages stellt (bis zur Höchstbeitragsgrundlage gemäß § 45 ASVG) den mindestens zu leistenden Lohnausgleich dar (vgl VwGH 17. 11. 2021, Ra 2020/08/0042).

142 Das AMS fördert auch den Dienstgeberbeitrag (DB), der auf die „Differenzbeitragsgrundlage" (= Dienstnehmeranteile in der Sozialversicherung) entfällt.

14. Altersteilzeit

Beispiel – Lohnausgleich 143

Das AMS fördert Altersteilzeitvereinbarungen bei
Angestellter

Gehalt vor Altersteilzeit		€ 3.500,00
Durchschnittliches Überstundenentgelt (12 Monate)		€ 332,28
Gesamtentgelt		€ 3.832,28
Altersteilzeit – 50%		
Grundgehalt		€ 1.750,00
Lohnausgleich	€ 3.832,28	
	€ − 1.750,00	
	€ 2.082,28 : 2 =	€ 1.041,14
Gesamtentgelt		€ **2.791,14**

- ✓ kontinuierlicher Altersteilzeit: 90% des Aufwands und
- ✓ geblockter Altersteilzeit: 50% des Aufwands.

Sozialversicherung

Als allgemeine Beitragsgrundlage gilt bei Dienstnehmern, für die dem Dienstgeber ein Altersteilzeitgeld, eine Altersteilzeitbeihilfe oder eine Beihilfe zum Solidaritätsprämienmodell gewährt wird, in der Kranken- und in der Pensionsversicherung die Beitragsgrundlage vor Herabsetzung der Normalarbeitszeit (§ 44 Abs 1 ASVG). Dies gilt analog zu den Sonderzahlungen. 144

Lohnsteuer

Die Steuerfreiheit des § 3 Abs 1 Z 5 EStG erstreckt sich auch auf Beihilfen nach dem Arbeitsmarktförderungsgesetz zur Förderung der Erlangung von Arbeits- oder Ausbildungsplätzen oder zur Sicherung einer Beschäftigung, auf Beihilfen nach dem AMSG sowie das Altersteilzeitgeld gemäß § 27 AlVG. 145

Beihilfen nach dem Arbeitsmarktförderungsgesetz können sowohl dem Arbeitnehmer als auch dem Arbeitgeber gewährt werden. Erfolgt die Zahlung direkt an den Arbeitnehmer, ist sie nach § 3 Abs 1 Z 5 lit d EStG steuerfrei. 146

Steuerfrei ist nur das dem Arbeitgeber gezahlte Altersteilzeitgeld. Der vom Arbeitgeber an den Arbeitnehmer gezahlte Lohnausgleich ist steuerpflichtig. 147

Bei einer vereinbarten Altersteilzeit kann eine Besteuerung einer Abfertigung nach § 67 Abs 3 bzw 6 EStG nur am tatsächlichen Ende des Dienstverhältnisses vorgenommen werden. 148

DB – DZ – KommSt

Das an den Arbeitnehmer ausbezahlte Entgelt (ausgenommen befreite Entgelte) unterliegt der Beitragspflicht. Der VwGH hat darüber hinaus entschieden, dass auch die vom Dienstgeber übernommenen Dienstnehmeranteile zur Sozialversicherung für die „Gehaltslücke" lohnnebenkostenpflichtig sind (VwGH 21. 9. 2016, 2013/13/0102). 149

14. Altersteilzeit

Beispiel – Altersteilzeit – ohne Ersatz AMS

Angestellter
Gehalt vor ATZ	€ 2.850,00	
Überstundenpauschale vor ATZ	€ 450,00	

Der Arbeitnehmer ist 60 Jahre alt und senkt die Normalarbeitszeit um 50%.

Aktueller Bezug

Gehalt	€ 2.850,00 x 50% =		€ 1.425,00
Lohnausgleich			
Gehalt vor ATZ		€ 2.850,00	
Ü-Pauschale		€ 450,00	
Entgelt vor ATZ		€ 3.300,00	
Gehalt – aktuell		€ 1.425,00	
Lohnausgleich			
= 50% der Diff zwischen € 3.300,00 und € 1.425,00			€ 937,50
		Brutto	€ 2.362,50

Sozialversicherung
Dienstnehmeranteil

OHNE KU/WFB	€ 2.362,50	x 17,12% =	€ 404,46	
KU/WFB	€ 3.300,00	x 1% =	€ 33,00	€ 437,46
Differenz vor ATZ	€ 3.300,00	x 18,12% =	€ 597,96	
– tatsächliche SV			€ 437,46	
Differenz			€ 160,50	

Der Differenzbetrag wird vom Arbeitgeber übernommen und vom AMS erstattet.

Lohnsteuer

	€ 2.362,50	
– SV	€ 437,46	
	€ 1.925,04	€ 184,80
	Netto/Ausz	€ **1.740,24**

Bemessungsgrundlage – DB – DZ und KommSt

Gehalt – ATZ	€ 2.362,50	
+ Differenz SV	€ 160,50	
	€ 2.523,00	
DB	Kein DB und DZ, weil der Arbeitnehmer	€ 0,00
DZ	bereits das 60. Lebensjahr vollendet hat	€ 0,00
KommSt – 3%		€ 75,69

Beitragsgrundlage – Betriebliche Vorsorgekasse

€ 3.300,00 x 1,53% =	€ 50,49

15. Amtsbescheinigungen und Opferausweise (§ 105 EStG)

Der Freibetrag für Inhaber von Amtsbescheinigungen und Opferausweisen in Höhe von € 801,– steht nur **unbeschränkt** Steuerpflichtigen zu. Der Freibetrag gilt die speziellen Nachteile ab, die ein Steuerpflichtiger durch politische Verfolgung in der Zeit von 1938 bis 1945 erlitten hat. Körperliche Behinderungen sind nicht abgegolten; diese können zusätzlich geltend gemacht werden. **150**

Freibeträge gemäß § 35 (Behinderte) und § 105 EStG (Inhaber von Amtsbescheinigungen und Opferausweisen) können von jedem Arbeitgeber, der Bezüge aus einer gesetzlichen Sozialversicherung oder Ruhegenussbezüge einer Gebietskörperschaft iSd § 25 Abs 1 Z 1, 3 oder 4 EStG auszahlt (das sind praktisch alle Pensionen, die von Pensionsversicherungsanstalten oder Gebietskörperschaften ausgezahlt werden), berücksichtigt werden, dem eine entsprechende Bescheinigung (zB über die Höhe der Minderung der Erwerbsfähigkeit) vorgelegt wird. Bei mehreren Pensions- oder Ruhegenussbezügen darf die Bescheinigung nur einer auszahlenden Stelle vorgelegt werden. **151**

16. Anmeldung des Arbeitnehmers (§ 128 EStG)

Bei Antritt des Arbeitsverhältnisses hat der Arbeitnehmer seine Identität unter Vorlage einer amtlichen Urkunde nachzuweisen (zB Reisepass, Personalausweis, Führerschein, Geburtsurkunde in Verbindung mit einem Meldezettel) und folgende Daten bekannt zu geben: **152**

- ✓ Name,
- ✓ Versicherungsnummer gemäß § 31 ASVG,
- ✓ Wohnsitz.

Wurde für den Arbeitnehmer eine Versicherungsnummer nicht vergeben, ist das Geburtsdatum anzuführen.

Die ÖGK hat an dem der An- und Abmeldung folgenden Werktag den Abgabenbehörden des Bundes den Namen, die Wohnanschrift und die Versicherungsnummer der an- und abgemeldeten Person zu übermitteln. **153**

Die ÖGK ist weiters verpflichtet, die Meldungen der monatlichen Beitragsgrundlagen nach Ablauf eines jeden Beitragszeitraumes sowie allfällige Berichtigungen der Beitragsgrundlagen pro versicherter Person zu übermitteln.

16.1 Anmeldung Sozialversicherung

Jede Person, die aufgrund ihrer Tätigkeit dem ASVG unterliegt, ist vom Dienstgeber bereits **vor Arbeitsantritt** zur Sozialversicherung anzumelden. Dieser Verpflichtung unterliegen auch **geringfügig Beschäftigte, freie Dienstnehmer** und **Lehrlinge**. Im Zuge der Anmeldung vor Arbeitsantritt sind folgende Angaben erforderlich: **154**

- ✓ die Daten des Dienstgebers (Beitragskontonummer etc),
- ✓ der Name des Beschäftigten,
- ✓ die Versicherungsnummer bzw das Geburtsdatum der jeweiligen Person,
- ✓ der Tag der Beschäftigungsaufnahme,

17. Arbeitnehmer, Arbeitgeber

- ✓ der Versicherungsumfang (Voll- oder Teilversicherung),
- ✓ der Beschäftigungsbereich (Angestellter, Arbeiter etc),
- ✓ der Beginn der Betrieblichen Vorsorgekasse und
- ✓ ob ein freier Dienstvertrag vorliegt.

Die noch fehlenden Angaben sind mit der monatlichen Beitragsgrundlagenmeldung für jenen Beitragszeitraum, in dem die Beschäftigung aufgenommen wurde, zu melden.

155 Die Meldungen sind grundsätzlich mittels elektronischer Datenfernübertragung zu erstatten. In bestimmten Ausnahmefällen kann eine „Vor-Ort-Anmeldung" vor Arbeitsantritt per Telefax oder Telefon erstattet werden. Eine derartige Anmeldung ist nur dann möglich, wenn die meldepflichtige Stelle

- ✓ über keine EDV-Ausstattung und keinen Internetzugang verfügt und ihre Personalverrechnung auch nicht von einer anderen Stelle (zB Wirtschaftstreuhänder) durchgeführt wird, bei der eine entsprechende EDV-Einrichtung vorhanden ist oder
- ✓ ihre Personalabrechnung von einer anderen Stelle durchgeführt wird und diese nicht mehr erreichbar ist (Aufnahme außerhalb der Bürozeiten) oder
- ✓ der Beschäftigte in einer Betriebsstätte des Dienstgebers aufgenommen wird und die Betriebsstätte über keine EDV-Ausstattung oder keinen Internetzugang verfügt oder
- ✓ wenn ein wesentlicher Teil der Datenfernübertragungseinrichtung für längere Zeit nachweisbar ausgefallen war und deshalb die Anmeldung nicht vor Arbeitsantritt hätte erstattet werden können.

Wird in den genannten Fällen eine Vor-Ort-Anmeldung erstattet, ist die Anmeldung innerhalb von sieben Tagen nach Beginn der Pflichtversicherung in elektronischer Form nachzuholen. Erfolgt dies nicht, liegt eine Meldefristverletzung vor. Die in weiterer Folge zu erstattende erste mBGM bestätigt oder korrigiert die Angaben der übermittelten Anmeldung.

Erfolgt die Anmeldung zu Unrecht (zB Nichtaufnahme der Tätigkeit), ist die bereits erstattete Anmeldung zu stornieren.

16.2 Anmeldung fallweise beschäftigter Personen

156 Auch fallweise Beschäftigte sind elektronisch vor Arbeitsantritt anzumelden. Die Anmeldung fallweise Beschäftigter ist dabei für jeden Beschäftigungstag zu erstatten und wirkt als Vor-Ort-Anmeldung. Wie bei durchlaufenden Versicherungsverhältnissen wird erst nach Erstattung der mBGM die Anmeldeverpflichtung erfüllt.

157 Die mBGM für fallweise Beschäftigte ersetzt ua die innerhalb von sieben Tagen nach dem Ende des Kalendermonates der Beschäftigung zu erstattende kombinierte An- und Abmeldung für fallweise Beschäftigte. Dadurch wird die gesetzliche Anmeldeverpflichtung erfüllt.

158 Die Meldungen sind mittels elektronischer Datenfernübertragung (DFÜ) in den vom Dachverband festgelegten einheitlichen Datensätzen innerhalb der Meldefrist an den jeweiligen Krankenversicherungsträger zu übermitteln. In Ausnahmefällen kann diese Meldung an das ELDA-Call-Center per Telefax, telefonisch oder mit der „ELDA APP" erstattet werden.

17. Arbeitnehmer, Arbeitgeber (§ 47 EStG)

159 Arbeitgeber ist, wer Bezüge iSd § 25 EStG (Einkünfte aus nichtselbständiger Tätigkeit) auszahlt und den damit verbundenen wirtschaftlichen Aufwand trägt.

160 Daher sind zB auch die Träger der gesetzlichen Sozialversicherung, soweit sie Pensionen (Renten) aus der gesetzlichen Sozialversicherung auszahlen, als Arbeitgeber der Pensionsbezieher anzusehen.

161 Arbeitnehmer ist eine natürliche Person, die Einkünfte aus nichtselbständiger Arbeit bezieht. Ob Arbeitnehmereigenschaft vorliegt, richtet sich ausschließlich nach dem Bezug von Arbeitslohn iSd § 25 EStG. Die in anderen Rechtsgebieten verwendeten Begriffe (Arbeitnehmer nach Arbeitsrecht, Sozialrecht, bürgerlichem Recht) sind für das Einkommensteuerrecht grundsätzlich nicht maßgebend. Sie können allenfalls ein Indiz für die steuerliche Arbeitnehmereigenschaft darstellen.

162 Wenn ein Arbeitnehmer dem Arbeitgeber seine Arbeitskraft schuldet, liegt nach der Definition des Steuerrechts (§ 47 EStG) ein Dienstverhältnis vor. Dies ist der Fall, „wenn die tätige Person in der Betätigung ihres geschäftlichen Willens unter der Leitung des Arbeitgebers steht oder im geschäftlichen Organismus des Arbeitgebers dessen Weisungen zu folgen verpflichtet ist".

163 Nach dem Sozialversicherungsrecht liegt ein Dienstverhältnis vor, wenn die Beschäftigung in einem Verhältnis persönlicher oder wirtschaftlicher Abhängigkeit gegen Entgelt ausgeübt wird (§ 4 Abs 2 ASVG).

164 Grundsätzlich decken sich die beiden Definitionen für den Dienstnehmer laut ASVG bzw den Arbeitnehmer laut EStG. Wer Arbeitnehmer iS des Steuerrechts ist, ist aber jedenfalls auch Dienstnehmer iS des ASVG (§ 4 Abs 2 ASVG).

165 Nach § 4 Abs 2 Satz 3 ASVG gilt – mit wenigen Ausnahmen – als Dienstnehmer jedenfalls auch, wer nach § 47 Abs 1 iVm Abs 2 EStG lohnsteuerpflichtig ist. Für jene Zeiträume, für welche die Lohnsteuerpflicht mit Bescheid der Finanzbehörde festgestellt ist, steht auch die Sozialversicherungspflicht nach dem ASVG bindend fest. Diese Bindungswirkung kommt in erster Linie Haftungsbescheiden gemäß § 82 EStG zu. Bei Fehlen eines derartigen bindenden Bescheides, mit dem die Lohnsteuerpflicht nach § 47 Abs 1 iVm Abs 2 EStG bejaht wurde, ist die Pflichtversicherung nach § 4 Abs 2 ASVG eigenständig zu beurteilen (vgl VwGH 25. 2. 2019, Ra 2019/08/0025).

➤ Siehe auch „Dienstverhältnis".

18. Arbeitsessen

166 Arbeitsessen sind, soweit diese ausschließlich oder überwiegend der Werbung dienen, zur Hälfte absetzbar. Dies bezieht sich nicht nur auf die Kosten des bewirteten Kunden, sondern auch auf die eigenen bzw die Kosten des Dienstnehmers. Nimmt an einem derartigen Arbeitsessen ein Dienstnehmer teil, ist anhand des anzuwendenden Kollektivvertrags zu prüfen, ob dem Dienstnehmer das zustehende Taggeld betraglich gekürzt werden kann.

> **Kollektivvertrag für Angestellte und Lehrlinge in Handelsbetrieben**
>
> Das Taggeld dient zur Deckung der Mehrausgaben für Verpflegung sowie aller mit der Dienstreise verbundenen persönlichen Aufwendungen des Angestellten einschließlich der Trinkgelder. Ein vom Arbeitgeber bezahltes Essen (ausgenommen Frühstück iZm einer Nächtigung) führt zu einer Kürzung des Taggeldes um jeweils **€ 13,20**.

19. Arbeitskleidung

167 Abgabenrechtlich werden die zu berücksichtigenden Tagesdiäten bei Inlandsreisen um je € **13,20 pro Mahlzeit** (Mittag- bzw Abendessen) gekürzt. Steht infolge kurzer Reisedauer insgesamt kein oder nur ein niedrigerer Betrag für den Verpflegungsmehraufwand zu, so ist die Kürzung mit diesem Betrag begrenzt. Eine „Hinzurechnung" hat nicht zu erfolgen.

168 Wird dem Arbeitnehmer aufgrund des anzuwendenden Kollektivvertrags bereits das Taggeld betraglich um € 13,20 oder mehr pro Mahlzeit gekürzt (zB KV Handelsangestellte), kommt es zu keiner weiteren abgabenrechtlichen Kürzung.

169 Beträgt die gesetzliche oder kollektivvertragliche Kürzung weniger als € 13,20 ist die Differenz steuerpflichtig zu behandeln.

> **Öffentlich Bedienstete**
>
> Der öffentlich Bedienstete erhält von seinem Arbeitgeber ein Mittagessen unentgeltlich beigestellt. Nach der Reisegebührenvorschrift ist in diesem Fall das Taggeld um € 10,56 zu kürzen. Da aber abgabenrechtlich die Kürzung in derartigen Fällen € 13,20 beträgt, ist die Differenz von € 2,64 steuerpflichtig zu behandeln.

170 Bei Auslandsreisen erfolgt entsprechend der Reisegebührenvorschrift der Bundesbediensteten bei **einem** Geschäftsessen pro Tag **keine** Kürzung, bei **zwei** Geschäftsessen bzw **voller Verpflegung** stehen trotzdem **4/12** des jeweiligen Höchstsatzes steuerfrei zu.

19. Arbeitskleidung (§ 26 Z 1 EStG)

Lohnsteuer

171 Der Wert der unentgeltlich überlassenen Arbeitskleidung und der Reinigung der Arbeitskleidung, wenn es sich um typische Berufskleidung handelt (zB Uniformen), gehören nicht zu den Einkünften aus nichtselbständiger Arbeit; dabei ist es ohne Bedeutung, ob die überlassene Berufskleidung in das Eigentum des Arbeitnehmers übergeht oder nicht. Unter den Begriff der typischen Arbeitskleidung fällt auch die Arbeitsschutzkleidung.

172 Erhält der Arbeitnehmer zur Beschaffung oder Reinigung von Arbeitskleidung eine Geldzuwendung, so ist diese steuerpflichtig. Die daraus gedeckten Anschaffungskosten (Reinigungskosten) typischer Berufskleidung sind Werbungskosten.

Sozialversicherung

173 Gemäß den Bestimmungen des § 49 Abs 3 Z 5 ASVG ist der Wert der Reinigung der Arbeitskleidung sowie der Wert der unentgeltlich überlassenen Arbeitskleidung, wenn es sich um typische Berufskleidung handelt, nicht in die Beitragsgrundlage aufzunehmen.

174 Sind die Zuwendungen für die zur Zurverfügungstellung von Arbeitskleidung aufgrund der Bestimmungen des § 49 Abs 3 Z 5 ASVG beitragsfrei, unterliegen diese nicht der Beitragspflicht nach dem BMSVG.

DB – DZ – KommSt

Liegt für die zur Zurverfügungstellung von Arbeitskleidung und die damit verbundene Reinigung Steuerfreiheit vor, fallen keine Lohnnebenkosten (DB, DZ, KommSt) an. **175**

20. Arbeitslohn (§ 25 EStG)

Lohnsteuer

Was alles als Arbeitslohn im steuerlichen Sinne gilt, ergibt sich aus § 25 EStG: **176**

„§ 25. (1) Einkünfte aus nichtselbständiger Arbeit (Arbeitslohn) sind: **177**
1.a) Bezüge und Vorteile aus einem bestehenden oder früheren Dienstverhältnis. Dazu zählen auch Pensionszusagen, wenn sie ganz oder teilweise anstelle des bisher gezahlten Arbeitslohns oder der Lohnerhöhungen, auf die jeweils ein Anspruch besteht, gewährt werden, ausgenommen eine lohngestaltende Vorschrift im Sinne des § 68 Abs. 5 Z 1 bis 6 sieht dies vor.
b) Bezüge und Vorteile von Personen, die an Kapitalgesellschaften nicht wesentlich im Sinne des § 22 Z 2 beteiligt sind, auch dann, wenn bei einer sonst alle Merkmale eines Dienstverhältnisses (§ 47 Abs. 2) aufweisenden Beschäftigung die Verpflichtung, den Weisungen eines anderen zu folgen, auf Grund gesellschaftsvertraglicher Sonderbestimmung fehlt.
c) Bezüge aus einer gesetzlichen Kranken- oder Unfallversorgung.
d) Bezüge aus einer ausländischen gesetzlichen Kranken- oder Unfallversorgung, die einer inländischen Kranken- oder Unfallversorgung entspricht.
e) Bezüge aus einer Kranken- oder Unfallversorgung der Versorgungs- und Unterstützungseinrichtungen der Kammern der selbständig Erwerbstätigen.
   Bezüge gemäß lit. c bis e, ausgenommen solche aus einer Unfallversorgung, sind nur dann Einkünfte aus nichtselbständiger Arbeit, wenn sie auf Grund eines bestehenden oder früheren Dienstverhältnisses zufließen. In allen anderen Fällen sind diese Bezüge nach § 32 Z 1 zu erfassen.
2.a) Bezüge und Vorteile aus inländischen Pensionskassen und aus betrieblichen Kollektivversicherungen im Sinne des § 93 des VAG 2016. Jene Teile der Bezüge und Vorteile, die auf die
aa) vom Arbeitnehmer,
bb) vom wesentlich Beteiligten im Sinne des § 22 Z 2 und
cc) von einer natürlichen Person als Arbeitgeber für sich selbst eingezahlten Beträge entfallen, sind nur mit 25% zu erfassen. Soweit für die Beiträge eine Prämie nach § 108a oder vor einer Verfügung im Sinne des § 108i Abs. 1 Z 3 eine Prämie nach § 108g in Anspruch genommen worden ist oder es sich um Bezüge handelt, die auf Grund einer Überweisung einer BV-Kasse (§ 17 BMSVG oder gleichartige österreichische Rechtsvorschriften) geleistet werden, sind die auf diese Beiträge entfallenden Bezüge und Vorteile steuerfrei. Der Bundesminister für Finanzen wird ermächtigt, ein pauschales Ausscheiden der steuerfreien Bezüge und Vorteile mit Verordnung festzulegen.
b) Bezüge und Vorteile aus ausländischen Pensionskassen (einschließlich aus ausländischen Einrichtungen im Sinne des § 5 Z 4 des Pensionskassengesetzes). Z 2 lit. a zweiter Satz ist für Bezüge und Vorteile aus ausländischen Pensionskassen (einschließlich aus ausländischen Einrichtungen im Sinne des § 5 Z 4 des Pensionskassengesetzes) insoweit anzuwenden, als die Beitragsleistungen an derartige ausländische Pensionskassen (ein-

20. Arbeitslohn

schließlich an Einrichtungen im Sinne des § 5 Z 4 des Pensionskassengesetzes) die in- oder ausländischen Einkünfte nicht vermindert haben. Dies gilt sinngemäß, wenn die Beitragsleistungen das Einkommen im Ausland nicht vermindert haben.

c) Zuwendungen von betriebliche Privatstiftungen im Sinne des § 4d, soweit sie als Bezüge und Vorteile aus einem bestehenden oder früheren Dienstverhältnis anzusehen sind, sowie Bezüge und Vorteile aus Unterstützungskassen.

d) Bezüge und Vorteile aus Betriebliche Vorsorgekassen (BV-Kassen) einschließlich der Bezüge und Vorteile im Rahmen der Selbständigenvorsorge nach dem 4. und 5. Teil des BMSVG.

e) Insolvenz-Entgelt, das durch den Insolvenz-Entgelt-Fonds ausgezahlt wird.

3.a) Pensionen aus der gesetzlichen Sozialversicherung. Besondere Steigerungsbeträge aus der Höherversicherung in der Pensionsversicherung bzw. Höherversicherungspensionen sind nur mit 25% zu erfassen; soweit besondere Steigerungsbeträge aus der Höherversicherung in der Pensionsversicherung auf Beiträgen beruhen, die im Zeitpunkt der Leistung als Pflichtbeiträge abzugsfähig waren, sind sie zur Gänze zu erfassen. Soweit für Pensionsbeiträge eine Prämie nach § 108a in Anspruch genommen worden ist, sind die auf diese Beiträge entfallenden Pensionen steuerfrei.

b) Gleichartige Bezüge aus Versorgungs- und Unterstützungseinrichtungen der Kammern der selbständig Erwerbstätigen. Soweit diese Bezüge auf Ansprüche entfallen, die von einer Pensionskasse an eine Versorgungs- und Unterstützungseinrichtung übertragen wurden, gilt Z 2 lit. a entsprechend.

c) Pensionen aus einer ausländischen gesetzlichen Sozialversicherung, die einer inländischen gesetzlichen Sozialversicherung entspricht.

d) Rückzahlungen von Pflichtbeiträgen, sofern diese ganz oder teilweise auf Grund des Vorliegens von Einkünften im Sinne der Z 1 einbehalten oder zurückgezahlt wurden.

e) Rückzahlungen von Beiträgen für freiwillige Weiterversicherungen einschließlich des Nachkaufs von Versicherungszeiten in der gesetzlichen Pensionsversicherung und vergleichbarer Beiträge an Versorgungs- und Unterstützungseinrichtungen der Kammern der selbständig Erwerbstätigen. Einkünfte aus nichtselbständiger Arbeit liegen nur insoweit vor, als die Beiträge als Sonderausgaben gemäß § 18 das Einkommen vermindert haben.

f) Ausgleichs- oder Ergänzungszulagen, die aufgrund sozialversicherungs- oder pensionsrechtlicher Vorschriften gewährt werden.

4.a) Bezüge, Auslagenersätze und Ruhe-(Versorgungs-)Bezüge im Sinne des Bezügegesetzes und des Verfassungsgerichtshofgesetzes.

b) Bezüge, Auslagenersätze und Ruhe-(Versorgungs-)Bezüge, die Mitglieder einer Landesregierung (des Wiener Stadtsenates), Bezirksvorsteher (Stellvertreter) der Stadt Wien, Mitglieder eines Landtages sowie deren Hinterbliebene auf Grund gesetzlicher Regelung erhalten, weiters Bezüge, Auslagenersätze und Ruhe-(Versorgungs-)Bezüge, die Bürgermeister, Vizebürgermeister (Bürgermeister-Stellvertreter), Stadträte und Mitglieder einer Stadt-, Gemeinde- oder Ortsvertretung sowie deren Hinterbliebene auf Grund gesetzlicher Regelung erhalten.

c) Bezüge von öffentlich-rechtlich Bediensteten (Beamten) des Bundes aus Nebentätigkeiten im Sinne des § 37 des Beamten-Dienstrechtsgesetzes 1979 und vertraglich Bediensteten des Bundes aus vergleichbaren Tätigkeiten sowie öffentlich Bediensteten anderer Gebietskörperschaften auf Grund vergleichbarer gesetzlicher Regelungen.

5. Bezüge, Auslagenersätze und Ruhe-(Versorgungs-)Bezüge von Vortragenden, Lehrenden und Unterrichtenden, die diese Tätigkeit im Rahmen eines von der Bildungseinrichtung vorgegebenen Studien-, Lehr- oder Stundenplanes ausüben, und zwar auch

dann, wenn mehrere Wochen- oder Monatsstunden zu Blockveranstaltungen zusammengefasst werden.
(2) Bei den Einkünften im Sinne des Abs. 1 ist es unmaßgeblich, ob es sich um einmalige oder laufende Einnahmen handelt, ob ein Rechtsanspruch auf sie besteht und ob sie dem zunächst Bezugsberechtigten oder seinem Rechtsnachfolger zufließen."

21. Arbeitslosengeld, Notstandshilfe

Steuerfrei sind das versicherungsmäßige Arbeitslosengeld und die Notstandshilfe nach dem AlVG oder an deren Stelle tretende Ersatzleistungen (zB Krankengeld während Arbeitslosigkeit, Weiterbildungsgeld bei Bildungskarenz und bei Freistellung gegen Entfall des Arbeitsentgelts sowie vom Sozialfonds der Österreichischen Notariatskammer analog den Bestimmungen des AlVG ausbezahltes Arbeitslosengeld der nichtselbständigen Notariatskandidaten; § 3 Abs 1 Z 5 lit a EStG).   **178**

Erhält der Steuerpflichtige Arbeitslosengeld, Notstandshilfe oder Überbrückungshilfe nur für einen Teil des Kalenderjahres, so sind die für das restliche Kalenderjahr bezogenen laufenden Einkünfte iSd § 2 Abs 3 Z 1–3 EStG und die zum laufenden Tarif zu versteuernden Einkünfte aus nichtselbständiger Arbeit iSd § 41 Abs 4 EStG für Zwecke der Ermittlung des Steuersatzes auf einen Jahresbetrag umzurechnen (besonderer Progressionsvorbehalt, siehe auch LStR Rz 113 ff). Dabei ist das Werbungskostenpauschale noch nicht zu berücksichtigen. Das Einkommen ist mit jenem Steuersatz zu besteuern, der sich unter Berücksichtigung der umgerechneten Einkünfte ergibt; die festzusetzende Steuer darf jedoch nicht höher sein als jene, die sich bei der Besteuerung sämtlicher Bezüge ergeben würde.   **179**

Auch beim steuerfreien Bezug von Weiterbildungsgeld während einer Bildungskarenz oder von Bildungsteilzeitgeld während einer Bildungsteilzeit kommt der besondere Progressionsvorbehalt zur Anwendung (VwGH 27. 3. 2019, Ra 2018/13/0024).   **180**

Die diese Bezüge auszahlende Stelle hat bis 31. 1. des Folgejahres dem FA des Bezugsempfängers eine Mitteilung zu übersenden, die neben Namen und Anschrift des Bezugsempfängers seine Versicherungsnummer (§ 31 ASVG), die Höhe der Bezüge und die Anzahl der Tage, die für solche Bezüge ausgezahlt wurden, enthalten muss. Diese Mitteilung kann entfallen, wenn die entsprechenden Daten durch Datenträgeraustausch übermittelt werden. Der BMF wird ermächtigt, das Verfahren des Datenträgeraustausches mit Verordnung festzulegen. Das Verfahren wurde in der Verordnung betreffend die elektronische Übermittlung von Daten der Lohnzettel gemäß § 84 Abs 1 EStG, der Meldungen gemäß § 3 Abs 2 und § 109 a EStG sowie 109 b EStG, geregelt.   **181**

22. Arbeitslosenversicherungsbeitrag

Dienstnehmer unterliegen im Rahmen der **Vollversicherung** (nicht geringfügig Beschäftigte) auch der AlV. **Freie Dienstnehmer** unterliegen ebenfalls der Arbeitslosenversicherungspflicht.   **182**

Für Lehrverhältnisse besteht die Arbeitslosenversicherungspflicht für die **gesamte Lehrzeit.** Der Beitragssatz beträgt einheitlich **2,4%** und wird je zur Hälfte vom Dienstgeber (1,2%) und Lehrling (1,2%) getragen. Bei geringem Einkommen verringert sich der Beitragssatz entsprechend. Bei den neuen Rückverrechnungsgruppen gilt (ab 2023 voraussichtlich):   **183**

23. Arbeitsschutzkleidung

Beitragspflichtiges Entgelt		Prozentsatz	Reduktion	Rückverrechnungsgruppe
von €	bis €			
	1.885,00	0%	1,2%	A04
1.885,01	2.056,00	1%	0,2%	A05
2.056,01		1,2%	0%	

184 Für in der AlV Pflichtversicherte mit geringem Einkommen ist der Dienstnehmeranteil am verminderten Arbeitslosenversicherungsbeitrag durch drei Einkommensstufen gestaffelt. Der Dienstnehmeranteil zur AlV beträgt (ab 2023 voraussichtlich):

Beitragspflichtiges Entgelt		Prozentsatz	Reduktion	Rückverrechnungsgruppe
von €	bis €			
	1.885,00	0%	3%	A03
1.885,01	2.056,00	1%	2%	A02
2.056,01	2.228,00	2%	1%	A01
2.228,01		3%	0%	

185 Die verminderten Beitragssätze zur AlV gelten auch bei der Ermittlung der Beiträge von **Sonderzahlungen.**

186 Maßgeblich für den Entfall bzw die Verminderung des Versichertenanteiles zur AlV ist das im Beitragszeitraum tatsächlich gebührende bzw geleistete (Brutto-)Entgelt. Laufendes Entgelt und Sonderzahlungen sind dabei getrennt zu betrachten (keine Aufsummierung der Bezüge). Es erfolgt keine fiktive Umrechnung auf einen Monat bei untermonatigem Ein- oder Austritt. Sowohl bei verschiedenen als auch beim selben Dienstgeber sind für die Beurteilung des Entfalles oder der Verminderung des Arbeitslosenversicherungsbeitrages arbeitsrechtlich eigenständige Beschäftigungsverhältnisse (zB auch bei einem Wechsel von einem Lehrverhältnis zu einem Dienstverhältnis als Arbeiter oder Angestellter) getrennt zu betrachten.

187 Im Falle eines **unbezahlten Urlaubs** (Karenz nach dem ASVG) übernimmt der Dienstnehmer die gesamten SV-Beiträge (Dienstnehmer- und Dienstgeberanteil ohne KU und WFB), wenn der unbezahlte Urlaub **maximal für einen Monat** vereinbart wird. Für die Zeit des unbezahlten Urlaubs ist eine gesonderte Beitragsgrundlage zu ermitteln. Für die Ermittlung des beitragspflichtigen Entgelts ist somit nicht nur das tatsächlich erzielte Entgelt, sondern auch die fiktive Beitragsgrundlage heranzuziehen.

188 Überschreitet in einem Beitragsjahr die Summe aller Beitragsgrundlagen der Pflichtversicherung in der AlV aufgrund einer Erwerbstätigkeit (einschließlich der Sonderzahlungen) das 35-Fache der jeweiligen täglichen Höchstbeitragsgrundlage für die im Kalenderjahr liegenden Monate der Pflichtversicherung, so ist der Beitrag zur AlV, der auf den Überschreitungsbetrag entfällt, der versicherten Person mit dem halben Beitragssatz, der in diesem Beitragsjahr gegolten hat, auf Antrag zu erstatten (entspricht dem Dienstnehmeranteil).

23. Arbeitsschutzkleidung

Lohnsteuer

189 Die unentgeltliche Überlassung von Arbeitsschutzkleidung durch den Arbeitgeber an seine Arbeitnehmer ist keine Einnahme iSd EStG (§ 26 Z 1 EStG, VwGH 20. 6. 1961, 1495/58).

Was als Arbeitsschutzkleidung anzusehen ist, ist in sinngemäßer Anwendung der Bestimmungen des § 73 Allgemeine Arbeitnehmerschutzverordnung zu beurteilen. 190

Die Zurverfügungstellung von Arbeitsschutzkleidung (zB Gehörschutz) nach der Arbeitnehmerschutzverordnung schließt für sich genommen noch nicht die Steuerfreiheit von Gefahrenzulagen aus, weil nach § 68 Abs 5 EStG bereits die potenzielle Gefährdung grundsätzlich ausreichend ist. 191

Sozialversicherung

Gemäß den Bestimmungen des § 49 Abs 3 Z 5 ASVG ist der Wert der Reinigung der Arbeitskleidung sowie der Wert der unentgeltlich überlassenen Arbeitskleidung, wenn es sich um typische Berufskleidung handelt, nicht in die Bemessungsgrundlage aufzunehmen. 192

➢ Siehe auch „Arbeitskleidung".

24. Arbeitsvergütungen und Geldbelohnungen gemäß §§ 51–55 StVG (§ 3 Abs 1 Z 31 EStG)

Arbeitsvergütungen und Geldbelohnungen nach dem Strafvollzugsgesetz sind steuerfrei. 193

25. Arbeitsverhältnis zwischen Verwandten

➢ Siehe „Dienstverhältnis zwischen nahen Angehörigen".

26. Aufrollung der Lohnzahlungszeiträume (§ 77 Abs 3 EStG)

Der Arbeitgeber kann im laufenden Kalenderjahr von den zum laufenden Tarif zu versteuernden Bezügen durch Aufrollen der vergangenen Lohnzahlungszeiträume die Lohnsteuer neu berechnen. Umfasst die Aufrollung die Bezüge des Monats Dezember, können dabei vom Arbeitnehmer entrichtete Beiträge für die freiwillige Mitgliedschaft bei Berufsverbänden gemäß § 16 Abs 1 Z 3 lit b EStG berücksichtigt werden, wenn 194

✓ der Arbeitnehmer im Kalenderjahr ständig von diesem Arbeitgeber Arbeitslohn (§ 25) erhalten hat,
✓ der Arbeitgeber **keine** Freibeträge aufgrund einer Mitteilung iSd § 63 EStG berücksichtigt hat und
✓ dem Arbeitgeber die entsprechenden Belege vorgelegt werden.

§ 77 Abs 3 EStG eröffnet eine (uneingeschränkte) Aufrollungsmöglichkeit der Lohnsteuerbemessungsgrundlagen der laufenden Bezüge während der Beschäftigungszeiträume innerhalb eines Kalenderjahres. Während einer ganzjährigen Beschäftigung bei einem Arbeitgeber besteht demnach diese Aufrollungsmöglichkeit im Sinne einer gleichmäßigen Verteilung der Bezüge auf die Lohnzahlungszeiträume des Kalenderjahres. Wird ein Dienstverhältnis erst im Laufe eines Kalenderjahres begründet, darf die Aufrollung nur bezüglich der Zeiträume der tatsächlichen 195

Beschäftigung vorgenommen werden. Wird ein Dienstverhältnis während eines Kalenderjahres beendet, so darf die Aufrollung gemäß § 77 Abs 3 EStG nur bis zur letzten Lohnzahlung erfolgen. Lohnzahlungszeiträume, die einen früheren Arbeitgeber betreffen, sind nicht einzubeziehen.

196 Der gleiche Grundsatz gilt auch für Beschäftigungszeiten iZm einem begünstigten ausländischen Vorhaben (§ 3 Abs 1 Z 10 EStG) bzw hinsichtlich der Einkünfte der Fachkräfte der Entwicklungshilfe (§ 3 Abs 1 Z 11 EStG). Die Aufrollung nach § 77 Abs 3 EStG betrifft ausschließlich laufende Bezüge (vgl VwGH 30. 5. 1995, 92/13/0276).

197 Wird eine Aufrollung vorgenommen, hat die Neuberechnung unter Berücksichtigung von allfälligen Änderungen bei den Absetzbeträgen und beim Freibetragsbescheid – somit nach Maßgabe der im Zeitpunkt der Aufrollung gegebenen Verhältnisse – zu erfolgen. Dies gilt auch dann, wenn es dadurch zu einer Nachbelastung von Lohnsteuer kommt. Der Arbeitgeber ist aber in keinem Fall zu einer Aufrollung verpflichtet.

198 Eine Neuberechnung der Lohnsteuer ist nicht mehr zulässig, wenn im laufenden Kalenderjahr an den Arbeitnehmer **Krankengeld** aus der gesetzlichen Krankenversicherung ausbezahlt wurde.

199 Umfasst die Aufrollung die Bezüge des Monats Dezember, können dabei vom Arbeitnehmer entrichtete Beiträge für die freiwillige Mitgliedschaft bei Berufsverbänden gemäß § 16 Abs 1 Z 3 lit b EStG berücksichtigt werden, wenn
- ✓ der Arbeitnehmer im Kalenderjahr ständig von diesem Arbeitgeber Arbeitslohn (§ 25 EStG) erhalten hat,
- ✓ der Arbeitgeber keine Freibeträge aufgrund einer Mitteilung iSd § 63 EStG berücksichtigt hat und
- ✓ dem Arbeitgeber die entsprechenden Belege vorgelegt werden.

200 Durch die elektronische Übermittlung der steuerlich abzugsfähigen Kirchenbeiträge und Spenden an die Finanzverwaltung können Beiträge an gesetzlich anerkannte Kirchen und Religionsgesellschaften gemäß § 18 Abs 1 Z 5 EStG **nicht** im Rahmen der Aufrollung berücksichtigt werden. Dies gilt auch für Pensionsversicherungsträger sowie bestimmte Körperschaften öffentlichen Rechts, die Pensionen auszahlen.

➢ Siehe auch „Einschleifregel".

27. Aufwendungen für Kraftfahrzeuge als Arbeitsmittel (§ 16 Abs 1 Z 7 EStG)

201 Aufwendungen für die Anschaffung und den Betrieb eines Kfz eines Arbeitnehmers als Arbeitsmittel (§ 16 Abs 1 Z 7 EStG) sind Werbungskosten, wenn sie eindeutig und ausschließlich iZm der Erzielung der jeweiligen Einnahmen stehen (VwGH 22. 12. 1980, 2001/79). Bezüglich der Geltendmachung besteht ein Wahlrecht zwischen den tatsächlichen Aufwendungen und dem amtlichen Kilometergeld. Wird das amtliche Kilometergeld von derzeit **€ 0,42 pro km** geltend gemacht, sind alle Aufwendungen damit abgegolten. Das amtliche Kilometergeld kann maximal für **30.000 km** im Kalenderjahr als Werbungskosten anerkannt werden. Bei beruflichen Fahrten von mehr als 30.000 km im Kalenderjahr stehen als Werbungskosten entweder das amtliche Kilometergeld für 30.000 km oder die tatsächlich nachgewiesenen Kosten für die beruflichen Fahrten zu.

202 Das amtliche Kilometergeld für Dienstreisen gemäß § 26 Z 4 EStG kann bei Zutreffen aller Voraussetzungen für maximal **30.000 Kilometer** pro Kalenderjahr und Arbeitgeber nicht steuerbar ausgezahlt werden (VwGH 19. 5. 2005, 2001/15/0088). Wird vom Arbeitgeber ein geringeres Kilometergeld ausgezahlt, kann ein nicht steuerbarer Kostenersatz bis **maximal € 12.600,–** pro Kalenderjahr ausbezahlt werden. Ab dem Zeitpunkt des Überschreitens dieses Betrags im Kalenderjahr sind Kilometergelder für dieses Kalenderjahr steuerpflichtig.

> Siehe auch „Fahrtkostenersätze gemäß § 26 Z 4 lit a EStG".

28. Ausbildungskosten

Arbeitsrecht

203 Ausbildungskosten sind die vom Arbeitgeber tatsächlich aufgewendeten Kosten für jene erfolgreich absolvierte Ausbildung, die dem Arbeitnehmer Spezialkenntnisse theoretischer und praktischer Art vermittelt, die dieser auch bei anderen Arbeitgebern verwerten kann. Einschulungskosten sind keine Ausbildungskosten (§ 2 d Abs 1 AVRAG).

204 Für eine allfällige Rückerstattung bedarf es zwingend einer schriftlichen Vereinbarung. Auch die Rückforderung des während einer Ausbildung fortgezahlten Entgelts ist mittels entsprechender Vereinbarung zulässig, sofern der Arbeitnehmer für die Dauer der Ausbildung von der Dienstleistung freigestellt ist.

205 Bei Abschluss der Vereinbarung darf der Arbeitnehmer nicht minderjährig sein, außer der gesetzliche Vertreter stimmt zu. Die Bindungsdauer zur Leistung des Ausbildungskostenrückersatzes darf vier Jahre nicht überschreiten, in besonderen Ausnahmefällen (bei sehr teuren Ausbildungen wie zB die Berufspilotenausbildung) ist eine bis zu acht Jahren dauernde Bindungsfrist möglich. Die Höhe der Rückerstattungsverpflichtung muss monatlich aliquot berechnet werden. Eine davon abweichende Ausgestaltung der zeitlichen Aliquotierung ist aufgrund des zwingenden Charakters der Bestimmung unzulässig und hat die Unwirksamkeit der gesamten Rückzahlungsvereinbarung zur Folge, selbst wenn es sich betraglich nur um eine geringe Differenz handelt (vgl OGH 24. 4. 2020, 8 ObA 33/20 s).

206 Ein Anspruch auf Ausbildungskostenrückersatz besteht dann nicht, wenn das Arbeitsverhältnis während der Probezeit oder durch Gründe, die der Arbeitgeber zu vertreten hat (Kündigung, unbegründete Entlassung, begründeten vorzeitigen Austritt) oder durch Entlassung wegen dauernder Arbeitsunfähigkeit gelöst wird. Es liegt auch dann eine rückersatzschädliche Kündigung eines Arbeitsverhältnisses vor, wenn es vom Arbeitgeber mit einer saisonbedingten Wiedereinstellungszusage gekündigt wird (vgl OGH 23. 7. 2019, 9 ObA 35/19 s).

207 Soll der Arbeitnehmer zum Rückersatz von Ausbildungskosten verpflichtet werden, so muss noch vor einer bestimmten Ausbildung eine schriftliche Vereinbarung darüber geschlossen werden, aus der auch die konkrete Höhe der zu ersetzenden Ausbildungskosten hervorgeht. Dieser Rsp liegt der Gesetzeszweck zugrunde, für den Arbeitnehmer Transparenz über die Bedingungen für den Rückersatz der Kosten seiner Ausbildung zu schaffen. Ihm soll ersichtlich sein, auf welche Verpflichtungen er sich künftig einlässt, weil er nur so die finanzielle Tragweite der Beendigung seines Arbeitsverhältnisses in jenem Zeitraum, für den eine Kostenerstattungspflicht vereinbart wurde, ermessen kann. Nur so kann eine sittenwidrige Beschränkung der Kündigungsfreiheit des Arbeitnehmers vermieden werden. Diese Grundsätze sind auf die – viel heiklere Vereinbarung der Rückforderung des während einer Ausbildung fortgezahlten Entgelts übertragbar, weil auch diese Vereinbarung nach dem Gesetzeszweck so

Lohnsteuer

208 Beträge, die vom Arbeitgeber im betrieblichen Interesse für die Ausbildung oder Fortbildung des Arbeitnehmers ausgegeben werden, fallen nicht unter die Einkünfte aus nichtselbständiger Arbeit. Voraussetzung dafür ist, dass ein **überwiegendes betriebliches Interesse** vorliegt. Aufwendungen, die primär im privaten Interesse liegen (zB Führerschein der Gruppe B), fallen nicht darunter.

209 Die Übernahme von rückzuerstattenden Ausbildungskosten durch den **neuen Arbeitgeber** stellt für den Dienstnehmer einen geldwerten Vorteil dar und diese unterliegen daher zur Gänze der Abgabenpflicht. Beim Arbeitnehmer liegen allenfalls Werbungskosten vor, welche sich jedoch nur auf die Lohnsteuer, nicht aber auf die Lohnnebenkosten und die Sozialversicherung auswirken können.

Sozialversicherung

210 Gemäß § 49 Abs 3 Z 23 ASVG gehören Beträge, die vom Dienstgeber im betrieblichen Interesse für die Ausbildung oder Fortbildung des Dienstnehmers aufgewendet werden, nicht zum beitragspflichtigen Entgelt. Unter den Begriff Ausbildungskosten fallen aber nicht Vergütungen für die Lehr- und Anlernausbildung. Diese Bestimmung entspricht jener des § 26 Z 3 EStG.

DB – DZ – KommSt

211 Ausbildungskosten, sofern diese nach den Bestimmungen des § 26 EStG nicht steuerbar sind, sind DB-, DZ- und kommunalsteuerfrei.

29. Ausgleichstaxe

212 Unternehmen mit **25 oder mehr Beschäftigten** sind verpflichtet, auf jeweils 25 Beschäftigte einen begünstigten Behinderten bzw eine begünstigte Behinderte einzustellen. Wenn die Beschäftigungspflicht nicht erfüllt ist, wird dem Dienstgeber vom Sozialministeriumservice alljährlich für das jeweils abgelaufene Kalenderjahr eine Ausgleichstaxe vorgeschrieben.

213 Die Ausgleichstaxe ist von der Anzahl der beschäftigten Arbeitnehmer abhängig und beträgt pro nichtbeschäftigtem begünstigtem Behinderten

Anzahl der Beschäftigten	Höhe der Ausgleichstaxe für 2023*
bis 24	€ 0,–
25–99	€ 292,–
100–399	€ 411,–
ab 400	€ 435,–

* voraussichtliche Werte für 2023

30. Aushilfskräfte

> Siehe „Vorübergehend beschäftigte Arbeitnehmer".

31. Auskunftspflicht der Behörde (§ 90 EStG; § 43 a ASVG)

Das FA des Arbeitgebers (§ 81 EStG) hat auf Anfrage einer Partei tunlichst **innerhalb von 14 Tagen** darüber Auskunft zu geben, ob und inwieweit im einzelnen Fall die Vorschriften über die Lohnsteuer anzuwenden sind. Hat ein Arbeitgeber, dessen Geschäftsleitung sich im Inland befindet, Betriebsstätten in verschiedenen Finanzamtsbereichen, so ist zur Erteilung von Auskünften über Anfragen des Arbeitgebers das FA zuständig, in dessen Bereich sich die Geschäftsleitung des Arbeitgebers befindet.

Die Auskunft der Behörde hat keinen Bescheidcharakter (VwGH 24. 4. 1968, 999/67) und kann daher nicht im Rechtsmittelwege oder vor dem VwGH bekämpft werden. Sie hat deshalb keine Rechtsmittelbelehrung zu enthalten; in der schriftlichen Ausfertigung der Auskunft ist auf diese Eigenschaft hinzuweisen.

Der zuständige Krankenversicherungsträger (§ 23 Abs 1 ASVG) hat auf Anfrage der Beteiligten iSd § 42 Abs 1 Z 1 bis 4 ASVG schriftlich darüber Auskunft zu geben, ob und inwieweit im einzelnen Fall die Vorschriften über das Melde-, Versicherungs- und Beitragswesen anzuwenden sind. Die Auskunft hat mit Rücksicht auf die Auswirkung für den Versicherten tunlichst innerhalb der in § 42 Abs 1 ASVG genannten Frist (14 Tage) zu erfolgen.

32. Auslagenersatz (§ 26 Z 2 EStG; § 49 Abs 3 Z 1 ASVG)

Unter Auslagenersatz sind Beträge zu verstehen, durch die Auslagen des Arbeitnehmers, die dieser für den Arbeitgeber geleistet hat, ersetzt werden. Voraussetzung ist, dass der Arbeitnehmer von vornherein für Rechnung des Arbeitgebers tätig wird. Die vom Arbeitnehmer erbrachte Leistung muss daher letztlich in Stellvertretung des Arbeitgebers erfolgen.

Auslagenersätze dürfen nicht eigene Aufwendungen des Arbeitnehmers decken, und zwar auch dann nicht, wenn diese Aufwendungen mittelbar im Interesse des Arbeitgebers liegen. Besteht auch ein eigenes, wenngleich auch nur ganz unerhebliches Interesse des Arbeitnehmers an den Aufwendungen, kann von einem Auslagenersatz nicht die Rede sein.

Pauschale Auslagenersätze sind grundsätzlich steuerpflichtig, können aber bei entsprechendem Nachweis zu Werbungskosten führen (vgl VwGH 16. 1. 1985, 83/13/0227; VwGH 21. 11. 1990, 87/13/0183).

Ersetzt der Arbeitgeber dem Arbeitnehmer jene Beträge, die letzterer für Geldstrafen aufzuwenden hatte, die über ihn wegen in Ausübung des Diensts begangener Verwaltungsübertretungen (zB Überladung von Kfz) verhängt wurden, handelt es sich weder um durchlaufende Gelder noch um Auslagenersatz, sondern um steuerpflichtigen Arbeitslohn (VwGH 23. 5. 1984, 83/13/0092; VwGH 25. 2. 1997, 96/14/0022).

Vertretungskosten der Hausbesorger sind als durchlaufende Gelder bzw Auslagenersätze zu behandeln, wenn der Hausbesorger den Zeitraum seines Erholungsurlaubs bzw des Krankenstands dem Hauseigentümer bekannt gibt und dieser die Überweisung des Entgelts direkt an den Vertreter vornimmt. In allen übrigen Fällen, zB Einsatz eines Vertreters für bestimmte Arbeiten wie Rasenmähen, Reinigungsarbeiten, stellen die zugeflossenen Gelder beim Hausbesorger steuerpflichtigen Arbeitslohn dar. In der weitergegebenen Höhe können Werbungskosten im Weg der Veranlagung geltend gemacht werden.

222 Auslagenersätze sind nach den Bestimmungen des § 49 Abs 3 Z 1 ASVG beitragsfrei, soweit diese nach den Bestimmungen des § 26 EStG nicht steuerbar sind.

223 Auslagenersätze unterliegen weder der Beitragspflicht bei DB oder DZ noch bei der KommSt.

33. Auslandseinkünfte inländischer Arbeitnehmer (§ 3 Abs 1 Z 10 EStG)

33.1 Steuerliche Begünstigung

224 Während einer begünstigten Auslandstätigkeit sind 60% der **laufenden** Einkünfte, maximal jedoch bis zur geltenden ASVG-Höchstbeitragsgrundlage (voraussichtlicher Wert 2023: € 5.850,–) steuerfrei, wenn ein unbeschränkt steuerpflichtiger Arbeitnehmer vorübergehend ins Ausland entsendet wird. Nicht steuerbare Ersätze gemäß § 26 EStG und Reiseaufwandsentschädigungen nach § 3 Abs 1 Z 16b EStG sind nicht in die Bemessungsgrundlage der 60%-Grenze einzubeziehen. Ist der Arbeitnehmer im Lohnzahlungszeitraum nicht durchgehend ins Ausland entsendet, ist der Höchstbetrag aus der **täglichen** Höchstbeitragsgrundlage nach § 108 ASVG abzuleiten (voraussichtlicher Wert 2023: € 195,–).

225 Sonstige Bezüge iSd § 67 EStG sind von der Befreiung nicht erfasst. Wird daher ein sonstiger Bezug wie ein laufender Bezug (§ 67 Abs 10 EStG) versteuert, steht für diesen Teil die Steuerbefreiung ebenfalls nicht zu.

Auch Urlaubsersatzleistungen gemäß § 67 Abs 8 lit d EStG stellen trotz Aufteilung in laufenden Arbeitslohn und sonstige Bezüge steuerlich insgesamt einen sonstigen Bezug dar, weshalb die Steuerbefreiung gemäß § 3 Abs 1 Z 10 EStG nicht anwendbar ist. Nachzahlungen für Bezüge gemäß § 3 Abs 1 Z 10 EStG im Rahmen eines Insolvenzverfahrens behalten im Rahmen der gesetzlichen Bestimmungen ihre Steuerfreiheit, wobei in diesen Fällen jedoch kein steuerfreies Fünftel zu berücksichtigen ist (siehe § 67 Abs 8 lit g EStG).

226 Für die Steuerfreiheit bestehen folgende **Voraussetzungen:**

Die Entsendung erfolgt von

- ✓ einem Betrieb oder einer Betriebsstätte eines in einem Mitgliedstaat der Europäischen Union, einem Staat des Europäischen Wirtschaftsraums oder der Schweiz ansässigen Arbeitgebers oder
- ✓ einer in einem Mitgliedstaat der Europäischen Union, in einem Staat des Europäischen Wirtschaftsraums oder der Schweiz gelegenen Betriebsstätte eines in einem Drittstaat ansässigen Arbeitgebers.

Die Entsendung erfolgt an einen Einsatzort,

- ✓ der **mehr als 400 Kilometer** Luftlinie vom nächstgelegenen Punkt des österreichischen Staatsgebiets entfernt liegt. Die Entfernung zur österreichischen Grenze bemisst sich immer von der konkreten Baustellenadresse aus.

(Eine brauchbare Abfragemöglichkeit findet sich im Internet unter http://www.freemaptools.com/radius-around-point.htm).

✓ Die Entsendung erfolgt nicht in eine Betriebsstätte (§ 29 Abs 2 lit a und b BAO) des Arbeitgebers oder des Beschäftigers iSd § 3 Abs 3 Arbeitskräfteüberlassungsgesetz (zB Ort der Geschäftsleitung, Zweigniederlassung, Fabrikationsstätten).
✓ Die Tätigkeit des entsendeten Arbeitnehmers im Ausland ist – ungeachtet ihrer vorübergehenden Ausübung – ihrer Natur nach nicht auf Dauer angelegt.

33.2 Begünstigte Tätigkeiten

Die Tätigkeit im Ausland darf ihrer Natur **nach nicht auf Dauer** angelegt sein. Eine Tätigkeit ist ihrer Natur nach auf Dauer angelegt, wenn sie in einer abstrakten Betrachtung nicht befristet angelegt ist. **227**

Das heißt, es muss das Tätigkeitsbild des entsprechenden Berufes herangezogen werden und dieses dahingehend beurteilt werden, ob es einen dauerhaften Charakter aufweist oder nicht.

Nicht auf Dauer angelegte Tätigkeiten

Die Tätigkeit, bspw eines Maurers oder eines Monteurs, ist bezogen auf das Tätigkeitsbild nicht auf Dauer angelegt, da jeweils abgeschlossene Leistungen erbracht werden. Nicht auf Dauer angelegt sind daher auch insb Tätigkeiten, die mit der Erbringung einer Leistung oder der Herstellung eines Werks beendet sind, wie das bspw auf die Erfüllung von spezifischen Beratungsaufträgen oder die Lieferung und Montage von Investitionsgütern zutrifft. Die Tatsache, dass die Leistung von Personen erbracht wird, die ein unbefristetes Dienstverhältnis aufweisen, ändert nichts daran, dass diese Tätigkeiten ihrer Natur nach nicht auf Dauer angelegt sind. **228**

Auf Dauer angelegte Tätigkeiten

Hingegen sind bspw die Tätigkeit eines Geschäftsführers, eines Controllers, eines Bürokaufmannes, Bauleiters, Bauüberwachers oder Inbetriebnehmers auf Dauer angelegt, weil diese Tätigkeiten – unabhängig von den Umständen des konkreten Falles – eine nicht befristete Ausübung zum Gegenstand haben. Die Natur der Tätigkeit hat einen befristeten Charakter inne, der sich dadurch ausdrückt, dass mit der Fertigstellung eines (Bau-)Werks oder der Beendigung einer Montagetätigkeit beendet sind. In diesen Fällen nimmt der Umstand, dass ein Arbeitnehmer nur befristet oder bis zur Erreichung eines bestimmten Erfolgs ins Ausland entsendet wird, der Tätigkeit nicht ihren auf Dauer angelegten Charakter. **229**

Dementsprechend ist die Tätigkeit eines Geschäftsleiters im Ausland auch dann auf Dauer angelegt, wenn sie bspw nur bis zur Erreichung bestimmter betrieblicher Parameter dauern soll.

Ebenso sind Beratungsaufträge im Rahmen einer laufenden Klientenbeziehung, wie bspw bei Rechtsanwälten oder Steuerberatern, auf Dauer angelegt, da der einzelne Beratungsauftrag im Ausland Teil der bestehenden Klientenbeziehung ist.

33.3 Dauer der Entsendung

Die Entsendung erfolgt ununterbrochen für einen Zeitraum von **mindestens** einem Monat. **230**

33. Auslandseinkünfte inländischer Arbeitnehmer

Eine nach Monaten bestimmte Frist endet mit Ablauf desjenigen Tags des letzten Monats, der durch seine Bezeichnung dem für den Beginn dieser Frist maßgebenden Tag entspricht.

Beispiel Monatsfrist

Beginn der Auslandstätigkeit am 10. 4. – Ende der Monatsfrist am 10. 5.

Für die Berechnung der Monatsfrist ist auch die Reisezeit im Ausland heranzuziehen. Eine zumindest einen Monat lang dauernde Tätigkeit kann auch dann vorliegen, wenn die Tätigkeit nicht beim selben Vorhaben, sondern bei verschiedenen begünstigten Vorhaben desselben inländischen Unternehmens verbracht wird. Ein Wechsel des Arbeitgebers während eines Auslandsaufenthalts unterbricht diesen begünstigten Auslandsaufenthalt, ausgenommen, es kommen die Bestimmungen der §§ 3 ff AVRAG zum Tragen.

Während dieses Monats darf die ausländische Tätigkeit nur

- ✓ an Wochenenden,
- ✓ an (ausländischen) gesetzlichen Feiertagen,
- ✓ an verlängerten Wochenenden, wenn keine Arbeitszeit verkürzt wird (zB Dekadenarbeit, Zeitausgleich, der sich auf im Rahmen der Auslandstätigkeit geleistete Überstunden bezieht),
- ✓ bei (kurzfristigen) Krankenständen, wenn der Arbeitnehmer nicht in das Inland zurückkehrt,
- ✓ bei betriebsbedingten (kurzfristigen) Einstellungen der Arbeiten (zB Schlechtwetter, Reparaturen),
- ✓ bei Dienstfreistellungen bzw bezahlter Freizeit, worunter jene gesetzlich oder kollektivvertraglich vorgesehenen Freizeitansprüche zu verstehen sind, die sich aus bestimmten Anlässen wie zB Todesfall, Heirat ergeben, unterbrochen werden.

231 Dienstreisen während der begünstigten Auslandsbeschäftigung unterbrechen die Auslandsbeschäftigung dann nicht, wenn sie ausschließlich im Interesse des ausländischen Vorhabens unternommen werden. Dienstreisen, die in den inländischen Stammbetrieb, eine inländische Betriebsstätte oder ein Reiseziel innerhalb der 400 km-Zone führen, dürfen aber nur von kurzer Dauer sein (höchstens drei Tage). Wird im Anschluss an eine nicht schädliche Dienstreise ein Urlaub konsumiert, so wirkt sich dieser Urlaub während des ersten Monats auf die begünstigte Auslandstätigkeit unterbrechend aus, es sei denn, dass dieser Urlaub nur arbeitsfreie Tage im Montageland (zB Wochenende) erfasst.

Hat die ununterbrochene Tätigkeit im Ausland bereits zumindest einen Monat gedauert, sind auch Urlaube oder Krankenstände der ausländischen Tätigkeit zuzurechnen, wenn der Arbeitnehmer unmittelbar nach dem Urlaub oder Krankenstand die Tätigkeit auf einer ausländischen Arbeitsstelle wieder aufnimmt.

Werden Überstunden während oder unmittelbar im Anschluss an die begünstigte Auslandstätigkeit durch Zeitausgleich (im Aus- oder Inland) abgegolten, fallen diese Vergütungen ebenso unter die Begünstigung des § 3 Abs 1 Z 10 EStG. Wird der Zeitausgleich hingegen nach einer Tätigkeit im Inland konsumiert, ist das Entgelt für den Zeitraum, in dem der Zeitausgleich konsumiert wird, steuerpflichtig.

Arbeiten im Inland unterbrechen grundsätzlich die begünstigte Auslandstätigkeit. Dienen Dienstreisen auch oder nur der Verwirklichung anderer nicht begünstigter Vorhaben oder überschreiten Inlandsreisen bzw Reisen an ein Reiseziel innerhalb der 400 km-Zone den Zeitraum von **drei Tagen,** so unterbrechen solche Reisetätigkeiten die begünstigte Auslandsbeschäftigung.

Wird ein Arbeitnehmer bei einem begünstigten ausländischen Vorhaben beschäftigt und unmittelbar zu einer Arbeitsverrichtung bei einem anderen ausländischen begünstigten Vorhaben abberufen, wird der Fristenlauf nicht unterbrochen, auch wenn ihn seine nicht durch eine schädliche Inlandstätigkeit unterbrochene Reise über das Inland führt.

Nach einer schädlichen Unterbrechung liegt die Voraussetzung für die Steuerfreiheit erst dann wieder vor, wenn die Auslandstätigkeit erneut mindestens ein Monat andauert.

Wird der Arbeitnehmer innerhalb der Monatsfrist an einem ausländischen Einsatzort tätig, der innerhalb der Mindestentfernung (400 Kilometer) liegt, dann wird dadurch die Frist unterbrochen. Nach einer schädlichen Unterbrechung liegt die Voraussetzung für die Steuerbegünstigung erst dann wieder vor, wenn die Tätigkeit im Ausland bei Vorliegen aller Voraussetzungen erneut mindestens einen Monat andauert.

33.4 Erschwerende Umstände

Die im Ausland zu leistenden Arbeiten sind überwiegend im Lohnzahlungszeitraum unter erschwerenden Umständen zu leisten. In jenen Monaten, in denen sowohl eine Inlandstätigkeit als auch eine begünstigte Auslandstätigkeit ausgeübt wird, ist das Überwiegen im Zeitraum der Auslandstätigkeit maßgeblich. **232**

Erschwerende Umstände liegen insb vor, wenn die Arbeiten
- ✓ in erheblichem Maß zwangsläufig eine Verschmutzung des Arbeitnehmers oder seiner Kleidung bewirken (§ 68 Abs 5 Teilstrich 1 EStG) oder
- ✓ im Vergleich zu den allgemein üblichen inländischen Arbeitsbedingungen eine außerordentliche Erschwernis darstellen (§ 68 Abs 5 Teilstrich 2 EStG) oder
- ✓ infolge der schädlichen Einwirkungen von gesundheitsgefährdenden Stoffen oder Strahlen, von Hitze, Kälte oder Nässe, von Gasen, Dämpfen, Säuren, Laugen, Staub oder Erschütterungen oder infolge einer Sturz- oder anderen Gefahr zwangsläufig eine Gefährdung von Leben, Gesundheit oder körperlicher Sicherheit des Arbeitnehmers mit sich bringen (§ 68 Abs 5 Teilstrich 3 EStG).

Hinsichtlich des Vorliegens einer zwangsläufigen Verschmutzung/außerordentlichen Erschwernis/Gefahr vgl LStR Rz 1129 ff. **233**

Es bestehen keine Bedenken, bei Auslandssachverhalten erschwerende Umstände gemäß § 3 Abs 1 Z 10 lit f EStG in typisierender Betrachtungsweise immer dann anzunehmen, wenn es sich um Tätigkeiten handelt, die zu Bauarbeiten im engeren Sinn zählen. Dazu zählen insb die Errichtung, Aufstellung, Inbetriebnahme, Instandsetzung, Instandhaltung, Wartung oder der Umbau von Bauwerken (inkl Fertigbauten) und ortsfesten Anlagen, Demontage, Abbauarbeiten sowie Abbrucharbeiten; weiters das Aufsuchen von Bodenschätzen. Nicht ortsfeste Anlagen (Straßenbaumaschinen, Baukräne, Zelte, Bühnen etc), die wegen ihres Umfangs an Ort und Stelle montiert werden müssen, sind ebenfalls als Bauarbeiten im engeren Sinne zu werten. Bei der Errichtung einer Gesamtsystemanlage (Rechenanlagen, EDV-Anlagen) handelt es sich um keine Bauarbeiten im engeren Sinn. **234**

Eine beaufsichtigende Tätigkeit (zB die Überwachung von Umbauarbeiten) ist für sich nicht ausreichend, um als erschwerend qualifiziert zu werden. Verursacht diese überwachende Tätigkeit aber bspw überwiegend eine zwangsläufige erhebliche Verschmutzung des Arbeitnehmers oder seiner Kleidung, liegen wiederum erschwerende Umstände vor. **235**

33. Auslandseinkünfte inländischer Arbeitnehmer

236 Im Hinblick auf die bei Auslandssachverhalten bestehende erhöhte Mitwirkungspflicht sind jedenfalls genaue Tätigkeitsbeschreibungen (Arbeitsplatzbeschreibungen) notwendig, um eine zwangsläufige Verschmutzung bzw außerordentliche Erschwernis bzw Gefahr zu dokumentieren. Diese sind zum Lohnkonto zu nehmen.

237 Erschwerende Umstände liegen weiters vor, wenn die Arbeiten

- ✓ in einem Land erfolgen, in dem die Aufenthaltsbedingungen im Vergleich zum Inland eine außerordentliche Erschwernis darstellen.

Dies ist dann der Fall, wenn im Einsatzland Faktoren wie bspw extreme klimatische Verhältnisse (Hitze, Kälte), schlechte Infrastruktur (zB kaum befestigte Straßen, schlechte Erreichbarkeit, kein funktionierendes öffentliches Verkehrsnetz), geringes Maß an persönlicher Sicherheit oder ein gegenüber dem Inland wesentlich geringerer Standard an medizinischer Versorgung vorliegen.

Für Staaten der EU, des EWR und der Schweiz wird eine derartige länderspezifische Erschwernis allein regelmäßig nicht zutreffen.

Staaten, die in der Spalte 1 bis 3 der Liste der Entwicklungsländer („DAC List of ODA Recipients") aufgezählt sind, erfüllen dagegen dieses Kriterium (Liste siehe LStR Rz 1409).

238 Zudem liegen erschwerende Umstände dann vor, wenn die Arbeiten

- ✓ in einer Region erfolgen, für die nachweislich am Beginn des jeweiligen Kalendermonats der Tätigkeit eine erhöhte Sicherheitsgefährdung vorliegt (insb Kriegs- oder Terrorgefahr).

Dies wird zutreffen, wenn vom Bundesminister für europäische und internationale Angelegenheiten für das betreffende Land eine Reisewarnung (abrufbar unter http://www.bmeia.gv.at) ausgegeben wurde oder sonst eine erhöhte Sicherheitsgefährdung (zB Kriegs- oder Unruhezustände, Kriegs- oder Terrorgefahr) vorliegt. Der Nachweis ist zum Lohnkonto zu nehmen.

Eine Reisewarnung führt aber nur dann zu erschwerten Bedingungen, wenn sie Stufe 5 oder 6 umfasst. Unter Stufe 5 liegt lediglich ein erhöhtes Sicherheitsrisiko vor, das jedoch für die Steuerbefreiung nicht ausreicht. Werden im Zuge der COVID-19-Pandemie derartige Reisewarnungen ausgesprochen, liegen grundsätzlich erschwerte Bedingungen vor.

> **Beispiel Entsendung**
>
> Ein Arbeitnehmer wird von 14. 1. 2023 bis 31. 5. 2023 in eine Region entsendet, für die seit 1. 11. 2022 eine erhöhte Sicherheitsgefährdung vorliegt (diese bleibt bis 24. 4. 2023 aufrecht); abgesehen von der Erschwernis liegen die übrigen Voraussetzungen des § 3 Abs 1 Z 10 EStG vor. Für die Monate Jänner–April 2023 kann für den Arbeitnehmer die Begünstigung des § 3 Abs 1 Z 10 EStG in Anspruch genommen werden.

33.5 Verlust der Steuerfreiheit

239 Die Steuerfreiheit besteht nicht, wenn der Arbeitgeber während der Auslandsentsendung

- ✓ die Kosten für mehr als eine Familienheimfahrt im Kalendermonat trägt oder
- ✓ Zulagen und Zuschläge gemäß § 68 EStG steuerfrei ausbezahlt (vgl zB BFG 14. 4. 2021, RV/7100987/2017).

Familienheimfahrten sind zwar grundsätzlich nach § 26 Z 4 lit a EStG nicht steuerbar; diese führen allerdings zum Verlust der Begünstigung nach § 3 Abs 1 Z 10 EStG, wenn sie mehr als einmal pro Kalendermonat vom Arbeitgeber getragen werden.

Familienheimfahrten mittels Werkverkehr (zB in einem Mannschaftstransporter) führen ebenfalls zum Verlust der Begünstigung nach § 3 Abs 1 Z 10 EStG, wenn der Transport mehr als einmal pro Kalendermonat in Anspruch genommen wird. Dies gilt analog auch für Familienheimfahrten, deren Kosten von dritter Seite (zB Konzernunternehmen) getragen werden.

Andere nicht steuerbare Leistungen des Arbeitgebers nach § 26 EStG (zB Tages- und Nächtigungsgelder) oder steuerfreie Bezüge nach § 3 Abs 1 Z 16 b EStG können für eine begünstigte Auslandstätigkeit ausbezahlt werden, ohne die Steuerfreiheit nach § 3 Abs 1 Z 10 EStG zu beeinträchtigen.

Mit der Steuerfreiheit ist die Berücksichtigung der mit dieser Auslandstätigkeit verbundenen Werbungskosten gemäß § 16 Abs 1 Z 9 EStG sowie der Aufwendungen für Familienheimfahrten und für doppelte Haushaltsführung abgegolten, es sei denn, der Arbeitnehmer beantragt ihre Berücksichtigung im Rahmen der Veranlagung; in diesem Fall steht die Steuerbefreiung nicht zu. **240**

33.6 Lohnverrechnung

Beginnt oder endet eine begünstigte Auslandstätigkeit während eines Lohnzahlungszeitraums (Kalendermonat), erfolgt die Berechnung sowohl der Inlands- als auch der Auslandsbezüge nach der Monatstabelle (keine tägliche Ermittlung), ausgenommen ein Teil des Lohns ist aufgrund eines DBA aus der inländischen Steuerbemessungsgrundlage auszuscheiden. Details und Berechnungsbeispiele siehe LStR Rz 70 h sowie Rz 70 s und 70 w. **241**

Erfüllt der Arbeitnehmer im Inland die Voraussetzungen für ein Pendlerpauschale, ist dies im Zuge der Lohnverrechnung zu berücksichtigen.

Andere Werbungskosten (zB Gewerkschaftsbeitrag) sind tageweise auf Inlands- und Auslandsbezüge aufzuteilen. Der auf die Auslandsbezüge entfallende Teil der Werbungskosten ist aliquot dem steuerpflichtigen und steuerfreien Teil zuzuordnen. Das Serviceentgelt (E-Card-Gebühr) kann zur Gänze dem Inlandsbezug beim steuerpflichtigen Teil berücksichtigt werden.

33.7 Ausstellen des Lohnzettels

Für Einkünfte gemäß § 3 Abs 1 Z 10 EStG (Tätigkeiten mehr als 400 km von der Staatsgrenze entfernt) ist ein gesonderter Lohnzettel (**Lohnzettelart 23**) auszustellen. Das heißt, sowohl der Gesamtbezug (einschließlich sonstige Bezüge) als auch die steuerpflichtigen und steuerbefreiten Bezugsteile sind unter der jeweils dafür vorgesehenen Kennzahl getrennt im Lohnzettel auszuweisen. **242**

Hat Österreich gemäß einem DBA für Einkünfte, die unter § 3 Abs 1 Z 10 EStG fallen, kein Besteuerungsrecht (**Befreiungsmethode**) und behält der Arbeitgeber die Lohnsteuer unterjährig nicht ein, ist für den gemäß innerstaatlichem Recht steuerpflichtigen Teil ein Lohnzettel iS der LStR Rz 1228 auszufüllen (**Lohnzettelart 8**). Diese Bezüge werden im Rahmen des Progressionsvorbehalts in der Veranlagung erfasst. **243**

Diese Beträge sind in den Lohnzettel der Lohnzettelart 23 **nicht** aufzunehmen.

Bei der **Anrechnungsmethode** ist für die Auslandsbezüge neben der Lohnzettelart 23 die **Lohnzettelart 24** zu verwenden. In der Lohnzettelart 24 sind jene Einkünfte zu erfassen, für die dem ausländischen Staat das Besteuerungsrecht zugewiesen wurde. **244**

34. Außergewöhnliche Belastungen

245 Übersicht der Lohnzettelarten in Fällen, in denen Österreich kein Besteuerungsrecht an den Einkünften des § 3 Abs 1 Z 10 EStG aufweist:

		Befreiungs- methode	Anrechnungs- methode
Arbeitgeber behält LSt ein	Lohnzettelart	23	23 und 24
Arbeitgeber behält LSt nicht ein (direkte Anwendung des DBA)	Lohnzettelart	8	23 und 24

Hinsichtlich der Inlandsbezüge aus diesem Dienstverhältnis ist ein Lohnzettel (Lohnzettelart 1) zu übermitteln.

34. Außergewöhnliche Belastungen (§ 34 EStG)

246 Die Bedeutung des § 34 EStG besteht darin, dass er den Grundsatz der steuerlichen Gleichmäßigkeit und der sozialen Gerechtigkeit verwirklichen soll. Es sollen durch seine Anwendung Härten gemildert werden, die sich durch außergewöhnliche Belastungen iSd § 34 EStG im Einzelfall ergeben können.

247 Die Berücksichtigung einer außergewöhnlichen Belastung hat drei Voraussetzungen. Die Belastung muss
a) außergewöhnlich,
b) zwangsläufig sein und
c) die wirtschaftliche Leistungsfähigkeit wesentlich beeinträchtigen.

248 Die Belastung darf weder Betriebsausgaben, Werbungskosten noch Sonderausgaben sein.

249 **Zu a)** Die Belastung ist außergewöhnlich, soweit sie höher ist als jene, die der Mehrzahl der Steuerpflichtigen gleicher Einkommensverhältnisse, gleicher Vermögensverhältnisse und gleichen Familienstands erwächst.

250 Der Begriff des „Außergewöhnlichen" ist nach objektiven und nicht nach subjektiven Gesichtspunkten zu beurteilen (VwGH 13. 12. 1953, 22/51).

251 Es muss sich immer um Aufwendungen handeln, die in den besonderen Verhältnissen des einzelnen Arbeitnehmers oder doch einer Minderheit von Arbeitnehmern begründet sind. Die Aufwendungen dürfen auch nicht durch Leistungen von dritter Stelle, zB durch Notstandsbeihilfen des Arbeitgebers, durch Ersatzleistungen von Krankenkassen, durch Schadenersatzleistungen eines Dritten bei einem Unfall usw ausgeglichen sein.

252 Die übliche und durchschnittliche Belastung durch Kinder wird idR durch Gewährung der Familienbeihilfe abgegolten. Eine außergewöhnliche Belastung liegt in diesem Falle nur vor, wenn der Arbeitnehmer für das Kind größere Aufwendungen machen muss als die Mehrzahl der Steuerpflichtigen, die in den gleichen Einkommens- und Vermögensverhältnissen leben und denselben Familienstand haben.

253 **Zu b)** Die Belastung muss zwangsläufig sein, dh der Arbeitnehmer muss sich ihr aus tatsächlichen, rechtlichen oder sittlichen Gründen nicht entziehen können. Trifft den Arbeitnehmer an der Belastung ein erhebliches Verschulden, zB durch Spielschulden, Wettschulden oder durch eine Geldstrafe, so wird die Belastung nicht anerkannt. Geht eine Ausgabe auf Tatsachen zurück, die vom Steuerpflichtigen vorsätzlich herbeigeführt worden oder sonst die Folge eines Verhaltens sind, zu dem sich der Steuerpflichtige aus freien Stücken entschlossen hat, ist sie nicht zwangsläufig erwachsen (VwGH 19. 3. 1998, 95/15/0024). Hat der Steuerpflichtige,

34. Außergewöhnliche Belastungen

obwohl er in einem ihm aufgezwungenen Vaterschaftsprozess obsiegt hat, die Prozesskosten zu tragen (weil Regressansprüche gegen ein einkommens- und vermögensloses klagendes Kind nicht durchsetzbar bzw nicht eintreibbar sind), sind ihm diese Kosten zwangsläufig erwachsen (VwGH 3. 3. 1992, 88/14/0011).

Beispiele für anzuerkennende Belastungen

Ausgaben, die durch Krankheit, Todesfall, Unglücksfall oder sonstige, besondere Umstände entstehen, und außergewöhnliche Ausgaben, die durch den Unterhalt von Kindern, sonstigen Angehörigen des Arbeitnehmers oder seiner Ehefrau erwachsen.

Für Unterhaltsleistungen gilt gemäß § 34 Abs 7 EStG Folgendes: **254**

Unterhaltsleistungen für ein Kind sind durch die Familienbeihilfe sowie gegebenenfalls den Kinderabsetzbetrag gemäß § 33 Abs 4 Z 3 lit a und c EStG abgegolten, und zwar auch dann, wenn nicht der Steuerpflichtige selbst, sondern sein mit ihm im gemeinsamen Haushalt lebender (Ehe-)Partner (§ 106 Abs 3 EStG) Anspruch auf diese Beträge hat.

Leistungen des gesetzlichen Unterhalts für ein Kind, das nicht dem Haushalt des Steuerpflichtigen zugehört und für das weder der Steuerpflichtige noch sein mit ihm im gemeinsamen Haushalt lebender (Ehe-)Partner Anspruch auf Familienbeihilfe hat, sind durch den Unterhaltsabsetzbetrag gemäß § 33 Abs 4 Z 3 EStG abgegolten.

Unterhaltsleistungen für den (Ehe-)Partner oder eingetragenen Partner (§ 106 Abs 3 EStG) sind durch den Alleinverdienerabsetzbetrag abgegolten.

Unterhaltsleistungen für den (Ehe-)Partner (§ 106 Abs 3 EStG) sind durch den Alleinverdienerabsetzbetrag abgegolten.

Darüber hinaus sind Unterhaltsleistungen nur insoweit abzugsfähig, als sie zur Deckung von **255**
Aufwendungen gewährt werden, die beim Unterhaltsberechtigten selbst eine außergewöhnliche Belastung darstellen würden. Ein Selbstbehalt (Abs 4) aufgrund eigener Einkünfte des Unterhaltsberechtigten ist nicht zu berücksichtigen.

Unterhaltsleistungen an volljährige Kinder, für die keine Familienbeihilfe ausbezahlt wird, **256**
sind, außer in den Fällen und im Ausmaß der Z 4 weder im Wege eines Kinder- oder Unterhaltsabsetzbetrags noch einer außergewöhnlichen Belastung zu berücksichtigen (vgl § 34 Abs 7 Z 5 EStG; Verfassungsbestimmung).

Unterhaltsleistungen für haushaltszugehörige Kinder im Ausland, bei denen der Anspruch auf **257**
Familienbeihilfe nach § 2 Abs 5 FLAG ausgeschlossen ist, sind hingegen als außergewöhnliche Belastung zu berücksichtigen (VfGH 4. 12. 2001, B 2366/00). Dies bedeutet, dass der halbe Unterhalt (VfGH 17. 10. 1997, G 168/96, G 285/96; VfGH 30. 11. 2000, B 1340/00) ohne Abzug eines Selbstbehaltes als außergewöhnliche Belastung geltend gemacht werden kann. Von dieser Ausnahmeregelung betroffen sind Unterhaltsleistungen von in Österreich beschäftigten Steuerpflichtigen außerhalb des EWR bzw der Schweiz, deren Kinder sich ständig in einem Staat außerhalb des EWR bzw der Schweiz aufhalten. Das individuelle Ausmaß der zu berücksichtigenden Unterhaltspflicht des Steuerpflichtigen orientiert sich am jeweiligen angemessenen Unterhalt im Ausland und den eventuellen ausländischen Familienleistungen. Es bestehen keine Bedenken, diese außergewöhnliche Belastung mit **€ 50,–** pro Monat und Kind – ohne Abzug eines Selbstbehalts – zu schätzen (LStR Rz 866). Die Unterhaltsleistungen sind bis zum vollendeten 15. Lebensjahr des Kindes zu berücksichtigen, darüber hinaus ist ein entsprechender Nachweis über die fehlende Selbsterhaltungsfähigkeit zu erbringen. Ab Volljährigkeit des Kindes darf keine außergewöhnliche Belastung berücksichtigt werden.

34. Außergewöhnliche Belastungen

258 Die Aufwendungen für eine Berufsausbildung eines Kindes außerhalb des Wohnortes gelten gemäß § 34 Abs 8 EStG als außergewöhnliche Belastung, wenn im Einzugsbereich des Wohnortes keine entsprechende Ausbildungsmöglichkeit besteht.

259 Gemäß § 2 Abs 2 der V des BMF zur Berufsausbildung eines Kindes außerhalb des Wohnorts gelten Ausbildungsstätten innerhalb einer Entfernung von 80 km zum Wohnort als innerhalb des Einzugsbereiches des Wohnortes gelegen, wenn von diesen Gemeinden die tägliche Hin- und Rückfahrt zum und vom Studienort nach den Verordnungen gemäß § 26 Abs 3 Studienförderungsgesetz 1992 zeitlich noch zumutbar ist. Diese Regelung ist im Übrigen nicht nur auf Studenten bzw universitäre Einrichtungen beschränkt, sondern gilt in gleicher Weise auch für Schüler und Lehrlinge.

260 Ist der jeweilige Ort bzw die jeweilige Gemeinde in diesen Verordnungen gemäß § 26 Abs 3 Studienförderungsgesetz 1992 nicht ausdrücklich angeführt, gelten Ausbildungsstätten innerhalb einer Entfernung von 80 km zum Wohnort gemäß § 2 Abs 1 der V des BMF zur Berufsausbildung eines Kindes außerhalb des Wohnorts dann als nicht innerhalb des Einzugsbereichs des Wohnorts gelegen, wenn die Fahrzeit vom Wohnort zum Ausbildungsort bzw vom Ausbildungsort zum Wohnort mehr als je eine Stunde bei Benützung des günstigsten öffentlichen Verkehrsmittels beträgt.

261 Der Pauschbetrag des § 34 Abs 8 EStG für eine Berufsausbildung eines Kindes außerhalb des Wohnorts mangels entsprechender Ausbildungsmöglichkeit im Einzugsbereich des Wohnorts steht auch dann zu, wenn der Wohnort des Kindes im Ausland liegt (VwGH 28. 5. 1997, 96/13/0109; VwGH 10. 9. 1998, 96/15/0158).

262 Diese außergewöhnliche Belastung wird durch Abzug eines Pauschbetrags von € 110,– pro Monat der Berufsausbildung berücksichtigt. Dieser Abs 8 stellt eine Spezialnorm gegenüber § 34 Abs 7 Z 5 EStG dar. Die Gewährung des Freibetrags ist daher nicht auf Kinder iSd § 106 EStG (also nicht auf die Zeit des Bezugs von Familienbeihilfe) eingeschränkt.

263 Zu den Voraussetzungen für den Pauschbetrag gemäß § 34 Abs 8 EStG gehört es nicht, dass sich der Steuerpflichtige den Aufwendungen aus tatsächlichen, rechtlichen oder sittlichen Gründen nicht entziehen kann. Die Prüfung beschränkt sich in diesem Punkt auf den in § 34 Abs 8 EStG verselbständigten Teilaspekt des Fehlens einer „entsprechenden Ausbildungsmöglichkeit" im Einzugsbereich des Wohnorts, ohne dass das Erfordernis einer daraus resultierenden rechtlichen oder sittlichen Pflicht zur Finanzierung der auswärtigen Ausbildung gesondert zu prüfen wäre (vgl VwGH 26. 6. 2013, 2012/13/0076).

264 Eine Belastung wegen Unterhaltsgewährung an Angehörige wird nur dann berücksichtigt, wenn die Unterhaltsgewährung erforderlich ist und wenn der gewährte Unterhalt einen angemessenen Betrag nicht übersteigt.

265 Angehörige, gegenüber denen keine rechtliche Unterhaltsverpflichtung besteht, müssen (aufgrund sittlicher Verpflichtung) nicht über den notwendigen Unterhalt hinaus unterstützt werden (VwGH 12. 5. 1980, 737/78).

266 Eine sittliche Verpflichtung liegt nur vor, wenn die Leistungen nach dem Urteil anderer billig und gerecht denkender Menschen geboten erscheinen. Es genügt nicht, dass die Leistungen wünschenswert sind, sondern darauf, ob sich der Steuerpflichtige ihnen ohne öffentliche Missbilligung nicht entziehen kann (VwGH 18. 10. 1988, 87/14/0182).

267 **Zu c)** Die Belastung beeinträchtigt wesentlich die wirtschaftliche Leistungsfähigkeit, soweit sie einen vom Steuerpflichtigen von seinem Einkommen (Abs 5) vor Abzug der außergewöhnli-

34. Außergewöhnliche Belastungen

chen Belastung selbst und eines Sanierungsgewinns (§ 36 EStG) zu berechnenden Selbstbehalt übersteigt.

Der Selbstbehalt beträgt bei einem Einkommen von **268**

höchstens	€ 7.300,–			6%
mehr als	€ 7.300,–	bis	€ 14.600,–	8%
mehr als	€ 14.600,–	bis	€ 36.400,–	10%
mehr als	€ 36.400,–			12%

Der Selbstbehalt vermindert sich um je **einen Prozentpunkt**: **269**

- ✓ wenn dem Steuerpflichtigen der Alleinverdienerabsetzbetrag oder der Alleinerzieherabsetzbetrag zusteht,
- ✓ wenn dem Steuerpflichtigen kein Alleinverdiener- oder Alleinerzieherabsetzbetrag zusteht, er aber **mehr als sechs Monate** im Kalenderjahr verheiratet oder eingetragener Partner ist und vom (Ehe-)Partner nicht dauernd getrennt lebt und der (Ehe-)Partner Einkünfte iSd § 33 Abs 4 Z 1 von **höchstens € 6.312,– jährlich** erzielt,
- ✓ für jedes Kind (§ 106 EStG).

> **Beispiel**
>
> Ein Steuerpflichtiger mit Alleinverdienerabsetzbetrag und zwei Kindern muss sich daher beim Einkommen (§ 34 Abs 5 EStG) von € 14.700,– nur einen Selbstbehalt von 7% dieses Einkommens, also € 1.029,–, anrechnen lassen, während ein alleinstehender Steuerpflichtiger oder ein Steuerpflichtiger ohne Kinder mit mitverdienender Ehegattin sich 10% = € 1.470,– anrechnen lassen muss.

Der Feststellung des Selbstbehalts ist das nach § 2 Abs 2 EStG ermittelte Einkommen, das ist **270** der Gesamtbetrag der Einkünfte aus den in § 2 Abs 3 EStG aufgezählten Einkunftsarten nach Ausgleich mit Verlusten, die sich aus einzelnen Einkunftsarten ergeben, und nach Abzug der Sonderausgaben sowie des Freibetrages für Inhaber von Amtsbescheinigungen und Opferausweisen (§ 105 EStG), vor Abzug der außergewöhnlichen Belastung und eines eventuellen Sanierungsgewinnes (§ 36 EStG) zugrunde zu legen (§ 34 Abs 4 EStG).

Sind im Einkommen sonstige Bezüge iSd § 67 EStG enthalten, dann sind als Einkünfte aus **271** nichtselbständiger Arbeit für Zwecke der Berechnung des Selbstbehalts die zum laufenden Tarif zu versteuernden Einkünfte aus nichtselbständiger Arbeit, erhöht um die sonstigen Bezüge gemäß § 67 Abs 1 und 2 EStG anzusetzen (§ 34 Abs 5 EStG).

Folgende Aufwendungen können gemäß § 34 Abs 6 EStG ohne Berücksichtigung des Selbst- **272** behalts abgezogen werden:

- ✓ Aufwendungen zur Beseitigung von Katastrophenschäden, insb Hochwasser-, Erdrutsch-, Vermurungs-, Lawinen-, Schneekatastrophen- und Sturmschäden (siehe auch LStR Rz 838 bis 838 g).

Der Gesetzesbegriff „Katastrophenschaden" umfasst dem Grunde nach außergewöhnliche Belastungen, die nach objektiver Sicht aus dem regelmäßigen Ablauf der Dinge herausfallen, idR verheerende Folgen nach sich ziehen und von der Allgemeinheit als schweres Unglück angesehen werden (VwGH 19. 2. 1992, 87/14/0116).

- ✓ Kosten einer auswärtigen Berufsausbildung nach § 34 Abs 8 EStG. Bei Vorliegen der Voraussetzungen wird die außergewöhnliche Belastung durch einen Pauschbetrag von monatlich **€ 110,–** (jährlich € 1.320,–) berücksichtigt. Siehe auch LStR Rz 873 ff.

34. Außergewöhnliche Belastungen

- ✓ Mehraufwendungen des Steuerpflichtigen für Personen, für die gemäß § 8 Abs 4 des FLAG erhöhte Familienbeihilfe gewährt wird, soweit sie die Summe der pflegebedingten Geldleistungen (Pflegegeld, Pflegezulage, Blindengeld oder Blindenzulage) übersteigen. Gemäß den Bestimmungen des § 5 der Verordnung über außergewöhnliche Belastung beträgt der Freibetrag, ohne Nachweis der tatsächlichen Kosten, monatlich € 262,- (**jährlich € 3.144,-**). Dieser Freibetrag wird ebenfalls um die Summe der pflegebedingten Geldleistungen gekürzt. Siehe auch LStR Rz 857 ff.
- ✓ Aufwendungen iSd § 35 EStG, die anstelle der Pauschbeträge geltend gemacht werden (§ 35 Abs 5 EStG). Siehe auch LStR Rz 841 ff.
- ✓ Mehraufwendungen aus dem Titel der Behinderung, wenn der Steuerpflichtige selbst oder bei Anspruch auf den Alleinverdienerabsetzbetrag der (Ehe)Partner (§ 106 Abs 3 EStG) oder bei Anspruch auf den Kinderabsetzbetrag oder den Unterhaltsabsetzbetrag das Kind (§ 106 Abs 1 und 2 EStG) pflegebedingte Geldleistungen (Pflegegeld, Pflegezulage, Blindengeld oder Blindenzulage) erhält, soweit sie die Summe dieser pflegebedingten Geldleistungen übersteigen.

Für Körperbehinderte, die zur Fortbewegung ein eigenes Kfz benötigen, steht ein Freibetrag von € 190,- monatlich zu. Die Gehbehinderung ist durch einen Ausweis gemäß § 29b StVO, einen „alten" Bescheid über die Befreiung von der Kraftfahrzeugsteuer, eine vor dem 1. 1. 2005 erfolgte Feststellung iSd § 36 Abs 2 Z 3 BBG oder eine Eintragung der Unzumutbarkeit der Benützung öffentlicher Verkehrsmittel wegen dauernder Gesundheitsschädigung oder bei Blindheit im Behindertenpass nachzuweisen.

Zusätzlich zum Freibetrag von € 190,- monatlich können für Fahrten iZm Heilbehandlungen zusätzlich Fahrtkosten (zB in Form des Kilometergelds) geltend gemacht werden (VwGH 23. 1. 2013, 2009/15/0094).

273 Hinsichtlich der Pauschalsätze für Behinderte (§ 35 EStG) siehe auch „Behinderte".

274 Sind alle unter den Buchstaben a), b) und c) angeführten Voraussetzungen gegeben, so wird der Betrag, der den sich aus der Übersicht ergebenden Hundertsatz (Selbstbehalt) übersteigt, als Überbelastung berücksichtigt. Dabei sind die Bestimmungen hinsichtlich Freibetragsbescheid zu berücksichtigen.

275 Außergewöhnliche Belastungen können nur für das Kalenderjahr geltend gemacht werden, in dem sie geleistet wurden. Wenn außergewöhnliche Belastungen durch Darlehensaufnahme gedeckt wurden, sind erst die Darlehensrückzahlungen gemäß § 34 EStG zu berücksichtigen.

276 Wird ein als außergewöhnliche Belastung anzuerkennender Aufwand verteilt auf zwei Kalenderjahre geleistet, ist der Selbstbehalt in beiden Kalenderjahren abzuziehen. Es ist nicht vorgesehen, ihn – wenn für den Aufwand nur ein einmaliger Grund vorliegt (Operation) – insgesamt nur einmal zu berücksichtigen (VwGH 1. 3. 1978, 407/78).

277 Trägt der (Ehe-)Partner Krankheitskosten für den erkrankten Partner, liegen insoweit außergewöhnliche Belastungen mit Selbstbehalt vor, als die Aufwendungen das Einkommen des erkrankten (Ehe-)Partners derart belasten würden, dass bei diesem das steuerliche Existenzminimum nach § 33 Abs 1 EStG (€ 11.693,- jährlich) unterschritten würde (vgl LStR Rz 870).

Hat der gesunde (Ehe-)Partner Anspruch auf den AVAB oder erzielt der an einer Behinderung leidende Ehepartner (bzw eingetragene Partner) Einkünfte in Höhe von höchstens € 6.312,-, kann der gesunde Partner die außergewöhnlichen Belastungen ohne Berücksichtigung eines Selbstbehalts abziehen.

35. Autorenhonorare

Solche Honorare gehören grundsätzlich zu den Einkünften aus freiberuflicher Tätigkeit. Sie sind deshalb nicht im Wege des Steuerabzugs vom Arbeitslohn zu versteuern, sondern durch Veranlagung zur Einkommensteuer heranzuziehen (§ 22 EStG). **278**

Nur Honorarbezüge, die an angestellte Personen gezahlt werden, die im Rahmen eines Dienstverhältnisses eine schriftstellerische Tätigkeit ausüben, unterliegen als Einkünfte aus nichtselbständiger Arbeit dem Lohnsteuerabzug (§ 25 EStG). **279**

Honorare, die aufgrund einer freiberuflichen Tätigkeit erzielt werden, unterliegen nicht den Bestimmungen des ASVG. Werden jedoch die Honorare im Rahmen eines Dienstverhältnisses erzielt, sind diese der Beitragsgrundlage des normalen Bezuges hinzuzurechnen und gemeinsam der SV zu unterziehen. **280**

36. Bauarbeiter-Urlaubs- und Abfertigungsgesetz

> Siehe „Sonstige Bezüge" und „Urlaubsentgelt gemäß § 8 BUAG".

37. Bausparen

Bausparer ist, wer mit der Bausparkasse einen Bausparvertrag abschließt. Voraussetzung für eine Bausparbegünstigung ist die unbeschränkte Steuerpflicht, nicht hingegen, dass der Bausparer in Österreich Einkommensteuer (Lohnsteuer) bezahlt. Angehörige ausländischer diplomatischer oder berufskonsularischer Vertretungen, die wie beschränkt Einkommensteuerpflichtige zu behandeln sind, können von der Bestimmung des § 108 EStG keinen Gebrauch machen. Personen, die dem Grunde nach unbeschränkt steuerpflichtig sind, aber nur steuerfreie Einkünfte iSd § 3 EStG bzw andere steuerfreie Einkünfte (zB Amtssitzabkommen) beziehen, steht die Bausparbegünstigung zu. **281**

Für Beiträge an eine Bausparkasse, die ihren Sitz oder ihre Geschäftsleitung im Inland hat, wird auf Antrag Einkommensteuer (Lohnsteuer) erstattet. Die Erstattung erfolgt mit einem Pauschbetrag, der sich nach einem Prozentsatz der geleisteten Beiträge bemisst. Der Prozentsatz wird jährlich vom BMF bis 30. 11. für das Folgejahr festgesetzt und im Amtsblatt zur Wiener Zeitung kundgemacht. Der sich nach ergebende Prozentsatz ist zu halbieren und auf halbe Prozentpunkte auf- oder abzurunden. Er darf nicht weniger als 1,5 und nicht mehr als 4 betragen. **282**

Die Erstattung steht dem Steuerpflichtigen jeweils nur für einen Bausparvertrag zu. **283**

Eine Steuererstattung erfolgt für Beitragsleistungen bis zu € 1.200,– jährlich. **284**

Die steuerliche Bindungsfrist eines prämienbegünstigten Bausparvertrags beträgt sechs Jahre ab Vertragsabschluss. Im Jahr der Auflösung des Bausparvertrags (Rückzahlung des gesamten oder auch nur eines Teiles des Guthabens) besteht nur ein aliquoter Prämienanteil für volle Kalendermonate. **285**

Die Prämie für das Kalenderjahr 2023 beträgt **1,5%** der begünstigt geleisteten Beiträge, **maximal jedoch € 18,–** (1,5% von € 1.200,–). **286**

38. Beförderung der Dienstnehmer bei Beförderungsunternehmen

287 Die unentgeltliche oder verbilligte Beförderung der eigenen Arbeitnehmer von Beförderungsunternehmen sowie deren Angehöriger ist sowohl im Bereich der Lohnsteuer als auch bei der Sozialversicherung und bei den Lohnnebenkosten pflichtig. Es besteht jedoch die Möglichkeit, dass dieser Vorteil im Rahmen der Begünstigungen für Mitarbeiterrabatte berücksichtigt wird.

288 Im Bereich der Sozialversicherung sind jedoch die Aufwendungen für Fahrten zwischen Wohnung und Arbeitsstätte mit Massenbeförderungsmitteln beitragsfrei.

➢ Siehe auch „Mitarbeiterrabatte".

39. Begräbniskosten

289 Aufwendungen für die Beerdigung naher Angehöriger sind in erster Linie aus dem Nachlassvermögen zu bestreiten. Eine Verpflichtung der Erben, für diese Kosten aus eigenem aufzukommen, kann nur dann in Betracht kommen, wenn kein für diesen Zweck hinreichendes Nachlassvermögen vorhanden ist und auch nicht als Gegenleistung für die Übertragung von Wirtschaftsgütern übernommen wird. Die Verpflichtung zu diesem Aufwand wird einerseits durch die soziale Stellung des Erblassers begrenzt, andererseits durch Vermögen und Einkommen der Erben, das ihnen erlaubt, diese Kosten unschwer zu bestreiten. Begräbniskosten werden daher immer nur in mehr oder minder bescheidenem Ausmaß als außergewöhnliche Belastung iSd § 34 EStG anerkannt werden können (VwGH 16. 12. 1955, 555 und 590/55). Dieses „bescheidene Ausmaß" wird in den LStR bundeseinheitlich für Begräbniskosten und für die Errichtung eines einfachen Grabdenkmals mit **€ 20.000,–** festgelegt.

290 Entstehen höhere Kosten, ist die Zwangsläufigkeit nachzuweisen (zB Überführungskosten). Die rechtliche Verpflichtung (§ 143 ABGB) zur Tragung der Kosten für das Begräbnis umfasst auch die Übernahme der Kosten für ein schlichtes Totenmahl, soweit ein entsprechender Ortsgebrauch besteht. Dies gilt in gleicher Weise für die Kosten eines Trauer-Blumengestecks am Sarg sowie von Beileiddanksagungen.

291 **Nicht** abzugsfähig sind Kosten der **Trauerkleidung** und der **Grabpflege**.

292 Wurde eine Liegenschaft bereits vor dem Todesfall übergeben und übersteigt der Verkehrswert die Begräbniskosten, ist eine Absetzung nicht möglich, wenn die Übernahme der Begräbniskosten aus einer vertraglichen Verpflichtung (zB Übergabsvertrag) resultiert oder ein mittelbarer zeitlicher Zusammenhang (höchstens **sieben Jahre**) zwischen Übertragung der Liegenschaft und Übernahme der Begräbniskosten besteht.

39.1 Begräbniskostenzuschuss (§ 3 Abs 1 Z 19 EStG; § 49 Abs 3 Z 11 lit c ASVG)

293 **Freiwillige Zuwendungen** des Arbeitgebers für das Begräbnis

- ✓ eines Arbeitnehmers,
- ✓ dessen (Ehe-)Partners oder
- ✓ dessen Kinder

sind steuer- und sozialversicherungsfrei. Dies gilt für (Ehe-)Partner und Kinder iSd § 106 EStG.

Stirbt ein Kind innerhalb von sechs Monaten nach der Geburt oder im ersten Kalenderhalbjahr, bestehen keine Bedenken, wenn Zuwendungen des Dienstgebers zum Begräbnis steuer- und sozialversicherungsfrei behandelt werden. **294**

Begräbniskosten können bspw Kosten für den Grabstein, die Beerdigung oder ein Totenmahl sein. **295**

Unerheblich ist weiters, unter welchem Titel (zB Sterbekostenbeitrag, Sterbequartal, Todesfallbeitrag usw) die Zuwendung gewährt wird. Aufwendungen sind allerdings nur dann steuer- und sozialversicherungsfrei, wenn die Hingabe durch den Arbeitgeber „**freiwillig**" erfolgt. Besteht aufgrund einer lohngestaltenden Vorschrift ein Anspruch, kommt die Befreiung nicht zur Anwendung. Auch eine Sterbekostenversicherung fällt nicht unter die Begünstigung.

Bei Vorliegen der Voraussetzungen der Steuer- und SV-Befreiung fallen auch keine Lohnnebenkosten (DB, DZ, KommSt) an. **296**

40. Begünstigte Auslandstätigkeit (§ 3 Abs 1 Z 10 EStG)

➤ Siehe „Auslandseinkünfte inländischer Arbeitnehmer (§ 3 Abs 1 Z 10 EStG)".

41. Behinderte (§ 35 EStG)

Hat der Steuerpflichtige außergewöhnliche Belastungen **297**
- ✓ durch eine eigene körperliche oder geistige Behinderung und
- ✓ bei Anspruch auf den Alleinverdienerabsetzbetrag durch eine Behinderung des (Ehe-)Partners (§ 106 Abs 3 EStG),
- ✓ ohne Anspruch auf den Alleinverdienerabsetzbetrag durch Behinderung des Ehepartners oder des eingetragenen Partners gemäß § 106 Abs 3 EStG, wenn dieser Einkünfte von höchstens € 6.312,– erzielt oder
- ✓ bei Anspruch des Steuerpflichtigen selbst oder seines (Ehe-)Partners auf den Kinderabsetzbetrag durch eine Behinderung des Kindes (§ 106 Abs 1 und 2 EStG), für das keine erhöhte Familienbeihilfe gemäß § 8 Abs 4 des FLAG gewährt wird,

so steht ihm jeweils ein Freibetrag zu. Die Begünstigung des § 35 EStG ist von Amts wegen zu berücksichtigen. Die Voraussetzung der Antragstellung durch den Steuerpflichtigen ist weggefallen.

Zu den Behinderten gehören auch Personen, die an einer inneren Erkrankung (zB Diabetes mellitus) leiden (VwGH 15. 10. 1974, 152/74). **298**

Die Höhe des Freibetrags bestimmt sich nach dem Ausmaß der Minderung der Erwerbsfähigkeit (Grad der Behinderung). Die Minderung der Erwerbsfähigkeit (Grad der Behinderung) richtet sich in Fällen, **299**
- ✓ in denen Leistungen wegen einer Behinderung erbracht werden, nach der hierfür maßgebenden Einschätzung,

41. Behinderte

✓ in denen keine eigenen gesetzlichen Vorschriften für eine Einschätzung bestehen, nach den §§ 7 und 9 Abs 1 Kriegsopferversorgungsgesetz 1957.

300 Die Tatsache der Behinderung und das Ausmaß der Minderung der Erwerbsfähigkeit (Grad der Behinderung) sind durch eine amtliche Bescheinigung der für diese Feststellung zuständigen Stelle nachzuweisen. Zuständige Stelle ist:
- ✓ der Landeshauptmann bei Empfängern einer Opferrente (§ 11 Abs 2 des Opferfürsorgegesetzes);
- ✓ die Sozialversicherungsträger bei Berufskrankheiten oder Berufsunfällen von Arbeitnehmern;
- ✓ in allen übrigen Fällen sowie bei Zusammentreffen von Behinderungen verschiedener Art das Sozialministeriumservice; dieses hat den Grad der Behinderung durch Ausstellung eines Behindertenpasses nach §§ 40 ff BBG, im negativen Fall durch einen in Vollziehung dieser Bestimmungen ergehenden Bescheid zu bescheinigen.

301 Die Vorlage einer Bescheinigung gemäß § 35 Abs 2 EStG ist nicht erforderlich, wenn der Steuerpflichtige die Zustimmung zur elektronischen Übermittlung der maßgeblichen Daten gemäß § 35 Abs 8 EStG erteilt hat. Die Übermittlung dieser Daten ist auch dann zulässig, wenn vom Steuerpflichtigen in der Vergangenheit ein Freibetrag iSd § 35 Abs 1 – 3 und 7 EStG beantragt wurde. Bei unterschiedlichen Angaben sind jene maßgeblich, die aus der Datenübermittlung hervorgehen. Im Falle der Datenübermittlung hat die amtswegige Berücksichtigung der Freibeträge zu erfolgen.

302 Bescheinigungen, die vor dem 1. 1. 2005 ausgestellt wurden, behalten ihre Gültigkeit solange, bis eine aktuellere Einstufung vorliegt. Diese aktuellere Einstufung ersetzt sämtliche bei den Voreinstufungen getroffenen Feststellungen. Davon ausgenommen sind Bescheinigungen iZm § 29 b StVO (Parkausweis), die vor 1. 1. 2001 durch Amtsärzte oder magistratische Bezirksämter ausgestellt wurden. Diese haben bereits mit 31. 12. 2015 die Gültigkeit verloren.

303 Das Sozialministeriumservice übermittelt die für die Berücksichtigung von Freibeträgen iSd § 35 Abs 1 – 3 EStG erforderlichen Daten elektronisch an die zuständigen Finanzämter sowie an Arbeitgeber, die Bezüge aus einer gesetzlichen Sozialversicherung oder Ruhegenussbezüge einer Gebietskörperschaft iSd § 25 Abs 1 Z 1, 3 oder 4 EStG auszahlen.

304 Der Freibetrag beträgt jährlich

bei einer Behinderung von	Betrag
25% bis 34%	€ 124
35% bis 44%	€ 164
45% bis 54%	€ 401
55% bis 64%	€ 486
65% bis 74%	€ 599
75% bis 84%	€ 718
85% bis 94%	€ 837
95% bis 100%	€ 1.198

305 Anstelle des Freibetrags können auch die tatsächlichen Kosten aus dem Titel der Behinderung geltend gemacht werden, wobei kein Selbstbehalt abzuziehen ist (§ 34 Abs 6 EStG). Das gilt aber nicht für Krankheitskosten, die nicht durch die Behinderung entstanden sind, wie zB eine Augenoperation eines Beinamputierten (VwGH 21. 9. 1983, 82/13/0111, 0186).

306 Bezieht ein Arbeitnehmer Arbeitslohn von zwei oder mehreren Arbeitgebern, steht der Freibetrag nur einmal zu.

41. Behinderte

Laut Verordnung sind als Mehraufwendungen wegen Krankendiätverpflegung ohne Nachweis der tatsächlichen Kosten bei 307
- ✓ Tuberkulose, Zuckerkrankheit, Zöliakie oder Aids   € 70,–
- ✓ Gallen-, Leber- oder Nierenkrankheit   € 51,–
- ✓ Magenkrankheit oder einer anderen inneren Krankheit   € 42,–

pro Kalendermonat zu berücksichtigen, wenn der Grad der Behinderung mindestens 25% beträgt. Bei einer Minderung der Erwerbsfähigkeit von **weniger als 25%** sind die angeführten Beträge ohne Nachweis der tatsächlichen Kosten nach Abzug des Selbstbehaltes gemäß § 34 Abs 4 EStG zu berücksichtigen.

Bei Zusammentreffen mehrerer Krankheiten ist der höhere Pauschbetrag zu berücksichtigen. 308

Zusätzlich zu den Freibeträgen gemäß § 35 Abs 3 EStG ist für Körperbehinderte, die zur Fortbewegung ein eigenes Kfz benützen, zur Abgeltung der Mehraufwendungen für besondere Behindertenvorrichtungen und für den Umstand, dass ein Massenbeförderungsmittel aufgrund der Behinderung nicht benützt werden kann, ein Freibetrag von **€ 190,–** monatlich zu berücksichtigen. Zusätzlich können für Fahrten iZm Heilbehandlungen Fahrtkosten (zB in Form des Kilometergelds) geltend gemacht werden (VwGH 23. 1. 2013, 2009/15/0094). Die Körperbehinderung ist durch eine Bescheinigung gemäß § 29 b StVO einen („alten") Bescheid über die Befreiung von der Kraftfahrzeugsteuer gemäß § 2 Abs 2 Kraftfahrzeugsteuergesetz 1952, eine vor dem 1. 1. 2005 erfolgte Feststellung iSd § 36 Abs 2 Z 3 BBG oder die Eintragung der Unzumutbarkeit der Benützung der öffentlichen Verkehrsmittel wegen dauernder Gesundheitsschädigung oder Blindheit im Behindertenpass (§ 42 Abs 1 BBG) nachzuweisen. 309

Besitzt ein Kfz aufgrund seiner Beschaffenheit eine im Wesentlichen nur eingeschränkte Verkehrsfähigkeit, liegt kein Kfz iSd § 3 Abs 1 der Verordnung über außergewöhnliche Belastungen vor. Bei Zutreffen der übrigen Voraussetzungen kann es sich aber um ein Hilfsmittel iSd § 4 der genannten Verordnung handeln (VwGH 27. 2. 2014, 2011/15/0145). 310

Liegen die Voraussetzungen für die Berücksichtigung des Freibetrags für ein Kfz vor, verfügt der Körperbehinderte aber über kein eigenes Kfz, sind die Aufwendungen für Taxifahrten bis zu einem Betrag von monatlich **€ 153,–** zu berücksichtigen. 311

Auch wenn der Steuerpflichtige zufolge einer Gehbehinderung – verbunden mit einer Minderung der Erwerbsfähigkeit von 60% – eine Bescheinigung gemäß § 29 b StVO besitzt, steht ihm der pauschale Freibetrag für Kfz nicht zu, wenn seine Ehegattin das Kfz gekauft hat und sie auch wirtschaftliche Eigentümerin ist. Daran vermag der Umstand nichts zu ändern, dass der Steuerpflichtige Alleinverdiener ist und sämtliche Kosten für das Kfz trägt. Auch kann das wirtschaftliche Eigentum noch nicht dadurch begründet werden, dass er zur Absicherung den Typenschein verwahrt (UFS Klagenfurt 7. 6. 2011, RV/0155-K/09). 312

Zusätzlich zu den Freibeträgen gemäß § 35 Abs 3 EStG sind nicht regelmäßig anfallende Aufwendungen für Hilfsmittel (zB Rollstuhl, Hörgeräte, Blindenhilfsmittel udgl) im nachgewiesenen Ausmaß als außergewöhnliche Belastung gemäß § 34 Abs 6 EStG zu berücksichtigen. 313

Mehraufwendungen des Steuerpflichtigen für unterhaltsberechtigte Personen, für die gemäß § 8 Abs 4 FLAG erhöhte Familienbeihilfe gewährt wird, sind ohne Nachweis der tatsächlichen Kosten mit monatlich **€ 262,–**, vermindert um die Summe der pflegebedingten Geldleistungen (Pflegegeld, Pflegezulage, Blindenzulage), zu berücksichtigen. Bei Unterbringung in einem Vollinternat vermindert sich der zustehende Pauschbetrag pro Tag des Internatsaufenthalts um je ein Dreißigstel. Zusätzlich zum (gegebenenfalls verminderten) Pauschbetrag sind auch Aufwendungen für Hilfsmittel (Rollstuhl, Hörgerät, Blindenhilfsmittel) sowie das Entgelt für 314

41. Behinderte

die Unterrichtserteilung in einer Sonder- oder Pflegeschule oder für die Tätigkeit in einer Blindenwerkstätte im nachgewiesenen Ausmaß zu berücksichtigen.

315 Haben mehrere Steuerpflichtige Anspruch auf einen Freibetrag, dann ist dieser Freibetrag im Verhältnis der Kostentragung aufzuteilen. Weist einer der Steuerpflichtigen seine höheren Mehraufwendungen nach, dann ist beim anderen Steuerpflichtigen der Freibetrag, um die nachgewiesenen Mehraufwendungen zu kürzen.

41.1 Behinderung und Lohnverrechnung

316 Begünstigte Behinderte haben aufgrund des Behinderteneinstellungsgesetzes einen besonderen Kündigungsschutz. Die Kündigung eines begünstigten Behinderten darf von einem Dienstgeber erst dann ausgesprochen werden, wenn der Behindertenausschuss nach Anhörung des Betriebsrats oder der Personalvertretung zugestimmt hat. Wird die Kündigung bereits vor der Zustimmung des Behindertenausschusses ausgesprochen, so ist sie **rechtsunwirksam,** wenn nicht in besonderen Ausnahmefällen nachträglich die Zustimmung erteilt wird.

317 Der besondere Kündigungsschutz für begünstigte Behinderte wird für neu eintretende Arbeitnehmer für einen Zeitraum von **vier Jahren** ausgesetzt. Während dieses Zeitraums besteht lediglich der allgemeine Kündigungsschutz nach dem ArbVG (Motivkündigung, sozialwidrige Kündigung). Der besondere Kündigungsschutz besteht jedoch dann, wenn

- ✓ während der ersten vier Jahre eines Dienstverhältnisses die Behinderteneigenschaft neu festgestellt wird (in den ersten sechs Monaten der Beschäftigung jedoch nur dann, wenn die Behinderteneigenschaft aus einem Arbeitsunfall resultiert) oder
- ✓ ein Arbeitsplatzwechsel innerhalb eines Konzerns erfolgt.

318 Begünstigte Behinderte haben gemäß § 8 Abs 1 Behinderteneinstellungsgesetz eine **Kündigungsfrist** von **vier Wochen,** sofern nicht aufgrund anderer Vorschriften eine längere Kündigungsfrist einzuhalten ist.

319 Begünstigte Behinderte unterliegen keinem besonderen Entlassungsschutz. Eine Zustimmung des Behindertenausschusses ist nicht erforderlich. Die im Angestelltengesetz und in der Gewerbeordnung aufgelisteten Entlassungsgründe sind auch für geschützte Behinderte anzuwenden.

320 Begünstigte Behinderte sind
- ✓ österreichische Staatsbürger mit einem Grad der Behinderung von **mindestens 50%;**
- ✓ österreichischen Staatsbürgern sind Staatsangehörige sämtlicher **EU-/EWR-Mitgliedstaaten** und **Flüchtlinge** mit einem Grad der Behinderung von **mindestens 50%,** denen Asyl gewährt worden ist, gleichgestellt, solange sie zum dauernden Aufenthalt im Bundesgebiet berechtigt sind.

321 Vom Dienstgeber sind Aufzeichnungen über die Beschäftigung der begünstigten Behinderten zu führen. Diese Aufzeichnung haben

- ✓ den Namen
- ✓ die Anschrift des Dienstnehmers
- ✓ den Beginn und das Ende des Dienstverhältnisses
- ✓ die Versicherungsnummer und
- ✓ die wesentlichen Daten des Nachweises über die Zugehörigkeit zum Kreis der begünstigten Behinderten

zu enthalten.

44. Benützung von Einrichtungen und Anlagen sowie Gesundheitsförderungen

Das Verzeichnis ist über Verlangen den amtlichen Organen der regionalen Geschäftsstellen des AMS und dem Sozialministeriumservice vorzuweisen. 322

Im Bereich der Lohnsteuer als auch der Sozialversicherung sind für begünstigte Behinderte keinerlei Begünstigungen vorgesehen. 323

Aufgrund der Bestimmungen des § 41 Abs 4 lit e FLAG und § 5 Abs 2 lit e KommStG gehören die Arbeitslöhne von begünstigten Behinderten nicht zur Bemessungsgrundlage. Somit sind von diesen Bezügen weder DB noch DZ oder KommSt zu entrichten. 324

42. Beitragsgrundlage der Sozialversicherung (§ 49 Abs 1 ASVG)

Bemessungsgrundlage in der Sozialversicherung ist das Entgelt. Unter Entgelt sind die Geld- und Sachbezüge zu verstehen, auf die der pflichtversicherte Dienstnehmer (Lehrling) aus dem Dienst(Lehr)verhältnis Anspruch hat oder die er darüber hinaus aufgrund des Dienst(Lehr)verhältnisses vom Dienstgeber oder von einem Dritten erhält. 325

Hinsichtlich der Beitragsleistungen sieht das ASVG für das Kalenderjahr 2023 voraussichtlich folgende Höchstbeitragsgrundlagen (§ 45 ASVG) vor: 326

	täglich	monatlich
Dienstnehmer (Lehrlinge usw)	€ 195,–	€ 5.850,–
Freie Dienstnehmer	€ 195,–	€ 6.825,–

Darüber hinausgehende Teile der Bemessungsgrundlage sind beitragsfrei.

§ 49 Abs 3 ASVG normiert, welche Geld- und Sachbezüge nicht als Entgelt iS des ASVG gelten und daher beitragsfrei sind (zB steuerfreie Schmutzzulagen und Reisekostenentschädigungen).

43. Bemessung der Lohnsteuer bei sonstigen Bezügen (§ 67 EStG)

➢ Siehe „Sonstige Bezüge".

44. Benützung von Einrichtungen und Anlagen sowie Gesundheitsförderungen (§ 3 Abs 1 Z 13 lit a EStG)

Lohnsteuer

Begünstigt ist der geldwerte Vorteil aus 327

- ✓ der Benützung von arbeitgebereigenen oder angemieteten Einrichtungen und Anlagen und
- ✓ zielgerichteter, wirkungsorientierter Gesundheitsförderung (Salutogenese) und Prävention, soweit diese vom Leistungsangebot der gesetzlichen Krankenversicherung erfasst sind sowie
- ✓ Impfungen,

44. Benützung von Einrichtungen und Anlagen sowie Gesundheitsförderungen

die der Arbeitgeber allen Arbeitnehmern oder bestimmten Gruppen seiner Arbeitnehmer zur Verfügung stellt.

Übernimmt der Arbeitgeber die Kosten für den COVID-19-Test des Arbeitnehmers, ist dies nach § 3 Abs 1 Z 13 EStG als steuerfrei anzuerkennen (analog zu Impfungen). Hinsichtlich der Kostentragung für Familienmitglieder des Arbeitnehmers liegt ein steuerpflichtiger Vorteil aus dem Dienstverhältnis vor.

328 Die Benützung von arbeitgebereigenen oder angemieteten Einrichtungen und Anlagen ist auch dann begünstigt, wenn diese von mehreren Arbeitgebern gemeinsam betrieben werden (zB mehrbetriebliche Kindergärten).

329 Eine wirkungsorientierte Gesundheitsförderung liegt nur bei folgenden Handlungsfeldern vor:
- ✓ **Ernährung** (zB Angebot zur Vermeidung von Mangel- und Fehlernährung sowie die Vermeidung und Reduktion von Übergewicht)
- ✓ **Bewegung** (zB Stärkung der Rückenmuskulatur, Aufbau von Kondition)
- ✓ **Sucht** (zB Raucherentwöhnung)
- ✓ **Psychische Gesundheit** (zB Umgang mit Stressbelastungen)
- ✓ **Impfungen**

Um zielgerichtet zu sein, haben alle Angebote ein im Vorfeld definiertes Ziel (zB Raucherstopp, Gewichtsnormalisierung usw) zu verfolgen. Als wirkungsorientiert kann ein Angebot nur gelten, wenn seine Wirksamkeit wissenschaftlich belegt ist. Von einer Wirkungsorientierung ist zudem nur dann auszugehen, wenn der Anbieter zur konkreten Leistungserbringung qualifiziert und berechtigt ist.

Detailinformationen sind in LStR Rz 77 ff zu finden.

330 Eventuelle Zuwendungen sind vom Arbeitgeber direkt mit dem qualifizierten Anbieter abzurechnen. Dies ist auch der Fall, wenn die Rechnung für eine Maßnahme iSd § 3 Abs 1 Z 13 lit a zweiter Teilstrich EStG auf den Arbeitgeber ausgestellt ist und der Arbeitnehmer lediglich für den Arbeitgeber in Vorlage tritt (vgl § 26 Z 3 EStG). Zahlt der Arbeitgeber dem Arbeitnehmer einen Geldbetrag, liegt steuerpflichtiger Arbeitslohn vor, da sich diese Befreiungsbestimmung nur auf den Sachbezug bezieht (vgl VwGH 29. 5. 1985, 83/13/0201). Nicht unter den Begriff von Einrichtungen und Anlagen fallen Sachbezüge, die in der SachbezugswerteV geregelt sind (zB Garagen- und Autoabstellplätze).

331 Der betriebsärztliche Dienst bzw – in Ermangelung eines solchen – die Zurverfügungstellung einer ärztlichen Leistung im Betrieb, die üblicherweise durch den betriebsärztlichen Dienst erbracht wird, ist eine Einrichtung iSd § 3 Abs 1 Z 13 EStG.

332 Beiträge des Arbeitgebers für Fitnesscenter oder Sportkurse sind üblicherweise nicht im Leistungsangebot der gesetzlichen Krankenversicherung inkludiert und daher nicht steuerfrei.

333 Voraussetzung für die Steuerbefreiung ist die Gewährung des Vorteils an alle Arbeitnehmer oder einer Gruppe von Arbeitnehmern.

Sozialversicherung

334 Zuwendungen des Dienstgebers für zielgerichtete, wirkungsorientierte, vom Leistungsangebot der gesetzlichen Krankenversicherung erfasste Gesundheitsförderung (Salutogenese) und Prävention sowie Impfungen, soweit diese Zuwendungen an alle Dienstnehmer oder bestimmte Gruppen seiner Dienstnehmer gewährt werden, sind ebenso, wie im Bereich der Lohnsteuer, abgabenfrei (§ 49 Abs 3 Z 11 ASVG).

Die Benützung von Einrichtungen und Anlagen, die der Dienstgeber allen Dienstnehmern **335**
oder bestimmten Gruppen seiner Dienstnehmer zur Verfügung stellt (zB Erholungs- und
Kurheime, Kindergärten, Betriebsbibliotheken, Sportanlagen, betriebsärztlicher Dienst) ist
ebenso, wie im Bereich der Lohnsteuer, abgabenfrei (§ 49 Abs 3 Z 16 ASVG).

DB – DZ – KommSt

Ist Steuerfreiheit gegeben, sind die Zuwendungen des Arbeitgebers auch lohnnebenkostenfrei. **336**

45. Berechnung der Lohnsteuer (§ 66 EStG)

Die Lohnsteuer wird durch die Anwendung des Einkommensteuertarifes (§ 33 EStG) auf das **337**
hochgerechnete Jahreseinkommen (Abs 2) ermittelt. Der sich dabei ergebende Betrag ist nach
Abzug der Absetzbeträge gemäß § 33 Abs 3a Z 1 bis 3 (Familienbonus Plus), Abs 4 Z 1 (Alleinverdienerabsetzbetrag), Abs 4 Z 2 (Alleinerzieherabsetzbetrag), Abs 5 Z 1 (Verkehrsabsetzbetrag), Abs 5 Z 2 (erhöhter Verkehrsabsetzbetrag), Abs 5 Z 4 (Pendlereuro) und Abs 6
([erhöhter] Pensionistenabsetzbetrag) EStG durch den Hochrechnungsfaktor (§ 66 Abs 3
EStG) zu dividieren und auf volle Cent zu runden.

Ist der Arbeitnehmer im Kalendermonat durchgehend beschäftigt, ist der Lohzahlungszeitraum der Kalendermonat, wobei dieser mit **30 Tagen** anzusetzen ist. Beginnt oder endet **338**
die Beschäftigung während eines Kalendermonat, so ist der Lohnzahlungszeitraum der Kalendertag. Ist der Lohnzahlungszeitraum kürzer als ein Kalendermonat, sind arbeitsfreie Tage mit
einzubeziehen. Der Kalendertag gilt auch dann als Lohnzahlungszeitraum, wenn bei Berechnung der Lohnsteuer ein DBA zu berücksichtigen ist.

Die Lohnsteuer kann auch anhand von sogenannten Effektivtabellen berechnet werden. **339**

45.1 Effektivtabellen

➢ Siehe auch Tabellenteil „Allgemeine Voraussetzungen zur Steuerberechnung".

LSt-Tabelle **ab 1. 1. 2023** für unselbständig Beschäftigte – Monatslohn („Übergangsregelung" **340**
– „Ökosoziales Steuerreformgesetz 2022")**

Monats-lohn bis	Grenz-steuer-satz	Abzug	Absetzbeträge							
			Familienbonus Plus <18 Jahre		Familienbonus Plus ≥18 Jahre		Verkehrs-absetz-betrag	Alleinverdiener-/Allein-erzieherabsetzbetrag		
			ganz	halb	ganz	halb		für 1 Kind	für 2 Kinder	für jedes weitere Kind
985,42	0,00%									
1.605,50	20,00%	197,08	166,68	83,34	54,18	27,09	35,08	43,33	58,67	19,33
2.683,92	30,00%	357,63	166,68	83,34	54,18	27,09	35,08	43,33	58,67	19,33
5.184,33	41,00%	652,86	166,68	83,34	54,18	27,09	35,08	43,33	58,67	19,33
7.771,00	48,00%	1.015,77	166,68	83,34	54,18	27,09	35,08	43,33	58,67	19,33
83.344,33	50,00%	1.171,19	166,68	83,34	54,18	27,09	35,08	43,33	58,67	19,33
darüber	55,00%	5.338,40	166,68	83,34	54,18	27,09	35,08	43,33	58,67	19,33

45. Berechnung der Lohnsteuer

Hinweis

- Monatslohn = Bruttobezug abzüglich SV-Beiträge und Freibeträge, jedoch vor Abzug von Werbungskostenpauschale (€ 132,– pa).
- Der Familienbonus Plus ist als erster Absetzbetrag bis maximal null abzuziehen.
- Der erhöhte Verkehrsabsetzbetrag und der Zuschlag zum Verkehrsabsetzbetrag sind in der Tabelle nicht berücksichtigt.

** „Übergangsregelung 2023" – „Ökosoziales Steuerreformgesetz 2022"

Die Senkung des Steuersatzes von 42% auf 40% tritt mit 1. 7. 2023 in Kraft und ist erstmalig anzuwenden, wenn
- die Einkommensteuer veranlagt oder durch Veranlagung festgesetzt wird, bei der Veranlagung für das Kalenderjahr 2024,
- die Einkommensteuer (Lohnsteuer) durch Abzug eingehoben wird, für Lohnzahlungszeiträume, die nach dem 31. 12. 2023 enden.

Für das Kalenderjahr 2023 ist die Senkung des Steuersatzes von 42% auf 40% wie folgt zu berücksichtigen:
- Wenn die Einkommensteuer veranlagt oder durch Veranlagung festgesetzt wird, ist für das gesamte Kalenderjahr ein Steuersatz von 41% anzuwenden.
- Wenn die Einkommensteuer (Lohnsteuer) durch Abzug eingehoben wird, ist für Lohnzahlungszeiträume, die nach dem 31. 12. 2022 enden, ein Steuersatz von 41% anzuwenden.

341 LSt-Tabelle **ab 1. 1. 2023** für unselbständig Beschäftigte – Taglohn („Übergangsregelung" – „Ökosoziales Steuerreformgesetz 2022")**

Tageslohn bis	Grenz-steuer-satz	Abzug	Absetzbeträge							
			Familienbonus Plus <18 Jahre		Familienbonus Plus ≥18 Jahre		Verkehrs-absetz-betrag	Alleinverdiener-/Allein-erzieherabsetzbetrag		
			ganz	halb	ganz	halb		für 1 Kind	für 2 Kinder	für jedes weitere Kind
32,85	0,00%									
53,52	20,00%	6,569	5,556	2,778	1,806	0,903	1,169	1,444	1,956	0,644
89,46	30,00%	11,921	5,556	2,778	1,806	0,903	1,169	1,444	1,956	0,644
172,81	41,00%	21,762	5,556	2,778	1,806	0,903	1,169	1,444	1,956	0,644
259,03	48,00%	33,859	5,556	2,778	1,806	0,903	1,169	1,444	1,956	0,644
2.778,14	50,00%	39,040	5,556	2,778	1,806	0,903	1,169	1,444	1,956	0,644
darüber	55,00%	177,947	5,556	2,778	1,806	0,903	1,169	1,444	1,956	0,644

Die Hinweise bei der Effektivtabelle „Monatslohn" gelten entsprechend auch für die Effektivtabelle „Tageslohn".

45.2 Anwendung der Effektivtabellen

LSt-Tabelle **ab 1. 1. 2023** für Pensionisten („Übergangsregelung" – „Ökosoziales Steuerreformgesetz 2022")** **342**

Monats-pension bis	Grenz-steuer-satz	Abzug	Absetzbeträge							
			Familienbonus Plus <18 Jahre		Familienbonus Plus ≥18 Jahre		Pensio-nistenab-setzbetrag	Alleinverdiener-/Allein-erzieherabsetzbetrag		
			ganz	halb	ganz	halb		für 1 Kind	für 2 Kinder	für jedes weitere Kind
974,42	0,00%									
1.534,17	20,00%	194,88	166,68	83,34	54,18	27,09	72,33	43,33	58,67	19,33
1.594,50	20,00%	194,88	166,68	83,34	54,18	27,09	72,33–0*	43,33	58,67	19,33
2.235,50	30,00%	354,33	166,68	83,34	54,18	27,09	72,33–0*	43,33	58,67	19,33
2.672,92	30,00%	354,33	166,68	83,34	54,18	27,09		43,33	58,67	19,33
5.173,33	41,00%	648,35	166,68	83,34	54,18	27,09		43,33	58,67	19,33
7.760,00	48,00%	1.010,49	166,68	83,34	54,18	27,09		43,33	58,67	19,33
83.333,33	50,00%	1.165,69	166,68	83,34	54,18	27,09		43,33	58,67	19,33
darüber	55,00%	5.332,35	166,68	83,34	54,18	27,09		43,33	58,67	19,33

Hinweis

– Monatspension = Bruttopension abzüglich SV-Beiträge und Freibeträge.
– Der Familienbonus Plus ist als erster Absetzbetrag bis maximal null abzuziehen.
– Pensionisten steht kein Verkehrsabsetzbetrag zu. Dafür steht ein Pensionistenabsetzbetrag zu (siehe unten).
– Der erhöhte Pensionistenabsetzbetrag ist in der Tabelle nicht berücksichtigt.

* Einschleifregelung Pensionistenabsetzbetrag

Der Pensionistenabsetzbetrag vermindert sich gleichmäßig einschleifend zwischen jährlich € 18.410,– und € 26.826,– auf null.
Formel für die Verschleifung des Pensionistenabsetzbetrages:
(€ 2.235,50,– – monatliche Pensionseinkünfte) x € 72,33/701,33

45.2 Anwendung der Effektivtabellen

Die Absetzbeträge sind in folgender Reihenfolge abzuziehen (vgl LStR Rz 768): **343**
- ✓ Familienbonus Plus
- ✓ Alleinverdiener/Alleinerzieherabsetzbetrag
- ✓ (erhöhter) Verkehrsabsetzbetrag bzw (erhöhter) Pensionistenabsetzbetrag
- ✓ Pendlereuro

Berechnung monatlich – 2023

Monatslohn eines Angestellten mit Alleinverdiener(erzieher)absetzbetrag und einem Kind – ohne Pendlerpauschale und Indexierung
Lohnsteuerbemessungsgrundlage € 1.714,37

45. Berechnung der Lohnsteuer

Berechnung der Lohnsteuer
Anwendung des Prozentsatzes laut Effektivtabelle

Stufe bis	€ 2.683,92	€ 1.714,37 × 30% =	€	514,31
Abzugsbetrag			€	− 357,63
Alleinverdiener(erzieher)absetzbetrag			€	− 43,33
Verkehrsabsetzbetrag			€	− 35,08
Monatslohnsteuer			€	78,27

Berechnung monatlich – August 2023

Monatslohn eines Angestellten mit Familienbonus Plus für ein Kind < 18 Jahre und ein Kind > 18 Jahre sowie Alleinverdienerabsetzbetrag für beide Kinder – ohne Pendlerpauschale und Indexierung

Lohnsteuerbemessungsgrundlage			€	4.170,13
Berechnung der Lohnsteuer				
Anwendung des Prozentsatzes laut Effektivtabelle				
Stufe bis	€ 5.184,33	€ 4.170,13 × 41% =	€	1.709,75
Abzugsbetrag			€	− 652,86
Familienbonus Plus für 1 Kind < 18 Jahre			€	− 166,68
Familienbonus Plus für 1 Kind > 18 Jahre			€	− 54,18
Alleinverdiener(erzieher)absetzbetrag			€	− 58,67
Verkehrsabsetzbetrag			€	− 35,08
Monatslohnsteuer			€	742,28

Berechnung täglich – 2023

Tageslohn ohne Alleinverdiener(erzieher)absetzbetrag und ohne Pendlerpauschale

Lohnsteuerbemessungsgrundlage			€	58,14
Berechnung der Lohnsteuer				
Anwendung des Prozentsatzes laut Effektivtabelle				
Stufe bis	€ 89,46	€ 58,14 × 30% =	€	17,442
Abzugsbetrag			€	− 11,921
Verkehrsabsetzbetrag			€	− 1,169
Tageslohnsteuer			€	4,352

45.3 Neuerungen aufgrund des ökosozialen Steuerreformgesetzes 2022 und des Teuerungs-Entlastungspakets Teil II

344 Mit dem ökosozialen Steuerreformgesetz 2022 wurde die zweite und dritte Stufe des Einkommensteuertarifs reduziert. Die Senkung der Tarifstufe von 35% auf 30% gilt seit dem 1. 7. 2022 und die Senkung der Tarifstufe von 42% auf 40% ab dem 1. 7. 2023.

Da der Einkommensteuertarif kalenderjahrbezogen ist, wird die unterjährige Absenkung des Steuersatzes durch einen sich daraus ergebenden Mischsteuersatz berücksichtigt. Durch Anwendung eines arithmetischen Mittelwertes der jeweiligen Tarifstufen wird eine zeitliche Wirkung der Entlastung somit genau in der Jahreshälfte unterstellt. Das heißt für das gesamte Kalenderjahr 2022 kommt für die zweite Tarifstufe ein errechneter Mischsteuersatz von 32,5% und im Kalenderjahr 2023 für die dritte Tarifstufe ein errechneter Mischsteuersatz von 41% zu Anwendung.

46. Berücksichtigung besonderer Verhältnisse

Für Pensionisten wurden zudem sowohl der Pensionistenabsetzbetrag als auch der erhöhte Pensionistenabsetzbetrag angehoben. Inklusive der Anpassung aufgrund des Teuerungs-Entlastungspakets Teil II (Anpassung aufgrund der kalten Progression) betragen diese € 868,- (bisher € 600,-) bzw € 1.278,- (bisher € 964,-). Gleichzeitig wurden die Beträge der Pensionseinkünfte, für die die Einschleifregelungen anzuwenden sind, erhöht. Der Pensionistenabsetzbetrag vermindert sich gleichmäßig einschleifend zwischen jährlich € 18.410,- und € 26.826,- auf null. Der erhöhte Pensionistenabsetzbetrag vermindert sich gleichmäßig einschleifend zwischen zu versteuernden laufenden Pensionseinkünften von € 20.967,- und € 25.500,- auf null.

Weiters wurde ab 1. 1. 2022 auch der Familienbonus Plus angehoben (BGBl I 2022/10). Der Familienbonus Plus für Kinder bis 18 Jahre wurde ab Jänner 2022 von monatlich € 125,- auf monatlich € 166,68 angehoben, was einer Anhebung von € 1.500,- jährlich auf € 2.000,16 jährlich entspricht. Auch für Kinder ab 18 Jahren wurde der Familienbonus Plus angehoben, und zwar von € 41,68 monatlich auf € 54,18 monatlich, was einer Anhebung von € 500,16 jährlich auf € 650,16 jährlich entspricht.

46. Berücksichtigung besonderer Verhältnisse (§ 62 EStG)

345 Beim Steuerabzug vom Arbeitslohn sind vor Anwendung des Lohnsteuertarifes (§ 66 EStG) vom Arbeitslohn abzuziehen:
- ✓ Der Pauschbetrag für Werbungskosten (§ 16 Abs 3 EStG) von **€ 132,-** jährlich.

Dieser Pauschbetrag ist in die Tabellen bereits eingearbeitet und muss daher nicht gesondert abgezogen werden. Der Pauschbetrag für Sonderausgaben (§ 18 Abs 2 EStG) von **€ 60,-** jährlich darf ab dem Kalenderjahr 2021 nicht mehr berücksichtigt werden (§ 124b Z 286 EStG).

- ✓ Pflichtbeiträge zu gesetzlichen Interessenvertretungen auf öffentlich-rechtlicher Grundlage, soweit sie nicht auf Bezüge entfallen, die mit einem festen Steuersatz iSd § 67 EStG zu versteuern sind, und
- ✓ vom Arbeitgeber einbehaltene Beiträge für die freiwillige Mitgliedschaft bei Berufsverbänden und Interessenvertretungen,
- ✓ vom Arbeitgeber einbehaltene Beiträge iSd § 16 Abs 1 Z 4 EStG (Pflichtbeiträge zu Versicherungen), soweit sie nicht auf Bezüge entfallen, die mit einem festen Steuersatz iSd § 67 EStG zu versteuern sind,
- ✓ der entrichtete Wohnbauförderungsbetrag iSd § 16 Abs 1 Z 5 EStG, soweit er nicht auf Bezüge entfällt, die mit einem festen Steuersatz iSd § 6 EStG zu versteuern sind,
- ✓ der sich gemäß § 16 Abs 1 Z 6 EStG ergebende Pauschbetrag (Pendlerpauschale) und Kosten für die Beförderung im Werkverkehr gemäß § 16 Abs 1 Z 6 lit i letzter Satz EStG (Werkverkehr),
- ✓ die Erstattung (Rückzahlung) von Arbeitslohn gemäß § 16 Abs 2 Satz 2 (bei aufrechtem Dienstverhältnis),
- ✓ Freibeträge aufgrund eines Freibetragsbescheids (§ 63 EStG),
- ✓ Freibeträge gemäß § 35 (Behinderte) und § 105 (Opferausweisinhaber und Inhaber von Amtsbescheinigungen) von jenem Arbeitgeber, der Bezüge aus einer gesetzlichen Sozialversicherung oder Ruhegenussbezüge einer Gebietskörperschaft iSd § 25 Abs 1 Z 1, 3 oder 4 EStG auszahlt, wenn eine diesbezügliche Bescheinigung vorgelegt wurde. Bei mehreren

Pensions- oder Ruhegenussbezügen darf die Bescheinigung nur einer auszahlenden Stelle vorgelegt werden,
- ✓ ein gemäß § 103 Abs 1a EStG gewährter Zuzugsfreibetrag,
- ✓ der Pauschbetrag für Werbungskosten gemäß § 17 Abs 6 EStG iVm § 1 Z 11 der V über die Aufstellung von Durchschnittssätzen für Werbungskosten (Expatriates).

346 Das **Service-Entgelt** für die **E-Card** gemäß § 31c ASVG (2023 € 12,95 – für 2024 voraussichtlich € 13,35) ist vom Versicherten unabhängig von einer Leistung zu zahlen und stellt einen Pflichtbeitrag gemäß § 16 Abs 1 Z 4 EStG dar. Er vermindert daher die Lohnsteuerbemessungsgrundlage.

47. Berücksichtigung des Freibetragsbescheids (§ 64 EStG)

347 Der Arbeitgeber hat den auf der Mitteilung zur Vorlage beim Arbeitgeber (§ 63 EStG) ausgewiesenen Freibetrag beim Steuerabzug vom Arbeitslohn zu berücksichtigen und die Mitteilung zum Lohnkonto zu nehmen. Der Arbeitnehmer kann auf der Mitteilung zur Vorlage beim Arbeitgeber erklären, dass anstelle des ausgewiesenen Freibetrags ein niedrigerer Betrag bei der Lohnverrechnung zu berücksichtigen ist.

348 Wechselt der Arbeitnehmer während des Kalenderjahres den Arbeitgeber, so hat dieser auf dem Lohnkonto und dem Lohnzettel die Summe der bisher berücksichtigten Freibeträge auszuweisen und dem Arbeitnehmer die Mitteilung zur Vorlage beim Arbeitgeber auszuhändigen.

349 Bei Beendigung des Dienstverhältnisses sind die Mitteilung für das laufende Kalenderjahr dem Arbeitnehmer auszufolgen. Die Mitteilungen für abgelaufene Jahre verbleiben beim Arbeitgeber.

48. Beruflich veranlasste Reise (§ 16 EStG)

350 Aufgrund des VwGH-Erkenntnisses vom 27. 1. 2011, 2010/15/0197, wurde die Abschreibmöglichkeit von beruflich veranlassten Reisen neu geregelt. Aufgrund des Umfangs wird an dieser Stelle nur auf die LStR verwiesen. Siehe daher LStR Rz 226 ff.

49. Berufskleidung

➤ Siehe „Arbeitskleidung" bzw „Arbeitsschutzkleidung".

50. Berufsverbände (§ 16 Abs 1 Z 3 EStG)

351 Pflichtbeiträge zu gesetzlichen Interessenvertretungen auf öffentlich-rechtlicher Grundlage und Betriebsratsumlagen sind Werbungskosten.

352 Beiträge für die freiwillige Mitgliedschaft bei Berufsverbänden und Interessenvertretungen können nur insoweit als Werbungskosten abgezogen werden, als sie in angemessener, statu-

51. Beschränkt Steuerpflichtige

tenmäßig festgesetzter Höhe geleistet werden. Voraussetzung für die Abzugsfähigkeit ist außerdem, dass sich die Berufsverbände (Interessenvertretungen) nach ihrer Satzung und tatsächlichen Geschäftsführung ausschließlich oder überwiegend mit der Wahrnehmung der beruflichen Interessen ihrer Mitglieder befassen.

Pflichtbeiträge zu gesetzlichen Interessenvertretungen auf öffentlich-rechtlicher Grundlage und Beiträge für die **freiwillige Mitgliedschaft bei Berufsverbänden** und **Interessenvertretungen** sind beim Steuerabzug vom Arbeitslohn vor Anwendung des Lohnsteuertarifs und ohne Anrechnung auf das allgemeine Werbungskostenpauschale vom Arbeitslohn abzuziehen, unter der Voraussetzung, dass auch alle diese Beträge durch den Arbeitgeber einbehalten worden sind. **353**

Die durch den Arbeitgeber einbehaltene Betriebsratsumlage darf bei Ermittlung der Lohnsteuerbemessungsgrundlage **nicht** abgezogen werden. Bezahlte Betriebsratsumlagen können nur im Wege der Arbeitnehmerveranlagung als Werbungskosten, jedoch unter Anrechnung auf das Werbungskostenpauschale, berücksichtigt werden. **354**

Nicht vom Arbeitgeber bzw der pensionsauszahlenden Stelle einbehaltene Gewerkschaftsbeiträge udgl können bei aktiven Arbeitnehmern und Pensionisten im Wege der (Arbeitnehmer-)Veranlagung, in bestimmten Fällen auch im Rahmen einer Aufrollung gemäß § 77 EStG (siehe „Aufrollung der Lohnzahlungszeiträume"), geltend gemacht werden. **355**

Nicht als Berufsverbände gelten Institutionen, die nicht darauf ausgerichtet sind, spezielle berufliche Interessen der Mitglieder zu fördern, sondern bei denen die Fördertätigkeit in einem nicht eindeutigen und damit losen Zusammenhang steht, wie zB beim Bund Sozialistischer Akademiker (VwGH 29. 6. 1995, 93/14/0104). **356**

Im ASVG ist keine Befreiungsbestimmung vorgesehen. Derartige Mitgliedsbeiträge vermindern daher nicht die Beitragsgrundlage. **357**

Beiträge zu Berufsverbänden vermindern nicht die Bemessungsgrundlage bei DB, DZ und KommSt. **358**

51. Beschränkt Steuerpflichtige (§ 70 EStG)

Beschränkt lohnsteuerpflichtig sind Arbeitnehmer, die im Inland weder einen Wohnsitz noch ihren gewöhnlichen Aufenthalt haben. **359**

Beschränkt lohnsteuerpflichtig sind bei Zutreffen der sonstigen Voraussetzungen ausländische Arbeitnehmer, die im Inland oder auf österreichischen Schiffen persönlich tätig sind, deren Arbeit im Inland verwertet wird oder denen Arbeitslohn aus inländischen öffentlichen Kassen mit Rücksicht auf ein gegenwärtiges oder früheres Dienstverhältnis gewährt wird. **360**

Die Arbeit wird im Inland verwertet, wenn sie zwar nicht im Inland persönlich ausgeübt wird, aber ihr wirtschaftlicher Erfolg der inländischen Volkswirtschaft unmittelbar zu dienen bestimmt ist. **361**

Steuerfreie Bezüge wie in § 3 oder § 68 EStG (zB Überstundenzuschläge, SEG-Zulagen) sind zu berücksichtigen. Werden dem beschränkt Lohnsteuerpflichtigen sonstige Bezüge ausbezahlt (zB Urlaubszuschuss und Weihnachtsremuneration), sind sowohl der Freibetrag von € 620,– als auch die Freigrenze zu berücksichtigen (dh Bestimmungen des § 67 EStG kommen zur Anwendung).

51. Beschränkt Steuerpflichtige

Bei Besteuerung nach dem Lohnsteuertarif kommt es zu keiner Hinzurechnung der im § 102 Abs 3 EStG angeführten € 9.567,–.

362 Die Einkommensteuer ist bei beschränkter Steuerpflicht gemäß § 33 Abs 1 EStG zu berechnen. Folgende Absetzbeträge können nur bei Einkünften zur Anwendung kommen, die dem Lohnsteuerabzug unterliegen, und bleiben im Falle einer Veranlagung erhalten (§ 102 Abs 3 EStG):
- ✓ Verkehrsabsetzbetrag (§ 33 Abs 5 Z 1 EStG; LStR Rz 805–808)
- ✓ erhöhter Verkehrsabsetzbetrag (§ 33 Abs 5 Z 2 EStG)
- ✓ Pendlereuro in Höhe von jährlich € 2,– pro Kilometer der einfachen Fahrstrecke Wohnung – Arbeitsstätte, wenn der Arbeitnehmer Anspruch auf ein Pendlerpauschale gemäß § 16 Abs 1 Z 6 hat (§ 33 Abs 5 Z 4 EStG); im Zeitraum Mai 2022 bis Juni 2023 steht zusätzlich ein Pendlereuro von € 0,50 monatlich pro Kilometer der einfachen Fahrtstrecke zwischen Wohnung und Arbeitsstätte zu (BGBl I 2022/10)
- ✓ Pensionistenabsetzbetrag (§ 33 Abs 6 Z 1 und 2 EStG; LStR Rz 809–810)

363 Der Alleinverdiener- bzw Alleinerzieherabsetzbetrag, der Kinderabsetzbetrag und der Unterhaltsabsetzbetrag stehen beschränkt Steuerpflichtigen nicht zu. Ebenso steht der Familienbonus Plus beschränkt steuerpflichtigen Arbeitnehmern nicht zu.

364 Beim Steuerabzug berücksichtigte Absetzbeträge sind im Falle einer Veranlagung zu berücksichtigen (§ 102 Abs 3 EStG).

365 Bei Bezügen als Arbeitnehmer aus einer Tätigkeit iSd § 99 Abs 1 Z 1 EStG (Schriftsteller, Vortragende, Künstler, Architekten, Sportler, Artisten oder Mitwirkende an Unterhaltungsdarbietungen) erfolgt der Steuerabzug in Höhe von **20%** (Bruttobesteuerung) des vollen Betrags dieser Bezüge.

366 Der pauschale Lohnsteuerabzug nach § 70 Abs 2 Z 2 iVm § 99 Abs 1 Z 1 EStG stellt lediglich eine besondere Erhebungsform der Einkommensteuer dar. Auch wenn diese Besteuerung an den „vollen Betrag der Bezüge" anknüpft, gelten die Steuerbefreiungen in § 3 EStG grundsätzlich für unbeschränkt und beschränkt Steuerpflichtige, weshalb auch bei der pauschalen Besteuerung beschränkt steuerpflichtiger Arbeitnehmer steuerfreie Einkünfte nicht zur Bemessungsgrundlage gehören (vgl VwGH 12. 6. 2019, Ro 2016/13/0005).

367 Mit den Bezügen unmittelbar zusammenhängende Werbungskosten können vom vollen Betrag der Bezüge abgezogen werden, wenn sie ein in einem Mitgliedstaat der Europäischen Union oder Staat des Europäischen Wirtschaftsraumes ansässiger beschränkt steuerpflichtiger Arbeitnehmer dem Arbeitgeber vor Zufließen der Bezüge schriftlich mitteilt. Zieht der Arbeitgeber diese Werbungskosten ab, beträgt die Lohnsteuer **25%** (Nettobesteuerung).

368 Der an ausländische Arbeitnehmer gezahlte Arbeitslohn unterliegt nicht der Lohnsteuer, wenn es sich um eine Arbeitsleistung von nur vorübergehender Dauer während des Aufenthaltes eines österreichischen Schiffes in einem ausländischen Hafen handelt.

369 Beschränkt Steuerpflichtige können bei Erfüllung bestimmter Voraussetzungen in die unbeschränkte Steuerpflicht optieren, sofern sie Staatsangehörige der EU oder eines EWR-Staats sind. Genaue Erläuterungen dazu siehe LStR Rz 7 ff.

370 Die beschränkte Steuerpflicht hat im Bereich der Sozialversicherung bzw auf die Lohnnebenkosten keine Auswirkung.

371 Die Bezüge von beschränkt steuerpflichtigen Arbeitnehmern unterliegen nach den üblichen gesetzlichen Bestimmungen der Beitragspflicht zum DB/DZ. Davon ausgenommen sind jene Arbeitnehmer, die in Österreich nicht der Sozialversicherungspflicht unterliegen.

52. Beteiligungen am Betrieb – unentgeltliche oder verbilligte Abgabe an Arbeitnehmer (§ 3 Abs 1 Z 15 lit b EStG; § 49 Abs 3 Z 18 lit c ASVG)

Der Vorteil aus der unentgeltlichen oder verbilligten Abgabe von Kapitalanteilen (Beteiligungen) am Unternehmen des Arbeitgebers oder an mit diesem verbundenen Konzernunternehmen bis zu einem Betrag von **€ 3.000,– jährlich** ist nach Maßgabe der folgenden Bestimmungen steuerfrei: **372**

✓ Der Arbeitgeber muss den Vorteil allen Arbeitnehmern oder bestimmten Gruppen seiner Arbeitnehmer gewähren.
✓ Besteht die Beteiligung in Form von Wertpapieren, müssen diese vom Arbeitnehmer bei einem inländischen Kreditinstitut hinterlegt werden. Anstelle der Hinterlegung bei einem inländischen Kreditinstitut können die vom Arbeitnehmer erworbenen Beteiligungen einem vom Arbeitgeber und Arbeitnehmervertretung bestimmten Rechtsträger zur (treuhändigen) Verwaltung übertragen werden.

Die Beteiligung muss **373**

✓ am Unternehmen des Arbeitgebers oder
✓ an mit diesem verbundenen Konzernunternehmen (Muttergesellschaft, Tochtergesellschaft) oder
✓ an Unternehmen, die im Rahmen eines Sektors gesellschaftsrechtlich mit dem Unternehmen des Arbeitgebers verbunden sind oder die sich mit dem Unternehmen des Arbeitgebers in einem Haftungsverbund gemäß § 30 Abs 2a Bankwesengesetz (BWG) befinden,

vorliegen.

Sektoren sind die Sektoren des Bankenbereiches (Sparkassen, Volksbanken, Raiffeisenbanken, Hypothekenbanken und Aktienbanken). Eine gesellschaftsrechtliche Verbindung ist gegeben, wenn die Beteiligung zwischen den Instituten des gleichen Sektors innerhalb der letzten fünf Jahren mindestens 1% betragen hat (siehe § 31 Abs 1 EStG). Dieser Vorteil ist nur dann steuerfrei, wenn er vom Arbeitgeber allen Arbeitnehmern oder bestimmten Gruppen seiner Arbeitnehmer gewährt wird. Die Beteiligung am Unternehmen muss eine unmittelbare sein. Eine Mitarbeiterbeteiligung iSd § 3 Abs 1 Z 15 lit b EStG liegt nicht vor, wenn der Mitarbeiter an einem Fonds beteiligt ist und dieser Fonds (wenn auch ausschließlich) eine Beteiligung am Unternehmen des Arbeitgebers hält. **374**

Voraussetzung für die Steuerbefreiung ist die Gewährung des Vorteils an alle Arbeitnehmer oder Gruppen von Arbeitnehmern (siehe „Gruppenmerkmal"). Innerhalb aller Arbeitnehmer oder einer Gruppe von Arbeitnehmern kann die Höhe des gewährten Vorteils nach objektiven Merkmalen unterschiedlich gestaffelt sein (zB im Ausmaß eines Prozentsatzes des Bruttobezugs). Anders als bei den Befreiungsbestimmungen in § 3 Abs 1 Z 13 und 15 lit a EStG ist die Steuerbefreiung für die Gewährung einer Mitarbeiterbeteiligung (§ 3 Abs 1 Z 15 lit b EStG) nur bei einem aufrechten Dienstverhältnis zulässig (dies geht ua daraus hervor, dass bei oder nach Beendigung des Dienstverhältnisses die Meldeverpflichtung bzw eine Nachversteuerung entfällt). Die Gewährung einer Mitarbeiterbeteiligung an ehemalige Arbeitnehmer ist daher nicht steuerbefreit. **375**

Sofern die Voraussetzungen der gesetzlichen Abfertigung (siehe LStR Rz 1070ff bzw „Abfertigungen") vorliegen, ist auch im Rahmen des § 3 Abs 1 Z 15 lit b EStG von einer Beendigung **376**

52. Beteiligungen am Betrieb

des Dienstverhältnisses auszugehen. Ab diesem Zeitpunkt hat der Arbeitnehmer die Einhaltung der Behaltefrist nicht mehr nachzuweisen.

377 Eine Zuwendung iSd § 3 Abs 1 Z 15 lit b EStG ist dem Grunde nach als sonstiger Bezug zu werten und erhöht daher nicht das Jahressechstel. Dieser Bezug wird aber auch nicht auf das Jahressechstel angerechnet, sodass die begünstigte Besteuerung für den 13. Und 14. Bezug in vollem Umfang erhalten bleibt.

378 Folgende Beteiligungsformen am Unternehmen des Arbeitgebers können vom Arbeitnehmer steuerbegünstigt erworben werden:
- ✓ Aktien, Partizipationsscheine und Substanzgenussrechte am Unternehmen des Arbeitgebers oder an einem mit diesem Unternehmen verbundenen Konzernunternehmen iSd § 15 AktG bzw § 115 GmbHG;
- ✓ Anteile an Erwerbs- und Wirtschaftsgenossenschaften;
- ✓ Anteile an Gesellschaften mit beschränkter Haftung;
- ✓ echte stille Beteiligungen.

379 Optionen können nur dann Gegenstand der Begünstigung gemäß § 3 Abs 1 Z 15 lit b EStG sein, wenn sie innerhalb des Kalenderjahres der Einräumung auch ausgeübt werden. Dies ergibt sich daraus, dass § 3 Abs 1 Z 15 lit b EStG eine fünfjährige Behaltefrist für die Beteiligung (und nicht für die Option) vorsieht.

380 Beteiligungen als Mitunternehmer fallen nicht unter die Begünstigung, weil in diesem Fall gemäß § 23 Z 2 EStG keine Dienstnehmereigenschaft gegeben ist. Auch Forderungswertpapiere können nicht steuerbegünstigt erworben werden, unabhängig davon, ob sie einen Anspruch auf eine Gewinnbeteiligung oder auf eine Verzinsung begründen. Unter Forderungswertpapieren sind alle Wertpapiere zu verstehen, die ein Forderungsrecht verbriefen. Darunter fallen zB Schuldverschreibungen, Teilschuldverschreibungen, Pfandbriefe, Kommunalschuldverschreibungen, Schatzscheine, Kassenobligationen.

381 Der Steuervorteil wird nur für eine längerfristige Mitarbeiterbeteiligung gewährt. Dies wird durch eine Behaltepflicht von **fünf Jahren** erreicht. Die Frist beginnt mit Ablauf des Kalenderjahres zu laufen, in dem die Beteiligung erworben wurde. Der Arbeitnehmer hat dem Arbeitgeber jährlich die Behaltefrist durch Vorlage eines Depotauszugs (bei Aktien und Partizipationsscheinen) bis 31. 3. jeden Jahres nachzuweisen. Der Nachweis ist zum Lohnkonto zu nehmen. Ein vorzeitiger Verkauf ist dem Arbeitgeber unverzüglich zur Kenntnis zu bringen. In diesem Fall ist die seinerzeitige steuerfrei belassene Zuwendung zu jenem Zeitpunkt, in dem der Arbeitgeber von der Übertragung Kenntnis erlangt, als sonstiger Bezug gemäß § 67 Abs 10 EStG zu versteuern. Die Zurechnung der Zuwendung hat auch dann zu erfolgen, wenn dem Arbeitgeber bis zum 31. 3. jeden Jahres für im Depot hinterlegte Beteiligungen kein Depotauszug vorgelegt wird. Der Umtausch von Aktien bei Umgründungsvorgängen nach dem UmgrStG gilt nicht als Übertragung der Beteiligung und führt daher zu keiner Nachversteuerung. Die aufgrund eines derartigen Vorgangs erhaltenen Aktien treten an die Stelle der ursprünglich erworbenen Aktien. Als Zeitpunkt der Anschaffung bzw als Beginn der fünfjährigen Behaltefrist gilt daher jener Zeitpunkt, der für die ursprünglich erworbenen Aktien maßgeblich war. Besteht die Beteiligung in Form von Wertpapieren, müssen diese vom Arbeitnehmer bei einem inländischen Kreditinstitut hinterlegt werden. Als inländische Kreditinstitute gelten, neben Kreditinstituten mit österreichischer Berechtigung (darunter fallen auch österreichische Zweigstellen von Drittlandinstituten, da diese eine österreichische Konzession haben), auch Kreditinstitute mit Sitz in einem EWR-Mitgliedstaat. Anstelle der Hinterlegung bei einem inländischen Kreditinstitut können die vom Arbeitnehmer erworbenen Beteiligungen einem von Arbeitgeber und Arbeitnehmervertretung bestimmten Rechtsträger zur (treuhändigen) Verwaltung übertragen werden. Die treuhändige Verwaltung kann neben der Depotführung auch die Ausübung des Stimmrechts für die Beteiligungen der Arbeitnehmer umfassen. Arbeitnehmervertretung ist der Betriebsrat. In jenen Fällen, in denen ein Betriebsrat nicht besteht, ist die Zustimmung der gesamten Belegschaft erforderlich. Wird die Beteiligung vom Steuerpflichtigen veräußert, ist der gemeine Wert zum Zeitpunkt des Erwerbs der Beteiligung (einschließlich des steuerfreien Vorteils) als Anschaffungskosten iSd §§ 30 und 31 bzw des § 27a EStG anzusetzen.

Überträgt der Arbeitnehmer die Beteiligung vor Ablauf des fünften auf das Kalenderjahr der Anschaffung (Erwerb) folgenden Jahres unter Lebenden, hat der Arbeitgeber den steuerfrei belassenen Betrag zu jenem Zeitpunkt, in dem er davon Kenntnis erlangt, als sonstigen Bezug zu versteuern. Der Arbeitnehmer hat bis 31. 3. jeden Jahrs die Einhaltung der Behaltefrist dem Arbeitgeber nachzuweisen. Der Nachweis ist zum Lohnkonto zu nehmen. Erfolgt eine Übertragung der Beteiligung vor Ablauf der Behaltefrist, ist dies dem Arbeitgeber unverzüglich zu melden. Die Meldeverpflichtung und die Besteuerung entfallen, wenn die Übertragung bei oder nach Beendigung des Dienstverhältnisses erfolgt. **382**

Der Vorteil aus der unentgeltlichen oder verbilligten Abgabe von Kapitalanteilen (Beteiligungen) am Unternehmen des Arbeitgebers im Rahmen des § 3 Abs 1 Z 15 lit b EStG ist nach den Bestimmungen des § 41 Abs 4 lit c FLAG und § 5 Abs 2 lit c KommStG DB-, DZ- und KommSt-frei. **383**

➤ Siehe auch „Mitarbeiterbeteiligungsstiftung".

53. Betriebliche Mitarbeiter- und Selbständigenvorsorge

Die gesetzlichen Bestimmungen des 1., 2. und 3. Teils des BMSVG gelten grundsätzlich für alle **privatrechtlichen** Arbeitsverhältnisse (Arbeiter, Angestellte, Journalisten, Schauspieler, Lehrlinge udgl), die **nach dem 31. 12. 2002 begonnen** wurden. Für Landarbeiter und Bauarbeiter gelten Sonderregelungen im BUAG und Landarbeitergesetz. Für Vertragsbedienstete und Landesvertragslehrer wird das BMSVG mit entsprechenden Anpassungen für anwendbar erklärt. **384**

Die Bestimmungen des 1. und 2. Teils und § 48 Abs 1 gelten auch für freie Dienstnehmer iSd § 4 Abs 4 ASVG, für freie Dienstverhältnisse von geringfügig beschäftigten Personen sowie für freie Dienstverhältnisse von **Vorstandsmitgliedern** iSd § 4 Abs 1 Z 6 ASVG, die auf einem privatrechtlichen Vertrag beruhen. Bestand zum 1. 1. 2008 bereits das Vertragsverhältnis mit dem freien Dienstnehmer bzw dem Vorstand und wurde eine Abfertigung zugesichert, finden die Bestimmungen des BMSVG auf diese Vertragsverhältnisse **keine** Anwendung (§ 73 Abs 7 BMSVG). **385**

Unter die Bestimmungen des BMSVG fallen auch geringfügig beschäftigte Dienstnehmer. **386**

Ausgenommen aus den Bestimmungen des BMSVG sind jene Beschäftigte, die arbeitsrechtlich **keine** Dienstnehmer sind (Vorstände, freie Dienstnehmer: siehe oben). Darunter fallen **387**

✓ Volontäre;
✓ echte Ferialpraktikanten (ausgenommen, der Ferialpraktikant gilt nach den Bestimmungen des Kollektivvertrags als Arbeitnehmer – zB KV Hotel- und Gastgewerbe);
✓ Geschäftsführer einer GmbH, sofern kein Arbeitsverhältnis vorliegt (zB Mehrheitsbeteiligung);

53. Betriebliche Mitarbeiter- und Selbständigenvorsorge

- ✓ Gesellschafter-Geschäftsführer mit einem Beteiligungsverhältnis von maximal 25% und Sperrminorität;
- ✓ Werkvertragsnehmer;
- ✓ in einem Arbeitsverhältnis zu Bund, Ländern und Gemeinden (allenfalls Gleichstellung durch andere Gesetze) stehende Beschäftigte.

388 Werden aufgrund von

- ✓ Wiedereinstellungszusagen,
- ✓ Wiedereinstellungsvereinbarungen oder
- ✓ aufgrund eines Wechsels eines Dienstnehmers innerhalb eines Konzerns unterbrochene Arbeitsverhältnisse
- ✓ unter Anrechnung von Vordienstzeiten

bei demselben Dienstgeber fortgesetzt, so sind die neuen Bestimmungen nur dann anzuwenden, wenn zwischen Dienstgeber und Dienstnehmer eine entsprechende **Vereinbarung** betreffend Überleitung von „Altansprüchen" in das neue System getroffen wird. Wird eine derartige Vereinbarung **nicht** abgeschlossen, gelten für dieses Dienstverhältnis die **alten** Abfertigungsregelungen weiter.

389 Im Falle eines Betriebsübergangs wird ebenfalls **kein** neues Dienstverhältnis begründet, da aufgrund der Bestimmungen des § 3 AVRAG die Fortführung des alten Systems bewirkt wird.

53.1 Höhe des Beitrags – Beginn der Beitragspflicht

390 Der Dienstgeber hat für die dem BMSVG unterliegenden Dienstnehmer, für freie Dienstnehmer und Vorstände **ab dem Beginn** des Arbeitsverhältnisses einen **laufenden** Betrag von

- ✓ **1,53%** des **monatlichen Entgelts** sowie allfällige Sonderzahlungen

an den für den Dienstnehmer zuständigen Krankenversicherungsträger zu überweisen, sofern das Arbeitsverhältnis **länger als ein Monat** dauert. Der **erste Monat** ist jedenfalls **beitragsfrei**. Beim beitragsfreien Monat ist von einem Naturalmonat und von einem Kalendermonat auszugehen.

> **Beispiel**
>
> Eintritt 20. 6. 2023 – Beitragspflicht daher ab 20. 7. 2023
> Eintritt 31. 3. 2023 – Beitragspflicht daher ab 1. 5. 2023
> Eintritt 31. 7. 2023 – Beitragspflicht daher ab 1. 9. 2023
> In jenen Fällen, in denen der Beginn auf den 31. eines Kalendermonates fällt, akzeptieren die Krankenversicherungsträger auch den Beginn mit dem ersten Tag des übernächsten Monates.
> Bei Ermittlung der Bemessungsgrundlage ist dabei der Bezug des Arbeitnehmers unabhängig von den tatsächlichen Kalendertagen immer durch 30 zu dividieren.

391 Wird innerhalb eines Zeitraums von **zwölf Monaten** ab **Ende** eines Arbeitsverhältnisses mit demselben Dienstgeber erneut ein Arbeitsverhältnis abgeschlossen, setzt die Beitragspflicht, unabhängig von der jeweiligen Dauer der Dienstverhältnisse, mit dem **ersten** Tag dieses Arbeitsverhältnisses ein (OGH 25. 5. 2016, 9 ObA 30/16 a). Dies gilt auch bei tageweise beschäftigten Arbeitnehmern, auch wenn das jeweilige Dienstverhältnis weniger als einen Monat dauert.

Beispiel

Erstes Dienstverhältnis 7. 3. 2023 bis 31. 3. 2023 – keine Beitragspflicht.
Zweites Dienstverhältnis 5. 9. 2023 bis 30. 9. 2023 – Beitragspflicht.

53.2 Ende der Beitragsleistung

Die Beitragspflicht endet im Normalfall mit **Ende des Entgeltanspruchs.** Hat der Dienstnehmer Anspruch auf eine Urlaubsersatzleistung bzw eine Kündigungsentschädigung, wird dadurch der Beitragszeitraum verlängert. 392

53.3 Bemessungsgrundlage

Für die Berechnung des Beitrags ist das Entgelt iSd **§ 49 ASVG** maßgebend. Die Bestimmungen betreffend 393

- ✓ geringfügig Beschäftigte sowie
- ✓ betreffend die Höchstbeitragsgrundlage

sind **nicht** anzuwenden.

Aufgrund dieser Bestimmung sind auch die sozialversicherungspflichtigen Entgelte von **dritter** Seite (zB Trinkgeld udgl) zur Bemessungsgrundlage hinzuzurechnen. 394

Alle im § 49 Abs 3 ASVG aufgezählten **beitragsfreien** Entgelte sind **nicht** in die Bemessungsgrundlage mit einzubeziehen. Daher zählt zB eine beitragsfreie Schmutzzulage nicht zur Bemessungsgrundlage. 395

53.4 Bemessungsgrundlage in Sonderfällen (§ 6 Abs 4 BMSVG)

Für die Dauer der Inanspruchnahme 396

- ✓ der **Altersteilzeit** nach § 27 AlVG,
- ✓ Teilpension nach § 27 a AlVG,
- ✓ des **Solidaritätsprämienmodells** nach § 13 AVRAG sowie
- ✓ einer **Kurzarbeit** nach § 27 Abs 1 lit b AMPFG,
- ✓ Bildungsteilzeit nach § 11 a AVRAG,
- ✓ Sterbebegleitung, Begleitung schwerkranker Kinder, Pflegeteilzeit, Familienhospizteilzeit gemäß AVRAG

ist als Bemessungsgrundlage für den Beitrag des Dienstgebers das **vor** der Herabsetzung der Normalarbeitszeit geleistete **monatliche Entgelt** heranzuziehen.

Der Dienstgeber ist beitragspflichtig bei 397

- ✓ Präsenz-, Zivil- und Ausbildungsdienst,
- ✓ Zeitsoldaten bis zwölf Monate,

wenn das Dienstverhältnis dabei weiterhin aufrecht ist.

Der Beitrag wird von einer **fiktiven** Bemessungsgrundlage in Höhe des Kinderbetreuungsgelds (pro Tag € 14,53) berechnet.

Ist der Einrückungstermin nicht der Erste des Kalendermonats, so ist die Bemessungsgrundlage für die BV-Kasse aufzuteilen.

53. Betriebliche Mitarbeiter- und Selbständigenvorsorge

Setzt sich die Bemessungsgrundlage für den BV-Beitrag jedoch teilweise aus **echten** Bezügen (1. 10. – 10. 10.) und teilweise aus **fiktiven** Bezügen (11. 10. – 31. 10. Kinderbetreuungsgeld) zusammen, sind laut Dachverband der Sozialversicherungsträger für die Berechnung der fiktiven Bemessungsgrundlage die **tatsächlichen** Kalendertage anzusetzen.

398 Für die Dauer eines Anspruchs auf

✓ Wochengeld

besteht ebenfalls Beitragspflicht für den Dienstgeber.

Für die Dauer eines Anspruchs auf Wochengeld nach dem ASVG hat die Arbeitnehmerin bei weiterhin aufrechtem Arbeitsverhältnis Anspruch auf eine Beitragsleistung durch den Arbeitgeber in Höhe von 1,53% einer fiktiven Bemessungsgrundlage in Höhe eines Monatsentgelts, berechnet nach dem in den **letzten drei Kalendermonaten** vor dem Versicherungsfall der Mutterschaft (§ 120 Abs 1 Z 3 ASVG) gebührenden Entgelt, einschließlich anteiliger Sonderzahlungen, es sei denn, diese sind für die Dauer des Wochengeldbezugs fortzuzahlen.

399 Für die Dauer eines **Anspruchs auf Krankengeld** nach dem ASVG hat der Arbeitnehmer bei **weiterhin aufrechtem** Arbeitsverhältnis Anspruch auf eine Beitragsleistung durch den Arbeitgeber in Höhe von 1,53% einer **fiktiven** Bemessungsgrundlage. Diese Sonderregelung des § 7 Abs 3 BMSVG greift nur dann, wenn der Arbeitnehmer **Krankengeld** von der ÖGK bezieht. Daher keine Anwendung, wenn der Arbeitnehmer zB für die ersten drei Krankenstandstage kein Krankengeld von der ÖGK bekommt.

Die Bemessungsgrundlage richtet sich bei Bezug von Krankengeld nach der **Hälfte** des Entgelts für den Kalendermonat vor Beginn des Krankenstands. Sonderzahlungen sind bei der Festlegung der fiktiven Bemessungsgrundlage außer Acht zu lassen. Die fiktive Bemessungsgrundlage wird auf Basis des Bezugsprinzips ermittelt. Es wird daher das im jeweiligen Referenzmonat (Monat vor Beginn des Krankenstandes) bezogene Bruttoentgelt herangezogen. Dabei ist keine Durchschnittsberechnung vorzunehmen.

Diese Bemessungsgrundlage ist um das durch den Arbeitgeber ausbezahlte sozialversicherungspflichtige Krankenentgelt zu erhöhen.

Wird das Dienstverhältnis durch den Dienstgeber beendet, ist die Bemessungsgrundlage nur mehr das fortgezahlte Entgelt (keine Erhöhung um die Hälfte des Entgelts vor Eintritt des Versicherungsfalls).

Entgeltanspruch	Bemessungsgrundlage
volles Krankenentgelt	volles Krankenentgelt
halbes Krankenentgelt – kein Krankengeldanspruch (im Regelfall während der ersten drei Tage des Krankenstandes)	halbes Krankenentgelt
halbes Krankenentgelt – mit Krankengeldanspruch (im Regelfall ab dem vierten Tag des Krankenstandes)	halbes Krankenentgelt plus fiktive Bemessungsgrundlage
halbes Krankenentgelt – wiederholte Erkrankung – Krankengeldanspruch ab dem ersten Tag	halbes Krankenentgelt plus fiktive Bemessungsgrundlage
kein Anspruch auf Krankenentgelt	fiktive Bemessungsgrundlage
kein Anspruch auf Krankenentgelt sowie kein Anspruch auf Krankengeld	keine Beitragspflicht

53.4 Bemessungsgrundlage in Sonderfällen

Entgeltanspruch	Bemessungsgrundlage
Teilentgelt des Lehrlings	Das Teilentgelt, das vom Lehrherrn nach § 17a des Berufsausbildungsgesetzes im Falle einer Krankheit an den Lehrling zu leisten ist, ist nach den Bestimmungen des § 49 Abs 3 Z 22 ASVG beitragsfrei. Somit wird die fiktive Bemessungsgrundlage (halbes Entgelt vor Eintritt des Versicherungsfalls) nicht durch das Teilentgelt erhöht.
Krankenentgeltfortzahlung nach Beendigung des Dienstverhältnisses	fortgezahltes Krankenentgelt (keine fiktive Bemessungsgrundlage)
freie Dienstnehmer	fiktive Bemessungsgrundlage

Für Zeiten des **400**

✓ Kinderbetreuungsgelds oder
✓ für die Dauer einer **Karenz** nach dem **Mutterschutzgesetz** (bzw vergleichbare Leistungen)

hat der Dienstnehmer oder der ehemalige Dienstnehmer, soweit dieser bei Beginn des Kinderbetreuungsgeldbezugs einen fiktiven Anspruch auf Wochengeld iSd § 162 ASVG hat, Anspruch auf Beitragsleistung gegen den **Familienlastenausgleichsfonds** (FLAF) in Höhe des jeweils beantragten **Kinderbetreuungsgeldes** (*Neubauer/Rath/Hofbauer/Choholka,* Kommentar zum BMSVG § 7 Rz 109). Die Überweisung des Beitrags erfolgt durch den zuständigen Krankenversicherungsträger.

Für die Dauer einer **401**

✓ Bildungs**karenz,**
✓ Familienhospiz**karenz** oder
✓ Pflege**karenz**

hat der Arbeitnehmer Anspruch auf Beitragsleistung nach dem BMSVG.

Für die Dauer einer **Bildungskarenz** hat der Arbeitnehmer Anspruch auf eine Beitragsleistung zu Lasten der Mittel aus der Gebarung Arbeitsmarktpolitik in Höhe von 1,53% der Bemessungsgrundlage des vom Arbeitnehmer bezogenen Weiterbildungsgelds. Das AMS hat dem zuständigen Träger der Krankenversicherung die für die Beitragsleistung notwendigen Daten in automationsunterstützter Form zur Verfügung zu stellen. Der Dienstgeber meldet an den KV-Träger die Inanspruchnahme durch den Dienstnehmer mittels Abmeldegrund „Bildungskarenz".

Für Zeiten der **Familienhospizkarenz** (Ausnahme: Verlagerung der Arbeitszeit) hat der Arbeitnehmer Anspruch auf eine Beitragsleistung gegen den FLAF in der Höhe von 1,53% des Kinderbetreuungsgelds. Die Beiträge werden direkt vom Versicherungsträger an die jeweilige BV-Kasse überwiesen.

Für Zeiten einer Pflegekarenz werden zu Lasten des Budgets für Soziales und Konsumentenschutz die Beiträge zur Betrieblichen Vorsorgekasse – auf Basis des Kinderbetreuungsgelds – in Höhe von € 26,60 täglich entrichtet.

Für die Dauer einer **402**

✓ Bildungs**teilzeit**
✓ Familienhospiz**teilzeit** oder
✓ Pflege**teilzeit**

53. Betriebliche Mitarbeiter- und Selbständigenvorsorge

hat der Arbeitgeber den Beitrag zur Betrieblichen Vorsorge auf Basis des monatlichen Entgelts vor der Herabsetzung der Normalarbeitszeit zu leisten. Dies gilt auch für die Sonderzahlungen. Erhält der Arbeitnehmer eine Lohnerhöhung, ist diese ebenfalls zu berücksichtigen.

53.5 Keine Beitragspflicht

403 **Keine** Beitragspflicht besteht für

- Abfertigungsansprüche nach dem „Altsystem";
- höhere Abfertigungsansprüche als im Gesetz vorgesehen;
- Sozialplanzahlungen;
- unbezahlten Urlaub.

53.6 Beitragsentrichtung

404 Die Beiträge an die Betriebliche Vorsorgekasse sind

- monatlich
- innerhalb der normal geltenden Fristen nach dem ASVG

zu entrichten.

405 Für geringfügig beschäftigte Arbeitnehmer besteht ein Wahlrecht hinsichtlich des Beitragszeitraums. Die Beiträge können entweder

- **monatlich** oder
- einmal **jährlich**

überwiesen werden.

Wird der Unfallversicherungsbeitrag durch den Dienstgeber einmal jährlich abgeführt, ist der Beitrag zur Betrieblichen Vorsorgekasse zwingend jährlich zu entrichten.

Bei jährlicher Zahlungsweise sind zusätzlich **2,5%** vom zu leistenden Betrag zu überweisen.

Wird bei jährlicher Zahlungsweise das Dienstverhältnis während des Kalenderjahrs beendet, sind die Beiträge **zwei Wochen** nach dem **Ende des Dienstverhältnisses** fällig.

53.7 Steuerliche Auswirkung

406 Zahlungen aus Betrieblichen Vorsorgekassen sind den Einkünften aus **nichtselbständiger** Arbeit zuzurechnen. Die Betrieblichen Vorsorgekassen sind damit Arbeitgeber, die von den ausbezahlten Abfertigungen Lohnsteuer zu berechnen und einzubehalten haben.

407 Folgende Beiträge, die der Arbeitgeber für seine Arbeitnehmer an eine BV-Kasse leistet, gelten als **nicht steuerbarer** Arbeitslohn (vgl LStR Rz 766b):

- Beiträge, die der Arbeitgeber für seine Arbeitnehmer laufend an eine Betriebliche Vorsorgekasse leistet, bis zum Ausmaß von **höchstens 1,53%** der jeweiligen Bemessungsgrundlage (laufende Bezüge und Sonderzahlungen);
- zusätzliche Leistungen des Arbeitgebers im Ausmaß von 2,5% der zu leistenden Beträge bei jährlicher Leistung iZm geringfügig beschäftigten Arbeitnehmern;
- Beiträge von höchstens 1,53% der Bemessungsgrundlage für **entgeltfreie Zeiträume** (Präsenzdienst, Krankengeldbezug udgl), weiters

53.7 Steuerliche Auswirkung

- ✓ Beiträge, die als **Abgeltung für alte Abfertigungsansprüche** bis zur gesetzlichen Höhe (§ 23 AngG bzw § 22 Arbeiter-Abfertigungsgesetz), im Falle eines Übertritts in das neue Abfertigungssystem geleistet werden sowie
- ✓ Beiträge, die aufgrund des BMSVG oder gleichartiger österreichischer Rechtsvorschriften durch das Übertragen von Anwartschaften an eine andere BV-Kasse oder
- ✓ als Überweisung der Abfertigung an ein Versicherungsunternehmen als Einmalprämie für eine Pensionszusatzversicherung oder als Überweisung der Abfertigung an eine Pensionskasse geleistet werden.
- ✓ Beiträge von höchstens 1,53% vom Entgelt, die für den ersten Monat freiwillig geleistet werden.

408 Die Bestimmungen des § 26 Z 7 lit d EStG kommen jedoch nur dann zu tragen, wenn die Bezüge

- ✓ Einkünfte aus **nichtselbständiger** Arbeit darstellen und
- ✓ den Vorschriften des BMSVG unterliegen.

409 Die Überzahlungen (nicht unter § 26 Z 7 EStG fallende Zahlungen) des Arbeitgebers an eine Betriebliche Vorsorgekasse stellen keine Zukunftsvorsorgemaßnahme dar.

410 **Nicht** darunter fallen daher monatliche Entgelte im Sinne arbeitsrechtlicher Bestimmungen, die steuerlich Einkünfte aus selbständiger Arbeit oder aus Gewerbebetrieb darstellen (zB Einkünfte von Kommanditisten, die arbeitsrechtlich Arbeitnehmer sind). Leistet daher der Arbeitgeber für derartige Dienstnehmer im arbeitsrechtlichen Sinn Beiträge an eine Betriebliche Vorsorgekasse, stellen diese Beiträge steuerpflichtige Einkünfte dar. Beiträge für Vorstände von Aktiengesellschaften oder Geschäftsführer von GmbH mit Sperrminorität und einer Beteiligung von nicht mehr als 25% fallen ebenfalls unter die Bestimmung des § 26 Z 7 EStG.

411 Freie Dienstnehmer unterliegen ebenfalls den Bestimmungen des BMSVG.[1]) Freie Dienstnehmer beziehen jedoch steuerrechtlich keine Einkünfte aus nichtselbständiger Arbeit, somit können die Bestimmungen des § 26 Z 7 lit d EStG nicht angewendet werden. Die vom Arbeitgeber (Auftraggeber) bezahlten Beiträge an eine BV-Kasse stellen somit einen Vorteil aus dem Vertragsverhältnis dar und sind dem vereinbarten Honorar hinzuzurechnen.

412 Für den Auftraggeber liegen für den gesamten Betrag Betriebsausgaben vor. Der freie Dienstnehmer weist in seiner Einkommensteuererklärung den eingezahlten Beitrag ebenfalls als Betriebsausgabe aus.

413 Die Lohnsteuer von Abfertigungen aus BV-Kassen beträgt **6%.** Die Besteuerung mit 6% gilt immer für die **gesamte** Abfertigung. Diese kann ihre Grundlage auf einer Einmalzahlung und/oder laufenden Beiträgen haben. Die (begünstigte) Besteuerung kommt auch insoweit zum Tragen, als „überhöhte" Beiträge an die Betriebliche Vorsorgekasse geleistet worden sind.

414 Zusätzliche Abfertigungszahlungen des Arbeitgebers iS der Bestimmung des § 67 Abs 3 EStG für Zeiträume, für die ein Anspruch gegenüber einer BV-Kasse besteht, sind gemäß § 67 Abs 10 EStG (Monatstarif) zu versteuern.

415 Wird der Abfertigungsbetrag an ein Versicherungsunternehmen zur Rentenauszahlung (oder gleichartigen österreichischen Rechtsvorschriften) oder an eine Pensionskasse übertragen, fällt keine Lohnsteuer an.

416 Beiträge zur Betrieblichen Vorsorgekasse, die der Auftraggeber für den freien Dienstnehmer nach dem § 1 Abs 1a Z 1 iVm § 6 BMSVG zu entrichten hat, zählen aufgrund der gesetz-

---
[1]) § 1 Abs 1a BMSVG.

lichen Verpflichtung des Auftraggebers nicht zur Bemessungsgrundlage beim DB, DZ bzw bei der KommSt.

> Siehe „Betriebsveranstaltungen".

54. Betriebshilfe

417 Die nach dem Betriebshilfegesetz (BHG) erbrachten Leistungen sind gemäß Art V Abs 2 dieses BG von der Einkommensteuer befreit.

55. Betriebsratsumlagen (§ 16 Abs 1 Z 3 EStG)

418 Die Höhe der Betriebsratsumlage darf **höchstens 0,5% des Bruttoentgeltes** betragen und muss für alle betroffenen Arbeitnehmer in gleicher Höhe zur Anwendung kommen. Die konkrete Höhe der Betriebsratsumlage, die Bemessungsgrundlage und allenfalls ausgenommene Personen (zB Lehrlinge) sind im Beschluss der Betriebsversammlung zu regeln.

419 Betriebsratsumlagen sind **Werbungskosten,** die jedoch nur im Zuge der Arbeitnehmerveranlagung, unter Anrechnung auf das Werbungskostenpauschale, berücksichtigt werden können.

420 Sozialversicherungsrechtlich besteht dafür keine Begünstigung.

421 Die Betriebsratsumlage kürzt auch nicht die Bemessungsgrundlage bei DB, DZ und KommSt.

56. Betriebsstätte (§ 81 EStG)

422 Als Betriebsstätte für Zwecke des Steuerabzugs vom Arbeitslohn gilt jede vom Arbeitgeber im Inland für die Dauer von mehr als einem Monat unterhaltene feste örtliche Anlage oder Einrichtung, wenn sie der Ausübung der durch den Arbeitnehmer ausgeführten Tätigkeit dient. Als Betriebsstätten gelten insb

- ✓ die Stätte, an der sich die Geschäftsleitung befindet;
- ✓ Zweigniederlassungen, Fabrikationsstätten, Warenlager, Ein- und Verkaufsstellen, Landungsbrücken (Anlegestellen von Schifffahrtsgesellschaften), Geschäftsstellen und sonstige Geschäftseinrichtungen, die dem Unternehmer oder seinem ständigen Vertreter zur Ausübung des Betriebs dienen;
- ✓ Bauausführungen, deren Dauer sechs Monate überstiegen hat oder voraussichtlich übersteigen wird.

423 Der Betriebsstättenbegriff des § 81 Abs 1 EStG ist ein weiterer als jener des § 29 BAO. Er deckt nicht nur feste örtliche Anlagen oder Einrichtungen ab, die der Ausübung eines Betriebs oder wirtschaftlichen Geschäftsbetriebs (§ 31 BAO), sondern auch jene Anlagen oder Einrichtungen, die der Ausübung der durch die Arbeitnehmer ausgeführten Tätigkeit dienen, sofern sie länger als einen Monat vom Arbeitgeber unterhalten werden. Auch ein Büroraum, ein Lager, ein Zimmer oder eine Wohnung kann eine Betriebsstätte iSd § 81 EStG sein. Ein Warenlager, das ein Vertreter in seinem Wohnhaus einrichtet, stellt nur dann eine Betriebsstätte iSd § 81 Abs 1 EStG dar, wenn dem Arbeitgeber ein Nutzungsrecht am Warenlager eingeräumt ist.

Auch die berufliche Nutzung einer privaten Wohnung des Arbeitnehmers für Zwecke des **424**
Arbeitgebers kann für diesen eine Betriebsstätte begründen. Voraussetzung für die Annahme
einer Betriebsstätte ist, dass dem Arbeitgeber ein gewisses Verfügungs- oder Nutzungsrecht an
der Wohnung eingeräumt ist. Es macht keinen Unterschied, ob Räumlichkeiten dem Arbeitgeber von einem Dritten oder von einem Arbeitnehmer für die Erbringung der betrieblichen
Leistungen zur Verfügung gestellt werden, außer die Tätigkeit des Arbeitnehmers in der Wohnung ist mit der eines Heimarbeiters vergleichbar.

Ebenso kann ein Hotelzimmer, das der Arbeitgeber für Aufenthalte seiner Arbeitnehmer mietet, eine Betriebsstätte sein.

Im Falle internationaler Personalentsendungen wird eine Betriebsstätte in Österreich dann **425**
begründet, wenn nicht nur eine bloße Duldungsleistung (Arbeitskräftegestellung) vorliegt,
sondern das entsendende Unternehmen eine Aktivleistung (Assistenzleistung zB durch Unterstützung der inländischen Tochtergesellschaft beim Aufbau einer Vertriebsorganisation) erbringt. Im Fall der Assistenzleistung stellen jene Räumlichkeiten, die die Tochtergesellschaft
dem entsandten Personal der Muttergesellschaft zur Verfügung stellt, nach einem Monat eine
Betriebsstätte iSd § 81 Abs 1 EStG dar.

Ob eine Aktiv- oder Passivleistung des entsendenden Arbeitgebers vorliegt, ist stets unter Berücksichtigung des Gesamtbilds der maßgeblichen Umstände im Einzelfall zu prüfen. **426**

Eine **Aktivleistung** (Assistenzleistung) liegt vor, wenn die Vereinbarung zwischen dem Arbeitgeber und dem Dritten nicht als Arbeitsgestellungsvertrag (Zurverfügungstellung des Mitarbeiters), sondern als Dienstleistungsvertrag (Besorgung der Geschäfte durch den Mitarbeiter) zu werten ist und die Verbindung zum rechtlichen Arbeitgeber somit auch fachlich-inhaltlich (insb durch Berichtspflichten etc) aufrecht bleibt. Besteht eine Berichtspflicht des entsandten Arbeitnehmers gegenüber seinem entsendenden Arbeitgeber, kann dies als Indiz für
das Vorliegen einer Aktivleistung gewertet werden.

Aktivleistungen sind bspw Beratungsleistungen, Schulungsleistungen, Überwachungsleistungen und andere Assistenzleistungen im Interesse des entsendenden Unternehmens. In solchen
Fällen ist auch die Begründung einer Betriebsstätte des entsendenden Unternehmens grundsätzlich denkbar und daher zu prüfen.

> **Beispiel**
>
> Ein Marketingstratege wird von der Muttergesellschaft kurzfristig an die Tochtergesellschaft entsendet. Ziel der Entsendung ist die Beratung der Tochtergesellschaft hinsichtlich der Marketingstrategie der Muttergesellschaft. Die vom Arbeitnehmer der Muttergesellschaft erbrachten Leistungen sind hier Teil der aktiven Geschäftstätigkeit der Muttergesellschaft und stellen somit eine Assistenzleistung (Aktivleistung) der Mutter- an die Tochtergesellschaft dar.
>
> Eine **Passivleistung** liegt vor, wenn ein Arbeitgeber seinen Arbeitnehmer einem Dritten zur Dienstleistung überlässt (Arbeitskräfteüberlassung), wobei die typischen Arbeitgeberfunktionen beim entsendenden Arbeitgeber verbleiben und der Dritte wirtschaftlich betrachtet nicht die Rolle eines Arbeitgebers übernimmt. Der Arbeitgeber duldet den Einsatz der Arbeitskraft seines Arbeitnehmers im Interesse des Beschäftigers gegen Entgelt. Der überlassene Arbeitnehmer erbringt die Arbeitsleistung gegenüber dem Dritten (Beschäftiger), welcher damit seine eigenen wirtschaftlichen und betrieblichen Ziele verfolgt und daher dem überlassenen Arbeitnehmer auch fachlich-inhaltliche Anweisungen über die konkret ausgeübten Arbeiten erteilt.

56. Betriebsstätte

> **Beispiel**
>
> Ein Ingenieur wird durch ein Ingenieurunternehmen A kurzfristig an ein anderes Ingenieurunternehmen B entsendet, welches für Zwecke der Fertigstellung eines Bauprojektes einen Ingenieur benötigt, welcher der Aufsicht und den Weisungen des Ingenieurunternehmens B unterliegt. Die Arbeitsleistungen des entsendeten Ingenieurs werden im Rahmen der Unternehmenssphäre des aufnehmenden Unternehmens erbracht. Die Leistung des entsendenden Unternehmens (rechtlicher Arbeitgeber) beschränkt sich auf das Dulden der Nutzung der Arbeitskraft seines Arbeitnehmers durch das aufnehmende Unternehmen und stellt somit eine Passivleistung des rechtlichen Arbeitgebers dar.

427 In Fällen der Entsendung im Konzernverbund ist ebenso eine einzelfallbezogene Betrachtung vorzunehmen, wobei in Zweifelsfällen die Beurteilung nach dem Überwiegen der jeweiligen Leistung vorzunehmen ist.

Wird von der Muttergesellschaft ein Geschäftsführer entsandt und unterliegt dieser Geschäftsführer wiederkehrenden Berichtspflichten gegenüber der Muttergesellschaft, erfolgt regelmäßig eine Assistenzleistung (Aktivleistung) der Mutter- gegenüber der Tochtergesellschaft. Wird hingegen ein Geschäftsführer (zB aufgrund eines kurzfristigen Personalengpasses) zur Tochtergesellschaft entsandt, ohne dass dieser speziellen Weisungen der Muttergesellschaft hinsichtlich der Art und des Inhalts seiner Geschäftsführertätigkeit bei der Tochter unterliegt, wird idR eine Passivleistung der Muttergesellschaft vorliegen. Auch bei Entsendung eines Arbeitnehmers als Geschäftsführer von einer Schwestergesellschaft zu einer anderen wird im Zweifel von einer Passivleistung der entsendenden gegenüber der aufnehmenden Schwestergesellschaft auszugehen sein, da diese die Verwendung ihres Geschäftsführers zu „dulden" hätte.

Eine andere Betrachtung wäre aber dann geboten, wenn die als rechtliche Arbeitgeberin fungierende Tochtergesellschaft von der Muttergesellschaft beauftragt wird, einen ihrer Geschäftsführer zur Schwestergesellschaft zu entsenden und ihn zu beauftragen, das Geschäftsmodell der entsendenden Tochtergesellschaft auf die aufnehmende Schwestergesellschaft zu übertragen und damit aktiv auf die Geschäftsführung der Schwestergesellschaft einzuwirken.

428 Bei Einkünften aus nichtselbständiger Arbeit wird die Einkommensteuer durch **Abzug vom Arbeitslohn** erhoben, wenn im Inland eine Betriebsstätte des Arbeitgebers iSd § 81 EStG besteht.

429 Besteht im Inland keine Betriebsstätte (§ 81 EStG) des Arbeitgebers, gilt ab 1. 1. 2020 Folgendes:
a) für Bezüge und Vorteile aus ausländischen Einrichtungen iSd § 5 Z 4 des Pensionskassengesetzes (§ 25 EStG) ist die Einkommensteuer durch Abzug vom Arbeitslohn (Lohnsteuer) zu erheben;
b) für Einkünfte aus nichtselbständiger Arbeit (§ 25 EStG) kann die Einkommensteuer durch Abzug vom Arbeitslohn (Lohnsteuer) erhoben werden. Wenn die Abfuhr der Lohnsteuer erfolgt, sind die Einkünfte wie lohnsteuerpflichtige Einkünfte zu behandeln und der Arbeitgeber hat die Pflichten gemäß § 76 bis § 79, § 84 und § 87 EStG (Lohnkontoführung, Lohnzahlungszeitraum, Einbehaltung und Abfuhr der Lohnsteuer, Übermittlung von Lohnzetteln, Vorlage der Lohnaufzeichnungen und Auskunftspflicht) wahrzunehmen;
c) für Einkünfte aus nichtselbständiger Arbeit (§ 25 EStG) von unbeschränkt steuerpflichtigen Arbeitnehmern, die ihren Mittelpunkt der Tätigkeit für mehr als sechs Monate im Kalenderjahr in Österreich haben, hat der Arbeitgeber dem FA eine Lohnbescheinigung gemäß § 84a EStG zu übermitteln, außer es kommt lit b zur Anwendung.

Die Lohnbescheinigung hat zumindest Name, Wohnsitz, Geburtsdatum, Sozialversicherungsnummer und die Bruttobezüge gemäß dem amtlichen Formular zu enthalten und ist vom Arbeitgeber bis Ende Jänner (bei elektronischer Übermittlung bis Ende Februar) des Folgejahres zu übermitteln.

57. Betriebsurlaub

Gemäß § 4 Abs 1 UrlG ist der Urlaubsverbrauch zwischen Arbeitgeber und Arbeitnehmer zu vereinbaren. Ein Betriebsurlaub kann daher weder einseitig durch den Arbeitgeber noch über eine Betriebsvereinbarung festgelegt werden. Die Vereinbarung eines Betriebsurlaubs im Rahmen des Dienstvertrags ist möglich, wenn dadurch das Erholungsinteresse des Arbeitnehmers nicht zur Gänze außer Acht gelassen wird. Dem Arbeitnehmer muss dabei ein hinreichend größerer Teil (mehr als die Hälfte des Urlaubsanspruchs) zur eigenen Disposition zur Verfügung stehen (OGH 5. 4. 1989, 9 ObA 72/89). 430

58. Betriebsveranstaltungen (§ 3 Abs 1 Z 14 EStG; § 49 Abs 3 Z 17 ASVG)

Der geldwerte Vorteil aus der Teilnahme an Betriebsveranstaltungen und die hierbei erhaltenen Sachzuwendungen sind steuerfrei, soweit die Kosten der Betriebsveranstaltung und der Sachzuwendungen gewisse Beträge nicht übersteigen. 431

Arbeitnehmer iSd § 3 Abs 1 Z 13 ff EStG sind grundsätzlich nur Personen mit einem Dienstverhältnis. Die Begünstigungen gemäß § 3 Abs 1 Z 13, 14 und 15 lit a EStG – daher auch die Begünstigung für Betriebsveranstaltungen – gelten aus verwaltungsökonomischen Gründen auch für ehemalige Arbeitnehmer. 432

Als solche Veranstaltungen führt das EStG bspw an: Betriebsausflüge, kulturelle Veranstaltungen und Betriebsfeiern. Steuerfreiheit ist nur dann gegeben, wenn der Vorteil aus der Teilnahme an einer Betriebsveranstaltung den Betrag von **€ 365,– pro Arbeitnehmer und Kalenderjahr** nicht überschreitet (LStR Rz 78). Für empfangene **Sachzuwendungen** können zusätzlich **€ 186,–** pro Arbeitnehmer und Kalenderjahr steuerfrei bleiben. Die Verteilung von Weihnachtsgeschenken ist als Betriebsveranstaltung anzusehen. 433

Aufgrund des eindeutigen Wortlautes des Gesetzes ist die Steuerbefreiung auf das jeweilige Jahr der Gewährung des geldwerten Vorteiles eingeschränkt. Eine Übertragung nicht ausgeschöpfter Beträge aus anderen Kalenderjahren und somit eine Kumulierung der Steuerbegünstigung ist nicht möglich (vgl zB UFS 31. 3. 2008, RV/0285-G/06). 434

Zusätzlich können aus Anlass eines **Dienst**- oder eines **Firmenjubiläums** Sachzuwendungen (keine Geldgeschenke) bis zu einer Höhe von **€ 186,– jährlich pro Dienstnehmer** zugewendet werden. Der Höchstbetrag von € 186,– gilt auch dann, wenn in einem Jahr Dienst- und Firmenjubiläum zusammenfallen. Diese Jubiläumsgeschenke müssen nicht im Rahmen einer Betriebsveranstaltung empfangen werden. Für die Steuerfreiheit sind die nach dem ASVG entwickelten Grundsätze maßgeblich. Demnach sind Jubiläumsgeschenke steuerfrei, die aus Anlass eines 10-, 20-, 25-, 30-, 35-, 40-, 45- oder 50-jährigen Dienstnehmerjubiläums bzw aus Anlass eines 10-, 20-, 25-, 30-, 40-, 50-, 60-, 70-, 75-, 80-, 90-, 100-(etc)jährigen Firmenjubiläums gewährt werden. 435

59. Betrugsbekämpfung

> **Beispiele**
>
> 1. Anlässlich des 20-jährigen Firmenjubiläums im Mai erhalten alle Arbeitnehmer eine Uhr im Wert von € 150,–. Im selben Jahr erhalten alle Arbeitnehmer im Rahmen der Weihnachtsfeier ein Weihnachtsgeschenk im Wert von € 180,–. Beide Geschenke sind steuerfrei.
> 2. Anlässlich des 40-jährigen Firmenjubiläums im Mai erhalten alle Arbeitnehmer eine Uhr im Wert von € 150,–. Im selben Jahr erhält ein Arbeitnehmer im Oktober aufgrund seines 20-jährigen Dienstjubiläums ein Geschenk vom Arbeitgeber im Wert von € 200,–. Die Uhr ist steuerfrei und von dem Geschenk im Wert von € 200,– kann die Differenz auf die € 186,– (also € 36,–) steuerfrei behandelt werden, die restlichen € 164,– stellen einen steuerpflichtigen Sachbezug dar.

436 Die Befreiung erstreckt sich nach LStR Rz 80 auch auf vermögenswerte Vorteile wie Goldmünzen bzw Golddukaten, bei denen der Goldwert im Vordergrund steht. Zu den Sachzuwendungen gehören bspw auch Autobahnvignetten sowie Gutscheine, Geschenkmünzen, die nicht in Bargeld abgelöst werden können, und Warengutscheine.

437 Eine pauschale Versteuerung dieses Betrags durch den Arbeitgeber findet im EStG keine Deckung. Ist aufgrund der Häufigkeit von Betriebsveranstaltungen (bzw der Höhe der zugewendeten Werte) mit einer Überschreitung des Freibetrags beim einzelnen Arbeitnehmer zu rechnen (dies ist vor allem dann der Fall, wenn neben typischen Betriebsveranstaltungen wie bspw einer Weihnachtsfeier auch betriebliche Reisen stattfinden), so sind vom Arbeitgeber jedenfalls für jede Veranstaltung Aufzeichnungen über die Teilnahme an einer derartigen Veranstaltung zu führen.

438 Im Bereich des ASVG gelten dieselben gesetzlichen Regelungen wie im Bereich des EStG. Pflichtige Teile von Sachzuwendungen sind im Bereich der Sozialversicherung als Sonderzahlungen abzurechnen.

439 Geldwerte Vorteile aus der Teilnahme an Betriebsveranstaltungen und dabei empfangene Sachzuwendungen sind im Rahmen des § 3 Abs 1 Z 14 EStG nach den Bestimmungen des § 41 Abs 4 lit c FLAG und § 5 Abs 2 lit c KommStG DB-, DZ- und KommSt-frei.

59. Betrugsbekämpfung

59.1 Nettolohnvereinbarung bei illegaler Beschäftigung (§ 62a EStG)

440 Bei Beschäftigungsverhältnissen gilt ein Nettoarbeitsentgelt als vereinbart, wenn der Arbeitgeber die Anmeldeverpflichtung des § 33 ASVG nicht erfüllt (illegale Beschäftigung) und die Lohnsteuer nicht vorschriftsmäßig einbehalten und abgeführt hat. Für den Zeitraum der illegalen Beschäftigung ist das ausbezahlte Arbeitsentgelt auf einen Bruttolohn hochzurechnen (siehe LStR Rz 1200).

441 Wird der Steuerpflichtige im Rahmen eines Werkvertrags tätig und weist er dem Auftraggeber die Erfüllung der Meldepflichten gemäß §§ 119 ff BAO oder § 18 GSVG nach (zB mit einer Bestätigung der Sozialversicherungsanstalt), so ist nicht zwingend von einer Nettolohnvereinbarung auszugehen, selbst wenn in weiterer Folge eine Umqualifizierung des Werkvertrags in ein Dienstverhältnis erfolgt.

59.2 Nettolohnvereinbarung bei wissentlicher Unterlassung des Lohnsteuerabzuges

442 Eine Nettolohnvereinbarung wird auch in jenen Fällen angenommen, in denen vom Arbeitgeber an den Arbeitnehmer Zahlungen geleistet werden, die nicht dem Lohnsteuerabzug unterworfen wurden, obwohl der Arbeitgeber wusste oder wissen hätte müssen, dass dies unrechtmäßig ist.

443 Erfasst sind dabei Zahlungen mit besonderem Unrechtsgehalt ähnlich einem nicht oder nur schwer nachweisbaren vorsätzlichen steuerschädigenden Zusammenwirken zwischen Arbeitgeber und Arbeitnehmer, wie bspw Schwarzlohnzahlungen bei bestehendem Dienstverhältnis oder fingierte Reisekostenabrechnungen.

444 Kann der Arbeitgeber nachweisen, dass bezüglich dieser Zahlungen ein Bruttolohn mit dem Arbeitnehmer vereinbart wurde, greift die gesetzliche Fiktion einer Nettolohnvereinbarung nicht, wobei diesbezüglich eine Beweislastumkehr zu Lasten des Arbeitgebers gegeben ist.

445 Bloße Bewertungs- oder Rechenfehler bzw die nicht wissentliche unrichtige Inanspruchnahme von Steuerbegünstigungen sind von der gesetzlichen Fiktion einer Nettolohnvereinbarung nicht umfasst.

446 Die Annahme einer Nettolohnvereinbarung gilt zudem nicht für geldwerte Vorteile gemäß § 15 Abs 2 EStG (Sachbezüge).

447 Ist für Zahlungen des Arbeitgebers eine Nettolohnvereinbarung anzunehmen, ist das ausbezahlte Arbeitsentgelt unter Beachtung der bereits ausbezahlten und abgerechneten Bezüge auf einen Bruttolohn in einer „Auf-Hundert-Rechnung" hochzurechnen (vgl LStR Rz 1200).

448 Wird der Arbeitnehmer gemäß § 83 Abs 3 EStG für die von ihm geschuldete Lohnsteuer unmittelbar in Anspruch genommen, weil er mit dem Arbeitgeber vorsätzlich zusammenwirkt und es dadurch zu einer Verkürzung der Lohnsteuer kommt, gilt auch in diesen Fällen ein Nettoarbeitsentgelt als vereinbart. Dementsprechend ist das ausbezahlte Arbeitsentgelt auf einen Bruttolohn hochzurechnen.

59.3 Keine Barzahlung für Dienstnehmer bei Bauleistungen

449 Geldzahlungen von Arbeitslohn gemäß § 25 Abs 1 Z 1 lit a EStG an zur Erbringung von Bauleistungen nach § 19 Abs 1a UStG beschäftigte Arbeitnehmer dürfen nicht in bar geleistet oder entgegengenommen werden, wenn der Arbeitnehmer über ein bei einem Kreditinstitut geführtes Girokonto verfügt oder einen Rechtsanspruch auf ein solches hat. Ein Verstoß gegen das Barzahlungsverbot stellt den Tatbestand einer Finanzordnungswidrigkeit dar.

450 Aufgrund des Verweises auf § 19 Abs 1a UStG sind alle Unternehmen, die Bauleistungen erbringen, davon betroffen. Bauleistungen sind alle Leistungen, die der Herstellung, Instandsetzung, Instandhaltung, Reinigung, Änderung oder Beseitigung von Bauwerken dienen. Das gilt auch für die Überlassung von Arbeitskräften, wenn die überlassenen Arbeitskräfte Bauleistungen erbringen.

451 Der Begriff des Bauwerks ist weit auszulegen. Er umfasst nicht nur Gebäude, sondern darüber hinaus sämtliche mit dem Erdboden verbundene oder infolge ihrer eigenen Schwere auf ihm ruhende, aus Baustoffen oder Bauteilen mit baulichem Gerät hergestellte Anlagen.

452 Zu den Bauwerken zählen daher sämtliche Hoch- und Tiefbauten (zB Straßen, Tunnels) und mit dem Erdboden fest verbundene Anlagen wie Kraftwerke und Silos. Weiters gehören zu

60. Bezugsumwandlung zu Gunsten Elektro-Kfz/-Fahrrad

453 Im Interesse ökologischer Zielsetzungen hat der Gesetzgeber festgelegt, dass der geldwerte Vorteil aus der Zurverfügungstellung arbeitgebereigener Elektro-Kfz, Fahrräder oder Krafträder mit einem CO_2-Emissionswert von 0 Gramm pro Kilometer mit einem Sachbezugswert von null anzusetzen ist.

Lohnsteuer

454 Will der Arbeitgeber, dass sich der Arbeitnehmer an den Kosten beteiligt, ist dies nach Maßgabe folgender Grundsätze möglich:

455 Auch die Zurverfügungstellung eines arbeitgebereigenen Elektro-Kfz, Fahrrades oder Kraftrades mit einem CO_2-Emissionswert von 0 Gramm pro Kilometer zur Privatnutzung im Rahmen einer Gehaltsumwandlung überkollektivvertraglich gewährter Geldbezüge führt nicht zu einem steuerpflichtigen Sachbezug.

456 Kostenbeiträge des Arbeitnehmers mindern grundsätzlich den Sachbezugswert. Allerdings kann ein Sachbezugswert durch einen Kostenbeitrag des Arbeitnehmers nicht negativ werden. Bei einem Sachbezugswert von null führt ein Kostenbeitrag des Arbeitnehmers zu keiner Minderung des Sachbezuges.

457 Im Rahmen der Privatautonomie ist auch eine (befristete oder unbefristete) Dienstvertragsänderung für die Zukunft, mit der eine Barlohnreduktion vorgenommen wird und ein arbeitgebereigenes Elektro-Kfz, Fahrrad oder Kraftrad mit einem CO_2-Emissionswert von 0 Gramm für Privatfahrten zur Verfügung gestellt wird, grundsätzlich zulässig. Zu beachten ist jedoch, dass das geänderte Entgelt nicht unter dem kollektivvertraglichen Minimum liegen darf (siehe OGH 24. 2. 1987, 15 ObA 20/87). Mit der Änderung der SachbezugswerteV wurde klargestellt, dass ein Sachbezugswert von null auch für die Zurverfügungstellung von Elektro-Kfz, Fahrrädern oder Krafträdern mit einem CO_2-Emissionswert von 0 Gramm im Rahmen einer (befristeten oder unbefristeten) Umwandlung überkollektivvertraglich gewährter Bruttobezüge anzusetzen ist. Eine vereinbarte Reduktion der Bruttobezüge und damit in Verbindung stehende zusätzliche Gewährung eines Sachbezugs stellt keine Bezugsverwendung dar.

458 Im Lohnzettel sind die verminderten Bezüge einzutragen. Wird ein arbeitgebereigenes Elektro-Kfz zur Verfügung gestellt, ist auch die Anzahl der Monate im Lohnzettel zu erfassen.

459 Wird dem Arbeitnehmer ein arbeitgebereigenes Kraftfahrzeug für Fahrten zwischen Wohnung und Arbeitsstätte zur Verfügung gestellt, steht kein Pendlerpauschale zu; dies gilt nicht, wenn ein arbeitgebereigenes Fahrrad oder Elektrofahrrad zur Verfügung gestellt wird.

460 Ein allfälliger späterer Erwerb des Elektro-Kfz, Fahrrades oder Kraftrades ist davon gesondert zu sehen ist. Dabei hat auch die Beurteilung, ob und in welcher Höhe anlässlich des Ankaufs oder der Übernahme durch den Arbeitnehmer ein geldwerter Vorteil vorliegt, nach der Bestimmung des § 15 Abs 2 Z 1 EStG (Endpreis am Abgabeort) eigenständig zu erfolgen.

60. Bezugsumwandlung Elektro-Kfz/-Fahrrad

Der Ankauf des Elektro-Kfz, Fahrrades oder Kraftrades durch den Arbeitnehmer stellt dann einen lohnsteuerpflichtigen geldwerten Vorteil aus dem Dienstverhältnis dar, wenn der Kaufpreis, den der Arbeitnehmer für das Elektro-Kfz, Fahrrad oder Kraftrad bezahlt, unter den um übliche Preisnachlässe verminderten Endpreis am Abgabeort liegt. Dieser Endpreis am Abgabeort ist für jedes einzelne Elektro-Kfz, Fahrrad oder Kraftrad gesondert zu ermitteln. **461**

Bei kostenloser Übernahme oder verbilligtem Ankauf eines Fahrrades oder Kraftrades durch den Arbeitnehmer ist ein geldwerter Vorteil in Höhe der Differenz zwischen dem tatsächlichen Übernahmepreis (Kaufpreis) und dem um übliche Preisnachlässe verminderten üblichen Endpreis des Abgabeortes anzusetzen. **462**

Für Fahrräder und E-Fahrräder kann eine Nutzungsdauer von fünf Jahren angenommen werden. Es bestehen keine Bedenken, wenn bei linearer Absetzung für Abnutzung (AfA) aus Vereinfachungsgründen anstelle des um übliche Preisnachlässe verminderten üblichen Endpreises des Abgabeortes der steuerliche Buchwert abzüglich eines pauschalen Abschlages von 20% herangezogen wird (vgl EStR 2000 Rz 139). Errechnet sich der Buchwert von den Netto-Anschaffungskosten, sind für den üblichen Endpreis 20% Umsatzsteuer hinzuzurechnen.

> **Beispiel**
>
> Der Arbeitgeber schafft im Jänner 2021 ein E-Fahrrad mit Anschaffungskosten von € 3.000,– (inkl Umsatzsteuer) an und stellt es seinem Arbeitnehmer kostenlos zur Privatnutzung zur Verfügung. Nach vier Jahren geht das Fahrrad im Jänner 2025 unentgeltlich ins Eigentum des Arbeitnehmers über.
> **Variante 1:**
> Der Arbeitgeber hat beim Erwerb den vollen Vorsteuerabzug in Höhe von € 500,– geltend gemacht. Der steuerliche Buchwert bei Übergabe an den Arbeitnehmer beträgt somit € 500,– (2.500 abzüglich 4 x Jahres-AfA von je 500). Unter Berücksichtigung von 20% Umsatzsteuer (+100) und 20% Abschlag (–120) sind als Sachbezug € 480,– anzusetzen.
> **Variante 2:**
> Der Arbeitgeber ist nicht vorsteuerabzugsberechtigt und hat somit Anschaffungskosten von € 3.000,–. Der steuerliche Buchwert bei Übergabe an den Arbeitnehmer beträgt somit € 600,– (3.000 abzüglich 4 x Jahres-AfA von je 600). Unter Berücksichtigung des 20%igen Abschlags (–120) sind als Sachbezug € 480,– anzusetzen.
> **Variante 3:**
> Der Arbeitnehmer kauft das E-Fahrrad nach vier Jahren um € 480,–. In diesem Fall ist kein Sachbezug anzusetzen.

Die Beurteilung, ob ein geldwerter Vorteil aus dem Dienstverhältnis vorliegt, hat für die Vorgänge Nutzung sowie Anschaffung jeweils gesondert zu erfolgen. Die Bezugsumwandlung bezieht sich auf die Nutzung des arbeitgebereigenen Elektro-Kfz, Fahrrades oder Kraftrades und stellt darüber hinaus keinen Kostenbeitrag dar, der einen allfällig vorliegenden geldwerten Vorteil bei Erwerb des Elektro-Kfz, Fahrrades oder Kraftrades durch den Arbeitnehmer reduzieren könnte. **463**

Sozialversicherung

Seitens der ÖGK wird folgende Rechtsansicht vertreten: **464**

Zu einer Reduzierung der Beitragsgrundlage kann es nur dann kommen, wenn sich durch eine vereinbarte Änderung des Dienstvertrages der Anspruchslohn entsprechend verringert. **465**

61. Bilanzgeld

Der Anspruch laut Kollektivvertrag oder sonstiger lohngestaltender Vorschrift darf dabei nicht unterschritten werden.

466 Zu beachten ist auch, dass gemäß § 539a ASVG ein Sachverhalt so zu beurteilen ist, wie er bei einer den wirtschaftlichen Vorgängen, Tatsachen und Verhältnissen angemessenen rechtlichen Gestaltung zu beurteilen gewesen wäre.

467 Beispielsweise wäre die Änderung des Dienstvertrages als Scheinvereinbarung zu werten, wenn zeitgleich die Rücknahme der Verringerung des Anspruchslohns bei Beendigung der Nutzung des Elektrofahrzeuges vereinbart wird.

468 Die Überlassung eines Elektrofahrzeuges gegen Entgelt in Form einer Gehaltsreduktion oder ähnlichen Vereinbarung ist daher grundsätzlich nicht als sozialversicherungsfrei anzusehen.

469 Liegt eine steuerlich anzuerkennende Bezugsumwandlung vor, die im Bereich der Sozialversicherung nicht anerkannt wird, können dennoch die darauf entfallenden Sozialversicherungsbeiträge steuermindernd abgezogen werden. Das Abzugsverbot des § 20 Abs 2 EStG kommt nicht zur Anwendung, weil es sich bei einem Sachbezugswert von null nicht um einen steuerfreien Bezug handelt.

470 Mit der Änderung der SachbezugswerteV wurde klargestellt, dass ein Sachbezugswert von null auch für die Zurverfügungstellung von Elektro-Kfz, Fahrrädern oder Krafträdern mit einem CO_2-Emissionswert von 0 Gramm im Rahmen einer (befristeten oder unbefristeten) Umwandlung überkollektivvertraglich gewährter Bruttobezüge anzusetzen ist. Eine vereinbarte Reduktion der Bruttobezüge und damit in Verbindung stehende zusätzliche Gewährung eines Sachbezugs stellt keine Bezugsverwendung dar.

471 Nach § 50 ASVG gilt die SachbezugswerteV, mit der die Höhe geldwerter Vorteile festgelegt wird, auch im Bereich der Sozialversicherung für die Bewertung von Sachbezügen. Damit ist eine Bezugsumwandlung überkollektivvertraglicher Bezüge zugunsten einer Zurverfügungstellung von Elektro-Kfz, Fahrrädern oder Krafträdern mit einem CO_2-Emissionswert von 0 Gramm zur Privatnutzung mit einem Sachbezugswert von € 0,– anzusetzen und stellt keine sozialversicherungspflichtige Bezugsumwandlung dar.

DB – DZ – KommSt

472 Bei einer steuerlich anzuerkennenden Bezugsumwandlung (Dienstvertragsänderung mit Barlohnreduktion überkollektivvertraglicher Bezüge für die Zukunft) fließen dem Arbeitnehmer bereits verminderte Bezüge zu, die durch den Sachbezugswert von null nicht erhöht werden. Für diese Bezüge besteht im Bereich DB, DZ und KommSt nach den Bestimmungen des § 41 FLAG und § 5 KommStG Abgabenpflicht.

61. Bilanzgeld

Lohnsteuer

473 In manchen Dienstverträgen findet sich eine Vereinbarung über Bilanzgelder, die der Arbeitnehmer zB nach Fertigstellung der Bilanz (Jahresabschluss) bekommt. Es handelt sich dabei steuerlich um einen **sonstigen Bezug,** der nach den Bestimmungen des § 67 Abs 1 und 2 EStG unter Anrechnung auf das Jahressechstel versteuert wird. Hinsichtlich Jahressechsteloptimierung siehe „Sonstige Bezüge".

Sozialversicherung

Im Falle einer wiederkehrenden Gewährung durch den Dienstgeber handelt es sich sozialversicherungsrechtlich um eine Sonderzahlung und ist diese bis zur Höhe der Höchstbeitragsgrundlage sozialversicherungspflichtig. Beitragspflicht besteht auch im Bereich des BMSVG, jedoch ohne Berücksichtigung der Höchstbeitragsgrundlage. **474**

DB – DZ – KommSt

Im Bereich DB, DZ und KommSt besteht nach den Bestimmungen des § 41 FLAG und § 5 KommStG Abgabenpflicht. **475**

62. Bildungskarenz

Arbeitsrecht

Wird Bildungskarenz vereinbart, ist sie bereits nach einer ununterbrochenen Beschäftigung von **sechs Monaten** möglich. **476**

Die Bildungskarenz kann auch in Teilen angetreten werden, wobei ein Teil **mindestens zwei Monate** zu dauern hat und die Gesamtdauer der einzelnen Teile innerhalb einer Rahmenfrist von **vier Jahren** ein Jahr nicht überschreiten darf. Die Rahmenfrist beginnt mit Antritt des ersten Teils der Bildungskarenz zu laufen. Bildungskarenz kann frühestens nach dem Ablauf von vier Jahren ab dem Antritt der letzten Bildungskarenz (Rahmenfrist) vereinbart werden. **477**

Auch Saisonbeschäftigte können unter bestimmten Voraussetzungen eine Bildungskarenz vereinbaren. **478**

Gemäß Arbeitslosenversicherungsgesetz (AlVG) besteht für die Zeit der Bildungskarenz Anspruch auf Weiterbildungsgeld in Höhe des fiktiven Arbeitslosengeldes, sofern die Bildungskarenz in Anspruch nehmenden Arbeitnehmer die arbeitslosenversicherungsrechtliche Anwartschaft erfüllen und die Teilnahme an einer Weiterbildungsmaßnahme von mindestens **20 Wochenstunden** nachweisen. Für Personen mit Betreuungspflichten für Kinder bis zum vollendeten siebten Lebensjahr beträgt die geforderte Mindestinanspruchnahme der Weiterbildung **16 Wochenstunden,** wenn keine längeren Betreuungsmöglichkeiten für das Kind bestehen. **479**

Für die Zeit einer Bildungskarenz besteht kein Urlaubsanspruch. **480**

Während der Zeit einer Bildungskarenz besteht kein Anspruch auf Sonderzahlungen. Es ist eine entsprechende Aliquotierung der Sonderzahlungen vorzunehmen. **481**

Die Zeiten einer Bildungskarenz werden für dienstzeitabhängige Ansprüche (zB Abfertigung, Kündigungsfristen, Entgeltfortzahlung) nicht berücksichtigt. **482**

Sozialversicherung

Im Bereich der Sozialversicherung ist eine Abmeldung mit dem Ende des Entgeltanspruchs, dem Ende der Zahlung des BV-Beitrags und dem Abmeldegrund „Bildungskarenz gemäß § 11 AVRAG" zu erstatten. **483**

63. Bildungsteilzeit

Beginnt oder endet die Bildungsfreistellung während eines Kalendermonats, erfolgt im Bereich der Sozialversicherung die Abrechnung wie bei einem Ein- oder Austritt des Arbeitnehmers (gebrochene Abrechnungsperiode).

484 Für die Dauer einer Bildungskarenz hat der Arbeitnehmer Anspruch auf eine Beitragsleistung zu Lasten der Mittel aus der Gebarung Arbeitsmarktpolitik in Höhe von 1,53% der Bemessungsgrundlage des vom Arbeitnehmer bezogenen Weiterbildungsgelds.

Lohnsteuer

485 Im Bereich der Lohnsteuer ist der Lohnzahlungszeitraum der Kalendermonat. Die Lohnsteuer wird daher nach der Monatstabelle und nicht täglich ermittelt.

486 Das Weiterbildungsgeld ist steuerfrei (§ 3 Abs 1 Z 5 EStG), unterliegt aber, wie das Arbeitslosengeld, einem besonderen Progressionsvorbehalt (siehe „Arbeitslosengeld, Notstandshilfe" und „Hochrechnung steuerfreier Bezugsteile bei der Veranlagung").

487 Im Fall einer Bildungskarenz hat der Arbeitgeber keine Beiträge an die BV-Kasse zu leisten.

63. Bildungsteilzeit

488 Durch die Bildungsteilzeit soll gewährleistet sein, dass ein Arbeitnehmer während eines aufrechten Arbeitsverhältnisses Fortbildungsmaßnahmen setzen kann. Voraussetzungen für die Bildungsteilzeit sind:
- ✓ das Arbeitsverhältnis hat bereits ununterbrochen sechs Monate gedauert;
- ✓ die Vereinbarung über die Bildungsteilzeit wurde zwischen Arbeitgeber und Arbeitnehmer schriftlich getroffen;
- ✓ die Vereinbarung beinhaltet neben Beginn und Dauer der Bildungsteilzeit auch das Ausmaß und die Lage der Arbeitszeit;
- ✓ die Dauer der Bildungsteilzeit liegt nicht unter vier Monaten bzw nicht über zwei Jahren;
- ✓ die Arbeitszeit wird um mindestens ein Viertel, höchstens aber um die Hälfte der bisherigen Normalarbeitszeit reduziert. Die wöchentliche Arbeitszeit während der Bildungsteilzeit unterschreitet zehn Stunden nicht.

489 Eine neuerliche Bildungsteilzeit kann frühestens nach Ablauf von **vier Jahren** ab dem Antritt der letzten Bildungsteilzeit oder des ersten Teiles der Bildungsteilzeit zwischen Arbeitnehmer und Arbeitgeber vereinbart werden.

490 Ein einmaliger Wechsel von Bildungsteilzeit zu Bildungskarenz ist unter bestimmten Voraussetzungen möglich.

491 Während einer Bildungsteilzeit hat der Arbeitgeber den Beitrag zur Betrieblichen Vorsorge auf Basis des monatlichen Entgelts vor der Herabsetzung der Normalarbeitszeit zu leisten. Dies gilt auch für die Sonderzahlungen. Erhält der Arbeitnehmer eine Lohnerhöhung, ist diese ebenfalls zu berücksichtigen.

492 Wird das Arbeitsverhältnis während einer Bildungsteilzeit beendet, ist bei der Berechnung der Abfertigung oder der Ersatzleistung gemäß § 10 UrlG das für den letzten Monat vor Antritt der Bildungskarenz gebührende Entgelt zugrunde zu legen.

Fallen in ein Kalenderjahr auch Zeiten einer Bildungsteilzeit, gebühren dem Arbeitnehmer **493** sonstige, insb einmalige Bezüge iSd § 67 Abs 1 EStG in dem der Vollzeit- und Teilzeitbeschäftigung entsprechenden Ausmaß im Kalenderjahr.

Personen, die eine Bildungsteilzeit in Anspruch nehmen und die Anwartschaft auf Arbeits- **494** losengeld erfüllen, gebührt bei Erfüllung bestimmter Voraussetzungen für die vereinbarte Dauer ein Bildungsteilzeitgeld.

Das Bildungsteilzeitgeld ist steuerfrei, löst aber einen besonderen Progressionsvorbehalt aus **495** (siehe dazu „Arbeitslosengeld, Notstandshilfe").

64. Blindenbeihilfe (§ 3 Abs 1 Z 3 lit a EStG)

Blindenbeihilfen, die aufgrund der entsprechenden Landesgesetze Blinden (Vollblinden oder **496** praktisch Blinden) zuerkannt werden, stellen Beihilfen aus öffentlichen Mitteln dar, die wegen Hilfsbedürftigkeit gewährt werden und sind daher steuerfrei.

65. Bonusmeilen

➢ Siehe „Sachbezüge".

66. Bundesfinanzgericht

Als Ergebnis einer Prüfung lohnabhängiger Abgaben und Beiträge werden Bescheide betref- **497** fend Lohnsteuer, DB und DZ durch die Finanzämter und (über Antrag) Bescheide über Sozialversicherungsbeiträge durch die ÖGK ausgestellt. Diese Bescheide können in einem Rechtsmittelverfahren überprüft werden.

Im Zusammenhang mit Rechtsmitteln gegen Bescheide der Finanzämter betreffend Lohn- **498** steuer, DB und DZ ist das BFG zuständig.

Verfahrensrechtliche Regelungen im Bereich Lohnsteuer, DB und DZ (ausgenommen Kam- **499** merumlagepflicht dem Grunde nach, § 126 Abs 2 WKG):

Erlassung des Erstbescheids	FA
Rechtsmittel	Beschwerde
Frist	Ein Monat ab Zustellung
Rechtsmittelerledigung	Beschwerdevorentscheidung durch das FA (regelmäßig zwingend)
Rechtsmittel	Vorlageantrag
Frist	Ein Monat ab Zustellung
Rechtsmittelerledigung	Erkenntnis/Beschluss durch das BFG mit Abspruch über die Zulässigkeit einer Revision (Einzelrichter oder Senat)
Weiterer Rechtszug	VwGH: ordentliche oder außerordentliche Revision; VfGH: Beschwerde
Frist	Sechs Wochen ab Zustellung

500 Im Zusammenhang mit Rechtsmitteln gegen Bescheide der ÖGK betreffend Sozialversicherungsbeiträge ist das Bundesverwaltungsgericht zuständig.

501 Die Einbringung von Rechtsmitteln beim Bundesfinanz- und Bundesverwaltungsgericht ist nach wie vor durch den Steuer- bzw Abgabepflichtigen, dh ohne Betrauung eines Rechtsanwalts oder Steuerberaters, möglich.

502 Eine ordentliche Revision an den VwGH ist nicht in allen Fällen möglich. Gegen den Ausspruch des Bundesfinanz- bzw Bundesverwaltungsgerichts, dass eine ordentliche Revision nicht zulässig ist, kann aber eine außerordentliche Revision an den VwGH erhoben werden. Für die Einbringung einer Revision bzw Beschwerde besteht „Anwaltspflicht" (§ 24 Abs 2 VwGG bzw § 17 Abs 2 VfGG).

503 Gegen ein Erkenntnis des Verwaltungsgerichtes ist die Revision zulässig, wenn sie von der Lösung einer Rechtsfrage abhängt, der grundsätzliche Bedeutung zukommt, insb weil das Erkenntnis von der Rsp des VwGH abweicht, eine solche Rsp fehlt oder die zu lösende Rechtsfrage in der bisherigen Rsp des VwGH nicht einheitlich beantwortet wird.

67. Bücher, Zeitungen

504 Ausgaben für Fachbücher und Fachzeitschriften sind in dem erforderlichen und üblichen Rahmen Werbungskosten. Aufwendungen für Tageszeitungen sind Kosten der Lebenshaltung (VwGH 24. 6. 1999, 97/15/0070). Siehe auch LStR Rz 353.

68. Darlehen des Arbeitgebers (§ 3 Abs 1 Z 20 EStG; § 15 EStG; § 49 ASVG)

505 Dabei handelt es sich um geldwerte Vorteile aus unverzinslichen oder zinsverbilligten Gehaltsvorschüssen und Arbeitgeberdarlehen, soweit der Gehaltsvorschuss oder das Arbeitgeberdarlehen den Betrag von **€ 7.300,–** insgesamt nicht übersteigen. Der Vorteil ist mit **1,0%** (2023) des € 7.300,– übersteigenden Betrages anzusetzen.

➢ Siehe auch „Sachbezüge".

69. Dienstgeberbeitrag zum Ausgleichsfonds für Familienbeihilfe

69.1 Beitragspflicht

506 Alle Dienstgeber haben einen **Dienstgeberbeitrag** zum Ausgleichsfonds für Familienbeihilfen gemäß § 41 FLAG zu leisten, wenn sie im Bundesgebiet Dienstnehmer beschäftigen; als im Bundesgebiet beschäftigt gilt ein Arbeitnehmer auch dann, wenn er zur Dienstleistung ins Ausland entsendet ist. Das Vorliegen einer Betriebsstätte des Dienstnehmers ist nicht erforderlich.

Im Rahmen der Koordinierung der sozialen Sicherheit im Europäischen Wirtschaftsraum gilt **507** ein Dienstnehmer im Bundesgebiet als beschäftigt, wenn er den österreichischen Rechtsvorschriften über soziale Sicherheit unterliegt (§ 53 Abs 3 FLAG).

Dienstnehmer sind Personen, die in einem Dienstverhältnis iSd § 47 Abs 2 EStG stehen sowie **508** an Kapitalgesellschaften beteiligte Personen iSd § 22 Z 2 EStG. Auch freie Dienstnehmer iSd § 4 Abs 4 ASVG unterliegen der Beitragspflicht; diese jedoch nur dann, wenn sie auch im ASVG pflichtversichert sind und nicht gemäß § 4 Abs 4 lit a – d ASVG von der Pflichtversicherung ausgenommen sind (vgl VwGH 26. 1. 2017, Ra 2015/15/0064).

Ein Dienstverhältnis liegt vor, wenn der Arbeitnehmer dem Arbeitgeber seine Arbeitskraft **509** schuldet. Dies ist der Fall, wenn die tätige Person

- ✓ in der Betätigung ihres geschäftlichen Willens unter der Leitung des Arbeitgebers steht oder
- ✓ im geschäftlichen Organismus des Arbeitgebers dessen Weisungen zu folgen verpflichtet ist.

Aufgrund der stRsp des VwGH liegt ein Dienstverhältnis dann vor, wenn die Weisungsge- **510** bundenheit und die Eingliederung in den Organismus des Betriebs des Dienstgebers vorliegt (VwGH 10. 11. 2004, 2003/13/0018). Ergibt sich anhand dieser Kriterien keine genaue Abgrenzung zwischen selbständiger und nichtselbständiger Tätigkeit, können noch andere Abgrenzungskriterien herangezogen werden (zB fehlendes Unternehmerrisiko).

69.2 Beitragsgrundlage

Der Beitrag ist von der Summe der Arbeitslöhne zu berechnen, die jeweils in einem Kalender- **511** monat gewährt werden; dabei ist es gleichgültig, ob diese Arbeitslöhne beim Empfänger der Lohnsteuer unterliegen oder nicht. Arbeitslöhne sind Bezüge gemäß § 25 Abs 1 Z 1 lit a und b EStG; zur Bemessungsgrundlage gehören auch Gehälter und sonstige Vergütungen jeder Art an Personen, die an Kapitalgesellschaften iSd § 22 Z 2 EStG (wesentlich) beteiligt sind, obwohl diese Personen weiterhin nicht lohnsteuerpflichtig sind (siehe auch VwGH 8. 8. 1996, 96/14/0015); auch Bezüge, die an beschränkt Steuerpflichtige ausgezahlt werden, gehören zur Bemessungsgrundlage.

Unter den Begriff Arbeitslöhne sind **512**

- ✓ Bezüge gemäß § 25 Abs 1 Z 1 lit a und b EStG sowie
- ✓ Gehälter und sonstige Vergütungen jeder Art iSd § 22 Z 2 EStG und
- ✓ bezahlte Vergütungen an freie Dienstnehmer iSd § 4 Abs 4 ASVG

zu verstehen.

Dienstgeber, die in Österreich Dienstnehmer beschäftigen, die aufgrund der Verordnung den **513** Rechtsvorschriften über soziale Sicherheit eines anderen EU-/EWR-Staats (bzw der Schweiz) und nicht den bezughabenden österreichischen Rechtsvorschriften unterliegen und somit auch von einem allfälligen österreichischen Familienbeihilfen(leistungs)anspruch ausgeschlossen sind, haben für diese Dienstnehmer **keinen** Dienstgeberbeitrag abzuführen.

Die im Rahmen einer Altersteilzeitvereinbarung übernommenen SV-Beiträge des Arbeitnehmers stellen einen Vorteil aus dem Dienstverhältnis dar und sind daher in die Beitragsgrundlage für den DB und den DZ einzubeziehen (VwGH 21. 9. 2016, 2013/13/0102).

69. Dienstgeberbeitrag zum Ausgleichsfonds für Familienbeihilfe

69.3 Beitragsfreie Bezüge

514 Zur Beitragsgrundlage gehören nicht (§ 41 Abs 4 FLAG):

- Ruhe- und Versorgungsbezüge (dazu gehören auch Pensionsabfindungen gemäß § 67 Abs 8 lit e, unter der Voraussetzung, dass eine Beendigung des zugrunde liegenden Dienstverhältnisses vorliegt [FLAG-DR AÖF 2003/150, 41.04 Z 2] und begünstigte Bezüge im Rahmen von Sozialplänen [§ 67 Abs 8 lit f] gemäß FLAG-DR AÖF 2003/150, 41.04 Z 3),
- die in § 67 Abs 3 und 6 EStG genannten Bezüge (alle Abfertigungen, gleichgültig wie sie zu besteuern sind),
- die in § 3 Abs 1 Z 10, 11 und 13 – 21 EStG genannten Bezüge.
  Bei Vorliegen bestimmter Voraussetzungen (vgl LStR Rz 70 h bis 70 w) sind 60 % der laufenden Auslandsbezüge lohnsteuerbefreit. Sind die Voraussetzungen nach § 3 Abs 1 Z 10 EStG erfüllt, sind nur 40 % der laufenden Auslandsbezüge DB-pflichtig. Die im Bereich der Lohnsteuer vorgesehene Beschränkung mit der Höchstbeitragsgrundlage gilt nicht für den DB. Die sonstigen Bezüge gemäß § 67 Abs 1 und 2 EStG zählen immer zur DB-Bemessungsgrundlage.
- Gehälter und sonstige Vergütungen jeder Art, die für eine ehemalige Tätigkeit iSd § 22 Z 2 EStG an wesentlich Beteiligte gewährt werden,
- Arbeitslöhne, die an Dienstnehmer gewährt werden, die als begünstigte Personen gemäß den Vorschriften des Behinderteneinstellungsgesetzes beschäftigt werden,
- Arbeitslöhne von Personen, die ab dem Kalendermonat gewährt werden, der dem Monat folgt, in dem sie das 60. Lebensjahr vollendet haben,
- die in § 124 b Z 350 lit a EStG genannten Zulagen und Bonuszahlungen, die aufgrund der COVID-19-Krise zusätzlich geleistet werden,
- die in § 124 b Z 408 lit a EStG genannten Zulagen und Bonuszahlungen, die aufgrund der Teuerung zusätzlich gewährt werden (Teuerungsprämie).

515 Nicht zur Bemessungsgrundlage gehören auch die nichtsteuerbaren Leistungen des Arbeitgebers gemäß § 26 EStG und steuerfreie Bezüge gemäß § 3 Abs 1 Z 16 b EStG und § 3 Abs 1 Z 16 c EStG (zB Reisekosten, Tagesgebühren, Auslagenersätze), soweit sie nicht steuerbar bzw steuerfrei sind.

516 Zahlungen im Rahmen von Sozialplänen an ausscheidende Dienstnehmer, wenn es sich um Bezüge iSd § 67 Abs 6 EStG (zB freiwillige Abfertigungen, Abfindungen) handelt, sind gemäß § 41 Abs 4 lit b FLAG von der Bemessungsgrundlage für den DB und den DZ auszuscheiden, unabhängig davon, ob eine einkommensteuerliche Begünstigung stattfinden kann (VwGH 21. 9. 2016, 2013/13/0102). Ebenso sind Zahlungen im Rahmen von Sozialplänen, wenn diese Zahlungen laufend für (wenn auch begrenzte) Zeiträume nach der Beendigung des Dienstverhältnisses ausbezahlt werden und somit diesen Zahlungen die Funktion von Ruhe- und Versorgungsbezügen zukommt (zB Überbrückungshilfen), nach § 41 Abs 4 lit a FLAG von der Bemessungsgrundlage für den DB und den DZ auszuscheiden.

517 Bei Auszahlung vorgezogener Jubiläumsgelder im Rahmen von Sozialplänen handelt es sich weder um sonstige Bezüge gemäß § 67 Abs 6 EStG noch um Ruhe- und Versorgungsbezüge, weshalb diese in die Bemessungsgrundlage zum DB und DZ einzubeziehen sind (vgl VwGH 4. 2. 2009, 2007/15/0168).

518 Die Vergütungen eines aufgrund eines Geschäftsführervertrags beschäftigten, nicht beteiligten „Fremdgeschäftsführers" unterliegen nicht der Beitragspflicht zum DB bzw DZ, wenn er an keine Weisungen gebunden war (VwGH vom 21. 10. 2015, 2012/13/0088).

69.3 Beitragsfreie Bezüge

In den Kalenderjahren **2023** und **2024** beträgt der Beitrag **3,7%**, soweit dies 519
- ✓ in einer anderen bundesgesetzlichen Vorschrift,
- ✓ in einer Dienstordnung der Gebietskörperschaften,
- ✓ in einer aufsichtsbehördlich genehmigten Dienst(Besoldungs)ordnung der Körperschaften des öffentlichen Rechts,
- ✓ in der vom Österreichischen Gewerkschaftsbund für seine Bediensteten festgelegten Arbeitsordnung,
- ✓ in einem Kollektivvertrag oder einer Betriebsvereinbarung, die aufgrund besonderer kollektivvertraglicher Ermächtigungen abgeschlossen worden ist,
- ✓ in einer Betriebsvereinbarung, die wegen Fehlens eines kollektivvertragsfähigen Vertragsteiles (§ 4 des Arbeitsverfassungsgesetzes BGBl 1974/22) auf der Arbeitgeberseite zwischen einem einzelnen Arbeitgeber und dem kollektivvertragsfähigen Vertragsteil auf der Arbeitnehmerseite abgeschlossen wurde, oder
- ✓ innerbetrieblich für alle Arbeitnehmer oder bestimmte Gruppen von Arbeitnehmern

festgelegt ist. Sollte diese Voraussetzung nicht erfüllt werden, beträgt der Prozentsatz für das Jahr 2023 und 2024 **3,9%**.

Ab dem Kalenderjahr **2025** beträgt der Beitrag **3,7%** der Beitragsgrundlage. 520

Die Lohnnebenkostensenkung kann per Anordnung in einer überbetrieblichen lohngestaltenden Maßnahme berücksichtigt werden (zB im Kollektivvertrag). Den Kollektivvertragsparteien bleibt unbenommen, ob sie darauf Bezug nehmen. Ab 2025 entfällt diese Möglichkeit gänzlich. 521

Beinhaltet die überbetriebliche lohngestaltende Maßnahme keinen Bezug auf die Lohnnebenkostensenkung, so kann der Arbeitgeber die Lohnnebenkostensenkung auch innerbetrieblich für alle Arbeitnehmer (bzw Arbeitnehmergruppen) einseitig festlegen. Eine derartige Festlegung kann formlos erfolgen und bei der Entrichtung des Beitrags vorgenommen werden. 522

Obwohl die gesetzliche Textierung anderes nahelegt, ist nach den FAQ's des Bundesministeriums für Arbeit und Wirtschaft in Abstimmung mit dem Bundeskanzleramt, die innerbetriebliche Festlegung der Senkung des Dienstgeberbeitrages in den Jahren 2023 und 2024 auch für Gehälter und sonstige Vergütungen jeder Art an freie Dienstnehmer iSd § 4 Abs 4 ASVG und wesentlich Beteiligte iSd § 22 Z 2 EStG möglich. 523

Übersteigt die **Beitragsgrundlage** in einem Kalendermonat nicht den Betrag von € 1.460,–, so verringert sie sich um € 1.095,– (§ 41 FLAG). 524

Beispiel				
2023 (Wien, 0,38%)	Beitragsgrundlage DB		DB	DZ
Beitragsgrundlage Jänner:	€ 1.090,–	€ 0,–	€ 0,–	€ 0,–
Beitragsgrundlage Februar:	€ 1.300,–	€ 205,–	€ 8,– (€ 7,59)	€ 0,78
Beitragsgrundlage März:	€ 1.600,–	€ 1.600,–	€ 62,40 (€ 59,20)	€ 6,08
Die Fälligkeit ist jeweils am 15. des Folgemonats eingetreten.				

Da die Bezüge gemäß § 41 Abs 4 FLAG (zB Bezüge an 60-Jährige) nicht zur Beitragsgrundlage gehören, ist die Beurteilung, ob die Freigrenze von € 1.460,– bzw der Freibetrag von € 1.095,– zur Anwendung gelangen, unter Ausklammerung dieser Bezüge vorzunehmen. 525

70. Dienstleistungsscheck

526 Der Dienstgeberbeitrag ist für jeden Monat bis **spätestens 15. des Folgemonats** an das zuständige FA abzuführen. Arbeitslöhne, die regelmäßig wiederkehrend bis zum 15. eines Kalendermonats für den vorangegangenen Kalendermonat gewährt werden, sind dem vorangegangenen Kalendermonat zuzurechnen.

527 Werden Bezüge für das Vorjahr nach dem 15. 1. bis zum 15. 2. ausgezahlt, ist der Dienstgeberbeitrag bis zum 15. 2. abzuführen.

528 Der Dienstgeberbeitrag ist auch dann zu entrichten, wenn das Unternehmen im Bundesgebiet **keine** Betriebsstätte hat. Der ausländische Dienstgeber hat bei jenem FA, wo der im Bundesgebiet beschäftigte Dienstnehmer vorwiegend beschäftigt ist, den Dienstgeberbeitrag zu entrichten.

70. Dienstleistungsscheck

529 Der Dienstleistungsscheck (DLS) ist für einfache haushaltsnahe Dienstleistungen (Unterstützung bei Haushaltsführung, Reinigung, Kinderbeaufsichtigung, einfache Gartenarbeiten, wie zB Laubrechen) gedacht. Nicht erlaubt ist die Bezahlung mit Scheck, wenn für die Arbeit eine Ausbildung nötig ist (zB Alten- und Krankenpflege).

530 Der DLS ist flächendeckend erhältlich (zB Post, Trafiken). Nach erfolgter Registrierung können Dienstleistungsschecks auch **online** über DLS-Online gekauft werden. Zusätzlich besteht die Möglichkeit, den DLS über eine App abzuwickeln. Wenn der DLS in einer Trafik, bei der Post oder via Internetportal DLS-Online elektronisch erstellt wird, kann der Wert individuell bis maximal € 100,– pro Scheck gewählt werden. Auf dem Scheck sind Namen und SV-Nummern von Arbeitgeber und Arbeitnehmer und Beschäftigungstag einzutragen.

531 Für den Arbeitgeber kommt es zu Mehrkosten in Höhe von 2%. Diese enthalten sowohl den Unfallversicherungsbeitrag in Höhe von **1,1%** als auch anteilige Verwaltungskosten. Diese Kosten muss der Arbeitgeber tragen.

532 Der Arbeitnehmer hat die DLS spätestens bis Ende des Folgemonats bei seiner ÖGK persönlich, per Post, per App oder online einzureichen, die ÖGK zahlt dann das Entgelt aus (zB € 10,– [inkl 9,6% Urlaubsersatzleistung und 25% Sonderzahlungsanteil]).

533 Asylwerber, die seit **drei Monaten** zum Asylverfahren zugelassen sind, können bewilligungsfrei haushaltstypische Dienstleistungen in Privathaushalten (zB Gartenarbeiten, Kinderbetreuung) mit einer Entlohnung über den DLS übernehmen. Die Zulassung zum Asylverfahren wird mit der Aufenthaltsberechtigungskarte (weiße Karte) nachgewiesen.

534 Die Entlohnung ist grundsätzlich frei vereinbar. Bei der Festlegung des Entgelts ist jedoch die Mindestentlohnung für HausgehilfInnen und Hausangestellte, zuzüglich 25% für die Sonderzahlungen und 9,6% für die Urlaubsersatzleistung zu berücksichtigen.

535 Sozialversicherungsrechtlich darf im Rahmen einer Beschäftigung mit DLS die monatliche Geringfügigkeitsgrenze nicht überschritten werden, wobei in die Obergrenze auch die Urlaubsersatzleistung und der Sonderzahlungsanteil einbezogen werden (somit voraussichtlich € 686,18 für das Jahr 2023). Es gelten auch alle Regeln über die geringfügige Beschäftigung. Bei Überschreitung der Geringfügigkeitsgrenze liegt ein „normales Arbeitsverhältnis" vor.

536 Ist eine Person aufgrund einer geringfügigen Beschäftigung aus der Pflichtversicherung ausgenommen, ist eine freiwillige in der Kranken- und Pensionsversicherung möglich. Das gilt auch für Personen, die mit DLS entlohnt werden. Die Selbstversicherung kostet im Kalenderjahr **2023 monatlich** voraussichtlich € **70,72**.

Bei Auszahlung von Bezügen iS des Dienstleistungsscheckgesetzes hat die ÖGK bis 31. 1. des folgenden Kalenderjahres einen Lohnzettel (§ 84 EStG) zur Berücksichtigung dieser Bezüge im Veranlagungsverfahren auszustellen und an ihr FA zu übermitteln. In diesem Lohnzettel ist ein Siebentel der ausgezahlten Bezüge als sonstiger Bezug gemäß § 67 Abs 1 EStG auszuweisen. Ein vorläufiger Lohnsteuerabzug hat zu unterbleiben. **537**

71. Dienstverhältnis

Die steuerrechtliche Definition des Dienstverhältnisses in § 47 Abs 2 EStG ist eine eigenständige des Steuerrechts und daher mit den korrespondierenden Begriffen des Arbeits- und Sozialrechts nicht immer deckungsgleich. **538**

Liegt aber ein Dienstverhältnis iS des Steuerrechts vor, ist grundsätzlich auch ein Dienstverhältnis iS des ASVG gegeben (§ 4 Abs 2 ASVG). Nach § 4 Abs 2 ASVG gilt – mit wenigen Ausnahmen – als Dienstnehmer jedenfalls auch, wer nach § 47 Abs 1 iVm Abs 2 EStG lohnsteuerpflichtig ist. **539**

Maßgebend für die Beurteilung einer Leistungsbeziehung als Dienstverhältnis sind nicht die vertraglichen Abmachungen, sondern stets das tatsächlich verwirklichte Gesamtbild der vereinbarten Tätigkeit, wobei auch der im Wirtschaftsleben üblichen Gestaltungsweise Gewicht beizumessen ist. **540**

Ein Dienstverhältnis kann daher auch dann gegeben sein, wenn eine formell als Werkvertrag bezeichnete Vereinbarung überwiegend Elemente eines Dienstverhältnisses trägt. **541**

Wesen und Merkmale des Dienstverhältnisses: **542**

- ✓ Dauerschuldverhältnis
- ✓ Weisungsgebundenheit
- ✓ organisatorische Eingliederung
- ✓ Fehlen eines Unternehmerrisikos

Zum ABC der Abgrenzungsmerkmale siehe LStR Rz 938 ff. **543**

Das EStG kennt drei verschieden Gruppen von steuerlichen Dienstverhältnissen: **544**

- ✓ „Klassisches" Dienstverhältnis (Persönliche Weisungsbindung, Eingliederung in den geschäftlichen Organismus).
- ✓ Nicht wesentlich beteiligte Gesellschafter-Geschäftsführer (bis maximal 25%), wenn bei einer sonst alle Merkmale eines Dienstverhältnisses (§ 47 Abs 2 EStG) aufweisenden Beschäftigung, die Weisungsgebundenheit aufgrund gesellschaftsvertraglicher Sonderbestimmung (zB Sperrminorität) fehlt.
- ✓ Personen, die Bezüge gemäß § 25 Abs 1 Z 4 und 5 EStG beziehen (zB Bezüge, Auslagenersätze und Ruhe-[Versorgungs-]Bezüge iS des Bezügegesetzes und des Verfassungsgerichtshofgesetzes, von Mitgliedern einer Landesregierung, eines Landtages, von Bürgermeistern, aus der Nebentätigkeiten iSd § 37 des Beamten-Dienstrechtsgesetzes sowie von Vortragenden, Lehrenden und Unterrichtenden, die diese Tätigkeit im Rahmen eines von der Bildungseinrichtung vorgegebenen Studien-, Lehr- oder Stundenplanes ausüben).

➢ Siehe auch „Rechtssicherheit bei der Abgrenzung von selbständiger und unselbständiger Tätigkeit".

72. Dienstverhältnis zwischen nahen Angehörigen

545 § 90 ABGB bestimmt im Wesentlichen, dass ein Ehegatte im Erwerb des Anderen im Rahmen der Zumutbarkeit und Üblichkeit mitzuwirken hat, wofür er gemäß § 98 ABGB Anspruch auf angemessene Vergütung hat. Liegt der Mitwirkung im Erwerb des anderen Ehegatten kein über diese Verpflichtungen hinausgehendes Vertragsverhältnis vor, sind die geleisteten Abgeltungsbeträge iSd § 98 ABGB familienhaft bedingt und als Zuwendungen an unterhaltsberechtigte Personen iSd § 20 EStG anzusehen (VwGH 26. 3. 1985, 84/14/0059, betreffend Hilfeleistungen der Ehegattin in Form von Autofahrten).

546 In Fällen einer Mitarbeit eines Familienmitglieds müssen aber in Abgrenzung zu Leistungen der familienhaften Mitarbeit, die behaupteten, über dieses Maß hinausgehenden Leistungen klar und zweifelsfrei erkennbar sein, um das Dienstverhältnis insgesamt auch steuerlich anerkennen zu können (UFS Innsbruck 19. 7. 2012, RV/0298-I/11).

547 Siehe dazu auch die Ausführungen in der Broschüre „Familienhafte Mitarbeit in Betrieben", die von der WKO, Sozialversicherung und BMF erstellt wurde, die im Internet zum Download zur Verfügung steht.

Siehe dazu auch EstR 2000 Rz 1127 ff.

73. Dienstwohnung

➢ Siehe „Sachbezüge".

73.1 Dienstwohnung für Arbeitnehmer in der Landwirtschaft

➢ Siehe „Sachbezüge".

74. Doppelte Haushaltsführung

548 Die hiezu erforderlichen Kosten sind als Werbungskosten abzugsfähig, soweit sie zwangsläufig erwachsen und vom Arbeitgeber nicht ersetzt werden. Persönliche Gründe für die Beibehaltung des doppelten Haushaltes schließen jedoch ihre Zwangsläufigkeit aus. Die Unzumutbarkeit der täglichen Rückkehr ist grundsätzlich dann anzunehmen, wenn der Familienwohnsitz vom Beschäftigungsort mehr als 80 Kilometer entfernt ist und eine Fahrzeit von mehr als einer Stunde gegeben ist (VwGH 31. 7. 2013, 2009/13/0132). Im Allgemeinen wird

- ✓ für verheiratete, in eheähnlicher Gemeinschaft oder in Gemeinschaft mit einem minderjährigen Kind lebende Arbeitnehmer ein Zeitraum von **zwei Jahren,**
- ✓ für alleinstehende Arbeitnehmer ein Zeitraum von **sechs Monaten**

ausreichend sein.

549 Die Verlegung des Familienwohnsitzes an den Beschäftigungsort ist zB unzumutbar:
- ✓ Bei ständig wechselnder Arbeitsstätte (zB bei einem Bauarbeiter oder bei Vorliegen einer Arbeitskräfteüberlassung). Dies ist insb dann der Fall, wenn eine häufige Abberufung zu entsprechend weit entfernten Arbeitsstellen gegeben ist. Die abstrakte Möglichkeit einer

Abberufung reicht dazu aber nicht aus, es muss sich vielmehr um eine konkret, ernsthaft und latent drohende Möglichkeit einer solchen Abberufung handeln (VwGH 17. 2. 1999, 95/14/0059).
- ✓ Wenn von vornherein mit Gewissheit anzunehmen ist, dass die auswärtige Tätigkeit mit bis zu vier bis fünf Jahren befristet ist (vgl VwGH 26. 11. 1996, 95/14/0124).
- ✓ Bei Unzumutbarkeit der (Mit)Übersiedlung eines im Haushalt lebenden pflegebedürftigen Angehörigen (VwGH 27. 5. 2003, 2001/14/0121).
- ✓ Wenn die Verlegung des Familienwohnsitzes mit erheblichen wirtschaftlichen Nachteilen verbunden wäre und der Familienwohnsitz den Mittelpunkt der Lebensinteressen darstellt (die Kinder besuchen die Schule, der [Ehe]Partner widmet sich der Kindererziehung und erzielt keine Einkünfte) und nicht bloß einen „Zweitwohnsitz" oder ein „Wochenenddomizil".
- ✓ Der Verkauf des Einfamilienhauses bzw der Wohnung am Familienwohnsitz würde aufgrund der Lage in einem strukturschwachen Gebiet zu erheblichen Vermögenseinbußen führen. Die Anschaffung einer adäquaten Wohnung am Beschäftigungsort wäre aus dem Erlös nicht möglich.
- ✓ Der Arbeitgeber stellt dem Steuerpflichtigen eine kostenlose bzw verbilligte Wohnmöglichkeit, die aufgrund der Größe und Ausstattung nicht den Familienbedürfnissen entspricht, zur Verfügung.
- ✓ Am Familienwohnsitz wird eine eigene – wenn auch kleine und nur der eigenen Selbstversorgung dienende – Landwirtschaft bewirtschaftet (UFS Graz 7. 7. 2002, RV/0440-G/04).

Ist der Familienwohnsitz im Ausland, gelten für die Frage der doppelten Haushaltsführung grundsätzlich dieselben Kriterien wie bei einem inländischen Familienwohnsitz. Wohl aber kann ein wesentlicher Kaufkraftunterschied oder Bewirtschaftung einer eigenen – wenn auch kleinen und nur der eigenen Selbstversorgung dienenden – Landwirtschaft dazu führen, dass die Verlegung des Familienwohnsitzes nach Österreich aus wirtschaftlichen Gründen unzumutbar ist (UFS Graz 7. 7. 2006, RV/0440-G/04). **550**

Beim Berufswohnsitz eines Steuerpflichtigen ist für die Anerkennung der Aufwendungen einer doppelten Haushaltsführung ein eigener Hausstand iSd § 4 Abs 2 Pendlerverordnung nicht erforderlich (siehe auch „Familienwohnsitz"). **551**

Die Unterhaltsverpflichtung für Kinder reicht als alleiniges Kriterium für die Unzumutbarkeit der Verlegung des Familienwohnsitzes nicht aus. Es ist davon auszugehen, dass bei volljährigen Kindern grundsätzlich (Ausnahme zB bei Pflegebedürftigkeit) keine Ortsgebundenheit des haushaltszugehörigen Elternteils mehr besteht (zur Volljährigkeit siehe auch LStR Rz 1414). **552**

Auch ein alleinstehender Steuerpflichtiger ohne Kind kann einen „Familienwohnsitz" haben. Dies ist jener Ort, an dem er seine engsten persönlichen Beziehungen (zB Eltern, Freunde) hat. Voraussetzung ist, dass der alleinstehende Steuerpflichtige an diesem Heimatort über eine Wohnung verfügt; der Besuch der Eltern ist nicht als Familienheimfahrt zu werten (vgl auch unter „Familienheimfahrten"). **553**

Die Frage der Unzumutbarkeit der Wohnsitzverlegung ist für jedes Veranlagungsjahr gesondert zu beurteilen (VwGH 21. 6. 2007, 2005/15/0079). **554**

75. Durchlaufende Gelder (§ 26 Z 2 EStG)

Lohnsteuer

555 Beträge, die der Arbeitnehmer vom Arbeitgeber erhält, um sie für ihn auszugeben (durchlaufende Gelder) gehören nicht zum Arbeitslohn. Das gilt jedoch nicht für Pauschbeträge, die der Arbeitnehmer zur Bestreitung von Ausgaben erhält, die ihm im Rahmen seines Dienstverhältnisses erwachsen (zB ein Telefonspesenpauschale), ohne darüber abrechnen zu müssen (VwGH 16. 1. 1985, 83/13/0227). Diese gehören zum Arbeitslohn. Der Arbeitnehmer kann den ihm erwachsenden beruflichen Aufwand aber als Werbungskosten geltend machen.

556 Ersetzt der Arbeitgeber dem Arbeitnehmer jene Beträge, die letzterer für Geldstrafen aufzuwenden hatte, die über ihn wegen in Ausübung des Diensts begangener Verwaltungsübertretungen (zB Überladung von Kfz) verhängt wurden, handelt es sich weder um durchlaufende Gelder noch um Auslagenersatz (VwGH 23. 5. 1984, 83/13/0092; VwGH 25. 2. 1997, 96/14/0022). Diese Ersätze unterliegen voll der Lohnsteuerpflicht. Strafen und Geldbußen, die von Gerichten, Verwaltungsbehörden oder den Organen der Europäischen Union verhängt werden, sind steuerlich nicht abzugsfähig.

> Details siehe „Geldstrafen – Geldbußen".

Sozialversicherung

557 In der Sozialversicherung gehören Durchlaufende Gelder **nicht** zum Entgelt iSd § 49 ASVG. Ersetzt der Dienstgeber dem Dienstnehmer Geldstrafen, handelt es sich um beitragspflichtiges Entgelt.

DB – DZ – KommSt

558 Durchlaufende Gelder iSd § 26 Z 2 EStG sind weder DB-, DZ- noch KommSt-pflichtig.

76. E-Card-Gebühr

559 Gemäß § 31c Abs 3 Z 1 ASVG hat der Dienstgeber für die am 15. 11. eines Kalenderjahres beschäftigten Dienstnehmer ein Service-Entgelt einzuheben und an den Krankenversicherungsträger abzuführen.

560 Das Service-Entgelt ist für folgende Personen vom Dienstgeber einzuheben, wenn für diese zum Stichtag 15. 11. ein Krankenversicherungsschutz nach dem ASVG besteht:
- ✓ Dienstnehmer,
- ✓ Lehrlinge,
- ✓ Personen in einem Ausbildungsverhältnis,
- ✓ freie Dienstnehmer,
- ✓ Dienstnehmer, die aufgrund einer Arbeitsunfähigkeit mindestens die Hälfte ihres Entgelts fortgezahlt bekommen,
- ✓ Bezieher einer Ersatzleistung für Urlaubsentgelt sowie für Bezieher einer Kündigungsentschädigung.

561 **Kein** Service-Entgelt ist einzuheben für:
- ✓ Dienstnehmer, die am Stichtag keine Bezüge erhalten (Wochenhilfe, Karenz nach MSchG/VKG, Präsenz- oder Zivildienst),
- ✓ Dienstnehmer, die aufgrund einer Arbeitsunfähigkeit weniger als die Hälfte ihres Entgelts fortgezahlt bekommen,
- ✓ geringfügig Beschäftigte,
- ✓ Personen, von denen bekannt ist, dass sie bereits im ersten Quartal des nachfolgenden Kalenderjahres die Anspruchsvoraussetzungen für eine Eigenpension erfüllen werden,
- ✓ Anspruchsberechtigte Angehörige.

562 Für den Dienstgeber ist es nicht von Bedeutung, ob der jeweilige Dienstnehmer mehrfach versichert ist. Auch in diesen Fällen ist das Service-Entgelt einzuheben. Wurde das Service-Entgelt mehrfach eingehoben, so hat der Dienstnehmer die Möglichkeit, das zu viel bezahlte Service-Entgelt über Antrag von der Krankenkasse zurückzufordern.

563 Das Service-Entgelt für die E-Card gemäß § 31c ASVG ist vom Versicherten (im Gegensatz zur Krankenscheingebühr) unabhängig von einer Leistung zu zahlen und stellt daher ebenfalls einen **Pflichtbeitrag** gemäß § 16 Abs 1 Z 4 EStG dar, der bei Berechnung der Lohnsteuer zu berücksichtigen ist.

564 Der Betrag wird jährlich mit der Aufwertungszahl valorisiert. Die E-Card-Gebühr beträgt im Jahr 2022 (für 2023) **€ 12,95** (im Jahr 2023 für 2024 voraussichtlich **€ 13,35**).

77. Einbehaltung der Lohnsteuer (§ 78 EStG)

565 Aus den Worten „bei jeder Lohnzahlung" ergibt sich, dass der Lohnsteuerabzug im Zeitpunkt des Zuflusses von Arbeitslohn vorzunehmen ist. Als Lohnzahlung gelten auch Vorschuss- oder Abschlagszahlungen, sonstige vorläufige Zahlungen auf erst später fällig werdenden Arbeitslohn, Bezüge aus der gesetzlichen Krankenversorgung sowie im Rahmen eines Dienstverhältnisses von einem Dritten geleistete Vergütungen, wenn der Arbeitgeber weiß oder wissen musste, dass derartige Vergütungen geleistet werden.

566 Der Arbeitgeber wird von seiner Verpflichtung zum Steuerabzug nicht dadurch befreit, dass seine Arbeitnehmer erklären, sie würden ihre Bezüge einbekennen oder eine Steuererklärung abgeben (vgl VwGH 17. 12. 1957, 3094/55).

567 Wird der Arbeitslohn während eines Kalendermonats regelmäßig nur in ungefährer Höhe in Teilbeträgen ausgezahlt (Abschlagszahlung) und erst für den Kalendermonat eine genaue Lohnabrechnung vorgenommen, kann die Lohnsteuer vom Arbeitgeber erst bei der Lohnabrechnung einbehalten werden. Voraussetzung ist, dass die Lohnabrechnung bis zum 15. Tag des folgenden Kalendermonats erfolgt (§ 78 Abs 2 EStG).

568 Besteht der Arbeitslohn ganz oder teilweise aus geldwerten Vorteilen (Sachbezügen) und reicht der Barlohn zur Deckung der anfallenden Lohnsteuer nicht aus, so hat der Arbeitnehmer dem Arbeitgeber den zur Deckung der Lohnsteuer erforderlichen Betrag zu ersetzen.

569 Vorteile aus dem Dienstverhältnis, die sich der Arbeitnehmer selbst **gegen den Willen des Arbeitgebers** verschafft, unterliegen nicht dem Steuerabzug vom Arbeitslohn und sind demnach im Wege der Veranlagung zu erfassen (vgl VwGH 25. 1. 1980, 1361, 1806/78, 176/80).

570 Bei einer **Nettolohnvereinbarung** hat der Arbeitgeber die von ihm vereinbarungsgemäß zu tragende Lohnsteuer sowie die Arbeitnehmeranteile zur Sozialversicherung in einer **„Auf-Hundert-**

79. Einkünfte von dritter Seite

Rechnung" dem Nettolohn hinzuzurechnen und von dem sich danach ergebenden Bruttolohn (nach Abzug der Arbeitnehmeranteile zur Sozialversicherung) die Lohnsteuer zu errechnen.

> Siehe auch „Betrugsbekämpfung".

571 Der Arbeitgeber hat dem Arbeitnehmer spätestens mit der Lohnzahlung für den Lohnzahlungszeitraum eine Abrechnung für den im Kalendermonat ausbezahlten Arbeitslohn auszuhändigen oder elektronisch zur Verfügung zu stellen. Diese Abrechnung hat zumindest folgende Angaben zu enthalten:
- ✓ Bruttobezüge gemäß § 25 EStG,
- ✓ Beitragsgrundlage für Pflichtbeiträge gemäß § 16 Abs 1 Z 3 lit a Z 4 und Z 5 EStG,
- ✓ Pflichtbeiträge gemäß § 16 Abs 1 Z 3 lit a Z 4 und 5 EStG,
- ✓ Bemessungsgrundlage für die Ermittlung der Lohnsteuer,
- ✓ die Bemessungsgrundlage für den Beitrag zur Betrieblichen Vorsorgekasse (§ 26 Z 7 lit d EStG) und den geleisteten Betrag,
- ✓ die Höhe des berücksichtigten Familienbonus Plus (§ 33 Abs 3a EStG),
- ✓ Lohnsteuer.

78. Einkommen (§ 2 EStG)

572 Einkünfte iS des EStG sind:
1. bei Land- und Forstwirtschaft, selbständiger Arbeit und Gewerbebetrieb der Gewinn;
2. bei den anderen Einkunftsarten der Überschuss der Einnahmen über die Werbungskosten.

573 Einkommen ist gemäß § 2 Abs 2 EStG der Gesamtbetrag der Einkünfte aus den in § 2 Abs 3 EStG aufgezählten Einkunftsarten nach Ausgleich mit Verlusten, die sich aus einzelnen Einkunftsarten ergeben, und nach Abzug der Sonderausgaben (§ 18 EStG) und außergewöhnlichen Belastungen (§§ 34 und 35 EStG) sowie des Freibetrages nach § 105 (Opferausweisinhaber).

574 Das EStG unterscheidet folgende Einkunftsarten (§ 2 Abs 3 EStG):
1. Einkünfte aus Land- und Forstwirtschaft,
2. Einkünfte aus selbständiger Arbeit,
3. Einkünfte aus Gewerbebetrieb,
4. Einkünfte aus nichtselbständiger Arbeit,
5. Einkünfte aus Kapitalvermögen,
6. Einkünfte aus Vermietung und Verpachtung,
7. sonstige Einkünfte iSd § 29 EStG.

79. Einkünfte von dritter Seite

575 Der Arbeitgeber hat die Lohnsteuer des Arbeitnehmers bei jeder Lohnzahlung einzubehalten. Als Lohnzahlungen gelten auch Vorschuss- oder Abschlagszahlungen, sonstige vorläufige Zahlungen auf erst später fällig werdenden Arbeitslohn, Bezüge aus einer gesetzlichen Krankenversorgung sowie im Rahmen des Dienstverhältnisses von einem Dritten geleistete Vergütungen, wenn der Arbeitgeber weiß oder wissen muss, dass derartige Vergütungen geleistet werden (§ 78 Abs 1 EStG).

79. Einkünfte von dritter Seite

Wenn der Arbeitgeber weiß oder wissen muss, dass seinem Arbeitnehmer für eine Tätigkeit im Rahmen seines Dienstverhältnisses von Seiten eines Dritten Zahlungen gewährt wurden (zB bei Provisionen an Bankmitarbeiter, die Bausparkassengeschäfte für eine Bausparkasse vermitteln), hat er diese Zahlungen in der Lohnverrechnung zu berücksichtigen. **576**

Dies ist insb dann anzunehmen, wenn der Arbeitgeber und der Dritte im Rahmen eines Konzerns verbundene Unternehmen sind oder enge vertragliche, gesellschaftliche oder personelle Verflechtungen zwischen den Unternehmen gegeben sind. Solche Zahlungen von dritter Seite erhöhen jedoch nicht das Jahressechstel. **577**

Im Rahmen von Vielfliegerprogrammen gewährte Bonusmeilen sind nicht von dieser Regelung umfasst, da der Arbeitgeber im Regelfall keine Kenntnis von der Einlösung der Bonusmeilen durch den Arbeitnehmer hat bzw dies auch nicht wissen muss. Auch Trinkgelder iSd § 3 Abs 1 Z 16 a EStG sind von dieser Regelung nicht umfasst. **578**

Beispiel

Ein Schalterbediensteter einer Bank vermittelt im Rahmen seiner Tätigkeit am Schalter Bausparverträge. Es besteht eine Vereinbarung mit der Bausparkasse, wonach 50% der Vermittlungsprovision direkt von der Bausparkasse an den Schalterbediensteten überwiesen werden, 50% erhält die Bank. Der Arbeitgeber hat daher von den Provisionen Lohnsteuer einzubehalten.

Steht die Vermittlungstätigkeit für das andere Unternehmen in keinem inhaltlichen Zusammenhang zur Haupttätigkeit und wird sie selbständig mit Unternehmerrisiko außerhalb der Dienstzeit ausgeübt, liegen idR gewerbliche Einkünfte vor. Bei organisatorischer Eingliederung und Weisungsgebundenheit gegenüber dem anderen Unternehmen kann auch ein Dienstverhältnis zum anderen Unternehmen vorliegen. **579**

Beispiel

Der Buchhalter einer Bank ist in seiner Freizeit als Bausparkassenvertreter tätig. Die Tätigkeit erfolgt ausschließlich auf Provisionsbasis, ohne Weisungsgebundenheit und mit eigenen Arbeitsmitteln. Die Provisionen sind als Einkünfte aus Gewerbebetrieb im Veranlagungsweg zu erfassen.

Sozialversicherung

Einkünfte von dritter Seite unterliegen der Sozialversicherungspflicht (§ 49 Abs 1 ASVG), wenn ein innerer Zusammenhang mit dem Beschäftigungsverhältnis besteht. Für das Vorliegen des geforderten inneren Zusammenhangs genügt es, wenn ein Dienstgeber der Vermittlungs- und Abschlusstätigkeit seiner Dienstnehmer im Rahmen seines Betriebs zustimmt und hiefür seine Einrichtungen sowie die Dienstzeit der betreffenden Dienstnehmer zur Verfügung stellt (E-MVB 049–01–00–002). **580**

Im Bereich der Sozialversicherung zählen auch Trinkgelder zum Entgeltbegriff und sind daher in die Beitragsgrundlage einzubeziehen, auch wenn sie dem Dienstgeber nicht bekannt gegeben werden. Die Krankenversicherungsträger haben Festsetzungen erlassen, nach denen die Trinkgelder bestimmter Gruppen von Versicherten (insb Dienstnehmer im Hotel und Gastgewerbe, Friseure und Kosmetiker, Fußpfleger und Masseure, Taxilenker) der Beitragsbemessung pauschaliert zugrunde gelegt werden. **581**

80. Einmalprämien

DB – DZ – KommSt

582 Entgelte von dritter Seite sind grundsätzlich dann beitragspflichtig, wenn derartige Entgelte lohnsteuerpflichtig sind. Bei Entgelt von dritter Seite ohne Arbeitslohncharakter ist zwar eine Lohnsteuerabzugsverpflichtung (§ 78 Abs 1 EStG), jedoch keine Beitragspflicht bei DB, DZ und KommSt gegeben.

Sind die Entgelte im Rahmen der Veranlagung zu versteuern, ist auch keine Beitragspflicht gegeben.

80. Einmalprämien

583 Eine Qualifizierung als Sonderzahlung im Bereich der Sozialversicherung ist nach der derzeitigen Rsp des VwGH dann gegeben, wenn es sich um einmalige Bezüge handelt, mit deren Wiedergewährung in größeren Zeiträumen als den Beitragszeiträumen sicher oder üblicherweise, so zB alljährlich bei entsprechendem Geschäftserfolg (unter dem Titel „Prämien", „Bilanzgelder" und „Anschaffungsbeiträge"), gerechnet werden kann (SoSi 11/1963).

584 Bei Jubiläumsgeldzahlungen handelt es sich um Sonderzahlungen iSd § 49 Abs 2 ASVG, weil diese in größeren Zeiträumen als den Beitragszeiträumen gewährt werden und mit einer Wiederkehr zu rechnen ist.

585 Sind die Merkmale (gelockerte Regelmäßigkeit der Wiederkehr) nicht gegeben, so liegt ein einmaliger Bezug (Einmalprämie) vor. Die Beitragspflicht dieser Bezüge ergibt sich nicht aus § 49 Abs 2 ASVG (Sonderzahlung), sondern aus § 49 Abs 1 ASVG (laufender Bezug). Nach dieser Bestimmung sind eindeutig absolut einmalige Bezüge beitragspflichtig. Derartige Zuwendungen sind im Beitragszeitraum der Auszahlung unter Berücksichtigung der Höchstbeitragsgrundlagen als laufender Bezug, abweichend von der Lohnsteuerpflicht im Lohnsteuerrecht, abzurechnen.

586 Wird gleichzeitig mit einem laufenden Bezug ein sonstiger Bezug iSd § 67 Abs 1 und 2 EStG ausgezahlt, der sozialversicherungsrechtlich in die allgemeine Beitragsgrundlage fällt (zB eine außerordentliche Prämie oder eine Belohnung), sind die Sozialversicherungsbeiträge für Zwecke der Lohnsteuerberechnung anteilig (entsprechend dem Verhältnis der Höhen der beiden Bezüge) zuzuordnen (VwGH 14. 5. 2020, Ra 2019/13/0093).

Beispiel – Abrechnung einer Einmalprämie

Angestellter
Angabe
Gehalt € 3.340,00
Einmalprämie € 3.500,00 – 1. Sonstiger Bezug
Abrechnung März 2023 – Durchgehend gleichbleibende Bezüge
Abrechnung

Gehalt			€ 3.340,00
Einmalprämie			€ 3.500,00
		Brutto	€ 6.840,00
Sozialversicherung – zur Gänze laufender Bezug			
	€ 6.840,00		
Höchstbeitragsgrundlage	€ 5.850,00 × 18,12% =		€ 1.060,02

80. Einmalprämien

Lohnsteuer			
Sonstiger Bezug			
Jahressechstel	€ 3.340,00 × 2 =		
	€ 6.680,00		
	€ 3.500,00		
abzgl anteilige Sozialversicherung	€ 542,41	(= 1.060,02 : 6.840 x 3.500)	
(aliquote Aufteilung)			
	€ 2.957,59		
	€ 620,00 × 0%		
	€ 2.337,59 × 6% =		€ 140,26
Laufender Bezug			
	€ 3.340,00		
abzüglich restliche SV	€ 517,61	(1.060,02 : 6.840 x 3.340)	
	€ 2.822,39		
		Netto/Ausz	**€ 5.170,48**

Kommt es im Hinblick auf den sonstigen Bezug zu einer Sechstelüberschreitung, sind die Sozialversicherungsbeiträge – der anteiligen Sechstelüberschreitung entsprechend – anteilig auch den laufenden Bezügen zuzurechnen (VwGH 14. 5. 2020, Ra 2019/13/0093). **587**

Beispiel – Abrechnung einer Einmalprämie mit Sechstelüberschreitung

Angestellter
Angabe
Gehalt € 2.500,00
Einmalprämie € 9.000,00 – 1. Sonstige Bezug
Abrechnung März 2023 – Durchgehend gleichbleibende Bezüge

Abrechnung

Gehalt			€ 2.500,00
Einmalprämie			€ 9.000,00
		Brutto	€ 11.500,00
Sozialversicherung – zur Gänze laufender Bezug			
	€ 11.500,00		
Höchstbeitragsgrundlage	€ 5.850,00 × 18,12% =		€ 1.060,02
Lohnsteuer			
Sonstiger Bezug			
Jahressechstel	€ 2.500,00 × 2 =		
	€ 5.000,00		
Einmalprämie innerhalb 1/6	€ 5.000,00		
abzgl anteilige Sozialversicherung	€ 460,88	(= 1.060,02 : 11.500 x 5.000)	
(aliquote Aufteilung)			
	€ 4.539,12		
	€ 620,00 × 0%		
	€ 3.919,12 × 6% =		€ 235,15
Laufender Bezug			
	€ 2.500,00		

81. Einschleifregel

abzgl anteilige Sozialversicherung (aliquote Aufteilung)	€	230,44	(= 1.060,02 : 11.500 x 2.500)
Einmalprämie Sechstelüberhang	€	4.000,00	
abzgl anteilige Sozialversicherung (aliquote Aufteilung)	€	368,70	(= 1.060,02 : 11.500 x 4.000)
	€	5.900,86	€ 1.781,56
		Netto/Ausz	**€ 8.423,27**

81. Einschleifregel (§ 77 Abs 4 EStG)

588 Der Arbeitgeber kann bei Arbeitnehmern, die im Kalenderjahr ständig von diesem Arbeitgeber Arbeitslohn (§ 25) erhalten haben, in dem Monat, in dem der letzte sonstige Bezug für das Kalenderjahr ausgezahlt wird, die Lohnsteuer für die im Kalenderjahr zugeflossenen sonstigen Bezüge innerhalb des Jahressechstels gemäß § 67 Abs 1 und 2 EStG sowie für Bezüge gemäß § 67 Abs 5 Teilstrich 2, die gemäß § 67 Abs 1 und 2 zu versteuern sind, neu berechnen, wenn das **Jahressechstel € 2.100,-** übersteigt.

Bis zu einem Jahressechstel von € 25.000,- beträgt die Steuer 6% der € 620,- übersteigenden Bemessungsgrundlage, jedoch **höchstens 30% der € 2.000,- übersteigenden Bemessungsgrundlage**.

Bezüge, die gemäß § 67 Abs 5 Teilstrich 1 EStG (Urlaubsentgelt oder Abfindung gemäß den §§ 8 bis 10 BUAG) ausgezahlt werden, fließen nicht in die Aufrollung bzw Neuberechnung ein.

Die Aufrollung kann nur bei Arbeitnehmern durchgeführt werden, die im Kalenderjahr ständig von diesem Arbeitgeber Arbeitslohn erhalten haben und ist in dem Monat, in dem letztmals ein sonstiger Bezug für das Kalenderjahr ausbezahlt wurde, vorzunehmen.

Im Zuge der Einschleifung darf die Bemessungsgrundlage für das Jahressechstel (Jahreszwölftel) nicht geändert werden.

Beispiel – Teilweise Erstattung

Angestellter				
Laufender Bezug	€ 1.300,00			
Urlaubszuschuss	€ 1.300,00			
Weihnachtsremuneration	€ 1.300,00			
Abrechnung – nur Sonderzahlungen				
Urlaubszuschuss			Brutto	€ 1.300,00
Sozialversicherung	€ 1.300,00 × 14,12% =			€ 183,56
Lohnsteuer				
Jahressechstel	€ 1.300,00 × 2 =			
	€ 2.600,00			
	€ 1.300,00			
abzüglich Sozialversicherung	€ 183,56			
	€ 1.116,44			
	€ 620,00 × 0%			
	€ 496,44 × 6% =			€ 29,79
			Netto/Ausz	**€ 1.086,65**

				Brutto	€ 1.300,00

Weihnachtsremuneration

Sozialversicherung	€ 1.300,00 × 14,12% =				€ 183,56

Lohnsteuer

```
Jahressechstel           € 1.300,00  × 2 =
                         € 2.600,00
abzüglich Urlaubszuschuss € 1.300,00
Rest                     € 1.300,00

                         € 1.300,00
abzüglich Sozialversicherung € 183,56
                         € 1.116,44  × 6% =                € 66,99
                                        Netto/Ausz      € 1.049,45

Einschleifung
Zugeflossene Sonderzahlungen  € 2.600,00
abzüglich Sozialversicherung  €   367,12
                              € 2.232,88
abzüglich                     € 2.000,00
                              €   232,88  × 30% =   €  69,86
einbehaltene Lohnsteuer (UZ + WR)                    €  96,77
Erstattung                                           €  26,91
```

82. Entgelt in der Sozialversicherung

Allgemeine Beitragsgrundlage ist das im Beitragszeitraum gebührende Entgelt. Darunter sind alle Geld- oder Sachbezüge zu verstehen, auf die die (freien) Dienstnehmer Anspruch haben oder die sie darüber hinaus vom Dienstgeber oder von einem Dritten erhalten (bei echten Nettolohnvereinbarungen ist auf das entsprechende Bruttoentgelt hochzurechnen). **589**

Steht ein Entgelt in größeren Abständen als einem Monat zu, zB Urlaubs-, Weihnachts- oder Bilanzgeld, spricht man von Sonderzahlungen. **590**

Aufwandsersätze sind entsprechend § 26 EStG beitragsfrei zu behandeln. **591**

Für die Bewertung der Sachbezüge sind die von der Finanzverwaltung kundgemachten Bewertungssätze für Zwecke der Sozialversicherung maßgebend. Die Befreiungsbestimmungen in § 49 Abs 3 ASVG (was gehört nicht zum Entgelt), zB freie oder verbilligte Mahlzeiten, Zukunftssicherung, Abfertigungen, Abgangsentschädigungen, Berufsbekleidung etc, sind beim Entgelt zu berücksichtigen. **592**

Zu beachten sind auch die beitragsfreien pauschalen Aufwandsentschädigungen gemäß § 49 Abs 7 ASVG, bspw für Vortragende im Bereich der Erwachsenenbildung. Bei freien Dienstnehmern zählt die Umsatzsteuer nicht zum Entgelt.

83. Entschädigung für Verdienstentgang

593 Eine unter dem Titel Verdienstentgang erhaltene Ersatzleistung ist eine steuerpflichtige Einnahme in jener Einkunftsart, die der Ausfall betroffen hätte. Nicht maßgeblich ist, ob tatsächlich ein Verdienstausfall stattgefunden hat (siehe EStR 2000 Rz 1071).

594 Vergütungen für unfallbedingten Verdienstentgang wegen Arbeitsunfähigkeit oder eingeschränkter Arbeitsfähigkeit sind unter § 32 Abs 1 Z 1 lit a EStG zu subsumieren (VwGH 26. 1. 1993, 88/14/0108). Im Fall des Ersatzes nichtselbständiger Bezüge sind diese gemäß § 25 iVm § 32 Abs 1 Z 1 lit a EStG steuerpflichtig (EStR 2000 Rz 6878). Dasselbe gilt für Schadenersatzleistungen in Form der Abgeltung des Verdienstentgangs durch die Haftpflichtversicherung eines Unfallgegners (VwGH 27. 6. 2000, 99/14/0330).

595 Entschädigungen fallen dann unter § 32 Abs 1 Z 1 lit a EStG, wenn auch die Einnahmen, für die Ersatz geleistet wird, steuerpflichtig wären (VwGH 27. 6. 2000, 99/14/0330). Nur Zahlungen, welche als Einkommensersatzfunktion dienen, unterliegen der Steuerpflicht (VfGH 7. 12. 2006, B 242/06).

596 Verdienstentgangsentschädigungen gelten als Bezüge und Vorteile aus einem bestehenden oder früheren Dienstverhältnis gemäß § 25 Abs 1 Z 1 lit a EStG und stellen somit Arbeitslohn dar. Wird ein solcher Bezug von dritter Seite gewährt, entfällt dadurch lediglich die Verpflichtung zum Lohnsteuerabzug.

597 Werden daher von einer Versicherung Verdienstentgangsentschädigungen als Einkommensersatz geleistet, sind diese als Einkünfte aus nichtselbständiger Tätigkeit gemäß § 25 iVm § 32 Abs 1 Z 1 lit a EStG im Veranlagungsweg zu erfassen.

598 Gemäß § 67 Abs 11 EStG sind die Abs 1, 2, 6 und 8 leg cit auch bei der Veranlagung von Arbeitnehmern anzuwenden. Liegt daher der Verdienstentgangsentschädigung ein gerichtlicher oder außergerichtlicher Vergleich oder eine Nachzahlung aufgrund eines Gerichtsurteils zugrunde (siehe LStR Rz 1103), erfolgt die Besteuerung gemäß § 67 Abs 8 lit a EStG (vgl UFS Feldkirch 24. 6. 2008, RV/0234-F/08).

599 Wird als Schadenersatzleistung der Nettoverdienstentgang (Verdienst nach Abzug der Einkommensteuer) geleistet und darüber hinaus die darauf entfallende Einkommensteuer ersetzt, wurde Schadenersatz in Höhe des Bruttobezugs geleistet. Die Entschädigung des Bruttobezugs zählt zur Gänze zu den steuerpflichtigen Einnahmen aus nichtselbstständiger Arbeit (VwGH 27. 6. 2000, 99/14/0330).

600 Bei einer Entschädigung des Nettoverdienstentgangs ist bereits im Rahmen der Veranlagung auf einen Bruttobetrag hochzurechnen.

601 Siehe auch EStR 2000 Rz 6820 ff (ABC – Einzelfälle von Entschädigungen nach § 32 Abs 1 Z 1 lit a und b EStG).

84. Entschädigung im Zusammenhang mit der Stornierung eines Urlaubs

602 Hat der Arbeitnehmer seinen Urlaub gebucht, ohne zuvor den Zeitpunkt des Urlaubsantritts mit dem Arbeitgeber zu vereinbaren, sind allenfalls vom Arbeitgeber geleistete Zahlungen iZm der Stornierung des Urlaubs als steuerpflichtiger Arbeitslohn zu behandeln. Dem Arbeitnehmer stehen keine Werbungskosten zu.

Hat der Arbeitgeber Zahlungen iZm der Stornierung eines bereits vereinbarten Urlaubs zu leisten, weil ein von ihm nicht beeinflussbares Ereignis (zB Großauftrag, Krankheit anderer Mitarbeiter) die Verwehrung des Urlaubs oder den Urlaubsabbruch notwendig macht, sind diese ebenfalls als steuerpflichtiger Arbeitslohn zu behandeln. In diesem Fall liegen beim Arbeitnehmer im nachgewiesenen Ausmaß (zB Stornokosten, durch die Stornierung verursachter Mehraufwand) Werbungskosten vor. **603**

Sind die Zahlungen iZm der Stornierung eines bereits vereinbarten Urlaubs aufgrund eines in der persönlichen Sphäre des Arbeitgebers liegenden Ereignisses (zB grob fahrlässig verursachter Unfall durch den Arbeitgeber, weshalb der Arbeitnehmer verletzungsbedingt nicht auf Urlaub fahren kann) zu leisten, liegt eine nicht steuerbare Schadenersatzleistung vor. **604**

Eine Behandlung dieser Zahlungen als nicht steuerbare Auslagenersätze gemäß § 26 Z 2 EStG ist nicht möglich, da es sich ursächlich um Aufwendungen des Arbeitnehmers und nicht des Arbeitgebers handelt. **605**

85. Entschädigung nach dem Gleichbehandlungsgesetz

Ist der Arbeitgeber bei Verletzung des Gleichbehandlungsgebotes iZm einem Arbeitsverhältnis (Begründung des Arbeitsverhältnisses, Festsetzung des Entgelts, beruflicher Aufstieg usw) gegenüber dem Arbeitnehmer zum Ersatz des Vermögensschadens und zu einer Entschädigung für die erlittene persönliche Beeinträchtigung verpflichtet, stellt nur der Ersatz für den eingetretenen Vermögensschaden eine steuerpflichtige Einnahme aus nichtselbständiger Arbeit dar. Der als Entschädigung für die erlittene persönliche Beeinträchtigung zu leistende Betrag ist als immaterieller Schadenersatz nicht steuerbar. Wurde ein Gesamtbetrag zugesprochen, ist dieser – mangels Unzulässigkeit der Aufteilung im Schätzungswege – zur Gänze den Einnahmen aus nichtselbständiger Arbeit zuzuordnen. **606**

Fließen diese Einnahmen im Rahmen eines bestehenden Dienstverhältnisses zu, liegt ein lohnsteuerpflichtiger Vorteil aus dem Dienstverhältnis vor (Besteuerung nach § 67 Abs 8 lit a EStG, Verpflichtung zur Ausstellung eines Lohnzettels). Zahlungen, die der Arbeitgeber an einen übergangenen Stellenwerber als Ersatz für den eingetretenen Vermögensschaden zu leisten hat, sind im Wege der Veranlagung zu erfassen. **607**

Bei einer sexuellen Belästigung oder einer geschlechtsbezogenen Belästigung hat die betroffene Person gegenüber dem Belästiger Anspruch auf Ersatz des erlittenen Schadens. Soweit der Nachteil nicht nur in einer Vermögenseinbuße besteht, hat die betroffene Person zum Ausgleich der erlittenen persönlichen Beeinträchtigung Anspruch auf Schadenersatz. Der Anspruch auf diese Schadenersatzzahlung besteht gegenüber dem Arbeitgeber auch dann, wenn dieser es schuldhaft unterlässt, im Falle einer sexuellen Belästigung durch Dritte eine aufgrund gesetzlicher bzw arbeitsrechtlicher Normen angemessene Abhilfe zu schaffen. Derartige Zahlungen – soweit sie nicht als Abgeltung für einen eingetretenen Vermögensschaden zu leisten sind – sind als echter Schadenersatz nicht steuerbar und daher nicht als Vorteil aus dem Dienstverhältnis zu erfassen (EStR 2000 Rz 4014). **608**

86. Entschädigung nach dem Epidemiegesetz

609 Nach § 32 Abs 1 EpiG ist Arbeitnehmern bei bescheidmäßiger Anordnung der Absonderung durch die Bezirksverwaltungsbehörde wegen der durch die Behinderung ihres Erwerbes entstandenen Vermögensnachteile eine Vergütung zu leisten, welche sich nach dem regelmäßigen Entgelt im Sinne des Entgeltfortzahlungsgesetzes bemisst. Als regelmäßiges Entgelt im Sinne des EFZG gilt gemäß dessen § 3 Abs 3 jenes Entgelt, das dem Arbeitnehmer gebührt hätte, wenn keine Arbeitsverhinderung eingetreten wäre („Ausfallsprinzip").

610 Die Arbeitgeber haben an die Arbeitnehmer den gebührenden Vergütungsbetrag an den für die Zahlung des Entgelts im Betrieb üblichen Terminen auszuzahlen und haben dafür einen Ersatzanspruch gegenüber dem Bund.

611 In Bezug auf den in § 3 Abs 3 EFZG verwendeten Begriff des regelmäßigen Entgelts ist vom arbeitsrechtlichen Entgeltbegriff auszugehen, der außer dem Grundlohn auch anteilige Sonderzahlungen beinhaltet, wenn und soweit darauf nach Kollektivvertrag oder Vereinbarung ein Anspruch besteht. Dies gilt nicht für Sonderzahlungen, die der Arbeitnehmer – nach den kollektiv- oder einzelvertraglichen Bestimmungen – vom Arbeitgeber für die Zeit der Absonderung bzw des Entfalls der Pflicht zur Entgeltzahlung jedenfalls erhält und die daher bei ihm keinen Ausfall an Entgelt bewirken. Bei der Bemessung der für jeden Tag der Absonderung nach § 7 EpiG zu leistenden Vergütung ist daher auch jenes Entgelt zu berücksichtigen, das aus kollektiv- oder einzelvertraglich eingeräumten Sonderzahlungen resultiert. Dies nicht nur dann, wenn die Absonderung in den Abrechnungszeitraum fällt, in dem die Sonderzahlungen ausbezahlt werden (vgl VwGH 24. 6. 2021, Ra 2021/09/0094).

Lohnsteuer

612 Der Vergütungsbetrag ist als fortgezahltes Entgelt im Sinne des EFZG anzusehen. Es liegen aus lohnsteuerrechtlicher Sicht daher von demselben Arbeitgeber ausgezahlte Bezüge vor. Sie unterliegen wie alle anderen Bezüge von demselben Arbeitgeber dem Lohnsteuerabzug. Die im fortgezahlten Entgelt enthaltenen laufenden Bezüge erhöhen das Jahressechstel, sonstige Bezüge sind auf das Jahressechstel anzurechnen.

DB – DZ – KommSt

613 Der Vergütungsbetrag ist weder in die Beitragsgrundlage zum DB/DZ noch in die Bemessungsgrundlage zur KommSt einzubeziehen.

87. Entstehung der Lohnsteuerschuld

614 Der Lohnsteueranspruch entsteht mit dem Zufließen des Arbeitslohnes an den Arbeitnehmer. Zahlt der Arbeitgeber Arbeitslohn aus, ohne Lohnsteuer einzubehalten, so entsteht damit gleichzeitig der Haftungsanspruch (§ 82 EStG) gegen den Arbeitgeber.

> Siehe auch „Zeitliche Zuordnung von Einnahmen und Ausgaben".

88. Entwicklungshelfer (§ 3 Abs 1 Z 11 lit b EStG)

Einkünfte, die Fachkräfte der Entwicklungshilfe (Entwicklungshelfer oder Experten) als Arbeitnehmer von Entwicklungshilfeorganisationen iSd § 3 Abs 2 des Entwicklungszusammenarbeitsgesetz für ihre Tätigkeit in Entwicklungsländern bei Vorhaben beziehen, die dem Dreijahresprogramm der österreichischen Entwicklungspolitik (§ 23 Entwicklungszusammenarbeitsgesetz) entsprechen, sind steuerfrei. Für die Steuerbefreiung ist eine Mindestaufenthaltsdauer nicht erforderlich. **615**

Die von der Steuer befreiten Einkünfte sind aber bei der Festsetzung der Steuer für das übrige Einkommen (im Veranlagungsweg) zu berücksichtigen. **616**

Aufgrund des Ausstrahlungsprinzips wird auf österreichische Entwicklungshelfer das österreichische Sozialversicherungsrecht angewendet, auch wenn die Tätigkeit außerhalb Österreichs ausgeübt wird (Z 003–02–00–001 E-MVB). **617**

Die Bezüge von Entwicklungshelfern unterliegen aufgrund der Bestimmungen des § 41 Abs 4 lit c FLAG und § 5 Abs 2 lit c KommStG nicht der Beitragspflicht bei DB, DZ und KommSt. **618**

89. Erhöhter Pensionistenabsetzbetrag (§ 33 Abs 6 EStG)

Der erhöhte Pensionistenabsetzbetrag beträgt € **1.278,-** jährlich, wenn **619**
- ✓ der Steuerpflichtige mehr als sechs Monate im Kalenderjahr verheiratet oder eingetragener Partner ist und vom Ehepartner oder eingetragenen Partner nicht dauernd getrennt lebt,
- ✓ die laufenden Pensionseinkünfte des Steuerpflichtigen € 20.967,– im Kalenderjahr nicht übersteigen,
- ✓ der Ehepartner oder eingetragene Partner (§ 106 Abs 3 EStG) Einkünfte iSd § 33 Abs 4 Z 1 EStG von höchstens € 2.315,– jährlich erzielt und
- ✓ der Steuerpflichtige keinen Anspruch auf den Alleinverdienerabsetzbetrag hat.

Pensionseinkünfte sind die laufenden Brutto(pensions)bezüge abzüglich Werbungskosten (zB Sozialversicherung). **620**

Der volle erhöhte Pensionistenabsetzbetrag steht bis zu versteuernden laufenden Pensionseinkünften in Höhe von € 20.967,– zu. Der erhöhte Pensionistenabsetzbetrag vermindert sich gleichmäßig einschleifend zwischen zu versteuernden laufenden Pensionseinkünften von € 20.967,– und € 26.826,– auf null. **621**

Der Steuerpflichtige hat für die laufende Berücksichtigung des erhöhten Pensionistenabsetzbetrags bei der pensionsauszahlenden Stelle ein **Formular E 30** abzugeben oder elektronisch zu übermitteln. **622**

Alternativ kann der erhöhte Pensionistenabsetzbetrag im Wege der (Arbeitnehmer-)Veranlagung geltend gemacht werden. **623**

Liegen die Voraussetzungen für den erhöhten Pensionistenabsetzbetrag nicht vor, ist unter Umständen Anspruch auf den Pensionistenabsetzbetrag gegeben. **624**

> Siehe „Pensionistenabsetzbetrag".

90. Ersatzleistung für Urlaub

➢ Siehe „Urlaubsersatzleistung".

91. Erschwerniszulage

➢ Siehe „Schmutz-, Erschwernis- und Gefahrenzulagen".

92. Essensbons (§ 3 Abs 1 Z 17 EStG)

➢ Siehe „Freie oder verbilligte Mahlzeiten".

93. Expatriates

➢ Siehe „Werbungskosten gemäß § 16 EStG".

94. Fahrten zwischen Wohnung und Arbeitsstätte (§ 16 Abs 1 Z 6 EStG)

➢ Siehe „Pendlerpauschale".

95. Fälligkeit der Lohnsteuer (§ 79 EStG)

625 Nach § 79 Abs 1 EStG hat der Arbeitgeber die gesamte **Lohnsteuer,** die er in einem Kalendermonat einbehalten hat, an sein FA abzuführen. Dies gilt auch in Fällen, in denen ein ausländischer Arbeitgeber, ohne inländische Betriebsstätte, einen inländischen befugten Vertreter mit der Führung von Lohnkonten beauftragt hat. In diesen Fällen ist die Lohnsteuer an das FA des befugten Vertreters auf das Abgabenkonto des ausländischen Arbeitgebers abzuführen.

626 Die Abfuhr hat spätestens am 15. Tag nach Ablauf des Kalendermonats zu erfolgen. Bei regelmäßig wiederkehrenden Bezügen, die bis zum 15. des Folgemonats zur Auszahlung gelangen, gilt die einbehaltene Lohnsteuer als für den vorangegangenen Monat einbehalten. Sind Bezüge regelmäßig am ersten Tag eines Monats im Vorhinein fällig und hat die Auszahlung wegen eines Samstags, Sonn- oder Feiertags bereits am letzten Werktag des Vormonats zu erfolgen, bestehen keine Bedenken, wenn die einbehaltene Lohnsteuer als für den Monat einbehalten gilt, für den die Bezüge zu gewähren sind. Verletzungen der Abfuhrpflicht (**Nichteinhalten der Abfuhrtermine**) sind iS des Finanzstrafgesetzes zu würdigen. Wird die Lohnsteuer nicht spätestens am Fälligkeitstag entrichtet, so sind nach Maßgabe der Bestimmungen des § 217 BAO zudem Säumniszuschläge zu entrichten.

627 Der Arbeitgeber hat für laufende und sonstige Bezüge, die das Vorjahr betreffen und die nach dem 15. 1. bis zum 15. 2. ausbezahlt werden, die Lohnsteuer bis zum 15. 2. abzuführen. Die

Lohnsteuer für diese Bezüge ist als Lohnsteuer des Vorjahres auszuweisen. Weiters sind diese Bezüge in das Lohnkonto und in den Lohnzettel des Vorjahres aufzunehmen.

Bei regelmäßig um einen Monat zeitverschobenen Auszahlungen von Zulagen und Zuschlägen ist nicht von einer Nachzahlung auszugehen, die Bestimmung des § 79 Abs 2 EStG ist nicht anzuwenden.

96. Fälligkeit der Sozialversicherung

Die Fälligkeit der Sozialversicherungsbeiträge hängt davon ab, ob der Arbeitgeber die Abrechnung nach dem **Lohnsummenverfahren** (Selbststabrechner) oder nach dem **Vorschreibeverfahren** durchführt. **628**

Bei Abrechnung nach dem Lohnsummenverfahren sind die Sozialversicherungsbeiträge am letzten Tag des Kalendermonats fällig und müssen bis zum 15. des folgenden Monats beim zuständigen Krankenversicherungsträger eingelangt sein. **629**

Werden die Beiträge nach dem Vorschreibeverfahren dem Arbeitgeber von der zuständigen ÖGK vorgeschrieben, sind diese am dritten Tag nach Aufgabe der Beitragsvorschreibung zur Post fällig. Sie müssen innerhalb von 15 Tagen ab Fälligkeit beim zuständigen Krankenversicherungsträger eingezahlt sein. **630**

97. Fälligkeit von DB, DZ und KommSt

DB, DZ und KommSt sind vom Arbeitgeber für jeden Kalendermonat selbst zu berechnen und bis zum 15. des darauffolgenden Monats (Fälligkeitstag) an das FA bzw die Gemeinde zu entrichten. **631**

Die Steuerschuld entsteht mit Ablauf des Kalendermonates, in dem Lohnzahlungen gewährt, Gestellungsentgelte gezahlt („Leasingarbeiter") oder Aktivbezüge ersetzt (Körperschaften öffentlichen Rechts) worden sind. Lohnzahlungen, die regelmäßig wiederkehrend bis zum 15. eines Kalendermonats für den vorangegangenen Kalendermonat gewährt werden, sind dem vorangegangenen Kalendermonat zuzurechnen. **632**

98. Fallweise Beschäftigte

➢ Siehe „Vorübergehend beschäftigte Arbeitnehmer".

99. Familienbeihilfen

Leistungen aufgrund des FLAG (Familienbeihilfe, Geburtenbeihilfe, Schulfahrtbeihilfe, Schulbücher) und jene gleichartigen ausländischen Beihilfen, die den Anspruch auf Familienbeihilfe gemäß § 4 FLAG ausschließen, sind gemäß § 3 Abs 1 Z 7 EStG von der Einkommensteuer (Lohnsteuer) befreit. Erstere gehören gemäß § 27 Abs 1 FLAG auch nicht zur Bemessungsgrundlage für sonstige Abgaben (KommSt) und öffentlich-rechtliche Beiträge (Sozialversicherung). **633**

99. Familienbeihilfen

634 Im Monat **August** wird für jedes Kind zwischen sechs und 15 Jahren eine zusätzliche Familienbeihilfe (Schulstartgeld) in Höhe von € 105,80 ausbezahlt.

635 Der Anspruch auf vollständige Auszahlung der Familienbeihilfe entfällt, wenn ein volljähriges Kind über eigene zu versteuernde Einkünfte von mehr als € 15.000,– pro Kalenderjahr verfügt. Wird der Betrag von € 15.000,– überschritten, ist Betrag zurückzuzahlen, um den der Grenzbetrag überschritten wurde.

Hat ein **volljähriges** Kind diese Zuverdienstgrenze überschritten, fällt die Familienbeihilfe nicht zur Gänze weg, sondern der € 15.000,– übersteigende Betrag kürzt die Familienbeihilfe.

Bei Selbständigen ist das Einkommen maßgeblich, welches sich aus dem letzten Einkommensteuerbescheid ergibt. Bei Arbeitnehmern und Arbeitnehmerinnen gilt als Einkommen der jährliche Bruttobezug (ohne 13. und 14. Gehalt) abzüglich

- ✓ Arbeiterkammerumlage
- ✓ Wohnbauförderungsbeitrag
- ✓ Pflichtbeiträge zur gesetzlichen Sozialversicherung
- ✓ Pendlerpauschale
- ✓ Werbungskostenpauschale (€ 132,– jährlich, sofern nicht höhere Werbungskosten nachgewiesen werden)
- ✓ außergewöhnliche Belastungen (zB Krankheit, Behinderung)

636 Folgende Einkünfte werden bei der Ermittlung des Einkommens für den Anspruch auf Familienbeihilfe ebenfalls nicht berücksichtigt:

- ✓ Einkünfte, die vor oder nach Zeiträumen, für die Anspruch auf Familienbeihilfe bestand, erzielt wurden bzw werden
- ✓ Entschädigungen aus einem anerkannten Lehrverhältnis
- ✓ Waisenpensionen und Waisenversorgungsgenüsse und
- ✓ Einkommensteuerfreie Bezüge

637 Wird für mindestens drei Kinder Familienbeihilfe bezogen und betrug das zu versteuernde Einkommen des anspruchsberechtigten Elternteils und seines im gemeinsamen Haushalt lebenden Ehegatten oder Lebensgefährten im Vorjahr maximal € 55.000,–, steht zusätzlich ein Mehrkindzuschlag zu.

638 Der Mehrkindzuschlag beträgt für das dritte und jedes weitere Kind € 21,20 monatlich und ist jährlich gesondert im Wege der Arbeitnehmerveranlagung zu beantragen.

639 Die Ansprüche auf Familienbeihilfe sind nicht pfändbar (§ 27 Abs 2 FLAG).

99.1 Zusammenstellung – Familienbeihilfe

640

FB für ein Kind	
0–2 Jahre	€ 120,60
3–9 Jahre	€ 129,00
10–18 Jahre	€ 149,70
ab 19 Jahre	€ 174,70
Zuschlag bei Behinderung	€ 164,90

100.1 Ausgestaltung des Absetzbetrages

Erhöhungsbeträge – FB Bezug für mehrere Kinder	
für 2 Kinder	€ 7,50
für 3 Kinder	€ 18,40
für 4 Kinder	€ 28,00
für 5 Kinder	€ 33,90
für 6 Kinder	€ 37,80
für jedes weitere Kind	€ 55,00
Schulstartgeld	€ 105,80 einmalig im August für alle 6–15-jährigen Kinder
Mehrkindzuschlag	€ 21,20 pro Monat ab dem 3. Kind (Familieneinkommen unter € 55.000)

Dazu kommen noch die Kinderabsetzbeträge von je € 61,80 pro Kind. **641**

Die Familienbeihilfe und der Kinderabsetzbetrag für Kinder, die sich ständig in einem EU/EWR-Staat oder der Schweiz aufhalten, werden an die Kaufkraft des jeweiligen Aufenthaltsstaates angepasst. **642**

Für studierende Kinder besteht grundsätzlich bis zur Vollendung des 24. Lebensjahres Anspruch auf Familienbeihilfe. Darüber hinaus besteht nur in Einzelfällen ein Familienbeihilfenanspruch (siehe dazu www.help.gv.at). **643**

100. Familienbonus Plus

Für jedes Kind steht ein zusätzlicher Absetzbetrag (Familienbonus Plus) zu. **644**

- ✓ Für Kinder bis zum 18. Lebensjahr in Höhe von monatlich € 166,68 (€ 2.000,16 pro Jahr),
- ✓ für volljährige Kinder in Höhe von monatlich € 54,18 (€ 650,16 pro Jahr).

Der Familienbonus Plus steht unbeschränkt Steuerpflichtigen zu für ein Kind, für das Familienbeihilfe nach dem FLAG gewährt wird. Der Familienbonus Plus ist ein Monatsbetrag und gebührt nur auf Antrag. **645**

Hintergrund: Bis zum 18. Lebensjahr sind Familien idR mit Kosten für die erste Ausbildung ihrer Kinder konfrontiert. Um darüber hinaus insb jene Eltern auch noch zu entlasten, die ihren Kindern eine weiterführende Ausbildung ermöglichen, steht ein Familienbonus Plus in geringerer Höhe für Kinder ab 18 Jahre zu. **646**

Der Familienbonus Plus ist entweder im Rahmen der Lohnverrechnung oder im Wege der (Arbeitnehmer-)Veranlagung zu beantragen. **647**

Um auch geringverdienende Alleinerzieher und Alleinverdiener mit Kindern nachhaltig zu entlasten, wurde eine Steuererstattung (Kindermehrbetrag) eingeführt, die bewirkt, dass diese Personengruppe jedenfalls in Höhe von € 550,– pro Kind entlastet wird. Dies ist jedoch nur im Rahmen der Veranlagung möglich. **648**

100.1 Ausgestaltung des Absetzbetrages

Der Familienbonus Plus ist als erster Absetzbetrag von der aufgrund des Einkommensteuertarifs errechneten Steuer abzuziehen. Er kann jedoch maximal bis zum Betrag der tarifmäßi- **649**

100. Familienbonus Plus

gen Steuer in Ansatz gebracht werden. Durch den Familienbonus Plus kann somit kein Steuerbetrag unter null zu Stande kommen. Durch andere Absetzbeträge – etwa den Verkehrsabsetzbetrag oder den Alleinverdiener- oder Alleinerzieherabsetzbetrag – kann es weiterhin zu einer Einkommensteuer unter null und zu einer SV-Rückerstattung oder einer Erstattung des Alleinverdiener- oder Alleinerzieherabsetzbetrages gemäß § 33 Abs 8 EStG kommen.

Beispiel 1

Ein Steuerpflichtiger beantragt und erhält für das Jahr 2023 für zwei minderjährige Kinder den halben Familienbonus Plus für das gesamte Kalenderjahr (2 x € 1.000,08 = € 2.000,16). Er hat keinen Anspruch auf den Alleinverdiener- oder Alleinerzieher-, aber auf den Verkehrsabsetzbetrag. Seine Tarifsteuer vor Berücksichtigung der Absetzbeträge beträgt € 2.050,08,–. Durch den Abzug des Familienbonus Plus sinkt diese auf € 49,92. Von diesen € 49,92 wird der Verkehrsabsetzbetrag in Höhe von € 421,– abgezogen. Gemäß § 33 Abs 2 EStG ergibt sich demnach eine Einkommensteuer von € –371,08. Sofern Sozialversicherungsbeiträge in ausreichender Höhe geleistet wurden, kann der Betrag von € 371,08 gemäß § 33 Abs 8 EStG rückerstattet werden.

Beispiel 2

Wie Beispiel 1; die Tarifsteuer vor Berücksichtigung der Absetzbeträge beträgt € 1.000,–. Durch den Abzug des Familienbonus Plus (2 x € 1.000,08 = € 2.000,16) sinkt diese auf € 0,–, da der Familienbonus Plus nicht zu einem Steuerbetrag unter null führen kann. Davon wird wiederum der Verkehrsabsetzbetrag in Höhe von € 421,– abgezogen. Gemäß § 33 Abs 2 EStG ergibt sich demnach eine Einkommensteuer von € –421,–. Sofern Sozialversicherungsbeiträge in ausreichender Höhe geleistet wurden, kann der Betrag von € 421,– gemäß § 33 Abs 8 EStG rückerstattet werden.

650 Der Familienbonus Plus kann für jedes Kind gesondert entweder von einem der beiden Anspruchsberechtigten zur Gänze oder jeweils zur Hälfte beantragt werden.

651 Die Entscheidung, ob einer der Beiden den Ganzen oder beide jeweils die Hälfte in Anspruch nehmen, kann bei gleichbleibenden Verhältnissen nur für das ganze Kalenderjahr einheitlich getroffen werden.

Beispiel 3

Die Steuerpflichtigen A und B (Jahr 2023) leben das ganze Jahr mit ihrem zehnjährigen Kind in aufrechter Ehe in Österreich. A bezieht das gesamte Kalenderjahr Familienbeihilfe für das Kind. A und B haben folgende Möglichkeiten, den Familienbonus Plus zu beantragen:
a) A beantragt den vollen Familienbonus Plus (€ 2.000,16) und B beantragt keinen Familienbonus Plus
b) B beantragt den vollen Familienbonus Plus (€ 2.000,16) und A beantragt keinen Familienbonus Plus
c) A und B beantragen jeweils die Hälfte (€ 1.000,08).

652 Anspruchsvoraussetzung für den Familienbonus Plus ist, dass für das Kind Familienbeihilfe nach dem FLAG gewährt wird. Beginnt oder endet der Bezug von Familienbeihilfe während des Kalenderjahres, besteht daher Anspruch auf den Familienbonus Plus für die Monate, für welche Familienbeihilfe bezogen wird.

100.2 Höhe des Anspruches

Die Höhe des Familienbonus Plus bestimmt sich nach dem Alter des Kindes: **653**

- ✓ Bis zum 18. Geburtstag stehen € 166,68 monatlich (€ 2.000,16 pro Jahr) zu, und zwar auch noch für den Monat, in dem das Kind 18 Jahre alt wird.
- ✓ Nach Ablauf des Monats, in den der 18. Geburtstag fällt, stehen € 54,18 monatlich (€ 650,16 pro Jahr) so lange zu, so lange für das Kind Familienbeihilfe gewährt wird.
- ✓ Von der Höhe des Absetzbetrages abgesehen, bestehen keine systematischen Unterschiede zwischen dem Familienbonus Plus für minderjährige und volljährige Kinder. Auch wenn die Familienbeihilfe gemäß § 14 FLAG direkt an das volljährige Kind ausgezahlt wird, bleibt der Familienbeihilfenberechtigte (typischerweise ein Elternteil) für den Familienbonus Plus antragsberechtigt.

Es ist keine eigenständige Altersgrenze für den Anspruch auf den Familienbonus Plus vorgesehen; dementsprechend steht dieser so lange zu, solange Familienbeihilfe (auch erhöhte Familienbeihilfe aufgrund einer Behinderung) bezogen wird. **654**

100.3 Indexierung des Familienbonus Plus für Kinder im Ausland

Der Europäische Gerichtshof (EuGH) hat am 16. 6. 2022 entschieden, dass die Indexierung der Familienbeihilfe, des Kinderabsetzbetrages, des Familienbonus Plus und weiterer familienbezogener Absetzbeträge nicht mit dem EU-Recht vereinbar ist. Es sind daher die jeweiligen (nicht indexierten) Absetzbeträge des § 33 EStG anwendbar. **655**

Sind die Voraussetzungen für eine Ausgleichszahlung iSd § 4 FLAG dem Grunde nach erfüllt, steht der Familienbonus Plus gemäß § 33 Abs 3a Z 1 EStG zu. **656**

Sind die Voraussetzungen für eine Differenzzahlung (Kind wohnt im EU- oder EWR-Ausland oder in der Schweiz und im Inland wird eine Beschäftigung im Sinne der Verordnung [EG] 883/2004 ausgeübt) iSd § 4 FLAG dem Grunde nach erfüllt, steht der Familienbonus Plus gemäß § 33 Abs 3a Z 2 EStG auch dann zu, wenn die Familienleistungen im Ausland höher sind und die Differenzzahlung betragsmäßig null beträgt. **657**

100.4 Anspruchsberechtigte

Als Antragsberechtigte für den Familienbonus Plus kommen in Betracht: **658**
1. Der Familienbeihilfenberechtigte
2. Der (Ehe-)Partner des Familienbeihilfenberechtigten
3. Der Unterhaltsverpflichtete, der für das Kind den gesetzlichen Unterhalt leistet und dem ein Unterhaltsabsetzbetrag zusteht.

Anspruchsberechtigt für ein Kind, für das **kein Unterhaltsabsetzbetrag** (§ 33 Abs 4 Z 3 EStG) zusteht, sind: **659**
- ✓ der Familienbeihilfenberechtigte
- ✓ der (Ehe-)Partner des Familienbeihilfenberechtigen.

Anspruchsberechtigt für ein Kind, für das **ein Unterhaltsabsetzbetrag** (§ 33 Abs 4 Z 3 EStG) zusteht, sind: **660**
- ✓ der Familienbeihilfenberechtigte
- ✓ der Steuerpflichtige, dem für das Kind der Unterhaltsabsetzbetrag zusteht.

100. Familienbonus Plus

661 Als (Ehe-)Partner ist – in Übereinstimmung mit § 106 Abs 3 EStG – eine Person zu verstehen, die mit dem Familienbeihilfenberechtigten verheiratet ist, nach dem Eingetragene Partnerschaft-Gesetz verpartnert ist oder für mehr als sechs Monate in einer Lebensgemeinschaft lebt. Die Lebensgemeinschaft muss demnach im Kalenderjahr überwiegend bestehen.

662 Die Frist von sechs Monaten im Kalenderjahr gilt nicht, wenn dem nicht die Familienbeihilfe beziehenden Partner in den restlichen Monaten des Kalenderjahres, in denen die Lebensgemeinschaft nicht besteht, der Unterhaltsabsetzbetrag für dieses Kind zusteht.

> **Beispiel**
>
> Die Steuerpflichtigen A und B haben gemeinsam ein zehnjähriges Kind und leben bis zur Trennung am 25. 5. 2023 in einer Lebensgemeinschaft. A bezieht das gesamte Kalenderjahr Familienbeihilfe für das Kind, B zieht am 25. 5. aus der gemeinsamen Wohnung aus und leistet ab Juni den vollen gesetzlichen Unterhalt, weshalb B für sieben Monate der Unterhaltsabsetzbetrag zusteht. Die Lebensgemeinschaft hat in diesem Kalenderjahr zwar nicht mehr als sechs Monate bestanden. Da B aber für das gesamte restliche Kalenderjahr der Unterhaltsabsetzbetrag zusteht, verliert B auch für die ersten fünf Monate nicht den Anspruch auf den Familienbonus Plus.
> Der zustehende Familienbonus Plus kann daher entweder von A und B je zur Hälfte beantragt (€ 1.000,08) oder von einem der beiden zur Gänze (€ 2.000,16) beantragt werden.

663 Nicht erforderlich ist, dass für das Kind für mehr als sechs Monate im Kalenderjahr Familienbeihilfe zusteht. Im Jahr der Geburt des Kindes steht der Familienbonus Plus daher ab dem jeweiligen Monat der Geburt zu. Erlischt der Anspruch auf Familienbeihilfe, besteht letztmalig für den letzten Monat des Familienbeihilfenbezuges Anspruch auf den Familienbonus Plus.

Familienbonus Plus für Kinder ohne Unterhaltsabsetzbetrag

664 Den Familienbonus Plus können der Familienbeihilfenberechtigte und/oder dessen (Ehe-)Partner wie folgt in Anspruch nehmen:

- ✓ Entweder einer der beiden beansprucht den vollen Familienbonus Plus (€ 2.000,16 bzw € 650,16 bei ganzjährigem Bezug der Familienbeihilfe); in diesem Fall steht dem anderen Elternteil kein Familienbonus Plus zu; oder
- ✓ beide beanspruchen jeweils die Hälfte (jeder € 1.000,08 bzw € 325,08 bei ganzjährigem Bezug der Familienbeihilfe).

665 Das Wahlrecht für eine der beiden Varianten wird durch die Antragstellung in der Steuererklärung ausgeübt. Die Entscheidung, ob einer der Beiden den Ganzen oder beide jeweils die Hälfte in Anspruch nehmen, kann aber nur für das ganze Jahr einheitlich getroffen werden. Ein unterjähriger monatsbezogener Wechsel der Aufteilung ist bei gleichbleibenden Verhältnissen daher nicht möglich. Gleichbleibende Verhältnisse liegen insb dann vor, wenn sich während des Jahres an der familiären Situation nichts ändert (zB ganzjährig aufrechte Ehe bzw Lebensgemeinschaft).

666 Das Aufteilungswahlrecht kann für jedes Kind eigenständig ausgeübt werden. Daher können etwa für das Kind A Vater und Mutter jeweils die Hälfte beantragen, während für das Kind B der Vater den gesamten Familienbonus Plus beantragt.

667 Die Beantragung eines Familienbonus Plus in einer Höhe, durch der der Gesamtbetrag für das betreffende Kind überschritten wird, ist als Ereignis iSd § 295 a BAO anzusehen, das abgabenrechtliche Wirkung für die Vergangenheit auf den Umfang des Abgabenanspruches hat (rückwirkendes Ereignis). Wird also durch eine weitere anspruchsberechtigte Person (B) mehr an

Familienbonus Plus beantragt, als für dieses Kind aufgrund eines vorangegangenen Bescheides (A) noch zustehen würde, ist der erste Bescheid, sofern dieser mehr als die Hälfte des Familienbonus Plus zusprach, von Amts wegen gemäß § 295a BAO abzuändern und der halbe Familienbonus Plus zuzuerkennen.

> **Beispiel**
>
> Die Steuerpflichtigen A und B leben das ganze Jahr mit ihrem zehnjährigen Kind in aufrechter Ehe in Österreich. A bezieht das gesamte Kalenderjahr 2023 Familienbeihilfe für das Kind.
> A und B haben folgende Möglichkeiten den Familienbonus Plus zu beantragen:
> a) A beantragt den vollen Familienbonus Plus (€ 2.000,16) und B beantragt keinen Familienbonus Plus.
> b) B beantragt den vollen Familienbonus Plus (€ 2.000,16) und A beantragt keinen Familienbonus Plus.
> c) A und B beantragen jeweils die Hälfte (1.000,08 + 1.000,08 = € 2.000,16).
> Beantragen sowohl A als auch B den vollen Familienbonus Plus (€ 2.000,16), wird bei beiden die Hälfte (€ 1.000,08) berücksichtigt. Gleiches gilt, wenn einer der beiden den vollen Familienbonus Plus und der andere den halben Familienbonus Plus beantragt. In diesen Fällen wird eine schon erfolgte bescheidmäßige Berücksichtigung eines vollen Familienbonus Plus aufgrund der zeitlich späteren Berücksichtigung des halben Familienbonus Plus durch eine Bescheidänderung gemäß § 295a BAO korrigiert.

668 Das vorgesehene Wahlmöglichkeit zwischen dem Familienbeihilfeberechtigten und seinem (Ehe-)Partner kommt auch insoweit zur Anwendung, als ein Unterhaltsverpflichteter seiner gesetzlichen Unterhaltsverpflichtung nicht oder nicht zur Gänze nachkommt und diesem daher für die entsprechende Anzahl der Monate kein Unterhaltsabsetzbetrag und Familienbonus Plus zusteht.

669 In einem solchen Fall kann der Familienbeihilfenberechtigte den vollen Familienbonus Plus beantragen. Sollte der Familienbeihilfenberechtigte einen neuen (Ehe-)Partner haben, ist auch dieser antragsberechtigt. Dementsprechend können in einem solchen Fall der Familienbeihilfenberechtigte und der neue (Ehe-)Partner (alternativ) den vollen Familienbonus Plus beanspruchen, oder beide jeweils die Hälfte (siehe Beispiel 2).

Familienbonus Plus bei Kindern mit Unterhaltsabsetzbetrag

670 Kinder, für die ein Unterhaltsabsetzbetrag zusteht; das sind solche, für die vom nicht im selben Haushalt mit dem Kind lebenden Elternteil ein (Geld-)Unterhalt (Alimente) geleistet wird: Für ein solches Kind sind der Familienbeihilfenberechtigte und der Steuerpflichtige, dem der Unterhaltsabsetzbetrag gemäß § 33 Abs 4 Z 3 EStG zusteht, anspruchsberechtigt.

671 Für den Unterhaltsverpflichteten ist die Höhe des Familienbonus Plus von der Leistung des gesetzlichen Unterhalts abhängig. Der Familienbonus Plus ist mit dem Unterhaltsabsetzbetrag verknüpft, sodass für die Anzahl der Monate, für die dem Unterhaltsverpflichteten ein Unterhaltsabsetzbetrag zusteht, auch Anspruch auf den Familienbonus Plus besteht.

672 Der Unterhaltsabsetzbetrag steht zu, wenn das Kind nicht dem Haushalt des Unterhaltsverpflichteten zugehört und weder ihm noch seinem im selben Haushalt lebenden (Ehe-)Partner Familienbeihilfe gewährt wird. Der Höhe nach steht der (monatlich bemessene) Unterhaltsabsetzbetrag für die Anzahl der Monate zu, für die der Unterhaltsverpflichtung voll entsprochen wurde (siehe Beispiel 2).

100. Familienbonus Plus

673 Das volle Ausmaß des zustehenden Familienbonus steht dem Unterhaltsverpflichteten (bei ganzjährigem Bezug der Familienbeihilfe) daher nur dann zu, wenn er auch die Unterhaltsverpflichtung während des Jahres voll erfüllt hat.

674 Das Wahlrecht zur Inanspruchnahme des Familienbonus Plus ist für den Familienbeihilfenberechtigten und den Unterhaltsverpflichteten in gleicher Weise geregelt. Bezogen auf die jeweils zustehende Höhe, die von der Erfüllung der Unterhaltsverpflichtung abhängt, bestehen folgende Möglichkeiten:

- ✓ Entweder einer (Familienbeihilfenberechtigter oder Unterhaltsverpflichteter) beansprucht den vollen Familienbonus Plus; in diesem Fall steht dem anderen Elternteil kein Familienbonus Plus zu; oder
- ✓ beide beanspruchen jeweils die Hälfte.

675 Die Regelungen über die einheitliche Inanspruchnahme während des Jahres und die verpflichtende Hälfteaufteilung bei Überinanspruchnahme gelten in gleicher Weise. Ebenso kann das Wahlrecht für jedes Kind eigenständig ausgeübt werden.

Beispiel 1

Die Steuerpflichtigen A und B haben ein zehnjähriges Kind, sind geschieden und leben getrennt (in Österreich). A bezieht das gesamte Kalenderjahr 2023 Familienbeihilfe für das Kind. B leistet den vollen gesetzlichen Unterhalt für das gesamte Jahr, weshalb für zwölf Monate der Unterhaltsabsetzbetrag zusteht:
A und B haben folgende Möglichkeiten, den Familienbonus Plus zu beantragen:
a) A beantragt den vollen Familienbonus Plus (€ 2.000,16) und B beantragt keinen Familienbonus Plus
b) B beantragt den vollen Familienbonus Plus (€ 2.000,16) und A beantragt keinen Familienbonus Plus
c) A und B beantragen jeweils die Hälfte (€ 1.000,08 + € 1.000,08 = € 2.000,16).
Beantragen sowohl A als auch B den vollen Familienbonus Plus (€ 2.000,16), ist bei beiden die Hälfte (€ 1.000,08) zu berücksichtigen. Gleiches gilt, wenn einer der beiden den vollen Familienbonus Plus und der andere den halben Familienbonus Plus beantragt. In diesen Fällen wird eine schon erfolgte bescheidmäßige Berücksichtigung eines vollen Familienbonus Plus aufgrund der zeitlich späteren Berücksichtigung des halben Familienbonus Plus durch eine Bescheidänderung gemäß § 295 a BAO korrigiert.
Sollte A einen neuen (Ehe-)Partner haben, steht diesem kein Familienbonus Plus für das Kind zu, weil die Aufteilungsmöglichkeit nur zwischen dem Familienbeihilfenberechtigten und dem Unterhaltsverpflichteten besteht.

Beispiel 2

Die Steuerpflichtigen A und B haben ein zehnjähriges Kind und leben getrennt (in Österreich). Das Kind lebt bei A und A bezieht das gesamte Kalenderjahr die Familienbeihilfe für das Kind. B leistet nur unregelmäßig den gesetzlichen Unterhalt, weshalb nur für vier Monate der Unterhaltsabsetzbetrag zusteht.
A steht daher für acht Monate der volle Familienbonus Plus zu (8 x € 166,68 = € 1.333,44).
Der für vier Monate zustehende Familienbonus Plus kann zwischen A und B aufgeteilt werden (4 x € 83,34 = € 333,36) oder von einem der beiden zur Gänze (4 x € 166,68 = € 666,72) beantragt werden. Wenn A einen neuen Partner C hat, mit dem A für mehr als sechs Monate im Kalenderjahr in einer Lebensgemeinschaft lebt, kann der Familienbonus Plus, der A als Familienbeihilfenbezieherin für acht Monate grundsätzlich zur Gänze (8 x € 166,68) zusteht, auch von C beantragt werden oder zwischen A und C je zur Hälfte aufgeteilt werden.

100.5 Kindermehrbetrag für Geringverdiener

> **Beispiel 3**
>
> Die Steuerpflichtigen A und B leben ganzjährig in aufrechter Lebensgemeinschaft und haben eine zwanzigjährige Tochter T. A bezieht für das gesamte Kalenderjahr Familienbeihilfe für T, die studiert und in einer Wohngemeinschaft am Studienort wohnt. Die Familienbeihilfe wird direkt an T ausbezahlt. Dies ändert nichts daran, dass A als Familienbeihilfenberechtigte Anspruch auf den Familienbonus Plus hat.
> A und B haben folgende Möglichkeiten, den Familienbonus Plus zu beantragen:
> a) A beantragt den vollen Familienbonus Plus (€ 650,16) und B beantragt keinen Familienbonus Plus
> b) B beantragt den vollen Familienbonus Plus (€ 650,16) und A beantragt keinen Familienbonus Plus
> c) A und B beantragen jeweils die Hälfte (€ 325,08 + € 325,08 = € 650,16).
>
> Beantragen A und B in Summe mehr als den vollen Familienbonus Plus (€ 650,16), wird der Familienbonus Plus bei beiden auf die Hälfte (€ 325,08) reduziert (siehe Beispiel 1).
> Sollte T im Juni ihr Studium beenden und daher letztmalig für diesen Monat Familienbeihilfe zustehen, steht auch nur für sechs Monate ein Familienbonus Plus zu, der in der gleichen Weise beantragt werden kann bzw zu berücksichtigen ist.

100.5 Kindermehrbetrag für Geringverdiener

Steuerpflichtige mit niedrigen Einkünften werden jedenfalls in Höhe von € 550,– pro Kind entlastet (ab Veranlagung 2022). Der Kindermehrbetrag steht zu, wenn Anspruch auf den Alleinverdiener- oder Alleinerzieherabsetzbetrag besteht, ein Kind iSd § 106 Abs 1 EStG vorhanden ist und die Einkommensteuer vor Berücksichtigung aller zustehenden Absetzbeträge unter € 550,– ausmacht. Zudem steht der Kindermehrbetrag auch all jenen Personen zu, die zumindest 30 Tage im Kalenderjahr ausschließlich steuerpflichtige aktive Erwerbseinkünfte (gemäß § 2 Abs 3 Z 1 bis 4 EStG) erzielen. Das heißt auch jene Personen, die erwerbstätig sind, bei denen jedoch das Erwerbseinkommen mit Mindestsicherung aufgestockt wird, sind anspruchsberechtigt. Der Kindermehrbetrag steht nicht zu, wenn der Steuerpflichtige im Kalenderjahr ausschließlich steuerfreie Leistungen gemäß § 3 Abs 1 Z 5 lit a EStG (Arbeitslosengeld, Notstandshilfe, oder an deren Stelle tretende Leistungen), § 3 Abs 1 Z 5 lit c EStG (Überbrückungshilfe für Bundesbedienstete, oder gleichartige, auf landesgesetzlicher Grundlage basierende Leistungen) oder Leistungen aus der Grundversorgung oder der Mindestsicherung bezieht. Die Höhe des Kindermehrbetrages ergibt sich aus der Differenz zwischen der Steuer gemäß § 33 Abs 1 EStG und € 550,–. Die Erstattung bemisst sich somit von der Tarifsteuer gemäß § 33 Abs 1 EStG, sodass der Familienbonus Plus und die Absetzbeträge gemäß § 33 Abs 4–6 EStG (Alleinverdiener-, Alleinerzieherabsetzbetrag, Unterhaltsabsetzbetrag, [erhöhter] Verkehrsabsetzbetrag, Pendlereuro, [erhöhter] Pensionistenabsetzbetrag) hier nicht zu berücksichtigen sind.

676

> **Beispiel 1**
>
> Eine nichtselbständige Alleinerzieherin bezieht für ein in Österreich lebendes Kind für mehr als sechs Monate im Kalenderjahr Familienbeihilfe. Ihre Tarifsteuer vor Berücksichtigung des Familienbonus Plus und sonstiger Absetzbeträge beträgt € 250,–.
> Der Steuerpflichtigen steht ein Kindermehrbetrag von € 300,– zu (Differenz zwischen € 550,– und der Steuer gemäß § 33 Abs 1 EStG in Höhe von € 250,–).
> Von der Steuer gemäß § 33 Abs 1 EStG in Höhe von € 250,– sind der Familienbonus Plus für ein Kind, der Alleinerzieherabsetzbetrag für ein Kind (€ 520,–) und der Verkehrsabsetzbetrag (€ 421,– + € 684,– Zuschlag) abzuziehen. Der Familienbonus Plus ist dabei nur bis zur Höhe der Tarif-

100. Familienbonus Plus

steuer (€ 250,–) zu berücksichtigen. Es ergibt sich eine Negativsteuer von € 1.625,–. Zudem wird der Kindermehrbetrag von € 300,– erstattet.

> **Beispiel 2**
>
> Ein nichtselbständiger Alleinerzieher bezieht für zwei in Österreich lebende Kinder für mehr als sechs Monate im Kalenderjahr Familienbeihilfe. Seine Tarifsteuer vor Berücksichtigung des Familienbonus Plus und sonstiger Absetzbeträge beträgt € 300,–.
> Dem Steuerpflichtigen steht ein Kindermehrbetrag von € 800,– zu (Differenz zwischen € 1.100,– und der Steuer gemäß § 33 Abs 1 EStG in Höhe von € 300,–).
> Von der Steuer gemäß § 33 Abs 1 EStG in Höhe von € 300,– sind der Familienbonus Plus für zwei Kinder, der Alleinerzieherabsetzbetrag für zwei Kinder (€ 704,–) und der Verkehrsabsetzbetrag (€ 421,– + € 684,– Zuschlag) abzuziehen. Der Familienbonus Plus ist dabei nur bis zur Höhe der Tarifsteuer (€ 300,–) zu berücksichtigen. Es ergibt sich eine Negativsteuer von € 1.809,–. Zudem wird der Kindermehrbetrag von € 800,– erstattet.

100.6 Familienbonus Plus bei beschränkt Steuerpflichtigen

677 Da persönliche Verhältnisse bei beschränkt Steuerpflichtigen grundsätzlich nicht zu berücksichtigen und die Pflichtveranlagungstatbestände des § 41 EStG nicht anwendbar sind, soll der Familienbonus Plus bei diesen Personen, wie das bereits beim Alleinverdiener- und Alleinerzieherabsetzbetrag der Fall ist, nicht berücksichtigt werden können. Bei Vorliegen der Voraussetzungen ist eine Option nach § 1 Abs 4 EStG und damit eine Beantragung des Familienbonus Plus im Wege der Veranlagung möglich.

100.7 Monatslohnzettel

678 Der Arbeitgeber hat den bei der Lohnverrechnung berücksichtigten Familienbonus Plus auch in der dem Arbeitnehmer zur Verfügung gestellten monatlichen Lohnabrechnung („Monatslohnzettel") auszuweisen (§ 78 Abs 5 EStG).

100.8 Berücksichtigung des Familienbonus Plus im Rahmen der Lohnverrechnung

679 Für ein Kind kann der Familienbonus Plus pro Anspruchsberechtigtem nur bei einem Arbeitgeber in der Lohnverrechnung berücksichtigt werden. Die Erklärung für die Inanspruchnahme des Familienbonus Plus darf daher nur einem Arbeitgeber (einer pensionsauszahlenden Stelle) vorgelegt werden.

680 Zur Berücksichtigung des Alleinverdiener- oder des Alleinerzieherabsetzbetrages und des Familienbonus Plus bei der laufenden Lohnverrechnung hat der Arbeitnehmer dem Arbeitgeber auf einem amtlichen Vordruck (Formular E 30) eine Erklärung über das Vorliegen der Voraussetzungen abzugeben oder elektronisch zu übermitteln (§ 129 Abs 1 EStG).

681 Bei einer Mehrzahl anspruchsvermittelnder Kinder ist die Berücksichtigung für verschiedene Kinder auch bei mehreren Arbeitgebern möglich. Dies weicht von der Regelung hinsichtlich des Alleinverdiener- und Alleinerzieherabsetzbetrages ab, der von einem Arbeitnehmer zur Gänze nur bei einem Arbeitgeber berücksichtigt werden kann.

Für die Berücksichtigung im Zuge der Lohnverrechnung müssen vom Steuerpflichtigen gesondert für jedes Kind, für das Familienbeihilfe nach dem FLAG gewährt wird, folgende Angaben gemacht werden (§ 129 EStG): **682**

- ✓ Name (zur korrekten Zuordnung des den Familienbonus Plus vermittelnden Kindes)
- ✓ Versicherungsnummer (zur korrekten Zuordnung des den Familienbonus Plus vermittelnden Kindes)
- ✓ Geburtsdatum (zur korrekten Festlegung der Höhe des Familienbonus Plus)
- ✓ Ob der Arbeitnehmer selbst der Familienbeihilfenberechtigte ist oder dessen (Ehe-)Partner
- ✓ Ob der Arbeitnehmer den gesetzlichen Unterhalt für ein nicht haushaltszugehöriges Kind leistet
- ✓ In welcher Höhe der Familienbonus Plus berücksichtigt werden soll (zur Gänze oder zur Hälfte)

Um sicherzustellen, dass der Familienbonus Plus nicht ungerechtfertigt oder in unrichtiger Höhe zuerkannt wird und damit eine Haftung des Arbeitgebers gemäß § 82 EStG auslöst, ist zusätzlich zu den allgemeinen Angaben ein Nachweis über die Anspruchsberechtigung vorzulegen oder elektronisch zu übermitteln. **683**

Beim Familienbeihilfenberechtigten sowie dessen (Ehe-)Partner ist dies die Bestätigung des FA über den Bezug der Familienbeihilfe für das jeweilige Kind. Bei Personen, denen ein Unterhaltsabsetzbetrag gemäß § 33 Abs 4 Z 3 EStG zusteht, ist die tatsächliche Leistung des gesetzlichen Unterhalts nachzuweisen. Dies kann bspw durch die Vorlage des Gerichtsbeschlusses über die Unterhaltsverpflichtung, und hinsichtlich der tatsächlichen Leistungen etwa durch Kontoauszüge erfolgen. **684**

Der Nachweis über die tatsächliche Einhaltung der Unterhaltsverpflichtungen kann immer nur vergangenheitsbezogen erfolgen. Dies kann dazu führen, dass der Familienbonus Plus durch den Arbeitgeber für Zeiträume berücksichtigt wird, in denen kein gesetzlicher Unterhalt geleistet wurde und demnach kein Anspruch auf den Unterhaltsabsetzbetrag sowie in Folge auf den Familienbonus Plus bestand. Wird durch den Arbeitnehmer ein Nachweis über die bisher erfolgten Unterhaltszahlungen vorgelegt und dieser zum Lohnkonto genommen, löst die spätere Säumigkeit des Unterhaltsverpflichteten keine Haftung des Arbeitgebers hinsichtlich des Familienbonus Plus aus. **685**

100.9 Haftung des Arbeitgebers

Eine Haftung des Arbeitgebers besteht demnach nur insoweit, als die Lohnsteuer nach den Verhältnissen, wie sie dem Arbeitgeber beim Steuerabzug erkennbar waren, unrichtig berechnet wurde. Hat daher der Arbeitgeber die Lohnsteuer unter Berücksichtigung von Erklärungen des Arbeitnehmers richtig berechnet und einbehalten, führt eine nachträgliche Berichtigung nicht zur Annahme einer unrichtigen Einbehaltung und Abfuhr der Lohnsteuer. Bei offensichtlich unrichtigen Angaben darf der Arbeitgeber den Familienbonus Plus jedoch nicht berücksichtigen. **686**

Um den administrativen Aufwand sowohl auf Seiten der Arbeitgeber als auch der Arbeitnehmer gering zu halten sowie um die Überprüfung der richtigen Zuerkennung des Familienbonus Plus zu erleichtern, kann die gewählte Aufteilung des Familienbonus Plus während eines Kalenderjahres nur bei einer Änderung der maßgebenden Verhältnisse verändert werden. **687**

100. Familienbonus Plus

688 Änderungen der Verhältnisse sind dem Arbeitgeber unabhängig davon innerhalb eines Monats zu melden. In Hinblick auf den Familienbonus Plus sind dem Arbeitgeber bspw folgende Änderungen bekannt zu geben:

- ✓ Wechsel des Familienbeihilfeberechtigten
- ✓ Wegfall der Familienbeihilfe
- ✓ Verlegung des Wohnsitzes des Kindes
- ✓ Beendigung einer Ehe oder Partnerschaft
- ✓ Wegfall des Anspruches auf den Unterhaltsabsetzbetrag
- ✓ Änderungen hinsichtlich des Vorliegens, der Höhe oder der tatsächlichen Erfüllung der gesetzlichen Unterhaltpflichten

689 Sobald das Kind das 18. Lebensjahr vollendet, was sich aus dem bei erstmaliger Erklärung vorgelegten amtlichen Vordruck ergibt und dem Arbeitgeber somit bekannt ist, hat dieser ohne weiteres Zutun des Arbeitnehmers die Berücksichtigung des Familienbonus Plus zu beenden. Lediglich in Fällen, in denen durch den Arbeitnehmer eine neuerliche Erklärung und ein Nachweis hinsichtlich des weiterhin aufrechten Familienbeihilfenbezugs beigebracht werden, kann eine fortlaufende Berücksichtigung des Familienbonus Plus (in geringerer Höhe) erfolgen. Sobald die Familienbeihilfe wegfällt, ist aber jedenfalls kein Familienbonus Plus mehr zu berücksichtigen.

100.10 Behandlung des Familienbonus Plus im Rahmen der Veranlagung

690 Der Familienbonus Plus ist im Rahmen der Veranlagung entsprechend der Antragstellung zu berücksichtigen. Werden Anträge gestellt, die über das zustehende Ausmaß des Familienbonus Plus hinausgehen, kommt es zu einer zwingenden Hälfteaufteilung. Das wäre zB der Fall, wenn ein Elternteil den vollen Familienbonus Plus beantragt und der andere Elternteil danach den halben oder ebenfalls den vollen Familienbonus Plus. Wurde daher zB der volle Familienbonus Plus in der Veranlagung des Ehepartners A aufgrund seiner diesbezüglichen Antragstellung berücksichtigt, führt der Antrag der Ehepartnerin B, für dasselbe Kind den halben Familienbonus Plus zu berücksichtigen, zur Anwendung der gesetzlich vorgesehenen Hälfteaufteilung. Aufgrund des Antrages der B ist der halbe Familienbonus Plus in ihrem Einkommensteuerbescheid zu berücksichtigen.

691 Wie dies insb auch beim Alleinverdiener- und Alleinerzieherabsetzbetrag der Fall ist, ist eine Korrektur im Wege einer (Pflicht-)Veranlagung möglich, wenn die Berücksichtigung des Familienbonus Plus im Zuge der Lohnverrechnung zu einem unrichtigen Ergebnis führt.

692 Das ist etwa der Fall, wenn ein Familienbonus Plus berücksichtigt worden ist, obwohl keine Familienbeihilfe zusteht oder einem Unterhaltsverpflichteten kein Unterhaltsabsetzbetrag zusteht (weil er seinen Zahlungen nicht nachkam) oder wenn bei beiden Elternteilen in der Lohnverrechnung ein Familienbonus Plus für dasselbe Kind in voller Höhe oder aber einmal zur Gänze und einmal zur Hälfte berücksichtigt worden ist.

693 Betroffen sind aber auch Fälle, in denen sich nach Ablauf des Kalenderjahres aufgrund der Steuerveranlagung eines anderen Anspruchsberechtigten herausstellt, dass in der Lohnverrechnung ein nicht zustehender Betrag berücksichtigt wurde; das ist insb dann der Fall, wenn beim anderen Elternteil in der Lohnverrechnung ein Familienbonus Plus für dasselbe Kind bereits in voller Höhe berücksichtigt worden ist. In der Veranlagung ist dann eine entsprechende Korrektur möglich.

100.10 Behandlung des Familienbonus Plus im Rahmen der Veranlagung

Ein nachträglicher Verzicht auf den Familienbonus Plus durch Zurückziehen des Antrages ist möglich. Diese Möglichkeit wird vor allem dann eine Rolle spielen, wenn sich der beantragte Familienbonus Plus bei einem Antragsteller aufgrund der geringen Höhe des Einkommens steuerlich nicht auswirkt und sich beim zweiten Antragsberechtigten steuerlich zur Gänze auswirken würde. **694**

Ein formloses Zurückziehen des Antrags ist maximal bis fünf Jahre nach Eintritt der Rechtskraft des Bescheides möglich. Nur das Zurückziehen, nicht jedoch die Abänderung des Antrags ist möglich, wenn bereits ein rechtskräftiger Bescheid vorliegt. Dies hat zur Folge, dass der andere Anspruchsberechtigte den ganzen Familienbonus Plus für das betreffende Jahr beantragen kann. Wenn vom anderen Anspruchsberechtigten bereits ein im Rahmen der Erklärung zur Arbeitnehmerveranlagung oder der Einkommensteuererklärung gestellter Antrag auf den ganzen Familienbonus Plus vorliegt, ist dieser von Amts wegen zu berücksichtigen. **695**

> **Beispiel**
>
> A beantragt für das Kalenderjahr 2019 den halben Familienbonus Plus (50%) für ein Kind. Sie ist Teilzeit beschäftigt und der Familienbonus Plus wirkt sich steuerlich bei ihr nicht aus, da ihr Einkommen unter € 11.000,– liegt und demnach keine Einkommensteuer anfällt.
>
> **Variante 1:**
> A zieht den Antrag auf den Familienbonus Plus innerhalb der Rechtsmittelfrist im Rahmen einer Bescheidbeschwerde zurück. Ihr Ehepartner B kann somit in weiterer Folge für das Kalenderjahr 2019 den ganzen Familienbonus Plus (100%) beantragen.
>
> **Variante 2:**
> Der Einkommensteuerbescheid von A für 2019 erwächst in Rechtskraft. Im Jahr 2023 will ihr Ehepartner B seine Arbeitnehmerveranlagung für 2019 durchführen. Wenn A nicht auf den Familienbonus Plus verzichtet, steht B nur der halbe Familienbonus Plus (50%) zu. Sie zieht daher im Jahr 2023 ihren Antrag auf den halben Familienbonus Plus für das Jahr 2019 zurück. Das stellt ein rückwirkendes Ereignis gemäß § 295a BAO dar, der Einkommensteuerbescheid 2019 von A wird diesbezüglich abgeändert und ihr Partner B kann in seiner Arbeitnehmerveranlagung für das Jahr 2019 den ganzen Familienbonus Plus (100%) beantragen.
>
> **Variante 3:**
> Der Einkommensteuerbescheid von A für 2019 erwächst in Rechtskraft. Ihr Ehepartner B beantragt für das Kalenderjahr 2019 den ganzen Familienbonus Plus (100%) für ein Kind, erhält bescheidmäßig gemäß § 33 Abs 3a Z 3 lit c aber nur den halben (50%) zuerkannt. Der Einkommensteuerbescheid für 2019 von B erwächst ebenfalls in Rechtskraft. Da A und B von der Möglichkeit des Zurückziehens hören, zieht A ihren Antrag auf den halben Familienbonus Plus im Dezember 2020 zurück. Das stellt ein rückwirkendes Ereignis gemäß § 295a BAO dar und der Einkommensteuerbescheid 2019 von A wird diesbezüglich abgeändert. Auch für B gilt das Zurückziehen des Antrags durch A als rückwirkendes Ereignis und bei B wird von Amts wegen für das Jahr 2019 der ganze Familienbonus Plus (100%) zuerkannt. Da B ursprünglich den ganzen Familienbonus Plus beantragt hat, ist dazu kein neuerlicher Antrag erforderlich.
>
> **Variante 4:**
> Der Einkommensteuerbescheid von A für 2019 erwächst in Rechtskraft. Ihr Ehepartner B beantragt für das Kalenderjahr 2019 ebenfalls den halben Familienbonus Plus (50%) für dieses Kind und auch sein Einkommensteuerbescheid für 2019 erwächst in Rechtskraft. Da A und B von der Möglichkeit des Zurückziehens hören, zieht A ihren Antrag auf den halben Familienbonus Plus im Dezember 2020 zurück. Der Einkommensteuerbescheid 2019 von A wird gemäß § 295a BAO diesbezüglich abgeändert. Auch für B gilt das Zurückziehen des Antrags durch A als rückwirkendes Ereignis und B kann für das Jahr 2019 den ganzen Familienbonus Plus (100%) beantragen. Diese Möglichkeit steht ihm innerhalb der Verjährungsfrist (§ 208 Abs 1 lit e BAO) zu.

101. Familienheimfahrten

696 Aufwendungen für Familienheimfahrten eines Arbeitnehmers vom Wohnsitz am Arbeitsort zum Familienwohnsitz können als Werbungskosten geltend gemacht werden, wenn die Voraussetzungen einer beruflich veranlassten doppelten Haushaltsführung vorliegen (LStR Rz 354 ff). Der Gesamtbetrag (jeweiliges Pendlerpauschale und tatsächliche Fahrtkosten für die über 120 km hinausgehende Strecke) ist jedoch immer mit dem höchsten Pendlerpauschale (€ 3.672,–) begrenzt (UFS Innsbruck 21. 12. 2005, RV/0321-I/05; UFS Linz 8. 4. 2010, RV/1390-L/07). Erhält der Steuerpflichtige nicht steuerpflichtige Ersätze, sind diese von den Aufwendungen abzuziehen. Dies gilt auch für Förderungen des Arbeitsmarkservice gemäß § 34 AMSG und der Bundesrichtlinie „Beihilfen zur Förderung der regionalen Mobilität und Arbeitsaufnahme (REMO)", BGS/AMF/0722/9997/2015 (Entfernungsbeihilfe für Fahrtkosten).

Steuerfreie Beihilfen und Ersätze kürzen jedoch nicht die Höchstgrenze (höchstes Pendlerpauschale: € 3.672,–), sondern den tatsächlichen Aufwand.

Alternativ besteht die Möglichkeit, anstelle der Familienheimfahrten ein aliquotes Pendlerpauschale für die Wegstrecke Familienwohnsitz – Arbeitsstätte zu berücksichtigen. Siehe dazu LStR Rz 259 a und die Ausführungen zum Pendlerpauschale.

697 Bei einem verheirateten (in eheähnlicher Gemeinschaft lebenden) oder in Gemeinschaft mit einem minderjährigen Kind lebenden Dienstnehmer sind bei Geltendmachung der Kosten einer doppelten Haushaltsführung grundsätzlich die Kosten von **wöchentlichen** Familienheimfahrten zu berücksichtigen. Bei einem allein stehenden Steuerpflichtigen wird grundsätzlich das **monatliche** Aufsuchen des Heimatorts als ausreichend anzusehen sein (VwGH 22. 9. 1987, 87/14/0066). Voraussetzung ist, dass der alleinstehende Steuerpflichtige an diesem Heimatort über eine Wohnung verfügt; der Besuch der Eltern ist nicht als Familienheimfahrt zu werten. Sind wöchentliche bzw monatliche Familienheimfahrten mit Rücksicht auf die Entfernung (insb ins Ausland) völlig unüblich, so ist nur eine geringere Anzahl von Familienheimfahrten steuerlich absetzbar (VwGH 11. 1. 1984, 81/13/0171, 0185).

101.1 Familienheimfahrten, die vom Arbeitgeber getragen werden

698 Für den Arbeitgeber besteht die Möglichkeit, Fahrtkosten für Fahrten an arbeitsfreien Tagen zum Familienwohnsitz steuerfrei zu ersetzen (§ 26 Z 4 lit a EStG).

699 Fahrtkostenvergütungen (zB Kilometergelder, Kosten des öffentlichen Verkehrsmittels) sind auch Kosten, die vom Arbeitgeber höchstens für **eine Fahrt pro Woche** zum ständigen Wohnort (Familienwohnsitz) für arbeitsfreie Tage gezahlt werden, wenn eine tägliche Rückkehr nicht zugemutet werden kann und für die arbeitsfreien Tage kein steuerfreies Tagesgeld gezahlt wird (**Durchzahlerregelung**).

700 Voraussetzung dafür ist jedoch, dass sich der Arbeitnehmer auf **Dienstreise** befindet und eine tägliche Rückkehr zum Familienwohnsitz nicht zugemutet werden kann. Die ist dann der Fall, wenn der Einsatzort des Arbeitnehmers mehr als 120 km von seinem Familienwohnsitz entfernt ist.

701 Zahlt der Arbeitgeber dem Arbeitnehmer Vergütungen für Fahrtkosten von der Wohnung oder der Schlafstelle in der Nähe des Arbeitsortes zu seinem Familienwohnsitz und befindet sich der Arbeitnehmer nicht auf Dienstreise, liegt ein Vorteil aus dem Dienstverhältnis vor.

702 Fahrtkostenersätze für Familienheimfahrten sind sozialversicherungsfrei.

Fahrtkostenersätze sind aufgrund der Befreiungsbestimmung des § 41 FLAG und § 5 **703**
KommStG DB-, DZ- und kommunalsteuerfrei.

102. Familienhospizkarenz (§ 14a und § 14b AVRAG)

Nach den Bestimmungen des § 14a AVRAG können Arbeitnehmer zum Zwecke der Sterbe- **704**
begleitung eines nahen Angehörigen schriftlich die

- ✓ Herabsetzung der Normalarbeitszeit,
- ✓ Änderung der Lage der Normalarbeitszeit oder
- ✓ eine Freistellung gegen Entfall des Entgelts

verlangen.

Als nahe Angehörige gelten **705**

- ✓ Ehegatte
- ✓ Lebensgefährte
- ✓ eingetragener Partner
- ✓ Kinder, Enkel, Eltern, Großeltern
- ✓ Wahl- und Pflegekinder
- ✓ Geschwister
- ✓ Schwiegerkinder und Schwiegereltern
- ✓ Wahl- und Pflegeeltern
- ✓ leibliche Kinder des Ehegatten oder des Lebensgefährten

Ein gemeinsamer Haushalt mit den nahen Angehörigen ist nicht Voraussetzung für die In- **706**
anspruchnahme der Familienhospizkarenz. Im Falle der Inanspruchnahme für die Begleitung
von schwerstkranken Kindern (Wahl-, Pflegekinder oder leibliche Kinder des Ehegatten, Lebensgefährten oder des eingetragenen Partners) ist jedoch ein gemeinsamer Haushalt erforderlich.

Die Familienhospizkarenz kann für den Zeitraum von drei Monaten verlangt werden (schrift- **707**
licher Antrag). Eine Verlängerung ist möglich. Insgesamt darf jedoch die Gesamtdauer sechs
Monate nicht überschreiten.

Im Falle der Begleitung von schwerst erkrankten Kindern beträgt der Zeitraum vorerst fünf **708**
Monate und kann über schriftlichen Antrag verlängert werden. Die Gesamtdauer darf jedoch
neun Monate nicht übersteigen.

Im Falle einer Inanspruchnahme der Familienhospizkarenz im betreffenden Arbeitsjahr wird **709**
der Urlaubsanspruch unter Außerachtlassung der Karenzzeiten aliquot ermittelt. Bruchteile
von Urlaubstagen werden dabei immer aufgerundet.

Im Falle einer Inanspruchnahme der Familienhospizkarenz stehen im betreffenden Arbeits- **710**
jahr Sonderzahlungen unter Außerachtlassung der Karenzzeiten aliquot zu.

Wird das Arbeitsverhältnis während einer Familienhospizkarenz beendet, erfolgt die Berech- **711**
nung einer allenfalls zustehenden Abfertigung auf Basis der Arbeitszeit vor der Karenz.

Eine zustehende Urlaubsersatzleistung wird auf Basis des Entgelts vor Antritt der Freistellung **712**
von der Arbeitsleistung berechnet.

103. Familienwohnsitz

713 Für die Dauer der Freistellung hat der Arbeitnehmer Anspruch auf Beitragsleistung nach dem BMSVG zu Lasten des FLAF in Höhe von 1,53% der fiktiven Bemessungsrundlage in Höhe des Kinderbetreuungsgelds von € 14,53 täglich.

714 Der Arbeitnehmer kann ab Bekanntgabe der Familienhospizkarenz und bis vier Wochen nach deren Ende weder rechtswirksam gekündigt noch entlassen werden.

715 Der Arbeitnehmer hat dem Arbeitgeber
- ✓ die verlangte Maßnahme schriftlich bekannt zu geben;
- ✓ den Grund für die Maßnahmen (bzw deren Verlängerung) glaubhaft zu machen (zB Bestätigung des behandelnden Arztes);
- ✓ das jeweilige Verwandtschaftsverhältnis glaubhaft zu machen.

716 Diese Bestimmungen betreffend Familienhospizkarenz gelten **nicht für freie Dienstnehmer,** da diese Arbeitsverhältnisse nicht dem AVRAG unterliegen.

Die Inanspruchnahme und die Änderung (bzw Verlängerung) einer Familienhospizkarenz wie auch die Höhe des Entgelts vor und während einer Familienhospizkarenz sind dem zuständigen Krankenversicherungsträger zu melden (ELDA).

103. Familienwohnsitz

717 Das Vorliegen eines Familienwohnsitzes ist einerseits für Zwecke des Pendlerpauschales relevant und auch für die Absetzbarkeit von Aufwendungen im Rahmen der doppelten Haushaltsführung.

718 Ein Familienwohnsitz (§ 16 Abs 1 Z 6 lit f und § 20 Abs 1 Z 2 lit e EStG) liegt dort, wo
- ✓ ein in (Ehe)Partnerschaft oder in Lebensgemeinschaft lebender Steuerpflichtiger oder
- ✓ ein alleinstehender Steuerpflichtiger

seine engsten persönlichen Beziehungen (zB Familie, Freundeskreis) und einen eigenen Hausstand hat.

719 Der Steuerpflichtige hat einen eigenen Hausstand, wenn er eine Wohnung besitzt, deren Einrichtung seinen Lebensbedürfnissen entspricht. Ein eigener Hausstand liegt jedenfalls nicht vor, wenn der Steuerpflichtige Räumlichkeiten innerhalb eines Wohnverbandes einer oder mehrerer Person(en), die nicht (Ehe)Partner sind oder mit denen eine Lebensgemeinschaft besteht (zB elterliche Wohnung), mitbewohnt (siehe § 4 Pendlerverordnung).

720 Beim Berufswohnsitz eines Steuerpflichtigen ist für die Anerkennung der Aufwendungen einer doppelten Haushaltsführung ein eigener Hausstand iSd § 4 Abs 2 Pendlerverordnung nicht erforderlich. Einen Berufswohnsitz für die Berücksichtigung von Aufwendungen im Rahmen der doppelten Haushaltsführung stellt die eigene (Miet-)Wohnung, ein (Untermiet-)Zimmer oder die im Rahmen einer Wohngemeinschaft mit anderen Personen als einem Ehepartner oder Lebensgefährten benützte Wohnung dar (vgl VwGH 24. 9. 2007, 2006/15/0024; VwGH 3. 3. 1992, 88/14/0081; VwGH 5. 2. 2021, Ra 2019/13/0061).

104. Familienzeitbonus

Für erwerbstätige Väter, die sich unmittelbar nach der Geburt des Kindes intensiv und ausschließlich der Familie widmen und ihre Erwerbstätigkeit (im Einvernehmen mit dem Arbeitgeber – kein Rechtsanspruch) unterbrechen, ist ein „Familienzeitbonus" in Höhe von € 23,91 täglich vorgesehen. Der Familienzeitbonus wird auf ein allfälliges später vom Vater bezogenes Kinderbetreuungsgeld angerechnet, wobei sich in diesem Fall der Betrag des Kinderbetreuungsgeldes, nicht jedoch die Bezugsdauer verringert. **721**

Unter Familienzeit ist ein Zeitraum **zwischen 28 und 31 Tagen** zu verstehen, in dem der erwerbstätige Vater **innerhalb von 91 Tagen nach der Geburt** seine Erwerbstätigkeit vorübergehend unterbricht. **722**

Um den Familienzeitbonus in Anspruch nehmen zu können, muss der Vater unmittelbar vor Bezugsbeginn in den **letzten 182 Tagen** durchgehend einer in Österreich kranken- und pensionsversicherungspflichtigen Tätigkeit nachgegangen sein. Ebenso dürfen in diesem Zeitraum keine Leistungen aus der AlV bezogen worden sein. Unterbrechungen von insgesamt nicht mehr als **14 Tagen** sind nicht schädlich. **723**

Für die Inanspruchnahme der Familienzeit ist zusätzlich zur Hauptwohnsitzmeldung auch das Bestehen einer **Wohn- und Wirtschaftsgemeinschaft** erforderlich. Der Familienzeitbonus darf idR nur dann beantragt werden, wenn Mutter und Kind aus dem Krankenhaus entlassen sind. Bei einem medizinisch indizierten Krankenhausaufenthalt des Kindes wird bei persönlicher Pflege und Betreuung des Kindes durch den Vater und den anderen Elternteil im Mindestausmaß von jeweils durchschnittlich vier Stunden täglich ausnahmsweise der gemeinsame Haushalt iSd § 2 Abs 3a FamZeitbG angenommen. **724**

Ein Rechtsanspruch auf Familienzeit besteht nicht. Unter Umständen kann sich ein Anspruch aus dem anzuwendenden Kollektivvertrag, einer Betriebsvereinbarung oder dem Dienstvertrag ableiten. **725**

Während einer gewährten Familienzeit besteht kein ausdrücklicher Kündigungsschutz. Eine Beendigung des Dienstverhältnisses aus dem Grund der in Anspruch genommenen Familienfreizeit stellt aber auf jeden Fall eine Diskriminierung aufgrund des Familienstandes dar. Eine Kündigung ist daher beim Arbeits- und Sozialgericht anfechtbar. **726**

Der Bonus kann frühestens **ab dem Tag der Geburt** (bei Adoptiv- und Pflegekindern frühestens mit ihrer Übernahme) beim Krankenversicherungsträger beantragt werden und kann nur **innerhalb von 28, 29, 30 oder 31 aufeinanderfolgenden Tagen** während der Familienzeit in Anspruch genommen werden. Die Anspruchsdauer ist bei Antragstellung verbindlich festzulegen und kann später nicht mehr geändert werden. **727**

Der Familienzeitbonus steht nur einmal pro Geburt zu (auch bei Mehrlingsgeburten). **728**

Ein Familienbonus steht dann nicht zu, wenn der Vater während des Bonusbezugs Entgeltfortzahlung, Krankengeld oder eine Leistung aus der AlV bezieht. **729**

Während des Bonusbezugs unterliegt der Vater einer **Teilversicherung** nach dem ASVG. Dies bedeutet, dass für diesen Zeitraum Sachleistungen, jedoch **kein Krankengeld** gewährt werden. Für die Dauer der Inanspruchnahme einer Familienzeit ist der Dienstnehmer bei der ÖGK abzumelden (Abmeldegrund: „SV-Ende – Beschäftigung aufrecht") und nach deren Ende wieder anzumelden. **730**

105. Fehlgeld

> Siehe „Zählgeld".

106. Feiertagsentlohnung

106.1 Feiertagsentgelt

732 Feiertagsentgelt ist das für gesetzliche Feiertage gezahlte Entgelt. Als solche gelten derzeit (§ 7 ARG):

- ✓ 1. Jänner (Neujahr)
- ✓ 6. Jänner (Heilige drei Könige)
- ✓ Ostermontag
- ✓ 1. Mai (Staatsfeiertag)
- ✓ Christi Himmelfahrt
- ✓ Pfingstmontag
- ✓ Fronleichnam
- ✓ 15. August (Mariä Himmelfahrt)
- ✓ 26. Oktober (Nationalfeiertag)
- ✓ 1. November (Allerheiligen)
- ✓ 8. Dezember (Mariä Empfängnis)
- ✓ 25. Dezember (Weihnachten)
- ✓ 26. Dezember (Stefanitag)

Für die Angehörigen der evangelischen Kirche AB und HB, der Altkatholischen Kirche und der Methodistenkirche ist der Karfreitag kein gesetzlicher Feiertag mehr. Stattdessen wurde unabhängig vom religiösen Bekenntnis die Möglichkeit des einseitigen Urlaubsantrittes („persönlicher Feiertag") eingeführt (siehe dazu das folgende Kapitel)[1].

733 Der Arbeitnehmer hat gemäß § 9 ARG, wenn die Arbeit infolge eines Feiertags ausgefallen ist, Anspruch auf jenes Entgelt, welches er erhalten hätte, wenn die Arbeit nicht ausgefallen wäre. Bei Akkord-, Stück- oder Gedingelöhnen, akkordähnlichen oder sonstigen leistungsbezogenen Prämien oder Entgelten ist das fortzuzahlende Entgelt nach dem **Durchschnitt der letzten 13 voll gearbeiteten Wochen** unter Ausscheidung nur ausnahmsweise geleisteter Arbeiten zu berechnen. Hat der Arbeitnehmer nach Antritt des Arbeitsverhältnisses noch keine 13 Wochen voll gearbeitet, ist das Entgelt nach dem Durchschnitt der seit Antritt des Arbeitsverhältnisses voll gearbeiteten Zeiten zu berechnen. Für die Berechnung des Entgeltanspruchs bei wechselnder Höhe des Entgelts bzw bei schwankendem Einkommen ist grundsätzlich von den „Umständen des Einzelfalls" auszugehen. Wenn aus besonderen Gründen (etwa Krankheit, Urlaub, saisonale Unterschiede etc) ein 13-Wochen-Zeitraum für die Beurteilung nicht aus-

---
[1] BGBl I 2019/22, ausgegeben am 21. 3. 2019.

106.1 Feiertagsentgelt

reicht, wird ein dem Gedanken der Kontinuität besser entsprechender längerer Zeitraum heranzuziehen sein (vgl OGH 29. 4. 2020, 9 ObA 5/20 f).

Durch Kollektivvertrag iSd § 18 Abs 4 ArbVG kann geregelt werden, welche Leistungen des Arbeitgebers als Entgelt anzusehen sind und wie die Berechnung der Höhe des Entgelts (abweichend von § 9 ARG) zu erfolgen hat. Auch durch eine Verringerung der Sollarbeitszeit kann dem Ausfallprinzip des § 9 Abs 1 ARG Rechnung getragen werden (vgl OGH 24. 5. 2019, 8 ObA 15/19 t). **734**

Einem Branchenkollektivvertrag ist es zwar verwehrt, (zum Nachteil des Arbeitnehmers) Arbeitgeber-Leistungen, die unter den Entgeltbetriff des Gesetzes (oder des Generalkollektivvertrages) fallen, von der Anrechnung auf das Urlaubsentgelt auszunehmen. Durch Branchenkollektivvertrag kann aber nach § 6 Abs 5 UrlG und § 3 Abs 5 EFZG (sowie nach § 9 Abs 4 ARG) die Berechnungsart für die Ermittlung der Höhe des Entgelts abweichend geregelt werden (vgl OGH 29. 6. 1988, 9 ObA 141/88, sowie vom 18. 5. 1998, 8 ObA 407/97 d). Zum Feiertagsentgelt (§ 9 ARG) besteht kein Generalkollektivvertrag. Auch für das Feiertagsentgelt sind regelmäßig geleistete Überstunden zu berücksichtigen. Auch wenn der Kollektivvertrag keine – nach § 9 Abs 4 ARG zulässige – gesonderte Regelung betreffend die Berechnungsart des Feiertags(arbeits)entgeltes enthält, ist aus Gründen der praktischen Durchführbarkeit eine Gleichbehandlung mit anderen Nichtleistungsentgelten anzunehmen, sodass auch hiefür die allgemeine Regelung des Kollektivvertrages betreffend „Durchschnittslohn" heranzuziehen ist (VwGH 11. 12. 2013, 2011/08/0327). **735**

Fällt ein Feiertag auf einen Sonntag, hat ein Arbeitnehmer für seine Arbeit an diesem Tag keinen Anspruch auf Feiertagsarbeitsentgelt nach § 9 Abs 5 ARG, weil in diesem Fall keine Beschäftigung „während der Feiertagsruhe" vorliegt, außer der Kollektivvertrag sieht eine Sonderregelung vor (vgl OGH 29. 7. 2020, 9 ObA 29/20 k). **736**

Bei vorübergehend auftretendem besonderen Arbeitsbedarf können durch Betriebsvereinbarung an vier (aber nicht an vier aufeinanderfolgenden) Wochenenden oder Feiertagen pro Arbeitnehmer und Jahr Ausnahmen von der Wochenend- und Feiertagsruhe zugelassen werden. **737**

In Betrieben ohne Betriebsrat ist diese Wochenend- und Feiertagsruhe mittels schriftlicher Einzelvereinbarung zulässig, wobei die Arbeitnehmer diese Arbeitsleistungen ohne Angabe von Gründen ablehnen können.

Das Feiertagsentgelt unterliegt voll der Lohnsteuerpflicht. **738**

Das Feiertagsentgelt unterliegt als laufender Bezug im Rahmen der Bestimmungen des ASVG der Sozialversicherungspflicht. **739**

Das Feiertagsentgelt unterliegt im Rahmen der Bestimmungen des FLAG bzw KommStG der Abgabenpflicht bei DB, DZ und KommSt. **740**

Einseitiger Urlaubsantritt („persönlicher Feiertag")

Einmal pro Urlaubsjahr kann der Arbeitnehmer den Zeitpunkt des Antritts eines Tages des ihm zustehenden Urlaubs einseitig bestimmen, wenn er dies spätestens drei Monate im Vorhinein schriftlich bekannt gibt. **741**

Es steht dem Arbeitnehmer frei, auf Ersuchen des Arbeitgebers den bekannt gegebenen Urlaubstag nicht anzutreten. In diesem Fall hat der Arbeitnehmer weiterhin Anspruch auf diesen Urlaubstag, sowie zusätzlich zum Urlaubsentgelt Anspruch auf das für die geleistete Arbeit gebührende Entgelt. Er erhält daher für den nicht angetretenen „persönlichen Feiertag" ins- **742**

106. Feiertagsentlohnung

gesamt das doppelte Entgelt. Damit ist aber auch das Recht auf den einseitigen Urlaubsantritt für dieses Urlaubsjahr konsumiert.

Feiertag und Krankenstand

743 Ist ein Arbeitnehmer (Angestellter, Arbeiter oder Lehrling) an einem Feiertag krank, begründet sich der Entgeltfortzahlungsanspruch entsprechend der Judikatur nicht nach dem Entgeltfortzahlungs- oder Angestelltengesetz, sondern nach dem Arbeitsruhegesetz (ARG). Dies bedeutet, dass ein Feiertag, solange der EFZ-Anspruch noch nicht ausgeschöpft ist, nicht auf den EFZ-Anspruch anzurechnen ist.

744 Laut Arbeitsruhegesetz behält der Arbeitnehmer für die infolge eines Feiertages ausfallende Arbeit seinen Anspruch auf regelmäßiges Entgelt. Das Arbeitsruhegesetz kennt keinen geringeren Anspruch als 100%. Hat ein Arbeitnehmer aufgrund einer lohngestaltenden Vorschrift (zB KV, BV etc) Anspruch auf Entgelt, unabhängig davon, ob beitragspflichtig oder beitragsfrei (zB Krankengeldzuschuss laut KV; Teilentgelt des Lehrlings), gebührt ihm trotzdem das Feiertagsentgelt in voller Höhe.

745 Bezieht der Arbeitnehmer während der Zeit des Krankenstandes kein Entgelt, so gebührt auch kein Feiertagsentgelt.

746 Feiertagsentgelt im Sinne des ARG gebührt nur dann, wenn das Dienstverhältnis aufrecht ist. Es kommt durch Feiertage nach dem arbeitsrechtlichen Ende des Dienstverhältnisses zu keiner Verlängerung der Entgeltfortzahlungsdauer.

747 Eine Verlängerung der Entgeltfortzahlung aufgrund des Vorranges des Feiertagsentgelts tritt nur ein, sofern am Feiertag keine Verpflichtung zur Arbeitsleistung bestanden hat. Fällt ein Feiertag auf einen Sonntag, gebührt kein Feiertagsentgelt. Im Falle der Arbeitsunfähigkeit kommt es somit zu keiner Verlängerung der Entgeltfortzahlungsdauer.

748 Bestand aufgrund der Diensteinteilung eine Verpflichtung am Feiertag zu arbeiten (zB Gastgewerbe) und befindet sich der Dienstnehmer im Krankenstand, kommt es zu keiner Verlängerung der Entgeltfortzahlungsdauer um den Feiertag, weil die Arbeitsleistung ausschließlich aufgrund der eingetretenen Arbeitsunfähigkeit ausfällt und das ARG somit keine Anwendung findet.

106.2 Feiertagsarbeitsentgelt

749 Wird ein Arbeitnehmer während der Feiertagsruhe (siehe Feiertagsentgelt) beschäftigt, ohne einen Zeitausgleich (Ersatzruhetag) zu erhalten, hat er neben dem Entgelt, das er ohne Arbeitsleistung erhalten hat, Anspruch auf das für die geleistete Arbeit gebührende Entgelt (Feiertagsarbeitsentgelt).

Laut *Hofstätter/Reichel*, EStG § 68 EStG Rz 5.2 kann dieses für die geleistete Arbeitszeit gebührende Entgelt als Zuschlag für Feiertagsarbeit iS des § 68 Abs 1 EStG **steuerfrei** behandelt werden.

Bei Feiertagsarbeit ist somit zu unterscheiden:
– Fällt der Feiertag auf einen Tag der Normalarbeitszeit, so sind bei Einbringung von Arbeitsleistung an diesem Tag die dafür zusätzlich geleisteten Zahlungen als Feiertagszuschläge anzusehen. Wenn an solchen in die Normalarbeitszeit fallenden Feiertagen auch noch Überstunden geleistet werden, so sind diese Überstunden mit einem normalen steuer-

pflichtigen Überstundengrundlohn und einem unter § 68 Abs 1 EStG fallenden Zuschlag abzugelten.
- Fällt der Feiertag auf einen Tag, auf den keine Normalarbeitszeit entfällt (zB arbeitsfreier Samstag) und erbringt der Arbeitnehmer an diesem Tag Dienstleistungen, so sind diese mit einem normal steuerpflichtigen Grundlohn und mit unter § 68 Abs 1 EStG fallenden Feiertagszuschlägen abzugelten.

750 Wird an einem Feiertag gearbeitet, muss davon ausgegangen werden, dass für diesen Feiertag der Grundlohn bereits mit dem Normalbezug bezahlt worden ist. Das Feiertagsarbeitsentgelt sowie ein eventuell gezahlter Feiertagszuschlag ist gemäß den Bestimmungen des § 68 Abs 1 EStG (€ 360,– monatlich) bis zum Ergehen einer anders lautenden Rechtsmeinung **lohnsteuerfrei** (Auszug aus einer Anfragebeantwortung des Bundesweiten Fachbereichs Lohnsteuer).

751 Beim doppelten Entgelt für den nicht angetretenen „persönlichen Feiertag" (siehe dazu „Feiertagsentlohnung", „Einseitiger Urlaubsantritt [„persönlicher Feiertag"]") handelt es sich nicht um Feiertagsarbeitsentgelt, weil zum einen dieser Regelung kein gesetzlicher Feiertag zugrunde liegt, zum anderen wird zusätzlich zum Urlaubsentgelt ein Entgelt für die geleistete Arbeit an einem nicht angetretenen Urlaub bezahlt. Die Steuerbegünstigung gemäß § 68 Abs 1 EStG kann für dieses Entgelt nicht angewendet werden.

752 Das Feiertagsarbeitsentgelt unterliegt als laufender Bezug im Rahmen der Bestimmungen des ASVG der Sozialversicherungspflicht.

753 Das Feiertagsarbeitsentgelt unterliegt im Rahmen der Bestimmungen des FLAG bzw KommStG der Abgabenpflicht bei DB, DZ und KommSt.

106.3 Feiertagsüberstunden

754 In Fällen, in denen an Feiertagen über die normale tägliche Arbeitszeit hinaus gearbeitet wird, liegt eine Überstunde vor. Diese sind mit einem Grundlohn und einem Zuschlag (meist 100%, jedoch KV beachten) abzugelten.

755 Der Grundlohn ist voll steuerpflichtig. Der Zuschlag ist ein Zuschlag iSd § 68 Abs 1 EStG, wobei es ohne Bedeutung ist, ob der Zuschlag als Überstunden- oder Feiertagszuschlag bezeichnet wird.

756 Das Entgelt für Feiertagsüberstunden unterliegt als laufender Bezug im Rahmen der Bestimmungen des ASVG der Sozialversicherungspflicht.

757 Das Entgelt für Feiertagsüberstunden unterliegt im Rahmen der Bestimmungen des FLAG bzw KommStG der Abgabenpflicht bei DB, DZ und KommSt.

Beispiel – Feiertag

Angabe
Feiertag   26. 10. 2023
Normalarbeitszeit   38,5 Stunden
Arbeitszeit   MO – DO je 8 Stunden
                         FR   6,5 Stunden
Gehalt   € 1.978,00
Teiler Mehrarbeitszeit   167
Teiler Überstunden   158

107. Ferialpraktikanten

Mehrarbeitszeit	3 Stunden – kein Zuschlag		
Überstunden	6 Stunden – 50% Zuschlag		
13 Wochen			
Mehrarbeitszeit	9,5 Stunden – kein Zuschlag		
Überstunden	21 Stunden – 50% Zuschlag		
Feiertagsarbeit	10 Stunden		
Feiertagsentgelt	nach Arbeitsruhegesetz		
Feiertagsüberstunden	100% Zuschlag		
Abrechnung			
Gehalt			€ 1.978,00
MAZ	€ 1.978,00 : 167 =	€ 11,84 × 3 =	€ 35,52
ÜSt – Grdl	€ 1.978,00 : 158 =	€ 12,52 × 6 =	€ 75,12
ÜSt – Zuschl	50%		€ 37,56
Feiertagsentgelt			
MAZ	€ 11,84 × 9,5 Std =	€ 112,48 : 13 : 38,5 × 8 =	€ 1,80
ÜSt – Grdl	€ 12,52 × 21 Std =	€ 262,92 : 13 : 38,5 × 8 =	€ 4,20
ÜSt – Zuschl	50%		€ 2,10
Feiertagsarbeitsentgelt	€ 11,84 × 8 =		€ 94,72
Feiertagsüberstunden			
Grundlohn	€ 12,52 × 2 =		€ 25,04
Zuschlag	100%		€ 25,04
		Brutto	**€ 2.279,10**
Sozialversicherung	€ 2.279,10 × 18,12% =		€ 412,97
Lohnsteuer	€ 2.279,10		
– SV	€ 412,97		
– ÜSt – Zuschlag § 68/2	€ 37,56		
– FAE – § 68/1 EStG	€ 94,72		
– Zuschlag FÜSt – § 68/1 EStG	€ 25,04		
	€ 1.708,81		€ 119,93
		Netto/Ausz	**€ 1.746,20**

107. Ferialpraktikanten

758 Ferialpraktikanten sind Schüler oder Studenten, die als Ergänzung zu ihrer schulischen Ausbildung ein vorgeschriebenes Pflichtpraktikum in einem Betrieb absolvieren. Der Ausbildungszweck steht dabei im Vordergrund. Die im Betrieb erfolgte praktische Tätigkeit muss der in der Schule bzw im Studium gewählten Fachrichtung entsprechen. Der Ferialpraktikant muss im Betrieb der gewählten Fachrichtung entsprechend eingesetzt werden. Das Praktikum muss aber nicht in den Sommermonaten stattfinden. Auch Volontäre absolvieren zu Ausbildungszwecken ein betriebliches Praktikum – allerdings **ohne** schulische Verpflichtung dazu.

759 Dem Ferialpraktikanten ist es gestattet, sich zum Zweck seiner Aus- und Weiterbildung im Betrieb zu betätigen. Eine (persönliche) Arbeitsverpflichtung besteht nicht. Es darf weder eine Bindung an die betriebliche Arbeitszeit noch eine Weisungsgebundenheit gegeben sein. Der Ferialpraktikant hat sich in die allgemeine betriebliche Ordnung einzufügen und ua auch die für den Betrieb geltenden Sicherheitsvorschriften zu befolgen.

Der Inhalt und die Dauer des Ferialpraktikums richten sich nach den Ausbildungsvorschriften der Schule bzw des Studiums. **760**

Ein reguläres Arbeitsentgelt gebührt nicht. Ob ein Taschengeld bezahlt wird bzw wie hoch dieses ist, unterliegt grundsätzlich der freien Vereinbarung. **761**

Der Ferialpraktikant ist **kein** Arbeitnehmer im arbeitsrechtlichen Sinn. Es gelten für ihn daher auch keine arbeitsrechtlichen Bestimmungen, wie Urlaubsgesetz, Entgeltfortzahlungsgesetz, Angestelltengesetz oder KV. Viele KV schließen Ferialpraktikanten aus ihrem Geltungsbereich ausdrücklich aus, sie können aber auch vorsehen, dass Ferialpraktikanten wie Arbeitnehmer zu behandeln sind. Solche Ferialpraktikanten unterliegen den gesetzlichen und entsprechenden kollektivvertraglichen Bestimmungen über Entlohnung, Entgeltfortzahlung, Urlaub etc (zB Kollektivvertrag für das Hotel- und Gastgewerbe). **762**

Sozialversicherung

Ob ein Taschengeld bezahlt wird bzw wie hoch dieses ist, unterliegt grundsätzlich der freien Vereinbarung. Die Entscheidung, ob dem Ferialpraktikanten ein Taschengeld gewährt wird oder nicht, hat für die Fragen der Sozialversicherung entscheidende Bedeutung. **763**

107.1   Ferialpraktikant ohne Taschengeld

Ferialpraktikanten ohne Taschengeld sind **nicht** zur Pflichtversicherung anzumelden. Während der Tätigkeit besteht Unfallversicherungsschutz ohne Beitragsleistung des Arbeitgebers. **764**

107.2   Ferialpraktikant mit Taschengeld

Erhält der Ferialpraktikanten ein Taschengeld, ist eine Anmeldung bei der Sozialversicherung erforderlich. Dies gilt auch, wenn der Ferialpraktikanten geldwerte Sachleistungen erhält. **765**

Die Anmeldung hat – wie auch im echten Arbeitsverhältnis – vor Arbeitsantritt zu erfolgen. **766**

Übersteigt das Taschengeld die Geringfügigkeitsgrenze von € 500,91 monatlich (voraussichtlicher Wert 2023), führt dies zur Vollversicherung. **767**

Übersteigt das Taschengeld die Geringfügigkeitsgrenze nicht, liegt eine geringfügige Beschäftigung des Ferialpraktikanten vor, die grundsätzlich nur zu einer Unfallversicherung führt. **768**

107.3   Sonderfall – Praktikanten aus Hochschulstudien

Hier ist wie bei den Ferialpraktikanten zuerst zu prüfen, ob ein „normales" Dienstverhältnis (Weisungen, Kontrolle, persönliche Arbeitspflicht etc) vorliegt. Ist dies der Fall, hat eine Anmeldung als Dienstnehmer zu erfolgen. **769**

Absolviert ein Hochschulabsolvent nur ein vorgeschriebenes Praktikum (zB Psychologe in Ausbildung zum klinischen Psychologen), ist **immer eine Anmeldung zur Sozialversicherung** erforderlich. Erhält der Ferialpraktikant kein Entgelt, ist Beitragsgrundlage auf jeden Fall der im § 44 Abs 6 lit c ASVG als täglicher Arbeitsverdienst festgelegte Betrag. **770**

Dieser Personenkreis unterliegt der Arbeitslosen-, Kranken-, Unfall- und Pensionsversicherung. Als Beitragsgrundlage sind jene Bezüge heranzuziehen, die der Pflichtversicherte vom Träger jener Einrichtung erhält, in der die Ausbildung erfolgt. Sollten keine Bezüge gebühren bzw bezahlt werden, gilt als Beitragsgrundlage der im § 44 Abs 6 lit c ASVG als täglicher Ar- **771** beitsverdienst festgelegte Betrag von täglich € 31,44 bzw monatlich € 943,20 (Werte für 2023). Arbeiterkammerumlage und Wohnbauförderungsbeitrag fallen nicht an. Der Prozentsatz beträgt somit 17,12%.

772 Der Zuschlag nach dem Insolvenz-Entgeltsicherungsgesetz ist zu entrichten (Ausnahme: Dienstgeber ist Bund, Land oder Gemeinde). Beiträge zur Betrieblichen Vorsorge fallen nicht an (Ausnahme: Verwaltungspraktikanten des Bundes).

107.4 Sonderfall – Praktikanten im Hotel- und Gastgewerbe

773 Im Hotel- und Gastgewerbe wird durch ein Praktikum ausschließlich ein „echtes" Dienstverhältnis begründet. Der entsprechende Kollektivvertrag ist anzuwenden. Die Praktikanten haben demzufolge Anspruch auf Entgelt in der Höhe des jeweils geltenden Lehrlingseinkommens für das mit dem Schuljahr korrespondierende Lehrjahr.

107.5 Ausländische Ferialpraktikanten

774 Die Beurteilung der Beschäftigungsverhältnisse ausländischer „Praktikanten" hat ebenfalls nach österreichischem Sozialversicherungsrecht zu erfolgen. Aus welchen Staaten die „Praktikanten" kommen, spielt dabei keine Rolle.

Lohnsteuer

775 Aufgrund der Bestimmungen des § 47 EStG wird bei Ferialpraktikanten stets ein Dienstverhältnis unterstellt und die bezahlten Bezüge sind voll lohnsteuerpflichtig.

776 Gemäß § 3 Abs 1 Z 12 EStG sind Bezüge der bei inländischen Unternehmen gegen Entgelt nicht länger als sechs Monate beschäftigten ausländischen Studenten (Ferialpraktikanten) steuerfrei, soweit vom Ausland Gegenseitigkeit gewährt wird.

DB – DZ – KommSt

777 Das Entgelt für Ferialpraktikanten unterliegt im Rahmen der Bestimmungen des FLAG bzw KommStG der Abgabenpflicht bei DB, DZ und KommSt.

108. Finanzverwaltung – Neustrukturierung

778 Mit dem Finanz-Organisationsreformgesetz (FORG BGBl I 2019/104; 2. FORG BGBl I 2020/99) wurde die österreichische Finanzverwaltung neu strukturiert. Im Detail wurden damit folgende Maßnahmen umgesetzt:

779 An die Stelle der 40 Finanzämter (39 Finanzämter mit allgemeinem Aufgabenkreis und das FA für Gebühren, Verkehrssteuern und Glücksspiel) sind zwei Abgabenbehörden mit bundesweiter Zuständigkeit getreten. Zum einen ist dies das **FA Österreich** und zum anderen das **FA für Großbetriebe.** Die Steuer- und Zollkoordination ist in der neuen Struktur nicht mehr enthalten.

780 Die neun Zollämter wurden ebenfalls zu einer Abgabenbehörde mit bundesweiter Zuständigkeit zusammengeführt und ergeben das **Zollamt Österreich.**

Zusätzlich wurde ein **Amt für Betrugsbekämpfung** eingerichtet, welches aus den Geschäftsbereichen Finanzstrafsachen, Finanzpolizei, Steuerfahndung und Zentralstelle Internationale Zusammenarbeit besteht. Weiters sind im Amt für Betrugsbekämpfung die Zentrale Koordinationsstelle für die Kontrolle der illegalen Beschäftigung nach dem Ausländerbeschäftigungsgesetz und dem LSD-BG sowie ein Daten-, Informations- und Aufbereitungscenter (DIAC) insb zur Wahrnehmung der Aufgaben gemäß § 82 Abs 9 KFG angesiedelt. **781**

Zudem besteht die Bundesfinanzverwaltung aus den **Zentralen Services** (diesen obliegt insb die Sicherstellung einer einheitlichen Rechtsauslegung und Vollziehung) und dem **Prüfdienst für Lohnabgaben und Beiträge** (siehe dazu Kapitel „Lohnsteuerprüfung – PLB"). **782**

Überblick über die neue Struktur: **783**

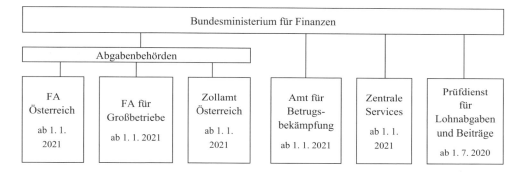

Sämtliche neu eingerichteten Ämter sowie der Prüfdienst haben eine bundesweite Zuständigkeit. Die Regelungen der Zuständigkeit von den Abgabenbehörden des Bundes finden sich nur mehr in der BAO, wobei Bestimmungen zur örtlichen Zuständigkeit hinfällig und nur mehr Regelungen der sachlichen Zuständigkeit erforderlich sind. **784**

Aufgrund der Neuorganisation gibt es nur mehr zwei sachlich zuständige **Arbeitgeberfinanzämter,** nämlich das **FA Österreich** und das **FA für Großbetriebe,** mit jeweils bundesweiter örtlicher Zuständigkeit. **785**

109. Firmen-Pkw – Sachbezug für Privatnutzung

➢ Siehe „Sachbezüge – Firmenauto".

110. Folgeprovisionen

Folgeprovisionen sind ihrem Wesen nach nichts anderes als die Abschlussprovision, von der sie sich nur durch die Abhängigkeit vom weiteren Bestand des Versicherungsvertrags und somit durch die Fälligkeit unterscheiden. Folgeprovisionen gehören daher zu den Einkünften aus nichtselbständiger Arbeit. **786**

112. Fortbildungskosten

Sozialversicherung

787 Folgeprovisionen **ohne** Betreuungspflicht sind beitragsfrei, solche mit Betreuungspflicht können nach Ende des Beschäftigungsverhältnisses die Versicherungspflicht nach § 4 Abs 4 ASVG bewirken. Kommt es zu einer Versicherungspflicht nach § 4 Abs 4 ASVG aufgrund von Auszahlungen von Folgeprovisionen mit Betreuungspflicht, so sind vom selben Auftraggeber ausgezahlte Folgeprovisionen ohne Betreuungspflicht diesem Versicherungsverhältnis nicht hinzuzurechnen. Die beiden Folgeprovisionsarten sind jeweils getrennt zu betrachten.

Lohnsteuer

788 Provisionen sind dann Einkünfte aus nichtselbständiger Arbeit, wenn sie im Rahmen des Dienstverhältnisses anfallen. Provisionen und Folgeprovisionen, die ein im Innendienst tätiger Versicherungsangestellter dafür erhält, dass er während der Arbeitszeit in den Arbeitsräumen des Arbeitgebers und in dessen Interesse Versicherungsverträge abschließt, sind infolge der engen Verbindung dieser Tätigkeit mit dem Dienstverhältnis lohnsteuerpflichtige Einkünfte aus nichtselbständiger Arbeit (VwGH 26. 2. 1965, 1879/64). Führt ein Arbeitnehmer eine Vertretertätigkeit außerhalb seiner Dienstzeit aus und ist er hiezu von seinem Arbeitgeber vertraglich auch nicht verpflichtet, ist diese Vertretertätigkeit nicht dem vertraglichen Arbeitsbereich eines Angestellten im Innendienst zuzurechnen. Es liegen daher diesbezüglich keine Einkünfte aus nichtselbständiger Tätigkeit vor (VwGH 9. 3. 1967, 0499/66). Bei Folgeprovisionen aus Versicherungsabschlüssen während der aktiven Dienstzeit handelt es sich um lohnsteuerpflichtiges Entgelt, das als laufender Arbeitslohn zu erfassen ist (VwGH 8. 10. 1969, 0847/68; VwGH 22. 10. 1969, 1634/68).

789 **Stockablösen** eines Versicherungsvertreters (Ablöse künftiger Folgeprovisionen) sind sonstige Bezüge gemäß § 67 Abs 1 und 2 EStG.

DB – DZ – KommSt

790 Folgeprovisionen gehören zu den Einkünften aus nichtselbständiger Arbeit und sind daher beitragspflichtig. Bezüge, die begrifflich zum vereinbarten Entgelt für aktive Dienstleistungen gehören, können auch dann nicht als Ruhe- und Versorgungsbezüge gelten, wenn sie erst nach Beendigung des Dienstverhältnisses ausgezahlt werden (VwGH 24. 9. 1963, 0437/62). Darunter fallen auch die sogenannten Folgeprovisionen der unselbständigen Versicherungsvertreter (VwGH 8. 10. 1969, 0847/68). Auf solche Bezüge ist daher die Ausnahmebestimmung des § 41 Abs 4 lit a FLAG nicht anwendbar.

➤ Siehe auch „Stockablösen eines Versicherungsvertreters".

111. Formel 7

791 Durch die Anwendung der Formel 7 kann das Jahressechstel optimiert werden. Zur genauen Vorgangsweise siehe „Sonstige Bezüge".

112. Fortbildungskosten

792 Fortbildungskosten dienen dazu, im jeweils ausgeübten Beruf auf dem Laufenden zu bleiben, um den jeweiligen Anforderungen gerecht zu werden. Werden Fortbildungskosten vom Arbeitgeber getragen, gehören diese nicht zum Arbeitslohn, wenn ein überwiegend betriebliches Interesse nachgewiesen wird (§ 26 Z 3 EStG). Trägt der Arbeitnehmer diese Kosten, liegen bei Erfüllung der Voraussetzungen Werbungskosten vor (siehe dazu LStR Rz 358).

Die Rückerstattung der Ausbildungskosten an den ehemaligen Dienstgeber stellt auf Seiten des Dienstnehmers Kosten aufgrund einer vertraglichen Verpflichtung, nämlich eine Art Schadenersatz dar. Der Rechtsgrund für den Erstattungsanspruch ist nicht die Ausbildung, sondern die vorzeitige Lösung des ehemaligen Dienstvertrags. Daher liegen beim neuen Dienstgeber keine Ausbildungskosten mehr vor und § 26 Z 3 EStG kann nicht angewendet werden. Der Ersatz der Aufwendungen ist ein geldwerter Vorteil aus dem neuen Dienstvertrag und sv- und lst-pflichtig. Beim Arbeitnehmer liegen allenfalls Werbungskosten vor, welche sich jedoch nur auf die Lohnsteuer, nicht aber auf die Lohnnebenkosten und die Sozialversicherung auswirken können. **793**

Nach den Vorgaben des § 49 Abs 3 Z 23 ASVG gehören Beträge, die vom Dienstgeber im betrieblichen Interesse für die Fortbildung des Dienstnehmers aufgewendet werden, nicht zum Entgelt und sind daher beitragsfrei. **794**

Beträge, die vom Dienstgeber im betrieblichen Interesse für die Fortbildung des Dienstnehmers aufgewendet werden, sind DB-, DZ- und KommSt-frei. **795**

113. Freibetrag für sonstige Bezüge

➢ Siehe „Sonstige Bezüge".

114. Freibetragsbescheid (§ 63 EStG)

Der Freibetragsbescheid (mit der Mitteilung für den Arbeitgeber) ergeht gemeinsam mit dem Veranlagungsbescheid für das dem Veranlagungszeitraum **zweitfolgende** Kalenderjahr und umfasst bestimmte Werbungskosten, Sonderausgaben und außergewöhnliche Belastungen. Der Freibetragsbescheid ist als vorläufige Maßnahme gedacht, denn im Zug der Veranlagung sind die tatsächlichen (auch geänderten) Werbungskosten, Sonderausgaben und außergewöhnlichen Belastungen neuerlich geltend zu machen. **796**

Auf Antrag des Steuerpflichtigen hat das FA keinen Freibetragsbescheid zu erlassen oder einen betragsmäßig niedrigeren als den bei der Veranlagung berücksichtigten Freibetrag festzusetzen (§ 63 Abs 2 EStG). Der Arbeitnehmer kann auch noch auf der Mitteilung, die zur Vorlage beim Arbeitgeber bestimmt ist, erklären, dass anstelle des ausgewiesenen Freibetrags ein niedrigerer Betrag bei der Lohnverrechnung zu berücksichtigen ist. Bei mehreren Arbeitgebern ist es dem Arbeitnehmer freigestellt, bei welchem Arbeitgeber er die Mitteilung vorlegt. Ein Austausch der Mitteilung während des Jahres ist nur bei Beendigung des entsprechenden Dienstverhältnisses möglich. **797**

Ein Freibetragsbescheid ist jedoch nicht zu erlassen: **798**

- ✓ nach dem 30. 11. des Kalenderjahrs, für das der Freibetragsbescheid zu ergehen hätte,
- ✓ bei Wegfall der unbeschränkten Steuerpflicht,
- ✓ bei einem jährlichen Freibetrag unter € 90,–,
- ✓ wenn bei jener Veranlagung, aufgrund derer ein Freibetragsbescheid zu erlassen wäre, die Einkommensteuer die angerechnete Lohnsteuer übersteigt und Vorauszahlungen festgesetzt werden.

115. Freie oder verbilligte Abgabe von Getränken

799 Auf Antrag des Arbeitnehmers hat das FA keinen Freibetragsbescheid zu erlassen oder einen betragsmäßig niedrigeren als den sich gemäß Abs 1 ergebenden Freibetrag festzusetzen.

800 Für beschränkt steuerpflichtige Arbeitnehmer und für Arbeitnehmer, die gemäß § 1 Abs 4 EStG als unbeschränkt steuerpflichtig behandelt werden, ist kein Freibetragsbescheid zu erteilen (§ 63 Abs 7 EStG).

801 Das FA hat auf Antrag des Arbeitnehmers losgelöst von einem Veranlagungsverfahren einen Freibetragsbescheid für das laufende Kalenderjahr zu erlassen, wenn glaubhaft gemacht wird, dass im Kalenderjahr
- ✓ zusätzliche Werbungskosten iSd § 63 Abs 1 Z 1 EStG von mindestens € 900,– oder
- ✓ Aufwendungen zur Beseitigung von Katastrophenschäden iSd § 34 Abs 6 EStG vorliegen.

Der Antrag muss bis zum 31. 10. gestellt werden. Gleichzeitig mit der Erlassung eines solchen Freibetragsbescheids ist eine Mitteilung zur Vorlage beim Arbeitgeber zu erstellen. Die Einschränkung des § 63 Abs 1 Z 3 EStG ist bei diesem Freibetragsbescheid nicht anzuwenden.

802 Der Freibetragsbescheid gemäß § 63 Abs 1 EStG enthält folgende Freibeträge, soweit die betreffenden Aufwendungen bei Durchführung der (Arbeitnehmer-)Veranlagung berücksichtigt wurden:
- ✓ Werbungskosten, auf die das Werbungskosten-Pauschale anzurechnen ist, mit dem das Pauschale übersteigenden Betrag. Bei Steuerpflichtigen, denen der Pensionistenabsetzbetrag zusteht, werden keine Werbungskosten in den Freibetragsbescheid aufgenommen. Das Pendlerpauschale, Beiträge für die freiwillige Mitgliedschaft bei Berufsverbänden oder rückgezahlte Einnahmen iSd § 16 Abs 2 EStG werden im Freibetragsbescheid nicht berücksichtigt.
- ✓ Sonderausgaben, außer Kirchenbeiträge und Verlustabzug.
- ✓ Außergewöhnliche Belastungen, bei denen kein Selbstbehalt zu berücksichtigen ist, ausgenommen Aufwendungen zur Beseitigung von Katastrophenschäden gemäß § 34 Abs 6 EStG.
- ✓ Pauschalierte Freibeträge aufgrund einer Behinderung (§ 35 Abs 3 EStG, Pauschbeträge aufgrund der Verordnung) sowie der Freibetrag gemäß § 105 EStG: ausgenommen die Berücksichtigung erfolgt durch den Pensionsversicherungsträger gemäß § 62 EStG. Werden von einem Behinderten die tatsächlichen (nicht pauschalierten) außergewöhnlichen Belastungen nachgewiesen, so kommt es in jedem Fall zur Berücksichtigung im Freibetragsbescheid. Taxikosten von Gehbehinderten sowie die Kosten für besondere Hilfsmittel und Heilbehandlung für Behinderte sind zur Gänze in den Freibetragsbescheid aufzunehmen.

115. Freie oder verbilligte Abgabe von Getränken (§ 3 Abs 1 Z 18 EStG; § 49 Abs 3 Z 13 ASVG)

803 Getränke, die der Arbeitgeber (Dienstgeber) zum Verbrauch im Betrieb unentgeltlich oder verbilligt an Arbeitnehmer abgibt, sind beim Arbeitnehmer steuer- und sozialversicherungsfrei und gehören weder zur Bemessungsgrundlage für die Kommunalsteuer (§ 5 KommStG) noch zur Beitragsgrundlage für den Familienlastenausgleichsfonds (§ 41 Abs 4 FLAG).

116. Freie oder verbilligte Beförderung (§ 26 Z 5 EStG; § 49 Abs 3 Z 20 ASVG)

Die Beförderung der Arbeitnehmer zwischen Wohnung und Arbeitsstätte auf Kosten des Arbeitgebers mit Fahrzeugen in der Art eines Massenverkehrsmittels (Werkverkehr) gehört gemäß § 26 Z 5 lit a EStG nicht zu den Einkünften aus nichtselbständiger Arbeit und auch weder zur Bemessungsgrundlage für die Kommunalsteuer (§ 5 KommStG) noch zur Beitragsgrundlage für den Familienlastenausgleichsfonds (§ 41 Abs 4 FLAG). **804**

Der geldwerte Vorteil aus der Beförderung der Dienstnehmer zwischen Wohnung und Arbeitsstätte auf Kosten des Dienstgebers sowie der Ersatz der tatsächlichen Kosten für Fahrten zwischen Wohnung und Arbeitsstätte mit Massenbeförderungsmitteln zählen gemäß den Bestimmungen des § 49 Abs 3 Z 20 ASVG nicht zum Entgelt und sind daher beitragsfrei. **805**

➢ Siehe dazu auch „Pendlerpauschale".

117. Freie oder verbilligte Mahlzeiten (§ 3 Abs 1 Z 17 EStG; § 49 Abs 3 Z 12 ASVG)

Für die Inanspruchnahme dieser Steuerbegünstigung ist es belanglos, ob die freien oder verbilligten Mahlzeiten im Betrieb des Arbeitgebers verabreicht werden (zB Werksküche, Kantine), ob sie von einem Betrieb außerhalb des Unternehmens (zB einer Großküche) zum Verbrauch im Betrieb geliefert werden oder ob die Einnahme der Mahlzeiten überhaupt außerhalb des Betriebs (zB in einem Gasthaus) erfolgt. Auch die Abgabe von Essensbons (Essensmarken), die den Arbeitnehmer zur Einnahme von freien oder verbilligten Mahlzeiten im Betrieb oder außerhalb des Betriebes (auch durch Lieferservice) berechtigen, fällt unter diese Befreiungsbestimmung. Es muss sich aber um freiwillige Sachzuwendungen des Arbeitgebers handeln; Barzuschüsse, die der Arbeitgeber leistet, um seinen Arbeitnehmern die Einnahme von Mahlzeiten zu erleichtern, sind steuerpflichtiger Arbeitslohn. **806**

Hat der Arbeitnehmer auf die Verabreichung von freien oder verbilligten Mahlzeiten einen Rechtsanspruch (zB aufgrund eines Gesetzes oder Kollektivvertrags), dann gehört diese Sachzuwendung des Arbeitgebers zu dem dem Arbeitnehmer zustehenden Arbeitslohn und ist als Sachbezug nach § 15 Abs 2 EStG zu versteuern. Ansprüche auf Basis einer Betriebsvereinbarung, eines Arbeitsvertrages oder eines gewohnheitsrechtlichen Anspruches stellen kein Hindernis für die Steuerbefreiung gemäß § 3 Abs 1 Z 17 EStG dar. **807**

Gutscheine sind steuerfrei: **808**
- ✓ Bis zu einem Wert von € 8,– pro Arbeitstag, wenn die Gutscheine nur zur Konsumation von Mahlzeiten eingelöst werden können, die von einer Gaststätte oder einem Lieferservice zubereitet bzw geliefert werden.
- ✓ Bis zu einem Wert von € 2,– pro Arbeitstag, wenn die Gutscheine auch zur Bezahlung von Lebensmitteln verwendet werden können, die nicht sofort konsumiert werden müssen.

Die Steuerbefreiung für Gutscheine in Höhe von € 8,– gilt ab dem Kalenderjahr 2022 nicht mehr nur für Mahlzeiten, die in einer Gaststätte konsumiert werden, sondern auch für solche, die zwar von einer Gaststätte oder einem Lieferservice zubereitet bzw geliefert, aber bspw in der Wohnung des Arbeitnehmers (etwa im Homeoffice) konsumiert werden. Nicht von der Begünstigung umfasst, sind Mahlzeiten, die nicht von einer Gaststätte oder einem Lieferdienst **809**

117. Freie oder verbilligte Mahlzeiten

zubereitet werden (zB von Supermärkten zubereitete und von einem Lieferservice zugestellte Mahlzeiten) sowie Lebensmittellieferungen.

810 Als Gaststätten gelten Gastgewerbebetriebe iSd § 1 Abs 1 der Gastgewerbepauschalierungsverordnung 2013, die Speisen jeder Art anbieten, die an Ort und Stelle genossen werden können. Eine reine Handelstätigkeit fällt nicht darunter. Essensgutscheine, die in anderen Betrieben (zB Lebensmittelgeschäften) eingelöst werden können, berechtigen nicht zur Inanspruchnahme des erhöhten Freibetrages von € 8,– pro Arbeitstag, sondern bleiben nur bis zu einem Betrag von € 2,– pro Arbeitstag steuerfrei. Betreibt ein Lebensmittelgeschäft, eine Bäckerei oder Fleischhauerei auch einen gastgewerblichen Betrieb, ist die Anwendung des erhöhten Freibetrages von € 8,– pro Arbeitstag nur dann zulässig, wenn der Gastgewerbebetrieb vom Handelsbetrieb organisatorisch und durch einen eigenen Verrechnungskreis (eigene Kassa) getrennt ist, sodass die Einlösung beim Gastgewerbebetrieb nachvollziehbar ist und die Einlösung der Essensbons im Handelsbetrieb nicht gestattet wird (vertragliche Vereinbarung).

811 Die Verwaltungspraxis im Hinblick auf die Steuerfreiheit von Essensbons wurde insoweit geändert, als nunmehr der Arbeitnehmer die Gutscheine

- ✓ auch **kumuliert,**
- ✓ **ohne** wertmäßiges **Tageslimit,**
- ✓ an **jedem Wochentag** (auch am Wochenende)

einlösen kann (BMF 12. 5. 2020, BMF-2020 – 0.092.779).

812 Es ist somit möglich, die Essensbons an arbeitsfreien Tagen (zB Samstag, Sonntag, Feiertag) einzulösen. Eine Ausgabe von Essensbons für diese Tage ist nicht zulässig bzw nicht von der Steuerbefreiung umfasst. Durch die Möglichkeit der kumulierten Einlösung ohne wertmäßiges Tageslimit ist ein Konnex mit der eigenen Verpflegung des Arbeitnehmers nicht mehr erforderlich. Die Essensbons können auch für (Ehe-)Partner, Kinder, Freunde, Arbeitskollegen etc eingelöst werden.

813 Die Essensbons können bereits bei deren Ausgabe steuerfrei behandelt werden. Dabei muss jedoch sichergestellt sein, dass ein Arbeitnehmer nur Gutscheine für Mahlzeiten im gesetzlich zulässigen Höchstausmaß erhält. Es ist dabei immer auf die tatsächlichen Arbeitstage des Arbeitnehmers im konkreten Einzelfall abzustellen. Es können zB bei einer Fünf-Tage-Woche mit 220 Arbeitstagen pro Jahr € 8,– bzw € 2,– x 220 ausgegeben werden. Im Falle von unterjährigen Ein- und Austritten ist der aliquote Anteil pro Monat heranzuziehen (1 Monat = 18,3 Tage (220 Arbeitstage: 12 Monate)) und auf volle Tage aufzurunden.

> **Beispiel**
>
> Ein Arbeitnehmer mit einer Fünf-Tage-Woche erhält bereits am Beginn des Kalenderjahres 220 Stück Essensbons in Höhe von € 8,– pro Tag für das gesamte Kalenderjahr.
> Die Essensbons können bei der Ausgabe vorerst steuerfrei behandelt werden, weil die Anzahl der Essensbons den durchschnittlichen Arbeitstagen eines Arbeitnehmers mit Fünf-Tage-Woche für ein Kalenderjahr entspricht.

814 Die Steuerbefreiung bezieht sich auf Arbeitstage, weshalb bspw für Urlaubs- und Krankenstandstage, Feiertag oder sonstige Dienstverhinderungs- bzw Nichtleistungstage, keine steuerfreien Essensbons gewährt werden können.

117. Freie oder verbilligte Mahlzeiten

> **Hinweis**
>
> In der Praxis sollte spätestens am Jahresende eine Kontrolle erfolgen, ob die Anzahl der ausgegebenen Gutscheine nicht höher ist, als die Anzahl der tatsächlichen Arbeitstage des Arbeitnehmers. Hat der Arbeitnehmer mehr Gutscheine als tatsächliche Arbeitstage erhalten, liegt im Ausmaß des „Überhanges" ein steuerpflichtiger Sachbezug vor.

Die Steuerfreiheit von **Essensbons** ist begrenzt mit € 8,– pro Arbeitstag. Übersteigt der Wert der abgegebenen Essensbons € 8,– pro Arbeitstag, liegt hinsichtlich des übersteigenden Betrags ein steuerpflichtiger Sachbezug vor. **815**

Können die vom Arbeitgeber ausgegebenen Essensbons auch zur Bezahlung von Lebensmitteln, die nach Hause mitgenommen werden können, verwendet werden, sind sie bis zu einem Betrag von € **2,–** pro Arbeitstag steuerfrei (LStR Rz 94). **816**

Die Gutscheine müssen nicht in Papierform bestehen, sondern können auch elektronisch gespeichert werden (Chipkarte, digitaler Essensbons, Prepaid-Karte etc). Auch App-Lösungen sind möglich. Es muss jedoch sichergestellt sein, dass bei Abwicklung in dieser Form auch sämtliche Voraussetzungen für die Steuerbefreiung erfüllt sind. **817**

Freie oder verbilligte Mahlzeiten (Naturalbezug), die der Arbeitgeber an nicht in seinen Haushalt aufgenommene Arbeitnehmer zur Verköstigung am Arbeitsplatz (etwa in betriebseigenen Kantinen) freiwillig gewährt, können ohne betragsmäßige Beschränkung steuerfrei abgegeben werden. Die Einnahme von Mahlzeiten außerhalb des Betriebes (zB in Gaststätten) ist nach dem klaren Gesetzeswortlaut davon nicht erfasst und nur im Rahmen der Gutscheinregelung möglich (vgl VwGH 19. 4. 2018, Ro 2016/15/0018). **818**

Zahlt der Arbeitgeber den Zuschuss für die Konsumation einer Mahlzeit dem Arbeitnehmer im Nachhinein aus, ist nur dann von einer unentgeltlichen oder verbilligten Verköstigung des Arbeitnehmers auszugehen, wenn alle folgenden Voraussetzungen erfüllt sind: **819**

- ✓ Der Arbeitnehmer identifiziert sich bei der Einnahme der Mahlzeiten (beim Erwerb von Lebensmitteln) anhand eines elektronischen Speichermediums (Chipkarte, digitaler Essensbon) oder der Arbeitnehmer identifiziert sich über eine vom Arbeitgeber zur Verfügung gestellte App, reicht den Beleg der Essenskonsumation über diese App ein und es wird über die App sichergestellt, dass die Voraussetzungen für die Steuerbefreiung vorliegen.
- ✓ Der Arbeitnehmer erwirbt mit der Verwendung der elektronischen Karte oder App einen unwiderruflichen Anspruch auf einen (teilweisen) Zuschuss durch den Arbeitgeber.
- ✓ Die Zahlung des Arbeitnehmers für die Mahlzeit und der vom Arbeitgeber im Nachhinein geleistete Zuschuss müssen exakt zuordenbar sein.

Von der Befreiungsbestimmung des § 3 Abs 1 Z 17 EStG sind freie oder verbilligte Mahlzeiten am Arbeitsplatz (etwa in betriebseigenen Kantinen), Gutscheine für Mahlzeiten in einer Gaststätte und Gutscheine für Lebensmittel erfasst. Nicht von der Befreiung erfasst, ist die Gewährung von Zuschüssen zur Einnahme von Mahlzeiten in Gaststätten (VwGH 19. 4. 2018, Ro 2016/15/0018). **820**

Die „volle" freie Verpflegung durch den Arbeitgeber ist bei einem Kantinenbetrieb nur dann steuerfrei, wenn es sich um eine Verköstigung am Arbeitsplatz handelt. Wie der VwGH ausgeführt hat, muss es sich um betriebseigene Kantinen handeln. Im Gegensatz zu einer Gaststätte, bei der nur die Steuerbegünstigung für Gutscheine, nicht jedoch für die „volle" freie Verpflegung zur Anwendung gelangt, dürfen ausschließlich Arbeitnehmer Zugang zu dieser Kantine haben. Nicht schädlich ist, wenn sich mehrere Arbeitgeber einen Kantinenbetrieb **821**

119. Freigestellte Mitglieder des Betriebsrates und Personalvertreter

teilen, sofern ausschließlich deren Arbeitnehmer freie oder verbilligte Mahlzeiten einnehmen können.

822 Werden an Arbeitnehmer, die sich auf **Dienstreisen** befinden, Essensmarken für die Verpflegung außer Haus ausgegeben, sind diese Essensbons wie Tagesgeld zu behandeln. Übersteigt die Summe aus ausgezahltem Tagesgeld und dem Wert des Essensbons € 26,40 pro Tag bzw den jeweils aliquoten Teil, liegt insoweit ein steuerpflichtiger Bezug vor. Gutscheine bis zu einem Betrag von € 2,– pro Arbeitstag, die auch zur Bezahlung von Lebensmitteln verwendet werden können, die nicht sofort konsumiert werden müssen, bleiben dabei unberücksichtigt.

823 Sind die übrigen Voraussetzungen erfüllt und wird die tatsächliche Konsumation einer Mahlzeit in einem Gasthaus oder am Arbeitsplatz vorgenommen, können Gutscheine für Mahlzeiten auch an Teleworker steuerfrei abgegeben werden.

118. Freier oder verbilligter Haustrunk

824 Der Haustrunk kann nur mehr, sofern die Voraussetzungen vorliegen, im Rahmen der Bestimmungen betreffend Mitarbeiterrabatte steuerfrei behandelt werden und gehört diesfalls weder zur Bemessungsgrundlage für die Kommunalsteuer (§ 5 KommStG) noch zur Beitragsgrundlage für den Familienlastenausgleichsfonds (§ 41 Abs 4 FLAG) noch zur Beitragsgrundlage im Bereich der Sozialversicherung.

> **Beispiel**
>
> Eine Brauerei überlässt den Arbeitnehmern im Betrieb unentgeltlich Bier im Wert von € 800,– pro Jahr. Da im Rahmen der Regelung zu den Mitarbeiterrabatten € 1.000,– Freibetrag zur Verfügung stehen, ist der Haustrunk, sofern sämtliche Voraussetzungen erfüllt werden, steuer- sowie sozialversicherungsfrei. Zudem sind keine Lohnnebenkosten zu entrichten.

119. Freigestellte Mitglieder des Betriebsrates und Personalvertreter (§ 68 Abs 7 EStG; § 49 Abs 3 Z 21 ASVG)

825 Zulagen, Zuschläge und Entschädigungen iSd § 68 EStG, die in dem an freigestellte Mitglieder des Betriebsrats fortgezahlten Entgelte enthalten sind, sind bis zu insgesamt € 360,– monatlich (§ 68 Abs 1 EStG) und zusätzlich für die ersten zehn Überstunden im Monat bis zu € 86,– monatlich (§ 68 Abs 2 EStG) steuerfrei. Das Gleiche gilt für Personalvertreter iS des Bundes-Personalvertretungsgesetzes und ähnlicher landesgesetzlicher Vorschriften gezahlte gleichartige Zulagen und Zuschläge. Diese Steuerbefreiungen gelten aber nicht für Zuschläge, die Bestandteile des Urlaubsentgeltes sind (VwGH 23. 5. 1996, 95/15/0030).

826 Hiezu zählen demnach:
- ✓ Schmutz-, Erschwernis- oder Gefahrenzulagen, Zuschläge für Sonntags-, Feiertags- und Nachtarbeit und mit diesen Arbeiten zusammenhängende Überstundenzuschläge (§ 68 Abs 1 EStG),
- ✓ Überstundenzuschläge für die ersten zehn Überstunden im Monat im Ausmaß von höchstens 50% des Grundlohnes (§ 68 Abs 2 EStG).

In dem an freigestellte Mitglieder des Betriebsrates sowie an Dienstnehmer im Krankenstand fortgezahlte Entgelt enthaltene Zulagen, Zuschläge und Entschädigungen, die nach den Bestimmungen des § 49 Abs 3 Z 1 bis 20 ASVG als beitragsfrei erklärten Entgelte, unterliegen ebenfalls nicht der Sozialversicherungspflicht (§ 49 Abs 3 Z 21 ASVG). **827**

Die an freigestellte Betriebsräte bezahlten Entgelte unterliegen voll der Beitragspflicht beim DB, DZ und KommSt. **828**

119.1 Reisekosten

Werden dem Belegschaftsvertreter die im Zuge seiner Betriebsratstätigkeit anfallenden Reisekosten durch den Arbeitgeber ersetzt, können diese Kostenersätze im Rahmen der Bestimmungen des § 3 Abs 1 Z 16 b EStG steuerfrei ausbezahlt werden, soweit sie nicht die im § 26 Z 4 genannten Beträge übersteigen. **829**

> Siehe dazu auch „Reisekosten".

120. Freiwillige Abfertigung

> Siehe „Abfertigungen".

121. Freiwillige Beiträge zu einer inländischen gesetzlichen Krankenversicherung

Freiwillige Beiträge zu einer inländischen gesetzlichen Krankenversicherung sind gemäß § 16 Abs 1 Z 4 lit e EStG ebenfalls abzugsfähig, sofern sie der Höhe nach insgesamt Pflichtbeiträgen in der gesetzlichen Sozialversicherung entsprechen. Ebenso sind Beiträge aufgrund einer inländischen oder ausländischen Versicherungspflicht nur insoweit abzugsfähig, als sie der Höhe nach insgesamt Pflichtbeiträgen in der gesetzlichen Sozialversicherung entsprechen (vgl UFS Feldkirch 12. 5. 2011, RV/0004-F/11). Eine gesetzliche Versicherungspflicht ist auch dann gegeben, wenn der Arbeitnehmer innerhalb dieser gesetzlichen Versicherungspflicht die Versicherungsanstalt selbst auswählen kann. Beiträge zu einer verpflichtend abzuschließenden Pflegeversicherung (wie zB die soziale Pflegeversicherung in Deutschland gemäß § 1 Abs 2 deutschem Sozialgesetzbuch) sind bei Vorliegen einer engen organisatorischen und inhaltlichen Verknüpfung mit der Krankenversicherung ebenfalls unter die Bestimmung des § 16 Abs 1 Z 4 lit e EStG zu subsumieren (vgl BFG 2. 12. 2015, RV/3100836/2015; UFS Innsbruck 25. 7. 2013, RV/0696-I/08; BFG 15. 12. 2014, RV/7100585/2014). **830**

Waren Vorruhestandgeldbezieher unmittelbar vor Beginn der Leistung des Vorruhestandgeldes in der gesetzlichen Rentenversicherung versicherungspflichtig, bleiben sie dies auch für die Zeit des Vorruhestandgeldbezugs. Die Leistung der Beiträge in die gesetzliche Rentenversicherung stellt daher solche zu einer ausländischen Pflichtversicherung dar, die einer inländischen gesetzlichen Sozialversicherung entspricht, wie dies in § 16 Abs 1 Z 4 lit f EStG gefordert ist (vgl BFG 2. 12. 2015, RV/3100836/2015). **831**

Beitragszahlungen aufgrund mehrerer geringfügiger Beschäftigungen werden von der Sozialversicherung verpflichtend vorgeschrieben und sind daher auch als Pflichtbeiträge gemäß § 16 Abs 1 Z 4 EStG zu behandeln. **832**

122. Freiwillige soziale Zuwendungen

833 Übersicht über die Abgrenzung zwischen Werbungskosten und Sonderausgaben bei freiwillig geleisteten Pensions- und Krankenversicherungsbeiträgen:

	Versicherter leistet Beiträge selbst	(Ehe-)Partner oder Elternteil für Kinder iSd § 106 EStG leistet Beiträge
Krankenversicherung gemäß § 16 ASVG	Werbungskosten gemäß § 16 Abs 1 Z 4 lit e EStG bis zur Höhe von Pflichtbeiträgen*)	Bis zur Höhe von Pflichtbeiträgen*) keine steuerliche Auswirkung. Darüber hinaus auch keine Berücksichtigung als Sonderausgaben möglich.
Pensionsversicherung gemäß §§ 16a und 18a ASVG	Sonderausgaben gemäß § 18 Abs 1 Z 2 EStG ohne Höchstbetragsbegrenzung	Sonderausgaben gemäß § 18 Abs 1 Z 2 EStG ohne Höchstbetragsbegrenzung
Krankenversicherung geringfügig beschäftigter Personen gemäß § 19a ASVG	Es bestehen keine Bedenken, aus Vereinfachungsgründen die gesamten Aufwendungen als Werbungskosten gemäß § 16 Abs 1 Z 4 EStG zu berücksichtigen.	Bis zur Höhe von Pflichtbeiträgen*) keine steuerliche Auswirkung. Darüber hinaus auch keine Berücksichtigung als Sonderausgaben möglich.
Pensionsversicherung geringfügig beschäftigter Personen gemäß § 19a ASVG		Sonderausgaben gemäß § 18 Abs 1 Z 2 EStG ohne Höchstbetragsbegrenzung

*) Der Beitragssatz beträgt 7,65%. Ist ein Arbeitnehmer gemäß § 112 Abs 2 Ärztegesetz von der Beitragspflicht an den Wohlfahrtsfonds einer österreichischen Ärztekammer befreit, stellen die Beiträge an ein ausländisches berufsständisches Versorgungswerk in jener Höhe Werbungskosten gemäß § 16 Abs 1 Z 4 lit e EStG dar, in der in Österreich Beiträge zu entrichten wären. Beim übersteigenden Betrag handelt es sich um eine freiwillige Pensionsversicherung gemäß § 18 Abs 1 Z 2 EStG, welcher ab 1. 1. 2021 auch nicht mehr als Sonderausgaben berücksichtigt werden kann (vgl UFS Innsbruck 24. 1. 2011, RV/0551-I/10). Sozialversicherungsbeiträge, die auf den gemäß § 3 Abs 1 Z 15 lit a EStG steuerfreien Betrag entfallen, sind als Werbungskosten gemäß § 16 Abs 1 Z 4 EStG abzuziehen.

122. Freiwillige soziale Zuwendungen (§ 3 Abs 1 Z 16 EStG; § 49 Abs 3 Z 11 ASVG)

Lohnsteuer

834 Freiwillige soziale Zuwendungen des Arbeitgebers an den Betriebsratsfonds stellen grundsätzlich keinen steuerpflichtigen Arbeitslohn dar. Erst die Weitergabe an den Arbeitnehmer kann eine Steuerpflicht im Rahmen der Veranlagung auslösen. Zuwendungen an den Betriebsratsfonds, die an individuell bestimmte oder bestimmbare Dienstnehmer weitergegeben werden, sind steuerpflichtiger Arbeitslohn, der bereits beim Arbeitgeber durch Lohnsteuerabzug zu erfassen ist.

835 Die Befreiung des § 3 Abs 1 Z 16 EStG betrifft nur den Betriebsratsfonds selbst. Zuwendungen des Betriebsratsfonds an die Dienstnehmer sind unter den gleichen Voraussetzungen wie Zuwendungen des Arbeitgebers steuerfrei.

Freiwillige Zuwendungen zur Beseitigung von Katastrophenschäden, insb Hochwasser-, Erdrutsch-, Vermurungs- und Lawinen-, Schneekatastrophen- und Sturmschäden, stellen beim Spendenempfänger keine steuerpflichtigen Einnahmen dar. **836**

Zuwendungen an individuell bezeichneten Arbeitnehmern die aus einem besonderen Anlass gewährt werden, wie zB Geburtenbeihilfen, Heiratsbeihilfen, Ausbildungs- und Studienbeihilfen und Krankenstandaushilfen sind steuerpflichtiger Arbeitslohn und sind als sonstige Bezüge nach den Bestimmungen des § 67 Abs 1 und 2 EStG zu versteuern. **837**

Sozialversicherung

Freiwillige soziale Zuwendungen des Dienstgebers an seine Dienstnehmer oder an den Betriebsratsfonds sind beitragsfrei. Unter freiwilligen Zuwendungen sind zu verstehen (taxative Aufzählung) **838**

- ✓ Zuwendungen zur Beseitigung von Katastrophenschäden, insb Hochwasser-, Erdrutsch-, Vermurungs- und Lawinenschäden,
- ✓ Zuwendungen des Dienstgebers für zielgerichtete, wirkungsorientierte, vom Leistungsangebot der gesetzlichen Krankenversicherung erfasste Gesundheitsförderung (Salutogenese) und Prävention sowie Impfungen, soweit diese Zuwendungen an alle Dienstnehmern oder bestimmte Gruppen seiner Dienstnehmer gewährt werden,
- ✓ Zuwendungen des Dienstgebers für das Begräbnis des Dienstnehmers oder dessen (Ehe-) Partners oder dessen Kinder iSd § 106 EStG,
- ✓ Zuschüsse des Dienstgebers für die Betreuung von Kindern bis höchstens € 1.000,– pro Kind und Kalenderjahr, die der Dienstgeber allen Dienstnehmern oder bestimmten Gruppen seiner Dienstnehmer gewährt, wenn die weiteren Voraussetzungen nach § 49 Abs 9 ASVG vorliegen.

DB – DZ – KommSt

Soweit solche Zuwendungen steuerfrei sind, gehören sie weder zur Bemessungsgrundlage für die Kommunalsteuer (§ 5 KommStG) noch zur Beitragsgrundlage für den Familienlastenausgleichsfonds (§ 41 Abs 4 FLAG). **839**

123. Gefahrenzulage

➢ Siehe „Schmutz-, Erschwernis- und Gefahrenzulagen".

124. Geldstrafen – Geldbußen

Geldstrafen, zu denen ein Arbeitnehmer wegen eines gesetzwidrigen oder unsittlichen Verhaltens verurteilt wurde, sind keine Werbungskosten. Auch dann nicht, wenn die Geldstrafe wegen eines Verhaltens bei oder iZm der Arbeitstätigkeit des Arbeitnehmers verhängt wurde. Strafen und Geldbußen, die von Gerichten, Verwaltungsbehörden oder den Organen der Europäischen Union verhängt werden, sind ebenso steuerlich nicht abzugsfähig (§ 20 Abs 1 Z 5 lit b EStG). **840**

Lohnsteuer

841 Werden über den Arbeitnehmer verhängte Geldstrafen vom Arbeitgeber ersetzt, so liegt steuerpflichtiger Arbeitslohn vor (VwGH 23. 5. 1984, 83/13/0092). Es handelt sich weder um durchlaufende Gelder noch um Auslagenersätze iSd § 26 Z 2 EStG.

842 Werden Anonymverfügungen an den Arbeitgeber zugestellt und von diesem entrichtet, liegt kein steuerpflichtiger Vorteil aus dem Dienstverhältnis vor. In diesen Fällen ist noch keine über den Arbeitnehmer verhängte Geldstrafe gegeben, die vom Arbeitgeber ersetzt wird. Dies gilt selbst dann, wenn der „Verursacher" der Strafe leicht ermittelbar ist. Im Stadium der Anonymverfügung ist der Arbeitnehmer noch nicht Normadressat der verhängten Strafe, sodass der Arbeitgeber noch keine Schuld des Arbeitnehmers übernimmt (in diesem Sinne auch der deutsche BFH im Urteil vom 13. 8. 2020, VI R 1/17).

Sozialversicherung

843 Der Ersatz vom Arbeitgeber von über den Arbeitnehmer verhängte Geldstrafen ist Arbeitslohn und als solcher auch in der Sozialversicherung beitragspflichtig.

DB – DZ – KommSt

844 Derartige vom Arbeitgeber übernommene Geldstrafen sind im Rahmen der Bestimmungen des § 41 FLAG und § 5 KommStG DB-, DZ- und KommSt pflichtig.

125. Gemeinsame Auszahlung von verschiedenen Pensionen (§ 47 Abs 3–5 EStG)

845 Werden Pensionen aus der gesetzlichen Sozialversicherung sowie Bezüge oder Vorteile aus einem früheren Dienstverhältnis iSd § 25 Abs 1 Z 1 – 4 EStG gemeinsam mit anderen gesetzlichen Pensionen oder Bezügen und Vorteilen aus einem früheren Dienstverhältnis ausgezahlt, dann sind die Pflichten des Arbeitgebers hinsichtlich des Steuerabzugs vom Arbeitslohn für die gemeinsam ausgezahlten Beträge ausschließlich von der auszahlenden Stelle wahrzunehmen. Über die ausgezahlten Bezüge ist ein einheitlicher Lohnzettel auszustellen.

846 Der BMF kann anordnen, dass bei getrennter Auszahlung von zwei oder mehreren Pensionen aus der gesetzlichen Sozialversicherung, gleichartigen Bezügen aus Versorgungs- und Unterstützungseinrichtungen der Kammern der selbständig Erwerbstätigen, von inländischen Pensionskassen, von Bezügen aus betrieblichen Kollektivversicherungen iSd § 93 Versicherungsaufsichtsgesetz 2016, von Bezügen oder Vorteilen aus einem früheren Dienstverhältnis bei Körperschaften öffentlichen Rechts iSd § 25 Abs 1 Z 1 bis 4 EStG sowie von Bezügen aus einer gesetzlichen Unfallversorgung und dem Grunde und der Höhe nach gleichartigen Bezügen aus Versorgungs- und Unterstützungseinrichtungen der Kammern der selbständig Erwerbstätigen eine der auszahlenden Stellen die gemeinsame Versteuerung dieser Bezüge vornimmt. In diesem Fall hat die die gemeinsame Versteuerung durchführende auszahlende Stelle einen einheitlichen Lohnzettel auszustellen.

847 Von dieser Verordnungsermächtigung wurde Gebrauch gemacht und die Verordnung betreffend die gemeinsame Versteuerung mehrerer Pensionen erlassen. Eine gemeinsame Versteuerung ist vorzunehmen, wenn folgende steuerpflichtige Bezüge gleichzeitig einer Person zufließen:

- ✓ Pensionen nach dem Allgemeinen Sozialversicherungsgesetz (ASVG), dem Bauern-Sozialversicherungsgesetz (BSVG), dem Gewerblichen Sozialversicherungsgesetz (GSVG), dem Beamten-Kranken- und Unfallversicherungsgesetz (B-KUVG) sowie dem Bundesbahn-Pensionsgesetz 2000 (BB-PG),
- ✓ Bezüge und Vorteile aus einem früheren Dienstverhältnis zum Bund,
- ✓ Ruhe(Versorgungs)bezüge im Sinne des Bezügegesetzes und des Verfassungsgerichtshofgesetzes,
- ✓ Bezüge und Vorteile aus einem früheren Dienstverhältnis zu einem Bundesland oder zur Gemeinde Wien,
- ✓ Bezüge und Vorteile aus inländischen Pensionskassen sowie Bezüge aus betrieblichen Kollektivversicherungen iSd § 93 Versicherungsaufsichtsgesetz 2016.

Die gemeinsame Versteuerung hat jene bezugsauszahlende Stelle vorzunehmen, die den höheren steuerpflichtigen Bezug auszahlt, ausgenommen bei Vorliegen von Bezügen und Vorteilen aus inländischen Pensionskassen oder von Bezügen aus betrieblichen Kollektivversicherungen iSd § 93 Versicherungsaufsichtsgesetz 2016. **848**

Die gemeinsame Versteuerung kann unterbleiben, wenn die laufend einzubehaltende Lohnsteuer höher ist als der Bezug, den die für die gemeinsame Versteuerung zuständige bezugsauszahlende Stelle auszahlt. **849**

Wird eine gemeinsame Versteuerung nicht durchgeführt, sind die Bezüge zu veranlagen (Pflichtveranlagung gemäß § 41 Abs 1 EStG). **850**

Werden Bezüge oder Vorteile aus einem früheren Dienstverhältnis neben einer Pension aus der gesetzlichen Sozialversicherung ausbezahlt, so kann der Sozialversicherungsträger eine gemeinsame Versteuerung dieser Bezüge vornehmen. In diesem Fall hat der Sozialversicherungsträger einen einheitlichen Lohnzettel auszustellen. **851**

126. Geringfügig beschäftigte Arbeitnehmer

Geringfügig beschäftigte (freie) Dienstnehmer sind nur in der **Unfallversicherung** in Höhe von **1,1%** der Beitragsgrundlage pflichtversichert (Teilversicherung). **852**

Ein Dienstnehmer gilt dann als geringfügig beschäftigt, wenn ihm aus dem jeweiligen Beschäftigungsverhältnis innerhalb eines Kalendermonates kein höheres Entgelt als € 500,91 (voraussichtlicher Wert 2023) gebührt. Für die Beurteilung, ob die Geringfügigkeitsgrenze überschritten wird, ist zu prüfen, für welchen Zeitraum das Dienstverhältnis abgeschlossen wurde, wann das Dienstverhältnis beginnt oder endet und wie hoch das im Kalendermonat gebührende Entgelt ist. Dabei dürfen keine Sonderzahlungsanteile herangezogen werden. **853**

Ist ein unbefristetes oder zumindest für einen Monat vereinbartes Dienstverhältnis gegeben, ist für die Beurteilung der Geringfügigkeit jenes Entgelt heranzuziehen, das für einen ganzen Kalendermonat gebührt bzw gebührt hätte (Hochrechnung bei untermonatigem Beginn oder Ende des Dienstverhältnisses). **854**

Ist das Dienstverhältnis für kürzer als einen Monat vereinbart, ist jenes Entgelt heranzuziehen, das für die vereinbarte Dauer der Beschäftigung im jeweiligen Kalendermonat gebührt bzw gebührt hätte. **855**

Mehrere Dienstverhältnisse eines Dienstnehmers beim selben Dienstgeber sind immer getrennt zu betrachten. **856**

126. Geringfügig beschäftigte Arbeitnehmer

857 Bei der fallweisen (tageweisen) Beschäftigung ist jeder Tag als eigenständiges Dienstverhältnis zu betrachten. Eine Zusammenrechnung der fallweisen Beschäftigungen darf nicht vorgenommen werden.

Beispiel – Geringfügige Beschäftigungen

Der Dienstnehmer war an folgenden Tagen im Betrieb beschäftigt:

Beschäftigungstage	Bezug	Versicherung	Beitragsgrundlage	UV-Beitrag %
11. 1. 2023	€ 200,–	geringfügig	€ 195,–	1,10%
16. 1. 2023	€ 200,–	geringfügig	€ 195,–	1,10%
26. 1. 2023	€ 200,–	geringfügig	€ 195,–	1,10%
30. 1. 2023	€ 200,–	geringfügig	€ 195,–	1,10%

Nachdem bei keinem der Beschäftigungsverhältnisse die Geringfügigkeitsgrenze überschritten wurde, liegt kein vollversicherungspflichtiges Dienstverhältnis vor, obwohl im Kalendermonat, bezogen auf alle Dienstverhältnisse, sehr wohl die monatliche Geringfügigkeitsgrenze überschritten wurde.

858 **Keine** geringfügige Beschäftigung liegt vor, bei
- ✓ Kurzarbeit;
- ✓ einer Beschäftigung als Hausbesorger nach dem Hausbesorgergesetz, außer während der Zeit des Karenzurlaubes und des Beschäftigungsverbotes gemäß dem MSchG und VKG;
- ✓ einer für mindestens einen Monat oder auf unbestimmte Zeit vereinbarten Beschäftigung, die im Lauf des betreffenden Kalendermonates begonnen oder geendet hat oder unterbrochen wurde und das daraus gebührende Entgelt nur deshalb die Geringfügigkeitsgrenze nicht übersteigt;
- ✓ Lehrlingen.

859 Übersteigt die Summe der monatlichen allgemeinen Beitragsgrundlagen aller geringfügig Beschäftigten das 1,5-fache der Geringfügigkeitsgrenze in Höhe von **€ 751,37** (voraussichtlicher Wert 2023), hat der Dienstgeber SV-Beiträge in Form eines Pauschalbetrages zu entrichten. Der Pauschalbetrag beträgt 16,4% und wird von der Summe aller Entgelte (auch Sonderzahlungen) der geringfügig beschäftigten Dienstnehmer – **also auch über die Höchstbeitragsgrundlage hinaus** – berechnet.

860 Bei Ermittlung der 1,5-fachen Geringfügigkeitsgrenze kommt es nicht auf die einzelnen Beschäftigungsverhältnisse, sondern auf die allgemeine Beitragsgrundlage (bis zur Höchstbeitragsgrundlage) innerhalb des Kalendermonates an.

➢ Siehe auch „Aushilfskräfte".

Pauschale Dienstgeberabgabe

Beschäftigungstage	Entgelt	Versicherung	Beitragsgrundlage	UV-Beitrag
Versicherter 1				
11. 2. 2023	€ 200,–	geringfügig	€ 195,–	1,10%
16. 2. 2023	€ 220,–	geringfügig	€ 195,–	1,10%
17. 2. 2023	€ 200,–	geringfügig	€ 195,–	1,10%

Versicherter 2					
3. 2. 2023	€ 300,–	geringfügig	€ 195,–	1,10%	
17. 2. 2023	€ 350,–	geringfügig	€ 195,–	1,10%	
Summe	€ 1.270,–		€ 975,–		

Nachdem die allgemeine Beitragsgrundlage (€ 975,–) die 1,5-fache Geringfügigkeitsgrenze (2023 € 751,37) übersteigt, muss der Dienstgeber, zusätzlich zum UV-Beitrag, die Dienstgeberabgabe in Höhe von 16,4% vom gesamten Entgelt (€ 1.270,–) entrichten.

Geringfügige Beschäftigungsverhältnisse unterliegen in der Sozialversicherung den normalen Anmeldebestimmungen. Die Anmeldung bei der zuständigen ÖGK hat vor Arbeitsantritt (Mindestangabenmeldung und Meldung für fallweise Beschäftigte) zu erfolgen. **861**

Vollendet der Arbeitnehmer das 60. Lebensjahr, ist ab dem darauffolgenden Kalendermonat kein Unfallversicherungsbeitrag zu entrichten. Besteht die Verpflichtung zur Leistung der pauschalen Dienstgeberabgabe (DAG), entfällt nur der Unfallversicherungsbeitrag. **862**

Der Versicherungsbeitrag ist **am 31. 12.** des jeweiligen **Kalenderjahres** fällig. Die Beiträge für die geringfügig Beschäftigten sind bis **15. 1.** des **Folgejahres** zu entrichten. **863**

Bei jährlicher Zahlung muss trotzdem in jedem Monat eine monatliche Beitragsgrundlagenmeldung für geringfügige Mitarbeiter übermittelt werden. Wird nach dem Vorschreibeverfahren verrechnet, sind die Entgelte zu melden.

Geringfügig Beschäftigte unterliegen ebenfalls dem BMSVG, weshalb auch der Beitrag zur Betrieblichen Mitarbeitervorsorgekasse zu entrichten ist. Wird der Unfallversicherungsbeitrag jährlich gezahlt, so müssen auch die Beiträge zur Betrieblichen Mitarbeitervorsorgekasse inkl Zuschlag bis zum 15. 1. des Folgejahres entrichtet werden. **864**

Bestehen bei einem Dienstnehmer mehrere Dienstverhältnisse und übersteigen die Bezüge daraus die Geringfügigkeitsgrenze von € 500,91 (voraussichtlicher Wert 2023), bewirkt dies eine Vollversicherung in der Kranken- und Pensionsversicherung (jedoch keine AlV). Die ÖGK schreibt die ausstehenden Beiträge im Herbst des Folgejahres direkt dem Dienstnehmer vor. **865**

Die Beitragsvorschreibung bezieht sich auf den Kranken- und Pensionsversicherungsbeitrag in Höhe von 14,12% und die Arbeiterkammerumlage von 0,5% (entfällt bei den Sonderzahlungen). **866**

Steuerrechtlich gibt es für ein geringfügiges Beschäftigungsverhältnis keine Ausnahmebestimmungen. Aufgrund der geringen Höhe kommt es idR jedoch zu keinem Steuerabzug beim Arbeitgeber. **867**

Für geringfügig beschäftigte Arbeitnehmer hat der Dienstgeber am Ende des Kalenderjahres bzw freiwillig bei unterjährigem Austritt ebenfalls einen Lohnzettel abzugeben. Im Zuge der Arbeitnehmerveranlagung kommt es eventuell zu einer Nachversteuerung derartiger Bezüge. **868**

Die Bezüge der geringfügig beschäftigten Arbeitnehmer unterliegen nach den Bestimmungen des FLAG und des KommStG der Beitragspflicht bei DB, DZ und KommSt. **869**

127. Geschäftsführer

Die Anstellung des Geschäftsführers einer GmbH kann in steuerrechtlicher Hinsicht aufgrund eines **Dienstvertrags,** aber auch aufgrund eines so genannten **freien Dienstvertrags,** eines **Werkvertrags** oder eines **bloßen Auftrags** erfolgen (VwGH 15. 7. 1998, 97/13/0169). **870**

127. Geschäftsführer

Folgende Geschäftsführer sind zu unterscheiden:
- ✓ Geschäftsführer (Fremdgeschäftsführer)
- ✓ Gesellschafter-Geschäftsführer mit einer Beteiligung von maximal 25% (nicht wesentlich beteiligter Gesellschafter-Geschäftsführer)
- ✓ Gesellschafter-Geschäftsführer mit einer Beteiligung von mehr als 25% (wesentlich beteiligter Gesellschafter-Geschäftsführer)

127.1 Geschäftsführer (Fremdgeschäftsführer) bzw Gesellschafter-Geschäftsführer mit einer Beteiligung von maximal 25% (nicht wesentlich beteiligter Gesellschafter-Geschäftsführer)

871 Die im Wirtschaftsleben üblichere Vertragsgestaltung betreffend die Ausübung einer Geschäftsführertätigkeit ist die eines **Dienstvertrags**.

872 Mögliche Einkunftsarten nicht bzw nicht wesentlich beteiligter Gesellschafter-Geschäftsführer:
- ✓ Ist der Geschäftsführer bzw der Gesellschafter-Geschäftsführer mit maximal 25% beteiligt und aufgrund eines Dienstvertrags (§ 47 Abs 2 EStG) tätig, dann bezieht er Einkünfte aus nichtselbständiger Arbeit iSd § 25 Abs 1 Z 1 lit a EStG.
- ✓ Ist der Gesellschafter-Geschäftsführer mit maximal 25% beteiligt, aber aufgrund einer gesellschaftsvertraglichen Sonderbestimmung – also aufgrund des Gesellschaftsvertrags – weisungsfrei (zB aufgrund einer Sperrminorität), dann bezieht er, wenn sonst alle Merkmale eines Dienstverhältnisses vorliegen (§ 47 Abs 2 EStG), Einkünfte aus nichtselbständiger Arbeit nach § 25 Abs 1 Z 1 lit b EStG. Handelt es sich um nicht wesentlich beteiligte Gesellschafter, die nicht als Geschäftsführer tätig sind, führt selbst eine Sperrminorität nicht zu Einkünften aus nichtselbständiger Arbeit nach § 25 Abs 1 Z 1 lit b EStG sondern allenfalls – bei Vorliegen der Voraussetzungen – nach § 25 Abs 1 Z 1 lit a EStG. Siehe dazu auch VwGH 19. 5. 2020, Ra 2018/13/0061.

In beiden Fällen liegt ein **Dienstverhältnis nach § 47 Abs 2 EStG** vor.

873 Es ist daher zweckmäßig, das Tätigkeitsbild eines Geschäftsführers bzw Gesellschafter-Geschäftsführers zunächst danach zu untersuchen, ob es die Merkmale eines Dienstverhältnisses aufweist, und jene Merkmale, die allenfalls für einen freien Dienstvertrag oder Werkvertrag sprechen, in ihrer Bedeutung den für ein Dienstverhältnis sprechenden Merkmalen gegenüberzustellen. Finden sich Merkmale beider Vertragstypen, so sind die überwiegenden Merkmale maßgebend (VwGH 30. 11. 1993, 89/14/0300; VwGH 19. 12. 2000, 99/14/0166; vgl LStR Rz 981).

Gleiches gilt für Vorstandsmitglieder von Aktiengesellschaften.

874 Für das Vorliegen eines Dienstverhältnisses ist die persönliche Weisungsbindung relevant. Die Bindung des Geschäftsführers an den Gesellschaftsvertrag und die Gesellschafterbeschlüsse stellen bloß eine sachliche Weisungsgebundenheit des Geschäftsführers her. Die Beurteilung der persönlichen Weisungsgebundenheit hat „allein auf Grund des das Anstellungsverhältnis regelnden Anstellungsvertrages" zu erfolgen. Wurde im Anstellungsvertrag die Weisungsgebundenheit ausgeschlossen, fehlt es an der persönlichen Weisungsbindung. Es liegt kein Dienstverhältnis gemäß § 47 Abs 2 (Satz 1 und 2) EStG und es liegen somit keine Einkünfte gemäß § 25 Abs 1 Z 1 lit a EStG vor (vgl VwGH 21. 4. 2016, 2013/15/0202). Ist auch keine gesellschaftsvertragliche Sonderbestimmung gegeben, ist auch kein Dienstverhältnis gemäß

127.1 (Fremd-)Geschäftsführer mit einer Beteiligung von maximal 25%

§ 47 Abs 2 (Satz 3) EStG und sind somit keine Einkünfte gemäß § 25 Abs 1 Z 1 lit b EStG gegeben. In diesen Fällen wird idR von einem freien Dienstvertrag auszugehen sein.

Sozialversicherung

Aufgrund der Bestimmungen des § 4 Abs 2 ASVG gilt als **Dienstnehmer** auch, wer nach **§ 47 Abs 1 iVm § 47 Abs 2 EStG lohnsteuerpflichtig** ist. Somit sind Geschäftsführer und jene Gesellschafter-Geschäftsführer, die mit maximal 25% am Stammkapital des Unternehmens beteiligt sind und in einem steuerlichen Dienstverhältnis stehen (mit oder ohne Sperrminorität), nach den Bestimmungen des ASVG vollversichert. 875

Liegt kein Dienstverhältnis iSd § 47 EStG vor, kommt eine Versicherungspflicht als freier Dienstnehmer nach den Bestimmungen des § 2 Abs 1 Z 3 GSVG (Gesellschafter-Geschäftsführer ist an der Gesellschaft beteiligt und die Gesellschaft ist Mitglied bei der Kammer der gewerblichen Wirtschaft) oder nach § 4 Abs 4 ASVG in Betracht. Letzteres ist bei einem Fremdgeschäftsführer (keine Beteiligung) und bei einem beteiligten Gesellschafter-Geschäftsführer (bis maximal 25% Beteiligung), wenn die Gesellschaft nicht Mitglied der Kammer der gewerblichen Wirtschaft ist, der Fall, wenn sie aus dieser Tätigkeit ein Entgelt beziehen, die Dienstleistungen im Wesentlichen persönlich erbringen und über keine wesentlichen eigenen Betriebsmittel verfügen und keine Ausnahme nach § 4 Abs 4 lit a – d ASVG vorliegt. 876

Übt ein Geschäftsführer in mehreren Tochtergesellschaften Geschäftsführerfunktionen aus, ohne einen gesonderten Anstellungsvertrag und ohne Anspruch auf zusätzliche Vergütung, wird dadurch kein zusätzliches sozialversicherungsrechtliches Dienstverhältnis zum Beschäftiger begründet, wenn die Überlassung 877

- ✓ innerhalb eines Zusammenschlusses
- ✓ rechtlich selbständiger Unternehmen
- ✓ unter einheitlicher Leitung

erfolgt.

Dieselben Grundsätze gelten für Vorstandsmitglieder von Aktiengesellschaften. In der Praxis liegt bei den meisten Vorstandsmitgliedern Lohnsteuerpflicht vor. Es stellt sich nun die Frage, ob Vorstandsmitglieder einer Aktiengesellschaft wegen des Spezialtatbestands des § 70 AktG – auch bei Vorliegen von Lohnsteuerpflicht – nicht gemäß § 4 Abs 2 ASVG versichert sind. Dies gilt nicht generell. Nach einhelliger Meinung der Krankenversicherungsträger ist jedenfalls die Prüfreihenfolge anzuwenden. Liegt Lohnsteuerpflicht gemäß § 47 Abs 1 iVm Abs 2 EStG vor, ist Versicherungspflicht nach § 4 Abs 2 Satz 3 ASVG gegeben, andernfalls liegt Versicherungspflicht nach § 4 Abs 1 Z 6 ASVG vor. Für Meldungen der Dienstgeber gilt dies ab 1. 8. 2009 (Dachverband 15. 12. 2009, 32-MVB-51.1/09 Dm/Mm). 878

DB – DZ – KommSt

Aufgrund der Bestimmungen des § 41 FLAG hat der Dienstgeber für alle im Bundesgebiet beschäftigten Dienstnehmer den Dienstgeberbeitrag zu entrichten. 879

Dienstnehmer sind Personen, die in einem **Dienstverhältnis iSd § 47 Abs 2 EStG** stehen sowie im ASVG versicherte freie Dienstnehmer iSd § 4 Abs 4 ASVG. Arbeitslöhne an solche Dienstnehmer unterliegen auch der Kommunalsteuerpflicht (§ 5 KommStG). 880

127. Geschäftsführer

127.2 Gesellschafter-Geschäftsführer mit einer Beteiligung von mehr als 25%

881 Gesellschafter-Geschäftsführer, die einen Gesellschaftsanteil von mehr als 25% besitzen, sind keine Arbeitnehmer iSd § 47 EStG. Soweit das Entgelt für ihre Geschäftsführertätigkeit angemessen ist, liegen **Einkünfte aus sonstiger selbständiger Arbeit gemäß § 22 Z 2 EStG** vor. Dabei müssen die Merkmale eines Dienstverhältnisses – ausgenommen die persönliche Weisungsgebundenheit – gegeben sein.

882 Es kommt nicht auf die Erfüllung einer Funktion als Organ der Gesellschaft an (VwGH 28. 11. 2002, 98/13/0041) bzw ist auf die Art der Tätigkeit nicht abzustellen. Unter diese Bestimmung fällt sohin nicht nur die Tätigkeit als unternehmensrechtlicher Geschäftsführer, sondern jede Art der dienstnehmerähnlichen Beschäftigung des an der Kapitalgesellschaft wesentlich Beteiligten, bspw ein mehr als 25% beteiligter Gesellschafter, der als Kraftfahrer beschäftigt ist (VwGH 30. 4. 2003, 2001/13/0320), oder ein an einer Wirtschaftsprüfungs- und Steuerberatungs-GmbH mehr als 25% beteiligter Gesellschafter mit der Befugnis zur Ausübung der Tätigkeit eines Wirtschaftsprüfers, wenn er im operativen Bereich dieser Wirtschaftsprüfungs- und Steuerberatungs-GmbH eine einem Wirtschaftsprüfer entsprechende Tätigkeit ausübt und dabei dienstnehmerähnlich tätig wird (VwGH 26. 11. 2003, 2001/13/0219; vgl EStR 2000 Rz 5267).

883 Über ein angemessenes Entgelt hinausgehende Vergütungen des wesentlich beteiligten Gesellschafter-Geschäftsführers stellen verdeckte Gewinnausschüttungen dar; sie fallen unter § 27 EStG (Kapitalertragsteuerpflicht, § 93 EStG) und dürfen von der Kapitalgesellschaft nicht als Betriebsausgaben behandelt werden.

Sozialversicherung

Einkünfte[1]	§ 22 Z 2 TS 2 EStG					
abzuklären	Beteiligungsausmaß					
	< 50%				50% oder mehr	
	Liegt DN-Eigenschaft vor (persönliche und wirtschaftliche Abhängigkeit)?				Ist die GmbH WKO-Mitglied?	
	ja	nein (zB bei Sperrminorität)			ja	nein
		Ist die GmbH WKO-Mitglied?				
		nein		ja		
		Wesentliche eigene Betriebsmittel?				
		nein	ja			
SV	§ 4 Abs 2 ASVG keine Arbeiterkammerumlage	§ 4 Abs 4 ASVG – freier DN (Ausnahme: § 4 Abs 4 lit a–d ASVG – „Freiberufler") keine	§ 2 Abs 1 Z 4 GSVG neuer Selbstständiger	§ 2 Abs 1 Z 3 GSVG	§ 2 Abs 1 Z 3 GSVG	§ 2 Abs 1 Z 4 GSVG neuer Selbstständiger

[1] *Steiger*, Die einkommensteuerliche und sozialversicherungsrechtliche Einstufung von Geschäftsführern, taxlex 2016, 347.

127.2 Gesellschafter-Geschäftsführer mit einer Beteiligung von mehr als 25%

		Arbeiter-kammerum-lage				
LNK	BV	BV	DB	DB		DB
	DB	DB		DZ		
	DZ		KommSt	KommSt		KommSt
	KommSt	KommSt				
Ausschüttungen	SV-beitragsfrei		GSVG-beitragspflichtig (§ 25 GSVG)			

DB – DZ – KommSt

884 Im Bereich des FLAG und des KommStG gelten als Dienstnehmer auch an Kapitalgesellschaften wesentlich beteiligte Personen iSd § 22 Z 2 EStG (§ 41 FLAG, § 2 KommStG).

885 Unter § 22 Z 2 EStG fallen die Gehälter und sonstigen Vergütungen jeder Art, die von einer Kapitalgesellschaft an wesentlich Beteiligte für ihre sonst alle Merkmale eines Dienstverhältnisses (§ 47 Abs 2 EStG) aufweisende Beschäftigung gewährt werden.

886 Die Weisungsgebundenheit wird durch Verwendung des Wortes „sonst" in § 22 Z 2 EStG als Tatbestandskriterium beseitigt. Die Eingliederung in den geschäftlichen Organismus ist als einziges Kriterium für die Lohnnebenkostenpflicht maßgebend. Nur dann, wenn Eingliederung nicht klar zu erkennen ist, sind weitere Elemente wie Fehlen eines Unternehmerrisikos oder eine als „laufend" zu erkennenden Lohnzahlung zu prüfen (vgl VwGH 10. 11. 2004, 2003/13/0018 – verstärkter Senat).

887 Die Eingliederung in den geschäftlichen Organismus des Betriebes wird durch jede nach außen hin als auf Dauer angelegte erkennbare Tätigkeit hergestellt, mit welcher der Unternehmenszweck der Gesellschaft, sei es durch ihre Führung, sei es durch operatives Wirken auf ihrem Betätigungsfeld, verwirklicht wird. Eine derartige Eingliederung ist bei der Tätigkeit als Geschäftsführer idR gegeben.

888 Unter „Gehälter und sonstige Vergütungen jeder Art" iSd § 22 Z 2 EStG fallen alle Vergütungen an den wesentlich beteiligten Gesellschafter-Geschäftsführer, die für eine den Unternehmenszweck verwirklichende Tätigkeit von der GmbH an diesen geleistet werden. Die zivilrechtliche Gestaltung der Leistungsbeziehung ist dabei irrelevant. Maßgeblich sind die „Vergütungen jeder Art" und nicht der Gewinn. Zur Beitragsgrundlage zu DB/DZ/KommSt zählen daher auch Bezüge, welche eine Gesellschaft ihrem Gesellschafter-Geschäftsführer als Vergütung der bei ihm angefallenen Reisekosten (Betriebsausgaben) gewährt (vgl VwGH 19. 3. 2013, 2012/15/0212; VwGH 4. 2. 2009, 2008/15/0260). Der Gleichstellung des zu 100% beteiligten Gesellschafter-Geschäftsführers mit einem Einzelunternehmer steht das Trennungsprinzip entgegen (vgl VwGH 23. 1. 2013, 2010/15/0187).

889 Vergütungen jeder Art iSd § 22 Z 2 EStG sind bspw (vgl auch BMF-Info zum KommStG Rz 78):

- ✓ Auslagenersätze oder Reisekostenersätze, die eine Kapitalgesellschaft dem Geschäftsführer als Vergütung der bei ihm anfallenden Betriebsausgaben gewährt (VwGH 4. 2. 2009, 2008/15/0260),
- ✓ Pauschale Kostenersätze (zB Kilometergeld, Tagesgeld, Nächtigungsgeld). § 26 EStG kommt bei Einkünften gemäß § 22 Z 2 EStG nicht zur Anwendung,
- ✓ belegmäßig nachgewiesene Verpflegungskosten,

127. Geschäftsführer

- ✓ von der Gesellschaft übernommene Sozialversicherungsbeiträge (vgl VwGH 26. 3. 2003, 2001/13/0092),
- ✓ Sachbezüge.

890 Nicht zur Bemessungsgrundlage (Kommunalsteuer) gehören (BMF-Info zum KommStG Rz 81):

- ✓ tatsächlich (belegmäßig) nachgewiesene Aufwendungen für ein Reiseticket (zB Bahnticket, Flugticket) oder eine Nächtigungsmöglichkeit (zB Hotelrechnung) iZm einer beruflichen Reise
- ✓ Gehälter und sonstige Vergütungen jeder Art, die für eine ehemalige Tätigkeit iSd § 22 Z 2 EStG an Geschäftsführer gewährt werden (= Firmenpensionen)
- ✓ eine der GmbH in Rechnung gestellte Umsatzsteuer (vgl UStR 2000 Rz 184)
- ✓ (verdeckte) Ausschüttungen der Kapitalgesellschaft (VwGH 19. 12. 2001, 2001/13/0225), weil diese Ausschüttungen zu den Einkünften aus Kapitalvermögen gehören (§ 27 Abs 1 Z 1 EStG, EStR 2000 Rz 6148 ff)
- ✓ Vergütungen aus der Verzinsung des Verrechnungskontos des Gesellschafters, weil sie die Gesellschafterstellung betreffen (VwGH 18. 7. 2001, 2001/13/0072)
- ✓ Überbrückungshilfen
- ✓ Vergütungen eines aufgrund eines Geschäftsführervertrags beschäftigten „Fremdgeschäftsführers", wenn dieser an keine Weisungen gebunden ist (VwGH 21. 10. 2015, 2012/13/0088)
- ✓ Echte Lizenzzahlungen (Abgeltung von Lizenzrechten) (VwGH 25. 6. 2008, 2008/15/0014)

891 Von DB/DZ/KommSt befreit sind auch die in § 3 Abs 1 Z 11 und Z 13 – 21 EStG genannten Bezüge sowie die in § 3 Abs 1 Z 10 EStG genannten laufenden Bezüge. Ist die Arbeitnehmereigenschaft Voraussetzung für die Steuerbefreiung, kann diese nicht auf wesentlich beteiligte Gesellschafter-Geschäftsführer angewendet werden. Die Bezüge sind in diesen Fällen lohnnebenkostenpflichtig (zB):

- ✓ Freie oder verbilligte Mahlzeiten (§ 3 Abs 1 Z 17 EStG)
- ✓ Reiseaufwandsentschädigungen (§ 3 Abs 1 Z 16 b EStG)
- ✓ Zukunftsvorsorgemaßnahmen des Arbeitgebers (§ 3 Abs 1 Z 15 a EStG)
- ✓ **Nicht:** Der Vorteil aus der Teilnahme an Betriebsveranstaltungen (§ 3 Abs 1 Z 14 EStG).

892 Werden vom wesentlich beteiligten Gesellschafter-Geschäftsführer auch Honorare als Einzelunternehmer an die Gesellschaft verrechnet, sind diese ebenfalls lohnnebenkostenpflichtig, wenn es sich um Gehälter oder sonstige Vergütungen handelt, die „für" die „Beschäftigung" des Gesellschafters gewährt werden. Maßgeblich ist, inwieweit der Gesellschafter selbst bei der Ausführung der Aufträge tätig wird. § 22 Z 2 EStG stellt nicht auf die Art der Tätigkeit ab, regelt aber einen Fall der Einkünfte aus selbständiger Arbeit und somit grundsätzlich persönlicher Arbeitsleistung. Der Umstand, dass die Gesellschafter nicht nur Aufgaben der Geschäftsführung, sondern auch Tätigkeiten im operativen Bereich der Gesellschaft ausübten, hindert nicht, ihre Bezüge insgesamt der Spezialbestimmung des § 22 Z 2 EStG zu subsumieren. Einer Beurteilung der Einkünfte als solche nach § 22 Z 2 EStG steht es nicht entgegen, dass die Art der Tätigkeit, würde sie nicht der Gesellschaft erbracht werden, sonst eine andere Qualifikation der daraus erzielten Einkünfte geböte. Soweit die Leistungen hingegen von der „Belegschaft" des Einzelunternehmens erbracht wurden, kommt eine Einbeziehung der vom Gesellschafter in Rechnung gestellten Beträge in die Bemessungsgrundlage für den DB, DZ und KommSt nicht in Betracht (vgl VwGH 1. 6. 2016, 2013/13/0061 mwN).

893 Das Behinderteneinstellungsgesetz stellt auf das Vorliegen einer Beschäftigung im Verhältnis persönlicher und wirtschaftlicher Abhängigkeit gegen Entgelt ab, weshalb die Befreiungsbe-

127.2 Gesellschafter-Geschäftsführer mit einer Beteiligung von mehr als 25%

stimmung gemäß § 41 Abs 4 lit e FLAG bzw § 5 Abs 1 lit e KommStG (für begünstigte Behinderte) auf wesentlich beteiligte Gesellschafter-Geschäftsführer ohne sozialversicherungsrechtliches Dienstverhältnis in persönlicher und wirtschaftlicher Abhängigkeit nicht anwendbar ist (vgl VwGH 29. 3. 2012, 2011/15/0128).

894 Gemäß § 2 lit a iVm § 5 Abs 1 lit a KommStG sowie § 41 FLAG sind die Gehälter und sonstigen Vergütungen jeder Art, die von einer Kapitalgesellschaft an wesentlich Beteiligte für ihre sonst alle Merkmale eines Dienstverhältnisses (§ 47 Abs 2 EStG) aufweisende Beschäftigung gewährt werden, in die Bemessungsgrundlage zur Kommunalsteuer bzw Beitragsgrundlage zum Dienstgeberbeitrag miteinzubeziehen. Das Gesetz knüpft die Lohnnebenkostenpflicht grundsätzlich nur an die wesentliche Beteiligung. Dass der wesentlich Beteiligte auch handelsrechtlicher Geschäftsführer sein muss, ist dem Gesetz nicht zu entnehmen. Vielmehr unterliegen auch wesentlich beteiligte Gesellschafter mit ihren Gehältern und sonstigen Vergütungen jeder Art, sofern sie für ihre sonst alle Merkmale eines Dienstverhältnisses (§ 47 Abs 2 EStG) aufweisende Beschäftigung gewährt werden, den Lohnnebenkosten. Sie unterliegen daher bei Eingliederung in den geschäftlichen Organismus mit ihren Gehältern und sonstigen Vergütungen jeder Art ebenfalls der Lohnnebenkostenpflicht.

Sachbezüge

Einkommensteuer

895

896 Besteht für einen an einer Kapitalgesellschaft wesentlich Beteiligten iSd § 22 Z 2 Teilstrich 2 EStG die Möglichkeit, ein von der Kapitalgesellschaft zur Verfügung gestelltes Kraftfahrzeug für privat veranlasste Fahrten zu benützen, gilt Folgendes:

897 § 4 SachbezugswerteV ist für die Bemessung des geldwerten Vorteils aus der privaten Nutzung des zur Verfügung gestellten Kraftfahrzeuges sinngemäß anzuwenden.

898 Abweichend davon kann der geldwerte Vorteil aus der privaten Nutzung des zur Verfügung gestellten Kraftfahrzeuges nach den auf die private Nutzung entfallenden, von der Kapitalgesellschaft getragenen Aufwendungen bemessen werden. Dazu ist erforderlich, dass der wesentlich Beteiligte den Anteil der privaten Fahrten (bspw durch Vorlage eines Fahrtenbuches) nachweist.

Kommunalsteuer (BMF-010222/0093-IV/7/2018)

899

900 Zur Ermittlung der Bemessungsgrundlage gemäß § 5 Abs 1 lit a KommStG aus der privaten Verwendung eines Firmenfahrzeuges ist die Verordnung über die Bewertung von Sachbezügen betreffend Kraftfahrzeuge bei wesentlich beteiligten Gesellschafter-Geschäftsführern anzuwenden.

Demnach sind primär die Sachbezugswerte gemäß § 4 SachbezugswerteV sinngemäß heranzuziehen. Ein abweichender Ansatz des geldwerten Vorteils aus der privaten Nutzung gemäß § 1 Z 2 V ist nur bei entsprechendem Nachweis möglich. Eine Schätzung oder Glaubhaftmachung ist nach der stRsp als Nachweis nicht geeignet.

901 Die Verordnung über die Bewertung von Sachbezügen betreffend Kraftfahrzeuge bei wesentlich beteiligten Gesellschafter-Geschäftsführern normiert durch Verweis auf die sinngemäße Anwendung des § 4 SachbezugswerteV nur den Wertansatz in Bezug auf die Überlassung des Kraftfahrzeuges durch die Kapitalgesellschaft für „privat veranlasste Fahrten". Eine geänderte rechtliche Ansicht zu den Fahrten zwischen Wohnung und Unternehmen geht damit nicht einher. Für die Beurteilung des Ausmaßes an „Privatfahrten" bleiben daher Fahrten zwischen Wohnung und Unternehmen bei wesentlich Beteiligten iSd § 22 Z 2 EStG außer Ansatz.

128. Gewinnbeteiligung

902 Der Anspruch auf eine Gewinnbeteiligung kann erst nach Ablauf des für die Gewinnbeteiligung in Frage kommenden Wirtschaftsjahres anlässlich der Erstellung der Bilanz entstehen. Eine Gewinnbeteiligung stellt somit keine Nachzahlung, sondern einen sonstigen Bezug des Kalenderjahres dar, in dem sie zur Auszahlung gelangt.

> Hinsichtlich lohnsteuerrechtlicher Behandlung siehe „Sonstige Bezüge".

903 Werden die Voraussetzungen des § 3 Abs 1 Z 35 EStG erfüllt, ist die Mitarbeitergewinnbeteiligung steuerfrei.

904 Steuerfrei sind gemäß § 3 Abs 1 Z 35 EStG Gewinnbeteiligungen des Arbeitgebers an aktive Arbeitnehmer bis zu € 3.000,– im Kalenderjahr. Für die Steuerfreiheit gilt:
a) Die Gewinnbeteiligung muss allen Arbeitnehmern oder bestimmten Gruppen von Arbeitnehmern gewährt werden;
b) insoweit die Summe der jährlich gewährten Gewinnbeteiligung das unternehmensrechtliche Ergebnis vor Zinsen und Steuern (EBIT) der im letzten Kalenderjahr endenden Wirtschaftsjahre übersteigt, besteht keine Steuerfreiheit; abweichend davon gilt:
– Ermittelt das Unternehmen des Arbeitgebers seinen Gewinn nicht nach § 5 EStG, kann bei Vorliegen eines Betriebsvermögensvergleichs gemäß § 4 Abs 1 EStG statt auf unternehmensrechtliche Werte auf die entsprechenden steuerlichen Werte abgestellt werden; ansonsten ist der steuerliche Vorjahresgewinn maßgeblich.
– Gehört das Unternehmen des Arbeitgebers zu einem Konzern, kann alternativ bei sämtlichen Unternehmen des Konzerns auf das EBIT des Konzerns abgestellt werden.
– Handelt es sich beim Unternehmen des Arbeitgebers um ein Kreditinstitut, kann statt auf das Ergebnis vor Zinsen und Steuern auf das Ergebnis der gewöhnlichen Geschäftstätigkeit gemäß Anlage 2 zu § 43 BWG abgestellt werden; dies gilt sinngemäß für Fälle des zweiten Teilstrichs.
c) die Zahlung erfolgt nicht aufgrund einer lohngestaltenden Vorschrift gemäß § 68 Abs 5 Z 1 bis 6 EStG;
d) die Gewinnbeteiligung darf nicht anstelle des bisher gezahlten Arbeitslohns oder einer üblichen Lohnerhöhung geleistet werden.

905 Der Gesetzestext definiert die Gewinnbeteiligung grundsätzlich als Beteiligung der Arbeitnehmer am unternehmensrechtlichen Ergebnis vor Zinsen und Steuern (EBIT) der im letzten Kalenderjahr endenden Wirtschaftsjahre. Die Mitarbeitergewinnbeteiligung ist daher vergangenheitsbezogen als Beteiligung am Vorjahresergebnis zu verstehen, zu welchem die Mitarbeiter beigetragen haben. Die Höhe der Mitarbeitergewinnbeteiligung darf sich an den Kriterien des Gewinnes für das abweichende Wirtschaftsjahr, das im selben Kalenderjahr endet, in dem die Auszahlung der Erfolgsprämie erfolgt, bemessen. Die „Gesamtdeckelung" der Gewinnbeteiligung darf aber die Höhe des EBIT jenes abweichenden Wirtschaftsjahres nicht überschreiten, das im Vorjahr geendet hat.

906 Insoweit die jeweils maßgebliche Gewinngrenze (siehe b) überschritten wird, ist die Zuwendung steuerpflichtig. Bei einer allfälligen Überschreitung des Höchstbetrages haftet der Arbeitgeber gemäß § 82 EStG hinsichtlich der Lohnsteuer, die auf den zu Unrecht steuerfrei belassenen Teil der Zuwendung beim jeweiligen Arbeitnehmer entfällt. Die Haftung und Nachversteuerung erfolgt aliquot im Verhältnis des Unternehmensergebnisses zu den tatsächlich gewährten Mitarbeitergewinnbeteiligungen.

128. Gewinnbeteiligung

> **Beispiel**
>
> Der Arbeitgeber gewährt seinen elf Mitarbeitern jeweils eine Gewinnbeteiligung in Höhe von € 3.000,–. Das Unternehmensergebnis des im vorangegangenen Kalenderjahr endenden Wirtschaftsjahres beträgt € 25.000,–. Das Unternehmensergebnis beträgt daher 75,76% (25.000 im Verhältnis zu 33.000) der insgesamt gewährten Mitarbeitergewinnbeteiligungen. Daher sind 24,24% der Mitarbeitergewinnbeteiligung steuerpflichtig.

907 Es ist das EBIT des Vorjahres heranzuziehen, das sich aus der unternehmensrechtlichen Gewinn- und Verlustrechnung ableitet (idR auf Basis von § 231 Abs 2 Z 17 zuzüglich Z 15 UGB oder § 231 Abs 3 Z 16 zuzüglich Z 14 UGB).

908 Im Konzern kann für die Deckelung der insgesamt gewährten steuerfreien Gewinnbeteiligungen alternativ einheitlich bei sämtlichen Unternehmen des Konzerns auf das EBIT des im letzten Kalenderjahr endenden Wirtschaftsjahres des Konzerns abgestellt werden. Liegt hinsichtlich der Einbeziehung des Arbeitgeberunternehmens in den Konzernabschluss keine gesetzliche Verpflichtung vor, sondern erfolgt diese faktisch auf freiwilliger Basis, kann von der Möglichkeit des § 3 Abs 1 Z 35 lit b zweiter Teilstrich EStG dennoch Gebrauch gemacht werden. Gehört das Unternehmen des Arbeitgebers zu einem internationalen Konzern und wird dieses Unternehmen nach Maßgabe von § 245 UGB von der Erstellung eines (Teil-)Konzernabschlusses befreit, weil es in den Konzernabschluss eines übergeordneten ausländischen Mutterunternehmens einbezogen wird (befreiender Konzernabschluss), kann für Zwecke des § 3 Abs 1 Z 35 lit b zweiter Teilstrich EStG das EBIT des befreienden Konzernabschlusses herangezogen werden. Der befreiende Konzernabschluss ist dabei nach den für das übergeordnete ausländische Mutterunternehmen geltenden Rechnungslegungsvorschriften zu erstellen. Ist das übergeordnete ausländische Mutterunternehmen in einem Drittstaat ansässig, setzt die befreiende Wirkung des Konzernabschlusses voraus, dass dieser nach den gemäß der Verordnung (EG) 1606/2002 angenommenen Rechnungslegungsstandards erstellt wurde (zB US-GAAP).

909 Die Befreiung ist nur anwendbar, wenn die Gewinnbeteiligung unmittelbar von einem Arbeitgeber gewährt wird. Nicht anwendbar ist die Steuerbefreiung, wenn die Prämie als Entgelt von dritter Seite, zB von der Konzernmutter, an die Arbeitnehmer gewährt wird. In diesem Sinne kann auch der Beschäftiger eines überlassenen Arbeitnehmers keine steuerfreie Gewinnbeteiligung gewähren.

910 Heranzuziehen ist – einheitlich für sämtliche Konzernunternehmen, die als Arbeitgeber der österreichischen Besteuerung unterliegen und ihren Mitarbeitern tatsächlich Gewinnbeteiligungen nach § 3 Abs 1 Z 35 EStG gewähren – das Unternehmensergebnis oder das Ergebnis des Konzerns. Ist die diesbezügliche Vorgehensweise innerhalb dieser Konzernunternehmen uneinheitlich, kann von der Regelung des § 3 Abs 1 Z 35 lit b zweiter Teilstrich EStG nicht Gebrauch gemacht werden; maßgeblich ist diesfalls für die Unternehmen des Konzerns das jeweilige eigene EBIT nach Maßgabe von § 3 Abs 1 Z 35 lit b erster Satz EStG. Ein Herausschälen aus einem Teilbereich des Konzerns (zB lediglich das EBIT der inländischen Konzernbetriebe unter Ausblendung ausländischer Konzerngesellschaften) ist nicht zulässig. Weiters ist das Unternehmensergebnis unter Berücksichtigung der Mitarbeitergewinnbeteiligung maßgebend, es sei denn, im Unternehmensergebnis wurden bereits Rückstellungen für die Mitarbeitergewinnbeteiligung abgebildet.

911 Die Steuerbefreiung für Gewinnbeteiligungen bezieht sich nur auf Arbeitnehmer mit Einkünften aus nichtselbständiger Arbeit. Freie Dienstnehmer und wesentlich beteiligte Gesellschaf-

128. Gewinnbeteiligung

ter-Geschäftsführer iSd § 22 Z 2 EStG sowie Kommanditisten (auch wenn arbeitsrechtlich Dienstnehmer) sind daher davon nicht umfasst.

912 Die Zahlung darf nicht aufgrund einer lohngestaltenden Vorschrift gemäß § 68 Abs 5 Z 1 bis 6 EStG und auch nicht anstelle des bisher gezahlten Arbeitslohns oder einer üblichen Lohnerhöhung erfolgen. Eine Gehaltsumwandlung ist von der Steuerbefreiung nicht umfasst. Individuell vereinbarte Leistungsbelohnungen, die bisher vom Arbeitgeber freiwillig (mit Unverbindlichkeitsvorbehalt; ein Widerrufsvorbehalt ist schädlich) gewährt wurden oder bisher aufgrund einer innerbetrieblichen Vereinbarung gewährte Prämien, gelten dabei nicht als Teil des bisher gezahlten Arbeitslohns und können als steuerfreie Mitarbeitergewinnbeteiligung behandelt werden, sofern die sonstigen Voraussetzungen des § 3 Abs 1 Z 35 EStG erfüllt sind.

913 Der einzelne Arbeitnehmer darf zudem im Kalenderjahr nicht mehr als € 3.000,– an steuerfreier Gewinnbeteiligung erhalten. Insbesondere bei mehreren Arbeitgebern im Jahr könnte es zu einer Überschreitung des Maximalbetrages kommen. In diesen Fällen ist dann § 41 Abs 1 Z 14 EStG zu beachten und es kommt im Rahmen einer Pflichtveranlagung zu einer Nachversteuerung des übersteigenden Betrages.

914 Eine steuerfreie Gewinnbeteiligung kann sowohl gemeinsam mit dem laufenden Bezug als auch als sonstiger Bezug gewährt werden. Die steuerfreie Gewinnbeteiligung erhöht jedoch nicht das Jahressechstel und wird auch nicht auf das Jahressechstel angerechnet.

915 Die Höhe der Gewinnbeteiligung kann (muss aber nicht), sofern die übrigen Voraussetzungen des § 3 Abs 1 Z 35 EStG vorliegen, auch von leistungsbezogenen Kriterien (zB Umsatz, Erlös, Deckungsbeitrag) abhängig sein. Grundvoraussetzung für die Gewährung einer steuerfreien Gewinnbeteiligung ist aber, dass die Zuwendungen an alle Arbeitnehmer oder an bestimmte Gruppen von Arbeitnehmern geleistet werden. Damit diese Voraussetzung erfüllt wird, muss die Höhe der jeweiligen Gewinnbeteiligung sachlich begründet und aus der freiwilligen Vereinbarung bestimmbar sein. Innerhalb aller Arbeitnehmer oder einer Gruppe von Arbeitnehmern kann die Höhe der Mitarbeitergewinnbeteiligung nach objektiven Merkmalen unterschiedlich gestaffelt sein (zB im Ausmaß eines Prozentsatzes des Bruttobezuges). Ein unterscheidendes Merkmal in Form der Erreichung einer individuellen Zielvorgabe, ist für die Zuordnung bestimmter Arbeitnehmer zu einer Gruppe allerdings nicht geeignet, sondern handelt es sich um individuelle Leistungsbelohnungen. Eine unterschiedliche Staffelung der Gewinnbeteiligung innerhalb einer Gruppe von Arbeitnehmern muss daher anhand objektiver Kriterien sachlich begründet und nachvollziehbar sein. Dies ist dann nicht Fall, wenn einzelne Mitarbeiter der Gruppe ohne sachliche Begründung abweichende, vorteilhaftere Prämienzusagen erhalten haben. Werden unterschiedliche Gruppen gebildet, muss die Gruppenbildung anhand objektiver Kriterien nachvollziehbar sein und darf sich nicht als Umgehung für eine individuelle Belohnung herausstellen. Eine Unterscheidung nach Beschäftigungsausmaß ist als Gruppenmerkmal geeignet. Ein Abstellen auf die Höchstbeitragsgrundlage ist allerdings für die Gruppenbildung nicht geeignet, weil es sich um kein betriebsbezogenes Merkmal handelt. Auch wenn einzelne Mitarbeiter aufgrund besonderer Vorkommnisse keine Mitarbeitergewinnbeteiligung erhalten sollen, sind die Gründe hierfür nach objektiven, nachvollziehbaren Kriterien im Voraus festzulegen, damit die Steuerbefreiung für die übrigen Mitarbeiter nicht verloren geht.

916 Auch der Verantwortungsgrad für das Unternehmen kann für die Gruppenbildung herangezogen werden (vgl VwGH 27. 7. 2016, 2013/13/0069), wenn der Verantwortungsgrad anhand objektiver, nachvollziehbarer Kriterien (zB nach einem anerkannten Stellenbewertungssystem) präzisiert ist. Innerhalb einer Gruppe sind aber sämtliche Arbeitnehmer gleich zu behandeln und unter denselben objektiven, nachvollziehbaren Kriterien zu berücksichtigen. Unter

128. Gewinnbeteiligung

diesen Voraussetzungen können auch leitende Angestellte eine Gruppe darstellen. Das Gruppenmerkmal ist nicht erfüllt, wenn willkürlich nur bestimmte Personen eine Gewinnbeteiligung erhalten oder die Mitarbeitergewinnbeteiligung eine individuelle Leistungsbelohnung darstellt.

Wird eine Mitarbeitergewinnbeteiligung einerseits Mitarbeitern gewährt, welche die Voraussetzungen für die Steuerfreiheit nach § 3 Abs 1 Z 35 EStG nicht erfüllen und werden andererseits Mitarbeiter beteiligt, für welche die Voraussetzungen zutreffen, bleibt die Zuwendung nur für Letztere steuerfrei. Das heißt, die Steuerfreiheit der Mitarbeitergewinnbeteiligung wird durch steuerpflichtige Zuwendungen an andere Mitarbeiter nicht beeinträchtigt. **917**

> **Beispiel**
>
> Mit den Arbeitnehmern wurde vereinbart, dass alle Mitarbeiter ab dem vollendeten fünften Dienstjahr eine Mitarbeitergewinnbeteiligung in Höhe von € 2.000,– erhalten. Zusätzlich soll ein Mitarbeiter im dritten Dienstjahr aufgrund besonderer Qualifikationen ebenso in den Genuss der Mitarbeiterbeteiligung kommen. Im gegenständlichen Fall wurde die notwendige Gruppe grundsätzlich sachlich (fünf Dienstjahre) nachvollziehbar gebildet. Die gewährte Mitarbeitergewinnbeteiligung an den Mitarbeiter, der das Gruppenmerkmal nicht erfüllt, ist steuerpflichtig, führt jedoch für die übrigen Gruppenmitglieder nicht zum Verlust der Steuerbefreiung.

Die Befreiung nach § 3 Abs 1 Z 35 EStG bezieht sich auf den Bruttobetrag der Mitarbeitergewinnbeteiligung ohne Abzug der darauf entfallenden Dienstnehmeranteile zu den Sozialversicherungsbeiträgen. Die Dienstnehmeranteile zur Sozialversicherung, welche auf die steuerfreie Gewinnbeteiligung entfallen, dürfen von der Bemessungsgrundlage für die Lohnsteuer nicht abgezogen werden (§ 20 Abs 2 EStG). Im Lohnzettel (L16 ab 2022) wird dies in der Vorkolonne zur Kennzahl 243 und in der Kennzahl 226 entsprechend berücksichtigt. **918**

> **Beispiel**
>
> Die Arbeitnehmerin A erhält im Kalenderjahr 2022 laufende Bezüge in Höhe von € 36.000,–, sonstige Bezüge in Höhe von € 6.000,– und eine zukünftig jährlich wiederkehrende Mitarbeitergewinnbeteiligung in Höhe von € 3.000,–.
> Lohnzettel (L16) für 2022:
>
> | | | |
> |---|---|---:|
> | KZ 210 | | 45.000,00 |
> | KZ 220 | | –6.000,00 |
> | Insgesamt einbehaltene SV-Beiträge: | 7.550,40 | |
> | KZ 225 | 1.027,20 | |
> | KZ 226 | (3.000*17,12%) | 513,60 |
> | KZ 230 | | –6.009,60 |
> | Mitarbeitergewinnbeteiligung | 3.000,00 | |
> | KZ 243 | | –3.000,00 |
> | KZ 245 | | 29.990,40 |

Unter aktiven Arbeitnehmern sind grundsätzlich Personen zu verstehen, welche sich in einem aufrechten Dienstverhältnis befinden, und zwar auch dann, wenn für eine gewisse Zeit kein Entgeltanspruch gegenüber dem Arbeitgeber besteht (zB Elternkarenz, Karenz, Präsenzdienst, Freizeitphase bei geblockter Altersteilzeit, Sabbatical oder ähnliche Dienstfreistellungen). Die Steuerbefreiung stellt nicht auf die Dauer der aktiven Beschäftigung im Unternehmen ab. **919**

129. Gleitzeitguthaben

Kein aktives Dienstverhältnis besteht, wenn dieses arbeitsrechtlich beendet ist. Bezieht sich eine Gewinnbeteiligung, welche nach Beendigung des Dienstverhältnisses (zB wegen Pensionierung) an einen ehemaligen Arbeitnehmer ausbezahlt wird, auf Zeiträume des aktiven Dienstverhältnisses, ist auch diese Gewinnbeteiligung steuerfrei.

920 Bei der Steuerbefreiung handelt es sich um einen Freibetrag. Handelt es sich bei der Mitarbeitergewinnbeteiligung um einen sonstigen Bezug, ist der übersteigende Betrag gemäß § 67 Abs 1 iVm Abs 2 oder gemäß § 67 Abs 10 EStG zu versteuern. Auch die Anwendung der „Formel 7" auf den übersteigenden Teil ist unter den dafür vorgesehenen Bedingungen (schriftliche Vereinbarung vor der ersten Zahlung, mindestens sechs Raten) möglich.

921 Die Befreiung gilt für Gewinnbeteiligungen, die ab dem 1. 1. 2022 gewährt werden. Wurde bereits bisher eine variable Vergütung (zB Erfolgsprämie) ausgezahlt, die die Voraussetzungen gemäß § 3 Abs 1 Z 35 EStG erfüllt, liegt lediglich aufgrund der Anwendbarkeit der Steuerbefreiung ab dem Jahr 2022 keine steuerschädliche Bezugsumwandlung vor. In einem solchen Fall wird die Gewinnbeteiligung nicht anstelle eines bisher gezahlten Arbeitslohns ausgezahlt.

922 Neben der steuerfreien Gewinnbeteiligung können auch steuerfreie Beteiligungen am Unternehmen nach § 3 Abs 1 Z 15 lit b EStG und Aktien an Arbeitgebergesellschaften nach § 3 Abs 1 Z 15 lit c EStG gewährt werden.

923 Die Mitarbeitergewinnbeteiligung ist in das Lohnkonto aufzunehmen und am Jahreslohnzettel (eigenes Feld in der Vorkolonne zu KZ 243) auszuweisen.

> **Hinweis**
> Gemeinsame Höchstgrenze mit steuerfreier Teuerungsprämie beachten (siehe „Teuerungsprämie")!

924 Weiterführende Informationen siehe auch Information des BMF in der Findok (findok.bmf.gv.at) vom 25. 3. 2022: „Info des BMF zur Mitarbeitergewinnbeteiligung gemäß § 3 Abs 1 Z 35 EStG 1988".

Sozialversicherung

925 (Steuerfreie) Gewinnbeteiligungen, sofern diese Ausfluss aus dem Dienstverhältnis sind, unterliegen der Beitragspflicht nach den Bestimmungen des ASVG. Diese sind, wenn die Entstehungsursache nicht einem bestimmten Beitragszeitraum zuordenbar ist, als Sonderzahlung abzurechnen.

DB – DZ – KommSt

926 (Steuerfreie) Gewinnbeteiligungen, sofern diese Ausfluss aus dem Dienstverhältnis sind, stellen Arbeitslohn dar und unterliegen nach den Bestimmungen des § 41 FLAG sowie § 5 KommStG der Beitragspflicht bei DB, DZ und KommSt.

129. Gleitzeitguthaben

927 Bis zur Abrechnung der Gleitzeitperiode ist immer von Normalarbeitszeit auszugehen. Dies kann auch daraus geschlossen werden, dass gemäß § 6 Abs 1a AZG nicht als Überstunden

129. Gleitzeitguthaben

jedenfalls die am Ende einer Gleitzeitperiode bestehenden Zeitguthaben gelten, die nach der Gleitzeitvereinbarung in die nächste Gleitzeitperiode übertragen werden können. Die Lehre geht im Umkehrschluss davon aus, dass die nicht übertragbaren Guthaben daher Überstunden darstellen. Dies trifft auch für die steuerrechtliche Auslegung der Überstunde zu.

Die Abgeltung für ein im Rahmen einer Gleitzeitvereinbarung entstandenes Zeitguthaben ist im Auszahlungsmonat als laufender Bezug zu versteuern. Die Befreiung im Rahmen des § 68 Abs 2 EStG kann für die abgegoltenen Überstunden nur für den Auszahlungsmonat angewendet werden, da erst im Zeitpunkt der Abrechnung das Vorliegen von Überstunden beurteilt werden kann. **928**

Diese Ansicht vertritt auch der VwGH im Bereich der Sozialversicherung. Mit Erkenntnis vom 21. 4. 2004, 2001/08/0048, führte er aus, dass bei einem Gleitzeitguthaben am Ende einer Gleitzeitperiode eine Aufrollung der einzelnen Beitragszeiträume nicht in Betracht kommt, weil das Guthaben gleichsam als Ergebnis eines „Arbeitszeitkontokorrents" das rechnerische Ergebnis von Gutstunden und Fehlstunden ist und als solches daher keinem bestimmten Beitragszeitraum zugeordnet werden kann. Es kann daher beitragsrechtlich nur jenem Beitragszeitraum zugeordnet werden, in welchem die Abgeltung ausbezahlt wurde.

Die Vergütung des Gleitzeitsaldos stellt keine Nachzahlung gemäß § 67 Abs 8 lit c EStG dar, da bis zum Zeitpunkt der Abrechnung der Gleitzeitperiode der Arbeitnehmer keinen Anspruch auf die Bezahlung des Gleitzeitguthabens hat. Weiters stellt die Vergütung des Gleitzeitsaldos keinen sonstigen Bezug gemäß § 67 Abs 1 und 2 EStG dar. **929**

Wird das Dienstverhältnis vor Ende der Gleitzeitperiode beendet, ist das Zeitguthaben als Normalarbeitszeit abzugelten. § 19e AZG sieht dabei einen Zuschlag von 50% vor. Da in diesem Fall eine Abgeltung der Normalarbeitszeit vorliegt, steht die Steuerbegünstigung des § 68 Abs 2 EStG trotz Vorliegens eines 50%igen Zuschlages nicht zu. **930**

Sieht eine Gleitzeitvereinbarung vor, dass die über das festgelegte Höchstausmaß hinausgehenden Zeitguthaben am Ende der nächsten Gleitzeitperiode verfallen, sofern deren rechtzeitiger Verbrauch möglich und dem Mitarbeiter zumutbar gewesen wäre, ist diese Klausel nichtig, wenn keine Unterscheidung danach vorgenommen wird, ob ein über dem Gleitzeitsaldo bestehendes Zeitguthaben arbeitgeberseitig veranlasst oder zumindest entgegengenommen wurde oder ob diese vom Arbeitnehmer „aufgedrängt" wurde. Sofern davon auch Überstunden erfasst werden, verstößt die Bestimmung überdies gegen § 10 AZG (OGH 30. 10. 2019, 9 ObA 75/19y). **931**

Wird in einer nach den Bestimmungen des § 4b AZG idF ab 1. 9. 2018 neu abgeschlossenen Gleitzeitvereinbarungen eine tägliche Normalarbeitszeit von zwölf Stunden vorgesehen und sieht aber der Kollektivvertrag bei Gleitzeit eine Normalarbeitszeit von maximal zehn Stunden vor, gebühren aufgrund des Günstigkeitsvergleichs für die elfte und zwölfte Stunde die kollektivvertraglichen Überstundenzuschläge (vgl OGH 16. 12. 2019, 8 ObA 77/18h). **932**

Fehlt ein Element des Mindestinhalts (zB Festlegung des Durchrechnungszeitraumes), so ist die Gleitzeitvereinbarung unwirksam und es gelten die Normalarbeitszeitgrenzen gemäß § 3 Abs 1 AZG. Insoweit sind Überschreitungen der Arbeitszeit wieder als zuschlagspflichtige Überstunden zu werten (vgl OGH 23. 2. 2021, 8 ObS 9/20m). **933**

130. Gratifikationen

934 Gratifikationen, die iZm dem Dienstverhältnis gewährt werden, gehören nach § 25 EStG zum Arbeitslohn. Sie sind idR als sonstige Bezüge iSd § 67 Abs 1 und 2 EStG unter Anrechnung auf das Jahressechstel zu versteuern.

> Zur Sechsteloptimierung siehe „Sonstige Bezüge".

Sozialversicherung

935 Gemäß § 49 Abs 2 ASVG sind Sonderzahlungen Bezüge, die in größeren Zeiträumen als den Beitragszeiträumen gewährt werden. Voraussetzung für die Wertung als Sonderzahlung ist, dass der Bezug nicht einmalig gewährt wird, sondern dass mit einer Wiedergewährung in größeren Zeiträumen als den Beitragszeiträumen zu rechnen ist.

DB – DZ – KommSt

936 Gratifikationen stellen Arbeitslohn dar und unterliegen nach den Bestimmungen des § 41 FLAG sowie § 5 KommStG der Beitragspflicht bei DB, DZ und KommSt.

131. Grenzbetragsermittlung für den Alleinverdienerabsetzbetrag

937 Maßgebend für die Ermittlung des Grenzbetrags ist der Gesamtbetrag aller Einkünfte, also der Bruttobezug (laufende und sonstige Bezüge) inkl

- ✓ Wochengeld und vergleichbare Bezüge,
- ✓ steuerfreie Einkünfte aus einer begünstigten Auslandstätigkeit,
- ✓ steuerfreie Einkünfte von Fachkräften der Entwicklungshilfe,
- ✓ steuerfreie Einkünfte aus der Tätigkeit als Aushilfskraft,
- ✓ Einkünfte aus Kapitalvermögen, auch wenn sie endbesteuert sind sowie
- ✓ steuerpflichtige Einkünfte aus privaten Grundstücksveräußerungen

abzüglich

- ✓ SV-Beiträge (Arbeitnehmeranteile),
- ✓ Gewerkschaftsbeiträge,
- ✓ Pendlerpauschale (nicht bei Karenz, Mutterschutz, ganzjährigem Krankenstand – siehe LStR Rz 263),
- ✓ sonstige Werbungskosten (mindestens das Werbungskostenpauschale),
- ✓ steuerfreie Bezüge (Überstundenzuschläge, Sonn-, Feiertags- und Nachtzuschläge),
- ✓ steuerfreie Zulagen (Schmutz-, Erschwernis- und Gefahrenzulage),
- ✓ Freibetrag gemäß § 67 Abs 1 EStG (€ 620,–)
- ✓ sonstige Bezüge bis zur Freigrenze (€ 2.100,–).

Hinsichtlich Steuerbefreiungen von Zuwendungen und Zuschüssen, die aufgrund der COVID-19-Krise geleistet wurden, siehe EStR 2000 Rz 313h.

Bereits geringfügige Überschreitungen des jeweiligen Grenzbetrags führen zum Verlust des AVAB (vgl VfGH 5. 10. 1981, B 325/78; UFS Innsbruck 18. 10. 2006, RV/0529-I/06).

Einkünfte, die dem Grunde nach steuerpflichtig sind und im Einzelfall nur aufgrund von **938** Tarifvorschriften zu keiner Einkommensteuer führen, sind keine „steuerfreien Einkünfte" iSd § 33 Abs 4 Z 1 EStG und sind daher für die Berechnung des Grenzbetrags heranzuziehen. Dies gilt auch für Abfertigungen, für die bei Anwendung der Vergleichsrechnung gemäß § 67 Abs 3 EStG im Einzelfall keine Steuer anfällt, sowie für Pensionsabfindungen, für die aufgrund der Tarifvorschriften gemäß § 67 Abs 8 lit e EStG keine Steuer einzubehalten ist.

Im Fall der Option auf die unbeschränkte Steuerpflicht gemäß § 1 Abs 4 EStG sind für die **939** Grenzbetragsermittlung auch jene Einkünfte zu berücksichtigen, die – wären sie in Österreich steuerbar – in die Grenzbetragsermittlung einzubeziehen wären.

Einkünfte des (Ehe-)Partners aus Kapitalvermögen (zB Zinsen, Aktiendividenden) sind zu berücksichtigen, auch wenn sie endbesteuert sind. Ebenso sind steuerpflichtige Einkünfte aus privaten Grundstücksveräußerungen bei der Grenzbetragsermittlung zu berücksichtigen.

Beispiel	
Bruttobezüge (KZ 210)	€ 5.000,–
Steuerfreie sonstige Bezüge innerhalb des Jahressechstels	€ 700,–
Sozialversicherungsbeiträge für laufende Bezüge	€ 700,–
Werbungskostenpauschale	€ 132,–
Für den Grenzbetrag maßgebliche Einkünfte	€ 3.468,–

132. Grenzgänger

Grenzgänger sind im Inland ansässige Arbeitnehmer, die im Ausland ihren Arbeitsort haben **940** und sich idR an jedem Arbeitstag von ihrem Wohnort dorthin begeben.

Da ein Arbeitgeber im Inland nicht vorhanden ist, ist auch ein Steuerabzug nicht möglich. Die **941** Einkünfte der Grenzgänger werden daher im Veranlagungswege zur Einkommensteuer herangezogen. Bei der Veranlagung von Grenzgängern sind gemäß § 67 Abs 11 EStG auf sonstige Bezüge die Bestimmungen des § 67 Abs 1, 2, 6, 7 und 8 EStG und gemäß § 68 Abs 8 EStG auf Schmutz-, Erschwernis- und Gefahrenzulagen, in Überstundenentlohnungen enthaltene Zuschläge für Mehrarbeit und Zuschläge für Sonntags-, Feiertags- und Nachtarbeit die Bestimmungen des § 68 Abs 1–6 EStG anzuwenden, sofern aufgrund eines Vertrags über Rechtsschutz und Rechtshilfe in Abgabensachen überprüft werden kann, dass die Voraussetzungen des § 68 Abs 1–6 EStG vorliegen.

Grenzgänger sind verpflichtet, zum Zwecke der Veranlagung dem zuständigen FA das **Formular L 17** abzugeben. Die Lohnbescheinigung L 17 dient generell der Bekanntgabe von in Österreich nicht dem Lohnsteuerabzug unterliegenden Einkünften aus nichtselbständiger Arbeit für Zwecke der Einkommensteuerveranlagung. **942**

Wenn die Arbeitnehmerin bzw der Arbeitnehmer in einem Kalenderjahr in Österreich tätig war und Einkünfte bezogen hat, von denen kein Lohnsteuerabzug vorgenommen wurde, zB
- ✓ als Grenzgänger;
- ✓ von ausländischen Arbeitgebern;
- ✓ von einer in Österreich bestehenden ausländischen diplomatischen Vertretungsbehörde oder internationalen Organisation in Österreich;
- ✓ als Bezieher ausländischer Pensionen,

132. Grenzgänger

muss verpflichtend eine Arbeitnehmerveranlagung durchgeführt und eine Lohnbescheinigung L 17 ausgefertigt werden, die dem FA übermittelt werden muss.

943 Aufgrund der nach steuerlichen Gesichtspunkten gegliederten Bezugsdarstellung erübrigen sich im Regelfall ergänzende Angaben und zusätzliche Nachweise zur Geltendmachung von steuerlichen Begünstigungen bei der Veranlagung (zB für sonstige Bezüge bei ausländischen Pensionen, die 13 oder 14 Mal ausgezahlt werden).

944 Seit 1. 1. 2020 gilt Folgendes: Für ausländische Arbeitgeber ohne inländische Betriebsstätte gibt es gemäß § 47 Abs 1 EStG keinen verpflichtenden Lohnsteuerabzug, der Lohnsteuerabzug kann jedoch – für unbeschränkt sowie für beschränkt steuerpflichtige Arbeitnehmer – freiwillig erfolgen. Zum freiwilligen Lohnsteuerabzug siehe auch „Lohnsteuerabzug".

945 In jenen Fällen, in denen ein ausländischer Arbeitgeber nicht vom freiwilligen Lohnsteuerabzug Gebrauch macht, kommt unter bestimmten Voraussetzungen eine Verpflichtung zur Übermittlung von Daten im Sinne einer Lohnbescheinigung zur Anwendung. Für Grenzgänger ist in diesen Fällen vom ausländischen Arbeitgeber keine Lohnbescheinigung zu übermitteln, weil sie nicht den Mittelpunkt der Tätigkeit für mehr als sechs Monate im Kalenderjahr in Österreich haben. Siehe auch „Lohnbescheinigung" und „Lohnsteuerabzug".

946 Grenzgänger, die im Inland bei einem österreichischen Arbeitgeber beschäftigt sind, sind grundsätzlich in Österreich beschränkt steuerpflichtig, und zwar auch dann, wenn ein DBA das Besteuerungsrecht dem Wohnsitzstaat zuweist. Demzufolge ist für einen Grenzgänger, der in Österreich beschränkt steuerpflichtig ist, ein Lohnkonto zu führen. Gemäß § 84 Abs 1 Z 1 EStG hat der Arbeitgeber seinem FA (§ 81 EStG) ohne besondere Aufforderung die Lohnzettel aller im Kalenderjahr beschäftigten Arbeitnehmer zu übermitteln. Das EStG unterscheidet dabei nicht, ob die Arbeitnehmer unbeschränkt oder beschränkt steuerpflichtig sind. Von der Ausstellung von Lohnzetteln für ausländische Arbeitnehmer, die im Inland keiner Steuerpflicht unterliegen, kann abgesehen werden.

In der LohnkontenV wurde allerdings im Hinblick auf eine erleichterte Lohnkontenführung bei jenen Arbeitnehmern von einem Lohnkonto abgesehen, die keinen steuerlichen Bezug zu Österreich haben, dh die weder beschränkt noch unbeschränkt steuerpflichtig sind (österreichischer Arbeitgeber beschäftigt zB einen Ungarn in Rumänien) und auch nicht von Österreich ins Ausland entsendet wurden.

Sozialversicherung

947 Personen, die im Inland beschäftigt werden, unterliegen grundsätzlich dem ASVG. Wird daher ein im Ausland wohnender Arbeitnehmer in Österreich beschäftigt, ist dieser bei der ÖGK anzumelden. Für innerhalb der EU beschäftigte Arbeitnehmer gelten die Bestimmungen der Verordnung (EG) 883/2004 (vereinzelt noch Verordnung [EWG, Euratom, EGKS] 1408/74).

948 Das Bundesministerium für Gesundheit kann nach Anhörung der in Betracht kommenden Interessenvertretungen und des Dachverbandes (§ 31 ASVG) Gruppen von Personen, die keinem Erwerb nachgehen oder als Grenzgänger in einem benachbarten Staat unselbständig erwerbstätig sind und einer gesetzlichen Pflichtversicherung für den Fall der Krankheit nicht unterliegen, aber eines Versicherungsschutzes bedürfen, durch Verordnung in die Krankenversicherung nach dem ASVG einbeziehen, wenn der Einbeziehung nicht öffentliche Rücksichten vom Gesichtspunkt der Sozialversicherung entgegenstehen (§ 9 ASVG).

133. Grenzgänger und Doppelbesteuerungsabkommen

DB – DZ – KommSt

Die Bezüge von Grenzgängern unterliegen nach den Bestimmungen des § 41 FLAG sowie § 5 **949**
KommStG grundsätzlich der Beitragspflicht bei DB, DZ und KommSt.

Für Dienstnehmer, die nicht den Bestimmungen über soziale Sicherheit im Inland unterlie- **950**
gen, besteht jedoch hinsichtlich DB und DZ **keine** Beitragspflicht.

133. Grenzgänger und Doppelbesteuerungsabkommen

Grundsätzlich gilt in den Abkommen zur Vermeidung von Doppelbesteuerung (DBA) das **951**
sogenannte Tätigkeitsstaatsprinzip (Art 15 OECD-MA). Das heißt, es wird idR jenem Land das Besteuerungsrecht zugewiesen, in dem die nichtselbständige Tätigkeit ausgeübt wird. Aufgrund von Grenzgängerregelungen in einzelnen DBA (mit Deutschland, Liechtenstein und Italien) wird abweichend vom Tätigkeitsstaatsprinzip dem Ansässigkeitsstaat das ausschließliche Besteuerungsrecht zugewiesen.

> **Hinweis**
>
> Im DBA Liechtenstein wird davon abweichend dem Tätigkeitsstaat das Recht zugewiesen, eine pauschale Abzugsteuer in Höhe von 4% zu erheben.
>
> Die Definition, was unter einem Grenzgänger zu verstehen ist, ist je nach DBA unterschiedlich geregelt. Grundsätzlich handelt es sich um Arbeitnehmer, die in Grenznähe (wobei entsprechende Luftlinienentfernungen in den Abkommen bzw Zusatzprotokollen definiert sind) wohnen bzw arbeiten und idR an jedem Arbeitstag pendeln.

> **Beispiel**
>
> Ein Arbeitnehmer wohnt in Schärding. Er pendelt täglich nach Passau zu seinem Dienstort. Da der Arbeitnehmer unter die Grenzgängerregelung fällt (da sich Wohnort und Arbeitsort jeweils maximal 30 km Luftlinie entfernt von der Staatsgrenze befinden), sind die Bezüge im Ansässigkeitsstaat (Österreich) steuerpflichtig.

Steht dem Arbeitnehmer allerdings am Arbeitsort eine Wohnung zur Verfügung und pendelt **952**
dieser nur an den Wochenenden, verliert er den Status des Grenzgängers.

Die Liste der österreichischen DBA ist unter https://www.bmf.gv.at/steuern/int-steuerrecht/internationales-steuerrecht.html abrufbar.

Hat Österreich aufgrund uni- oder bilateraler Maßnahmen der Doppelbesteuerung für Teile **953**
der Bezüge kein Besteuerungsrecht (Befreiungsmethode), ist die Lohnsteuer tageweise zu berechnen.

In jenen Fällen, in denen die Zuteilung des Besteuerungsrechts an den Arbeitseinkünften nach dem jeweils anzuwendenden DBA nach Arbeitstagen erfolgt, ist für die Besteuerung gemäß § 77 Abs 1 Satz 3 EStG die Anzahl der Kalendertage im selben prozentuellen Verhältnis zu ermitteln, wie auch die Zuteilung des Besteuerungsrechts nach Arbeitstagen im Hinblick auf Inlandsanteil und Auslandsanteil erfolgt.

134. Gruppenmerkmal

Beispiel

Ein Arbeitnehmer befindet sich an vier von 220 Arbeitstagen in Österreich. Für diese vier Arbeitstage wird Österreich auch das Besteuerungsrecht zugeteilt, wobei die Aufteilung der Arbeitseinkünfte auf Inlands- und Auslandsanteil nach Arbeitstagen zu erfolgen hat. Auf den Inlandsanteil entfällt daher ein Prozentsatz von 1,82 %. Für die Besteuerung gemäß § 77 Abs 1 Satz 2 EStG ist dieser Prozentsatz auf die 360 Kalendertage anzuwenden, sodass der nach Arbeitstagen ermittelte und Österreich zugeteilte Besteuerungsanspruch mit gerundet sieben Kalendertagen (rechnerisches Ergebnis = 6,55) zu besteuern ist.

Es bestehen keine Bedenken, dass in der monatlichen Abrechnung vorläufig auf das jeweilige aktuelle Verhältnis der Arbeitstage abgestellt wird und dieses in Kalendertage umgerechnet wird. Am Ende des Jahres ist im Wege der Aufrollung der Bezüge das tatsächliche Verhältnis des Jahres im Sinne oben angeführter Ausführungen herzustellen.

954 Zur Anwendung und Auslegung von DBA iZm der COVID-19-Pandemie (zB der Behandlung des Arbeitslohns iZm im Homeoffice geleisteten Tätigkeiten) siehe Info des BMF 20. 7. 2020, 2020–0.459.612.

134. Gruppenmerkmal

955 Gewisse Steuerbefreiungen im EStG verlangen als Voraussetzung für deren Anwendbarkeit das sogenannte Gruppenmerkmal. Das heißt, die entsprechende Zuwendung des Arbeitgebers muss entweder an alle Arbeitnehmer oder an bestimmte Gruppen seiner Arbeitnehmer erfolgen.

956 Dies ist bspw bei Zuschüssen des Arbeitgebers für Kinderbetreuung (§ 3 Abs 1 Z 13 lit b EStG) oder bei Zuwendungen des Arbeitgebers zur Zukunftssicherung seiner Mitarbeiter (§ 3 Abs 1 Z 15 lit a EStG) der Fall.

957 Arbeitnehmer iSd § 3 Abs 1 Z 13 ff EStG sind grundsätzlich nur Personen mit einem Dienstverhältnis. Die Begünstigungen gemäß § 3 Abs 1 Z 13, 14 und 15 lit a (für Risikoversicherungen) EStG gelten aus verwaltungsökonomischen Gründen auch für ehemalige Arbeitnehmer.

958 Unter Gruppen von Arbeitnehmern sind zB Großgruppen wie alle Arbeiter, alle Angestellten, Schichtarbeiter oder abgegrenzte Berufsgruppen wie zB Chauffeure, Monteure, Innendienst- bzw Außendienstmitarbeiter, gesamtes kaufmännisches oder technisches Personal, Verkaufspersonal, alle Arbeitnehmer mit einer Betriebszugehörigkeit von einer bestimmten Anzahl von Jahren zu verstehen. Trifft ein Gruppenmerkmal nur auf einen Arbeitnehmer zu, stellt auch dieser einen Arbeitnehmer einer Gruppe im obigen Sinne dar. Die Gruppenmerkmale müssen **betriebsbezogen** sein (vgl VwGH 5. 5. 1982, 3003/80; VwGH 18. 10. 1995, 95/13/0062). Das Erfordernis Betriebsbezogenheit ist bedeutsam für die sachliche Begründung einer Gruppenbildung. Eine willkürliche Gruppenbildung – etwa nach Maßstäben persönlicher Vorlieben oder Nahebeziehungen – kann nicht zur Steuerbefreiung führen. Ob die Gruppenbildung sachlich begründbar ist, hängt im Einzelfall aber auch von der Art des mit der Gruppenzugehörigkeit verbundenen Vorteils und vom Zweck der Steuerbefreiung ab. Auch der Verantwortungsgrad für das Unternehmen kann für die Gruppenbildung herangezogen werden (vgl VwGH 27. 7. 2016, 2013/13/0069), wenn der Verantwortungsgrad anhand objektiver, nachvollziehbarer Kriterien (zB nach einem anerkannten Stellenbewertungssystem) präzisiert ist. Innerhalb einer Gruppe sind aber sämtliche Arbeitnehmer gleich zu behandeln und unter

denselben objektiven, nachvollziehbaren Kriterien zu berücksichtigen. Unter diesen Voraussetzungen können auch leitende Angestellte eine Gruppe darstellen.

Nach Ansicht des VwGH kann die Steuerfreiheit des Vorteils aus der Optionsausübung (§ 3 Abs 1 Z 15 lit c EStG) nicht mit der Begründung versagt werden, dass die Teilnahmemöglichkeit am Optionsprogramm auf Angehörige des Managements (nach dem Stellenbewertungssystem der „Hay Group") eingeschränkt sei und dies keine betriebsbezogene Differenzierung innerhalb der Großgruppe der Angestellten darstelle. Die „Betriebsbezogenheit" der Gruppenmerkmale ist somit nicht unbedingt erforderlich und nur von Bedeutung bei der Prüfung, ob die Gruppenbildung sachlich begründbar ist.

959 Nicht begünstigt sind Maßnahmen, die sich auf Personen einer bestimmten Altersgruppe beziehen. Dies schließt allerdings nicht aus, dass der Arbeitgeber die Aufwendungen allein oder zusätzlich für Arbeitnehmer aufgrund der Beschäftigungsdauer im Betrieb abhängig machen kann. Der Umstand, dass einer Anzahl von Personen eine Belohnung zugesprochen wird, führt noch nicht dazu, dass diese Personen als Gruppe anzusehen sind. Sofern der Arbeitgeber zwar allen Arbeitnehmern oder allen Arbeitnehmern einer bestimmten Gruppe eine Begünstigung anbietet, aber nicht alle Arbeitnehmer oder alle Arbeitnehmer einer bestimmten Gruppe von diesem Angebot Gebrauch machen, geht die Begünstigung hinsichtlich der annehmenden Arbeitnehmer nicht verloren (vgl VwGH 4. 7. 1985, 84/08/0006).

960 Ein unterscheidendes Merkmal in Form der Erreichung einer Zielvorgabe ist für die Zuordnung bestimmter Arbeitnehmer zu einer Gruppe nicht geeignet. Werden vom Arbeitgeber besondere Maßnahmen für die Zukunftssicherung individuell bei Erfüllung bestimmter Zielvorgaben zugesichert, handelt es sich um Leistungsbelohnungen, die gemäß § 67 Abs 1 und 2 EStG zu versteuern sind.

961 Scheiden Arbeitnehmer aus einer Gruppe aus oder wechseln sie in eine andere Gruppe, hat das auf die bis zum Ausscheiden aus der Gruppe bzw bis zum Wechsel in eine andere Gruppe gewährten steuerbefreiten Bezüge keinen Einfluss. Nach dem Wechsel in eine andere Gruppe steht die Steuerbefreiung für diesen Arbeitnehmer aber nur dann zu, wenn das Gruppenmerkmal für die neue Gruppe wieder erfüllt ist.

135. Haftung (§ 82 EStG; § 67 ASVG)

962 Der Arbeitgeber haftet dem Bund für die Einbehaltung und Abfuhr der vom Arbeitslohn einzubehaltenden Lohnsteuer. Der Umstand, dass die Voraussetzungen des § 83 Abs 2 Z 1 und 4 EStG (Veranlagung des Arbeitnehmers) vorliegen, steht einer Inanspruchnahme des Arbeitgebers nicht entgegen.

963 Übereignet der Arbeitgeber seinen Betrieb, so haftet der Erwerber neben ihm für die Lohnsteuer, die seit dem Beginn des letzten vor der Übereignung liegenden Kalenderjahres an das FA abzuführen war.

964 Als Arbeitgeber, der dem Bund für die Einbehaltung und Abfuhr der Lohnsteuer haftet, bezeichnet § 47 Abs 1 EStG denjenigen, der Bezüge iSd § 25 EStG, das sind Einkünfte aus nichtselbständiger Arbeit, auszahlt. Darunter ist nicht jeder zu verstehen, der bloß eine manipulative Tätigkeit bei der Auszahlung von Arbeitslöhnen entfaltet, sondern derjenige, auf dessen Rechnung die Auszahlung geht, der also die Last der Auszahlung trägt (VwGH 22. 6. 1976, 649/76).

135. Haftung

965 Für die Haftung des Arbeitgebers kommt es allein darauf an, welcher Betrag an Lohnsteuer bei Auszahlung des Arbeitslohnes einzubehalten war und welcher Betrag von ihm tatsächlich einbehalten und abgeführt worden ist.

966 Durch die Geltendmachung der Haftung des Arbeitgebers werden dieser und der Arbeitnehmer (Steuerschuldner) zu Gesamtschuldnern. Da die Entrichtung der Abgabe durch einen Gesamtschuldner den anderen Schuldner befreit, kann eine Heranziehung des Arbeitgebers nicht mehr erfolgen, wenn der Arbeitnehmer für den betreffenden Bezug bereits im Veranlagungsweg Einkommensteuer entrichtet hat (VwGH 13. 9. 1972, 2218/71).

967 Hat das FA den Arbeitgeber aufgrund des § 82 EStG zur Haftung für zu wenig abgezogene Lohnsteuer herangezogen, tritt der Arbeitgeber in die Rechte des ursprünglichen Gläubigers (Republik Österreich) ein und ist in einem solchen Fall befugt, vom Arbeitnehmer als Steuerschuldner den Ersatz der bezahlten Schuld gemäß § 1358 ABGB zu fordern (vgl OGH 23. 7. 2019, 9 ObA 74/19 a; OGH 25. 8. 2020, 8 ObA 54/20 d).

968 Hat der Arbeitnehmer gemeinsam mit dem Arbeitgeber an der Verkürzung von Lohnsteuer mitgewirkt, kann er aufgrund der Bestimmungen des § 83 Abs 3 EStG unmittelbar zur Haftung herangezogen werden (Ermessensentscheidung des FA), wenn die Haftung beim Arbeitgeber (zB wegen Insolvenz) ins Leere geht. Es handelt sich dabei um eine sogenannte Ausfallshaftung. In diesen Fällen kommt gemäß § 62 a Abs 1 Z 3 EStG die steuerliche Fiktion einer Nettolohnvereinbarung zur Anwendung und es kommt zu einer Hochrechnung dieser Bezüge.

969 Im EStG besteht eine Auftraggeberhaftung iZm Bauleistungen (ähnlich wie in der Sozialversicherung) für lohnabhängige Abgaben.

Die Haftung entfällt, wenn das beauftragte Unternehmen zum Zeitpunkt der Fälligkeit in der „Gesamtliste der haftungsfreistellenden Unternehmen" (HFU-Gesamtliste) geführt wird. Wird das beauftragte Unternehmen in dieser Liste nicht geführt, tritt der Entfall der Haftung dann ein, wenn das beauftragende Unternehmen 5% des zu leistenden Werklohns an das Dienstleistungszentrum bei der Wiener ÖGK abführt.

Das Dienstleistungszentrum nimmt die Verrechnung vor. Wurde seitens des Unternehmens keine Verrechnungsweisung vorgenommen, teilt die Wiener ÖGK den Betrag im Verhältnis 4 : 1 zwischen ÖGK und Finanz auf. Ist für die Dienstnehmer in Österreich keine Versicherungspflicht gegeben, wird der überwiesene Betrag zur Gänze an das zuständige FA überwiesen.

Sozialversicherung

970 Die Haftung von Beiträgen ist in den §§ 67 und 67 a ASVG geregelt.

DB, DZ

971 Die Haftung im Bereich DB, DZ erfolgt aufgrund des § 43 Abs 2 FLAG iVm § 82 EStG. Es sind daher analog die Haftungsbestimmungen im Bereich der Lohnsteuer maßgeblich (§ 82 EStG).

KommSt

972 Die Haftung iZm der Kommunalsteuer ist in § 6 a KommStG geregelt.

136. Heiratsbeihilfe

➢ Siehe „Freiwillige soziale Zuwendungen".

137. Hochrechnung steuerfreier Bezugsteile bei der Veranlagung (besonderer Progressionsvorbehalt)

Bestimmte steuerfreie Bezüge lösen bei der Durchführung der (Arbeitnehmer-)Veranlagung iSd § 41 Abs 1 und 2 EStG eine besondere Berechnung aus. Es handelt sich dabei um folgende Transferleistungen:

- ✓ das versicherungsmäßige Arbeitslosengeld und die Notstandshilfe (§ 3 Abs 1 Z 5 lit a EStG),
- ✓ oder an deren Stelle tretende Ersatzleistungen (zB Weiterbildungsgeld – vgl VwGH 27. 3. 2019, Ra 2018/13/0024, Bildungsteilzeitgeld),
- ✓ die Überbrückungshilfe nach § 3 Abs 1 Z 5 lit c EStG,
- ✓ bestimmte Bezüge der Soldaten nach § 3 Abs 1 Z 22 lit a EStG,
- ✓ Geldleistungen gemäß § 3 Abs 1 des BG über die Entsendung von Soldaten zur Hilfeleistung ins Ausland (§ 3 Abs 1 Z 22 lit b EStG),
- ✓ Bezüge der Zivildiener gemäß § 25 Abs 1 Z 4 und 5 EStG.

Sind die grundsätzlich hochzurechnenden Einkünfte insgesamt negativ, unterbleibt eine Hochrechnung (siehe auch UFS Klagenfurt 10. 9. 2009, RV/0497-K/07).

Ganzjährig bezogene Pensionen sowie ganzjährig bezogene Einkünfte aus nichtselbständiger Arbeit sind bei der Hochrechnung nicht zu berücksichtigen.

Siehe auch LStR Rz 113 ff.

138. Homeoffice

Im Jahr 2021 sind neue Regelungen für das Arbeiten im Homeoffice in Kraft getreten. Das Homeoffice-Maßnahmenpaket 2021 beinhaltet arbeits-, sozialversicherungs- und steuerrechtliche Regelungen, die klare Rahmenbedingungen für das Arbeiten von zu Hause schaffen.

Lohnsteuer

138.1 Steuerfreie bzw nichtsteuerbare Leistungen des Arbeitgebers

Der Arbeitgeber kann für Lohnzahlungszeiträume seit dem 1. 1. 2021 gemäß § 26 Z 9 EStG dem Arbeitnehmer ein nicht steuerbares Homeoffice-Pauschale von bis zu € 3,– pro Tag für maximal 100 Arbeitstage im Jahr gewähren, bei unter 100 Homeoffice-Tagen beträgt die Obergrenze € 3,– x Anzahl der Homeoffice-Tage. Dieses Pauschale von maximal € 300,– steht auch bei mehreren Arbeitgebern nur einmal zu und wird, sofern es bei mehreren Arbeitgebern berücksichtigt wurde, im Rahmen der Pflichtveranlagung auf das einfache Ausmaß zurückgeführt (§ 41 Abs 1 Z 13 EStG). Zusätzlich können dem Arbeitnehmer digitale Arbeits-

138. Homeoffice

mittel (zB Computer, Bildschirm, Tastatur, Drucker, Handy oder die erforderliche Datenanbindung) nicht steuerbar überlassen werden, selbst wenn die überlassenen Arbeitsmittel vom Arbeitnehmer teilweise auch für private Zwecke verwendet werden.

977 Voraussetzung für die steuerlichen Begünstigungen iZm Homeoffice ist eine Vereinbarung zwischen Arbeitgeber und Arbeitnehmer. Diese kann eine kollektivvertragliche oder individuelle Vereinbarung, aber auch eine Betriebsvereinbarung sein. Auch eine Homeoffice-Tätigkeit auf Basis einer Dienstanweisung durch den Arbeitgeber ist als Vereinbarung zu werten.

978 Als Homeoffice-Tage gelten nur jene Tage, an denen die gesamte berufliche Tätigkeit ausschließlich in der Wohnung ausgeübt wird. Das Arbeitszeitausmaß (Vollzeit/Teilzeit) des Arbeitnehmers ist in diesem Zusammenhang nicht relevant. Urlaubstage gelten nicht als Homeoffice-Tage. Es gelten nur die tatsächlichen Arbeitstage.

979 Das Homeoffice-Pauschale ist zweifach begrenzt: Es dürfen jährlich nicht mehr als 100 Homeoffice-Tage und pro Homeoffice-Tag maximal € 3,– berücksichtigt werden. Aufgrund welcher arbeitsrechtlichen Bemessung sich dies ergibt, ist für die steuerrechtliche Ermittlung des maximalen Homeoffice-Pauschale nicht relevant, solange der sich aus der Berechnung Homeoffice-Tage (maximal 100) x € 3,– resultierende Höchstbetrag nicht überschritten wird.

Beispiel 1

Der Arbeitgeber bezahlt € 2,– pro Homeoffice-Tag. Der Arbeitnehmer befindet sich an 150 Arbeitstagen im Homeoffice. Der Arbeitgeber kann € 300,– bereits in der Lohnverrechnung als Homeoffice-Pauschale nicht steuerbar berücksichtigen.

980 Die nicht steuerbare Behandlung des Homeoffice-Pauschales muss nicht zwangsläufig mit der Anzahl der im Kalendermonat tatsächlich geleisteten Homeoffice-Tage korrelieren. Es kann daher auch ein fixer Monatsbetrag ausbezahlt werden. Der Arbeitgeber muss aber in derartigen Fällen Sorge tragen, dass – auf das Kalenderjahr bezogen – der nach der Anzahl der tatsächlich geleisteten Homeoffice-Tage richtige Betrag nicht steuerbar belassen wurde. Gegebenenfalls hat die Richtigstellung durch eine Aufrollung zu erfolgen.

Beispiel 2

Der Arbeitgeber bezahlt € 25,– monatlich als Homeoffice-Pauschale. Der Arbeitnehmer arbeitet monatlich unterschiedlich oft im Homeoffice.
Der Arbeitgeber kann in der Lohnverrechnung 100 Homeoffice-Tage im Jahr mit maximal € 3,– pro Tag, also maximal € 300,– pro Kalenderjahr steuerbegünstigt berücksichtigen. Die tatsächlichen Homeoffice-Tage x € 3,– sind dem erhaltenen Pauschale gegenüberzustellen. Der die Homeoffice-Pauschale übersteigende Betrag ist vom Arbeitgeber steuerpflichtig zu behandeln.
Arbeitet der Arbeitnehmer bspw 80 Tage im Kalenderjahr im Homeoffice, hat der Arbeitgeber € 60,– des Homeoffice-Pauschales steuerpflichtig zu behandeln und mit dem laufenden Lohn zu versteuern.

981 Der Arbeitgeber hat die Anzahl der Homeoffice-Tage und die Höhe des nicht steuerbar ausgezahlten Homeoffice-Pauschales im Rahmen des Jahreslohnzettels zu übermitteln.

982 Büromöbel, die der Arbeitgeber dem Arbeitnehmer für das Homeoffice zur Verfügung stellt und die ausschließlich beruflich genutzt werden, stellen keinen Vorteil aus dem Dienstverhältnis dar.

Finanzielle Zuschüsse des Arbeitgebers für einen auf die Arbeitnehmer laufenden Internetvertrag sind steuerpflichtig, jedoch kann der Arbeitnehmer die Internetkosten im Ausmaß der beruflichen Nutzung als Werbungskosten geltend machen.

138.2 Lohnkonto und Lohnzettel

Das Homeoffice-Pauschale ist gemäß § 2 Z 2 LohnkontenV unter § 26 Z 9 EStG am Lohnkonto auszuweisen. Der Arbeitgeber muss die Anzahl der Homeoffice-Arbeitstage auch im Lohnkonto und Lohnzettel bekanntgeben. Für steuerliche Zwecke ist es ausreichend, die Anzahl der Tage für das Homeoffice-Pauschale pro Kalenderjahr anzuführen.

Am Formular L 16 ist ein eigenes Feld für die Anzahl der Homeoffice-Tage und eines für die Höhe des Homeoffice-Pauschales ausgewiesen. Dort sind die Anzahl der im Jahr im Homeoffice verbrachten Tage, sowie die Jahressumme des nicht steuerbaren Homeoffice-Pauschales (maximal € 300,–) einzutragen.

138.3 Pendlerpauschale

Ob der Arbeitgeber ein Homeoffice-Pauschale auszahlt, ist für das Pendlerpauschale nicht relevant. Für das Pendlerpauschale kommt es darauf an, wie oft in einem Kalendermonat tatsächlich zur Arbeit gefahren wird. Homeoffice-Tage sind dabei nicht zu berücksichtigen, weil an diesen Tagen von zu Hause gearbeitet wird.

- ✓ Wird an mehr als zehn Tagen im Monat tatsächlich gependelt, steht das Pendlerpauschale für den Monat ungekürzt zu.
- ✓ Wird an mehr als sieben, aber nicht mehr als zehn Tagen im Monat tatsächlich gependelt, steht das Pendlerpauschale zu zwei Dritteln zu.
- ✓ Wird an mehr als drei, aber nicht mehr als sieben Tagen im Monat tatsächlich gependelt, steht das Pendlerpauschale zu einem Drittel zu.

138.4 Werbungskosten

Werbungskosten für jene berufliche Tätigkeit, die außerhalb eines steuerlich anerkannten Arbeitszimmers in der Wohnung gemäß § 20 Abs 1 Z 2 lit d EStG ausgeübt wird, sind im Rahmen des § 16 Abs 1 Z 7a lit und b EStG zu berücksichtigen. Dies gilt für die Veranlagungen der Jahre 2021 bis 2023.

Unter Wohnung ist nicht nur die private Wohnung des Arbeitnehmers zu verstehen (Hauptwohnsitz, Nebenwohnsitz), sondern auch die Wohnung des Lebenspartners und von nahen Angehörigen, wenn der Arbeitnehmer dort im Homeoffice tätig wird. Restaurants, Cafés, Vereinslokale oder öffentliche Flächen wie zB Parkanlagen etc fallen nicht unter diesen Begriff.

Das Homeoffice-Pauschale deckt die allgemeinen Kosten iZm Homeoffice-Tätigkeit ab, da bei einem Arbeitnehmer üblicherweise die Voraussetzungen für ein steuerlich anerkanntes Arbeitszimmer nicht vorliegen.

Als Homeoffice-Tage gelten nur jene Tage, an denen die gesamte berufliche Tätigkeit ausschließlich in der Wohnung ausgeübt wird. Das Arbeitsausmaß (Vollzeit/Teilzeit) des Arbeitnehmers ist in diesem Zusammenhang nicht relevant.

138. Homeoffice

> **Beispiel 1**
>
> A arbeitet von 8 Uhr bis 12 Uhr in seiner Wohnung in Ansfelden und fährt von dort aus um 12 Uhr auf Dienstreise nach Linz, wo er bis 16 Uhr Außendienst (Kundenbesuche) verrichtet. Es liegt keine ausschließliche Tätigkeit im Homeoffice vor, daher liegt kein Homeoffice-Tag vor.

> **Beispiel 2**
>
> B arbeitet von 8 Uhr bis 12 Uhr in seiner Wohnung und ist am Nachmittag außer Dienst, da er sich Zeitausgleich nimmt. Die berufliche Tätigkeit fand ausschließlich in der Wohnung statt, wodurch ein Homeoffice-Tag vorliegt.

991 Um die Überprüfung der Anzahl der Homeoffice-Tage in der Veranlagung zu gewährleisten, ist der Arbeitgeber verpflichtet, die Anzahl der Homeoffice-Tage, die ein Arbeitnehmer leistet, unabhängig davon im Lohnkonto zu erfassen, ob ein Homeoffice-Pauschale ausbezahlt wird oder nicht.

992 Ausgaben für ergonomisch geeignetes Mobiliar sowie das Homeoffice-Pauschale sind ohne Anrechnung auf das allgemeine Werbungskostenpauschale abzugsfähig.

993 Liegt das vom Arbeitgeber an den Arbeitnehmer gezahlte tägliche Homeoffice-Pauschale unter € 3,– pro Tag, kann der Arbeitnehmer die Differenz auf € 3,– pro Homeoffice-Tag als Werbungskosten iSd § 16 Abs 1 Z 7a lit b EStG geltend machen. Zahlt der Arbeitgeber dem Arbeitnehmer kein Homeoffice-Pauschale und arbeitet der Arbeitnehmer zumindest 100 Tage im Homeoffice, können die vollen € 300,– als Werbungskosten gemäß § 16 Abs 1 Z 7a lit b EStG geltend gemacht werden.

> **Beispiel 1**
>
> A arbeitet im Jahr 2023 an 115 Tagen ausschließlich in seiner Wohnung. Er erhält von seinem Arbeitgeber für 50 Tage ein Homeoffice-Pauschale von € 3,– pro Tag, in Summe also € 150,–. A kann demnach in seiner Arbeitnehmerveranlagung einen Betrag von € 150,– als Werbungskosten geltend machen.

> **Beispiel 2**
>
> A arbeitet im Jahr 2023 an 70 Tagen ausschließlich im Homeoffice. Er erhält von seinem Arbeitgeber ein Homeoffice-Pauschale von € 2,– pro Tag, in Summe also € 140,–. A kann demnach in seiner Arbeitnehmerveranlagung einen Betrag von € 70,– als Werbungskosten geltend machen (70 x 3 – 140).

Mobiliar

994 Kosten für ergonomisch geeignetes Büromobiliar können bis zu € 300,– pro Jahr geltend gemacht werden. Voraussetzung ist, dass der Arbeitnehmer zumindest 26 Homeoffice-Tage im Kalenderjahr geleistet hat. Unter Mobiliar fallen jedenfalls ein Schreibtisch, ein Drehstuhl oder eine Beleuchtung. Darüber hinaus können auch andere Gegenstände erfasst sein, wenn sie eindeutig dazu dienen, die Arbeit am Schreibtisch in ergonomischer Hinsicht zu verbessern (zB Fußstütze, Vorlagehalterung). Der Begriff „ergonomisch" bezieht sich auf die arbeitnehmerschutzrechtlichen Vorgaben des § 67 Abs 2 ASchG, BGBl 1994/450 idgF für Bildschirmarbeitsplätze; die Beleuchtung muss § 21 Abs 2 ASchG entsprechen. Es bestehen jedoch keine Bedenken, im Handel erworbenes spezifisches Büromobiliar als ergonomisch zu qualifizieren. Die Deckelung mit dem jährlichen Höchstbetrag von € 300,- bezieht sich auf die jeweils in dem betreffenden Jahr zu berücksichtigenden Kosten aus der Anschaffung oder Herstellung des Mobiliars. Werden mehrere Gegenstände angeschafft, bezieht sich die Grenze auf sämtliche Gegenstände.

Damit auch Anschaffungs- oder Herstellungskosten, die den Höchstbetrag überschreiten, steuerlich wirksam bleiben, ist es möglich, den Überschreitungsbetrag bis zum letzten Jahr der Geltung der Regelung, das ist das Jahr 2023, berücksichtigen zu können. Der Überschreitungsbetrag kann in das jeweils nächste Veranlagungsjahr vorgetragen werden und bleibt innerhalb des für dieses Jahr geltenden Höchstbetrages absetzbar. **995**

Im Rahmen der Verteilungsregelung sind ältere Anschaffungen/Herstellungen vor jüngeren zu berücksichtigen. Das Erfordernis einer zumindest 26 Tage umfassenden Homeoffice-Tätigkeit ist für jedes Veranlagungsjahr gesondert zu beurteilen. Wird es in einem Kalenderjahr nicht erfüllt, kommt die Berücksichtigung in diesem Jahr nicht in Betracht. Liegen im darauffolgenden Jahr die Voraussetzungen wieder vor, kann eine Berücksichtigung des im Vorjahr nicht verwertbaren Betrages in diesem Jahr erfolgen. **996**

Homeoffice und Arbeitsmittel

Die Ausgaben für digitale Arbeitsmittel (zB Drucker, Laptop, Router) zur Verwendung eines in der Wohnung eingerichteten Arbeitsplatzes sind um ein Homeoffice-Pauschale gemäß § 26 Z 9 EStG und Werbungskosten gemäß § 16 Abs 1 Z 7a lit b EStG zu kürzen und nur der darüber hinausgehende Teil kann als Werbungskosten geltend gemacht werden. **997**

Beispiel 1

A kauft einen Laptop um € 750,- und erhält vom Arbeitgeber ein Homeoffice-Pauschale von € 300,-. A hat von den Kosten des Laptops einen Privatanteil in Höhe von 40% auszuscheiden. Von den verbleibenden € 450,- (= 60% von € 750,-) hat A € 300,- abzuziehen. Die verbleibenden € 150,- kann A als Werbungskosten für die Anschaffung von digitalen Arbeitsmitteln geltend machen.

Beispiel 2

Der Arbeitgeber hat € 60,- (€ 3,- für 20 Tage im Homeoffice) als Homeoffice-Pauschale nicht steuerbar ausgezahlt. Der Arbeitnehmer hat einen Drucker um € 200,- gekauft. Da der Drucker zu 60% beruflich genutzt wird, ist von den Anschaffungskosten der Betrag von € 120,- zu berücksichtigen. Davon ist das Homeoffice-Pauschale abzuziehen, sodass € 60,- als Werbungskosten geltend gemacht werden können.
Variante: Wenn der Drucker € 100,- kostet, können keine zusätzlichen Werbungskosten geltend gemacht werden, weil dieser Betrag durch das Homeoffice-Pauschale gedeckt ist (60% berufliche Nutzung = € 60,- abzüglich € 60,- Homeoffice-Pauschale).

Beispiel 3

A arbeitet an 42 Tagen ausschließlich in seiner Wohnung (außerhalb eines Arbeitszimmers). Er erhält dafür € 2,50 pro Tag, in Summe also € 105,- als Homeoffice-Pauschale durch seinen Arbeitgeber. In der Veranlagung kann er den Betrag von € 21,- zusätzlich als Werbungskosten gemäß § 16 Abs 1 Z 7a lit b EStG geltend machen. Dieser Betrag ergibt sich aus der Differenz zwischen

138. Homeoffice

> dem höchsten zustehenden Homeoffice-Pauschale von € 126,– (42 Tage x € 3,–) und dem vom Arbeitgeber nicht steuerbar zugewendeten Betrag von € 105,–. Zusätzlich erwirbt A einen Computer um € 600,–, den er zu 60% beruflich nutzt. Der berufliche Anteil seiner Ausgaben beträgt daher € 360,–. Diese Ausgaben für digitale Arbeitsmittel sind um das Homeoffice-Pauschale in Höhe von € 105,– sowie den Betrag von € 21,– (Werbungskosten gemäß § 16 Abs 1 Z 7a lit b EStG) zu kürzen: 360 – (105 + 21) = € 234,–. Dieser Betrag stellt gemäß § 16 Abs 1 Z 7 EStG Werbungskosten für digitale Arbeitsmittel dar.

Sozialversicherung

998 Der Wert der digitalen Arbeitsmittel, die Dienstgeber ihren Dienstnehmern für die berufliche Tätigkeit unentgeltlich überlassen, und ein Homeoffice-Pauschale, wenn und soweit dieses nach § 26 Z 9 lit a EStG nicht zu den Einkünften aus nichtselbständiger Arbeit gehört, sind von der Sozialversicherung befreit (§ 49 Abs 1 Z 31 ASVG).

Arbeitsrecht

999 Im Arbeitsvertragsrechts-Anpassungsgesetz (AVRAG) werden eine gesetzliche Definition und grundsätzliche arbeitsvertragsrechtliche Bestimmungen (schriftliche Vereinbarung, Bereitstellung digitaler Arbeitsmittel, Kündigung aus wichtigem Grund mit Frist ein Monat) für das Arbeiten im Homeoffice geregelt.

1000 Ansonsten gelten sämtliche arbeitsrechtlichen Gesetze, wie zB das Arbeitszeitgesetz, Arbeitsruhegesetz, Angestelltengesetz, AVRAG, Urlaubsgesetz, Entgeltfortzahlungsgesetz, Mutterschutzgesetz, Väter-Karenzgesetz, Gleichbehandlungsgesetz, Arbeitsverfassungsgesetz, zum Teil auch das ArbeitnehmerInnenschutzgesetz.

1001 Darüber hinaus gelten die Bestimmungen des Dienstnehmerhaftpflichtgesetzes (DHG) sowie der für den jeweiligen Betrieb geltende Kollektivvertrag bzw die geltenden Betriebsvereinbarungen auch im Homeoffice. Für Arbeiten im Homeoffice besteht ein Unfallversicherungsschutz.

1002 Arbeit im Homeoffice liegt demnach vor, wenn ein Arbeitnehmer regelmäßig Arbeitsleistungen in der Wohnung erbringt. Darunter fällt nicht nur die Erbringung der Arbeitsleistung unter Verwendung von Informations- und Kommunikationstechnik (unter Einsatz des Internets, von Handys oder Telefonen, mittels PC, Laptop, Tablet und entsprechender Software), sondern auch die Erbringung von Arbeitsleistungen mit anderen Mitteln im Rahmen eines Arbeitsverhältnisses wie zB die Bearbeitung von Papierunterlagen.

1003 Erfolgt die Tätigkeit im Homeoffice lediglich im Anlassfall („Eintagsfliege") und nur gelegentlich, ohne dass von den Arbeitsvertragsparteien weitere regelmäßige Einsätze im Homeoffice beabsichtigt wären, finden die Homeoffice-Regelungen im AVRAG keine Anwendung.

1004 Arbeit im Homeoffice ist zwischen dem Arbeitnehmer und dem Arbeitgeber aus Beweisgründen schriftlich (auch im elektronischem Weg wie zB per E-Mail) zu vereinbaren. Fehlende Schriftlichkeit führt allerdings nicht zur Nichtigkeit der Vereinbarung. Es besteht weder ein Recht auf Homeoffice, noch kann dies einseitig vom Arbeitgeber angeordnet werden. Die Vereinbarung eines einseitigen Weisungsvorbehalts des Arbeitgebers, ob überhaupt Homeoffice ausgeübt wird, ist nicht zulässig, da dies dem Grundsatz widerspricht, dass Arbeiten im Homeoffice grundsätzlich einvernehmlich festzulegen ist. Die Vereinbarung kann von einer Arbeitsvertragspartei bei Vorliegen eines wichtigen Grundes unter Einhaltung einer Frist von einem Monat zum Letzten eines Kalendermonats gelöst werden. Die Vereinbarung kann eine Befristung sowie Kündigungsregelungen beinhalten. Auch eine einvernehmliche Beendigung ist möglich.

Der Arbeitgeber hat die für das regelmäßige Arbeiten im Homeoffice erforderlichen digitalen Arbeitsmittel bereitzustellen. Es kann auch vereinbart werden, dass der Arbeitgeber die angemessenen und erforderlichen Kosten für die von dem Arbeitnehmer für die Erbringung der Arbeitsleistung zur Verfügung gestellten digitalen Arbeitsmittel (pauschal) trägt. **1005**

Zu den arbeitsrechtlichen Regelungen siehe auch die FAQ auf der Homepage des BMAW: https://www.bmaw.gv.at/Themen/Arbeitsrecht/FAQ-Homeoffice.html.

DB – DZ – KommSt

Sind die Voraussetzungen für die Steuerfreiheit erfüllt, fallen für das Homeoffice-Pauschale und die vom Arbeitgeber zur Verfügung gestellten digitalen Arbeitsmittel weder DB, DZ noch Kommunalsteuer an. **1006**

Hinweis

Grundsätzlich wird durch Homeoffice – mangels ausreichender Verfügungsmacht des Arbeitgebers über die Wohnung des Arbeitnehmers – keine Betriebsstätte iS des KommStG begründet. Die Arbeitnehmer sind in diesen Fällen jener Betriebsstätte des Unternehmens zuzurechnen, mit der sie nach wirtschaftlichen Gesichtspunkten überwiegend unternehmerisch verbunden sind bzw zu der die engeren ständigen Beziehungen bestehen (vgl VwGH 26. 1. 2012, 2008/15/0217).

139. Impfungen

Zielgerichtete, wirkungsorientierte Gesundheitsförderung (Salutogenese) und Prävention, soweit diese vom Leistungsangebot der gesetzlichen Krankenversicherung erfasst ist, sowie Impfungen, die der Arbeitgeber allen Arbeitnehmern oder bestimmten Gruppen seiner Arbeitnehmer zur Verfügung stellt, sind steuerfrei (§ 3 Abs 1 Z 13 EStG) sowie sozialversicherungsfrei (§ 49 Abs 3 Z 11 lit b ASVG). **1007**

Ist Steuerfreiheit gegeben, sind die Leistungen (zB Impfung) auch von den Lohnnebenkosten befreit. **1008**

Beispiel

Ein Arbeitgeber bietet eine kostenlose FSME-Impfung durch einen Betriebsarzt
a) allen Arbeitnehmern an,
b) einem Arbeitnehmer an, der als Einziger für das Unternehmen als Forstarbeiter tätig ist,
c) einem einzelnen Arbeitnehmer an (Gruppenmerkmal nicht erfüllt).
Lösung:
a) Die Impfleistung ist ein gemäß § 3 Abs 1 Z 13 EStG steuerfreier Vorteil aus dem Dienstverhältnis. Es fallen weder SV-Beiträge noch DB, DZ oder KommSt an.
b) Die Impfleistung ist ein gemäß § 3 Abs 1 Z 13 EStG steuerfreier Vorteil aus dem Dienstverhältnis. Es fallen weder SV-Beiträge noch DB, DZ oder KommSt an.
c) Es liegt ein steuerpflichtiger Vorteil aus dem Dienstverhältnis vor, da der Arbeitgeber die Impfleistung nicht einer Gruppe von Arbeitnehmern, sondern nur einem einzelnen ausgewählten

141. Insolvenz-Entgelt

Arbeitnehmer anbietet. Es ist SV-Pflicht gegeben, zudem müssen DB, DZ und KommSt abgeführt werden.

1009 Übernimmt der Arbeitgeber die Kosten für den COVID-19-Test des Arbeitnehmers, ist dies nach § 3 Abs 1 Z 13 EStG als steuerfrei anzuerkennen (analog zu Impfungen). Hinsichtlich der Kostentragung für Familienmitglieder des Arbeitnehmers liegt ein steuerpflichtiger Vorteil aus dem Dienstverhältnis vor.

140. Incentive-Reisen

➢ Siehe „Sachbezüge".

141. Insolvenz-Entgelt (§ 69 Abs 6 EStG)

1010 Bei Auszahlung von Insolvenz-Entgelt durch den Insolvenz-Entgelt-Fonds (IEF) hat die auszahlende Stelle zur Berücksichtigung der Bezüge im Veranlagungsverfahren bis zum 31. 1. des folgenden Kalenderjahres einen Lohnzettel (§ 84 EStG) auszustellen und an ihr FA zu übermitteln. Die Nachzahlungen aus dem Insolvenzverfahren werden – entgegen dem Zuflussprinzip – dem Kalendermonat zugeordnet, in dem der Anspruch entstanden ist (§ 19 Abs 1 EStG, § 124 b Z 129 EStG).

1011 In diesem Lohnzettel ist die bei der Ermittlung des Auszahlungsbetrags gemäß § 67 Abs 8 lit g EStG berechnete Lohnsteuer, soweit sie nicht auf Bezüge iSd § 67 Abs 3, 6 oder 8 lit e oder f EStG entfällt, als anrechenbare Lohnsteuer auszuweisen.

1012 Die Ausstellung eines Lohnzettels hat jedoch zu unterbleiben, wenn die Bezüge € 100,– nicht übersteigen.

1013 Nachzahlungen in einem Insolvenzverfahren sind, soweit sie gesetzliche oder freiwillige Abfertigungen, Pensionsabfindungen bis zur Höhe des Barwertes und Sozialplanzahlungen bis € 22.000,– betreffen, mit 6% zu versteuern. Von den übrigen Nachzahlungen ist nach Abzug der darauf entfallenden Sozialversicherungsbeiträge ein Fünftel steuerfrei zu belassen. Nachzahlungen für Bezüge gemäß § 3 Abs 1 Z 10 EStG (begünstigte Auslandstätigkeit) behalten im Rahmen der gesetzlichen Bestimmungen ihre Steuerfreiheit, wobei in diesen Fällen kein steuerfreies Fünftel zu berücksichtigen ist. Der verbleibende Betrag ist als laufender Bezug mit einer vorläufigen laufenden anrechenbaren Lohnsteuer in Höhe von 15% zu versteuern.

1014 Erhält der Arbeitnehmer bei Verteilung der Masse nicht durch das IESG gesicherte Ansprüche, sind diese ebenso nach diesen Grundsätzen zu versteuern.

1015 Aus Gründen der Verwaltungsvereinfachung bestehen keine Bedenken, wenn von Quotenzahlungen an den Arbeitnehmer durch den Masseverwalter 50% als sonstiger Bezug nach § 67 Abs 3, 6, 8 lit e, Abs 8 lit f EStG mit dem festen Steuersatz von 6% besteuert und die restlichen 50% als laufender Bezug mit 15% versteuert werden. Vom Anteil, der als laufender Bezug zu versteuern ist, bleibt ein Fünftel steuerfrei, sodass sich ein Durchschnittssteuersatz von 9% ergibt.

1016 Werden vom Masseverwalter Quotenzahlungen an den IEF geleistet, hat der Lohnsteuerabzug ebenfalls gemäß § 67 Abs 8 lit g EStG zu erfolgen. Aus Gründen der Verwaltungsvereinfachung bestehen keine Bedenken, wenn für diese Quotenzahlungen an den IEF durch den Masseverwalter pauschal 9% Lohnsteuer einbehalten und abgeführt werden (LStR Rz 1107).

1017 Im Falle der Eröffnung eines Insolvenzverfahrens hat der Arbeitgeber bis zum Ende des **zweitfolgenden Monats** einen Lohnzettel zu übermitteln. In den Lohnzettel sind nur die an den Arbeitnehmer tatsächlich ausbezahlten Bezüge aufzunehmen.

1018 Für Bezüge, die in der Folge von der Insolvenzmasse gezahlt werden, ist – unabhängig ob es sich um Insolvenz- oder Masseforderungen handelt – ein gesonderter Lohnzettel auszustellen. Dabei ist als Bezugszeitraum der Tag nach der Insolvenzeröffnung bis zum Ende des Dienstverhältnisses bzw bis zum Ende des Kalenderjahres oder das Ende des Insolvenzverfahrens anzugeben.

142. Insolvenzentgeltsicherungsbeitrag (IE)

1019 Der Zuschlag nach dem Insolvenz-Entgeltsicherungsgesetz (IESG) beträgt ab 1. 1. 2022 **0,10%** (davor: 0,20%) der allgemeinen Beitragsgrundlage (inkl der Beitragsgrundlage für Sonderzahlungen) und ist ausschließlich vom Dienstgeber zu tragen. Grundsätzlich ist der Zuschlag von allen arbeitslosenversicherungspflichtigen Versicherten zu leisten. Geschäftsführer, die Arbeitnehmerstatus haben, fallen ebenfalls unter die Beitragspflicht nach dem IESG.

1020 Kein Zuschlag nach dem Insolvenz-Entgeltsicherungsgesetz ist zu entrichten für:

- ✓ Dienstnehmer des Bundes, der Bundesländer, der Gemeinden und der Gemeindeverbände,
- ✓ Dienstnehmer von Arbeitgebern, die entweder nach den allgemein anerkannten Regeln des Völkerrechtes oder gemäß völkerrechtlicher Verträge oder aufgrund des Bundesgesetzes über die Einräumung von Privilegien und Immunitäten an internationale Organisationen Immunität genießen,
- ✓ Gesellschafter, denen ein beherrschender Einfluss auf die Gesellschaft zusteht, auch wenn dieser Einfluss ausschließlich oder teilweise auf der treuhändigen Verfügung von Gesellschaftsanteilen Dritter beruht oder durch treuhändige Weitergabe von Gesellschaftsanteilen ausgeübt wird,
- ✓ Vorstände einer Aktiengesellschaft (OGH 24. 3. 2014, 8 ObS 3/14 w),
- ✓ Personen, die vor dem 1. 1. 1953 geboren sind – die das für die vorzeitige Alterspension bei langer Versicherungsdauer maßgebliche Mindestalter vollendet haben (Übergangsbestimmungen) bzw das 60. Lebensjahr vollendet haben,
- ✓ Personen, die nach dem 31. 12. 1952 geboren sind, sobald sie alle Anspruchsvoraussetzungen für eine Alterspension erfüllen bzw das 63. Lebensjahr vollendet haben,
- ✓ Lehrlinge,
- ✓ Personen, die nach § 66 a AlVG der Arbeitslosenversicherungspflicht unterliegen (Strafgefangene).

Im Falle eines (maximal einmonatigen) unbezahlten Urlaubes, der zu keiner Unterbrechung der Pflichtversicherung führt, ist der Zuschlag nach dem Insolvenz-Entgeltsicherungsgesetz weiterhin vom **Dienstgeber** zu entrichten.

143. Internatskosten

1021 Die Lehrberechtigten haben die Kosten der Unterbringung und Verpflegung, die durch den Aufenthalt der Lehrlinge in einem für die Schüler der Berufsschule bestimmten Schülerheim zur Erfüllung der Berufsschulpflicht entstehen (Internatskosten), zu tragen.

147. Jubiläumsgelder

1022 Der Lehrberechtigte kann einen Ersatz dieser Kosten bei der für ihn zuständigen Lehrlingsstelle der Wirtschaftskammer beantragen. In einigen Bundesländern (zB Niederösterreich) werden die Internatskosten direkt mit der Lehrlingsstelle verrechnet.

144. Jahreskarte

> Siehe „Pendlerpauschale – Übernahme der Kosten für Wochen-, Monats- oder Jahreskarten (Öffi-Ticket) gemäß § 26 Z 5 lit b EStG".

145. Jahresnetzkarte

1023 Die Übergabe einer Jahresnetzkarte (zB ÖsterreichCard der ÖBB), die auch für Privatfahrten verwendet werden kann, ist grundsätzlich ein Öffi-Ticket iSd § 26 Z 5 lit b EStG, sofern die Karte zumindest am Wohn- oder Arbeitsort des Arbeitnehmers gültig ist. Nur wenn diese Voraussetzung nicht erfüllt wird, liegt ein Vorteil aus dem Dienstverhältnis vor, der mit dem üblichen Endpreis am Abgabeort (§ 15 Abs 2 EStG) anzusetzen ist. Das ist jener Wert, den jeder private Konsument für die Jahresnetzkarte zu zahlen hat. Kostenersätze des Arbeitnehmers mindern den Sachbezugswert.

Sozialversicherung

1024 Bei Vorliegen einer steuerfreien Jahresnetzkarte ist auch von Sozialversicherungsfreiheit auszugehen (siehe § 49 Abs 3 Z 20 ASVG).

DB – DZ – KommSt

1025 Es handelt sich um keinen steuerbaren Arbeitslohn, weshalb weder Dienstgeberbeiträge zum Familienlastenausgleichsfonds noch KommSt anfallen. Die überlassene Jahreskarte unterliegt nur dann den Lohnnebenkosten DB, DZ und KommSt, wenn Lohnsteuerpflicht gegeben ist.

146. Jobticket

> Siehe „Pendlerpauschale – Übernahme der Kosten für Wochen-, Monats- oder Jahreskarten (Öffi-Ticket) gemäß § 26 Z 5 lit b EStG".

147. Jubiläumsgelder

1026 Bei den Jubiläumsgeldern unterscheidet man zwischen **Dienstnehmer-** und **Dienstgeber-(Firmen)jubiläum.**

1027 Jubiläumsgelder (-bezüge, -geschenke) können deshalb gewährt werden, weil entweder
✓ der Dienstnehmer längere Zeit bei einem Dienstgeber beschäftigt ist oder
✓ die Firma schon längere Zeit besteht.

147. Jubiläumsgelder

1028 Der **Dienstnehmer**jubiläumsanspruch kann sich aus
- ✓ Kollektivverträgen,
- ✓ Betriebsvereinbarungen oder
- ✓ Einzelverträgen

ableiten und sowohl in **Geld-** als auch in **Sachbezügen** gewährt werden.

KV für die Handelsangestellten Österreichs Punkt H. Jubiläumsgelder

KV für die Handelsangestellten Österreichs Punkt XI
Für langjährige Dienste werden dem Angestellten nach einer Beschäftigung im gleichen Betrieb von

20 Jahren mindestens	1,0 Bruttomonatsgehalt
25 Jahren mindestens	1,5 Bruttomonatsgehälter
35 Jahren mindestens	2,5 Bruttomonatsgehälter
40 Jahren mindestens	3,5 Bruttomonatsgehälter

als einmalige Anerkennungszahlung gewährt.
Der Arbeitnehmer wird iZm seinem Jubiläum an zwei Arbeitstagen unter Fortzahlung seines Entgeltes vom Dienst befreit.

Sozialversicherung

1029 Jubiläumsgelder des Dienstgebers, welche aus Anlass eines Dienstnehmer- oder eines Firmenjubiläums gewährt werden, sind beitragspflichtig und als Sonderzahlung abzurechnen.

1030 Der Dienstgeber kann iZm einem Dienstnehmer- oder Dienstgeberjubiläum dem Dienstnehmer Sachgeschenke (keine Geldzuwendungen) bis zu einem Wert von **€ 186,– jährlich** beitragsfrei zukommen lassen. Der Höchstbetrag von € 186,– gilt auch dann, wenn in einem Jahr Dienst- und Firmenjubiläum zusammenfallen. Die Beitragsfreiheit ist jedoch nur dann gegeben, wenn der Dienstnehmer bereits 10, 20, 25, 30, 35, 40, 45 usw Jahre im Betrieb beschäftigt ist bzw das Unternehmen bereits 10, 20, 25, 30, 40, 50, 60, 70, 75, 80 usw Jahre besteht. Wird der Betrag von € 186,– überschritten, ist der übersteigende Teil als Sonderzahlung sozialversicherungspflichtig.

Lohnsteuer

1031 Jubiläumsbezüge sind wie **normale sonstige Bezüge** (wie Urlaubszuschuss, Weihnachtsremuneration) **unter Anrechnung** auf das **Jahressechstel** zu versteuern.

1032 Der Arbeitgeber kann iZm einem Arbeitnehmer- oder Arbeitgeberjubiläum dem Arbeitnehmer Sachgeschenke (keine Geldzuwendungen) bis zu einem Wert von **€ 186,– jährlich** steuerfrei zukommen lassen. Der Höchstbetrag von € 186,– gilt auch dann, wenn in einem Jahr Dienst- und Firmenjubiläum zusammenfallen. Jubiläumsgeschenke, die aus Anlass eines 10-, 20-, 25-, 30-, 35-, 40-, 45- oder 50-jährigen Dienstnehmerjubiläums bzw aus Anlass eines 10-, 20-, 25-, 30-, 40-, 50-, 60-, 70-, 75-, 80-, 90-, 100-(etc) jährigen Firmenjubiläums gewährt werden, sind steuerfrei. Wird der Betrag von € 186,– überschritten, ist der übersteigende Teil als sonstiger Bezug, unter Anrechnung auf das Jahressechstel, lohnsteuerpflichtig.

➢ Siehe auch „Betriebsveranstaltungen".

147.1 Jubiläumsgeld als freiwillige Abfertigung

1033 Einem kollektivvertraglich zugesicherten Jubiläumsgeld bleibt die Eigenschaft als Jubiläumsgeld auch dann erhalten, wenn es im Falle einer Beendigung des Dienstverhältnisses vor dem eigentlichen Anfallen des Jubiläumsgeldes unter dem Titel einer „freiwilligen Abfertigung" ausbezahlt wird. Es ist daher nach § 67 Abs 1 und 2 EStG und **nicht** nach § 67 Abs 6 EStG zu versteuern.

DB – DZ – KommSt

1034 Jubiläumsgelder sind voll beitragspflichtig. Bei Auszahlung vorgezogener Jubiläumsgelder im Rahmen von Sozialplänen handelt es sich weder um sonstige Bezüge gemäß § 67 Abs 6 EStG noch um Ruhe- und Versorgungsbezüge, weshalb diese auch in die Beitragsgrundlage zum DB, DZ und KommSt einzubeziehen sind (VwGH 4. 2. 2009, 2007/15/0168).

Betriebliche Vorsorgekasse

1035 Für die Bemessungsgrundlage sind die Bestimmungen des ASVG anzuwenden. Jubiläumsgelder unterliegen daher auch den Bestimmungen des BMSVG.

148. Kalte Progression

1036 Definition der „kalten Progression": Sie besteht im Mehraufkommen an Einkommensteuer, das sich aus dem Umstand ergibt, dass der Steuertarif bei Vorliegen von Inflation nicht inflationsangepasst ist. Dieses Mehraufkommen ergibt sich aus einer Differenzrechnung: Das gesamte Einkommensteueraufkommen bei nominal unverändert belassenem Steuertarif ist dem gesamten Einkommensteueraufkommen bei einer Inflationsanpassung unter Berücksichtigung der (vollen) Inflationsrate nach Maßgabe des § 33 Abs 1 a EStG gegenüberzustellen.

1037 Ab dem 1. 1. 2024 kommt es zu einer jährlichen Anpassung des Steuertarifs und gewisser Absetzbeträge, um den sogenannten Effekt der kalten Progression auszugleichen.

1038 Die gesetzlichen Regelungen in § 33 und § 33a EStG zur Abschaffung der kalten Progression sehen vor, dass folgende Beträge automatisch um 2/3 der Inflation vom Zeitraum Juli des vorangegangenen Jahres bis Juni des laufenden Jahres ab 1. 1. des Folgejahres angehoben werden:

- ✓ Die **Grenzbeträge,** die für die Anwendung der **Steuersätze** für Einkommensteile bis eine Million Euro maßgebend sind,
- ✓ der **Alleinverdiener-** und **Alleinerzieherabsetzbetrag** sowie der **Unterhaltsabsetzbetrag,**
- ✓ der **Verkehrsabsetzbetrag,** der **erhöhte Verkehrsabsetzbetrag** und der **Zuschlag zum Verkehrsabsetzbetrag,**
- ✓ der **Pensionistenabsetzbetrag** und der **erhöhte Pensionistenabsetzbetrag,**
- ✓ die **Erstattung** des **Alleinverdiener-** und **Alleinerzieherabsetzbetrages** sowie die **SV-Rückerstattung** und der **SV-Bonus,**
- ✓ die **Einkommensgrenzen** für **Partnereinkünfte** beim **Alleinverdienerabsetzbetrag** oder beim **erhöhten Pensionistenabsetzbetrag** und für die
- ✓ **Einschleifung** des **erhöhten Verkehrsabsetzbetrages,** des **Zuschlages zum Verkehrsabsetzbetrag** und des **Pensionistenabsetzbetrages** sowie des **erhöhten Pensionistenabsetzbetrages,**
- ✓ der **Kinderabsetzbetrag.**

148. Kalte Progression

Außerhalb des § 33 EStG werden folgende Beträge ebenfalls entsprechend angepasst: **1039**
- ✓ **Grenzbetrag** gemäß § 1 Abs 4 EStG für die **Option** beschränkt Steuerpflichtiger in die **unbeschränkte Steuerpflicht**,
- ✓ **Beträge** in § 34 Abs 4 zweiter Teilstrich und § 35 Abs 1 dritter Teilstrich EStG (**außergewöhnliche Belastungen**), hinsichtlich der Höhe der **Partnereinkünfte** in Bezug auf den Alleinverdienerabsetzbetrag,
- ✓ **Grenzbeträge** gemäß § 42 Abs 1 Z 3 EStG im Hinblick auf die **Steuererklärungspflicht**,
- ✓ **Betrag** gemäß § 99 Abs 2 Z 2 EStG, der mit der **Steuerfreizone bei beschränkter Steuerpflicht** in § 102 EStG in Verbindung steht,
- ✓ Betrag gemäß § 102 Abs 3 EStG (**Hinzurechnungsbetrag** im Rahmen der Veranlagung bei **beschränkter Steuerpflicht**).

Für die Ermittlung der Inflationsrate ist das arithmetische Mittel der für die Monate Juli des vorangegangenen Jahres bis Mai des laufenden Jahres sowie des vorläufigen Wertes für Juni des laufenden Jahres der von der Bundesanstalt Statistik Österreich veröffentlichten Jahresinflationsraten des Verbraucherpreisindexes heranzuziehen. Das arithmetische Mittel ist auf das Zehntel eines Prozentpunktes zu runden. Ergibt sich danach eine positive Inflationsrate, ist diese maßgebend; ein allfälliger negativer Wert (Deflation) löst keine Anpassung aus und hat auf die Inflationsanpassung in Folgejahren keine Auswirkung (keine Verrechnung mit späteren positiven Inflationsraten). **1040**

Die Inflationsanpassung wird durch zwei sich ergänzende Maßnahmen umgesetzt: **1041**
- ✓ automatische Tarifanpassung auf Grundlage des § 33a Abs 4 EStG und einer
- ✓ zusätzlichen Abgeltung durch einen (zusätzlichen) Akt des Gesetzgebers.

Für jedes Kalenderjahr erfolgt eine automatische Anpassung der oben angeführten Beträge gemäß § 33 Abs 1a EStG im Ausmaß von zwei Dritteln der positiven Inflationsrate. Die so ermittelten Beträge sind auf volle Euro aufzurunden. Der BMF hat die für das Folgejahr angepassten Beträge jeweils bis zum 31. 8. des laufenden Kalenderjahres im Wege einer Verordnung kundzumachen. **1042**

Zur Abgeltung der noch nicht berücksichtigten Inflationswirkungen hat die Bundesregierung bis 15. 9. jeden Jahres einen Ministerratsbeschluss zu fassen, der im Umfang des noch nicht erfassten Volumens der kalten Progression (verbleibendes Drittel) Entlastungsmaßnahmen für Bezieher von Einkünften, vor allem im Bereich der Einkommensteuer, zum Gegenstand hat. Grundlage dafür bildet ein bis 31. 7. vorzulegender Progressionsbericht. Die zuständigen Bundesminister haben Gesetzesvorschläge für die Entlastungsmaßnahmen auszuarbeiten, die eine Wirksamkeit mit 1. 1. des folgenden Kalenderjahres vorsehen. **1043**

Die Inflationsanpassungen für das Jahr 2023 wurden bereits unmittelbar im Gesetz vorgenommen. Die Inflationsrate für das Jahr 2023 beträgt 5,2%. Abweichend von der ab dem Kalenderjahr 2024 gültigen Regelung wurden die Absetzbeträge für 2023 um die vollen 5,2% angehoben. Die ermittelten Beträge werden auf ganze Eurobeträge aufgerundet. Die Grenzbeträge für die Anwendung der untersten beiden Tarifstufen wurden um 6,3% angehoben und die darüber liegenden Tarifstufen für Einkommensteile unter einer Million Euro – entsprechend der Regelung ab 2024 – um zwei Drittel der ermittelten Inflationsrate von 5,2%. **1044**

149. Kammerumlagen und Pflichtbeiträge zu Versorgungseinrichtungen der Ärztekammer

1045 Ärzte, die lediglich zur unselbständigen Ausübung des ärztlichen Berufes in Krankenanstalten berechtigt sind (Turnusärzte), sind gemäß § 40 Abs 1 iVm § 2 Abs 3 Ärztegesetz Angehörige der Ärztekammer und somit nach § 41 dieses Gesetzes verpflichtet, die Kammerumlage zu leisten. Diese Umlage ist, da die Ärztekammer eine gesetzliche Interessensvertretung auf öffentlich-rechtlicher Grundlage darstellt, als Pflichtbeitrag gemäß § 62 Abs 2 Z 1 EStG zu behandeln.

1046 Die Beiträge zum Wohlfahrtsfonds der Ärztekammer sind Werbungskosten iSd § 16 Abs 1 Z 4 EStG, ebenso wie die Kammerumlage vom Dienstgeber einzubehalten und beim Steuerabzug vom Arbeitslohn gemäß § 62 Abs 2 EStG zu berücksichtigen.

1047 Beiträge für den Nachkauf von Versicherungszeiten sind keine zwingend auferlegten Leistungen, sondern unter § 18 EStG fallende freiwillige Beiträge (VwGH 10. 3. 1994, 94/15/0008).

150. Kammerumlage 2

➤ Siehe „Zuschlag zum Dienstgeberbeitrag".

151. Karenzentschädigung

1048 Eine Karenzentschädigung (Karenzabgeltung) wird dem Dienstnehmer für die Einhaltung eines vertraglich vereinbarten Wettbewerbsverbots (Konkurrenzklausel) gezahlt, durch das der Dienstnehmer für die Zeit nach der Beendigung des Arbeitsverhältnisses in seiner Erwerbstätigkeit beschränkt wird.

Lohnsteuer

1049 Eine im Rahmen eines Dienstverhältnisses bzw im Zuge der Beendigung eines Dienstverhältnisses vereinbarte Karenzentschädigung führt aufgrund des engen Veranlassungszusammenhangs zum (früheren) Dienstverhältnis zu Einkünften gemäß § 25 Abs 1 Z 1 lit a EStG.

DB – DZ – KommSt

1050 Die Karenzentschädigung ist in die Beitragsgrundlage zum DB, DZ und der Kommunalsteuer einzubeziehen. Sie fällt auch nicht unter den Befreiungstatbestand für Ruhe- und Versorgungsbezüge (VwGH 22. 11. 2018, Ro 2017/15/0042).

152. Kilometergelder bei Benutzung eines eigenen Kfz

1051 Die Kilometergelder gelten vornehmlich für Dienstreisen der Arbeitnehmer, die ihr eigenes Kfz (Pkw, Motorrad) in Ausübung ihres Berufes für dienstliche Zwecke verwenden. Das Fahrzeug muss aber nicht „im Besitz" des Steuerpflichtigen sein, dieser muss nur den wirtschaftlichen Aufwand tragen.

In den angegebenen Beträgen sind bereits Abnützung, Reparaturen, Betriebskosten (zB Garagierung, Autobahnvignette, Navigationsgerät, Benzin, Strom, Öl, Service udgl) berücksichtigt.

Das Kilometergeld für die Benützung des privaten Pkw beträgt pro Kilometer € **0,42**. 1052

Das amtliche Kilometergeld für Dienstreisen gemäß § 26 Z 4 EStG kann bei Zutreffen aller Voraussetzungen für **maximal 30.000 Kilometer pro Kalenderjahr** nicht steuerbar ausgezahlt werden (VwGH 19. 5. 2005, 2001/15/0088). Darunter fallen auch Kilometergelder, die der Arbeitgeber gemäß § 3 Abs 1 Z 16 b vorletzter Satz EStG sowie für Fahrten für arbeitsfreie Tage vom Einsatzort zum Familienwohnsitz und zurück auszahlt. 1053

Sieht der Kollektivvertrag ein geringeres Kilometergeld als das amtliche Kilometergeld vor, kann vom Arbeitgeber dennoch ein nicht steuerbarer Kostenersatz bis zum Betrag von 30.000 km, multipliziert mit dem amtlichen Kilometergeld geleistet werden (**€ 12.600,–** jährlich). Ab dem Zeitpunkt des Überschreitens dieses Betrags im Kalenderjahr sind Kilometergelder für dieses Kalenderjahr steuerpflichtig. 1054

Fallen im Zuge einer Dienstreise sowohl Kilometergelder als auch Parkgebühren an und sind die Parkgebühren höher als das zustehende Kilometergeld, kann der Arbeitgeber diese höheren Parkgebühren an Stelle des Kilometergeldes auszahlen. Diese Verrechnungsmethode hat aber für einen längeren Zeitraum (Kalenderjahr) zu erfolgen. Ein Wechsel zwischen Kilometergeldersatz und dem Ersatz von tatsächlichen Kosten je einzelner Dienstreise ist nicht zulässig. 1055

➢ Siehe dazu auch „Reisekosten – Fahrtkostenersätze".

Sozialversicherung

Im Rahmen einer Dienstreise bezahlte Kilometergelder gelten nach den Bestimmungen des § 49 Abs 3 Z 1 ASVG nicht als Entgelt und sind daher beitragsfrei, sofern die Steuerfreiheit gemäß § 26 Z 4 EStG bzw § 3 Abs 1 Z 16 b EStG gegeben ist. 1056

DB – DZ – KommSt

Die im Rahmen einer Dienstreise bezahlten Kilometergelder sind nur insoweit nicht beitragspflichtig, als die Grenzen des § 26 Z 4 EStG bzw § 3 Abs 1 Z 16 b EStG nicht überschritten werden. 1057

153. Kinderbetreuungsgeld (§ 3 Abs 1 Z 5 lit c EStG)

Das Kinderbetreuungsgeldkonto beträgt **maximal € 16.347,60**. Eltern können nun wählen, innerhalb welcher Zeit dieser Betrag verbraucht wird. Die Wahlmöglichkeit besteht 1058

- ✓ zwischen 365 Tagen (= 12 Monate) und 851 Tagen (ca 28 Monate) für **einen Elternteil** oder
- ✓ zwischen 456 Tagen (= 15 Monate) und 1.063 Tagen (ca 35 Monate) für **beide Elternteile**.

Zusätzlich gibt es einen **Partnerschaftsbonus**. Dieser Bonus beträgt € 1.000,– und wird am Ende des Anspruchszeitraums gewährt, wenn die Betreuung des Kindes zwischen den beiden Elternteilen im Verhältnis 50 : 50 oder 60 : 40 aufgeteilt wird. 1059

1060 Aus Anlass des **erstmaligen Wechsels** können die Eltern **gleichzeitig** Kinderbetreuungsgeld in der Dauer von bis zu 31 Tagen in Anspruch nehmen, wodurch sich die Anspruchsdauer um diese Tage reduziert.

1061 Das einkommensabhängige Kinderbetreuungsgeld bleibt als Alternative neben dem Kinderbetreuungskonto bestehen.

1062 Nimmt ein Vater den **Familienzeitbonus** in Anspruch, reduziert sich der Anspruch des Vaters auf das Kinderbetreuungsgeld entsprechend.

1063 Das Kinderbetreuungsgeld ruht für den Zeitraum des Wochengeldbezugs in der Höhe des Wochengeldes.

1064 Das Kinderbetreuungsgeld, das von den Trägern der Krankenversicherung auszuzahlen ist, aber aus den Mitteln des Ausgleichsfonds für Familienbeihilfen getragen wird, ist steuerfrei.

1065 Das Bundeskanzleramt stellt auf seiner Homepage einen Kinderbetreuungsgeldrechner zur Verfügung.

154. Kinderbetreuungskosten (§ 34 Abs 9 EStG)

1066 Durch die Einführung des Familienbonus Plus wurde die Absetzbarkeit der Kinderbetreuungskosten gestrichen.

155. Kinderfreibetrag (§ 106 a EStG)

1067 Durch die Einführung des Familienbonus Plus wurde der Kinderfreibetrag gestrichen.

156. Kirchenbeiträge

1068 Beiträge an gesetzlich anerkannte Kirchen und Religionsgesellschaften, die in Österreich gesetzlich anerkannt sind und ihren Sitz in einem Mitgliedstaat der Europäischen Union oder einem Staat des Europäischen Wirtschaftsraums haben, sind gemäß § 18 Abs 1 Z 5 EStG bis zu einem Jahresbetrag **von höchstens € 400,–** als Sonderausgaben absetzbar. Darüber hinausgehende Beträge sind gemäß § 20 Abs 1 Z 6 EStG nicht abzugsfähig. Siehe auch unter „Sonderausgaben".

1069 Kirchenbeiträge, die geleistet werden, sind von der verpflichtenden Sonderausgaben-Datenübermittlung umfasst (siehe LStR Rz 630 a). Gesetzlich anerkannte Kirchen und Religionsgesellschaften, an die verpflichtende Beiträge zu leisten sind, sind auf der BMF-Homepage in der „Liste der begünstigten Einrichtungen (zB Spenden, Kirchen, Versicherungen)" unter dem Typ „KR – Kirchen und Religionsgesellschaften mit verpflichtenden Beiträgen (§ 18 Abs 1 Z 5 EStG)" veröffentlicht. Das heißt, nur Beiträge an diese Einrichtungen sind grundsätzlich steuerlich absetzbar.

1070 Die Höhe des zu leistenden Kirchenbeitrags ergibt sich aus der jeweiligen Beitragsordnung. Lässt die Beitragsordnung zu, dass ein Teil des Kirchenbeitrags (zB 50%) zweckgewidmet an bestimmte Institutionen geleistet werden kann, wird durch die Wahrnehmung dieser Möglichkeit der Rechtscharakter der Zahlung nicht verändert. Diese zweckgewidmeten Beitragszahlungen können daher nicht als Spenden nach § 18 Abs 1 Z 7 EStG abgesetzt werden (LStR Rz 560).

Anerkannte Kirchen und Religionsgesellschaften, die eine feste örtliche Einrichtung im Inland unterhalten, müssen die geleisteten Beiträge in elektronischer Form dem FA zur Verfügung stellen. Eine Berücksichtigung in diesen Fällen ist daher nur mehr dann möglich, wenn der Beitrag elektronisch gemeldet wird. Beiträge an anerkannte Kirchen und Religionsgesellschaften ohne feste örtliche Einrichtung im Inland können weiterhin im Zuge der Antragstellung geltend gemacht werden. **1071**

157. Kommunalsteuer – Prüfung

Die Kommunalsteuer ist eine Gemeindeabgabe, die auf Basis der bezahlten Löhne und Gehälter berechnet wird. **1072**

Der Kommunalsteuer unterliegen daher alle Arbeitslöhne, die jeweils **1073**
- ✓ in einem Kalendermonat
- ✓ an die Dienstnehmer
- ✓ einer im Inland gelegenen Betriebsstätte

des Unternehmers gewährt worden sind.

Als Dienstnehmer gelten **1074**
- ✓ Personen, die in einem lohnsteuerrechtlichen Dienstverhältnis stehen,
- ✓ freie Dienstnehmer (nur dann, wenn diese auch ASVG-versicherungspflichtig sind),
- ✓ an Kapitalgesellschaften wesentlich beteiligte Personen (zB Gesellschafter-Geschäftsführer),
- ✓ von einer inländischen Betriebsstätte entsandte Arbeitnehmer,
- ✓ Personen, die von einer Körperschaft öffentlichen Rechts dem Unternehmen zur Dienstleistung zugewiesen werden.

Kommunalsteuerpflicht besteht nur dann, wenn das Unternehmen eine Betriebsstätte unterhält. Betriebsstätte ist jede feste örtliche Anlage oder Einrichtung, die mittelbar oder unmittelbar der Ausübung einer unternehmerischen Tätigkeit dient. Bauausführungen, deren Dauer **sechs Monate** übersteigt oder voraussichtlich übersteigen wird, gelten auch als Betriebsstätte. **1075**

Für in privaten Haushalten tätige Personen ist mangels unternehmerischer Tätigkeit keine Kommunalsteuer zu entrichten. **1076**

Bemessungsgrundlage bildet/bilden **1077**
- ✓ die monatliche Bruttolohnsumme, die an Arbeitnehmer einer im Inland gelegenen Betriebsstätte gewährt wird,
- ✓ die monatlichen Gehälter und sonstige Vergütungen jeder Art iSd § 22 Z 2 EStG an wesentlich beteiligte (Gesellschafter) Geschäftsführer von Kapitalgesellschaften,
- ✓ für Personen bei Arbeitskräfteüberlassung aus dem Ausland zur inländischen Arbeitsausübung: 70% des Gestellungsentgelts,
- ✓ für von einer Körperschaft öffentlichen Rechts zur Dienstleistung zugewiesene Personen: der Ersatz der Aktivbezüge,
- ✓ die monatlichen Gehälter und sonstige Vergütungen jeder Art an freie Dienstnehmer.

157. Kommunalsteuer – Prüfung

1078 Nicht zur Bemessungsgrundlage gehören
- ✓ Ruhe- und Versorgungsbezüge;
- ✓ freiwillige Abfindungen und Abfertigungen;
- ✓ Bezüge gemäß § 3 Abs 1 Z 10, 11 und 13 – 21 EStG, das sind auszugsweise:
  - 60 % der in § 3 Abs 1 Z 10 EStG genannten laufenden Bezüge, die Arbeitnehmerinnen/Arbeitnehmer für eine begünstigte Auslandstätigkeit beziehen;
  - Einkünfte, die Fachkräfte der Entwicklungshilfe als Arbeitnehmer von Entwicklungshilfeorganisationen im Rahmen eines Entwicklungshilfeprogramms beziehen;
  - geldwerte Vorteile aus der Benutzung von arbeitgebereigenen Anlagen (zB Kindergärten) und Gesundheitsförderung sowie Impfungen;
  - Zuschuss für die Kinderbetreuung (Kinder bis Vollendung des zehnten Lebensjahres) bis € 1.000,– pro Kind und Kalenderjahr;
  - geldwerte Vorteile aus der Teilnahme an Betriebsveranstaltungen (maximal € 365,– pro Mitarbeiter und Kalenderjahr) und die dabei empfangenen Sachzuwendungen (maximal € 186,–) sowie Sachzuwendungen aus Anlass eines Firmen- oder Dienstnehmerjubiläums (maximal € 186,–);
  - Zuwendungen für die Zukunftssicherung der Arbeitnehmer und unter bestimmten Voraussetzungen (maximal € 300,– pro Kalenderjahr);
  - freiwillige soziale Zuwendungen an alle Arbeitnehmer, an bestimmte Gruppen oder an den Betriebsratsfonds zur Beseitigung von Katastrophenschäden;
  - Reiseaufwandsentschädigungen;
  - Reiseaufwendungen für Sportler;
  - freie oder verbilligte Mahlzeiten und Getränke an Arbeitnehmer sowie Gutscheine für Mahlzeiten (€ 8,– pro Tag) und Gutscheine für Lebensmittel (€ 2,– pro Tag);
  - Zuwendungen für Begräbniskosten;
  - geldwerte Vorteile aus Arbeitgeberdarlehen bis € 7.300,–;
  - Mitarbeiterrabatte bis 20 % bzw € 1.000,– pro Kalenderjahr.
- ✓ Arbeitslöhne an begünstigt behinderte Menschen nach dem Behinderteneinstellungsgesetz;
- ✓ Gehälter und sonstige Vergütungen, die von einer Kapitalgesellschaft an wesentliche Beteiligte für eine **ehemalige Tätigkeit** iSd § 22 Z 2 EStG gewährt werden;
- ✓ steuerfreie Zulagen und Bonuszahlungen (maximal bis zu € 3.000,–) gemäß § 124 b Z 350 lit a EStG;
- ✓ steuerfreie Zulagen und Bonuszahlungen (maximal bis zu € 3.000,–) gemäß § 124 b Z 408 lit a EStG (Teuerungsprämie).

1079 Die Kommunalsteuer beträgt 3 % der Bemessungsgrundlage.

1080 Der Arbeitgeber muss eine Kommunalsteuererklärung bis zum **31. 3. des Folgejahres,** bei Schließung der Betriebsstätte **binnen eines Monats ab Schließung** über FinanzOnline abgeben.

1081 Die Kommunalsteuer ist jeweils bis zum 15. des Folgemonats zu entrichten. Werden laufende Bezüge für das Vorjahr nach dem 15. 1. bis zum 15. 2. ausbezahlt, ist die Kommunalsteuer bis zum 15. Februar des Folgejahres zu entrichten.

1082 Erst bei einer länger als sechs Monate dauernden Arbeitskräfteüberlassungen durch einen inländischen Überlasser wird eine Betriebsstätte des Überlassers in der in- oder ausländischen Betriebsstätte des Beschäftigers begründet.

1083 Bei Arbeitskräfteüberlassungen von mehr als sechs Monaten, unabhängig ob im Inland oder ins Ausland, bleibt für sechs Monate die Gemeinde, in der sich die Betriebsstätte des Überlassers befindet, erhebungsberechtigt. Für Zeiträume nach Ablauf des sechsten Kalendermonats ist zu unterscheiden, ob die Überlassung im Inland oder ins Ausland erfolgt. Im Inland wird dann die Gemeinde, in der sich die Unternehmensleitung des Beschäftigers befindet, erhebungsberechtigt. Erfolgt die Arbeitskräfteüberlassung ins Ausland, fällt für Zeiträume nach Ablauf des sechsten Kalendermonats keine Kommunalsteuer mehr an.

Bei einer ausländischen Arbeitskräfteüberlassung von Personen, die zur Arbeitsleistung im Inland überlassen werden, ohne Betriebsstätte des Überlassers im Inland, gilt die Sechsmonatsregelung nicht. Die Kommunalsteuerpflicht tritt vom ersten Tag an ein. Steuerschuldner ist der Beschäftiger der Arbeitskräfte, sofern er Unternehmer ist. Bemessungsgrundlage ist 70% des Gestellungsentgeltes (ohne Umsatzsteuer und abzüglich allfälliger Skonti). Ausländischer Überlasser ist ein in- oder ausländischer Unternehmer, der für die Arbeitskräfteüberlassung keine inländische Betriebsstätte unterhält. Sollte das Unternehmen für die Personalüberlassung eine inländische Betriebsstätte unterhalten, dann liegt eine Überlassung durch einen inländischen Überlasser vor und hat dieser die KommSt abzuführen (es gilt daher die Bemessungsgrundlage nach § 5 Abs 1 lit a KommStG). **1084**

➢ Zur Kommunalsteuerprüfung siehe Kapitel „Lohnsteuerprüfung – PLB (§ 86 EStG)".

158. Konkurrenzklausel

Arbeitsrecht

Von einem während eines aufrechten Dienstverhältnisses bestehenden Konkurrenzverbot unterscheidet sich die Konkurrenzklausel. **1085**

Eine Konkurrenzklausel ist eine Vereinbarung, durch die der Dienstnehmer für die Zeit nach der Beendigung des Dienstverhältnisses in seiner Erwerbstätigkeit beschränkt werden soll. Ein solches Verbot muss zwischen Arbeitgeber und Arbeitnehmer vereinbart werden. Die Konkurrenzklausel bezieht sich sowohl auf selbständige als auch auf unselbständige Tätigkeiten. **1086**

Eine Konkurrenzklausel ist nach § 36 AngG nur insoweit wirksam, als **1087**

✓ der Dienstnehmer zur Zeit der Vereinbarung nicht minderjährig ist,
✓ die Beschränkung nicht nach Gegenstand, Zeit oder Ort und im Verhältnis zu dem geschäftlichen Interesse, das der Dienstgeber an ihrer Einhaltung hat, eine unbillige Erschwernis des Fortkommens des Angestellten enthält und
✓ den Zeitraum eines Jahres nicht übersteigt.

Eine derartige geschlossene Vereinbarung ist nur dann wirksam, wenn diese im Rahmen des Arbeitsverhältnisses geschlossen wird und das für den letzten Monat des Arbeitsverhältnisses gebührende Entgelt das 20-Fache der täglichen Höchstbeitragsgrundlage (Wert 2023: € 3.900,–) übersteigt. **1088**

Vereinbaren Parteien, dass der Arbeitnehmer ein Jahr nach Beendigung des Dienstverhältnisses kein konkurrenzierendes Unternehmen eröffnen oder sich daran beteiligen darf, so gehen sie auch davon aus, dass er während dieser Zeit auch keine Kunden des Arbeitgebers abwerben darf. Es liegt insoweit eine – mitvereinbarte – sogenannte Kundenschutzklausel vor. Eine Kundenschutzklausel ist grundsätzlich zulässig, stellt eine besondere Art einer Konkurrenzklausel dar und geht weniger weit als eine generelle Konkurrenzklausel. Mag nun das (ausdrückliche) Verbot, sich überhaupt konkurrenzierend zu verhalten, im Einzelfall aufgrund der **1089**

160. Konventionalstrafe

Umstände unbillig und damit unwirksam sein, so verbleibt es aufgrund des Vertragswillens doch bei dem mitvereinbarten, weniger weitgehenden Verbot, dem Arbeitgeber ein Jahr lang keine Kunden abzuwerben (vgl OGH 29. 4. 2019, 8 ObA 12/19a mwN).

Lohnsteuer

1090 Wird nach Beendigung des Dienstverhältnisses an den ehemaligen Arbeitnehmer eine monatliche Karenzentschädigung (Karenzabgeltung) für die Einhaltung eines vertraglich vereinbarten Wettbewerbsverbots (Konkurrenzklausel) gezahlt, durch das der Dienstnehmer für die Zeit nach der Beendigung des Arbeitsverhältnisses in seiner Erwerbstätigkeit beschränkt wird, führt dies aufgrund des engen Veranlassungszusammenhangs zum (früheren) Dienstverhältnis zu Einkünften aus nichtselbständiger Arbeit gemäß § 25 Abs 1 Z 1 lit a EStG (VwGH 22. 11. 2018, Ro 2017/15/0042).

DB – DZ – KommSt

1091 Die Karenzentschädigung ist in die Beitrags-/Bemessungsgrundlage zum DB, DZ, zur KommSt einzubeziehen und fällt auch nicht unter den Befreiungstatbestand für Ruhe- und Versorgungsbezüge (§ 41 Abs 4 lit a FLAG, § 5 Abs 2 lit a KommStG).

➢ Siehe auch „Konventionalstrafe".

159. Kontoführungskosten für eigene Mitarbeiter

➢ Siehe „Sachbezüge".

160. Konventionalstrafe

Arbeitsrecht

1092 Unter Konventionalstrafe versteht man einen pauschalierten Schadenersatz für den Fall, dass der Vertrag entweder gar nicht, nicht auf gehörige Art und Weise oder zu spät erfüllt wird.

1093 Im Bereich von Arbeitsverhältnissen sind Konventionalstrafen in § 2c AVRAG (wenn das Arbeitsverhältnis nicht dem Angestelltengesetz unterliegt) und in den §§ 36 und 37 AngG geregelt. Abgeschlossen kann eine derartige Vereinbarung nur dann werden, wenn
- ✓ der Arbeitnehmer zum Zeitpunkt des Abschlusses nicht minderjährig ist,
- ✓ die Beschränkung sich auf die Tätigkeit des Arbeitnehmers im Geschäftszweig des Arbeitgebers bezieht und
- ✓ die Einhaltung durch den Arbeitnehmer nicht eine unbillige Erschwernis im Fortkommen des Arbeitnehmers darstellt.

Die Konventionalstrafe muss sich am entsprechenden Schaden des ehemaligen Dienstgebers orientieren (OGH 29. 11. 2013, 8 ObA 72/13s).

160. Konventionalstrafe

Aufgrund der Vorgaben des § 37 AngG kann der Arbeitgeber das Recht auf Leistung einer Konventionalstrafe dann nicht geltend machen, wenn **1094**

- ✓ das Arbeitsverhältnis durch den Arbeitgeber gelöst wird, es sei denn, dass der Arbeitnehmer durch schuldbares Verhalten den Arbeitgeber hierzu Anlass gegeben hat oder
- ✓ der Arbeitnehmer gerechtfertigt aus dem Arbeitsverhältnis ausgetreten ist.

Löst der Dienstgeber das Dienstverhältnis und erklärt er bei der Auflösung des Dienstverhältnisses, dass er während der Dauer der Beschränkung dem Arbeitnehmer das ihm zuletzt zukommende Entgelt leistet (Karenzentschädigung), kann er die durch die Konkurrenzklausel begründeten Rechte gegen den Arbeitnehmer weiterhin geltend machen. **1095**

➤ Siehe auch „Karenzentschädigung".

Eine für den Fall des Zuwiderhandelns gegen die Konkurrenzklausel ab 29. 12. 2015 vereinbarte Konventionalstrafe ist nur insoweit wirksam, als diese das Sechsfache des für den letzten Monat des Dienstverhältnisses gebührenden Nettomonatsentgelts nicht übersteigt, wobei allfällige Sonderzahlungen bei der Berechnung des Nettoentgelts außer Acht zu lassen sind. **1096**

Hat der Arbeitnehmer für den Fall des Zuwiderhandelns gegen die Konkurrenzklausel eine Konventionalstrafe versprochen, so kann der Dienstgeber nur die verwirkte Konventionalstrafe verlangen. Der Anspruch auf Erfüllung oder auf Ersatz eines weiteren Schadens ist ausgeschlossen. Konventionalstrafen unterliegen dem richterlichen Mäßigungsrecht. **1097**

Lohnsteuer

Ist der Arbeitnehmer zur Leistung einer Konventionalstrafe verpflichtet, ist zu prüfen, ob der neue Arbeitgeber die Konventionalstrafe dem Arbeitnehmer (teilweise) ersetzt. Wird die Konventionalstrafe dem Arbeitnehmer ersetzt, liegen steuerpflichtige Einnahmen vor und die Besteuerung erfolgt als **sonstiger Bezug** unter Anrechnung auf das Jahressechstel. **1098**

Hat ein Arbeitnehmer mit seinem Arbeitgeber eine Konkurrenzklausel iSd §§ 36 und 37 AngG bzw § 2c AVRAG vereinbart und für den Fall des Zuwiderhandelns gegen diese Konkurrenzklausel die Zahlung einer Konventionalstrafe versprochen, ist diese Zahlung beruflich veranlasst und dient der Erwerbung, Sicherung und Erhaltung von Einnahmen. Die Zahlung zur Erfüllung der Vertragsstrafe/Konventionalstrafe ist daher als Werbungskosten zu berücksichtigen (siehe dazu das Urteil BFH 22. 6. 2006, VI R 5/03). Auch damit in Zusammenhang stehende Prozesskosten stellen Werbungskosten dar (vgl LStR Rz 385). **1099**

Sozialversicherung

Ersetzt der neue Arbeitgeber dem Arbeitnehmer eine zu leistende Konventionalstrafe, ist dieser Ersatz im Bereich der Sozialversicherung beitragspflichtig. Der Kostenersatz ist als „Einmalprämie" in der SV abzurechnen, da die Voraussetzung der wiederkehrenden Gewährung fehlt. **1100**

DB – DZ – KommSt

Ersetzt der neue Arbeitgeber dem Arbeitnehmer eine zu leistende Konventionalstrafe, ist dieser Ersatz im Bereich des DB, DZ und der KommSt beitragspflichtig. **1101**

161. Krankenentgelt

1102 Ist der Arbeitnehmer nach Arbeitsantritt durch Krankheit oder Unglücksfall an der Arbeitsleistung verhindert, ohne dies vorsätzlich oder durch grobe Fahrlässigkeit verschuldet zu haben, hat er Anspruch auf Entgeltfortzahlung. Der gesetzliche Anspruch ist

- für Angestellte in den Bestimmungen des § 8 Abs 1, 2 und 2a AngG,
- für Arbeiter in § 2 Entgeltfortzahlungsgesetz und
- für Lehrlinge in § 17a BAG

geregelt.

Die Entgeltfortzahlungsansprüche bei Arbeitern und Angestellten wurden mittlerweile im Wesentlichen angeglichen.

1103 Erleidet ein Arbeitnehmer im Rahmen eines Feuerwehreinsatzes oder eines Einsatzes zur Lebensrettung einen Unfall, so ist dieser einem Arbeitsunfall gleichgestellt. Der Arbeitnehmer hat Anspruch auf Entgeltfortzahlung im Ausmaß von acht (zehn) Wochen.

> Siehe auch „Lohnfortzahlung im Krankheitsfall".

Lohnsteuer

1104 Die im Krankheitsfall fortgezahlten Entgelte sind steuerpflichtiger Arbeitslohn und unterliegen daher der Lohnsteuer.

1105 Gemäß den Bestimmungen des § 68 Abs 7 EStG sind die im regelmäßigen Entgelt enthaltenen Zulagen und Zuschläge im Rahmen des § 68 Abs 1, 2 und 6 EStG **steuerfrei**. Diese werden auch für die Zeit des Krankenstands **voll** berücksichtigt.

161.1 Zeitpunkt der Lohnzettelübermittlung bei Krankenentgelt

1106 Als Beendigungszeitpunkt gilt das **arbeitsrechtliche Ende** des Dienstverhältnisses, **ausgenommen** bei einer Kündigung während des Krankenstands.

1107 Hat der Arbeitnehmer zum Zeitpunkt des arbeitsrechtlichen Endes noch Ansprüche auf Krankenentgelt, dann ist am Lohnzettel als Ende des Dienstverhältnisses das Datum der letztmaligen Auszahlung eines Krankenentgeltes anzugeben. Der Lohnzettel ist dennoch erst bis spätestens Ende Februar (bzw Ende Jänner) des Folgejahres zu übermitteln. Eine unterjährige Übermittlung ist jedoch möglich.

> **Beendigungszeitpunkt im Fall Krankenstand**
>
> Der Arbeitnehmer wird während des Krankenstands zum 15. 3. 2023 (Kündigungstermin) gekündigt. Er hat Anspruch auf Entgeltfortzahlung bis zum Ende des Krankenstands am 14. 4. 2023. Als Ende des Dienstverhältnisses ist auf dem Lohnzettel der 14. 4. 2023 anzugeben. Der Lohnzettel ist bis spätestens Ende Februar (bzw Ende Jänner) 2024 zu übermitteln.

Sozialversicherung

1108 Das vom Arbeitgeber bezahlte Krankenentgelt ist bis zur Höhe von 50% des Entgelts (volle Geld- und Sachbezüge vor Eintritt des Krankenstands) voll beitragspflichtig.

161.1 Zeitpunkt der Lohnzettelübermittlung bei Krankenentgelt

Hat der Dienstnehmer Anspruch auf Krankenentgelt oder auf einen Krankengeldzuschuss und betragen diese **weniger** als 50% der vollen Geld- und Sachbezüge vor Eintritt des Krankenstands, sind diese **beitragsfrei**.

Die **Höhe der Sachbezüge** und **die Höhe des fortgezahlten Entgelts** sind zusammenzuzählen. Beträgt diese **gemeinsame Summe** weniger als 50% der vollen Geld- und Sachbezüge vor Eintritt des Krankenstands, sind die Sachbezüge (und das fortgezahlte Entgelt) beitragsfrei. Ist dies nicht der Fall, sind die Sachbezüge (und das fortgezahlte Entgelt) beitragspflichtig.

Davon ausgenommen sind Zahlungen des Dienstgebers für den **ersten bis dritten Tag** des Krankenstands, wenn der Arbeitnehmer **keinen** Krankengeldanspruch hat. In diesem Fall ist das Krankenentgelt beitragspflichtig. Bei wiederholter Erkrankung ist der Krankengeldzuschuss bereits ab dem ersten Tag sozialversicherungsfrei (Erkrankung ist eine Folge der vorangegangenen Krankheit).

1109 Das Teilentgelt auf das **Lehrlinge im Krankheitsfall** Anspruch haben, ist gemäß § 49 Abs 3 Z 22 ASVG immer **sozialversicherungsfrei**.

1110 Wird ein Arbeitnehmer während eines Krankenstandes vom Arbeitgeber gekündigt, ohne wichtigen Grund vorzeitig entlassen oder trifft den Arbeitgeber ein Verschulden an dem vorzeitigen Austritt des Arbeitnehmers, dann behält er nach den einschlägigen gesetzlichen Bestimmungen seinen Anspruch auf Krankenentgelt jedenfalls so, als er ihn bei aufrechtem Dienstverhältnis gehabt hätte. Der Anspruch auf Entgeltfortzahlung bleibt auch bestehen, wenn das Arbeitsverhältnis während eines Krankenstandes oder im Hinblick auf einen Krankenstand einvernehmlich beendet wird. Dies gilt auch, wenn in einem Vergleich die (rückwirkende) einvernehmliche Auflösung des Arbeitsverhältnisses in den Zeitraum der Arbeitsunfähigkeit fällt (vgl OGH 22. 6. 2021, 10 ObS 67/21 g).

1111 Unter Krankenentgelt in diesem Sinne sind alle Entgeltzahlungen des Arbeitgebers zu verstehen, sofern sie mindestens 50% der Bezüge des Arbeitnehmers betragen. Erhält also der Arbeitnehmer über das Ende des Dienstverhältnisses hinaus sein Entgelt voll oder zumindest bis zur Hälfte weiterbezahlt, besteht auch die Pflichtversicherung weiter.

Beitrag Betriebliche Vorsorgekasse

1112

Entgeltanspruch	Bemessungsgrundlage
volles Krankenentgelt	volles Krankenentgelt
halbes Krankenentgelt – kein Krankengeldanspruch (im Regelfall während der ersten drei Tage des Krankenstandes)	halbes Krankenentgelt
halbes Krankenentgelt – mit Krankengeldanspruch (im Regelfall ab dem vierten Tag des Krankenstandes)	halbes Krankenentgelt plus fiktive Bemessungsgrundlage
halbes Krankenentgelt – wiederholte Erkrankung – Krankengeldanspruch ab dem ersten Tag	halbes Krankenentgelt plus fiktive Bemessungsgrundlage
kein Anspruch auf Krankenentgelt	fiktive Bemessungsgrundlage
kein Anspruch auf Krankenentgelt sowie kein Anspruch auf Krankengeld	keine Beitragspflicht

162. Krankengeld

Teilentgelt des Lehrlings	Das Teilentgelt, das vom Lehrherrn nach § 17a des Berufsausbildungsgesetzes im Falle einer Krankheit an den Lehrling zu leisten ist, ist nach den Bestimmungen des § 49 Abs 3 Z 22 ASVG beitragsfrei. Somit wird die fiktive Bemessungsgrundlage (halbes Entgelt vor Eintritt des Versicherungsfalls) nicht durch das Teilentgelt erhöht.
Krankenentgeltfortzahlung nach Beendigung des Dienstverhältnisses	fortgezahltes Krankenentgelt (keine fiktive Bemessungsgrundlage)
freie Dienstnehmer	fiktive Bemessungsgrundlage

162. Krankengeld (§ 69 Abs 2 EStG)

1113 Bei Auszahlung von Bezügen aus einer gesetzlichen Kranken- oder Unfallversorgung sowie aus einer Kranken- oder Unfallversorgung der Versorgungs- und Unterstützungseinrichtungen der Kammern der selbständig Erwerbstätigen gemäß § 25 Abs 1 Z 1 lit c und e EStG sind 20% Lohnsteuer einzubehalten, soweit diese Bezüge € 30,– täglich übersteigen.

1114 Zur Berücksichtigung dieser Bezüge im Veranlagungsverfahren haben die Versicherungsträger bis zum 31. 1. des folgenden Kalenderjahres einen Lohnzettel (§ 84 EStG) auszustellen und an ihr FA zu übermitteln. In diesem Lohnzettel sind ein Siebentel gesondert als sonstiger Bezug gemäß § 67 Abs 1 EStG auszuweisen. Wird ein 13. bzw 14. Bezug zusätzlich ausgezahlt, hat ein vorläufiger Lohnsteuerabzug von diesen Bezügen zu unterbleiben.

1115 Im Falle Auszahlung eines Krankengeldes durch die ÖGK liegt ein Pflichtveranlagungstatbestand iSd § 41 Abs 1 Z 3 EStG vor.

➢ Hinsichtlich des steuerlichen Zuflusses siehe „Zeitliche Zuordnung von Einnahmen und Ausgaben (§ 19 EStG)".

162.1 Krankengeldzuschüsse

1116 Bar- und Sachbezüge, die der Arbeitgeber einem erkrankten Arbeitnehmer für die Zeit gewährt, in der der Arbeitnehmer Krankengeld aus der gesetzlichen Krankenversicherung erhält, sind steuerpflichtig. Das Gleiche gilt für Sachbezüge (Deputate), die der Arbeitgeber einem erkrankten Arbeitnehmer in der Land- und Forstwirtschaft gewährt.

1117 Krankengeldzuschüsse sind als Einkünfte aus einer nichtselbständigen Arbeit lohnsteuerpflichtig.

Sozialversicherung (§ 49 Abs 3 Z 9 ASVG)

1118 Gemäß den Bestimmungen des § 49 Abs 3 Z 9 ASVG sind Zuschüsse des Dienstgebers, die für die Zeit des Anspruches auf laufende Geldleistungen aus der Krankenversicherung gewährt werden, sofern diese Zuschüsse weniger als 50% der vollen Geld- und Sachbezüge vor dem Eintritt des Versicherungsfalles betragen, beitragsfrei. Die Versicherungs- und Beitragspflicht endet, wenn die Krankengeldzuschusszahlung weniger als 50% der vollen Geld- und Sachbezüge gemäß § 49 Abs 3 Z 9 ASVG beträgt und daher nicht mehr als Entgelt iSd § 49 Abs 1 und 2 ASVG gilt. Der Dienstnehmer ist hinsichtlich „Ende Entgelt" bei der zuständigen ÖGK abzumelden.

DB – DZ – KommSt

Der vom Dienstgeber bezahlte Krankengeldzuschuss unterliegt nach den Bestimmungen des § 41 FLAG sowie § 5 KommStG der Beitragspflicht bei DB, DZ und KommSt. 1119

163. Kundenbindungsprogramme

➢ Siehe „Sachbezüge".

164. Kündigungsentschädigungen

Der Arbeitnehmer hat Anspruch auf Kündigungsentschädigung (§ 29 AngG, § 1162 b ABGB), wenn er: 1120

- ✓ ohne wichtigen Grund entlassen wurde,
- ✓ aus einem vom Arbeitgeber verschuldeten Grund vorzeitig ausgetreten ist oder
- ✓ der Arbeitgeber eine Kündigung frist- oder terminwidrig ausgesprochen hat.

Bei einer Kündigungsentschädigung handelt es sich um eine **Schadensersatzleistung** (§ 1162 b ABGB; § 29 Abs 1 AngG), sie umfasst die vertragsmäßigen Ansprüche auf das Entgelt für den Zeitraum, der bis zur Beendigung des Dienstverhältnisses durch Ablauf bestimmter Vertragszeiten oder durch ordnungsgemäße Kündigung durch den Dienstgeber hätte verstreichen müssen. 1121

Eine Kündigungsentschädigung beinhaltet 1122

- ✓ laufende Bezüge
- ✓ Sonderzahlungen
- ✓ bei Lehrlingen – das Lehrlingseinkommen bis zum Ende der Lehrzeit und anschließende Behaltezeit
- ✓ bei besonders geschützten Arbeitnehmern (zB Mutterschutz, Präsenzdienst udgl) – Bezüge für den restlich geschützten Zeitraum und die Kündigungsfrist.

Beträgt das Ausmaß der Kündigungsentschädigung **mehr als drei Monate,** hat sich der Dienstnehmer das anrechnen zu lassen, was er 1123

- ✓ infolge des Unterbleibens der Dienstleistung erspart oder durch anderweitige Verwendung erworben oder zu erwerben absichtlich verabsäumt hat,

wobei Bezüge aus der gesetzlichen Arbeitslosen- und Pensionsversicherung nicht dazu gehören.

Eine Kündigungsentschädigung ist innerhalb einer **Verfallsfrist von sechs Monaten** gerichtlich geltend zu machen (§ 34 Abs 1 AngG). 1124

Trifft beide Vertragspartner (Arbeitgeber und Arbeitnehmer) ein Verschulden an der **nicht** ordnungsgemäßen Beendigung des Dienstverhältnisses, steht dem Arbeitnehmer nicht die gesamte Kündigungsentschädigung zu. In solchen Fällen muss der Richter in freier Ermessensentscheidung die Höhe der Kündigungsentschädigung festsetzen (§ 1162 c ABGB, § 32 AngG). 1125

164. Kündigungsentschädigungen

1126 Übersteigt die Kündigungsentschädigung einen Zeitraum von drei Monaten, ist der für drei Monate gebührende Betrag sofort fällig. Der Restbetrag ist zur vereinbarten oder gesetzlichen Zeit (bei Fortbestand des Dienstverhältnisses) fällig (§ 29 AngG).

Lohnsteuer

1127 Kündigungsentschädigungen sind als laufender Bezug gemäß § 67 Abs 10 EStG im Kalendermonat der Zahlung zu erfassen. Dabei ist nach Abzug der darauf entfallenden Sozialversicherungsbeiträge **ein Fünftel steuerfrei** zu belassen, **höchstens** jedoch **ein Fünftel des Neunfachen der monatlichen SV-Höchstbeitragsgrundlage** (2023 – € 10.530,–). Eventuell in der Kündigungsentschädigung enthaltene gesetzliche oder kollektivvertragliche sowie freiwillige Abfertigungen sind **nicht** auszuscheiden.

Sozialversicherung

1128 Kündigungsentschädigungen verlängern die Pflichtversicherung und unterliegen der Beitragspflicht bis zur Höchstbeitragsgrundlage. Sie sind auf den entsprechenden Zeitraum der Kündigungsfrist umzulegen. Gebühren sowohl eine Kündigungsentschädigung als auch eine Ersatzleistung für Urlaubsentgelt, so ist für die Ermittlung des Verlängerungszeitraumes zuerst die Kündigungsentschädigung und daran anschließend die Ersatzleistung heranzuziehen.

Endet das Dienstverhältnis gegen Ende des Kalenderjahres und verlängert sich die Pflichtversicherung in das darauffolgende Kalenderjahr (zB iZm einer Urlaubsersatzleistung oder Kündigungsentschädigung), ist es erforderlich, die monatliche Beitragsgrundlagenmeldung entsprechend der Verlängerung für die Beitragszeiträume im darauffolgenden Kalenderjahr zu erstatten.

Beispiel	
Ende der Beschäftigung:	30. 11. 2023
Kündigungsentschädigung (KE):	1. 12. 2023 – 2. 1. 2024
Urlaubsersatzleistung (UE):	3. 1. 2024 – 5. 1. 2024
Es muss nur ein Lohnzettel für das Jahr 2023 mit dem steuerlichen Teil übermittelt werden.	
Monatliche Beitragsgrundlagenmeldungen für die Zeiträume	1. 1. 2023 – 31. 12. 2023
	1. 1. 2024 – 5. 1. 2024

1129 Wird vom Dienstnehmer nach einer Entlassung Kündigungsentschädigung eingeklagt und kommt ein Vergleich über eine einvernehmliche Auflösung und eine Abgangsentschädigung zustande, endet auch die Sozialversicherungspflicht mit dem tatsächlichen Ende des Dienstverhältnisses (ohne Verlängerung gemäß § 11 Abs 2 ASVG). Die Abgangsentschädigung ist beitragsfrei (§ 49 Abs 3 Z 7 ASVG).

1130 In der Sozialversicherung erfolgt die Abrechnung, unabhängig davon, wie diese Bezüge ausbezahlt werden, getrennt nach laufenden Bezügen und Sonderzahlungen. Die darauf entfallenden Sozialversicherungsbeiträge sind für jeden Beitragszeitraum gesondert zu entrichten. Kommen auch beitragsfreie Entgelte zur Auszahlung (zB Schmutzzulage), verlieren diese die Beitragsfreiheit, da der Dienstnehmer die dafür erforderlichen Arbeiten nicht leistet.

1131 Auf der Abmeldung ist in der Rubrik „Arbeitsrechtliches Ende des Beschäftigungsverhältnisses" das Datum des arbeitsrechtlichen Endes der Beschäftigung und unter „Ende des Entgel-

164. Kündigungsentschädigungen

tanspruches" das Datum des Endes der Pflichtversicherung einzutragen. Weiters ist der Zeitraum der Kündigungsentschädigung und/oder der Ersatzleistung für Urlaubsentgelt vom [...] bis [...] auf dem Meldeformular anzugeben.

Betriebliche Vorsorgekasse

Für die Bemessungsgrundlage sind die Bestimmungen des ASVG anzuwenden. Für beitragspflichtige Teile der Kündigungsentschädigung ist der Beitrag zur betrieblichen Mitarbeitervorsorge zu entrichten, für beitragsfreie Entgelte (zB enthaltene Abfertigung) ist kein BMVG-Beitrag zu entrichten. 1132

In der Rubrik „Ende der Zahlung des BV-Beitrages" ist das Datum des **Endes der Pflichtversicherung** (= „Ende des Entgeltanspruches") einzutragen. 1133

Beispiel

Angabe:
Angestellter
Gehalt in €   3.125,00
Alleinverdiener   nein
Eintritt   1. 4. 1998
gerechtfertigter Austritt   14. 3. 2023
Sonderzahlungen   UZ/WR
Urlaub   Urlaubsjahr   verbraucht
                2022 – 2023
                Urlaubsjahr   30 WT
                2023 – 2024
nächstmöglicher Kündigungstermin   30. 6. 2023
KE wurde gleichzeitig mit Abrechnung ausbezahlt.
kein neues Dienstverhältnis

Ermittlung der Bezüge bis 14. 3. 2023
Laufender Bezug 1. 3. – 14. 3. 2023   (3.125 : 30 × 14)   1.458,33
Sonderzahlungen von 1. 1. – 14. 3. 2023 (3.125 : 365 × 73 × 2)   1.250,00
Abfertigung
aufgrund der Dienstzeit zum 14. 3. 2023 Anspruch auf 9 ME
                                         (3.125 × 14 : 12 × 9)   32.812,50
                                                          Brutto   **35.520,83**

Ermittlung der Kündigungsentschädigung
Laufende Bezüge
15. 3. – 31. 3. 2023   (3.125 – 1.458,33)   1.666,67
April   3.125,00
Mai   3.125,00
Juni   3.125,00 11.041,67
Sonderzahlungen
15. 3. – 30. 6. 2023   (3.125 : 365 × 108 × 2)   1.849,32
Ersatzleistung
Urlaubsanspruch von 1. 4. – 30. 6. 2023 30 : 365 × 91 =   7,48
Anteil laufender Bezug   (3.125 : 26 × 7,48)   899,04
Anteil Sonderzahlungen   (3.125 : 12 × 2 : 26 × 7,48)   149,84

164. Kündigungsentschädigungen

Abfertigung
Am 31. 3. 2023 vollendet der Arbeitnehmer das 25. Dienstjahr. Der Abfertigungsanspruch erhöht sich um drei Monatsentgelte.
Diese drei Monatsentgelte sind Teil der Kündigungsentschädigung.

3.125 × 14 : 12 × 3			10.937,50
Kündigungsentschädigung – gesamt			24.877,37
+ Entgelt vom 1. 3. – 14. 3. 2023			35.520,83
Brutto – gesamt			**€ 60.398,20**

Abrechnung – Sozialversicherung und Lohnsteuer

Laufende Bezüge mit	18,12%			
Laufender Bezug 1. 3. – 14. 3.	1.458,33	264,25		
laufende Bezüge 15. 3. – 30. 6.	11.041,67	2.000,75		
laufende Bezüge mit	15,12%			
laufender Bezug der Ersatzleistung	899,04	135,93		
	13.399,04	2.400,93		
			SV lfd Bezug	2.400,93
Sonderzahlungen mit	17,12%			
Sonderzahlungen 1. 1. – 14. 3.	1.250,00	214,00		
Sonderzahlungen 15. 3. – 30. 6.	1.849,32	316,60		
Sonderzahlungen – Ersatzleistung	149,84	25,65		
	3.249,16	556,25		
			SV – SZ	556,25

Abfertigung = beitragsfrei
Abrechnung – Lohnsteuer

Abfertigung bis 14. 3. 2023 mit 6%	32.812,50		Lohnsteuer 6%	1.968,75
Sonderzahlung bis 14. 3. 2023				
brutto	1.250,00			
abzüglich SV	– 214,00			
Lohnsteuerbemessungsgrundlage	1.036,00			
	620,00	× 0%		
Bemessungsgrundlage – 6%	416,00	× 6%	Lohnsteuer 6%	24,96
Kündigungsentschädigung				
gesamt	24.877,37			
abzüglich SV	– 2.478,07			
Zwischensumme	22.398,43			
davon 1/5 steuerfrei	– 4.479,69			
Zwischensumme	17.918,75			
zuzüglich lfd Bezug bis 14. 3.	1.458,33			
abzüglich SV	– 264,25			
Lohnsteuerbemessungsgrundlage	19.112,83	× 50%	€ 9.556,41	
– Absetzbetrag laut Effektivtabelle			€ 1.206,27	
			Lohnsteuer ohne AVAB	8.350,14
			Auszahlung	**€ 47.097,17**

DB – DZ – KommSt

1134 Kündigungsentschädigungen sind entsprechend der gesetzlichen Bestimmungen des FLAG und des KommStG beitragspflichtig.

165. Künstliche Befruchtung

Die Kosten der künstlichen Befruchtung (In-Vitro-Fertilisation) sind als außergewöhnliche Belastung abzugsfähig, wenn diese gemäß § 2 Fortpflanzungsmedizingesetz (FMedG) zulässig ist (LStR Rz 904). **1135**

166. Kurzarbeit – COVID-19-Kurzarbeit

Allgemeines

Als Instrument zur Bewältigung der durch COVID-19 ausgelösten Krise am Arbeitsmarkt wurde eine besondere erweiterte Form der Kurzarbeit gesetzlich verankert. Ziel ist es, die Beschäftigung zur Bewältigung der wirtschaftlichen Schwierigkeiten iZm COVID-19 zu sichern, betriebsbedingte Kündigungen zu vermeiden, betriebliches Know-how bewährter Fachkräfte zu sichern, Flexibilität im Personaleinsatz zu bewahren und Liquidität der Unternehmen zu erhalten. **1136**

Die gesetzlichen Bestimmungen zur COVID-19-Kurzarbeit finden sich insb in § 37 b Arbeitsmarktservicegesetz (AMSG) sowie der Bundesrichtlinie Kurzarbeitsbeihilfe des AMS. **1137**

Bei der COVID-19-Kurzarbeit sind verschiedene Phasen zu unterscheiden. In jeder der Phasen gelten teilweise unterschiedliche Regelungen bzw Auslegungen mit unterschiedlichen Sozialpartnervereinbarungen und sind auch unterschiedliche Voraussetzungen zu erfüllen. **1138**

Bei der COVID-19-Kurzarbeit wird im Rahmen einer Sozialpartnervereinbarung mit dem Arbeitnehmer wegen vorübergehender nicht saisonbedingter wirtschaftlicher Schwierigkeiten die Normalarbeitszeit im Rahmen der dafür vorgesehenen Möglichkeiten reduziert. **1139**

Förderbar sind Arbeitgeber, die in Betrieben im Sinne des Arbeitsverfassungsgesetzes (ArbVG) mit einem Betriebsstandort in Österreich Kurzarbeit durchführen. Auch Arbeitgeber, die das Gewerbe der Überlassung von Arbeitskräften (§ 94 Z 72 GewO) ausüben, sind im Rahmen der COVID-19-Kurzarbeit förderbar. **1140**

Nicht förderbar sind **1141**

- ✓ politische Parteien,
- ✓ Bund, Bundesländer, Gemeinden und Gemeindeverbände,
- ✓ sonstige juristische Personen öffentlichen Rechts, ausgenommen jene, die wesentliche Teile ihrer Kosten über Leistungsentgelte finanzieren und am Wirtschaftsleben teilnehmen.

Förderbar sind arbeitslosenversicherungspflichtige Arbeitnehmer (somit keine geringfügig Beschäftigten sowie Beamte; Beschäftigte, die aufgrund des Alters der Arbeitslosenversicherungspflicht nicht unterliegen, sind jedoch förderbar; darunter fallen auch beschäftigte Personen, die das Regelpensionsalter erreicht haben, aber die Voraussetzungen für eine Alterspension nicht erfüllen) und Lehrlinge **1142**

- ✓ die ein aufrechtes Dienstverhältnis und einen voll entlohnten Kalendermonat vor Beginn der Kurzarbeit (Bemessungsmonat) beim Arbeitgeber vorweisen können und
- ✓ wenn sie von der Sozialpartnervereinbarung umschlossen sind.

Mitglieder des geschäftsführenden Organs sind förderbar, wenn sie ASVG-pflichtversichert sind.

166. Kurzarbeit – COVID-19-Kurzarbeit

1143 Das Bruttoentgelt im Bemessungsmonat dient als Bemessungsgrundlage für die Berechnung der Kurzarbeitsbeihilfe. Um eine ordnungsgemäße Ermittlung der Beihilfe zu gewährleisten, bedarf es eines vollen Monatsbezugs im Bemessungsmonat.

1144 Als Entschädigung zur teilweisen Abgeltung des Verdienstausfalles, der sich aufgrund der Reduktion der Arbeitszeit während der Kurzarbeit ergibt, wird vom Arbeitgeber an die Arbeitnehmer eine Kurzarbeitsunterstützung gewährt. Der Arbeitsverdienst des Arbeitnehmers setzt sich somit während der Kurzarbeit aus dem tatsächlichen Entgelt für die erbrachte Arbeitsleistung (dazu zählen auch Urlaub, konsumierte Zeitguthaben aus der Zeit vor Kurzarbeit, nach dem arbeitsrechtlichen Ausfallsprinzip im Rahmen der Entgeltfortzahlung fortgezahlte Arbeitszeit bei Dienstverhinderungen udgl, Entgeltfortzahlung für Krankenstand und § 1155 Abs 3 ABGB in der geplanten Arbeitszeit) sowie der Kurzarbeitsunterstützung (diese bezieht sich nur auf die ausgefallenen Arbeitsstunden) zusammen.

1145 Die Kurzarbeitsbeihilfe gewährleistet ein bestimmtes Mindestnettoentgelt.

1146 Das Mindestnettoentgelt wird nicht vom effektiven Nettolohn des Arbeitnehmers ermittelt, sondern ausgehend von einem Bruttoentgelt. Es ist das laufende beitragspflichtige Entgelt (§ 49 ASVG) des letzten vollentlohnten Monats/der letzten vollentlohnten vier Wochen (bei Wochenentlohnung) inkl Zulagen und Zuschläge, aber ohne Überstundenentgelte, vor Einführung der Kurzarbeit heranzuziehen. Liegt kein regelmäßiges Entgelt vor (zB bei Schichtbetrieb), ist der Durchschnitt der letzten drei Monate bzw der letzten 13 Wochen heranzuziehen. Als Überstundenentgelt in diesem Sinne gelten auch widerrufliche Überstundenpauschalen, aber nicht unwiderrufliche Überstundenpauschalen und Anteile von All-inclusive-Entgelten, die der Abgeltung allfälliger Überstundenleistungen gewidmet sind. Ab der Phase 3 sind widerrufliche Überstundenentgelte nur dann nicht in die Bemessungsgrundlage einzubeziehen, wenn sie tatsächlich widerrufen wurden. Wurden sie nicht widerrufen, sind sie in die Bemessungsgrundlage einzubeziehen. Sonderzahlungen sind nicht einzubeziehen.

1147 Schwankende sozialversicherungspflichtige Entgeltbestandteile (zB Zulagen, Provisionen, Leistungslohn in unterschiedlicher Höhe) sind mit einem Durchschnitt der letzten drei Kalendermonate einzubeziehen.

1148 Auch Sachbezüge sind einzubeziehen, selbst wenn sie während der Kurzarbeit nicht weitergewährt werden.

1149 Bestand in den letzten 13 Wochen vor Beginn der Kurzarbeit kein Entgeltanspruch (zB wegen Karenz) oder ein verringerter Entgeltanspruch (zB wegen halber Entgeltfortzahlung im Krankenstand), ist das Nettoentgelt auf der Grundlage des fiktiven Entgeltes zu berechnen. Hat sich während der letzten 30 Tage vor Beginn der Kurzarbeit das Beschäftigungsausmaß geändert, ist das durchschnittliche Beschäftigungsausmaß während dieses Zeitraumes heranzuziehen.

1150 Soweit in einer Sozialpartnervereinbarung ein Mindestnettoentgelt entsprechend einer in der Kurzarbeitsrichtlinie gewährleisteten Nettoersatzrate zugesagt wird, erfüllt der Arbeitgeber Vereinbarung und Richtlinie jedenfalls dann, wenn den betroffenen Arbeitnehmern während der Kurzarbeit das verminderte Bruttoentgelt geleistet wird, das für das jeweils vor Kurzarbeit gebührende Bruttoentgelt analog zu den Pauschalsätzen des AMS – auch oberhalb der Höchstbeitragsgrundlage – zu ermitteln ist. Die zu gewährleistende Mindestentgeltgarantie kann sich entweder auf das Gesamtentgelt oder auf die durch die Kurzarbeitsbeihilfe unterstützten Ausfallstunden beziehen. Sie kann sich auf einzelne Monate oder eine Durchschnittsbetrachtung während des Kurzarbeitszeitraums beziehen (§ 37b Abs 6 AMSG).

Monatlich ist jedenfalls jenes Mindestbruttoentgelt zu leisten, das sich aus der Kurzarbeits-Mindestbruttoentgelt-Tabelle ergibt (§ 37 b Abs 6 AMSG). Das ursprüngliche Bruttoentgelt des Arbeitnehmers ist anhand der Kurzarbeits-Mindestbruttoentgelt-Tabelle (veröffentlich auf der Homepage des BMAW) in ein Mindestbruttoentgelt „umzurechnen". In einem vollen Kurzarbeitsmonat ist dem Arbeitnehmer dieses Mindestbruttoentgelt jedenfalls zu bezahlen. Ergeben sich bspw aufgrund einer nur mehr 50%igen Entgeltfortzahlung im Krankheitsfall oder aufgrund einer Schlechtwetterentschädigung geringere Bezüge, kann das garantierte Mindestbruttoentgelt auch unterschritten werden. 1151

Da sozialversicherungsfreie Leistungen wie zB Schmutzzulage bei der Ermittlung des Mindestbruttoentgelts außer Ansatz bleiben, sind derartige Bezüge, wenn sie aufgrund der Arbeitsleistung während der Kurzarbeit anfallen, zusätzlich zum Mindestbruttoentgelt zu bezahlen. Dasselbe gilt bspw für Überstunden oder Mehrstunden, die für die Bildung des Bruttoentgelts nicht herangezogen wurden. Trinkgeldpauschalen sind trotz SV-Pflicht bei der Bildung des Bruttoentgelts nicht zu berücksichtigen, sodass sie ebenfalls zusätzlich zum Mindestbruttoentgelt zu berücksichtigen sind. 1152

Die vom Arbeitgeber zu gewährende Kurzarbeitsunterstützung ermittelt sich je nach Sozialpartnervereinbarung entweder nach der „Differenzmethode" oder anhand der „Teilungsmethode". 1153

Bei der „Differenzmethode" errechnet sich die Kurzarbeitsunterstützung aus dem Mindestbruttoentgelt laut Tabelle reduziert um das Entgelt für die geleistete Arbeitszeit (dazu zählen auch die fortgezahlten Stunden für Feiertage und Krankenstände). 1154

Bei der „Teilungsmethode" erhält der Arbeitnehmer zusätzlich zum Entgelt für die Arbeitsleistung das Entgelt für die ausfallenden Stunden, errechnet anhand des Mindestbruttoentgelts laut Tabelle als Kurzarbeitsunterstützung. Der Arbeitnehmer bekommt in diesem Fall insgesamt ein höheres Entgelt. 1155

Beträgt das Entgelt für die geleistete Arbeitszeit mehr als das Mindestbruttoentgelt, ist das höhere Entgelt zu leisten. In diesem Fall gebührt dem Arbeitnehmer keine Kurzarbeitsunterstützung. Je nach Sozialpartnervereinbarung und Phase kommt dabei eine Durchschnittbetrachtung über den Kurzarbeitszeitraum (Phase 1) oder eine monatliche Betrachtung (ab Phase 2) zur Anwendung. 1156

Der Arbeitgeber kann während der Kurzarbeit auch das volle Entgelt an den Arbeitnehmer weitergewähren. Dies ist auch nicht schädlich für den Anspruch auf Kurzarbeitsbeihilfe. Als Kurzarbeitsunterstützung wird in diesem Fall nur jener Anteil, der zwingend zu bezahlen ist, angesehen. 1157

Kurzarbeitsbeihilfe

Die Kurzarbeitsbeihilfe ist jene Unterstützung, die bei Erfüllung der Voraussetzungen vom AMS an den Arbeitgeber gewährt wird. Sie dient dem teilweisen Ersatz der zusätzlichen Aufwendungen für die Kurzarbeitsunterstützung sowie für die Beiträge zur Sozialversicherung und zur betrieblichen Mitarbeitervorsorge (§ 37 b Abs 3 AMSG). 1158

Für Einkommensanteile über der ASVG-Höchstbeitragsgrundlage gebührt keine Kurzarbeitsbeihilfe. 1159

Bei der Abrechnung der Kurzarbeitsbeihilfen kommen in den einzelnen Phasen unterschiedliche Methoden zur Anwendung. 1160

166. Kurzarbeit – COVID-19-Kurzarbeit

1161 Beihilfen nach dem AMSG, worunter auch die Kurzarbeitsbeihilfen fallen, sind gemäß § 3 Abs 1 Z 5 lit d EStG für den Arbeitgeber steuerfrei.

1162 Aufwendungen, die iZm diesen steuerfreien Leistungen stehen, dürfen als Betriebsausgaben nicht abgezogen werden (§ 20 Abs 2 EStG).

Kurzarbeitsunterstützung

1163 Die Kurzarbeitsunterstützung wird vom Arbeitgeber an die Arbeitnehmer als Entschädigung zur teilweisen Abgeltung des Verdienstausfalles geleistet, der sich aufgrund der Reduktion der Arbeitszeit während der Kurzarbeit ergibt. Der Arbeitsverdienst des Arbeitnehmers setzt sich somit während der Kurzarbeit aus dem tatsächlichen Entgelt für die erbrachte Arbeitsleistung (dazu zählen auch Urlaub, konsumierte Zeitguthaben aus der Zeit vor Kurzarbeit, nach dem arbeitsrechtlichen Ausfallsprinzip im Rahmen der Entgeltfortzahlung fortgezahlte Arbeitszeit bei Dienstverhinderungen udgl, Entgeltfortzahlung für Krankenstand und § 1155 Abs 3 ABGB in der geplanten Arbeitszeit) sowie der Kurzarbeitsunterstützung (diese bezieht sich nur auf die ausgefallenen Arbeitsstunden) zusammen.

Sozialversicherung

1164 Während der Dauer der Kurzarbeit richten sich die Beiträge und die Leistungen der Sozialversicherung nach der letzten Beitragsgrundlage vor Eintritt der Kurzarbeit, wenn diese höher ist als die aktuelle Beitragsgrundlage (§ 37b Abs 5 AMSG).

1165 Als Beitragsgrundlage in der Sozialversicherung ist demnach jene aus dem Monat vor Beginn der Kurzarbeit heranzuziehen. Dabei ist jedoch der Günstigkeitsvergleich zu beachten. Dafür ist die Beitragsgrundlage vor Beginn der Kurzarbeit mit jener, die ohne Kurzarbeit vorliegen würde, zu vergleichen und die höhere Beitragsgrundlage ist heranzuziehen. Stichtag für diesen Vergleich ist immer der erste Tag der Kurzarbeit sowie der erste Tag der Verlängerung der Kurzarbeit. Damit bleibt die Beitragsgrundlage für die jeweilige Kurzarbeitsperiode immer gleich. Entgelterhöhungen während der Kurzarbeitsperiode sind nicht zu berücksichtigen.

1166 Im Falle von „Lücken" in der Beitragsgrundlage der Sozialversicherung im Vormonat (zB bei ausgeschöpftem Anspruch auf Entgeltfortzahlung im Krankheitsfall), geht man vom letzten abgerechneten Kalendermonat mit voller Beitragsgrundlage aus (ebenfalls unter Beachtung des Günstigkeitsvergleichs).

1167 Überstunden oder Provisionen im Vormonat (auch in ungewöhnlicher Höhe) werden in die Beitragsgrundlage einbezogen.

1168 Diese fiktive Beitragsgrundlage ist grundsätzlich immer heranzuziehen, ausgenommen bei Auszahlung von Urlaubsentgelt und Entgelt für Zeitausgleich (in diesen Fällen ist als Beitragsgrundlage das tatsächlich bezahlte Entgelt heranzuziehen) und bei Zeiten mit ausgeschöpftem Anspruch auf Entgeltfortzahlung (hier ist für diese Zeiten keine Beitragsgrundlage heranzuziehen).

1169 Die auf den Arbeitnehmer entfallenden Sozialversicherungsbeiträge sowie sonstige auf den Arbeitnehmer entfallende Beiträge aufgrund bundes- oder landesgesetzlicher Vorschriften zwischen dieser erhöhten Beitragsgrundlage und der aktuellen Beitragsgrundlage trägt der Arbeitgeber allein (§ 37b Abs 5 AMSG). Das betrifft somit ua auch die Arbeiterkammerumlage, Landarbeiterkammerumlage und den Wohnbauförderungsbeitrag.

166. Kurzarbeit – COVID-19-Kurzarbeit

§ 12 Abs 2 des Bauarbeiter-Schlechtwetterentschädigungsgesetzes (BSchEG) bleibt davon unberührt (§ 37b Abs 5 AMSG). Das bedeutet, dass ein allfälliger Schlechtwetterentschädigungsbeitrag (auch Dienstgeberanteil) nur vom tatsächlichen Entgelt ermittelt wird. 1170

Die 20%-Regelung des § 53 Abs 1 ASVG („Der den Versicherten belastende Teil der allgemeinen Beiträge darf zusammen mit dem den Versicherten belastenden Teil des Beitrages zur Arbeitslosenversicherung 20 v. H. seiner Geldbezüge nicht übersteigen. Den Unterschiedsbetrag hat der Dienstgeber zu tragen.") kommt auch bei der Abrechnung von Kurzarbeit zur Anwendung. 1171

Für die Reduktion des Arbeitslosenversicherungsbeitrages ist nicht das tatsächlich ausbezahlte Entgelt während der Kurzarbeit maßgeblich, sondern die (höhere) fiktive Sozialversicherungsbeitragsgrundlage (samt Günstigkeitsvergleich). Ab 1. 1. 2021 richtet sich der Beitrag des Arbeitnehmers zur AlV während der Kurzarbeit nach dem der verringerten Arbeitszeit entsprechenden Entgelt einschließlich der Kurzarbeitsunterstützung. Die Staffelungen für die Verminderung des Arbeitslosenversicherungsbeitrages bei geringem Einkommen sind entsprechend zu berücksichtigen. Für die Ermittlung des gesamten Prozentsatzes bleibt jedoch weiterhin die ungekürzte (fiktive) Sozialversicherungsbeitragsgrundlage maßgeblich. Eine etwaige Differenz trägt der Dienstgeber (zusätzlich zu den übernommenen Dienstnehmeranteilen zur Sozialversicherung zwischen dem tatsächlichen Brutto und der Sozialversicherungsbeitragsgrundlage). 1172

Betriebliche Vorsorge

Für die Dauer einer Kurzarbeit nach § 37b AMSG ist als Bemessungsgrundlage für den Beitrag des Arbeitgebers das monatliche Entgelt auf Grundlage der Arbeitszeit vor der Herabsetzung der Normalarbeitszeit heranzuziehen (§ 6 Abs 4 BMSVG). 1173

Die Beitragsgrundlage zur Betrieblichen Vorsorge orientiert sich am Entgelt vor der Kurzarbeit ohne Günstigkeitsvergleich. Es erfolgt somit keine Aufwertung der Beitragsgrundlage für die Dauer der Kurzarbeit aufgrund von Lohn- oder Gehaltserhöhungen während der Kurzarbeit. 1174

Bei schwankenden Entgelten wird ein Durchschnitt der vorangegangenen drei Monate heranzuziehen sein. 1175

Bei vermindertem Entgelt vor Kurzarbeit, bspw aufgrund von nur mehr 50%iger Entgeltfortzahlung im Krankheitsfall, ist ein fiktives Entgelt zum Ansatz zu bringen. 1176

Ab 1. 10. 2020 ist in all jenen Fällen, in denen das Entgelt – einschließlich Kurzarbeitsunterstützung – während der Kurzarbeit höher ist als das davor bezogene Entgelt eines Arbeitnehmers, dieses als Beitragsgrundlage zur Betrieblichen Vorsorge heranzuziehen. Dies kann bspw dann gegeben sein, wenn ein Facharbeiter im Monat vor Kurzarbeit noch als Lehrling ein Lehrlingseinkommen bezogen hat, das Entgelt während der Kurzarbeit – einschließlich Kurzarbeitsunterstützung – aber im darauf folgenden Monat auf der Basis eines Facharbeiterlohns zusteht. 1177

Lohnsteuer

Die Kurzarbeitsunterstützung gilt für die Lohnsteuer als steuerpflichtiger Lohn und für sonstige Abgaben und Beihilfen aufgrund bundesgesetzlicher Vorschriften als Entgelt (§ 37 Abs 5 AMSG). 1178

166. Kurzarbeit – COVID-19-Kurzarbeit

1179 Im Entgelt für die erbrachte Arbeitsleistung können Zulagen und Zuschläge – bei Erfüllung der Voraussetzungen – wie bisher steuerfrei gemäß § 68 EStG berücksichtigt werden. Beispielsweise sind für den Urlaub mit dem laufenden Urlaubsentgelt ausbezahlte Zulagen und Zuschläge steuerpflichtig (vgl LStR Rz 1132) während Zulagen und Zuschläge, die im Arbeitslohn, der an den Arbeitnehmer im Krankheitsfall weitergezahlt wird, enthalten sind, gemäß § 68 Abs 1 bis 5 EStG weiterhin steuerfrei zu behandeln sind (§ 68 Abs 7 EStG).

1180 Die Steuerfreibeträge gemäß § 68 Abs 1 und 2 EStG sind Monatsbeträge und müssen im Falle eines untermonatigen Beginnes oder Endes der Kurzarbeit nicht aliquotiert werden, sondern sind die Zeiten mit und ohne Kurzarbeit monatlich zusammen zu betrachten.

1181 Der erhöhte Freibetrag für überwiegende Nachtarbeit (€ 540,– nach § 68 Abs 6 EStG) gelangt zur Anwendung, sofern die tatsächlich geleisteten Arbeitsstunden während des Kalendermonats zu mehr als der Hälfte der (ursprünglichen) Normalarbeitszeit in die Zeit von 19 – 7 Uhr fallen.

1182 Der Arbeitslohn für die tatsächlich geleistete Arbeitszeit unterliegt unverändert den steuerlichen Regelungen wie vor der Kurzarbeit. Insoweit sind auch sämtliche Steuerbefreiungen weiter anwendbar, wenn die Voraussetzungen dafür vorliegen.

1183 Jener Anteil an Sozialversicherungsbeiträgen des Arbeitnehmers, den der Arbeitgeber zwingend zu tragen hat, stellt keinen geldwerten Vorteil aus dem Dienstverhältnis dar und erhöht damit nicht das Jahressechstel bzw -zwölftel (für Arbeitnehmer die dem BUAG unterliegen) sowie das Kontrollsechstel bzw -zwölftel gemäß § 67 Abs 2 EStG sowie auch nicht die Grundlagen für das Jahresviertel bzw -zwölftel gemäß § 67 Abs 6 EStG.

DB – DZ – KommSt

1184 Eine Kommunalsteuer hat der Arbeitgeber für die Kurzarbeitsunterstützung nicht zu entrichten.

1185 Das Entgelt für die erbrachte Arbeitsleistung ist von dieser Befreiung nicht umfasst und daher in die Bemessungsgrundlage zur Kommunalsteuer einzubeziehen.

1186 Wird die Kurzarbeitsunterstützung aufgrund einer der gesetzlichen Möglichkeiten in § 37b Abs 6 AMSG ermittelt, ist diese sodann von der Kommunalsteuer befreit. Dabei muss nicht unterschieden werden, ob die Kurzarbeitsunterstützung im Rahmen der Entgeltfortzahlung (Dienstverhinderung, Krankenstand, Feiertag udgl) weitergewährt wird oder für Ausfallstunden aufgrund der COVID-19-Kurzarbeit gewährt wird. Die Kurzarbeitsunterstützung bezieht sich auf die Ausfallstunden während der Kurzarbeit, unabhängig davon, ob für diese Ausfallstunden auch eine Kurzarbeitsbeihilfe gewährt wird. Bezahlt der Arbeitgeber darüber hinaus (freiwillig) höhere Bezüge, sind diese von der Befreiungsbestimmung nicht umfasst.

1187 Die Befreiungsbestimmungen gemäß § 5 Abs 2 KommStG sind zu berücksichtigen.

1188 Die Kurzarbeitsunterstützung gilt für sonstige Abgaben und Beihilfen aufgrund bundesgesetzlicher Vorschriften als Entgelt (§ 37 Abs 5 AMSG).

1189 Die Kurzarbeitsunterstützung und das Entgelt für die erbrachte Arbeitsleistung sind in die Beitragsgrundlage zum DB und DZ einzubeziehen.

1190 Die Befreiungsbestimmungen gemäß § 41 Abs 4 FLAG sind zu berücksichtigen.

1191 Jener Anteil an Sozialversicherungsbeiträgen des Arbeitnehmers, den der Arbeitgeber zwingend zu tragen hat, stellt keinen geldwerten Vorteil aus dem Dienstverhältnis dar, weshalb diese übernommenen Dienstnehmeranteile zur Sozialversicherung auch nicht in die Beitrags-

bzw Bemessungsgrundlage zum Dienstgeberbeitrag samt Zuschlag bzw Kommunalsteuer einzubeziehen sind.

Praktische Abrechnungsbeispiele und weitere Informationen zum Thema COVID-19-Kurzarbeit finden Sie im Leitfaden Personalverrechnung (inkl Musterbeispiele) zur COVID-19-Kurzarbeit auf der Homepage des BMAW, des AMS, der Wirtschaftskammer, der Arbeiterkammer und des ÖGB. **1192**

167. Kurzarbeitsbeihilfe – Prüfung (§§ 12 ff CFPG)

Die Kurzarbeitsbeihilfe ist jene Unterstützung, die bei Erfüllung der Voraussetzungen vom AMS an den Arbeitgeber gewährt wird. Sie dient dem teilweisen Ersatz der zusätzlichen Aufwendungen im Rahmen von Kurzarbeit für die Kurzarbeitsunterstützung sowie für die Beiträge zur Sozialversicherung und zur betrieblichen Mitarbeitervorsorge (§ 37b Abs 3 AMSG). **1193**

Kurzarbeitsbeihilfen sind Beihilfen nach dem AMSG und daher gemäß § 3 Abs 1 Z 5 lit d EStG steuerfrei. Jedoch führt die steuerfreie Kurzarbeitsbeihilfe zu einer Kürzung des damit in Zusammenhang stehenden Lohnaufwandes im Rahmen der Gewinnermittlung (§ 20 Abs 2 EStG). **1194**

Die Kurzarbeitsbeihilfe wird als nachträgliche Kontrolle von Förderungsmaßnahmen aufgrund der COVID-19-Pandemie auch im Rahmen der Lohnsteuerprüfung mitgeprüft. Aber auch außerhalb einer Lohnsteuerprüfung ist die Überprüfung durch das FA im Rahmen allgemeiner Aufsichtsmaßnahmen möglich (§ 12 bis § 14 COVID-19-Förderungsprüfungsgesetz – CFPG). Dabei handeln die Finanzämter als Gutachter und nicht in ihrer Funktion als Abgabenbehörde des Bundes. Bei der Prüfung ist das Parteiengehör zu wahren und hat eine Schlussbesprechung stattzufinden. **1195**

Bestehen Zweifel an der Richtigkeit der vom Kurzarbeitsbeihilfenempfänger zum Zwecke der Erlangung einer Kurzarbeitsbeihilfe erteilten Auskünfte, vorgelegten Unterlagen oder Bestätigungen bzw an der Plausibilität der zur Ermittlung der Höhe der Beihilfe angegebenen Daten, ist ein gesonderter Prüfungsbericht (Gutachten) zu erstellen und dem AMS sowie dem BMF zu übermitteln. Hat das FA nach Abschluss der Prüfungshandlung den Verdacht, dass eine Straftat begangen worden sein könnte, unterliegt es der Anzeigepflicht gemäß § 78 der Strafprozessordnung. **1196**

168. Laufende Bezüge

Laufender Arbeitslohn sind die regelmäßigen Zahlungen, die der Arbeitgeber für die üblichen Lohnzahlungszeiträume leistet, zB der Wochenlohn oder der Monatslohn. Auch Bezüge, deren Höhe schwankt, zB weil sie sich nach der Höhe der jeweils erzielten Umsätze richten, bleiben laufende Bezüge. **1197**

Sofern ein Bezug aufgrund der vertraglichen Grundlage als laufender Monatsbezug konzipiert ist oder laufend erwirtschaftet wird (zB Überstundenentlohnung), ändert eine bloße Änderung der Auszahlungsmodalität (zB quartalsweise Auszahlung) nichts daran, dass ein laufender Bezug vorliegt. **1198**

Lohnsteuer

1199 Laufende Bezüge werden nach den Bestimmungen des § 66 EStG versteuert. Betreffend Ermittlung der Lohnsteuerbemessungsgrundlage siehe „Berechnung der Lohnsteuer".

Sozialversicherung

1200 Unter **Entgelt** sind die Geld- und Sachbezüge zu verstehen, auf die der pflichtversicherte Dienstnehmer (Lehrling) aus dem Dienst(Lehr)verhältnis Anspruch hat oder die er darüber hinaus aufgrund des Dienst(Lehr)verhältnisses vom Dienstgeber oder von einem Dritten erhält.

1201 Grundlage für die Bemessung der allgemeinen Beiträge (allgemeine Beitragsgrundlage) ist für Pflichtversicherte der im Beitragszeitraum gebührende Arbeitsverdienst, ausgenommen allfälliger Sonderzahlungen nach § 49 Abs 2 ASVG und beitragsfreier Entgelte nach § 49 Abs 3 ASVG. Beitragszeitraum ist der Kalendermonat, der einheitlich mit 30 Tagen anzusetzen ist.

1202 Bei geringfügigen Beschäftigungsverhältnissen ist Beitragszeitraum das Kalenderjahr.

Betriebliche Vorsorgekasse

1203 Für die Bemessungsgrundlage sind die Bestimmungen des ASVG anzuwenden. Davon ausgenommen sind die Bestimmungen betreffend **Höchstbeitragsgrundlage** und **geringfügig beschäftigte Arbeitnehmer**. Für beitragspflichtige Teile ist der Beitrag zur betrieblichen Mitarbeitervorsorge zu entrichten, für beitragsfreie Entgelte (zB Schmutzzulage; Abfertigung) ist kein BMSVG-Beitrag zu entrichten.

DB – DZ – KommSt

1204 Laufende Bezüge unterliegen nach den Bestimmungen des § 41 FLAG sowie § 5 KommStG der Beitragspflicht bei DB, DZ und KommSt.

169. Lehrbeauftragte

1205 Die Bezüge aus der Tätigkeit als Lehrbeauftragter an Pädagogischen Akademien sind unabhängig vom zeitlichen Ausmaß des Lehrauftrags Einkünfte aus nichtselbständiger Arbeit iSd § 25 Abs 1 lit a EStG. Werden Lehrbeauftragte oder Beamte für Institute einer Universität oder Einrichtungen im Rahmen der Teilrechtsfähigkeit tätig, liegt gemäß § 155 Abs 4 in Verbindung mit § 37 Abs 1 Beamtendienstrechtsgesetz 1979 eine Nebentätigkeit vor. Das diesbezügliche Entgelt ist daher vom Arbeitgeber (der auszahlenden Stelle) als lohnsteuerpflichtiger Bezug gemäß § 25 Abs 1 Z 4 lit c EStG zu behandeln.

1206 § 25 Abs 1 Z 5 EStG kommt nur dann zum Tragen, wenn nicht bereits ein Dienstverhältnis nach den allgemeinen Kriterien gemäß § 47 Abs 2 Satz 1 und 2 EStG vorliegt. Es ist daher vorrangig zu prüfen, ob Bezüge und Vorteile iSd § 25 Abs 1 Z 1 lit a EStG gegeben sind.

1207 Für die Annahme eines Dienstverhältnisses gemäß § 47 Abs 2 Satz 1 und 2 EStG spricht, wenn eine lehrende (unterrichtende) Tätigkeit in gleicher Weise wie von angestellten Lehrern oder Lehrbeauftragten entfaltet wird (persönliche Arbeitspflicht, kein ins Gewicht fallendes

169. Lehrbeauftragte

Unternehmerrisiko, Weisungsgebundenheit, Eingliederung in einen Schulbetrieb nach Maßgabe von Lehr- und Stundenplänen und einer entsprechenden Lehrverpflichtung; vgl VwGH 10. 2. 1987, 86/14/0119).

Richtet sich die Höhe der Einkünfte ausschließlich nach der Anzahl abgehaltener Unterrichtsstunden (bzw Kursstunden), muss der Arbeitnehmer für alle Aufwendungen selbst aufkommen, ist er weiters hinsichtlich der Unterrichtszeit und des Unterrichtsortes lediglich zum Herstellen des Einvernehmens mit dem Auftraggeber verhalten und ist er schließlich hinsichtlich der Art seines Unterrichts und der detaillierten Unterrichtsinhalte nicht an Weisungen gebunden, so ist kein Dienstverhältnis iSd § 47 Abs 2 Satz 1 und 2 EStG anzunehmen, zB Fremdsprachenkurs bzw anderer Unterricht während der Ferien (vgl VwGH 19. 12. 1990, 89/13/0131). **1208**

Ein Dienstverhältnis besteht jedenfalls bei einer Lehrverpflichtung von zumindest 15 Wochenstunden über ein Semester hin. **1209**

Vortragende an einer Fachhochschule haben einen Nachweis über ihre wissenschaftlichen, berufspraktischen und pädagogisch-didaktischen Qualifikationen gemäß § 12 Abs 2 Z 3 FHStG zu erbringen. Personen gemäß § 7 FHStG können somit nur natürliche Personen sein, da nur diese über derartige persönliche Qualifikationen und entsprechende Nachweise verfügen. **1210**

Selbst eine ausdrücklich vereinbarte Vertretungsbefugnis stünde dann im Verdacht, ein „Scheingeschäft" zu sein, wenn eine solche Vereinbarung mit den objektiven Anforderungen der Unternehmensorganisation nicht in Einklang zu bringen wäre (VwGH 21. 4. 2004, 2000/08/0113). Personen gemäß § 7 Abs 2 FHStG (nebenberuflich Lehrende) können sich jedoch gemäß § 7 Abs 3 FHStG durch andere geeignete Personen vertreten lassen.

Infolge dieses gesetzlichen Vertretungsrechts ist bei derartigen Lehraufträgen von einem Dienstverhältnis iSd § 25 Abs 1 Z 5 EStG auszugehen.

Gemäß § 25 Abs 1 Z 5 EStG gehören Bezüge von Vortragenden, Lehrenden und Unterrichtenden, sofern nicht bereits ein Dienstverhältnis gemäß § 47 Abs 2 Satz 1 und 2 EStG vorliegt und sofern sie diese Tätigkeit im Rahmen eines von der Bildungseinrichtung vorgegebenen Studien-, Lehr- oder Stundenplanes ausüben, zu den Einkünften aus nichtselbständiger Arbeit. Liegen nur Einkünfte gemäß § 25 Abs 1 Z 5 EStG vor, ist gemäß § 47 Abs 2 letzter Satz EStG ein Dienstverhältnis anzunehmen. **1211**

Bezüge für fallweise Vorträge oder fallweise Vertretungen fallen hingegen auch bei Vorliegen eines vorgegebenen Studien-, Lehr- oder Stundenplanes nicht unter diese Regelung. **1212**

Sozialversicherung

Die Beurteilung der Pflichtversicherung hat immer anhand der Prüfungsreihenfolge unter Berücksichtigung der tatsächlichen Verhältnisse im Einzelfall zu erfolgen. Die Zuordnung einer Berufsgruppe zu einem Versicherungstatbestand ohne eine derartige Beurteilung ist daher nicht möglich. Sozialversicherungsrechtlich ergibt sich, dass in den meisten Fällen aufgrund der tatsächlichen Verhältnisse (Einbindung der Lehrbeauftragten in die organisatorischen Abläufe der Fachhochschulen, gebunden an Arbeitszeit und Arbeitsort, kein beliebiges Vertretungsrecht, sondern nur im Rahmen der im Fachhochschulstudiumbuch angeführten Lehrbeauftragten usw) ein Dienstverhältnis gemäß § 4 Abs 2 ASVG vorliegen wird. **1213**

170. Lehrlinge

1214 Festgestellt wurde auch die Versicherungspflicht eines Religionslehrers, der für einen türkisch-islamischen Verein tätig ist. Unter einem „Beschäftigungsverhältnis" ist grundsätzlich das dienstliche „Verhältnis persönlicher und wirtschaftlicher Abhängigkeit" des „Dienstnehmers" iSd § 4 Abs 2 ASVG zu dem „Dienstgeber" iSd § 35 Abs 1 Satz 1 ASVG zu verstehen. Im vorliegenden Fall ist Versicherungspflicht der Religionslehrer anzunehmen (VwGH 5. 11. 2003, 2000/08/0095; Dachverband 1. 2. 2005, FO-MVB/51.1/05 Rv/Mm).

1215 Nebenberuflich tätige Lehrbeauftragte an Pädagogischen Akademien und Instituten sind analog den Lehrbeauftragten an den Universitäten zu beurteilen. Es ist von einem ASVG-Pflichtversicherungsverhältnis auszugehen. Die Beurteilung hat nach dem maßgeblichen Sachverhalt zu erfolgen. Der Erlass des BMF, wie in den E-MVB zitiert, gilt nicht mehr. Inhaltlich stellt dies aber keine Veränderung dar. Es ist davon auszugehen, dass Dienstnehmereigenschaft begründet wird. Die praktische Vorgangsweise ist die, dass allfällige Meldungen bei der Sozialversicherungsanstalt der Selbständigen von dieser an die ÖGK zur Beurteilung übermittelt werden (Dachverband 3. 5. 2005, FO-MVB/51.1/05 Rv/Mm).

DB – DZ – KommSt

1216 Liegen Einkünfte gemäß § 25 Abs 1 Z 1 EStG vor, unterliegen die Bezüge der Lehrbeauftragten nach den Bestimmungen des § 41 FLAG sowie § 5 KommStG der DB-, DZ- und KommSt-Pflicht.

1217 Liegen nur Einkünfte gemäß § 25 Abs 1 Z 5 EStG vor, ist gemäß § 47 Abs 2 letzter Satz EStG ein Dienstverhältnis anzunehmen. Derartige Bezüge gehören beim auszahlenden Arbeitgeber nicht zur Bemessungsgrundlage für den DB (§ 41 Abs 3 FLAG), den DZ (§ 122 Abs 7 WKG) und die KommSt (§ 5 Abs 1 KommStG).

170. Lehrlinge

1218 Lehrlinge sind Personen, die aufgrund eines Lehrvertrags zur Erlernung eines in der Lehrberufsliste angeführten Lehrberufs bei einem Lehrberechtigten fachlich ausgebildet und im Rahmen dieser Ausbildung verwendet werden (§ 1 BAG).

1219 Lehrlinge sind Arbeitnehmer gemäß § 47 Abs 2 EStG. Sie schulden dem Arbeitgeber (Lehrherrn) ihre Arbeitskraft und sind im geschäftlichen Organismus des Arbeitgebers verpflichtet, dessen Weisungen zu folgen. Alles, was den Lehrlingen im Rahmen des nichtselbständigen Arbeitsverhältnisses aus Anlass und als Ausfluss dieses Verhältnisses zufließt, ist nach § 25 EStG Arbeitslohn. Auf die Bezeichnung des Arbeitslohns (Lehrlingseinkommen, Erziehungsbeitrag usw) kommt es nicht an.

> Siehe auch „Internatskosten".

Sozialversicherung

1220 Unter Entgelt sind die Geld- und Sachbezüge zu verstehen, auf die der pflichtversicherte Dienstnehmer (Lehrling) aus dem Dienst(Lehr)verhältnis Anspruch hat oder die er darüber hinaus aufgrund des Dienst(Lehr)verhältnisses vom Dienstgeber oder von einem Dritten erhält.

170. Lehrlinge

Beitragspflicht

Für Lehrverhältnisse sind für die gesamte Lehrzeit eigene Prozentsätze vorgesehen:

	Gesamt	Lehrling	Dienstgeber
Krankenversicherung	3,35%	1,67%	1,68%
Unfallversicherung	Für Lehrlinge ist kein Unfallversicherungsbeitrag zu entrichten: Der Lehrling ist trotzdem unfallversichert.		
Pensionsversicherung	22,80%	10,25%	12,55%
IE – Zuschlag	Der Zuschlag nach dem Insolvenz-Entgeltsicherungsgesetz entfällt für die gesamte Dauer des Lehrverhältnisses.		
Arbeitslosenversicherungsbeitrag *	2,40%	1,20%	1,20%
Schlechtwetterentschädigung **	1,40%	0,75%	0,75%

* Bei geringem Einkommen vermindert sich gemäß Arbeitsmarktpolitik-Finanzierungsgesetz (AMPFG) der vom Lehrling zu tragende Anteil am Arbeitslosenversicherungsbeitrag und beträgt bei einer monatlichen Beitragsgrundlage (bzw Sonderzahlung):

Beitragspflichtiges Entgelt		Prozentsatz	Reduktion	Rückverrechnungsgruppe
von €	bis €			
	1.885,00	0%	1,2%	A04
1.885,01	2.056,00	1%	0,2%	A05
2.056,01		1,2%	0%	

** Ist auf ein Lehrverhältnis das Bauarbeiter-Schlechtwetterentschädigungsgesetz (BSchEG) anzuwenden, hat der Dienstgeber bei einem durch Schlechtwetter verursachten Lohnausfall an den gewerblichen Lehrling eine Schlechtwetterentschädigung zu zahlen.

Den zusätzlichen Krankenversicherungsbeitrag für den Differenzbetrag zwischen dem bei Vollarbeit gebührenden Arbeitsentgelt und dem tatsächlich **erzielten Entgelt (= Lehrlingseinkommen zuzüglich** Schlechtwetterentschädigung) ist vom Dienstgeber allein zu tragen und mittels monatlicher Beitragsgrundlagenmeldung (mBGM) inkl Zuschlag für folgende Lehrlinge abzurechnen:

- ✓ Gewerbliche Lehrlinge ohne Doppellehre
- ✓ Gewerbliche Lehrlinge mit Doppellehre, wenn beide Lehrberufe in den Geltungsbereich des BSchEG fallen.

Beschäftigtengruppe

Für die Abrechnung der Lehrverhältnisse sind eigene Beschäftigtengruppen vorgesehen. **1221**

Gewerbliche Lehrlinge, die in den Geltungsbereich des BSchEG fallen, unterliegen den Leistungen der Schlechtwetterentschädigung. Somit ist der Schlechtwetterentschädigungsbeitrag zu entrichten.

DB – DZ – KommSt

Das Lehrlingseinkommen unterliegt nach den Bestimmungen des § 41 FLAG der Beitragspflicht bei DB und DZ. **1222**

171. Lohnabrechnung („Monatslohnzettel")

Der Arbeitgeber hat dem Arbeitnehmer mit der Lohnzahlung auch eine Abrechnung für den im Kalendermonat ausbezahlten Arbeitslohn auszuhändigen oder elektronisch zur Verfügung zu stellen (§ 78 Abs 5 EStG). In dieser Abrechnung müssen

- ✓ die gezahlten Bruttobezüge (§ 25 EStG),
- ✓ die Beitragsgrundlage für die Pflichtbeiträge (Sozialversicherungs-Beiträge),
- ✓ die Pflichtbeiträge selbst (§ 16 EStG) sowie
- ✓ die Bemessungsgrundlage für den Beitrag zur Mitarbeitervorsorgekasse (§ 26 Z 7 lit d EStG) und den geleisteten Beitrag und
- ✓ die Bemessungsgrundlage für die Lohnsteuer und
- ✓ die einbehaltene Lohnsteuer und
- ✓ der berücksichtigte Familienbonus Plus (§ 33 Abs 3 a EStG)

enthalten sein.

172. Lohnbescheinigung (§ 84 a EStG)

1223 Liegt ein Arbeitgeber ohne inländische Betriebsstätte vor und beschäftigt dieser einen unbeschränkt steuerpflichtigen Arbeitnehmer, der seinen Mittelpunkt der Tätigkeit für mehr als sechs Monate im Kalenderjahr in Österreich hat (siehe auch Kapitel „Lohnsteuerabzug"), hat der Arbeitgeber bis Ende Jänner des Folgejahres eine Lohnbescheinigung (L 17) zur Berücksichtigung dieser Bezüge im Veranlagungsverfahren auszustellen und an das FA zu übermitteln.

1224 Bei elektronischer Übermittlung hat der Arbeitgeber die Lohnbescheinigung bis Ende Februar des Folgejahres zu übermitteln.

1225 Die Lohnbescheinigung hat zumindest folgende für die Erhebung von Abgaben maßgeblichen Daten gemäß dem amtlichen Formular zu enthalten:
- ✓ Name
- ✓ Wohnsitz
- ✓ Geburtsdatum
- ✓ Sozialversicherungsnummer und
- ✓ die Bruttobezüge

173. Lohnfortzahlung im Krankheitsfall

1226 Ist der Arbeitnehmer nach Arbeitsantritt durch Krankheit oder Unglücksfall an der Arbeitsleistung verhindert, ohne dies vorsätzlich oder durch grobe Fahrlässigkeit verschuldet zu haben, hat er oder sie Anspruch auf Entgeltfortzahlung.

1227 Den Nachweis für das Vorliegen grober Fahrlässigkeit oder Vorsatz hat der Arbeitgeber zu erbringen. Grobe Fahrlässigkeit erfordert, dass ein objektiv besonders schwerer Sorgfaltsverstoß bei Würdigung aller Umstände des konkreten Falls auch subjektiv schwerstens vorzuwerfen ist. Grobe Fahrlässigkeit ist eine Außerachtlassung der im Verkehr erforderlichen Sorgfalt, die sich über die alltäglich vorkommenden Fahrlässigkeitshandlungen erheblich und ungewöhnlich heraushebt, wobei der Schaden als wahrscheinlich vorhersehbar ist. Grobe Fahrlässigkeit erfordert, dass der Verstoß gegen das normale Handeln auffallend und der Vorwurf im höheren Maß gerechtfertigt ist (OGH 28. 3. 2019, 9 ObA 26/19 t, wonach ein Sturz mit dem Fahrrad aufgrund des Einbiegens in einem zu engen Winkel in eine Fußgängerzone noch nicht als grob fahrlässig zu beurteilen ist).

173.1 Entgeltfortzahlung im Krankheitsfall für Arbeiter und Angestellte

Der Entgeltfortzahlungsanspruch im Krankheitsfall von Angestellten und Arbeitern wurde angeglichen und beträgt: **1228**

Beschäftigungsdauer	volles Entgelt	halbes Entgelt
bis 1. Arbeitsjahr	6 Wochen	4 Wochen
ab 2. bis 15. Arbeitsjahr	8 Wochen	4 Wochen
ab 16. bis 25. Arbeitsjahr	10 Wochen	4 Wochen
ab 26. Arbeitsjahr	12 Wochen	4 Wochen

Damit die Anspruchsdauer richtig ermittelt werden kann, ist es erforderlich, die im Angestelltengesetz nach Wochen festgelegten Fristen auf **Kalendertage** umzurechnen (daher hat ein Angestellter bis zur Vollendung des fünften Dienstjahres Anspruch auf **42 Kalendertage volles Entgelt und 28 Kalendertage halbes Entgelt**). Bei Arbeitern wird der Anspruch vielfach in Arbeitstagen gerechnet.

Bei wiederholter Dienstverhinderung durch Krankheit (Unglücksfall) innerhalb eines Arbeitsjahres besteht ein Anspruch auf Fortzahlung des Entgeltes nur insoweit, als die Dauer des genannten Fortzahlungsanspruches noch nicht ausgeschöpft ist. **1229**

Als „Dienstzeiten" iSd § 8 Abs 1 AngG gelten grundsätzlich sämtliche Zeiten und somit auch Zeiten als Arbeiter des aufrechten ununterbrochenen Dienstverhältnisses zum selben Dienstgeber (OGH 28. 7. 2021, 9 ObA 72/21 k). Beim Wechsel von Arbeiter auf Angestellter im aufrechten und durchgehenden Arbeitsverhältnis entsteht somit kein neues Arbeitsjahr. Wird jedoch das Dienstverhältnis als Arbeiter arbeitsrechtlich beendet, beginnt mit dem Eintritt als Angestellter ein neues Arbeitsjahr zu laufen. **1230**

Bei einer Rückkehr aus einer Karenz (zB Karenz nach dem MSchG bzw VKG, Bildungskarenz, Pflegekarenz, Familienhospizkarenz) bleibt das ursprüngliche Eintrittsdatum und somit das Arbeitsjahr unverändert aufrecht. Dasselbe gilt auch für einen unbezahlten Urlaub, einen Präsenz- oder Zivildienst oder einen Betriebsübergang nach § 3 Abs 1 AVRAG. **1231**

Tritt die Arbeitsverhinderung durch einen Arbeitsunfall oder durch eine Berufskrankheit ein, besteht der Anspruch auf Entgelt pro Arbeitsunfall für die Dauer von acht Wochen. Hat der Arbeitnehmer das 15. Beschäftigungsjahr bereits vollendet, erhöht sich der Anspruch auf Entgelt auf zehn Wochen. Dieser Entgeltfortzahlungsanspruch wird auf andere Dienstverhinderungen nicht angerechnet. **1232**

Unterschiede zwischen Arbeitern und Angestellten gibt es bei der Berücksichtigung von Dienstzeiten. Nur bei Arbeitern sind für die Bemessung der Dauer des Anspruches Dienstzeiten bei demselben Arbeitgeber, die keine längeren Unterbrechungen als jeweils 60 Tage **1233**

173. Lohnfortzahlung im Krankheitsfall

aufweisen, zusammenzurechnen. Diese Zusammenrechnung unterbleibt jedoch, wenn die Unterbrechung durch eine Kündigung des Arbeitsverhältnisses seitens des Arbeitnehmers oder einen Austritt ohne wichtigen Grund oder eine vom Arbeitnehmer verschuldete Entlassung eingetreten ist. Die Anrechnung von Vordienstzeiten hat keinen Einfluss auf die Lage des jeweiligen Arbeitsjahres. Maßgeblich ist in diesem Zusammenhang nur der Beginn des letzten Dienstverhältnisses (vgl OGH 13. 6. 2017, 10 ObS 54/17 i).

1234 Wird der Arbeitnehmer während einer Dienstverhinderung gekündigt, ohne wichtigen Grund vorzeitig entlassen oder trifft den Arbeitgeber ein Verschulden an dem vorzeitigen Austritt des Arbeitnehmers, so bleibt der Anspruch auf Fortzahlung des Entgelts für die vorgesehene Dauer bestehen, wenngleich das Dienstverhältnis früher endet. Aufgrund des klaren Wortlauts dieser Bestimmung hat der OGH ausdrücklich die Rechtsauffassung vertreten, dass der Entgeltfortzahlungsanspruch über das Ende des Arbeitsverhältnisses hinaus nur dann erhalten bleibt, wenn einer dieser genannten Beendigungsgründe vorliegt. Wird daher ein Arbeiter wegen dauernder Arbeitsunfähigkeit gemäß § 82 lit b GewO 1859 entlassen, besteht kein Anspruch auf Entgeltfortzahlung über den Zeitpunkt der Beendigung des Arbeitsverhältnisses hinaus (vgl OGH 22. 1. 2020, 9 ObA 131/19 h).

1235 Der Anspruch auf Entgeltfortzahlung bleibt auch bestehen, wenn das Dienstverhältnis während einer Dienstverhinderung oder im Hinblick auf eine Dienstverhinderung **einvernehmlich** beendet wird. Dies gilt auch, wenn in einem Vergleich die (rückwirkende) einvernehmliche Auflösung des Arbeitsverhältnisses in den Zeitraum der Arbeitsunfähigkeit fällt (vgl OGH 22. 6. 2021, 10 ObS 67/21 g). Der Dienstgeber muss in diesen Fällen auch über das arbeitsrechtliche Ende des Dienstverhältnisses hinaus Entgeltfortzahlung leisten (§ 9 Abs 1 AngG, § 5 EFZG).

1236 Bei einer einvernehmlichen Beendigung „Im Hinblick auf eine Dienstverhinderung" ist von einem sehr engen zeitlichen Naheverhältnis (bis zu einer Woche) zwischen der einvernehmlichen Auflösung und der künftigen, dem Dienstgeber bekannten Dienstverhinderung (Kuraufenthalt, geplante Operation etc) auszugehen.

> **Beispiel (Quelle: NÖDIS 1/2019)**
>
> Ein Dienstverhältnis wird per 30. 11. im Hinblick auf eine mit 5. 12. beginnende Dienstverhinderung des Dienstnehmers einvernehmlich gelöst.
> **Lösung:**
> Der noch offene Entgeltfortzahlungsanspruch (laufendes Entgelt und anteilige Sonderzahlungen) beginnt arbeitsrechtlich mit dem Eintritt der Dienstverhinderung ab 5. 12.
> Fällt nach § 11 Abs 1 zweiter Satz ASVG der Zeitpunkt, an dem der Anspruch auf Entgelt endet, nicht mit dem Zeitpunkt des Endes des Beschäftigungsverhältnisses zusammen, erlischt die Pflichtversicherung mit dem Ende des Entgeltanspruches. Bei einer Beendigung „im Hinblick auf" kann diese Bestimmung nicht zur Anwendung kommen, weil die Beendigung der Beschäftigung (und auch das Ende des Entgeltanspruches aufgrund der Beschäftigung) bei Eintritt der Dienstverhinderung bereits vorliegt.
> Da es nach dem arbeits- und sozialversicherungsrechtlichen Ende der Tätigkeit zu keiner Wiederaufnahme der Beschäftigung kommt, tritt per 5. 12. auch keine neue Pflichtversicherung ein. Die Pflichtversicherung endet somit mit dem arbeitsrechtlichen Ende des Beschäftigungsverhältnisses. Der arbeitsrechtliche Anspruch auf Entgeltfortzahlung löst daher in diesem Sonderfall keine Beitragspflicht aus.

1237 Endet das Arbeitsverhältnis vor Beginn des neuen Arbeitsjahres, kann kein neues Arbeitsjahr zu laufen beginnen. Die Verpflichtung des Arbeitgebers, über das Ende des Arbeitsverhältnisses Entgeltfortzahlung leisten zu müssen, ist für dienstzeitabhängige Ansprüche und das Entstehen eines neuen Entgeltfortzahlungsanspruches unbeachtlich.

Durch Kollektivvertrag oder durch Betriebsvereinbarung iSd § 97 Abs 1 Z 21 ArbVG kann vereinbart werden, dass sich der Anspruch auf Entgeltfortzahlung nicht nach dem Arbeitsjahr, sondern nach dem Kalenderjahr richtet. Solche Vereinbarungen können vorsehen, dass **1238**

- ✓ Arbeitnehmer, die während des Kalenderjahres eintreten, Anspruch auf Entgeltfortzahlung nur bis zur Hälfte der Entgeltfortzahlungsdauer haben, sofern die Dauer des Arbeitsverhältnisses im Kalenderjahr des Eintritts weniger als sechs Monate beträgt;
- ✓ der jeweils höhere Entgeltfortzahlungsanspruch erstmals in jenem Kalenderjahr gebührt, in das der überwiegende Teil des Arbeitsjahres fällt;
- ✓ die Ansprüche der im Zeitpunkt der Umstellung im Betrieb beschäftigten Arbeitnehmer für den Umstellungszeitraum (Beginn des Arbeitsjahres bis Ende des folgenden Kalenderjahres) gesondert berechnet werden. Jedenfalls muss für den Umstellungszeitraum dem Arbeitnehmer ein voller Anspruch und ein zusätzlicher aliquoter Anspruch entsprechend der Dauer des Arbeitsjahres im Kalenderjahr vor der Umstellung abzüglich jener Zeiten, für die bereits Entgeltfortzahlung wegen Arbeitsverhinderung wegen Krankheit (Unglücksfall) gewährt wurde, zustehen.

Hat der Arbeitnehmer über das arbeitsrechtliche Ende hinaus Anspruch auf Entgeltfortzahlung (zB Kündigung während eines aufrechten Krankenstandes), hat der Arbeitgeber für die Zeit der Entgeltfortzahlung auch die anteiligen Sonderzahlungen zu leisten (OGH 29. 4. 2021, 9 ObA 22/21 g). **1239**

173.2 Entgeltfortzahlung im Krankheitsfall für Lehrlinge

Im Falle der Arbeitsverhinderung durch Krankheit (Unglücksfall) hat der Lehrberechtigte bis zur Dauer von acht Wochen das volle Lehrlingseinkommen und bis zur Dauer von weiteren vier Wochen ein Teilentgelt in der Höhe des Unterschiedsbetrages zwischen dem vollen Lehrlingseinkommen und dem aus der gesetzlichen Krankenversicherung gebührenden Krankengeld zu gewähren. **1240**

Ist dieser Entgeltanspruch innerhalb eines Lehrjahres ausgeschöpft, so gebührt bei einer weiteren Arbeitsverhinderung infolge Krankheit (Unglücksfall) innerhalb desselben Lehrjahres das volle Lehrlingseinkommen für die ersten drei Tage, für die übrige Zeit der Arbeitsunfähigkeit, längstens jedoch bis zur Dauer von weiteren sechs Wochen, ein Teilentgelt in der Höhe des Unterschiedsbetrages zwischen dem vollen Lehrlingseinkommen und dem aus der gesetzlichen Krankenversicherung gebührenden Krankengeld. **1241**

Im Falle der Arbeitsverhinderung durch Arbeitsunfall oder Berufskrankheit, ist das volle Lehrlingseinkommen ohne Rücksicht auf andere Zeiten einer Arbeitsverhinderung bis zur Dauer von acht Wochen und ein Teilentgelt in der Höhe des Unterschiedsbetrages zwischen dem vollen Lehrlingseinkommen und dem aus der gesetzlichen Krankenversicherung gebührenden Krankengeld bis zur Dauer von weiteren vier Wochen zu gewähren. **1242**

Die Verpflichtung des Lehrberechtigten zur Gewährung eines Teilentgelts besteht auch dann, wenn der Lehrling aus der gesetzlichen Krankenversicherung kein Krankengeld erhält. **1243**

Wird das Lehrverhältnis während einer Arbeitsverhinderung wegen Erkrankung, Unfall, Arbeitsunfall oder Berufskrankheit durch den Lehrberechtigten aufgelöst (§ 15 a BAG), besteht Anspruch auf Fortzahlung des Entgelts für die vorgesehene Dauer, wenngleich das Lehrverhältnis vorher endet. **1244**

173. Lohnfortzahlung im Krankheitsfall

1245 Wird der Lehrling in ein Arbeiter- bzw Angestelltendienstverhältnis übernommen, beginnt mit diesem Zeitpunkt das Arbeitsjahr neu zu laufen. Mit Beginn des Arbeiter- bzw Angestelltendienstverhältnisses gelten ausschließlich nur mehr die Entgeltfortzahlungsregelungen des EFZG bzw Angestelltengesetz. Ab diesem Zeitpunkt entsteht daher sofort ein neuer voller Entgeltfortzahlungsanspruch nach dem EFZG bzw Angestelltengesetz.

1246 Beim Übertritt vom Lehrverhältnis in das Angestelltenverhältnis beginnt der Anspruch nach § 8 AngG neu und unabhängig davon, ob der nach § 17a BAG zur Verfügung stehende Entgeltfortzahlungszeitraum im vorangegangenen Lehrverhältnis bereits ausgeschöpft war. Weicht der Übertrittsstichtag vom Stichtag des Beginns des Lehrverhältnisses ab, resultiert für den früheren Lehrling und nunmehrigen Angestellten daraus der Vorteil, dass innerhalb eines Zwölfmonatszeitraums zweimal ein Entgeltfortzahlungsanspruch entsteht. Eine Anrechnung der beim selben Arbeitgeber absolvierten Lehrzeit als Vordienstzeit ändert nichts daran, dass das nächste Arbeitsjahr iSd § 8 AngG jeweils mit dem Jahrestag des Eintritts in das Angestelltendienstverhältnis beginnt (OGH 27. 5. 2020, 8 ObA 31/20 x).

173.3 Feiertag – Krankenstand

1247 Fällt ein Feiertag auf einen Arbeitstag, darf im Falle einer Erkrankung dieser Tag nicht vom Anspruchskontingent des EFZG abgezogen werden (OGH 12. 6. 1996, 9 ObA 2060/96 y).

1248 Laut Arbeitsruhegesetz behält der Arbeitnehmer für die infolge eines Feiertages ausfallende Arbeit seinen Anspruch auf regelmäßiges Entgelt. Das Arbeitsruhegesetz kennt keinen geringeren Anspruch als 100%. Hat ein Arbeitnehmer Anspruch auf Entgelt, unabhängig davon, ob beitragspflichtig oder beitragsfrei (zB Krankengeldzuschuss laut KV; Teilentgelt des Lehrlings), gebührt ihm trotzdem das Feiertagsentgelt in voller Höhe. Es muss sich dabei um einen Anspruch aufgrund einer lohngestaltenden Vorschrift handeln.

1249 Bezieht der Arbeitnehmer während der Zeit des Krankenstandes kein Entgelt, so gebührt auch kein Feiertagsentgelt.

1250 Feiertage, die erst nach Beendigung des Arbeitsverhältnisses liegen, sind hingegen in die Entgeltfortzahlungsdauer einzuberechnen und verlängern die Anspruchsdauer der Entgeltfortzahlung nicht. Für einen Feiertag, der nicht in den Zeitraum des noch aufrechten Arbeitsverhältnisses fällt, gebührt kein Feiertagsentgelt (OGH 21. 3. 2018, 9 ObA 13/18 d).

1251 Eine Verlängerung der Entgeltfortzahlung aufgrund des Vorranges des Feiertagsentgelts tritt nur ein, sofern am Feiertag keine Verpflichtung zur Arbeitsleistung bestanden hat. Fällt ein Feiertag auf einen Sonntag, gebührt kein Feiertagsentgelt. Im Falle der Arbeitsunfähigkeit kommt es somit zu keiner Verlängerung der Entgeltfortzahlungsdauer.

1252 Bestand aufgrund der Diensteinteilung eine Verpflichtung am Feiertag zu arbeiten (zB Gastgewerbe) und befindet sich der Dienstnehmer im Krankenstand, kommt es zu keiner Verlängerung der Entgeltfortzahlungsdauer um den Feiertag, weil die Arbeitsleistung ausschließlich aufgrund der eingetretenen Arbeitsunfähigkeit ausfällt und das Arbeitsruhegesetz somit keine Anwendung findet.

Lohnsteuer

1253 Die im Krankheitsfall fortgezahlten Entgelte sind steuerpflichtiger Arbeitslohn und unterliegen daher der Lohnsteuer.

Zulagen und Zuschläge iSd § 68 Abs 1–5 EStG (Schmutz-, Erschwernis- und Gefahrenzulagen, in Überstundenentlohnungen enthaltene Zuschläge für Mehrarbeit, Zuschläge für Sonntags-, Feiertags- und Nachtarbeit), die in dem Arbeitslohn, der an den Arbeitnehmer im Krankheitsfalle weitergezahlt wird, enthalten sind, sind gemäß § 68 Abs 7 EStG bis zu insgesamt € 360,– (§ 68 Abs 1 EStG) bzw € 86,– (§ 68 Abs 2 EStG) monatlich steuerfrei. **1254**

Sozialversicherung

Das im Krankheitsfall an den Dienstnehmer fortgezahlte Entgelt (Krankenentgelt) ist, sofern es mindestens 50% des Entgeltes beträgt, beitragspflichtig. **1255**

Hat der Dienstnehmer nur mehr Anspruch auf weniger als 50% seines Entgeltes (Krankengeldzuschüsse laut Kollektivvertrag), sind die ersten drei Tage beitragspflichtig, ausgenommen der Dienstnehmer erhält während der ersten drei Tage des Krankenstandes bereits eine Geldleistung von der ÖGK (zB wiederholte Erkrankung). Im Krankenentgelt enthaltene Zulagen, Zuschläge und Entschädigungen, die nach den Bestimmungen des § 49 Abs 3 Z 1–20 ASVG beitragsfrei sind, bleiben beitragsfrei (§ 49 Abs 3 Z 9 und § 49 Abs 3 Z 21 ASVG). **1256**

Betriebliche Vorsorgekasse

➢ Siehe „Betriebliche Mitarbeiter- und Selbständigenvorsorge".

DB – DZ – KommSt

Das im Krankheitsfall weitergezahlte Entgelt unterliegt nach den Bestimmungen des § 41 FLAG sowie § 5 KommStG der Beitragspflicht bei DB, DZ und KommSt. **1257**

174. Lohnfortzahlung im Katastrophenfall

Arbeitnehmer haben für ihre **Einsätze**, die sie im Rahmen ihrer Mitgliedschaft zu **1258**
- ✓ einer **Katastrophenhilfsorganisation**
- ✓ eines **Rettungsdienstes** oder
- ✓ einer **freiwilligen Feuerwehr**

im Rahmen eines **Großschadensereignisses** oder

- ✓ als **Mitglied** eines **Bergrettungsdienstes**

leisten einen **Rechtsanspruch auf Entgeltfortzahlung** (§ 8 Abs 3a AngG, § 8 Abs 4a GAngG, § 1154b Abs 6 ABGB, § 26 Abs 3 LAG).

Ein **Großschadensereignis** ist eine Schadenslage, bei der während eines **durchgehenden Zeitraumes** von **zumindest acht Stunden insgesamt mehr als 100 Personen im Einsatz** sind. **1259**

Ausmaß und **Lage** der jeweiligen bezahlten Dienstfreistellung ist mit dem Arbeitgeber **zu vereinbaren**. **1260**

Der **Arbeitgeber erhält** aus dem Katastrophenfonds für die gewährte Freistellung und die Entgeltfortzahlung eine **Prämie in der Höhe von € 200,– pro im Einsatz befindlichen Dienstnehmer und Tag**. **1261**

175. Lohnkonto (§ 76 EStG)

175.1 Allgemeines

1262 Der Arbeitgeber hat für jeden Arbeitnehmer ein Lohnkonto zu führen. Im Lohnkonto hat der Arbeitgeber Folgendes anzugeben:

- Name,
- Versicherungsnummer gemäß § 31 ASVG,
- Wohnsitz,
- Alleinverdiener/Alleinerzieherabsetzbetrag laut Antrag des Arbeitnehmers,
- Name und Versicherungsnummer des (Ehe)Partners, wenn der Alleinverdienerabsetzbetrag berücksichtigt wurde,
- Name und Versicherungsnummer des (jüngsten) Kindes, wenn der Alleinerzieherabsetzbetrag berücksichtigt wurde,
- Name und Versicherungsnummer des Kindes (der Kinder), wenn der Kinderzuschlag (die Kinderzuschläge) berücksichtigt wurde,
- Pauschbetrag gemäß § 16 Abs 1 Z 6 EStG und Kosten gemäß § 16 Abs 1 Z 6 letzter Satz EStG,
- Freibetrag laut Mitteilung zur Vorlage beim Arbeitgeber (§ 63 EStG),
- Die Kalendermonate, in denen dem Arbeitnehmer ein arbeitgebereigenes Kfz für Fahrten zwischen Wohnung und Arbeitsstätte zur Verfügung gestellt wird (§ 1 Abs 1 Z 15 LohnkontenV),
- Name, Versicherungsnummer und Geburtsdatum des Kindes (der Kinder), wenn ein Familienbonus Plus gemäß § 33 Abs 3a EStG berücksichtigt wurde, sowie die Anzahl der Monate und die Höhe des berücksichtigten Familienbonus Plus.

1263 Wurde eine Versicherungsnummer nicht vergeben, ist jeweils das Geburtsdatum an Stelle der Versicherungsnummer anzuführen.

1264 Die Lohnkonten dürfen im Inland oder im Ausland geführt werden. Bei einer Führung der Lohnkonten im Ausland muss gewährleistet sein, dass die Erforschung der für die Abgabenerhebung wesentlichen tatsächlichen und rechtlichen Verhältnisse ohne Erschwernisse möglich ist. Über ausdrückliches Verlangen der Abgabenbehörde (etwa im Rahmen einer gemeinsamen Prüfung lohnabhängiger Abgaben) müssen die Lohnkonten ins Inland gebracht werden. Die Abgabenbehörde muss dafür eine angemessene Frist festsetzen (§ 131 Abs 1 BAO).

1265 Folgende Unterlagen sind im Original beim Lohnkonto aufzubewahren:

- Erklärung zur Berücksichtigung des Alleinverdiener-/Alleinerzieherabsetzbetrages/Familienbonus Plus bzw des erhöhten Pensionistenabsetzbetrages oder behinderungsbedingter Freibeträge für außergewöhnliche Belastungen (§ 35 Abs 1 Teilstrich 3 EStG, § 129 EStG, Formular E 30) sowie die Meldung über den Wegfall oder Änderungen (Formular E 31)
- Erklärung zur Berücksichtigung des Pendlerpauschales und des Pendlereuros (§ 16 Abs 1 Z 6 EStG, Formular L 34 EDV oder L 33)
- Mitteilung zur Vorlage beim Arbeitgeber (§ 64 EStG)
- Freiwillige Abfertigung (alt) – Bestätigung über Vordienstzeiten und in welcher Höhe gesetzliche oder freiwillige Abfertigungen bereits früher ausgezahlt worden sind (§ 67 Abs 6 EStG)
- Mitarbeiterbeteiligung – Vorlage des Depotauszuges (LStR Rz 90)
- Stock Options – Durchschrift der Vereinbarung (LStR Rz 90h)
- Anzahl der geleisteten Überstunden (LStR Rz 1161 iVm § 26 Arbeitszeitgesetz)

- Erklärung zur Berücksichtigung eines steuerfreien Zuschusses für Kinderbetreuungskosten (§ 3 Abs 1 Z 13 lit b EStG, Formular L 35, LStR Rz 77 g)
- Durchschrift der Bestätigung des Arbeitgebers zur Geltendmachung von Werbungskostenpauschbeträgen aufgrund der Verordnung des Bundesministers für Finanzen über die Aufstellung von Durchschnittssätzen für Werbungskosten von Angehörigen bestimmter Berufsgruppen (LStR Rz 416)
- Nachweis über den Familienbeihilfenbezug bzw der Unterhaltsverpflichtung und -zahlungen bei Berücksichtigung eines Familienbonus Plus
- Belegmäßiger Nachweis über die Kosten des übernommenen Öffi-Tickets – etwa eine Rechnung oder eine Kopie der Fahrkarte (LStR Rz 750 h)

1266 Die Aufbewahrung dieser Unterlagen kann entweder in Papierform oder durch Erfassung auf Datenträgern erfolgen, sofern die vollständige, geordnete, inhaltsgleiche und urschriftgetreue Wiedergabe bis zum Ablauf der gesetzlichen Aufbewahrungsfrist jederzeit gewährleistet ist (§ 132 Abs 2 BAO). Die urschriftgetreue Wiedergabe kann bspw durch Erfassung auf einer optischen Speicherplatte, durch Mikroverfilmung oder durch Einscannen sichergestellt werden. Außerdem können diese Unterlagen an anderer Stelle (zB bei den Personalakten) körperlich oder auf Datenträgern abgelegt werden, sofern das jeweilige Lohnkonto einen eindeutigen Hinweis auf die Art der Unterlage und den Ablageort enthält.

1267 Bei einem Arbeitgeberwechsel ist die Mitteilung zur Vorlage beim Arbeitgeber (§ 64 EStG), die sich beim laufenden Lohnsteuerabzug auswirken kann, dem Arbeitnehmer auszuhändigen, damit sie dieser dem neuen Arbeitgeber vorlegen kann.

175.2 Lohnkontenverordnung

1268 Folgende Daten sind fortlaufend in das Lohnkonto einzutragen:
- Der gezahlte Arbeitslohn (einschließlich sonstiger Bezüge und Vorteile iSd § 25 EStG) ohne jeden Abzug unter Angabe des Zahltages und des Lohnzahlungszeitraumes,
- die einbehaltene Lohnsteuer,
- die Beitragsgrundlage für Pflichtbeiträge gemäß § 16 Abs 1 Z 3 lit a, Z 4 und Z 5 EStG,
- vom Arbeitgeber für lohnsteuerpflichtige Einkünfte einbehaltene Beiträge gemäß § 16 Abs 1 Z 3 lit a, Z 4 und Z 5 EStG,
- vom Arbeitgeber einbehaltene Beiträge für die freiwillige Mitgliedschaft bei Berufsverbänden und Interessenvertretungen gemäß § 16 Abs 1 Z 3 lit b EStG,
- der Pauschbetrag gemäß § 16 Abs 1 Z 6 EStG sowie der Pendlereuro gemäß § 33 Abs 5 Z 4 EStG,
- der erstattete (rückgezahlte) Arbeitslohn gemäß § 16 Abs 2 EStG,
- die Bemessungsgrundlage für den Beitrag zur Betrieblichen Vorsorgekasse (§ 26 Z 7 lit d EStG) und der geleistete Beitrag,
- die Beiträge an ausländische Pensionskassen (einschließlich Beiträge an ausländische Einrichtungen iSd § 5 Z 4 PKG),
- sofern der Arbeitgeber Betriebsstätten in mehreren Gemeinden hat, die Betriebsstätte gemäß § 4 KommStG und der Zeitraum, in dem der Arbeitnehmer bei dieser Betriebsstätte tätig ist, sowie die jeweils erhebungsberechtigte Gemeinde gemäß § 7 KommStG,
- die Bemessungsgrundlage für den Dienstgeberbeitrag gemäß § 41 FLAG und für den Zuschlag zum Dienstgeberbeitrag gemäß § 122 WKG sowie die geleisteten Beiträge,
- die Bezeichnung des für den Arbeitnehmer zuständigen Sozialversicherungsträgers,
- die Kalendermonate, in denen der Arbeitnehmer gemäß § 26 Z 5 EStG auf Kosten des Arbeitgebers befördert wird, und die Kalendermonate, in denen dem Arbeitnehmer ein

176. Lohnsteuerabzug

arbeitgebereigenes Kraftfahrzeug für Fahrten zwischen Wohnung und Arbeitsstätte zur Verfügung gestellt wird,
- ✓ die Anzahl der Homeoffice-Tage iSd § 16 Abs 1 Z 7a lit a und des § 26 Z 9 lit a EStG, an denen der Arbeitnehmer seine berufliche Tätigkeit für den Arbeitgeber ausschließlich in seiner Wohnung ausgeübt hat,
- ✓ der erhöhte Pensionistenabsetzbetrag (§ 33 Abs 6 Z 1 EStG),
- ✓ Mitarbeiterrabatte gemäß § 3 Abs 1 Z 21 EStG, die im Einzelfall 20% übersteigen,
- ✓ der Pauschalbetrag für Werbungskosten gemäß § 17 Abs 6 EStG iVm § 1 Z 11 der V des BMF über die Aufstellung von Durchschnittssätzen für Werbungskosten,
- ✓ ob ein freiwilliger Lohnsteuerabzug durch den Arbeitgeber nach § 47 Abs 1 lit b EStG vorgenommen wurde.

1269 Der gezahlte Arbeitslohn, die einbehaltene Lohnsteuer, die Beitragsgrundlage sowie die darauf entfallenden Sozialversicherungsbeiträge sind getrennt nach
- ✓ Bezügen, die nach dem Tarif (§ 66 EStG), und
- ✓ Bezügen, die nach festen Steuersätzen (§ 67 EStG) zu versteuern sind,

einzutragen.

1270 Folgende Bezüge, die nicht zum steuerpflichtigen Arbeitslohn gehören (§ 3 und § 26 EStG), sind in das Lohnkonto aufzunehmen:
- ✓ Die steuerfreien Bezüge gemäß § 3 Abs 1 Z 4 lit a, Z 5 lit a und lit c, Z 8, Z 9, Z 10, Z 11, Z 12, Z 15 lit a, lit b und lit c, Z 16, soweit es sich um freiwillige Zuwendungen zur Beseitigung von Katastrophenschäden handelt, Z 22, Z 23, Z 24, Z 30 und Z 35 EStG,
- ✓ die steuerfreien Bezüge gemäß § 3 Abs 1 Z 16b EStG, die nicht steuerbaren Leistungen gemäß § 26 Z 4 EStG, soweit es sich um Tagesgelder, Kilometergelder und pauschale Nächtigungsgelder handelt, sowie gemäß § 26 Z 5 lit b, Z 6, Z 7 lit a und Z 9 EStG,
- ✓ steuerfreie Mitarbeiterrabatte gemäß § 3 Abs 1 Z 21 EStG, die im Einzelfall 20% übersteigen.

1271 Für die Kalenderjahre 2022 und 2023 ist zusätzlich die steuerfreie Teuerungsprämie gemäß § 124b Z 408 EStG in das Lohnkonto aufzunehmen und auszuweisen, in welcher Höhe diese aufgrund einer lohngestaltenden Vorschrift gemäß § 68 Abs 5 Z 1 bis 7 EStG geleistet wurde.

1272 Für Arbeitnehmer, die ausschließlich Bezüge gemäß § 25 Abs 1 Z 4 lit b EStG erhalten, die den Betrag von monatlich € 200,– nicht übersteigen, kann die Führung eines Lohnkontos entfallen, sofern die erforderlichen Daten aus anderen Aufzeichnungen hervorgehen.

1273 Die Daten gemäß § 76 Abs 1 EStG sowie dieser Verordnung brauchen für Arbeitnehmer, die im Inland weder der beschränkten noch der unbeschränkten Steuerpflicht unterliegen, insoweit nicht in einem Lohnkonto angeführt werden, als sie aus anderen Aufzeichnungen des Arbeitgebers hervorgehen. Dies gilt nicht für Arbeitnehmer, die von inländischen Arbeitgebern ins Ausland entsendet werden.

➢ Hinsichtlich Lohnkonto siehe auch „Lohnzettel".

176. Lohnsteuerabzug (§ 47 Abs 1 EStG)

1274 Bei Einkünften aus nichtselbständiger Arbeit wird die Einkommensteuer durch Abzug vom Arbeitslohn (Lohnsteuerabzug) erhoben, wenn im Inland eine Betriebsstätte des Arbeitgebers iSd § 81 EStG besteht.

176. Lohnsteuerabzug

Für ausländische Arbeitgeber ohne inländische Betriebsstätte gibt es gemäß § 47 Abs 1 EStG keinen verpflichtenden Lohnsteuerabzug, der Lohnsteuerabzug kann jedoch – für unbeschränkt sowie für beschränkt steuerpflichtige Arbeitnehmer – freiwillig erfolgen. **1275**

Wird der **freiwillige Lohnsteuerabzug** durchgeführt, sind diese Einkünfte wie lohnsteuerpflichtige Einkünfte zu behandeln und es besteht zB keine Vorauszahlungsverpflichtung gemäß § 45 EStG. Den Arbeitgeber treffen bei der freiwilligen Lohnsteuerabfuhr nach dieser Bestimmung die folgenden Pflichten: ein Lohnkonto zu führen (§ 76 EStG), eventuelle Aufrollverpflichtungen (§ 77 EStG), die Einbehaltung der Lohnsteuer (§ 78 EStG), die Abfuhr der Lohnsteuer (§ 79 EStG), die Übermittlung eines Lohnzettels (§ 84 EStG) und die Gewährung von Einsicht in Lohnaufzeichnungen (§ 87 EStG). Eine Haftung des Arbeitgebers wird dadurch jedoch nicht bewirkt. **1276**

Wird ein freiwilliger Lohnsteuerabzug durch den Arbeitgeber nach § 47 Abs 1 lit b EStG vorgenommen, ist dies im Lohnkonto (§ 1 Abs 1 Z 18 LohnkontenV) und im Lohnzettel anzugeben. **1277**

Der Arbeitnehmer wird gemäß § 83 Abs 2 EStG unmittelbar in Anspruch genommen, wenn der ausländische Arbeitgeber die Lohnsteuer nicht in der richtigen Höhe einbehalten und abgeführt hat. In diesem Fall liegt auch gemäß § 41 Abs 1 EStG ein Pflichtveranlagungstatbestand vor. **1278**

In jenen Fällen, in denen ein ausländischer Arbeitgeber nicht vom freiwilligen Lohnsteuerabzug gemäß § 47 Abs 1 lit b EStG Gebrauch macht, wurde eine Verpflichtung zur Übermittlung von Daten im Sinne einer Lohnbescheinigung (siehe auch Kapitel „Lohnbescheinigung") gesetzlich verankert. **1279**

Dazu ist das amtliche Formular L 17 heranzuziehen, wobei jedenfalls die gesetzlich genannten Mindestangaben auszufüllen sind. **1280**

Diese Übermittlungsverpflichtung gilt jedoch nur für jene Fälle, wenn der ausländische Arbeitgeber einen in Österreich unbeschränkt steuerpflichtigen Arbeitnehmer beschäftigt und somit ein entscheidender Anknüpfungspunkt zum Inland besteht. **1281**

Darüber hinaus muss ein hinreichend starker Bezug zum Inland gegeben sein, der bei Erfüllung von folgenden zwei Kriterien vorliegt: **1282**
- ✓ einerseits durch das tatsächliche Tätigwerden des Arbeitnehmers in Österreich und
- ✓ andererseits durch ein zeitliches Kriterium, das dann erfüllt ist, wenn der Mittelpunkt dieser Tätigkeit überwiegend im Kalenderjahr in Österreich liegt.

Die Verpflichtung zur Übermittlung der Lohnbescheinigung gilt erstmalig im Jahr 2021 für Lohnzahlungszeiträume ab 1. 1. 2020. Die Übermittlung hat an das FA Österreich zu erfolgen. Die Zuständigkeit ist in § 60 Abs 2 Z 6 BAO geregelt. Ausländische Vertretungen in Österreich können aus völkerrechtlichen Gründen nicht zum Lohnsteuerabzug verpflichtet werden (VwGH 17. 11. 1967, 1395/66). Wird auch kein freiwilliger Lohnsteuerabzug durchgeführt, erfolgt eine Besteuerung im Wege der Einkommensteuerveranlagung. **1283**

Der freiwillige Lohnsteuerabzug kann auch vom inländischen Beschäftiger für den ausländischen zivilrechtlichen Arbeitgeber vorgenommen werden.

§ 47 Abs 1 EStG lautet: **1284**

„Arbeitnehmer ist eine natürliche Person, die Einkünfte aus nichtselbständiger Arbeit bezieht. Arbeitgeber ist, wer Arbeitslohn im Sinne des § 25 auszahlt.

177. Lohnsteueranmeldung

Besteht im Inland eine Betriebsstätte (§ 81) des Arbeitgebers, wird bei Einkünften aus nichtselbständiger Arbeit (§ 25) die Einkommensteuer durch Abzug vom Arbeitslohn erhoben (Lohnsteuer).

Besteht im Inland keine Betriebsstätte (§ 81) des Arbeitgebers gilt Folgendes:
a) für Bezüge und Vorteile aus ausländischen Einrichtungen im Sinne des § 5 Z 4 des Pensionskassengesetzes (§ 25) ist die Einkommensteuer durch Abzug vom Arbeitslohn (Lohnsteuer) zu erheben.
b) für Einkünfte aus nichtselbständiger Arbeit (§ 25) kann die Einkommensteuer durch Abzug vom Arbeitslohn (Lohnsteuer) erhoben werden. Wenn die Abfuhr der Lohnsteuer erfolgt, sind die Einkünfte wie lohnsteuerpflichtige Einkünfte zu behandeln und der Arbeitgeber hat die Pflichten gemäß § 76 bis § 79, § 84 und § 87 wahrzunehmen;
c) für Einkünfte aus nichtselbständiger Arbeit (§ 25) von unbeschränkt steuerpflichtigen Arbeitnehmern, die ihren Mittelpunkt der Tätigkeit für mehr als sechs Monate im Kalenderjahr in Österreich haben, hat der Arbeitgeber dem Finanzamt eine Lohnbescheinigung gemäß § 84a zu übermitteln, außer es kommt lit. b zur Anwendung."

Für die Erhebung der Lohnsteuer gemäß lit a bis c ist das FA Österreich zuständig.

177. Lohnsteueranmeldung (§ 80 EStG)

1285 Das FA des Arbeitgebers kann verlangen, dass ein Arbeitgeber, der die Lohnsteuer nicht ordnungsgemäß abführt, eine Lohnsteueranmeldung abgibt. Die Verpflichtung zur Lohnsteueranmeldung ist durch Bescheid auszusprechen. Diese Verpflichtung kann befristet oder auch ohne Setzung einer Frist bis auf weiteres auferlegt werden und ist idR erst bei wiederholten Verstößen gegen die Abfuhrpflicht auszusprechen. Die Lohnsteueranmeldung ist spätestens am 15. Tag nach Ablauf des Kalendermonates dem FA des Arbeitgebers (§ 81 EStG) zu übersenden. Der Arbeitgeber hat in der Lohnsteueranmeldung unabhängig davon, ob er die einbehaltene Lohnsteuer an das FA abgeführt hat oder nicht, zu erklären, wie viel Lohnsteuer im Kalendermonat (§ 79 Abs 1 EStG) einzubehalten war. Die Lohnsteueranmeldung ist durch den Arbeitgeber oder durch eine Person, die zu seiner Vertretung rechtlich befugt ist, zu unterschreiben. Vordrucke zu den Lohnsteueranmeldungen werden den Arbeitgebern auf Antrag durch das FA kostenlos geliefert (siehe Formular L 27).

1286 Hat das FA des Arbeitgebers die Abgabe der Lohnsteueranmeldung verlangt, so muss der Arbeitgeber die Lohnsteueranmeldung auch dann abgeben, wenn er in dem Anmeldungszeitraum keine Lohnsteuer einzubehalten hatte. Der Arbeitgeber hat in diesem Fall in der Lohnsteueranmeldung zu erklären, dass er im Anmeldungszeitraum keine Lohnsteuer einzubehalten hatte. Der Arbeitgeber wird von der Verpflichtung zur Abgabe weiterer Lohnsteueranmeldungen befreit, wenn er keine Arbeitnehmer mehr beschäftigt und dies dem FA mitteilt.

1287 Gibt der Arbeitgeber trotz Verpflichtung keine Lohnsteueranmeldungen ab, so verletzt er eine abgabenrechtliche Offenlegungspflicht iSd § 33 Abs 1 FinStrG (vgl VwGH 14. 2. 1984, 83/14/0105).

178. Lohnsteuerprüfung – PLB (§ 86 EStG)

In Reaktion auf das Erkenntnis des VfGH vom 13. 12. 2019, G 78–81/2019 ua, hat der Gesetzgeber die gesetzlichen Bestimmungen über die Einrichtung eines Prüfdienstes für lohnabhängige Abgaben mit Wirksamkeit 1. 7. 2020 repariert. **1288**

Am Prinzip einer **einheitlichen Prüfung** durch ein Prüforgan wurde festgehalten. Die Sozialversicherungsträger (ÖGK, BVAEB) bekamen ihre vor dem 1. 1. 2020 bestehende eigenständige Prüfungskompetenz zurück. **1289**

Der Prüfdienst für Lohnabgaben und Beiträge (PLB) bleibt als eigenständige Einrichtung innerhalb der Finanzverwaltung bestehen. **1290**

Dem Prüfdienst für Lohnabgaben und Beiträge obliegt die Durchführung der **1291**
- ✓ **Lohnsteuerprüfung** gemäß § 86 EStG,
- ✓ der **Sozialversicherungsprüfung** gemäß § 41 a ASVG, und
- ✓ der **Kommunalsteuerprüfung** gemäß § 14 KommStG,

sowie die Durchführung von
- ✓ **allgemeinen Aufsichts- und Erhebungsmaßnahmen**

im Auftrag des für die Erhebung der Lohnsteuer zuständigen FA.

Auch die Prüforgane der ÖGK/BVAEB haben gemeinsam mit der Sozialversicherungsprüfung die Lohnsteuerprüfung und die Kommunalsteuerprüfung durchzuführen. **1292**

Die Prüforgane des Prüfdienstes sowie der ÖGK/BVAEB werden bei der Durchführung **1293**
- ✓ der Lohnsteuerprüfung als Organe des für die Erhebung der Lohnsteuer zuständigen FA,
- ✓ der Sozialversicherungsprüfung als Organe der ÖGK bzw der BVAEB,
- ✓ der Kommunalsteuerprüfung als Organe der jeweils einhebungsberechtigten Gemeinde tätig.

Die Prüforgane des Prüfdienstes werden bei der Durchführung von allgemeinen Aufsichts- und Erhebungsmaßnahmen als Organe des für die Erhebung der Lohnsteuer zuständigen FA tätig.

Der Prüfungsauftrag ist von dem für die Erhebung der Lohnsteuer zuständigen FA bzw von der ÖGK/BVAEB zu erteilen. **1294**

Das FA, die ÖGK, die BVAEB und die Gemeinden sind an das Prüfungsergebnis nicht gebunden. **1295**

Es besteht eine wechselseitige **fachliche Weisungsbefugnis.** Dem zuständigen FA kommt für die Lohnsteuerprüfung, der ÖGK/BVAEB für die Sozialversicherungsprüfung und der erhebungsberechtigten Gemeinde für die Kommunalsteuerprüfung die fachliche Weisungsbefugnis über die jeweils für sie tätig werdenden Prüforgane zu. **1296**

Für Zwecke der Kooperation und der Koordinierung in Angelegenheiten der Prüfung von Lohnabgaben und Beiträgen ist ein **Prüfungsbeirat** beim BMF eingerichtet. **1297**

In begründeten Einzelfällen ist den Gemeinden ein Anforderungsrecht für eine Kommunalsteuerprüfung eingeräumt. Wird der Anforderung weder von einem FA noch von der ÖGK innerhalb von drei Monaten Folge geleistet, hat die Gemeinde das Recht, eine Kommunalsteuerprüfung nach den Vorschriften der BAO über Außenprüfungen durchzuführen. In die- **1298**

178. Lohnsteuerprüfung – PLB

sem Fall sind das für die Erhebung der Lohnsteuer zuständige FA und die ÖGK von der Prüfung zu verständigen.

1299 Die **Lohnsteuerprüfung** umfasst die Prüfung der Einhaltung aller für die ordnungsgemäße **Einbehaltung und Abfuhr**

- ✓ der **Lohnsteuer,**
- ✓ der **Abzugsteuer** gemäß § 99 Abs 1 Z 1, Z 4 und Z 5 zweiter Fall EStG

sowie die Prüfung für die Erhebung

- ✓ des **Dienstgeberbeitrages** (§ 41 FLAG) und
- ✓ des **Zuschlages zum Dienstgeberbeitrag** (§ 122 Abs 8 WKG).

1300 Die **Sozialversicherungsprüfung** umfasst die Prüfung der Einhaltung aller für das Versicherungsverhältnis maßgebenden Tatsachen, insb

- ✓ die **Prüfung** der **Einhaltung der Meldeverpflichtungen** in allen Versicherungs- und Beitragsangelegenheiten und der Beitragsabrechnung,
- ✓ die **Prüfung** der **Grundlagen von Geldleistungen** (Krankengeld, Wochengeld, Arbeitslosengeld usw),
- ✓ die **Beratung** in **Fragen von Melde-, Versicherungs- und Beitragsangelegenheiten.**

1301 Die **Kommunalsteuerprüfung** umfasst die Prüfung der für Zwecke der Kommunalsteuer zu führenden Aufzeichnungen.

1302 Gemeinsam mit der Lohnsteuerprüfung ist die **Prüfung der Kurzarbeitsbeihilfe** durchzuführen.

> Siehe auch Kapitel „Kurzarbeitsbeihilfe – Prüfung".

1303 Ergibt sich bei einer Außenprüfung, dass die genaue Ermittlung der auf den einzelnen Arbeitnehmer infolge einer Nachforderung entfallenden Lohnsteuer mit unverhältnismäßigen Schwierigkeiten verbunden ist, so kann die Nachforderung in einem Pauschbetrag erfolgen. Bei der Festsetzung dieses Pauschbetrags ist auf die Anzahl der durch die Nachforderung erfassten Arbeitnehmer, die Steuerabsetzbeträge sowie auf die durchschnittliche Höhe des Arbeitslohns der durch die Nachforderung erfassten Arbeitnehmer Bedacht zu nehmen.

1304 Es ist grundsätzlich festzustellen, welche Arbeitnehmer welche unrichtig versteuerten Vorteile aus dem Dienstverhältnis bezogen haben. Lediglich bei der Berechnung der Lohnsteuer, die auf diese Vorteile entfällt, kann pauschal vorgegangen werden, indem anhand der Merkmale des § 86 Abs 2 Satz 2 EStG eine Durchschnittsbelastung ermittelt wird, die auf die Vorteile der „durch die Nachforderung erfassten Arbeitnehmer" entfällt. Für den Arbeitgeber muss aber grundsätzlich ermittelbar sein, was auf den einzelnen Arbeitnehmer entfällt (VwGH 12. 6. 2019, Ro 2017/13/0016).

1305 Ein in Folge einer Lohnsteuerprüfung gemäß § 86 EStG erstellter Lohnzettel stellt ein rückwirkendes Ereignis iSd § 295a BAO dar.

1306 Nach Beendigung der Prüfungshandlungen und allfälliger Vorbesprechungen ist eine Schlussbesprechung abzuhalten. Sie dient der Wahrung des Parteiengehörs und der Erörterung der Prüfungsergebnisse. Ergibt die Schlussbesprechung aufgrund von Einwendungen oder Beweisanträgen, dass weitere Prüfungshandlungen (Sachverhaltsermittlungen, Beweisaufnahmen usw) erforderlich sind, ist die Schlussbesprechung zu unterbrechen. Nach Wegfall des Grundes für die Unterbrechung ist neuerlich ein Termin für die Fortsetzung der Schlussbesprechung festzulegen. Ob eine Schlussbesprechung zu unterbrechen ist, ist ausschließlich die Entscheidung der Behörde (um zB einer Verschleppungsabsicht des Abgabepflichtigen bzw

Dienstgebers oder seines Vertreters entgegenzuwirken). Die Schlussbesprechung kann entfallen (§ 149 BAO):

- ✓ wenn sich nach dem Prüfungsergebnis entweder keine Änderung der ergangenen Bescheide oder keine Abweichung gegenüber den eingereichten Erklärungen oder im Falle einer PLB – Prüfung lohnabhängiger Abgaben und Beiträge – keine Differenzfeststellung ergibt,
- ✓ wenn der Abgabepflichtige/Dienstgeber oder sein Vertreter in einer eigenhändig unterfertigten Erklärung auf die Schlussbesprechung verzichtet,
- ✓ wenn trotz Vorladung weder der Abgabepflichtige/Dienstgeber noch dessen Vertreter zur Schlussbesprechung erscheint. Liegt ein Zustellnachweis vor, so ist kein weiterer Termin für die Schlussbesprechung festzulegen; andernfalls ist ein neuer Termin für die Schlussbesprechung festzulegen, zu dem der Abgabepflichtige/Dienstgeber und sein steuerlicher Vertreter mit Zustellnachweis zu laden sind.

Über den Inhalt der Schlussbesprechung und einen allfälligen Rechtsmittelverzicht ist eine Niederschrift iSd §§ 87 f BAO aufzunehmen. **1307**

Hinsichtlich des Ergebnisses der Lohnsteuerprüfung kann der Abgabepflichtige/Dienstgeber gemäß § 255 BAO auf die Einbringung eines Rechtsmittels vor Erlassung des Bescheids verzichten. Im SV-Verfahren ist ein Rechtsmittelverzicht nicht vorgesehen. **1308**

Die vom Arbeitgeber infolge einer Prüfung lohnabhängiger Abgaben und Beiträge (PLB) für den Arbeitnehmer übernommenen Arbeitnehmerbeiträge zur gesetzlichen Sozialversicherung gehören – als Vorteil aus dem Dienstverhältnis – zur Bemessungsgrundlage für DB, DZ und die KommSt und sind im Kalendermonat der Zahlung der Arbeitnehmeranteile an den Versicherungsträger zu berücksichtigen. **1309**

Regressiert sich der Arbeitgeber allerdings hinsichtlich bezahlter Arbeitnehmeranteile an den entsprechenden Arbeitnehmern und fordert er diese zurück, dann liegt keine Lohnzahlung vor und die Bemessungsgrundlage ist nicht zu erhöhen. Besteht keine Regressmöglichkeit von Seiten des Arbeitgebers, zählen diese Beiträge trotzdem zur Bemessungsgrundlage für DB, DZ und die KommSt. **1310**

Die Bestimmung des § 60 Abs 1 ASVG steht nicht der Geltendmachung eines Schadenersatzanspruchs des Arbeitgebers entgegen, der in der treuwidrigen Vereitelung des Abzugsrechts durch den Arbeitnehmer wurzelt. Nimmt daher der Arbeitnehmer dem Arbeitgeber durch die Nichtmeldung der Privatnutzung des Dienstwagens die Möglichkeit vom Abzugsrecht nach § 60 Abs 1 ASVG Gebrauch zu machen, hat dieser die auf den Arbeitnehmer entfallenden Sozialversicherungsbeiträge dem Arbeitgeber zu ersetzen (vgl OGH 24. 4. 2020, 8 ObA 66/19 t). **1311**

Nachdem die BAO auch für die Gemeindeabgaben und damit auch für die Einhebung der KommSt gilt, ist die dort rechtlich verankerte Rechtsnorm des § 144 BAO auch iZm der Einhebung und damit mit der Prüfung in Form der Nachschau der KommSt anzuwenden. Danach können die Prüfungsorgane der Gemeinden für Zwecke der Abgabenerhebung bei Personen, die nach abgabenrechtlichen Vorschriften Bücher und Aufzeichnungen zu führen haben, Nachschau halten; bei Ausübung der Nachschau dürfen sie Gebäude, Grundstücke und Betriebe betreten und besichtigen sowie die Vorlage von Büchern und Aufzeichnungen sowie sonstige für die Abgabenerhebung maßgebliche Unterlagen verlangen. Dieses Recht kann sogar mittels Zwangsstrafen durchgesetzt werden. **1312**

179. Lohnsteuertarif

1313 Hinsichtlich der Einstufung, ob eine selbständige oder eine unselbständige Tätigkeit vorliegt (im Rahmen der Prüfung lohnabhängiger Abgaben und Beiträge – PLB), siehe auch Kapitel „Rechtssicherheit bei der Abgrenzung von selbständiger und unselbständiger Tätigkeit".

179. Lohnsteuertarif (§ 66 EStG)

1314 Der Lohnsteuertarif (die vorliegende Tabelle) ist im Regelfall bei der Versteuerung der laufenden Bezüge anzuwenden. Nur beim Lohnsteuerabzug in besonderen Fällen (§ 69 EStG), dh, wenn es sich um eine Pauschalbesteuerung

- ✓ vorübergehend beschäftigter Arbeitnehmer gemäß § 69 Abs 1 EStG,
- ✓ von Bezügen aus einer Kranken- oder Unfallversorgung gemäß § 69 Abs 2 EStG,
- ✓ von bestimmten Bezügen nach dem 6. Hauptstück Heeresgebührengesetz gemäß § 69 Abs 3 EStG,
- ✓ der Winterfeiertagsvergütung und des Urlaubsentgelts nach dem BUAG gemäß § 69 Abs 4 Z 1 und 2 EStG,
- ✓ um Auszahlung von Insolvenz-Entgelt durch den Insolvenz-Entgelt-Fonds gemäß § 69 Abs 6 EStG,
- ✓ um Auszahlung von Bezügen gemäß § 33f Abs 1 BUAG handelt,

werden laufende Bezüge (zumindest vorerst) anders versteuert; von der Rückzahlung von Pflichtbeiträgen von Sozialversicherungsträgern gemäß § 69 Abs 5 EStG, bei Bezügen nach dem Dienstleistungsscheckgesetz gemäß § 69 Abs 7 EStG und bei Rückzahlung von Beiträgen für freiwillige Weiterversicherung und Nachkauf von Versicherungszeiten gemäß § 69 Abs 9 EStG wird vorerst überhaupt keine Steuer einbehalten. Der Lohnsteuertarif (die vorliegende Tabelle) ist jedoch auch fallweise bei sonstigen Bezügen anzuwenden (zB bei Sechstelüberschreitungen gemäß § 67 Abs 2 EStG), bei Überschreitungen der Grenzbeträge gemäß § 67 Abs 6 Z 1 und 2 EStG; bei verschiedenen Bezügen gemäß § 67 Abs 8 EStG wie Vergleichssummen, Kündigungsentschädigungen und Zahlung für den Verzicht auf Arbeitsleistungen für künftige Lohnzahlungszeiträume, Nachzahlungen für abgelaufene Kalenderjahre, Ersatzleistungen für nicht verbrauchten Urlaub (zB Urlaubsersatzleistung), Pensionsabfindungen, wenn sie den Höchstbetrag iSd § 1 Abs 2 Z 1 PKG (2023: € 14.400,–) übersteigen, zum Teil Bezüge bei oder nach Beendigung des Dienstverhältnisses im Rahmen von Sozialplänen zufließen und zum Teil Nachzahlungen in einem Insolvenzverfahren.

179.1 Bruttobezüge – Bemessungsgrundlage (§ 62 EStG)

1315 Um die Lohnsteuer richtig aus der Tabelle ablesen zu können, ist vorerst die **Bemessungsgrundlage** (gleichgültig für welche Lohnzahlungszeiträume) zu ermitteln. Dazu ist vom Bruttoarbeitslohn auszugehen; unter **Bruttoarbeitslohn** sind sämtliche Zuwendungen (einschließlich Sachbezüge) iSd § 25 EStG zu verstehen, ausgenommen Familienbeihilfen, Kinderabsetzbeträge und nicht steuerbare Leistungen des Arbeitgebers iSd § 26 EStG und steuerfreie Bezüge iSd § 3 EStG, wie zB Reisekosten gemäß § 3 Abs 1 Z 16b EStG.

1316 Der Pauschbetrag für Werbungskosten gemäß § 62 Z 1 EStG bei Aktiveinkünften (€ 132,– jährlich = € 11,– monatlich) wurde bereits in den Tabellen berücksichtigt und darf somit **nicht** noch einmal abgesetzt werden.

179.2 Berücksichtigung besonderer Verhältnisse (§ 62 EStG)[1]

1317 Beim Steuerabzug vom Arbeitslohn sind vor Anwendung des Lohnsteuertarifes (§ 66 EStG) vom Arbeitslohn abzuziehen:
1. Der Pauschbetrag für Werbungskosten (§ 16 Abs 3 EStG),
2. Pflichtbeiträge zu gesetzlichen Interessenvertretungen auf öffentlich-rechtlicher Grundlage, soweit sie nicht auf Bezüge entfallen, die mit einem festen Steuersatz iSd § 67 EStG zu versteuern sind, und vom Arbeitgeber einbehaltene Beiträge für die freiwillige Mitgliedschaft bei Berufsverbänden und Interessenvertretungen,
3. vom Arbeitgeber einbehaltene Beiträge iSd § 16 Abs 1 Z 4 EStG, soweit sie nicht auf Bezüge entfallen, die mit einem festen Steuersatz iSd § 67 EStG zu versteuern sind (dazu zählt auch das Serviceentgelt – E-Cardgebühr),
4. der entrichtete Wohnbauförderungsbeitrag iSd § 16 Abs 1 Z 5 EStG, soweit er nicht auf Bezüge entfällt, die mit einem festen Steuersatz iSd § 67 EStG zu versteuern sind,
5. der sich gemäß § 16 Abs 1 Z 6 EStG ergebende Pauschalbetrag (Pendlerpauschale) und die Kosten für die Beförderung im Werkverkehr gemäß § 16 Abs 1 Z 6 lit i letzter Satz EStG (Werkverkehr),
6. die Erstattung (Rückzahlung) von Arbeitslohn gemäß § 16 Abs 2 EStG zweiter Satz,
7. Freibeträge aufgrund eines Freibetragsbescheides (§ 63 EStG),
8. ein gemäß § 103 Abs 1a EStG gewährter Zuzugsfreibetrag,
9. Freibeträge gemäß § 35 EStG (Behinderte) und § 105 EStG (Opferausweisinhaber) von jenem Arbeitgeber, der Bezüge aus einer gesetzlichen Sozialversicherung oder Ruhegenussbezüge einer Gebietskörperschaft iSd § 25 Abs 1 Z 1, 3 oder 4 EStG auszahlt, wenn eine diesbezügliche Bescheinigung vorgelegt wurde Bei mehreren Pensions- oder Ruhegenussbezügen darf die Bescheinigung nur einer auszahlenden Stelle vorgelegt werden,
10. der Pauschbetrag für Werbungskosten gemäß § 17 Abs 6 EStG iVm § 1 Z 11 der Verordnung des Bundesministers für Finanzen über die Aufstellung von Durchschnittssätzen für Werbungskosten, BGBl II 2001/382.

1318 Bei sonstigen Bezügen sind daher vom Arbeitgeber einbehaltene Beiträge iSd § 16 Abs 1 Z 4 EStG (zB Pflichtversicherungsbeiträge zur gesetzlichen Sozialversicherung, Pensionspflichtbeiträge, § 62 Z 4 EStG), die auf (sonstige) Bezüge entfallen und mit einem festen Steuersatz zu versteuern sind, vor Anwendung des festen Steuersatzes abzuziehen.

1319 Beiträge iSd § 62 Z 3 bis 5 EStG, die auf steuerfreie laufende Bezüge entfallen (zB Zulagen und Zuschläge gemäß § 68 EStG), sind weiterhin vor Anwendung des Lohnsteuertarifs vom laufenden Arbeitslohn abzuziehen.

1320 Beiträge iSd § 62 Z 3 bis 5 EStG, die auf steuerfreie sonstige Bezüge entfallen (zB auf den Freibetrag von € 620,– gemäß § 67 Abs 1 EStG), sind vor Anwendung des Freibetrags gemäß § 67 Abs 1 EStG und des festen Steuersatzes bei den jeweiligen sonstigen Bezügen abzuziehen. Die Beiträge gemäß § 62 Z 3 bis 5 EStG sind auch dann den sonstigen Bezügen zuzuordnen, wenn die Freigrenze von € 2.100,– nicht überstiegen wird. Beiträge gemäß § 62 Z 3 bis 5 EStG, die auf Mitarbeiterbeteiligungen gemäß § 3 Abs 1 Z 15 lit b EStG entfallen, sind von vornherein bei den zum Tarif zu versteuernden Bezügen abzuziehen.

1321 Sozialversicherungsbeiträge können nur berücksichtigt werden, wenn sie tatsächlich einbehalten und an die Versicherungsanstalt abgeführt worden sind (BFG 10. 11. 2020, RV/7100951/2011).

> Siehe auch „Berechnung der Lohnsteuer (§ 66 EStG)".

---
[1] § 62 EStG idF AbgÄG 2016 BGBl I 2016/117.

180. Lohn- und Sozialdumping

1322 Das Lohn- und Sozialdumping-Bekämpfungsgesetz (LSD-BG) enthält Verwaltungsstraftatbestände zur Sicherung der gleichen Lohnbedingungen für in Österreich tätige Dienstnehmer. Zugleich soll damit gewährleistet werden, dass für inländische und ausländische Unternehmen die gleichen Wettbewerbsbedingungen gelten. Dementsprechend wurde eine Lohnkontrolle eingeführt.

1323 Mit dem LSD-BG wurden die Bestimmungen gegen Lohn- und Sozialdumping erstmals in einem eigenen Gesetz gebündelt und systematisiert.

1324 Das LSD-BG ist anzuwenden auf Arbeitsverhältnisse, die auf einem privatrechtlichen Vertrag beruhen, auf die Beschäftigung von Arbeitnehmer und arbeitnehmerähnliche Personen (arbeitnehmerähnlich sind Personen, die, ohne in einem Arbeitsverhältnis zu stehen, im Auftrag und für Rechnung bestimmter Personen Arbeit leisten und wirtschaftlich unselbständig sind) und Beschäftigungsverhältnisse, auf die das Heimarbeitsgesetz anzuwenden ist.

1325 Das LSD-BG ist auch dann anzuwenden, wenn Arbeitskräfte aus der EU, dem EWR, der Schweiz oder einem sonstigen Drittstaat nach Österreich entsendet oder überlassen werden, um hier eine Arbeitsleistung auszuüben.

1326 Als Verwaltungsübertretungen gelten:
- ✓ die Unterentlohnung
- ✓ die Vereitelung der Kontrolle
- ✓ Beschäftiger hält im Falle einer grenzüberschreitenden Arbeitskräfteüberlassung die Melde- und Sozialversicherungsunterlagen nicht bereit oder macht diese nicht zugänglich
- ✓ Nichtbereithalten der Lohnunterlagen durch den Beschäftiger im Falle einer grenzüberschreitenden Arbeitskräfteüberlassung
- ✓ Nichtbereitstellen der Lohnunterlagen durch den Überlasser im Falle einer grenzüberschreitenden Arbeitskräfteüberlassung

1327 Anhand der Lohnunterlagen wird überprüft, ob den Dienstnehmern sämtliche Entgeltbestandteile (inkl Sonderzahlungen) gezahlt werden, die diesen nach Gesetz, Verordnung oder Kollektivvertrag unter Beachtung der jeweiligen Einstufungskriterien gebühren. Entgeltbestandteile laut Betriebsvereinbarung oder Arbeitsvertrag fallen nicht unter die Lohnkontrolle. Als Beurteilungsmaßstab ist der arbeitsrechtlich weite Entgeltbegriff heranzuziehen (zB Überstundengrundlöhne und -zuschläge, Zulagen und Zuschläge, Nichtleistungslöhne, Sonderzahlungen, Urlaubsersatzleistung und Kündigungsentschädigung). Ausgenommen sind die im § 49 Abs 3 ASVG angeführten Entgeltbestandteile.

1328 Entgeltzahlungen, die das nach Gesetz, Verordnung oder Kollektivvertrag gebührende Entgelt übersteigen, sind auf allfällige Unterentlohnungen anzurechnen. Auch faktische Überzahlungen sind anzurechnen (keine Zuordnung dieser Überzahlung zu einem bestimmten Entgeltbestandteil erforderlich). Eine Anrechnung einer allfälligen Entgeltzahlung ist nur im jeweiligen Lohnzahlungszeitraum zulässig.

1329 Für Zwecke der Lohnkontrolle hat der Dienstgeber die erforderlichen Unterlagen vorzulegen; dazu zählen neben dem Arbeitsvertrag und dem Dienstzettel auch Lohnzettel, Arbeitszeitaufzeichnungen, Lohnaufzeichnungen, Unterlagen betreffend die Lohneinstufung sowie Lohnzahlungsnachweise (zB Banküberweisungsbelege, Kassa-Ausgangsbelege). Sämtliche Unterlagen sind zwingend in deutscher Sprache bereitzuhalten. Nur der Arbeitsvertrag darf auch in englischer Sprache vorliegen.

180. Lohn- und Sozialdumping

1330 Kommt keine besondere lohngestaltende Vorschrift zur Anwendung, ist nahezu jede Entgeltvereinbarung gültig. Die Grenze bildet lediglich die Sittenwidrigkeit zufolge Lohnwuchers gemäß § 879 ABGB. Lohnwucher wird von der Rsp bei „Schuld- und Hungerlöhnen" angenommen, deren Höhe in auffallendem Missverhältnis zum Wert der Leistung des Dienstnehmers steht, wenn ihre Vereinbarung durch Ausbeutung des Leichtsinns, einer Zwangslage, der Unerfahrenheit oder der Verstandesschwäche des Dienstnehmers zustande gekommen ist (OGH 26. 11. 2018, 8 ObA 63/18 z).

1331 Zur Feststellung, ob das jeweils zustehende Entgelt geleistet wird, sind entsprechende Kontrollen durch das Kompetenzzentrum LSDB und Organe der Abgabenbehörden, die örtlich zuständigen Krankenversicherungsträger sowie durch die BUAK gesetzlich vorgesehen.

1332 Arbeitgeber mit Sitz in der EU, dem EWR oder der Schweiz haben bei Entsendungen oder Überlassungen von Arbeitnehmern eine Meldung vor der jeweiligen Arbeitsaufnahme bzw bei mobilen Arbeitnehmern im Transportbereich vor der Einreise in das Bundesgebiet ausschließlich automationsunterstützt der Zentralen Koordinationsstelle zu übermitteln. Die Meldung hat grundsätzlich für jede Entsendung oder Überlassung gesondert zu erfolgen. Nachträgliche Änderungen sind unverzüglich zu melden.

1333 Der Beschäftiger hat für jede überlassene Arbeitskraft für die Dauer der Überlassung folgende Unterlagen am Arbeits(Einsatz)ort im Inland bereitzuhalten oder in elektronischer Form zugänglich zu machen:

- ✓ Anmeldung zur Sozialversicherung (SV-Dokument A1),
- ✓ Meldung an die Zentrale Koordinationsstelle (ZKO4-Meldung),
- ✓ behördliche Genehmigung sofern im Sitzstaat des Überlassers erforderlich,
- ✓ Lohnunterlagen.

1334 Werden die vom LSD-BG normierten Pflichten nicht erfüllt (zB Leistung des zustehenden Entgeltes), liegt eine Verwaltungsübertretung vor. In diesem Fall sind das Kompetenzzentrum LSDB, der Krankenversicherungsträger und die BUAK gesetzlich verpflichtet, Anzeige bei der jeweils zuständigen Bezirksverwaltungsbehörde zu erstatten.[1]

1335 Bei Unterentlohnung beträgt die Geldstrafe bis zu € 50.000,– und kann, je nach Höhe des vorenthaltenen Entgelts, auch bis zu € 400.000,– betragen.

1336 Liegt nur eine geringe Unterschreitung der Unterentlohnung vor oder übersteigt das Verschulden des Arbeitgebers nicht leichte Fahrlässigkeit, ist von einer Anzeige bzw von der Verhängung einer Strafe abzusehen.

1337 Voraussetzung ist jedoch, dass die Unterentlohnung erstmalig erfolgt ist und der Arbeitgeber nachweislich die Differenz zwischen dem tatsächlich geleisteten und dem gebührenden Entgelt binnen einer bestimmten Frist dem Arbeitnehmer nachzahlt.

1338 Im Falle grenzüberschreitender Überlassung kann die Geldstrafe wegen Nichtbereithaltung bzw -stellung von Lohnunterlagen bis zu € 20.000,– betragen.

1339 Die Frist für die Verfolgungsverjährung beträgt drei Jahre und beginnt mit der Fälligkeit des Entgelts zu laufen. Bei durchgehender Unterentlohnung beginnt die Frist mit der Fälligkeit für den letzten Lohnzahlungszeitraum. Die Strafbarkeitsverjährung beträgt fünf Jahre. Bei Sonderzahlungen beginnen die Verfolgungs- und Strafbarkeitsverjährungsfristen ab dem Ende des jeweiligen Kalenderjahres.

---

[1] www.sozialversicherung.at.

180. Lohn- und Sozialdumping

1340 Folgende Tätigkeiten unterliegen nicht den Bestimmungen des LSD-BG:
- Geschäftliche Besprechungen ohne Erbringung von weiteren Dienstleistungen.
- Teilnahme an Seminaren und Vorträgen ohne Erbringung von weiteren Dienstleistungen.
- Teilnahme an Messen und messeähnlichen Veranstaltungen, mit der Maßgabe, dass die Untergrenze des § 17 Abs 4 ARG nicht gilt, ausgenommen Vorbereitungs- und Abschlussarbeiten für die Veranstaltung (Auf- und Abbau der Ausstellungeinrichtungen und An- und Ablieferung des Messegutes).
- Besuch von und die Teilnahme an Kongressen und Tagungen.
- Teilnahme an und die Abwicklung von kulturellen Veranstaltungen aus den Bereichen Musik, Tanz, Theater oder Kleinkunst und vergleichbaren Bereichen, die im Rahmen einer Tournee stattfinden, bei welcher der Veranstaltung (den Veranstaltungen) in Österreich lediglich eine untergeordnete Bedeutung zukommt, soweit der Arbeitnehmer seine Arbeitsleistung zumindest für einen Großteil der Tournee zu erbringen hat.
- Teilnahme an und die Abwicklung von internationalen Wettkampfveranstaltungen (Internationale Meisterschaften), ausgenommen Vorbereitungs- und Abschlussarbeiten für die Veranstaltung (Auf- und Abbau der iZm der Veranstaltung stehenden Einrichtungen) sowie Verabreichung von Speisen und Ausschank von Getränken im Rahmen der Veranstaltung.
- Für längere Dauer zu Schulungszwecken nach Österreich entsandte Arbeitnehmer oder überlassene Arbeitskräfte, wenn der ausländische Arbeitgeber oder Vertragspartner dem inländischen Betrieb keine Arbeitsleistung schuldet und der Einsatz des Arbeitnehmers oder der Arbeitskraft dessen Einschulung oder Weiterbildung auf der Grundlage eines Schulungs- oder Weiterbildungsprogrammes des Arbeitgebers oder österreichischen Unternehmens dient, und die allenfalls vom Arbeitnehmer oder der Arbeitskraft schulungsbedingt durchgeführten Tätigkeiten oder erstellten Produkte, Dienstleistungen und Zwischenergebnisse für den Produktionsprozess und das Betriebsergebnis in dem Betrieb, in dem die Schulung stattfindet, unwesentlich sind, und soweit der zu schulende Arbeitnehmer oder die Arbeitskraft im Schulungsbetrieb nicht länger tätig ist, als dies für den Erwerb der geforderten Kenntnisse und Fähigkeiten erforderlich ist.
- Die Tätigkeit als mobiler Arbeitnehmer iSd § 1 Abs 9 LSD-BG in der grenzüberschreitenden Güter- und Personenbeförderung (Transportbereich), sofern die Arbeitsleistung ausschließlich im Rahmen des Transitverkehrs erbracht wird und nicht der gewöhnliche Arbeitsort in Österreich liegt; bei mobilen Arbeitnehmern im Straßenverkehr finden jedoch § 21a und § 26a Abs 1 Z 3 und Abs 2 LSD-BG Anwendung.
- Tätigkeit als Arbeitnehmer, der in den letzten zwei Entgeltperioden vor der Entsendung oder Überlassung und während der Entsendung oder Überlassung nachweislich eine monatliche Bruttoentlohnung von durchschnittlich mindestens 120% der 30-fachen täglichen ASVG-Höchstbeitragsgrundlage erhält (ab 2023 € 7.020,–).
- Tätigkeit als Arbeitnehmer, der dem ASVG unterliegt oder seinen gewöhnlichen Arbeitsort in Österreich hat, ohne dem ASVG zu unterliegen, der nachweislich eine monatliche Bruttoentlohnung von mindestens 120% der 30-fachen täglichen ASVG-Höchstbeitragsgrundlage erhält (ab 2023 € 7.020,–).
- Entsendungen oder Überlassungen im Rahmen von Austausch-, Aus- und Weiterbildungs- oder Forschungsprogrammen oder als entsandter oder überlassener Vortragender an Universitäten, an pädagogischen Hochschulen oder Fachhochschulen.
- Lieferung von Waren durch entsandte Arbeitnehmer des Verkäufers oder Vermieters sowie das Abholen von Waren durch entsandte Arbeitnehmer des Käufers oder Mieters.
- Tätigkeiten, die für die Inbetriebnahme und Nutzung von gelieferten Gütern unerlässlich sind und von entsandten Arbeitnehmern des Verkäufers oder Vermieters mit geringem Zeitaufwand durchgeführt werden.

✓ Besondere Fachkräfte, die aufgrund einer vorübergehenden Konzernentsendung für maximal zwei Monate im gesamten Kalenderjahr Arbeitsleistungen in Österreich erbringen, sofern diese Arbeitsleistung erfolgt zum Zweck der Forschung und Entwicklung, der Abhaltung von Ausbildungen durch die Fachkraft, der Planung der Projektarbeit, zum Zwecke des Erfahrungsaustausches, der Betriebsberatung, des Controlling oder der Mitarbeit in den – für mehrere Länder zuständigen – Konzernabteilungen mit zentraler Steuerungs- und Planungsfunktion oder für Arbeiten bei Lieferung, Inbetriebnahme (und damit verbundenen Schulungen), Wartung, Servicearbeiten und Reparatur von Maschinen, Anlagen und EDV-Systemen.

181. Lohnzahlungszeitraum (§ 77 EStG)

Lohnzahlungszeitraum gemäß § 77 Abs 1 EStG ist bei Arbeitnehmern, die im Kalendermonat durchgehend beschäftigt werden, der **Kalendermonat**. Bei Auszahlung von Bezügen gemäß § 67 Abs 8 EStG ist der Kalendermonat auch dann als Lohnzahlungszeitraum heranzuziehen, wenn keine durchgehende Beschäftigung vorliegt.   1341

Bei Ein- oder Austritt eines Arbeitnehmers während eines Kalendermonats ist Lohnzahlungszeitraum der **Kalendertag**.   1342

Eine durchgehende Beschäftigung liegt insb auch dann vor, wenn der Arbeitnehmer während eines Kalendermonats regelmäßig beschäftigt ist (aufrechtes Dienstverhältnis). Dabei kann der Arbeitnehmer auch für einzelne Tage keinen Lohn beziehen (zB Präsenzdienst, Wochengeld, Karenz, Krankengeldbezug).   1343

Hat Österreich aufgrund uni- oder bilateraler Maßnahmen der Doppelbesteuerung für Teile der Bezüge kein Besteuerungsrecht (Befreiungsmethode), ist die Lohnsteuer tageweise zu berechnen.   1344

Ob das DBA dem Tätigkeitsstaat das Besteuerungsrecht an den Arbeitseinkünften zuteilt, ist nach Aufenthaltstagen zu ermitteln (183-Tage-Regel). Die Aufteilung der Einkünfte selbst erfolgt nach Arbeitstagen. Für die Besteuerung gemäß § 77 Abs 1 Satz 3 EStG ist die Anzahl der Kalendertage im gleichen prozentuellen Verhältnis zu ermitteln, wie auch die Aufteilung der Einkünfte nach Arbeitstagen im Hinblick auf Inlandsanteil und Auslandsanteil erfolgt.   1345

> **Beispiel**
>
> Ein Arbeitnehmer befindet sich an vier von 220 Arbeitstagen in Österreich. Für diese vier Arbeitstage wird Österreich auch das Besteuerungsrecht zugeteilt, wobei die Aufteilung der Arbeitseinkünfte auf Inlands- und Auslandsanteil nach Arbeitstagen zu erfolgen hat. Auf den Inlandsanteil entfällt daher ein Prozentsatz von 1,82%. Für die Besteuerung gemäß § 77 Abs 1 Satz 2 EStG ist dieser Prozentsatz auf 360 Kalendertage anzuwenden, sodass der nach Arbeitstagen ermittelte und Österreich zugeteilte Besteuerungsanspruch mit gerundet sieben Kalendertagen (rechnerisches Ergebnis = 6,55) zu besteuern ist.

Es bestehen keine Bedenken, dass in der monatlichen Abrechnung vorläufig auf das jeweilige aktuelle Verhältnis der Arbeitstage abgestellt wird und dieses in Kalendertage umgerechnet wird. Am Ende des Jahres ist im Wege der Aufrollung der Bezüge das tatsächliche Verhältnis des Jahres im Sinne oben angeführter Ausführungen herzustellen.   1346

➢ Hinsichtlich Aufrollung von Bezügen siehe „Aufrollung der Lohnzahlungszeiträume".

182. Lohnzettel (§ 84 EStG)

1347 Der Arbeitgeber hat

✓ seinem FA

ohne besondere Aufforderung die Lohnzettel aller im Kalenderjahr beschäftigten Arbeitnehmer zu übermitteln (§ 84 EStG).

1348 Die Übermittlung der Lohnzettel hat grundsätzlich elektronisch zu erfolgen. Als Übermittlungsstelle dient das Datensammelsystem ELDA (Elektronischer Datenaustausch mit den österreichischen Sozialversicherungsträgern).

1349 Erfolgt die Lohnabrechnung nicht EDV-unterstützt, steht aber ein Internetanschluss zur Verfügung, hat die Übermittlung im Wege über ELDA ebenfalls elektronisch zu erfolgen.

1350 Ist die elektronische Übermittlung dem Arbeitgeber mangels technischer Voraussetzungen nicht zumutbar, kann die Abgabeverpflichtung in Papierform (L 16) erfolgen.

1351 Die Übermittlung der Lohnzettel hat elektronisch

✓ bis **Ende Februar** des folgenden Kalenderjahres

zu erfolgen.

1352 Ist dem Arbeitgeber bzw der auszahlenden Stelle die elektronische Übermittlung der Lohnzettel mangels technischer Voraussetzungen unzumutbar, hat die Übermittlung der Lohnzettel auf dem amtlichen Formular

✓ bis **Ende Jänner** des folgenden Kalenderjahres

zu erfolgen.

1353 Endet ein Dienstverhältnis im Laufe des Kalenderjahres, besteht keine gesetzliche Verpflichtung zur Übermittlung eines unterjährigen Lohnzettels. Eine freiwillige Übermittlung ist jedoch möglich.

1354 Wurde aufgrund der unterjährigen Beendigung eines Dienstverhältnisses bereits ein Lohnzettel übermittelt, ist nach Ablauf des Kalenderjahres kein weiterer Lohnzettel zu übermitteln.

1355 Im Fall eines einheitlichen, fortlaufenden Dienstverhältnisses ist nur ein Lohnzettel auszustellen. Krankengeldbezug, Karenz, Präsenz- und Zivildienst oder die Teilnahme an Waffenübungen nach dem Heeresgebührengesetz gelten dabei nicht als Unterbrechung eines Dienstverhältnisses.

1356 Beginnt ein Dienstnehmer beim selben Dienstgeber in diesem Kalenderjahr noch einmal ein Dienstverhältnis, ist zeitraumkonform gesondert ein weiterer Lohnzettel auszustellen, ausgenommen das Ende des einen und der Beginn des neuen Dienstverhältnisses liegt innerhalb desselben Kalendermonates. In diesen Fällen ist trotz der Unterbrechung ein einheitlicher Lohnzettel mit Beginn des ersten und Ende des weiteren Dienstverhältnisses zu erstellen.

1357 Werden Personen in unregelmäßigen Abständen fallweise beschäftigt, sodass nicht von einem einheitlichen, fortlaufenden Dienstverhältnis auszugehen ist, bestehen keine Bedenken, wenn nach Ablauf des Kalenderjahres ein einheitlicher Lohnzettel ausgestellt wird.

1358 Im Falle der Eröffnung eines Insolvenzverfahrens ist der Lohnzettel bis zum Letzten des **zweitfolgenden** Monates auszustellen. In diesem Fall ist ein Lohnzettel bis zum Tag der Eröffnung des Insolvenzverfahrens auszustellen.

Erfolgen nach Übermittlung des Lohnzettels steuerlich relevante Ergänzungen des Lohnkontos, besteht die Verpflichtung zur Übermittlung eines berichtigten Lohnzettels **1359**

✓ innerhalb von **zwei Wochen**

ab erfolgter Ergänzung.

Der Arbeitgeber hat dem Arbeitnehmer **1360**

✓ bei Beendigung des Dienstverhältnisses oder
✓ über dessen Verlangen für Zwecke der Einkommensteuerveranlagung

einen Lohnzettel nach dem amtlichen Formular auszustellen (§ 84 Abs 2 EStG).

Ein in Folge einer Lohnsteuerprüfung erstellter Lohnzettel stellt ein rückwirkendes Ereignis iSd § 295 a BAO dar. **1361**

182.1 Inhalt des Lohnzettels

Der Lohnzettel ist aufgrund der Eintragungen im Lohnkonto auszuschreiben (§ 84 Abs 3 EStG). **1362**

Auf dem Lohnzettel sind einzutragen: **1363**

✓ der Zeitraum;
✓ die Finanzamtsnummer;
✓ die Steuernummer;
✓ die Art der Beschäftigung (soziale Stellung);
✓ die Versicherungsnummer des Arbeitnehmers;
✓ das Geschlecht;
✓ die Versicherungsnummer des (Ehe-)Partners des Arbeitnehmers;
✓ Angabe, ob der Alleinverdiener- oder Alleinerzieherabsetzbetrag berücksichtigt wurde;
✓ die Anzahl der Kinder, falls der Alleinverdiener- oder Alleinerzieherabsetzbetrag berücksichtigt wurde;
✓ Angabe, ob der erhöhte Pensionistenabsetzbetrag berücksichtigt wurde;
✓ Versicherungsnummer des (Ehe-)Partners bei Berücksichtigung des Alleinverdienerabsetzbetrages oder erhöhten Pensionistenabsetzbetrages;
✓ Angaben, ob der erhöhte Verkehrsabsetzbetrag berücksichtigt wurde;
✓ Angaben, ob der Familienbonus Plus berücksichtigt wurde;
✓ Anzahl, Name, Versicherungsnummer und Geburtsdatum der Kinder, für die der Familienbonus Plus berücksichtigt wurde;
✓ Monate und Höhe des berücksichtigten Familienbonus Plus;
✓ Anzahl der Homeoffice-Tage und Höhe des Homeoffice-Pauschales;
✓ Angabe, ob der freiwilliger Lohnsteuerabzug gemäß § 47 Abs 1 lit b EStG vorgenommen wurde;
✓ Arbeitgeberbeiträge an ausländische Pensionskassen;
✓ die Übertragungsbeträge an BVK.

Im Lohnzettel sind die laufenden, die sonstigen, die nach dem Tarif versteuerten sonstigen Bezüge und die steuerfreien Bezüge einzutragen. Außerdem sind die einbehaltenen Sozialversicherungsbeiträge, die Gewerkschaftsbeiträge, das Pendlerpauschale, der zustehende Pendlereuro, der rückgezahlte Arbeitslohn, der Werbungskostenpauschbetrag für Expatriates, der berücksichtigte Freibetrag gemäß § 63 EStG, die steuerfreie Mitarbeitergewinnbeteiligung, die steuerfreie Teuerungsprämie sowie der Zuzugsfreibetrag und die insgesamt einbehaltene Lohnsteuer anzuführen. Im Lohnzettel sind weiters die Kalendermonate einzutragen, in denen **1364**

183. Lohnzettelarten

der Arbeitnehmer im Werkverkehr (§ 26 Z 5 EStG) befördert wird und in denen dem Arbeitnehmer ein arbeitgebereigenes Kfz für Fahrten zwischen Wohnung und Arbeitsstätte zur Verfügung gestellt wird (§ 1 Abs 1 Z 13 LohnkontenV). Überdies sind die übernommenen Kosten für Massenverkehrsmittel und Werkverkehr sowie für ein Öffi-Ticket anzugeben.

1365 Die steuerfreien Reisekostensätze gemäß § 3 Abs 1 Z 16 b EStG sind in einer Summe mit den nicht steuerbaren Reisekostenersätzen gemäß § 26 Z 4 EStG (Tages- und Nächtigungsgelder, Kilometergelder) am Lohnzettel gemeinsam auszuweisen.

1366 Werden vom Arbeitgeber neben steuerpflichtigen nichtselbständigen Bezügen („Inlandsbezüge") Bezüge ausbezahlt, für die Österreich nach dem anzuwendenden DBA kein Besteuerungsrecht hat, ist für diese Auslandsbezüge ein gesonderter Lohnzettel auszustellen. Bei elektronischer Übermittlung ist der „Auslandslohnzettel"

- ✓ unter der Lohnzettelart 8 (DBA mit Befreiungsmethode) zu übermitteln. Der Lohnzettel unterscheidet sich inhaltlich nur dadurch vom Inlandslohnzettel, dass eine einbehaltene bzw anrechenbare Lohnsteuer nicht auszuweisen ist;
- ✓ unter der Lohnzettelart 24 (DBA mit Anrechnungsmethode) zu übermitteln.

➢ Siehe auch „Lohnzettelarten".

183. Lohnzettelarten

1367

Art	Bezeichnung bzw Inhalt	Gesetzliche Grundlage EStG
1	Lohnzettel für beschränkt oder unbeschränkt Steuerpflichtige („normaler" Lohnzettel)	§ 84 Abs 1
2	Lohnzettel über Auslandsbezüge nach § 3 Abs 1 Z 11 lit b EStG (Entwicklungshelfer)	§ 84 Abs 1
3	Lohnzettel der Krankenversicherungsträger (Krankengeld als Ersatzleistung für Aktivbezug)	§ 69 Abs 2
4	Lohnzettel der Heeresgebührenstelle (Bezüge nach dem 6. Hauptstück des HGG)	§ 69 Abs 3
5	Lohnzettel über rückgezahlte Pflichtbeiträge	§ 69 Abs 5
6	Lohnzettel über Wochengeldauszahlung durch Sozialversicherungsträger	§ 84 Abs 1
7	Lohnzettel über Insolvenz-Entgelt durch den IE-Fonds	§ 69 Abs 6
8	Lohnzettel für Steuerpflichtige, für die aufgrund DBA keine Lohnsteuer einzubehalten ist (bei Anwendung der Befreiungsmethode; zB Lohnzettel für im Ausland Ansässige)	§ 84 Abs 1
9	Lohnzettel der Bauarbeiterurlaubskasse gemäß § 69 Abs 4 EStG (Winterfeiertagsvergütung)	§ 69 Abs 4
11	Lohnzettel über ausschließlich pflegebedingte Geldleistungen (Pflegegeld, Pflegezulage, Blindengeld, Blindenzulage)	§ 84 Abs 1
12	Lohnzettel über Auszahlungen aus der Betrieblichen Vorsorge laut BMSVG	§ 84 Abs 1
15	Lohnzettel der Krankenversicherungsträger über Bezüge iS des Dienstleistungsscheckgesetzes	§ 69 Abs 7

185. Mehrarbeitszeit

Art	Bezeichnung bzw Inhalt	Gesetzliche Grundlage EStG
16	Lohnzettel über Insolvenz-Entgelt durch den IE-Fonds (Auslandsbezüge nach § 3 Abs 1 Z 10 oder 11 EStG)	§ 69 Abs 6
17	Lohnzettel der Bauarbeiterurlaubskasse gemäß § 69 Abs 8 EStG (Bezüge gemäß § 33f Abs 1 BUAG)	§ 69 Abs 8
18	Zusätzlicher Lohnzettel	§ 84 Abs 1
19	Lohnzettel über Rückzahlung von Pensionsbeiträgen nach § 25 Abs 1 Z 3 lit e EStG	§ 69 Abs 9
20	Lohnzettel der Bauarbeiterurlaubskasse gemäß § 69 Abs 4 Z 2 EStG (Urlaubsentgelt gemäß § 8 Abs 8 BUAG)	§ 69 Abs 4
21	Lohnzettel der Bauarbeiterurlaubskasse (Abfindungen gemäß § 10 BUAG)	§ 67 Abs 5
22	Lohnzettel der Bauarbeiterurlaubskasse (Abfertigungen gemäß § 13a BUAG)	§ 67 Abs 3
23	Lohnzettel über Auslandsbezüge nach § 3 Abs 1 Z 10 EStG (idF AbgÄG 2011)	§ 84 Abs 1
24	Lohnzettel für Zeiträume, für die dem ausländischen Staat gemäß DBA mit Anrechnungsmethode das Besteuerungsrecht zugewiesen wurde (für Lohnzahlungszeiträume ab 2014)	§ 84 Abs 1

183.1 Rechtsgrundlage für Lohnzettelarten

Rechtliche Grundlage ist § 4 der Verordnung des Bundesministers für Finanzen betreffend die elektronische Übermittlung von Daten der Lohnzettel gemäß § 84 Abs 1 EStG, der Meldungen gemäß §§ 3 Abs 2 und 109a EStG sowie 109b EStG. **1368**

184. Mankogeld

> Siehe „Zählgeld".

185. Mehrarbeitszeit

Unter Mehrarbeit versteht man die Differenz zwischen kollektivvertraglicher Normalarbeitszeit und der gesetzlichen Normalarbeitszeit von vierzig Stunden bzw Arbeitsleistungen, die über die vereinbarte Normalarbeitszeit hinausgeht, aber noch nicht Überstundenarbeit ist. Die Entlohnung von Mehrarbeit richtet sich nach dem jeweils anzuwendenden Kollektivvertrag. **1369**

Mehrarbeit bei **Teilzeitbeschäftigten** ist die Differenz zwischen der gesetzlichen und der vereinbarten Normalarbeit. Für Mehrarbeitsstunden gebührt ein Zuschlag von 25%. Mehrarbeitsstunden sind nicht zuschlagpflichtig, wenn **1370**

✓ eine schriftliche Anpassung des Arbeitszeitausmaßes erfolgt (Bekanntgabe zwei Wochen im Vorhinein – § 19c AZG)

187. Mitarbeiterbeteiligungsstiftung

- ✓ Zeitausgleich 1 : 1 im Kalendervierteljahr oder eines anderen festgelegten Dreimonatszeitraumes vereinbart wurde
- ✓ bei Gleitzeit die vereinbarte Arbeitszeit innerhalb der Gleitzeitperiode im Durchschnitt nicht überschritten wurde
- ✓ wenn der Kollektivvertrag einen geringeren oder keinen Zuschlag für die Mehrarbeit vorsieht (zB Kollektivvertrag Handel)

Lohnsteuer

1371 Sofern der anzuwendende Kollektivvertrag für die Mehrarbeit, die sich aufgrund der verkürzten kollektivvertraglichen Normalarbeitszeit ergibt, einen Zuschlag vorsieht, sind diese betreffend die Steuerfreiheit wie Überstundenzuschläge im Rahmen der Bestimmungen des § 68 Abs 1 und 2 EStG zu behandeln.

1372 Die steuerlichen Begünstigungen des § 68 Abs 1 und 2 EStG können für Mehrarbeitszuschläge für Teilzeitbeschäftigte nicht angewendet werden. Der 25%ige Mehrarbeitszuschlag für Mehrarbeit bei Teilzeitbeschäftigung unterliegt im vollen Umfang der Steuerpflicht. Diese Zuschläge sind auch dann steuerpflichtig, wenn sie für eine Mehrarbeit geleistet werden, die an einem Sonn-, Feiertag oder in der Nacht erbracht wird.

Sozialversicherung

1373 Das für Mehrarbeit zustehende Entgelt (Grundlohn und eventuell Zuschlag) unterliegt der Sozialversicherungspflicht.

Betriebliche Vorsorgekasse

1374 Das für Mehrarbeit zustehende Entgelt (Grundlohn und eventuell Zuschlag) ist im Bereich der Betrieblichen Vorsorgekasse beitragspflichtig.

DB – DZ – KommSt

1375 Das für Mehrarbeit zustehende Entgelt unterliegt nach den Bestimmungen des § 41 FLAG sowie § 5 KommStG der Beitragspflicht bei DB, DZ und KommSt.

186. Mitarbeiterbeteiligung (§ 3 Abs 1 Z 15a EStG)

➢ Siehe „Beteiligungen am Betrieb".

187. Mitarbeiterbeteiligungsstiftung (§ 3 Abs 1 Z 15c und Z 15d EStG)

1376 Sinn und Zweck der Mitarbeiterbeteiligungsstiftung ist insb die Bildung bzw Stärkung eines Kernaktionärs und – damit einhergehend – die Vermeidung von „feindlichen Übernahmen" sowie die Sicherung von Arbeitsplätzen und Standort. Dafür sollen die Aktien für die Mitarbeiter und Mitarbeiterinnen von der Mitarbeiterbeteiligungsstiftung treuhändig verwaltet und verwahrt werden und eine einheitliche Stimmrechtsausübung die Stellung der Mitarbeiterbeteiligungsstiftung als Kernaktionär sicherstellen.

187. Mitarbeiterbeteiligungsstiftung

Die Dividenden aus den treuhändig verwalteten Aktien sollen an die Mitarbeiter und Mitarbeiterinnen weitergeleitet werden; diese stellen bei ihnen Kapitalerträge dar. **1377**

Der Vorteil **1378**

- ✓ aus der unentgeltlichen oder verbilligten Abgabe von Aktien an Arbeitgebergesellschaften gemäß § 4d Abs 5 Z 1 EStG (Definition der Arbeitgebergesellschaften entspricht § 3 Abs 1 Z 15 lit b EStG)
- ✓ durch die Arbeitgebergesellschaft selbst oder eine Mitarbeiterbeteiligungsstiftung gemäß § 4d Abs 4 EStG
- ✓ für Arbeitnehmer, ehemalige Arbeitnehmer sowie (Ehe-)Partner und Kinder von Arbeitnehmern bzw von ehemaligen Arbeitnehmern (§ 4d Abs 5 Z 2 und 3 EStG)
- ✓ bis **€ 4.500,- jährlich** pro Dienstverhältnis
- ✓ ist **steuerfrei und sozialversicherungsfrei.**

Voraussetzungen für die Befreiung sind: **1379**

- ✓ Der Vorteil muss allen Arbeitnehmern oder bestimmten Gruppen von Arbeitnehmern gewährt werden (siehe „Gruppenmerkmal").
- ✓ Die Aktien (samt der damit verbundenen Stimmrechte) müssen bis zur Beendigung des Dienstverhältnisses auf eine Mitarbeiterbeteiligungsstiftung zur treuhändigen Verwaltung und Verwahrung übertragen werden. Eine Kündigung dieser Vereinbarung vor Beendigung des Dienstverhältnisses muss vertraglich ausgeschlossen sein.

Der geldwerte Vorteil aus der Verwahrung und Verwaltung der Aktien durch die Mitarbeiterbeteiligungsstiftung ist ebenso steuerfrei (§ 3 Abs 1 Z 15 lit d EStG). Die Mitarbeiterbeteiligungsstiftung kann im Auftrag der Arbeitnehmer sowohl vorhandene Aktien veräußern (nach Beendigung des Dienstverhältnisses) als auch neue Aktien an Arbeitgebergesellschaften erwerben und sie darf die Aktien auch über das Ende des Dienstverhältnisses hinaus verwalten und verwahren.

Werden Aktien vor Beendigung des Dienstverhältnisses dem Arbeitnehmer ausgefolgt, stellt dies einen Zufluss eines geldwerten Vorteils dar. Die Höhe dieses geldwerten Vorteils entspricht dem bei Abgabe der Aktien steuerfrei behandelten Vorteil aus der unentgeltlichen oder verbilligten Abgabe der Aktien, dh die Anschaffungskosten der Aktien entsprechen dem um übliche Preisnachlässe verminderten üblichen Endpreis der Aktien am Abgabeort (§ 15 Abs 2 Z 1 EStG) im Zeitpunkt der Abgabe an den Arbeitnehmer (zur Verwahrung und Verwaltung durch die Mitarbeiterbeteiligungsstiftung).

Beispiel 1

Ein Arbeitnehmer erhält folgende Aktienpakete steuer- und sozialversicherungsfrei zugewendet. Zudem fallen keine Lohnnebenkosten an.

	Anzahl Aktien	Kurs	Wert	
2019	300	4,6	€ 1.380	
2020	200	5,2	€ 1.040	
2021	400	5	€ 2.000	
2022	500	6	€ 3.000	
	1.400		€ 7.420	Summe

2023 beendet er das Dienstverhältnis und verkauft die Aktien zum aktuellen Kurs von € 8,-/ Stück. In Summe beträgt der Erlös € 11.200,-. Der zugewendete Vorteil in der Höhe von € 7.420,- ist steuerfrei. Die Differenz (€ 11.200,- – € 7.420,-) zum Veräußerungserlös ist steuerpflichtig (€ 3.780,-) und unterliegt der KESt. Es fallen daher Steuern in Höhe von € 1.039,50 an.

188. Mitarbeiterrabatte

> **Beispiel 2**
>
> Ein Arbeitnehmer erhält folgende Aktienpakete steuer- und sozialversicherungsfrei zugewendet. Zudem fallen keine Lohnnebenkosten an.
>
> | Anzahl Aktien | | Kurs | Wert | |
> |---|---|---|---|---|
> | 2019 | 300 | 4,6 | € | 1.380 |
> | 2020 | 200 | 5,2 | € | 1.040 |
> | 2021 | 400 | 5 | € | 2.000 |
> | 2022 | 500 | 6 | € | 3.000 |
> | | 1.400 | | € | 7.420 Summe |
>
> 2023 verkauft er (vor Beendigung des Dienstverhältnisses) die Aktien zum aktuellen Kurs von € 8,–/ Stück. In Summe beträgt der Erlös € 11.200,–. Der zugewendete Vorteil in der Höhe von € 7.420,– ist als Sachbezug im Rahmen der Lohnverrechnung steuerpflichtig. Die Differenz (€ 11.200,– – € 7.420,–) zum Veräußerungserlös ist ebenso steuerpflichtig (€ 3.780,–) und unterliegt der KESt.

Eine Mitarbeiterbeteiligungsstiftung gemäß § 4d Abs 4 EStG liegt dann vor, wenn die Privatstiftung nach der Stiftungsurkunde und der tatsächlichen Geschäftsführung ausschließlich und unmittelbar:
– der unentgeltlichen oder verbilligten Abgabe von Aktien an Arbeitgebergesellschaften gemäß § 4d Abs 5 Z 1 EStG an die Begünstigten,
– der treuhändigen Verwahrung und Verwaltung von Aktien der Begünstigten und
– der einheitlichen Ausübung der von den Begünstigten übertragenen, mit den treuhändig verwahrten und verwalteten Aktien verbundenen Stimmrechte

dient.

Die Stiftung selbst darf unter bestimmten Voraussetzungen Aktien von bis zu 10% der Stimmrechte halten. Stifter können nur Arbeitgebergesellschaften und eine innerbetrieblich bestehende gesetzliche Arbeitnehmervertretung sein. Der Kreis der Begünstigten laut Stiftungs(zusatz)urkunde darf nur Arbeitnehmer, frühere Arbeitnehmer bzw Angehörige von diesen umfassen.

Exkurs: Belegschaftsbeteiligungsstiftung

1380 Zuwendungen einer Belegschaftsbeteiligungsstiftung iSd § 4d Abs 3 EStG zählen bis zu einem Betrag von € 4.500,– jährlich nicht zu den Einkünften aus nichtselbständiger Arbeit. Bis zu diesem Betrag liegen Einkünfte aus Kapitalvermögen (§ 27 Abs 1 Z 7 EStG) vor, die der Kapitalertragsteuer unterliegen und endbesteuert sind. Insoweit für diese Zahlungen Sozialversicherungsbeiträge des Arbeitnehmers anfallen, sind diese nicht als Werbungskosten abzugsfähig. Darüber hinausgehende Zuwendungen sind als Vorteil aus dem Dienstverhältnis gemäß § 25 Abs 1 Z 1 lit a EStG zu versteuern.

188. Mitarbeiterrabatte

1381 Unter Mitarbeiterrabatten versteht man geldwerte Vorteile (§ 15 Abs 2 Z 3 lit a EStG) aus dem kostenlosen oder verbilligten Bezug von Waren oder Dienstleistungen, die der Arbeitgeber oder ein mit dem Arbeitgeber verbundenes Konzernunternehmen im allgemeinen Geschäftsverkehr anbietet (§ 3 Abs 1 Z 21 EStG).

188. Mitarbeiterrabatte

Mitarbeiterrabatte sind in folgender Höhe steuerfrei: **1382**

- ✓ Mitarbeiterrabatte bis **maximal 20%** sind steuerfrei (Freigrenze) und führen zu keinem Sachbezug.
- ✓ Übersteigt der Mitarbeiterrabatt im Einzelfall 20%, steht insgesamt ein **jährlicher** Freibetrag in **Höhe von € 1.000,–** zu, wobei der Arbeitgeber alle einem Mitarbeiter im Kalenderjahr gewährten Rabatte, die 20% übersteigen, aufzuzeichnen hat.

Ist ein Wert betreffend den geldwerten Vorteilen von Waren und Dienstleistungen in der SachbezugswerteV festgelegt, kommt die Befreiung gemäß § 3 Abs 1 Z 21 EStG nicht zur Anwendung. **1383**

Die sonstigen Sachbezugswerte in § 6 SachbezugswerteV wurden ausdrücklich auf die Land- und Forstwirtschaft eingeschränkt. Somit sind diese dort aufgezählten Sachzuwendungen wie zB Holzdeputate, Mehl, Strom nur dann von der Steuerbegünstigung für Mitarbeiterrabatte ausgeschlossen, wenn sie im Rahmen der Land- und Forstwirtschaft zugewendet werden. Gewährt bspw ein Energieversorgungsunternehmen seinen Mitarbeitern Rabatte auf den Strombezug, ist dieser geldwerte Vorteil, mangels Festlegung in der SachbezugswerteV, der Steuerbegünstigung für Mitarbeiterrabatte zugänglich. **1384**

Der Mitarbeiterrabatt ist von jenem Endpreis zu berechnen, zu welchem der Arbeitgeber die Ware oder Dienstleistung fremden Letztverbrauchern im allgemeinen Geschäftsverkehr anbietet. Endpreis ist daher jener Preis, von welchem übliche Kundenrabatte bereits abgezogen wurden; dabei ist stets auf den Endpreis im Zeitpunkt des kostenlosen oder verbilligten Bezugs der konkreten Ware oder Dienstleistung abzustellen (vgl Beispiel 3). **1385**

Die Begünstigung gilt auch, wenn der Rabatt nicht unmittelbar vom Arbeitgeber, sondern von einem mit dem Arbeitgeber verbundenen Konzernunternehmen gewährt wird. **1386**

Beispiel 1

Ein Unternehmer verkauft eine Ware an fremde Abnehmer im allgemeinen Geschäftsverkehr (üblicher Preis minus üblich gewährter Rabatte) zu einem Preis von € 200,–. An seine Arbeitnehmer verkauft der Unternehmer die gleiche Ware
a) zu einem Preis von € 160,–. Es kommt die Befreiung gemäß § 3 Abs 1 Z 21 lit b EStG zur Anwendung, da die 20%-Grenze nicht überschritten wird (€ 200 – 20% = € 160,–). Ein Sachbezug ist nicht anzusetzen.
b) zu einem Preis von € 140,–. Infolge des Überschreitens der 20%-Grenze kommt § 3 Abs 1 Z 21 lit c EStG zur Anwendung. Es liegt ein geldwerter Vorteil von € 60,– vor. Dieser Betrag von € 60,– ist jedoch nur dann zu versteuern, wenn es zu einer Überschreitung des jährlichen Freibetrages in Höhe von € 1.000,– kommt (§ 3 Abs 1 Z 21 lit c EStG).

Beispiel 2

Ein Unternehmer verkauft eine Ware an fremde Abnehmer um einen Preis von € 15.000,–. Seinen Arbeitnehmern überlässt er die gleiche Ware um einen Preis von € 11.250,–.
Der Mitarbeiterrabatt beträgt mehr als 20% (25% von € 15.000 = € 3.750,–). Somit liegt ein geldwerter Vorteil von € 3.750,– vor. Da auch der jährliche Freibetrag in Höhe von € 1.000,– überschritten wird, sind € 2.750,– (€ 3.750,– abzüglich € 1.000,– Freibetrag) als Vorteil aus dem Dienstverhältnis zu versteuern.

188. Mitarbeiterrabatte

> **Beispiel 3**
>
> Ein Textilhandelsunternehmen verkauft eine Hose an fremde Abnehmer zu einem Preis von € 100,–. Am 1. 7. wird die Ware aufgrund des Sommerschlussverkaufs um 30% auf € 70,– reduziert. Ein Arbeitnehmer des Textilhandelsunternehmens erwirbt die Hose
> a) am 28. 6. um € 70,–. Da die 20%-Grenze überschritten wird (€ 100 – 20% = € 80,–), liegt ein geldwerter Vorteil von € 30,– vor, der dann zu versteuern ist, wenn der jährliche Freibetrag von € 1.000,– überschritten wird.
> b) am 1. 7. um € 70,–. Es liegt kein Mitarbeiterrabatt vor, da auch fremde Abnehmer die Hose um € 70,– erwerben können.
> c) am 1. 7. um € 60,–. Die 20%-Grenze wird nicht überschritten (€ 70 – 20% = € 56,–). Der Mitarbeiterrabatt ist steuerfrei.
> d) am 1. 7. um € 50,–. Da die 20%-Grenze überschritten wird (€ 70 – 20% = € 56,–), liegt ein geldwerter Vorteil von € 20,– vor, der dann zu versteuern ist, wenn der jährliche Freibetrag von € 1.000,– überschritten wird.

1387 Voraussetzung für die Anerkennung der Steuerfreiheit ist, dass
- ✓ der Mitarbeiterrabatt allen oder bestimmten Gruppen von Arbeitnehmern eingeräumt wird (Pensionisten sind keine Arbeitnehmer iSd § 3 Abs 1 Z 21 EStG – aA BFG 8. 5. 2019, RV/7105649/2017) und
- ✓ die kostenlos oder verbilligt bezogenen Waren oder Dienstleistungen vom Arbeitnehmer weder verkauft noch zur Einkünfteerzielung verwendet und nur in einer solchen Menge gewährt werden, die einen Verkauf oder eine Einkünfteerzielung tatsächlich ausschließt. Dies ist vom Arbeitgeber – zB durch Regelungen im Dienstvertrag – sicherzustellen.

1388 Aufgrund letzterer Voraussetzung ist grundsätzlich nur die Abgabe von Haushaltsmengen von der Steuerbegünstigung für Mitarbeiterrabatte umfasst. Bei niedrigpreisigen Haushaltswaren erscheint jedoch ein Abstellen ausschließlich auf den tatsächlichen Verkauf und nicht auf die potenzielle Verkaufsmöglichkeit zur Einkünfteerzielung gerechtfertigt und auch im Einklang mit den Erläuterungen zur gesetzlichen Bestimmung.

1389 Mitarbeiterrabatte sind bei Vorliegen der übrigen Voraussetzungen nur dann steuerfrei, wenn der kostenlose oder verbilligte Bezug von Waren oder Dienstleistungen durch den Mitarbeiter (aktiver Arbeitnehmer) selbst erfolgt und dieser den Aufwand wirtschaftlich selbst trägt, auch dann, wenn die Ware einer Person zugeordnet werden kann (zB Saisonkarte).

1390 Werden aufgrund des Dienstverhältnisses Rabatte bis zu 20% auch Angehörigen des Mitarbeiters gewährt, stellt dies einen beim Arbeitnehmer zu erfassenden Vorteil aus dem Dienstverhältnis dar, auf welchen die Begünstigung für Mitarbeiterrabatte grundsätzlich nicht anwendbar ist. Erwirbt der Angehörige selbst die Ware (bis 20% Rabatt), kommt die Steuerbefreiung daher nicht zur Anwendung.

1391 Übersteigt allerdings der Rabatt bei Direkteinkäufen durch Angehörige im Einzelfall 20%, sind Mitarbeiterrabatte insoweit steuerpflichtig, als ihr Gesamtbetrag € 1.000,– im Kalenderjahr übersteigt. Es erfolgt somit – aus Gründen der Verwaltungsvereinfachung – eine Anrechnung auf die € 1.000,– Grenze des Arbeitnehmers. Damit die Steuerbegünstigung für Mitarbeiterrabatte anwendbar ist, müssen aber jedenfalls die übrigen gesetzlichen Voraussetzungen vorliegen (wie zB kein Weiterverkauf).

Arbeitgeber gewährt Mitarbeiterrabatte:	Rabatt bis 20%	Rabatt über 20%
Mitarbeiter erwirbt (für sich oder für andere) und trägt den Aufwand	steuerfrei	Freibetrag € 1.000,–/Jahr; darüber steuerpflichtig
Direkteinkauf von Angehörigen von Mitarbeitern	beim Arbeitnehmer steuerpflichtig	wird auf € 1.000,– Jahresfreibetrag des Mitarbeiters angerechnet; darüber beim Mitarbeiter steuerpflichtig

In der Sozialversicherung gilt dieselbe gesetzliche Ausnahmebestimmung. Die Regelung zu den Mitarbeiterrabatten ist daher in EStG und ASVG harmonisiert. **1392**

Können die Mitarbeiterrabatte steuerfrei abgerechnet werden, sind auch keine Lohnnebenkosten (KommSt, DB und DZ) zu entrichten. **1393**

189. Mittagsbetreuung in Pflichtschulen durch den Schulerhalter (§ 25 Abs 1 Z 1 lit a EStG)

Aufgrund folgender Sachverhaltselemente ist von einem Dienstverhältnis der Aufsichtsperson zum Schulerhalter, der die Verantwortung für die Beaufsichtigung übernimmt, und somit von Einkünften aus nichtselbständiger Arbeit auszugehen: **1394**
- ✓ Die Aufsichtsperson ist verpflichtet, zu einer bestimmten Zeit und an einem bestimmten Ort (Mittagszeit, Schule) regelmäßig tätig zu werden.
- ✓ Die Entlohnung ist regelmäßig zeitabhängig (Anzahl der Aufsichtsstunden oder Monatslohn).
- ✓ Ein Unternehmerrisiko ist nicht gegeben.
- ✓ Die Haftung hat der Schulerhalter zu übernehmen, sie kann nicht übertragen werden.
- ✓ Das Aufsichtsorgan wird als Organ des Schulerhalters tätig.
- ✓ Die Bezeichnung des Vertrags als freier Dienstvertrag ist für die Beurteilung der Einkünfte lediglich von untergeordneter Bedeutung, ebenso eine mögliche Vertretung, die wie im Schulbetrieb als eine Vertretung unter Kollegen anzusehen ist und für eine andere Beurteilung der Einkunftsart keine Bedeutung hat.

Von dieser Beurteilung ist auch dann auszugehen, wenn mehrere Personen gemeinsam (zB in Form einer Arbeitsgruppe) mit der Aufsicht betraut werden. Die Übertragung der Aufsichtsverpflichtung an einen Verein ist grundsätzlich nicht vorgesehen. Sollte eine derartige Übertragung zulässig sein, ist in der Folge von einem Dienstverhältnis der für den Verein tätigen Aufsichtspersonen zum Verein auszugehen. **1395**

190. Mitversicherung in der Sozialversicherung

Der Beitragssatz zur beitragspflichtigen Mitversicherung beträgt unverändert 3,4% und wird vom jeweiligen Krankenversicherungsträger dem Versicherten vorgeschrieben. Seit 1. 8. 2009 können nun auch wieder Lebensgefährten erleichtert mitversichert werden, dies gilt auch für eingetragene Partnerschaften. **1396**

191. Montagezulage

1397 Eine aufgrund eines Kollektivvertrags bezahlte Montagezulage kann sowohl ein Lohnbestandteil (KV Metallverarbeitendes Gewerbe) als auch eine Reiseaufwandsentschädigung sein. Sofern ein Lohnbestandteil vorliegt, ist die Montagezulage zur Gänze abgabenpflichtig. Liegt eine Reiseaufwandsentschädigung vor, ist die Montagezulage im Rahmen der Bestimmungen des § 26 Z 4 und § 3 Abs 1 Z 16 b EStG abgabenfrei.

> Siehe dazu auch „Reisekosten".

192. Nachtschwerarbeitsbeitrag (NB)

1398 Der Nachtschwerarbeitsbeitrag ist vom Dienstgeber gemäß Art XI Abs 3 NSchG für jeden Nachtschwerarbeitsmonat für alle Dienstnehmer, die Nachtschwerarbeit leisten, bis zur Höchstbeitragsgrundlage von der allgemeinen Beitragsgrundlage für die Pensionsversicherung sowie von den Sonderzahlungen zu entrichten.

1399 Der Nachtschwerarbeitsbeitrag beträgt 3,8% der allgemeinen Beitragsgrundlage.

193. Nachzahlungen in einem Insolvenzverfahren

1400 Nachzahlungen in einem Insolvenzverfahren sind, soweit sie Bezüge gemäß § 67 Abs 3 (gesetzliche Abfertigung), Abs 6 (freiwillige Abfertigung) oder Abs 8 lit e (Pensionsabfindungen) oder lit f EStG (Sozialplanzahlungen) betreffen, mit dem festen Steuersatz zu versteuern. Von den übrigen Nachzahlungen ist nach Abzug der darauf entfallenden Sozialversicherungsbeiträgen ein Fünftel steuerfrei zu belassen. Nachzahlungen für Bezüge gemäß § 3 Abs 1 Z 10 EStG behalten im Rahmen der gesetzlichen Bestimmungen ihre Steuerfreiheit, wobei in diesen Fällen kein steuerfreies Fünftel zu berücksichtigen ist. Der verbleibende Betrag ist als laufender Bezug mit einer vorläufig laufenden Lohnsteuer in Höhe von 15% zu versteuern.

1401 Für die steuerliche Zuordnung von Nachzahlungen im Insolvenzverfahren ist der jeweilige Kalendermonat maßgeblich, „für der Anspruch besteht". Dies gilt jedoch nicht für eine Kündigungsentschädigung sofern sie einen drei Monate übersteigenden Zeitraum betrifft (VwGH 19. 9. 2013, 2011/15/0185).

1402 Erhält der Arbeitnehmer bei Verteilung der Masse nicht durch das IESG gesicherte Ansprüche, sind diese ebenso nach diesen Grundsätzen zu versteuern.

1403 Aus Gründen der Verwaltungsvereinfachung bestehen keine Bedenken, wenn von Quotenzahlungen an den Arbeitnehmer durch den Masseverwalter 50% als sonstiger Bezug nach § 67 Abs 3, 6, 8 lit e, Abs 8 lit f EStG mit dem festen Steuersatz von 6% besteuert und die restlichen 50% als laufender Bezug mit 15% versteuert werden. Vom Anteil, der als laufender Bezug zu versteuern ist, bleibt ein Fünftel steuerfrei, sodass sich ein Durchschnittssteuersatz von 9% ergibt.

1404 Werden vom Masseverwalter Quotenzahlungen an den IEF geleistet, hat der Lohnsteuerabzug ebenfalls gemäß § 67 Abs 8 lit g EStG zu erfolgen. Aus Gründen der Verwaltungsvereinfachung bestehen keine Bedenken, wenn für diese Quotenzahlungen an den IEF durch den Masseverwalter pauschal 9% Lohnsteuer einbehalten und abgeführt werden.

194.1 Nachzahlungen für das abgelaufene Kalenderjahr bis 15. 2. des Folgejahres

Leistungen im Rahmen eines Insolvenzverfahrens sind getrennt nach laufenden Bezügen und Sonderzahlungen abzurechnen, wobei die einzelnen Bezugsansprüche dem jeweiligen Beitragszeitraum, für den sie geleistet werden, zuzuordnen sind. **1405**

194. Nachzahlungen und nachträgliche Zahlungen von Arbeitslohn (§ 67 Abs 8 lit c EStG)

Nachzahlungen für abgelaufene Kalenderjahre sind dann begünstigt zu besteuern (1/5 steuerfrei), wenn sie nicht auf einer willkürlichen Verschiebung des Auszahlungszeitpunktes beruhen. **1406**

Von einem willkürlichen Verhalten wird gesprochen, wenn es auf ein bewusstes Wollen oder Nichtwollen zurückzuführen ist. Willkür liegt nicht nur bei Missbrauch, sondern auch in allen Fällen vor, in denen die Verschiebung der Nachzahlung in das darauffolgende Kalenderjahr freiwillig erfolgte (vgl BFG 6. 7. 2020, RV/5100984/2018).

Wurde einem Arbeitnehmer für einen bereits abgelaufenen Lohnzahlungszeitraum nicht das ihm zustehende Entgelt gezahlt und erfolgt nunmehr eine entsprechende Gehalts(Lohn)aufzahlung, spricht man von Nachzahlung. Wurde jedoch für den betreffenden Lohnzahlungszeitraum noch kein Entgelt gezahlt, spricht man von nachträglicher Zahlung. Beide Fälle setzten voraus, dass die Zahlung bereits zu einem früheren Zeitpunkt zu entrichten gewesen wäre. **1407**

Die Anwendung des § 67 Abs 8 lit c EStG kommt bei Nachzahlungen und nachträglichen Zahlungen nur dann in Betracht, wenn die rechtzeitige Auszahlung des Bezugs aus Gründen, die nicht im Belieben des Arbeitgebers standen, unterblieben ist. Es müssen zwingende wirtschaftliche Gründe die rechtzeitige Auszahlung verhindert haben, also Gründe, die außerhalb des Willensbereiches der Vertragspartner liegende zwingende Umstände objektiver Art darstellen. Das Wort „willkürlich" umfasst nicht nur Fälle eines Missbrauchs, sondern auch eine freiwillige Verschiebung oder freiwillige Lohnzahlung (LStR Rz 1106). Von einem willkürlichen Verhalten wird gesprochen, wenn es auf ein bewusstes Wollen oder Nichtwollen zurückzuführen ist. Willkür liegt nicht nur bei Missbrauch, sondern auch in allen Fällen vor, in denen die Verpflichtung freiwillig erfolgte (vgl BFG 6. 7. 2020, RV/5100984/2018). **1408**

Bei Nachzahlung von Arbeitslohn sind folgende Möglichkeiten zu unterscheiden: **1409**
- ✓ Nachzahlung bis 15. 2. des Folgejahres
- ✓ Nachzahlung für das abgelaufene Kalenderjahr – ohne willkürliche Verschiebung des Auszahlungszeitpunktes
- ✓ Nachzahlung für das abgelaufene Kalenderjahr – mit willkürlicher Verschiebung des Auszahlungszeitpunktes
- ✓ Nachzahlung für das laufende Kalenderjahr

194.1 Nachzahlungen für das abgelaufene Kalenderjahr bis 15. 2. des Folgejahres

Zahlt der Arbeitgeber nach dem 15. 1. bis 15. 2. des Folgejahres Bezüge, die das Vorjahr betreffen, aus, sind diese Bezüge dem Vorjahr zuzurechnen. Die darauf entfallenden Abgaben (LSt, DB, DZ und KommSt) sind ebenfalls dem Vorjahr zuzurechnen und bis 15. 2. an das FA abzuführen (eigene Zahlungsart beim FA). **1410**

194. Nachzahlungen und nachträgliche Zahlungen von Arbeitslohn

1411 Bei Berechnung der Lohnsteuer darf die Begünstigung des § 67 Abs 8 lit c EStG (1/5 steuerfrei) **nicht** in Anspruch genommen werden.

1412 Wurde bereits ein Lohnzettel übermittelt, ist innerhalb von zwei Wochen ein berichtigter Lohnzettel zu übermitteln.

194.2 Nachzahlungen für abgelaufene Kalenderjahre ohne willkürliche Verschiebung des Auszahlungszeitpunktes

1413 Nachzahlungen für abgelaufene Kalenderjahre, die nicht auf einer willkürlichen Verschiebung des Auszahlungszeitpunktes beruhen, sind auf folgende Komponenten aufzuteilen, wenn eindeutig erkennbar ist, in welchem Ausmaß die Nachzahlung auf einen derartigen Betrag entfällt:
- ✓ Kostensätze gemäß § 26 EStG (zB Reisekostensätze) behalten ihre Steuerfreiheit.
- ✓ Steuerfreie Bezüge gemäß § 3 Abs 1 EStG behalten dann ihre Steuerfreiheit, wenn sie ohne Rücksicht auf die Höhe anderer Bezugsteile und ohne Rücksicht auf die Modalitäten der Auszahlung bzw Gewährung steuerfrei sind (begünstigte Auslandstätigkeit).

1414 **Nicht** unter Nachzahlungen gemäß § 67 Abs 8 lit c EStG fallen
- ✓ Abfertigungen gemäß § 67 Abs 3 oder 6 EStG,
- ✓ Pensionsabfindungen und
- ✓ Zahlungen aufgrund eines Sozialplans,
- ✓ Abgeltung von Gleitzeitguthaben.

1415 Der verbleibende Betrag ist gemäß § 67 Abs 10 EStG im Kalendermonat der Zahlung zu versteuern. Dabei ist nach Abzug der darauf entfallenden Sozialversicherungsbeiträge ein Fünftel steuerfrei zu belassen.

194.3 Nachzahlungen für abgelaufene Kalenderjahre bei willkürlicher Verschiebung des Auszahlungszeitpunktes

1416 Wird eine Nachzahlung oder nachträgliche Zahlung für abgelaufene Kalenderjahre aufgrund einer willkürlichen Verschiebung geleistet, erfolgt die Besteuerung,
- ✓ wenn es sich um die Nachzahlung von sonstigen Bezügen handelt, gemäß § 67 Abs 1 und 2 EStG (= sonstiger Bezug unter Anrechnung auf das Jahressechstel),
- ✓ wenn es sich um die Nachzahlung eines laufenden Bezugs handelt, gemeinsam mit dem laufenden Bezug des Auszahlungsmonats nach dem Tarif.

194.4 Nachzahlungen für das laufende Kalenderjahr

1417 Soweit die Nachzahlungen laufenden Arbeitslohn für das laufende Kalenderjahr betreffen, ist die Lohnsteuer durch Aufrollen der in Betracht kommenden Lohnzahlungszeiträume zu berechnen.

194.5 Nachzahlungen im Zusammenhang mit der Altersteilzeit

1418 Wird ein Dienstverhältnis vor Ablauf einer vereinbarten Altersteilzeit beendet und werden die erworbenen Entgeltansprüche (laufende Bezüge und anteilige sonstige Bezüge) bis zum vereinbarten Ende der Altersteilzeit im Zeitpunkt des Ausscheidens an den Arbeitnehmer ausbezahlt, ist wie folgt vorzugehen:

- ✓ Endet die Altersteilzeit vorzeitig wegen Todes des Arbeitnehmers bzw Zuerkennung einer Pension (Berufsunfähigkeitspension), sind jene Bezugsbestandteile, die in abgelaufenen Kalenderjahren erworben wurden, als Nachzahlung iSd § 67 Abs 8 lit c EStG zu versteuern. Wurden Bezugsansprüche im laufenden Kalenderjahr erworben, sind die betroffenen Zeiträume aufzurollen.
- ✓ Im Fall einer berechtigten Entlassung, einvernehmlichen Auflösung des Dienstverhältnisses, Kündigung (sowohl bei Arbeitgeber- als auch bei Arbeitnehmerkündigung) sowie bei vorzeitiger Beendigung der Altersteilzeit und Wiederaufnahme der vollen Beschäftigung ist die Besteuerung iSd § 67 Abs 10 EStG vorzunehmen.
- ✓ Bei Beendigung im Zug einer Insolvenz und Übernahme der offenen Forderung durch den Insolvenz-Ausfallgeld-Fonds erfolgt die Besteuerung gemäß § 67 Abs 8 lit g EStG.

194.6 Nachzahlungen im Zusammenhang mit dem LSD-BG

Für Nachzahlungen iZm Lohn- und Sozialdumping gelten dieselben zuvor angeführten Grundsätze. Werden Bezüge für das Vorjahr nach dem 15. 1. bis zum 15. 2. ausgezahlt, ist die Lohnsteuer bis zum 15. 2. als Lohnsteuer für das Vorjahr abzuführen. § 67 Abs 8 lit c EStG ist nicht anzuwenden. Wird die Nachzahlung nach dem 15. 2. durchgeführt, hat die Besteuerung gemäß § 67 Abs 8 lit c EStG zu erfolgen. **1419**

Sozialversicherung

Nachzahlungen und nachträgliche Zahlungen gehören zum Entgelt. Sie sind jenem Beitragszeitraum zuzuordnen, in dem der Anspruch entstanden ist. Es sind daher die entsprechenden Zeiträume aufzurollen, wobei die Höchstbeitragsgrundlagen und die Prozentsätze jener Abrechnungszeiträume Berücksichtigung finden, die aufgerollt werden müssen. Dies gilt auch für Nachzahlungen iZm Lohn- und Sozialdumping. **1420**

Die nachgezahlten Beträge sind durch Berichtigung der jeweiligen monatlichen Beitragsgrundlagenmeldungen zu melden. Jede Korrektur oder Aufrollung der monatlichen Beitragsgrundlagenmeldung muss je Beitragszeitraum mit einem Storno und einer Neumeldung erfolgen. Für Beitragszeiträume ab Jänner 2019 gibt es keine Berichtigungs- oder Differenzmeldung. **1421**

Erfolgt die Abrechnung nach dem **Vorschreibeverfahren,** müssen Änderungen bis zum 7. des Folgemonats bekannt geben werden. **1422**

Betriebliche Vorsorgekasse

Für die Bemessungsgrundlage sind die Bestimmungen des ASVG anzuwenden. Sind Nachzahlungen beitragsfrei, ist auch kein Beitrag für die Betriebliche Vorsorgekasse zu entrichten. Besteht jedoch Beitragspflicht, besteht auch Beitragspflicht für die Betriebliche Vorsorgekasse. **1423**

DB – DZ – KommSt

Nachzahlungen und nachträgliche Zahlungen unterliegen nach den Bestimmungen des § 41 FLAG bzw § 5 KommStG der Beitragspflicht. **1424**

195. Nettolohnvereinbarung

1425 Der Arbeitnehmer hat zivilrechtlich grundsätzlich einen Anspruch auf einen Bruttolohn. Es besteht allerdings die Möglichkeit zwischen Arbeitnehmer und Arbeitgeber, zu vereinbaren, dass der Arbeitgeber einen Nettolohn schuldet. In diesen Fällen trägt der Arbeitgeber bspw das Risiko einer Einkommensteuererhöhung, gleichzeitig profitiert er im Falle einer Einkommensteuersenkung.

Lohnsteuerrechtlich kann das Vorliegen einer Nettolohnvereinbarung gesetzlich vermutet werden.

➢ Siehe „Betrugsbekämpfung".

196. Neugründungs-Förderungsgesetz

1426 Aufgrund des Neugründungs-Förderungsgesetz ist für Neugründungen von Betrieben eine Reihe von steuerlichen Begünstigungen vorgesehen. Neben Befreiungen auf dem Gebiet der Stempelgebühren und Verwaltungsabgaben, der Grunderwerbsteuer, der gerichtlichen Eintragungsgebühren, der Gesellschaftsteuer und der Börsenumsatzsteuer sind auch Begünstigungen bei den Beiträgen

- ✓ zum Familienlastenausgleichsfonds,
- ✓ zum Zuschlag zum Dienstgeberbeitrag,
- ✓ dem Wohnbauförderungsbeitrag und

zur Unfallversicherung vorgesehen. Die Begünstigung bezieht sich jedoch **nicht** auf die KommSt.

1427 Die Begünstigung kann im Kalendermonat der Neugründung und den folgenden 35 Kalendermonaten in Anspruch genommen werden und ist vorgesehen für den Kalendermonat, in welchem erstmals Arbeitnehmer (Dienstnehmer) beschäftigt werden, sowie für die folgenden elf Kalendermonate.

Das heißt, innerhalb von 36 Monaten ab der Neugründung kann die Begünstigung für maximal zwölf Kalendermonate in Anspruch genommen werden.

1428 Im Kalendermonat der Neugründung und den folgenden elf Kalendermonaten steht die Begünstigung unabhängig von der Anzahl der beschäftigten Arbeitnehmer zu. Ab dem zwölften Kalendermonat, das dem Kalendermonat der Neugründung folgt, ist die Begünstigung nur noch für die ersten drei beschäftigten Arbeitnehmer (Dienstnehmer) anzuwenden.

1429 Werden mehr als drei Arbeitnehmer gleichzeitig erstmalig beschäftigt, muss der Neugründer spätestens im 13. Monat nach der Neugründung in den Lohnkonten festhalten, für welche drei Arbeitnehmer die Befreiung nach Verstreichen von zwölf Monaten nach der Neugründung gelten soll.

> **Beispiel**
>
> Die Neugründung erfolgt mit Juni 2022. Im Dezember 2022 werden gleichzeitig vier Arbeitnehmer (U, V, W und X) erstmalig beschäftigt. Im Juni 2023 legt sich der Neugründer fest, U, V und X als die ersten drei Beschäftigten zu behandeln. Mit Oktober 2023 wird das Arbeitsverhältnis mit U beendet.

Die Befreiung steht von Dezember 2022 bis Mai 2023 für alle vier Arbeitnehmer zu. Ab Juni bis September 2023 steht die Befreiung aufgrund der getroffenen Festlegung für U, V und X zu. Für Oktober und November 2023 steht die Befreiung für V und X zu.

Wird das Arbeitsverhältnis mit einem Arbeitnehmer aus der Gruppe der ersten drei beschäftigten Arbeitnehmer aufgelöst, steht die Befreiung nur mehr für die aus dieser Gruppe verbleibenden Arbeitnehmer zu. **1430**

Für die Inanspruchnahme der Begünstigungen muss zunächst das Formular (NeuFö 2) im Zuge einer Beratung durch die gesetzliche Interessenvertretung ausgefüllt werden. **1431**

Sozialversicherung

Wird iZm einer Neugründung die Förderung des NeuFöG in Anspruch genommen, kann die Abrechnung mit der ÖGK ausschließlich mittels Lohnsummenverfahrens vorgenommen werden. **1432**

Im Zuge der Beitragsabrechnung wird das Tarifsystem einer Beschäftigtengruppe verwendet. Der nicht zu entrichtende Wohnbauförderungsbetrag und der Unfallversicherungsbeitrag sind mittels Abschläge bei der monatlichen Beitragsgrundlagenmeldung zu berücksichtigen: **1433**

✓ Rückverrechnung des Unfallversicherungs- und Wohnbauförderungsbeitrags = 1,6%
✓ Rückverrechnung des Unfallversicherungsbeitrags = 1,1%
✓ Rückverrechnung des Wohnbauförderungsbeitrags = 0,50%

Für die Befreiung von DB und DZ ist die Erklärung lediglich zu den Aufzeichnungen zu nehmen (diese ist nur auf Verlangen dem FA vorzulegen). Für die Befreiung von Wohnbauförderungsbeiträgen und Beiträgen zur gesetzlichen Unfallversicherung ist die Erklärung im Vorhinein (bei der Erstanmeldung eines Arbeitnehmers) der zuständigen ÖGK vorzulegen. **1434**

Im Falle der Betriebsübertragung steht eine Begünstigung nur iZm Gebühren und der Grunderwerbsteuer, nicht jedoch für Lohnnebenkosten (DB, DZ udgl) zu. **1435**

197. Ordensangehörige

Bezüge, die einem katholischen Weltgeistlichen bzw einem evangelischen Geistlichen für die Ausübung der seelsorgerischen Tätigkeit von der vorgesetzten Kirchenbehörde gewährt werden, stellen – abgeleitet aus dem Rechtsverhältnis zwischen dem Geistlichen und der Kirchenbehörde – grundsätzlich Einkünfte aus nichtselbständiger Arbeit dar. **1436**

Bei Priestern (Pfarrer und Pfarrmoderatoren), die aufgrund einer Investitur in den Besitz des Kirchenamts und in den Genuss der Pfründe instituiert sind, sind die daraus resultierenden Einkünfte der jeweiligen Einkunftsart zuzurechnen (zB Einkünfte aus Land- und Forstwirtschaft, Einkünfte aus Vermietung und Verpachtung oder sonstige Einkünfte, die dem Pfründeinhaber zur Bestreitung des Lebensunterhaltes zukommen wie die Kongrua-Ergänzung). **1437**

Werden Angehörige geistlicher Orden zu Dienstleistungen an weltlichen Einrichtungen (zB Abstellung von Ordensschwestern zur Krankenpflege an ein Spital einer Gebietskörperschaft) abgestellt, so wird im Regelfall ein Dienstverhältnis zwischen den abgestellten Ordensangehörigen und der ihre Dienste in Anspruch nehmenden Einrichtung nicht begründet (Gestellungsvertrag). Diese generelle Regelung gilt jedoch dann nicht, wenn Ordensangehörige namentlich für bestimmte Funktionen bestellt werden und das Entgelt für die von ihnen erbrachten Leistungen im Hinblick auf diese individuelle Tätigkeit gezahlt wird. Dies gilt vor allem für die Fälle, in **1438** denen Ordensangehörige als Hochschullehrer bestellt werden. Die Rechtsbeziehungen beschränken sich hier nämlich nicht auf die Unterrichtsbehörde und den entsendenden Orden, sondern erfassen den entsandten Ordensangehörigen selbst, da eine ein öffentlich-rechtliches Dienstverhältnis begründende Bestellung hinzukommt. Soweit daher ein Individualantrag vorliegt, der zur Folge hat, dass ein Ordensangehöriger außerhalb des Ordens beruflich tätig wird, muss daraus das Bestehen eines Dienstverhältnisses abgeleitet werden.

1439 Die Pflichtversicherung der Angehörigen der Orden und Kongregationen der Katholischen Kirche sowie der Anstalten der Evangelischen Diakonie (§ 8 Abs 1 Z 3 ASVG) beginnt mit dem Tag der Aufnahme der versicherungspflichtigen Tätigkeit (§ 10 Abs 4 ASVG).

198. Öffi-Ticket

➢ Siehe „Pendlerpauschale – Übernahme der Kosten für Wochen-, Monats- oder Jahreskarten (Öffi-Ticket) gemäß § 26 Z 5 lit b EStG".

199. Partnerschaftsbonus

➢ Siehe „Kinderbetreuungsgeld".

200. Pauschalierung von Lohnsteuer (§ 69 EStG)

1440 Der BMF kann für bestimmte Gruppen von Arbeitnehmern,
- ✓ die ausschließlich körperlich tätig sind,
- ✓ die statistische Erhebungen für Gebietskörperschaften durchführen,
- ✓ der Berufsgruppen Musiker, Bühnenangehörige, Artisten und Filmschaffende,

die ununterbrochen nicht länger als eine Woche beschäftigt werden, die Einbehaltung und Abfuhr der Lohnsteuer abweichend von den §§ 33, 62 – 64 und 66 EStG mit einem Pauschbetrag gestatten.

1441 Für vorübergehend beschäftigte Arbeitnehmer sind nachstehende Pauschbeträge vorgesehen:

1442 Bei allen ausschließlich körperlich tätigen Arbeitnehmern 2% des Bruttolohns.

Bei Arbeitnehmern, die statistische Erhebungen für Gebietskörperschaften durchführen, sowie Arbeitnehmern der Berufsgruppen Musiker, Bühnenangehörige, Artisten und Filmschaffende, die ununterbrochen nicht länger als eine Woche beschäftigt werden,
a) wenn der Taglohn € 44,–, aber nicht € 55,– oder der Wochenlohn € 175,–, aber nicht € 218,– übersteigt, 15% des vollen Betrags der Bezüge,
b) wenn der Taglohn € 39,–, aber nicht € 44,– oder der Wochenlohn € 153,–, aber nicht € 175,– übersteigt, 12% des vollen Betrags der Bezüge,
c) wenn der Taglohn € 33,–, aber nicht € 39,– oder der Wochenlohn € 171,–, aber nicht € 153,– übersteigt, 9% des vollen Betrags der Bezüge,
d) wenn der Taglohn € 28,–, aber nicht € 33,– oder der Wochenlohn € 110,–, aber nicht € 171,– übersteigt, 7% des vollen Betrags der Bezüge,
e) wenn der Taglohn € 22,–, aber nicht € 28,– oder der Wochenlohn € 88,–, aber nicht € 110,– übersteigt, 4% des vollen Betrags der Bezüge,

f) wenn der Taglohn € 19,–, aber nicht € 22,– oder der Wochenlohn € 73,–, aber nicht € 88,– übersteigt, 3% des vollen Betrags der Bezüge,
g) wenn der Taglohn € 19,– oder der Wochenlohn € 73,– nicht übersteigt, 2% des vollen Betrags der Bezüge.

Unter ausschließlich körperlichen Tätigkeiten sind nach der Rsp einfache manuelle Arbeiten – wie zB das Abwaschen von Gläsern in einer Kantine – zu verstehen, die keinerlei besondere Ausbildung erfordern und ohne besondere Einschulung verrichtet werden können (VwGH 27. 9. 1977, 368/77). Arbeiten, wie etwa das Schnee- oder Kohlenschaufeln, Holzzerkleinern oder Autowaschen sind jedenfalls als ausschließlich körperliche Tätigkeiten einzustufen. Die Tätigkeit von Aushilfschauffeuren fällt nicht unter § 69 Abs 1 EStG (VwGH 11. 6. 1979, 2471/78). **1443**

Die Bestimmungen über die Pauschalierung von Lohnsteuer sind nicht anzuwenden, wenn der **Taglohn € 55,–** oder der **Wochenlohn € 220,–** übersteigt. Nach § 69 EStG besteuerte Bezüge bleiben bei der Veranlagung (§ 41 Abs 4 EStG) außer Ansatz. Hinsichtlich SV siehe auch „Vorübergehend beschäftigte Arbeitnehmer". **1444**

Dem Arbeitnehmer steht jedoch das Recht zu, an Stelle der Pauschalbesteuerung nach § 69 EStG die Besteuerung nach den allgemeinen Bestimmungen für den Steuerabzug vom Arbeitslohn zu beantragen. **1445**

Als Missbrauch von Gestaltungsmöglichkeiten des bürgerlichen Rechtes muss es angesehen werden, wenn der Arbeitgeber den Arbeitnehmer am jeweiligen Wochenende entlässt und zu Beginn der darauf folgenden Woche wieder aufnimmt, um die Bestimmungen des § 69 EStG in Anspruch nehmen zu können (Pauschalierung statt Lohnsteuertarif). **1446**

Für Bezüge gemäß § 69 Abs 1 EStG ist kein Lohnzettel an das FA des Arbeitgebers zu übermitteln; monatliche Beitragsgrundlagenmeldungen sind allerdings erforderlich. **1447**

201. Pauschalierung von Lohnsteuernachforderungen (§ 86 Abs 2 EStG)

Ergibt sich bei einer Außenprüfung, dass die genaue Ermittlung der auf den einzelnen Arbeitnehmer infolge einer Nachforderung entfallenden Lohnsteuer mit unverhältnismäßigen Schwierigkeiten verbunden ist, so kann die Nachforderung in einem Pauschbetrag erfolgen. Bei der Festsetzung dieses Pauschbetrags ist auf die Anzahl der durch die Nachforderung erfassten Arbeitnehmer, die Steuerabsetzbeträge sowie auf die durchschnittliche Höhe des Arbeitslohnes der durch die Nachforderung erfassten Arbeitnehmer Bedacht zu nehmen. **1448**

Es ist grundsätzlich festzustellen, welche Arbeitnehmer welche unrichtig versteuerten Vorteile aus dem Dienstverhältnis bezogen haben. Lediglich bei der Berechnung der Lohnsteuer, die auf diese Vorteile entfällt, kann pauschal vorgegangen werden, indem anhand der Merkmale des § 86 Abs 2 Satz 2 EStG eine Durchschnittsbelastung ermittelt wird, die auf die Vorteile der „durch die Nachforderung erfassten Arbeitnehmer" entfällt. Für den Arbeitgeber muss aber grundsätzlich ermittelbar sein, was auf den einzelnen Arbeitnehmer entfällt (VwGH 12. 6. 2019, Ro 2017/13/0016). **1449**

Eine Ausnahme von diesen Grundsätzen wird dann vorliegen, wenn zwar feststeht, dass der Arbeitgeber Arbeitnehmern nicht (ordnungsgemäß) versteuerte Vorteile aus dem Dienstverhältnis gewährt, der Arbeitgeber selbst aber der Abgabenbehörde die Möglichkeit nimmt, die betreffenden Arbeitnehmer festzustellen (VwGH 24. 5. 1993, 92/15/0037). **1450**

202. Pendlerpauschale (§ 16 Abs 1 Z 6 EStG)

202.1 Allgemeines

1451 Die Aufwendungen des Arbeitnehmers für Fahrten zwischen Wohnung und Arbeitsstätte sind mit dem Verkehrsabsetzbetrag abgegolten.

202.2 Pendlerpauschale

1452 Zusätzlich zum Verkehrsabsetzbetrag stehen unter bestimmten Voraussetzungen

- ein Pendlerpauschale und
- ein Pendlereuro

zu.

1453 Es ist dabei zwischen

- großem Pendlerpauschale und
- kleinem Pendlerpauschale

zu unterscheiden.

1454 Voraussetzung für die Berücksichtigung eines vollen Pendlerpauschales ist, dass der Arbeitnehmer die Strecke Wohnung – Arbeitsstätte an

- mindestens elf Tagen im Kalendermonat

zurücklegt. Ist dies nicht der Fall, gilt Folgendes:

- Legt der Arbeitnehmer die Strecke Wohnung – Arbeitsstätte an mindestens acht, aber an nicht mehr als zehn Tagen im Kalendermonat zurück, steht das jeweilige Pendlerpauschale zu zwei Drittel zu.
- Legt der Arbeitnehmer die Strecke Wohnung – Arbeitsstätte an mindestens vier, aber an nicht mehr als sieben Tagen im Kalendermonat zurück, steht das jeweilige Pendlerpauschale zu einem Drittel zu.

Dies gilt sowohl bei einem aufrechten Dienstverhältnis als auch in jenen Fällen, in denen der Dienstnehmer ein- bzw austritt.

Anzahl der Fahrten von der Wohnung zur Arbeitsstätte pro Kalendermonat	Pendlerpauschale steht in folgendem Ausmaß zu
1–3	kein Anspruch
4–7	1/3
8–10	2/3
ab 11	voll

Beispiel – 1/3 Pendlerpauschale	
Entfernung Wohnung – Arbeitsstätte	25 km
Zustehendes PP – monatlich	€ 58,00
Fahrten Wohnung – Arbeitsstätte – Wohnung	7 ×
Anspruch im Kalendermonat	1/3 = € 19,33

202.3 Kleines Pendlerpauschale

Das Pendlerpauschale ist auch für Feiertage sowie für Lohnzahlungszeiträume zu berücksichtigen, in denen sich der Arbeitnehmer im Krankenstand oder Urlaub befindet. Lediglich bei ganzjährigem Krankenstand liegt während des gesamten Kalenderjahres kein Aufwand für Fahrten Wohnung-Arbeitsstätte vor, sodass ganzjährig kein Pendlerpauschale zusteht. **1455**

Kein Urlaub iSd § 16 Abs 1 Z 6 lit h EStG (und damit kein anspruchsbegründender Tag für Zwecke des Pendlerpauschales) ist dann gegeben, wenn ein Arbeitnehmer (zB aufgrund eines KV) Anspruch auf Fortzahlung des Entgelts bei bestimmten Verhinderungsfällen behält (zB KV für Angestellte in Handelsbetrieben bei eigener Eheschließung, Geburt eines Kindes). Im Regelfall wird dabei auf die Bestimmung des § 8 Abs 3 AngG bzw § 1154b ABGB verwiesen. **1456**

Es handelt sich daher um keinen Urlaub, sondern vielmehr um einen Entgeltanspruch im Fall eines in der Person des Arbeitnehmers gelegenen wichtigen Dienstverhinderungsgrunds. Bei Pflegefreistellung handelt es sich um keinen Urlaub, sondern um einen Fall der Dienstverhinderung aus wichtigem Grund. Konsumiert der Arbeitnehmer Freizeit aufgrund einer Gleitzeitregelung, liegt ebenso kein Urlaub vor. Liegt kein Urlaub vor, ist dieser Tag nicht anspruchsbegründend für Zwecke des Pendlerpauschales.

Hat im Vormonat ein Anspruch auf Pendlerpauschale bestanden, ergibt sich der Anspruch auf das Pendlerpauschale im laufenden Kalendermonat, indem die Summe der Tage, an denen Fahrten Wohnung–Arbeitsstätte erfolgen und die Anzahl der Urlaubs- bzw Krankenstandstage sowie Feiertage – insofern diese grundsätzlich Arbeitstage gewesen wären – ermittelt wird. Ist im Vormonat kein Pendlerpauschale zugestanden, besteht im laufenden Monat nur dann ein Anspruch auf ein entsprechendes Pendlerpauschale, wenn die Summe der Tage, an denen Fahrten von der Wohnung zur Arbeitsstätte erfolgen, mindestens vier beträgt. **1457**

Beispiel

Die Strecke Wohnung (W) – Arbeitsstätte (A) beträgt 30 km, die Voraussetzungen für das kleine Pendlerpauschale (PP) sind dem Grunde nach gegeben. Krankenstandstage (K) und Urlaubstage (U) fallen an. Die Krankenstandstage und Urlaubstage wären grundsätzlich Arbeitstage gewesen.

Monat	Anzahl W – A	Anzahl K/U	PP	Anmerkung
März	13	–	ja	Anzahl W – A > 10
April	8	5	ja	PP steht im Vormonat zu und 8 + 5 > 10
Mai	0	15	ja	PP steht im Vormonat zu und 0 + 15 > 10
Juni	7	1	ja (2/3)	PP steht im Vormonat zu, 7 + 1 = 8
Juli	7	2	ja (2/3)	PP steht im Vormonat zu, 7 + 2 = 9
August	1	2	nein	PP steht im Vormonat zu, aber 1 + 2 = 3
September	7	1	ja (1/3)	PP steht im Vormonat nicht zu und Anzahl W – A = 7

202.3 Kleines Pendlerpauschale

Beträgt die einfache Fahrtstrecke, die der Arbeitnehmer im Lohnzahlungszeitraum überwiegend zurücklegt, mindestens 20 km und ist die Benützung eines öffentlichen Verkehrsmittels zumutbar, dann werden über Antrag des Arbeitnehmers zusätzlich zum Verkehrsabsetzbetrag als Pauschalbetrag berücksichtigt. **1458**

202. Pendlerpauschale

Entfernung	volles Pendlerpauschale		
	jährlich	monatlich	täglich
mindestens 20 km bis 40 km	€ 696,00	€ 58,00	€ 1,93
mehr als 40 km bis 60 km	€ 1.356,00	€ 113,00	€ 3,77
mehr als 60 km	€ 2.016,00	€ 168,00	€ 5,60
Entfernung	2/3 des Pendlerpauschales		
	jährlich	monatlich	täglich
mindestens 20 km bis 40 km	€ 464,00	€ 38,67	€ 1,29
mehr als 40 km bis 60 km	€ 904,00	€ 75,33	€ 2,51
mehr als 60 km	€ 1.344,00	€ 112,00	€ 3,73
Entfernung	1/3 des Pendlerpauschales		
	jährlich	monatlich	täglich
mindestens 20 km bis 40 km	€ 232,00	€ 19,33	€ 0,64
mehr als 40 km bis 60 km	€ 452,00	€ 37,67	€ 1,26
mehr als 60 km	€ 672,00	€ 56,00	€ 1,87

202.4 Großes Pendlerpauschale

1459 Ist dem Arbeitnehmer die Benützung eines Massenverkehrsmittels nicht möglich, so hat er Anspruch auf das große Pendlerpauschale.

Unzumutbarkeit der Benützung von Massenverkehrsmitteln ist gegeben, wenn zumindest auf dem halben Arbeitsweg ein Massenverkehrsmittel überhaupt nicht oder nicht zur erforderlichen Zeit (Nachtarbeit) verkehrt.

1460 Das große Pendlerpauschale steht ferner zu bei:
- ✓ Vorliegen eines Ausweises gemäß § 29b StVO
- ✓ Eintragung der Unzumutbarkeit der Benützung öffentlicher Verkehrsmittel wegen dauernder Gesundheitsschädigung oder der Blindheit im Behindertenpass (§ 42 Abs 1 BBG)
- ✓ Befreiung von der Kraftfahrzeugsteuer wegen Behinderung

1461 Hinsichtlich der Unzumutbarkeit der Benutzung eines Massenbeförderungsmittels gilt weiters:
- ✓ Bis 60 Minuten Zeitdauer ist die Benützung eines Massenbeförderungsmittels stets zumutbar.
- ✓ Bei mehr als 120 Minuten Zeitdauer ist die Benützung eines Massenbeförderungsmittels stets unzumutbar.
- ✓ Übersteigt die Zeitdauer 60 Minuten, nicht aber 120 Minuten, ist auf die entfernungsabhängige Höchstdauer abzustellen. Diese beträgt 60 Minuten zuzüglich einer Minute pro Kilometer der Entfernung, jedoch maximal 120 Minuten. Angefangene Kilometer sind dabei auf volle Kilometer aufzurunden. Übersteigt die kürzeste mögliche Zeitdauer die entfernungsabhängige Höchstdauer, ist die Benützung eines Massenbeförderungsmittels unzumutbar.

202.4 Großes Pendlerpauschale

> **Beispiel**
>
> Die (30 km entfernt gelegene) Arbeitsstätte in A lässt sich von B aus mit einem Regionalzug in 45 Minuten in der kürzest möglichen Zeit erreichen. Da die Zeitdauer mit dem Massenbeförderungsmittel nicht mehr als 60 Minuten beträgt, ist die Benützung des Massenbeförderungsmittels zumutbar; es steht ein kleines Pendlerpauschale zu.
> Die (125 km entfernt gelegene) Arbeitsstätte in C lässt sich von D aus mit einem Bus, einem Regionalzug und innerstädtischen Verkehrsmitteln in 158 Minuten in der kürzest möglichen Zeit erreichen. Da die Zeitdauer mit dem Massenbeförderungsmittel mehr als 120 Minuten beträgt, ist die Benützung des Massenbeförderungsmittels unzumutbar; es steht ein großes Pendlerpauschale zu.
> Die (50 km entfernt gelegene) Arbeitsstätte in E lässt sich von F aus mit dem Pkw, einem Regionalzug und innerstädtischen Verkehrsmitteln in 70 Minuten in der kürzest möglichen Zeit erreichen. Die entfernungsabhängige Höchstdauer beträgt 110 Minuten (60 Minuten zuzüglich 50 Minuten). Da die (kürzest mögliche) Zeitdauer diese Höchstdauer nicht übersteigt, ist die Benützung des Massenbeförderungsmittels zumutbar; es steht ein kleines Pendlerpauschale zu.

1462 Die Zeitdauer umfasst die gesamte Zeit, die vom Verlassen der Wohnung bis zum Arbeitsbeginn bzw vom Arbeitsende bis zum Eintreffen bei der Wohnung verstreicht; sie umfasst auch Wartezeiten. Für die Ermittlung der Zeitdauer gilt:

- ✓ Stehen verschiedene Massenbeförderungsmittel zur Verfügung, ist das schnellste Massenbeförderungsmittel zu berücksichtigen.
- ✓ Zudem ist die optimale Kombination von Massenbeförderungs- und Individualverkehrsmittel zu berücksichtigen; dabei ist für mehr als die Hälfte der Entfernung ein zur Verfügung stehendes Massenbeförderungsmittel zu berücksichtigen.

Ist eine Kombination von Massenbeförderungs- und Individualverkehrsmittel mit einem Anteil des Individualverkehrsmittels von höchstens 15% der Entfernung verfügbar, ist diese Kombination vorrangig zu berücksichtigen.

- ✓ Stehen sowohl ein Massenbeförderungsmittel als auch eine Kombination von Massenbeförderungs- und Individualverkehrsmittel zur Verfügung, liegt eine optimale Kombination zwischen öffentlichem Verkehrsmittel und Individualverkehrsmittel nur dann vor, wenn die ermittelte Zeitdauer gegenüber dem schnellsten Massenbeförderungsmittel zu einer Zeitersparnis von mindestens 15 Minuten führt.

1463 Das große Pendlerpauschale beträgt

Entfernung	volles Pendlerpauschale		
	jährlich	monatlich	täglich
mindestens 2 km bis 20 km	€ 372,00	€ 31,00	€ 1,03
mehr als 20 km bis 40 km	€ 1.476,00	€ 123,00	€ 4,10
mehr als 40 km bis 60 km	€ 2.568,00	€ 214,00	€ 7,13
mehr als 60 km	€ 3.672,00	€ 306,00	€ 10,20
Entfernung	2/3 des Pendlerpauschales		
	jährlich	monatlich	täglich
mindestens 2 km bis 20 km	€ 248,00	€ 20,67	€ 0,69
mehr als 20 km bis 40 km	€ 984,00	€ 82,00	€ 2,73
mehr als 40 km bis 60 km	€ 1.712,00	€ 142,67	€ 4,76
mehr als 60 km	€ 2.448,00	€ 204,00	€ 6,80

202. Pendlerpauschale

Entfernung	1/3 des Pendlerpauschales		
	jährlich	monatlich	täglich
mindestens 2 km bis 20 km	€ 124,00	€ 10,33	€ 0,34
mehr als 20 km bis 40 km	€ 492,00	€ 41,00	€ 1,37
mehr als 40 km bis 60 km	€ 856,00	€ 71,33	€ 2,38
mehr als 60 km	€ 1.224,00	€ 102,00	€ 3,40

202.5 Berechnung der Entfernung

1464 Ist die Benützung eines Massenbeförderungsmittels zumutbar, bemisst sich die Entfernung nach den Streckenkilometern des Massenbeförderungsmittels und allfälliger zusätzlicher Straßenkilometer und Gehwege.

Ist die Benützung eines Massenbeförderungsmittels unzumutbar, bemisst sich die Entfernung nach der schnellsten Straßenverbindung. Für die Ermittlung der Entfernung ist der sogenannte Pendlerrechner maßgeblich.

202.6 Teilstrecken

1465 Verschiedene Teilstreckenlängen sind zunächst ohne Rundung zu addieren. Beträgt die Gesamtstrecke zumindest 20 Kilometer, sind angefangene Kilometer auf volle Kilometer aufzurunden (kleines Pendlerpauschale). Beträgt die Gesamtstrecke zumindest zwei Kilometer, sind angefangene Kilometer auf volle Kilometer aufzurunden (großes Pendlerpauschale).

> **Beispiele**
>
> Für einen Arbeitnehmer ist die Benützung des öffentlichen Verkehrsmittels nicht zumutbar. Die einfache Wegstrecke (kürzeste Straßenverbindung) beträgt 1,9 km. Es steht daher kein (großes) Pendlerpauschale zu.
> Für einen Arbeitnehmer ist die Benützung des öffentlichen Verkehrsmittels zumutbar. Die einfache Wegstrecke (Tarifkilometer der öffentlichen Verkehrsmittel sowie die Gehwege zu den Ein- und Ausstiegstellen) beträgt 20,4 km. Es steht daher das kleine Pendlerpauschale für eine Wegstrecke von 21 km zu.

202.7 Mehrfacher Wohnsitz

1466 Im Falle des Bestehens mehrerer Wohnsitze ist entweder
- ✓ der zur Arbeitsstätte nächstgelegene Wohnsitz oder
- ✓ der Familienwohnsitz (siehe „Familienwohnsitz")

maßgeblich.

202.8 Wechselschicht

1467 Bei Schichtdienst bestehen keine Bedenken, auf die voraussichtlich überwiegend (zB im Kalenderjahr, Schichtturnus) vorliegenden Verhältnisse abzustellen und daraus einen repräsentativen Arbeitsbeginn bzw ein repräsentatives Arbeitsende abzuleiten. Ist in diesem Zeitraum kein Überwiegen feststellbar, bestehen keine Bedenken, analog zu § 2 Abs 4 der Pendlerverordnung die für den Arbeitnehmer günstigere Variante zu berücksichtigen.

202.9 Gleitzeit

Bei flexiblen Arbeitszeitmodellen (bspw gleitender Arbeitszeit) sind der Ermittlung der Entfernung ein Arbeitsbeginn und ein Arbeitsende zu Grunde zu legen, die den überwiegenden tatsächlichen Arbeitszeiten im Kalenderjahr entsprechen. **1468**

Bei Schichtdienst mit unterschiedlichen Dienstzeiten liegt kein flexibles Arbeitszeitmodell iSd § 1 Abs 4 Pendlerverordnung vor, weshalb hinsichtlich der Ermittlung der Entfernung ein Arbeitsbeginn und ein Arbeitsende zu Grunde zu legen ist, das den überwiegenden tatsächlichen Arbeitszeiten im Lohnzahlungszeitraum (monatsweise Betrachtung) und nicht im Kalenderjahr entspricht (vgl BFG 26. 2. 2021, RV/3100104/2019). **1469**

202.10 Pendlerrechner

Für die Ermittlung der Entfernung zwischen Wohnung und Arbeitsstätte bzw zwischen Arbeitsstätte und Wohnung und für die Beurteilung, ob die Benützung eines Massenbeförderungsmittels zumutbar oder unzumutbar ist, ist grundsätzlich für Verhältnisse innerhalb Österreichs der vom BMF im Internet zur Verfügung gestellte Pendlerrechner zu verwenden. **1470**

Entsprechen die zeitlichen und örtlichen Umstände der Erbringung der Arbeitsleistung während des gesamten Kalendermonats im Wesentlichen jenen, die für den abgefragten Tag im Pendlerrechner bestehen, kann angenommen werden, dass das unter Verwendung des Pendlerrechners für den abgefragten Tag ermittelte Ergebnis mit dem übereinstimmt, das sich für alle maßgebenden Tage des Kalendermonats ergibt. **1471**

Bei gleichbleibenden Verhältnissen während eines Lohnzahlungszeitraums sind die für den abgefragten Tag im Pendlerrechner bestehenden Verhältnisse auch für die Ermittlung des Pendlerpauschales und des Pendlereuros im Kalendermonat heranzuziehen. Bei gleichbleibenden Verhältnissen hinsichtlich des Wohnorts und des Arbeitsverhältnisses und bei gleichbleibendem Angebot an öffentlichen Verkehrsmitteln gilt, dass das Ergebnis des Pendlerrechners für den abgefragten Tag auch für den zu berücksichtigenden Zeitraum richtig ist.

> **Beispiel**
>
> Ein Arbeitnehmer arbeitet idR jeweils von Montag bis Freitag von 9 bis 17 Uhr. Wird daher vom Arbeitnehmer mittels Pendlerrechner eine Abfrage für einen Dienstag erstellt (und bei der Abfrage als Arbeitsbeginn 9 Uhr und als Arbeitsende 17 Uhr hinterlegt), kann dieses Ergebnis für den Anspruch auf ein Pendlerpauschale und den Pendlereuro herangezogen werden.

Liegen für verschiedene abgefragte Tage unter Verwendung des Pendlerrechners unterschiedliche Ergebnisse vor, ist jenes maßgebend, das für einen abgefragten Tag ermittelt wurde, der jenem Kalenderjahr zuzurechnen ist, für das die Entfernung zwischen Wohnung und Arbeitsstätte und die Beurteilung, ob die Benützung eines Massenbeförderungsmittels zumutbar ist, zu beurteilen ist. **1472**

Das Ergebnis des Pendlerrechners ist nicht heranzuziehen, wenn nachgewiesen wird, dass die Entfernung zwischen Wohnung und Arbeitsstätte bzw die Entfernung zwischen Arbeitsstätte und Wohnung oder die Beurteilung, ob die Benützung eines Massenbeförderungsmittels un- **1473**

202. Pendlerpauschale

zumutbar ist, nicht den maßgebenden tatsächlichen Verhältnissen entspricht. Dieser Nachweis kann vom Steuerpflichtigen nur im Rahmen der Einkommensteuerveranlagung erbracht werden.

1474 Bei Berücksichtigung des Pendlerpauschales und des Pendlereuros durch den Arbeitgeber hat dieser einen Ausdruck des vom Arbeitnehmer ermittelten Ergebnisses des Pendlerrechners (L 34 EDV) zum Lohnkonto zu nehmen.

Ist die Verwendung des Pendlerrechners nicht möglich (insb weil die Wohnung oder Arbeitsstätte im Ausland liegt) oder liefert der Pendlerrechner dauerhaft kein Ergebnis (insb bei Fehlermeldung wegen Zeitüberschreitung), hat der Arbeitnehmer für die Inanspruchnahme des Pendlerpauschales und des Pendlereuro den für derartige Fälle aufgelegten amtlichen Vordruck (L 33) zu verwenden. Wenn der Pendlerrechner dauerhaft kein Ergebnis liefert, ist dies durch einen entsprechenden Ausdruck des Pendlerrechners nachzuweisen.

1475 Erfolgt keine Berücksichtigung des Pendlerpauschales durch den Arbeitgeber bei Anwendung des Lohnsteuertarifs, hat der Arbeitnehmer einen Ausdruck des ermittelten Ergebnisses des Pendlerrechners (L 34 EDV) für Zwecke der Berücksichtigung bei der Einkommensteuerveranlagung aufzubewahren.

202.11 Pendlerverordnung

1476 In der Pendlerverordnung werden Kriterien zur Ermittlung des Anspruchs auf das Pendlerpauschale und den Pendlereuro festgelegt. Diese Kriterien dienen als Grundlage für die Ermittlung der Entfernung zwischen Wohnung und Arbeitsstätte mittels Pendlerrechner (§ 1 Pendlerverordnung).

1477 In der Pendlerverordnung wird auch die Zumutbarkeit der Benützung des Massenbeförderungsmittels neu geregelt (§ 2 Pendlerverordnung). Des Weiteren regelt die Verordnung die rechtlichen Grundlagen des Pendlerrechners (§ 3 Pendlerverordnung). Weiters wird der Begriff des Familienwohnsitzes im Rahmen der Verordnung geregelt (§ 4 Pendlerverordnung).

202.12 Pendlerpauschale bei mehreren Mittelpunkten der Tätigkeit

1478 Für Fahrten zwischen zwei oder mehreren Mittelpunkten der Tätigkeit stehen steuerfreie Fahrtkosten (zB in Höhe des Kilometergelds) zu (vgl VwGH 9. 11. 1994, 92/13/0281). Die Fahrten von der Wohnung zu jener Arbeitsstätte, an der der Arbeitnehmer langfristig (idR im Kalenderjahr) im Durchschnitt am häufigsten tätig wird (Hauptarbeitsstätte) und die Fahrten von der Hauptarbeitsstätte zurück zur Wohnung sind mit dem Verkehrsabsetzbetrag, einem allfälligen Pendlerpauschale und dem Pendlereuro abgegolten. Ist die Hauptarbeitsstätte nicht eindeutig zu ermitteln, da der Arbeitnehmer gleich oft an mehreren Arbeitsstätten tätig wird, so gilt subsidiär jene Arbeitsstätte, die im Dienstvertrag als Hauptarbeitsstätte definiert ist.

1479 Für Fahrten von der Hauptarbeitsstätte zu einer weiteren Arbeitsstätte und zurück zur Hauptarbeitsstätte stehen grundsätzlich Fahrtkosten zu. Werden an einem Tag zwei oder mehrere Arbeitsstätten angefahren, so stehen steuerfreie Fahrtkosten nur für jene Strecke zu, die die Strecke Wohnung – Hauptarbeitsstätte – Wohnung übersteigt (Entfernungssockel). Für Fahrten von der Wohnung zu einer weiteren Arbeitsstätte und zurück zur Wohnung stehen Fahrtkosten insoweit zu, als diese Strecke länger ist als die Strecke Wohnung – Hauptarbeitsstätte – Wohnung.

202.14 Pendlereuro

Wird auf der Fahrt zwischen den beiden Arbeitsstätten die Wohnung aufgesucht, stehen keine tatsächlichen steuerfreien Fahrtkosten zu. Gegebenenfalls sind zwei Pendlerpauschalen zu berücksichtigen.

1480

> **Beispiel**
>
> Ein Arbeitnehmer mit Wohnsitz im 9. Bezirk in Wien arbeitet am Vormittag im Büro im 22. Bezirk (Hauptarbeitsstätte; Entfernung Wohnung – Hauptarbeitsstätte 11 km), am Nachmittag im 17. Bezirk (Entfernung zur Hauptarbeitsstätte 14 km; Entfernung zur Wohnung 4 km). Für die Fahrten zwischen den Arbeitsstätten wird der eigene Pkw verwendet. Für diese Fahrten steht das Kilometergeld für 29 km zu.
> Die zurückgelegte Gesamtstrecke beträgt 29 km (11 km + 14 km + 4 km = 29 km). Davon stellen 22 km (2 × Entfernung Wohnung – Hauptarbeitsstätte) Fahrten Wohnung – Arbeitsstätte dar, die durch den Verkehrsabsetzbetrag bzw ein allfälliges Pendlerpauschale abgegolten sind (Entfernungssockel). Für die verbleibenden 7 km können Werbungskosten (Fahrtkosten) berücksichtigt werden.

202.13 Vorliegen von mehreren Dienstverhältnissen

Für Fahrten zwischen zwei oder mehreren Arbeitsstellen unterschiedlicher Arbeitgeber sind die obigen Ausführungen analog anzuwenden.

1481

202.14 Pendlereuro

Ein Pendlereuro in Höhe von jährlich € 2,– pro Kilometer der einfachen Fahrtstrecke zwischen Wohnung und Arbeitsstätte steht einem Arbeitnehmer zu, wenn der Arbeitnehmer Anspruch auf ein Pendlerpauschale hat.

1482

Für die Berechnung des Pendlereuros gelten sowohl die Aussagen zu den Teilzeitbeschäftigten als auch die Einschleifbestimmungen des Pendlerpauschales.

Ist der Arbeitnehmer im Kalenderjahr bei mehreren Arbeitgebern hintereinander beschäftigt und findet keine Berücksichtigung des Pendlereuros (und des Pendlerpauschales) durch die Arbeitgeber statt, steht der Pendlereuro (und das Pendlerpauschale) im Wege der Veranlagung nach den Verhältnissen der entsprechenden Kalendermonate zu.

> **Beispiel – Pendlereuro – Abrechnung Oktober 2023**
>
> *Angabe*
> Gehalt € 2.478,00
> Pendlerpauschale € 58,00
> Entfernung Wohnung – Arbeitsstätte 28 km
> Fahrten Wohnung – Arbeitsstätte mehr als 10 pro Monat
> *Abrechnung*
> Gehalt € 2.478,00
> *Sozialversicherung*
> € 2.478,00 × 18,12% = € 449,01
> *Lohnsteuer*
> € 2.478,00
> – SV € 449,01

202. Pendlerpauschale

– PP		€	58,00				
		€	1.970,99		€	198,59	
– P€		€	56,00 : 12 =		€	4,67	€ 193,92
					Netto/Ausz		€ **1.835,07**

202.15 Antragstellung (Pendlerpauschale/Pendlereuro) und Haftung

1483 Der Arbeitnehmer kann das Pendlerpauschale und den Pendlereuro bei seinem Arbeitgeber oder im Wege der Veranlagung beim FA beantragen. Die Berücksichtigung durch den Arbeitgeber ist nicht vom Zeitpunkt der Antragstellung abhängig, sondern kann auch rückwirkend für das laufende Kalenderjahr erfolgen.

1484 Für die Inanspruchnahme von Pendlerpauschale und Pendlereuro hat der Arbeitnehmer dem Arbeitgeber das ermittelte Ergebnis des Pendlerrechners (L 34 EDV) bekannt zu geben. Der Arbeitgeber hat diesen Ausdruck zum Lohnkonto zu nehmen. Der Arbeitgeber ist nicht verpflichtet zu prüfen, ob ein anderer Arbeitgeber dieses Arbeitnehmers gleichzeitig ebenfalls ein Pendlerpauschale und den Pendlereuro berücksichtigt.

1485 Zur Beantragung von Pendlerpauschale und Pendlereuro ist auch die elektronische Übermittlung des amtlichen Formulars an den Arbeitgeber möglich.

1486 Der Arbeitgeber hat (trotz abgegebenem Ausdruck des Pendlerrechners) das Pendlerpauschale und den Pendlereuro bei offensichtlich unrichtigen Angaben nicht zu berücksichtigen. Dies wird bei der Ermittlung durch den Pendlerrechner dann der Fall sein, wenn Verhältnisse zugrunde gelegt werden, von denen der Arbeitgeber weiß oder wissen muss, dass sie unrichtig sind. Bei Berücksichtigung des Pendlerpauschales trotz offensichtlicher Unrichtigkeiten haftet der Arbeitgeber, selbst wenn ein Pflichtveranlagungstatbestand gegeben ist (vgl BFG 23. 3. 2021, RV/7104083/2015).

> **Beispiel**
>
> Ein Arbeitnehmer tätigt mit dem Pendlerrechner eine Abfrage für einen Sonntag, obwohl er von Montag bis Freitag beim Arbeitgeber tätig ist. Da diese Abfrage offensichtlich unrichtig ist, hat der Arbeitgeber beim Arbeitnehmer kein Pendlerpauschale zu berücksichtigen.

1487 Eine offensichtliche Unrichtigkeit liegt zudem gemäß LStR in folgenden Fällen vor:
- ✓ Ein Arbeitnehmer tätigt mit dem Pendlerrechner eine Abfrage für einen Sonntag, obwohl er von Montag bis Freitag beim Arbeitgeber arbeitet, oder für einen Feiertag (ist kein repräsentativer Arbeitstag).
- ✓ Die verwendete Wohnadresse entspricht nicht den beim Arbeitgeber gespeicherten Stammdaten des Arbeitnehmers.
- ✓ Die verwendete Arbeitsstättenadresse entspricht nicht den tatsächlichen Verhältnissen.
- ✓ Das Pendlerpauschale wird für Strecken berücksichtigt, auf denen ein Werkverkehr eingerichtet ist.
- ✓ Das Pendlerpauschale wird trotz Zurverfügungstellung eines arbeitgebereigenen Kfz für Fahrten zwischen Wohnung und Arbeitsstätte berücksichtigt.

Keine offensichtliche Unrichtigkeit liegt bspw in folgenden Fällen vor:
- ✓ Fahrplanänderungen des öffentlichen Verkehrsmittels;

✓ Berücksichtigung des Pendlerpauschales bei Schichtdienst, Wechseldienst, Gleitzeit und sonstigen flexiblen Arbeitszeitmodellen bei grundsätzlich plausiblen Angaben des Arbeitnehmers.

Das Zutreffen der Voraussetzungen für die Gewährung von Pendlerpauschale und Pendlereuro wird im Zuge der PLB – Prüfung lohnabhängiger Abgaben und Beiträge – überprüft. Stellt sich nachträglich heraus, dass die vom Arbeitnehmer dem Arbeitgeber gegenüber abgegebene Erklärung den tatsächlichen Verhältnissen nicht entspricht, wird der Arbeitnehmer im Rahmen einer Pflichtveranlagung gemäß § 41 Abs 1 Z 6 EStG unmittelbar als Steuerschuldner in Anspruch genommen. Liegt dem Arbeitgeber für Zeiträume ab 1. 10. 2014 kein L 34 EDV (L 33) vor und berücksichtigt er dennoch weiterhin ein Pendlerpauschale, haftet der Arbeitgeber.

Bei ständig wechselnden Verhältnissen (beim gleichen Arbeitgeber, zB verschiedene Arbeitszeiten oder Entfernungen) können vom Arbeitnehmer zunächst die wahrscheinlichen Verhältnisse angegeben werden und kann erst am Jahresende eine korrigierte Erklärung (Ausdruck des Pendlerrechners) abgegeben werden; in diesem Fall ist eine Korrektur vom Arbeitgeber vorzunehmen. Gibt der Arbeitnehmer keine (geänderte) Erklärung ab, ist der Arbeitgeber nicht verpflichtet, von sich aus eine Korrektur vorzunehmen, wenn nicht offensichtlich unrichtige Angaben vorliegen.

202.16 Pendlerpauschale bei mehreren Dienstverhältnissen

Einem Arbeitnehmer steht im Kalendermonat höchstens ein Pendlerpauschale in vollem Ausmaß (maximal drei Drittel) zu.

Bei mehreren Dienstverhältnissen berücksichtigt jeder Arbeitgeber das Pendlerpauschale (insofern dieses vom Arbeitnehmer beantragt wurde) nach den Verhältnissen des jeweiligen Dienstverhältnisses (dh unabhängig davon, ob und in welcher Höhe ein Pendlerpauschale bei einem anderen Arbeitgeber berücksichtigt wird). Es erfolgt dann aber gegebenenfalls im Wege der Arbeitnehmerveranlagung eine Kürzung des Pendlerpauschales (siehe LStR Rz 272 ff). Genauere Informationen können LStR Rz 272 b ff entnommen werden.

202.17 Pendlerpauschale und Veranlagung

Alternativ zur Beantragung des Pendlerpauschales und des Pendlereuros beim Arbeitgeber können Pendlerpauschale und Pendlereuro auch im Wege der Arbeitnehmerveranlagung/Steuererklärung (über FinanzOnline bzw auf dem Formular L1 bzw E 1) beantragt werden.

Ist der Arbeitnehmer der Meinung, dass das Ergebnis des Pendlerrechners nicht korrekt ist, kann er im Rahmen der Arbeitnehmerveranlagung den Nachweis erbringen, dass ein anderes Ergebnis für Zwecke des Pendlerpauschales und des Pendlereuro heranzuziehen ist.

202.18 Pendlerpauschale und Pendlereuro – befristete Erhöhung von Mai 2022 bis Juni 2023

Aufgrund der Erhöhung der Treibstoffkosten wurde das Pendlerpauschale für die Kalendermonate Mai 2022 bis Juni 2023 befristet um 50% erhöht (Beträge siehe Tabelle unten).

202. Pendlerpauschale

1494 Das kleine Pendlerpauschale beträgt im Zeitraum Mai 2022 bis Juni 2023:

Entfernung	volles Pendlerpauschale			
	bisher monatlich	Erhöhung	gesamt monatlich	gesamt täglich
mindestens 20 km bis 40 km	€ 58,00	€ 29,00	€ 87,00	€ 2,90
mehr als 40 km bis 60 km	€ 113,00	€ 56,50	€ 169,50	€ 5,65
mehr als 60 km	€ 168,00	€ 84,00	€ 252,00	€ 8,40
Entfernung	2/3 des Pendlerpauschales			
	bisher monatlich	Erhöhung	gesamt monatlich	gesamt täglich
mindestens 20 km bis 40 km	€ 38,67	€ 19,33	€ 58,00	€ 1,93
mehr als 40 km bis 60 km	€ 75,33	€ 37,67	€ 113,00	€ 3,77
mehr als 60 km	€ 112,00	€ 56,00	€ 168,00	€ 5,60
Entfernung	1/3 des Pendlerpauschales			
	bisher monatlich	Erhöhung	gesamt monatlich	gesamt täglich
mindestens 20 km bis 40 km	€ 19,33	€ 9,67	€ 29,00	€ 0,97
mehr als 40 km bis 60 km	€ 37,67	€ 18,83	€ 56,50	€ 1,88
mehr als 60 km	€ 56,00	€ 28,00	€ 84,00	€ 2,80

1495 Das große Pendlerpauschale beträgt im Zeitraum Mai 2022 bis Juni 2023:

Entfernung	volles Pendlerpauschale			
	bisher monatlich	Erhöhung	gesamt monatlich	gesamt täglich
mindestens 2 km bis 20 km	€ 31,00	€ 15,50	€ 46,50	€ 1,55
mehr als 20 km bis 40 km	€ 123,00	€ 61,50	€ 184,50	€ 6,15
mehr als 40 km bis 60 km	€ 214,00	€ 107,00	€ 321,00	€ 10,70
mehr als 60 km	€ 306,00	€ 153,00	€ 459,00	€ 15,30
Entfernung	2/3 des Pendlerpauschales			
	bisher monatlich	Erhöhung	gesamt monatlich	gesamt täglich
mindestens 2 km bis 20 km	€ 20,67	€ 10,33	€ 31,00	€ 1,03
mehr als 20 km bis 40 km	€ 82,00	€ 41,00	€ 123,00	€ 4,10
mehr als 40 km bis 60 km	€ 142,67	€ 71,33	€ 214,00	€ 7,13
mehr als 60 km	€ 204,00	€ 102,00	€ 306,00	€ 10,20
Entfernung	1/3 des Pendlerpauschales			
	bisher monatlich	Erhöhung	gesamt monatlich	gesamt täglich
mindestens 2 km bis 20 km	€ 10,33	€ 5,17	€ 15,50	€ 0,52
mehr als 20 km bis 40 km	€ 41,00	€ 20,50	€ 61,50	€ 2,05
mehr als 40 km bis 60 km	€ 71,33	€ 35,67	€ 107,00	€ 3,57
mehr als 60 km	€ 102,00	€ 51,00	€ 153,00	€ 5,10

Weiters wurde der Pendlereuro für den Zeitraum Mai 2022 bis Juni 2023 vervierfacht (dh zusätzlich € 0,50 monatlich pro Kilometer der einfachen Fahrtstrecke zwischen Wohnung und Arbeitsstätte). Der Pendlereuro beträgt monatlich pro Kilometer in den betroffenen Monaten daher rund € 0,67. **1496**

> **Beispiel**
>
> Die Gesamtstrecke Wohnung – Arbeitsstätte beträgt 52 km.
> Bisher erhielt der Arbeitnehmer einen Pendlereuro in Höhe von jährlich € 2,– pro Kilometer der einfachen Fahrtstrecke zwischen Wohnung und Arbeitsstätte, sohin € 104,– jährlich bzw € 8,67 monatlich. Befristet für den Zeitraum Mai 2022 bis Juni 2023 erhält der Arbeitnehmer zusätzlich € 0,50 monatlich pro Kilometer der einfachen Fahrtstrecke zwischen Wohnung und Arbeitsstätte. Der Pendlereuro beträgt in diesem Zeitraum monatlich € 26,– (befristete Erhöhung) zuzüglich € 8,67 somit € 34,67 (= das Vierfache des bisherigen Pendlereuros).

Aufgrund der befristet erhöhten Werte des Pendlerpauschales in den Monaten Mai 2022 bis Juni 2023 ist keine erneute Abgabe des Ergebnisses des Pendlerrechners erforderlich. Der Arbeitgeber hat die geänderten Werte, sofern keine sonstige Änderung der Verhältnisse eintritt, zu berücksichtigen (§ 6 Abs 4 der Pendlerverordnung). **1497**

202.19 Erhöhter Verkehrsabsetzbetrag

Ein erhöhter Verkehrsabsetzbetrag von € 726,– steht zu, wenn Anspruch auf ein Pendlerpauschale besteht und das Einkommen nicht höher ist als € 12.835,– im Jahr. Bei Einkommen zwischen € 12.835,– und € 13.676,– wird der erhöhte Verkehrsabsetzbetrag gleichmäßig auf den Verkehrsabsetzbetrag von € 421,– eingeschliffen (§ 33 Abs 5 Z 2 EStG). **1498**

Der erhöhte Verkehrsabsetzbetrag erhöht sich um weitere € 684,– (Zuschlag), wenn das Einkommen des Steuerpflichtigen € 16.832,– im Kalenderjahr nicht übersteigt. Zwischen einem Einkommen von € 16.832,– und € 25.774,– vermindert sich der Zuschlag gleichmäßig einschleifend auf null. Dieser Zuschlag darf nicht bereits im Rahmen der Lohnverrechnung berücksichtigt werden. Die Berücksichtigung findet ausschließlich in der Veranlagung statt (§ 33 Abs 5 Z 3 iVm § 66 Abs 1 EStG). **1499**

Der (erhöhte) Verkehrsabsetzbetrag samt Zuschlag beträgt somit **1500**

Einkommen	Verkehrsabsetzbetrag	Zuschlag	Anmerkung
bis € 12.835,–	€ 726,–	€ 684,–	Erhöhter Verkehrsabsetzbetrag bei Anspruch auf ein Pendlerpauschale
€ 12.835,– – € 13.676,–	€ 726,– – € 421,–	€ 684,–	Erhöhter Verkehrsabsetzbetrag wird eingeschliffen
€ 13.676,– – € 16.832,–	€ 421,–	€ 684,–	
€ 16.832,– – € 25.774,–	€ 421,–	€ 684,– – € 0,–	Zuschlag wird eingeschliffen
ab € 25.774,–	€ 421,–	€ 0,–	

202. Pendlerpauschale

202.20 Kundenbesuche auf der Strecke Wohnung – Arbeitsstätte

1501 Besucht der Arbeitnehmer auf der Strecke Wohnung – Arbeitsstätte bzw von der Arbeitsstätte zur Wohnung einen Kunden, steht nur für eventuelle „Mehrkilometer" ein steuerfreies Kilometergeld zu, da die Aufwendungen für die Strecke Wohnung – Arbeitsstätte durch den Verkehrsabsetzbetrag und ein eventuell zustehendes Pendlerpauschale sowie den Pendlereuro abgegolten sind.

1502 Besucht der Arbeitnehmer einen Kunden auf der Strecke Wohnung – Arbeitsstätte und kommt er an diesem Tag nicht an seine Arbeitsstätte, liegt keine Fahrt Wohnung – Arbeitsstätte vor und dem Arbeitnehmer kann das Kilometergeld steuerfrei ersetzt werden (UFS Innsbruck 9. 7. 2008, RV/0426-I/07).

202.21 Lehrlingsfreifahrt – Pendlerpauschale

1503 Nimmt ein Lehrling die Lehrlingsfreifahrt für die Fahrt zum Arbeitsplatz in Anspruch, so erwachsen ihm lediglich die Kosten für den Selbstbehalt im Ausmaß von € 19,60 für jedes Lehrjahr. Besteht Anspruch auf das Pendlerpauschale und wird vom Lehrling ein entsprechender Antrag gestellt, so kann, analog zum Werkverkehr, nur der Betrag, welcher vom Lehrling zu tragen ist (€ 19,60), berücksichtigt werden.

202.22 Firmenauto

1504 Wird dem Arbeitnehmer ein arbeitgebereigenes Kfz für Fahrten zwischen Wohnung und Arbeitsstätte zur Verfügung gestellt, steht kein Pendlerpauschale zu. Dies gilt nicht wenn ein arbeitgebereigenes Fahrrad oder Elektrofahrrad zur Verfügung gestellt wird. Der Ausschluss stößt auf keine verfassungsrechtlichen Bedenken, da im Rahmen einer Durchschnittsbetrachtung davon auszugehen ist, dass jene Arbeitnehmer, denen für den Arbeitsweg ein arbeitgebereigenes Kfz zur Verfügung steht, geringere Aufwendungen haben, da die laufenden Kosten für den Betrieb idR vom Arbeitgeber getragen werden (vgl BFG 30. 6. 2014, RV/5100744/2014; BFG 2. 12. 2015, RV/7102893/2015, dazu Ablehnungsbeschluss VfGH 9. 6. 2016, E 110/2016).

1505 Leistet ein Arbeitnehmer Kostenbeiträge iZm der Privatnutzung eines arbeitgebereigenen Kraftfahrzeuges, mindern diese grundsätzlich den Sachbezugswert. Ein Pendlerpauschale steht dafür nicht zu, selbst wenn Kostenbeiträge in Höhe des Sachbezugswertes geleistet werden (vgl VwGH 21. 10. 2020, Ro 2019/15/0185).

1506 Im Lohnkonto (§ 76 EStG) und im Lohnzettel (§ 84 EStG) sind die Anzahl der Kalendermonate einzutragen, in denen dem Arbeitnehmer ein arbeitgebereigenes Kfz für Fahrten zwischen Wohnung und Arbeitsstätte zur Verfügung gestellt wird (§ 1 Abs 1 Z 13 LohnkontenV). Dies gilt auch dann, wenn dem Arbeitnehmer nicht für den vollen Kalendermonat ein Kfz zur Verfügung gestellt wird.

202.23 Werkverkehr (§ 26 Z 5 lit a EStG)

1507 Werkverkehr liegt vor, wenn der Arbeitgeber seine Arbeitnehmer zwischen Wohnung und Arbeitsstätte mit Fahrzeugen in der Art eines Massenbeförderungsmittels befördert oder befördern lässt. Dieser Vorteil stellt keinen steuerpflichtigen Sachbezug dar. Werkverkehr mit Fahrzeugen in der Art eines Massenbeförderungsmittels ist dann anzunehmen, wenn die Beförderung der Arbeitnehmer mit größeren Bussen, mit arbeitgebereigenen oder angemieteten

Kleinbussen oder mit anderen Fahrzeugen nach Art eines Linienverkehrs, die im Unternehmen des Arbeitgebers zur Beförderung eingesetzt werden, erfolgt. Das Pendlerpauschale steht bei Werkverkehr **nicht** zu. Besteht der Werkverkehr jedoch nur auf einer Teilstrecke, so ist für die Gewährung des Pendlerpauschales die Wegstrecke von der Wohnung bis zur Einstiegstelle des Werkverkehrs maßgeblich (zB Entfernung Wohnung – Einstiegstelle 22 km Pendlerpauschale steht zu). Die Höhe des Pendlerpauschales für diese Teilstrecke ist jedoch mit dem fiktiven Pendlerpauschale für die Gesamtstrecke (inkl Werkverkehr) begrenzt.

> **Beispiel**
>
> Die Gesamtstrecke Wohnung – Arbeitsstätte beträgt 52 km. Der Arbeitnehmer wird auf einer Teilstrecke von 31 km im Werkverkehr befördert.
> Für eine Teilstrecke von 21 km (auf dieser Teilstrecke verkehrt kein öffentliches Verkehrsmittel) würde ein (großes) Pendlerpauschale in Höhe von € 1.476,– zustehen. Allerdings ist das Pendlerpauschale mit dem fiktiven Pendlerpauschale für die Gesamtstrecke in Höhe von € 1.356,– (kleines Pendlerpauschale für eine Wegstrecke von 40 bis 60 Kilometer) begrenzt.

202.24 Werkverkehr und Kostenbeiträge des Arbeitnehmers (§ 26 Z 5 lit a EStG; § 16 Abs 1 Z 6 lit i EStG)

1508 Nutzt der Arbeitnehmer an der Mehrzahl der Arbeitstage im Lohnzahlungszeitraum die Beförderung im Werkverkehr gemäß § 26 Z 5 lit a EStG und muss er trotz des bestehenden Werkverkehrs eine bestimmte Wegstrecke zwischen Wohnung und Einstiegsstelle zurücklegen, steht ihm für diese Teilstrecke das Pendlerpauschale zu.

1509 Muss der Arbeitnehmer für den Werkverkehr bezahlen, sind diese Kosten als Werbungskosten abzugsfähig, allerdings nur bis zur maximalen Höhe des in seinem konkreten Fall in Frage kommenden Pendlerpauschales der gesamten Strecke von der Wohnung zur Arbeitsstätte. Für jenen Teil der Fahrtstrecke, für den ein Werkverkehr (wenn auch mit einem Kostenbeitrag des Arbeitnehmers) zur Verfügung steht, steht kein Pendlereuro zu.

> **Beispiel 1**
>
> | | |
> |---|---|
> | Höhe des zustehenden Pendlerpauschales | € 58,– |
> | Kostenbeitrag des Arbeitnehmers | € 30,– |
> | Der Arbeitgeber kann im Zuge der Lohnverrechnung € 30,– als „fiktives PP" berücksichtigen. | |
> | Höhe des zustehenden Pendlerpauschales | € 58,– |
> | Kostenbeitrag des Arbeitnehmers | € 65,– |
> | Der Arbeitgeber kann im Zuge der Lohnabrechnung einen Kostenbeitrag in Höhe von berücksichtigen. | € 58,– |

> **Beispiel 2**
>
> A fährt an 17 Tagen im Monat zum Arbeitsort, an zwölf dieser Tage nutzt er den bestehenden Werkverkehr.
> Von der Wohnung zur Arbeitsstätte mit über 60 km Entfernung würde ein großes Pendlerpauschale zustehen, von der Wohnung bis zur Einstiegsstelle (38 km) würde ein kleines Pendlerpauschale zustehen.

202. Pendlerpauschale

> Da der Arbeitnehmer an der Mehrzahl der Arbeitstage im Lohnzahlungszeitraum den Werkverkehr nutzt, kann A für die Strecke Wohnung – Einstiegsstelle Werkverkehr ein kleines Pendlerpauschale geltend machen (€ 696,–/Jahr), der Pendlereuro steht für eine Strecke von 38 km zu.
>
> **Variante 1:**
> A muss für den Werkverkehr einen Kostenbeitrag in Höhe von € 20,– pro Monat leisten. Er kann diesen Beitrag als allgemeine Werbungskosten zusätzlich zum kleinen Pendlerpauschale geltend machen; diese Werbungskosten dürfen gemeinsam mit dem erhaltenen kleinen Pendlerpauschale (für die Strecke Wohnort – Einstiegsstelle Werkverkehr) betraglich nicht ein ohne Werkverkehr zustehendes Pendlerpauschale für die gesamte Strecke Wohnung – Arbeitsstätte (€ 3.672,–/Jahr) übersteigen.
>
> **Variante 2:**
> A übernimmt eine andere Schicht, weshalb er den Werkverkehr nur mehr an sieben der 17 Arbeitstage nutzt. Er erhält daher das große Pendlerpauschale sowie den Pendlereuro für die gesamte Strecke Wohnung – Arbeitsstätte.

202.25 Zurverfügungstellung einer Wochen-, Monats- oder Jahreskarte (Öffi-Ticket) oder Kostenbeiträge des Arbeitgebers (§ 26 Z 5 lit b EStG)

1510 Für Lohnzahlungszeiträume ab 1. 7. 2021 stellt der Vorteil des Arbeitnehmers bei Kostenübernahme für bestimmte Fahrkarten für öffentliche Verkehrsmittel durch den Arbeitgeber keinen steuerpflichtigen Sachbezug dar, wenn das Ticket nach dem 30. 6. 2021 erworben wurde. Der Arbeitgeber kann dem Arbeitnehmer eine Wochen-, Monats- oder Jahreskarte nicht steuerbar zur Verfügung stellen oder die entsprechenden Kosten nicht steuerbar ersetzen. Einzelfahrscheine und Tageskarten sind nicht von der Begünstigung umfasst. Die Begünstigung gilt unabhängig von der Ticketart (Netzkarte, Streckenkarte, Österreich Card der ÖBB etc), das Öffi-Ticket muss den Arbeitnehmer jedenfalls zu Fahrten entweder am Wohnort oder am Arbeitsort berechtigen. Die Begünstigung des Tickets ist demnach nicht auf die Strecke zwischen Wohnung und Arbeitsstätte eingeschränkt.

1511 Die Begünstigung kommt unabhängig davon zur Anwendung, wer das Ticket kauft, dh es kann

- ✓ der Arbeitgeber das Öffi-Ticket kaufen und dem Arbeitnehmer zur Verfügung stellen (mit oder ohne Kostenbeitrag des Arbeitnehmers) oder
- ✓ der Arbeitnehmer das Öffi-Ticket kaufen und der Arbeitgeber ersetzt dem Arbeitnehmer die Kosten des Tickets ganz oder teilweise.

1512 Als Ticketerwerb gilt auch die Verlängerung von Tickets, insb von Jahreskarten ab dem 1. 7. 2021. Das Öffi-Ticket darf grundsätzlich auch übertragbar sein, wenn dafür allerdings Zusatzkosten anfallen, sind nur jene Kosten begünstigt, die für eine nicht übertragbare Karte zu leisten wären.

1513 Die Begünstigung steht auch zu, wenn der Arbeitgeber nur einen Teil der Kosten des Öffi-Tickets übernimmt oder diese (teilweise) Kostenübernahme im Rahmen der monatlichen Gehaltsauszahlung erfolgt. Eine teilweise Kostenübernahme durch den Arbeitgeber ist immer auf den Gültigkeitszeitraum und den Gültigkeitsbereich des Öffi-Tickets bezogen. Eine Zuordnung bzw Widmung der teilweisen Kostenübernahme des Öffi-Tickets zu einzelnen Zeiträumen oder Zonen ist nicht zulässig.

1514 Wird das begünstigte Öffi-Ticket auch für Dienstreisen verwendet, dürfen keine zusätzlichen Fahrtkostenersätze für die vom Ticket umfassten Strecken geleistet werden. Werden vom Ar-

202.26 Zurverfügungstellung einer Wochen-/Monats-/Jahreskarte (Öffi-Ticket)

beitgeber zunächst nicht die vollen Kosten des Öffi-Tickets ersetzt, können in diesen Fällen weitere Kostenbeiträge gemäß § 26 Z 5 lit b EStG bis zur Höhe der Gesamtkosten des Öffi-Tickets gewährt werden.

Fallen bei Dienstreisen Fahrtkosten außerhalb der vom Öffi-Ticket abgedeckten Fahrtstrecke an oder wird das Öffi-Ticket nachweislich nicht für Dienstreisen verwendet, können Fahrtkostenersätze (zB Kilometergelder, Taxikosten) im Rahmen des § 26 Z 4 EStG nicht steuerbar vom Arbeitgeber ersetzt werden. **1515**

Verwendet der Arbeitnehmer sein privat gekauftes Öffi-Ticket nachweislich für Dienstreisen, kann der Arbeitgeber die fiktiven Kosten für das günstigste öffentliche Verkehrsmittel als Reisekostenersatz gemäß § 26 Z 4 EStG nicht steuerbar ersetzen. **1516**

Leistet der Arbeitgeber in diesen Fällen keine oder nur teilweise Reisekostenersätze, können vom Arbeitnehmer für die von ihm durchgeführten beruflichen Fahrten (mit Ausnahme der Fahrten Wohnung – Arbeitsstätte) die fiktiven Kosten für das günstigste öffentliche Verkehrsmittel im Schätzungswege als (Differenz-)Werbungskosten angesetzt werden. **1517**

202.26 Pendlerpauschale bei Zurverfügungstellung einer Wochen-, Monats- oder Jahreskarte (Öffi-Ticket) oder Kostenbeiträge des Arbeitgebers (§ 26 Z 5 lit b EStG; § 16 Abs 1 Z 6 lit i EStG)

Das Pendlerpauschale wird in einem ersten Schritt so berechnet, als ob keine Zurverfügungstellung oder (teilweise) Kostenübernahme durch den Arbeitgeber nach § 26 Z 5 EStG vorliegt: Ausschlaggebend für die Höhe des Pendlerpauschales ist demnach die zurückzulegende Strecke Wohnung – Arbeitsstätte. Es ist also die gesamte Strecke Wohnung – Arbeitsstätte zu berücksichtigen und eine entsprechende Abfrage im Pendlerrechner durchzuführen. **1518**

Damit es zu keiner ungerechtfertigten Überförderung kommt, ist der vom Arbeitgeber zugewendete Wert des Tickets oder die übernommenen Kosten nach § 26 Z 5 EStG vom Pendlerpauschale des Arbeitnehmers abzuziehen. **1519**

Um die Nachvollziehbarkeit zu gewährleisten, ist der zugewendete Betrag gemäß § 26 Z 5 lit b EStG im Lohnkonto einzutragen. **1520**

Der Wert eines für mehrere Monate gültigen Tickets ist dabei gleichmäßig auf die Monate der Gültigkeit zu verteilen. Dies kann auch dazu führen, dass ein Öffi-Ticket in mehreren Veranlagungsjahren zu einer Reduktion des Pendlerpauschales führt. **1521**

Der Anspruch auf den Pendlereuro bleibt von dieser Kürzung unberührt. **1522**

> **Beispiel**
>
> A pendelt von ihrem Wohnort Mattersburg an 19 Arbeitstagen zu ihrer Arbeitsstätte in Wien; es steht A laut Pendlerrechner ein kleines Pendlerpauschale in Höhe von € 2.016,– pro Jahr (€ 168,– pro Monat) sowie der Pendlereuro in Höhe von € 142,– pro Jahr zu.
> **Variante 1:**
> Der Arbeitgeber wendet ihr ab Jänner 2023 die Kosten einer Wiener Jahreskarte im Wert von € 365,– zu. As Arbeitgeber berücksichtigt das Pendlerpauschale in der laufenden Lohnverrechnung; mit der Übernahme der Kosten des Wiener Jahrestickets ist ab Jänner 1/12 (= € 30,42) vom monatlichen Pendlerpauschale abzuziehen (€ 168 – € 365/12). Somit erhält A monatlich € 137,58 an Pendlerpauschale, der Pendlereuro steht für die gesamte Strecke ungekürzt zu.

202. Pendlerpauschale

Variante 2:
A erhält von ihrem Arbeitgeber das Klimaticket für das gesamte Bundesgebiet in Höhe von € 1.095,–. Ihr steht daher ein Pendlerpauschale in Höhe von € 921,–/Jahr (= € 2.016 – € 1.095) zu, der jährliche Pendlereuro in Höhe von € 142,– steht für die gesamte Strecke Wohnung – Arbeitsstätte zu.

Variante 3:
Der Arbeitgeber übernimmt € 500,– der Kosten für ein VOR-Klimaticket MetropolRegion (€ 915,–), die restlichen € 415,– muss A selbst begleichen. A steht daher ein Pendlerpauschale von € 1.516,–/Jahr (= € 2.016 – € 500) und ein Pendlereuro für die gesamte Strecke Wohnung – Arbeitsstätte in Höhe von € 142,– zu.

Variante 4:
Der Arbeitgeber übernimmt € 800,– der Kosten für ein VOR-Klimaticket MetropolRegion (€ 915,–).
Dieses ist von Juli 2023 bis einschließlich Juni 2024 gültig. Die Zuwendung in Höhe von € 800,– wird im Juli 2023 an A geleistet. Die restlichen € 115,– der Kosten für das VOR-Klimaticket MetropolRegion muss A selbst begleichen.
Die Zuwendung von € 800,– ist verhältnismäßig auf den Zeitraum der Gültigkeit zu verteilen. Da sowohl im Jahr 2023 als auch 2024 jeweils für sechs Monate eine Kostenübernahme stattfindet, ist die Zuwendung in beiden Jahren je zur Hälfte vom Pendlerpauschale abzuziehen:
A steht daher in beiden Jahren ein Pendlerpauschale von € 1.616,–/Jahr (= € 2.016 – € 400) und ein Pendlereuro für die gesamte Strecke Wohnung – Arbeitsstätte in Höhe von € 142,– zu.

1523 Bei Beendigung des Dienstverhältnisses vor Ablauf der Gültigkeit des Öffi-Tickets liegt grundsätzlich für Zeiträume nach Beendigung des Dienstverhältnisses ein steuerpflichtiger Sachbezug vor. Dieser ist als sonstiger Bezug zu versteuern. Erstattet der Arbeitnehmer dem Arbeitgeber diesen Betrag, ist kein Sachbezug anzusetzen.

> **Hinweis**
>
> Im Zusammenhang mit der Beendigung des Dienstverhältnisses ist der nichtverbrauchte Teil der Jahreskarte Lohnsteuer, DB, DZ und KommSt pflichtig, nicht jedoch sozialversicherungs- und bvk-pflichtig.

> **Beispiel**
>
> Der Arbeitgeber zahlt dem Arbeitnehmer eine begünstigte Jahreskarte, welche dieser am 1. 1. 2023 kauft. Die Karte wird um € 365,– gekauft und der Kaufpreis im Jänner 2023 vom Arbeitgeber zur Gänze ersetzt. Mit 30. 6. 2023 wird das Dienstverhältnis beendet. Der Arbeitgeber hat einen Vorteil aus dem Dienstverhältnis in Höhe von 6/12 des ersetzten Kaufpreises und somit € 182,50 als sonstiger Bezug mit dem Gehalt für Juni 2023 zu versteuern.

1524 Ein vor einer Unterbrechung (Karenzierung, Präsenzdienst) gewährtes Öffi-Ticket bleibt auch während der Unterbrechung steuerbegünstigt.

202.27 Gemeinsame Regelungen betreffend Werkverkehr und Öffi-Ticket

1525 Wird die Beförderung des Arbeitnehmers im Werkverkehr oder die Zurverfügungstellung bzw Übernahme der Kosten des Öffi-Tickets durch den Arbeitgeber anstelle des bisher gezahlten steuerpflichtigen Arbeitslohns oder der Lohnerhöhungen, auf die jeweils ein arbeitsrechtlicher Anspruch besteht, geleistet (Bezugsumwandlung), liegt ein steuerpflichtiger Arbeitslohn vor. Der umgewandelte Bezug ist als laufender Bezug zu erfassen. Als Zeitpunkt des Zuflusses gilt der Zeitpunkt, in dem der umgewandelte Bezug zugeflossen wäre.

Wurde vom Arbeitgeber bisher ein Fahrtkostenzuschuss auf Basis der Kosten für ein öffentliches Verkehrsmittel für die Strecke Wohnung – Arbeitsstätte gezahlt und wird an dessen Stelle ein Öffi-Ticket zur Verfügung gestellt, liegt insoweit keine Gehaltsumwandlung vor. 1526

Im Lohnkonto und im Lohnzettel sind die Kalendermonate einzutragen, in denen ein Arbeitnehmer auf Kosten des Arbeitgebers (Werkverkehr oder Öffi-Ticket) befördert wird (§ 1 Abs 1 Z 13 LohnkontenV BGBl II 2005/256 idF BGBl II 2021/122). Auch die Höhe der übernommenen Kosten für den Werkverkehr oder einer Wochen-, Monats- oder Jahreskarte ist in das Lohnkonto aufzunehmen, um eine Nachvollziehbarkeit der Zahlungsflüsse sicherzustellen. Darüber hinaus ist ein belegmäßiger Nachweis über die Kosten des übernommenen Tickets – etwa eine Rechnung oder eine Kopie der Fahrkarte – in das Lohnkonto aufzunehmen. Bei Kauf der Wochen-, Monats- oder Jahreskarte durch den Arbeitnehmer muss demnach dieser eine Kopie der Karte oder der Rechnung des Verkehrsunternehmens dem Arbeitgeber vorlegen, der den Nachweis zum Lohnkonto zu nehmen hat. 1527

Sozialversicherung

Werkverkehr bzw Öffi-Ticket unterliegen nicht dem sozialversicherungspflichtigen Entgelt (§ 49 Abs 3 Z 20 ASVG). 1528

DB – DZ – KommSt

Werkverkehr bzw Öffi-Ticket unterliegen nach den Bestimmungen des § 41 FLAG sowie § 5 KommStG nicht der Beitragspflicht hinsichtlich DB, DZ und KommSt. 1529

➢ Siehe auch „Werkverkehr".

202.28 Fahrten Wohnung – Arbeitsstätte, die vom Arbeitgeber ersetzt werden (§ 26 Z 4 lit a EStG)

Werden Fahrten zu einem Einsatzort in einem Kalendermonat überwiegend unmittelbar vom Wohnort aus angetreten, liegen hinsichtlich dieses Einsatzorts ab dem Folgemonat Fahrten zwischen Wohnung und Arbeitsstätte vor. 1530

Verlagert sich das regelmäßige Tätigwerden zu einer neuen Arbeitsstätte (Dienstort), sind die Fahrten vom Wohnort zu dieser Arbeitsstätte (Dienstort) als Fahrten zwischen Wohnung und Arbeitsstätte gemäß § 16 Abs 1 Z 6 EStG wie folgt zu berücksichtigen: 1531

✓ Wird der Arbeitnehmer zu einer neuen Arbeitsstätte auf Dauer versetzt, stellen die Fahrten zur neuen Arbeitsstätte mit Wirksamkeit der Versetzung Fahrten zwischen Wohnung und Arbeitsstätte gemäß § 16 Abs 1 Z 6 EStG dar.

Beispiel

Eine Filialleiterin wird in eine andere Filiale des Unternehmens versetzt. Die Fahrten zur neuen Filiale stellen keine Dienstreisen, sondern Fahrten zwischen Wohnung und Arbeitsstätte dar.

202. Pendlerpauschale

✓ Wird der Arbeitnehmer zu einer neuen Arbeitsstätte vorübergehend dienstzugeteilt oder entsendet, können gemäß § 26 Z 4 lit a letzter Satz EStG bis zum Ende des Kalendermonats, in dem diese Fahrten erstmals überwiegend zurückgelegt werden, nicht steuerbare Fahrtkostenersätze (zB Kilometergelder) hiefür ausgezahlt werden. Ein Überwiegen ist dann gegeben, wenn an mehr als der Hälfte der tatsächlich geleisteten Arbeitstage im Kalendermonat Fahrten zur neuen Arbeitsstätte unternommen werden. Ab dem Folgemonat stellen die Fahrten zur neuen Arbeitsstätte Fahrten zwischen Wohnung und Arbeitsstätte dar, die mit dem Verkehrsabsetzbetrag und einem allfälligen Pendlerpauschale sowie dem Pendlereuro abgegolten sind. Vom Arbeitgeber für diesen Zeitraum gezahlte Fahrtkostenersätze sind steuerpflichtiger Arbeitslohn.

> **Beispiel**
>
> Ein Bankangestellter mit ständiger Arbeitsstätte in der Zentrale eines Bankinstitutes wird für die Zeit vom 23. 2. bis 25. 4. einer Bankfiliale vorübergehend dienstzugeteilt. Ab 26. 4. bis Ende April wird er wieder an seiner ständigen Arbeitsstätte (Zentrale) tätig.
> Für die Fahrten vom 23. 2. bis 31. 3. ist ein Kilometergeldersatz für Fahrten von der Wohnung zum vorübergehenden Einsatzort (Bankfiliale) steuerfrei. Im April ist der Kilometergeldersatz steuerpflichtig. Für den Monat Februar steht gegebenenfalls (weiterhin) das Pendlerpauschale für Fahrten von der Wohnung zu seiner ständigen Arbeitsstätte (Zentrale) zu. Im März steht kein Pendlerpauschale zu (weder hinsichtlich der ständigen Arbeitsstätte noch hinsichtlich des vorübergehenden Einsatzortes). Für den Monat April steht gegebenenfalls das Pendlerpauschale für Fahrten zwischen Wohnung und vorübergehendem Einsatzort (Bankfiliale) bzw für Fahrten zwischen Wohnung und Zentrale zu. Es steht im Kalendermonat allerdings maximal ein Pendlerpauschale in vollem Ausmaß zu (vgl LStR Rz 272 – 272 d).

1532 Als Arbeitsstätte/Einsatzort gilt ein Büro, eine Betriebsstätte, ein Werksgelände, ein Lager und ähnliches. Eine Arbeitsstätte im obigen Sinne liegt auch dann vor, wenn das dauernde Tätigwerden in Räumlichkeiten eines Kunden oder an einem Fortbildungsinstitut (zB Entsendung zu einer mehrmonatigen Berufsfortbildung) erfolgt.

1533 Für Fahrten von der Dienststelle zu einem Einsatzort und zurück zur Dienststelle können nicht steuerbar Fahrtkostenersätze zeitlich unbegrenzt ausgezahlt werden.

1534 Fahrtkostenersätze, die der Arbeitgeber für Fahrten zu einer Baustelle oder zu einem Einsatzort für Montage- und Servicetätigkeit, die unmittelbar von der Wohnung aus angetreten werden, leistet, sind zeitlich unbegrenzt steuerfrei. Die Steuerfreiheit erstreckt sich jedoch nur auf jenen Teil der Fahrtkostenersätze, die der Arbeitgeber aufgrund einer lohngestaltenden Vorschrift iSd § 68 Abs 5 Z 1 – 6 EStG zu zahlen verpflichtet ist. Wird vom Arbeitgeber für diese Fahrten ein Pendlerpauschale iSd § 16 Abs 1 Z 6 EStG berücksichtigt, stellen Fahrtkostenersätze bis zur Höhe des Pendlerpauschales steuerpflichtigen Arbeitslohn dar.

1535 Vergütungen des Arbeitgebers für Fahrten zwischen Wohnung und Arbeitsstätte sind beitragsfrei, insoweit die Kosten für das Massenbeförderungsmittel nicht überschritten werden (§ 49 Abs 3 Z 20 ASVG).

> Siehe auch „Reisekosten".

203. Pensionistenabsetzbetrag (§ 33 Abs 6 EStG)

Für Pensionisten tritt an die Stelle des Verkehrsabsetzbetrags ein **Pensionistenabsetzbetrag** von bis zu **€ 868,– jährlich**. 1536

Der Pensionistenabsetzbetrag vermindert sich gleichmäßig einschleifend zwischen zu versteuernden Pensionseinkünften von € 18.410,– und € 26.826,– auf null. Maßgeblich für die Einschleifung ist nicht das gesamte Jahreseinkommen (Pension zuzüglich anderer Einkünfte), sondern die aus den Pensionseinkünften resultierenden Einkünfte. 1537

Für die Einschleifung sind alle Pensionseinkünfte maßgeblich, die im Welteinkommen enthalten sind, unabhängig davon, ob ein Teil der Pensionseinkünfte als Auslandseinkünfte aufgrund eines DBA von der österreichischen Steuer freigestellt ist. 1538

Pensionseinkünfte sind die laufenden Brutto(pensions)bezüge abzüglich Werbungskosten (zB Sozialversicherung). 1539

Die pensionsauszahlende Stelle hat daher die Einschleifung des Pensionistenabsetzbetrags auch bei Vorlage eines Freibetragsbescheids vom Pensionseinkommen vorzunehmen. 1540

Unter gewissen Voraussetzungen kann auch ein erhöhter Pensionistenabsetzbetrag zustehen. 1541

➤ Siehe „Erhöhter Pensionistenabsetzbetrag".

204. Pensionsabfindungen (§ 67 Abs 8 lit e EStG)

Zahlungen für Pensionsabfindungen, deren Barwert den Betrag iSd § 1 Abs 2 Z 1 PKG nicht übersteigt, sind mit der Hälfte des Steuersatzes zu versteuern, der sich bei gleichmäßiger Verteilung des Bezuges auf die Monate des Kalenderjahres als Lohnzahlungszeitraum ergibt. 1542

Der Barwert gemäß § 1 Abs 2 Z 1 PKG beträgt für 2023 **€ 14.400,–**.

> **Beispiel**
>
> Pensionsabfindung 2023 – € 14.400,–
> Berechnung halber Steuersatz*)
>
> ```
>              14.400,00
>           –  11.693,00
>               2.707,00  : 7.441,–
>               0,363795 × 1.488,20
>                          541,40 × 50%
> ```
> anfallende Steuer € 270,70
>
> *) Bei Berechnung der Steuer dürfen keine Absetzbeträge berücksichtigt werden.

204.1 Anspruchsvoraussetzungen

Die begünstigte Besteuerung gemäß § 67 Abs 8 lit e EStG steht nur dann zu, wenn die Pensionszusage mindestens **sieben Jahre** zurückliegt und ein statuarischer Anspruch (verbrieftes Recht) gegeben ist. 1543

204. Pensionsabfindungen

1544 Maßgeblich ist also nicht der Abfindungszeitraum, sondern der Zeitraum des „Ansparens". Von dieser Betrachtungsweise ist allerdings dann abzugehen, wenn im Rahmen von Sanierungsprogrammen für die überwiegende Anzahl von Pensionsanspruchsberechtigten Abfindungen vorgesehen sind. In solchen Fällen ist auch dann eine Besteuerung gemäß § 67 Abs 8 lit e EStG vorzunehmen, wenn die Pensionszusage weniger als sieben Jahre zurückliegt.

204.2 Besteuerung nach Tarif (§ 67 Abs 10 EStG)

1545 Übersteigt der Barwert der abzufindenden Pension den Betrag von € 14.400,– (§ 1 Abs 2 Z 1 PKG), hat die Versteuerung der gesamten Abfindung gemäß § 124b Z 53 EStG zu erfolgen (Versteuerung gemäß § 67 Abs 10 EStG im Kalendermonat der Zahlung – nicht sechstelerhöhend).

Zahlungen für Pensionsabfindungen von Pensionskassen aufgrund gesetzlicher oder statutenmäßiger Regelung sind nach Abzug der darauf entfallenden Pflichtbeiträge zu einem Drittel steuerfrei zu belassen.

1546 Die Drittelbegünstigung gemäß § 124b Z 53 EStG stellt darauf ab, dass (insb bei ausländischen Pensionskassen im Hinblick auf die dortige gesetzliche Situation) den Anspruchsberechtigten keine andere Möglichkeit als die Inanspruchnahme der Pensionsabfindung eingeräumt ist. In einer solchen Situation wäre es „unbillig", Pensionsabfindungen in diesen Fällen zur Gänze tarifmäßig zu versteuern. Besteht kein Zwang zur Pensionsabfindung, sondern ist dem Abgabepflichtigen die freie Wahlmöglichkeit zwischen zwei gleichrangig eingeräumten Ansprüchen offen gestanden, liegt keine „Abfindung" vor, wenn der Anwartschaftsberechtigte die freie Wahl zwischen mehreren Ansprüchen (ua dem Anspruch auf Einmalzahlung) trifft (vgl VwGH 24. 5. 2012, 2009/15/0188). Besteht die Möglichkeit, sich anstelle der Abfindung für einen Rentenbezug zu entscheiden, ist der Zwang zur Abfindung der Pensionsanwartschaft, den die Steuerbegünstigung des § 124b Z 53 EStG voraussetzt, nicht gegeben. Anderes könnte gelten, wenn die Inanspruchnahme der Frühpension für den Anspruchsberechtigten mit unzumutbaren rechtlichen Nachteilen verbunden wäre (vgl VwGH 25. 5. 2022, Ra 2021/15/0060).

204.3 Auszahlungszeitpunkt

1547 Pensionsabfindungen können während des aufrechten Dienstverhältnisses, bei Beendigung des Dienstverhältnisses oder zu einem späteren Zeitpunkt (zB während des Pensionsbezugs) erfolgen. Pensionsabfindungen sind daher keine beendigungskausalen Bezüge und können nicht gemäß § 67 Abs 6 EStG versteuert werden.

204.4 Übertragung in Pensionskasse

1548 Zur weiteren Förderung der Altersvorsorge ist im PKG die Überbindung von Pensionsabfindungen an Pensionskassen vorgesehen. Diese Überbindung geht gemäß § 26 Z 7 EStG steuerneutral vor sich.

204.5 Auszahlung in Teilbeträgen

1549 Werden Pensionsansprüche, deren Barwert den Betrag von € 13.200,– nicht übersteigt, in Teilbeträgen ausgezahlt, ist der halbe Steuersatz von der Summe aller Teilbeträge zu ermitteln. Dieser Steuersatz ist auf alle Teilbeträge anzuwenden.

204.6 Dreijahresverteilung

Unter folgenden Voraussetzungen kann eine Pensionsabfindung im Wege der Veranlagung auf drei Jahre verteilt werden: **1550**

- ✓ Vorliegen einer Entschädigung iSd § 32 Z 1 lit a EStG, die als Ersatz für entgangene oder entgehende Einnahmen gewährt wird,
- ✓ der Zeitraum, für den die Entschädigung gewährt wird, beträgt sieben Jahre (§ 37 Abs 2 Z 2 EStG),
- ✓ Antrag des Abgabenpflichtigen,
- ✓ die Initiative zum Abschluss der Abfindungsvereinbarung darf nicht vom Pensionsberechtigten ausgegangen sein.

Sämtliche Voraussetzungen müssen kumulativ vorliegen. Die Pensionsabfindung ist, beginnend mit dem Veranlagungsjahr, dem der Vorgang zuzurechnen ist, gleichmäßig verteilt auf drei Jahre anzusetzen. Die von der bezugsauszahlenden Stelle zum Zeitpunkt der Auszahlung der Abfindung zu Recht gemäß § 67 Abs 10 EStG einbehaltene Lohnsteuer gelangt dabei zur Gänze bei der Veranlagung für das **erste Jahr** zur Anrechnung (vgl VwGH 3. 4. 2019, Ro 2018/15/0009). **1551**

Wird eine Dreijahresverteilung der Pensionsabfindung beantragt und sind die erforderlichen Voraussetzungen dafür gegeben, liegt in den Jahren zwei und drei der Verteilung ein Pflichtveranlagungstatbestand vor. **1552**

Auch Teilpensionsabfindungen sind der Progressionsermäßigung gemäß § 37 Abs 2 Z 2 EStG durch Dreijahresverteilung zugänglich. Dies aber nur dann, wenn die Entschädigung für einen Zeitraum von mindestens sieben Jahren gewährt wird, also eine Entschädigung in Bezug auf sieben volle Jahresbeträge vorliegt. Diese kann nur dann angenommen werden, wenn die Entschädigung dem Barwert der vollen Pensionsanwartschaft für zumindest sieben Jahre entspricht (vgl VwGH 31. 1. 2019, Ro 2018/15/0008). **1553**

204.7 Abfindung von Pensionen durch inländische Pensionskassen

Bei der Abfindung von Pensionen durch inländische Pensionskassen ist der auf die Arbeitgeberbeiträge entfallende Teil zur Gänze, der auf die Arbeitnehmerbeiträge entfallende Teil nur mit 25% als Bemessungsgrundlage für den Hälftesteuersatz zu erfassen. Soweit für Arbeitnehmerbeiträge eine Prämie nach § 108a EStG in Anspruch genommen worden ist, bleibt der darauf entfallende Teil der Pensionsabfindung steuerfrei. **1554**

Sozialversicherung

Werden Pensionsabfindungen bei oder nach Beendigung des Dienstverhältnisses ausbezahlt, zählen diese Leistungen nicht zum Entgelt iSd § 49 Abs 1 ASVG und sind somit beitragsfrei. **1555**

Erfolgt die Pensionsabfindung jedoch während des aufrechten Dienstverhältnisses, unterliegen die Leistungen als laufender Bezug der Sozialversicherung. Dabei ist die geltende Höchstbeitragsgrundlage zu berücksichtigen. **1556**

Betriebliche Vorsorgekasse

Insoweit eine Beitragspflicht bei der Sozialversicherung besteht, besteht dies auch im Rahmen der Betrieblichen Vorsorgekasse. **1557**

206. Pensionsbonus

DB – DZ

1558 Gemäß § 41 Abs 4 lit a FLAG gehören Ruhe- und Versorgungsbezüge nicht zur Beitragsgrundlage für den Dienstgeberbeitrag. Pensionsabfindungen, die auf einer Pensionszusage beruhen bzw aufgrund (dienst-)vertraglicher Vereinbarungen gewährt werden, sind ihrem Wesen nach unter den Begriff „Ruhe- und Versorgungsbezüge" zu subsumieren. Pensionsabfindungen fallen somit unter § 41 Abs 4 lit a FLAG und gehören demnach nicht zur Beitragsgrundlage für den Dienstgeberbeitrag. Voraussetzung für die Subsumierung von Bezügen unter die Bestimmung des § 41 Abs 4 lit a FLAG ist die Beendigung des zu Grunde liegenden Dienstverhältnisses. Gleichgültig ist allerdings, ob eine Versteuerung nach § 67 Abs 6 oder 8 lit b EStG erfolgt.

KommSt

1559 Pensionsabfindungen fallen nur dann unter die Befreiung des § 5 Abs 2 lit a KommStG, wenn sie
- ✓ nach Beendigung des Dienstverhältnisses (also im potenziellen Versorgungsfall) geleistet werden;
- ✓ iZm der Beendigung des Dienstverhältnisses unter § 67 Abs 6 EStG und damit unter die Befreiung des § 5 Abs 2 lit b KommStG, wenn der Anspruch auf (Betriebs-)Pension mit Beendigung des Dienstverhältnisses entstanden ist (VwGH 23. 4. 2001, 98/14/0176; 18. 12. 2001, 2001/15/0190);
- ✓ bei aufrechtem Dienstverhältnis nicht unter die Befreiung des § 5 Abs 2 lit a KommStG (VwGH 9. 9. 2004, 2004/15/0099, Abfindungen von Anwartschaften auf Betriebspensionen).

205. Pensionsbezüge aus der gesetzlichen Sozialversicherung

1560 Pensionsbezüge aus der gesetzlichen Sozialversicherung sowie Pensionen aus einer ausländischen gesetzlichen Sozialversicherung, die einer inländischen gesetzlichen Sozialversicherung entspricht, gehören zu den Einkünften aus nichtselbständiger Arbeit (§ 25 Abs 1 Z 3 lit a und c EStG). Besondere Steigerungsbeträge aus der Höherversicherung in der Pensionsversicherung bzw Höherversicherungspensionen sind aber nur mit 25% zu erfassen.

1561 Pensionen unterliegen im Regelfall nur der Teilversicherung in der Krankenversicherung.

206. Pensionsbonus

1562 Für
- ✓ Frauen, die das 60. Lebensjahr und
- ✓ Männer, die das 65. Lebensjahr

vollendet haben, besteht Anspruch auf einen Bonus, wenn ein Anspruch auf Pension besteht, diese aber nicht angetreten wird. Der Bonus besteht darin, dass sich einerseits der Pensionsbeitrag (Dienstnehmer- und Dienstgeberanteil) um 50% reduziert und andererseits sich die zustehende Pension pro Jahr um 4,2% erhöht. Der Bonuszeitraum beträgt jedoch **maximal drei Jahre.**

Bei Inanspruchnahme des Pensionsbonus muss der betroffene Dienstnehmer einen Nachweis der Pensionsversicherungsanstalt vorlegen, aus der hervorgeht, dass ein Anspruch auf Alterspension besteht, diese aber derzeit nicht zur Auszahlung gelangt. **1563**

207. Pensionskassenbeiträge

Beitragsleistungen des Arbeitgebers für seine Arbeitnehmer sind nicht steuerbar, wenn diese an **1564**

- ✓ Pensionskassen iS des Pensionskassengesetzes (PKG) geleistet werden.

Beiträge des Arbeitgebers zu Pensionskassen iS des PKG stellen keinen steuerpflichtigen Vorteil aus dem Dienstverhältnis dar. Bei Zufließen der auf Arbeitgeberbeiträgen beruhenden Leistungen unterliegen diese Leistungen im vollen Umfang dem Lohnsteuerabzug. **1565**

Arbeitgeberbeiträge liegen vor, wenn eine lohngestaltende Vorschrift iSd § 68 Abs 5 Z 1–6 EStG (zB Kollektivvertrag) vorsieht, dass Arbeitgeberbeiträge ganz oder teilweise an Stelle des bisher gezahlten Arbeitslohns oder von Lohnerhöhungen geleistet werden. **1566**

Keine Beiträge des Arbeitgebers, sondern solche des Arbeitnehmers liegen vor, wenn sie ganz oder teilweise an Stelle **1567**

- ✓ des bisher gezahlten Arbeitslohns oder
- ✓ der Lohnerhöhungen,

auf die jeweils ein Anspruch besteht, geleistet werden. Hinsichtlich eines derartigen Arbeitnehmerbeitrags liegt ein Vorteil aus dem Dienstverhältnis in der Höhe vor, in der ein bisher bezahlter Bezug oder eine Lohnerhöhung (auf die jeweils ein Anspruch besteht) in einen Pensionskassenbeitrag umgewandelt wird. Der umgewandelte Bezug ist als laufender oder sonstiger Bezug zu erfassen. Als Zeitpunkt des Zuflusses gilt der Zeitpunkt, in dem der umgewandelte Bezug an die Pensionskasse geleistet wird. **1568**

Als bisher gezahlter Arbeitslohn oder Lohnerhöhungen, auf die jeweils ein Anspruch besteht (Erfassung der Bezugsumwandlung als Arbeitnehmerbeitrag), sind folgende Bezüge anzusehen: **1569**

- ✓ Bisher gezahlte laufende und sonstige Bezüge, auf die ein arbeitsrechtlicher Anspruch besteht;
- ✓ Lohnerhöhungen, die arbeitsrechtlich zustehen (zB Soll- oder Ist-Lohnerhöhung laut Kollektivvertrag, Lohnerhöhung laut Dienstvertrag);
- ✓ einmalige Bezüge, die arbeitsrechtlich zustehen (zB Abfertigungen).

Kein Anspruch auf Lohn bzw Lohnerhöhung (Bezugsumwandlung als Arbeitgeberbeitrag) liegt vor bei: **1570**

- ✓ Lohnerhöhungen, die zusätzlich zum Kollektivvertrag gewährt werden;
- ✓ bisher ohne arbeitsrechtlichen Anspruch gewährte Bezüge (zB freiwillige Belohnungen, Boni);
- ✓ bisher freiwillig gewährte Sozialleistungen.

Werden Zusatzentlohnungen jährlich neu vereinbart, kann auch die Form der Leistung neu vereinbart werden. **1571**

Die aus **Arbeitnehmerbeiträgen** resultierenden Leistungen der Pensionskasse sind gemäß § 25 Abs 1 Z 2 lit a EStG nur mit 25% steuerlich zu erfassen. **1572**

1573 Ebenso als Zukunftssicherungsmaßnahmen iSd § 3 Abs 1 Z 15 lit a EStG gelten Beiträge an Pensionskassen, die der Arbeitgeber für den Arbeitnehmer als Arbeitnehmerbeiträge direkt an Pensionskassen zahlt. Dies trifft auch dann zu, wenn vom Arbeitgeber an eine Pensionskasse geleistete Beiträge nach einer Bezugsumwandlung als Arbeitnehmerbeiträge zu behandeln sind (siehe § 26 Z 7 EStG). Voraussetzung für die Steuerfreiheit ist, dass die Beiträge unmittelbar vom Arbeitgeber als so genannte Arbeitnehmerbeiträge an die Pensionskasse gezahlt werden.

208. Pflegefreistellung

1574 Bei einer sogenannten Pflegefreistellung, welche umgangssprachlich auch „Pflegeurlaub" genannt wird, handelt es sich um keinen Urlaub, sondern um einen Fall der Dienstverhinderung aus wichtigen persönlichen Gründen. Die Bestimmungen betreffend Pflegefreistellung gelten für Arbeitnehmer aller Art, deren Arbeitsverhältnis auf einem privatrechtlichen Vertrag beruht (§ 15 Abs 1 UrlG).

208.1 Anspruch (§ 16 Abs 1 UrlG)

1575 Ist der Arbeitnehmer (Arbeiter oder Angestellter) nach Antritt (keine Wartefrist) des Arbeitsverhältnisses an der Arbeitsleistung

- ✓ wegen der notwendigen Pflege eines im gemeinsamen Haushalt lebenden erkrankten nahen Angehörigen oder
- ✓ wegen der notwendigen Betreuung seines Kindes (Wahl- oder Pflegekindes) oder eines im gemeinsamen Haushalt lebenden leiblichen Kindes des anderen Ehegatten, des eingetragenen Partners oder Lebensgefährten infolge eines Ausfalls einer Person, die das Kind ständig betreut hat, aus den Gründen des § 15d Abs 2 Z 1 bis 5 Mutterschutzgesetz 1979 (durch Tod, durch Aufenthalt in einer Heil- oder Pflegeanstalt, durch Verbüßung einer Freiheitsstrafe, durch schwere Erkrankung) oder
- ✓ wegen der Begleitung seines erkrankten Kindes (Wahl- oder Pflegekindes) oder eines im gemeinsamen Haushalt lebenden leiblichen Kindes des anderen Ehegatten, des eingetragenen Partners oder Lebensgefährten bei einem stationären Aufenthalt in einer Heil- und Pflegeanstalt, sofern das Kind das zehnte Lebensjahr noch nicht vollendet hat,

nachweislich verhindert, so hat er Anspruch auf Fortzahlung des Entgelts bis zum Höchstausmaß seiner **regelmäßigen wöchentlichen Arbeitszeit** innerhalb eines Arbeitsjahres (§ 16 Abs 1 UrlG).

1576 Im Fall der **notwendigen Pflege seines erkrankten Kindes** (Wahl- oder Pflegekindes) hat auch jener Arbeitnehmer Anspruch auf Freistellung von der Arbeitsleistung, der nicht mit seinem erkrankten Kind (Wahl- oder Pflegekind) im gemeinsamen Haushalt lebt.

208.2 Notwendige Pflege

1577 Die Pflege durch den Arbeitnehmer wird dann als notwendig anzusehen sein, wenn keine andere geeignete Person dafür vorhanden ist und ein ausreichendes Nahe- und Vertrauensverhältnis zwischen pflegender und zu pflegender Person besteht.

1578 Die Pflege muss so viel Zeit des Arbeitnehmers in Anspruch nehmen, dass er seiner Arbeitspflicht nicht nachkommen oder diese nur teilweise erbringen kann.

Der Pflegefreistellungsanspruch besteht nur dann, wenn der nahe Angehörige erkrankt ist. Liegt beim nahen Angehörigen ein Dauerpflegefall oder aufgrund des Alters eine Altersgebrechlichkeit vor, besteht kein Anspruch auf Pflegefreistellung. **1579**

Um Anspruch auf Pflegefreistellung zu haben, muss bei der erkrankten Person die Pflegebedürftigkeit nicht während der gesamten Zeit bestehen. Es genügt, dass die erforderliche Betreuung mit der Erbringung der Arbeitsleistung unvereinbar ist (OGH 11. 11. 1992, 9 ObA 265/92). **1580**

Ein Pflegefreistellungsanspruch für ein (gesundes) Kind besteht auch dann, wenn die Person, die das Kind ständig betreut, ausfällt und keine andere geeignete Person vorhanden ist. Daher ist im Falle eines Ausfalls des Kindermädchens oder der Tagesmutter ein Pflegefreistellungsanspruch gegeben. **1581**

Dieser Pflegefreistellungsanspruch besteht jedoch nur in den im § 15d Abs 2 Z 1 bis 5 Mutterschutzgesetz genannten Fällen (Tod, Aufenthalt in einer Heil- oder Pflegeanstalt, Verbüßung einer Freiheitsstrafe, schwere Erkrankung). **1582**

208.3 Nahe Angehörige

Als nahe Angehörige gelten: **1583**

- ✓ der Ehepartner,
- ✓ der gleichgeschlechtliche Lebenspartner aufgrund einer eingetragenen Partnerschaft bzw Lebensgemeinschaft nach dem Eingetragene Partnerschaft-Gesetz – EPG,
- ✓ der Lebensgefährte (gleichen oder verschiedenen Geschlechts),
- ✓ die eigenen Kinder (auch Wahl-, Pflege- und Enkelkinder),
- ✓ im gemeinsamen Haushalt lebende leibliche Kinder des anderen Ehegatten, eingetragenen Partners oder Lebensgefährten,
- ✓ leibliche Kinder des Arbeitnehmers unabhängig davon, ob die Kinder in einem gemeinsamen Haushalt mit dem Arbeitnehmer leben oder nicht (ebenso unbeachtlich ist, ob dem vom Kind getrennt lebenden Elternteil Obsorge für das Kind zukommt oder nicht),
- ✓ die Eltern sowie
- ✓ die Großeltern.

Nicht als nahe Angehörige gelten **1584**

- ✓ Geschwister,
- ✓ verschwägerte Personen (Schwiegervater, Schwiegermutter, Schwiegersohn).

208.4 Begleitfreistellung

Begleitungsfreistellung für unter zehnjährige Kinder

Auch bei einem stationären Aufenthalt von noch nicht **zehnjährigen Kindern** in einer Heil- und Pflegeanstalt besteht ein Anspruch auf Begleitungsfreistellung (§ 16 Abs 1 Z 3 UrlG). **1585**

Damit genügt für noch nicht zehnjährige Kinder der bloße stationäre Aufenthalt in einem Krankenhaus, unabhängig von Art und Schwere der Erkrankung, für die Begründung eines Freistellungsanspruchs. **1586**

Begleitungsfreistellung gebührt auch für **1587**

- ✓ leibliche Kinder unabhängig von einem gemeinsamen Haushalt bzw
- ✓ Kinder des anderen Ehepartners, eingetragenen Partners oder Lebensgefährten bei gemeinsamem Haushalt.

208. Pflegefreistellung

Begleitungsfreistellung für über zehnjährige Kinder

1588 Für über zehnjährige Kinder besteht bei einem Krankenhausaufenthalt ein Anspruch auf Pflegefreistellung nur in außerordentlichen Fällen.

208.5 Nachweis

1589 Der Arbeitnehmer ist verpflichtet, die Arbeitsverhinderung dem Arbeitgeber rechtzeitig zu melden. Im Zuge der Meldung hat der Arbeitnehmer nachzuweisen, dass es sich um einen nahen Angehörigen handelt und dieser auch pflegebedürftig ist.

1590 Seitens des Gesetzgebers ist keine bestimmte Form des Nachweises vorgesehen. Dem Arbeitnehmer steht es frei, einen geeigneten Nachweis zu erbringen (zB Parteien- oder Zeugenvernehmung naher Angehöriger, vgl OLG Wien ARD 4153/11/90).

1591 Wird von Seiten des Arbeitgebers ein bestimmter Nachweis verlangt – zB ein ärztliches Attest – so hat der Arbeitgeber eventuell entstandene Kosten zu tragen. Wird ein ärztlicher Nachweis vom Arbeitnehmer unaufgefordert vorgelegt und sind ihm dabei Kosten entstanden, ist der Arbeitgeber nicht verpflichtet, dem Arbeitnehmer diese Kosten zu ersetzen.

208.6 Regelmäßige wöchentliche Arbeitszeit

1592 Unter regelmäßiger wöchentlicher Arbeitszeit versteht man

Arbeitszeit pro Woche	Anspruch
Bei einer 38,5-Stunden-Woche:	38,5 Stunden
Bei Teilzeit:	das vereinbarte wöchentliche Arbeitszeitausmaß.
Bei unterschiedlicher Wochenarbeitszeit:	die durchschnittliche Wochenarbeitszeit eines repräsentativen Zeitraums (zB 13 Wochen).
Bei Leistung von regelmäßigen Überstunden:	Normalarbeitszeit plus regelmäßig geleistete Überstunden.
Bei Leistung von unregelmäßigen Überstunden:	Wochenarbeitszeit plus durchschnittliche Überstunden eines repräsentativen Zeitraums (zB 13 Wochen).

1593 Diese Stundenanzahl dient als Berechnungsgrundlage für den Entgeltanspruch des Arbeitnehmers bei Inanspruchnahme der Pflegefreistellung. Daher kann die Pflegefreistellung auch stundenweise in Anspruch genommen werden.

208.7 Erweiterter Pflegefreistellungsanspruch (§ 16 Abs 2 UrlG)

1594 Wurde der normale Anspruch auf Pflegefreistellung bereits erschöpft und hat der Arbeitnehmer keinen Anspruch auf Pflegefreistellung aufgrund anderer gesetzlicher oder kollektivvertraglicher Bestimmungen (zB § 8 Abs 3 AngG, § 1154 Abs 5 ABGB, Kollektivvertrag des eisen- und metallverarbeitenden Gewerbes oder des Arbeitsvertrags), so gebührt für die Pflege eines im gemeinsamen Haushalt lebenden erkrankten Kindes, welches das **zwölfte Lebensjahr** noch **nicht vollendet** hat, ein Anspruch auf Freistellung im Ausmaß einer weiteren regelmäßigen wöchentlichen Arbeitszeit innerhalb eines Arbeitsjahres (§ 16 Abs 2 UrlG).

Die Pflegefreistellung und die erweiterte Pflegefreistellung kann nicht zusammenhängend verbraucht werden, da das Urlaubsgesetz für die Inanspruchnahme der zweiten Woche ausdrücklich eine neuerliche Erkrankung verlangt. **1595**

Dauert eine Erkrankung eines Kindes **unter zwölf Jahren länger als eine Woche,** so kann der Arbeitnehmer nach Ablauf der Woche ohne vorherige Vereinbarung mit dem Arbeitgeber Urlaub antreten. **1596**

208.8 Unterbrechung eines vereinbarten Urlaubs

Wurde ein Urlaub zwischen Arbeitgeber und Arbeitnehmer vereinbart und tritt der Fall einer Pflegebedürftigkeit in den oben genannten Fällen ein, wird der Urlaub nur dann unterbrochen, wenn die Pflegebedürftigkeit **länger als drei Tage** dauert (OGH 15. 12. 2009, 9 ObA 28/09 x). **1597**

Im Fall des Ausfalls der ständigen Betreuungsperson wird der bereits vereinbarte Urlaub nicht unterbrochen. **1598**

208.9 Entgeltfortzahlungsanspruch

Während einer Pflegefreistellung behält der Arbeitnehmer den Anspruch auf das Entgelt nach Maßgabe folgender Bestimmungen: **1599**

- ✓ Ein nach Wochen, Monaten oder längeren Zeiträumen bemessenes Entgelt darf für die Dauer einer Pflegefreistellung nicht gemindert werden. In allen anderen Fällen ist für die Dauer das regelmäßige Entgelt zu zahlen. Regelmäßiges Entgelt ist jenes Entgelt, das dem Arbeitnehmer gebührt hätte, wenn die Pflegefreistellung nicht angetreten worden wäre.
- ✓ Bei Akkord-, Stück- und Gedingelöhnen, akkordähnlichen oder sonstigen leistungsbezogenen Prämien oder Entgelten ist das Entgelt für die Pflegefreistellung nach dem Durchschnitt der letzten 13 voll gearbeiteten Wochen unter Ausscheidung nur ausnahmsweise geleisteter Arbeiten zu berechnen.

Durch KV kann geregelt werden, welche Leistungen des Arbeitgebers als Entgelt anzusehen sind.

209. Pflegegeld

Das Pflegegeld stellt eine zweckgebundene Leistung zur teilweisen Abdeckung der pflegebedingten Mehraufwendungen und daher keine Einkommenserhöhung dar. Das Pflegegeld wird zwölfmal im Jahr monatlich ausbezahlt und unterliegt gemäß § 21 Bundespflegegeldgesetz nicht der Einkommensteuer (Lohnsteuer) und ist auch von der Sozialversicherung befreit. **1600**

210. Pflegekarenz (§ 14 c AVRAG)

210.1 Voraussetzungen (§ 14 c Abs 1 AVRAG)

Arbeitnehmer und Arbeitgeber können, sofern das Arbeitsverhältnis **1601**

- ✓ ununterbrochen drei Monate gedauert hat,

210. Pflegekarenz

schriftlich eine Pflegekarenz gegen Entfall des Arbeitsentgelts zum Zwecke der Pflege oder Betreuung eines nahen Angehörigen (§ 14a AVRAG), dem zum Zeitpunkt des Antritts der Pflegekarenz Pflegegeld ab der Stufe 3 (§ 5 Bundespflegegeldgesetz), gebührt, für die Dauer von

- ✓ mindestens einem Monat bis zu drei Monaten

vereinbaren.

1602 Im Falle von

- ✓ demenziell erkrankten oder
- ✓ minderjährigen nahen Angehörigen

ist die Vereinbarung einer Pflegekarenz auch dann zulässig, wenn zum Zeitpunkt des Antritts der Pflegekarenz nur ein Pflegegeld der Stufe 1 zusteht.

> **Hinweis**
>
> Pflegekarenz kann zwischen Arbeitnehmer und Arbeitgeber nur vereinbart werden. Ein Rechtsanspruch des Arbeitnehmers ist grundsätzlich nicht gegeben (Ausnahme siehe unten).

1603 Die Vereinbarung der Pflegekarenz in mehreren Teilen (zeitliche Unterbrechung der Pflegekarenz) ist nicht zulässig.

1604 Für eine zu pflegende bzw betreuende Person können auch mehrere Arbeitnehmer jeweils eine Pflegkarenz vereinbaren.

> **Beispiel**
>
> Zwei Geschwister nehmen für denselben Elternteil für unterschiedliche Zeiträume jeweils eine Pflegekarenz in der Dauer von drei Monaten, also insgesamt für sechs Monate, in Anspruch und können dadurch die im Bundespflegegeldgesetz festgelegte Höchstdauer des Bezugs von Pflegekarenzgeld ausschöpfen.

1605 Eine Pflegekarenz kann auch in einem befristeten Arbeitsverhältnis in einem Saisonbetrieb vereinbart werden, sofern das befristete Arbeitsverhältnis

- ✓ ununterbrochen **zwei Monate** gedauert hat und
- ✓ jeweils vor dem Antritt einer Pflegekarenz eine Beschäftigung zum selben Arbeitgeber im Ausmaß von mindestens drei Monaten vorliegt. Zeiten von befristeten Arbeitsverhältnissen zum selben Arbeitgeber, die innerhalb eines Zeitraums von vier Jahren vor Antritt der jeweiligen Pflegekarenz liegen, sind hinsichtlich des Erfordernisses der Mindestbeschäftigungsdauer zusammenzurechnen.

1606 Für Zeiten

- ✓ einer Wochenhilfe,
- ✓ einer Karenz nach dem MSchG oder VKG
- ✓ des Präsenz- bzw Zivildienstes

kann eine Pflegekarenz nicht vereinbart werden. Durch derartige Zeiten wird eine vereinbarte Pflegekarenz vorzeitig unterbrochen.

210.2 Nahe Angehörige

Nahe Angehörige sind (§ 14a AVRAG) **1607**

- ✓ der Ehegatte
- ✓ der eingetragene Lebenspartner
- ✓ der Lebensgefährte (auch gleichgeschlechtlich)
- ✓ die Geschwister
- ✓ die Kinder (Wahl- und Pflegekinder sowie leibliche Kinder des Ehe- oder Lebenspartners, des eingetragenen Partners sowie des Lebensgefährten)
- ✓ Adoptiv- und Pflegekinder
- ✓ Eltern
- ✓ Großeltern
- ✓ Enkel und
- ✓ Urenkel.

Grundsätzlich kann Pflegekarenz im Arbeitsverhältnis für ein und dieselbe zu pflegende bzw **1608** betreuende Person nur einmal vereinbart werden. Nur im Fall einer wesentlichen Verschlechterung des Gesundheitszustands der zu pflegenden bzw betreuenden Person ist einmalig eine neuerliche Vereinbarung der Pflegekarenz zulässig. Die erneute Vereinbarung erfordert die Erhöhung des Pflegegelds um mindestens eine Stufe, die spätestens zum Antritt der neuerlichen Pflegekarenz durch Bescheid zuerkannt sein muss.

Wurde eine Pflegekarenz vereinbart und hat der Arbeitnehmer die Pflegekarenz bereits angetreten, ist die Vereinbarung einer Pflegeteilzeit für dieselbe zu betreuende Person unzulässig. **1609**

Der Arbeitnehmer kann die vorzeitige Rückkehr zu der ursprünglichen Normalarbeitszeit verlangen, wenn die zu pflegende Person **1610**

- ✓ in stationäre Pflege oder Betreuung in ein Pflegeheim oder ähnliche Einrichtungen aufgenommen wurde,
- ✓ durch eine andere Betreuungsperson gepflegt bzw betreut wird oder
- ✓ verstorben ist.

Die Rückkehr darf frühestens zwei Wochen nach der Meldung des Eintritts der Anlassfälle erfolgen.

210.3 Arbeitsrechtliche Ansprüche

Nimmt ein Arbeitnehmer eine Pflegekarenz in Anspruch, stehen für diesen Zeitraum Sonderzahlungen nicht zu. Der Sonderzahlungsanspruch ist daher, unter Außerachtlassung der Pflegekarenzzeiten, zu aliquotieren. **1611**

Zeiten einer Pflegekarenz bleiben bei der Ermittlung von Ansprüchen, die von der Dauer der Dienstzeit abhängig sind, außer Betracht. **1612**

Während der Zeit einer Pflegekarenz erwirbt der Arbeitnehmer auch Zeiten im Bereich des BMSVG. Die Beiträge werden jedoch nicht durch den Arbeitgeber bezahlt, sondern werden aus den Mitteln des Bundesministeriums für Arbeit, Soziales und Konsumentenschutz finanziert. Beitragsgrundlage ist das Kinderbetreuungsgeld in Höhe von € 26,60 pro Tag. **1613**

Wird der Arbeitnehmer wegen einer beabsichtigten oder tatsächlich konsumierten Pflegekarenz gekündigt, kann arbeitnehmerseitig die Kündigung bei Gericht angefochten werden. **1614**

1615 Im Falle einer Nichtanfechtung kann der Arbeitnehmer bis zum Ende der Kündigungsfrist eine Kündigungsentschädigung geltend machen. Die Berechnung der Kündigungsentschädigung erfolgt auf Basis des Entgelts der ursprünglichen Normalarbeitszeit.

210.4 Rechtsanspruch auf Pflegekarenz

1616 Seit 1. 1. 2020 gibt es für Arbeitnehmer bei Vorliegen der übrigen Voraussetzungen nach § 14 c Abs 1 und § 14 d Abs 1 AVRAG einen Rechtsanspruch auf Pflegekarenz und/oder Pflegeteilzeit in Betrieben mit mehr als fünf Arbeitnehmer bis zur Dauer von zwei Wochen. Unbeschadet des Rechtsanspruchs auf Pflegekarenz und/oder Pflegeteilzeit besteht in Betrieben mit mehr als fünf Arbeitnehmern auch weiterhin die Möglichkeit der Vereinbarung einer derartigen Maßnahme. Der Arbeitnehmer hat dem Arbeitgeber den beabsichtigten Zeitpunkt des Antritts der Pflegekarenz bzw Pflegeteilzeit so früh wie möglich bekannt zu geben. Wie beim Anspruch auf Familienhospizkarenz (§ 14a Abs 2 AVRAG) ist auch beim Anspruch auf Pflegekarenz bzw Pflegeteilzeit der Grund für die Freistellung und das Angehörigenverhältnis dem Arbeitgeber auf sein Verlangen schriftlich binnen einer Woche zu bescheinigen bzw glaubhaft zu machen.

1617 Die Inanspruchnahme der Pflegekarenz und/oder Pflegeteilzeit im Ausmaß von bis zu zwei Wochen steht – im Fall eines längeren Pflege- oder Betreuungsbedarfs – einer Vereinbarung der Pflegekarenz und/oder Pflegeteilzeit nach § 14 c Abs 1 und § 14 d Abs 1 AVRAG für denselben zu betreuenden nahen Angehörigen nicht entgegen.

1618 Soll die Pflegekarenz und/oder Pflegeteilzeit länger als zwei Wochen dauern, ist grundsätzlich eine Vereinbarung der Pflegekarenz und/oder Pflegeteilzeit nach § 14 c Abs 1 und § 14 d Abs 1 AVRAG mit dem Arbeitgeber notwendig, wobei die in Form des Rechtsanspruchs konsumierten Zeiten einer Pflegekarenz und/oder Pflegeteilzeit auf die Dauer der vereinbarten Pflegekarenz und/oder Pflegeteilzeit anzurechnen sind. Kommt binnen des Zeitraums der Inanspruchnahme einer Pflegekarenz und/oder Pflegkarenz eine entsprechende Vereinbarung über eine Pflegekarenz und/oder Pflegeteilzeit nicht zustande, hat der Arbeitnehmer bei Vorliegen der übrigen Voraussetzungen nach § 14 c Abs 1 und § 14 d Abs 1 AVRAG einen Rechtsanspruch auf Pflegekarenz und/oder Pflegeteilzeit bis zur Dauer von weiteren zwei Wochen. Auch in dieser Zeit kann noch eine Verlängerung der Karenz bzw Teilzeit vereinbart werden. Für die Dauer der auf Rechtsanspruch beruhenden Pflegekarenz bzw Pflegeteilzeit gebührt Pflegekarenzgeld so, als wäre diese Karenz bzw Teilzeit vereinbart worden; der Anspruch auf Pflegekarenz bzw -teilzeit ist Teil des möglichen Gesamtrahmens und wird auf diesen angerechnet.

210.5 Pflegekarenzgeld

1619 Während einer Pflegekarenz steht dem Arbeitnehmer auf Antrag Pflegekarenzgeld zu. Näheres dazu ist im § 21c Abs 1 Bundespflegegeldgesetz geregelt. Das gewährte Pflegekarenzgeld ist nach den Bestimmungen des § 3 Abs 1 Z 5 lit b EStG steuerfrei.

211. Pflegeteilzeit (§ 14d AVRAG)

211.1 Voraussetzungen (§ 14c Abs 1 AVRAG)

1620 Arbeitnehmer und Arbeitgeber können, sofern das Arbeitsverhältnis
- ✓ ununterbrochen **drei Monate** gedauert hat,

schriftlich die Herabsetzung der wöchentlichen Normalarbeitszeit zum Zwecke der Pflege oder Betreuung eines nahen Angehörigen (§ 14a AVRAG), dem zum Zeitpunkt des Antritts der Pflegeteilzeit Pflegegeld ab der Stufe 3, gebührt, für die Dauer von

- ✓ mindestens einem Monat bis zu drei Monaten

vereinbaren.

Im Falle von **1621**

- ✓ demenziell erkrankten oder
- ✓ minderjährigen nahen Angehörigen

ist die Vereinbarung einer Pflegeteilzeit auch dann zulässig, wenn zum Zeitpunkt des Antritts der Pflegeteilzeit nur ein Pflegegeld der Stufe 1 zusteht.

Die für die Dauer der Pflegeteilzeit vereinbarte wöchentliche Normalarbeitszeit darf **zehn** **1622** **Stunden** nicht unterschreiten.

> **Hinweis**
>
> Pflegeteilzeit kann zwischen Arbeitnehmer und Arbeitgeber nur vereinbart werden. Ein Rechtsanspruch des Arbeitnehmers ist grundsätzlich nicht gegeben (Ausnahme siehe unten).

Die Vereinbarung der Pflegeteilzeit in mehreren Teilen (zeitliche Unterbrechung der Pflegeteilzeit) ist nicht zulässig. **1623**

Für eine zu pflegende bzw betreuende Person können auch **mehrere** Arbeitnehmer jeweils **1624** eine Pflegeteilzeit vereinbaren.

> **Beispiel**
>
> Zwei Geschwister nehmen für denselben Elternteil, für unterschiedliche Zeiträume jeweils eine Pflegeteilzeit in der Dauer von drei Monaten, also insgesamt für sechs Monate, in Anspruch und können dadurch die im Bundespflegegeldgesetz festgelegte Höchstdauer des Bezugs des aliquoten Pflegekarenzgeldes ausschöpfen.

Eine Pflegeteilzeit kann auch in einem befristeten Arbeitsverhältnis in einem Saisonbetrieb **1625** vereinbart werden, sofern das befristete Arbeitsverhältnis

- ✓ ununterbrochen zwei Monate gedauert hat und
- ✓ jeweils vor dem Antritt einer Pflegeteilzeit eine Beschäftigung zum selben Arbeitgeber im Ausmaß von **mindestens drei Monaten** vorliegt. Zeiten von befristeten Arbeitsverhältnissen zum selben Arbeitgeber, die innerhalb eines Zeitraums von vier Jahren vor Antritt der jeweiligen Pflegeteilzeit liegen, sind hinsichtlich des Erfordernisses der Mindestbeschäftigungsdauer zusammenzurechnen.

Für Zeiten **1626**

- ✓ einer Wochenhilfe,
- ✓ einer Karenz nach dem MSchG oder VKG
- ✓ des Präsenz- bzw Zivildienstes

kann eine Pflegeteilzeit nicht vereinbart werden. Durch derartige Zeiten wird eine vereinbarte Pflegeteilzeit vorzeitig unterbrochen.

211. Pflegeteilzeit

1627 Nahe Angehörige sind (§ 14a AVRAG)
- ✓ der Ehegatte
- ✓ der eingetragene Lebenspartner
- ✓ der Lebensgefährte (auch gleichgeschlechtlich)
- ✓ die Geschwister
- ✓ die Kinder (Wahl- und Pflegekinder sowie leibliche Kinder des Ehe- oder Lebenspartners, des eingetragenen Partners sowie des Lebensgefährten)
- ✓ Adoptiv- und Pflegekinder
- ✓ Eltern
- ✓ Großeltern
- ✓ Enkel und
- ✓ Urenkel.

1628 Grundsätzlich kann Pflegeteilzeit im Arbeitsverhältnis für ein und dieselbe zu pflegende bzw betreuende Person nur einmal vereinbart werden. Nur im Fall einer wesentlichen Verschlechterung des Gesundheitszustands der zu pflegenden bzw betreuenden Person ist einmalig eine neuerliche Vereinbarung der Pflegeteilzeit zulässig. Die erneute Vereinbarung erfordert die Erhöhung des Pflegegelds um mindestens eine Stufe, die spätestens zum Antritt der neuerlichen Pflegeteilzeit durch Bescheid zuerkannt sein muss.

1629 Wurde eine Pflegeteilzeit vereinbart und hat der Arbeitnehmer die Pflegeteilzeit bereits angetreten, ist die Vereinbarung einer Pflegekarenz für dieselbe zu betreuende Person unzulässig.

1630 Der Arbeitnehmer kann die vorzeitige Rückkehr zu der ursprünglichen Normalarbeitszeit verlangen, wenn die zu pflegende Person
- ✓ in stationäre Pflege oder Betreuung in ein Pflegeheim oder eine ähnliche Einrichtung aufgenommen wurde,
- ✓ durch eine andere Betreuungsperson gepflegt bzw betreut wird oder
- ✓ verstorben ist.

Die Rückkehr darf frühestens zwei Wochen nach der Meldung des Eintritts der Anlassfälle erfolgen.

211.2 Arbeitsrechtliche Ansprüche

1631 Nimmt ein Arbeitnehmer eine Pflegeteilzeit in Anspruch, stehen Sonderzahlungen im Verhältnis der „Zeiten der Vollbeschäftigung" und „Zeiten der Teilzeitbeschäftigung" zu (= Mischberechnung).

1632 Zeiten einer Pflegeteilzeit sind bei der Ermittlung von Ansprüchen, die von der Dauer der Dienstzeit abhängig sind, zu berücksichtigen.

Während der Zeit einer Pflegeteilzeit erwirbt der Arbeitnehmer auch Zeiten im Bereich des BMSVG. Die Beiträge werden vom Arbeitgeber auf Basis der ursprünglichen Normalarbeitszeit (Normalarbeitszeit vor Inanspruchnahme der Pflegeteilzeit) berechnet und abgeführt.

1633 Wird der Arbeitnehmer wegen einer beabsichtigten oder tatsächlich konsumierten Pflegeteilzeit gekündigt, kann arbeitnehmerseitig die Kündigung bei Gericht angefochten werden.

1634 Im Falle einer Nichtanfechtung kann der Arbeitnehmer bis zum Ende der Kündigungsfrist eine Kündigungsentschädigung geltend machen. Die Berechnung der Kündigungsentschädigung erfolgt auf Basis des Entgelts der ursprünglichen Normalarbeitszeit.

211.3 Pflegekarenzgeld

Während einer Pflegeteilzeit steht dem Arbeitnehmer auf Antrag ein aliquotes Pflegekarenzgeld zu. Näheres dazu ist im § 21 c Abs 1 Bundespflegegeldgesetz geregelt.

1635

211.4 Rechtsanspruch auf Pflegeteilzeit

➤ Siehe „Pflegekarenz – Rechtsanspruch auf Pflegekarenz".

212. Pflegetätigkeit

Erfolgt die Betreuung (Pflegetätigkeit) im Familienverband durch nahe Angehörige (zB Eltern, Kinder, Enkelkinder, Schwiegerkinder, Lebensgefährten), ist davon auszugehen, dass die persönliche Nahebeziehung sowie sittliche Verpflichtung die Betreuung (Pflegetätigkeit) veranlasst. Eine Betreuung (Pflegetätigkeit) durch nahe stehende Personen ist daher als Betätigung iSd § 1 Abs 2 Z 2 Liebhabereiverordnung anzusehen.

1636

Erfolgt die Betreuung (Pflegetätigkeit) durch dritte Personen, die nicht dem Familienverband der zu betreuenden (pflegebedürftigen) Person angehören (Fremde), sind die obigen Ausführungen nicht anzuwenden; es ist, sofern kein Dienstverhältnis vorliegt, grundsätzlich von einer gewerblichen Betätigung der betreuenden Person (Pflegepersonen) auszugehen (§ 23 EStG).

1637

Siehe auch „Steuerliche Information zur Hausbetreuung nach dem Hausbetreuungsgesetz", BMF 10. 2. 2012, BMF-010222/0019-VI/7/2012.

213. Pflichtbeiträge

Die Beiträge zur Sozialversicherung (Kranken-, Pensions-, Unfall- und Arbeitslosenversicherung), die sowohl Dienstgeber als auch Dienstnehmer entrichten müssen, richten sich nach bestimmten Beitragsgruppen. In welche Beitragsgruppe ein Dienstnehmer eingestuft wird, hängt grundsätzlich davon ab, welche Beschäftigungsform vorliegt (zB Arbeiter, Angestellte, freier Dienstnehmer, geringfügig Beschäftigte).

1638

Pflichtbeiträge gehören gemäß den Bestimmungen des § 16 Abs 1 Z 4 EStG zu den Werbungskosten und sind im Wege der Lohnverrechnung zu berücksichtigen (§ 62 EStG). Unter § 16 Abs 1 Z 4 EStG fallen jedenfalls Pflichtbeiträge an inländische gesetzliche Sozialversicherungen bzw Einrichtungen, denen die Funktion eines inländischen gesetzlichen Sozialversicherungsträgers zukommt.

1639

Auch das Service-Entgelt für die e-card (§ 31 c ASVG) ist vom Versicherten unabhängig von einer Leistung zu zahlen und stellt daher ebenfalls einen Pflichtbeitrag gemäß § 16 Abs 1 Z 4 EStG dar.

1640

Wird dem Arbeitnehmer irrtümlich zu viel an Sozialversicherungsbeiträgen abgezogen, sind auch die zu Unrecht abgezogenen Beiträge als Pflichtbeiträge anzuerkennen, da der Arbeitnehmer den Abzug dieser Beiträge nicht freiwillig auf sich genommen hat. Wird der Fehler noch im laufenden Jahr entdeckt, ist er durch Aufrollung zu berichtigen.

1641

214. Pflichtveranlagung

1642 Bei späterer Kenntnis der Fehlerhaftigkeit des Abzugs liegt im Zeitpunkt der Berichtigung ein steuerpflichtiger Zufluss von Arbeitslohn vor. Da in diesem Fall keine Aufrollung zulässig ist, ist für die geleistete Rückzahlung (auch wenn diese mehrere Jahre betrifft) ein einheitlicher Lohnzettel gemäß § 69 Abs 5 EStG (bei elektronischer Übermittlung Art des Lohnzettels = 5) auszustellen und an das FA zu übermitteln. In diesem Lohnzettel ist ein Siebentel der rückgezahlten Beiträge als sonstiger Bezug gemäß § 67 Abs 1 EStG auszuweisen.

1643 Ist das Dienstverhältnis bereits beendet und erfolgt die Rückzahlung durch die Sozialversicherung direkt an den Arbeitnehmer, ist ebenfalls nach § 69 Abs 5 EStG vorzugehen.

1644 Wird bei Bezug einer ausländischen Rente iSd § 73a ASVG, § 29a GSVG, § 26a BSVG oder § 22b B-KUVG der für diese Rente zu entrichtende Krankenversicherungsbeitrag von der inländischen Pension einbehalten bzw – bei zu geringer Höhe der inländischen Pension – gesondert vorgeschrieben, liegen ebenfalls Pflichtbeiträge gemäß § 16 Abs 1 Z 4 EStG vor. Diese Werbungskosten stehen iZm der ausländischen Rente und sind daher nicht beim inländischen Pensionsbezug zu berücksichtigen (§ 20 Abs 2 EStG).

214. Pflichtveranlagung (§ 41 Abs 1 EStG)

214.1 Pflichtveranlagung unbeschränkt Steuerpflichtiger

1645 Sind im Einkommen lohnsteuerpflichtige Einkünfte enthalten, so ist der Steuerpflichtige zu veranlagen, wenn

- ✓ er andere Einkünfte bezogen hat, deren Gesamtbetrag € 730,– übersteigt,
- ✓ im Kalenderjahr zumindest zeitweise gleichzeitig zwei oder mehr lohnsteuerpflichtige Einkünfte, die beim Lohnsteuerabzug gesondert versteuert sind, bezogen worden sind. Von einem gleichzeitigen Bezug ist auch dann auszugehen, wenn für einen Lohnzahlungszeitraum (Kalendermonat) Bezüge von mehr als einem Arbeitgeber bezogen wurden (LStR Rz 909),
- ✓ im Kalenderjahr Bezüge gemäß § 69 Abs 2, 3, 5, 6, 7, 8 oder 9 EStG zugeflossen sind,

§ 69 Abs 2	Bezüge aus der Kranken- oder Unfallversicherung
§ 69 Abs 3	Auszahlung von Bezügen gemäß VI. Hauptstück HGG
§ 69 Abs 5	Rückzahlungen von Pflichtbeiträgen aus der Sozialversicherung
§ 69 Abs 6	Auszahlungen aus dem Insolvenz-Entgelt-Fonds
§ 69 Abs 7	Einkünfte aufgrund eines Dienstleistungsschecks
§ 69 Abs 8	Bezüge gemäß § 33 Abs 1 BUAG
§ 69 Abs 9	Rückzahlung von Beiträgen für freiwillige Weiterversicherung einschließlich Nachkauf von Versicherungszeiten in der gesetzlichen Pensionsversicherung

- ✓ wenn Aufwendungen laut Freibetragsbescheid oder ein Bescheid gemäß § 103 Abs 1a EStG berücksichtigt wurden,
- ✓ der **Alleinverdienerabsetzbetrag**, der **Alleinerzieherabsetzbetrag**, der **erhöhte Pensionistenabsetzbetrag**, der **erhöhte Verkehrsabsetzbetrag** oder **Freibeträge nach § 62 Z 10 und 11 EStG** berücksichtigt wurden, aber die Voraussetzungen nicht vorlagen,
- ✓ ein Pendlerpauschale gemäß § 16 Abs 1 Z 6 EStG berücksichtigt wurde, aber die Voraussetzungen nicht vorlagen oder ein nicht zustehender Betrag berücksichtigt wurde,

- ✓ der Arbeitnehmer eine unrichtige Erklärung gemäß § 3 Abs 1 Z 13 lit b Teilstrich 5 EStG abgegeben (Erklärung betreffend Kinderbetreuung) hat oder seiner Verpflichtung, Änderungen der Verhältnisse zu melden, nicht nachgekommen ist,
- ✓ die einem unbeschränkt steuerpflichtigen österreichischen Abgeordneten zum Europäischen Parlament oder seinen Hinterbliebenen gebührenden Bezüge nach Art 9 des Abgeordnetenstatuts des Europäischen Parlaments,
- ✓ er Einkünfte aus Kapitalvermögen iSd § 27a Abs 1 EStG oder entsprechende betriebliche Einkünfte erzielt, die keinem Kapitalertragsteuerabzug unterliegen,
- ✓ wenn der Arbeitnehmer gemäß § 83 Abs 2 Z 2 und Abs 3 EStG unmittelbar für die Lohnsteuer in Anspruch genommen wird (zB bei Schwarzarbeit),
- ✓ wenn Einkünfte aus privaten Grundstücksveräußerungen iSd § 30 EStG (Veräußerung nach dem 31. 3. 2012) erzielt wurden, für die keine Immobilienertragsteuer gemäß § 30c Abs 2 EStG entrichtet wurde, oder keine Abgeltung gemäß § 30b Abs 2 EStG gegeben ist,
- ✓ ein Familienbonus Plus gemäß § 33 Abs 3a EStG berücksichtigt wurde, aber die Voraussetzungen nicht vorlagen oder wenn ein nicht zustehender Betrag berücksichtigt wurde,
- ✓ wenn ein Homeoffice-Pauschale gemäß § 26 Z 9 EStG in einer insgesamt nicht zustehenden Höhe steuerfrei belassen wurde,
- ✓ im Kalenderjahr mehr als € 3.000,– Gewinnbeteiligung gemäß § 3 Abs 1 Z 35 EStG steuerfrei berücksichtigt wurde,
- ✓ gemäß § 26 Z 5 lit b EStG eine Wochen-, Monats- oder Jahreskarte für ein Massenbeförderungsmittel zur Verfügung gestellt wurde oder Kosten einer solchen Karte übernommen wurden, aber die Voraussetzungen nicht vorlagen oder ein nicht zustehender Betrag unversteuert belassen wurde,
- ✓ wenn der Anti-Teuerungsbonus an einen Empfänger ausbezahlt wurde, der im Zuflussjahr ein Einkommen von mehr als € 90.000,– erzielt hat (§ 8 Abs 5 Klimabonusgesetz).

1646 Wird im Kalenderjahr mehr als € 3.000,– Teuerungsprämie samt Gewinnbeteiligung gemäß § 3 Abs 1 Z 35 EStG (bei mehreren Arbeitgebern) steuerfrei berücksichtigt, liegt ein Pflichtveranlagungstatbestand beim Arbeitnehmer vor (§ 124b Z 408 EStG).

1647 **Keine** Veranlagungspflicht löst eine Neuberechnung der Lohnsteuer von **sonstigen Bezügen** gemäß § 67 Abs 1 und 2 EStG aus.

1648 Gemäß § 206 lit c BAO unterbleibt die Festsetzung der Einkommensteuer bei Veranlagungen gemäß § 41 Abs 1 Z 2–9 EStG, wenn die Einkommensteuerschuld abzüglich anrechenbarer Lohnsteuer und Kapitalertragsteuer eine Nachforderung von nicht mehr als € 10,– ergibt.

214.2 Pflichtveranlagung beschränkt Steuerpflichtiger

1649 Beschränkt Steuerpflichtige sind zur Einkommensteuer zu veranlagen, bei

- ✓ Einkünften, von denen kein Steuerabzug vom Arbeitslohn, vom Kapitalertrag oder nach den §§ 99–101 EStG vorzunehmen ist.
- ✓ Lohnsteuerpflichtige Einkünfte als beschränkt steuerpflichtiger Arbeitnehmer, wenn andere veranlagungspflichtige Einkünfte bezogen wurden, deren Gesamtbetrag € 730,– übersteigt oder im Kalenderjahr zumindest zeitweise gleichzeitig zwei oder mehrere lohnsteuerpflichtige Einkünfte, die beim Lohnsteuerabzug gesondert versteuert wurden, bezogen worden sind. § 41 Abs 3 EStG (= Einschleifregelung des Veranlagungsfreibetrages) ist dabei sinngemäß anzuwenden.

216. Postensuchtage

1650 Bei einer Veranlagung bleiben Einkünfte aus einer im Inland ausgeübten oder verwerteten nichtselbständigen Tätigkeit als Schriftsteller, Vortragender, Künstler, Architekt, Sportler, Artist oder Mitwirkender an Unterhaltungsdarbietungen außer Ansatz, wenn Lohnsteuer nach § 70 Abs 2 Z 2 EStG (das sind 20% des vollen Betrages) einbehalten und kein Antrag auf Veranlagung dieser Einkünfte gestellt wurde.

1651 Bei der Veranlagung ist vor der Anwendung des Tarifs zur Bemessungsgrundlage ein Betrag von € 9.567,– hinzuzurechnen. Dies führt dazu, dass beschränkt Steuerpflichtige an der das Existenzminimum sichernden Null-Steuerzone nur im Ausmaß von € 2.126,– teilhaben.

215. Poolschwestern

1652 In der Praxis kommt es häufig vor, dass von Schwesternpools Krankenschwestern an Spitäler verliehen werden. Diese arbeiten dann im normalen Spitalsbetrieb mit.

1653 Die Poolgestaltung kann entweder eine Arbeitskräftegestellung oder eine Vermittlung von Arbeitskräften außerhalb einer Arbeitskräftegestellung sein. Ist die Poolgestaltung vergleichbar mit einer Arbeitskräftegestellung, erzielen die Krankenschwestern Einkünfte aus nichtselbständiger Arbeit. Arbeitgeber ist der Personalgesteller (Pool), Beschäftiger die Krankenanstalt oder auch private Haushalte.

1654 Vermittelt der Pool Pflegepersonal an die Krankenanstalt oder ein Pflegedienstunternehmen und wird dieses Pflegepersonal von einer Krankenanstalt oder einem Pflegedienstunternehmen direkt bezahlt, dann liegt ein Dienstverhältnis zur Krankenanstalt bzw dem Pflegedienstunternehmen vor. Die Krankenschwestern erzielen Einkünfte aus nichtselbständiger Arbeit. Die Krankenanstalt oder das Pflegedienstunternehmen ist aufgrund der Eingliederung des Pflegepersonals in den Betrieb der Krankenanstalt, der Weisungsgebundenheit zur Krankenanstalt und der tatsächlich nicht gegebenen Vertretungsmöglichkeit Arbeitgeber.

Siehe diesbezüglich auch VwGH 31. 3. 2017, Ro 2015/13/0015.

1655 Vermittelt der Pool Pflegepersonal an private Haushalte zur Pflege und Betreuung (rund um die Uhr) und wird dieses Pflegepersonal von den Haushalten direkt bezahlt, dann liegen beim Pflegepersonal grundsätzlich Einkünfte aus Gewerbebetrieb vor. Gemäß EStR 2000 Rz 1616 können die Betriebsausgaben aus dieser häuslichen Pflegetätigkeit in Anlehnung an die Regelung für Tagesmütter ohne Nachweis mit 70% der Einnahmen, maximal € 650,– pro Monat der Pflegetätigkeit, geschätzt werden.

216. Postensuchtage

1656 Im Fall einer Arbeitgeberkündigung besteht Anspruch auf Freizeit während der gesetzlichen Kündigungsfrist („Postensuchtage"). Das Ausmaß beträgt 1/5 der wöchentlichen Arbeitszeit (zB 7,7 Stunden bei einer 38,5-Stunden-Woche). Postensuchtage sind gegenüber dem Arbeitgeber zu verlangen und die Zeit, in der die Postensuchtage konkret in Anspruch genommen werden, mit ihm zu vereinbaren. Bei Selbstkündigung hat der Dienstnehmer keinen Anspruch auf Postensuchtage, es sei denn, der Kollektivvertrag sieht dies vor.

1657 Werden „Postensuchtage" im Falle der Nichtkonsumation in Bargeld abgelöst, sind derartige Ersatzleistungen gemäß § 67 Abs 8 lit d EStG (wie eine Urlaubsersatzleistung) zu versteuern. Siehe dazu „Urlaubsersatzleistung – Postensuchtage".

Wenn Postensuchtage in der Kündigungsfrist in Geld abgegolten werden, entsteht dieses Entgelt aus Anlass der Beendigung des Dienstverhältnisses und ist gemäß § 49 Abs 3 Z 7 ASVG beitragsfrei. Es kommt zu keiner Verlängerung der Pflichtversicherung (EMVB – 049 – 03 – 07 – 004). **1658**

Werden Postensuchtage im Falle der Nichtkonsumation in Bargeld abgelöst, sind derartige Ersatzleistungen zur Gänze DB-, DZ- und kommunalsteuerpflichtig. **1659**

217. Prämien

Erhalten Arbeitnehmer im Rahmen des Dienstverhältnisses als Anerkennung oder Belohnung für besondere Leistungen Prämien, so handelt es sich bei diesen Entgelten um zusätzlichen Arbeitslohn, der gemäß § 25 EStG grundsätzlich steuerpflichtig ist. **1660**

Ob Prämien als sonstige, insb einmalige Bezüge oder als laufende Bezüge zu behandeln sind, hängt vom Rechtstitel und der Art der Auszahlung ab. **1661**

> Siehe dazu „Sonstige Bezüge".

Demgemäß werden Prämien als sonstige Bezüge (soweit das Jahressechstel des § 67 Abs 2 EStG nicht überschritten wird bzw die sonstigen Bezüge des § 67 Abs 1 EStG € 83.333,– nicht überschreiten) mit den festen Steuersätzen des § 67 Abs 1 EStG versteuert. Die das Sechstel übersteigenden Beträge von Prämien (bzw jene sonstigen Bezüge gemäß § 67 Abs 1 EStG, die € 83.333,– übersteigen) sind wie ein laufender Bezug mit dem anderen im Lohnzahlungszeitraum gezahlten laufenden Arbeitslohn nach der entsprechenden Lohnsteuertabelle zu versteuern (§ 67 Abs 10 EStG). **Laufend** gewährte Prämien sind als jahressechstelerhöhende laufende Bezüge zu versteuern. **1662**

Prämien, die monatlich mit dem laufenden Arbeitslohn ausbezahlt werden, sind als „laufender Bezug" in der Sozialversicherung abzurechnen. Jährlich wiederkehrende Prämien (Jahresprämien) werden als Sonderzahlung abgerechnet. Einmalprämien sind ebenfalls beitragspflichtig und werden gemeinsam mit dem laufenden Bezug des Auszahlungsmonates, unter Berücksichtigung der monatlichen Höchstbeitragsgrundlage, abgerechnet. **1663**

Prämien sind in die Bemessungsgrundlage bei der Betrieblichen Vorsorgekasse einzubeziehen. **1664**

Prämien unterliegen nach den Bestimmungen des § 41 FLAG und § 5 KommStG der Beitragspflicht bei DB, DZ und KommSt. **1665**

218. Prämien für Diensterfindungen

Lohnsteuer

Die begünstigte Besteuerung für Prämien für Diensterfindungen wurde abgeschafft. Derartige Prämien sind daher je nach Rechtstitel und tatsächlicher Auszahlung entweder als laufender Bezug oder nach den allgemeinen Bestimmungen des § 67 Abs 1 und 2 EStG (normaler sonstiger Bezug unter Anrechnung auf das Jahressechstel) zu versteuern. **1666**

Für Einkünfte aus der Verwertung patentrechtlich geschützter Erfindungen (§ 38 EStG) besteht im Rahmen der Veranlagung die Möglichkeit, den Steuersatz auf die Hälfte des auf das **1667**

219. Prämien für Verbesserungsvorschläge

gesamte Einkommen entfallenden Durchschnittssteuersatzes zu ermäßigen. Zu den grundsätzlichen Voraussetzungen für die Anwendbarkeit des Hälftesteuersatzes siehe EStR 2000 Rz 7343 ff. Innerhalb welcher Einkunftsart die begünstigten Einkünfte anfallen, ist für die Anwendung des ermäßigten Steuersatzes grundsätzlich unerheblich (EStR 2000 Rz 7345).

1668 § 37 Abs 7 EStG normiert jedoch ein Ausschlusskriterium für die Begünstigung mit dem Hälftesteuersatz insoweit, als für Einkünfte, die zum Teil mit dem festen Steuersatz des § 67 EStG versteuert werden, keine Progressionsermäßigung zusteht.

1669 Die mit der Bestimmung des § 37 Abs 7 EStG beabsichtigte Vermeidung einer doppelten Begünstigung von Diensterfindungsvergütungen tritt dann nicht ein, wenn bei richtiger lohnsteuerlicher Behandlung der Diensterfindungsprämien zwar eine (teilweise) Versteuerung mit den festen Steuersätzen des § 67 EStG hätte erfolgen müssen, dafür aber andere (später ausbezahlte) sonstige Bezüge (etwa der 13. und 14. Monatsbezug) wegen Sechstelüberschreitung zum vollen Tarif zu versteuern gewesen wären (VwGH 7. 12. 2020, Ro 2019/15/0014). Ob das Ausschlusskriterium gemäß § 37 Abs 7 EStG zutrifft, ist in einer kalenderjahresbezogenen Gesamtbetrachtung zu beurteilen.

1670 Nach Ansicht des BFG ist jener Teil der Diensterfindungsvergütung, der im begünstigt besteuerten Jahressechstel keine Deckung findet (Jahressechstelüberhang) der Besteuerung mit dem Hälftesteuersatz zugänglich, selbst wenn bei einer kalenderjahresbezogenen Gesamtbetrachtung ein (geringer) Teil der Diensterfindungsvergütung begünstigt mit dem festen Steuersatz des § 67 EStG versteuert wurde (BFG 18. 3. 2021, RV/2100669/2020). Sachgerechter wäre es jedoch, die beantragte Besteuerung mit dem Hälftesteuersatz für die gesamte Diensterfindungsvergütung anstelle des Jahressechstelüberhanges vorzunehmen und im Rahmen der Veranlagung auch eine allfällige begünstigte Besteuerung innerhalb des Jahressechstels entsprechend zu korrigieren.

Sozialversicherung

Im Bereich der SV sind Prämien für Diensterfindungen als **Sonderzahlungen** abzurechnen, sofern der Dienstnehmer aufgrund des Patentgesetzes Anspruch auf wiederkehrende Vergütungen aus laufenden Patenten hat und diese Zahlungen in größeren Zeiträumen als den Beitragszeiträumen erfolgen. Eine absolut nur einmalige Zahlung ist als laufender Bezug im Monat der Auszahlung, unter Berücksichtigung der monatlichen Höchstbeitragsgrundlage, abzurechnen.

DB – DZ – KommSt

1671 Prämien für Diensterfindungen unterliegen zur Gänze der Beitragspflicht bei DB, DZ und KommSt.

219. Prämien für Verbesserungsvorschläge

1672 Die begünstigte Besteuerung für Prämien für Verbesserungsvorschläge wurde abgeschafft. Derartige Prämien sind daher nach den allgemeinen Bestimmungen des § 67 Abs 1 und 2 EStG (normaler sonstiger Bezug unter Anrechnung auf das Jahressechstel) zu versteuern.

Sozialversicherung

Grundsätzlich als laufender Bezug abzurechnen. Kommt es aufgrund einer vertraglichen Regelung zu einer immer wiederkehrenden Leistung, erfolgt die Abrechnung als Sonderzahlung. **1673**

DB – DZ – KommSt

Prämien für Verbesserungsvorschläge unterliegen zur Gänze der Beitragspflicht bei DB, DZ und KommSt. **1674**

220. Prämienbegünstigte Pensionsvorsorge (§ 108a EStG)

Die prämienbegünstigte Pensionsvorsorge ist als eine Maßnahme im Sinne der Dreisäulentheorie der Pensionsvorsorge zu verstehen. Neben der ersten Säule, der staatlichen Pensionsvorsorge, und der zweiten Säule, der Pensionsvorsorge des Arbeitgebers für die Arbeitnehmer, soll es damit zu einem verstärkten Ausbau der dritten Säule, der Eigenvorsorge, kommen. **1675**

Die Begünstigung wird formal – wie beim Bausparen – als pauschale Steuererstattung gewährt, die dem Steuerpflichtigen auch dann zusteht, wenn er in dem maßgebenden Zeitraum mangels entsprechender Einkünfte gar keine Einkommensteuer (Lohnsteuer) zu entrichten hatte oder zB bei Minderjährigen, die bis zu diesem Zeitpunkt überhaupt noch keine Einkommensteuer (Lohnsteuer) entrichtet hat. Begünstigt sind nur unbeschränkt Steuerpflichtige iSd § 1 Abs 2 EStG. **1676**

Begünstigt sind: **1677**
a) Beiträge zu einer Pensionszusatzversicherung iSd § 108b Abs 1 EStG
b) Beiträge zu einer Pensionskasse
c) Beiträge zu einer betrieblichen Kollektivversicherung
d) Beiträge zur freiwilligen Höherversicherung in der gesetzlichen Pensionsversicherung einschließlich der zusätzlichen Pensionsversicherung iSd § 479 ASVG
e) Erwerb von Anteilscheinen an einem prämienbegünstigten Investmentfonds iSd § 108b Abs 2 EStG. Einmalprämien iSd § 108b Abs 2 EStG sind von der Begünstigung ausgeschlossen.

Diese Beiträge sind aber gemäß § 18 Abs 1 Z 2 EStG vom Sonderausgabenabzug ausgeschlossen. **1678**

Die Steuererstattung erfolgt mit einem Prozentsatz der im jeweiligen Kalenderjahr geleisteten Prämie. Dieser Prozentsatz beträgt 2,75% zuzüglich des nach § 108 Abs 1 EStG (Bausparprämie) ermittelten Prozentsatzes (2023: 1,5%; somit gesamt 4,25%). **1679**

Die Steuererstattung darf jährlich nur für Beitragsleistungen bis zu € 1.000,– erfolgen. **1680**

Von der Erstattung ausgenommen sind Einmalprämien iSd § 108b Abs 2 EStG sowie Einmalprämien in Verbindung mit § 17 BMSVG oder gleichartigen österreichischen Rechtsvorschriften. **1681**

Anders als beim Bausparen kann die Prämie nur für den Steuerpflichtigen selbst geltend gemacht werden. Erhöhungsbeträge für den unbeschränkt steuerpflichtigen (Ehe-)Partner bzw für Kinder sind nicht vorgesehen. Selbstverständlich können diese Personen für sich die prämienbegünstigte Pensionsvorsorge in Anspruch nehmen. Die prämienbegünstigte Zukunfts- **1682** vorsorge (§ 108 g EStG) hat die prämienbegünstigte Pensionsvorsorge grundsätzlich abgelöst. Wurde der Vertrag (für die prämienbegünstigte Pensionsvorsorge) noch im Jahr 2003 abgeschlossen, können die Begünstigungen der prämienbegünstigten Pensionsvorsorge weiterhin beansprucht werden. Neuverträge mit Pensionskassen können aber auch nach 2003 abgeschlossen werden und sind weiterhin gemäß § 108 a EStG prämienbegünstigt.

221. Prämienbegünstigte Zukunftsvorsorge (§§ 108 g – 108 i EStG)

1683 Die prämienbegünstigte Zukunftsvorsorge ist eine Ergänzung der im BMSVG geregelten „Abfertigung-Neu". Ziel ist, allen Steuerpflichtigen eine geförderte Zukunftsvorsorge zu ermöglichen, unabhängig davon, ob sie tatsächlich Einkommensteuer bezahlen oder nicht und unabhängig davon, ob sie überhaupt Einkünfte iSd EStG beziehen. Die Förderung als Erstattung der Einkommensteuer (Lohnsteuer) erfolgt in Form einer „Prämiengutschrift".

Die Erstattung der Prämie erfolgt mit einem Pauschbetrag, der sich nach einem Prozentsatz der im jeweiligen Kalenderjahr geleisteten Beiträge bemisst. Der Prozentsatz beträgt 2,75% zuzüglich des jeweils gültigen Prozentsatzes für die Bausparprämie des betreffenden Kalenderjahres. Die Zukunftsvorsorgeprämie beträgt 4,25% im Jahr 2023. Die Prämie wird nur für Leistungen im Ausmaß von 1,53% der 36-fachen Höchstbeitragsgrundlage zur Sozialversicherung (HB-SV) erstattet.

HB-SV	Höchstbetrag	Prämie
€ 5.850,–	x 36 = € 210.600,– x 1,53% = € 3.222,18	4,25% = € 136,94

1684 Die prämienbegünstigte Zukunftsvorsorge setzt die unwiderrufliche Verpflichtung voraus, für einen Zeitraum von mindestens zehn Jahren ab Beginn der Einzahlung auf eine Rückzahlung der geleisteten Beiträge (Kapital, Zinsen und Prämien) zu verzichten.

Zu Unrecht erstattete Prämien sind vom Steuerpflichtigen rückzufordern.

Als zu Unrecht erstattet gilt eine Prämie auch dann, wenn der Steuerpflichtige nach Ablauf der Bindungsfrist von zehn Jahren die Auszahlung der aus seinen Beiträgen resultierenden Ansprüche beantragt. In diesem Fall ist die Hälfte der Prämie zurückzufordern.

Erfolgt – entgegen der höchstgerichtlichen Judikatur (vgl OGH 7. 9. 2011, 7 Ob 138/11 m), die eine Prämienrückzahlung innerhalb von zehn Jahren als unzulässig beurteilt – eine Rückzahlung aufgrund einer Kündigung des Versicherungsverhältnisses innerhalb von zehn Jahren, dann gilt die Prämie ebenfalls als zu Unrecht erstattet und ist zur Gänze zurückzufordern.

1685 Gleichzeitig damit ist in den oben genannten Fällen eine Nachversteuerung der bezughabenden Kapitalerträge vorzunehmen. Die nachzuerhebende Steuer ist im Abzugsweg von der depotführenden Bank, der Versicherung oder der BV-Kasse einzubehalten und an das FA abzuführen. Die Kapitalertragsteuer beträgt 25% vom Saldo Auszahlungsbetrag abzüglich einbezahlter Beiträge und abzüglich erhaltener Prämien. Mit dieser Einbehaltung gilt die Einkommensteuer für sämtliche Erträge als abgegolten.

Ebenso ist hinsichtlich der eingebrachten Guthaben und die darauf entfallenden Prämien aus § 108 a EStG Beiträgen vorzugehen.

Auch die Ansprüche auf Kapitalgarantie entfallen (siehe § 108 h Abs 1 Z 3 EStG).

Nach einem Zeitraum von mindestens zehn Jahren ab Einzahlung des ersten Beitrags iSd **1686**
§ 108 g Abs 1 EStG kann der Steuerpflichtige verlangen:

- die Auszahlung der Ansprüche. In diesem Fall gelten die Prämien allerdings als zu Unrecht erstattet und es treten die oben genannten Rechtsfolgen ein;
- die Übertragung der Ansprüche auf eine andere Zukunftsvorsorgeeinrichtung;
- die Überweisung der Ansprüche an ein Versicherungsunternehmen als Einmalprämie für eine nachweislich bereits bestehende Pensionszusatzversicherung iSd § 108 b EStG. In diesem Fall ist die Vereinbarung zulässig, dass die Zusatzpension bereits mit Vollendung des 40. Lebensjahres ausgezahlt wird;
- die Überweisung an ein Kreditinstitut zum ausschließlichen Zweck des Erwerbs von Anteilen an einem Pensionsinvestmentfonds. Dazu muss ein unwiderruflicher Auszahlungsplan gemäß § 23 Abs 2 Z 2 InvFG abgeschlossen werden;
- die Überweisung an eine Pensionskasse, bei der der Steuerpflichtige bereits Anwartschaftsberechtigter iSd PKG ist. Der Überweisungsbetrag gilt als Beitrag gemäß § 15 Abs 3 Z 10 PKG;
- die Überweisung an eine betriebliche Kollektivversicherung gemäß § 93 Versicherungsaufsichtsgesetz 2016, bei der der Steuerpflichtige bereits Anwartschaftsberechtigter ist;
- die Überweisung einer Einmalprämie an ein Versicherungsunternehmen für eine vom Steuerpflichtigen abgeschlossene selbständige Pflegeversicherung. Voraussetzung ist, dass ein Rückkauf oder eine Kapitalabfindung nicht möglich ist und dass die Pflegeversicherung nur bei Anspruch auf Pflegegeld nach dem Bundespflegegeldgesetz leistet.

Werden die Ansprüche in eine Zukunftsvorsorgeeinrichtung übertragen bzw fließt aus diesen Einrichtungen eine Rente zu, fällt keine Einkommensteuer an.

221.1 Verhältnis zu Sonderausgaben und Zukunftssicherung gemäß § 3 Abs 1 Z 15 lit a EStG

Beiträge im Bereich der prämienbegünstigten Zukunftsvorsorge sind vom Sonderausgabenabzug ausgenommen (§ 18 Abs 1 Z 2 EStG). **1687**

Voraussetzung für die Prämienbegünstigung von Beiträgen ist die Beitragsleistung durch den Steuerpflichtigen selbst, während zukunftssichernde Maßnahmen durch den Arbeitgeber zu leisten sind. Zukunftssichernde Maßnahmen des Arbeitgebers iSd § 3 Abs 1 Z 15 lit a EStG können daher nie zu einer Prämienbegünstigung gemäß § 108 g EStG führen.

222. Provisionen (§ 25 EStG)

Unter Provision ist das Entgelt für eine verkäuferische oder vermittlerische Tätigkeit zu verstehen und wird idR vom Vertreter oder Verkäufer selbst erwirtschaftet. **1688**

Provisionen sind bei Arbeitnehmern gemäß § 25 EStG Arbeitslohn, wenn sie Entgelt für eine im Rahmen des Dienstverhältnisses geleistete Arbeit sind.

Besteht aufgrund des Dienstvertrags Anspruch auf eine laufende Provision, dann liegt in diesem Umfang ein laufender Bezug, unabhängig vom Auszahlungsmodus, vor. Eine rein rechnerische Aufteilung auf 14 Monatsbezüge ist daher mit steuerlicher Wirkung nicht möglich. **1689**

Wenn gleichzeitig mit den Monatsgehältern allmonatlich Provisionen ausgezahlt werden, dann kann ihnen die Eigenschaft sonstiger Bezüge iSd § 67 EStG nicht zugebilligt werden **1690**

223. Prozesskosten (Anwalts- und Gerichtskosten)

(VwGH 17. 1. 1958, 2321/55), denn in diesem Falle werden die Provisionen, da sie zusammen mit den in regelmäßigen Lohnzahlungszeiträumen fälligen Bezügen ausgezahlt werden, zu laufenden Bezügen.

> **Beispiel Provision**
>
> Ein Versicherungsvertreter hat aufgrund des Arbeitsvertrags Anspruch auf eine monatliche Umsatzprovision in Höhe von 1% des Umsatzes. Die Provision wird laufend akontiert. Im Jänner rechnet der Arbeitgeber die Provisionsumsätze für das Vorjahr endgültig ab (Provisionsspitzenabrechnung).
> Die monatlich akontierten Provisionen sind als laufende Bezüge zu behandeln. Die im Jänner ausbezahlte Provisionsspitze für die Vorjahresumsätze stellt auch einen laufenden Bezug dar und ist im Rahmen der Aufrollung (§ 77 Abs 5 EStG) zu berücksichtigen.

1691 Werden die laufenden Provisionen allerdings aufgrund eines gesonderten Rechtstitels in die Berechnung der Sonderzahlungen (13. und 14. Monatsbezug) einbezogen oder wird eine „Superprovision" (Belohnung, Prämie) in Form einer Einmalzahlung gewährt, liegen insoweit sonstige Bezüge vor.

1692 Bei **Folgeprovisionen** aus Versicherungsabschlüssen während der aktiven Dienstzeit handelt es sich um lohnsteuerpflichtiges Entgelt, das als **laufender Arbeitslohn** zu erfassen ist (VwGH 8. 10. 1969, 0847/68; VwGH 22. 10. 1969, 1634/68).

1693 Grundsätzlich unterliegen Provisionen der Sozialversicherungspflicht. Im Regelfall sind Provisionen als laufende Bezüge zu behandeln. Fließen Provisionen mit einer gewissen Regelmäßigkeit in größeren Zeitabständen als die Beitragszeiträume zu, können Provisionen auch als Sonderzahlungen behandelt werden.

1694 Hat der Dienstnehmer Anspruch auf Folgeprovisionen sind diese nur dann beitragsfrei, wenn dafür keine Betreuungsverpflichtung seitens des Dienstnehmers besteht. Die Beitragspflicht tritt in jenem Monat ein, in dem der Provisionsanspruch erworben wurde (Abschlussmonat).

➢ Zur „Sechsteloptimierung" siehe „Sonstige Bezüge".

223. Prozesskosten (Anwalts- und Gerichtskosten)

1695 Kosten eines berufsbedingten Zivilprozesses (zB über die Höhe des Arbeitslohns, über Schadenersatzforderungen aus dem Dienstverhältnis) sind Werbungskosten. Kosten eines gerichtlichen oder verwaltungsbehördlichen Strafverfahrens sind grundsätzlich abzugsfähig. Verfahrenskosten stellen nur dann Werbungskosten dar, wenn die zur Last gelegte Handlung ausschließlich und unmittelbar aus der beruflichen Tätigkeit heraus erklärbar und damit beruflich veranlasst ist; das gilt sinngemäß für Verfahrenskosten iZm dem Rücktritt von der Verfolgung einer strafbaren Handlung gemäß §§ 198 ff StPO (Diversion) (vgl EStR 2000 Rz 1621).

1696 Die Diversionszahlung selbst (§ 20 Abs 1 Z 5 lit b EStG) ist nicht abzugsfähig. Unter „Diversion" versteht man die Möglichkeit, bei Vorliegen bestimmter Voraussetzungen von der Strafverfolgung nach Zahlung eines Geldbetrags, nach Erbringung gemeinnütziger Leistungen, nach einer Probezeit oder nach einem außergerichtlichen Tatausgleich abzusehen.

1697 Werden Prozesskosten vom Arbeitgeber getragen, so liegt steuerpflichtiger Arbeitslohn vor.

Strafen und Geldbußen, die von Gerichten, Verwaltungsbehörden oder den Organen der Europäischen Union verhängt werden, sind steuerlich nicht abzugsfähig (§ 20 Abs 1 Z 5 lit b EStG). **1698**

Andere Prozesskosten (zB im Strafverfahren, in Scheidungs- oder Vermögensprozessen usw) sind regelmäßig nichtabzugsfähige Kosten der Lebenshaltung. **1699**

224. Prüfdienst für Lohnabgaben und Beiträge (PLB)

➤ Siehe dazu Kapitel „Lohnsteuerprüfung – PLB (§ 86 EStG)".

225. Rechtssicherheit bei der Abgrenzung von selbständiger und unselbständiger Tätigkeit

Mit dem Sozialversicherungs-Zuordnungsgesetz (BGBl I 2017/125) soll Rechtssicherheit bei der Abgrenzung von selbständiger und unselbständiger Erwerbstätigkeit in der gesetzlichen Sozialversicherung geschaffen werden. Diese Rechtssicherheit wird dadurch bewirkt, dass es nach Abschluss des Verfahrens zu einer Bindungswirkung in Bezug auf die Versicherungszuordnung sowohl für die Sozialversicherungsträger als auch für das FA kommt. **1700**

Die Einleitung des Verfahrens zur Klärung der Versicherungszuordnung erfolgt **1701**

- ✓ aufgrund einer amtswegigen Sachverhaltsfeststellung (Neuzuordnung),
- ✓ aufgrund der Anmeldung zur Pflichtversicherung (Vorabprüfung),
- ✓ auf Antrag der versicherten Person oder ihres Auftraggebers.

225.1 Versicherungszuordnung aufgrund der Anmeldung zur Pflichtversicherung

Die Bindungswirkung bezüglich Versicherungszuordnung tritt bereits nach durchgeführtem Verfahren aufgrund der Anmeldung zur Pflichtversicherung bei der Aufnahme einer Erwerbstätigkeit durch bestimmte Personengruppen ein. **1702**

Aufgrund der Normierung einer gesetzlichen Bindungswirkung kann in einem späteren Prüfungsverfahren eine rückwirkende Neuzuordnung zum ASVG nur dann vorgenommen werden (durch Feststellung der Pflichtversicherung nach dem ASVG), wenn die Zuordnung zur GSVG- bzw BSVG-Versicherung auf falschen Angaben beruhte oder eine Änderung des für diese Zuordnung maßgeblichen Sachverhalts eingetreten ist. **1703**

Betroffene Personengruppe

Vom Verfahren der Versicherungszuordnung aufgrund der Anmeldung zur Pflichtversicherung betroffen sind **1704**

- ✓ neue Selbständige nach § 2 Abs 1 Z 4 GSVG,
- ✓ bestimmte Betreiber freier Gewerbe und
- ✓ Ausübende bäuerlicher Nebentätigkeiten.

Mittels Fragebogen wird geprüft, ob eine Pflichtversicherung nach dem ASVG oder nach dem GSVG bzw BSVG vorliegt. **1705**

225. Abgrenzung selbständige – unselbständige Tätigkeit

225.2 Versicherungszuordnung im Rahmen einer PLB – Prüfung lohnabhängiger Abgaben und Beiträge

1706 Tritt im Rahmen einer versicherungsrechtlichen Prüfung bzw einer Prüfung lohnabhängiger Abgaben und Beiträge (PLB) der substantielle Verdacht auf, dass anstelle der bisherigen Pflichtversicherung nach § 2 Abs 1 Z 1 und 4 GSVG (als freie Gewerbetreibende und neue Selbständige) bzw § 2 Abs 1 Z 1 BSVG (als Ausübende eines bäuerlichen Nebengewerbes) eine Pflichtversicherung nach dem ASVG vorliegt, so hat zukünftig der Krankenversicherungsträger nach dem ASVG bzw das FA die Sozialversicherungsanstalt der Selbständigen (SVS) ohne unnötigen Aufschub über diesen Verdacht verständigen. Die Verständigung hat den Namen, die Versicherungsnummer, den geprüften Zeitraum und die Art der Tätigkeit zu enthalten.

1707 Die weiteren Ermittlungen sind sodann vom Krankenversicherungsträger nach dem ASVG sowie von der SVS, aufeinander abgestimmt, im Rahmen des jeweiligen Wirkungsbereiches durchzuführen.

1708 Über die konkrete Durchführung des Verfahrens können sich die Versicherungsträger intern verständigen.

1709 Ergibt nun die Prüfung übereinstimmend, dass im maßgeblichen Zeitraum eine selbständige Erwerbstätigkeit vorliegt, so bleibt es bei der Pflichtversicherung nach dem GSVG bzw BSVG und der Zuständigkeit der SVS.

1710 Über das Vorliegen der Pflichtversicherung in diesen Fällen ist von der SVS mit Bescheid abzusprechen.

1711 Wurde hingegen vom Krankenversicherungsträger und dem Dienstgeber oder von den Versicherungsträgern übereinstimmend festgestellt, dass entgegen der bisherigen Versicherung keine selbständige Erwerbstätigkeit (und damit auch keine Pflichtversicherung nach dem GSVG bzw BSVG, das heißt keine Zuordnung zum Vollziehungsbereich der SVS) vorliegt, sondern vielmehr eine Pflichtversicherung nach dem ASVG besteht, so kommt es zu einer Neuzuordnung zum ASVG.

1712 Der Krankenversicherungsträger nach dem ASVG hat in diesen Fällen einen Bescheid zu erlassen, wenn dies die versicherte Person oder der Dienstgeber verlangt (vgl § 410 Abs 1 Z 7 ASVG).

1713 Sind sich die Versicherungsträger in Bezug auf die korrekte Zuordnung der Person uneinig, erfolgt eine Zuordnung zum ASVG, wobei der Bescheid des Krankenversicherungsträgers nicht nur der versicherten Person und ihrem Dienstgeber, sondern auch der SVS und dem FA zuzustellen ist. Gemäß der rechtswissenschaftlichen Literatur ist davon auszugehen, dass die SVS ein Beschwerderecht hat, heißt es dazu in den Erläuterungen.

225.3 Versicherungszuordnung auf Antrag

1714 Sowohl die versicherte Person, als auch der Auftraggeber haben die Möglichkeit, auf Antrag die aktuelle versicherungsrechtliche Zuordnung zum GSVG/BSVG von der ÖGK überprüfen zu lassen. Auch bei der Versicherungszuordnungsprüfung auf Antrag wird die vom rechtskräftigen Bescheid ausgelöste Bindungswirkung für die SV- und Finanzbehörde nur dann durchbrochen, wenn

   ✓ die Zuordnung auf falschen Angaben der versicherten Person beruht oder
   ✓ wenn sich der maßgebliche Sachverhalt verändert.

225.4 Bindungswirkung der Versicherungszuordnung für die steuerliche Qualifikation der Einkünfte

Die Versicherungszuordnung entfaltet auch für die steuerliche Qualifikation der Einkünfte eine Bindungswirkung, wenn ein rechtskräftiger Feststellungsbescheid nach § 412c ASVG oder § 194b GSVG oder § 182a BSVG vorliegt (§ 86 Abs 1a EStG). **1715**

Diese Bindungswirkung tritt dann nicht ein, wenn der Bescheid auf falschen Angaben beruht oder sich der zugrunde liegende Sachverhalt geändert hat. **1716**

225.5 Überrechnung entrichteter Beiträge bei Umqualifizierung

Wird für eine bisher im GSVG bzw BSVG versicherte Person nachträglich die Pflichtversicherung nach dem ASVG festgestellt, sind jene Beiträge zur Pflichtversicherung in der Kranken-, Pensions- und Unfallversicherung, die zu Ungebühr entrichtet wurden, nicht mehr wie bisher an die versicherte Person, sondern an den für die Beitragseinhebung zuständigen Krankenversicherungsträger zu überweisen. Der zuständige Versicherungsträger hat die überwiesenen Beiträge auf die ihm geschuldeten Beiträge anzurechnen. Übersteigen die anzurechnenden die dem zuständigen Versicherungsträger geschuldeten Beiträge, so ist der Überschuss der versicherten Person durch den zuständigen Versicherungsträger zu erstatten. **1717**

225.6 Inkrafttreten

Das Gesetz ist mit 1. 7. 2017 in Kraft getreten. **1718**

Es bezieht sich – entsprechend dem Zweck dieser Norm – auch auf die versicherungsrechtlichen Prüfungen von Zeiträumen, die vor dem 1. 7. 2017 liegen.

226. Regelbedarfsätze

In Fällen, in denen eine behördliche Festsetzung der Unterhaltsleistungen nicht vorliegt, sind die Regelbedarfsätze anzuwenden. Die Regelbedarfsätze werden jährlich angepasst. Für das Kalenderjahr 2023 sind folgende Regelbedarfsätze heranzuziehen. **1719**

Tabellenübersicht der Regelbedarfsätze 2023: **1720**

Alter	Regelbedarfsatz in Euro
von 0 bis 6 Jahre	305,–
von 6 bis 10 Jahre	409,–
von 10 bis 15 Jahre	497,–
von 15 bis 19 Jahre	630,–
mehr als 19 Jahre	718,–

227. Regionaler Klimabonus

1721 Mit dem Bundesgesetz über den regionalen Klimabonus wurde zur zielgerichteten Rückvergütung der Einnahmen (aus der CO_2-Bepreisung) der regionale Klimabonus eingeführt. Dieser soll durch die CO_2-Bepreisung entstehende Mehrkosten (fossile Brennstoffe sowie die Weitergabe von Kosten an Endverbraucher) pauschal ausgleichen. Dadurch wird ein Anreiz für ökologisches Verhalten geschaffen. Basierend auf Faktoren der „Urban-Rural-Typologie" der Statistik Austria sowie Daten zur Anbindung der Bevölkerung an den öffentlichen Verkehr wurde ein regional gestaffelter Klimabonus implementiert. Dieser berücksichtigt längere Alltagswege und die Anbindung an den öffentlichen Verkehr. Der regionale Klimabonus besteht ab dem Jahr 2023 aus einem Sockelbetrag, der mittels Verordnung festgelegt wird, sowie dem Regionalausgleich. Für Personen mit Kindern bis 18 Jahre erfolgt eine zusätzliche Entlastung in Höhe eines 50%igen Zuschlags pro Kind. Der regionale Klimabonus wird vom Bundesministerium für Klimaschutz, Umwelt, Energie, Mobilität, Innovation und Technologie administriert und ausbezahlt. In § 3 Abs 1 Z 37 EStG wird klargestellt, dass der regionale Klimabonus steuerfrei ist. Der regionale Klimabonus gilt nicht als eigenes Einkommen.

228. Rehabilitationsgeld (§ 143a ASVG)

1722 Das Rehabilitationsgeld gemäß § 143a ASVG ersetzt seit 1. 1. 2014 die Invaliditätspension bzw Berufsunfähigkeitspension in jenen Fällen, in denen eine vorübergehende, voraussichtlich mindestens sechs Monate dauernde Invalidität bzw Berufsunfähigkeit vorliegt und eine berufliche Rehabilitation nicht zweckmäßig oder nicht zumutbar ist. Die bescheidmäßige Festsetzung über die Zuerkennung sowie die Entziehung des Anspruchs auf Rehabilitationsgeld erfolgt durch die Pensionsversicherungsanstalt. Die Finanzierung der Mittel erfolgt ebenso über diese. Die Berechnung der Höhe und die Auszahlung erfolgt über die jeweils zuständige ÖGK.

1723 Das Rehabilitationsgeld gemäß § 143a ASVG stellt Einkünfte aus nichtselbständiger Arbeit (§ 25 EStG Abs 1 Z 3 lit a EStG) dar.

1724 Steuerrechtlich gilt das Rehabilitationsgeld als ein vorübergehender Bezug iSd § 69 Abs 2 EStG. Der im § 69 Abs 2 EStG vorgesehene Freibetrag von € 30,– steht pro Tag zu. Im Falle einer monatlichen Abrechnung sind immer 30 Tage anzunehmen. Daraus ergibt sich, dass monatlich ein Freibetrag von € 900,– zusteht. Übersteigt das Rehabilitationsgeld den Freibetrag, ist vom übersteigenden Betrag eine Pauschalsteuer in Höhe von 20% einzubehalten.

Wird innerhalb eines Kalenderjahres ein Rehabilitationsgeld bezogen, liegt ein Pflichtveranlagungstatbestand iSd § 41 Abs 1 EStG vor. Im Zuge der Steuerberechnung durch das FA wird der Freibetrag von € 30,– täglich nicht mehr berücksichtigt.

Hinsichtlich des steuerlichen Zuflusses siehe „Zeitliche Zuordnung von Einnahmen und Ausgaben (§ 19 EStG)".

229. Reinigung typischer Berufskleidung

➢ Siehe „Arbeitskleidung".

230. Reisekosten

Arbeitsrecht

Unternimmt der Arbeitnehmer eine Dienstreise, ist der Arbeitgeber gemäß § 1014 ABGB verpflichtet, den dadurch entstandenen Mehraufwand dem Arbeitnehmer zu ersetzen. Dazu zählen nicht nur die Fahrt- und Nächtigungskosten, sondern auch die Mehrauslagen für die erhöhten Lebenshaltungskosten. Regelungen darüber wie diese Mehrauslagen abzugelten sind, findet man in den meisten Kollektivverträgen bzw werden in Betrieben, wo ein Betriebsrat vorhanden ist, diese über Betriebsvereinbarungen geregelt. **1725**

Ist weder im Kollektivvertrag noch in einer Betriebsvereinbarung eine derartige Regelung vorgesehen, ist es zweckmäßig, darüber eine Regelung in den jeweiligen Dienstvertrag aufzunehmen. **1726**

Die üblichen, mit einer Dienstreise verbundenen Mehraufwendungen sind **1727**

- ✓ Tagesgelder (Diäten, Störzulage, Entfernungszulage usw)
- ✓ Nächtigungsgelder
- ✓ Reisekostenvergütungen (Bahnkarte, Flugticket, Kilometergelder usw).

Ist mit dem Aufgabengebiet des Arbeitnehmers eine ständige Reisetätigkeit verbunden (zB Servicetechniker, Monteure udgl), ist die Reisezeit **immer** als Arbeitszeit zu werten, egal ob diese innerhalb oder außerhalb der Normalarbeitszeit liegt. **1728**

Reist der Arbeitnehmer nur gelegentlich, ist die Reisezeit ebenfalls als Arbeitszeit zu werten. Liegt die Reisezeit aber außerhalb der Normalarbeitszeit, kann mit dem Arbeitnehmer ein geringeres Entgelt bzw sogar Unentgeltlichkeit vereinbart werden. Mangels einer Vereinbarung steht dem Arbeitnehmer die volle Entlohnung für diese Reisezeit zu. **1729**

Wird der durch die Dienstreise entstandene Mehraufwand durch den Arbeitgeber ersetzt, handelt es sich **nicht** um Entgelt, sondern um eine „**Aufwandsentschädigung**". **1730**

Dies ist insoweit von Bedeutung, als Aufwandsentschädigungen meist **nicht** bei Ansprüchen, die sich nach der Höhe des Entgeltes richten, in die Berechnungsgrundlage einzubeziehen sind (zB Abfertigung, Feiertagsentgelt udgl). Auch bei der Überprüfung des Mindestentgelts nach den Bestimmungen des LSD-BG und bei der Einbeziehung in Nichtleistungszeiten (Ausfallentgelt) spielen Aufwandsentschädigungen keine Rolle. Ebenso sind Aufwandsentschädigungen nach den Bestimmungen der Exekutionsordnung unpfändbar.

Lohnsteuer

230.1 Allgemeines

Eine Dienstreise nach den Bestimmungen des § 26 Z 4 EStG liegt dann vor, wenn ein Arbeitnehmer über Auftrag des Arbeitgebers **1731**

- ✓ seinen Dienstort (Büro, Betriebsstätte, Werksgelände, Lager usw) zur Durchführung von Dienstverrichtungen verlässt (1. Tatbestand) oder
- ✓ ein Arbeitnehmer so weit weg von seinem ständigen Wohnort arbeitet, dass ihm eine tägliche Rückkehr an seinen ständigen Wohnort nicht zugemutet werden kann (2. Tatbestand).

Nach Lehre und Rsp liegt eine Dienstreise jedoch nur bis zur Begründung eines weiteren Mittelpunktes der Tätigkeit vor. **1732**

230. Reisekosten

230.2 Funktionaler Arbeitsplatz

1733 Gehört es zum Aufgabenbereich des Arbeitnehmers eines Unternehmens, dass er an verschiedenen Standorten des Unternehmens tätig werden muss, und steht diesem Arbeitnehmer an den verschiedenen Standorten ein Arbeitsplatz zur Verfügung, liegt bei Fahrten zu und zwischen diesen Standorten hinsichtlich Tages- und Nächtigungsgelder keine Dienstreise nach § 26 Z 4 EStG vor. Die Fahrtkosten zwischen zwei Dienstorten können hingegen nicht steuerbar ersetzt werden.

1734 Ob an diesen weiteren Standorten ein Arbeitsplatz zur Verfügung steht, ist nicht von der konkreten Ausgestaltung des Arbeitsplatzes (zB eigenes Büro) abhängig, sondern aus **funktionaler** Sicht (organisatorische Eingliederung in dieser Arbeitsstätte) zu beurteilen. Tagesgelder sind ab dem ersten Tag steuerpflichtig.

> **Beispiel**
>
> Der Mitarbeiter einer Lebensmittelkette ist Filialleiter an drei verschiedenen Standorten. Er verfügt nur in einer Filiale über ein eigenes Büro. Ausbezahlte Tagesgelder sind steuerpflichtig, unabhängig davon, wie oft er in den jeweiligen Filialen tätig wird.
> Ein Gebietsleiter, der einzelnen Filialleitern übergeordnet ist, aber in den einzelnen Filialen nicht unmittelbar organisatorisch eingegliedert ist, hat in den einzelnen Filialen keinen funktionalen Arbeitsplatz.

230.3 Fahrtkostenersätze gemäß § 26 Z 4 lit a EStG

Kilometergelder

1735 Bei Benützung eines eigenen Pkw können für eine Dienstfahrt folgende Kilometergelder verrechnet werden (Reisegebührenvorschrift 1955):

Motorfahrräder und Motorräder	€ 0,24
Pkw	€ 0,42
mitreisende Person (nur mit Pkw)	€ 0,05
Fußgänger und Fahrradfahrer mit eigenem Fahrrad	€ 0,38

1736 Das Fahrzeug muss sich nicht im Besitz des Arbeitnehmers befinden. Es ist ausreichend, wenn der Arbeitnehmer den wirtschaftlichen Aufwand trägt.

1737 Für Motorfahrräder und Motorräder steht ausschließlich nur mehr der genannte Kilometergeldsatz zu.

Der Kilometergeldsatz für mitreisende Personen steht nur mehr im Falle einer Beförderung mittels Pkw zu. Im Fall einer Dienstreise mit dem Motorfahrrad bzw Motorrad kann dieser Satz nicht verrechnet werden.

1738 Mit den Kilometergeldern sind abgegolten:
- ✓ Absetzung für Abnutzung,
- ✓ Treibstoff (fossiler Kraftstoff, Strom usw), Öl,
- ✓ Servicekosten und Reparaturkosten aufgrund des laufenden Betriebs (zB Motor- oder Kupplungsschaden),
- ✓ Zusatzausrüstungen (Winterreifen, Autoradio, Navigationsgerät usw),
- ✓ Steuern, (Park-)Gebühren, Maut, Autobahnvignette (vgl VwGH 11. 8. 1994, 94/12/0115),

230.3 Fahrtkostenersätze gemäß § 26 Z 4 lit a EStG

- ✓ Versicherungen aller Art (einschließlich Vollkasko-, Insassenunfall- und Rechtsschutzversicherung),
- ✓ Mitgliedsbeiträge bei Autofahrerklubs (zB ÖAMTC, ARBÖ),
- ✓ Finanzierungskosten.

1739 Wenn bei einer Dienstreise mangels eines Massenbeförderungsmittels oder anderer Beförderungsmittel Wegstrecken von **mehr als zwei Kilometern** zu Fuß zurückgelegt werden müssen, gebührt dem Beamten ein Kilometergeld. Das Kilometergeld beträgt für die auf solche Art zurückgelegten Wegstrecken € 0,38 je Kilometer. Ist die Länge der zurückgelegten Wegstrecken, für die das Kilometergeld gebührt, nicht feststellbar, so ist für jede Viertelstunde der Bewegung eine Vergütung in der Höhe des Kilometergeldes für einen Kilometer zu leisten.

1740 Im Falle der Verwendung des eigenen Fahrrads und Geltendmachung des Aufwands als Werbungskosten, ist das Kilometergeld mit € 570,– im Jahr (1.500 km) begrenzt. Anstelle des Kilometergelds können die tatsächlichen Werbungskosten nachgewiesen werden.

Höchstgrenze des Kilometergelds bei Verwendung des privaten Pkw

1741 Kilometergelder iZm einer Dienstreise können nur bis **maximal 30.000 Kilometer** steuerfrei ausgezahlt werden. Für das begünstigte Ausmaß sind auch jene Kilometer zu berücksichtigen, die der Arbeitnehmer vom Arbeitgeber für Fahrten iZm arbeitsfreien Tage vom Einsatzort zum Familienwohnsitz steuerfrei ersetzt bekommt. Tatsächlich höhere Aufwendungen können nur im Rahmen der Werbungskosten berücksichtigt werden.

1742 Die 30.000 km-Grenze kann von **jedem** Arbeitgeber berücksichtigt werden. Es ist dabei unbeachtlich, ob der Arbeitnehmer mehrere Kfz neben- oder hintereinander verwendet. Verwendet der Arbeitnehmer innerhalb eines Kalenderjahrs verschiedene Fahrzeuge (zB Pkw und Motorrad), sind die Kilometergelder zusammenzurechnen. In diese Grenze fällt auch das Kilometergeld für eine mitreisende Person.

Ersatz eines geringeren Kilometergelds

1743 Wird vom Arbeitgeber ein geringeres Kilometergeld ausgezahlt, kann ein nicht steuerbarer Kostenersatz bis zum Betrag von 30.000 km, multipliziert mit dem amtlichen Kilometergeld geleistet werden (**€ 12.600,–**). Ab dem Zeitpunkt des Überschreitens dieses Betrags im Kalenderjahr sind Kilometergelder für dieses Kalenderjahr steuerpflichtig.

Beispiel

Laut Kollektivvertrag steht folgendes Kilometergeld zu (Erhöhung auf € 0,42 wurde nicht vorgenommen):
Bei Personen- und Kombinationskraftwagen beträgt das Kilometergeld

bis 10.000 km pro Kalenderjahr	€ 0,38
von 10.001 km bis 20.000 km	€ 0,30
darüber	€ 0,22

Der Arbeitnehmer fährt im Kalenderjahr 55.000 km.
Er erhält dafür vom Arbeitgeber:

10.000 km × € 0,38	€ 3.760,–
10.000 km × € 0,30	€ 3.000,–
35.000 km × € 0,22	€ 7.700,–
gesamt	€ 14.460,–

Davon können € 12.600,– steuerfrei ausbezahlt werden.

Fahrtenbuch

1744 Voraussetzung für die steuerfreie Behandlung der Kilometergeldvergütung ist die genaue fortlaufende Führung eines Fahrtenbuchs oder eines anderen gleichwertigen Nachweises (vgl auch VwGH 7. 8. 2001, 97/14/0175). Aus diesem müssen

- ✓ Datum,
- ✓ Anzahl der gefahrenen Kilometer,
- ✓ Kilometerstand, Ausgangs- und Zielpunkt sowie
- ✓ Zweck jeder einzelnen betrieblichen Fahrt

klar erkennbar sein (VwGH 16. 9. 1970, 373/70).

Ein Fahrtenbuch muss die jeweiligen Anfangs- und Endkilometerstände, die Gesamtzahl der gefahrenen Kilometer, die Abgrenzung zu den privat gefahrenen Kilometer bzw zu Fahrten zwischen Wohnung und Arbeitsstätte enthalten, es muss leserlich sein und laufend kontrolliert werden (VwGH 23. 5. 1990, 86/13/0181).

Der Anspruch muss laufend nachgewiesen werden, eine Schätzung ist nicht zulässig (VwGH 19. 9. 1989, 89/14/0121).

Da eine Trennung der Dienstkilometer von den Privatkilometern immer streng vorgenommen werden muss, ist bei regelmäßiger Verrechnung von Kilometergeldern eine ständige Führung eines Fahrtenbuchs erforderlich, aus der diese Trennung zweifelsfrei ersichtlich ist. Eine Rekonstruktion – etwa erst bei einer Prüfung – ersetzt diese Aufzeichnungen nicht (VwGH 22. 4. 1992, 87/14/0192).

Mit dem LStR-Wartungserlass 2021 (Begutachtungsentwurf) wird in der Rz 1405 b eine mögliche Vorlage für ein Fahrtenbuch dargestellt. Diese wurde auch im Anhang angefügt.

Fahrtenbuch mittels Excel

1745 Nachträgliche Abänderungen, Streichungen und Ergänzungen an den zu einem früheren Zeitpunkt eingegebenen Daten müssen technisch ausgeschlossen sein oder es müssen derartige Eingriffe in den ursprünglichen Datenbestand in der Datei zwangsläufig dokumentiert und offen gelegt werden. Andernfalls sind diese Aufzeichnungen formell nicht ordnungsmäßig und die Vermutung des § 163 BAO (formell ordnungsmäßige Aufzeichnungen haben die Vermutung der Richtigkeit für sich) kommt nicht zum Tragen.

1746 Es wäre jedoch verfehlt, aus der Verwendung eines solchen (aus formeller Sicht unzureichenden) Programms für sich allein eine materielle Nichtordnungsmäßigkeit abzuleiten. Daher ist es selbstverständlich möglich, dass vom Abgabepflichtigen die inhaltliche Richtigkeit derartiger Aufzeichnungen im Einzelfall nachgewiesen oder glaubhaft gemacht und ein mit Hilfe eines Computerprogramms (zB MS Excel) erstelltes Fahrtenbuch im Rahmen der freien Beweiswürdigung gemäß § 167 BAO sehr wohl anerkannt wird.

Kilometergeld – Parkgebühren

1747 Grundsätzlich sind Parkgebühren durch das Kilometergeld abgegolten. Fallen jedoch im Zug einer Dienstreise sowohl Kilometergelder als auch Parkgebühren an und sind die Parkgebühren höher als das zustehende Kilometergeld, kann der Arbeitgeber diese höheren Parkgebühren anstelle des Kilometergelds auszahlen. Diese Verrechnungsmethode hat aber für einen längeren Zeitraum (Kalenderjahr) zu erfolgen. Ein Wechsel zwischen Kilometergeldersatz und dem Ersatz von tatsächlichen Kosten je einzelner Dienstreise ist nicht zulässig.

230.3 Fahrtkostenersätze gemäß § 26 Z 4 lit a EStG

Pauschalierte Kilometergeldersätze (Fahrtenpauschale)

Werden die Aufwendungen für die Benutzung des arbeitgebereigenen Pkw für Dienstreisen pauschal abgegolten, liegt ein steuerpflichtiger Bezug vor. Der Arbeitnehmer hat – bei Vorliegen der notwendigen Aufzeichnungen – die Möglichkeit, die beruflich zurückgelegten Kilometer im Weg der Arbeitnehmerveranlagung geltend zu machen. **1748**

> **Beispiel**
>
> Ein Arbeitnehmer erhielt bisher für seine dienstlichen Fahrten aufgrund eines einwandfrei geführten Fahrtenbuchs laufend die monatlichen amtlichen Kilometergelder vom Arbeitgeber steuerfrei ausgezahlt. Aufgrund mehrmonatiger exakter Abrechnungen vereinbaren Arbeitgeber und Arbeitnehmer nunmehr ein monatliches Fahrtenpauschale; ab diesem Zeitpunkt werden keinerlei Kilometeraufzeichnungen mehr geführt. Das Pauschale ist voll lohnsteuerpflichtig, der Arbeitnehmer kann allerdings Werbungskosten geltend machen; dazu ist aber beim FA der Nachweis über die dienstlich gefahrenen Kilometer zu erbringen. Der Arbeitgeber muss von der Pauschalvergütung auch DB, DZ und KommSt entrichten.

Limitierte Kilometergelder

Werden vom Arbeitgeber „limitierte Kilometergelder" bezahlt, die als Vorauszahlung für durchzuführende Dienstreisen anzusehen sind, handelt es sich dann um keine steuerlich unzulässige Pauschalierung der Kilometergelder, wenn der Arbeitgeber eine Jahresabrechnung vornimmt und eine Rückzahlung in Höhe des nicht ausgeschöpften Jahresbetrags verlangt. Weitere Voraussetzung ist, dass der Arbeitnehmer die Berechnungsgrundlagen in Form eines ordnungsgemäß geführten Fahrtenbuchs vorlegt, aus dem die konkreten Dienstfahrten einwandfrei ersichtlich sind (VwGH 19. 9. 1989, 89/14/0121). Pauschalierte Vorauszahlungen sind allerdings dann steuerpflichtig, wenn nicht mindestens einmal jährlich eine exakte Abrechnung erfolgt. **1749**

Fahrtkostenersatz aufgrund einer lohngestaltenden Vorschrift

Lohngestaltende Vorschriften haben für den Bereich des § 26 Z 4 EStG **keine** Bedeutung. Sieht daher der anzuwendende Kollektivvertrag vor, dass Fahrtkosten iZm einer Dienstreise nur in Höhe der Kosten für ein öffentliches Verkehrsmittel abgegolten werden, kann der Arbeitgeber dennoch für die dienstlich gefahrenen Kilometer das amtliche Kilometergeld steuerfrei auszahlen, wenn der Arbeitnehmer für diese Strecken tatsächlich das eigene Kfz verwendet hat. **1750**

Werden jedoch Fahrtkostenersätze (zB Kilometergelder) nach den Bestimmungen des § 3 Abs 1 Z 16 b EStG abgerechnet, sind nur jene Beträge steuerfrei, die aufgrund der kollektivvertraglichen Bestimmung verpflichtend zu bezahlen sind. Ein Aufstocken auf das amtliche Kilometergeld ist daher nicht möglich (zB Fahrtkostenersätze im Baugewerbe).

Fahrten für arbeitsfreie Tage zum Familienwohnsitz

Als Fahrtkostenvergütungen gelten auch jene Kosten, die der Arbeitgeber dem Arbeitnehmer für Fahrten zum ständigen Wohnort ersetzt. Diese Fahrtkostenvergütungen können für **höchstens eine Fahrt pro Woche** bei Vorliegen folgender Voraussetzungen steuerfrei ausbezahlt werden: **1751**

- ✓ Die Fahrtkostenvergütungen werden für Fahrten zum ständigen Wohnort (Familienwohnsitz) für arbeitsfreie Tage gezahlt.

230. Reisekosten

- ✓ Eine tägliche Rückkehr zum Wohnort (Familienwohnsitz) ist nicht zumutbar (das wird idR bei einer Entfernung ab 120 km der Fall sein).
- ✓ Für die arbeitsfreien Tage (für das arbeitsfreie Wochenende oder wenn in einem anderen als einem wöchentlichen Turnus – zB im Dekadensystem – gearbeitet wird die entsprechenden freien Tage) wird **kein** steuerfreies Tagesgeld gezahlt.

1752 Um Fahrtkostenersätze nicht steuerbar auszahlen zu können, muss der Arbeitnehmer die Fahrtstrecke zwischen Wohnung und Arbeitsstätte tatsächlich zurücklegen. Der Kostenersatz darf nur in Höhe der tatsächlichen Kosten (Kosten des verwendeten öffentlichen Verkehrsmittels oder Kilometergeld für das arbeitnehmereigene Kfz) geleistet werden. Ein entsprechender Nachweis (Bahnkarte, Fahrtenbuch) ist dem Arbeitgeber vorzulegen.

1753 Ersetzt der Arbeitgeber die Fahrtkosten für Fahrten Wohnung – Arbeitsstätte, gilt nicht die Begrenzung wie für Familienheimfahrten im Bereich der Werbungskosten (höchstes Pendlerpauschale).

1754 Erhält der Arbeitnehmer für die arbeitsfreien Tage steuerfreies Tagesgeld (Durchzahlerregelung), sind die zusätzlich geleistete Fahrtkostenersätze für arbeitsfreie Tage zum Familienwohnsitz und zurück steuerpflichtig.

1755 Werden Familienheimfahrten für einen längeren Zeitraum als sechs Monate bezahlt, behalten diese die Steuerfreiheit, wenn es sich um eine vorübergehende Tätigkeit an diesem Einsatzort handelt. Eine vorübergehende Tätigkeit liegt grundsätzlich bei Außendiensttätigkeit, bei Fahrtätigkeit, bei Baustellen-, Service- und Montagetätigkeit oder bei Arbeitskräfteüberlassung vor (1. bis 4. Tätigkeitstatbestand des § 3 Abs 1 Z 16 b EStG).

1756 Zahlt der Arbeitgeber dem Arbeitnehmer Vergütungen für Fahrtkosten von der Wohnung oder Schlafstelle in der Nähe des Arbeitsorts (nicht Einsatzort) zu seinem Familienwohnsitz, befindet sich der Arbeitnehmer nicht auf Dienstreise und es liegt somit ein Vorteil aus dem Dienstverhältnis vor. Die Kosten für diese Familienheimfahrten sind bei Vorliegen der übrigen Voraussetzungen unter Beachtung der Begrenzung gemäß § 20 Abs 1 Z 2 lit e EStG als Kosten der doppelten Haushaltsführung zu berücksichtigen.

Dauernde Versetzung

1757 Wird der Arbeitnehmer zu einer neuen Arbeitsstätte **auf Dauer** versetzt, stellen die Fahrten zur neuen Arbeitsstätte mit Wirksamkeit der Versetzung Fahrten zwischen Wohnung und Arbeitsstätte dar (LStR Rz 706 a).

> **Beispiel**
>
> Eine Filialleiterin wird in eine andere Filiale des Unternehmens versetzt. Die Fahrten zur neuen Filiale stellen keine Dienstreisen, sondern Fahrten zwischen Wohnung und Arbeitsstätte dar.

Vorübergehende Dienstzuteilung

1758 Wird der Arbeitnehmer zu einer neuen Arbeitsstätte **vorübergehend** dienstzugeteilt oder entsendet, können bis zum Ende des Kalendermonats, in dem diese Fahrten erstmals überwiegend zurückgelegt werden, nicht steuerbare Fahrtkostenersätze (zB Kilometergelder) hierfür ausgezahlt werden. Ein Überwiegen ist dann gegeben, wenn an mehr als der Hälfte der tatsächlich geleisteten Arbeitstage im Kalendermonat Fahrten zur neuen Arbeitsstätte unternommen werden. Ab dem **Folgemonat** stellen die Fahrten zur neuen Arbeitsstätte Fahrten zwi-

230.3 Fahrtkostenersätze gemäß § 26 Z 4 lit a EStG

schen Wohnung und Arbeitsstätte dar, die mit dem Verkehrsabsetzbetrag und einem allfälligen Pendlerpauschale sowie dem Pendlereuro abgegolten sind. Vom Arbeitgeber für diesen Zeitraum gezahlte Fahrtkostenersätze sind steuerpflichtiger Arbeitslohn.

Beispiel

Ein Angestellter mit ständiger Arbeitsstätte in der Zentrale des Unternehmens wird für die Zeit von 23. 2. bis 25. 4. einer Zweigstelle des Unternehmens vorübergehend zugeteilt. Ab 26. 4. bis Ende April wird er wieder an seiner ständigen Arbeitsstätte (Zentrale) tätig.
Für die Fahrten von 23. 2. bis 31. 3. ist ein Kilometergeldersatz für Fahrten von der Wohnung zum vorübergehenden Einsatzort (Firmenzentrale) steuerfrei. Im April ist der Kilometergeldersatz steuerpflichtig. Für den Monat Februar steht gegebenenfalls (weiterhin) das Pendlerpauschale für Fahrten von der Wohnung zu seiner ständigen Arbeitsstätte (Firmenzentrale) zu. Im März steht kein Pendlerpauschale zu (weder hinsichtlich der ständigen Arbeitsstätte noch hinsichtlich des vorübergehenden Einsatzorts). Für den Monat April steht gegebenenfalls das Pendlerpauschale für Fahrten zwischen Wohnung und vorübergehendem Einsatzort (Zweigstelle des Unternehmens) bzw für Fahrten zwischen Wohnung und Zentrale zu. Es steht im Kalendermonat allerdings maximal ein Pendlerpauschale in vollem Ausmaß zu.

Beispiel

Ein Angestellter mit ständiger Arbeitsstätte in der Zentrale des Unternehmens wird für die Zeit von 2. 2. bis 25. 4. einer Zweigstelle des Unternehmens vorübergehend dienstzugeteilt. Ab 26. 4. bis Ende April wird er wieder an seiner ständigen Arbeitsstätte (Zentrale) tätig.
Für die Fahrten von 2. bis 28. 2. ist ein Kilometergeldersatz für Fahrten von der Wohnung zum vorübergehenden Einsatzort (Zweigstelle des Unternehmens) steuerfrei. Im März und im April ist der Kilometergeldersatz steuerpflichtig. Im Monat Februar steht kein Pendlerpauschale zu (weder hinsichtlich der ständigen Arbeitsstätte noch hinsichtlich des vorübergehenden Einsatzorts). Für die Monate März und April steht gegebenenfalls das Pendlerpauschale für Fahrten zwischen Wohnung und vorübergehendem Einsatzort (Zweigstelle des Unternehmens) bzw für Fahrten zwischen Wohnung und Zentrale zu. Es steht im Kalendermonat allerdings maximal ein Pendlerpauschale in vollem Ausmaß zu.

Wird der vorübergehende Einsatz beendet und wird der Arbeitnehmer wieder an seiner ständigen Arbeitsstätte tätig, steht im Kalendermonat des Wechsels der Tätigkeit (Beendigung der vorübergehenden Tätigkeit) daher gegebenenfalls das Pendlerpauschale für die Fahrten vom Wohnort zur ständigen Arbeitsstätte bzw zur vorübergehenden Arbeitsstätte zu. Es steht im Kalendermonat allerdings maximal ein Pendlerpauschale in vollem Ausmaß zu (vgl LStR Rz 272 – 272 d).

1759

Beispiel

Ein Angestellter mit ständiger Arbeitsstätte in der Zentrale eines Unternehmens wird für die Zeit von 2. 2. bis 4. 4. einer Zweigstelle des Unternehmens vorübergehend dienstzugeteilt. Ab 5. 4. wird er wieder in seiner ständigen Arbeitsstätte (Zentrale) tätig.
Für die Fahrten von 2. bis 28. 2. ist ein Kilometergeldersatz für Fahrten von der Wohnung zum vorübergehenden Einsatzort (Zweigstelle des Unternehmens) steuerfrei. Im März und im April ist der Kilometergeldersatz steuerpflichtig. Im Monat Februar steht kein Pendlerpauschale zu (weder hinsichtlich der ständigen Arbeitsstätte noch hinsichtlich des vorübergehenden Einsatzorts). Für den Monat März steht gegebenenfalls das Pendlerpauschale für Fahrten zwischen Wohnung und

230. Reisekosten

vorübergehendem Einsatzort (Zweigstelle des Unternehmens) zu. Für den Monat April steht ihm gegebenenfalls das Pendlerpauschale für Fahrten von der Wohnung zur ständigen Arbeitsstätte (Zentrale des Unternehmens) bzw für Fahrten von der Wohnung zur Bankfiliale zu. Es steht im Kalendermonat allerdings maximal ein Pendlerpauschale in vollem Ausmaß zu.

1760 Werden Fahrten zu einem Einsatzort in der Folge in einem Kalendermonat **nicht mehr überwiegend** unmittelbar vom Wohnort aus angetreten, liegen hinsichtlich dieses Einsatzorts ab dem Folgemonat **keine** Fahrten zwischen Wohnung und Arbeitsstätte vor. Wird daher der vorübergehende Einsatz an einem anderen Einsatzort durch eine Tätigkeit an der ständigen Arbeitsstätte unterbrochen und wird in der Folge die Tätigkeit am vorübergehenden Einsatzort wieder fortgesetzt, ist zu prüfen, ob in diesem Kalendermonat Fahrten zum vorübergehenden Einsatzort überwiegend vom Wohnort aus angetreten wurden. Ist dies nicht der Fall, können hinsichtlich dieses Einsatzorts im nächsten Kalendermonat Kilometergelder wieder steuerfrei ausgezahlt werden.

> **Beispiel**
>
> Ein Angestellter mit ständiger Arbeitsstätte in der Zentrale eines Unternehmens wird für die Zeit von 2. 2. bis 4. 4. einer Zweigstelle des Unternehmens vorübergehend dienstzugeteilt. Von 5. bis 25. 4. wird er an seiner ständigen Arbeitsstätte (Zentrale) tätig. Ab 26. 4. bis 6. 6. wird er vorübergehend wieder in jener Zweigstelle tätig, in der er am Monatsbeginn tätig war.
> Für die Fahrten von 2. bis 28. 2. ist ein Kilometergeldersatz für Fahrten von der Wohnung zum vorübergehenden Einsatzort (Zweigstelle) nicht steuerbar. Der Kilometergeldersatz für die Fahrten zur Bankfiliale für März und April (und zwar von 1. bis 4. 4. und von 26. bis Ende April) ist steuerpflichtig (Folgemonat), für Mai ist der Kilometergeldersatz wieder nicht steuerbar (neuer Beurteilungszeitraum), für Juni wieder steuerpflichtig (Folgemonat). Für den Monat März steht gegebenenfalls das Pendlerpauschale für Fahrten zwischen Wohnung und vorübergehendem Einsatzort (Zweigstelle) zu. Für den Monat April steht gegebenenfalls das Pendlerpauschale für die Fahrten zwischen Wohnung und der ständigen Arbeitsstätte (Zentrale des Unternehmens) bzw für Fahrten von der Wohnung zur Bankfiliale zu. Es steht im Kalendermonat allerdings maximal ein Pendlerpauschale in vollem Ausmaß zu.

Arbeitsstätte/Einsatzort

1761 Als Arbeitsstätte/Einsatzort gilt ein **Büro, eine Betriebsstätte, ein Werksgelände, ein Lager** und Ähnliches. Eine Arbeitsstätte im obigen Sinn liegt auch dann vor, wenn das dauernde Tätigwerden in Räumlichkeiten eines Kunden oder an einem Fortbildungsinstitut (zB Entsendung zu einer mehrmonatigen Berufsfortbildung) erfolgt (LStR Rz 707).

1762 Für Fahrten von der Dienststelle zu einem Einsatzort und zurück zur Dienststelle können nicht steuerbare Fahrtkostenersätze zeitlich unbegrenzt ausgezahlt werden.

Ausnahmeregelung für Fahrten zur Baustelle bzw zum Montageort

1763 Für Fahrten zu einer Baustelle oder zu einem Einsatzort für Montage- oder Servicetätigkeiten, die unmittelbar von der Wohnung aus angetreten werden, können Fahrtkostenvergütungen im Ausmaß der in einer lohngestaltenden Vorschrift vorgesehenen Höhe zeitlich unbegrenzt steuerfrei ausgezahlt werden. Wird vom Arbeitgeber für diese Fahrten ein Pendlerpauschale berücksichtigt, stellen Fahrtkostenersätze bis zur Höhe des Pendlerpauschales steuerpflichtigen Arbeitslohn dar.

230.3 Fahrtkostenersätze gemäß § 26 Z 4 lit a EStG

Die Begriffe Baustellen- und Montagetätigkeit umfassen die Errichtung und Reparatur von Bauwerken und Anlagen sowie alle damit verbundenen Nebentätigkeiten wie Planung, Überwachung der Bauausführung sowie die Einschulung bzw die Übergabe fertig gestellter Anlagen. Die Installierung und Entwicklung von EDV-Softwareprodukten sowie das Tätigwerden an einem ständigen Betriebsgelände des Arbeitgebers (zB Bauhof) fällt nicht unter eine Montage- oder Servicetätigkeit.

1764

Fahrten zwischen zwei oder mehreren Mittelpunkten der Tätigkeit

Für Fahrten zwischen zwei oder mehreren Mittelpunkten der Tätigkeit stehen Fahrtkosten (zB in Höhe des Kilometergelds) zu (vgl VwGH 9. 11. 1994, 92/13/0281).

1765

Die Fahrten von der Wohnung zu jener Arbeitsstätte, an der der Arbeitnehmer langfristig (idR im Kalenderjahr) im Durchschnitt am häufigsten tätig wird (Hauptarbeitsstätte) und die Fahrten von der Hauptarbeitsstätte zurück zur Wohnung sind mit dem Verkehrsabsetzbetrag und einem allfälligen Pendlerpauschale abgegolten. Ist die Hauptarbeitsstätte nicht eindeutig zu ermitteln, da der Arbeitnehmer gleich oft an mehreren Arbeitsstätten tätig wird, so gilt subsidiär jene Arbeitsstätte, die im Dienstvertrag als Hauptarbeitsstätte definiert ist.

1766

Für Fahrten von der Hauptarbeitsstätte zu einer weiteren Arbeitsstätte und zurück zur Hauptarbeitsstätte stehen grundsätzlich Fahrtkosten zu. Werden an einem Tag zwei oder mehrere Arbeitsstätten angefahren, so stehen Fahrtkosten nur für jene Strecke zu, die die Strecke Wohnung – Hauptarbeitsstätte – Wohnung übersteigt. Für Fahrten von der Wohnung zu einer weiteren Arbeitsstätte und zurück zur Wohnung stehen Fahrtkosten insoweit zu, als diese Strecke länger ist als die Strecke Wohnung – Hauptarbeitsstätte – Wohnung.

1767

Wird auf der Fahrt zwischen den beiden Arbeitsstätten die Wohnung aufgesucht, stehen keine tatsächlichen Fahrtkosten zu. Gegebenenfalls sind zwei Pendlerpauschalen zu berücksichtigen.

1768

> **Beispiel**
>
> Ein Arbeitnehmer mit Wohnsitz im 9. Bezirk in Wien arbeitet am Vormittag im Büro im 22. Bezirk (Hauptarbeitsstätte; Entfernung Wohnung – Hauptarbeitsstätte 11 km), am Nachmittag im 17. Bezirk (Entfernung zur Hauptarbeitsstätte 14 km; Entfernung zur Wohnung 4 km). Für die Fahrten zwischen den Arbeitsstätten wird der eigene Pkw verwendet. Für diese Fahrten steht das Kilometergeld für 7 km zu.
> Die zurückgelegte Gesamtstrecke beträgt 29 km (11 km + 14 km + 4 km = 29 km). Davon stellen 22 km (2 × Entfernung Wohnung – Hauptarbeitsstätte) Fahrten Wohnung – Arbeitsstätte dar, die durch den Verkehrsabsetzbetrag bzw ein allfälliges Pendlerpauschale bzw den Pendlereuro abgegolten sind. Für die verbleibenden 13 km können Werbungskosten (Fahrtkosten) berücksichtigt werden.

Fahrten zwischen zwei oder mehreren Mittelpunkten der Tätigkeit – Vorliegen von mehreren Dienstverhältnissen

Für Fahrten zwischen zwei oder mehreren Dienststellen unterschiedlicher Arbeitgeber sind die obigen Ausführungen analog anzuwenden.

1769

230. Reisekosten

230.4 Tages- und Nächtigungsgelder nach § 26 Z 4 EStG

Mittelpunkt der Tätigkeit bei Dienstreisen nach dem 1. Tatbestand

1770 Zu den Tatbeständen iSd des § 26 Z 4 EStG hat der VwGH Stellung genommen und dabei immer die Notwendigkeit der Prüfung betont, ob der Einsatz in einem zusammenhängenden Zeitraum zu einem weiteren Mittelpunkt der Tätigkeit führt (LStR Rz 715). Bei Dienstreisen zu wechselnden Einsatzorten im Nahbereich (1. Tatbestand) können Tagesgelder nur dann (bzw solange) steuerfrei gewährt werden, wenn (als) kein neuer Mittelpunkt der Tätigkeit begründet wird (LStR Rz 716).

Mittelpunkt der Tätigkeit an einem Einsatzort

1771 Die Begründung eines weiteren Mittelpunkts der Tätigkeit ist anzunehmen, wenn sich die Dienstverrichtung auf einen anderen Einsatzort **durchgehend** oder **wiederkehrend** über einen **längeren Zeitraum** erstreckt. Als **Einsatzort** gilt grundsätzlich die **politische Gemeinde**, gleichzusetzen mit der **Gemeindekennziffer**. Für Reisen innerhalb bzw nach Wien gilt das gesamte Wiener Gemeindegebiet als Einsatzort.

1772 Von einem längeren Zeitraum ist in folgenden Fällen auszugehen:
- Der Arbeitnehmer wird an einem Einsatzort **durchgehend** tätig und die **Anfangsphase von fünf Tagen** wird überschritten. Erfolgt innerhalb von **sechs** Kalendermonaten **kein** Einsatz an diesem Mittelpunkt der Tätigkeit, ist mit der Berechnung der „Anfangsphase" von fünf Tagen neu zu beginnen.
- Der Arbeitnehmer wird an einem Einsatzort **regelmäßig wiederkehrend** (mindestens **einmal wöchentlich**) tätig und die **Anfangsphase von fünf Tagen** wird überschritten. Erfolgt innerhalb von sechs Kalendermonaten kein Einsatz an diesem Mittelpunkt der Tätigkeit, ist mit der Berechnung der „Anfangsphase" von fünf Tagen neu zu beginnen.
- Der Arbeitnehmer wird an einem Einsatzort **wiederkehrend, aber nicht regelmäßig** tätig (nicht mindestens einmal pro Woche) und überschreitet dabei eine **Anfangsphase von 15 Tagen im Kalenderjahr**. Die Anfangsphase von 15 Tagen steht pro **Kalenderjahr** zu.

Tagesgelder können daher nur für die **Anfangsphase von fünf bzw 15 Tagen** steuerfrei gewährt werden (LStR Rz 718).

Mittelpunkt der Tätigkeit in einem Einsatzgebiet (Zielgebiet)

1773 Mittelpunkt der Tätigkeit kann nicht nur ein einzelner Ort (politische Gemeinde), sondern auch ein mehrere Orte umfassendes **Einsatzgebiet** sein. Personen, die ein ihnen **konkret zugewiesenes** Gebiet regelmäßig bereisen, begründen daher in diesem Einsatzgebiet (Zielgebiet) einen Mittelpunkt der Tätigkeit. Maßgebend für das Vorliegen eines Einsatzgebiets ist das regelmäßige Bereisen des Gebiets. Ohne Bedeutung bleibt, ob das Gebiet dem Arbeitnehmer formell oder nur faktisch zugewiesen wird. Ein Einsatzgebiet kann sich auf einen **politischen Bezirk** und auf an diesen Bezirk **angrenzende Bezirke** erstrecken. Bei Reisen **außerhalb** des Einsatzgebiets gelten die Bestimmungen über einen weiteren Mittelpunkt der Tätigkeit an einem Einsatzort.

1774 Für die Anfangsphase von **fünf Tagen** steht das Tagesgeld steuerfrei zu. Erfolgt innerhalb von **sechs** Kalendermonaten kein Einsatz in einem Einsatzgebiet, ist mit der Berechnung der „Anfangsphase" von fünf Tagen neu zu beginnen.

Personengruppen, für die bspw die Zielgebietsregelung zutreffen kann, sind 1775
- ✓ Rauchfangkehrer,
- ✓ Vertreter,
- ✓ Monteure,
- ✓ Außendienstmitarbeiter von Behörden (Gerichtsvollzieher, Betriebsprüfer, Patrouillentätigkeit der Exekutive etc).

Weiterer Mittelpunkt der Tätigkeit bei Fahrtätigkeit

Eine Fahrtätigkeit begründet hinsichtlich des Fahrzeugs einen (weiteren) Mittelpunkt der Tätigkeit, wenn 1776
- ✓ die Fahrtätigkeit regelmäßig in einem lokal eingegrenzten Bereich (zB ständige Fahrten für ein Bezirksauslieferungslager) erfolgt,
- ✓ die Fahrtätigkeit auf (nahezu) gleich bleibenden Routen ähnlich einem Linienverkehr erfolgt (zB Zustelldienst, bei dem wiederkehrend dieselben Zielorte angefahren werden),
- ✓ die Fahrtätigkeit innerhalb des von einem Verkehrsunternehmen als Arbeitgeber ständig befahrenen Liniennetzes oder Schienennetzes erfolgt (zB Lokführer oder Zugbegleiter, Kraftfahrer eines Autobuslinendienstes).

Kein Mittelpunkt der Tätigkeit bei Fahrtätigkeit liegt jeweils für die **ersten fünf Tage** („Anfangsphase") vor, wenn der Steuerpflichtige erstmals oder zuletzt vor mehr als sechs Monaten diese Tätigkeit ausgeführt hat. Nach der Anfangsphase können keine steuerfreien Tagesgelder gewährt werden (LStR Rz 720). 1777

Erfolgt eine Fahrt mehr als sechs Monate lang stets auf gleichbleibenden Routen mit denselben Zielorten, kann eine Vertrautheit mit den örtlichen Gegebenheiten (zB Lage und Qualität der Autobahnraststätten) entlang der Route angenommen werden, sodass nach Ablauf der Anfangsphase (Auslands-)Tagesgelder nur mehr im Rahmen des § 3 Abs 1 Z 16b EStG steuerfrei gewährt werden können. 1778

Dienstreise nach dem 2. Reisetatbestand

Von einer Dienstreise nach dem 2. Reisetatbestand kann dann ausgegangen werden, wenn die tägliche Rückkehr zum Wohnort (Familienwohnort) des Dienstnehmers **nicht** zugemutet werden kann. Der Umstand der Unzumutbarkeit der Rückkehr an den Familienwohnort ist vom Dienstgeber **grundsätzlich nachzuweisen** und der Dienstnehmer muss am Einsatzort auch genächtigt haben. Ab einer Entfernung von 120 km gilt die tägliche Rückkehr des Dienstnehmers zum Familienwohnort jedenfalls als unzumutbar. Ab dieser Entfernung muss auch vom Dienstgeber nicht mehr geprüft werden, ob der Dienstnehmer tatsächlich genächtigt hat. In **begründeten Einzelfällen** kann auch bei eine kürzeren Wegstrecke Unzumutbarkeit gegeben sein (zB Fahrdauer, Nichteinhaltung der Ruhezeit udgl). 1779

Kehrt der Arbeitnehmer täglich von der Arbeitsstätte an seinen ständigen Wohnort zurück, so stellt sich die Frage der Zumutbarkeit nicht, weil das Gesetz die Zumutbarkeit der täglichen Rückkehr vom Dienstort zum ständigen Wohnort (Familienwohnsitz) nur reliviert, wenn der Arbeitnehmer am Dienstort verbleibt und wegen der damit verbundenen Mehraufwendungen eine Vergütung erhält (LStR Rz 701). 1780

Bei einer Dienstreise, bei der der Dienstnehmer so weit weg von seinem ständigen Wohnort (Familienwohnsitz) arbeitet, dass ihm eine tägliche Rückkehr an seinen ständigen Wohnort (Familienwohnsitz) nicht zugemutet werden kann (2. Tatbestand), ist davon auszugehen, dass 1781

230. Reisekosten

der Arbeitsort (Einsatzort) erst nach einem Zeitraum von **sechs Monaten (183 Tagen)** analog zu § 26 Abs 2 BAO zum Mittelpunkt der Tätigkeit wird. Kehrt der Arbeitnehmer innerhalb von sechs Monaten neuerlich an den seinerzeitigen Arbeitsort zurück, kann unter Einrechnung der dort bereits verbrachten Arbeitszeiten nur die restliche, auf die Sechsmonatsfrist entfallende Zeitspanne als Dienstreise gewertet werden.

1782 Maßgebend ist also der tatsächliche Aufenthalt am Einsatzort, sodass bei Unterbrechungen eine tageweise Berechnung zu erfolgen hat, bis 183 Tage erreicht sind.

1783 Für die Beurteilung, ob der Zeitraum von sechs Monaten bzw 183 Tagen erreicht ist, sind die Verhältnisse der letzten 24 Monate vor Beginn der Dienstreise maßgeblich.

> **Beispiel**
>
> Ein Arbeitnehmer ist/war zu folgenden Zeiten am selben Einsatzort (Dienstreise nach dem 2. Tatbestand) tätig:
> Ein Arbeitnehmer ist/war zu folgenden Zeiten am selben Einsatzort (Dienstreise nach dem 2. Tatbestand) tätig:
> 12. 11. 2021 – 17. 12. 2021   36 Tage ⎫
> 13. 4. 2022 – 29. 6. 2022   78 Tage ⎬   180 Tage
> 11. 10. 2022 – 15. 12. 2022   66 Tage ⎭
> 6. 2. 2023 – 19. 4. 2023
>
> Von den Tagesgeldern für die letzte Dienstreise können Tagesgelder nur mehr für drei Tage nicht steuerbar ausbezahlt werden, weil im 24 Monate umfassenden Beobachtungszeitraum bereits 180 Tagesdiäten nicht steuerbar ausbezahlt wurden.

Tages- und Nächtigungsgelder gemäß § 26 Z 4 EStG – Inlandsdienstreise
Tagesgelder

1784 Das steuerfreie Tagesgeld für Inlandsdienstreisen darf **bis zu € 26,40 pro Tag** betragen. Dauert eine Dienstreise **länger als drei Stunden,** so kann für **jede angefangene Stunde ein Zwölftel** gerechnet werden.

1785 Nach der grundsätzlichen gesetzlichen Regelung steht das volle Tagesgeld **für 24 Stunden** zu. Es steht dem Arbeitgeber jedoch frei, die Abrechnung (Berechnung) des Tagesgelds für Inlandsdienstreisen gemäß § 26 Z 4 EStG nach **Kalendertagen** vorzunehmen. Dies jedoch nur dann, wenn eine arbeitsrechtliche Vorschrift die Berechnung (Anspruchsermittlung) nach Kalendertagen vorsieht oder der Arbeitgeber mangels Vorliegen einer arbeitsrechtlichen Vorschrift nach Kalendertagen abrechnet.

1786 Wechselt der Arbeitgeber die Abrechnungsmethode, darf dies nicht dazu führen, dass für einen Kalendertag mehr als € 26,40 steuerfrei belassen werden.

> **Beispiel**
>
> Tagesgeld – Berechnung nach 24 Stunden
> Beginn der Dienstreise: Montag 9.00 Uhr
> Ende der Dienstreise: Dienstag 16.00 Uhr
> Erster Reisetag: Montag 9.00 Uhr   bis Dienstag 9.00 Uhr
> Zweiter Reisetag: Dienstag 9.00 Uhr   bis Dienstag 16.00 Uhr

Tagesgeld – Berechnung nach Kalendertag	
Beginn der Dienstreise:	Montag 9.00 Uhr
Ende der Dienstreise:	Dienstag 16.00 Uhr
Erster Reisetag:	Montag 9.00 Uhr bis 24.00 Uhr
Zweiter Reisetag:	Dienstag 0.00 Uhr bis 16.00 Uhr

Arbeitsessen – Essensmarken – Schulungen/Seminare

Wenn der Dienstnehmer ein Arbeitsessen im ausschließlichen Firmeninteresse mit einem Kunden einnimmt, kann dieses bei Vorliegen der Belege steuerfrei bleiben; allerdings ist eine Kürzung der zustehenden **steuerfreien** Tagesgebühr (zB € 26,40) um **€ 13,20 pro Essen** vorzunehmen. Erhält der Arbeitnehmer neben dem verrechneten Arbeitsessen die volle Tagesgebühr von € 26,40, stellen davon € 13,20 einen steuerpflichtigen Bezug dar. **1787**

Die Kürzung der Tagesgebühr hat **immer um € 13,20** pro Arbeitsessen zu erfolgen, auch wenn der Arbeitgeber weniger als € 26,40 als Tagesgeld zahlt. Allerdings kann die Kürzung **nicht** zu einer negativen Tagesgebühr führen. Bezahlt der Arbeitgeber das Essen des Arbeitnehmers und sieht aus diesem Grund der anzuwendende Kollektivvertrag eine betragliche Kürzung des Taggeldanspruches vor (zB KV Handelsangestellte), kommt es zu keiner weiteren abgabenrechtlichen Kürzung des Taggeldes. In diesen Fällen ist ein steuerpflichtiger Hinzurechnungsbetrag in Höhe der Differenz auf € 13,20 zu berücksichtigen. **1788**

Übernimmt der Arbeitgeber aus dem Titel der Aus- und Fortbildung auch die Verpflegungskosten (zB bei Schulungen, Seminaren), so ist eine Kürzung der Tagesgelder wie bei den vom Arbeitgeber bezahlten Arbeitsessen vorzunehmen. **1789**

Werden an Arbeitnehmer, die sich auf Dienstreisen befinden, Essensmarken für die Verpflegung außer Haus ausgegeben, sind diese Essensbons wie Tagesgeld zu behandeln. Übersteigt die Summe aus ausgezahltem Tagesgeld und dem Wert des Essensbons € 26,40 pro Tag bzw den jeweils aliquoten Teil, liegt insoweit ein steuerpflichtiger Bezug vor. Gutscheine bis zu einem Betrag von € 2,– (bis 30. 6. 2020 € 1,10) pro Arbeitstag, die auch zur Bezahlung von Lebensmitteln verwendet werden können, die nicht sofort konsumiert werden müssen, bleiben dabei unberücksichtigt. **1790**

Kombination Dienstreise – Urlaub

Trifft der Arbeitnehmer mit dem Arbeitgeber die Vereinbarung, unmittelbar im Anschluss an eine Dienstreise einen Gebührenurlaub zu konsumieren, kann der Arbeitgeber den Rückflug (nach dem Urlaub) abgabenfrei vergüten. **1791**

Eventuell bezahlte Tagesgelder können so lange abgabenfrei abgerechnet werden, als die Dienstreise bei fiktiver Sofortrückkehr nach Ende der Dienstreise dauern würde. **1792**

230.5 Nächtigungsgelder

Unter Nächtigung ist die Verbringung der Zeit im Anschluss an Arbeitsverrichtungen während der Nacht außerhalb des Wohnorts bzw Dienstorts zu verstehen. Nächtigungsgeld steht nur dann steuerfrei zu, wenn **tatsächlich** genächtigt wird. Der Umstand der Nächtigung ist grundsätzlich nachzuweisen. Bei Entfernungen von **mindestens 120 Kilometern** zwischen **Einsatzort und Wohnort** hat der Arbeitgeber nicht zu prüfen, ob der Arbeitnehmer tatsächlich nächtigt. **1793**

230. Reisekosten

1794 Nächtigungsgeld ist gemäß § 26 Z 4 lit c und e EStG der Betrag, der bei Vorliegen eines Nächtigungsaufwands im Rahmen einer Dienstreise anstelle der tatsächlichen Kosten ersetzt werden kann (bei Inlandsreisen € 15,–, bei Auslandsreisen die entsprechenden Sätze der RGV).

1795 Nächtigungsgeld setzt voraus, dass
- ✓ tatsächlich eine Nächtigung erfolgt und
- ✓ dem Arbeitnehmer Kosten für die Nächtigung entstehen, die vom Arbeitgeber nicht in tatsächlicher Höhe ersetzt werden.

1796 Stellt der Arbeitgeber eine Nächtigungsmöglichkeit inkl Frühstück zur Verfügung, kann kein steuerfreies Nächtigungsgeld ausgezahlt werden. Wird nur die Nächtigungsmöglichkeit ohne Frühstück bereitgestellt, kann für das Frühstück bei Inlandsreisen ein Betrag von € 4,40 und bei Auslandsreisen ein Betrag von € 5,85 pro Nächtigung vom Arbeitgeber als Nächtigungsgeld steuerfrei ausgezahlt werden (siehe LStR Rz 317 sinngemäß).

1797 Bei bloßer Nächtigungsmöglichkeit in einem Fahrzeug (Lkw, Bus) bleibt das pauschale Nächtigungsgeld aber im Hinblick auf zusätzliche mit einer Nächtigung verbundene Aufwendungen (wie zB Dusche und Frühstück) dann nicht steuerbar, wenn tatsächlich genächtigt wird. Dabei ist es unmaßgeblich, ob die Fahrtätigkeit länger als sechs Monate ausgeübt wird oder ob die Fahrtätigkeit auf gleichbleibenden Routen oder ständig wechselnden Fahrstrecken erfolgt.

1798 Hat der Arbeitgeber aufgrund des Kollektivvertrages Nächtigungsgelder verpflichtend zu zahlen, sind diese im Rahmen der Bestimmungen des § 3 Abs 1 Z 16 b EStG steuerfrei, auch wenn es zu keinen konkreten tatsächlichen Aufwendungen der Mitarbeitenden, wie der kostenpflichtigen Nutzung von Nassbereichen (zB in einer Flughafenlounge), gekommen ist. § 3 Abs 1 Z 16 b EStG berücksichtigt neben den pauschalen Aufwandsentschädigungen auch die mit den angeführten Tätigkeiten verbundene „Reiseerschwernis" sowie „Mobilitätsanreize" (vgl VwGH 3. 2. 2022, Ro 2020/15/0005).

Pauschales Nächtigungsgeld

1799 Diese pauschalen Nächtigungsgelder sind vorrangig nach § 26 Z 4 EStG nicht steuerbar zu behandeln. Nach § 26 Z 4 EStG können diese nur für einen Zeitraum von **sechs Monaten** nicht steuerbar ausgezahlt werden. Danach kann der Arbeitgeber die pauschalen Nächtigungsgelder nach § 3 Abs 1 Z 16 b EStG bei Vorliegen aller anderen Voraussetzungen für eine

- ✓ Außendiensttätigkeit (zB Kundenbesuche, Patrouillendienste, Servicedienste),
- ✓ Fahrtätigkeit (zB Zustelldienste, Taxifahrten, Linienverkehr, Transportfahrten außerhalb des Werksgeländes des Arbeitgebers),
- ✓ Baustellen- und Montagetätigkeit außerhalb des Werksgeländes des Arbeitgebers oder
- ✓ Arbeitskräfteüberlassung nach dem Arbeitskräfteüberlassungsgesetz

steuerfrei auszahlen.

1800 Bei einer vorübergehenden Tätigkeit an einem Einsatzort in einer anderen politischen Gemeinde nach § 3 Abs 1 Z 16 b letzter Teilstrich EStG kann Nächtigungsgeld nur für sechs Monate ausgezahlt werden. Daraus folgt, dass für jene Tage, für die gemäß § 3 Abs 1 Z 16 b EStG steuerfreies Taggeld zusteht, bei Vorliegen der Voraussetzungen auch ein pauschales Nächtigungsgeld steuerfrei ausgezahlt werden kann.

230.5 Nächtigungsgelder

Tatsächliche Nächtigungskosten

Werden die Nächtigungskosten sowie die Kosten des Frühstücks nachgewiesen, so können diese vom Arbeitgeber voll ersetzt werden. Der nicht steuerbare Ersatz der tatsächlichen Nächtigungskosten (inkl Frühstück) ist grundsätzlich **nicht** zeitlich begrenzt. **1801**

Wohnung am Einsatzort

Wird ein Arbeitnehmer so weit weg von seinem Familienwohnsitz vorübergehend im Rahmen einer Dienstreise eingesetzt und ist eine tägliche Rückkehr zum Familienwohnsitz weder möglich noch zumutbar, stellt die Zurverfügungstellung einer Wohnung keinen abgabenrechtlichen Sachbezug dar. Es handelt sich dabei um die Übernahme der tatsächlichen Nächtigungskosten durch den Arbeitgeber. **1802**

Tages- und Nächtigungsgelder gemäß § 26 Z 4 EStG bei Auslandsdienstreisen

Kostensätze für die Verpflegung sind für alle Arbeitnehmer bis zum **höchsten Auslandsreisesatz** für Bundesbedienstete nach der Reisegebührenvorschrift steuerfrei. **1803**

Die Reisezulagen für Dienstverrichtungen im Ausland werden ab 1. 1. 2002 wie folgt festgesetzt: **1804**

Land	höchste Gebührenstufe (Euro)	
	Tagesgebühr	Nächtigungsgebühr
I. EUROPA		
Albanien	27,9	20,9
Belarus	36,8	31,0
Belgien	35,3	22,7
Brüssel	41,4	32,0
Bosnien-Herzegowina	31,0	23,3
Bulgarien	31,0	22,7
Dänemark	41,4	41,4
Deutschland	35,3	27,9
Grenzorte	30,7	18,1
Estland	36,8	31,0
Finnland	41,4	41,4
Frankreich	32,7	24,0
Paris und Straßburg	35,8	32,7
Griechenland	28,6	23,3
Großbritannien und Nordirland	36,8	36,4
London	41,4	41,4
Irland	36,8	33,1
Island	37,9	31,4
Italien	35,8	27,9
Rom und Mailand	40,6	36,4
Grenzorte	30,7	18,1
Jugoslawien	31,0	23,3

230. Reisekosten

Land	höchste Gebührenstufe (Euro)	
	Tagesgebühr	Nächtigungsgebühr
Kroatien	31,0	23,3
Lettland	36,8	31,0
Liechtenstein	30,7	18,1
Litauen	36,8	31,0
Luxemburg	35,3	22,7
Malta	30,1	30,1
Moldau	36,8	31,0
Niederlande	35,3	27,9
Norwegen	42,9	41,4
Polen	32,7	25,1
Portugal	27,9	22,7
Rumänien	36,8	27,3
Russische Föderation	36,8	31,0
Moskau	40,6	31,0
Schweden	42,9	41,4
Schweiz	36,8	32,7
Grenzorte	30,7	18,1
Slowakei	27,9	15,9
Preßburg	31,0	24,4
Slowenien	31,0	23,3
Grenzorte	27,9	15,9
Spanien	34,2	30,5
Tschechien	31,0	24,4
Grenzorte	27,9	15,9
Türkei	31,0	36,4
Ukraine	36,8	31,0
Ungarn	26,6	26,6
Budapest	31,0	26,6
Grenzorte	26,6	18,1
Zypern	28,6	30,5
II. AFRIKA		
Ägypten	37,9	41,4
Algerien	41,4	27,0
Angola	43,6	41,4
Äthiopien	37,9	41,4
Benin	36,2	26,6
Burkina Faso	39,2	21,1
Burundi	37,9	37,9
Côte d'Ivoire	39,2	32,0
Demokratische Republik Kongo	47,3	33,1

230.5 Nächtigungsgelder

Land	höchste Gebührenstufe (Euro)	
	Tagesgebühr	Nächtigungsgebühr
Dschibuti	45,8	47,3
Gabun	45,8	39,9
Gambia	43,6	30,1
Ghana	43,6	30,1
Guinea	43,6	30,1
Kamerun	45,8	25,3
Kap Verde	27,9	19,6
Kenia	34,9	32,0
Liberia	39,2	41,4
Libyen	43,6	36,4
Madagaskar	36,4	36,4
Malawi	32,7	32,7
Mali	39,2	31,2
Marokko	32,7	21,8
Mauretanien	33,8	31,2
Mauritius	36,4	36,4
Mosambik	43,6	41,4
Namibia	34,9	34,0
Niger	39,2	21,1
Nigeria	39,2	34,2
Republik Kongo	39,2	26,8
Ruanda	37,9	37,9
Sambia	37,1	34,0
Senegal	49,3	31,2
Seychellen	36,4	36,4
Sierra Leone	43,6	34,2
Simbabwe	37,1	34,0
Somalia	32,7	29,0
Südafrika	34,9	34,0
Sudan	43,6	41,4
Tansania	43,6	32,0
Togo	36,2	26,6
Tschad	36,2	26,6
Tunesien	36,2	29,2
Uganda	41,4	32,0
Zentralafrikanische Republik	39,2	29,0
III. AMERIKA		
Argentinien	33,1	47,3
Bahamas	48,0	30,5
Barbados	51,0	43,6

230. Reisekosten

Land	höchste Gebührenstufe (Euro)	
	Tagesgebühr	Nächtigungsgebühr
Bolivien	26,6	25,1
Brasilien	33,1	36,4
Chile	37,5	36,4
Costa Rica	31,8	31,8
Dominikanische Republik	39,2	43,6
Ecuador	26,6	21,6
El Salvador	31,8	26,2
Guatemala	31,8	31,8
Guyana	39,2	34,2
Haiti	39,2	27,7
Honduras	31,8	27,0
Jamaika	47,1	47,1
Kanada	41,0	34,2
Kolumbien	33,1	35,1
Kuba	54,1	27,7
Mexiko	41,0	36,4
Nicaragua	31,8	36,4
Niederländische Antillen	43,6	27,7
Panama	43,6	36,4
Paraguay	33,1	25,1
Peru	33,1	25,1
Suriname	39,2	25,1
Trinidad und Tobago	51,0	43,6
Uruguay	33,1	25,1
USA	52,3	42,9
New York und Washington	65,4	51,0
Venezuela	39,2	35,1
IV. ASIEN		
Afghanistan	31,8	27,7
Armenien	36,8	31,0
Aserbaidschan	36,8	31,0
Bahrain	54,1	37,5
Bangladesch	31,8	34,2
Brunei	33,1	42,1
China	35,1	30,5
Georgien	36,8	31,0
Hongkong	46,4	37,9
Indien	31,8	39,9
Indonesien	39,2	32,0
Irak	54,1	36,4

230.5 Nächtigungsgelder

Land	höchste Gebührenstufe (Euro)	
	Tagesgebühr	Nächtigungsgebühr
Iran	37,1	29,0
Israel	37,1	32,5
Japan	65,6	42,9
Jemen	54,1	37,5
Jordanien	37,1	32,5
Kambodscha	31,4	31,4
Kasachstan	36,8	31,0
Katar	54,1	37,5
Kirgisistan	36,8	31,0
Korea, Demokratische Volksrepublik	32,5	32,5
Korea, Republik	45,3	32,5
Kuwait	54,1	37,5
Laos	31,4	31,4
Libanon	31,8	35,1
Malaysia	43,6	45,1
Mongolei	29,4	29,4
Myanmar	29,4	29,4
Nepal	31,8	34,2
Oman	54,1	37,5
Pakistan	27,7	25,1
Philippinen	32,5	32,5
Saudi-Arabien	54,1	37,5
Singapur	43,6	44,7
Sri Lanka	31,8	32,7
Syrien	32,7	29,0
Tadschikistan	36,8	31,0
Taiwan	39,2	37,5
Thailand	39,2	42,1
Turkmenistan	36,8	31,0
Usbekistan	36,8	31,0
Vereinigte Arabische Emirate	54,1	37,5
Vietnam	31,4	31,4
V. AUSTRALIEN		
Australien	47,3	39,9
Neuseeland	32,5	36,4

Enthält die Tabelle nicht das Land der Auslandsdienstreise, ist das dem Auslandsdienstort nächstgelegene Land für die Tages- und Nächtigungsgebühr heranzuziehen.

230. Reisekosten

Als **Grenzorte** (zB Deutschland, Italien) gelten die im benachbarten Ausland gelegenen Orte, deren Ortsgrenze von der Bundesgrenze per Luftlinie nicht mehr als 15 km entfernt ist (§ 25 Abs 3 RGV).

Ziellandprinzip

1805 Werden durch die Auslandsreise mehrere Länder berührt, steht das Tagesgeld für das Zielland zu, ausgenommen der Arbeitnehmer verrichtet im jeweiligen Land Tätigkeiten.

> **Beispiel**
>
> Der Arbeitnehmer unternimmt eine Dienstreise nach Frankreich unter Verwendung des Pkw. Die Strecke führt von Wien über Salzburg und Deutschland nach Frankreich. Der Arbeitnehmer verrichtet in Deutschland keine Tätigkeiten. Für den Teil der Auslandsreise steht ab Grenzübertritt das Tagesgeld für Frankreich zu (Ziellandprinzip).
> Der Arbeitnehmer unternimmt eine Dienstreise nach Frankreich unter Verwendung des Pkw. Die Strecke führt von Wien über Salzburg und Deutschland nach Frankreich. Der Arbeitnehmer besucht in Deutschland mehrere Kunden. Das zustehende Tagesgeld richtet sich nach der im jeweiligen Land zugebrachten Zeit (aliquote Tagessätze für Deutschland und Frankreich).
> Ein Lkw-Lenker beginnt seine Dienstreise in Linz und fährt nach London. Die Reisestrecke führt über Deutschland. In Deutschland werden Waren geliefert und abgeholt. Für die Strecke Linz – Grenzübertritt Deutschland steht das Inlandstagesgeld zu. Mit Grenzübertritt nach Deutschland steht für die Stunden des Aufenthaltes in Deutschland das Tagesgeld für Deutschland, mit Grenzübertritt nach Frankreich das Tagesgeld für Großbritannien zu.

Aliquotierung der Auslandsreisesätze

1806 Die Aliquotierung für die **steuerliche Behandlung** der Tagesgelder für Auslandsreisen wurde jener für Inlandsreisen angepasst. Dauert eine Dienstreise im Ausland **länger als drei Stunden,** so kann für jede angefangene Stunde der Auslandsreise **ein Zwölftel** gerechnet werden.

Kombination Inlands- und Auslandsreise

1807 Wird eine Dienstreise ins Ausland unternommen, so ist für die Frage, ob neben den höchsten Auslandsreisesätzen der Reisegebührenvorschrift der Bundesbediensteten zusätzlich anteilige inländische Tagesgelder nach § 26 Z 4 EStG anfallen, eine einheitliche Dienstreise anzunehmen. Für die Gesamtreisezeit abzüglich der durch die Auslandsreisesätze erfassten Reisezeiten steht das Inlandstagesgeld zu.

1808 Ab dem Grenzübertritt stehen die Tagesgelder im Ausmaß der (aliquoten) Auslandsreisesätze der Bundesbediensteten nur dann zu, wenn der Auslandsaufenthalt länger als drei Stunden dauert. Für eine kürzere Verweildauer im Ausland steht der Satz für eine Inlandsreise zu, wenn die Reise insgesamt länger als drei Stunden dauert.

1809 Legt der Arbeitnehmer im Zug einer Inlandsdienstreise auch Strecken im Ausland zurück (zB Reise von Wien nach Innsbruck über Salzburg nach Rosenheim und Kufstein), ist die Reise gesamt als Inlandsreise zu werten.

230.5 Nächtigungsgelder

> **Beispiel**
>
> Die Reise Wien – Frankfurt erfolgt mit dem Pkw bzw mit der Bahn. Beginn der Reise ist 7.00 Uhr; der Grenzübertritt Passau ist um 11.15 Uhr; der Grenzübertritt bei der Rückfahrt ist um 15.00 Uhr nächster Tag; Ende der Reise: 18.10 Uhr.
> Berechnung nach der 24-Stunden-Regel:
> Die Reise dauert insgesamt 35 Stunden und zehn Minuten, es stehen insgesamt zwei Tagessätze (24/12) zu. Der Auslandsanteil (11.15 Uhr bis 15.00 Uhr nächster Tag) beträgt 16/12, der damit verbleibende Inlandsanteil somit 8/12.
> Berechnung nach der Kalendertagsregel:
> Die Reise dauert insgesamt zwei Kalendertage mit jeweils mehr als zwölf Stunden:
> Auslandsanteil:
> 1. Reisetag (11.15 Uhr bis 24.00 Uhr) 12/12.
> 2. Reisetag (24.00 Uhr bis 15.00 Uhr) 12/12 Inlandsanteil:
> Es kann kein steuerfreies Tagesgeld ausgezahlt werden, da der Gesamtanspruch durch den Auslandsanteil ausgeschöpft wurde.

Anspruch auf Auslandsreisesätze

Die Auslandsreisesätze gebühren für die Dauer des Auslandsaufenthalts, somit ab Grenzübertritt. **1810**

Bei Flugreisen ins Ausland beginnt die Auslandsreise nach den hierfür maßgeblichen Vorschriften der Reisegebührenvorschrift mit dem Abflug bzw endet mit der Ankunft am inländischen Flughafen. **1811**

> **Beispiel**
>
> Flugreise Wien – Frankfurt: Abfahrt zum Flughafen 5.00 Uhr, Abflug Wien 8.00 Uhr, Ankunft Flughafen Wien 15.00 Uhr, Ende der Reise 16.30 Uhr.
> Berechnung nach der 24-Stunden-Regel:
> Die Reise dauert insgesamt elf Stunden 30 Minuten, es steht ein Tagessatz zu. Auslandsanteil (8.00 Uhr bis 15.00 Uhr) 7/12, Inlandsanteil 5/12.
> Berechnung nach der Kalendertagsregelung:
> Führt zu keinem anderen Ergebnis als bei der 24-Stunden-Regel, da die Dienstreise nur innerhalb eines Kalendertags stattfindet.

> **Beispiel**
>
> Die Reise Wien – Frankfurt erfolgt mit dem Pkw bzw mit der Bahn. Beginn der Reise 7.00 Uhr, Grenzübertritt Passau 11.15 Uhr, Grenzübertritt bei Rückfahrt 15.00 Uhr nächster Tag, Ende der Reise 18.10 Uhr.
> Berechnung nach der 24-Stunden-Regel:
> Die Reise dauert insgesamt 35 Stunden zehn Minuten, es stehen insgesamt zwei Tagessätze (24/12) zu. Der Auslandsanteil (11.15 bis 15.00 Uhr nächster Tag) beträgt 16/12, damit verbleibender Inlandsanteil somit 8/12.
> Berechnung nach der Kalendertagsregel:
> Die Reise dauert insgesamt zwei Kalendertage mit jeweils mehr als zwölf Stunden.
> Auslandsanteil:
> 1. Reisetag (11.15 Uhr bis 24.00 Uhr) 12/12
> 2. Reisetag (00.00 Uhr bis 15.00 Uhr) 12/12 Inlandsanteil:
> Es kann kein steuerfreies Tagesgeld ausgezahlt werden, da der Gesamtanspruch durch den Auslandsanteil ausgeschöpft wurde.

230. Reisekosten

Arbeitsessen – Auslandsdienstreise

1812 Bezahlt der Arbeitgeber seinem Arbeitnehmer anlässlich einer Auslandsdienstreise ein Geschäftsessen pro Tag, kommt es zu keiner Kürzung des entsprechenden nicht steuerbaren Auslandsreisesatzes. Trägt der Arbeitgeber die Kosten für zwei Geschäftsessen pro Tag oder übernimmt er die Kosten der vollen Verpflegung, stehen 4/12 des entsprechenden Auslandsreisesatzes nicht steuerbar zu (§ 25 c Abs 3 RGV). Steht der Auslandsreisesatz für 24 Stunden zu, sind die während des 24-Stunden-Zeitraums bezahlten Geschäftsessen zu berücksichtigen; wird nach Kalendertagen abgerechnet, sind die während des jeweiligen Kalendertags bezahlten Geschäftsessen für die Kürzung maßgeblich.

Durchzahlerregelung

1813 Liegt eine einheitliche Dienstreise vor und zahlt der Arbeitgeber im Zug dieser Dienstreise durchgehend Tages- und Nächtigungsgelder, so bleiben diese Tages- und Nächtigungsgelder nach Maßgabe des § 26 Z 4 EStG auch dann nicht steuerbar, wenn der Arbeitnehmer an arbeitsfreien Tagen zu seiner Wohnung zurückfährt. Dies gilt allerdings nur dann, wenn der Arbeitnehmer während der Woche tatsächlich außer Haus nächtigt und die Heimfahrt auf eigene Kosten unternimmt („Durchzahlerregelung").

1814 Liegen die Voraussetzungen für eine als Werbungskosten steuerlich anzuerkennende Familienheimfahrt vor, so können hierfür nur die die Tagesgelder übersteigenden steuerlich relevanten Kosten der Familienheimfahrt als Werbungskosten anerkannt werden.

1815 Wird die Durchzahlerregelung angewendet, sind zusätzlich geleistete Fahrtkostenersätze für arbeitsfreie Tage zum Familienwohnsitz steuerpflichtig.

Als Reiseaufwandsentschädigung gezahlte Tagesgelder gemäß § 3 Abs 1 Z 16 b EStG

1816 Bei Vorliegen folgender Voraussetzungen sind durch den Arbeitgeber ausgezahlte Tages- und Nächtigungsgelder gemäß § 3 Abs 1 Z 16 b EStG steuerfrei:
- ✓ Die Tagesgelder werden als Reiseaufwandsentschädigung für eine der angeführten begünstigten Tätigkeiten iSd § 3 Abs 1 Z 16 b EStG gezahlt.
- ✓ Eine Berücksichtigung eines nicht steuerbaren Tagesgelds gemäß § 26 Z 4 EStG ist (wegen Begründung eines weiteren Mittelpunkts der Tätigkeit) nicht möglich.
- ✓ Die Tagesgelder sind bis zu dem sich aus § 26 Z 4 EStG ergebenden Betrag steuerfrei.
- ✓ Die Tagesgelder werden aufgrund einer lohngestaltenden Vorschrift bzw einer entsprechenden Verpflichtung des Arbeitgebers ausgezahlt.
- ✓ Die Reiseaufwandsentschädigungen (Tagesgelder) werden nicht anstelle eines bisher gezahlten Bezugsteils oder einer zukünftigen Lohnerhöhung gezahlt (Gehaltsumwandlung).

1817 § 3 Abs 1 Z 16 b EStG zählt taxativ jene Tätigkeiten auf, bei deren Ausübung (bei Vorliegen der übrigen Voraussetzungen) die vom Arbeitgeber auszuzahlenden Tagesgelder steuerfrei sind. Dazu zählen:

Außendiensttätigkeiten

1818 Der Begriff Außendiensttätigkeit impliziert, dass es sich um Tätigkeiten **außerhalb des ständigen Arbeitsorts** (Büro, Betriebstätte, Werksgelände, Lager usw) handelt, somit auch außerhalb eines Betriebsgeländes, auf dem ein Arbeitnehmer üblicherweise tätig ist. Darunter fallen alle Arten von Kundenbesuchen, Vertretertätigkeiten, Serviceleistungen beim Kunden, Tätigkeiten von Amtsorganen (zB Betriebsprüfer, Prüfer des Rechnungshofs, Exekutoren). Ebenso fallen bspw Patrouillendienste, Streifengänge, Kontrolltätigkeiten außerhalb des ständigen Betriebsgeländes darunter.

Gehört es zum Aufgabenbereich des Arbeitnehmers eines Unternehmens, dass er an verschiedenen Standorten des Unternehmens tätig werden muss, und steht diesem Arbeitnehmer an den verschiedenen Standorten ein Arbeitsplatz zur Verfügung, liegt bei Fahrten zu diesen Standorten keine Außendiensttätigkeit und auch keine vorübergehende Tätigkeit iSd § 3 Abs 1 Z 16 b EStG vor. Ob an diesen weiteren Standorten ein Arbeitsplatz zur Verfügung steht, ist nicht von der konkreten Ausgestaltung des Arbeitsplatzes (zB eigenes Büro) abhängig, sondern aus funktionaler Sicht (organisatorische Eingliederung in dieser Arbeitsstätte) zu beurteilen. Tagesgelder sind ab dem ersten Tag steuerpflichtig.

Fahrtätigkeit

Es handelt sich ausschließlich um Fahrtätigkeiten außerhalb des ständigen Betriebsgeländes. Darunter fallen insb alle Transportfahrten sowie Tätigkeiten im Linien- oder Gelegenheitsverkehr wie Buschauffeur, Lokführer, Zugbegleiter. Eine Fahrtätigkeit liegt nicht nur hinsichtlich des Lenkens oder Steuerns von Fahrzeugen vor, sondern auch hinsichtlich der Tätigkeit des Begleitpersonals (zB Beifahrer, Flugbegleitpersonal).

Baustellen- und Montagetätigkeiten

Baustellen- und Montagetätigkeiten außerhalb des Werksgeländes des Arbeitgebers. Dieser Begriff umfasst die Errichtung und Reparatur von Bauwerken und Anlagen sowie alle damit verbundenen Nebentätigkeiten wie Planung, Überwachung der Bauausführung sowie die Einschulung bzw die Übergabe fertig gestellter Anlagen. Ein Tätigwerden am ständigen Betriebsgelände des Arbeitgebers (zB Bauhof) fällt nicht unter diesen Tatbestand, ebenso wenig die Installierung und Entwicklung von EDV-Softwareprodukten.

Handelt es sich nach dem wahren wirtschaftlichen Gehalt nicht um eine Baustellen- und Montagetätigkeit außerhalb des Werksgeländes des Arbeitgebers, sondern um eine Arbeitskräfteüberlassung, können keine Reiseaufwandsentschädigungen gemäß § 3 Abs 1 Z 16 b EStG unter diesem Tatbestand steuerfrei ausbezahlt werden. Kommt in diesen Fällen der Kollektivvertrag für Arbeitskräfteüberlassung nicht zur Anwendung, können Reiseaufwandsentschädigungen gegebenenfalls nur unter dem Tatbestand der **vorübergehenden Tätigkeit an einem Einsatzort in einer anderen politischen Gemeinde** steuerfrei ausbezahlt werden.

> **Beispiel**
>
> Ein Mitarbeiter eines Elektrounternehmens, welches bspw dem Kollektivvertrag Metallgewerbe unterliegt, kommt „dauerhaft" als Betriebselektriker in einem anderen Unternehmen zum Einsatz. Nach dem wahren wirtschaftlichen Gehalt handelt es sich nicht um eine Baustellen- oder Montagetätigkeit, sondern um eine Art Arbeitskräfteüberlassung. Reiseaufwandsentschädigungen sind daher nicht gemäß § 3 Abs 1 Z 16 b Teilstrich 3 EStG (Baustellen- und Montagetätigkeit außerhalb des Werksgeländes des Arbeitgebers) steuerfrei.

Arbeitskräfteüberlassung nach dem Arbeitskräfteüberlassungsgesetz

1823 Aufgrund der Besonderheit dieser Beschäftigungsverhältnisse wurde ein eigener Tatbestand aufgenommen, der nur auf jene Beschäftigungsverhältnisse anzuwenden ist, die den Vorschriften des Arbeitskräfteüberlassungsgesetzes unterliegen.

Eine vorübergehende Tätigkeit an einem Einsatzort in einer anderen politischen Gemeinde

1824 Dieser Tatbestand stellt auf ein Tätigwerden an einem festen Einsatzort ab. Tagesgelder bleiben in diesem Zusammenhang aufgrund des vorübergehenden Einsatzes steuerfrei. Unter vorübergehend ist ein Ausmaß von **sechs Monaten (183 Tage)** zu verstehen (laut UFS Salzburg 7. 5. 2012, RV/0481-S/11, kann dies ein Zeitraum bis zu 2,5 Jahren sein). Es ist dabei unmaßgeblich, ob der Arbeitnehmer sich durchgehend oder wiederkehrend in der politischen Gemeinde aufhält. In diesen Zeitraum von sechs Monaten sind auch jene Tage einzurechnen, in denen der Arbeitnehmer Tagesgelder iSd § 26 Z 4 EStG bezogen hat. Hält sich der Arbeitnehmer länger als sechs Monate nicht in dieser politischen Gemeinde auf, beginnt die Frist neu zu laufen.

1825 Eine vorübergehende Tätigkeit liegt bspw vor, wenn Bedienstete zu **Ausbildungszwecken** vorübergehend an einen Schulungsort entsendet werden (zB Ausbildungskurse von Polizeibediensteten). Vorübergehend ist aber auch die Springertätigkeit von Postbediensteten an anderen Postämtern oder das aushilfsweise Tätigwerden in anderen Bankfilialen. Eine Versetzung schließt ein vorübergehendes Tätigwerden aus.

1826 Der Tatbestand der vorübergehenden Tätigkeit an einem Einsatzort in einer anderen politischen Gemeinde (gleichzusetzen mit der Gemeindekennziffer) kommt nur dann zum Tragen, wenn nicht einer der davor angeführten Tatbestände zutrifft. Er kommt daher nur **subsidiär** gegenüber den ersten vier Tatbeständen im § 3 Abs 1 Z 16 b EStG zur Anwendung.

1827 Beim Tatbestand der vorübergehenden Tätigkeit an einem Einsatzort in einer anderen politischen Gemeinde handelt es sich dem Grunde nach um **keine** Außendienst-, sondern um eine Innendiensttätigkeit, die allerdings nicht auf Dauer angelegt ist, sondern nur vorübergehenden Charakter hat.

1828 Eine vorübergehende Tätigkeit liegt daher vor, wenn am Einsatzort ein Arbeitsplatz zur Verfügung gestellt wird, der allerdings vom betreffenden Arbeitnehmer nicht auf Dauer, sondern eben nur vorübergehend ausgefüllt wird. Darunter werden typischerweise auch Krankenstands- oder Urlaubsvertretungen fallen.

Auslegung kollektivvertraglicher Dienstreiseregelungen

1829 Die Steuerbefreiung des § 3 Abs 1 Z 16 b EStG stellt hinsichtlich Reiseaufwandsentschädigungen auf den arbeitsrechtlichen Anspruch aufgrund einer lohngestaltenden Vorschrift iSd § 68 Abs 5 Z 1–6 EStG ab, zu deren Zahlung der Arbeitgeber verpflichtet ist. Daher ist der arbeitsrechtliche Anspruch des Arbeitnehmers auch für steuerliche Belange maßgeblich. Den Hauptanwendungsfall lohngestaltender Vorschriften bildet der Kollektivvertrag. Daher ist auch für die Steuerbegünstigung entscheidend, wie derartige Dienstreiseregelungen in der Praxis auszulegen sind.

1830 Wie der OGH in stRsp ausführt, sind die dem normativen Teil eines Kollektivvertrags angehörenden Bestimmungen nach den Grundsätzen der §§ 6, 7 ABGB, also nach der eigentümlichen Bedeutung der Worte in ihrem Zusammenhang und der Absicht des Normgebers auszulegen. Den Kollektivvertragsparteien darf dabei grundsätzlich unterstellt werden, dass sie eine vernünftige, zweckentsprechende und praktisch durchführbare Regelung treffen sowie einen gerechten Ausgleich der sozialen und wirtschaftlichen Interessen herbeiführen wollten, sodass bei mehreren an sich in Betracht kommenden Auslegungsmöglichkeiten, wenn alle anderen Auslegungsgrundsätze versagen, jener der Vorzug zu geben ist, die diesen Anforderungen am meisten entspricht. Maßgeblich ist, welchen Willen des Normgebers der Leser dem Text entnehmen kann (siehe zB OGH 26. 1. 2017, 9 ObA 150/16 y; OGH 29. 3. 2012, 9 ObA 148/11 x).

Nicht relevant bei der Auslegung von Dienstreiseregelungen ist somit, was sich die Kollektivvertragspartner gedacht haben oder auch in Besprechungsprotokollen niedergeschrieben haben. Maßgeblich ist ausschließlich, welcher Text Eingang in den Kollektivvertrag gefunden hat. **1831**

Verhältnis von Tagesgeldern gemäß § 26 Z 4 EStG und Reiseaufwandsentschädigungen gemäß § 3 Abs 1 Z 16 b EStG

Als Reiseaufwandsentschädigungen gezahlte Tagesgelder stellen vorrangig einen Kostenersatz gemäß § 26 Z 4 EStG dar. Können diese Reiseaufwandsentschädigungen nicht nach § 26 Z 4 EStG nicht steuerbar ausgezahlt werden, weil bspw ein weiterer Mittelpunkt der Tätigkeit begründet wird, ist zu prüfen, ob sie unter einen der Tatbestände des § 3 Abs 1 Z 16 b EStG zu subsumieren sind und aus diesem Grund steuerfrei behandelt werden können. **1832**

Wurden Reisekostenersätze nach § 26 Z 4 EStG ausgezahlt, stehen für den gleichen Zeitraum (Kalendertag) keine steuerfreien Reiseaufwandsentschädigungen gemäß § 3 Abs 1 Z 16 b EStG zu. **1833**

Die Höhe der möglichen steuerfreien Reiseaufwandsentschädigungen wurde aus Gründen der Verwaltungsvereinfachung den Tagesgeldern gemäß § 26 Z 4 EStG angepasst, weil dadurch eine permanente Prüfung, ob ein Kostenersatz gemäß § 26 Z 4 EStG oder eine steuerfreie Reiseaufwandsentschädigung vorliegt, nicht erforderlich ist. **1834**

Die steuerfreien Bezüge gemäß § 3 Abs 1 Z 16 b EStG sind am Lohnkonto in **einer Summe** mit den Reisekostenersätzen gemäß § 26 Z 4 EStG zu erfassen und am Lohnzettel auszuweisen. **1835**

Höhe der steuerfreien Tagesgelder gemäß § 3 Abs 1 Z 16 b EStG

Die Obergrenze für steuerfreie Tagesgelder richtet sind nach den Sätzen gemäß § 26 Z 4 EStG. Es sind dieselben Stundenteiler anzuwenden; davon abweichende Stundenteiler sind nicht zulässig. Werden höhere Tagesgelder ausgezahlt, ist der übersteigende Teil steuerpflichtiger Arbeitslohn. Sieht jedoch die anzuwendende lohngestaltende Vorschrift ein geringeres Tagesgeld als € 26,40 vor und werden die Tagesgelder nach den Bestimmungen des § 3 Abs 1 Z 16 b EStG abgerechnet, kann nur der geringere Betrag steuerfrei ausbezahlt werden. Eine Aufstockung auf den Betrag von € 26,40 bzw eine Änderung des Abrechnungsmodus (24 Stunden auf Kalendertag) ist daher nur möglich, wenn die Abrechnung nach den Bestimmungen des § 26 Z 4 EStG erfolgt. **1836**

Lohngestaltende Vorschrift iSd § 3 Abs 1 Z 16 b EStG

1837 Als lohngestaltende Vorschriften iSd § 3 Abs 1 Z 16 b EStG, die zur Auszahlung eines steuerfreien Tagesgelds berechtigen, gelten:
- ✓ gesetzliche Vorschriften,
- ✓ von Gebietskörperschaften erlassene Dienstordnungen,
- ✓ aufsichtsbehördlich genehmigte Dienst(Besoldungs)ordnungen der Körperschaften des öffentlichen Rechts,
- ✓ die vom Österreichischen Gewerkschaftsbund für seine Bediensteten festgelegte Arbeitsordnung,
- ✓ Kollektivverträge oder Betriebsvereinbarungen, die aufgrund besonderer kollektivvertraglicher Ermächtigungen abgeschlossen worden sind,
- ✓ Betriebsvereinbarungen, die wegen Fehlens eines kollektivvertragsfähigen Vertragsteils (§ 4 ArbVG) auf der Arbeitgeberseite zwischen einem einzelnen Arbeitgeber und dem kollektivvertragsfähigen Vertragsteil auf der Arbeitnehmerseite abgeschlossen wurden,
- ✓ Vereinbarungen für alle Arbeitnehmer oder bestimmte Gruppen von Arbeitnehmern, wenn auf Seiten des Arbeitgebers kein kollektivvertragsfähiger Vertragsteil vorhanden ist und – mangels der nötigen Arbeitnehmeranzahl (§ 40 Abs 1 ArbVG) – ein Betriebsrat nicht gebildet werden kann.

1838 Demnach können innerbetriebliche Vereinbarungen nur dann Basis für die steuerfreie Auszahlung von Tagesgeldern sein, wenn weder aufseiten des Arbeitgebers ein kollektivvertragsfähiger Vertragsteil noch die erforderliche Arbeitnehmeranzahl (mindestens fünf, nicht zur Familie des Arbeitgebers gehörende volljährige Arbeitnehmer) für die Wahl eines Betriebsrats gegeben sind. Diese innerbetrieblichen Vereinbarungen verlieren ihre Gültigkeit, wenn die für die Bildung eines Betriebsrats erforderliche Anzahl der Arbeitnehmer (§ 40 Abs 1 ArbVG) überschritten wird. In diesem Fall sind ein Betriebsrat zu wählen und eine Betriebsvereinbarung abzuschließen, um die steuerliche Begünstigung des § 3 Abs 1 Z 16 b EStG in Anspruch nehmen zu können. Die innerbetrieblichen Regelungen verlieren bei Inkrafttreten einer Betriebsvereinbarung, spätestens jedoch sechs Monate nach Überschreiten der maßgeblichen Arbeitnehmerzahl, ihre Gültigkeit.

1839 Analog ist in jenen Fällen vorzugehen, in denen ein ausländischer Arbeitgeber Arbeitnehmer im Inland beschäftigt, ohne dass ein inländischer Betrieb iSd § 34 ArbVG vorliegt. Fehlt es am inländischen Betrieb (§ 34 ArbVG), ist die Wahl eines Betriebsrats nicht möglich. In diesen Fällen können daher innerbetriebliche Vereinbarungen – unabhängig von der Arbeitnehmeranzahl – Basis für die steuerfreie Auszahlung von Tagesgeldern sein.

1840 Eine analoge Anwendung ist jedoch dann ausgeschlossen, wenn durch Verweise in anderen inländischen (Bundes- oder Landes-)Gesetzen die Anwendung von lohngestaltenden Vorschriften iSd § 68 Abs 5 Z 1 – 6 EStG auch für ausländische Arbeitgeber normiert wird oder ausländische lohngestaltende Vorschriften anzuwenden sind (siehe nachfolgende Rz).

> **Beispiel**
>
> § 6 Abs 2 LSD-BG lautet: „Die für gewerblich überlassene Arbeitskräfte in Österreich geltenden Kollektivverträge sind auch auf aus dem Ausland nach Österreich überlassene Arbeitskräfte anzuwenden."
> Dadurch bleibt im Bereich der grenzüberschreitenden Arbeitskräfteüberlassung nach Österreich kein Platz mehr für eine innerbetriebliche Vereinbarung als Basis für die steuerfreie Auszahlung von Tages- und Nächtigungsgeldern, da bereits eine lohngestaltende Vorschrift iSd § 68 Abs 5

> Z 1–6 EStG vorliegt, aufgrund welcher der Arbeitgeber zur Zahlung von Reiseaufwandsentschädigungen verpflichtet ist.
> Über das Ausmaß der kollektivvertraglichen Regelung gezahlte Tages- und Nächtigungsgelder sind steuerpflichtiger Arbeitslohn, sofern sie nicht nach § 26 Z 4 EStG nicht steuerbar ausbezahlt werden können.

Gemäß der Entscheidung UFS Feldkirch 5. 7. 2013, RV/0286-F/11, können Reiseaufwandsentschädigungen, die aufgrund eines schweizerischen Spesenreglements ausbezahlt werden, steuerfrei (gemäß § 3 Abs 1 Z 16 lit b EStG) behandelt werden, wenn 1841

- ✓ nach inländischem Kollektivvertrag steuerfreie Reiseaufwandsentschädigungen (zB Taggelder) zustehen würden,
- ✓ die Spesenersätze tatsächlich aufgrund eines von der Kantonalen Steuerverwaltung genehmigten, einseitig nicht abänderbaren Spesenreglements bezahlt werden und
- ✓ es zu keiner Besserstellung von im Ausland beschäftigten Arbeitnehmern kommt.

Bei Urteilen des Obersten Gerichtshofs, in welchen der arbeitsrechtliche Anspruch auf Leistungen nicht anerkannt wird (zB Reiseaufwandsentschädigungen), ist die steuerliche Nichtanerkennung gemäß § 3 Abs 1 Z 16b EStG erst für Lohnzahlungszeiträume ab dem 1. 1. des **zweitfolgenden Kalenderjahres** anzuwenden, nach dem die OGH-Entscheidung ergangen ist. 1842

Für wen sind Kollektivvertrag und Betriebsvereinbarung anwendbar?

Die Anwendbarkeit von Kollektivverträgen und Betriebsvereinbarungen setzt zunächst die (echte) Arbeitnehmereigenschaft iSd Individualarbeitsrechts voraus. Sowohl Kollektivvertrag als auch Betriebsvereinbarung sind daher nicht auf den Vorstand der AG anwendbar! Dies gilt unabhängig davon, ob der Vorstand steuerlich als Arbeitnehmer anerkannt wird, was grundsätzlich – nunmehr auch nach der Rsp des VwGH (VwGH 24. 2. 1999, 97/13/0234, 0235) – möglich ist. 1843

Bezüglich der Geschäftsführer ist die arbeitsrechtliche Stellung als (echter) Arbeitnehmer aber durchaus möglich. Sie wird idR selbst beim Gesellschafter-Geschäftsführer bis zu einer Beteiligung von 49% gegeben sein, wobei allerdings zu beachten ist, dass nichtselbständige Einkünfte und damit eine steuerfreie Auszahlung von Diäten nur bis zu einer Beteiligung von maximal 25% möglich sind. 1844

Geschäftsführer und leitende Angestellte sind vom zweiten Teil des ArbVG ausgenommen (§ 36 Abs 2 Z 1 und 3 ArbVG)! Dieser betrifft die Betriebsvereinbarungen. Dies gilt jedoch nicht für den ersten Teil des ArbVG, der den Kollektivvertrag regelt. Bezüglich der Anwendung des Kollektivvertrags wird in § 8 Z 1 ArbVG zunächst festgehalten, dass zum Kreis der Kollektivvertragsangehörigen jene Arbeitgeber und Arbeitnehmer zählen, die zur Zeit des Kollektivvertragsabschlusses Mitglieder der Kollektivvertragsparteien waren oder nach Abschluss werden. Darüber hinaus gilt der Grundsatz der Außenseiterwirkung, dh, dass der Kollektivvertrag auch auf jene Arbeitnehmer anwendbar ist, die zwar nicht Mitglieder der auf der Arbeitnehmerseite beteiligten Kollektivvertragspartei sind, die aber grundsätzlich Mitglied sein könnten. Würde daher zB die Arbeiterkammer einen Kollektivvertrag abschließen, so wären Geschäftsführer vom Kollektivvertrag ausgeschlossen, weil sie nach § 10 Abs 2 Z 2 Arbeiterkammergesetz ausdrücklich von der Kammerzugehörigkeit ausgenommen sind. Dies gilt jedoch nicht nach den Statuten des ÖGB. Da die in Österreich geltenden Kollektivverträge auf der Arbeitnehmerseite regelmäßig von der Gewerkschaft abgeschlossen werden, muss daher grundsätzlich – zumindest über die Außenseiter- 1845

230. Reisekosten

wirkung – auch der Geschäftsführer, sofern er arbeitsrechtlich als Arbeitnehmer gilt, und der leitende Angestellte kollektivvertragsangehörig sein. Dies gilt nur dann nicht, wenn der jeweilige Kollektivvertrag selbst diese Personen ausdrücklich von der Anwendung des Kollektivvertrags ausschließt.

> **Hinweis**
>
> Betriebsvereinbarungen gelten jedenfalls **nicht** für Vorstände, Geschäftsführer und leitende Angestellte!

1846 **Leitende Angestellte** iSd ArbVG sind dabei solche Personen, denen ein maßgebender Einfluss auf die Führung des Betriebs zusteht. Nach der Rsp sind darunter Personen zu verstehen, die sich in einer gewissen Unternehmerstellung befinden, wobei diese nur in einzelnen Bereichen der Unternehmensführung gegeben sein muss. Als leitender Angestellter iS des ArbVG wird vor allem jener Arbeitnehmer definiert, der durch seine Position an der Seite des Arbeitgebers und durch Ausübung von Arbeitgeberfunktionen in einen Interessengegensatz zu anderen Arbeitnehmern geraten kann. Maßgeblich ist vor allem die Entscheidungsbefugnis im personellen Bereich, weil sie den Interessengegensatz zu den übrigen Belegschaftsmitgliedern bewirkt. Nicht erforderlich ist, dass dem leitenden Angestellten alleinige Entscheidungskompetenz in allen Personalangelegenheiten zukommt (OGH 27. 6. 2019, 8 ObA 76/18 m). Prokuristen sind im Regelfall als leitende Angestellte anzusehen.

1847 Wenn daher – wie im Fall des Kollektivvertrags für Handelsangestellte – der Kollektivvertrag die Ermächtigung zur Regelung einer Dienstreise in einer Betriebsvereinbarung vorsieht und eine solche abgeschlossen wird, kann diese Dienstreisebestimmung in der Betriebsvereinbarung nicht für Geschäftsführer und leitende Angestellte gelten.

Kollektivvertrag bei mehrfach kollektivvertragsangehörigem Arbeitgeber

1848 Für die Steuerfreiheit von Reiseaufwandsentschädigungen muss der Arbeitgeber aufgrund bestimmter lohngestaltender Vorschriften zur Zahlung verpflichtet sein. Gerade bei mehrfach kollektivvertragsangehörigen Arbeitgebern, ist es daher erforderlich zu ermitteln, welcher Kollektivvertrag auf das Arbeitsverhältnis zur Anwendung gelangt.

1849 Verfügt ein mehrfach kollektivvertragsangehöriger Arbeitgeber über zwei oder mehrere Betriebe, so findet auf die Arbeitnehmer der jeweilige dem Betrieb in fachlicher und örtlicher Beziehung entsprechende Kollektivvertrag Anwendung (§ 9 Abs 1 ArbVG). Dies gilt sinngemäß auch dann, wenn es sich um Haupt- und Nebenbetriebe oder um organisatorische und fachlich abgegrenzte Betriebsabteilungen handelt (§ 9 Abs 2 ArbVG). Liegt eine organisatorische Trennung in Haupt- und Nebenbetriebe oder eine organisatorische Abgrenzung in Betriebsabteilungen nicht vor, so findet jener Kollektivvertrag Anwendung, welcher für den fachlichen Wirtschaftsbereich gilt, der für den Betrieb die maßgebliche wirtschaftliche Bedeutung hat; durch Betriebsvereinbarung kann festgestellt werden, welcher fachliche Wirtschaftsbereich für den Betrieb die maßgebliche wirtschaftliche Bedeutung hat (§ 9 Abs 3 ArbVG).

1850 Eine analoge Anwendung dieser Bestimmung auf Mischbetriebe mit dem Ergebnis, dass die Tatsache des Nichtbestehens eines Kollektivvertrags im überwiegenden Bereich die Geltung des Kollektivvertrages für den nicht überwiegenden Bereich verdrängt, hat der OGH abgelehnt (vgl OGH 25. 1. 2006, 9 ObA 139/05 i).

230.5 Nächtigungsgelder

Die maßgebliche wirtschaftliche Bedeutung ist danach zu beurteilen, welcher Fachbereich dem Betrieb das wirtschaftliche Gepräge gibt. Dafür kommt es nach der Rsp nicht nur auf einzelne Aspekte wie etwa Umsatz, Gewinn, Betriebsmitteleinsatz, Ertragskomponenten, Zahl der Arbeitnehmer oder Zusammensetzung des Kundenkreises an. Vielmehr ist eine Gesamtbetrachtung anzustellen, in die auch die wirtschaftliche Funktion des einen Fachbereichs für den anderen Fachbereich einzubeziehen ist. **1851**

Übt ein Arbeitgeber die Tätigkeit ohne die erforderliche Gewerbeberechtigung aus, gelten trotzdem die Normen der kollektiven Rechtsgestaltung (§ 2 Abs 13 GewO). Dasselbe gilt, wenn die Tätigkeit nicht durch die vorhandene Gewerbeberechtigung abgedeckt ist. **1852**

Wann liegt eine kollektivvertragliche Ermächtigung zum Abschluss einer Betriebsvereinbarung vor?

Hinsichtlich der kollektivvertraglichen Ermächtigung zum Abschluss einer Betriebsvereinbarung ist zu beachten, dass es sich dabei um eine besondere Ermächtigung und keine allgemeine Begünstigungsklausel handeln muss. Eine besondere Ermächtigung liegt nur vor, wenn entweder die Regelung des Begriffs der Dienstreise und/oder die Festlegung der Höhe der Tagesgelder ausdrücklich einer Betriebsvereinbarung überlassen wird. Soweit aber der Kollektivvertrag den Begriff der Dienstreise und die Höhe der Reisekostensätze schon regelt, bleibt für eine Betriebsvereinbarung iSd § 68 Abs 5 Z 5 EStG kein Platz. **1853**

> **Beispiel**
>
> Sachverhalt:
> KV Handelsangestellter
> Angestellter
> Taggeld-Anspruch: € 26,40
> Erstmalige Dienstreise von Wien nach Krems – durchgehend 15 Werktage.
> Der Arbeitgeber bezahlt durchgehend – somit für alle 15 Werktage ein Taggeld in Höhe von € 26,40 aus.
> **Lösung:**
>
> Steuerfrei nach
>
> | § 26 Z 4 EStG | § 3 Abs 1 Z 16b EStG |
> |---|---|
> | 1. bis 5. Tag: je € 26,40 | 6. bis 12. Tag: je € 26,40 |
> | | 13. bis 15. Tag: je € 14,40 |
>
> Nach § 26 Z 4 EStG kann bei durchgehender Tätigkeit **nur für fünf Tage** das Taggeld **abgabenfrei** ausbezahlt werden.
> Nach **§ 3 Abs 1 Z 16b EStG** können im Anschluss an die § 26-Dienstreise **nur jene Taggelder abgabenfrei** ausbezahlt werden, auf die aufgrund einer **lohngestaltenden Vorschrift** ein **Anspruch besteht**. Daher ist die Überzahlung in Höhe von € 12,– ab dem 13. Tag abgabenpflichtig.

Die gemäß § 26 Z 4 EStG und gemäß § 3 Abs 1 Z 16b EStG steuerfreien Taggelder können in einer Lohnart gemeinsam erfasst und gemeinsam auf dem Lohnkonto ausgewiesen werden. **1854**

230. Reisekosten

> **Beispiel**
>
> Angabe:
> KV Handelsangestellte
> Angestellter
> Taggeld-Anspruch: € 26,40
> Ab dem 13. Tag beträgt der Taggeld-Anspruch: € 14,40
> Der Arbeitgeber bezahlt durchgehend ein Taggeld in Höhe von € 26,40.
> Drei Dienstreisen nach Hollabrunn im November
> Hollabrunn wurde bereits 13-mal im Zeitraum Jänner bis Oktober bereist. Im November wurden bereits an elf Tagen Inlandsdienstreisen (andere Ziele, nicht Hollabrunn) durchgeführt.
> Im Anschluss an diese elf Inlandsdienstreisen führen die nächsten drei Dienstreisen (= zwölfte bis 14. Dienstreise) in diesem Monat nach Hollabrunn.
> **Lösung:**
>
> | | steuerfrei nach § 26 Z 4 EStG | steuerfrei nach § 3 Abs 1 Z 16 b EStG | steuerpflichtig |
> |---|---|---|---|
> | 1. „Hollabrunner-Dienstreise" im November | € 26,40[1] | – | – |
> | 2. „Hollabrunner-Dienstreise" im November | € 26,40[1] | – | – |
> | 3. „Hollabrunner-Dienstreise" im November | | € 14,40 | € 12,00[2] |

> **Erläuterung:**
>
> (1) Im Zeitraum **Jänner bis Oktober** wurde **Hollabrunn** bereits **13-mal** angefahren. Gemäß § 26 Z 4 EStG sind bei unregelmäßig wiederkehrenden Dienstreisen – eine solche liegt vor – die ersten **15 Dienstreisen** nach Hollabrunn **abgabenfrei**. Daher sind die 14. und 15. Dienstreise nach Hollabrunn (= **erste und zweite Hollabrunner-Dienstreise im November**) gemäß der § 26 Z 4 EStG **abgabenfrei**.
> (2) Nach **§ 3 Abs 1 Z 16 b EStG** sind nur jene Taggelder abgabenfrei, die aufgrund eines **Anspruchs** gemäß einer **lohngestaltenden Vorschrift** ausbezahlt werden. Dies sind **im konkreten Fall** die nach zwölf Reisetagen **reduzierten Taggelder** in Höhe von € 14,40. Die vom Arbeitgeber **freiwillig geleistete Mehrzahlung** von € 12,– ist **abgabenpflichtig**.

Umwandlung von Arbeitslohn in Reisekostenentschädigungen

1855 Werden Reisekostenersätze ganz oder teilweise anstelle

- ✓ des bisher gezahlten Arbeitslohns oder
- ✓ der Lohnerhöhungen,

1856 auf die jeweils ein arbeitsrechtlicher Anspruch besteht, geleistet, können diese nicht steuerfrei ausgezahlt werden.

1857 Eine derartige nicht begünstigte Gehaltsumwandlung würde auch dann vorliegen, wenn Reiseaufwandsentschädigungen im Verhältnis zum „laufenden Entgelt" überdurchschnittlich erhöht werden. Keine Gehaltsumwandlung liegt vor, wenn Tagesgelder neu vereinbart werden und gleichzeitig bestehende Lohnansprüche (inkl der üblichen Lohnerhöhungen) unverändert bleiben.

Pauschalvergütungen für Dienstreisen

Für alle in § 26 EStG angeführten nicht steuerbaren Arbeitgeberleistungen gilt der Grundsatz, dass darüber einzeln abgerechnet werden muss.

1858

Für die Anwendbarkeit von § 26 Z 4 EStG ist jedenfalls der Nachweis jeder einzelnen Dienstreise dem Grunde nach durch entsprechende Belege gegenüber dem Arbeitgeber zu erbringen.

1859

Ein Nachweis dem Grunde nach erfordert, dass im Einzelnen eine Dienstreise nach der Definition des § 26 Z 4 EStG vorliegt und die für diese Reise vom Arbeitgeber gewährten pauschalen Tagesgelder die gemäß § 26 Z 4 EStG je nach Dauer der Dienstreise bemessenen Tagesgelder nicht überschreiten.

1860

Eine solche Konkretisierung hat bereits der Leistung des Arbeitgebers für jede einzelne Dienstreise zugrunde zu liegen.

1861

Werden monatlich gleichbleibende Pauschalbeträge unabhängig davon geleistet, wie viele Dienstreisen tatsächlich unternommen wurden, ist § 26 Z 4 sowie § 3 Abs 1 Z 16b EStG von Vornherein nicht anwendbar. Liegen keine einzeln abgerechneten Arbeitgeberersatzzahlungen vor, sind Aufwendungen, die einer Dienstreise erwachsen, im Rahmen der Werbungskosten (§ 16 Abs 1 Z 9 EStG) geltend zu machen (vgl VwGH 11. 1. 2021, Ra 2019/15/0163).

1862

230.6 Dienstreise in Kombination mit Vor-/Zwischen-/Danach-Privataufenthalt

Nimmt der Arbeitnehmer im Anschluss an eine Dienstreise Urlaub, dann besteht grundsätzlich Anspruch auf den Ersatz aller aufgrund der Dienstreise anfallenden Kosten. Unter anderem besteht auch nach der Reisegebührenvorschrift Anspruch auf die fiktiven Kosten der Rückreise, selbst wenn eine solche nicht unmittelbar im Anschluss an die Dienstverrichtung und/oder auf direktem Weg erfolgt.

1863

Die Kosten der Rückreise fallen daher auch dann unter § 26 Z 4 EStG, wenn anschließend an die Dienstverrichtung ein Urlaub am Ort der Dienstverrichtung in Anspruch genommen wird.

Die Dienstreise endet mit dem Zeitpunkt der „fiktiven Rückkehr zum Wohnort".

1864

> **Beispiel**
>
> Ende der Besprechung: Freitag 17.00 Uhr. Danach Urlaub.
> Fiktiver Rückflug nach Wien: Samstag 9.00 Uhr.
> Ankunft in Wien: Samstag 14.00 Uhr.
> Ankunft am Wohnort in Hollabrunn: Samstag 17.30 Uhr.
> Ende der Dienstreise: Samstag 17.30 Uhr.
>
> Anders ist der Sachverhalt zu beurteilen, wenn der Arbeitnehmer aufgrund seiner Stellung im Betrieb (zB Geschäftsführer) auf die Gestaltung der Dienstreise und den damit verbundenen Urlaub Einfluss nehmen kann. In diesem Fall ist die Rsp zu den Werbungskosten für die Beurteilung der Steuerfreiheit der Reisekostenentschädigungen heranzuziehen.

230. Reisekosten

230.7 Pauschale Reisekosten für Sportler

1865 Gemeinnützige Sportvereine haben die Möglichkeit, an Sportler, Schiedsrichter und Sportbetreuer steuer- und sozialversicherungsfrei pauschale Reiseaufwandsentschädigungen in Höhe von

- bis zu € 60,– pro Einsatztag,
- maximal € 540,– monatlich

auszubezahlen.

1866 Die Steuerfreiheit steht nur zu, wenn beim Steuerabzug von Arbeitslohn neben den pauschalen Aufwandsentschädigungen keine Reisevergütung, Tages- und/oder Nächtigungsgelder gemäß § 26 Z 4 EStG oder Reiseaufwandsentschädigungen gemäß § 3 Abs 1 Z 16 b EStG steuerfrei ausbezahlt werden. Beträge aus einem vereinbarten Fixum steuer- bzw sozialversicherungsfrei herauszurechnen, ist daher nicht möglich.

1867 Die pauschalen Reiseaufwandsentschädigungen können unabhängig vom tatsächlichen Vorliegen einer Reise iSd § 26 Z 4 EStG bei Vorliegen der übrigen Voraussetzungen des § 3 Abs 1 Z 16 c EStG gewährt werden.

1868 Die Berücksichtigung steuerfreier pauschaler Reiseaufwandsentschädigungen ist auch bei beschränkt steuerpflichtigen Sportlern möglich, auch wenn bei dieser Personengruppe eine pauschale Besteuerung (Brutto- oder Nettobesteuerung – siehe auch Kapitel „Beschränkt Steuerpflichtige [§ 70 EStG]") vorgenommen wird und unabhängig davon, dass die Berechnung der Abzugsteuer an den „vollen Betrag der Bezüge" anknüpft (vgl VwGH 12. 6. 2019, Ro 2016/13/0005).

1869 Um nachzuweisen, dass lediglich für Einsatztage pauschale Reiseaufwandsentschädigungen ausbezahlt wurden, müssen die Einsatztage vom Arbeitgeber (Verein) pro Arbeitnehmer aufgezeichnet werden. Als Einsatztag gilt ein Tag, an dem ein Training oder Wettkampf stattfindet. Weiters muss mittels (gesonderter) Abrechnung (mit dem Sportler, Schiedsrichter oder Sportbetreuer) dokumentiert werden, dass pauschale Aufwandsentschädigungen ausbezahlt wurden.

1870 Übersteigen die pauschalen Reiseaufwandsentschädigungen € 60,– pro Einsatztag bzw € 540,– pro Monat, sind nur die übersteigenden Beträge zu versteuern.

1871 In der Sozialversicherung gilt die Beitragsfreiheit nur dann, wenn die ausgeübte Tätigkeit nicht den Hauptberuf und die Haupteinnahmequelle der Einnahmen bildet.

1872 Der Begriff Sportler und Sportbetreuer und Schiedsrichter gilt nur für folgende Personengruppen:

- Mannschaftssportler sowie Einzelsportler, die von gemeinnützigen Sportvereinen und -verbänden Kostenersätze iZm ihrer sportlichen Tätigkeit erhalten;
- Trainer, Lehrwarte und Übungsleiter, die die Sportler sportfachlich unterstützen;
- weitere Sportbetreuer, die die Sportler medizinisch oder organisatorisch unterstützen (Masseure, Sportarzt, Zeugwart),
- sowie Personen, die für die sportliche Leitung einer Veranstaltung zuständig sind (Schiedsrichter, Rennleiter).

1873 Erhält der Sportler vom Verein neben den steuer- und sozialversicherungsfreien Aufwandsentschädigungen keine weiteren (steuer- und sozialversicherungspflichtigen) Ersätze, so muss der Verein auch kein Lohnkonto führen und keinen Lohnzettel abgeben. Voraussetzung dafür ist, dass die Sportlerin bzw der Sportler von keinem weiteren Verein steuerfreie Ersätze erhält und eine schriftliche Erklärung abgibt.

Für andere im Verein tätige Personen (zB Vereinsobmann, Kassier, Platzwart etc) sind die Regelungen iZm der pauschalen Reiseaufwandsentschädigung nicht anwendbar, sondern es gelten die Regelungen der Vereinsrichtlinien (außer es liegt ein echtes Dienstverhältnis vor, dann gelten die Begünstigungen der Vereinsrichtlinien nicht). 1874

Sind tatsächliche Reiskosten iSd § 16 Abs 1 Z 9 EStG oder Fahrten Wohnung – Arbeitsstätte (zB Trainingsort) – Wohnung iSd § 16 Abs 1 Z 6 EStG angefallen, die die steuerfreien pauschalen Aufwandsentschädigungen übersteigen, können im Zuge der Veranlagung die tatsächlichen Reisekosten und/oder das Pendlerpauschale geltend gemacht werden. Dies gilt aber nur insoweit, als steuerpflichtige Einnahmen (und nicht nur steuerfreie pauschale Aufwandsentschädigungen) vorliegen. 1875

Nach den Bestimmungen des § 49 Abs 3 Z 28 ASVG gelten nicht als Entgelt 1876
- ✓ pauschale Fahrt- und Reiseaufwandsentschädigungen, die Sportvereine (Sportverbände) an
- ✓ Sportler oder Schieds(wettkampf)richter oder Sportbetreuer (zB Trainer, Masseure) leisten, und zwar
- ✓ bis zu € 60,– pro Einsatztag, höchstens aber bis zu € 540,– pro Kalendermonat der Tätigkeit,
- ✓ sofern diese nicht den Hauptberuf und die Hauptquelle der Einnahmen bildet und Steuerfreiheit nach § 3 Abs 1 Z 16 c Satz 2 EStG zusteht.

Hauptberuf

Es ist ein Vergleich des zeitlichen Aufwands der betreffenden Tätigkeit mit allen anderen ausgeübten beruflichen Tätigkeiten anzustellen. Überwiegt der zeitliche Aufwand der zu beurteilenden Tätigkeit im Vergleich zu den anderen beruflichen Tätigkeiten, gilt die zu beurteilende Tätigkeit als Hauptberuf. Es soll ein Direktvergleich zwischen dem zeitlichen Aufwand der ausgeübten Tätigkeit stattfinden. 1877

Eine Tätigkeit als Student (bei ordentlichem Studienfortgang) oder Hausfrau (kein Singlehaushalt) gilt ebenfalls als Beruf. Ebenso die Ableistung des Grundwehr- bzw Zivildienstes. 1878

Transferleistungen aus dem Bereich der AlV (zB Arbeitslosengeldbezug, Notstandshilfe usw) oder der Leistungsbezug aus einer Altersversorgung (zB Pension, Ruhegenuss usw) werden nicht als Beruf angesehen. 1879

Für pauschale Reiseaufwandsentschädigungen ist weder der Dienstgeberbeitrag zum Familienlastenausgleichsfonds noch KommSt zu entrichten. 1880

230.8 Reisekosten für Mitglieder des Betriebsrats und Personalvertreter

Reiseaufwandsentschädigungen, die an Mitglieder des Betriebsrats und Personalvertreter iSd Bundes-Personalvertretungsgesetzes und ähnlicher bundes- oder landesgesetzlicher Vorschriften für ihre Tätigkeit gewährt werden, sind steuerfrei, soweit sie die Beträge gemäß § 26 Z 4 EStG nicht übersteigen. 1881

230.9 Werbungskosten bei beruflich veranlassten Reisen – Abgrenzung zu Fahrten Wohnung – Arbeitsstätte

1882 Gemäß § 16 Abs 1 Z 9 EStG sind die Mehraufwendungen des Steuerpflichtigen für Verpflegung und Unterkunft bei ausschließlich beruflich veranlassten Reisen Werbungskosten. Diese Aufwendungen sind ohne Nachweis ihrer Höhe als Werbungskosten anzuerkennen, soweit sie die sich aus § 26 Z 4 EStG ergebenden Beträge nicht übersteigen.

1883 Tagesgelder stehen gemäß § 26 Z 4 EStG **für 24 Stunden** zu. Daher ist auch bei der Ermittlung der Werbungskosten immer die 24-Stundenregelung anzuwenden. Die Möglichkeit der Abrechnung des Tagesgelds nach Kalendertagen stellt eine gesetzlich vorgesehene Vereinfachung dar, die sich ausschließlich an den auszahlenden Arbeitgeber richtet, aber keine Auswirkung auf die Berechnung der Werbungskosten hat.

1884 Als Tages- und Nächtigungsgelder gezahlte Reiseaufwandsentschädigungen gemäß § 3 Abs 1 Z 16 b EStG stellen keine Kostenersätze gemäß § 26 Z 4 EStG dar und können daher, soweit sie niedriger als die Sätze des § 26 Z 4 EStG sind, auch **nicht** zu Differenzwerbungskosten führen.

1885 Fahrtkosten stellen Werbungskosten allgemeiner Art gemäß § 16 Abs 1 EStG dar, die allerdings im Fall von Fahrten Wohnung – Arbeitsstätte durch den Verkehrsabsetzbetrag und gegebenenfalls durch ein Pendlerpauschale abgegolten werden.

1886 Die zu § 26 Z 4 EStG angeführten Abgrenzungskriterien gelten in dieser Form auch für die Abgrenzung von Fahrtkosten gemäß § 16 Abs 1 EStG und Fahrtkosten gemäß § 16 Abs 1 Z 6 EStG.

1887 Betreffend Reisen mit beruflich und privat veranlassten Reiseabschnitten siehe LStR Rz 226 ff.

231. Renten aus der Unfallversicherung, nach dem Kriegsopferversorgungsgesetz und dem Opferfürsorgegesetz

1888 Für Renten aus der Unfallversicherung, nach dem Kriegsopferversorgungsgesetz und dem Opferfürsorgegesetz besteht Steuerfreiheit.

1889 Sachleistungen aus der gesetzlichen Sozialversicherung oder aus einer ausländischen gesetzlichen Sozialversicherung die der inländischen gesetzlichen Sozialversicherung entspricht, sowie Übergangsgelder aus der gesetzlichen Sozialversicherung bleiben gemäß § 3 Abs 1 Z 4 lit d und e EStG steuerfrei.

1890 Versorgungsleistungen an Kriegsbeschädigte und Hinterbliebene oder diesen gleichgestellte Personen aufgrund der versorgungsrechtlichen Bestimmungen sowie aufgrund des Heeresentschädigungsgesetzes sind gemäß § 3 Abs 1 Z 1 EStG steuerfrei.

1891 Renten und Entschädigungen an Opfer des Kampfes für ein freies demokratisches Österreich aufgrund besonderer Gesetzlicher Vorschriften sind gemäß § 3 Abs 1 Z 2 EStG steuerfrei.

232. Repräsentationskosten (§ 20 Abs 1 Z 3 EStG)

Repräsentationsaufwendungen, insb Aufwendungen anlässlich der Bewirtung von Geschäftsfreunden, sind gemäß § 20 Abs 1 Z 3 EStG nicht abzugsfähig. Weist der Steuerpflichtige nach, dass die Bewirtung der Werbung dient und die berufliche Veranlassung weitaus überwiegt, können derartige Aufwendungen oder Ausgaben zur Hälfte abgezogen werden. **1892**

233. Rückzahlung von Arbeitslohn (§ 16 Abs 2 EStG)

Die Rückzahlung von Arbeitslohn stellt Werbungskosten iSd § 16 Abs 2 EStG dar. Werbungskosten sind grundsätzlich bei der Lohnverrechnung in jenem Kalendermonat zu berücksichtigen, in dem sie geleistet werden. **1893**

Von der Rückzahlung des Arbeitslohns ist auszugehen, wenn dieser bei der Bezugsauszahlung einbehalten oder die Zahlung vom Arbeitnehmer an den Arbeitgeber geleistet wird. **1894**

Gemäß den Bestimmungen des § 62 Z 7 EStG ist die Erstattung (Rückzahlung) von Arbeitslohn gemäß § 16 Abs 2 EStG bei Ermittlung des Lohnsteuertarifs im Monat der Rückzahlung zu berücksichtigen. Die Berücksichtigung erfolgt **ohne** Kürzung um das Werbungskostenpauschale von € 132,–. **1895**

Der Monatsbezug wird dabei auf maximal null reduziert. Der übersteigende Teil der Werbungskosten kann bei der Veranlagung geltend gemacht werden. Es bestehen jedoch keine Bedenken, wenn der Gesamtbetrag im Rahmen einer Aufrollung auf das Kalenderjahr verteilt wird. **1896**

Im Fall der Erstattung (Rückzahlung) im Rahmen eines aufrechten Dienstverhältnisses, hat der Arbeitgeber die rückerstatteten Beträge (Gesamtbetrag) bei der Abrechnung des laufenden Arbeitslohns zu berücksichtigen und in voller Höhe in den Lohnzettel unter „sonstige steuerfreie Bezüge" (KZ 243) aufzunehmen. **1897**

Beispiel			
Monatslohn		€	1.896,00
abzüglich			
DN – Anteil zur Sozialversicherung	17,12%	€	324,60
rückgezahlter Arbeitslohn		€	650,00
Lohnsteuerbemessungsgrundlage		€	921,40

Für die Sozialversicherung hat die Rückerstattung durch den Dienstnehmer keine Auswirkung. Es kommt weder zu einer Verkürzung der Pflichtversicherung noch zu einer Verminderung der Beitragsgrundlage. **1898**

Zahlt daher ein Arbeitnehmer einen Teil des erhaltenen Arbeitslohns in einem der folgenden Kalendermonate an seinen Arbeitgeber wieder zurück, so hat dies keine Auswirkungen auf die Höhe der Beitragsgrundlage für den DB. Eine dem § 16 Abs 2 EStG vergleichbare (Ausnahme-) Regelung ist sowohl dem den DB regelnden FLAG als auch dem den DZ regelnden WKG fremd (vgl dazu VwGH 18. 3. 2004, 2001/15/0194). Der zurückgezahlte Arbeitslohn vermindert **1899**

- ✓ weder die Beitragsgrundlage für den DB in dem Kalendermonat, in dem die Rückzahlung erfolgt,

235. Sachbezüge

✓ noch ist es zulässig, die Beitragsgrundlage in dem Kalendermonat (in den Kalendermonaten) zu berichtigen (also zu vermindern), in dem/in denen der Arbeitslohn seinerzeit ausbezahlt wurde (VwGH 18. 9. 2013, 2010/13/0133).

1900 Diese Regelung ist uE auch für den Bereich der KommSt anzuwenden.

234. Rückzahlung von Pflichtbeiträgen (§ 69 Abs 5 EStG)

1901 Bei Rückzahlung von Pflichtbeiträgen (ausgenommen Rückzahlung des Service-Entgelts iSd § 31c ASVG), sofern diese ganz oder teilweise aufgrund des Vorliegens von Einkünften iSd § 25 Abs 1 Z 1 EStG einbehalten wurden, hat die auszahlende Stelle bis 31. 1. des folgenden Kalenderjahres einen Lohnzettel (§ 84) zur Berücksichtigung dieser Bezüge im Veranlagungsverfahren auszustellen und an ihr FA zu übermitteln. In diesem Lohnzettel ist ein Siebentel der ausgezahlten Bezüge als sonstiger Bezug gemäß § 67 Abs 1 auszuweisen. Ein vorläufiger Lohnsteuerabzug hat zu unterbleiben.

235. Sachbezüge (§ 15 EStG; § 49 Abs 1 ASVG)

1902 Stellt der Arbeitgeber einem Arbeitnehmer **eine Sachleistung** oder einen **sonstigen geldwerten Vorteil unentgeltlich** oder **verbilligt** zur Verfügung, handelt es sich dabei um einen **abgabenpflichtigen** Vorteil aus dem Arbeitsverhältnis (Sachbezüge). Sachbezüge sind Teile des **Arbeitsentgelts.** Wird das Entgelt in Form von Geld und Sachbezügen vereinbart, können Sachbezüge auf das kollektivvertragliche Mindestentgelt **nicht** angerechnet werden. Eine Anrechnung ist nur dann zulässig, wenn der Kollektivvertrag eine Durchbrechung des Geldzahlungsgebotes für die kollektivvertraglichen Mindestentgelte vorsieht und die sozialpolitische Zweckbestimmung der Existenzsicherung eingehalten ist.

1903 Lediglich nicht mehr messbare Aufmerksamkeiten (zB Blumenstrauß zum Geburtstag des Arbeitnehmers) stellen keine geldwerten Vorteile dar (VwGH 19. 9. 1995, 91/14/0240; VwGH 29. 4. 2003, 99/14/0240, wonach die laufende Abgabe von verbilligtem Treibstoff keine „nicht messbare Aufmerksamkeit" ist). Ebenfalls keine Einnahmen iSd § 15 EStG liegen vor, wenn dem Arbeitnehmer Hilfsmittel zur Ausübung seines Berufs zur Verfügung gestellt werden (zB Arbeitsschutzausrüstungen wie Sehhilfen bei Bildschirmarbeit aufgrund des ArbeitnehmerInnenschutzgesetzes).

1904 Sachbezüge sind bei den monatlichen Abrechnungen zu erfassen und erhöhen in Form von Hinzurechnungsbeträgen die jeweiligen Bemessungsgrundlagen.

1905 Die Bewertung der Sachbezüge wird bundeseinheitlich durch Gesetz und Verordnung geregelt.

1906 Die Grundregel des § 15 Abs 2 Z 1 EStG lautet, dass geldwerte Vorteile mit den um übliche Preisnachlässe geminderten üblichen **Endpreisen des Abgabeortes** anzusetzen sind. Maßgebend für die Preisfeststellung ist der Ort (Gemeinde bzw Bezirk), an dem der geldwerte Vorteil zufließt. Nicht maßgeblich sind Preise von Online-Angeboten. Es ist stets auf den Endpreis im Zeitpunkt des kostenlosen oder verbilligten Bezugs der Ware oder Dienstleistung abzustellen. Durch den Begriff „üblich" wird auf eine Bewertung verwiesen, die sich an den objektiven, normalerweise am Markt bestehenden Gegebenheiten am Abgabeort orientiert. Es kommt nicht auf die subjektive Einschätzung des Steuerpflichtigen, dessen persönliche Verhältnisse oder den tatsächlichen persönlichen Nutzen an. Unter dem üblichen Endpreis am

Abgabeort versteht man daher den Preis, den Letztverbraucher im normalen Geschäftsverkehr zu zahlen haben. Dabei ist der Preis für die konkrete – verbilligt oder unentgeltlich überlassene – Ware oder Dienstleistung des betreffenden Herstellers bzw Dienstleisters maßgebend. Es darf nicht vom üblichen Endpreis für funktionsgleiche und qualitativ gleichwertige Waren oder Dienstleistungen anderer Hersteller bzw Dienstleister ausgegangen werden. Übliche Preisnachlässe (zB Mengenrabatte, Aktionen, Schlussverkauf) können in Abzug gebracht werden; dabei ist wiederum auf den Zeitpunkt des kostenlosen oder verbilligten Bezugs der Ware oder Dienstleistung abzustellen.

1907 Die Bewertung bestimmter Sachbezüge ist in der Verordnung über die bundeseinheitliche Bewertung bestimmter Sachbezüge geregelt (§ 15 Abs 2 Z 2 EStG). Diese Verordnung ist für alle Bezüge aus einem bestehenden oder früheren Dienstverhältnis iSd § 25 Abs 1 Z 1 EStG maßgeblich.

1908 Soweit Sachbezüge in dieser Verordnung geregelt sind, gelten diese Werte als übliche Endpreise am Abgabeort.

1909 Wenn der Arbeitgeber die den Arbeitnehmern gewährten Sachbezüge auch fremden Letztverbrauchern anbietet, ist gemäß § 15 Abs 2 Z 3 EStG jener Preis maßgeblich, zu dem der Arbeitgeber die Waren oder Dienstleistungen seinen Kunden verkauft (Endpreis für fremde Letztverbraucher). Übliche Preisnachlässe (zB Mengenrabatte, Aktionen, Schlussverkauf) können in Abzug gebracht werden; dabei ist wiederum auf den Zeitpunkt des kostenlosen oder verbilligten Bezugs der Ware oder Dienstleistung abzustellen. Es liegt somit ein geldwerter Vorteil aus dem Dienstverhältnis vor, wenn dem Arbeitnehmer Waren zu „Ausverkaufskonditionen" außerhalb der Ausverkaufszeiten überlassen werden.

Sind die Abnehmer des Arbeitgebers keine Letztverbraucher (zB Großhandel) und gibt es daher keinen innerbetrieblichen Letztverbraucherpreis, ist der um übliche Preisnachlässe verminderte übliche Endpreis des Abgabeortes anzusetzen.

1910 Kann ein Arbeitnehmer aufgrund verschiedener Umstände einen Sachbezug **nicht** konsumieren, sehen einige Gesetze vor, dass der Sachbezugswert in Geld abzulösen ist (zB Landarbeitsgesetz, Gutsangestelltengesetz).

1911 Ob ein Sachbezug (insb Firmenfahrzeug) dem Arbeitnehmer für **Nichtleistungszeiten** (zB Urlaub) entzogen werden darf, richtet sich nach der **vertraglichen** Gestaltung (Vereinbarung). Wurde dem Dienstnehmer während dieser Zeiten die Nutzung des Fahrzeuges vertraglich zugesichert oder entspricht es der betrieblichen Übung, hat der Dienstnehmer im Falle eines (vertragswidrigen) Entzugs Anspruch auf Abgeltung des Sachbezuges. Die Höhe der Abgeltung ist in der herrschenden Judikatur nicht einheitlich geregelt. Ersatz gebührt in Höhe des tatsächlich entstandenen Schadens. Als Richtwert kann der sich aus der SachbezugswerteV ergebende Wert angesetzt werden, sofern kein erhebliches Auseinanderfallen der fiskalischen Bewertung vom tatsächlichen Wert gegeben ist. Dies wird bspw bei der Zurverfügungstellung eines Elektroautos zur Privatnutzung (fiskalischer Sachbezugswert ist null) der Fall sein.

1912 Kein Ersatzanspruch gebührt, wenn der gewährte Vorteil eng an die Arbeitsleistung geknüpft ist, wie zB bei freien oder verbilligten Mahlzeiten, Getränken und bei Beförderung zwischen Wohnung und Arbeitsstätte durch den Arbeitgeber.

1913 Die SachbezugswerteV sieht vor, dass für jeden Kalendermonat ein Sachbezug anzusetzen ist, in dem die Möglichkeit der Privatnutzung besteht. Ist daher die Nutzung des zur Verfügung gestellten Pkw innerhalb eines Kalendermonats nur teilweise möglich (zB infolge Krankheit oder Urlaub), ist trotzdem der volle Sachbezugswert anzusetzen.

235. Sachbezüge

Hat allerdings der Arbeitnehmer das Fahrzeug während des Urlaubs dem Arbeitgeber zur anderweitigen betrieblichen Nutzung durch andere Arbeitnehmer zurückgestellt und kann daher der Arbeitnehmer das Fahrzeug während des vollen Lohnzahlungszeitraums nicht nutzen, liegt für diesen Zeitraum kein lohnwerter Vorteil vor (*Doralt/Kirchmayr/Mayr/Zorn*, Kommentar zum EStG).

1914 Im Bereich der Sozialversicherung ist zu beachten, dass im Falle des Entzugs des Sachbezugs während Urlaub, Krankenstand und Feiertag der Arbeitnehmer das regelmäßige Entgelt zu bekommen hat (zB § 2 EFZG, § 9 Abs 2 ARG). Somit ist in diesen Fällen der Sachbezugswert in die Bemessungsgrundlage immer einzubeziehen.

1915 Im Falle eines widerrechtlichen Entzugs hat der Arbeitnehmer Anspruch auf Abgeltung des tatsächlichen Wertes. Im Falle des Entzugs eines Pkw hat der OGH festgestellt, dass dies auf Basis des amtlichen Kilometergeldes zu erfolgen hat. Wurde keine konkrete Vereinbarung bezüglich der Privatnutzung getroffen, richtet sich der Wert der tatsächlichen Nutzung nach den im Monatsdurchschnitt des letzten Jahres gefahrenen Privatkilometern, multipliziert mit dem amtlichen Kilometergeld (OGH 29. 11. 2016, 9 ObA 15/16 s).

1916 Gewährt im Zuge einer Arbeitskräfteüberlassung der Beschäftiger der überlassenen Arbeitskraft insb geldwerte Vorteile (zB Sachbezüge gemäß SachbezugswerteV, steuerfreie Sachleistungen gemäß § 3 EStG), ist idR von einer Verkürzung des Zahlungswegs (vgl LStR Rz 964) auszugehen. Die Versteuerung von steuerpflichtigen Leistungen hat daher nicht im Wege der Veranlagung, sondern als steuerpflichtiger Arbeitslohn durch den Überlasser zu erfolgen (vgl LStR Rz 703 zu vom Beschäftiger gewährten Reisekostensätzen).

235.1 Firmenauto, Firmenfahrrad, Firmenmotorrad (§ 4 bis § 4 b SachbezugswerteV)

1917 Ein Sachbezug ist dann anzusetzen, wenn für den Arbeitnehmer die Möglichkeit besteht, ein arbeitgebereigenes Kraftfahrzeug (iSd § 2 Abs 1 Z 1 Kraftfahrgesetz) für Privatfahrten einschließlich Fahrten zwischen Wohnung und Arbeitsstätte zu benützen.

1918 Bei einem Kraftfahrzeug iSd § 2 Abs 1 Z 1 Kraftfahrgesetz handelt es sich um „ein zur Verwendung auf Straßen bestimmtes oder auf Straßen verwendetes Fahrzeug, das durch technisch freigemachte Energie angetrieben wird und nicht an Gleise gebunden ist". Mit der Verordnungsermächtigung des § 15 Abs 2 Z 2 EStG können jedoch auch für die Zurverfügungstellung von Kraftfahrzeugen, Krafträdern und Fahrrädern im Interesse ökologischer Zielsetzungen Ermäßigungen und Befreiungen vorgesehen werden.

1919 In § 4 b SachbezugswerteV ist eine Befreiung vom Sachbezug für zur Privatnutzung zur Verfügung gestellte arbeitgebereigene Fahrräder und Krafträder mit einem CO_2-Emissionswert von 0 Gramm pro Kilometer vorgesehen. Krafträder mit einem CO_2-Emissionswert von 0 Gramm pro Kilometer sind zB Motorfahrräder, Motorräder mit Beiwagen, Quads, Elektrofahrräder und Selbstbalance-Roller mit ausschließlich elektrischem oder elektrohydraulischem Antrieb.

1920 Die (theoretische) Möglichkeit der Benützung eines arbeitgebereigenen Kraftfahrzeuges für private Fahrten reicht alleine nicht aus, einen Sachbezug anzusetzen. Der Ansatz eines Sachbezuges setzt nach der Rsp voraus, dass nach der Lebenserfahrung aufgrund des Gesamtbildes der Verhältnisse anzunehmen sein muss, dass ein Arbeitnehmer die eingeräumte Möglichkeit der Privatnutzung – wenn auch nur fallweise – tatsächlich nützt.

235.1 Firmenauto, Firmenfahrrad, Firmenmotorrad

Es steht dem Arbeitgeber frei, Arbeitnehmern Firmen-Kfz ausschließlich für Dienstfahrten zur Verfügung zu stellen und ihnen jede private Nutzung zu verbieten. Die Lohnsteuer- und Dienstgeberbeitragspflicht kann allerdings nur dann verneint werden, wenn ein ernst gemeintes Verbot des Arbeitgebers hinsichtlich der Privatfahrten vorliegt. Dies ist wiederum nur dann der Fall, wenn der Arbeitgeber auch für die Wirksamkeit seines Verbotes vorsorgt (zB der Arbeitgeber kontrolliert anhand eigener Aufzeichnungen die Kilometerstände nach jeder beruflich veranlassten Fahrt; der Arbeitgeber verhält den Arbeitnehmer zur Führung von Fahrtenbüchern und kontrolliert diese laufend). **1921**

Allein die Tatsache, dass sich im Privatbesitz ein Fahrzeug befindet, lässt noch nicht den Schluss zu, dass die Arbeitnehmer keine privaten Fahrten mit den Firmenfahrzeugen unternommen haben. **1922**

Voller Sachbezugswert

CO_2-Emissionswert über 132 Gramm/km

Besteht für den Arbeitnehmer die Möglichkeit, ein arbeitgebereigenes Kfz für Privatfahrten zu benützen (dazu zählen auch die Fahrten zwischen Wohnung und Arbeitsstätte), das einen CO_2-Emmissionswert über 132 Gramm/km aufweist, sind als Sachbezugswert 2% der Anschaffungskosten (inkl USt und NoVA) des Kfz, **maximal aber € 960,–** anzusetzen. **1923**

CO_2-Emissionswert bis 132 Gramm/km

Besteht für den Arbeitnehmer die Möglichkeit, ein arbeitgebereigenes Kfz für Privatfahrten zu benützen, (dazu zählen auch die Fahrten zwischen Wohnung und Arbeitsstätte), das einen CO_2-Emissionswert bis maximal 132 Gramm/km aufweist, sind als Sachbezugswert 1,5% der Anschaffungskosten (inkl USt und NoVA) des Kfz, **maximal aber € 720,–** anzusetzen. **1924**

Halber Sachbezugswert

CO_2-Emissionswert über 132 Gramm/km

Wird das firmeneigene Kfz (mit einem CO_2-Emissionswert über 135 Gramm/km) **nachweislich** im Jahresdurchschnitt für Privatfahrten (einschließlich Fahrten zwischen Wohnung und Arbeitsstätte) nicht mehr als 500 km monatlich benützt, ist der Sachbezugswert im halben Betrag (1%), **maximal** mit **€ 480,–** monatlich anzusetzen. **1925**

CO_2-Emissionswert bis 132 Gramm/km

Wird das firmeneigene Kfz (mit einem CO_2-Emissionswert maximal 135 Gramm/km) **nachweislich** im Jahresdurchschnitt für Privatfahrten (einschließlich Fahrten zwischen Wohnung und Arbeitsstätte) nicht mehr als 500 km monatlich benützt, ist der Sachbezugswert im halben Betrag (0,75%), **maximal** mit **€ 360,–** monatlich anzusetzen. **1926**

Voraussetzung dafür ist, dass der Arbeitnehmer über die Privatfahrten Aufzeichnungen führt (zB Fahrtenbuch). Lassen sich aus anderen Aufzeichnungen die gefahrenen Privatkilometer ermitteln (Reisekostenabrechnungen des Dienstgebers), genügen diese Aufzeichnungen. Eine weitere Möglichkeit wäre, wenn von den gesamt gefahrenen Kilometern die nachgewiesenen beruflichen Fahrten abgezogen werden und die restlichen Kilometer nicht mehr als 6.000 km innerhalb eines Kalenderjahres betragen. Es gilt der Grundsatz der Unbeschränktheit der Beweismittel, sodass zur Führung des Nachweises, wie ein Kfz verwendet wird, außer einem Fahrtenbuch auch andere Beweismittel in Betracht kommen. In diesem Sinne ist auch ein elektronisches oder GPS-Fahrtenbuch als Nachweis im Rahmen der freien Beweiswürdigung zu berücksichtigen. Eine Glaubhaftmachung stellt hingegen keinen tauglichen Nachweis dar. **1927**

235. Sachbezüge

1928 Die Kilometerbegrenzung ist nur auf das Kalenderjahr abzustellen. Es ist daher durchaus möglich, dass der Arbeitnehmer in einem Kalendermonat mehr als **500 km** privat fährt und trotzdem die Grenze von 6.000 km jährlich nicht überschritten wurde. Auch in diesem Fall ist nur der halbe Sachbezugswert als Hinzurechnungsbetrag in Ansatz zu bringen. Fährt der Arbeitnehmer mit seinem Privat-Pkw innerhalb eines Monats überwiegend (an mehr als der Hälfte der tatsächlich geleisteten Arbeitstage) zwischen Wohnung und Einsatzstelle, liegen ab dem darauffolgenden Monat Fahrten zwischen Wohnung und Arbeitsstätte vor und der Arbeitgeber kann dafür **kein** steuerfreies Kilometergeld auszahlen. Verwendet der Arbeitnehmer dafür ein arbeitgebereigenes Kfz, sind diese Kilometer auf die 6.000 km anzurechnen.

1929 Wird für Fahrten zu einer Baustelle oder zu einem Einsatzort für Montagetätigkeit, die unmittelbar von der Wohnung aus angetreten werden, ein arbeitgebereigenes Kraftfahrzeug verwendet, ist dafür kein steuerpflichtiger Sachbezug anzusetzen, da diese Fahrten nicht als Privatfahrten zu qualifizieren sind.

Kein Sachbezugswert

1930 Für Kfz mit einem CO_2-Emissionswert von 0 Gramm pro Kilometer ist ein Sachbezugswert von null anzusetzen (dies gilt zB für Elektroautos nicht hingegen für Hybridautos). Aus ökologischen Erwägungen ist auch eine Befreiung vom Sachbezug für zur Privatnutzung zur Verfügung gestellte arbeitgebereigene Fahrräder und Krafträder mit einem CO_2-Emissionswert von null Gramm vorgesehen. Darunter fallen zB Motorfahrräder, Motorräder mit Beiwagen, Quads, Elektrofahrräder und Selbstbalance-Roller, vorausgesetzt sie haben einen ausschließlich elektrischen oder elektrohydraulischen Antrieb.

Zusammenstellung der Sachbezugswerte

1931

CO_2-Emissionswert	Prozentsatz	Maximaler Wert
bis 132 g	1,5% bzw 0,75%	€ 720,– bzw € 360,–
über 132 g	2% bzw 1%	€ 960,– bzw € 480,–
0 g	0%	€ 0,–

Bemessung der CO_2-Emissionswerte und Senkung der CO_2-Emissionswerte in den Folgejahren

1932 Grundsätzlich wird für alle Kraftfahrzeuge, die ab 1. 4. 2020 erstmals zugelassen werden, im Zulassungsschein der neue – gemäß WLTP ermittelte – CO_2-Emissionswert ausgewiesen. Für Kraftfahrzeuge, die bis 31. 3. 2020 zugelassen werden, sind im Zulassungsschein noch die Werte laut NEFZ ausgewiesen. Der Wert laut Zulassungsschein ist auch für die Sachbezugsermittlung relevant.

1933 Für Kraftfahrzeuge, für die vor dem 1. 4. 2020 ein gültiger Kaufvertrag bzw Leasingvertrag abgeschlossen wurde, die nachweislich aufgrund der COVID-19-Krise nicht vor 1. 4. 2020 erstmalig zugelassen werden konnten und es deshalb zu einem höheren Sachbezugswert kommt, kann für Lohnzahlungszeiträume, die nach dem 31. 3. 2020 enden, für Erstzulassungen bis 30. 5. 2020 weiterhin der niedrigere Sachbezugswert zur Anwendung kommen.

1934 Durch die Einführung des neuen WLTP-Messverfahrens (bisher NEFZ-Messverfahren) kommt es zu einer Erhöhung der ermittelten CO_2-Emissionswerte von durchschnittlich ca

235.1 Firmenauto, Firmenfahrrad, Firmenmotorrad

20%. Um insgesamt keine steuerliche Mehrbelastung für die Arbeitnehmer zu bewirken, wurden die Grenzwerte des CO_2-Ausstoßes für die Einordnung des Sachbezuges angepasst.

1935 Nach einschlägigem EU-Recht (insb Verordnung [EG] 692/2008 zur Durchführung und Änderung der Verordnung [EG] 715/2007 über die Typgenehmigung von Kraftfahrzeugen hinsichtlich der Emissionen von leichten Pkw und Nutzfahrzeugen [Euro 5 und Euro 6] und über den Zugang zu Reparatur- und Wartungsinformationen für Fahrzeuge, ABl L 2008/199, 1) findet NEFZ allerdings für sogenannte „auslaufende Serien" noch über den 1. 4. 2020 hinaus Anwendung. Auf solche Pkw werden die damals geltenden CO_2-Emissionswerte (also 118 Gramm pro Kilometer bei Erstzulassung im Jahr 2020 oder danach) weiter angewendet (siehe Beispiel 3).

1936 Als maßgeblicher CO_2-Emissionswert ist entsprechend § 6 Abs 3 Normverbrauchsabgabegesetz (NoVAG 1991) folgender Wert laut Typenschein bzw Einzelgenehmigungsbescheid gemäß Kraftfahrgesetz 1967 heranzuziehen:
a) der kombinierte WLTP-Wert der CO_2-Emissionen in Gramm pro Kilometer, ermittelt nach dem weltweit harmonisierten Prüfverfahren für leichte Nutzfahrzeuge (WLTP),
b) bei extern aufladbaren Elektro-Hybridfahrzeugen der gewichtet kombinierte WLTP-Wert der CO_2-Emissionen in Gramm pro Kilometer, ermittelt nach dem weltweit harmonisierten Prüfverfahren für leichte Nutzfahrzeuge (WLTP),
c) für Krafträder der WMTC-Wert der CO_2-Emissionen in Gramm pro Kilometer, ermittelt nach dem weltweit harmonisierten Emissions-Laborprüfzyklus (WMTC).

1937 Die CO_2-Emissionswerte werden seit 2021 um drei Gramm pro Jahr gesenkt. Für die Ermittlung des Sachbezugs ist die CO_2-Emissionswert-Grenze im Kalenderjahr der Anschaffung des Kfz maßgeblich.

Jahr der Erstzulassung	Maximaler CO_2-Emissionswert
2019	121 Gramm (NEFZ) pro Kilometer
1. 1. 2020 bis 31. 3. 2020	118 Gramm (NEFZ) pro Kilometer
1. 4. 2020 bis 31. 12. 2020	141 Gramm (WLTP) pro Kilometer
2021	138 Gramm (WLTP) pro Kilometer
2022	135 Gramm (WLTP) pro Kilometer
2023	132 Gramm (WLTP) pro Kilometer
2024	129 Gramm (WLTP) pro Kilometer
ab 2025	126 Gramm (WLTP) pro Kilometer

Beispiel 1

Der Arbeitgeber erwirbt im Juli 2019 einen Neuwagen um € 30.000,– einschließlich USt und NoVA. Das Kfz wird im August 2019 erstmals zugelassen und dem Arbeitnehmer zur Privatnutzung zur Verfügung gestellt. Der CO_2-Emissionswert beträgt laut Zulassungsschein 117 Gramm pro Kilometer. Da die Erstzulassung im Jahr 2019 erfolgt, ist auf die CO_2-Emissionswertgrenze entsprechend der bisherigen Regelung abzustellen. Der CO_2-Grenzwert für 2019 beträgt 121 Gramm pro Kilometer, daher beträgt der monatliche Sachbezug 1,5% von € 30.000,–, also € 450,–. Dieser Sachbezugswert gilt für dieses Kfz auch in den Folgejahren.
Variante: Das Kfz wird im Juni 2020 gekauft und erstzugelassen. Der CO_2-Emissionswert (WLTP) beträgt laut Zulassungsschein 140 Gramm pro Kilometer. Da die Erstzulassung nach dem 31. 3. 2020 erfolgt, ist auf die CO_2-Emissionswertgrenze entsprechend der Neuregelung abzustellen. Der CO_2-Grenzwert für 2020 liegt bei 141 Gramm pro Kilometer, daher beträgt der monatliche Sachbezug 1,5% von € 30.000,–, also € 450,–.

Beispiel 2

Der Arbeitgeber erwirbt im Mai 2020 einen Gebrauchtwagen um € 25.000,– einschließlich USt und NoVA. Das Kfz wurde 2017 erstmals zugelassen und beim ersten Erwerb nachweislich um € 42.000,– angeschafft. Der CO_2-Emissionswert beträgt 129 Gramm pro Kilometer. Da die Erstzulassung vor dem 31. 3. 2020 stattfand, kommen die CO_2-Emissionswertgrenzen der bisherigen Regelung zur Anwendung. Der CO_2-Emissionswert liegt über dem für das Jahr der Erstzulassung (2017) maßgeblichen Wert von 127 Gramm. Der monatliche Sachbezug beträgt demnach 2% von € 42.000,– also € 840,–.
Variante: Das Kfz wird im Jänner 2022 erstmals zugelassen und im Dezember 2023 vom Arbeitgeber gebraucht erworben. Da die Erstzulassung nach dem 31. 3. 2020 erfolgt, kommen die neuen CO_2-Emissionswertgrenzen zur Anwendung. Der CO_2-Emissionswert (WLTP) von 129 Gramm liegt unter den für das Jahr der Erstzulassung (2022) maßgeblichen 135 Gramm pro Kilometer, daher beträgt der monatliche Sachbezug 1,5% von € 42.000,–, also € 630,–.

Beispiel 3

Der Arbeitgeber erwirbt im April 2020 ein neues Kfz, für das gemäß der Verordnung (EG) 692/2008 zur Durchführung und Änderung der Verordnung (EG) 715/2007 als sogenannte „auslaufende Serie" unverändert der NEFZ-Wert in der Typengenehmigung aufscheint (§ 15 Abs 22 NoVAG 1991), die Erstzulassung erfolgt im Mai 2020. Die Anschaffungskosten betragen € 28.000,–, der CO_2-Emissionswert 133 Gramm pro Kilometer. Da es sich um ein Kfz handelt, für das auch nach dem 31. 3. 2020 der NEFZ-Wert heranzuziehen ist, liegen die CO_2-Emissionen über dem gemäß der bisherigen Berechnung für das Jahr 2020 zulässigen Wert von 118 Gramm pro Kilometer. Der monatliche Sachbezug beträgt daher 2% von € 28.000,–, also € 560,–.

Beispiel 4

Der Arbeitgeber erwirbt einen Neuwagen um € 45.000,– einschließlich USt und NoVA. Das Kfz wird im Mai 2023 erstmals zugelassen und dem Arbeitnehmer zur Privatnutzung zur Verfügung gestellt. Der CO_2-Emissionswert beträgt laut Zulassungsschein 132 Gramm pro Kilometer. Der monatliche Sachbezug beträgt daher 1,5% von € 45.000,–, also € 675,–.

Geringerer Sachbezugswert bei Wenignutzung („Mini-Sachbezug")

CO_2-Emissionswert über 132 Gramm/km

1938 Ergibt sich bei Ansatz von **€ 0,67** pro privat gefahrenem Kilometer (ohne Chauffeur) bzw **€ 0,96** pro privat gefahrenem Kilometer (mit Chauffeur) ein um mehr als die Hälfte geringerer Sachbezugswert (vom halben Sachbezugswert), ist dieser Wert anzusetzen.

1939 Der Nachweis der Privatkilometer ist laut Verordnung zwingend an die Führung eines Fahrtenbuchs gebunden. Bei einem mangelhaften Fahrtenbuch ist eine Ergänzung der fehlenden Angaben durch andere Aufzeichnungen nicht möglich (vgl BFG 8. 2. 2021, RV/3100441/2018).

CO_2-Emissionswert bis 132 Gramm/km

1940 Ergibt sich bei Ansatz von **€ 0,50** pro privat gefahrenem Kilometer (ohne Chauffeur) bzw **€ 0,72** pro privat gefahrenem Kilometer (mit Chauffeur) ein um mehr als die Hälfte geringerer Sachbezugswert (vom halben Sachbezugswert), ist dieser Wert anzusetzen.

1941 Der Nachweis der Privatkilometer ist laut Verordnung zwingend an die Führung eines Fahrtenbuchs gebunden. Bei einem mangelhaften Fahrtenbuch ist eine Ergänzung der fehlenden

235.1 Firmenauto, Firmenfahrrad, Firmenmotorrad

Angaben durch andere Aufzeichnungen nicht möglich (vgl BFG 8. 2. 2021, RV/3100441/2018).

> **Beispiel**
>
> Der Firmenwagen mit einem CO_2-Ausstoß von 131 g/km wird nur in einem sehr geringen Ausmaß privat genutzt.
> Dem Arbeitnehmer steht kein Chauffeur zur Verfügung.
>
> | | |
> |---|---:|
> | Anschaffungskosten Firmenauto | € 28.500,00 |
> | halber Sachbezugswert | € 213,75 |
>
> Laut Fahrtenbuch ist der Arbeitnehmer 100 km privat gefahren.
>
> | | |
> |---|---:|
> | Berechnung des Sachbezugswertes 100 × 0,50 | € 50,00 |
> | halber Sachbezugswert | € 213,75 |
> | davon die Hälfte | € 106,88 |
>
> Da der Sachbezug weniger als die Hälfte des halben Sachbezugswertes beträgt, sind **€ 50,00** als Hinzurechnungsbetrag anzusetzen.
>
> Laut Fahrtenbuch ist der Arbeitnehmer 300 km privat gefahren.
>
> | | |
> |---|---:|
> | Berechnung des Sachbezugswertes 300 × 0,50 | € 150,00 |
> | halber Sachbezugswert | € 213,75 |
> | davon die Hälfte | € 106,88 |
>
> Da der Sachbezug mehr als die Hälfte des halben Sachbezugswerts beträgt, sind **€ 213,75** (halber Sachbezugswert) als Hinzurechnungsbetrag anzusetzen.

1942 Der Sachbezugswert ist jeweils in Bezug auf die betroffene Besteuerungsperiode zu ermitteln. Im Zuge der Veranlagung ist die Besteuerungsperiode grundsätzlich das Kalenderjahr. Für die Frage der Anwendbarkeit des halben Sachbezuges bzw des „Mini-Sachbezuges" ist die jährliche Kilometerleistung zu vergleichen. Beträgt das Ergebnis höchstens 6.000 Kilometer pro Jahr, steht der halbe Sachbezugswert zu. Wird dieser bei Anwendung des Kilometersatzes von € 0,50 bzw € 0,67 pro Kilometer noch einmal um die Hälfte (und damit 25% des vollen Sachbezugswertes) unterschritten, ist diese Berechnung anzuwenden (BFG 6. 2. 2020, RV/6100590/2019).

> **Beispiel**
>
> Der Firmenwagen mit einem CO_2-Ausstoß von 131 g/km und Anschaffungskosten von € 43.154,– wird nur in einem geringen Ausmaß privat genutzt. Die Fahrten werden in einem Fahrtenbuch aufgezeichnet.
> Kilometeraufstellung:
>
> | Zeitraum | km | km × € 0,50 | 25% SB | 50% SB | 100% SB | km beruflich | km privat |
> |---|---|---|---|---|---|---|---|
> | Jänner | 58 | 29,00 | 161,83 | 323,66 | 647,31 | 876 | 934 |
> | Februar | 174 | 87,00 | 161,83 | 323,66 | 647,31 | 1.949 | 2.123 |
> | März | 128 | 64,00 | 161,83 | 323,66 | 647,31 | 902 | 1.030 |
> | April | 181 | 90,50 | 161,83 | 323,66 | 647,31 | 1.669 | 1.850 |
> | Mai | 432 | 216,00 | 161,83 | 323,66 | 647,31 | 1.989 | 2.421 |
> | Juni | 378 | 189,00 | 161,83 | 323,66 | 647,31 | 792 | 1.170 |

235. Sachbezüge

Zeitraum	km	km x € 0,50	25% SB	50% SB	100% SB	km beruflich	km privat
Juli	614	307,00	161,83	323,66	647,31	1.006	1.620
August	235	117,50	161,83	323,66	647,31	1.537	1.772
September	342	171,00	161,83	323,66	647,31	2.168	2.510
Oktober	347	173,50	161,83	323,66	647,31	2.300	2.647
November	330	165,00	161,83	323,66	647,31	1.139	1.469
Dezember	482	241,00	161,83	323,66	647,31	985	1.467
Summe	3.701	1.850,50	1.941,93			17.312	21.013

Da der ermittelte „Mini-Sachbezug" (€ 1.850,50) um mehr als die Hälfte geringer ist als der halbe Sachbezugswert (€ 1.941,93), kommt der „Mini-Sachbezug" zum Ansatz.

Kostenersatz bei Anschaffung des Pkw

1943 Wird ein Teil der Anschaffungskosten vom Arbeitnehmer übernommen, so verringert sich der Sachbezugswert im entsprechenden Ausmaß. Der Kostenbeitrag des Arbeitnehmers wird dabei von den tatsächlichen Anschaffungskosten in Abzug gebracht.

Beispiel – Kostenbeitrag zu den Anschaffungskosten

Firmenauto – CO_2-Ausstoß 132 g/km – Beispiel 1
Anschaffungskosten € 56.750,00
Kostenbeitrag des Arbeitnehmers € 7.300,00
€ 49.450,00

49.450 × 1,5% = 741,75
Sachbezug maximal **720,00**

Firmenauto – CO_2-Ausstoß 132 g/km – Beispiel 2
Anschaffungskosten € 54.250,00
Kostenbeitrag des Arbeitnehmers € 7.300,00
€ 46.950,00

46.950 × 1,5% = **704,25**

Laufender Kostenbeitrag des Arbeitnehmers

1944 Leistet der Arbeitnehmer laufende Kostensätze für die Privatnutzung des Firmenautos, kürzen diese den Sachbezug. Besteht der Kostenbeitrag nur in Höhe der Treibstoffkosten, so kann der Sachbezug **nicht** gekürzt werden.

1945 Leistet der Arbeitnehmer für sämtliche Privatfahrten mit dem arbeitgebereigenen Kfz einen Kostenersatz an den Arbeitgeber in Höhe des amtlichen Kilometergeldes, ist dennoch ein Sachbezug nach der SachbezugswerteV anzusetzen und der Kostenersatz sachbezugsmindernd zu berücksichtigen, zumal das Kilometergeld nicht die realen Autokosten abdeckt und daher ein Vorteil aus den Dienstverhältnis gegeben ist (vgl BFG 22. 9. 2020, RV/2101237/2018).

1946 Laufende und einmalige Kostenbeiträge des Arbeitnehmers sind vor Wahrnehmung des Höchstbetrages von € 720,– (bzw € 360,–) oder € 960,– (bzw € 480,–) zu berücksichtigen (§ 4 Abs 7 SachbezugswerteV, LStR Rz 187).

235.1 Firmenauto, Firmenfahrrad, Firmenmotorrad

Anschaffungspreis

Kaufpreis inkl Sonderausstattungen (Schiebedach, Klimaanlage usw). Die **Umsatzsteuer** und die **Normverbrauchsabgabe** gehören ebenfalls zum Anschaffungspreis.

Bei im Ausland erworbenen Neufahrzeugen ist von den tatsächlichen Anschaffungskosten (einschließlich Umsatzsteuer und Normverbrauchsabgabe) auszugehen, daher sind für die Bemessungsgrundlage des Sachbezugswertes die Anschaffungskosten im Ausland (netto), die Normverbrauchsabgabe und die inländische Umsatzsteuer anzusetzen (LStR Rz 178).

Gebrauchtfahrzeug

Der Sachbezugswert ist immer vom **Neuwert** (Rabatte und allfällige Sonderausstattungen bleiben unberücksichtigt) zum **Zeitpunkt der Erstzulassung** zu berechnen. Es kann aber auch der Nachweis über die Höhe der seinerzeitigen tatsächlichen Anschaffungskosten des Erstbesitzers erbracht werden (inkl Sonderausstattungen und Rabatte).

Beispiel

Gebrauchter Pkw – Erstzulassung 2019	€ 28.000,00	– CO_2-Ausstoß – 120 g/km
maßgeblicher CO_2-Grenzwert im Jahr 2019	121 g/km	
Anschaffungskosten zum Zeitpunkt Erstzulassung	€ 45.000,00	
Berechnung Sachbezugswert		
	€ 45.000,00	× 1,5% =
anzusetzender Sachbezugswert	€ 675,00	

Diese Bestimmung gilt auch für sogenannte „Monatsautos".

Vorführwagen

Es handelt sich um einen Gebrauchtwagen. Die Rückrechnung auf die Erstanschaffungskosten ist, ab dem Jahr 2020, durch Erhöhung der tatsächlichen Anschaffungskosten um 15% (einschließlich der Umsatzsteuer und Normverbrauchsabgabe) vorzunehmen. Diese Bestimmung ist nur anzuwenden, wenn ein Autohändler seinen Mitarbeitern ein Firmenauto für die Privatnutzung zur Verfügung stellt. In allen anderen Fällen erfolgt die Berechnung des Sachbezugswert nach den Bestimmungen für Gebrauchtautos.

Mit der Änderung der SachbezugswerteV wurde auch klargestellt, dass entgegen der Rsp des VwGH (vgl zB VwGH 21. 11. 2018, Ro 2016/13/0013) die Sachbezugsbewertung bei Vorführkraftfahrzeugen ausgehend von den tatsächlichen Anschaffungskosten unter Hinzurechnung der Umsatzsteuer und NoVA vorzunehmen ist.

Beispiel

Der Arbeitgeber ist Kfz-Händler und stellt seinem Arbeitnehmer ein Vorführkraftfahrzeug zur Verfügung. Dieses wird im April 2023 erstmals zugelassen und hat einen CO_2-Emissionswert (WLTP) von 127 Gramm pro Kilometer. Die Anschaffungskosten betragen netto (also exklusive USt und NoVA) € 20.000,–. Diese tatsächlichen Anschaffungskosten sind um 15% auf € 23.000,– zu erhöhen. Zu diesem Betrag sind sowohl die Umsatzsteuer von 20% (€ 4.600,–) als auch die NoVA (€ 110,–) zu addieren. Die Bemessungsgrundlage für den Sachbezug beträgt daher € 27.710,–. Da der CO_2-Emissionswert (WLTP) unter dem Grenzwert von 132 Gramm pro Kilometer für 2023 liegt, beträgt der monatliche Sachbezug 1,5%, also € 415,65.

235. Sachbezüge

Leasingfahrzeuge

1952 Der Sachbezugswert ist von den Anschaffungskosten zu berechnen, die der Leasingrate zugrunde liegen (**einschließlich** Umsatzsteuer und Normverbrauchsabgabe, auch wenn dem Arbeitgeber ein Vorsteuerabzug zusteht). Wird ein Gebrauchtauto geleast, ist diese Bestimmung nicht anzuwenden. Der Sachbezugswert wird in diesen Fällen nach den Bestimmungen für Gebrauchtfahrzeuge berechnet.

1953 Sind die Anschaffungskosten aus dem Leasingvertrag nicht ersichtlich, ist vom Neupreis der entsprechenden Modellvariante zum Zeitpunkt der Erstzulassung auszugehen. Bei geleasten Gebrauchtfahrzeugen sind die Anschaffungskosten analog zu gekauften Gebrauchtfahrzeugen zu ermitteln (LStR Rz 180).

Verschiedene Fahrzeuge im Abrechnungszeitraum/Poolfahrzeuge

1954 Werden von den Arbeitnehmern verschiedene arbeitgebereigene Kfz benützt, so ist als Sachbezugswert der Durchschnittswert aller Fahrzeuge und der Durchschnittswert des auf die Fahrzeuge anzuwendenden Prozentsatzes, die in diesem Abrechnungszeitraum privat benützt wurden, heranzuziehen. Ist unter diesen Fahrzeugen ein Fahrzeug mit einem Sachbezug von 2%, ist ein Sachbezug von maximal € 960,– anzusetzen. In allen anderen Fällen ist ein Sachbezug von maximal € 720,– anzusetzen (§ 4 Abs 6a SachbezugswerteV).

Beispiel

Pkw	A	B	C	D	Summe	Durchschnitt
CO_2-Ausstoß	109 g	118 g	156 g	Elektro		
Anschaffungskosten	13.000	16.000	50.000	40.000	119.000	119.000/4 = 29.750
Sachbezug	1,5%	1,5%	2%	0	5	5/4 = 1,25%
Der monatliche Sachbezug beträgt € 371,88 (1,25% von € 29.750,–).						

Mehrere Fahrzeuge zur alleinigen Nutzung des Arbeitnehmers

1955 Hat der Dienstnehmer den Vorteil der unentgeltlichen Nutzung entweder **mehrerer** Pkw oder eines Pkw und eines Motorrads für Privatfahrten, ist ein Sachbezugswert für die **jeden** einzelnen Pkw bzw für den Pkw und das Motorrad anzusetzen. Dabei macht es keinen Unterschied, ob alle Fahrzeuge mit eigenen Kennzeichen angemeldet sind oder mit Wechselkennzeichen.

1956 Bei entsprechend hohen Anschaffungskosten ist der Höchstbetrag von € 720,– bzw € 960,– daher **mehrmals** (für jeden einzelnen Pkw bzw das Motorrad) anzusetzen.

Beispiel

Dem Dienstnehmer stehen im Jahr 2023 ein Van (Anschaffungskosten € 34.000,–, CO_2-Emissionswert 156 g/km) und ein Kleinwagen (Anschaffungskosten € 16.500,–, CO_2-Emissionswert 110 g/km) unentgeltlich zur Verfügung. Der monatliche Sachbezug beträgt daher € 927,50 (2% von € 34.000,– plus 1,5% von € 16.500,–).

Fahrgemeinschaft

Wird das arbeitgebereigene Kraftfahrzeug mehreren Arbeitnehmern zur gemeinsamen Nutzung (Fahrgemeinschaft) zur Verfügung gestellt, ist der Sachbezugswert „einmal" zu ermitteln und nach Maßgabe des Ausmaßes der Teilnahme an der Fahrgemeinschaft zwischen den teilnehmenden Arbeitnehmern aufzuteilen (LStR Rz 184). Kein Sachbezug ist anzusetzen, wenn Werkverkehr vorliegt. **1957**

Fahrzeugwechsel

Kommt es während des Lohnzahlungszeitraumes zu einem **Fahrzeugwechsel,** so bestehen keine Bedenken, wenn für den betreffenden Lohnzahlungszeitraum der Sachbezugswert entweder nach den Anschaffungskosten des bisherigen Fahrzeuges oder nach den Anschaffungskosten des neu zur Verfügung gestellten Fahrzeugs ermittelt wird, wenn für beide Fahrzeuge aufgrund des CO_2-Emissionswert derselbe Prozentsatz auf die Bemessungsgrundlage zur Anwendung gelangt. Kommen aber durch den Fahrzeugwechsel aufgrund des CO_2-Emissionswert unterschiedliche Prozentsätze zur Anwendung, ist bezogen auf den Lohnzahlungszeitraum von einer Durchschnittsbetrachtung auszugehen (LStR Rz 185). **1958**

Beispiele

1. Einem Arbeitnehmer wird am 20. 3. ein neuer Dienstwagen zur Verfügung gestellt. Die Anschaffungskosten des alten Dienstwagens betrugen € 18.000,–, die des neuen € 20.000,–. Der Sachbezugswert kann im Lohnzahlungszeitraum März von den Anschaffungskosten des alten Dienstwagens berechnet werden. Erst ab April ist die Berechnung von den Anschaffungskosten des neuen Dienstwagens vorzunehmen.
2. Einem Arbeitgeber wurde ein arbeitgebereigenes Fahrzeug zur Verfügung gestellt, für welches ein Sachbezug mit 2% der Anschaffungskosten in Höhe von € 960,– anzusetzen war. Mit 18. 10. erfolgt ein Fahrzeugwechsel und dem Arbeitnehmer wird als Dienstwagen ein arbeitgebereigenes Elektrofahrzeug mit einem Sachbezugswert von 0% zur Verfügung gestellt. Als Sachbezug sind für Oktober 17/30 von € 960,– = € 544,– zu berücksichtigen.

Verkauf von Dienstfahrzeugen an Arbeitnehmer

Beim Verkauf von gebrauchten Dienstfahrzeugen an Arbeitnehmer liegt ein steuerpflichtiger Sachbezug insoweit vor, als die Arbeitnehmer aufgrund des Dienstverhältnisses einen Preis zu bezahlen haben, der **unter** dem Preis liegt, der bei einer Veräußerung des Fahrzeuges an einen „fremden" privaten Abnehmer zu erzielen wäre. **1959**

Die Höhe des Sachbezugs ergibt sich aus der **Differenz** des vom Arbeitnehmer zu bezahlenden Preises und dem Mittelwert zwischen dem Händler-Einkaufspreis und dem Händler-Verkaufspreis laut den inländischen Eurotax-Notierungen (jeweils inkl Umsatzsteuer und NoVA). Daneben können auch andere im Inland anerkannte Fahrzeugbewertungslisten (zB Autopreisspiegel) herangezogen werden. **1960**

Der Wert von Sachbezügen ist grundsätzlich nach einem objektiven Maßstab im Wege einer Schätzung zu ermitteln. Im Rahmen des Schätzungsverfahrens muss die Behörde (bzw das Gericht) auf alle vom Abgabepflichtigen substanziiert vorgetragenen, für die Schätzung relevanten Behauptungen eingehen (VwGH 26. 7. 2017, Ra 2016/13/0043). Dem Arbeitnehmer bleibt es daher unbenommen, einen niedrigeren Sachbezug anhand geeigneter Unterlagen (zB Bewertungsgutachten, vergleichbare Kaufpreise) nachzuweisen. **1961**

235. Sachbezüge

Beispiel		
Verkaufspreis an Arbeitnehmer		€ 10.000,00
Händler – Einkaufspreis	€ 13.000,00	
Händler – Verkaufspreis	€ 15.000,00	
Mittelwert zwischen Ein- und Verkaufspreis		€ 14.000,00
Differenz (Sachbezugswert)		€ 4.000,00

Sachbezug bei Spezialfahrzeugen (LStR Rz 175)

1962 Ein Sachbezugswert ist **nicht** anzusetzen, wenn es sich um Spezialfahrzeuge handelt, die aufgrund ihrer Ausstattung eine andere private Nutzung praktisch ausschließen (zB ÖAMTC- oder ARBÖ-Fahrzeuge, Montagefahrzeuge mit eingebauter Werkbank), oder wenn Berufschauffeure das Fahrzeug (Pkw, Kombi, Fiskal-Lkw), das privat nicht verwendet werden darf, nach der Dienstverrichtung mit nach Hause nehmen. Der bloße Umstand, dass ein Klein-Lkw durch den Arbeitgeber eingesetzt wird, führt nicht zu einem Werkverkehr.

1963 Wird nachweislich festgestellt, dass mit dem Spezialfahrzeug auch über die Fahrten Wohnung – Arbeitsstätte hinaus Privatfahrten unternommen werden, ist für diese Fahrten ein Sachbezugswert anzusetzen.

1964 Werden „Spezialfahrzeuge" für die Fahrten Wohnung – Arbeitsstätte verwendet (Werkverkehr), sind die Monate der Nutzung im Lohnzettel zu vermerken.

Abgeltung mit Sachbezug

1965 Mit dem Sachbezugswert sind alle geldwerten Vorteile, die mit der Nutzung des arbeitgebereigenen Kfz üblicherweise verbunden sind, abgegolten. Dazu zählt auch das unentgeltliche Aufladen eines arbeitgebereigenen Elektrofahrzeugs beim Arbeitgeber.

Laden eines Elektrofahrzeuges/E-Ladestation

Arbeitgebereigenes Elektrofahrzeug

1966 Wird ein arbeitgebereigenes Elektrofahrzeug beim Arbeitgeber aufgeladen, ist beim Arbeitnehmer kein Sachbezugswert anzusetzen.

1967 Ersetzt der Arbeitgeber dem Arbeitnehmer die Kosten für das Laden des arbeitgebereigenen Elektrofahrzeuges oder trägt er die Kosten dafür zur Gänze oder teilweise, ist ebenso kein Sachbezug anzusetzen. Voraussetzung dafür ist, dass der Kostenersatz oder die Kostentragung ausschließlich die Kosten für das Aufladen des arbeitgebereigenen Kraftfahrzeuges betrifft.

1968 Ersetzt der Arbeitgeber dem Arbeitnehmer ganz oder teilweise die Kosten für die Anschaffung einer Ladeeinrichtung für ein arbeitgebereigenes Elektrofahrzeug des Arbeitnehmers oder schafft er für den Arbeitnehmer eine Ladeeinrichtung für dieses Kraftfahrzeug an, ist nur der € 2.000,– übersteigende Wert als Einnahme bzw geldwerter Vorteil anzusetzen. Umfasst sind nicht nur fix installierte Ladeeinrichtungen („Wallbox"). Voraussetzung ist jedenfalls, dass zum Zeitpunkt der Anschaffung ein arbeitgebereigenes Fahrzeug überlassen wird.

235.1 Firmenauto, Firmenfahrrad, Firmenmotorrad

Beispiele

Beispiel 1:
Der Arbeitnehmer verfügt über ein arbeitgebereigenes Elektroauto und lässt sich eine Wallbox einbauen. Die Kosten dafür betragen
a) € 1.800,–
b) € 3.500,–
Sein Arbeitgeber ersetzt diese Kosten zur Gänze. Im Fall a) ist der Kostenersatz zur Gänze steuerfrei, im Fall b) ist eine Einnahme von € 1.500,– zu erfassen. Würde der Arbeitgeber im Fall b) nur € 2.000,– ersetzen, wäre dieser Ersatz ebenfalls zur Gänze steuerfrei.

Beispiel 2:
Der Arbeitnehmer wohnt in einem Mehrparteienhaus mit mehreren Garagenplätzen. Einer der Garagenparkplätze steht ihm zur Nutzung zur Verfügung. Damit der Arbeitnehmer das firmeneigene Elektroauto dort laden kann, trägt der Arbeitgeber selbst die Kosten für den Einbau der Wallbox in Höhe von € 4.000,–. Die Zurverfügungstellung der Wallbox führt zu einem Sachbezug in Höhe von € 2.000,–.

Wird eine Ladevorrichtung sowohl für das Aufladen des arbeitgebereigenen als auch für allfällige nicht arbeitgebereigene Fahrzeuge verwendet, ist eine exakte Erfassung der Kosten für das Aufladen des arbeitgebereigenen Fahrzeuges erforderlich und der Kostenersatz ist nur insoweit steuerlich nicht zu erfassen. **1969**

Betroffen sind Fälle, in denen der Arbeitnehmer an einer Ladevorrichtung bei einer Tankstelle für das elektrische Aufladen der Batterie des Fahrzeuges bezahlt und von seinem Arbeitgeber die Kosten dafür ersetzt bekommt. Gleiches gilt, wenn der Arbeitgeber einen Kostenbeitrag leistet oder die gesamten Kosten für das Laden des Elektroautos im privaten Einfamilienhaus des Arbeitnehmers übernimmt, wenn sichergestellt ist, dass nur die Kosten für das Aufladen des arbeitgebereigenen Fahrzeuges erfasst sind. **1970**

Beispiel

Der Arbeitnehmer ist Eigentümer einer Wallbox in der Garage seines Wohnhauses. Sie wird sowohl zum Aufladen des arbeitgebereigenen Fahrzeuges (Firmenfahrzeug), als auch zum Aufladen des Elektrofahrzeuges verwendet, das der Ehefrau des Arbeitnehmers gehört. Die Wallbox ermöglicht eine genaue Trennung der Ladungen in Bezug auf die verschiedenen Fahrzeuge. Der Arbeitgeber ersetzt die Ladekosten für das Aufladen des Firmenfahrzeuges entsprechend den Ladenachweisen. Dieser Kostenersatz bleibt steuerfrei.

Arbeitnehmereigenes Elektrofahrzeug

Kann der Arbeitnehmer beim Arbeitgeber ein arbeitnehmereigenes Elektrofahrzeug unentgeltlich aufladen, liegt kein Sachbezug vor. Ersetzt hingegen der Arbeitgeber dem Arbeitnehmer die Stromkosten für ein privates Elektrofahrzeug, handelt es sich nicht um einen Auslagenersatz und es liegt somit steuerpflichtiger Arbeitslohn vor. **1971**

Emissionsfreie arbeitgebereigene oder arbeitnehmereigene Fahrräder und Krafträder

Die oben genannten Regelungen zu den arbeitgebereigenen bzw arbeitnehmereigenen Elektrofahrzeugen gelten sinngemäß auch für emissionsfreie Fahrräder und Krafträder.

235. Sachbezüge

Sachbezug bei angestellten Ehegatten

1972 Wird dem in einem Dienstverhältnis stehenden Ehegatten ein arbeitgebereigenes Kfz für Privatfahrten zur Verfügung gestellt, ist ein Sachbezug anzusetzen. Dies auch dann, wenn für das Kfz ein Privatanteil ausgeschieden wurde. Es kommt auch nicht darauf an, ob auch anderen Dienstnehmern Kraftfahrzeuge zur Privatnutzung zur Verfügung stehen oder ob dies branchenüblich ist oder ob das Kfz bereits vor Beginn des zur Verfügung gestanden ist. Auch spielt das Motiv des Arbeitgebers (zB Überlassung aufgrund von familienrechtlichen Verpflichtungen) keine Rolle (VwGH 10. 6. 2009, 2008/08/0224; BFG 15. 6. 2016, RV/3100200/2016).

1973 Anderer Ansicht der Steuersenat des VwGH, wonach die Motive des Arbeitgebers für die Erbringung einer Leistung an den Arbeitnehmer nicht ausgeblendet werden können. Wird der Veranlassungszusammenhang zwischen Leistung des Arbeitgebers (wie etwa Überlassung des arbeitgebereigenen Kfz) und Gegenleistung des Arbeitnehmers (Erbringung der Arbeitsleistung) durchbrochen, weil die Leistung des Arbeitgebers nicht durch das Dienstverhältnis veranlasst ist, sondern aus anderen Gründen erfolgt (wie etwa Vorteile, die der Dienstgeber im eigenbetrieblichen Interesse oder aufgrund einer persönlichen Beziehung zum Arbeitnehmer gewährt), ist diese Leistung nicht als Arbeitslohn einzustufen. Bei der Beurteilung der Frage, ob eine Leistung des Arbeitgebers an den Arbeitnehmer durch das Dienstverhältnis veranlasst ist oder aus privaten, außerhalb des Dienstverhältnisses liegenden Motiven erfolgt, ist auch auf die Wertrelation zwischen Leistung und Gegenleistung sowie darauf abzustellen, ob es sich beim Dienstgeber und Dienstnehmer um Angehörige handelt. Leistungen an nahe Angehörige können nämlich nur insoweit als Entgelt (Arbeitslohn) für ihre Arbeitsleistung angesehen werden, als sie unter gleichen Voraussetzungen auch Fremden gezahlt worden wären; trifft diese Voraussetzung aber nicht zu, so stellen diese Leistungen kein Entgelt für die Arbeitsleistung dar und können daher nicht als Bezug oder Vorteil aus einem Dienstverhältnis angesehen werden (VwGH 23. 10. 2020, Ra 2020/13/0036 mwN).

Bezugsumwandlung zu Gunsten Elektro-Kfz/-Fahrrad

➤ Siehe „Bezugsumwandlung zu Gunsten Elektro-Kfz/-Fahrrad".

Sachbezug Pkw in der Sozialversicherung

1974 Aufgrund der Bestimmungen des § 49 Abs 3 Z 20 ASVG die Kostenersätze des Arbeitgebers für Fahrten zwischen Wohnung und Arbeitsstätte sind beitragsfrei. Die Überlassung eines Kfz für den Weg zur Arbeitsstätte ist nicht „Ersatz der tatsächlichen Kosten für Fahrten mit Massenbeförderungsmitteln" im buchstäblichen Sinn. Da sie aber dem Dienstnehmer solche Kosten erspart, ist sie in ihrer wirtschaftlichen Auswirkung dem Ersatz solcher Kosten gleichzuhalten.

1975 Sollte der Überlassung des Fahrzeuges nicht ohnedies eine Beförderung durch den Dienstgeber gleichzuhalten sein, stellt sie einen – wie immer zu bewertenden – Sachbezug dar, der Kosten eines Massenbeförderungsmittels gar nicht erst entstehen lässt, weshalb der Wert dieses Sachbezugs dem Ersatz tatsächlich erwachsener Kosten der Fortbewegung zwischen Wohnung und Arbeitsstätte entspricht, die bis zur Höhe der (fiktiven) Kosten eines Massenbeförderungsmittels beitragsfrei zu belassen sind (VfGH 16. 6. 1992, B 511/91; VfGH 1. 3. 1996, B 257/95; Dachverband 3. 7. 2003, FO-MVB/32-51.1/03 Rv/Mm).

1976 Steht kein Massenbeförderungsmittel zur Verfügung bzw ist es den Betroffenen nicht zumutbar, dieses zu benützen (Distanz zu groß), ist pro Kilometer ein Betrag von € 0,11 (25% des amtlichen Kilometergelds) beitragsfrei zu belassen.

235.1 Firmenauto, Firmenfahrrad, Firmenmotorrad

> **Beispiel**
>
> | | |
> |---|---|
> | Anschaffungskosten des Pkw: | € 27.500,00 |
> | fiktive Fahrtkosten zwischen Wohnung und Arbeitsstätte: | €   45,00 |
> | Berechnung des Sachbezugswerts für Lohnsteuer, DB, DZ und KommSt: | |
> | Sachbezug = | 27.500,00 × 1,5%   € 412,50 |
> | | |
> | Berechnung des Sachbezugs für die Sozialversicherung: | |
> | Sachbezug = | 27.500,00 × 1,5%   € 412,50 |
> | abzüglich fiktiver Fahrtkosten | €   45,00 |
> | anzusetzender Sachbezug | € 367,50 |

Sondervorschrift über die Aufteilung des allgemeinen Beitrags

Der den Versicherten belastende Teil der allgemeinen Beiträge (AV, KV, PV) darf zusammen mit dem den Versicherten belastenden Teil des Betrags zur AlV 20% seiner Geldbezüge nicht übersteigen. Den Unterschiedsbetrag hat der Dienstgeber zu tragen (§ 53 Abs 1 ASVG). **1977**

> **Beispiel**
>
> Angestellter
> Gehalt   € 1.963,00
> Anschaffungskosten   € 28.000,00 – voller Sachbezug
> CO_2-Emissionswert   121 g
> Fiktive Fahrtkosten (fFK)   €   56,00
> *Sachbezugswert*
>   € 28.000,00 × 1,5% = €   420,00
>
> *Abrechnung lfd Bezug*
> Gehalt   € 1.963,00
> *Sozialversicherung*
>   + SB   €   420,00
>   – fFK   €   56,00
>   € 2.327,00 × 18,12% =   €   421,65
> *Kontrollrechnung*
>
>   € 1.963,00 × 20% = € 392,60
>   € 2.327,00 × 1% = €   23,27   €   415,87   €   415,87
>   Der geringere SV-Beitrag wird dem Arbeitnehmer abgezogen.
>   Die Differenz zur Berechnung mit 18,12% trägt der Dienstgeber.
> *Lohnsteuer*
>   € 1.963,00
>   + SB   €   420,00
>   – SV   €   415,87
>   € 1.967,13
>   LSt ohne AVAB   €   197,43
>   Netto/Ausz   **€ 1.349,70**

rdb.at/lohnsteuer

235. Sachbezüge

1978 Für Pflichtversicherte, die nur Anspruch auf Sachbezüge haben oder kein Entgelt erhalten, hat der Dienstgeber auch die auf den Pflichtversicherten entfallenden Beitragsteile zu tragen.

235.2 Privatnutzung eines arbeitgebereigenen Kfz-Abstell- oder Garagenplatzes (§ 4 a SachbezugswerteV)

1979 Besteht für den Arbeitnehmer die Möglichkeit, das von ihm für Fahrten Wohnung – Arbeitsstätte genutzte Kfz während der Arbeitszeit in Bereichen von **öffentlichen Flächen,** die einer Parkraumbewirtschaftung unterliegen, auf einem Abstell- oder Garagenplatz des Arbeitgebers zu parken, ist ein Sachbezug **von € 14,53 monatlich** anzusetzen. Diese Bestimmung ist sowohl bei arbeitnehmereigenen als auch bei arbeitgebereigenen Kfz, für die ein Sachbezug gemäß § 4 der SachbezugswerteV anzusetzen ist, anzuwenden.

1980 Parkraumbewirtschaftung iS der SachbezugswerteV liegt vor, wenn das Abstellen von Kfz auf öffentlichen Verkehrsflächen für einen bestimmten Zeitraum gebührenpflichtig ist. Liegt der Bereich der kostenpflichtigen Parkraumbewirtschaftung nicht innerhalb von öffentlichen Flächen (zB Gelände des Flughafen Schwechat), kommt es zu keinem Ansatz des Sachbezugwertes (LStR Rz 10203).

1981 Eine zu einem Sachbezug führende Parkraumbewirtschaftung iS der Verordnung setzt ein bestimmtes Größenausmaß des Bereichs („flächendeckend") voraus. Eine flächendeckende Parkraumbewirtschaftung liegt vor, wenn sich die Parkraumbewirtschaftung **nicht auf eine Straße** oder **einen Platz** beschränkt, sondern für den Bereich von mehreren zusammenhängenden Straßenzügen gegeben ist. In der Regel wird das nur in größeren Ballungszentren gegeben sein. Befinden sich innerhalb der parkraumbewirtschafteten Zone einzelne Parkplätze, auf denen ein kostenloses Parken möglich ist, ändert dies nichts am Charakter der flächendeckenden Parkraumbewirtschaftung.

1982 Für einen Abstellplatz am Rande einer gebührenpflichtigen Parkzone ist dann kein Sachbezugswert anzusetzen, wenn **ein gesamter Straßenzug** der angrenzenden Straßen, die das Gelände (die Liegenschaft) umschließen, keiner Parkraumbewirtschaftung unterliegt und auf dieser Straße auch das Abstellen von Kfz zulässig und möglich ist. Liegt der Abstellplatz des Arbeitgebers innerhalb einer flächendeckenden parkraumbewirtschafteten Zone und ist nur auf **einzelnen angrenzenden Straßenabschnitten** bzw auf **einzelnen Parkplätzen** das kostenlose Parken möglich, ändert dies nichts am Charakter einer flächendeckenden Parkraumbewirtschaftung und es ist ein Sachbezug anzusetzen.

1983 Stellen Gemeinden für ihre Arbeitnehmer Sondergenehmigungen aus, die zur gebührenfreien Benutzung von Parkplätzen auf öffentlichen Verkehrsflächen in parkraumbewirtschafteten Bereichen berechtigen, dann liegt ein Sachbezug vor. Dies gilt auch dann, wenn die Berechtigung zur gebührenfreien Benutzung von Parkplätzen auf die Dienstzeit eingeschränkt ist. Als Sachbezug ist der Wert der Parkberechtigungskarte anzusetzen. Monatlich ist daher ein Zwölftel des Wertes der Parkberechtigungskarte hinzuzurechnen.

1984 Trägt der Arbeitgeber für seine Arbeitnehmer die Kosten von Parkmöglichkeiten (Garage, Abstellplatz) und liegt die Firma nicht im Bereich einer kostenpflichtigen, öffentlichen Parkraumbewirtschaftung (zB Flughafengelände), ist kein Sachbezugswert anzusetzen.

235.3 Dienstwohnung

Wird vom Arbeitgeber **kostenlos** oder **verbilligt** dem Arbeitnehmer Wohnraum zur Verfügung gestellt, stellt dies einen Vorteil aus dem Dienstverhältnis dar. **1985**

Eine freie (unentgeltlich überlassene) Dienstwohnung stellt nur dann keinen geldwerten Vorteil aus dem Dienstverhältnis und daher auch keine Einnahme des Arbeitnehmers dar, wenn Letzterer die Dienstwohnung ausschließlich im Interesse des Arbeitgebers in Anspruch nimmt (VwGH 19. 3. 1985, 84/14/0149; VwGH 31. 3. 1992, 87/14/0060; VwGH 25. 11. 1997, 93/14/0109; VwGH 10. 12. 1997, 95/13/0078) und seine bisherige Wohnung beibehält. **1986**

Von einem ausschließlichen Interesse des Arbeitgebers ist dann auszugehen, wenn die bereitgestellte Wohnung nach Art und Umfang (Ausstattung) auf die Nutzung iZm der beruflichen Tätigkeit abstellt (zB Dienstwohnung eines Werkportiers im Werkgelände, wenn gleichzeitig die eigene Wohnung beibehalten wird und die Zurverfügungstellung auf die Tage der Dienstausübung beschränkt ist). Wird hingegen eine Wohnung zur Verfügung gestellt, die nach objektiven Kriterien als Mittelpunkt der Lebensinteressen verwendet werden kann, liegt ein steuerpflichtiger Sachbezug auch dann vor, wenn die eigene Wohnung beibehalten wird (wenn daher zB ein zum Bezirkshauptmann bestellter Bediensteter am Sitz der Bezirkshauptmannschaft seinen ordentlichen Wohnsitz begründen muss, ist ein Sachbezug auch dann hinzuzurechnen, wenn der bisherige Wohnsitz beibehalten wird; siehe hiezu VwGH 25. 3. 1999, 97/15/0089). Liegen die Voraussetzungen für die Berücksichtigung von Aufwendungen für eine doppelte Haushaltsführung vor, stehen Werbungskosten in Höhe des (hinzugerechneten) Sachbezugswertes der Dienstwohnung zu. Wenn sich der Arbeitnehmer durch den Bezug einer arbeitsplatznahen Dienstwohnung größere Fahrtstrecken erspart, liegt das Interesse an der Inanspruchnahme der Dienstwohnung jedenfalls nicht mehr ausschließlich beim Arbeitgeber (VwGH 19. 3. 1985, 84/14/0149). Zur Sonderregelung siehe „Arbeitsplatznahe Unterkünfte".

Bei Berechnung des Sachbezugswerts ist zu unterscheiden, ob sich die Wohnung im Betriebsvermögen des Arbeitgebers befindet oder ob die Wohnung angemietet wird. **1987**

Berechnung des Sachbezugswertes bei Wohnungen im Betriebsvermögen des Arbeitgebers

Bei Berechnung des Sachbezugswertes werden jene Quadratmeterpreise laut Richtwertgesetz angesetzt, die zum **31. 10. des Vorjahres** gültig waren. Die Quadratmeterpreise werden immer wieder angepasst, was zur Folge hat, dass der Sachbezugswert auch neu zu berechnen ist. **1988**

Quadratmeterpreis laut Richtwertgesetz

Die für Lohnzahlungszeiträume ab 2023 anzusetzenden Sachbezugswerte betragen pro Quadratmeter des Wohnflächenausmaßes: **1989**

Bundesland	Richtwert
Burgenland	€ 5,61
Kärnten	€ 7,20
Niederösterreich	€ 6,31
Oberösterreich	€ 6,66
Salzburg	€ 8,50

235. Sachbezüge

Bundesland	Richtwert
Steiermark	€ 8,49
Tirol	€ 7,50
Vorarlberg	€ 9,44
Wien	€ 6,15

1990 Vorstehende Werte stellen Bruttopreise (inkl Betriebskosten und Umsatzsteuer, exklusive Heizkosten) dar.

Berechnung der Wohnfläche

1991 Das Wohnflächenausmaß errechnet sich anhand der gesamten Bodenfläche des Wohnraums abzüglich der Wandstärken und der im Verlauf der Wände befindlichen Durchbrechungen (Ausnehmungen). Nicht zum Wohnraum zählen Keller- und Dachbodenräume, soweit sie ihrer Ausstattung nach nicht für Wohnzwecke geeignet sind, Treppen, offene Balkone und Terrassen.

Mietrechtliche Normwohnung

1992 Die Richtwerte sind auf Wohnraum anzuwenden, der von der Ausstattung her der „mietrechtlichen Normwohnung" nach dem Richtwertgesetz entspricht.

1993 Eine Normwohnung liegt vor, wenn hinsichtlich der Ausstattung folgende Voraussetzungen erfüllt sind:
- ✓ Der Wohnraum befindet sich in einem brauchbaren Zustand.
- ✓ Der Wohnraum besteht aus Zimmer, Küche (Kochnische), Vorraum, Klosett und einer dem zeitgemäßen Standard entsprechenden Badegelegenheit (Baderaum oder Badenische).
- ✓ Der Wohnraum verfügt über eine Etagenheizung oder eine gleichwertige stationäre Heizung.

1994 Weder die Lage noch die Größe der Wohnung ist für die pauschale Ermittlung des Sachbezugswertes maßgeblich.

1995 Zur Frage, ob von der Ausstattung her eine mietrechtliche Normwohnung vorliegt, kann die diesbezügliche höchstgerichtliche Rsp herangezogen werden.

Beispiel – Berechnung Sachbezugswert

Steiermark – Wohnungsgröße   100 m²
Berechnung:
€ 8,49 × 100 =   € 849,–   = Sachbezug

Abschlag bei niedrigerem Ausstattungsstandard

1996 Für Wohnraum mit einem niedrigeren Ausstattungsstandard als dem der „Normwohnung" ist ein pauschaler Abschlag von 30% vorzunehmen (zB kein WC in der Wohnung).

235.3 Dienstwohnung

Beispiel – Berechnung Sachbezugswert – keine Standardwohnung

Steiermark – Wohnungsgröße	100 m²
Berechnung:	
€ 8,49 × 100 =	€ 849,–
Abschlag 30%	€ 254,70
	€ 594,30 = Sachbezug

Wohnungen von Hausbesorgern, Hausbetreuern und Portieren

Für Wohnungen von Hausbesorgern, Hausbetreuern und Portieren ist ein berufsspezifischer **Abschlag von 35%** vorzunehmen. **1997**

Der Abschlag von 35% kann auch für Schulwarte angewendet werden, sofern diese überwiegend Hausbesorger-, Hausbetreuer- bzw Portiertätigkeiten ausüben. **1998**

Die Dienstwohnung eines Hausbesorgers, Hausbetreuers oder Portiers außerhalb des zu betreuenden Gebäudes ist keine Hausbesorger- bzw Hausbetreuerwohnung, sodass der Abschlag nicht angewendet werden darf. **1999**

Entspricht die Wohnung nicht dem Standard einer Normwohnung, ist der Wert zunächst um 30% zu vermindern. Von dem sich ergebenden Wert ist ein weiterer Abschlag von 35% vorzunehmen. Alternativ kann der Ausgangswert sofort um einen **kumulierten Abschlag von 54,5%** gekürzt werden. **2000**

Der Abschlag von 35% kann nur in Abzug gebracht werden, wenn die Hausbesorger-, Hausbetreuer- bzw Portiertätigkeit **überwiegend** ausgeübt wird. **2001**

Beispiel – Berechnung Sachbezugswert – keine Standardwohnung – Hausbesorgerwohnung

Steiermark – Wohnungsgröße	100 m²
Berechnung:	
€ 8,49 × 100 =	€ 849,00
Abschlag 30%	€ 254,70
Zwischensumme	€ 594,30
Abschlag 35%	€ 208,01
	€ 386,29 = Sachbezug
oder	
	€ 849,00
Abschlag 54,5%	€ 462,71
	€ 386,29 = Sachbezug

Abweichungen Quadratmeterpreis – Fremdübliche Miete am Verbrauchsort

§ 2 Abs 4 SachbezugswerteV enthält eine Öffnungsklausel hinsichtlich jenes Wohnraums, dessen nachgewiesene tatsächliche Werte (Marktpreise) gegenüber den festgesetzten Werten wesentlich abweichen. Mit der Öffnungsklausel sollen bei extremen Abweichungen die fremdüblichen Mietwerte abzüglich eines Abschlags von 25% zum Ansatz kommen. Der fremdübliche Mietwert kann aus dem Immobilienpreisspiegel (zB Wirtschaftskammer) ermittelt werden. **2002**

235. Sachbezüge

Liegt die um 25% gekürzte fremdübliche Miete **innerhalb** dieser Bandbreite, ist der errechnete Sachbezugswert anzusetzen.
Liegt die um 25% gekürzte fremdübliche Miete **außerhalb** dieser Bandbreite, ist die gekürzte, fremdübliche Miete anzusetzen.
Siehe auch Rechenbeispiele.

Beispiel – Unterschreiten des Quadratmeterpreises

Steiermark – Wohnungsgröße	100 m²
entspricht nicht dem Standard einer Normwohnung	
Quadratmeterpreis laut Richtwertgesetz	€ 8,49
fremdübliche Miete am Verbraucherort	€ 400,00 bzw
	€ 300,00
Berechnung:	
€ 8,49 × 100 m² =	€ 849,00
Kürzung um 30%	€ 254,70
Sachbezugswert	€ 594,30
fremdüblicher Mietzins € 400,– – Kontrollrechnung:	
Miete	€ 400,00
Kürzung –25%	€ 100,00
Vergleichsbetrag 1	**€ 300,00**
Wert laut Quadratmeterpreisen	€ 594,30
davon 50%	€ 297,15
Vergleichsbetrag 2	**€ 297,15**
Da Vergleichsbetrag 1 höher als Vergleichsbetrag 2 = Sachbezug	€ 594,30
fremdüblicher Mietzins € 300,– – Kontrollrechnung:	
Miete	€ 300,00
Kürzung –25%	€ 75,00
Vergleichsbetrag 1	**€ 225,00**
Wert laut Quadratmeterpreisen	€ 594,30
davon 50%	€ 297,15
Vergleichsbetrag 2	**€ 297,15**
Da Vergleichsbetrag 1 geringer als Vergleichsbetrag 2 = Sachbezug	**€ 225,00**

235.3 Dienstwohnung

Beispiel – Überschreiten des Quadratmeterpreises	
Dachterrassenwohnung – Innenstadt Wien	140 m²
Quadratmeterpreis laut Richtwertgesetz	€ 6,15
fremdüblicher Mietzins	€ 2.200,00
Berechnung:	
€ 6,15 × 140 =	€ 861,00
Sachbezugswert laut Quadratmeterpreisen	€ 861,00
Kontrollrechnung:	
Miete	€ 2.200,00
Kürzung –25%	€ 550,00
Vergleichsbetrag 1	**€ 1.650,00**
Sachbezugswert	€ 861,00
Erhöhung um 100%	€ 861,00
Vergleichsbetrag 2	**€ 1.722,00**
Da Vergleichsbetrag 1 höher ist als Vergleichsbetrag 2 = Sachbezug	**€ 1.722,00**

Ausstattung der Wohnung

Es ist unbeachtlich, ob der Wohnraum möbliert oder unmöbliert ist. Es ist demnach weder ein Zuschlag noch ein Abschlag vorzunehmen. **2003**

Betriebskosten

Die Quadratmeterpreise beinhalten auch die Betriebskosten iSd § 21 Mietrechtsgesetz (zB Hausbesorger, Müllabfuhr, Wasser udgl). Werden die Betriebskosten vom Arbeitnehmer getragen, ist vom Quadratmeterpreis (nicht von den Heizkosten) ein Abschlag von 25% vorzunehmen. **2004**

Im Falle der Vergleichsrechnung mit der fremdüblichen Miete ist darauf zu achten, dass in der fremdüblichen Miete die Betriebskosten nicht enthalten sind. Aufgrund der SachbezugswerteV ist die Vergleichsrechnung nur nach Abzug des Abschlags für Nichtstandardwohnungen (30%) bzw für Wohnungen, die an Hausbesorger, Portiere udgl vergeben werden (35%), zu berücksichtigen. Ergibt sich aus der Höhe der beiden Vergleichswerte, dass der Sachbezug auf Basis der Quadratmeterberechnung anzusetzen ist, erfolgt die Kürzung um 25%. Ist die fremdübliche Miete anzusetzen, kommt es zu keiner weiteren Kürzung (vgl Anfragebeantwortung des BMF vom 21. 3. 2013).

Beispiel – Betriebskosten trägt Arbeitnehmer			
Steiermark – Wohnungsgröße – Normwohnung		100 m²	
fremdübliche Miete		€ 768,00	
Steiermark	€ 8,49 × 100 =		€ 849,00
	50%		€ 424,50
	200%		€ 1.698,00
fremdübliche Miete	€ 768,00		
Kürzung – 25%	€ 192,00		
	€ 576,00		
Sachbezug			€ 849,00
– Kürzung um 25% (Betriebskosten)			€ 212,25
anzusetzender Sachbezug			**€ 636,75**

235. Sachbezüge

Beispiel – Betriebskosten trägt Arbeitnehmer – Heizkosten trägt Arbeitgeber	
Steiermark – Wohnungsgröße	100 m²
Heizkosten können nicht festgestellt werden.	
Zuschlag pro m²	€ 0,58
Berechnung:	
€ 8,49 × 100 =	€ 849,00
Kürzung – 25%	€ 212,25
Zwischensumme	€ 636,75
Zuschlag Heizkosten	€ 58,00
Sachbezugswert – gesamt	**€ 694,75**

Angemietete Wohnung

2005 Bei angemieteten Wohnungen sind die Quadratmeterwerte der tatsächlichen Miete (samt Betriebskosten und Umsatzsteuer, exklusive Heizkosten) abzüglich 25% gegenüberzustellen; der höhere Wert bildet den maßgeblichen Sachbezug. Selbst bezahlte Betriebskosten sind vor Kürzung um 25% abzuziehen.

Beispiel – Sachbezug angemietete Wohnung	
tatsächliche Miete	€ 879,00
darin enthalten	
Betriebskosten	€ 250,00
Heizkosten	€ 100,00
Betriebskosten + Heizkosten trägt der Arbeitnehmer.	
Größe der Wohnung	100 m²
Burgenland – Quadratmeterpreis laut Richtwertgesetz	€ 5,61
Berechnung – nach Quadratmeterpreis:	
€ 5,61 × 100	€ 561,00
Kürzung um 25%	€ 140,25
Vergleichsbetrag 1	**€ 420,75**
tatsächliche Miete	€ 879,00
abzüglich Heizkosten	€ 100,00
Betriebskosten	€ 250,00
	€ 529,00
abzüglich 25%	€ 132,25
Vergleichsbetrag 2	**€ 396,75**
Vergleichsbetrag 1 ist, da höher, anzuwenden	€ 420,75
tatsächlicher Sachbezugswert	**€ 420,75**

Heizkosten

2006 Bei gemieteten Wohnungen ist der Sachbezugswert des Wohnraums, um die auf diese Wohnung entfallenden tatsächlichen Heizkosten zu erhöhen, sofern der Arbeitgeber die Heizkosten trägt und diese auch ermitteln kann.

235.3 Dienstwohnung

Der pauschale Heizkostenzuschlag in Höhe von € **0,58 pro Quadratmeter** ist ganzjährig dann anzusetzen,   **2007**

- ✓ wenn es sich um angemieteten Wohnraum handelt, bei dem die vom Arbeitgeber getragenen Heizkosten nicht ermittelt werden können, oder
- ✓ wenn es sich um anderen (zB arbeitgebereigenen) Wohnraum handelt, bei dem der Arbeitgeber die Heizkosten trägt.

Der pauschale Heizungskostenzuschlag richtet sich nach dem Nutzflächenausmaß des Wohnraums, unabhängig von der in Anwendung gebrachten Bewertungsmethode.   **2008**

Der Heizkostenzuschlag bei angemieteten Objekten ist ungekürzt anzusetzen; eine Kürzung um 25% erfolgt nicht. Allfällige Beiträge des Arbeitnehmers kürzen den Heizkostenzuschlag.   **2009**

Beispiel – Heizkosten	
Steiermark – Wohnungsgröße	100 m²
keine Standardwohnung	
Heizkosten können nicht festgestellt werden.	
Zuschlag pro m²	€ 0,58
Berechnung:	
€ 8,49 × 100 =	€ 849,00
Abschlag 30%	€ 254,70
Zuschlag – Heizkosten	€ 58,00
Sachbezugswert – gesamt	**€ 652,30**

Mietzinsbeschränkungen

Die verbilligte Überlassung von Wohnraum stellt dann keinen Vorteil aus dem Dienstverhältnis dar, wenn ein unter den Sachbezugswerten liegendes Nutzungsentgelt wegen zwingender gesetzlicher Mietzinsbeschränkungen, die unabhängig von der Arbeitnehmereigenschaft einzuhalten sind, vereinbart wurde. In einem solchen Fall ist nämlich das auf den ortsüblichen Preis fehlende Entgelt nicht auf das Vorliegen eines Dienstverhältnisses zurückzuführen (VwGH 29. 4. 2003, 99/14/0240).   **2010**

Gas und Strom

Ein Arbeitnehmer hat in einem firmeneigenen Haus eine Dienstwohnung. In dieser Wohnung befindet sich kein separater Gas- und Stromzähler. Der Wert des Sachbezugs für Beleuchtung und Gas muss daher zusätzlich zum m²-Preis ermittelt werden, da mit dem m²-Preis wohl die Betriebskosten, nicht aber ein Strom- bzw Gasverbrauch in der Wohnung erfasst wird. Diese Werte sind im Regelfall zu schätzen, zB beim Stromverbrauch etwa dadurch, dass der gesamte Stromverbrauch für dieses Haus ins gleiche Verhältnis wie die gesamte m²-Anzahl des Hauses zum Ausmaß der Dienstnehmerwohnung gesetzt wird. Ähnliches gilt für die Gaskosten. Ergeben diese Schätzungen keine brauchbaren Werte, so ist von vergleichbaren Haushalten auszugehen. In derartigen Fällen wird eine rechtzeitige Klärung (Auskunftserteilung gemäß § 90 EStG) mit dem FA des Arbeitgebers empfohlen.   **2011**

235. Sachbezüge

Wohnraum für mehrere Arbeitnehmer

2012 Wird der Wohnraum (zB eine Wohnung oder ein Einfamilienhaus) mehreren Arbeitnehmern kostenlos oder verbilligt zur Verfügung gestellt, dann ist der Sachbezugswert entsprechend der eingeräumten Nutzungsmöglichkeit aufzuteilen; im Zweifel ist der Sachbezugswert durch die Anzahl der Arbeitnehmer zu dividieren (vgl auch VwGH 21. 12. 2021, Ra 2017/08/0039).

> **Beispiel**
>
> Eine Dienstwohnung in Vorarlberg (ein Zimmer à 20 m², ein Zimmer à 40 m², Bad, Küche, Abstell- und Vorraum zusammen 40 m²) wird im Jahr 2023 zwei Arbeitnehmern kostenlos zur Verfügung gestellt. Der monatliche Sachbezugswert für die gesamte Dienstwohnung beträgt € 944,– (100 m² × € 9,44).
>
> **Fall 1:** Der Arbeitgeber stellt das kleinere Zimmer dem Arbeitnehmer A, das größere Zimmer dem Arbeitnehmer B und die sonstigen Räume beiden Arbeitnehmern gemeinsam zur Verfügung. Der Sachbezugswert ist entsprechend der Nutzungsmöglichkeiten, also im Verhältnis 60 : 80 aufzuteilen. Der anteilige Sachbezugswert für A beträgt € 404,57, für B € 539,43.
>
> **Fall 2:** Der Arbeitgeber stellt beiden Arbeitnehmern gemeinsam die gesamte Wohnung zur Verfügung. Der Sachbezugswert pro Arbeitnehmer beträgt daher jeweils € 472,00.

Arbeitsplatznahe Unterkünfte – kein Ansatz eines Sachbezugs unter gewissen Voraussetzungen

2013 Überlässt der Arbeitgeber dem Arbeitnehmer kostenlos oder verbilligt eine arbeitsplatznahe Unterkunft (Wohnung, Appartement, Zimmer), die nicht den Mittelpunkt der Lebensinteressen bildet, ist bis zu einer Größe von 30 m² kein Sachbezug anzusetzen.

2014 Bei Wohnungsgrößen von mehr als 30 m² bis maximal 40 m² vermindert sich der Sachbezugswert um 35%. Voraussetzung für diese Reduktion ist allerdings, dass die arbeitsplatznahe Unterkunft durchgehend höchstens zwölf Monate vom selben Arbeitgeber zur Verfügung gestellt wird. Dies wird bspw in einem saisonalen Betrieb (zB Hotel- und Gastgewerbe) der Fall sein.

> **Beispiel – arbeitsplatznahe Unterkunft**
>
> *Kürzung des Sachbezugswerts um 35%*
> Steiermark – Wohnungsgröße 38 m²
> fremdübliche Miete am Verbraucherort € 150,00
> *Berechnung:*
>   38 m² € 8,49 € 322,62
>
> *fremdüblicher Mietzins 150 € – Kontrollrechnung:*
>   Miete € 150,00
>   Kürzung – 25% € 37,50
>   Vergleichsbetrag 1 € 112,50
>
>   Sachbezugswert € 322,62
>   davon 50% € 161,31
>   Vergleichsbetrag 2 € 161,31
>
>   Da Vergleichsbetrag 1 geringer als Vergleichsbetrag 2
>   Sachbezug € 112,50

235.3 Dienstwohnung

– Kürzung um 35%	€ 39,37
anzusetzender Sachbezugswert	€ 73,13

Eine Wohnung ist dann als Mittelpunkt der Lebensinteressen anzusehen, wenn sie zur Befriedigung des dringenden Wohnbedürfnisses des Arbeitnehmers regelmäßig verwendet wird (insb der Hauptwohnsitz). Der Mittelpunkt der Lebensinteressen des Arbeitnehmers kann entweder im Inland oder im Ausland liegen. **2015**

Wird ein **befristetes** Dienstverhältnis abgeschlossen und eine arbeitsplatznahe Unterkunft (mit einer Größe von mehr als 30 m² bis maximal 40 m²) zur Verfügung gestellt (alle übrigen Voraussetzungen des § 2 Abs 7a SachbezugswerteV sind erfüllt), allerdings das Dienstverhältnis entgegen der ursprünglichen Intention über einen Zeitraum von zwölf Monaten hinaus verlängert (der Sachbezug wird weiterhin gewährt), steht der Abschlag von 35% nicht zu. Der ursprünglich steuerfrei belassene Sachbezug ist in diesem Fall entweder im Rahmen der Aufrollung (§ 77 Abs 3 EStG) nachzuversteuern oder – sollte eine Aufrollung nicht mehr möglich sein – als sonstiger Bezug gemäß § 67 Abs 10 EStG zu behandeln. **2016**

Wird ein **unbefristetes** Dienstverhältnis abgeschlossen und eine arbeitsplatznahe Unterkunft (mit einer Größe von mehr als 30 m² bis maximal 40 m²) zur Verfügung gestellt (alle übrigen Voraussetzungen des § 2 Abs 7a SachbezugswerteV sind erfüllt) und das Dienstverhältnis vor Ablauf von zwölf Monaten beendet, kann der Abschlag von 35% nicht (rückwirkend) angewendet werden, da am Beginn der Tätigkeit keine befristete (maximal zwölf Monate dauernde) Zurverfügungstellung der arbeitsplatznahen Unterkunft geplant war. **2017**

Wird kurze Zeit (innerhalb eines Kalendermonats bzw von 30 Tagen) nach Beendigung eines Dienstverhältnisses neuerlich ein Dienstverhältnis beim selben Arbeitgeber begründet und dem Arbeitnehmer wiederum eine arbeitsplatznahe Unterkunft zur Verfügung gestellt, ist – um eine missbräuchliche Umgehung der Zwölf-Monats-Frist zu vermeiden – die Zeitdauer der Zurverfügungstellung der Unterkunft für die Berechnung der Zwölf-Monats-Frist zu kumulieren. **2018**

Die Bestimmungen des § 2 Abs 7a der SachbezugswerteV kommen sowohl bei einer im Eigentum des Arbeitgebers stehenden Wohnung als auch für eine vom Arbeitgeber angemietete Wohnung zur Anwendung. **2019**

Wird die Unterkunft mehreren Arbeitnehmern kostenlos oder verbilligt zur Verfügung gestellt, ist der Sachbezugswert entsprechend der eingeräumten Nutzungsmöglichkeit zu aliquotieren. Eine Steuerfreiheit steht nur dann zu, wenn jener Wohnraum, der dem jeweiligen Arbeitnehmer zur Verfügung gestellt wird, 30 m² nicht übersteigt bzw steht eine Reduktion des Sachbezugswerts nur dann zu, wenn die eingeräumte Nutzungsmöglichkeit 40 m² nicht übersteigt und die Zwölf-Monats-Frist eingehalten wird (vgl auch VwGH 21. 12. 2021, Ra 2017/08/0039). **2020**

> **Beispiel**
>
> Zwei Arbeitnehmern im Gastgewerbe wird eine arbeitsplatznahe Unterkunft (45 m²) kostenlos zur Verfügung gestellt.
> Beide Arbeitnehmer verfügen jeweils über ein eigenes Schlafzimmer (Größe jeweils 16 m²). Die übrige Wohnfläche von 13 m² steht beiden Arbeitnehmern zur Verfügung.
> Da jeder Arbeitnehmer über eine Nutzungsmöglichkeit im Ausmaß von 29 m² verfügt, ist kein Sachbezug anzusetzen.

235. Sachbezüge

2021 Entsprechend der Intention der Bestimmung über arbeitsplatznahe Unterkünfte in der Sachbezugswerte V (ua gedacht für Personalhäuser im Hotel- und Gastgewerbe) wird bezüglich der Nutzungsmöglichkeit von „Gemeinschaftsräumen" grundsätzlich zu differenzieren sein, ob sich diese noch im Wohnungsverband mit dem Zimmer befinden. Nur in diesem Fall hat eine Berücksichtigung bei der Berechnung der Größe zu erfolgen. Vom Arbeitnehmer (Personal) nutzbare Räume, die sich außerhalb des Verbandes einer Dienstwohnung befinden (zB Stiegenhäuser, Wellnessbereiche, sonstige Gemeinschaftsräume etc) bleiben bei der Ermittlung der Größe der arbeitsplatznahen Unterkunft außer Ansatz.

2022 Bei der Beurteilung, ob eine Unterkunft als arbeitsplatznah zu qualifizieren ist, ist im Wesentlichen auf die rasche Erreichbarkeit der Arbeitsstätte abzustellen. Kann die Arbeitsstätte, unabhängig davon, welches Verkehrsmittel genutzt wird, innerhalb von 15 Minuten erreicht werden, ist jedenfalls von einer arbeitsplatznahen Unterkunft auszugehen.

2023 Eine kumulative Berücksichtigung von Abschlägen gemäß § 2 Abs 3 Z 1 bzw § 2 Abs 3 Z 2 und § 2 Abs 7 a SachbezugswerteV ist nicht möglich.

235.4 Wohnraum für Arbeitnehmer in der Land- und Forstwirtschaft

2024 Für Arbeitnehmer, die dem Landarbeitsgesetz unterliegen, sind die oben genannten Regelungen hinsichtlich zur Verfügung gestellter Wohnungen nicht anzuwenden. In diesem Fall gelten die Bestimmungen des § 3 SachbezugswerteV.

2025 Der Wert der Wohnungen, die **Arbeitern** in der Land- und Forstwirtschaft kostenlos oder verbilligt zur Verfügung gestellt werden, beträgt € 190,80 jährlich (€ 15,90 monatlich).

2026 Für ständig in der Land- und Forstwirtschaft beschäftigte **Angestellte** sind folgende Werte als Grunddeputat (freie Wohnung, Beheizung und Beleuchtung) anzusetzen:

Kategorie nach Kollektivvertrag	Familienerhalter	Alleinstehende
	monatlich – in Euro	monatlich – in Euro
I	60,31	30,52
II und III	71,94	38,51
IV und V	81,39	42,87
VI	95,95	50,87

2027 Werden nur einzelne Bestandteile des Grunddeputats gewährt, sind die Wohnung mit 40%, die Heizung mit 50% und die Beleuchtung mit 10% anzusetzen.

235.5 Bonusmeilen

2028 Die im Rahmen eines Kundenbindungsprogramms (zB Vielfliegerprogramm) für Dienstreisen gutgeschriebenen Bonuswerte (zB Bonusmeilen) zählen zu den Einkünften aus nichtselbständiger Arbeit und sind, wenn der Arbeitnehmer diese Bonuswerte für private Zwecke verwendet, im Rahmen der Veranlagung als Arbeitslohn von dritter Seite zu erklären.

2029 Für den von dritter Seite (zB Fluglinien) eingeräumten Vorteil aus der Verwendung von Bonusmeilen besteht für den Arbeitgeber keine Verpflichtung zur Einbehaltung und Abfuhr von Lohnsteuer. Der Zufluss des Vorteils iSd § 19 EStG findet erst mit der Verwendung der Bonusmeilen statt, da sich erst im Zeitpunkt der Einlösung in Geld ausdrücken lässt, welchen

Betrag sich der Teilnehmer am Vielfliegerprogramm durch die Verwendung der Bonusmeilen erspart hat (VwGH 29. 4. 2010, 2007/15/0293).

> **Beispiel**
>
> Ein Arbeitnehmer erwirbt aufgrund seiner Dienstreisen Bonusmeilen. Im Jahr 2023 löst er die beruflich gesammelten Bonusmeilen für einen privaten Flug ein. Da der Vorteil dem Arbeitnehmer mit der Einlösung der Bonusmeilen zugeflossen ist, hat der Arbeitnehmer den Vorteil im Rahmen der Arbeitnehmerveranlagung 2023 als nichtselbständige Einkünfte ohne Lohnsteuerabzug zu erklären. Als Vorteil sind die ersparten Aufwendungen (zB Ticketkosten eines vergleichbaren Fluges) anzusetzen.

Im Bereich der Sozialversicherung unterliegen die von dritter Seite gewährten Vorteile weiterhin der Sozialversicherung. **2030**

Lohnnebenkosten (DB, DZ und KommSt) fallen nicht an. **2031**

235.6 Freie Station (§ 1 SachbezugswerteV)

Voraussetzung für eine Hinzurechnung des Sachbezugswertes der freien Station ist, dass der Dienstnehmer ganz oder zumindest teilweise wirtschaftlich in die Hausgemeinschaft des Arbeitgebers aufgenommen wurde. **2032**

Der Sachbezugswert für die volle freie Station beträgt monatlich **€ 196,20**.

Wird die freie Station nur teilweise in Anspruch genommen, so verringert sich der Sachbezugswert im entsprechenden Verhältnis **2033**

nur Wohnung (ohne Beleuchtung und Beheizung)	1/10
Beheizung und Beleuchtung	1/10
erstes und zweites Frühstück je	1/10
Mittagessen	3/10
Jause	1/10
Abendessen	2/10

des Betrags von **€ 196,20**.

Gewährt der Arbeitgeber auch den Familienangehörigen des Arbeitnehmers die volle freie Station, so erhöhen sich die vorgenannten Beträge

für die Ehefrau um	80%
für jedes Kind bis zum sechsten Lebensjahr um	30%
für jedes Kind im Alter von mehr als sechs Jahren um	40%
und für jedes volljährige Kind um	80%

Bei **gebrochenen** Abrechnungsperioden oder wenn dem Arbeitnehmer die volle oder teilweise freie Station nur tage- oder wochenweise gewährt wird, ist für den

Kalendertag   1/30 (€ 6,54)

der jeweiligen Beiträge anzusetzen.

Gast- und Schankgewerbe

Freie und verbilligte Mahlzeiten im Gast-, Schank- und Beherbergungsgewerbe sind unabhängig von den kollektivvertraglichen Bestimmungen nach § 3 Abs 1 Z 17 EStG steuerfrei. **2034**

235. Sachbezüge

Ebenso stellt die zur Verfügungstellung einer einfachen arbeitsplatznahen Unterkunft (Schlafstelle, Burschenzimmer, einfache Wohnung) durch den Arbeitgeber während der Saison keinen Sachbezug dar, sofern an dieser Unterkunft nicht der Mittelpunkt der Lebensinteressen begründet wird.

235.7 Zinsenersparnisse bei zinsverbilligten oder unverzinslichen Arbeitgeberdarlehen und Gehaltsvorschüssen (§ 3 Abs 1 Z 20 EStG iVm § 5 SachbezugswerteV)

Allgemeines

2035 Gewährt ein Arbeitgeber einem Arbeitnehmer ein zinsverbilligtes oder unverzinsliches Darlehen (Gehaltsvorschuss), so ist der Vorteil aus den günstigeren Zinsen zu berechnen und der Lohnsteuerbemessungsgrundlage und der Beitragsgrundlage hinzuzurechnen.

Zu einem Sachbezug kommt es jedoch erst dann, wenn das aushaftende Kapital den Freibetrag von € 7.300,– übersteigt.

Unter einem Gehaltsvorschuss kann nur ein Vorgriff auf künftige Gehaltsansprüche verstanden werden, dessen vollständige Rückzahlung spätestens bei Beendigung des Dienstverhältnisses zu erfolgen hat.

Kein Gehaltsvorschuss bzw kein Arbeitgeberdarlehen (iSd § 15 EStG) liegt dann vor, wenn eine Vorschusszahlung (Vorschüsse) gemäß § 78 Abs 1 EStG zu versteuern ist.

➢ Siehe „Vorschüsse".

Zinssatz

2036 Der Zinssatz wird alljährlich in Abhängigkeit von den EURIBOR-Werten durch das BMF bis zum 30. 11. für das Folgejahr festgesetzt und zum Jahreswechsel in der FINDOK verlautbart.

Der Prozentsatz für das Jahr 2023 beträgt **1,0%**.

Formel

2037
$$\frac{\text{Kapital} \times \text{Prozent(Zins)satz} \times \text{Tage}}{100 \times 360}$$

Abgabenmäßige Behandlung

Sozialversicherung

2038 Zinsersparnisse sollen unabhängig von der Abrechnungsart nach dem Anspruchsprinzip in allen Fällen beitragsrechtlich als laufendes Entgelt nach § 49 Abs 1 ASVG behandelt werden (MVB-Empfehlungen 049 – 03 – 19 – 001). Zu einem Sachbezug kommt es wie im Bereich der Lohnsteuer jedoch erst dann, wenn das aushaftende Kapital den Freibetrag von € 7.300,– übersteigt.

Lohnsteuer

Zinsenersparnisse sind in der Lohnsteuer als sonstiger Bezug iSd § 67 Abs 10 EStG (Tarifbesteuerung) zu behandeln. **2039**

Nachdem es sich bei diesem Sachbezugswert um einen sonstigen Bezug handelt, wird dieser nicht bei Berechnung des Jahressechstels berücksichtigt.

Bei einer monatlichen kontokorrentmäßigen Abrechnung der Zinsen und einer monatlichen Vorschreibung und Erfassung des Sachbezuges liegt hinsichtlich der Zinsersparnis ein sechstelerhöhender laufender Bezug vor (VwGH 25. 3. 2015, 2011/13/0015).

235.8 Kostenlos oder verbilligt abgegebene Optionen (§ 7 SachbezugswerteV)

Der Wert von an Mitarbeiter kostenlos oder verbilligt abgegebenen Optionen, die Wirtschaftsgüter darstellen, zum Erwerb von Beteiligungen (zB Aktien) ist mit dem gemeinen Wert der Option anzusetzen. Bei Optionen, die an einer Börse notieren, entspricht der gemeine Wert dem Börsenkurs am Tag des Überganges der Verfügungsmacht (der Einräumung der Option). Notiert die Option nicht an der Börse, ist der Wert der Option unter Berücksichtigung des inneren Wertes und des Zeitwertes zu ermitteln. **2040**

Der innere Wert der Option ergibt sich aus der Differenz des gemeinen Wertes der Beteiligung (bei börsennotierten Wertpapieren der Börsenkurs) zum Zeitpunkt der Einräumung der Option und des (niedrigeren) Ausübungspreises. Bei einem über dem Tageskurs liegenden Ausübungspreis ergibt sich ein negativer innerer Wert. **2041**

Der Zeitwert der Option ist in Höhe eines Prozentsatzes pro Kalendermonat der Laufzeit der Option vom gemeinen Wert der Beteiligung (bei börsennotierten Wertpapieren der Börsenkurs) zum Zeitpunkt der Einräumung der Option anzusetzen. Dieser Prozentsatz berücksichtigt den nicht erforderlichen Kapitaleinsatz für das Halten der Beteiligung sowie den Ausschluss eines Kursrisikos unter Abzug einer allfälligen Dividendenzahlung während der Laufzeit der Option. Für die ersten zwölf Monate der Laufzeit beträgt der Prozentsatz 1,4% pro Kalendermonat, für die restliche Laufzeit 1% pro Kalendermonat. Der gemeine Wert ergibt sich aus der Summe des inneren Wertes und des Zeitwertes, wobei durch einen negativen inneren Wert der Zeitwert maximal auf ein Drittel reduziert werden kann. **2042**

Die Zusage an einen Mitarbeiter, dass er zu einem späteren Zeitpunkt Aktien zu einem bestimmten Wert kaufen kann, führt nicht zu einem Zufluss im Zeitpunkt der Einräumung, wenn das eingeräumte Recht nur persönlich durch den Arbeitnehmer ausgeübt werden kann und somit mangels uneingeschränkter Verfügbarkeit ein Wirtschaftsgut im Zeitpunkt der Einräumung der Option nicht vorliegt. Ebenso liegt bei verschiedenen so genannten Stock-Options-Modellen, bei denen die Zusage des Aktienerwerbs zu einem bestimmten Kurs an zusätzliche Bedingungen geknüpft ist, die auf ein bestimmtes Verhalten des Arbeitnehmers abstellen (zB der Arbeitnehmer muss zum möglichen Zeitpunkt der Ausübung noch bei der Firma beschäftigt sein), keine Option im wirtschaftlichen Sinne vor. **2043**

Wird vom Arbeitgeber einem Arbeitnehmer eine Zusage erteilt, dass er zu einem späteren Zeitpunkt Aktien oder Beteiligungen zu einem bestimmten Kurs erwerben kann und knüpft diese Zusage an ein persönliches Verhalten des Arbeitnehmers bzw kann sie ausschließlich von ihm ausgeübt werden, so wird zum Zeitpunkt der Zusage kein Wirtschaftsgut oder geldwerter Vorteil iSd § 15 Abs 1 EStG übertragen und liegt daher kein Zufluss vor. In diesem Fall kommt es zu einem Zufluss erst im Zeitpunkt der Ausübung des zugesagten Rechts und somit zur Besteuerung des Vorteils. Der dem Arbeitnehmer entstehende Vorteil aus dem Dienstverhältnis (der Differenzbetrag aus dem aufzuwendenden Betrag für die Aktien und dem Tageskurs zum Zeitpunkt der Übertragung der Verfügungsmacht über die Aktien, wobei es unmaßgeblich ist, ob der Arbeitnehmer die Wertpapiere sofort verkauft oder behält) ist als sonstiger Bezug gemäß § 67 Abs 1 und 2 EStG zu versteuern. Bei bereits ausgeschiedenen Mitarbeitern ist die Versteuerung gemäß § 32 Z 2 EStG iVm § 67 Abs 10 EStG durchzuführen. Wird vom Arbeitgeber der Differenzbetrag zwischen zugesagtem Kurs für den Erwerb von Aktien und dem Tageswert der Aktie an den Arbeitnehmer ausgezahlt, ohne dass es zu einem Erwerb und anschließendem Verkauf der Aktien kommt, ist analog vorzugehen.

Hinsichtlich der Befreiung für Mitarbeiterbeteiligungen siehe § 3 Abs 1 Z 15 lit b und c EStG.

235.9 Unentgeltliche Kontoführung

2044 Wenn für Mitarbeiter oder ehemalige Mitarbeiter eines Bankinstitutes (alternativ) bei anderen Geldinstituten eine vergleichbare entgeltfreie Kontenführung wie im Arbeitgeberbetrieb ohne Weiteres möglich wäre bzw liegt ein überwiegendes eigenbetriebliches Interesse der Bank vor, stellt die Unentgeltlichkeit der Kontoführung keinen steuerbaren geldwerten Vorteil iSd § 15 EStG dar (VwGH 21. 5. 2014, 2010/13/0196).

Wird den Mitarbeitern oder ehemaligen Mitarbeitern eines Bankinstitutes kostenlos die Benützung von Safes und Schließfächern sowie kostenlose Depotgebühren eingeräumt, liegt ein abgabenpflichtiger Vorteil aus dem Dienstverhältnis vor (VwGH 21. 4. 2016, 2013/15/0259).

Derartige Vorteile können jedoch seit 1. 1. 2016 im Rahmen der Steuerbegünstigung für Mitarbeiterrabatte berücksichtigt werden (nicht jedoch bei Pensionisten – aA BFG 8. 5. 2019, RV/7105649/2017).

235.10 Personalrabatte

> Siehe „Mitarbeiterrabatte".

235.11 Incentive-Reisen

2045 Merkmal einer Incentive-Reise ist der freizeitorientierte Charakter der Reise, welcher sie von einer echten Geschäftsreise unterscheidet. Sie sind eine andere Art der Motivation zur Steigerung des Arbeitseinsatzes, der Loyalität zu einem Unternehmen oder einer Marke oder zur Förderung des Verkaufs von Produkten. Die Teilnahme an Incentive-Reisen ist üblicherweise an die Erfüllung eines Zieles (zB Verkaufszahlen, Ergebnisse, Kauf) innerhalb definierter Zeiträume gebunden.

2046 Veranstaltet der Arbeitgeber so genannte Incentive-Reisen, um bestimmte Arbeitnehmer für besondere Leistungen zu belohnen, so liegt grundsätzlich ein geldwerter Vorteil aus dem Dienstverhältnis vor, wenn die Reisen einschlägigen Touristikreisen entsprechen. Wird die Incentive-Reise vom eigenen Arbeitgeber gewährt, so ist der Sachbezugswert (Preis der Reise inkl Umsatzsteuer) im Wege des Lohnsteuerabzugs zu versteuern. Wird die Incentive-Reise hingegen von einem Dritten (zB Geschäftspartner des Arbeitgebers) gezahlt, so ist der geldwerte Vorteil im Allgemeinen im Rahmen einer Veranlagung zu erfassen. Wird die Incentive-Reise iZm oder anstelle von Provisionen gewährt, sind die LStR Rz 963 – 967 sinngemäß anzuwenden.

235.12 Aliquotierung des Sachbezugswerts (LStR Rz 175)

Der Wert der Reise ist bis zur Höchstbeitragsgrundlage sozialversicherungspflichtig. **2047**

Der Wert der Reise ist auch bei Ermittlung der Beitragsgrundlage bei DB, DZ und KommSt zu berücksichtigen. **2048**

235.12 Aliquotierung des Sachbezugswerts (LStR Rz 175)

Beginnt oder endet das Dienstverhältnis während eines Abrechnungszeitraumes („gebrochene Abrechnungsperiode"), ist der Sachbezugswert nach den Aliquotierungsbestimmungen des anzuwendenden Kollektivvertrags zu berechnen. Erhält der Arbeitnehmer Bezüge, die für die Berechnung der Lohnsteuer einen monatlichen Abrechnungszeitraum hervorrufen (zB Ersatzleistung, Kündigungsentschädigung), ist der Sachbezugswert trotzdem nur für die Tage der tatsächlichen Beschäftigung zu berechnen. **2049**

Eine Aliquotierung des Sachbezugswerts ist auch dann vorzunehmen, wenn beim Arbeitnehmer während eines Lohnzahlungszeitraums erstmals ein Sachbezug zum Ansatz kommt. **2050**

Beispiel Aliquotierung des Sachbezugswerts

Einem Vertreter wird erstmals am 17. 9. 2023 ein firmeneigener Pkw für Privatfahrten zur Verfügung gestellt. Bisher wurden berufliche Fahrten über Kilometergelder abgerechnet. Der Sachbezugswert ist für 14 Tage anzusetzen.

Ob nun der volle oder der halbe Sachbezug als Ausgangsbasis für die Aliquotierung heranzuziehen ist, orientiert sich danach, ob die monatliche Fahrtstrecke im Jahresdurchschnitt 500 km überschreitet oder nicht. Es ist auf jenen Zeitraum abzustellen, für den ein firmeneigenes Fahrzeug zur Verfügung steht, wobei es diesbezüglich zu keiner Aliquotierung der 500 km-Grenze im Beginn-/Endmonat kommt. **2051**

Beispiel

Für die Beurteilung, ob ein halber Sachbezug zum Ansatz kommt, können im vorherigen Beispiel bis zu 2.000 km an Privatfahrten unternommen werden (vier Monate x 500 km).

Sozialversicherung

Unter Entgelt sind die Geld- und Sachbezüge zu verstehen, auf die der pflichtversicherte Dienstnehmer (Lehrling) aus dem Dienst(Lehr)verhältnis Anspruch hat oder die er darüber hinaus aufgrund des Dienst(Lehr)verhältnisses vom Dienstgeber oder von einem Dritten erhält (§ 49 Abs 1 ASVG). Für die Beurteilung der Sachbezüge sind die Bestimmungen der Finanzverwaltung maßgeblich. **2052**

DB – DZ – KommSt

Sachbezüge erhöhen die Bemessungsgrundlage bei DB, DZ und KommSt. **2053**

235.13 Sachbezüge nach Ende des Dienstverhältnisses und bei Karenzen

2054 Werden während einer Karenzierung oder nach Beendigung eines Dienstverhältnisses nur mehr Sachbezüge weitergewährt, sind diese in der Sozialversicherung beitragsfrei. Beitragsfreiheit besteht auch dann, wenn (neben dem karenzierten Dienstverhältnis) mit demselben Dienstgeber ein geringfügiges Beschäftigungsverhältnis eingegangen wird (zB aufgrund des § 15e Abs 1 MSchG). Voraussetzung ist jedoch, dass es sich arbeitsrechtlich um ein eigenständiges Dienstverhältnis handelt und der Sachbezug aus dem ersten (karenzierten) Dienstverhältnis gebührt (siehe E-MVB 049-01-00-015).

2055 Zu den Einkünften aus nichtselbständiger Arbeit (Arbeitslohn) gehören auch Bezüge und Vorteile aus einem früheren Dienstverhältnis. Wird bspw einem Arbeitnehmer eine Dienstwohnung über das Ende des Dienstverhältnisses zur Verfügung gestellt, liegen Einkünfte iSd § 25 Abs 1 Z 1 lit a EStG vor. Der daraus resultierende Sachbezug für die Benutzung einer Dienstwohnung nach Beendigung des Dienstverhältnisses unterliegt der Lohnsteuerpflicht. Für die Erfassung im Wege der Veranlagung ist vom Arbeitgeber ein Lohnzettel zu übermitteln. Sofern sich aufgrund der Höhe des Sachbezugswertes ein Lohnsteuerabzug ergibt, hat der Arbeitnehmer dem Arbeitgeber den zur Deckung der Lohnsteuer erforderlichen Betrag zu zahlen.

236. Sachzuwendungen

➤ Siehe „Betriebsveranstaltungen".

237. Schadenersatzleistungen

2056 Ob die unter dem Titel des Schadenersatzes geleisteten Zahlungen zu Einnahmen führen oder nicht, hängt davon ab, ob ein Zusammenhang zwischen dem schadenskausalen Ereignis und der außerbetrieblichen Einkunftsquelle existiert.

2057 Zu den Einnahmen zählen Schadenersatzleistungen dann, wenn diese einerseits iZm einer steuerrelevanten Tätigkeit stehen und andererseits nicht der Vermögenssphäre des Geschädigten zuzurechnen sind. Zur Vermögenssphäre zählen etwa Leistungen des Versicherers, welche anlässlich der Vernichtung eines Mietwohngrundstücks durch ein Elementarereignis zur Auszahlung gelangen. Als Einnahmen gelten auch vom Arbeitgeber ersetzte Verwaltungsstrafen (VwGH 29. 1. 1991, 91/14/0002).

2058 Schadenersätze, bei denen der unmittelbare Zusammenhang mit der beruflichen Tätigkeit nicht vorhanden ist (zB Schadenersatz wegen sexueller Belästigung von Dienstnehmerinnen durch Arbeitgeber), führen nicht zu Einnahmen. Auch die Zahlung von Schmerzensgeld stellt keine steuerbare Einnahme dar, es sei denn, es liegen Rentenzahlungen iSd § 29 Z 1 EStG vor. Schadenersatzleistungen, welche iZm nicht steuerwirksamen Wertminderungen stehen, stellen keine Einnahmen dar (EStR 2000 Rz 4014).

238. Schlechtwetterentschädigungsbeitrag

Der Schlechtwetterentschädigungsbeitrag beträgt in Summe 1,4% und ist jeweils zur Hälfte von Dienstgeber und Dienstnehmer von der allgemeinen Beitragsgrundlage (inkl Sonderzahlungen) zu entrichten. 2059

Der Schlechtwetterentschädigungsbeitrag ist für Angestellte und für Arbeiter auf Auslandsbaustellen nicht zu entrichten.

239. Schmutz-, Erschwernis- und Gefahrenzulagen (§ 68 EStG)

Schmutz-, Erschwernis- und Gefahrenzulagen sind gemäß § 68 Abs 1 EStG steuerfreier Arbeitslohn, soweit die Zuschläge für Sonntags-, Feiertags- und Nachtarbeit und mit diesen Arbeiten zusammenhängende Überstundenzuschläge zusammen insgesamt € 360,– monatlich nicht übersteigen. 2060

Unter Schmutz-, Erschwernis- und Gefahrenzulagen sind jene Teile des Arbeitslohnes zu verstehen, die dem Arbeitnehmer deshalb gewährt werden, weil die von ihm zu leistenden Arbeiten überwiegend unter Umständen erfolgen, die 2061

- ✓ in erheblichem Maße zwangsläufig eine Verschmutzung des Arbeitnehmers und seiner Kleidung bewirken, oder
- ✓ im Vergleich zu den allgemein üblichen Arbeitsbedingungen eine außerordentliche Erschwernis darstellen, oder
- ✓ infolge der schädlichen Einwirkung von gesundheitsgefährdenden Stoffen oder Strahlen, von Hitze, Kälte oder Nässe, von Gasen, Dämpfen, Säuren, Laugen, Staub oder Erschütterungen oder infolge einer Sturz- oder anderen Gefahr zwangsläufig eine Gefährdung von Leben, Gesundheit oder körperlicher Sicherheit des Arbeitnehmers mit sich bringen.

Diese Zulagen sind nur begünstigt, soweit sie 2062
1. aufgrund gesetzlicher Vorschriften,
2. aufgrund von Gebietskörperschaften erlassener Dienstordnungen,
3. aufgrund aufsichtsbehördlich genehmigter Dienst-(Behandlungs-)Ordnung der Körperschaften des öffentlichen Rechts,
4. aufgrund der vom Österreichischen Gewerkschaftsbund für seine Bediensteten festgelegten Arbeitsordnung,
5. aufgrund von Kollektivverträgen oder Betriebsvereinbarungen, die aufgrund besonderer kollektivvertraglicher Ermächtigungen abgeschlossen worden sind,
6. aufgrund von Betriebsvereinbarungen, die wegen Fehlens eines kollektivvertragsfähigen Vertragsteiles (§ 4 ArbVG) auf der Arbeitgeberseite zwischen einem einzelnen Arbeitgeber und dem kollektivvertragsfähigen Vertragsteil auf der Arbeitnehmerseite abgeschlossen wurden,
7. innerbetrieblich für alle Arbeitnehmer oder bestimmte Gruppen von Arbeitnehmern,

gewährt werden.

Liegt eine lohngestaltende Vorschrift als formelle Voraussetzung vor, ist weiters zu prüfen, ob die materiellen Voraussetzungen iS der Legaldefinition des § 68 Abs 5 EStG gegeben sind (vgl VwGH 31. 3. 2011, 2008/15/0322) und das Ausmaß der Zulage angemessen ist (VwGH 17. 2. 1988, 85/13/0177). 2063

239. Schmutz-, Erschwernis- und Gefahrenzulagen

2064 Von einem angemessenen Ausmaß der Zulage wird im Regelfall dann auszugehen sein, wenn die Zulage der Höhe nach einer lohngestaltenden Vorschrift – insb einer lohngestaltenden Vorschrift iSd § 68 Abs 5 Z 1–6 EStG – entspricht. Zahlt ein Arbeitgeber höhere Bezüge als die in der maßgebenden lohngestaltenden Vorschrift vorgesehenen Mindestlöhne, werden Schmutz-, Erschwernis- und Gefahrenzulage grundsätzlich insoweit als angemessen anzusehen sein, als die Zulage im selben Ausmaß erhöht wird wie der Lohn.

> **Beispiel – Angemessenheit einer Zulage**
>
> Der kollektivvertragliche Bruttomonatslohn eines Transportarbeiters beträgt € 1.318,70. Für die Dauer der Beschäftigung in Kühlräumen gebührt dem Arbeitnehmer eine Erschwerniszulage von € 1,42 pro Stunde.
> Ein Arbeitgeber gewährt einem Transportarbeiter tatsächlich einen Bruttomonatslohn von € 1.500,–. Die Überzahlung beträgt daher 13,75% des KV-Lohns.
> Es bestehen in diesem Beispiel keine Bedenken, die Erschwerniszulage bis zu einem Betrag von € 1,62 pro Stunde (113,75% von € 1,42) gemäß § 68 EStG begünstigt zu behandeln.

2065 Der Abgabenbehörde obliegt es grundsätzlich (auch), die Angemessenheit einer gewährten Zulage nach § 68 Abs 1 EStG zu prüfen. Der zwischen den Kollektivvertragspartnern typischerweise bestehende Interessensgegensatz steht dieser Prüfung nicht entgegen. Der vorzunehmenden „Angemessenheitsprüfung" wohnt ein Element der Schätzung inne. Den einen als angemessen zu beurteilenden absoluten oder im Verhältnis zum Bruttolohn mit einem bestimmten Prozentsatz zu bemessenden Zulagenbetrag gibt es nicht. Eine Kürzung ist vorzunehmen, wenn die Abweichung erheblich ist, dh die Vereinbarung durch die Kollektivvertragspartner außerhalb jener Bandbreite liegt, die jeder Schätzung immanent ist (VwGH 22. 11. 2018, Ra 2017/15/0025).

2066 Um die Angemessenheit der Schmutzzulage beurteilen zu können, ist zunächst festzustellen, welche Kosten durch die Verschmutzung üblicherweise anfallen und durch die Zulage abgegolten werden sollen. Dabei geht es um den Sach- und Zeit(mehr)aufwand, der dem Arbeitnehmer durch die (Beseitigung der) Verschmutzung üblicherweise erwächst. Erst auf Basis festgestellter üblicher Kosten kann auf das angemessene Ausmaß einer Schmutzzulage geschlossen werden (VwGH 30. 6. 2021, Ra 2020/15/0123).

2067 Ein pauschaler Betrag kommt dabei dem Gedanken einer Abgeltung der Verschmutzung näher als ein prozentueller Betrag vom Gehalt, ist doch davon auszugehen, dass üblicherweise der Verschmutzungsgrad eines Arbeitnehmers nicht linear mit dem Gehalt steigt. Für unterschiedliche Fixbeträge zwischen den einzelnen Arbeitnehmern (etwa Geselle oder Hilfskraft) wird dabei im Allgemeinen kein Raum bleiben (VwGH 30. 6. 2021, Ra 2020/15/0123).

2068 Die Steuerbefreiungen des § 68 Abs 1 und 2 EStG sind für Bestandteile des Urlaubs- und Feiertagsentgelts sowie beim Entgelt für die Zeit einer Pflegefreistellung (regelmäßiges Entgelt) nicht anwendbar, weil der Arbeitnehmer die begünstigten Leistungen nicht erbringt (VwGH 23. 5. 1996, 95/15/0030).

2069 Die materiellen Voraussetzungen und das Überwiegen sind anhand der tatsächlich erbrachten Arbeiten und der im Verhältnis dazu gewährten SEG-Zulagen im Lohnzahlungszeitraum (üblicherweise der Kalendermonat) zu prüfen. Zeiten mit Entgeltfortzahlung von SEG-Zulagen für nicht geleistete Arbeiten sind dabei auszuklammern und gesondert zu beurteilen.

239. Schmutz-, Erschwernis- und Gefahrenzulagen

> **Beispiel**
>
> Ein Arbeitnehmer (40-Stunden-Woche) erhält für sämtliche Arbeitsstunden im Monat (= 173 Stunden) eine Schmutzzulage ausbezahlt.
> In diesem Monat leistet er 80 Stunden unter verschmutzenden Bedingungen iSd § 68 Abs 5 EStG. Zudem befindet er sich eine Woche im Urlaub.
> Im Urlaubsentgelt (= 40 Stunden) ist die Schmutzzulage steuerpflichtig zu behandeln.
> Ob die Arbeiten überwiegend unter verschmutzenden Bedingungen geleistet wurden, ist unter Ausklammerung des Urlaubes zu ermitteln (173 Stunden – 40 Stunden = 133 Stunden). Da im Lohnzahlungszeitraum überwiegend Arbeiten unter verschmutzenden Bedingungen geleistet wurden (80 Stunden in Bezug auf 133 Stunden), steht die Schmutzzulage im Lohnzahlungszeitraum (= für 133 Stunden) steuerfrei zu.

2070 Während des Urlaubes mit dem laufenden Urlaubsentgelt ausbezahlte SEG-Zulagen sind steuerpflichtig, weil während dieser Zeit keine Arbeitsleistungen unter den im Gesetz genannten Voraussetzungen erbracht werden. Es bestehen keine Bedenken, wenn zur Berücksichtigung der Urlaubszeit die Steuerfreiheit für elf von zwölf Kalendermonaten gewährt wird (LStR Rz 1132).

2071 Die Steuerfreiheit des § 68 EStG steht auch dann zu, wenn die Zulagen und Zuschläge im fortgezahlten Entgelt, welches an freigestellte Betriebsräte, Personalvertreter bzw im Arbeitslohn, der an den Arbeitnehmer im Krankheitsfall weitergezahlt wird, enthalten sind.

2072 Erschwerniszulagen kommen nicht nur bei Vorliegen körperlicher Erschwernis in Betracht. Die Erschwernis kann nicht nur „Umgebungseinflüssen" entspringen, sondern auch Schwierigkeiten der Arbeit selbst oder der Dringlichkeit ihrer Durchführung. Besondere nervliche und körperliche Anstrengung beim Lenken überlanger Autobusse kommt daher als außerordentliche Erschwernis in Betracht (VwGH 5. 10. 1993, 93/14/0101). Die Umstände, die eine außerordentliche Erschwernis gegenüber den allgemein üblichen Arbeitsbedingungen darstellen, bewirken aber die Steuerfreiheit nach § 68 EStG nur dann, wenn die zu leistenden Arbeiten überwiegend unter diesen außerordentlich erschwerten Bedingungen erfolgen (VwGH 6. 3. 1984, 83/14/0095).

2073 Bei Beurteilung des Überwiegens ist, bezogen auf die gesamten vom Arbeitnehmer zu leistenden Arbeiten innerhalb des Zeitraums, für den der Arbeitnehmer eine Zulage zu erhalten hat, zu prüfen, ob sie mehr als die Hälfte der gesamten Arbeitszeit, für die eine Zulage gewährt wird, eine außerordentliche Verschmutzung, Erschwernis oder Gefahr bewirken.

2074 Gefahrenzulagen fallen nur dann unter § 68 EStG, wenn sie für eine typische Berufsgefahr, die mit der Tätigkeit des Arbeitnehmers zwangsläufig verbunden ist, und nicht für eine Allgemeingefahr (zB Raubüberfall bei Kassier) gezahlt werden (VwGH 5. 7. 1982, 17/2382/80).

2075 Gefahren, die unmittelbar durch Handlungen von Personen drohen, wie zB im Straßenverkehr, werden durch § 68 EStG nicht erfasst (VwGH 22. 4. 1992, 87/14/0192).

Sozialversicherung

2076 Schmutzzulagen, soweit sie nach § 68 Abs 1, 5 und 7 EStG nicht der Einkommensteuer-(Lohnsteuer-)pflicht unterliegen, zählen nicht zum Entgelt und sind daher beitragsfrei (§ 49 Abs 3 Z 2 ASVG). § 49 Abs 3 Z 2 ASVG bindet jedoch den Sozialversicherungsträger nicht an die zu § 68 EStG ergehenden Bescheide der Finanzbehörden. Der finanzbehördliche Bescheid kann zwar als Beweismittel zur Feststellung des maßgebenden Sachverhalts herangezogen werden, sofern dagegen keine Bedenken bestehen; eine inhaltliche Bindung daran im Beitrags-

240. Service-Entgelt

verfahren ist jedoch nicht gegeben (VwGH 9. 6. 2020, Ro 2017/08/0004). Erschwernis- und Gefahrenzulagen sind generell beitragspflichtig.

2077 Der Dachverband kann feststellen, ob und inwieweit Schmutzzulagen nicht als beitragspflichtiges Entgelt gelten. Die Feststellung hat auch das Ausmaß (Höchstausmaß) der Bezüge bzw Bezugsteile zu enthalten, das nicht als beitragspflichtiges Entgelt gilt. Derartige Feststellungen sind im Internet zu verlautbaren und für alle Sozialversicherungsträger und Behörden verbindlich (§ 49 Abs 4 ASVG). Liegt eine derartige Feststellung vor, in welcher keine Einschränkung der Beitragsfreiheit dieser Zulage bei der (Entgelt-)Fortzahlung im Urlaub zugelassen ist, bleiben Schmutzzulagen auch im Urlaub beitragsfrei (vgl VwGH 7. 5. 2008, 2006/08/0225).

DB – DZ – KommSt

2078 Schmutz-, Erschwernis- und Gefahrenzulagen unterliegen im Rahmen der Bestimmungen des § 41 FLAG bzw § 5 KommStG der Beitragspflicht bei DB, DZ und KommSt.

Beispiel – SEG Zulagen						
Arbeiter						
Lohn	€	1.820,52				
S Zulage		14,00 Std				
E Zulage		17,00 Std				
G Zulage		9,00 Std				
Laut KV pro Stunde	€	0,526				
Abrechnung – März						
Lohn					€	1.820,52
S Zulage		14,00 Std	x	€ 0,526	€	7,36
E Zulage		17,00 Std	x	€ 0,526	€	8,94
G Zulage		9,00 Std	x	€ 0,526	€	4,73
					€	1.841,56
Sozialversicherung						
	€	1.841,56				
– S Zulage	€	7,36				
	€	1.834,20	x	15,12%	€	277,33
Lohnsteuer						
	€	1.841,56				
– SV	€	277,33				
– § 68/1 – SEG	€	21,04				
	€	1.543,19			€	76,48
				Netto/Ausz	€	1.487,75

240. Service-Entgelt

> Siehe „E-Card-Gebühr".

241. Soldaten – Steuerbefreiung (§ 3 Z 22 a und b EStG)

Bezüge der Soldaten nach dem 2., 3., 5. und 7. Hauptstück HGG, ausgenommen Leistungen eines Härteausgleichs, der sich auf das 6. Hauptstück bezieht, sowie Geldleistungen gemäß § 4 Abs 2 des Auslandseinsatzgesetzes, unterliegen nicht der Einkommen(Lohn-)steuer. **2079**

242. Solidarabgabe

➢ Siehe „Sonstige Bezüge".

243. Sonderausgaben (§ 18 EStG)

Im EStG sind die Sonderausgaben taxativ aufgezählt. Die Sonderausgaben unterteilen sich in drei Gruppen: **2080**

- ✓ Aufwendungen, die betragsmäßig begrenzt und nur zu einem Viertel (Topfsonderausgaben) berücksichtigt werden (zB Lebens-, Kranken-, Unfallversicherungen; Errichtungskosten); die Abzugsfähigkeit ist mit dem Jahr 2020 ausgelaufen;
- ✓ Aufwendungen, die in voller Höhe und ohne Viertelung zu berücksichtigen sind (zB Steuerberatungskosten, freiwillige Weiterversicherung);
- ✓ Aufwendungen, die der Höhe nach begrenzt, jedoch voll absetzbar sind (Kirchenbeitrag; Spenden).

Auch bei beschränkt Steuerpflichtigen sind Sonderausgaben abzugsfähig. **2081**

243.1 Uneingeschränkter Sonderausgabenabzug

Als Sonderausgaben anzuerkennende **2082**

- ✓ Renten und dauernde Lasten,
- ✓ Steuerberatungskosten und
- ✓ freiwillige Weiterversicherung einschließlich des Nachkaufs von Versicherungszeiten (zB Schulzeiten) in der gesetzlichen Pensionsversicherung und vergleichbarer Beiträge an Versorgungs- und Unterstützungseinrichtungen der Kammern der selbständig Erwerbstätigen

sind betraglich unbegrenzt in vollem Umfang abzugsfähig.

Der besondere Pensionsbeitrag gemäß § 236 b Abs 3 Beamtendienstrechtsgesetz (nachträglicher Erwerb von Beitragszeiten durch Beamte, die bestimmte Voraussetzungen erfüllen) ist einem Nachkauf von Versicherungszeiten in der gesetzlichen Pensionsversicherung gleichzustellen und somit ebenfalls betraglich unbegrenzt (sowie ohne Anrechnung auf das Sonderausgabenpauschale) als Sonderausgabe abzugsfähig. Die daraus resultierenden Pensionseinkünfte sind zur Gänze steuerlich zu erfassen. **2083**

Genussscheine, junge Aktien, Wohnsparaktien (§ 18 Abs 1 Z 4 EStG)

Die Bestimmungen des § 18 EStG betreffend junge Aktien gelten auch für die Erstanschaffung junger Aktien, Wandelschuldverschreibungen und Partizipationsrechten iSd Bankwesengeset- **2084**

243. Sonderausgaben

zes (BWG) zur Förderung des Wohnbaus (Bundesgesetz über steuerliche Sondermaßnahmen zur Förderung des Wohnbaus). Das Vorliegen der Voraussetzungen wird vom bzw von der BMF auf Antrag der begebenden AG überprüft und bescheinigt. Die Begünstigung besteht jedoch nur dann, wenn die Anschaffung vor dem 1. 1. 2011 erfolgte.

Kirchen und Religionsgesellschaften (§ 18 Abs 1 Z 5 EStG)

➢ Siehe „Kirchenbeiträge".

Steuerberatungskosten (§ 18 Abs 1 Z 6 EStG)

2085 **Steuerberatungskosten,** die an berufsrechtlich befugte Personen geleistet werden, sind unbegrenzt und ohne Anrechnung auf das Sonderausgabenpauschale absetzbar (§ 18 Abs 1 Z 6 EStG).

Spenden (§ 18 Abs 1 Z 7 und 8 EStG)

2086 Ausgaben zur Leistung von Zuwendungen an Einrichtungen iSd § 4a EStG (Universitäten, Museen, mildtätige Vereine etc) sind insoweit als Sonderausgaben abzugsfähig, als sie nicht aus dem Betriebsvermögen erfolgen. Der Höchstbetrag an absetzbaren Sonderausgaben beträgt 10% des Gesamtbetrags der Einkünfte des laufenden Jahres (unter Anrechnung von Zuwendungen aus dem Betriebsvermögen). Zudem sind Zuwendungen grundsätzlich in Höhe von maximal € 500.000,– an nach § 4b EStG spendenbegünstigte Empfänger (zB gemeinnützige Stiftung) gemäß § 18 Abs 1 Z 8 EStG abzugsfähig, wenn diese zum Zweck der Vermögensausstattung an eine privatrechtliche Stiftung oder an eine damit vergleichbare Vermögensmasse erbracht werden. Weiters sind als Sonderausgaben Spenden ua an die Innovationsstiftung für Bildung (§ 1 Innovationsstiftung-Bildung-Gesetz, ISBG) abzugsfähig.

Aufgrund der umfangreichen Thematik wird an dieser Stelle auf die LStR Rz 565 ff verwiesen.

Automatisierte Übermittlung von Daten der Spendenorganisationen/Kirchenbeitragsstellen/Versicherungen (§ 18 Abs 8 EStG)

2087 Spenden, Kirchenbeiträge und Beiträge für die freiwillige Weiterversicherung und den Nachkauf von Versicherungszeiten in der gesetzlichen Pensionsversicherung stellen Sonderausgaben dar. Es wurde ein automatischer Datenaustausch zwischen der empfangenden Organisation und der Finanzverwaltung eingerichtet. Der Steuerpflichtige muss damit die betreffenden Sonderausgaben nicht mehr im Rahmen der Steuererklärung (Arbeitnehmerveranlagung) dem FA bekannt geben.

Weitere Sonderausgaben

Siehe LStR des BMF.

2088 **Ausgaben für die thermische Sanierung von Gebäuden oder den Ersatz eines fossilen Heizungssystems durch ein klimafreundliches Heizungssystem (§ 18 Abs 1 Z 10 EStG)**

Ausgaben für
- die thermisch-energetische Sanierung von Gebäuden oder
- den Ersatz eines fossilen Heizungssystems durch ein klimafreundliches Heizungssystem
sind als Sonderausgaben mittels Pauschalbetrag abzugsfähig.

243.1 Uneingeschränkter Sonderausgabenabzug

Diese Ausgaben sind unter folgenden Voraussetzungen zu berücksichtigen:
a) Für die Ausgaben wurde eine Förderung des Bundes gemäß dem 3. Abschnitt des Umweltförderungsgesetzes – UFG ausbezahlt.
b) Die Datenübermittlung gemäß § 40 g Transparenzdatenbankgesetz 2012 – TDBG 2012 ist erfolgt.
c) Zudem ist die Abzugsfähigkeit nur dann gegeben, wenn die getätigten Ausgaben (abzüglich ausbezahlter Förderungen aus öffentlichen Mitteln) einen Betrag von € 4.000,– (im Falle einer thermischen Sanierung) bzw € 2.000,– (bei Austausch eines fossilen Heizungssystems) übersteigen. Diese (einschränkenden) Voraussetzungen dienen der Vermeidung einer steuerlichen Überförderung.

Für diese Ausgaben ist im Jahr der Auszahlung der Förderung und in den folgenden vier Kalenderjahren, beim Förderempfänger, ein Pauschbetrag in Höhe von € 800,– bei Ausgaben für thermische Sanierung bzw € 400,– bei Ausgaben für den Ersatz eines fossilen Heizungssystems durch ein klimafreundliches Heizungssystem jährlich abzusetzen. Wird im ersten Kalenderjahr des Vorliegens der Anspruchsvoraussetzungen oder innerhalb der folgenden vier Kalenderjahre eine weitere Förderung ausbezahlt, die eine begünstigte Ausgabe betrifft, gilt Folgendes:
– Der Zeitraum für die Berücksichtigung eines Pauschbetrages verlängert sich auf insgesamt zehn Kalenderjahre.
– Bei einer weiteren geförderten Ausgabe im ersten Kalenderjahr ist im Fall unterschiedlicher Pauschalsätze in den ersten fünf Kalenderjahren der Pauschbetrag in Höhe von € 800,– und in den zweiten fünf Kalenderjahren der Pauschbetrag in Höhe von € 400,– zu berücksichtigen.
– Bei einer weiteren geförderten Ausgabe im zweiten bis fünften Kalenderjahr ist ab dem sechsten Kalenderjahr der Pauschalsatz anzuwenden, der aufgrund der weiteren geförderten Ausgabe in Betracht kommt. Sind für weitere geförderte Ausgaben unterschiedliche Pauschalsätze anzuwenden, ist der Pauschbetrag in Höhe von € 800,– zu berücksichtigen.

Die Sonderausgaben werden automatisiert seitens der Förderstelle des Bundes übermittelt und im Rahmen der Arbeitnehmerveranlagung/Steuererklärung berücksichtigt.

Beispiel

Für den Fernwärmeanschluss eines Wohngebäudes werden € 16.100,– bezahlt. Der Bund gewährt eine Förderung nach dem 3. Abschnitt des Umweltförderungsgesetzes in Höhe von € 7.500,– und das Bundesland (auf landesgesetzlicher Grundlage) eine Förderung in Höhe von € 3.000,–. Abzüglich der ausbezahlten Förderungen verbleibt ein Betrag von € 5.600,–. Die Ausgaben berechtigen zur Inanspruchnahme des Sonderausgabenabzugs gemäß § 18 Abs 1 Z 10 EStG. Der Pauschalbetrag in Höhe von € 400,– pro Jahr wird automatisiert im Rahmen der Arbeitnehmerveranlagung/Steuererklärung (für fünf Jahre; dh insgesamt € 2.000,–) berücksichtigt.

Die Regelung ist erstmals für das Veranlagungsjahr 2022 anwendbar, sofern das zugrundeliegende Förderungsansuchen nach dem 31. 3. 2022 eingebracht wurde und die für die getätigten Ausgaben gewährten Förderungen in der zweiten Jahreshälfte 2022 ausbezahlt werden.

244. Sonstige Bezüge (§ 67 EStG; § 49 Abs 2 ASVG)

244.1 Arbeitsrechtliche Bestimmungen

2089 Sonderzahlungen sind aufgrund von **lohngestaltenden Vorschriften** (Gesetze, Kollektivverträge, Betriebsvereinbarungen, Einzelverträgen oder freiwilligen Regelungen) zu bezahlen.

2090 Sonderzahlungen stehen meist für ein **Kalenderjahr** zu (KV beachten). Einige Kollektivverträge sehen Sonderzahlungen für das Arbeitsjahr vor. Sonderzahlungen können jedoch aufgrund einer einzelvertraglichen Regelung (Dienstvertrag) bezahlt werden (zB Erfolgsprämie).

244.2 Fälligkeit der Sonderzahlung

2091 Wann eine Sonderzahlung fällig wird, bestimmt der anzuwendende Kollektivvertrag.

2092 Die häufigste Fälligkeit des Urlaubszuschusses ist bei Antritt des Urlaubs, es kann aber zusätzlich zu diesem Auszahlungszeitpunkt ein bestimmter Auszahlungstermin im Kollektivvertrag genannt sein.

> **Kollektivvertrag für die Handelsangestellten Österreichs (auszugsweise)**
>
> [...] alle Angestellten und Lehrlinge erhalten im Kalenderjahr beim Antritt ihres gesetzlichen Urlaubs, falls dieser in Teilen verbraucht wird, bei Antritt des längeren, bei gleich langen Urlaubsteilen bei Antritt des ersten Urlaubsteiles, spätestens aber am 30. 6. eine Urlaubsbeihilfe.

> **Kollektivvertrag der Arbeiter für das metallverarbeitende Gewerbe**
>
> Der Arbeitnehmer hat einmal im Kalenderjahr Anspruch auf einen Urlaubszuschuss. Dieser ist bei Antritt des Urlaubs fällig. Bei Teilung des Urlaubes gebührt nur der entsprechende Teil des Urlaubszuschusses. Wird ein Urlaub, auf den bereits Anspruch besteht, in einem Kalenderjahr nicht angetreten bzw verbraucht, ist der Urlaubszuschuss mit der Abrechnung für Dezember zu bezahlen.

2093 Für die Auszahlung der Weihnachtsremuneration ist in den Kollektivverträgen ein bestimmter Auszahlungstermin vorgeschrieben.

> **Kollektivvertrag der Handelsangestellten Österreichs**
>
> Alle Angestellten und Lehrlinge erhalten spätestens am 1. 12. eine Weihnachtsremuneration.

> **Kollektivvertrag der Arbeiter für das metallverarbeitende Gewerbe**
>
> Alle am 1. 12. beschäftigten Arbeitnehmer haben Anspruch auf eine Weihnachtsremuneration. Die Auszahlung hat spätestens am Ende jener Arbeitswoche zu erfolgen, in die der 1. 12. fällt.

244.3 Höhe der Sonderzahlung

Die Regelungen betreffend Höhe der Sonderzahlungen sind in den einzelnen Kollektivverträ- **2094** gen unterschiedlich geregelt. Nach der überwiegenden Anzahl der Kollektivverträge gebührt den Angestellten je ein **Monatsgehalt** als Weihnachtsremuneration und Urlaubszuschuss.

Unter Monatsgehalt sind, sofern der Kollektivvertrag keine eigenständige Definition beinhal- **2095** tet, üblicherweise alle regelmäßigen festen Geldbezüge für die Normalarbeitszeit zu verstehen. Regelmäßig und in gleicher Höhe gewährte Zulagen sind einzubeziehen. Variabel gewährte sowie leistungsbezogene Entgeltbestandteile (zB Überstunden) sind nicht einzubeziehen. Ebenso nicht einzubeziehen sind Sachbezüge und Entlohnungen für die kollektivvertragliche Mehrarbeit. Bei Provision und Fixum ist meist nur das Fixum in die Sonderzahlung einzubeziehen.

> **Kollektivvertrag für die Handelsangestellten Österreichs (auszugsweise)**
>
> [. . .] erhalten eine Weihnachtsremuneration. Diese beträgt 100% des Novembergehalts bzw das im November ausbezahlten Lehrlingseinkommen.
> [. . .] erhalten eine Urlaubsbeihilfe. Diese beträgt 100% des im Zeitpunkt des Urlaubsantritts zustehenden Bruttomonatsgehalts.

Die Ansprüche der Arbeiter sind vielfach gestaffelt nach der Dienstzeit, bis zur Höhe eines **2096** **Monatslohns**.

Enthält der Kollektivvertrag keine Definition, wird der Begriff „Lohn" üblicherweise mit dem **2097** Normallohn iSd § 10 Abs 3 AZG gleichgesetzt. Im Gegensatz zum Gehaltsbegriff sind sehr wohl regelmäßig anfallende, aber der Höhe nach schwankende Bezugsteile in die Sonderzahlungsberechnung einzubeziehen (zB monatliche Provisionen). Sonstige Lohnbestandteile wie bspw Leistungszulagen oder sonstige regelmäßige Zulagen (zB SEG-Zulagen, Schichtzulagen) sind meist zu berücksichtigen. Nicht einzubeziehen sind hingegen idR Entlohnungen für die kollektivvertragliche Mehrarbeit sowie Überstundenentlohnungen.

> **Kollektivvertrag für Arbeiter im eisen- und metallverarbeitenden Gewerbe**
>
> Der Arbeitnehmer hat einmal im Kalenderjahr zum gesetzlichen Urlaubsentgelt Anspruch auf einen Urlaubszuschuss. Der Urlaubszuschuss beträgt ohne Rücksicht auf die Dauer der Betriebszugehörigkeit 4 $^1/_3$ Wochenverdienste.
> Alle am 1. 12. beschäftigten Arbeitnehmer haben Anspruch auf eine Weihnachtsremuneration im Ausmaß von 4 $^1/_3$ Wochenverdiensten.

Wird der Anspruch der Sonderzahlung auf Basis des **Grundgehalts** oder des **Grundlohns** **2098** festgelegt, sind **keine** sonstigen Bezugsbestandteile in die Bemessungsgrundlage miteinzubeziehen.

Sieht der Kollektivvertrag die Höhe der Sonderzahlung in Form eines **Monatsentgelts oder** **2099** **eines Monatsbezugs** vor, sind alle Bezugsbestandteile bei Berechnung der Sonderzahlung zu berücksichtigen. Es sind daher auch Überstunden, diverse Zulagen, Provisionen, Prämien udgl in die Berechnung der Sonderzahlung einzubeziehen.

Nicht einzubeziehen sind Aufwandsentschädigungen. Auf die Bestimmungen des anzuwen- **2100** denden Kollektivvertrags ist Rücksicht zu nehmen.

244. Sonstige Bezüge

244.4 Wechsel der Beschäftigung

2101 Wechselt der Arbeitnehmer von einer Voll- in eine Teilzeitbeschäftigung und wird dadurch ein unterschiedlicher Gehalt bzw Lohn bezogen, bestehen grundsätzlich **zwei** Möglichkeiten der Berechnung der Sonderzahlungshöhe. Die Sonderzahlung kann **stichtagsbezogen** (sie bemisst sich nach der tatsächlichen Entgelthöhe zum Fälligkeitszeitpunkt) zustehen bzw der Kollektivvertrag kann eine **Mischberechnung** (sie setzt sich aus dem aliquoten Vollzeitbezug und aus dem aliquoten Teilzeitbezug zusammen) vorsehen.

Auszug aus dem Kollektivvertrag für Angestellte der Industrie

Für Angestellte, die während des Kalenderjahres von einer Voll- in eine Teilzeitbeschäftigung oder umgekehrt übertreten, setzt sich das 13. und 14. Monatsgehalt jeweils aus dem der Dienstzeit im Kalenderjahr entsprechenden Teil des 13. und 14. Monatsgehaltes vor dem Übertritt und dem entsprechenden Teil nach dem Übertritt (Auszahlungsmonat) zusammen. Wurde das 14. Gehalt bereits vor dem Übertritt ausgezahlt, ist eine Nachverrechnung zum Zeitpunkt der Auszahlung der Weihnachtsremuneration vorzunehmen, wobei die Differenz nachgezahlt wird bzw der zu viel erhaltene Betrag mit der Weihnachtsremuneration gegenverrechnet wird oder zurückzuzahlen ist.
Der Arbeitnehmer war in der Zeit vom 1. 1. 2023 mit einem Gehalt von € 2.000,– **voll**beschäftigt (40 Stunden pro Woche). Mit 1. 8. 2023 wechselt er in eine **Teilzeit**beschäftigung (20 Stunden pro Woche) und somit mit einem Gehalt in Höhe von € 1.000,–. Laut Kollektivvertrag sind der Urlaubszuschuss mit 30. 6. und die Weihnachtsremuneration mit 30. 11. fällig.
Berechnung 1 – stichtagsbezogen:
Der Urlaubszuschuss steht dem Arbeitnehmer in Höhe von € 2.000,–, die Weihnachtsremuneration in Höhe von € 1.000,– zu.
Berechnung 2 – Mischberechnung:
Vollbeschäftigung = 7 Monate = 2.000,00 : 12 × 7 = 1.166,67
Teilzeitbeschäftigung = 5 Monate = 1.000,00 : 12 × 5 = 416,67
Gesamthöhe der Sonderzahlung € 1.583,34
Der Arbeitnehmer erhält die jeweilige Sonderzahlung (UZ und WR) in Höhe von jeweils € 1.583,34.

Bei Wechsel von Teilzeit zu Vollzeit kann der Kollektivvertrag vorsehen, dass sich die Höhe der Sonderzahlung auf Grundlage des Durchschnitts der 13 Wochen vor Fälligkeit berechnet (siehe dazu auch OGH 30. 3. 2011, 9 ObA 85/10 f). In diesem Fall hat der OGH entschieden, dass die Bestimmung im Kollektivvertrag, welche eigentlich nach dem Wortlaut für Teilzeitbeschäftigte mit unterschiedlichem Ausmaß der Teilzeitbeschäftigung gedacht ist, nicht nur Arbeitnehmer umfasst, die bei Fälligkeit der Sonderzahlung in Teilzeitarbeit stehen, sondern auch solche, die während des Jahres von Vollzeit in Teilzeit oder umgekehrt gewechselt haben.

Beispiel – Kollektivvertrag für Angestellte und Lehrlinge in Handelsbetrieben

Wechsel von Teilzeit zu Vollzeit mit 1. 9. 2023
Fälligkeit der Weihnachtsremuneration – 1. 12. 2023
Teilzeitgehalt € 1.000,–
Vollzeitgehalt € 2.000,–
Gehalt September € 2.000,–
Gehalt Oktober € 2.000,–
Gehalt November € 2.000,–
Nachdem in den vorangegangen drei Monaten (13 Wochen) der Angestellte je € 2.000,– an Gehalt bezogen hat, beträgt die Höhe der Weihnachtsremuneration € 2.000,–.

244.6 Aliquotierung bei Beendigung des Lehrverhältnisses

Sieht ein Kollektivvertrag (zB KV für Angestellte im Metallgewerbe) keine bestimmte Regelung für den Fall vor, dass es innerhalb des Kalenderjahres im aufrechten Angestelltenverhältnis zu einer Änderung des Beschäftigungsausmaßes gekommen ist, ist die Höhe der Sonderzahlungen durch eine Mischberechnung zu ermitteln, sodass die Sonderzahlungen nur aliquot entsprechend dem Ausmaß der Vollzeit- und Teilzeitbeschäftigung im Kalenderjahr zustehen (OGH 27. 9. 2016, 8 ObS 12/16 x).

244.5 Aliquotierung der Sonderzahlungen

Wenn ein Arbeitnehmer nicht das gesamte Kalenderjahr bei einem Arbeitgeber beschäftigt war, gebührt die Sonderzahlung idR **nicht** in voller Höhe, sondern nur **anteilsmäßig** (KV beachten!).

Kollektivvertrag für die Handelsangestellten Österreichs

Den während des Kalenderjahres ein- oder austretenden Angestellten und Lehrlingen gebührt nur der aliquote Teil der Urlaubsbeihilfe und der Weihnachtsremuneration.

Berechnungsformel:

bei vollen Monaten:
- ✓ Lohn/Gehalt : 12 Monate × im Betrieb gearbeitete Monate

bei ganzen Wochen:
- ✓ Lohn/Gehalt : 52 Wochen × im Betrieb gearbeitete Wochen

wenn keine ganzen Monate bzw ganzen Wochen:
- ✓ Lohn/Gehalt : 365 (366) Tage × im Betrieb gearbeitete Kalendertage

244.6 Aliquotierung bei Beendigung des Lehrverhältnisses

Einige Kollektivverträge sehen vor, dass dem Arbeitnehmer, der seine Lehrzeit während des Kalenderjahres beendet und anschließend weiter beschäftigt wird, die Sonderzahlungen aus dem **aliquoten Teil** des letzten **Lehrlingseinkommens** und aus dem **aliquoten Teil** des **Gehaltes/Lohnes** berechnet werden.

Ist eine derartige Regelung im Kollektivvertrag nicht vorgesehen, gebührt die Sonderzahlung in Form einer Mischberechnung zum Fälligkeitstag.

Beispiel

Ende Lehrzeit:		31. 8. 2023
Lehrlingseinkommen:		€ 966,00
Angestellter ab:		1. 9. 2023
Gehalt:		€ 1.500,00
Anspruch Sonderzahlungen (UZ + WR)		
	8/12 von € 966	€ 644,00
	4/12 von € 1.500	€ 500,00
		€ 1.144,00 × 2 =
	Gesamtanspruch	€ 2.288,00

244.7 Aliquotierung Präsenz-, Zivil- oder Ausbildungsdienst und Mutterschutz

2106 Die Dienstnehmerin behält den Anspruch auf sonstige, insb einmalige Bezüge iSd § 67 Abs 1 EStG, in den Kalenderjahren, in die Zeiten des **Wochengelds** bzw einer **Karenz** fallen, in dem Ausmaß, das dem Teil des Kalenderjahres entspricht, in den **keine** derartigen Zeiten fallen (§ 14 Abs 4, § 15 Abs 2 MSchG).

2107 Während der Schutzfrist hat die Dienstnehmerin **keinen** Anspruch auf **Sonderzahlungen.** Urlaubszuschuss und Weihnachtsremuneration sind daher um Zeiten der Schutzfrist aliquot zu kürzen (die Dienstnehmerin erhält während der Schutzfrist **Wochengeld** von der ÖGK, einschließlich der auf die Schutzfrist entfallenden aliquoten Sonderzahlungen).

2108 Fallen in ein Kalenderjahr auch Zeiten einer **Teilzeitbeschäftigung,** gebühren der Dienstnehmerin sonstige, insb einmalige Bezüge in dem der Voll- und Teilzeitbeschäftigung entsprechendem (aliquotem) Ausmaß (§ 15c Abs 9 MSchG).

2109 Sonstige Bezüge iSd § 67 Abs 1 EStG erhält der Arbeitnehmer in Kalenderjahren, in denen er den Präsenz-, Zivil- oder Ausbildungsdienst antritt oder beendet, in dem Ausmaß, das dem um die Dauer des Präsenz-, Zivil- oder Ausbildungsdienst verkürzten Kalenderjahres entspricht (§ 10 APSG).

Bildungskarenz – Pflegekarenz

2110 Konsumiert ein Dienstnehmer innerhalb eines Kalenderjahres einen Bildungskarenz, sind die Sonderzahlungen, um das Ausmaß des Bildungskarenz zu kürzen (§ 11 Abs 2 AVRAG). Dasselbe gilt bei Pflegekarenz (§ 14c Abs 5 AVRAG).

Elternteilzeit – Bildungsteilzeit – Familienhospizteilzeit – Pflegeteilzeit

2111 Konsumiert ein Arbeitnehmer während eines Kalenderjahres Elternteilzeit, erfolgt die Berechnung der Sonderzahlungen (§ 15j Abs 7 MSchG bzw § 8b Abs 7 VKG verweist hier auf sonstige, insb einmalige Bezüge iSd § 67 Abs 1 EStG) in dem der Vollzeit- und Teilzeitbeschäftigung entsprechenden Ausmaß für dieses Kalenderjahr (Mischberechnung). Die Mischberechnung ist auch bei der Bildungsteilzeit (§ 11a Abs 4 AVRAG), der Familienhospizteilzeit (§ 14a AVRAG) und der Pflegeteilzeit (§ 14d Abs 4 ARAG) anzuwenden.

Familienhospizkarenz

2112 Der Anspruch auf Sonderzahlungen entfällt bei Freistellung wegen Inanspruchnahme einer Familienhospizkarenz für den Zeitraum der Karenzierung.

Freistellung anlässlich der Geburt eines Kindes („Papamonat")

2113 Konsumiert ein Arbeitnehmer innerhalb eines Kalenderjahres eine Freistellung anlässlich der Geburt eines Kindes („Papamonat"), sind die Sonderzahlungen, um das Ausmaß der Freistellung zu kürzen (§ 1a Abs 7 VKG).

Karenz nach ASVG (unbezahlter Urlaub)

2114 Wird zwischen Arbeitgeber und Arbeitnehmer ein unbezahlter Urlaub vereinbart, können die dem Arbeitnehmer gebührenden Sonderzahlungen nur dann gekürzt werden, wenn dies ausdrücklich vereinbart wird. Mangels einer Vereinbarung stehen die Sonderzahlungen **ungekürzt** zu.

244.8 Nachverrechnung von Sonderzahlungen

Hat ein Arbeitnehmer die Sonderzahlung bereits in **voller** Höhe erhalten und fallen Zeiten an, wo eine Kürzung der Sonderzahlungen zulässig ist (zB Präsenzdienst, Bildungskarenz, Familienhospizkarenz), kann rückwirkend diese Sonderzahlung gekürzt werden. Die Bestimmungen betreffend gutgläubiger Verbrauch können nicht angewendet werden. **2115**

244.9 Kürzung der Sonderzahlungen bei entgeltfreien Zeiten

Sonderzahlungen sind eine Form des Entgeltes. Besteht dem Arbeitgeber gegenüber **kein** Entgeltanspruch (zB Ausschöpfung des Entgeltfortzahlungsanspruches bei Krankheit) bei den laufenden Bezügen, besteht für diese Zeiten auch **kein** Anspruch auf Sonderzahlungen, sofern nicht ein Kollektivvertrag oder eine andere Norm **Gegenteiliges** anordnet. **2116**

Hat der Arbeitnehmer nur mehr Anspruch auf einen Teil seines Entgelts (halbes Entgelt beim Angestellten), steht die Sonderzahlung nur mehr im verminderten Ausmaß zu. **2117**

Kein Anspruch auf Sonderzahlungen besteht jedoch, wenn der Arbeitnehmer nur mehr Anspruch auf Krankengeldzuschuss hat (OGH 8 ObA 2019/96; 9 ObA 19/96; 8 ObA 2059/96; 9 ObA 2047/96). **2118**

Sieht zB ein Kollektivvertrag vor, dass sich der Anspruch auf Urlaubszuschuss und Weihnachtsremuneration der Höhe nach auf Grundlage des Durchschnitts der vom Arbeitnehmer in den letzten 13 Wochen oder den letzten drei Kalendermonaten vor der jeweiligen Fälligkeit des Urlaubszuschusses und der Weihnachtsremuneration bezogenen Wochen- bzw Monatsentgelte berechnet und hatte der Arbeitnehmer in diesen Zeiträumen keinen Entgelt-(fortzahlungs-)anspruch, dann hat er der Höhe nach auch keinen Anspruch auf die kollektivvertraglichen Sonderzahlungen (OGH 28. 6. 2017, 9 ObA 58/17w). **2119**

244.10 Sonderzahlung bei Austritt des Arbeitnehmers

Grundsätzlich gebühren einem Arbeitnehmer, der nicht das ganze Kalenderjahr über beim Arbeitgeber beschäftigt war, nur **anteilige** Sonderzahlungen. Im Falle des Austritts ist jedoch darauf Bedacht zu nehmen, ob der Arbeitnehmer die Sonderzahlung bereits erhalten hat oder nicht. **2120**

Hat der Arbeitnehmer die Sonderzahlung noch **nicht** erhalten, sehen die meisten Arbeiterkollektivverträge einen **aliquoten** Anspruch vor. **2121**

Häufig sehen Arbeiterkollektivverträge den Entfall der Sonderzahlungen im Falle verschuldeter fristloser Entlassung oder unbegründetem vorzeitigen Austritt vor. **2122**

Der Angestellte hat aufgrund des Angestelltengesetzes (§ 16 AngG) im Falle der Beendigung des Dienstverhältnisses Anspruch auf aliquote Sonderzahlung. Diese Aliquotierungsbestimmung bezieht sich jedoch nicht nur auf Urlaubszuschuss und Weihnachtsremuneration, sondern auf alle Sonderzahlungen. Einzelvertraglich kann jedoch ein stichtagsbezogener Anspruch vereinbart werden. Wie das Dienstverhältnis beendet wird, spielt dabei keine Rolle. Dem Angestellten gebühren die Sonderzahlungen selbst bei verschuldeter fristloser Entlassung oder unbegründetem vorzeitigen Austritt aliquot. Eine Kollektivvertragsbestimmung, wonach der Sonderzahlungsanspruch im Falle einer schuldhaften Entlassung, eines unberechtigten **2123**

244. Sonstige Bezüge

Austritts des Dienstnehmers oder einer Nichteinhaltung der Kündigungsfrist durch den Dienstnehmer als gar nicht erworben gilt, verstößt gegen die nach § 40 AngG zwingende Bestimmung des § 16 AngG (OGH 26. 11. 2013, 9 ObA 82/13 v).

2124 Im Falle der Beendigung nach Erhalt der Sonderzahlung kann eine Rückverrechnung der bereits erhaltenen Sonderzahlung nur dann erfolgen, wenn dies der Kollektivvertrag nicht anders bestimmt.

> **Kollektivvertrag für Angestellte und Lehrlinge in Handelsbetrieben**
>
> Wenn ein Angestellter oder Lehrling nach Erhalt der für das laufende Kalenderjahr gebührenden Urlaubsbeihilfe sein Arbeitsverhältnis selbst aufkündigt, aus seinem Arbeitsverhältnis ohne wichtigen Grund vorzeitig austritt oder infolge Vorliegens eines wichtigen Grundes vorzeitig entlassen wird, muss er sich die im laufenden Kalenderjahr anteilsmäßig zu viel bezogene Urlaubsbeihilfe auf seine ihm aus dem Arbeitsverhältnis zustehenden Ansprüche (insb Restgehalt und Weihnachtsremuneration) in Anrechnung bringen lassen.

2125 Wie der OGH in stRsp ausführt, bleibt es den Kollektivvertragsparteien unbenommen, das Entstehen des Anspruchs auf Sonderzahlungen, auf die kein gesetzlicher Anspruch besteht, an bestimmte Bedingungen zu knüpfen. Ist vorgesehen, dass bei einem vorzeitigen Austritt des Arbeitnehmers ohne wichtigen Grund der Anspruch entfällt, bedeutet dies, dass dieser Anspruch bei einem unberechtigten vorzeitigen Austritt des Arbeitnehmers gar nicht erworben ist. Sieht der Kollektivvertrag nichts Anderes vor, dann ist in diesen Fällen eine bereits erhaltene Sonderzahlung auch ohne ausdrückliche Rückzahlungsverpflichtung zurückzuzahlen (vgl OGH 18. 3. 2016, 9 ObA 16/16 t).

2126 Hat der Arbeitnehmer über das arbeitsrechtliche Ende hinaus Anspruch auf Entgeltfortzahlung (zB Kündigung während eines aufrechten Krankenstandes), hat der Arbeitgeber für die Zeit der Entgeltfortzahlung auch die anteiligen Sonderzahlungen zu leisten (OGH 29. 4. 2021, 9 ObA 22/21 g).

244.11 Freiwillig gewährte Sonderzahlungen (Gewohnheitsrecht)

2127 Auf eine ursprünglich freiwillig gewährte Sonderzahlung entsteht ein **Rechtsanspruch,** wenn sie **so regelmäßig** gewährt wird, dass der Arbeitnehmer mit **ihr rechnen kann.** Dies tritt immer dann ein, wenn derartige Leistungen durch **zwei Jahre** hindurch ohne Vorbehalt bezahlt werden **(Gewohnheitsrecht).** Mittels Vorbehalt, der dem Arbeitnehmer bei jeder Zahlung mitzuteilen ist, kann verhindert werden, dass ein Rechtsanspruch entsteht. Der Vorbehalt muss so formuliert sein, dass der Arbeitnehmer klar erkennen kann, dass auch bei künftiger (wiederholter) Auszahlung kein Rechtsanspruch entsteht.

244.12 Abgabenmäßige Behandlung

Sozialversicherung (§ 49 Abs 2 ASVG)

2128 Sonderzahlungen nach dem ASVG liegen vor, wenn diese dem Arbeitnehmer

- ✓ regelmäßig
- ✓ in größeren Zeiträumen als den Beitragszeiträumen
- ✓ wiederkehrend

gezahlt werden.

Werden Sonderzahlungen in **monatlichen Teilbeträgen** ausgezahlt, sind sie als **laufende Bezüge** zu behandeln. 2129

Werden kollektivvertragliche Sonderzahlungen zu jeweils einem Zwölftel der gebührenden Sonderzahlungen monatlich im Vorhinein mit dem laufenden Gehalt ausbezahlt und wird in den monatlichen Abrechnungen ausdrücklich darauf hingewiesen, wurde zwar eine vom Kollektivvertrag abweichende (als solche günstigere) Fälligkeitsregelung getroffen, das ändert aber nichts an der beitragsrechtlichen Behandlung als Sonderzahlung. Die beitragsrechtliche Behandlung als laufendes Entgelt hätte hingegen zur Voraussetzung, dass nicht Sonderzahlungen geleistet, sondern im Arbeitsvertrag ausdrücklich vereinbart worden wäre, an deren Stelle eine entsprechend hohe (im Verhältnis zum Sonderzahlungsanspruch günstigere) überkollektivvertragliche laufende Entlohnung zu gewähren (vgl VwGH 18. 2. 2004, 2001/08/0004). 2130

Absolut **einmalige** Bezüge (Einmalprämien) werden zur Beitragsgrundlage des laufenden Bezugs des betreffenden Beitragszeitraums zugerechnet. 2131

Günstigkeitsvergleich bei fehlender Sonderzahlung

Erhält ein Dienstnehmer **keine** Sonderzahlungen, sondern nur laufende Bezüge, so ist – iS der stRsp des VwGH (insb VwGH 30. 1. 1963, 50/62) – ein Günstigkeitsvergleich anzustellen. 2132

Der Günstigkeitsvergleich erfolgt dahingehend, dass dann, wenn die **laufenden** Bezüge **doppelt** so hoch sind als das kollektivvertragliche Entgelt, der betreffende Arbeitsvertrag im Ergebnis als günstiger anzusehen ist als die Rechtslage nach dem Kollektivvertrag; man kann in einem solchen Fall davon ausgehen, dass **keine** Sonderzahlungen gebühren, und es sind demnach dem Dienstgeber auch keine Sonderbeiträge anzulasten. 2133

Ist das tatsächliche Entgelt zwar erheblich höher als das kollektivvertragliche, aber erreicht es doch dessen doppelte Höhe **nicht,** ist in einem solchen Fall nur der **Differenzbetrag** als Sonderzahlung der Beitragsbemessung zugrunde zu legen. 2134

Liegt eine so erhebliche Besserstellung nicht vor, so sind die gebührenden Sonderzahlungen im vollen Ausmaß als beitragspflichtig zu behandeln (SozSi 3/1982). 2135

Die ÖGK orientieren sich an der Rsp des VwGH und nicht an der des OGH. Ob Sonderzahlungen für Zeiten des Bezuges von Geldleistungen (Krankengeld, Wochengeld, Kinderbetreuungsgeld) während eines aufrechten Dienstverhältnisses gebühren, ist nach den genauen Definitionen der Anspruchsvoraussetzungen des jeweiligen Kollektivvertrags zu beurteilen. Dementsprechend besteht dann ein Anspruch auf Sonderzahlungen, wenn der Kollektivvertrag eine Aliquotierung (bzw Nichtgewährung) dezidiert nicht vorsieht (049 – 00–004 MVB Empfehlungen). 2136

Beitragstabelle für die Sonderzahlungen

Versicherungsbeiträge	Vom Dienstnehmer zu tragen	Vom Dienstgeber zu tragen	2137
AlV	ja	ja	
Krankenversicherungsbeitrag	ja	ja	
Unfallversicherungsbeitrag	nein	ja	
Pensionsversicherungsbeitrag	ja	ja	

244. Sonstige Bezüge

Versicherungsbeiträge	Vom Dienstnehmer zu tragen	Vom Dienstgeber zu tragen
Sonstige Beiträge und Umlagen		
Kammerumlage	nein	nein
Wohnbauförderungsbeitrag	nein	nein
Zuschlag gemäß Insolvenz-Entgeltsicherungsgesetz	nein	ja
Beitrag nach dem Nacht-Schwerarbeitergesetz	nein	ja
BVK-Beitrag	nein	ja

Dienstnehmeranteil

2138 Von den Sonderzahlungen ist weder die **Kammerumlage** noch der **Wohnbauförderungsbeitrag** zu entrichten. Somit beträgt der Dienstnehmeranteil für

- ✓ Arbeiter   17,12%
- ✓ Angestellte   17,12%.

Arbeitslosenversicherung

2139 Für Bezieher niedriger Einkommen wird der Versicherungsanteil zur AlV abhängig von der Höhe der monatlichen Beitragsgrundlage gesenkt bzw entfällt mitunter zur Gänze.

2140 Die Höhe des Versicherungsanteils zur AlV orientiert sich an folgender Einkommensstaffelung (Werte 2023):

Beitragspflichtiges Entgelt		Prozentsatz	Reduktion	Rückverrechnungsgruppe
von €	bis €			
	1.885,00	0%	3%	A03
1.885,01	2.056,00	1%	2%	A02
2.056,01	2.228,00	2%	1%	A01
2.228,01		3%	0%	

> **Beispiel**
>
> Steht im Februar 2023 ein laufender Bezug von € 1.890,– und eine Sonderzahlung von € 1.280,– zu, so ist wie folgt rückzuverrechnen:
> Verrechnungsgruppe A02 (laufender Bezug) = – € 1.890 × 2% = – € 37,80
> Verrechnungsgruppe A03 (Sonderzahlung) = – € 1.280 × 3% = – € 38,40

Arbeitslosenversicherung – Lehrlinge

Beitragspflichtiges Entgelt		Prozentsatz	Reduktion	Rückverrechnungsgruppe
von €	bis €			
	1.885,00	0%	1,2%	A04
1.885,01	2.056,00	1%	0,2%	A05
2.056,01		1,2%	0%	

2141 Der vom Arbeitgeber zu tragende Anteil des Arbeitslosenversicherungsbeitrags (3%) bleibt unverändert.

244.12 Abgabenmäßige Behandlung

2142 Für die Beurteilung, ob bzw in welcher Höhe der Versicherungsanteil am Arbeitslosenversicherungsbeitrag entfällt, sind das laufende Entgelt sowie die Sonderzahlungen (Urlaubszuschuss, Weihnachtsremuneration) in jeweiligen Beitragszeitraum **getrennt** zu betrachten. Eine Aufsummierung dieser Bezüge hat zu unterbleiben.

2143 Maßgeblich für die Verminderung bzw des gänzlichen Entfalls des Versicherungsanteils zur AlV ist immer das im Beitragszeitraum tatsächlich gebührende bzw geleistete Bruttoentgelt. Es erfolgt keine fiktive Umrechnung auf einen Monat bei untermonatigem Ein- oder Austritt. Sowohl bei verschiedenen als auch beim selben Dienstgeber sind für die Beurteilung des Entfalles oder der Verminderung des Arbeitslosenversicherungsbeitrages arbeitsrechtlich eigenständige Beschäftigungsverhältnisse (zB auch bei einem Wechsel von einem Lehrverhältnis zu einem Dienstverhältnis als Arbeiter oder Angestellter) getrennt zu betrachten.

Höchstbeitragsgrundlage

2144 Für die innerhalb eines Kalenderjahres **fällig werdenden** Sonderzahlungen sind Beiträge bis zum **60-Fachen** der **täglichen** Höchstbeitragsgrundlage (Werte 2023: voraussichtlich € 195,– täglich; somit bis € 11.700,–) zu entrichten.

2145 Wechselt ein Dienstnehmer während des Kalenderjahres den Dienstgeber, sind die bereits ausgezahlten Sonderzahlungen auf die Höchstbeitragsgrundlage anzurechnen. Dies jedoch nur dann, wenn vom Dienstnehmer ein entsprechender Nachweis vorgelegt wird (zB Lohnzettel).

Lohnsteuer

2146 Das **EStG** bezeichnet derartige Zahlungen als

✓ sonstige, insb einmalige Bezüge.

2147 Voraussetzung dafür ist, dass diese Zahlungen von **demselben Arbeitgeber** und **neben laufenden Bezügen** ausgezahlt werden.

2148 Das Wort „neben" in der Wortfolge „neben dem laufenden Arbeitslohn" ist **nicht zeitlich**, sondern **kausal** zu verstehen. Sonstige Bezüge **verlieren ihre Begünstigung nicht** dadurch, dass sie im selben Kalenderjahr zB infolge Krankheit, Präsenzdienst oder einer Karenz **nicht gleichzeitig** mit dem laufenden Arbeitslohn ausgezahlt werden (LStR Rz 1055).

2149 Es liegt im Wesen eines sonstigen Bezugs, dass er **neben**, also **zusätzlich** zum laufenden Bezug bezahlt wird. Werden zB der 13. und der 14. Monatsbezug laufend **anteilig mit dem laufenden Arbeitslohn** ausbezahlt, sind **sie als laufender Arbeitslohn** (zusammen mit diesem) nach dem Tarif zu versteuern.

2150 Die **nachträgliche rein rechnerische Aufteilung** des Gesamtbezugs in laufende und sonstige Bezüge kann mangels eindeutig erkennbarer Unterscheidungsmerkmale zwischen laufenden und sonstigen Bezügen **nicht** als ausreichende Grundlage für die Annahme sonstiger Bezüge angesehen werden.

2151 Sonstige Bezüge nach § 67 Abs 1 EStG liegen nur unter der doppelten Bedingung vor, dass sie sich erstens im Rechtstitel und zweitens auch durch die tatsächliche Auszahlung deutlich von den laufenden Bezügen unterscheiden. Sonstige Bezüge können nicht alleine aufgrund des Rechtstitels vorliegen (VwGH 25. 7. 2018, Ro 2017/13/0005).

244. Sonstige Bezüge

2152 Wird ein sonstiger Bezug (Jahresprämie) laufend akontiert, ist die erforderliche deutliche Unterscheidbarkeit von den laufenden Bezügen hinsichtlich der Auszahlung nicht gegeben. Es liegen insoweit sechstelerhöhende laufende Bezüge vor. Aufgrund des einheitlichen Rechtstitels ist die Endabrechnung ebenfalls als laufender Bezug zu behandeln (vgl VwGH 25. 7. 2018, Ro 2017/13/0005). Zur Möglichkeit der Sechsteloptimierung auch in diesen Fällen siehe das folgende Kapitel „Sechsteloptimierung – Formel 7".

Abrechnung der sonstigen Bezüge

2153 Erhält der Arbeitnehmer

- ✓ neben dem laufenden Arbeitslohn
- ✓ von demselben Arbeitgeber

sonstige, insb einmalige Bezüge (zB 13. und 14. Monatsbezug, Belohnungen), beträgt die Lohnsteuer für sonstige Bezüge

- ✓ innerhalb des Jahressechstels

nach Abzug der darauf entfallenden Sozialversicherungsbeiträge

- ✓ für die ersten   € 620,–   0%,
- ✓ für die nächsten   € 24.380,–   6%,
- ✓ für die nächsten   € 25.000,–   27%,
- ✓ für die nächsten   € 33.333,–   35,75%.

2154 Soweit die sonstigen Bezüge mehr als das Jahressechstel (Jahressechstelüberhang) oder **nach Abzug** der Sozialversicherungsbeiträge mehr als € 83.333,– betragen, sind diese übersteigenden Bezüge im Auszahlungsmonat gemeinsam mit einem gleichzeitig ausbezahltem laufenden Bezug nach dem Tarif des jeweiligen Kalendermonats (§ 67 Abs 10 EStG) zu besteuern.

2155 Der steuerfreie Teil von **€ 620,–** und die Freigrenze von **€ 2.100,–** sind nur **innerhalb** des Jahressechstels (§ 67 Abs 2 EStG) bei den sonstigen Bezügen gemäß § 67 Abs 1 EStG (Urlaubszuschuss, Weihnachtsremuneration, Bilanzgeld udgl) sowie innerhalb des Jahreszwölftels (Betriebe, die dem System des BUAG unterliegen), **nicht** hingegen bei sonstigen Bezügen wie

- ✓ Abfertigungen (§ 67 Abs 3 EStG),
- ✓ Abfertigungen von Witwer- oder Waisenpensionen (§ 67 Abs 4 EStG),
- ✓ Urlaubsbeihilfe der BUAK (§ 67 Abs 5 Teilstrich 1 EStG),
- ✓ freiwilligen Abfertigungen, Vergleichssummen, Kündigungsentschädigungen, Nachzahlungen für abgelaufene Kalenderjahre, Pensionsabfindungen, Sozialplanzahlungen (§ 67 Abs 6 – 8 EStG – ausgenommen Urlaubsersatzleistungen),
- ✓ sonstige Bezüge, die nach dem Tarif zu versteuern werden (§ 67 Abs 10 EStG),

zu berücksichtigen (LStR Rz 1063).

2156 Unter dem Begriff „Solidarabgabe" wird ein eigener progressiver Steuertarif für sonstige Bezüge verstanden. Darunter fallen nur sonstige Bezügen iSd § 67 Abs 1 EStG (zB Urlaubszuschuss, Weihnachtsremuneration udgl).

2157 Für andere sonstige Bezüge (zB Gesetzliche und freiwillige Abfertigungen, Verbesserungsvorschläge udgl) sind die Bestimmungen betreffend Solidarabgabe nicht anzuwenden. Diese unterliegen dem begünstigten Steuersatz von 6%.

244.12 Abgabenmäßige Behandlung

Beispiel – Solidarabgabe

Angestellter							
Urlaubszuschuss		€	45.000,00				
Weihnachtsremuneration		€	45.000,00				
Abrechnung – Sonderzahlung							
Urlaubszuschuss						€	45.000,00
Sozialversicherung							
		€	45.000,00				
	HB – Grdl	€	11.700,00	× 17,12% =		€	2.003,04
Lohnsteuer							
		€	45.000,00				
	– SV	€	2.003,04				
		€	42.996,96				
		€	620,00	× 0% =	€ –		
		€	24.380,00	× 6% =	€ 1.462,80		
		€	17.996,96	× 27% =	€ 4.859,18	€	6.321,98
					Netto/Ausz	€	**36.674,98**
Abrechnung Weihnachtsremuneration							
Weihnachtsremuneration						€	45.000,00
Sozialversicherung		kein Anfall – HB Grdl bei Urlaubsz					
		verbraucht				€	0,00
Lohnsteuer		€	45.000,00				
	– SV	€	0,00				
		€	45.000,00				
		€	25.000,00				
- bei Urlaubsz verbraucht		€	17.996,96				
		€	7.003,04	× 27% =	€ 1.890,82		
		€	33.333,00	× 35,75% =	€ 11.916,55	€	13.807,37
					Netto/Ausz	€	**31.192,63**
		€	4.663,96	– Versteuerung nach Tarif gemeinsam mit lfd Bezug			

Jahressechstel (Jahreszwölftel)

Für die Berechnung des Jahressechstels (Jahreszwölftel) sind alle, im Zeitpunkt der Auszahlung des sonstigen Bezuges bereits zugeflossene laufende Bezüge heranzuziehen. Dazu zählen: **2158**

- ✓ der Gehalt/Lohn
- ✓ laufende steuerfreie Zuwendungen gemäß § 3 Abs 1 Z 10 (begünstigte Auslandstätigkeit), Z 11 (Bezüge der Entwicklungshelfer) und Z 15 lit a (Zukunftsvorsorge) EStG
- ✓ das Überstundenentgelt (Grundlohn und Zuschläge für Überstunden)
- ✓ laufend gewährte Sachbezüge (geldwerte Vorteile) gemäß § 15 EStG
- ✓ Zulagen und Zuschläge (SEG-Zulagen; Sonn- Feiertags- und Nachtarbeitszuschläge)
- ✓ steuerpflichtige Teile von Reisekostenentschädigungen, soweit sie die Sätze des § 26 EStG übersteigen (VwGH 28. 9. 1994, 91/13/0081)
- ✓ das vom Dienstgeber ausbezahlte Krankenentgelt

244. Sonstige Bezüge

2159 Unbedeutend ist, ob diese Bezüge steuerfrei oder steuerpflichtig sind. Bezüge, die den Bestimmungen des § 26 EStG (nicht steuerbare Bezüge) unterliegen, sind bei der Sechstelberechnung **auszuscheiden.**

2160 Bei Berechnung des Jahressechstels (Jahreszwölftel) ist derjenige laufende Bezug, der **zusammen** mit dem sonstigen Bezug ausgezahlt wird, bereits zu berücksichtigen.

2161 **Nicht** einzubeziehen sind:
- ✓ Bezüge, die nach § 26 EStG (nicht steuerbare Bezüge wie Kilometergelder, Taggelder udgl) nicht zu den Einkünften aus nichtselbständiger Arbeit zählen
- ✓ Tagesgelder gemäß § 3 Abs 1 Z 16 b EStG
- ✓ Sechstelüberschreitungen, die bereits nach dem Lohnsteuertarif besteuert wurden
- ✓ alle sonstigen Bezüge, gleichgültig, ob sie steuerfrei sind, mit einem festen Steuersatz oder nach dem Tarif (§ 67 Abs 10 EStG) versteuert werden
- ✓ laufende steuerfreie Zuwendungen gemäß § 3 Abs 1 EStG (zB Essensmarken udgl), ausgenommen gemäß § 3 Abs 1 Z 10 (begünstigte Auslandstätigkeit), Z 11 (Bezüge der Entwicklungshelfer) und Z 15 lit a (Zukunftsvorsorge) EStG
- ✓ Sachbezug für zinsverbilligte oder unverzinsliche Arbeitgeberdarlehen (Gehaltsvorschuss), sofern nicht monatlich kontokorrentmäßig abgerechnet (VwGH 25. 3. 2015, 2011/13/0015).

2162 Das Jahressechstel, das auf den Bruttobezug abzustellen ist, wird nach folgender Formel ermittelt:

$$\frac{\text{Im Kalenderjahr zugeflossene laufende (Brutto)Bezüge}}{\text{Anzahl der abgelaufenen Kalendermonate (seit Jahresbeginn)}} \times 2$$

Jahressechstel bei Arbeitgeberwechsel innerhalb des Kalenderjahres

2163 Als Berechnungsgrundlage dienen die innerhalb eines Kalenderjahres bereits zugeflossenen laufenden Bezüge.

2164 Legt der Arbeitnehmer dem neuen Arbeitgeber den Lohnzettel des früheren Arbeitgebers vor, ist bei der Sechstelberechnung so vorzugehen, als ob alle Bezüge in diesem Kalenderjahr nur von einem einzigen Arbeitgeber ausbezahlt worden wären. Ist eine korrekte Berechnung anhand des Lohnzettels für den „Folgearbeitgeber" nicht möglich, hat der Arbeitnehmer ergänzende Unterlagen (zB Lohnkonto, Bezugsnachweise) beizubringen, andernfalls darf eine Berücksichtigung der Bezüge des früheren Arbeitgebers nicht stattfinden.

2165 Die Vorlage eines Jahreslohnzettels in Bezug auf die Vorbezüge bleibt auch für Zwecke des Kontrollsechstels nach § 77 Abs 4a EStG unbenommen. Werden die laufenden Bezüge des vorherigen Arbeitgebers beim nachfolgenden Arbeitgeber für das Jahressechstel berücksichtigt, sind diese auch beim Kontrollsechstel heranzuziehen. Insgesamt sind hierbei sonstige Bezüge (vorheriger und nunmehriger Arbeitgeber) jedoch höchstens im Ausmaß des auf Basis der gesamten laufenden Bezüge ermittelten Kontrollsechstels begünstigt. Der nunmehrige Arbeitgeber hat in diesem Fall bei Auszahlung des letzten laufenden Bezuges das Kontrollsechstel unter Berücksichtigung der Vorbezüge zu ermitteln und gegebenenfalls eine Aufrollung nach § 77 Abs 4a Z 1 oder Z 2 EStG vorzunehmen.

244.12 Abgabenmäßige Behandlung

Wird dem nachfolgenden Arbeitgeber **kein** Lohnzettel vorgelegt, können die Vorbezüge bei der Sechstelberechnung **nicht** berücksichtigt werden. Die Berechnung hat wie bei der erstmaligen Arbeitsaufnahme zu erfolgen.

2166

Jahressechstel bei mehreren Dienstverhältnissen nebeneinander

Hat ein Arbeitnehmer innerhalb eines Kalenderjahres mehrere Dienstverhältnisse **nebeneinander**, wird das Jahressechstel nur von jenen laufenden Bezügen berechnet, die der jeweilige Arbeitgeber ausbezahlt. Die Bezüge des anderen Arbeitgebers bleiben unberücksichtigt.

2167

Jahressechstel bei Arbeitsbeginn während eines Kalenderjahres

Beginnt ein Arbeitnehmer seine Tätigkeit während des Kalenderjahres (zB nach der Matura) sind bei Berechnung des Jahressechstels auch jene Monate zu berücksichtigen, für die noch **kein** laufender Bezug zugeflossen ist.

2168

Beispiel	
Arbeitsbeginn:	1. 9. 2023
Bruttobezug:	€ 1.453,00
Keine Vorbezüge	
Jahressechstelberechnung:	November
Berechnung:	
1.453,00 × 3 Monate = 4.359,00 : 11 Monate = 396,27 × 2 Monate = **Jahressechstel € 792,54**	

Jahressechstel bei Wochenlohn bzw Taglohn

Bei vereinbartem Wochenlohn ist das Jahressechstel durch Multiplikation des **Durchschnittswochenlohnes** mit **€ 8,67** zu berechnen.

2169

Beispiel – Wochenlohn	
Wochenlohn	€ 327,00
Berechnung des Jahressechstels	327,00 × 8,67 Wochen = € 2.835,09

Muss ein Jahressechstel mangels voller Kalendermonate nach Lohnsteuertagen berechnet werden, ist gemäß § 66 Abs 3 EStG jeder vollendete Kalendermonat, unabhängig von der tatsächlichen Anzahl, mit 30 Lohnsteuertagen anzusetzen (Jänner bis Mai = 150 Kalendertage + 15 Kalendertage Juni).

2170

Beispiel – Lohnsteuertage	
Bisher zugeflossene lfd Bezüge (1. 1. – 15. 6.)	€ 7.448,00
Berechnung des Jahressechstels im Juni (165 Lohnsteuertage)	
Bruttobezug : 165 Lohnsteuertage × 60 Lohnsteuertage (= zwei Monatsbezüge)	
€ 7.448,00 : 165 Lohnsteuertage × 60 Lohnsteuertage =	€ 2.708,36

244. Sonstige Bezüge

244.13 Maximales Jahressechstel und Aufrollungsverpflichtung des Arbeitgebers (Kontrollsechstel)

2171 Der Arbeitgeber darf – ausgenommen in Fällen von
1. Elternkarenz,
2. Bezug von Krankengeld aus der gesetzlichen Krankenversicherung ohne gesetzlichen Entgeltfortzahlungsanspruch gegenüber dem Arbeitgeber,
3. Bezug von Rehabilitationsgeld gemäß § 143a ASVG,
4. Pflegekarenz oder Pflegeteilzeit gemäß § 14c oder § 14d AVRAG,
5. Familienhospizkarenz oder Familienhospizteilzeit gemäß § 14a oder § 14b AVRAG,
6. Wiedereingliederungsteilzeit gemäß § 13a AVRAG,
7. Grundwehrdienst gemäß § 20 Wehrgesetz 2001 oder Zivildienst gemäß § 6a Zivildienstgesetz 1986,
8. Bezug von Altersteilzeitgeld gemäß § 27 AlVG,
9. Teilpension gemäß § 27a AlVG oder
10. Beendigung des Dienstverhältnisses, wenn im Kalenderjahr kein neues Dienstverhältnis bei demselben Arbeitgeber oder einem mit diesem verbundenen Konzernunternehmen eingegangen wird (der Übertritt eines Beamten in den Ruhestand ist in diesem Zusammenhang einer Beendigung des Dienstverhältnisses gleichzuhalten),

in einem Kalenderjahr nicht mehr als ein Sechstel der im Kalenderjahr zugeflossenen laufenden Bezüge als sonstige Bezüge mit den festen Steuersätzen gemäß § 67 Abs 1 EStG besteuern (Kontrollsechstel).

2172 Der Arbeitgeber hat daher bei Auszahlung des letzten laufenden Bezuges im Kalenderjahr ein Sechstel der im Kalenderjahr zugeflossenen laufenden Bezüge zu ermitteln (Kontrollsechstel) und den Überhang bei Auszahlung des letzten laufenden Bezuges im Kalenderjahr nach § 67 Abs 10 EStG nachzuversteuern.

2173 Die Verpflichtung zur Ermittlung des Kontrollsechstels richtet sich an Arbeitgeber iSd § 47 Abs 1 EStG. Arbeitnehmer ist eine natürliche Person, die Einkünfte aus nichtselbständiger Arbeit bezieht und Arbeitgeber ist, wer Arbeitslohn iSd § 25 EStG auszahlt. Daher gilt die Regelung des § 77 Abs 4a EStG zB auch für Bezieher von Firmenpensionen.

2174 Nach dem Einleitungssatz des § 77 Abs 4a EStG ist bei Auszahlung des letzten laufenden Bezuges im Kalenderjahr jedenfalls das Kontrollsechstel zu ermitteln.

2175 Die in § 77 Abs 4a Z 1 lit a bis j EStG genannten Ausschlussgründe sind nur dann, wenn im laufenden Kalenderjahr insgesamt mehr sonstige Bezüge als das Kontrollsechstel mit den festen Steuersätzen gemäß § 67 Abs 1 EStG versteuert wurden – und somit nur auf die Nachversteuerung aufgrund des Kontrollsechstels – anzuwenden.

2176 Wurden im laufenden Kalenderjahr insgesamt weniger sonstige Bezüge als das Kontrollsechstel mit den festen Steuersätzen gemäß § 67 Abs 1 EStG versteuert, hat der Arbeitgeber, sofern entsprechende sonstige Bezüge gemäß § 67 Abs 1 und 2 EStG ausbezahlt und gemäß § 67 Abs 10 EStG besteuert worden sind, den nicht ausgeschöpften Differenzbetrag auf das Kontrollsechstel durch Aufrollen nach § 67 Abs 1 EStG zu versteuern. Somit ist eine Aufrollung zugunsten der Arbeitnehmer jedenfalls vorzunehmen, unabhängig davon, ob ein Ausnahmetatbestand nach § 77 Abs 4a Z 1 lit a bis j EStG vorliegt.

2177 Elternkarenz iSd § 77 Abs 4a Z 1 lit a EStG liegt vor, wenn für Eltern gegenüber dem Arbeitgeber ein gesetzlicher Anspruch auf Karenz gemäß Mutterschutzgesetz bzw Väter-Karenzgesetz besteht (inkl Papamonat nach § 1a VKG und Mutterschutz).

244.13 Maximales Jahressechstel und Aufrollungsverpflichtung des Arbeitgebers

Wird nach Ablauf des zweiten Lebensjahres des Kindes eine gesetzliche Karenz in Anspruch genommen (zB aus Anlass einer Adoption bzw aus Anlass einer Pflegeübernahme eines Kindes oder aus Anlass einer „aufgeschobenen" Karenz), handelt es sich um eine „echte" Elternkarenz, sodass das Kontrollsechstel nicht zum Tragen kommt. **2178**

Durch die Aufrollung zugunsten der Arbeitnehmer ist es möglich, im Rahmen der Kontrollrechnung ein vorhandenes, nicht ausgeschöpftes Jahressechstel in der Lohnverrechnung zu berücksichtigen. Diese Regelung der Aufrollung kommt nur für tatsächlich geleistete sonstige Bezüge zur Anwendung, die auch sämtliche Voraussetzungen der Qualifikation als sonstige Bezüge gemäß § 67 Abs 1 und 2 EStG erfüllen, aber im Zeitpunkt der Auszahlung nicht Deckung im Jahressechstel finden (Sechstelüberschreitung). Jener Teil der sonstigen Bezüge, der im Zeitpunkt der Auszahlung aufgrund einer Sechstelüberschreitung zum laufenden Tarif besteuert wurde aber sodann im Kontrollsechstel Deckung findet (zB aufgrund einer Gehaltserhöhung), wird künftig durch Aufrollung begünstigt nach § 67 Abs 1 EStG besteuert. **2179**

Mangels Aufzählung in § 77 Abs 4a Z 1 EStG hat bei Elternteilzeit eine Versteuerung nach § 77 Abs 4a Z 1 EStG zu erfolgen, sofern kein anderer Ausschlussgrund zum Tragen kommt. Eine Aufrollung zugunsten der Arbeitnehmer nach § 77 Abs 4a Z 2 EStG hat jedenfalls zu erfolgen, wenn die Voraussetzungen vorliegen. **2180**

Wird während der Elternkarenz ein paralleles Dienstverhältnis eingegangen, ist sowohl arbeitsrechtlich als auch steuerrechtlich von zwei getrennten Arbeitsverhältnissen auszugehen. Da die karenzierte Beschäftigung nicht beendet ist, sind die (laufenden und sonstigen) Bezüge daraus für das parallel geführte Beschäftigungsverhältnis ohne Belang. Betreffend das karenzierte Arbeitsverhältnis unterbleibt eine allfällige Nachversteuerung nach § 77 Abs 4a Z 1 EStG, eine allfällige Aufrollung zugunsten der Arbeitnehmer nach § 77 Abs 4a Z 2 EStG hat gegebenenfalls auch für das karenzierte Dienstverhältnis zu erfolgen. In Bezug auf das parallel geführte Beschäftigungsverhältnis kommt es zur Neuberechnung des Jahressechstels im Zuge der Auszahlung des letzten laufenden Bezuges (ebendort) im Kalenderjahr, sofern im parallelen Dienstverhältnis kein Ausschlussgrund zum Tragen kommt. **2181**

Nach dem Wortlaut des § 77 Abs 4a Z 1 lit g EStG ist nur bei Grundwehrdienst gemäß § 20 Wehrgesetz oder Zivildienst gemäß § 6a Zivildienstgesetz keine Aufrollung durchzuführen. Dies gilt daher nicht zB bei Milizübungen, freiwilligen Waffenübungen, Zeitsoldaten, außerordentlichen Übungen etc. **2182**

Nach § 77 Abs 4a Z 1 lit j EStG unterbleibt eine Nachversteuerung bei Beendigung des Dienstverhältnisses, wenn im Kalenderjahr kein neues Dienstverhältnis bei demselben Arbeitgeber oder einem mit diesem verbundenen Konzernunternehmen eingegangen wird. Es kommt auf das arbeitsrechtliche Ende des Dienstverhältnisses und nicht auf die Verlängerung der Pflichtversicherung an. **2183**

> **Beispiel**
>
> Ein Dienstverhältnis endet mit 31. 12. arbeitsrechtlich (= Ende Beschäftigung). Kommt der Ausschlussgrund der Beendigung des Dienstverhältnisses für die Nachversteuerung aufgrund des Kontrollsechstels zur Anwendung?
> Nachdem es bei Beendigung mit Ablauf des 31. 12. keinen Tag der Nichtbeschäftigung im Kalenderjahr mehr gibt, ist das Kontrollsechstel zu ermitteln und ist gegebenenfalls eine Aufrollung gemäß § 77 Abs 4a Z 1 oder Z 2 EStG durchzuführen.
> Ist das Dienstverhältnis am 31. 12. nicht mehr aufrecht (Beendigung per 30. 12.) ist kein Kontrollsechstel zu rechnen.

244. Sonstige Bezüge

2184 Kommt es daher nach Beendigung des Dienstverhältnisses im selben Kalenderjahr zu einem Wiedereintritt bei demselben Arbeitgeber oder einem mit diesem verbundenen Konzernunternehmen, ist spätestens mit der Auszahlung des letzten laufenden Bezuges nach Wiedereintritt das Kontrollsechstel zu ermitteln und sind die sonstigen Bezüge allenfalls nach § 77 Abs 4 a Z 1 oder Z 2 EStG aufzurollen.

2185 Steht bei der Beendigung des Dienstverhältnisses bereits fest, dass ein Arbeitnehmer im selben Kalenderjahr ein Dienstverhältnis bei demselben Arbeitgeber oder einem mit diesem verbundenen Konzernunternehmen eingehen wird, ist das Kontrollsechstel zu ermitteln und kann eine Nachversteuerung nach § 77 Abs 4 a Z 1 EStG bereits bei der Beendigung des ersten Dienstverhältnisses vorgenommen werden.

2186 Kommt es zu einem Wiedereintritt iSd § 77 Abs 4 a Z 1 lit j EStG, hat eine Nachversteuerung auch dann zu erfolgen, wenn das nachfolgende Dienstverhältnis ebenso noch im selben Kalenderjahr beendet wird, es sei denn, es kommt ein anderer Ausschließungsgrund nach § 77 Abs 4 a Z 1 lit a bis i EStG zum Tragen. Tritt während des Kalenderjahres mindestens einer der Fälle nach § 77 Abs 4 a Z 1 lit a bis i EStG ein, ist im selben Kalenderjahr unabhängig von der zeitlichen Lagerung mehrerer Dienstverhältnisse beim selben Arbeitgeber keine Nachversteuerung durchzuführen.

2187 Tritt ein Ausschlussgrund des § 77 Abs 4 a Z 1 EStG während des Kalenderjahres bei Dienstverhältnissen des gleichen Arbeitnehmers zu unterschiedlichen Konzernunternehmen ein, gilt der Ausschlussgrund nur bei dem Dienstverhältnis, bei dem dieser eingetreten ist.

2188 Werden bei der Ermittlung des Jahressechstels die Vorbezüge bei einem anderen Arbeitgeber berücksichtigt, tritt der fiktive Effekt ein, als ob alle laufenden und sonstigen Bezüge vom nunmehrigen Arbeitgeber zugeflossen wären (vgl LStR Rz 1060). Diese Vorbezüge erhöhen sowohl das Jahressechstel nach § 67 Abs 1 und 2 EStG als auch das Kontrollsechstel nach § 77 Abs 4 a EStG. Bei der begünstigten Besteuerung der sonstigen Bezüge beim Folgearbeitgeber sind die im vorangegangen Dienstverhältnis bereits begünstigt besteuerten Bezüge zu berücksichtigen. Eine allfällige Sechstelüberschreitung (Besteuerung nach § 67 Abs 10 EStG) beim vorangegangenen Dienstverhältnis kann beim Folgearbeitgeber nicht korrigiert werden. Eine Mitberücksichtigung beim neuen Arbeitgeber kann nur insoweit erfolgen, als beim Folgearbeitgeber tatsächlich entsprechende sonstige Bezüge geflossen sind.

2189 Die Aufrollungsverpflichtung durch den Arbeitgeber ändert nichts an den Grundsätzen zur Ermittlung des Jahressechstels durch unterjährige Hochrechnung der bisher zugeflossenen laufenden Bezüge auf einen voraussichtlichen Jahresbezug bei Auszahlung und Abrechnung der sonstigen Bezüge. Vielmehr soll damit gewährleistet werden, dass im Falle von starken Bezugsschwankungen, zB durch unterjährige Auszahlung von (gewinnabhängigen) Prämien, Gehaltsreduktionen, Verlagerung von Sonderzahlungen in Monate, in denen mehrere laufende Bezüge anfallen (zB Verlagerung der Weihnachtsremuneration in das erste Halbjahr), dennoch maximal ein Sechstel der im Kalenderjahr zugeflossenen laufenden Bezüge begünstigt besteuert werden darf. Daher findet spätestens bei Auszahlung des letzten laufenden Bezuges im Dezember eine Kontrollrechnung und Deckelung statt, sodass das Jahressechstel nicht mehr als ein Sechstel der im Kalenderjahr zugeflossenen laufenden Bezüge betragen darf. Bei der Aufrollungsverpflichtung wird somit nur mehr auf die zugeflossenen laufenden Bezüge abgestellt und nicht auf die umgerechneten laufenden Bezüge.

244.13 Maximales Jahressechstel und Aufrollungsverpflichtung des Arbeitgebers

> **Beispiel**
>
> Ein Arbeitnehmer erhält laufende Bezüge in Höhe von monatlich € 3.000,– (12 x). Zusätzlich erhält er in den Monaten Jänner bis Juni eine laufende Prämie in Höhe von € 2.000,– (6 x). In den Monaten April und Juni erhält der Arbeitnehmer ein 13. und 14. Gehalt in Höhe von jeweils € 5.000,– (2 x).
> Bei Auszahlung der Sonderzahlungen besteht jeweils ein Jahressechstel in Höhe von € 10.000,–, sodass die beiden Sonderzahlungen zur Gänze begünstigt innerhalb des Jahressechstels abgerechnet werden.
> Durch die Aufrollungsverpflichtung hat der Arbeitgeber spätestens im Dezember das Jahressechstel neu zu berechnen. Dieses beträgt € 8.000,– (= € 48.000,– : 12 x 2). Der Arbeitgeber hat daher einen Jahressechstelüberhang in Höhe von € 2.000,– durch Aufrollen nach § 67 Abs 10 EStG zu versteuern.

Der Arbeitgeber hat die Aufrollungsverpflichtung entweder schon durch Modifikationen der Lohnverrechnung während des Jahres oder aber, wenn die Sechstelermittlung während des Jahres unverändert nach § 67 Abs 1 Satz 1 EStG erfolgt, bei Auszahlung des letzten Bezuges im Dezember umzusetzen. **2190**

Kommt es wegen des geringeren Kontrollsechstels zur verpflichtenden Nachversteuerung von sonstigen Bezügen, die bisher innerhalb des (regulären) Jahressechstels lagen, ist die bisherige Sonderzahlungsbesteuerung mit allen Konsequenzen zu korrigieren. **2191**

Aufgrund der Aufrollung muss eine Korrektur des jeweiligen Monats erfolgen, in dem die nachzuversteuernde Sonderzahlung gewährt wurde. **2192**

Für die Sechstel- bzw Kontrollsechstelberechnung dürfen nur tatsächliche laufende Bezüge herangezogen werden, nicht hingegen gemäß § 67 Abs 10 EStG zu versteuernde sonstige Bezüge. **2193**

Die Freigrenze (siehe unten) ist nur aufgrund der „normalen" Jahressechstelberechnung und nicht aufgrund des Kontrollsechstels zu ermitteln. **2194**

Wurde bei Auszahlung des Dezemberbezuges eine Nachversteuerung von sonstigen Bezügen gemäß § 77 Abs 4a EStG vorgenommen, ist bei einer Nachzahlung von laufenden Bezügen bis 15. 2. ein bereits aufgrund des § 77 Abs 4a EStG nach § 67 Abs 10 EStG nachversteuerter Betrag zu korrigieren. Auch eine Korrektur zugunsten des Arbeitnehmers nach § 77 Abs 4a Z 2 EStG ist bei Nachzahlungen von laufenden Bezügen für das Vorjahr bis 15. 2. möglich (dies gilt nicht für Nachzahlungen für das Jahr 2020). **2195**

Sind sonstige Bezüge aufgrund der Aufrollung gemäß § 77 Abs 4a EStG nachzuversteuern, ist hinsichtlich der Nachversteuerung mit der zuletzt gewährten Sonderzahlung zu beginnen. Die SV-Dienstnehmeranteile werden ebenfalls im Zuge dieser Neuberechnung neu aufgeteilt. Die Ergebnisse eine Aufrollung nach § 77 Abs 4a EStG sind im Lohnkonto zu verarbeiten. **2196**

> **Beispiel – Aufrollung wegen Kontrollsechstel**
>
> | Monat | Lfd Bezug | Lfd Prämie | Sonderzahlungen | SV lfd | SV SZ | Jahressechstel | Kontrollsechstel |
> |---|---|---|---|---|---|---|---|
> | Jänner | 5.000,00 | 3.000,00 | | 1.060,02 | | 16.000,00 | 1.333,33 |
> | Februar | 5.000,00 | 3.000,00 | | 1.060,02 | | 16.000,00 | 2.666,67 |
> | März | 5.000,00 | 3.000,00 | | 1.060,02 | | 16.000,00 | 4.000,00 |
> | April | 5.000,00 | 3.000,00 | 8.000,00 | 1.060,02 | 1.369,60 | 16.000,00 | 5.333,33 |

244. Sonstige Bezüge

Mai	5.000,00	3.000,00		1.060,02		16.000,00	6.666,67
Juni	5.000,00	3.000,00	8.000,00	1.060,02	633,44	16.000,00	8.000,00
Juli	5.000,00			906,00		15.142,86	8.833,33
August	5.000,00			906,00		14.500,00	9.666,67
September	5.000,00			906,00		14.000,00	10.500,00
Oktober	5.000,00			906,00		13.600,00	11.333,33
November	5.000,00			906,00		13.272,73	12.166,67
Dezember	5.000,00			906,00		13.000,00	13.000,00

Abrechnung Juni

Laufender Bezug		€	5.000,00
Laufende Prämie		€	3.000,00
Sonderzahlung		€	8.000,00
	Brutto	€	16.000,00

Sozialversicherung
Laufende Bezüge (Hbgl 5.850)	€ 5.850,00 × 18,12% =	€	1.060,02
Sonderzahlung (Hbgl 11.700 – 8.000)	€ 3.700,00 × 17,12% =	€	633,44

Lohnsteuer
Jahressechstel	€ 16.000,00	
verbraucht (SZ April)	€ 8.000,00	
Offenes Jahressechstel	€ 8.000,00	
Sonderzahlung	€ 8.000,00	
abzgl Sozialversicherungsbeiträge	€ 633,44	
	€ 7.366,56 × 6%	€ 441,99

Laufender Bezug
	€ 8.000,00	
abzgl SV-Beiträge lfd	€ 1.060,02 (= 5.850 × 18,12%)	
	€ 6.939,98	€ 2.280,34
	Netto/Ausz	**€ 11.584,21**

Aufrollung aufgrund des Kontrollsechstels (Nachversteuerung)

Laufender Bezug		€	5.000,00
Laufende Prämie		€	3.000,00
Sonderzahlung		€	8.000,00
	Brutto	€	16.000,00

Sozialversicherung
Laufende Bezüge (Hbgl 5.850)	€ 5.850,00 × 18,12% =	€	1.060,02
Sonderzahlung (Hbgl 11.700 – 8.000)	€ 3.700,00 × 17,12% =	€	633,44

Lohnsteuer
Sonderzahlung
Kontrollsechstel	€ 13.000,00	
verbraucht (SZ April)	€ 8.000,00	
Offenes Jahressechstel	€ 5.000,00	

244.14 Sonstige Bezüge bei Grenzgängern

Sonderzahlung	€	5.000,00	
abzgl Sozialversicherungsbeiträge	€	395,90 (= 633,44 : 8.000 × 5.000)	
	€	4.604,10 × 6%	€ 276,25
Laufender Bezug			
	€	8.000,00	
abzgl SV-Beiträge lfd	€	1.060,02 (= 5.850 × 18,12%)	
zzgl Sechstelüberhang	€	3.000,00	
abzgl SV-Beiträge SZ	€	237,54 (= 633,44 : 8.000 × 3.000)	
	€	9.702,44	€ 3.644,95
		Netto/Ausz	**€ 10.385,34**

2197 Wird nach einem Austritt (Beendigung) innerhalb des Kalenderjahres ein neues Dienstverhältnis beim selben Dienstgeber eingegangen, müssen die laufenden Vorbezüge aus dem bisherigen Dienstverhältnis für die Berechnung Aufrollungsverpflichtung herangezogen werden. Da es sich um laufenden Arbeitslohn von demselben Arbeitgeber handelt und der Arbeitgeber genaue Kenntnis von den Berechnungsvorgängen anlässlich der Beendigung des vorangegangenen Dienstverhältnisses hat, kann es wegen eines höheren Kontrollsechstels insoweit zu einer „Entschärfung" eines bereits voll versteuerten Kontrollsechstelüberhanges im vorigen Dienstverhältnis kommen.

> **Beispiel**
>
> Gehalt Jänner bis Oktober € 2.500,– monatlich, Urlaubsgeld im Juni in Höhe von € 2.500,–, Gehalt ab November € 2.800,– monatlich, Weihnachtsgeld im November in Höhe von € 2.800,–. Bei Auszahlung des Weihnachtsgeldes kommt es im November zu einer Sechstelüberschreitung und ein Teil des Weihnachtsgeldes wird zum laufenden Tarif besteuert. Im Dezember ist bei Berechnung des Kontrollsechstels ein Teil des Sechstelüberhanges durch Aufrollung begünstigt zu besteuern, da das Jahressechstel (= Kontrollsechstel) im Dezember aufgrund der Gehaltserhöhung höher ist (€ 5.100,–), als das Jahressechstel bei Auszahlung des Weihnachtsgeldes im November (€ 5.054,55).

2198 Für Arbeitnehmer, die dem BUAG unterliegen, gilt die Aufrollungsverpflichtung mit der Maßgabe, dass der Arbeitgeber nicht mehr als ein Zwölftel der bereits zugeflossenen laufenden Bezüge begünstigt als sonstige Bezüge besteuern darf (Kontrollzwölftel).

2199 In den Kalenderjahren 2020, 2021 und 2022 ist für Arbeitnehmer, welchen aufgrund von COVID-19-Kurzarbeit reduzierte laufende Bezüge zugeflossen sind, das Jahressechstel pauschal um 15% zu erhöhen. Die pauschale Erhöhung gilt auch für das Kontrollsechstel und das Jahreszwölftel.

244.14 Sonstige Bezüge bei Grenzgängern

2200 Kann die Begünstigung für sonstige Bezüge erst bei der Veranlagung zur Anwendung kommen (zB bei Grenzgängern), gelten für die Beurteilung die allgemeinen Grundsätze. Es kommt somit darauf an, dass sich diese sowohl durch den Rechtstitel, auf den sich der Anspruch begründet, als auch durch die tatsächliche Auszahlung deutlich von den laufenden Bezügen unterscheiden (VwGH 30. 4. 2003, 97/13/0148).

244. Sonstige Bezüge

2201 Es liegt im Wesen eines sonstigen Bezuges, dass er neben, also zusätzlich zum laufenden Bezug bezahlt wird. Dies muss aus äußeren Merkmalen ersichtlich sein. Werden zB 13. und 14. Monatsbezug laufend anteilig mit dem laufenden Arbeitslohn ausbezahlt, sind sie zusammen mit dem laufenden Arbeitslohn nach dem Tarif zu versteuern (VwGH 25. 7. 2018, Ro 2017/13/0005). Die nachträgliche, rein rechnerische Aufteilung des Gesamtbezuges in laufende und sonstige Bezüge kann mangels eindeutig erkennbarer Unterscheidungsmerkmale zwischen laufenden und sonstigen Bezügen nicht als ausreichende Grundlage für die Annahme sonstiger Bezüge angesehen werden (vgl VwGH 19. 11. 1969, 1157/68, vgl LStR Rz 1050).

2202 Es gibt eine Vielzahl ausländischer lohngestaltender Vorschriften wie bspw Gesamtarbeitsverträge bzw Tarifverträge, die mit österreichischen Kollektivverträgen vergleichbar sind (zB Schweizer oder liechtensteinische Gesamtarbeitsverträge). Haben die Arbeitnehmer aufgrund einer solchen lohngestaltenden Vorschrift Anspruch auf einen 13. und 14. Monatslohn und unterscheiden sich diese in der Auszahlung von den laufenden Bezügen, gelten diese als sonstige Bezüge.

> **Beispiel**
>
> In der lohngestaltenden Vorschrift ist ein 13. Monatsbezug vorgesehen (Rechtstitel). Da auch das Kriterium der erforderlichen Auszahlungsmodalität erfüllt wird, gilt dieser steuerlich als sonstiger Bezug.

Besteht keine lohngestaltende Vorschrift oder sieht eine solche keinen Anspruch auf sonstige Bezüge vor, kann mit einer entsprechenden vertraglichen Vereinbarung ein den Vorgaben der Judikatur entsprechender Rechtstitel geschaffen werden. Eine solche vertragliche Vereinbarung zwischen Arbeitgeber und Arbeitnehmer (zB Dienstvertrag, Zusatzvereinbarung) muss vor der Auszahlung schriftlich abgefasst werden und Regelungen über den Anspruch sowie die Auszahlungsmodalität des sonstigen Bezuges enthalten.

Für Veranlagungszeiträume bis einschließlich 2020 werden auch entsprechende mündliche Vereinbarungen anerkannt.

Sieht ein Pensionskassenreglement grundsätzlich eine monatlich gleichbleibende Auszahlung vor, ist in diesem Reglement aber ebenso festgelegt, dass der Versicherte an Stelle der monatlich gleichbleibenden Pension beantragen kann, dass die Jahrespension in 14 gleiche Teilbeträge aufgeteilt wird und entscheidet sich der Pensionist aufgrund dieses Reglements (Rechtstitel) dafür, dass der 13. Teilbetrag als Urlaubsgeld neben der Pension für den Monat Juni und der 14. Teilbetrag als Weihnachtsgeld neben der Pension für den Monat Dezember ausbezahlt wird (Auszahlungsmodalität), steht die Sonderzahlungsbegünstigung für den 13. bzw 14. Bezug zu.

2203 Vereinbart eine Grenzgängerin mit ihrem deutschen Arbeitgeber im Dienstvertrag, dass das Jahresgehalt (das in Summe zwölf Monatsbezügen des – hier nicht verbindlichen – deutschen Tarifvertrages entspricht) in 13 Monatsbezügen ausgezahlt wird, ist der 13. Monatsbezug auch dann als steuerlich begünstigter sonstiger Bezug iSd § 67 Abs 1 EStG anzusehen (BFG 21. 12. 2020, RV/3100395/2019).

244.15 Sechsteloptimierung – Formel 7
Provisionen

2204 Eine Provision ist das Entgelt für eine verkäuferische oder vermittlerische Tätigkeit und wird idR vom Vertreter/Verkäufer selbst erwirtschaftet. Im Gegensatz dazu wird mit einer Prämie idR eine besondere, über die normalen Arbeitsanforderungen hinausgehende Leistung (Mehrleistung) belohnt.

Besteht laut Dienstvertrag nur ein Anspruch auf eine laufende Provision (zB 3% des monatlichen Verkaufsumsatzes), dann liegt in diesem Umfang jedenfalls ein laufender Bezug, unabhängig vom Auszahlungsmodus, vor. Eine rein rechnerische Aufteilung auf 14 Monatsbezüge ist daher mit steuerlicher Wirksamkeit nicht möglich. **2205**

Werden Provisionen, auf die grundsätzlich ein vertraglicher oder kollektivvertraglicher monatlicher Auszahlungsanspruch besteht, monatlich akontiert und nach mehrmonatigem Zeitraum abgerechnet (Provisionsspitze), sind diese Zahlungen als laufende Bezüge zu behandeln (VwGH 21. 11. 1960, 0665/57). Wird diese Provisionsspitze im Folgejahr ausbezahlt und ist eine Aufrollung gemäß § 77 Abs 5 EStG nicht mehr möglich, liegt die Nachzahlung eines laufenden Bezuges vor, der – sofern keine willkürliche Verschiebung vorliegt – nach § 67 Abs 8 lit c EStG zu versteuern ist. **2206**

> **Beispiel 1**
>
> Ein Versicherungsvertreter hat aufgrund des Arbeitsvertrages Anspruch auf eine monatliche Umsatzprovision in Höhe von 1% des Umsatzes. Die Provision wird laufend akontiert. Im Jänner rechnet der Arbeitgeber die Provisionsumsätze für das Vorjahr endgültig ab (Provisionsspitzenabrechnung).
> Die monatlich akontierten Provisionen sind als laufende Bezüge zu behandeln. Die im Jänner ausbezahlte Provisionsspitze für die Vorjahresumsätze stellt auch einen laufenden Bezug dar und ist im Rahmen der Aufrollung (§ 77 Abs 5 EStG) zu berücksichtigen.
> **Variante:** Aufgrund einer verspäteten Abrechnung des Arbeitgebers erfolgt die Auszahlung der Provisionsspitze (für Umsätze des Vorjahres) erst am 20. 2. des Folgejahres.
> Da die Auszahlung der Provisionen (für das Vorjahr) nach dem 15. 2. des Folgejahres erfolgt, ist eine Aufrollung des Vorjahres nicht mehr zulässig. Die Auszahlung stellt eine Nachzahlung eines laufenden Bezuges dar, der – sofern keine willkürliche Verschiebung vorliegt – nach § 67 Abs 8 lit c EStG zu versteuern ist. Liegt bei der Nachzahlung für abgelaufene Kalenderjahre eine willkürliche Verschiebung vor, dann sind diese Bezüge gemeinsam mit dem laufenden Bezug des Auszahlungsmonats nach dem Tarif (§ 66 EStG) zu versteuern.

Werden die laufenden Provisionen allerdings aufgrund eines gesonderten Rechtstitels in die Berechnung der Sonderzahlungen (13. und 14. Monatsbezug) einbezogen oder wird eine „Superprovision" (Belohnung, Prämie) in Form einer Einmalzahlung gewährt, liegen insoweit sonstige Bezüge vor.

Andere sonstige Bezüge

Sofern ein Bezug aufgrund der vertraglichen Grundlage als laufender Monatsbezug konzipiert ist oder laufend erwirtschaftet wird (zB Überstundenentlohnung), ändert eine bloße Änderung der Auszahlungsmodalität (zB quartalsweise Auszahlung) nichts daran, dass ein laufender Bezug vorliegt. **2207**

Erfolgsabhängige Bezugsbestandteile, die erst im Nachhinein ermittelt werden, stellen nicht zwingend einen sonstigen Bezug dar. Soweit sie aufgrund vertraglicher oder kollektivvertraglicher Regelungen (Rechtstitel) laufend (Auszahlungsmodus) ausgezahlt werden, sind sie als laufender Bezug zu behandeln. **2208**

244. Sonstige Bezüge

> **Beispiel 2**
>
> Ein leitender Angestellter hat aufgrund des Arbeitsvertrages Anspruch auf eine monatliche erfolgsabhängige Zahlung, die vom Gewinn des Vorjahres abhängt.
> Die monatlich ausbezahlten Bezugsbestandteile, die aufgrund des Vorjahresgewinns ermittelt werden, zählen wie das monatlich ausbezahlte Fixum zu den laufenden Bezügen.

> **Beispiel 3**
>
> Ein leitender Angestellter hat aufgrund des Arbeitsvertrages Anspruch auf eine Provision, die vom Erreichen einer Jahresumsatzgrenze oder vom Erreichen eines vereinbarten Zieles abhängig ist. Die Provision wird im März ermittelt. Ein Siebentel der Provision wird im Dezember ausbezahlt (sonstiger Bezug), auf die restlichen sechs Siebentel besteht ein monatlicher Auszahlungsanspruch für die Monate April bis Dezember in jeweils gleich bleibender Höhe (laufender Bezug).

Bei diesen vertraglichen Vereinbarungen zwischen Arbeitgeber und Arbeitnehmer (zB Dienstvertrag, Zusatzvereinbarung) gilt Folgendes:
- ✓ Die Vereinbarung muss schriftlich abgefasst werden und Regelungen über den Anspruch und die Auszahlungsmodalität enthalten.
- ✓ Die Vereinbarung muss vor der Auszahlung getroffen werden.
- ✓ Bei ratenweiser Auszahlung (insb bei einem erfolgsabhängigen Bezugsbestandteil für einen bestimmten Leistungszeitraum wie bspw einer Belohnung für ein bestimmtes Kalenderjahr) darf nach erfolgter Auszahlung eines Teilbetrages die vereinbarte Auszahlungsmodalität mit steuerlicher Wirkung nicht mehr abgeändert werden.

2209 Die Beendigung des Dienstverhältnisses stellt keine Abweichung von der vertraglichen Vereinbarung dar und löst deshalb auch keine Versteuerung gemäß § 67 Abs 10 EStG aus. Die Auszahlung in monatlichen Raten ohne schriftliche Zusatzvereinbarung bewirkt bei einer vertraglich zugesicherten jährlichen Einmalzahlung (zB Jahresprämie) eine Versteuerung gemäß § 67 Abs 10 EStG.

2210 Wird aufgrund einer Vereinbarung eine Jahresprämie laufend akontiert, ist die Endabrechnung als sonstiger Bezug zu behandeln. Die Endabrechnung kann auch mittels vertraglicher Vereinbarung nicht als laufender Bezug gewidmet werden.

2211 Wird in einer lohngestaltenden Vorschrift gemäß § 68 Abs 5 Z 1–6 EStG (zB Kollektivvertrag) ein Anspruch auf eine Sonderzahlung begründet (zB 13. und 14. Bezug, Jubiläumsgeld usw), kann für die Auszahlungsmodalität keine abweichende einzelvertragliche Regelung mit steuerlicher Wirkung getroffen werden. Es liegt in diesen Fällen jedenfalls aufgrund des Rechtstitels ein einheitlicher sonstiger Bezug vor, der bei laufender Auszahlung auch zur Gänze laufend zu versteuern ist.

> **Hinweis**
>
> Laut jüngster VwGH-Rsp kann allerdings ein aus einer Gesamtprämie herausgerechnetes Siebentel nicht als sonstiger Bezug versteuert werden. Es liegt insgesamt ein laufender Bezug vor (VwGH 25. 7. 2018, Ro 2017/13/0005).

2212 Da die LStR Rz 1052 idF des Wartungserlasses 2018 unverändert beibehalten wurde, ist diese auch in Hinkunft bis zu einer allfälligen Änderung anwendbar.

244.15 Sechsteloptimierung – Formel 7

Steuerfreier Teil

Von jenen sonstigen Bezügen, die nach den Bestimmungen des § 67 Abs 1 und 2 EStG versteuert werden (zB Urlaubszuschuss, Weihnachtsremuneration) sind pro **Kalenderjahr** € 620,– steuerfrei. Der steuerfreie Teil ist nur **innerhalb** des **Jahressechstels** (Jahreszwölftels) zu berücksichtigen. Die Berücksichtigung des steuerfreien Teils hat bereits beim ersten im Kalenderjahr ausbezahlten sonstigen Bezug zu erfolgen. Der steuerfreie Teil von € 620,– ist von jedem Arbeitgeber zu berücksichtigen (eventuelle Doppelbegünstigungen werden im Wege der Arbeitnehmerveranlagung korrigiert). **2213**

Legt der Arbeitnehmer den **Lohnzettel** des **vorhergehenden** Arbeitgebers vor, hat eine nochmalige Berücksichtigung des steuerfreien Teils zu unterbleiben. **2214**

Bei folgenden sonstigen Bezügen darf der steuerfreie Teil von € 620,– **nicht** berücksichtigt werden: **2215**

- ✓ gesetzliche und kollektivvertragliche Abfertigungen (§ 67 Abs 3 EStG)
- ✓ Abfertigungen der Witwer- oder Witwenpensionen (§ 67 Abs 4 EStG)
- ✓ Urlaubszuschuss, der von der BUAK bzw von Betrieben ausbezahlt wird, die dem System des BUAG unterliegen (§ 67 Abs 5 Teilstrich 1 EStG)
- ✓ sonstige Bezüge, die bei oder nach Beendigung des Dienstverhältnisses anfallen (freiwillige Abfertigung) (§ 67 Abs 6 EStG)
- ✓ Vergleichssummen (§ 67 Abs 8 lit a EStG)
- ✓ Kündigungsentschädigungen, Zahlungen für den Verzicht auf Arbeitsleistungen künftiger Lohnzahlungszeiträume (§ 67 Abs 8 lit b EStG)
- ✓ Nachzahlungen für abgelaufene Kalenderjahre (§ 67 Abs 8 lit c EStG)
- ✓ Pensionsabfindungen (§ 67 Abs 8 lit e EStG)
- ✓ Zahlungen aufgrund eines Sozialplans (§ 67 Abs 8 lit f EStG)
- ✓ Nachzahlungen in einem Insolvenzverfahren (§ 67 Abs 8 lit g EStG)
- ✓ sonstige Bezüge, die **nicht** unter Abs 1 – 8 fallen und mit dem Tarif versteuert werden (§ 67 Abs 10 EStG)

Freigrenze

Sonstige Bezüge bleiben steuerfrei, wenn **das Jahressechstel** (Jahreszwölftel) den Betrag von € **2.100,– nicht** übersteigt. Ist das Jahressechstel (Jahreszwölftel) **geringer als € 2.100,–**, dann **reduziert** sich die Freigrenze auf den Betrag des **niedrigeren** Jahressechstels (Jahreszwölftels). **2216**

Bei folgenden sonstigen Bezügen darf die Freigrenze von € **2.100,– nicht** angewendet werden: **2217**

- ✓ gesetzliche und kollektivvertragliche Abfertigungen
- ✓ Abfertigungen der Witwer- oder Witwenpensionen
- ✓ Urlaubszuschuss, der von der BUAK bzw von Betrieben ausbezahlt wird, die dem System des BUAG unterliegen (§ 67 Abs 5 Teilstrich 1 EStG)
- ✓ sonstige Bezüge, die bei oder nach Beendigung des Dienstverhältnisses anfallen (freiwillige Abfertigung)
- ✓ Kündigungsentschädigungen sowie andere Zahlungen für den Verzicht auf Arbeitsleistungen für künftige Lohnzahlungszeiträume
- ✓ Nachzahlungen für abgelaufene Kalenderjahre
- ✓ Pensionsabfindungen
- ✓ Zahlungen aufgrund eines Sozialplans
- ✓ Nachzahlungen in einem Insolvenzverfahren
- ✓ sonstige Bezüge, die **nicht** unter § 67 Abs 1 bis 8 EStG fallen und mit dem Tarif versteuert werden.

244. Sonstige Bezüge

2218 Die Freigrenze ist von jedem Arbeitgeber zu berücksichtigen (eine eventuelle Doppelbegünstigung wird im Wege der Arbeitnehmerveranlagung korrigiert).

Beispiel 1 – Freigrenze (Abrechnung Juni)				
Angestellter –				
Teilzeitbeschäftigung – 1. 1. – 30. 6. 2023				
Gehalt	€	800,00		
Vollbeschäftigung – 1. 7. – 31. 12. 2023				
Gehalt	€	1.600,00		
Abrechnung Sonderzahlungen				
Urlaubszuschuss				€ 800,00
Sozialversicherung	€	800,00	× 14,12% =	€ 112,96
Lohnsteuer				
Jahressechstel	€	800,00	× 2 =	
	€	1.600,00	– keine Lohnsteuer da unter Freigrenze	€ –
				€ 687,04

2219 Wird die Freigrenze aufgrund von gestiegenen Bezügen im Laufe des Kalenderjahres überschritten, kommt es zu einer Nachversteuerung der ursprünglich steuerfrei belassenen Sonderzahlung.

2220 Grundsätzlich ist diese Nachversteuerung auch vom Folgedienstgeber vorzunehmen, wenn anhand eines vorgelegten Lohnzettels festgestellt werden kann, dass das Jahressechstel beim Vordienstgeber die Freigrenze nicht überschritten hat.

2221 Sinkt das Jahressechstel (Jahreszwölftel) **unter** die Freigrenze von € 2.100,–, dann ist die Steuer auf bereits versteuerte sonstige Bezüge gutzuschreiben.

2222 Erhält ein Arbeitnehmer zum selben Zeitpunkt sonstige Bezüge, die nicht nur steuerpflichtige Inlandsbezüge darstellen, sind die festen Steuersätze gemäß § 67 Abs 1 und 2 EStG (sowie die Freigrenze von € 2.100,–) in folgender Reihenfolge zu verrechnen:

- ✓ sonstige Bezüge, die aufgrund eines DBA in Österreich steuerfrei gestellt sind,
- ✓ sonstige Bezüge, die aufgrund einer nationalen Bestimmung steuerbefreit sind (zB begünstigte Auslandstätigkeiten gemäß § 3 Abs 1 Z 10 EStG),
- ✓ übrige sonstige Bezüge.

2223 **Ist allerdings eine einzelne Sonderzahlung aufgrund eines DBA bezüglich des Besteuerungsrechts nach** dem Kausalitätsprinzip teilweise dem Inland und teilweise dem Ausland zuzuordnen, sind die im Inland bzw im Ausland steuerpflichtigen Bezüge den festen Steuersätzen gemäß § 67 Abs 1 EStG im jeweiligen (prozentuellen) Ausmaß zuzuordnen (vgl EAS 3331). Dies gilt auch bei der Ermittlung des Kontrollsechstels nach § 77 Abs 4a EStG.

Verrechnung der sonstigen Bezüge

2224 Die auf Bezüge, die mit einem festen Steuersatz zu versteuern sind, entfallenden SV-Beiträge sind **vor** Anwendung des festen Steuersatzes in Abzug zu bringen.

2225 Für Arbeitnehmer, die dem BUAG unterliegen, kommt statt dem Jahressechstel ein Jahreszwölftel zur Anwendung.

244.15 Sechsteloptimierung – Formel 7

Beispiel – 1. Sonderzahlung

Abrechnung Urlaubszuschuss – 1. Sonderzahlung
Arbeiter
Lohn	€ 1.885,66		
Urlaubszuschuss	€ 1.885,66		
Abrechnung			
Lohn		€	1.885,66
Urlaubszuschuss		€	1.885,66
	Brutto	€	3.771,32
Sozialversicherung			
lfd Bezug	€ 1.885,66 × 16,12% =	€	303,97
Urlaubszuschuss	€ 1.885,66 × 15,12% =	€	285,11
Lohnsteuer			
Sonstiger Bezug – Jahressechstel	€ 1.885,66 × 2 = € 3.771,32		
Da Jahressechstel die Freigrenze von € 2.100,– übersteigt, ist der sonstige Bezug lohnsteuerpflichtig			
	€ 1.885,66		
– SV	€ 285,11		
LSt Bem Grdl	€ 1.600,55		
	€ 620,00 × 0% = € –		
	€ 980,55 × 6% = € 58,83	€	58,83
Lfd Bezug	€ 1.885,66		
– SV	€ 303,97		
	€ 1.581,69	€	84,18
	Netto/Ausz	**€**	**3.039,23**

Sechstelüberschreitung (Zwölftelüberschreitung)

Die auf die Sonderzahlung entfallenden SV-Beiträge werden solange vor Anwendung des festen Steuersatzes abgezogen, als diese **innerhalb des Jahressechstels** (Jahreszwölftels) liegen. **2226**

Wird ein sonstiger Bezug infolge Überschreitung des Sechstels (Zwölftels) dem laufenden Bezug hinzugerechnet, sind auch die **auf den Sechstelüberhang (Zwölftelüberhang) entfallenden SV-Beiträge beim laufenden Bezug** zu berücksichtigen. **2227**

Beispiel – Jahressechstelüberhang

Angestellter	
Gehalt	€ 1.932,00
Sonderzahlungen	
Bilanzgeld	€ 1.900,00 – bereits erhalten
Urlaubszuschuss	€ 1.932,00 – bereits erhalten
Weihnachtsremuneration	€ 1.932,00
Laufende Bezüge von 1. 1. – 31. 10.	€ 20.984,50

Abrechnung November 2023
Abrechnung
Gehalt	€ 1.932,00

244. Sonstige Bezüge

WR			€	1.932,00
		Brutto	€	3.864,00
Sozialversicherung				
lfd Bezug	€ 1.932,00 × 16,12% =		€	311,44
Sonderzahlung	€ 1.932,00 × 15,12% =		€	292,12
Lohnsteuer				
Sonstiger Bezug – Jahressechstel	€ 20.984,50			
+ November	€ 1.932,00			
	€ 22.916,50 : 11 × 2 =			
	€ 4.166,64			
– Bilanzgeld	€ 1.900,00			
– Urlaubsz	€ 1.932,00			
Rest	€ 334,64			
	€ 334,64			
– SV	€ 50,60 (292,12 : 1.932 × 334,64)			
	€ 284,04 × 6% =		€	17,04
1/6 Überhang	€ 1.597,36 (1.932 – 334,64)			
SV 1/6 Überh	€ 241,52 (292,12 : 1.932 × 1.597,36)			
Laufender Bezug				
Gehalt	€ 1.932,00			
1/6 Überhang	€ 1.597,36			
– SV Gehalt	€ 311,14			
– SV 1/6 Überh	€ 241,52			
	€ 2.976,40		€	532,38
		Netto/Ausz	**€**	**2.711,02**

Bauarbeiter-Urlaubs- und Abfertigungsgesetz

2228 Für Arbeitnehmer, die dem BUAG unterliegen, kommt bei Abrechnung der sonstigen Bezüge statt dem Jahressechstel ein **Jahreszwölftel** zur Anwendung.

2229 Unabhängig davon, ob der Arbeitgeber oder die BUAK die Bezüge gemäß § 67 Abs 5 Teilstrich 1 EStG ausbezahlt, gilt Folgendes:

- ✓ Der als sonstiger Bezug zu behandelnde Teil des Urlaubsentgelts, der Abfindung, der Urlaubsersatzleistung **sowie der Überbrückungsabgeltung** sind immer **mit 6%** zu versteuern (der Freibetrag von € 620,– und die Freigrenze von € 2.100,– sind nicht anzuwenden); die Sechstelbegrenzung gilt nicht für diese Bezüge.
- ✓ Bei Direktauszahlung des Urlaubsentgeltes gemäß § 8 Abs 8 BUAG an den Arbeitnehmer hat die BUAK für jenen Teil, der als laufender Bezug zu behandeln ist – da die Ansprüche tageweise berechnet werden – auch die Lohnsteuer tageweise nach dem Lohnsteuertarif iSd § 66 EStG zu berechnen; individuelle Absetzbeträge des § 33 EStG sind nicht zu berücksichtigen.

Bei Auszahlung des Urlaubsentgeltes, der Abfindung, der Urlaubsersatzleistung **sowie der Überbrückungsabgeltung** durch den **Arbeitgeber** sind die als laufende Bezüge zu behandelnden Teile gemeinsam mit dem übrigen laufenden Bezug im Zeitpunkt des Zufließens nach dem Lohnsteuertarif des jeweiligen Kalendermonats der Besteuerung zu unterziehen (monatlicher Lohnabrechnungszeitraum; ausgenommen bei „gebrochener Abrechnungsperiode").

- ✓ Von der BUAK ist ein Lohnzettel auszustellen, wobei als Zeitraum der Beschäftigung der Kalendermonat der Auszahlung (erster bis letzter Tag des Kalendermonats) anzugeben ist.

Weitere sonstige Bezüge

Für von der BUAK ausbezahlte Urlaubsersatzleistungen gemäß § 9 BUAG und die Überbrückungsabgeltung gemäß § 13 m Abs 1 BUAG gilt Folgendes: **2230**

- ✓ Der als sonstiger Bezug zu behandelnde Teil ist mit 6% zu versteuern (der Freibetrag von € 620,– und die Freigrenze von € 2.100,– sind nicht anzuwenden); die Sechstelbegrenzung gilt nicht für diese Bezüge.
- ✓ Für den laufenden Teil der Urlaubsersatzleistung hat die BUAK gemäß § 69 Abs 4 Z 2 EStG die Lohnsteuer tageweise nach dem Lohnsteuertarif iSd § 66 EStG zu berechnen.
- ✓ Die Urlaubs- und Abfertigungskasse hat die auf die Urlaubsersatzleistung entfallenden lohnabhängigen gesetzlichen Abgaben zu entrichten, wobei die Lohnsteuer an das für die Urlaubs- und Abfertigungskasse zuständige FA abzuführen ist.
- ✓ Von der BUAK ist ein Lohnzettel auszustellen, wobei jener Zeitraum anzugeben ist, für den eine Urlaubsersatzleistung zur Auszahlung gelangt.

Für von der BUAK ausbezahlte **Urlaubsabfindungen** gemäß § 10 BUAG und die Überbrückungsabgeltung gemäß § 13 m Abs 1 BUAG gilt Folgendes:

- ✓ Der als sonstige Bezug zu behandelnde Teil ist mit 6% zu versteuern.
- ✓ Die Versteuerung des laufenden Bezugs hat gemäß § 67 Abs 10 EStG zu erfolgen und es ist ein monatlicher Lohnzahlungszeitraum zu unterstellen.
- ✓ Von der BUAK ist ein Lohnzettel auszustellen, wobei als Zeitraum der Beschäftigung der Kalendermonat der Auszahlung (erster bis letzter Tag des Kalendermonats) anzugeben ist.

Wird die Überbrückungsabgeltung gemeinsam mit dem Überbrückungsgeld gemäß § 13 l BUAG ausbezahlt, ist der laufende Bezug der Überbrückungsabgeltung gemeinsam mit dem letzten laufenden Bezug des Überbrückungsgeldes nach dem Monatstarif (unter Berücksichtigung eines monatlichen Lohnzahlungszeitraums) zu versteuern. Am Lohnzettel ist in diesem Fall der Zeitraum des Bezugs von Überbrückungsgeld anzugeben.

Gemäß § 67 Abs 5 Teilstrich 2 EStG sind weitere sonstige Bezüge (zB Weihnachtsgeld) für Arbeitnehmer, die dem BUAG unterliegen, insoweit nach § 67 Abs 1 und 2 EStG zu besteuern, als diese vor Abzug der in § 67 Abs 12 EStG genannten Beiträge innerhalb eines Kalenderjahres ein Zwölftel der bereits zugeflossenen, auf das Kalenderjahr umgerechneten laufenden Bezüge nicht übersteigen (Jahreszwölftel). Es kommt für diese Arbeitnehmer statt dem **Jahressechstel** das Jahreszwölftel zur Anwendung. Im Rahmen des Jahreszwölftels sind die sonstigen Bezüge nach § 67 Abs 5 Teilstrich 2 EStG nach Abzug der darauf entfallenden Sozialversicherungsbeiträge mit den Steuersätzen nach § 67 Abs 1 und 2 EStG (unter Berücksichtigung der Freigrenze von € 2.100,–) zu versteuern. Der als sonstiger Bezug zu behandelnde Teil des Urlaubsentgelts und der Urlaubsersatzleistung kürzt dabei nicht das Jahreszwölftel. **2231**

Für die Berechnung des Jahreszwölftels gelten die Grundsätze des Jahressechstels. Zusätzlich ist bei der Berechnung des Jahreszwölftels neben den laufenden Bezügen auch der anteilige laufende Bezug des Urlaubsentgelts, der von der BUAK direkt an den Arbeitnehmer ausbezahlt wurde, zu berücksichtigen. Damit wird gewährleistet, dass unabhängig davon, ob die BUAK oder der Arbeitgeber das Urlaubsgeld gemäß § 8 Abs 8 BUAG ausbezahlt, das Jahreszwölftel gleich hoch ist. Der Arbeitgeber darf im Lohnzettel das von der BUAK direkt an den Arbeitnehmer ausbezahlte Urlaubsentgelt nicht ausweisen.

244. Sonstige Bezüge

Beispiel – Berechnung Sonderzahlung – Auszahlung durch BUAK

BUAK bezahlt aufgrund des Urlaubsverbrauchs an den Arbeitnehmer € 2.307,87. Davon € 1.153,93 laufender Bezug und € 1.153,93 sonstiger Bezug.
Abrechnung sonstiger Bezug

Brutto		€ 1.153,93
abzüglich SV	(€ 1.153,93 × 14,82%)	€ 171,01
LSt-Bmgl		€ 982,92
Lohnsteuer	(€ 982,92 × 6%)	€ 58,98

Weihnachtsgeld – Auszahlung durch Arbeitgeber im November 2023

Berechnung sonstiger Bezug – Jahreszwölftel:		
Laufende Bezüge 1. 1. – 31. 10.		€ 20.256,00
+ Zahlung der BUAK – lfd Bezug		€ 1.153,93
+ Novemberlohn		€ 1.994,00
laufende Bezüge 1. 1. – 30. 11.		€ 23.403,93
Jahreszwölftel	(€ 23.403,93 : 11)	€ 2.127,63
Weihnachtsgeld		€ 2.494,65
Sozialversicherung	(€ 2.494,65 × 17,82%)	€ 444,56
Sonstige Bezüge innerhalb Jahreszwölftel:		€ 2.127,63
– Sozialversicherung	(Anteil für € 2.127,63)	€ – 379,14
– Freibetrag		€ – 620,00
Lohnsteuerbemessungsgrundlage		€ 1.128,49
Lohnsteuer	€ 1.128,49 × 6%	€ 67,70
Weihnachtsgeld – netto		€ 1.982,39
Jahreszwölftelüberhang		€ 367,02
SV-Jahreszwölftelüberhang		€ 65,42
Der Zwölftelüberhang wird beim laufenden Bezug berücksichtigt.		

BUAK-Urlaubsersatzleistung

2232 Für die Auszahlung der zwingenden Urlaubsersatzleistung ist keine Antragstellung notwendig. Die Arbeitnehmer werden im Falle der Beendigung eines Dienstverhältnisses von der BUAK schriftlich über den Verrechnungsvorgang informiert, wobei die Auszahlung des errechneten Nettobetrags an den Arbeitnehmer monatsweise aufgeteilt am 10. des auf die abgegoltenen Urlaubstage folgenden Monats vorgenommen wird (zB: Urlaubsersatzleistungen aus für November 2023 abgegoltene Urlaubstage werden am 10. 12. 2023 ausbezahlt). Aus der Verrechnung der Urlaubsersatzleistungen entsteht ein unmittelbar an das letzte Arbeitsverhältnis anschließender Sozialversicherungszeitraum, der die BUAK als Arbeitgeberin ausweist und der zum Ruhen von Leistungen aus der AlV führt. Von der BUAK werden Lohnsteuer und sonstige lohnabhängige Abgaben abgeführt.

Weitere Auskünfte erteilt die BUAK.

Abrechnung von Einmalprämien

2233 Wird gleichzeitig mit einem laufenden Bezug ein sonstiger Bezug iSd § 67 Abs 1 und 2 EStG ausgezahlt, der sozialversicherungsrechtlich in die allgemeine Beitragsgrundlage fällt (zB eine außerordentliche Prämie oder eine Belohnung), sind die Sozialversicherungsbeiträge für Zwecke der Lohnsteuerberechnung anteilig (entsprechend dem Verhältnis der Höhen der beiden Bezüge) zuzuordnen (VwGH 14. 5. 2020, Ra 2019/13/0093).

Beispiel – Einmalprämie

Angestellter					
Gehalt		€	3.340,00		
Einmalprämie		€	3.500,00		
Abrechnung					
Gehalt					€ 3.340,00
Einmalprämie					€ 3.500,00
				Brutto	€ 6.840,00
Sozialversicherung					
	Gehalt	€	3.340,00		
	Einmalprämie	€	3.500,00		
		€	6.840,00		
	Hbg	€	5.850,00	× 18,12% =	€ 1.060,02
Lohnsteuer					
Sonstiger Bezug – Jahressechstel		€	3.340,00	× 2 = € 6.680,00	
Einmalprämie		€	3.500,00		
	– SV (Aufteilung aliquot)	€	542,41	(= 1.060,02 : 6.840 × 3.500)	
		€	2.957,59		
		€	620,00	× 0% =	
		€	2.337,59	× 6% =	€ 140,26
Gehalt		€	3.340,00		
	– restliche SV	€	517,61	(= 1.060,02 – 542,41 bzw 1.060,02 : 6.840 × 3.340)	
		€	2.822,39		
					€ 469,24
				Netto/Ausz	**€ 5.170,48**

Bei der Bestimmung des § 67 Abs 12 EStG handelt es sich um eine Zuteilungsvorschrift der SV-Beiträge auf laufende und sonstige Bezüge aus steuerlicher Sicht. Aus steuerlicher Sicht wird nicht zwischen beitragsfreien, sondern nur zwischen laufenden und sonstigen Bezügen unterschieden. Sind daher im Falle einer Aufteilung der Sozialversicherungsbeiträge auch beitragsfreie Bezüge im laufenden Entgelt enthalten, ist die Aufteilung anhand der Bruttobezüge inkl der beitragsfreien Bezüge vorzunehmen. **2234**

Aufrollung (§ 77 Abs 4 EStG)

§ 77 Abs 4 EStG enthält eine Aufrollungsmöglichkeit, nicht jedoch eine Aufrollungsverpflichtung durch den Arbeitgeber. Die Aufrollung darf nur bei Arbeitnehmern durchgeführt werden, die im Kalenderjahr ständig vom Arbeitgeber Arbeitslohn erhalten haben und ist in dem Monat, in dem der letzte sonstige Bezug für das Kalenderjahr ausbezahlt wurde, vorzunehmen. **2235**

244. Sonstige Bezüge

2236 Bei der Aufrollung wird die Steuer für die sonstigen Bezüge innerhalb des Jahressechstels (Jahreszwölftels) neu berechnet, wenn das Jahressechstel (Jahreszwölftel) die Freigrenze von € 2.100,– übersteigt. Bezüge, die gemäß § 67 Abs 5 Teilstrich 1 EStG ausbezahlt werden, fließen nicht in die Aufrollung bzw Neuberechnung hinein.

> **Hinweis**
>
> Im Zuge der Aufrollung darf ausschließlich die auf die sonstigen Bezüge entfallende Lohnsteuer, nicht das Jahressechstel, neu berechnet werden.

Einschleifregel (§ 77 Abs 4 EStG)

2237 Übersteigen die sonstigen Bezüge innerhalb des Jahressechstels (Jahreszwölftels) die Freigrenze von € 2.100,–, beträgt die Steuer nach Abzug der darauf entfallenden Sozialversicherungsbeiträge 6% des € 620,– übersteigenden Betrags. Die Steuer beträgt jedoch höchstens 30% der € 2.000,– übersteigenden Bemessungsgrundlage. Die Bemessungsgrundlage errechnet sich aus der Summe der im Kalenderjahr innerhalb des Jahressechstels (Jahreszwölftels) zugeflossenen sonstigen Bezüge, abzüglich der darauf entfallenden Sozialversicherungsbeiträge (Beispiele siehe „Einschleifregel").

Aufrollungsverpflichtung – Kontrollsechstel (§ 77 Abs 4a EStG)

2238 Wurde im laufenden Kalenderjahr insgesamt mehr als ein Sechstel der zugeflossenen laufenden Bezüge mit den festen Steuersätzen gemäß § 67 Abs 1 EStG versteuert, besteht für den Arbeitgeber, mit Ausnahme bestimmter Fälle (zB Elternkarenz), eine Aufrollungsverpflichtung (§ 77 Abs 4a EStG). Der Arbeitgeber hat sodann bei Auszahlung des letzten laufenden Bezuges im Kalenderjahr die übersteigenden Beträge durch Aufrollen nach § 67 Abs 10 EStG zu versteuern. Ebenfalls ist auch die Berücksichtigung eines vorhandenen, nicht ausgeschöpften Jahressechstels bei entsprechenden sonstigen Bezügen in Form einer Gutschrift in der Lohnverrechnung vorgesehen.

➢ Siehe auch „Sonstige Bezüge – Maximales Jahressechstel und Aufrollungsverpflichtung durch den Arbeitgeber (Kontrollsechstel)".

DB – DZ – KommSt

2239 Sonderzahlungen (sonstige Bezüge) sind voll beitragspflichtig.

Betriebliche Vorsorgekasse

2240 Jene Arbeitnehmer, deren Arbeitsverhältnis nach dem 31. 12. 2002 begonnen hat bzw jene Arbeitnehmer, die mit ihren Abfertigungsansprüchen in das neue Abfertigungssystem gewechselt haben, unterliegen hinsichtlich der Sonderzahlungsansprüche der Beitragsleistung in die Betriebliche Vorsorgekasse.

2241 Die Beitragshöhe beträgt **1,53%**. Die **Höchstbeitragsgrundlage** ist **nicht** zu berücksichtigen.

2242 Liegt aufgrund kollektivvertraglicher Bestimmungen die Fälligkeit der Sonderzahlung im beitragsfreien ersten Beschäftigungsmonat, ist die gesamte Sonderzahlung beitragsfrei.

245.1 Abgabenrechtliche Behandlung von Sozialplanzahlungen

Sonstige Bezüge – Veranlagung

Gemäß § 67 Abs 11 EStG sind die Bestimmungen des § 67 Abs 1, 2, 6 und 8 EStG (steuerfreier Teil von € 620,–; feste Steuersätze, Abfertigungen, Nachzahlungen) auch bei der Veranlagung von Arbeitnehmern anzuwenden. Unter § 67 Abs 11 EStG fallen Arbeitnehmer, die im Inland bei Arbeitgebern beschäftigt sind, die nicht zur Vornahme des Steuerabzuges vom Arbeitslohn verhalten werden können. **2243**

Allenfalls könnte die Bestimmung auch bei der Berechnung des Steuersatzes gemäß § 3 Abs 1 Z 10 und 11 EStG unter Einbeziehung solcher sonstigen Bezüge (bei Entwicklungshelfern, Experten und Arbeitern bei begünstigten Bauvorhaben im Ausland) Berücksichtigung finden. **2244**

245. Sozialpläne

Grundlage für Sozialplanzahlungen bildet § 109 ArbVG. Aufgrund der Bestimmung des § 109 Abs 1 ArbVG muss der Betriebsinhaber bei Betriebsänderungen den Betriebsrat davon in Kenntnis setzen. Der Betriebsrat hat dabei ein Mitwirkungsrecht. Als Betriebsänderungen gelten insb: **2245**

- ✓ die Einschränkung oder Stilllegung des ganzen Betriebs oder von Betriebsteilen,
- ✓ die Auflösung der Dienstverhältnisse von mindestens fünf (bei Betrieben mit mehr als 20 und weniger als 100 Beschäftigten) bzw mindestens 5% (bei Betrieben mit 100 bis 600 Beschäftigten) bzw mindestens 30 Arbeitnehmern (bei mehr als 600 Beschäftigten),
- ✓ die Verlegung des ganzen Betriebs oder von Betriebsteilen,
- ✓ der Zusammenschluss mit anderen Betrieben,
- ✓ die Änderungen des Betriebszwecks, der Betriebsanlagen, der Arbeits- und Betriebsorganisation sowie der Filialorganisation,
- ✓ die Einführung neuer Arbeitsmethoden,
- ✓ die Einführung von Rationalisierungs- und Automatisierungsmaßnahmen von erheblicher Bedeutung.

Bringt eine Betriebsänderung wesentliche Nachteile für alle oder erhebliche Teile der Arbeitnehmerschaft mit sich, kann in Betrieben, in denen dauernd mindestens 20 Arbeitnehmer beschäftigt sind, Maßnahmen zur Beseitigung oder Milderung dieser Folgen durch eine Betriebsvereinbarung (erzwingbare Betriebsvereinbarung) geregelt werden. **2246**

245.1 Abgabenrechtliche Behandlung von Sozialplanzahlungen

Lohnsteuer – Gesetzliche Grundlage § 67 Abs 8 lit f EStG

Bezüge, die bei oder nach Beendigung des Dienstverhältnisses im Rahmen von Sozialplänen als Folge von Betriebsänderungen iSd § 109 Abs 1 Z 1 bis 6 ArbVG oder vergleichbarer gesetzlicher Bestimmungen anfallen, soweit sie nicht nach § 67 Abs 6 EStG mit dem Steuersatz von 6% zu versteuern sind, sind bis zu einem Betrag von € 22.000,– mit der Hälfte des Steuersatzes, der sich bei gleichmäßiger Verteilung des Bezugs auf die Monate des Kalenderjahres als Lohnzahlungszeitraum ergibt, zu versteuern. **2247**

Voraussetzung für die Steuerbegünstigung iSd § 67 Abs 8 lit f EStG ist, dass die Bezüge im Rahmen von Sozialplänen als Folge von Betriebsänderungen iSd § 109 Abs 1 Z 1 bis 6 ArbVG anfallen. Eine Definition des Begriffes „Sozialplan" enthält das EStG nicht. Durch die An- **2248**

245. Sozialpläne

knüpfung an das ArbVG sind die dort getroffenen Regelungen zur Begriffsbestimmung heranzuziehen (VwGH 28. 2. 2007, 2006/15/0035).

2249 Gemäß § 97 Abs 1 Z 4 ArbVG können Betriebsvereinbarungen über Maßnahmen zur Verhinderung, Beseitigung oder Milderung der Folgen einer Betriebsänderung iSd § 109 Abs 1 Z 1 bis 6 ArbVG abgeschlossen werden, sofern die Betriebsänderung wesentliche Nachteile für alle oder erhebliche Teile der Arbeitnehmerschaft mit sich bringt. Nach dem Begriff der „Erheblichkeit", den der Gesetzgeber des ArbVG gebraucht hat, muss ein nicht unwesentlicher Teil der Arbeitnehmerschaft von den Nachteilen der Betriebsänderung betroffen sein. Während die Lehre ab einem Drittel der von der nachteiligen Betriebsänderung betroffenen Belegschaft von einer „Erheblichkeit" ausgeht (vgl VfGH 16. 3. 2022, G 228/2021), reicht nach der Verwaltungspraxis bereits ein Viertel der Belegschaft aus.

2250 Einvernehmliche Auflösungen im Rahmen von Sozialplänen sind zulässig, wenn damit keine Kündigungsfristen umgangen werden. Ansonsten stellen diese Leistungen Zahlungen für den Verzicht auf Arbeitsleistung für zukünftige Lohnzahlungszeiträume (Abgangsentschädigungen) dar.

2251 Gegenstand eines Sozialplans können gemäß § 97 Abs 1 Z 4 und § 109 Abs 3 ArbVG nur Maßnahmen sein, die darauf abzielen und die dazu geeignet sind, wesentliche Nachteile einer Betriebsänderung iSd § 109 Abs 1 Z 1–6 ArbVG zu verhindern, zu beseitigen oder zu mildern. Sozialpläne sind Instrumente für generelle Regelungen und dürfen keine individuellen Ansprüche von einzelnen namentlich bestimmten Arbeitnehmern regeln.

Grundsätzliches

2252 Bezüge, die bei oder nach Beendigung des Dienstverhältnisses im Rahmen von Sozialplänen als Folge von Betriebsänderungen iSd § 109 Abs 1 Z 1 bis Z 6 ArbVG oder vergleichbarer gesetzlicher Bestimmungen anfallen, sind wie folgt zu versteuern:

- ✓ Die Begünstigung des § 67 Abs 6 EStG kommt zum Tragen, soweit sie nicht bereits durch andere beendigungskausale Bezüge ausgeschöpft ist und nicht für Zeiträume gewährt werden, für die Anwartschaften gegenüber einer BV-Kasse bestehen.
- ✓ Der übersteigende Betrag ist gemäß § 67 Abs 8 lit f EStG bis zu € 22.000,– mit dem halben Steuersatz zu versteuern.
- ✓ Über das begünstigte Ausmaß gemäß § 67 Abs 6 und 8 lit f EStG hinausgehende Beträge sind gemeinsam mit dem laufenden Bezug bzw, wenn kein solcher zufließt, wie ein laufender Bezug im Zeitpunkt der Auszahlung nach dem Lohnsteuertarif des jeweiligen Kalendermonats zu versteuern. Sie erhöhen nicht das Jahressechstel.

Ursächlicher Zusammenhang mit Beendigung des Dienstverhältnisses

2253 Die Begünstigung des § 67 Abs 8 lit f EStG gilt für alle Bezüge im Rahmen von Sozialplänen. Voraussetzung für die begünstigte Versteuerung derartiger Bezüge gemäß § 67 Abs 8 lit f EStG ist ein ursächlicher Zusammenhang mit der Auflösung des Dienstverhältnisses.

2254 Sowohl § 109 Abs 3 ArbVG als auch § 97 Abs 3 ArbVG normieren, dass in Betrieben, in denen dauernd weniger als 20 Arbeitnehmer beschäftigt sind, die Vereinbarung eines Sozialplans nicht zulässig ist. Der Gesetzgeber hat aber einen Verweis auf diese Bestimmungen unterlassen und nur den Begriff Betriebsänderungen nach dem ArbVG definiert.

Im Sinne einer verfassungskonformen Auslegung des § 67 Abs 8 lit f EStG ist eine unmittelbare Anlehnung an die angeführten Definitionen des ArbVG nicht angebracht, weil sie kleinere Betriebe von der Begünstigung ausschließen würde. Als Sozialplan iSd § 67 Abs 8 lit f EStG

245.1 Abgabenrechtliche Behandlung von Sozialplanzahlungen

kann daher auch eine Vereinbarung zwischen Arbeitgeber und der gesamten Belegschaft (allen Arbeitnehmern) verstanden werden, die Maßnahmen zur Verhinderung, Beseitigung oder Milderung der nachteiligen Folgen von Betriebsänderungen iSd § 109 Abs 1 Z 1 bis 6 ArbVG oder vergleichbarer gesetzlicher Bestimmungen zum Inhalt hat (AÖF 2008/33). Es müssen jedoch auch in diesen Fällen die entsprechenden Voraussetzungen für Sozialplanzahlungen (Betriebsänderung, Sozialplanvereinbarung, Erheblichkeit) erfüllt sein.

Ist in einem Betrieb ein Betriebsrat nicht installiert, können nach der Verwaltungspraxis bei Erfüllung der Voraussetzungen Sozialpläne ebenfalls durch eine Vereinbarung zwischen Arbeitgeber und der gesamten Belegschaft (allen Arbeitnehmern) abgeschlossen werden. Handelt es sich jedoch um einen Betrieb mit gewähltem Betriebsrat, kann ein Sozialplan iSd § 67 Abs 8 lit f EStG nur in Form einer Betriebsvereinbarung iSd ArbVG abgeschlossen werden. **2255**

Urlaubsersatzleistung im Zusammenhang mit Sozialplanzahlungen

Nicht unter die Begünstigung des § 67 Abs 8 lit f EStG fallen Ersatzleistungen für nicht verbrauchten Urlaub, auch wenn das Dienstverhältnis aufgrund einer Betriebsänderung iSd § 109 Abs 1 Z 1 bis 6 ArbVG beendet wird (siehe dazu BMF 28. 11. 2003, 07 0104/8-IV/7/03). **2256**

Vorgang bei Besteuerung

Der Betrag von € 22.000,– steht neben einem allenfalls gemäß § 67 Abs 6 EStG begünstigten Betrag zu. Die (vorrangige) Besteuerung gemäß § 67 Abs 6 EStG erstreckt sich sowohl auf die Z 1 („Viertelbegünstigung") als auch – soweit es sich aufgrund des Zusammenhangs mit der nachgewiesenen Dienstzeit um freiwillige Abfertigungen handelt – auf die Z 2 des § 67 Abs 6 EStG („Zwölftelbegünstigung"). **2257**

Sozialplan im Zusammenhang mit BMSVG

Aufgrund der Bestimmungen des § 67 Abs 6 EStG können freiwillige Abfertigungen nur dann nach dieser Gesetzesstelle versteuert werden, wenn keine Anwartschaften gegenüber einer BV-Kasse bestehen. Die Begünstigung des § 67 Abs 6 EStG kommt daher nicht zum Tragen, wenn für neue Dienstverhältnisse ab 1. 1. 2003 laufende Beiträge nach dem neuen System in eine Betriebliche Vorsorgekasse gezahlt werden. Dies bezieht sich auch auf die Bestimmung des § 67 Abs 6 EStG iZm einem Sozialplan (LStR Rz 1087 a). **2258**

Für Dienstverhältnisse, die vor dem 1. 1. 2003 begonnen wurden, können die Bestimmungen des § 67 Abs 6 EStG unter Umständen berücksichtigt werden. Inwieweit die Begünstigung des § 67 Abs 6 Z 2 EStG („Zwölftelbegünstigung") anzuwenden ist, hängt davon ab, ob, wann und in welchem Ausmaß Altabfertigungsanwartschaften übertragen werden. Dabei sind folgende Fälle zu unterscheiden: **2259**

- ✓ Weiterführung des alten Anwartschaftssystems für die volle Dauer des Dienstverhältnisses (LStR Rz 1087 b)
- ✓ Weiterführung des alten Anwartschaftssystems bis zu einem bestimmten Zeitpunkt – Einfrieren der gesamten Altabfertigungsansprüche (LStR Rz 1087 c)
- ✓ Teilübertragung (LStR Rz 1087 f)

Die gemäß § 67 Abs 6 Z 2 EStG („Zwölftelbegünstigung") zu berücksichtigenden Zeiten enden mit dem Zeitpunkt des Übertritts in das neue System (AÖF 2003/70). **2260**

245. Sozialpläne

Abfindungen und freiwillige Abfertigungen neben Sozialplanzahlungen

2261 Fallen neben den Bezügen im Rahmen eines Sozialplanes noch freiwillige Abfertigungen oder Abfindungen an, die nach § 67 Abs 6 Z 1 EStG („Viertelbegünstigung") zu versteuern sind, ist bei der Ausschöpfung des begünstigten Ausmaßes folgende Reihenfolge einzuhalten („Günstigkeitsklausel"):

- ✓ Abfindungen und freiwillige Abfertigungen,
- ✓ Bezüge im Rahmen von Sozialplänen.

Gleichzeitige Auszahlung von Pensionsabfindungen

2262 Bei gleichzeitiger Auszahlung mit einer Pensionsabfindung steht die begünstigte Besteuerung mit dem halben Steuersatz für die Zahlungen im Rahmen von Sozialplänen zusätzlich zu. Es finden zwei getrennte Berechnungen statt. Pensionsabfindungen können jedoch nur dann mit dem halben Steuersatz versteuert werden, wenn der im Jahr der Besteuerung geltende Barwert (2023: € 14.400,–) nicht überschritten wird. Werden Bezüge im Rahmen von Sozialplänen in Teilbeträgen ausgezahlt, ist der halbe Steuersatz von der Summe aller gemäß § 67 Abs 8 lit f EStG zu versteuernden Teilbeträge (maximal € 22.000,–) zu ermitteln. Dieser Steuersatz ist auf alle Teilbeträge anzuwenden.

Sozialversicherung

2263 Leistungen im Rahmen eines Sozialplanes iSd § 109 Abs 1 Z 1 bis 6 ArbVG oder vergleichbarer gesetzlicher Bestimmungen gelten nicht als Entgelt und sind daher gemäß § 49 Abs 3 Z 7 ASVG beitragsfrei.

Sozialplanzahlungen – DB und DZ

2264 Werden iZm der Beendigung eines Dienstverhältnisses freiwillige Abfertigungen im Rahmen eines Sozialplans geleistet sind diese im Rahmen der Bestimmungen des § 41 Abs 4 lit b FLAG DB- und DZ-frei, unabhängig davon, ob eine einkommensteuerrechtlich begünstigte Besteuerung stattfinden kann (VwGH 21. 9. 2016, 2013/13/0102).

Sozialplan und Kommunalsteuer

2265 Bezüge, die bei oder nach Beendigung des Dienstverhältnisses im Rahmen von Sozialplänen als Folge von Betriebsänderungen iSd § 109 Abs 1 Z 1 – 6 ArbVG oder vergleichbarer gesetzlicher Bestimmungen anfallen, zählen nicht zur Bemessungsgrundlage für die Kommunalsteuer,

- ✓ wenn diese Zahlungen sonstige Bezüge gemäß § 67 Abs 6 EStG (zB freiwillige Abfertigungen, Abfindungen) darstellen (vgl VwGH 21. 9. 2016, 2013/13/0102), unabhängig davon, ob das Dienstverhältnis den Bestimmungen des BMSVG unterliegt und, ob eine einkommensteuerlich begünstigte Besteuerung stattfinden kann oder
- ✓ wenn diese Zahlungen laufend für (wenn auch begrenzte) Zeiträume nach der Beendigung des Dienstverhältnisses ausbezahlt werden und somit diesen Zahlungen die Funktion von Ruhe- und Versorgungsbezügen iSd § 5 Abs 2 lit a KommStG zukommt (zB Überbrückungshilfen).

Bei Auszahlung vorgezogener Jubiläumsgelder im Rahmen von Sozialplänen handelt es sich weder um sonstige Bezüge gemäß § 67 Abs 6 EStG noch um Ruhe- und Versorgungsbezüge

245.1 Abgabenrechtliche Behandlung von Sozialplanzahlungen

iSd § 5 Abs 2 lit a KommStG, weshalb diese in die Bemessungsgrundlage für die Kommunalsteuer einzubeziehen sind (VwGH 4. 2. 2009, 2007/15/0168).

Betriebsausgabenabzugsverbot für Sozialplanzahlungen

Aufwendungen oder Ausgaben für Entgelte, die beim Empfänger sonstige Bezüge nach § 67 Abs 6 EStG darstellen, dürfen bei den einzelnen Einkünften nicht abgezogen werden, soweit sie bei diesem nicht mit dem Steuersatz von 6% zu versteuern sind. Dies gilt für Auszahlungen aufgrund von Sozialplänen iSd § 67 Abs 8 lit f EStG, die nach dem 1. 3. 2014 abgeschlossen wurden. **2266**

Das Abzugsverbot knüpft nicht bloß an den Begriff der in § 67 Abs 6 EStG genannten Bezüge (freiwillige Abfertigung), sondern auch an die in dieser Gesetzesstelle enthaltenen Regelungen über die Höhe der begünstigt zu versteuernden Beträge an. Dabei wird nicht zwischen alten und neuen Dienstverhältnissen differenziert (vgl VwGH 7. 12. 2020, Ro 2020/13/0013). **2267**

Werden bspw freiwillige Abfertigungen im Rahmen von Sozialplänen, die nach dem 1. 3. 2014 abgeschlossen wurden, an Arbeitnehmer ausbezahlt, die dem BMSVG unterliegen, können diese zwar bei den Arbeitnehmern nicht begünstigt mit 6% besteuert werden, jedoch bei der Gewinnermittlung bis zur Höhe der (fiktiven) begünstigt gemäß § 67 Abs 6 EStG zu versteuernden Bezüge als Betriebsausgaben berücksichtigt werden. Nur der darüberhinausgehende Teil unterliegt dem Betriebsausgabenabzugsverbot. **2268**

Beispiel – Betriebsausgabenabzugsverbot

Ein Arbeitnehmer erhält im Rahmen eines Sozialplanes eine freiwillige Abfertigung in der Höhe von € 100.000,–. Das Dienstverhältnis des Arbeitnehmers unterliegt dem BMSVG und dauerte bis zur Beendigung 14 Jahre. Die laufenden Bezüge der letzten zwölf Monate betragen € 36.000,–. Von den € 100.000,– können € 22.000,– gemäß § 67 Abs 8 lit f EStG begünstigt besteuert werden. Eine begünstigte Besteuerung gemäß § 67 Abs 6 EStG mit 6% Lohnsteuer ist nicht möglich, weil das Dienstverhältnis dem BMSVG unterliegt.
Für die Berücksichtigung des Betriebsausgabenabzugsverbotes ist § 67 Abs 6 EStG fiktiv zu berechnen:

Viertelbegünstigung (§ 67 Abs 6 Z 1 EStG)	3/12	€ 9.000,–
Zwölftelbegünstigung (§ 67 Abs 6 Z 2 EStG)	14 Jahre = 6/12	€ 18.000,–
Freiwillige Abfertigung als Betriebsausgabe abzugsfähig		€ 27.000,–
Nicht abzugsfähig	€ 100.000 – € 27.000	€ 73.000,–

Mit Erkenntnis VfGH 16. 3. 2022, G 228/2021-8 hat der VfGH das Betriebsausgabenabzugsverbot gemäß § 20 Abs 1 Z 8 EStG mit Ablauf des 31. 12. 2022 als verfassungswidrig aufgehoben. Dementsprechend wurde § 20 Abs 1 Z 8 EStG ab dem 1. 1. 2023 dahingehend geändert, dass Leistungen im Rahmen von Sozialplänen unabhängig von ihrer Höhe niemals dem Abzugsverbot des § 20 EStG unterliegen. Die Neuregelung gilt für alle Abfertigungen, die ab dem Kalenderjahr 2023 geleistet werden. Bis zum 31. 12. 2022 bleibt das Betriebsausgabenabzugsverbot weiterhin uneingeschränkt anwendbar. **2269**

Beispiel – Sozialplan

Angestellter		
Gehalt	€	3.280,00
Dauer Dienstverhältnis		24 Jahre

2270

245. Sozialpläne

Gesetzliche Abfertigung	9 Monatsentgelte		
Sonderzahlungen			
Urlaubszuschuss	€ 3.280,00 – bereits erhalten		
Weihnachtsremuneration	€ 3.280,00 – bereits erhalten		
Urlaub	verbraucht		
Sozialplanzahlung	€ 40.000,00		
Austritt	31. 12. 2023		

Abrechnung

Gehalt			€ 3.280,00
Gesetzliche Abfertigung	€ 3.280,00		
+ 1/12 UZ	€ 273,33		
+ 1/12 WR	€ 273,33		
	€ 3.826,67 × 9 =		€ 34.440,00
Sozialplanzahlung			€ 40.000,00
		Brutto	€ 77.720,00

Sozialversicherung

Gesetzliche Abfertigung	beitragsfrei	
Sozialplanzahlung	beitragsfrei	
Gehalt	€ 3.280,00 × 18,12% =	€ 594,34

Lohnsteuer

Gesetzliche Abfertigung	€ 34.440,00 × 6% =	€ 2.066,40
Sozialplanzahlung		
§ 67 Abs 6 – Viertelbegünstigung		
	€ 3.280,00 × 3 = € 9.840,00	
§ 67 Abs 6 – Zwölftelbegünstigung		
5 Jahre anrechenbare Zeiten – 24 + 5 = 29 = 12 lfd Bezüge		
	€ 3.280,00 × 12 =	
	€ 39.360,00	
– gesetzliche Abfertigung	€ 34.440,00 € 4.920,00	
	€ 14.760,00 × 6% =	€ 885,60
Sozialplanzahlung – gesamt	€ 40.000,00	
– davon mit 6% versteuert	€ 14.760,00	
	€ 25.240,00	
Halber Steuersatz		
	€ 22.000,00	
	– € 19.134,00	
	€ 2.866,00 : 12.941 =	
	€ 0,221467 × 3.882,30 =	
	€ 859,80	
	€ 1.488,20	
	€ 2.348,00 : 2 =	€ 1.174,00
Sozialplanzahlung – gesamt	€ 40.000,00	
– mit festem Steuersatz versteuert	€ 14.760,00	
– mit halbem Steuersatz versteuert	€ 22.000,00	
Nach Tarif zu versteuern	€ 3.240,00	
Gehalt	€ 3.280,00	

+ Sozialplanzahlung – Tarifbest	€	3.240,00	
– SV Gehalt	€	594,34	
	€	5.925,66	€ 1.793,47
		Netto/Ausz	€ 71.136,03

246. Sozialversicherungsbeiträge von sonstigen Bezügen (§ 67 EStG)

Das Allgemeine Sozialversicherungsgesetz (ASVG) erfasst in seinem § 49 Abs 2 auch wiederkehrende sonstige Bezüge iSd § 67 EStG, die im Kalenderjahr fällig werden, als Sonderzahlungen, wie zB einen 13. oder 14. Monatsbezug (Weihnachtsremuneration, Urlaubszuschuss), Gewinnanteile oder Bilanzgeld, in der AlV, der Krankenversicherung der Pensions- und Unfallversicherung bis zur jährlich neu festgesetzten Höchstbeitragsgrundlage (2023: voraussichtlich € 11.700,–). **2271**

Die Sonderzahlungen werden für die Berechnung der **Arbeiterkammerumlage** (0,5%) und des **Wohnbauförderungsbeitrags** (0,5%) **nicht** herangezogen. **2272**

Die von sonstigen Bezügen, die mit einem festen Steuersatz des § 67 EStG zu versteuern sind, einbehaltenen Sozialversicherungsbeiträge sind gemäß § 67 Abs 12 EStG vor Anwendung der festen Steuersätze in Abzug zu bringen. **2273**

➢ Hinsichtlich Reduktion des Arbeitslosenversicherungsbeitrags siehe „Arbeitslosenversicherungsbeitrag".

247. Sozialversicherungsprüfung (§ 41a ASVG)

➢ Zur Sozialversicherungsprüfung siehe Kapitel „Lohnsteuerprüfung – PLB (§ 86 EStG)".

248. Spenden (§ 4a EStG)

Abzugsfähig sind alle Spenden an – im Gesetz genannte – Forschungs- und Wissenschaftseinrichtungen (zB Universitäten) und Museen. Auch Spenden an Vereine und Einrichtungen, die selbst mildtätige Zwecke verfolgen, Entwicklungs- und Katastrophenhilfe betreiben oder für diese Zwecke Spenden sammeln, sind abzugsfähig, wenn sie in der Liste der begünstigten Spendenempfänger eingetragen sind. Das gilt auch für Umwelt-, Natur- und Artenschutzorganisationen, behördlich genehmigte Tierheime und Freiwillige Feuerwehren sowie Landesfeuerwehrverbände. Eine steuerliche Abzugsfähigkeit ist zudem für Zuwendungen an in der Spendenliste eingetragene Kunst- und Kultureinrichtungen möglich. **2274**

Zur Liste der spendenbegünstigten Organisationen siehe www.bmf.gv.at. **2275**

Diese Spenden werden im Rahmen des automatischen Informationsaustausches von der empfangenden Organisation an die Finanzverwaltung übertragen. **2276**

Damit muss der Steuerpflichtige diese Sonderausgaben nicht mehr im Rahmen der Steuererklärung dem FA bekannt geben.

249. Sportlerbegünstigung

2277 Als Sonderausgaben abzugsfähig sind Zuwendungen an nach § 4a EStG spendenbegünstigte Empfänger, wobei der Gesamtbetrag aller als Betriebsausgaben und Sonderausgaben abzugsfähiger Zuwendungen mit 10% des sich nach Verlustausgleich ergebenden Gesamtbetrags der Einkünfte vor Abzug des Gewinnfreibetrags (des laufenden Jahres) begrenzt ist. Zudem sind Zuwendungen grundsätzlich in Höhe von maximal € 500.000,– an nach § 4b EStG spendenbegünstigte Empfänger (zB gemeinnützige Stiftung) gemäß § 18 Abs 1 Z 8 EStG abzugsfähig, wenn diese zum Zweck der Vermögensausstattung an eine privatrechtliche Stiftung oder an eine damit vergleichbare Vermögensmasse erbracht werden. Weiters sind als Sonderausgaben Spenden ua an die Innovationsstiftung für Bildung (§ 1 Innovationsstiftung-Bildung-Gesetz, ISBG) abzugsfähig.

> **Beispiel 1**
>
> Ein Arbeitnehmer erzielt im Jahre 2023 steuerpflichtige Bezüge (KZ 245 des Jahreslohnzettels) in Höhe von € 23.500,–. Im Rahmen der Arbeitnehmerveranlagung 2023 beantragt er das Pendlerpauschale in Höhe von € 1.845,–, Fortbildungskosten in Höhe von € 1.655,–. Weiters werden absetzbare Spenden seitens der empfangenden Spendenorganisation im Ausmaß von € 1.900,– an die Finanzverwaltung gemeldet.
> Bemessungsgrundlage für den Maximalbetrag iZm der Absetzbarkeit der Spenden ist der Gesamtbetrag der Einkünfte. Dieser beträgt € 20.000,– (€ 23.500,00 – € 1.845,00 – € 1.655,00). Die Absetzbarkeit der Spenden ist mit 10% dieses Betrags (= € 2.000,–) begrenzt. Die Spenden können daher in der beantragten Höhe von € 1.900,– berücksichtigt werden.

> **Beispiel 2**
>
> Ein Steuerpflichtiger erzielt im Jahre 2023 Einkünfte aus nichtselbständiger Arbeit in Höhe von € 30.000,– und einen Verlust aus Gewerbebetrieb von € 15.000,–. Seitens der empfangenden Spendenorganisation werden Spenden im Ausmaß von € 2.500,– an die Finanzverwaltung gemeldet.
> Bemessungsgrundlage für den Maximalbetrag iZm der Absetzbarkeit der Spenden ist der Gesamtbetrag der Einkünfte. Dieser beträgt € 15.000,– (€ 30.000,– – € 15.000,–). Die Absetzbarkeit der Spenden ist mit 10% dieses Betrags (= € 1.500,–) begrenzt. Die Spenden können daher nur im Ausmaß von € 1.500,– berücksichtigt werden.

➤ Betreffend Spenden siehe auch „Sonderausgaben".

249. Sportlerbegünstigung

Lohnsteuer

2278 Pauschale Reiseaufwandsentschädigungen, die von begünstigten Rechtsträgern iSd §§ 34 ff BAO, deren satzungsgemäßer Zweck die Ausübung oder Förderung des Körpersportes ist, die an Sportler, Schiedsrichter und Sportbetreuer (zB Trainer, Masseure) gewährt werden, sind in Höhe von bis zu € 60,– pro Einsatztag, höchstens aber € 540,– pro Kalendermonat der Tätigkeit steuerfrei. Die Steuerfreiheit steht nur zu, wenn beim Steuerabzug vom Arbeitslohn neben den pauschalen Aufwandsentschädigungen keine Reisevergütungen, Tages- oder Nächtigungsgelder gemäß § 26 Z 4 EStG oder Reiseaufwandsentschädigungen gemäß § 3 Abs 1 Z 16b EStG steuerfrei ausgezahlt werden (§ 3 Abs 1 Z 16c EStG).

Sozialversicherung

Nicht als beitragspflichtiges Entgelt gelten pauschale Reiseaufwandsentschädigungen, die Sportvereine (Sportverbände) an Sportler oder Schieds(wettkampf)richter oder Sportbetreuer (zB Trainer, Masseure) leisten, und zwar bis zu € 60,- pro Einsatztag, höchstens aber € 540,- pro Kalendermonat der Tätigkeit, sofern diese nicht den Hauptberuf und die Hauptquelle der Einnahmen bildet und Steuerfreiheit nach § 3 Abs 1 Z 16 c Satz 2 EStG zusteht (§ 49 Abs 3 Z 28 ASVG). **2279**

DB – DZ – KommSt

Pauschale Reiseaufwandsentschädigungen an Sportler, Schiedsrichter und Sportbetreuer sind nicht in die Beitragsgrundlage zum DB, DZ und der KommSt einzubeziehen. **2280**

> Siehe dazu ausführlich „Reisekosten: Pauschale Reisekosten für Sportler".

250. Sprachkurse

Aufwendungen zum Erwerb von Fremdsprachenkenntnissen stellen dann Werbungskosten dar, wenn aufgrund eines konkreten Nutzens für den jeweils ausgeübten oder einen verwandten Beruf von einer beruflichen Veranlassung auszugehen ist (VwGH 26. 4. 1989, 88/14/0091). Als Fremdsprache gilt jede von der Muttersprache verschiedene Sprache. Abzugfähige Aus- oder Fortbildungskosten liegen vor, wenn aufgrund der Erfordernisse im ausgeübten oder verwandten Beruf Sprachkenntnisse allgemeiner Natur erworben werden (zB Grundkenntnisse für eine Tätigkeit als Kellnerin, Sekretärin, Telefonistin, Verkäuferin; Italienischkurs eines Exportdisponenten mit dem hauptsächlichen Aufgabengebiet des Exports nach Italien; Ungarisch für einen Zöllner an der ungarischen Grenze). Eine Fremdsprachenausbildung kann auch eine Umschulungsmaßnahme darstellen, sofern es sich dabei um eine umfassende Ausbildung handelt und auf eine entsprechende Tätigkeit (zB Übersetzer) abgezielt wird; einzelne Sprachkurse sind keine Umschulungsmaßnahme. **2281**

Die Abzugsfähigkeit von Aufwendungen für Sprachkurse im Ausland richtet sich nach jenen Merkmalen, welche für die steuerrechtliche Anerkennung von Studienreisen erforderlich sind. Die reinen Kurskosten für Sprachkurse im Ausland sind bei Vorliegen der allgemeinen Voraussetzungen immer abzugsfähig und zwar auch dann, wenn lediglich Sprachkenntnisse allgemeiner Natur vermittelt werden (weitere Auslegung als VwGH 19. 10. 2006, 2005/14/0117). Für die Absetzbarkeit von Kurskosten macht es keinen Unterschied, ob der Steuerpflichtige einen Kurs an seinem Wohnort oder an einem anderen Ort absolviert. Die Reise- und Aufenthaltskosten werden idR zu den nicht abzugsfähigen Kosten der privaten Lebensführung gehören, soweit nicht die (nahezu) ausschließliche berufliche Bedingtheit erkennbar ist (lehrgangsmäßige Organisation, Ausrichtung von Programm und Durchführung ausschließlich auf Teilnehmer der Berufsgruppe des Steuerpflichtigen – VwGH 18. 6. 1980, 0591/80, betreffend Sprachkurs einer Mittelschullehrerin im Fach Englisch in Großbritannien; VwGH 22. 9. 1987, 87/14/0066, betreffend Italienischkurs eines Exportdisponenten in Florenz; VwGH 19. 12. 2018, Ra 2018/15/0043 betreffend Berücksichtigung von Aufwendungen für eine Fortbildungsveranstaltung auf Martinique). **2282**

Aufwendungen für den Erwerb von Fremdsprachenkenntnissen sind jedenfalls abzugsfähig, wenn die Vermittlung der Fremdsprachenkenntnisse Teil einer umfassenden Umschulungsmaßnahme ist. **2283**

251. Steuererklärungspflicht (§ 42 EStG)[1]

251.1 Steuererklärungspflicht für unbeschränkt Steuerpflichtige

2284 Der unbeschränkt Steuerpflichtige hat eine Steuererklärung für das abgelaufene Kalenderjahr (Veranlagungszeitraum) abzugeben, wenn

- ✓ er vom FA dazu aufgefordert wird oder
- ✓ das Einkommen ganz oder teilweise aus Einkünften iSd § 2 Abs 3 Z 1 bis 3 EStG bestanden hat und der Gewinn aufgrund eines Betriebsvermögensvergleichs zu ermitteln war oder ermittelt worden ist oder
- ✓ das Einkommen, in dem keine lohnsteuerpflichtigen Einkünfte enthalten sind, mehr als € 11.693,- betragen hat; liegen die Voraussetzungen des § 41 Abs 1 Z 1, 2, 5, 6, 7, 12, 13, 14 oder 15 EStG vor, so besteht Erklärungspflicht dann, wenn das zu veranlagende Einkommen mehr als € 12.756,- betragen hat oder
- ✓ Einkünfte aus Kapitalvermögen iSd § 27a Abs 1 EStG oder entsprechende betriebliche Einkünfte vorliegen, die keinem Kapitalertragsteuerabzug unterliegen, es sei denn, eine Regelbesteuerung gemäß § 27a Abs 5 EStG ergäbe keine Steuerpflicht, oder
- ✓ Einkünfte aus privaten Grundstücksveräußerungen iSd § 30 EStG erzielt werden, für die keine Immobilienertragsteuer gemäß § 30c Abs 2 EStG entrichtet wurde, oder wenn keine Abgeltung gemäß § 30b Abs 2 EStG gegeben ist.

2285 Die Übermittlung der Steuererklärung hat elektronisch zu erfolgen. Ist dem Steuerpflichtigen die elektronische Übermittlung der Steuererklärung mangels technischer Voraussetzungen unzumutbar, hat die Übermittlung der Steuererklärung unter Verwendung des amtlichen Vordrucks zu erfolgen. Der BMF wird ermächtigt, den Inhalt und das Verfahren der elektronischen Übermittlung der Steuererklärung mit Verordnung festzulegen. In der Verordnung kann vorgesehen werden, dass sich der Steuerpflichtige einer bestimmten geeigneten öffentlich-rechtlichen oder privatrechtlichen Übermittlungsstelle zu bedienen hat.

251.2 Steuererklärungspflicht für beschränkt Steuerpflichtige

2286 Der beschränkt Steuerpflichtige hat eine Steuererklärung über die inländischen Einkünfte für das abgelaufene Kalenderjahr (Veranlagungszeitraum) abzugeben, wenn er vom FA dazu aufgefordert wird oder wenn die gesamten inländischen Einkünfte, die gemäß § 102 EStG zur Einkommensteuer zu veranlagen sind, mehr als € 2.126,- betragen.

2287 Steuererklärungen sind gemäß § 134 BAO bis spätestens **Ende April** des Folgejahres beim FA einzubringen (Einreichung der Abgabenerklärung mit dem amtlichen Formular). Wenn die Übermittlung der Steuererklärung **elektronisch** erfolgt, ist sie **bis Ende des Monats Juni** einzureichen. Bei einer Veranlagung gemäß § 41 Abs 1 Z 2 und 5 EStG (gleichzeitige mehrere nichtselbständige Einkünfte, Wegfall des berücksichtigten Alleinverdiener- oder Alleinerzieherabsetzbetrags) gilt als Frist für die Abgabe der Erklärung jeweils der **30. 9. des Folgejahres,** unabhängig davon, ob die Erklärung mit dem amtlichen Formular oder elektronisch eingereicht wird (LStR Rz 916).

2288 In den **Pflichtveranlagungsfällen** gemäß § 41 Abs 1 Z 3 (im Kalenderjahr zugeflossene Bezüge gemäß § 69 Abs 2, 3, 5, 6, 7, 8 oder 9 EStG) und Z 4 (Freibetragsbescheid) EStG besteht erst nach Aufforderung durch das FA die Verpflichtung zur Abgabe einer Steuererklärung. Bei der Verpflichtung zur Einreichung von Abgabenerklärungen nach Aufforderung durch das FA

---
[1] Vgl § 42 EStG.

kommt es nicht darauf an, ob eine Abgabepflicht besteht oder nicht (vgl VwGH 28. 10. 1997, 97/14/0122).

252. Steuerschuldner (§ 83 EStG)

Der Arbeitnehmer ist beim Lohnsteuerabzug Steuerschuldner. **2289**

Der Arbeitnehmer [Steuerschuldner] wird unmittelbar in Anspruch genommen, wenn **2290**
- ✓ die Voraussetzungen für eine Pflichtveranlagung (§ 41 Abs 1 EStG) vorliegen,
- ✓ die Voraussetzungen für eine Nachversteuerung von Sonderausgaben (§ 18 Abs 4 EStG) vorliegen,
- ✓ eine Veranlagung auf Antrag (§ 41 Abs 2 EStG) durchgeführt wird,
- ✓ eine ausländische Einrichtung iSd § 5 Z 4 des Pensionskassengesetzes die Einkommensteuer durch Abzug vom Arbeitslohn (§ 47 EStG) nicht erhoben hat.

Liegt nach der Rechtslage § 47 Abs 1 EStG idF BGBl I 2019/91 (AbgÄG 2020) ein verpflichtender Lohnsteuerabzug vom ausländischen Arbeitgeber vor und wurde dieser auch erfüllt, gilt dies nach der Neuregelung als freiwillige Lohnsteuerabfuhr. **2291**

Der Arbeitnehmer kann unmittelbar in Anspruch genommen werden, wenn der ausländische Arbeitgeber die Lohnsteuer nicht in der richtigen Höhe einbehalten und abgeführt hat. In diesem Fall liegt auch gemäß § 41 Abs 1 EStG ein Pflichtveranlagungstatbestand vor (siehe § 83 Abs 2 EStG). **2292**

Der Arbeitnehmer kann auch unmittelbar in Anspruch genommen werden, wenn er und der Arbeitgeber vorsätzlich zusammenwirken, um sich einen gesetzeswidrigen Vorteil zu verschaffen, der eine Verkürzung der vorschriftsmäßig zu berechnenden und abzuführenden Lohnsteuer bewirkt. **2293**

Sind nachweislich Schwarzlohnzahlungen an die Arbeitnehmer geflossen, der Arbeitgeber jedoch mittlerweile insolvent, geht ein Haftungsbescheid an diesen ins Leere. Es besteht daher in diesen Fällen die Möglichkeit, den Arbeitnehmer unmittelbar in Anspruch zu nehmen, wenn er vorsätzlich mit dem Arbeitgeber zusammen- und an der Verkürzung der Lohnsteuer mitgewirkt hat. **2294**

Wird der Arbeitnehmer unmittelbar als Steuerschuldner in Anspruch genommen, wird gesetzlich vermutet, dass ein Nettoarbeitslohn als vereinbart gilt (§ 62a Abs 1 Z 3 EStG). In diesem Fall ist eine Hochrechnung auf einen Bruttolohn vorzunehmen. **2295**

Die Möglichkeit der unmittelbaren Inanspruchnahme liegt im Ermessen der Abgabenbehörde und schließt die Geltendmachung einer Haftung gegenüber dem Arbeitgeber nicht aus. Daraus ergibt sich, dass diese Inanspruchnahme des Arbeitnehmers nur subsidiär erfolgen darf. **2296**

253. Stipendien

Bezüge und Beihilfen, die aufgrund des Studienförderungsgesetzes geleistet werden, sind gemäß § 3 Abs 1 Z 3 lit e EStG steuerfrei. § 1 Abs 1 StudFG regelt die Ansprüche von Studierenden, die ein Vollzeitstudium betreiben, auf Studienbeihilfen, Versicherungskostenbeiträge, Studienzuschüsse und Beihilfen für Auslandsstudien. Gemäß § 1 Abs 2 leg cit können weiters **2297**

253. Stipendien

aufgrund dieses Bundesgesetzes Fahrtkostenzuschüsse, Studienabschluss-Stipendien, Reisekostenzuschüsse, Sprachstipendien, Leistungsstipendien, Förderungsstipendien und Studienunterstützungen zuerkannt werden. Damit sind insb auch Studienabschluss-Stipendien steuerfrei; die Höhe dieser Stipendien beträgt zwischen € 700,– und € 1.200,– monatlich (§ 52b StudFG).

2298 Befreit sind auch Stipendien nach § 3 Abs 1 Z 5 Kunstförderungsgesetz. Die Steuerbefreiung ist nicht auf Förderungen zur Abgeltung von Aufwendungen und Ausgaben beschränkt, sondern erstreckt sich auf das gesamte Stipendium (EStR 2000 Rz 101b).

2299 Stipendien, die im Rahmen einer Schulausbildung oder Studienausbildung gewährt werden (insb Dissertationsstipendien und Diplomarbeitsstipendien), fließen außerhalb der Einkunftsarten des EStG zu, sofern

- ✓ es sich um Zuschüsse zu wissenschaftlichen Arbeiten handelt, die nicht wirtschaftlich verwertet werden,
- ✓ die Arbeiten nicht im Rahmen eines Dienstvertrags oder eines Werkvertrags oder ergänzend zu einem Dienstvertrag oder Werkvertrag durchgeführt werden und
- ✓ die Höhe der Zuschüsse darauf schließen lässt, dass der Charakter eines Ausbildungszuschusses und nicht eines Einkommensersatzes im Vordergrund steht. Dies ist der Fall, wenn die Zuschüsse jährlich insgesamt nicht höher sind als die Höchststudienbeihilfe für Selbsterhalter nach § 31 StudFG. Bei der Beurteilung ist es allerdings unerheblich, ob der Betreffende neben dem Stipendium auch eine Beihilfe nach dem StudFG oder Familienbeihilfe bezieht. Werden höhere Beträge ausbezahlt, ist grundsätzlich von einer Erwerbstätigkeit auszugehen.

Daneben können keine tatsächlichen Aufwendungen (für Wissenschaft und Forschung) steuerfrei ersetzt werden.

2300 Ergänzend ist eine Steuerbefreiung für außerhalb eines Dienstverhältnisses gewährte Stipendien zur Förderung von Wissenschaft und Forschung im Inland vorgesehen, wenn für den Stipendienbezieher wegen geringfügigen Einkommens keine Steuererklärungspflicht gemäß § 42 Abs 1 Z 3 EStG besteht.

2301 Stipendien, die nach Abschluss einer Ausbildung (Hochschulausbildung oder Universitätsausbildung) ausgezahlt werden (Postgraduate Stipendien, Forschungsstipendien und Habilitationsstipendien), sind grundsätzlich als Einkommensersatz anzusehen. Es ist daher immer von einem Erwerbseinkommen (Einkünfte aus selbständiger Arbeit bzw im Falle eines Dienstverhältnisses Einkünfte aus nichtselbständiger Arbeit) auszugehen.

Wird das Stipendium nicht im Rahmen eines Dienstverhältnisses bezogen, ist eine Einkommensermittlung nach den allgemeinen Gewinnermittlungsvorschriften vorzunehmen.

2302 Stipendien, die im Rahmen des Mobilitätsprogramms der EU (6. Forschungsrahmenprogramm: HRM/Human Resources and Mobility, 7. FRP: People, Horizon 2020: Marie Sklodowska-Curie Maßnahmen) gewährt werden, stellen infolge der Weisungsgebundenheit, der organisatorischen Eingliederung sowie der Pflicht zur persönlichen Dienstleistung des Stipendiaten Einkünfte aus nichtselbständiger Arbeit dar, sofern die Vergabe des Stipendiums an einen Ausbildungsauftrag an das gastgebende Institut anknüpft. Sofern die Vergaberichtlinien die Zuerkennung von pauschalen Kostenersätzen für Reisen (Travel Allowance) sowie für andere iZm der Ortsveränderung verbundene Aufwendungen vorsehen (Mobility Allowance), sind diese als Kostenersätze iSd § 26 EStG ohne Nachweis der tatsächlichen Kosten anzuerkennen.

253. Stipendien

Werden an ausländische Studierende (inkl Postgraduate Studierende) in Österreich aus öffentlichen Mitteln oder aus Mitteln eines Fonds iSd § 4a Abs 3 Z 2 EStG Stipendien vergeben und sieht die Vergabe die Zuerkennung von pauschalen Kostenersätzen für Reisen (Travel Allowance) sowie für andere iZm der Ortsveränderung verbundene Aufwendungen (Mobility Allowance) vor, sind diese ebenfalls als Kostenersätze iSd § 26 EStG ohne Nachweis der tatsächlichen Kosten anzuerkennen, soweit sie die Sätze des jeweiligen EU-Mobilitätsprogramms nicht übersteigen. Die sogenannte „Family Allowance" ist jedoch kein Kostenersatz iSd § 26 EStG.

Allfällige Werbungskosten stehen nur insoweit zu, als sie die diesbezüglichen Kostenersätze übersteigen.

Gemäß § 3 Abs 1 Z 3 lit d EStG sind Bezüge oder Beihilfen aus öffentlichen Mitteln oder aus Mitteln eines Fonds iSd § 4a Abs 3 Z 2 EStG für eine Tätigkeit im Ausland, die der Kunst, der Wissenschaft oder der Forschung dient, von der Einkommensteuer befreit. Die Steuerfreiheit trifft nur dann zu, wenn das Stipendium mit der Auflage verbunden ist, die Tätigkeit im Ausland auszuüben. Sind mit einer Forschungstätigkeit (für die ein Stipendium bezogen wird) lediglich Auslandsaufenthalte verbunden, sind zwar die diesbezüglichen Aufwendungen (zB Reisekosten oder Tagesgelder) abzugsfähig, das Stipendium selbst fällt aber nicht unter die Steuerbefreiung des § 3 Abs 1 Z 3 lit d EStG. Eine Trennung des Stipendiums in einen (steuerpflichtigen) Inlandsteil und einen (steuerfreien) Auslandsteil ist grundsätzlich nicht zulässig. Anders ist vorzugehen, wenn die Richtlinien der Körperschaften öffentlichen Rechts oder der EU vorschreiben, dass bei einem Mobilitäts-Stipendium ein bestimmter und überdies überwiegender Zeitabschnitt im Ausland zuzubringen ist. In diesem Fall ist der für den Auslandsaufenthalt bestimmte Teil des Stipendiums steuerfrei, der Anteil für den Inlandszeitraum jedoch steuerpflichtig (zB die Marie Curie International Outgoing Fellowships – OIF sowie Marie Sklodowska Curie Global Fellowship – GF – der EU, grundsätzlich 2/3 der Gesamtzeit im Ausland, 1/3 im Herkunftsland). **2303**

Zuschüsse zu einer Tätigkeit im Ausland, die der Kunst, der Wissenschaft oder Forschung dienen, sind auch dann steuerfrei, wenn die Zuschüsse zur Bestreitung des Lebensunterhalts des Zuschussempfängers am ausländischen Tätigkeitsort dienen (siehe auch VwGH 20. 2. 2008, 2006/15/0171). Bei einer Forschungstätigkeit im Ausland kann – je nach DBA – dem anderen Staat ein Besteuerungsrecht zukommen.

Steuerfrei sind gemäß § 3 Abs 1 Z 3 lit e EStG Studienbeihilfen und Begabtenstipendien nach dem StudFG sowie Beihilfen nach dem Schülerbeihilfengesetz. Stipendien iSd § 3 Abs 1 Z 5 und Preise iSd § 3 Abs 1 Z 7 Kunstförderungsgesetz sind nach § 3 Abs 3 leg cit steuerfrei. Dies gilt nach der zuletzt genannten Bestimmung auch für im Grunde und der Höhe nach vergleichbare Leistungen aufgrund von landesgesetzlichen Vorschriften sowie für Stipendien und Preise, die unter vergleichbaren Voraussetzungen von nationalen und internationalen Förderungsinstituten vergeben werden. **2304**

Kinderzulagen, die Bedienstete von Gebietskörperschaften aufgrund gehaltsrechtlicher Vorschriften erhalten, fallen nicht unter § 3 Abs 1 Z 3 lit e EStG (VwGH 7. 7. 1964, 0914/63).

Stipendien stellen keinen wirtschaftlichen Einkommensersatz dar, soweit sie jährlich insgesamt nicht höher sind als die Studienbeihilfe nach Selbsterhalt gemäß § 31 Abs 4 Studienförderungsgesetzes 1992. Der über diesen Grundbetrag hinausgehende Teil gilt als Einkünfte aus selbständiger Arbeit. **2305**

254. Stockablösen eines Versicherungsvertreters

Lohnsteuer

2306 Stockablösen eines Versicherungsvertreters (Ablöse künftiger Folgeprovisionen) sind sonstige Bezüge gemäß § 67 Abs 1 und 2 EStG.

Sozialversicherung

2307 Wird eine Stockablöse iZm der Beendigung des Dienstverhältnisses ausbezahlt, unterliegt diese bis zur Höchstbeitragsgrundlage der Sozialversicherungspflicht. Die Bestimmungen des § 49 Abs 3 Z 7 ASVG dürfen nicht angewendet werden. Erfolgt die Auszahlung jedoch nach Beendigung des Dienstverhältnisses, sind Stockablösen beitragsfrei.

DB – DZ – KommSt

2308 Stockablösen unterliegen nach den Bestimmungen des § 41 FLAG und § 5 KommStG der Beitragspflicht bei DB, DZ und KommSt.

255. SV-Rückerstattung

2309 Sozialversicherungsbeiträge von Arbeitnehmern mit Anspruch auf den Verkehrsabsetzbetrag, die aufgrund ihres geringen Einkommens keine Einkommensteuer zahlen, werden teilweise rückerstattet. Diese Arbeitnehmer erhalten im Rahmen der Veranlagung eine Gutschrift in Höhe von 55% bestimmter Werbungskosten (insb von gesetzlichen Sozialversicherungsbeiträgen), maximal jedoch € 421,– im Jahr (SV-Rückerstattung).

2310 Aufgrund zwischenstaatlicher oder anderer völkerrechtlicher Vereinbarungen werden steuerfreie Einkünfte für Zwecke der Berechnung der Einkommensteuer für die SV-Rückerstattung wie steuerpflichtige Einkünfte behandelt.

2311 Der Verkehrsabsetzbetrag erhöht sich um € 684,– (Zuschlag), wenn das Einkommen des Steuerpflichtigen € 16.832,– im Kalenderjahr nicht übersteigt. Der Zuschlag vermindert sich zwischen Einkommen von € 16.832,– und € 25.774,– gleichmäßig einschleifend auf null. Bei Steuerpflichtigen, die Anspruch auf den Zuschlag zum Verkehrsabsetzbetrag haben, ist der maximale Betrag der SV-Rückerstattung um € 684,– zu erhöhen (SV-Bonus). Die SV-Rückerstattung beträgt in diesen Fällen somit maximal € 1.105,–.

> **Beispiel**
>
> Eine Arbeitnehmerin verdient im Kalenderjahr 2023 ganzjährig monatlich € 500,– (14x). Die Sozialversicherungsbeiträge betragen € 1.048,40 im Jahr. Bei der Arbeitnehmerveranlagung 2023 kommt es zu einer SV-Erstattung von € 576,62.

2312 Die SV-Erstattung erfolgt im Wege der Veranlagung und ist begrenzt mit der berechneten Einkommensteuer unter null.

255. SV-Rückerstattung

Höhere Erstattung für Pendler

Bei Steuerpflichtigen mit Anspruch auf ein Pendlerpauschale erhöht sich die SV-Rückerstattung auf höchstens € 526,–. Auch in diesen Fällen ist bei Steuerpflichtigen, die Anspruch auf den Zuschlag zum Verkehrsabsetzbetrag haben, der maximale Betrag der SV-Rückerstattung um € 684,– zu erhöhen (SV-Bonus). Die SV-Rückerstattung beträgt sodann maximal € 1.210,–. **2313**

Bei Steuerpflichtigen mit Anspruch auf ein Pendlerpauschale erhöht sich die SV-Rückerstattung im Kalenderjahr 2022 um € 60,– und im Kalenderjahr 2023 um € 40,–. **2314**

Überblick: **2315**

	2020	2021	2022	2023
SV-Rückerstattung	50%	55%	70%	55%
Jährlicher Höchstbetrag	€ 400	€ 400	€ 400	€ 421
	€ 500 (bei PP)	€ 500 (bei PP)	€ 500 (bei PP)	€ 526 (bei PP)
SV-Bonus	+ € 400	+ € 650	+ € 650	+ € 684
Erhöhung bei Erhalt: Teuerungsabsetzbetrag			+ € 500	
Maximaler Erstattungsbetrag	€ 800	€ 1.050	€ 1.550	€ 1.105
	€ 900 (bei PP)	€ 1.150 (bei PP)	€ 1.550 (auch bei PP)	€ 1.210 (bei PP)
Zusätzliche Erhöhung des maximalen Erstattungsbetrages bei PP			+ € 60	+ € 40
Maximaler Erstattungsbetrag	€ 800	€ 1.050	€ 1.550	€ 1.145
	€ 900 (bei PP)	€ 1.150 (bei PP)	€ 1.610 (bei PP)	€ 1.250 (bei PP)

SV-Rückerstattung auch für Pensionisten

Die Erstattung der Sozialversicherungsbeiträge steht auch Pensionisten zu. Pensionisten, die aufgrund ihrer geringen Pension keine Einkommensteuer zahlen, erhalten ebenfalls im Rahmen der Veranlagung eine Rückerstattung von 80% der Sozialversicherungsbeiträge, maximal jedoch € 579,– im Jahr. Die Rückerstattung vermindert sich um steuerfreie Zulagen gemäß § 3 Abs 1 Z 4 lit f EStG. **2316**

Überblick: **2317**

	2019	2020	2021	2022	2023
SV-Rückerstattung	50%	75%	80%	100%	80%
Jährlicher Höchstbetrag	€ 110	€ 300	€ 550	€ 550	€ 579
Erhöhung bei Erhalt: Teuerungsabsetzbetrag				+ € 500	
Maximaler Erstattungsbetrag	€ 110	€ 300	€ 550	€ 1.050	€ 579

Ausgleichs- und Ergänzungszulagen, die aufgrund sozialversicherungs- oder pensionsrechtlicher Vorschriften gewährt werden, sind steuerpflichtig und es kommt zu keiner Gegenrechnung dieser Leistung im Rahmen der SV-Rückerstattung. **2318**

256. Tagesmütter

2319 Jener Anteil der Ausgleichs- oder Ergänzungszulagen, der ausschließlich aufgrund der Richtsatzerhöhung für Kinder gewährt wird, ist steuerfrei und mindert die SV-Rückerstattung.

> **Hinweis**
>
> Die SV-Rückerstattungen sind steuerfrei (§ 3 Abs 1 Z 34 EStG)!

256. Tagesmütter

2320 Weisen nichtselbständig tätige Tagesmütter die bei ihrer Tätigkeit anfallenden Werbungskosten nicht nach, ist deren Höhe gemäß § 184 BAO im Wege der Schätzung zu ermitteln. Im Hinblick auf Erfahrungswerte bestehen keine Bedenken, diese Werbungskosten unabhängig von der Anzahl der beaufsichtigten Kinder mit 50% der Einkünfte aus der Tätigkeit als Tagesmutter, maximal € 400,– pro Monat der Tätigkeit, zu berücksichtigen. Ein nichtsteuerbarer Kostenersatz bleibt bei der Berechnung der pauschalen Werbungskosten außer Ansatz.

2321 Erhält die Tagesmutter zusätzlich zum Entgelt als Tagesmutter Kostenersätze für Verpflegung und Unterkunft der betreuten Kinder, so sind diese gemäß § 26 Z 2 EStG nicht steuerbar, soweit sie in Anlehnung an § 1 Abs 2 der SachbezugswerteV 30% des Wertes der vollen freien Station (€ 58,86 pro Kalendermonat und Kind) nicht übersteigen. Dies gilt unabhängig davon, für wie viele Tage im Kalendermonat der Auslagenersatz gewährt wird. Übersteigende Beträge stellen steuerpflichtigen Arbeitslohn dar. Dabei ist es unmaßgeblich, ob diese Auslagenersätze vom Arbeitgeber oder direkt von den Eltern an die Tagesmutter gezahlt werden.

2322 Für die Anwendung eines Pauschales ist es wie bei selbständigen Tagesmüttern Voraussetzung, dass diese Tätigkeit in der Wohnung der Tagesmutter ausgeübt wird. Mit dieser pauschalen Berechnung der Werbungskosten sind sämtliche mit dieser Tätigkeit im Zusammenhang stehenden Aufwendungen steuerlich abgegolten. Ein Abzug höherer Beträge setzt voraus, dass die geltend gemachten Aufwendungen insgesamt nachgewiesen werden.

> **Beispiel**
>
> Eine Tagesmutter erhält im Monat Mai für zwei Kinder Kostenersätze für die Verpflegung in Höhe von € 140,– sowie ein Arbeitsentgelt in Höhe von € 700,–. Vom Kostenersatz sind € 117,72 (€ 58,86 × 2) als nicht steuerbarer Auslagenersatz zu behandeln. Das Beitrags- und Arbeitsentgelt beträgt somit € 700,– zuzüglich € 22,28 (€ 140,– abzüglich € 117,72).
>
> | | |
> |---|---|
> | Arbeitsentgelt | € 700,00 |
> | Kostenersätze | € 140,00 |
> | Gesamt | € 840,00 |
> | abzüglich nicht steuerbarer Kostenersatz | € 117,72 |
> | steuerbar | € 722,28 |
> | – SV-Beitrag 15,12% = | € 109,21 |
> | Lohnzettel – Kennzahl 245 | € 613,07 |
> | abzüglich 50% Werbungskosten | € 306,54 |
> | steuerpflichtiger Bezug | € 306,54 |

2323 Die Beurteilung der Pflichtversicherung hat immer anhand der Prüfungsreihenfolge unter Berücksichtigung der tatsächlichen Verhältnisse im Einzelfall zu erfolgen. Die Zuordnung einer

Berufsgruppe zu einem Versicherungstatbestand ohne eine derartige Beurteilung ist daher nicht möglich.

Tagesmütter werden idR als neue Selbständige tätig. Grundsätzlich kann diese Tätigkeit auch in anderer Form ausgeübt werden (Dienstvertrag, freier Dienstvertrag), wenn sie bei einem Verein beschäftigt sind (Dachverband 17. und 18. 3. 1998, 32-51:52:53/97 Sm/Mm). **2324**

Tagesmütter sind als Angestellte in der Beitragsgruppe D 1 anzumelden, wenn für diese der Kollektivvertrag der BAGS (Berufsvereinigung von Arbeitgebern für Gesundheits- und Sozialberufe) gilt (Dachverband 20. 4. 2004, FO-MVB/51.1/04 Rv/Mm). **2325**

257. Tantiemen als Arbeitslohn

Tantiemen sind eine variable ergebnisabhängige Vergütung bzw Beteiligung, die aus einem Anteil des Umsatzes, oder des Gewinns bestehen oder die von anderen Leistungs- oder Ergebnis-Kriterien abhängen und meistens neben einer festen Vergütung an Vorstandsmitglieder einer AG, an Geschäftsführer oder leitende Angestellte gezahlt werden. Als Tantieme werden auch die auflagenabhängigen Einkünfte von Buchautoren und Musikkomponisten bezeichnet. Die Beteiligung von Autoren am Erlös der Aufführung ihrer Werke wird ebenfalls Tantieme genannt. **2326**

Sind die Tantiemen Arbeitslohn, so sind sie idR als sonstige, insb einmalige Bezüge zu behandeln. Laufende Bezüge sind sie nur in Ausnahmefällen; insb dann, wenn sie (zB bei so genannten garantierten Tantiemen) zusammen mit den in regelmäßigen Lohnzahlungszeiträumen gezahlten Bezügen, gegebenenfalls vorschussweise, gezahlt werden. **2327**

Werden Tantiemen im Rahmen eines Dienstverhältnisses bezahlt, unterliegen diese dem ASVG. Werden Tantiemen in größeren Abständen als die Beitragszeiträume bezahlt, liegen Sonderzahlungen vor. **2328**

Im Rahmen eines Dienstverhältnisses bezahlte Tantiemen unterliegen nach den Bestimmungen des § 41 FLAG und § 5 KommStG der Beitragspflicht bei DB, DZ und KommSt. **2329**

258. Teilnahme an Betriebsveranstaltungen (§ 3 Abs 1 Z 14 EStG)

➢ Siehe „Betriebsveranstaltungen".

259. Teilpension

Die Bezeichnung Teilpension entspricht nicht dem tatsächlichen Hintergrund dieser Gesetzlichen Bestimmung. Im AlVG wird eine neue „Teilpension – erweiterte Altersteilzeit" verankert. Durch die Einführung der Teilpension kann der Arbeitnehmer bei reduzierter Arbeitsverpflichtung bis zum Regelpensionsalter weiter tätig bleiben. Dem Arbeitgeber wird der zusätzliche Aufwand durch das AMS abgegolten. **2330**

Arbeitgeber, welche im Rahmen einer kontinuierlichen Arbeitszeitverkürzung Arbeitnehmer beschäftigen, die schon Anspruch auf eine Korridorpension haben und alle sonstigen Voraus- **2331**

260. Teuerungsprämie

setzungen für eine Altersteilzeit (nicht Blockzeitvariante) erfüllen, erhalten die durch die erweiterte Altersteilzeit entstehenden Zusatzkosten nicht nur teilweise, sondern in voller Höhe ersetzt.

2332 Eine Teilpension ist nur bei einer kontinuierlichen Verkürzung der Arbeitszeit möglich. Dabei ist aber ein Ausgleich von Zeitguthaben und Zeitschulden innerhalb von 12 Monaten und eine Nutzung der Schwankungsbreite zulässig.

2333 Die Teilzeitpension kann auch im Anschluss an eine kontinuierliche Arbeitszeitverkürzung (nicht Blockzeitvariante) vereinbart werden.

2334 Eine Teilpensionsvereinbarung ist für die Zeit ab dem Monatsersten nach Vollendung des 62. Lebensjahres bis zum Monatsletzten nach Vollendung des Regelpensionsalters möglich, somit längstens für drei Jahre. Sie darf aber zusammen mit einer eventuellen vorherigen Altersteilzeitvereinbarung den Zeitraum von fünf Jahren nicht überschreiten.

260. Teuerungsprämie

Lohnsteuer

2335 Aufgrund der hohen Inflationsraten wurde mit dem „Teuerungs-Entlastungspaket" (BGBl I 2022/93) eine befristete steuerfreie Teuerungsprämie beschlossen (§ 124b Z 408 EStG).

2336 Zulagen und Bonuszahlungen, die der Arbeitgeber in den Kalenderjahren 2022 und 2023 aufgrund der Teuerung zusätzlich gewährt (Teuerungsprämie), sind

- ✓ bis € 2.000,– pro Jahr steuerfrei und zusätzlich
- ✓ bis € 1.000,– pro Jahr steuerfrei, wenn die Zahlung aufgrund einer lohngestaltenden Vorschrift gemäß § 68 Abs 5 Z 1 bis 7 EStG erfolgt.

2337 Es muss sich dabei um zusätzliche Zahlungen handeln, die üblicherweise bisher nicht gewährt wurden. Belohnungen, die bereits in der Vergangenheit aufgrund von Leistungsvereinbarungen gezahlt werden, fallen daher nicht unter diese Befreiung. Bereits eine zweimalige Gewährung gilt als üblicherweise gewährt (vgl BFG 23. 6. 2022, RV/5100334/2022). Sie erhöhen nicht das Jahressechstel gemäß § 67 Abs 2 EStG und werden nicht auf das Jahressechstel angerechnet. Soweit Zulagen und Bonuszahlungen nicht die Voraussetzungen der Steuerbefreiung erfüllen, sind sie nach dem Tarif zu versteuern (§ 67 Abs 10 EStG).

2338 Eine Teuerungsprämie darf jedoch zusammen mit einer Gewinnbeteiligung (§ 3 Abs 1 Z 35 EStG) nur im Ausmaß von insgesamt € 3.000,– pro Jahr steuerfrei bleiben. Nach Gewährung einer steuerfreien Teuerungsprämie kann eine Mitarbeitergewinnbeteiligung nur mehr im verbleibenden Ausmaß bis € 3.000,– steuerfrei ausbezahlt werden. Umgekehrt kann nach Gewährung einer steuerfreien Gewinnbeteiligung eine Teuerungsprämie ebenfalls nur mehr im verbleibenden Ausmaß bis € 3.000,– steuerfrei pro Jahr ausbezahlt werden.

2339 Es ist aber möglich, dass der Arbeitgeber eine im Kalenderjahr 2022 gewährte Gewinnbeteiligung im Jahr 2022 nachträglich zu einer Teuerungsprämie umqualifiziert. Wurde bisher eine Mitarbeitergewinnbeteiligung jährlich gewährt, mangelt es an der Voraussetzung der zusätzlichen Zahlung, die üblicherweise bisher nicht gewährt wurde. Die Umwandlung in eine steuerfreie Teuerungsprämie ist in diesen Fällen daher nicht möglich. Wurde bereits wegen der Teuerung eine freiwillige Gehaltserhöhung durchgeführt, kann diese nicht rückwirkend

260. Teuerungsprämie

steuer- und abgabenfrei behandelt werden. Die steuerfreien COVID-19-Bonuszahlungen gelten iZm der Teuerungsprämie nicht als bereits üblicherweise gewährte Zahlungen.

2340 Für den Teil der steuerfreien Teuerungsprämie bis € 1.000,– genügt eine innerbetriebliche Vereinbarung mit allen Arbeitnehmern oder bestimmten Gruppen von Arbeitnehmern. Die Gruppenbildung muss betriebsbezogen und sachlich begründet sein. Das Erfordernis Betriebsbezogenheit ist bedeutsam für die sachliche Begründung einer Gruppenbildung. Eine willkürliche Gruppenbildung – etwa nach Maßstäben persönlicher Vorlieben oder Nahebeziehungen – kann nicht zur Steuerbefreiung führen. Ob die Gruppenbildung sachlich begründbar ist, hängt im Einzelfall aber auch von der Art des mit der Gruppenzugehörigkeit verbundenen Vorteils und vom Zweck der Steuerbefreiung ab (vgl VwGH 27. 7. 2016, 2013/13/0069). Die willkürliche Auszahlung an nur einzelne Arbeitnehmer ist nicht steuerfrei. Im Lichte der Steuerbefreiung können soziale Kriterien für die Bildung einer steuerlich relevanten Gruppe herangezogen werden (zB gruppenweise Staffelung nach Familienstand und/oder Anzahl etwaiger Kinder).

2341 Die Teuerungsprämien können auch dann steuerfrei ausbezahlt werden, wenn die Zahlung in zwei oder mehreren Teilbeträgen oder monatlich gemeinsam mit den laufenden Bezügen erfolgt. Die Auszahlung kann auch in Form von Gutscheinen erfolgen.

2342 Sieht eine lohngestaltende Vorschrift (zB Kollektivvertrag) eine geringere Teuerungsprämie als in Höhe von € 1.000,– vor, kann der Arbeitgeber – bei Erfüllung der übrigen Voraussetzungen – durch innerbetriebliche Vereinbarung auf die € 1.000,– aufstocken, sodass insgesamt € 3.000,– an steuerfreier Teuerungsprämie gewährt werden kann.

2343 Die Steuerbefreiung setzt nur eine zusätzliche Zahlung in den Jahren 2022 und 2023 aufgrund der Teuerung voraus, ist aber sonst an keine weiteren Voraussetzungen geknüpft. Ein Nachweis der Teuerung ist nicht erforderlich. Bonuszahlungen bspw nur an leitende Angestellte oder an ausscheidende Dienstnehmer anlässlich der einvernehmlichen Auflösung des Dienstverhältnisses, zusätzlich zu einer Abgangsentschädigung, erfüllen nicht das Kriterium der Zahlung aufgrund der Teuerung und sind daher auch nicht steuerfrei.

2344 Die Steuerbefreiung gilt nur für Teuerungsprämien an Arbeitnehmer mit Einkünften aus nichtselbständiger Arbeit. Teuerungsprämien an freie Dienstnehmer oder wesentlich beteiligte Gesellschafter-Geschäftsführer iSd § 22 Z 2 EStG sowie Kommanditisten (auch wenn arbeitsrechtlich Dienstnehmer) sind von der Steuerbefreiung nicht umfasst. Ist das arbeitsrechtliche Dienstverhältnis aufrecht, können die steuerfreien Teuerungsprämien auch an karenzierte Dienstnehmer bzw Dienstnehmer ohne Entgeltanspruch gewährt werden (zB langer Krankenstand, Mutterschutz).

2345 Die Teuerungsprämie kann auch an geringfügig Beschäftigte oder Teilzeitbeschäftigte in voller Höhe steuerfrei ausbezahlt werden. Das Beschäftigungsausmaß ist für die Steuerbefreiung nicht relevant.

2346 Teuerungsprämien, die nicht von der Steuerbefreiung umfasst sind, sind je nach Rechtstitel und Auszahlungsmodus als sonstiger Bezug gemäß § 67 Abs 10 EStG oder als laufender Bezug nach dem Tarif zu versteuern.

2347 Die steuerfreie Teuerungsprämie ist (auch bei Gewährung mittels Gutscheinen) im Lohnkonto (§ 5 Abs 4 LohnkontenV) und im Lohnzettel (eigenes Feld in der Vorkolonne zu Kennzahl 243) zu erfassen. Wird im Kalenderjahr mehr als € 3.000,– Teuerungsprämie samt Gewinnbeteiligung gemäß § 3 Abs 1 Z 35 EStG (bei mehreren Arbeitgebern) steuerfrei berücksichtigt, ist der Steuerpflichtige gemäß § 41 Abs 1 EStG zu veranlagen.

Sozialversicherung

2348 Die Teuerungsprämie ist sozialversicherungsfrei (§ 49 Abs 3 Z 30 ASVG).

DB – DZ – KommSt

2349 Die Teuerungsprämie ist nicht in die Bemessungsgrundlage zur Kommunalsteuer (§ 16 Abs 15 KommStG) und nicht in die Beitragsgrundlage zum DB/DZ (§ 41 Abs 4 lit h FLAG) einzubeziehen.

261. Tod eines Dienstnehmers

261.1 Allgemein

2350 Gemäß den Bestimmungen des § 32 Z 2 EStG sind Einkünfte aus einer ehemaligen nichtselbständigen Tätigkeit iSd § 2 Abs 3 Z 4 EStG den Einkünften iSd § 2 Abs 3 EStG zuzuordnen, auch wenn diese dem Rechtsnachfolger zufließen. Wenn nach einem verstorbenen Arbeitnehmer an dessen Rechtsnachfolger kein laufender Arbeitslohn bezahlt wird, hat die Besteuerung von Bezügen aufgrund der vom Arbeitgeber beim verstorbenen Arbeitnehmer zu beachtenden Besteuerungsmerkmale zu erfolgen.

2351 Soweit solche Bezüge in die Veranlagung einzubeziehen sind, sind sie bei der Veranlagung der Einkommensteuer des verstorbenen Arbeitnehmers zu berücksichtigen.

261.2 Sterbegelder – Todesfallbeiträge

2352 Wird im Fall des Todes eines aktiven Arbeitnehmers Sterbegeld ausbezahlt und erhält der Rechtsnachfolger keine Bezüge (Aktiv- oder Pensionsbezüge) vom Arbeitgeber des Verstorbenen, ist das Sterbegeld gemäß § 32 EStG in Verbindung mit § 67 Abs 6 EStG beim Rechtsnachfolger nach den Besteuerungsmerkmalen des Verstorbenen zu versteuern. Ist § 67 Abs 6 EStG nicht anwendbar, weil bspw der Arbeitnehmer ab Beginn seines Dienstverhältnisses bereits den Bestimmungen des BMSVG unterliegt, hat die Besteuerung des Sterbegeldes gemäß § 32 EStG in Verbindung mit § 67 Abs 1 und 2 EStG beim Rechtsnachfolger nach den Besteuerungsmerkmalen des Verstorbenen zu erfolgen. Der Lohnzettel ist auf den verstorbenen Arbeitnehmer auszustellen, da gemäß § 32 Z 2 EStG solche Bezüge bei der Veranlagung der Einkommensteuer des verstorbenen Arbeitnehmers zu berücksichtigen sind.

2353 Erhält der Rechtsnachfolger nach einem verstorbenen (Firmen-)Pensionisten eine (Firmen-)Pension (Hinterbliebenenversorgung) und hat der Rechtsnachfolger auch Anspruch auf das Sterbegeld, ist dieses beim Rechtsnachfolger gemäß § 67 Abs 1 und 2 EStG zu versteuern.

2354 Erhält der Rechtsnachfolger nach einem verstorbenen Pensionskassenpensionisten Pensionskassenleistungen (Hinterbliebenenversorgung oder Eigenbezüge) und hat der Rechtsnachfolger auch Anspruch auf das Sterbegeld, ist dieses beim Rechtsnachfolger gemäß § 67 Abs 1 und 2 EStG zu versteuern.

2355 Erhält der Rechtsnachfolger nach einem verstorbenen Firmenpensionisten keine Firmenpension (Hinterbliebenenversorgung), sondern nur ein Sterbegeld, ist dieses gemäß § 32 EStG in Verbindung mit § 67 Abs 1 und 2 EStG beim Rechtsnachfolger nach den Besteuerungsmerkmalen des Verstorbenen zu versteuern. § 67 Abs 6 EStG kann nicht angewendet werden, weil der Bezug einer Firmenpension kein Dienstverhältnis gemäß § 47 Abs 2 EStG begründet.

Als Rechtsnachfolger gilt jede Person, an die Sterbegeld ausgezahlt wird, wobei kein Unterschied besteht, ob das Sterbegeld nach den Bezügen des Verstorbenen bemessen wird, einen vereinbarten Absolutbetrag darstellt oder sich nach der Höhe der tatsächlichen Kosten des Begräbnisses orientiert. **2356**

Gemäß den Bestimmungen des § 3 Abs 1 Z 19 EStG besteht die Möglichkeit, dass der Arbeitgeber Zuwendungen an den Arbeitnehmer zu den Begräbniskosten für dessen (Ehe-)Partner oder dessen Kinder als auch Zuwendungen an hinterbliebene (Ehe-)Partner oder Kinder leistet. Es ist unerheblich, unter welchem Titel (zB Sterbekostenbeitrag, Sterbequartal, Todesfallsbeitrag usw) die Zuwendung gewährt wird. Derartige Leistungen sind aber nur dann steuerfrei, wenn diese durch den Arbeitgeber **freiwillig** geleistet werden.

Eine Sterbekostenversicherung fällt nicht unter die Begünstigung. **2357**

> Siehe dazu auch „Begräbniskosten".

261.3 Gesetzliche Abfertigung

Gelangt eine gesetzliche Abfertigung zur Auszahlung, ist diese nach den Bestimmungen des § 67 Abs 3 EStG entweder mit dem festen Prozentsatz von 6% oder nach der Vervielfachermethode (Quotientenmethode) zu versteuern. **2358**

261.4 Weiterzahlung von Bezügen des verstorbenen Arbeitnehmers bis Monatsende

Sieht eine lohngestaltende Vorschrift vor, dass der laufende Bezug bis zum Ende des Sterbemonats oder noch für den darauffolgenden Monat weiterzuzahlen ist, können diese Bezugsteile nicht nach den Bestimmungen des § 67 Abs 6 EStG versteuert werden, da es sich dabei um keine Abfindung – oder Abfertigungszahlung handelt. Diese Bezüge sind gemeinsam mit dem letzten Monatsbezug nach dem Monatstarif zu versteuern. **2359**

Beim Sterbequartal (dreifaches zuletzt bezogenes Monatsentgelt) handelt es sich um keine Abfertigung, deren Höhe sich nach einem von der Dauer des Dienstverhältnisses abhängigen Mehrfachen des laufenden Arbeitslohnes bestimmt, sondern um den Sterbegeldern oder Todfallsbeiträgen vergleichbare Beträge. **2360**

261.5 Bezüge aufgrund von Sonderverträgen an Rechtsnachfolger

Werden nach dem Ableben des Arbeitnehmers Bezüge an Hinterbliebene (Gattin, Kinder bzw andere Personen) aufgrund von Vereinbarungen ausbezahlt, so sind diese als Einkünfte aus nichtselbständiger Arbeit nach den steuerlichen Merkmalen des Empfängers zu versteuern. **2361**

261.6 Arbeitnehmerveranlagung eines Verstorbenen

Bei Gesamtrechtsnachfolge gehen die sich aus Abgabenvorschriften ergebenden Rechte und Pflichten des Rechtsvorgängers auf den Rechtsnachfolger über. Für den Umfang der Inanspruchnahme des Rechtsnachfolgers gelten die Bestimmungen des bürgerlichen Rechts (§ 19 Abs 1 BAO). **2362**

262. Trinkgelder

2363 Der Gesamtrechtsnachfolger (Erbe) hat die Möglichkeit, einen Antrag auf Durchführung der Arbeitnehmerveranlagung für den Verstorbenen beim zuständigen FA einzubringen.

2364 Wer als Erbe (Gesamtrechtsnachfolger) anzusehen ist, ergibt sich aus der Einantwortungsurkunde.

2365 Tritt keine Gesamtrechtsnachfolge iSd § 19 BAO mangels Einantwortungsurkunde ein, besteht die Möglichkeit, dass der Nachlass eines Verstorbenen durch gerichtliche Anordnung (Gerichtsbeschluss) überlassen wird. Der im Gerichtsbeschluss genannten Person steht ebenfalls das Recht zu, den Antrag auf Durchführung der Arbeitnehmerveranlagung des Verstorbenen einzubringen.

262. Trinkgelder

2366 Ortsübliche Trinkgelder, die anlässlich einer Arbeitsleistung dem Arbeitnehmer von dritter Seite freiwillig und ohne dass ein Rechtsanspruch auf sie besteht, zusätzlich zu dem Betrag gegeben werden, der für diese Arbeitsleistung zu zahlen ist. Dies gilt nicht, wenn aufgrund gesetzlicher oder kollektivvertraglicher Bestimmungen Arbeitnehmern die direkte Annahme von Trinkgeldern untersagt ist.

2367 Die Steuerfreiheit von Trinkgeldern ist nur bei Vorliegen sämtlicher nachstehend genannter Voraussetzungen gegeben:
- ✓ Das Trinkgeld muss ortsüblich sein (LStR Rz 92 b – Rz 92 d).
- ✓ Das Trinkgeld muss einem Arbeitnehmer anlässlich einer Arbeitsleistung von dritter Seite zugewendet werden (LStR Rz 92 e – Rz 92 g).
- ✓ Das Trinkgeld muss freiwillig und ohne dass ein Rechtsanspruch darauf besteht sowie zusätzlich zu dem Betrag gegeben werden, der für die Arbeitsleistung zu zahlen ist (LStR Rz 92 h).
- ✓ Dem Arbeitnehmer darf die direkte Annahme des Trinkgeldes nicht aufgrund gesetzlicher oder kollektivvertraglicher Bestimmungen untersagt sein (LStR Rz 92 i).
- ✓ Das Trinkgeld erfolgt zwar iZm dem Dienstverhältnis, muss aber letztlich „außerhalb" dessen stehen. Garantiertes Trinkgeld bzw garantierte Trinkgeldhöhen seitens des Arbeitgebers sind daher nicht unter die Steuerbefreiung nach § 3 Abs 1 Z 16 a EStG zu subsumieren (VwGH 26. 1. 2012, 2009/15/0173).

2368 Ein Trinkgeld ist ortsüblich,
- ✓ wenn es zu den Gepflogenheiten des täglichen Lebens gehört, dem Ausführenden einer bestimmten Dienstleistung (in einer bestimmten Branche) ein Trinkgeld zuzuwenden (Branchenüblichkeit) und
- ✓ soweit das Trinkgeld am Ort der Leistung auch der Höhe nach den Gepflogenheiten des täglichen Lebens entspricht (Angemessenheit).

2369 Das Trinkgeld muss einem Arbeitnehmer iSd § 47 Abs 1 EStG zugewendet werden. Arbeitnehmer ist daher nur eine natürliche Person, die Einkünfte aus nichtselbständiger Arbeit bezieht. Zuwendungen an Personen, die Einkünfte aus einer anderen Einkunftsart beziehen, stellen keine Trinkgelder iSd § 3 Abs 1 Z 16 a EStG dar.

262. Trinkgelder

> **Beispiel**
> In einem Restaurantbetrieb sind der Unternehmer selbst und ein als Arbeitnehmer beschäftigter Kellner im Service tätig. Nur das von Kunden dem Kellner zugewendete Trinkgeld kann steuerfrei sein, nicht auch der dem Unternehmer zugewendete Betrag.

2370 Das Trinkgeld muss dem Arbeitnehmer von dritter Seite zugewendet werden. Zuwendungen des Arbeitgebers stellen unabhängig von ihrer Bezeichnung keine Trinkgelder iSd § 3 Abs 1 Z 16a EStG dar. Trinkgeld von dritter Seite liegt auch dann vor, wenn der Arbeitgeber ausdrücklich als Trinkgelder gewidmete Beträge (zB Kreditkartentrinkgelder) an die Arbeitnehmer weitergibt.

2371 Die Annahme eines Trinkgelds ist Arbeitnehmern aufgrund verschiedenster gesetzlicher Bestimmungen untersagt:
- ✓ Zuwendungen, deren Gewährung oder Annahme mit gerichtlicher Strafe bedroht ist (Schmier- und Bestechungsgelder) stellen niemals Trinkgelder iSd § 3 Abs 1 Z 16a EStG dar. Verboten ist insb
  - die Geschenkannahme durch Beamte (§ 304 StGB)
  - die Geschenkannahme durch leitende Angestellte eines öffentlichen Unternehmens (§ 305 StGB)
  - die Geschenkannahme durch Sachverständige (§ 306 StGB)
  - die Geschenkannahme durch Mitarbeiter und sachverständige Berater (§ 306a StGB).
- ✓ Zahlreiche Bundes- und Landesgesetze verbieten öffentlich Bediensteten die Annahme von Geldgeschenken (zB § 59 BDG).
- ✓ Gemäß § 27 Glücksspielgesetz ist es den Arbeitnehmern des Konzessionärs (Betreiber einer Spielbank) untersagt, von den Spielern Zuwendungen, welcher Art auch immer, entgegenzunehmen.

2372 Das Trinkgeld muss dem Arbeitnehmer von dritter Seite zugewendet werden. Zuwendungen des Arbeitgebers stellen unabhängig von ihrer Bezeichnung keine Trinkgelder iSd § 3 Abs 1 Z 16a EStG dar.

2373 Trinkgeld von dritter Seite liegt auch dann vor, wenn der Arbeitgeber ausdrücklich als Trinkgelder gewidmete Beträge (zB Kreditkartentrinkgelder) an die Arbeitnehmer weitergibt.

2374 Die Untersagung der Annahme von Trinkgeldern oder anderen Zuwendungen durch innerbetriebliche Vereinbarungen (zB durch „Anstaltsordnungen", „Heimordnungen" etc) oder durch einzelvertragliche Vereinbarung hindert die steuerfreie Behandlung dennoch angenommener ortsüblicher Trinkgelder grundsätzlich nicht, die Annahme stellt jedoch eine Dienstpflichtverletzung durch den Arbeitnehmer dar.

2375 Wird das Trinkgeld durch den Arbeitgeber, insb im Wege der ausgestellten Rechnung, in einer nicht durch den Dritten (den Kunden) festgelegten Höhe bestimmt, so mangelt es an der notwendigen Freiwilligkeit. Eine Behandlung als steuerfrei kommt in diesen Fällen nicht in Betracht.

Sozialversicherung

2376 Trinkgelder sind als Entgelt von dritter Seite zu werten und unterliegen nach den Bestimmungen des § 49 Abs 1 ASVG der Pflichtversicherung. Für einige Branchen (zB Friseure, Kellner) sind so genannte Trinkgeldpauschalen vorgesehen. Diese werden der normalen Beitrags-

263. Übernommene Dienstnehmeranteile zur Sozialversicherung

grundlage hinzugerechnet und von dieser erhöhten Beitragsgrundlage werden die Beiträge berechnet.

DB – DZ – KommSt

2377 Für lohnsteuerfreie Trinkgelder sind weder DB, DZ noch KommSt zu entrichten.

263. Übernommene Dienstnehmeranteile zur Sozialversicherung

2378 Die Übernahme der Dienstnehmeranteile zur Sozialversicherung durch den Arbeitgeber ist dann nicht als Vorteil aus dem Dienstverhältnis zu werten, wenn der Arbeitgeber seine eigene gesetzliche Verpflichtung erfüllt. Dies ist der Fall, wenn gesetzlich normiert ist, dass ausschließlich der Arbeitgeber die Dienstnehmerbeiträge zu tragen hat.

263.1 Übernahme im Zusammenhang mit Sachbezügen

2379 Der den Versicherten belastende Teil der allgemeinen Beiträge (AV, KV, PV) darf zusammen mit dem den Versicherten belastenden Teil des Betrags zur AlV 20% seiner Geldbezüge nicht übersteigen. Den Unterschiedsbetrag hat der Dienstgeber zu tragen (§ 53 Abs 1 ASVG).

Für Pflichtversicherte, die nur Anspruch auf Sachbezüge haben oder kein Entgelt erhalten, hat der Dienstgeber auch die auf den Pflichtversicherten entfallenden Beitragsteile zu tragen. Dieser aufgrund des § 53 Abs 1 ASVG vom Arbeitgeber zu übernehmende Teil der Sozialversicherung stellt keinen Vorteil aus dem Dienstverhältnis dar (VwGH 28. 10. 2009, 2008/15/0279).

263.2 Übernahme im Zusammenhang mit Schlechtwetterentschädigung

2380 Der Arbeitgeber von Bauarbeitern ist gesetzlich verpflichtet, Arbeitslöhne, Schlechtwetterentschädigungen, einen Schlechtwetterentschädigungsbeitrag, den Anteil zur Krankenversicherung und einen Krankenversicherungs(differenz)beitrag gemäß § 7 Abs 2 Bauarbeiter-Schlechtwetterentschädigungsgesetz 1957 zu leisten, wobei er jedoch letztgenannten Differenzbeitrag gesetzlich verbindlich und alleine zu tragen hat.

2381 Der Krankenversicherungs(differenz)beitrag gemäß § 7 Abs 2 Bauarbeiter-Schlechtwetterentschädigungsgesetz 1957 enthält Dienstgeberanteile, aber auch Dienstnehmeranteile, wird gesetzlich verpflichtend vom Arbeitgeber entrichtet und von ihm alleine getragen und ist daher kein sonstiger Vorteil aus einem Dienstverhältnis und somit nach der höchstgerichtlichen Rsp (VwGH 28. 10. 2009, 2008/15/0279) von der Bemessungsgrundlage für den DB, DZ und damit auch für die KommSt auszunehmen.

263.3 Übernahme im Zusammenhang mit einer Altersteilzeitvereinbarung

Übernimmt der Arbeitgeber iZm einer vereinbarten Altersteilzeit Sozialversicherungsbeiträge des Dienstnehmers, liegt ein Vorteil aus dem Dienstverhältnis vor (VwGH 21. 9. 2016, 2013/13/0102). **2382**

263.4 Übernahme im Zusammenhang mit einer PLB

Die vom Arbeitgeber infolge einer PLB für den Arbeitnehmer übernommenen Arbeitnehmerbeiträge zur gesetzlichen Sozialversicherung gehören – als Vorteil aus dem Dienstverhältnis – zur Bemessungsgrundlage für DB, DZ und KommSt und sind im Kalendermonat der Zahlung der Arbeitnehmeranteile an den Versicherungsträger zu berücksichtigen (anderer Ansicht LVwG 21. 6. 2016, LVwG-2015/12/2927-5, jedoch vor dem Erkenntnis des VwGH 21. 9. 2016, 2013/13/0102 zur Altersteilzeit). **2383**

Regressiert sich der Arbeitgeber allerdings hinsichtlich bezahlter Arbeitnehmeranteile an den entsprechenden Arbeitnehmern und fordert er diese zurück, dann liegt keine Lohnzahlung vor und die Bemessungsgrundlage ist nicht zu erhöhen. Besteht keine Regressmöglichkeit von Seiten des Arbeitgebers, zählen diese Beiträge trotzdem zur Bemessungsgrundlage für DB, DZ und KommSt. **2384**

Die Bestimmung des § 60 Abs 1 ASVG steht nicht der Geltendmachung eines Schadenersatzanspruchs des Arbeitgebers entgegen, der in der treuwidrigen Vereitelung des Abzugsrechts durch den Arbeitnehmer wurzelt. Nimmt daher der Arbeitnehmer dem Arbeitgeber durch die Nichtmeldung der Privatnutzung des Dienstwagens die Möglichkeit vom Abzugsrecht nach § 60 Abs 1 ASVG Gebrauch zu machen, hat dieser die auf den Arbeitnehmer entfallenden Sozialversicherungsbeiträge dem Arbeitgeber zu ersetzen (vgl OGH 24. 4. 2020, 8 ObA 66/19 t). **2385**

263.5 Übernahme bei Vorständen

Die Sozialversicherungsbeiträge, die ein Vorstand gemäß § 51 Abs 5 ASVG refundiert erhält, zählen zur Bemessungsgrundlage für DB, DZ und KommSt. Die Refundierung stellt keine ausschließliche Verpflichtung des Dienstgebers iS des Erkenntnisses des VwGH (28. 10. 2009, 2008/15/0279) dar. **2386**

263.6 Übernahme bei Kurzarbeitsunterstützungen

Nach § 37 b bzw § 37 c AMSG wird den von Kurzarbeit betroffenen Arbeitnehmern eine Kurzarbeitsunterstützung bzw Qualifizierungsunterstützung gewährt. Die Kurzarbeitsunterstützung bzw Qualifizierungsunterstützung gilt für die Lohnsteuer als steuerpflichtiger Lohn und für sonstige Abgaben und Beihilfen aufgrund bundesgesetzlicher Vorschriften als Entgelt. Daher sind diese Unterstützungen in die Beitragsgrundlage zum Dienstgeberbeitrag einzubeziehen. Aufgrund ausdrücklicher gesetzlicher Anordnung ist für diese Leistungen an die Arbeitnehmer keine Kommunalsteuer zu entrichten (§ 37 b Abs 6 und § 37 c Abs 8 AMSG). Die Kommunalsteuerbefreiung ist ausschließlich für die Kurzarbeitsunterstützungen selbst vorgesehen. Übernimmt der Arbeitgeber iZm der Vereinbarung der Kurzarbeit freiwillig höhere Beiträge (zB Sozialversicherungsbeiträge des Arbeitnehmers), liegt insoweit ein lohnwerter Vorteil vor, der auch der Kommunalsteuerpflicht unterliegt. **2387**

2388 Während des Bezuges der Kurzarbeitsunterstützung bzw Qualifizierungsunterstützung richten sich die Beiträge und die Leistungen der Sozialversicherung nach der letzten Beitragsgrundlage vor Beginn der Kurzarbeit bzw Qualifizierungsmaßnahme, wenn diese höher ist als die aktuelle Beitragsgrundlage.

263.7 Werbungskosten im Zusammenhang mit übernommenen Sozialversicherungsbeiträgen

2389 Die vom Arbeitgeber übernommenen Sozialversicherungsbeiträge (zB Altersteilzeit) erhöhen als Vorteil aus dem Dienstverhältnis den Bruttobezug des Arbeitnehmers. Bei Ermittlung der Lohnsteuerbemessungsgrundlage sind diese Beträge im selben Ausmaß als Werbungskosten gemäß § 16 Abs 1 Z 4 EStG zu berücksichtigen.

264. Überstundenzuschläge (§ 68 EStG)

2390 Überstundenarbeit liegt nach den Bestimmungen des Arbeitszeitgesetzes vor, wenn die gesetzlich zulässige wöchentliche Normalarbeitszeit von 40 Stunden oder die tägliche Normalarbeitszeit von acht Stunden überschritten wird.

2391 Liegen Überstunden vor, bekommen Arbeitnehmer aufgrund des Arbeitszeitgesetzes jedenfalls einen Zuschlag von 50%. Andere Zuschläge ergeben sich aufgrund des anzuwendenden Kollektivvertrags. Der Anspruch auf Zuschlag besteht auch, wenn Zeitausgleich statt Bezahlung vereinbart ist.

2392 Überstundenzuschläge, die mit Sonntags-, Feiertags- und Nachtarbeit zusammenhängen, sind steuerfrei, soweit sie gemeinsam mit den Schmutz-, Erschwernis- und Gefahrenzulagen und den Zuschlägen für Sonntags-, Feiertags- und Nachtarbeit **€ 360,– monatlich** nicht übersteigen (§ 68 Abs 1 EStG).

2393 Zusätzlich zu § 68 Abs 1 EStG sind Zuschläge für die ersten zehn **Überstunden im Monat** im Ausmaß von **höchstens 50% des Grundlohns,** insgesamt höchstens jedoch **€ 86,– monatlich,** steuerfrei (§ 68 Abs 2 EStG).

2394 Die in den Abs 1 und 2 des § 68 EStG vorgesehenen Steuerbefreiungen sind für Bestandteile des Urlaubs- und Feiertagsentgelts und beim Entgelt iZm der Pflegefreistellung nicht anwendbar, weil der Arbeitnehmer begünstigten Leistungen nicht erbringt (VwGH 23. 5. 1996, 95/15/0030).

2395 Soweit Zulagen und Zuschläge durch § 68 Abs 1 und 2 EStG nicht erfasst werden, sind sie nach dem Tarif zu versteuern.

2396 Als Überstunde gilt jede über die Normalarbeitszeit hinaus geleistete Arbeitsstunde. Als Normalarbeitszeit gilt jene Arbeitszeit, die aufgrund
1. gesetzlicher Vorschriften,
2. von Dienstordnungen der Gebietskörperschaften,
3. aufsichtsbehördlich genehmigter Dienst(Besoldungs)ordnungen der Körperschaften des öffentlichen Rechts,
4. der vom Österreichischen Gewerkschaftsbund für seine Bediensteten festgelegten Arbeitsordnung,

264.1 Überstunden bei Teilzeitbeschäftigten

5. von Kollektivverträgen oder Betriebsvereinbarungen, die aufgrund besonderer kollektivvertraglicher Ermächtigungen abgeschlossen worden sind,
6. von Betriebsvereinbarungen, die wegen Fehlens eines kollektivvertragsfähigen Vertragsteils (§ 4 ArbVG) auf der Arbeitgeberseite zwischen einem einzelnen Arbeitgeber und dem kollektivvertragsfähigen Vertragsteil auf der Arbeitnehmerseite abgeschlossen wurden, festgesetzt wird oder die
7. innerbetrieblich für alle Arbeitnehmer oder bestimmte Gruppen von Arbeitnehmern allgemein übliche Normalarbeitszeit. Als Überstunde gilt jedoch nur jene Arbeitszeit, die 40 Stunden in der Woche übersteigt oder durch die die Tagesarbeitszeit überschritten wird, die sich aufgrund der Verteilung einer mindestens 40-stündigen wöchentlichen Normalarbeitszeit auf die einzelnen Arbeitstage ergibt.

2397 Als Überstundenzuschläge gelten die durch die Vorschriften iSd Z 1 bis 6 festgelegten Zuschläge oder die iSd Z 7 innerbetrieblich für alle Arbeitnehmer oder bestimmte Gruppen von Arbeitnehmern allgemein gewährten Zuschläge.

2398 Da leitende Angestellte nicht unter das Arbeitszeitgesetz fallen, und für sie daher keine gesetzliche Normalarbeitszeit festgelegt ist, kommt ein steuerfreier Überstundenzuschlag dann in Betracht, wenn innerbetrieblich für alle Arbeitnehmer oder bestimmte Gruppen von Arbeitnehmern eine Normalarbeitszeit als „allgemein übliche Normalarbeitszeit" iSd § 68 Abs 4 Z 7 EStG festgelegt ist, wobei eine Auslegung, wonach unter „Gruppe von Arbeitnehmern" etwa nur Vorstandsmitglieder, Geschäftsführer oder leitende Angestellte zu verstehen sind, vom BMF abgelehnt wird (BMF 25. 5. 1982, AÖF 1982/159).

2399 In den Normallohn als Berechnungsgrundlage für den Überstundenzuschlag sind alle bei Leistung der betreffenden Arbeit in der Normalarbeitszeit regelmäßig gewährten Zuschläge und Zulagen mit Entgeltcharakter wie zB auch kollektivvertragliche Schmutzzulagen, Erschwerniszulagen, Gefahrenzulagen und Nachtarbeitszulagen einzubeziehen. Lediglich Aufwandsentschädigungen, Sonderzahlungen, nicht an die Arbeitsleistung anknüpfende außerordentliche Entgeltbestandteile (wie Kinderzulagen und Familienzulagen) und Entgeltbestandteile, die ausschließlich für die Erbringung einer ganz bestimmten, vom Arbeitnehmer während der Überstundenarbeit nicht verrichtete Arbeitsleistung gebühren, scheiden aus dem Normallohn und damit aus der Berechnung des Überstundenentgelts aus. Zudem scheiden jene Entgeltbestandteile, die ausschließlich für die Erbringung einer ganz bestimmten Arbeitsleistung gebühren, aus dem Normallohn und damit aus der Berechnung des Überstundenentgelts aus, wenn der Arbeitnehmer diese bestimmte Arbeitsleistung während der Zeit seiner Überstundenarbeit nicht erbringt. Erhält er jene Entgeltbestandteile aber auch für die Zeit seiner Normalarbeit ohne Rücksicht darauf, ob er die betreffende Leistung erbringt, dann sind diese Entgeltbestandteile auch in den Normallohn einzubeziehen. Wenn jedoch in solchen für die Normalarbeitszeit gewährten Entgeltbestandteilen ein Überstundenentgelt iSd § 10 AZG bereits enthalten ist, sind sie bei der Berechnung des für die Überstundenarbeit gebührenden Entgelts nicht zu berücksichtigen (OGH 27. 1. 2021, 9 ObA 1/21 v).

264.1 Überstunden bei Teilzeitbeschäftigten

2400 Bei Teilzeitbeschäftigten liegt eine Überstundenleistung dann vor, wenn die im Betrieb festgesetzte tägliche Normalarbeitszeit oder die wöchentliche Arbeitszeit von 40 Stunden überschritten wird.

264. Überstundenzuschläge

> **Beispiel – Überstunden bei Teilzeitarbeit**
>
> Im Betrieb geltende wöchentliche Arbeitszeit
>
> Montag – Freitag 8.00 – 12.00 und von 13.00 – 17.00 Uhr = 40 Stunden
>
> Der teilzeitbeschäftigte Arbeitnehmer (20 Stunden) arbeitete laut Arbeitszeitaufzeichnung
>
> | | | |
> |---|---|---|
> | Montag | 08.00 – 12.00 Uhr | 4 Std |
> | Dienstag | 08.00 – 12.00 Uhr | 4 Std |
> | Mittwoch | 08.00 – 12.00 Uhr | 4 Std |
> | Donnerstag | 08.00 – 12.00 und von 13.00 – 18.00 Uhr | 9 Std |
> | Freitag | 08.00 – 12.00 Uhr | 4 Std |
> | | Gesamtarbeitszeit | 25 Std |
>
> Da die im Betrieb geltende Normalarbeitszeit am Donnerstag überschritten wurde, ist die Arbeit von 13.00 bis 17.00 Uhr als Mehrarbeit (Zuschlag 25%) und 17.00 bis 18.00 Uhr als Überstunde zu entlohnen, obwohl die wöchentliche Arbeitszeit laut Arbeitszeitgesetz (40 Stunden) nicht erreicht wurde.

2401 Gemäß § 19 d Abs 3 AZG liegt Mehrarbeit dann vor, wenn teilzeitbeschäftigte Arbeitnehmer über das vereinbarte Arbeitszeitausmaß hinaus tätig werden. Überstundenarbeit liegt hingegen erst dann vor, wenn entweder die Grenzen der zulässigen wöchentlichen Normalarbeitszeit überschritten werden oder die tägliche Normalarbeitszeit, die sich aufgrund der Verteilung der wöchentlichen Normalarbeitszeit ergibt, überschritten wird. Bis zum Erreichen dieser Grenze gebührt keine Überstundenvergütung. Maßstab für die Überstundenarbeit Teilzeitbeschäftigter ist daher die Normalarbeitszeit von vergleichbaren vollzeitbeschäftigten Arbeitnehmern des Betriebs (OGH 25. 11. 2020, 9 ObA 31/20 d).

264.2 Mehrarbeitszuschläge bei teilzeitbeschäftigten Arbeitnehmern

2402 Die steuerlichen Begünstigungen des § 68 Abs 1 und 2 EStG können für Mehrarbeitszuschläge iSd § 19 d AZG nicht angewendet werden. Der 25%ige Mehrarbeitszuschlag für Mehrarbeit bei Teilzeitbeschäftigung unterliegt im vollen Umfang der Steuerpflicht.

264.3 Herausschälen von Überstundenzuschlägen gemäß § 68 Abs 2 EStG

2403 Beim Herausschälen von steuerfreien Zuschlägen iSd § 68 Abs 2 EStG aus einer Gesamtgehaltsvereinbarung entfällt ebenfalls die Nachweispflicht, sofern weiter wie bisher die Anzahl der steuerbegünstigten Überstunden in diesem Ausmaß herausgerechnet und nur zehn Überstunden von der heraus gerechneten Überstundenanzahl mit einem 50%igen Zuschlag steuerbegünstigt behandelt werden.

2404 Unabhängig von der kollektivvertraglichen Normalarbeitszeit ist in diesen Fällen von der gesetzlichen Normalarbeitszeit von 40 Stunden pro Woche (173 Stunden monatlich zuzüglich 20 Überstunden zuzüglich zehn Stunden für Überstundenzuschläge) auszugehen, wodurch sich ein Teiler von 203 ergibt. Diese Berechnung des Teilers ist jedoch nur dann anzuwenden, wenn das Überstundenausmaß nicht bekannt ist. Ist das Stundenausmaß bekannt, wird das

Stundenausmaß plus 50% als Überstundenzuschlag der Normalarbeitszeit von 173 Stunden dazugerechnet.

Lässt sich der Grundlohn nicht ermitteln, steht dies einer begünstigten Besteuerung der Überstundenzuschläge entgegen (VwGH 29. 1. 1998, 96/15/0250). Die für die Grundlohnermittlung bei Gesamtgehaltsvereinbarungen erforderliche Anzahl der 50%igen Überstunden ist – sofern kein Nachweis bzw keine zahlenmäßige Vereinbarung vorliegt – glaubhaft zu machen. In diesen Fällen bestehen jedoch keine Bedenken, wenn für die Ermittlung der Zuschläge gemäß § 68 Abs 2 EStG **20 Überstunden** als Durchschnittswert für die Ermittlung des Grundlohns unterstellt werden.

264.4 Nachtarbeit

Als Nachtarbeit iSd Arbeitszeitgesetzes gilt die Zeit zwischen 22.00 Uhr und 5.00 Uhr. Nachtarbeitnehmer iSd Arbeitszeitgesetzes sind Arbeitnehmer, die
- regelmäßig oder
- sofern der Kollektivvertrag nichts anderes vorsieht, in mindestens 48 Nächten im Kalenderjahr

während der Nacht mindestens drei Stunden arbeiten.

Für bestimmte Arbeitnehmergruppen bestehen besondere Vorschriften bzw Verbote betreffend Nachtarbeit, und zwar für
- Kinder und Jugendliche: Beschäftigungsverbot von 20.00 bis 6.00 Uhr (§ 17 Abs 1 KJBG). Verschiedene Kollektivverträge enthalten Sonderregelungen hinsichtlich der Beschäftigung von Jugendlichen nach 20.00 Uhr (Gastgewerbe, bei mehrschichtigen Betrieben, Backwarenerzeugung)
- werdende und stillende Mütter: Beschäftigungsverbot von 20.00 bis 6.00 Uhr (§ 6 MSchG).

Die Nachtarbeit wird in § 68 Abs 6 EStG definiert. Als Nachtarbeit iS des EStG gelten Arbeitszeiten, die den folgenden Voraussetzungen entsprechen:
- Sie müssen aufgrund betrieblicher Erfordernisse
- zwischen 19.00 Uhr und 7.00 Uhr erbracht werden und
- in der einzelnen Nacht ununterbrochen zumindest drei Stunden dauern („Blockzeit").

Um die Steuerbegünstigung in Anspruch nehmen zu können, müssen alle drei genannten Erfordernisse erfüllt sein. Allfällige günstigere Nachtarbeitsregelungen in lohngestaltenden Vorschriften sind nicht anzuwenden.

Voraussetzung für die steuerliche Begünstigung von Nachtarbeit ist ein betriebliches Erfordernis ihrer Ableistung. Dieses ist nur dann gegeben, wenn die Arbeitszeiten nicht willkürlich in die Nacht verlagert werden (zB durch „Zusammenkommenlassen von Arbeit"). Die betrieblichen Gründe müssen derart gestaltet sein, dass sie die Nachtarbeit notwendig erscheinen lassen. Eine derartige Nachtarbeit kann demnach nur am Dienstort bzw anlässlich einer Dienstreise anfallen. Wenn die Nachtarbeit nicht am Dienstort verrichtet wird bzw nicht unmittelbar an die Tagesarbeitszeit anschließt, wird idR von Nachtarbeit nicht gesprochen werden können. Ausnahmen sind bei EDV-Technikern, Reparaturdiensten usw denkbar.

Der Freibetrag gemäß § 68 Abs 1 EStG bzw der erhöhte Freibetrag von € 540,– (§ 68 Abs 6 EStG) ist jeweils ein gemeinsamer Freibetrag für alle Arbeitsverrichtungen, die Zulagen und Zuschläge iSd § 68 Abs 1 EStG auslösen.

264. Überstundenzuschläge

2411 Der erhöhte Freibetrag gemäß § 68 Abs 6 EStG steht zu, wenn die Normalarbeitszeit im Lohnzahlungszeitraum überwiegend in der Zeit von 19.00 Uhr bis 7.00 Uhr fällt.

2412 Das Berufsbild des typischen Nachtarbeiters (zB Bäcker udgl) ist nicht erforderlich.

2413 Überwiegend bedeutet, dass mehr als die Hälfte der Normalarbeitszeit im maßgeblichen Lohnzahlungszeitraum in die begünstigte Nachtzeit fällt. Als überwiegende Nachtarbeit gilt eine Arbeitsleistung von mehr als der Hälfte der Normalarbeitszeit zwischen 19.00 und 7.00 Uhr, wobei die Blockzeit von drei Stunden nicht zu prüfen ist.

2414 Gemäß § 68 Abs 1 EStG sind nur jene Arbeitnehmer steuerlich zu begünstigen, die gezwungen sind, zu den dort angeführten Zeiten (Sonntag, Feiertag, Nacht) Leistungen zu erbringen. Hierbei muss auch der zwingende betriebliche Grund, gerade an diesen Tagen und Zeiten die Tätigkeiten zu erbringen, nachgewiesen werden. Ansonsten hätten es Arbeitgeber und Arbeitnehmer weitgehend in der Hand, eine begünstigte Besteuerung des Arbeitslohnes durch Verlagerung der (Überstunden)Tätigkeit in begünstigte Zeiten herbeizuführen (vgl VwGH 31. 3. 2004, 2000/13/0073). Sind private Gründe für die Arbeit an Sonntagen ausschlaggebend, kommt eine steuerliche Begünstigung der Zuschläge für derartige Stunden nicht in Betracht (vgl BFG 19. 6. 2020, RV/3100025/2020).

2415 Bei Wechselschichten ist die auf die Nachtzeit entfallende Schichtzulage dann als begünstigter Nachtarbeitszuschlag zu behandeln, wenn die Blockzeit erfüllt ist.

264.5 Herausschälen von Zuschlägen für Sonntags-, Feiertags- und Nachtarbeit

2416 Zuschläge für Sonntags-, Feiertags- und Nachtarbeit bzw damit zusammenhängende Überstunden können aus Überstundenpauschalen grundsätzlich nicht herausgeschält werden (vgl VwGH 13. 9. 1977, 671/77). Die Steuerfreiheit derartiger Zuschläge setzt eine konkrete Zuordnung zur Sonntags-, Feiertags- und Nachtarbeit voraus. Auch bei einer pauschalen Abgeltung ist erforderlich, dass der Betrag den durchschnittlich geleisteten Stunden entspricht (VwGH 3. 6. 1984, 83/13/0054; VwGH 4. 11. 1984, 83/13/0002). Es kommt nicht auf die Anzahl der zugrunde gelegten Stunden, sondern auf die geleistete Arbeitszeit an (VwGH 9. 5. 1978, 1605/75; VwGH 27. 1. 1982, 13/1786/80).

264.6 Überstundenpauschalen

2417 Für die Berücksichtigung des Freibetrags gemäß **§ 68 Abs 1 EStG** ist es unerlässlich, dass eine Vereinbarung vorliegt, aus der die Festlegung der Gesamtstundenleistung sowie die Anzahl der darin enthaltenen und zu leistenden Überstunden hervorgeht (vgl VwGH 28. 5. 1997, 94/13/0237).

2418 Die Steuerfreiheit derartiger Zuschläge setzt eine konkrete Zuordnung zur Sonntags-, Feiertags- und Nachtarbeit voraus. Auch bei einer pauschalen Abgeltung ist erforderlich, dass der Betrag den durchschnittlich geleisteten Stunden entspricht (VwGH 3. 6. 1984, 83/13/0054; VwGH 4. 11. 1984, 83/13/0002). Die gleich bleibenden Verhältnisse müssen sich auch auf die zeitliche Lagerung von „Normalüberstunden" und „qualifizierten Überstunden" erstrecken. Ändern sich die Verhältnisse zwischen den einzelnen Lohnzahlungszeiträumen nur geringfügig oder deshalb, weil der Arbeitnehmer seinen Erholungsurlaub konsumiert, steht der Freibetrag gemäß § 68 Abs 1 EStG dennoch zu. In der Gesamtentlohnung enthaltene Überstunden, die wegen Erkrankung des Arbeitnehmers von diesem nicht geleistet werden (können), sind gemäß § 68 Abs 7 EStG wie abgeleistete Überstunden zu behandeln.

Das Ableisten derartiger Arbeitszeiten muss in jedem einzelnen Fall ebenso konkret nachgewiesen werden wie das betriebliche Erfordernis für das Ableisten derartiger Arbeitszeiten. Den geforderten Nachweis über Anzahl und zeitliche Lagerung der Überstunden werden in aller Regel nur zeitnah erstellte Aufzeichnungen erbringen können, aus denen hervorgeht, an welchem Tag zu welchen Tagesstunden der einzelne Arbeitnehmer die Überstunden geleistet hat. Nachträgliche Rekonstruktionen der zeitlichen Lagerung der Überstunden können solche Aufzeichnungen im Allgemeinen nicht ersetzen (VwGH 30. 4. 2003, 99/13/0222). 2419

Voraussetzung für die Inanspruchnahme der Steuerfreiheit der Überstundenzuschläge gemäß § 68 Abs 2 EStG bei Überstundenpauschalen und Gesamtgehaltsvereinbarungen ist, dass im Jahresdurchschnitt auch tatsächlich Überstunden im erforderlichen Ausmaß (Zuschlag maximal € 86,–) geleistet werden und keine missbräuchliche Verteilung der geleisteten Überstunden erfolgt (zB Überstunden werden regelmäßig stets nur in sechs Monaten geleistet und die Auszahlung aus steuerlichen Gründen gleichmäßig über das ganze Jahr verteilt). 2420

264.7 Gleitzeitguthaben

➢ Siehe „Gleitzeitguthaben".

264.8 Zulagen und Zuschläge im regelmäßigen Entgelt

Grundsätzlich sind die Zulagen und Zuschläge nur dann steuerfrei oder steuerbegünstigt, wenn die entsprechende Tätigkeit auch **tatsächlich ausgeübt** wird. Lediglich in zwei Ausnahmefällen wird dieser Grundsatz durchbrochen (§ 68 Abs 7 EStG): 2421

Zulagen und Zuschläge gemäß **§ 68 Abs 1 – 5 EStG** sind auch dann steuerbegünstigt, wenn sie 2422

✓ in dem an freigestellte Mitglieder des Betriebsrats oder Personalvertreter fortgezahlten Entgelt enthalten sind oder
✓ in dem Arbeitslohn enthalten sind, der an den Arbeitnehmer im Krankheitsfall weitergezahlt wird.

Durch diese Regelung soll erreicht werden, dass ein Arbeitnehmer auch während der Krankheit jenes Entgelt erhält, auf das er Anspruch gehabt hätte, wenn keine Arbeitsverhinderung eingetreten wäre. Voraussetzung für die steuerfreie oder steuerbegünstigte Behandlung ist die dem Arbeitgeber auferlegte Verpflichtung zur Weiterzahlung des Entgelts während der Krankheit. 2423

Der erhöhte Freibetrag gemäß § 68 Abs 6 EStG (€ 540,–) darf nur dann angewendet werden, wenn trotz vorübergehender Erkrankung bzw Verhinderung dennoch das erforderliche Überwiegen im betreffenden Lohnzahlungszeitraum gegeben ist (LStR Rz 1164). **Diese Steuerfreiheit gilt jedoch nicht auch während des Urlaubs.** 2424

Sozialversicherung – BMSVG

Im Sozialversicherungsrecht und nach den Bestimmungen des BMSVG sind für das Überstundenentgelt keine Befreiungen vorgesehen. Das gesamte Überstundenentgelt (Grundlohn und Zuschlag) ist daher beitragspflichtig. 2425

266. Umschulungsmaßnahmen

DB – DZ – KommSt

2426 Das Überstundenentgelt ist im Rahmen der Bestimmungen des § 41 FLAG und § 5 KommStG beitragspflichtig bei DB, DZ und KommSt.

265. Überwälzung der Lohnsteuer

2427 Trägt oder übernimmt der Arbeitgeber die auf den Arbeitslohn entfallende Lohnsteuer, so ist der übernommene Betrag als Vorteil aus dem Dienstverhältnis zu behandeln.

2428 Lohnsteuernachforderungen aufgrund der Haftung des Arbeitgebers (§ 82 EStG), für die der Arbeitgeber seine Arbeitnehmer nicht in Anspruch nimmt, sind nicht als Vorteil aus dem Dienstverhältnis iSd § 25 EStG anzusehen (§ 86 Abs 3 EStG).

266. Umschulungsmaßnahmen

2429 Aufwendungen für Umschulungsmaßnahmen sind dann abzugsfähig, wenn sie
- ✓ derart umfassend sind, dass sie einen Einstieg in eine neue berufliche Tätigkeit ermöglichen, die mit der bisherigen Tätigkeit nicht verwandt ist und
- ✓ auf eine tatsächliche Ausübung eines anderen Berufs abzielen.

2430 Beispiele für abzugsfähige Umschulungsmaßnahmen:
- ✓ Ausbildung einer Arbeitnehmerin aus dem Druckereibereich zur Krankenpflegerin,
- ✓ Aufwendungen eines Landarbeiters iZm der Ausbildung zum Werkzeugmacher,
- ✓ Aufwendungen einer Schneiderin iZm der Ausbildung zur Hebamme,
- ✓ Aufwendungen eines Studenten, der zur Finanzierung seines Studiums Einkünfte aus Hilfstätigkeiten oder aus fallweisen Beschäftigungen erzielt.

2431 „Umschulung" setzt – ebenso wie Aus- und Fortbildung – voraus, dass der Steuerpflichtige eine Tätigkeit ausübt. Wurde bereits ein Beruf ausgeübt, hindert eine eingetretene Arbeitslosigkeit, unabhängig davon, ob Arbeitslosengeld bezogen wurde oder nicht, die Abzugsfähigkeit von Umschulungskosten sowie von Aus- und Fortbildungskosten nicht (VwGH 19. 10. 2006, 2005/14/0117). Als berufliche Tätigkeit gilt jede Tätigkeit, die zu Einkünften führt (dh auch Hilfstätigkeiten oder fallweise Beschäftigungen). Auch wenn die berufliche Tätigkeit in einem Kalenderjahr erst nach Anfallen von Aufwendungen begonnen wird, können absetzbare Umschulungskosten vorliegen. Absetzbar sind in diesem Fall alle Umschulungskosten, die im Kalenderjahr des Beginns der beruflichen Tätigkeit anfallen.

> **Beispiel**
>
> Beginn eines Medizinstudiums im Oktober 2022 und Aufnahme einer Tätigkeit als Taxifahrer im Februar 2023. Die Studienkosten können ab dem Jahr 2023 als Umschulungskosten abgesetzt werden.

2432 Für eine erwerbsorientierte Umschulung spricht es, wenn der Steuerpflichtige seine bisherige Tätigkeit aufgibt oder wesentlich einschränkt. Umschulungskosten sind aber auch dann steuerlich zu berücksichtigen, wenn der andere Beruf, auf den die umfassende Umschulungsmaßnahme abzielt, nicht als Haupttätigkeit ausgeübt werden soll (vgl VwGH 15. 9. 2011, 2008/15/0321).

Da ein Pensionist keine Erwerbstätigkeit ausübt, sind Bildungsmaßnahmen jedweder Art (Fortbildung, Ausbildung, Umschulung) grundsätzlich nicht als Werbungskosten absetzbar (siehe auch VwGH 28. 10. 2004, 2001/15/0050). Davon ausgenommen ist ein Frühpensionist, der nachweist oder glaubhaft machen kann, dass er die Bildungsmaßnahme zum beruflichen Wiedereinstieg absolviert und somit tatsächlich auf die Ausübung eines anderen Berufs abzielt. **2433**

Aufwendungen des Steuerpflichtigen selbst iZm Umschulungsmaßnahmen, die aus öffentlichen Mitteln (AMS) oder von Arbeitsstiftungen gefördert werden, sind immer als Werbungskosten abzugsfähig. Aufwendungen für einzelne Kurse oder Kursmodule für eine nicht verwandte berufliche Tätigkeit sind nicht abzugsfähig (zB Aufwendungen für den Besuch eines einzelnen Krankenpflegekurses, der für sich allein keinen Berufsumstieg sicherstellt). Derartige Aufwendungen sind nur abzugsfähig, wenn sie Aus- oder Fortbildungskosten darstellen. **2434**

267. Umzugskosten, Übersiedlungskosten (§ 26 Z 6 EStG; § 49 Abs 3 Z 4 ASVG)

Umzugskostenvergütungen, die Dienstnehmer anlässlich einer Versetzung aus betrieblichen Gründen an einen anderen Dienstort oder wegen der dienstlichen Verpflichtung, eine Dienstwohnung ohne Wechsel des Dienstortes zu beziehen, erhalten, gehören nicht zu den Einkünften aus nichtselbständiger Arbeit; dies gilt auch für Versetzungen innerhalb von Konzernen. Zu den Umzugskostenvergütungen gehören der Ersatz **2435**
a) der tatsächlichen Reisekosten für den Arbeitnehmer und seinen (Ehe-)Partner (§ 106 Abs 3 EStG) sowie seine Kinder (§ 106 EStG) unter Zugrundelegung der Kosten eines Massenbeförderungsmittels (Bahn, Autobus) für die Strecke vom bisherigen Wohnort zum neuen Wohnort
b) der tatsächlichen Frachtkosten für das Übersiedlungsgut (Wohnungseinrichtung usw) des Arbeitnehmers und seines Ehegatten und seiner Kinder
c) sonstiger mit der Übersiedlung verbundener Aufwendungen (Umzugsvergütung). Die Umzugsvergütung darf höchstens 1/15 des Bruttojahresarbeitslohnes betragen
d) des Mietzinses (einschließlich sonstiger von Mietern zu entrichtender Beträge), den der Arbeitnehmer von der Aufgabe seiner bisherigen Wohnung an bis zum nächstmöglichen Kündigungstermin noch zahlen muss
e) die Kosten für die Erlangung der neuen Wohnung (VwGH 31. 5. 1994, 91/14/0170).

Der Ausdruck „Bruttojahresarbeitslohn" impliziert, dass der Bruttobezug auf einen Jahresbetrag umzurechnen ist. Dabei ist der auf das volle Kalenderjahr umgerechnete Bruttobezug des Jahres der Übersiedlung maßgeblich. Bei Konzernversetzungen sind jene Bruttobezüge auf einen Jahresbetrag umzurechnen, die sich aus dem „neuen" Dienstverhältnis ergeben (würden). Zur Errechnung des Bruttojahresarbeitslohnes sind dabei alle steuerbaren Einkünfte aus nichtselbständiger Arbeit aus dem „neuen" Dienstverhältnis heranzuziehen. Darunter fallen sowohl steuerfreie Einkünfte iS des EStG, als auch die üblicherweise zustehenden sonstigen Bezüge. Lediglich (andere) Bezüge iSd § 26 EStG fallen nicht darunter, zumal es sich bei diesen um Leistungen des Arbeitgebers handelt, die nicht unter die Einkünfte aus nichtselbständiger Arbeit fallen. **2436**

Umzugskosten, soweit sie nach § 26 EStG nicht der Einkommensteuer-(Lohnsteuer-)pflicht unterliegen, gehören nicht zum Entgelt und sind daher beitragsfrei (§ 49 Abs 3 Z 4 ASVG). **2437**

267. Umzugskosten, Übersiedlungskosten

2438 Bei der Beurteilung der Umzugskosten als Werbungskosten ist nicht zu prüfen, ob das bisherige Dienstverhältnis durch den Arbeitgeber oder durch den Arbeitnehmer beendet wurde.

Sachverhalt		Umzugskosten als Werbungskosten in Österreich absetzbar
1 a	Arbeitsloser übersiedelt zum entfernten neuen Dienstort	Ja
1 b	Berufsanfänger zieht von Eltern zum entfernten Dienstort	Ja, weil die Berufsausübung vom bisherigen Wohnsitz so weit entfernt ist, dass ein neuer Wohnsitz dadurch begründet werden muss; auch das Wohnen im Elternhaus stellt einen Wohnsitz dar
2	AN mit aufrechtem DV übersiedelt zum entfernten neuen Dienstort	Ja
3	Berufstätige Partnerin zieht mit arbeitslosem Partner zu (neuem) entfernten Dienstort; beide beginnen neues Dienstverhältnis	Ja, für beide
4 a	Übersiedelung vom ausl Wohnsitz auf Dauer zum neuen Arbeitgeber in Österreich; bisher arbeitslos bzw Ende des Engagements im Ausland	Ja
4 b	Übersiedelung vom ausländischen Arbeitgeber und Wohnsitz zum neuen Arbeitgeber nach Österreich auf Dauer; fixe Beschäftigungszusage im Übersiedelungszeitpunkt	Ja
5	Bei Wegzug aus Österreich und Begründung eines Dienstverhältnisses im Ausland	Nein, da durch neues Dienstverhältnis im Ausland veranlasst

Umzugskosten (sofern Umzug beruflich veranlasst ist)	abzugsfähig
Transport- und Packkosten des Hausrates	ja
Handwerkerkosten zur Demontage von Wohnungsausstattung	ja
eigene Fahrtkosten zur Übersiedelung und vorherige Wohnungssuche	ja
Maklerkosten zur Suche eines Nachmieters für die aufgegebene Wohnung	nein
Maklerkosten zur Suche für die neue Mietwohnung am Dienstort	ja
Maklerkosten zur Suche für die neue Eigentumswohnung am Dienstort	nein
Mietkostenweiterzahlung nach Auszug während der Kündigungsfrist für die alte Wohnung	ja
Kosten der vertragsgemäßen Wiederherstellung des ursprünglichen Zustandes der aufgegebenen Mietwohnung	nein

2439 Anschaffungskosten iZm einer Eigentumswohnung (somit auch Maklerkosten) sind nicht absetzbar.

2440 Nicht zu den Umzugskosten gehören Aufwendungen iZm der Ummeldung eines Kfz, da diese Aufwendungen der privaten Sphäre zuzurechnen sind (UFS Linz 31. 8. 2012, RV/0181-L/12).

268. Unentgeltliche Kontoführung

➢ Siehe „Kontoführungskosten für eigene Mitarbeiter".

269. Unregelmäßigkeiten bei der Abfuhr (§ 79 EStG)

Bleibt die fällige Abfuhr der Lohnsteuer aus oder erscheint die geleistete Abfuhr auffallend gering und hat auch eine besondere Erinnerung keinen Erfolg, so hat das FA die Höhe der rückständigen Lohnsteuer zu schätzen und den Arbeitgeber in Höhe des geschätzten Rückstandes haftbar zu machen (§ 82 EStG). **2441**

270. Unterhaltsabsetzbetrag

Gemäß § 33 Abs 4 Z 3 EStG steht einem Steuerpflichtigen, der für ein Kind den gesetzlichen Unterhalt leistet, ein Unterhaltsabsetzbetrag von € 31,- monatlich zu, wenn **2442**

- ✓ sich das Kind in einem Mitgliedstaat der Europäischen Union, einem Staat des Europäischen Wirtschaftsraums oder in der Schweiz aufhält und
- ✓ das Kind nicht seinem Haushalt angehört und
- ✓ für das Kind weder ihm noch seinem nicht dauernd getrennt lebenden (Ehe-)Partner Familienbeihilfe gewährt wird.

Leistet er für mehr als ein nicht haushaltszugehöriges Kind den gesetzlichen Unterhalt, so steht ihm für das zweite Kind ein Unterhaltsabsetzbetrag von € 47,- und für jedes weitere Kind ein solcher von € 62,- monatlich zu. Der Unterhaltsabsetzbetrag steht erstmalig für den Kalendermonat zu, für den Unterhalt zu leisten ist und auch tatsächlich geleistet wird. Die Berücksichtigung des Unterhaltsabsetzbetrags erfolgt im Veranlagungsverfahren. Für Unterhaltsleistungen an volljährige Kinder, für die keine Familienbeihilfe ausbezahlt wird, steht kein Unterhaltsabsetzbetrag zu (§ 34 Abs 7 Z 5 EStG). **2443**

Wird die Unterhaltsverpflichtung im Kalenderjahr nicht zur Gänze erfüllt, steht der Unterhaltsabsetzbetrag nur für jene Monate zu, für die rechnerisch die volle Unterhaltsleistung erfüllt wurde, wobei vorrangig die zeitlich am weitesten zurückliegende Unterhaltsverpflichtung getilgt wird. Damit wird die steuerliche Behandlung von unregelmäßigen bzw nachgezahlten Unterhaltsleistungen gesetzlich klargestellt, da der monatliche Unterhaltsabsetzbetrag im Spannungsfeld zwischen dem tatsächlich geleisteten Unterhalt und dem Familienbonus Plus steht, für dessen Anspruch er Voraussetzung ist. Die Tilgungsreihenfolge innerhalb eines Kalenderjahres für die Berücksichtigung des Unterhaltsabsetzbetrages und in Folge des Familienbonus Plus ist gesetzlich so ausgestaltet, dass zunächst die älteste offene Unterhaltsverpflichtung getilgt wird, danach die nächstälteste usw. Es kommt dabei nicht darauf an, zu welchem Zeitpunkt im Jahr die (Nach-)Zahlungen getätigt werden. Bei unregelmäßigen Zahlungen innerhalb eines Kalenderjahres ist demnach das Kalenderjahr rechnerisch von Beginn des Jahres bzw von Beginn der Unterhaltsverpflichtung an aufzufüllen. **2444**

> **Beispiel**
>
> A ist verpflichtet € 200,- im Monat an Unterhalt für das Kind an die Kindesmutter B zu zahlen. Er zahlt unregelmäßig, dh in fünf Monaten die vollen € 200,-, in vier Monaten zahlt er gar nichts,

271. Urlaubsentgelt gemäß § 8 BUAG

und in drei Monaten zahlt er nur € 100,–. In Summe zahlt er daher insgesamt im Kalenderjahr € 1.300,– (statt € 2.400,–). Rechnerisch werden die € 1.300,– nun auf die Monate der Unterhaltsverpflichtung angerechnet, dh beginnend ab Jänner erfüllt A seine Unterhaltsverpflichtung für sechs Monate. A steht der Unterhaltsabsetzbetrag in diesem Jahr daher für sechs Monate (Jänner bis Juni) zu.

2445 Nachzahlungen von gesetzlichen Unterhaltsleistungen sind ausschließlich im Kalenderjahr der Zahlung zu berücksichtigen. Dabei gilt dieselbe Systematik, wie bei unregelmäßiger Erfüllung der Unterhaltsverpflichtung. Nachzahlungen, mit welchen nach Ablauf des Kalenderjahres offene Unterhaltsverpflichtungen aus dem Vorjahr bzw den Vorjahren bezahlt werden, können daher für den Unterhaltsabsetzbetrag in den Vorjahren nicht berücksichtigt werden.

> **Beispiel**
> A zahlt in den ersten Monaten im Jahr 2022 unregelmäßig und nur für drei Monate den vereinbarten Unterhalt an die Kindesmutter B. Im Dezember 2022 zahlt er für weitere drei Monate nach, im Februar 2023 leistet er noch zwei Nachzahlungen.
> A steht der Unterhaltsabsetzbetrag im Jahr 2022 für sechs Monate (Jänner bis Juni) zu, entsprechend der sechs in diesem Jahr tatsächlich geleisteten Unterhaltszahlungen. Die Nachzahlungen im Februar 2023 können für das Jahr 2022 nicht berücksichtigt werden, diese sind nur in dem Jahr der Zahlung relevant, also für den Unterhaltsabsetzbetrag im Kalenderjahr 2023.

2446 Unterhaltsleistungen für haushaltszugehörige Kinder in einem Staat außerhalb des EU-Raums, EW-Raums oder der Schweiz, bei denen der Anspruch auf Familienbeihilfe nach § 2 Abs 5 FLAG ausgeschlossen ist, sind hingegen als außergewöhnliche Belastung zu berücksichtigen (VfGH 4. 12. 2001, B 2366/00). Unterhaltsleistungen von in Österreich beschäftigten Steuerpflichtigen für deren nicht haushaltszugehörige Kinder, die sich ständig in einem Staat außerhalb des EU-/EW-Raums oder der Schweiz aufhalten, sind ebenfalls als außergewöhnliche Belastung zu berücksichtigen (VfGH 20. 6. 2009, G 13/09; VfGH 20. 6. 2009, B 963/08). In beiden Fällen kann der halbe Unterhalt (VfGH 17. 10. 1997, G 168/96, G 285/96; VfGH 30. 11. 2000, B 1340/00) ohne Abzug eines Selbstbehalts als außergewöhnliche Belastung geltend gemacht werden.

2447 Das individuelle Ausmaß der zu berücksichtigenden Unterhaltspflicht des Steuerpflichtigen orientiert sich ua am jeweiligen angemessenen Unterhalt im Ausland und den eventuellen ausländischen Familienleistungen. Es bestehen keine Bedenken, diese außergewöhnliche Belastung mit € 50,– pro Monat und Kind – ohne Abzug eines Selbstbehalts – zu schätzen.

271. Urlaubsentgelt gemäß § 8 BUAG

2448 Aufgrund der Bestimmungen des § 8 BUAG leistet die Bauarbeiter-Urlaubs- und Abfertigungskasse (BUAK) das dem Arbeitnehmer zustehende Urlaubsentgelt (Urlaubsentgelt und Urlaubszuschuss). Die Auszahlung des Urlaubsentgelts obliegt im Normalfall dem Arbeitgeber. Die BUAK zahlt dem Arbeitnehmer das Urlaubsentgelt direkt aus, wenn der Arbeitgeber die vorgesehenen gesetzlichen Bestimmungen nicht erfüllt, mit der Entrichtung fälliger Zuschläge für mehr als zwei Zuschlagszeiträume im Rückstand ist oder der Arbeitgeber bei der BUAK kein besonderes Konto für Urlaubsentgelte (§ 8 Abs 3 und 4 BUAG) eingerichtet hat.

271.1 Auszahlung durch den Arbeitgeber

Der Arbeitgeber hat bei der BUAK zu einem für die Auszahlung an den Arbeitnehmer zeitgerechten Termin, frühestens jedoch einen Monat vor dem vereinbarten Urlaubsantritt, um Überweisung des entsprechenden Urlaubsentgelts anzusuchen. Nach Erhalt des Urlaubsentgelts nimmt der Arbeitgeber die Lohnverrechnung des Betrags vor. Vom Urlaubsentgelt ist die Hälfte als sonstiger Bezug, die andere Hälfte als laufender Bezug abzurechnen. Betreffend Abrechnung des sonstigen Bezugs siehe „Sonstige Bezüge". 2449

271.2 Auszahlung durch die BUAK

Die BUAK hat dem Arbeitnehmer das Netto-Urlaubsentgelt auszuzahlen und die auf das Urlaubsentgelt entfallende Lohnsteuer an das für die Urlaubs- und Abfertigungskasse zuständige FA sowie die Dienstnehmerbeiträge und die Dienstgeberbeiträge zur gesetzlichen Sozialversicherung und sonstige für andere Rechtsträger vom Krankenversicherungsträger einzuhebende Beiträge an die für das Beschäftigungsverhältnis zuständige ÖGK und sonstige lohnabhängige gesetzliche Abgaben abzuführen. 2450

Sozialversicherungsbeiträge

Für Urlaubsentgelte mit Urlaubsansprüchen werden von der BUAK Dienstgeberbeiträge zur Sozialversicherung für den laufenden Bezug sowie für den sonstigen Bezug berücksichtigt und an den für das Unternehmen zuständigen SV-Träger abgeführt. Schlechtwetterbeiträge werden entsprechend dem Gewerbe des Betriebs berücksichtigt. Da die Unternehmen die Sozialversicherungsbeiträge in die monatlichen Beitragsgrundlagenmeldungen aufnehmen müssen, ist das Urlaubsentgelt in der Lohnverrechnung zu berücksichtigen. Der von der BUAK an den zuständigen SV-Träger für ein Unternehmen überwiesene Betrag ist bei der Beitragsüberweisung des Unternehmens von diesem in Abzug zu bringen. 2451

Lohnsteuer

Die BUAK übernimmt gemäß § 69 Abs 4 Z 2 EStG die Arbeitgeberpflichten. Da die Ansprüche durch die BUAK tageweise berechnet werden, erfolgt die Lohnsteuerberechnung beim laufenden Bezugsbestandteil auch tageweise nach dem Lohnsteuertarif iSd § 66 EStG, wobei jedoch individuelle Absetzbeträge des § 33 EStG (zB AVAB/AEAB) nicht berücksichtigt werden. 2452

Erfolgt die Auszahlung des Urlaubsentgeltes durch die BUAK, hat der Arbeitgeber für den jeweiligen Arbeitnehmer die für die restlichen Bezüge zu ermittelnde Lohnsteuer unter Anwendung der Monatstabelle zu ermitteln (ausgenommen gebrochene Abrechnungsperiode). 2453

Der als sonstiger Bezug zu behandelnde Teil ist immer mit 6%, ohne Berücksichtigung des Freibetrags und der Freigrenze, zu versteuern. 2454

Die einbehaltene Lohnsteuer führt die BUAK an das für die BUAK im Inland zuständige FA ab. Die Lohnsteuer für das ausbezahlte Urlaubsentgelt ist nicht in der Lohnverrechnung des jeweiligen Unternehmens zu berücksichtigen und somit von diesem nicht in die Berechnung der einzubehaltenden und abzuführenden Lohnsteuer einzubeziehen. 2455

271. Urlaubsentgelt gemäß § 8 BUAG

Lohnzettel

2456 Am 31. 1. des Folgejahres wird von der BUAK ein Lohnzettel (L 16) – Lohnzettelart 20 – an das FA übermittelt. Da die BUAK hinsichtlich des Urlaubsentgelts und der darauf entfallenden Lohnsteuer einen eigenen Lohnzettel übermittelt, dürfen diese Beträge in den Lohnzettel des Unternehmens nicht aufgenommen werden.

Dienstgeberbeitrag zum Ausgleichsfonds für Familienbeihilfen

2457 Die BUAK ermittelt bei der Verrechnung des Urlaubsentgeltes den DB zum FLAF und führt diesen an das für den Betrieb zuständige FA ab. Für Urlaubsentgelte mit Urlaubsansprüchen werden 3,9% sowohl für den laufenden Bezug als auch für den sonstigen Bezug berücksichtigt. Der DB zum FLAF für das Urlaubsentgelt ist in der Lohnverrechnung zu berücksichtigen. Der von der BUAK an das zuständige FA überwiesene Betrag ist bei der Überweisung des DB zum FLAF durch das Unternehmen in Abzug zu bringen.

2458 Bei der Überweisung des DB ist im Zusatztext (Erlagschein, Telebanking usw) nur der saldierte Betrag und nicht der DB-Gesamtbetrag anzugeben. Der Betrag aus dem Zusatztext muss unbedingt mit dem Zahlungsbetrag übereinstimmen.

Kommunalsteuer

2459 Für Urlaubsentgelte mit Urlaubsansprüchen werden von der BUAK 3% sowohl für den laufenden Bezug als auch für den sonstigen Bezug berücksichtigt und an die bei der Verrechnung angegebene Gemeinde abgeführt, welche für die KommSt zuständig ist. Die Überweisung erfolgt quartalsweise an die Firma Kommunalnet, die anschließend die Überweisungen an die einzelnen Gemeinden vornimmt. Die KommSt für das Urlaubsentgelt ist weiterhin in der Lohnverrechnung des Arbeitgebers bzw in der Kommunalsteuererklärung zu berücksichtigen. Der seitens der BUAK überwiesene Betrag ist bei der Abgabenüberweisung der KommSt durch den Betrieb in Abzug zu bringen.

Zuschlag zum Dienstgeberbeitrag

2460 Die BUAK ermittelt bei der Verrechnung des Urlaubsentgeltes den DZ entsprechend der bei der Verrechnung angegebenen Betriebsstätte (Bundesland) und führt diesen an das für den Betrieb zuständige FA ab. Für Urlaubsentgelte mit Urlaubsansprüchen wird der DZ prozentuell entsprechend dem Bundesland der Betriebsstätte sowohl für den laufenden Bezug als auch für den sonstigen Bezug berücksichtigt. Der DZ für das Urlaubsentgelt ist in der Lohnverrechnung des Arbeitgebers zu berücksichtigen. Der von der BUAK überwiesene Betrag ist bei der Abgabenüberweisung des DZ in Abzug zu bringen.

Zusatzinformation zu DB, KommSt und DZ

2461 Folgende Befreiungsbestimmungen werden derzeit von der BUAK nicht berücksichtigt:
- ✓ Kleinbetriebsregelung gemäß § 41 Abs 4 FLAG und § 9 KommStG
- ✓ Befreiungsbestimmung betreffend begünstigte behinderte Arbeitnehmer iSd § 41 Abs 4 lit e FLAG bzw § 5 Abs 2 lit e KommStG sowie die Bestimmungen gemäß § 1 Z 7 Neugründungs-Förderungsgesetz.

Wiener Dienstgeberabgabe (U-Bahnsteuer)

Für Urlaubsentgelte mit Urlaubshaltung werden von der BUAK Abgaben für eine Kalenderwoche, in die eine Urlaubshaltung fällt, in Höhe von € 2,– bei der Betriebsstätte berücksichtigt, die in der Verrechnung angegeben ist (wenn diese in das Bundesland Wien fällt). Die U-Bahnsteuer wird von der BUAK quartalsweise an die Firma Kommunalnet überweisen, die anschließend die Überweisungen an den Magistrat der Stadt Wien vornimmt. Die U-Bahnabgabe für das Urlaubsentgelt ist in der Lohnverrechnung des Arbeitgebers bzw in der Erklärung für diese Dienstgeberabgabe zu berücksichtigen. Der von der BUAK überwiesene Betrag ist bei der Abgabenüberweisung der U-Bahnsteuer des Betriebs in Abzug zu bringen. **2462**

Bestimmung gemäß § 1 Z 7 Neugründungs-Förderungsgesetz

Da der Arbeitgeber als Schuldner dieser Abgaben gilt, kann dieser nach Maßgabe der verfahrensrechtlichen Bestimmungen über ein daraus resultierendes Guthaben verfügen (zB Umbuchung, Überrechnung oder Rückzahlung). **2463**

272. Urlaubsersatzleistung – Postensuchtage (§ 67 Abs 8 lit d EStG)

Im Fall der Beendigung des Dienstverhältnisses gebührt dem Arbeitnehmer für den noch nicht verbrauchten Urlaubsanspruch des Urlaubsjahrs, in dem das Dienstverhältnis endet, anstelle des Urlaubsentgelts eine **Ersatzleistung** im Ausmaß jenes Anteils vom Urlaubsentgelt, das dem Verhältnis der bereits zurückgelegten Dienstzeit in diesem Urlaubsjahr entspricht (aliquoter Anspruch). **2464**

Auch im Falle eines vorzeitigen Austritts ohne wichtigen Grund steht dem Arbeitnehmer – entgegen § 10 Abs 2 UrlG – eine Urlaubsersatzleistung für den offenen Resturlaub – auf Basis eines unionsrechtlichen Jahresurlaubsanspruchs von vier Wochen – zu (vgl OGH 17. 2. 2022, 9 ObA 150/21 f). In Reaktion auf diese Rsp wurde § 10 Abs 2 UrlG insoweit geändert, als im Fall eines unberechtigten vorzeitigen Austritts keine Ersatzleistung für die fünfte und sechste Woche des Anspruchs auf Urlaub aus dem laufenden Urlaubsjahr gebührt. Für „alten" Urlaubsanspruch gebührt auch in diesen Fällen eine Ersatzleistung in voller Höhe. **2465**

Hat der Arbeitnehmer bereits Urlaub für dieses Urlaubsjahr konsumiert, gebührt die Ersatzleistung nur für den noch **offenen** Urlaubsanspruch. **2466**

Für die Bemessung der Urlaubsersatzleistung ist vom Urlaubsentgelt iSd § 6 UrlG auszugehen. Das Ausmaß der Urlaubsersatzleistung entspricht dem Urlaubsentgelt zum Zeitpunkt der Beendigung des Arbeitsverhältnisses. Die Urlaubsersatzleistung ist dem Wesen nach eine Art bereicherungsrechtlicher Ausgleich, ein Geldsurrogat für den nicht konsumierten Erholungsurlaub, dessen Verbrauch in natura ab dem rechtlichen Ende des Dienstverhältnisses unmöglich wird. Die Berechnung beruht auf dem „Ausfallsprinzip", wonach der Arbeitnehmer während des Urlaubs jenes Entgelt zu bekommen hat, das ihm aus der Perspektive des Urlaubsbeginns zugekommen wäre, wenn er gearbeitet hätte. Es kommt nicht auf ein Entgelt bemessen am „fiktiven" Urlaubsverbrauch nach dem Zeitpunkt der Beendigung des Arbeitsverhältnisses an. Durch Kollektivvertrag kann geregelt werden, welche Leistungen des Arbeitgebers als Urlaubsentgelt anzusehen sind. Der Generalkollektivvertrag kann den Entgeltbegriff abweichend vom Urlaubsgesetz regeln, und zwar nicht nur günstiger als das gesetzliche Modell, sondern auch zum Nachteil des Arbeitnehmers. Beispielsweise sind Überstundenpauschalen sowie Leistungen für Überstun- **2467**

272. Urlaubsersatzleistung – Postensuchtage

den, die aufgrund der Arbeitszeiteinteilung zu erbringen gewesen wären, wenn der Urlaub nicht angetreten worden wäre, sowie das Entgelt für vor Urlaubsantritt regelmäßig geleistete Überstunden grundsätzlich bei der Bemessung des Urlaubsentgelts zu berücksichtigen, es sei denn, dass sie infolge einer wesentlichen Änderung des Arbeitsanfalles (zB wegen Saisonende oder Auslaufen eines Auftrags) nicht oder nur in geringerem Ausmaß zu leisten gewesen wären. Die Nichteinbeziehung von Überstunden aufgrund einer wesentlichen Änderung des Arbeitsanfalles bezieht sich nur auf das Urlaubsentgelt und nicht auf die Urlaubsersatzleistung. Werden die Dienstverhältnisse mit Saisonende beendet, sind dennoch bisher (regelmäßig) geleistete Überstunden in die Bemessung der Urlaubsersatzleistung miteinzubeziehen (vgl VwGH 29. 1. 2020, Ro 2019/08/0020).

2468 Ersatzleistungen für nicht verbrauchten Urlaub sind aufzuteilen. Soweit sie laufenden Arbeitslohn betreffen, sind sie als laufender Arbeitslohn zu erfassen, soweit sie sonstige Bezüge betreffen, sind sie als sonstige Bezüge zu versteuern. Die Versteuerung erfolgt im Kalendermonat der Zahlung. Werden sie in einem Kalendermonat neben laufenden Bezügen gezahlt, sind sie gemeinsam mit diesen nach dem Monatstarif (unter Berücksichtigung eines monatlichen Lohnzahlungszeitraums) zu versteuern. **Auch** in diesem Fall ist aber am Lohnzettel als Zeitpunkt der Beendigung des Dienstverhältnisses der Tag der tatsächlichen Beendigung des Dienstverhältnisses **(arbeitsrechtliches Ende)** anzuführen.

2469 Tageweise beschäftigte Arbeitnehmer haben ebenfalls Anspruch auf Ersatz des nichtverbrauchten Urlaubs. Wird dem Arbeitnehmer eine Urlaubsersatzleistung ausbezahlt, ist die Lohnsteuer ebenfalls nach der Monatstabelle zu berechnen.

2470 Wird eine Ersatzleistung neben laufenden Bezügen bezahlt, erhöht sich das Jahressechstel gemäß § 67 Abs 2 EStG um **ein Sechstel** der in der Ersatzleistung enthaltenen laufenden Bezüge.

2471 Werden Ersatzleistungen nicht neben laufenden Bezügen ausgezahlt (zB im Karenzurlaub), ist das Jahressechstel mit einem Sechstel der laufenden Bezüge der Ersatzleistungen zu ermitteln. Auch in diesem Fall ist am Lohnzettel als Zeitpunkt der Beendigung des Dienstverhältnisses der Tag der tatsächlichen Beendigung des Dienstverhältnisses **(arbeitsrechtliches Ende)** anzuführen.

2472 Soweit Ersatzleistungen sonstige Bezüge betreffen, sind der steuerfreie Teil von € 620,– bzw die Freigrenze von € 2.100,– zu berücksichtigen.

272.1 Abgeltung des nicht verbrauchten Urlaubs in Form einer freiwilligen Abfertigung

2473 Die Besteuerung von Ersatzleistungen ist grundsätzlich gemäß § 67 Abs 8 lit d EStG vorzunehmen, und zwar auch dann, wenn der Anspruch auf Ersatzleistungen für nicht verbrauchten Urlaub in Form einer freiwilligen Abfindung oder einer freiwilligen Abfertigung abgegolten wird (VwGH 29. 1. 2004, 2000/15/0113).

272.2 Abgeltung von Urlaubstagen im Rahmen eines Vergleichs

2474 Werden Urlaubsersatzleistungen erst im Rahmen von Vergleichen, Kündigungsentschädigungen, nicht willkürlichen Nachzahlungen für abgelaufene Kalenderjahre oder in einem Insolvenzverfahren gewährt, erfolgt die Besteuerung als Vergleichssumme, Kündigungsentschädigung, Nachzahlung bzw als Nachzahlung im Insolvenzverfahren. Sie stellen dann keine laufenden, sondern (zur Gänze) sonstige Bezüge dar (nicht sechstelerhöhend).

272.3 Postensuchtage

Ersatzleistungen für nicht konsumierte Postensuchtage („Freizeit während der Kündigungsfrist") entsprechen wirtschaftlich betrachtet Ersatzleistungen für nicht verbrauchten Urlaub. Sie sind daher ebenfalls gemäß § 67 Abs 8 lit d EStG zu versteuern. 2475

272.4 Urlaubsablöse bei aufrechtem Dienstverhältnis

Urlaubsablösen bei aufrechtem Dienstverhältnis sind nicht nach § 67 Abs 8 lit d EStG, sondern nach § 67 Abs 1 und 2 EStG zu versteuern. 2476

Beispiel – Urlaubsersatzleistung				
Angestellter				
Gehalt	€ 1.860,00			
Sonderzahlungen				
Urlaubszuschuss	€ 1.860,00			
Weihnachtsremuneration	€ 1.860,00			
Urlaub	30 WT – UJ = AJ			
Eintritt	12. 2. 2010			
Austritt	25. 6. 2023 – einvernehmliche Auflösung			
Abrechnung				
Gehalt	€ 1.860,00 : 30 × 25 =			€ 1.550,00
Urlaubszuschuss	€ 1.860,00 : 365 × 176 =			€ 896,88
Weihnachtsremuneration	€ 1.860,00 : 365 × 176 =			€ 896,88
Urlaubsersatzleistung				
	30 WT : 365 × 134 =		11,01 WT	
Anteil lfd Bezug	€ 1.860,00 : 26 × 11,01 =			€ 787,90
Anteil Sonderzahlungen				
1/12 UZ	€ 155,00 : 26 × 11,01 =			€ 65,66
1/12 WR	€ 155,00 : 26 × 11,01 =			€ 65,66
			Brutto	€ 4.262,97
Sozialversicherung				
Sonderzahlungen				
UZ	€ 896,88			
WR	€ 896,88			
Anteil SZ				
– UE	€ 131,32			
	€ 1.925,08 × 15,12% =			€ 291,07
Laufender Bezug				
Verlängerung der				
Pflichtversicherung		11,01 WT		
	abrunden	11,00 WT		
	+ 1 WT	1,00 WT		
		12,00 KT		
Juni		5,00 KT		
Juli		7 KT 7. 7. 2023		
Juni	€ 1.550,00			
+ Anteil lfd Bezug UE	€ 328,29			
	€ 1.878,29 × 15,12% = € 284,00			

273. Veränderliche Werte in der Sozialversicherung

Juli			€ 459,61 × 15,12% = € 69,49	€ 353,49
Lohnsteuer				
Sonstige Bezüge –				
Jahressechsel		€ 1.860,00 × 2 =		
		€ 3.720,00		
	+ 1/6 UE lfd	€ 131,32		
		€ 3.851,32		
	UZ + WR	€ 1.793,76		
	+ UE SZ	€ 131,32		
		€ 1.925,08		
	– SV	€ 291,07		
		€ 1.634,01		
		€ 620,00 × 0%		
		€ 1.014,01 × 6% =		€ 60,84
Lfd Bezug				
	Gehalt	€ 1.550,00		
	UE lfd	€ 787,90		
	– SV	€ 353,49		
		€ 1.984,41		€ 202,61
			Netto/Ausz	**€ 3.354,96**

273. Veränderliche Werte in der Sozialversicherung

2477 Im Jahr **2023** kommen folgende Werte (Höchstbeitragsgrundlage, Geringfügigkeitsgrenze) zur Anwendung:

	Werte 2021	Werte 2022	Werte 2023*
Aufwertungszahl	1,033	1,021	1,031
Geringfügigkeitsgrenze – monatlich	€ 475,86	€ 485,85	€ 500,91
DAG: monatlicher Grenzwert	€ 713,79	€ 728,78	€ 751,37
Höchstbeitragsgrundlage – täglich[1]	€ 185,00	€ 189,00	€ 195,00
Höchstbeitragsgrundlage – monatlich	€ 5.550,00	€ 5.670,00	€ 5.850,00
Höchstbeitragsgrundlage freie Dienstnehmer ohne SZ – auch GSVG	€ 6.475,00	€ 6.615,00	€ 6.825,00
Sonderzahlungen[2]	€ 11.100,00	€ 11.340,00	€ 11.700,00

* voraussichtliche Werte

[1] Die Höchstbeitragsgrundlage gilt nicht nur für die Kranken-, Unfall- und Pensions- sowie Arbeitslosenversicherung, sondern auch für die Kammerumlage, den Wohnbauförderungsbeitrag, die Landarbeiterkammerumlage, den Schlechtwetterentschädigungsbeitrag, den IESG-Zuschlag und den Beitrag nach dem Nachtschwerarbeitsgesetz.

[2] Gilt für die Kranken-, Unfall-, Pensions-, Arbeitslosenversicherung sowie für den Nachtschwerarbeitsbeitrag, den IESG-Zuschlag sowie den Schlechtwetterentschädigungsbeitrag.

274. Veranlagung von lohnsteuerpflichtigen Einkünften (§ 41 EStG)

274.1 Pflichtveranlagung

Sind im Einkommen lohnsteuerpflichtige Einkünfte enthalten, so ist der Steuerpflichtige zu veranlagen, wenn **2478**
- er andere Einkünfte bezogen hat, deren Gesamtbetrag € 730,– übersteigt,
- im Kalenderjahr zumindest zeitweise gleichzeitig zwei oder mehrere lohnsteuerpflichtige Einkünfte, die beim Lohnsteuerabzug gesondert versteuert wurden, bezogen worden sind,
- im Kalenderjahr Bezüge gemäß § 69 Abs 2, 3, 5, 6, 7, 8 oder 9 EStG wie zB Krankengeld, Rehabilitationsgeld, Rückzahlung von Pflichtbeiträgen, Auszahlung von Insolvenz-Entgelt durch den Insolvenz-Entgelt-Fonds, Bezügen im Sinne des Dienstleistungsscheckgesetzes zugeflossen sind,
- ein Freibetragsbescheid für das Kalenderjahr gemäß § 63 Abs 1 EStG oder ein Freibetrag gemäß § 103 Abs 1a EStG (Zuzugsbegünstigung) bei der Lohnverrechnung berücksichtigt wurde,
- der Alleinverdienerabsetzbetrag, der Alleinerzieherabsetzbetrag, der erhöhte Pensionistenabsetzbetrag, der erhöhte Verkehrsabsetzbetrag oder Freibeträge nach § 62 Z 10 (aufgrund einer Behinderung oder von Amtsbescheinigungen und Opferausweisen) und Z 11 (Expatriates) EStG berücksichtigt wurden, aber die Voraussetzungen nicht vorlagen,
- ein Pendlerpauschale berücksichtigt wurde, aber die Voraussetzungen nicht vorlagen oder ein nicht zustehender Betrag berücksichtigt wurde,
- der Arbeitnehmer eine unrichtige Erklärung gemäß § 3 Abs 1 Z 13 lit b 5. Teilstrich EStG (Zuschuss zu den Kinderbetreuungskosten durch den Arbeitgeber) abgegeben hat oder seiner Verpflichtung, Änderungen der Verhältnisse zu melden, nicht nachgekommen ist,
- er Einkünfte iSd § 3 Abs 1 Z 32 EStG (Bezüge eines unbeschränkt steuerpflichtigen österreichischen Abgeordneten zum Europäischen Parlament) bezogen hat,
- er Einkünfte aus Kapitalvermögen iSd § 27a Abs 1 EStG oder entsprechende betriebliche Einkünfte erzielt, die keinem Kapitalertragsteuerabzug unterliegen,
- er Einkünfte aus privaten Grundstücksveräußerungen iSd § 30 EStG erzielt, für die keine Immobilienertragsteuer gemäß § 30c Abs 2 EStG entrichtet wurde, oder wenn keine Abgeltung gemäß § 30b Abs 2 EStG gegeben ist,
- der Arbeitnehmer nach § 83 Abs 2 Z 2 und Abs 3 EStG unmittelbar in Anspruch genommen wird,
- ein Familienbonus Plus gemäß § 33 Abs 3a EStG berücksichtigt wurde, die Voraussetzungen nicht vorlagen oder wenn sich ergibt, dass ein nicht zustehender Betrag berücksichtigt wurde,
- im Kalenderjahr ein Homeoffice-Pauschale gemäß § 26 Z 9 EStG in einer insgesamt nicht zustehenden Höhe steuerfrei belassen wurde,
- im Kalenderjahr mehr als € 3.000,– Gewinnbeteiligung gemäß § 3 Abs 1 Z 35 EStG steuerfrei berücksichtigt wurde,
- gemäß § 26 Z 5 lit b EStG eine Wochen-, Monats- oder Jahreskarte für ein Massenbeförderungsmittel zur Verfügung gestellt wurde oder Kosten einer solchen Karte übernommen wurden, aber die Voraussetzungen nicht vorlagen oder ein nicht zustehender Betrag unversteuert belassen wurde,
- wenn der Anti-Teuerungsbonus an einen Empfänger ausbezahlt wurde, der im Zuflussjahr ein Einkommen von mehr als € 90.000,– erzielt hat (§ 8 Abs 5 Klimabonusgesetz).

274. Veranlagung von lohnsteuerpflichtigen Einkünften

274.2 Antragsveranlagung

2479 Liegen die Voraussetzungen für eine Pflichtveranlagung nicht vor, hat das FA auf Antrag des Steuerpflichtigen eine Veranlagung vorzunehmen, wenn der Antrag innerhalb von fünf Jahren ab dem Ende des Veranlagungszeitraums gestellt wird (Antragsveranlagung).

274.3 Automatische Veranlagung

2480 Wurde bis Ende des Monats Juni keine Abgabenerklärung für das vorangegangene Veranlagungsjahr eingereicht, hat das FA von Amts wegen eine antragslose Veranlagung vorzunehmen, sofern der Abgabepflichtige nicht darauf verzichtet hat. Dabei gilt Folgendes:
a) Folgende Voraussetzungen müssen vorliegen:
   – Aufgrund der Aktenlage ist anzunehmen, dass der Gesamtbetrag der zu veranlagenden Einkünfte ausschließlich aus lohnsteuerpflichtigen Einkünften besteht.
   – Aus der Veranlagung resultiert eine Steuergutschrift von zumindest € 5,–.
   – Aufgrund der Aktenlage ist nicht anzunehmen, dass die zustehende Steuergutschrift höher ist als jene, die sich aufgrund der übermittelten Daten gemäß § 18 Abs 1 Z 10 und Abs 8, § 35 Abs 8 und § 84 EStG ergeben würde.
b) Wurde bis zum Ablauf des dem Veranlagungszeitraum zweitfolgenden Kalenderjahres keine Abgabenerklärung für den betroffenen Veranlagungszeitraum abgegeben, ist jedenfalls eine antragslose Veranlagung durchzuführen, wenn sich nach der Aktenlage eine Steuergutschrift ergibt.
c) Wird nach erfolgter antragsloser Veranlagung innerhalb der Frist von fünf Jahren ab dem Ende des Veranlagungszeitraums eine Abgabenerklärung abgegeben, hat das FA darüber zu entscheiden und gleichzeitig damit den bereits ergangenen Bescheid aufzuheben.
d) Wurde der Bescheid aus der antragslosen Veranlagung aufgrund nachträglich übermittelter Daten im Sinne von lit a dritter Teilstrich durch einen neuen Bescheid ersetzt, der die Steuergutschrift gegenüber dem bisherigen Bescheid erhöht, sind lit c und lit e auch auf diesen Bescheid anzuwenden. Dies gilt nicht, wenn ein Pflichtveranlagungstatbestand zur Anwendung kommt.
e) Der Bescheid aufgrund einer antragslosen Veranlagung ist ersatzlos aufzuheben, wenn dies in einer Beschwerde (§ 243 BAO) beantragt wird; die Beschwerde bedarf keiner Begründung.
f) Die Steuererklärungspflicht (§ 42 EStG) bleibt auch nach Vornahme der Veranlagung aufrecht.

Die automatische Veranlagung ist nicht anzuwenden, wenn der Verdacht besteht, dass der Steuerpflichtige Dienstnehmer eines Scheinunternehmers gemäß § 8 des Sozialbetrugsbekämpfungsgesetzes ist, Zweifel an der Identität des Steuerpflichtigen oder der Bevollmächtigung seines steuerlichen Vertreters bestehen, oder sonstige schwerwiegende Bedenken gegen die Anwendung der automatischen Veranlagung bestehen.

274.4 Allgemeine Bestimmungen zur Veranlagung

2481 Sind im Einkommen lohnsteuerpflichtige Einkünfte enthalten, ist von den anderen Einkünften ein Veranlagungsfreibetrag bis zu € 730,– abzuziehen. Dies gilt nicht für Einkünfte aus Kapitalvermögen iSd § 27a Abs 1 EStG. Der Freibetrag vermindert sich um jenen Betrag, um den die anderen Einkünfte € 730,– übersteigen.

Bei der Ermittlung der Einkünfte aus nichtselbständiger Arbeit bleiben Bezüge, die nach § 67 **2482**
Abs 1 EStG oder § 68 EStG steuerfrei bleiben oder mit den festen Sätzen des § 67 EStG oder
mit den Pauschsätzen des § 69 Abs 1 EStG zu versteuern waren, außer Ansatz. Die Steuer, die
auf sonstige Bezüge innerhalb des Jahressechstels gemäß § 67 Abs 1 und 2 EStG und auf Bezüge gemäß § 67 Abs 5 zweiter Teilstrich EStG, die gemäß § 67 Abs 1 EStG zu versteuern
sind, entfällt, ist aber gemäß § 67 Abs 1 und 2 EStG neu zu berechnen, wenn die sonstigen
Bezüge € 2.100,– übersteigt. Die Bemessungsgrundlage sind die sonstigen Bezüge innerhalb
des Jahressechstels gemäß § 67 Abs 1 und 2 EStG sowie die Bezüge gemäß § 67 Abs 5 zweiter
Teilstrich EStG, die gemäß § 67 Abs 1 EStG zu versteuern sind, abzüglich der darauf entfallenden Beiträge gemäß § 62 Z 3, 4 und 5 EStG. Bis zu einem Jahressechstel von € 25.000,–
beträgt die Steuer 6% der € 620,– übersteigenden Bemessungsgrundlage, jedoch höchstens
30% der € 2.000,– übersteigenden Bemessungsgrundlage. Ungeachtet des vorläufigen Steuerabzugs gemäß § 69 Abs 2 und 3 EStG gilt ein Siebentel dieser Bezüge als ein Bezug, der mit
dem festen Steuersatz des § 67 Abs 1 EStG zu versteuern war und von dem 6% Lohnsteuer
einbehalten wurde. Ein Siebentel der Bezüge gemäß § 69 Abs 5 und 7 EStG gilt als Bezug, der
mit dem festen Steuersatz des § 67 Abs 1 EStG zu versteuern ist.

275. Veranlagung von unbeschränkt steuerpflichtigen Arbeitnehmern

Unbeschränkt steuerpflichtige Arbeitnehmer sind mit ihren gesamten Bezügen zur Einkom- **2483**
mensteuer zu veranlagen, wenn nicht bereits die Einkommensteuer durch Abzug vom Arbeitslohn erhoben (Lohnsteuer) wurde.

Besteht im Inland eine Betriebsstätte (§ 81 EStG) des Arbeitgebers, wird bei Einkünften aus **2484**
nichtselbständiger Arbeit (§ 25 EStG) die Einkommensteuer durch Abzug vom Arbeitslohn
erhoben (Lohnsteuer). Besteht im Inland keine Betriebsstätte (§ 81 EStG) des Arbeitgebers
kann für Einkünfte aus nichtselbständiger Arbeit (§ 25 EStG) von unbeschränkt steuerpflichtigen Arbeitnehmern dennoch die Einkommensteuer durch Abzug vom Arbeitslohn (Lohnsteuer) erhoben werden (siehe dazu auch Kapitel „Lohnsteuerabzug"). Für unbeschränkt
steuerpflichtige Arbeitnehmer, die ihren Mittelpunkt der Tätigkeit für mehr als sechs Monate
im Kalenderjahr in Österreich haben, hat der Arbeitgeber ohne Betriebsstätte (§ 81 EStG) im
Inland dem FA eine Lohnbescheinigung zu übermitteln (siehe dazu die Kapitel „Lohnsteuerabzug" und „Lohnbescheinigung").

Auch die Dienstbezüge der Bediensteten von Arbeitgebern, die nach den anerkannten Regeln **2485**
des Völkerrechts oder aufgrund von Staatsverträgen nicht zur Vornahme des Steuerabzuges
vom Arbeitslohn verhalten werden können (zB diplomatische Vertretungen) sind im Veranlagungswege zur Einkommensteuer heranzuziehen.

Auf sonstige Bezüge solcher Bediensteter sind gemäß § 67 Abs 11 EStG die Bestimmungen **2486**
des § 67 Abs 1, 2, 6, 7 und 8 EStG (fester Steuersatz und steuerfreie Teil von € 620,–, Abfertigungen, Nachzahlungen usw) auch bei der Veranlagung zur Einkommensteuer anzuwenden.

Gemäß § 68 Abs 8 EStG sind Schmutz-, Erschwernis- und Gefahrenzulagen, in Überstunden- **2487**
entlohnungen enthaltene Zuschläge für Mehrarbeit und Zuschläge für Sonntags-, Feiertags-
und Nachtarbeit bei den oben angeführten Personengruppen unter Anwendungen des § 68
Abs 1 – 6 EStG zu versteuern, sofern aufgrund eines Vertrags über Rechtsschutz und Rechtshilfe in Abgabensachen überprüft werden kann, dass die Voraussetzungen des § 68 Abs 1 – 6
EStG vorliegen.

276. Vereinsmitglieder und deren Einkünfte

Näheres über die Voraussetzungen siehe unter „Überstundenentlohnungen", „Zuschläge für Sonntags-, Feiertags- und Nachtarbeit", „Schmutz-, Erschwernis- und Gefahrenzulagen" und „Grenzgänger".

276. Vereinsmitglieder und deren Einkünfte

Allgemeines

2488 Vereinsmitglieder und andere Personen, die für einen Verein tätig werden, können zu diesem in verschiedene Rechtsbeziehungen treten. Die Bezeichnung von Zahlungen an Personen, die Leistungen für den Verein erbringen, als Aufwandsentschädigung bzw Spendenersatz führt nicht dazu, dass derartige Bezüge von einer Besteuerung ausgenommen sind. Grundsätzlich können Rechtsbeziehungen in Form eines Dienstvertrags oder eines Werkvertrags bestehen.

Die VereinsR (Rz 762 ff) sehen bei diesem Personenkreis besondere Bestimmungen vor.

Einkommensteuer/Lohnsteuer

276.1 Gewählte Funktionäre

2489 Gewählte Funktionäre, wie zB Obmann, Vorstand, Rechnungsprüfer, Kassier begründen mit der Übernahme dieser ehrenamtlichen Vereinsfunktionen nur in Ausnahmefällen (feste Arbeitszeit etc) ein Dienstverhältnis.

Die Aufwandsentschädigungen sind nach Abzug der allenfalls im Schätzungsweg zu ermittelnden Betriebsausgaben beim Empfänger (Funktionär) als sonstige selbständige Einkünfte (§ 22 Z 2 EStG) steuerlich zu erfassen.

Daneben können auch Fahrt- und Reisekostenersätze steuerfrei ausbezahlt werden.

276.2 Pauschale Betriebsausgaben/Werbungskosten bei Funktionären und anderen Mitarbeitern im Verein

2490 Es kann ohne Nachweis ein Betrag von € 75,– monatlich pauschal als Betriebsausgaben/Werbungskosten beim Funktionär/Mitarbeiter abgesetzt werden. Dies allerdings nur dann, wenn kein Dienstverhältnis vorliegt.

Dieser Betrag gilt je Verein – das heißt, dass für mehrere Vereine tätige Personen auch mehrfach dieses Pauschale in Anspruch nehmen können.

276.3 Kilometergelder, pauschale Fahrt- und Reisekosten

2491 Personen, die für einen Verein tätig werden, können steuerfrei zur Abgeltung ihrer Reisekosten (Fahrt-, Verpflegungs- und Unterhaltskosten) folgende Beträge erhalten:

Tätigkeit	Tagesgelder	Reisekostenausgleich
bis 4 Stunden	€ 13,20	€ 1,50
über 4 Stunden	€ 26,40	€ 3,00

Als Nachweis sind vom Verein Aufzeichnungen über die Einsatztage zu führen. **2492**

Daneben können die nachgewiesenen Kosten des Massenbeförderungsmittels gewährt werden. Bei der Verrechnung von Kilometergeldern sind diese, um die steuerfrei ausbezahlten Kosten des Massenbeförderungsmittels und des Reisekostenausgleiches zu kürzen.

Das Kilometergeld beträgt € 0,42 je Kilometer. Die Fahrtstrecken sind nachzuweisen. **2493**

Für Sportler, Schiedsrichter und Sportbetreuer sowie bei Vorliegen eines Dienstverhältnisses ist diese Bestimmung nicht anzuwenden. **2494**

276.4 Mitarbeit im Verein

Für Personen, die in einem Dienstverhältnis zu einem Verein stehen, gibt es keine Begünstigungen nach den VereinsR. **2495**

Erhalten jedoch Aktivisten sowie Helfer, die für einen begünstigten Verein Leistungen erbringen, nur eine geringfügige Aufwandsentschädigung, so ist ein Dienstverhältnis auszuschließen.

Dies wird immer dann der Fall sein, wenn: **2496**
- ✓ die Tätigkeit dem begünstigten Vereinszweck dient;
- ✓ das Ausmaß der Tätigkeit nicht erheblich ist;
- ✓ die Tätigkeit nicht vertraglich geregelt ist; es besteht keine Leistungsverpflichtung, es ist kein Kollektivvertrag anzuwenden (zB Bildungseinrichtungen, Sozialberufe);
- ✓ die Entlohnung nur geringfügig ist; die Erzielung von Einkünften steht nicht im Vordergrund. Dies wird dann der Fall sein, wenn keine Leistungsverpflichtung besteht und die monatlichen Einnahmen neben Fahrt- und Reisekostenersätze die SV-Geringfügigkeitsgrenze nicht übersteigen (2023 – voraussichtlich € 500,91 monatlich);
- ✓ keine Tätigkeit als Sportler, Schiedsrichter oder Sportbetreuer (§ 3 Abs 1 Z 16 c EStG) ausgeübt wird.

Ist ein Dienstverhältnis auszuschließen und übersteigt die Aufwandsentschädigung die pauschalen Sätze (pauschale Betriebsausgaben/Kilometergelder, pauschale Fahrt- und Reisekosten), so liegen hinsichtlich des verbleibenden Betrags sonstige Einkünfte, die bei der Veranlagung zu erklären sind, vor. **2497**

Beispiel 1

Frau Meier ist bei einem Verein als Buchhalterin angestellt. Sie hat einen Dienstvertrag für 20 Stunden in der Woche und erhält dafür monatlich € 1.200,– (14 ×). Hier liegt ein echtes Dienstverhältnis vor. Begünstigungen nach den Vereinsrichtlinien gibt es nicht.

Beispiel 2

Herr Huber ist freiwilliger Helfer bei einem Umweltschutzverein. Bei Informationsveranstaltungen verteilt er Broschüren und erteilt Auskünfte am INFO-Stand. Weiters hilft er bei der Herstellung von Flugblättern mit, übernimmt Telefondienste und erledigt Botenwege. Im Jahr 2023 erhält er dafür eine Aufwandsentschädigung von monatlich € 500,–. Herr Huber kommt monatlich auf zwölf Einsatztage. Davon ist er an acht Tagen länger als vier Stunden tätig.
Die Fahrscheine gibt er im Verein ab. Im Verein liegen folgende Aufzeichnungen über seine Tätigkeit auf:

276. Vereinsmitglieder und deren Einkünfte

Aufwandsentschädigung monatlich		€ 500,00
pauschale Taggelder:		
8 Tage × € 26,40		– € 211,20
4 Tage × € 13,20		– € 52,80
Reisekostenausgleich:		
8 Tage × € 3,00		– € 24,00
4 Tage × € 1,5		– € 6,00
12 Fahrscheine à € 2,00		– € 24,00
Zwischensumme (unter ASVG-Geringfügigkeitsgrenze!)		€ 182,00
pauschale Werbungskosten		– € 75,00
sonstige Einkünfte		€ 107,00

Hier ist kein Dienstverhältnis anzunehmen. Es besteht keine Verpflichtung für die Leistungserbringung. Die Einkünfte liegen nach Abzug der pauschalen Spesen unter der ASVG-Geringfügigkeitsgrenze. Der verbleibende Betrag von € 107,– ist bei der Veranlagung als sonstige Einkünfte zu erklären.

276.5 Gewerbetreibende und Freiberufler

2498 Stehen Gewerbetreibende oder Freiberufler (zB Masseure, Ärzte, Rechtsanwälte, Wirtschaftstreuhänder) im Rahmen ihres Betriebs auch einem Verein zur Verfügung, dann sind die Vergütungen idR Teil ihrer betrieblichen Einkünfte.

276.6 Mitarbeiter von Sozialdiensten

2499 Bei freiwilligen Mitarbeitern von Sozialdiensten liegt regelmäßig kein Dienstverhältnis vor.

Weiters liegen bei freiwilligen Mitarbeiterinnen und Mitarbeitern von Sozialdiensten keine Einkünfte vor,

wenn sie

- ✓ € 2,20 für jede angefangene Einsatzstunde, höchstens jedoch € 26,40 innerhalb eines Zeitraumes von 24 Stunden, bis zu einem Jahreshöchstbetrag von € 1.584,– für Verpflegungs- und Unterhaltskosten, bzw
- ✓ € 3,20 als Ersatz der Fahrtkosten für jede Hin- und Rückfahrt zwischen Wohnung und Tätigkeitsort (zB Rettungsstützpunkt), unabhängig von Einsatzdauer und Fahrtstrecke, bzw
- ✓ allfällig höhere nachgewiesene Reise sowie Nächtigungskosten, bzw
- ✓ € 75,– pauschale Betriebsausgaben pro Monat erhalten.

Sozialversicherung

276.7 Vereinsmitglieder als Dienstnehmer – hauptberufliche Tätigkeit

2500 Das Vereinsmitglied gilt als Dienstnehmer, wenn überwiegend die Merkmale der persönlichen und wirtschaftlichen Abhängigkeit (§ 4 Abs 2 ASVG), wie fixe Arbeitszeit, bestimmter Arbeitsort, disziplinäre Verantwortung und fremde Betriebsmittel vorliegen.

Es ist zu prüfen, ob diese Beschäftigung geringfügig (monatliche Entgeltsgrenze 2023: voraussichtlich € 500,91) oder mit einem höheren Entgelt erfolgt.

Bei Geringfügigkeit hat der Verein vor Arbeitsantritt nur eine Anmeldung zur UV (UV-Beitrag: 1,1%) bei der ÖGK durchzuführen.

276.8 Vereinsmitglieder als Dienstnehmer – nebenberufliche Tätigkeit

Erzielt ein Dienstnehmer Entgelte aus verschiedenen (haupt- und/oder nebenberuflichen) Tätigkeiten, werden diese im jeweiligen Kalendermonat zusammengerechnet. **2501**

Wird in Summe die Geringfügigkeitsgrenze überschritten, liegt Vollversicherung vor. Die Dienstnehmerbeiträge zur KV und PV werden dem Dienstnehmer vom Krankenversicherungsträger einmal jährlich im Nachhinein zur Zahlung vorgeschrieben. Allerdings wurde für bestimmte nebenberufliche Dienstnehmerkategorien mit V eine pauschale Aufwandsentschädigung festgesetzt, die die Beitragsgrundlage für die Nebentätigkeit herabsetzt (§ 49 Abs 7 ASVG, Verordnung des Bundesministers für soziale Sicherheit und Generationen über beitragsfreie pauschalierte Aufwandsentschädigungen).

Dies betrifft
- ✓ **Trainer** im Rahmen eines gemeinnützig, nachhaltig und bundesweit im Bereich der Prophylaxe wirkenden Gesundheitsvereins,
- ✓ **Mitglieder in einem Theaterunternehmen** (§ 1 Abs 1 Schauspielergesetz),
- ✓ **Musiker, Filmschauspielerinnen/Filmschauspieler** und Schauspiellehrer,
- ✓ **Lehrende an Erwachsenenbildungseinrichtungen** (§ 1 Abs 2 BG über die Förderung der Erwachsenenbildung und des Volksbüchereiwesens).

Bis zu einer Höhe von € 537,78 pro Monat gelten diese Aufwandsentschädigungen nicht als Entgelt. Eine Tätigkeit als Student (bei ordentlichem Studienfortgang) oder Hausfrau/Hausmann (kein Singlehaushalt) gilt als Hauptberuf, nicht allerdings der Leistungsbezug aus der AlV (Arbeitslosengeld, Notstandshilfe etc) oder der Leistungsbezug aus einer Altersversorgung (Pension, Ruhegenuss). **2502**

276.9 Vereinsmitglieder als neue Selbständige

Vereinsmitglieder können mit ihrem Verein oder anderen Auftraggebern Werkverträge abschließen. **2503**

Hier handelt es sich um Zielschuldverhältnisse.

Wesentliche Merkmale sind:
- ✓ **das Vorliegen einer betrieblichen Tätigkeit** (wie etwa die Verfügung über spezielle Betriebsmittel),
- ✓ **selbständige Einkünfte** (§ 22 Z 1–3 und 5, § 23 EStG) und
- ✓ **das Überschreiten der Versicherungsgrenze.**

Die Versicherungsgrenze beträgt das Zwölffache der Geringfügigkeitsgrenze nach § 5 Abs 2 ASVG – das sind € 6.010,92 im Jahr 2023.

Werden vorgenannte Kriterien erfüllt, so liegt eine Pflichtversicherung nach § 2 Abs 1 Z 4 GSVG vor. Bei einem Unterschreiten der Versicherungsgrenzen ist eine Option für die Pflichtversicherung mit Erklärung möglich, die so lange gilt, bis sie widerrufen wird.

277. Vergleichssummen

> **Beispiel**
>
> Ein Student als Vereinsmitglied vereinbart mit dem Obmann des Vereins einen Werkvertrag zur Erstellung einer Verbandschronik zum 50. Jubiläum des Vereins mit einem Honorar von € 4.000,–. Die damit verbundenen Betriebsausgaben vermindern die Beitragsgrundlage für die SV. Bei € 3.000,– Gewinn und jährlicher Beitragsgrundlage zum GSVG (§ 25) besteht keine Pflichtversicherung, wenn keine Optionserklärung erfolgt.
> Bei einem Gewinn von € 8.000,– müsste dieser Student neben der steuerlichen Erklärung binnen eines Monats nach Aufnahme eine Meldung als neuer Selbständiger an die Sozialversicherungsanstalt der Selbständigen dieser Tätigkeit erstatten.

276.10 Vereinsmitglieder als Gewerbetreibende

2504 Wenn zwischen dem Verein und einem seiner Mitglieder ein Werkvertrag vereinbart wird, der im Rahmen der Rechtsordnung für die Erfüllung des Auftrags eine Gewerbeberechtigung voraussetzt, ist der Tatbestand einer Pflichtversicherung nach § 2 Abs 1 Z 1 oder § 2 Abs 1 Z 4 GSVG erfüllt, wenn das Vereinsmitglied Mitglied einer Wirtschaftskammer ist.

276.11 Vereinsorganwalter und Sozialversicherungspflicht

2505 Die Organwalter von Vereinen (zB Obmann, Obmannstellvertreter, Kassier, Schriftführer, Rechnungsprüfer) unterliegen hinsichtlich ihrer Vergütung als Organe einer Sozialversicherungspflicht, wenn die Aufwandsentschädigungen die jährliche Versicherungsgrenze für neue Selbständige überschreiten.

2506 In Fällen, in denen das einzelne Vereinsmitglied als Organwalter mit dem Verein einen Vertrag als (freier) Dienstnehmer, einen Werkvertrag als Gewerbetreibender oder neuer Selbständiger mit dem Ziel abschließt, spezielle Aufgaben außerhalb der Organtätigkeit zu erfüllen, gelten die oben dargestellten Ausführungen.

2507 Zur allfälligen Pflichtversicherung als Organwalter können somit weitere Sozialversicherungstatbestände hinzutreten (Prinzip der Mehrfachversicherung).

276.12 Unentgeltliche Mitarbeit von Vereinsmitgliedern

2508 Freiwillige und unentgeltliche Mitarbeit von Vereinsmitgliedern begründet keine lohnsteuer- und SV-pflichtige Erwerbstätigkeit. Dazu wurde seitens der Sozialversicherung und des BMF ein Merkblatt erstellt.

277. Vergleichssummen

277.1 Allgemeines

2509 Unter einem Vergleich versteht man ein beiderseitiges Nachgeben zweier Vertragsparteien von strittigen oder zweifelhaften Rechten (§ 1380 ABGB).

2510 Derartige Vergleiche können im Zuge eines Gerichtsverfahrens, aber auch außergerichtlich abgeschlossen werden.

277.2 Abgabenmäßige Behandlung
Sozialversicherung

2511 Wird ein gerichtlicher oder außergerichtlicher Vergleich über Ansprüche geschlossen, die sich auf die Zeit des **aufrechten** Bestands des Dienstverhältnisses beziehen, ist der beitragspflichtige Vergleichsbetrag **durch Aufrollen** den betroffenen Beitragszeiträumen zuzuordnen.

2512 Wird ein gerichtlicher oder außergerichtlicher Vergleich über Ansprüche geschlossen, die sich auf die Zeit **nach Beendigung** des Dienstverhältnisses beziehen, kommt es zur Verlängerung der Pflichtversicherung um jenen Zeitraum, für den der beitragspflichtige Entgeltanspruch (zB Kündigungsentschädigung, Urlaubsersatzleistung) zugestanden wurde (§ 11 Abs 2 ASVG).

2513 Gemäß § 49 Abs 6 ASVG sind die Versicherungsträger und die Verwaltungsbehörden an rechtskräftige Entscheidungen der Gerichte, in denen Entgeltansprüche des Dienstnehmers festgestellt werden, gebunden (VwGH 25. 5. 2011, 2008/08/0146).

Diese Bestimmung ist **nicht** anzuwenden, wenn es infolge eines Vergleichsabschlusses zu **keiner** Entscheidung des Arbeitsgerichtes gekommen ist.

2514 Die Arbeits- und Sozialgerichte erster Instanz sind verpflichtet, je eine Ausfertigung der rechtskräftigen Entscheidungen über Entgeltsansprüche binnen vier Wochen ab Rechtskraft an die ÖGK jenes Landes zu übersenden, in dem der Sitz des Gerichtes liegt.

2515 Die ÖGK sind dann **nicht** an den Wortlaut der Vereinbarung gebunden, wenn Entgeltbestandteile zwecks Beitragsvermeidung fälschlich als beitragsfreie Lohnbestandteile deklariert wurden. Die Bezeichnung der Bezugsteile ist somit von untergeordneter Bedeutung. Ausschlaggebend ist nur, ob die Voraussetzungen für die Beitragsfreiheit tatsächlich vorliegen. Kann die Beitragsfreiheit nicht eindeutig festgestellt werden, liegt beitragspflichtiges Entgelt vor.

2516 Es bleibt dem Arbeitnehmer und dem Arbeitgeber vorbehalten, auf welche Entgelte verzichtet wird, und es steht den Vertragsparteien auch frei, auf beitragspflichtige oder beitragsfreie Entgelte zu verzichten.

2517 Die Dispositionsfreiheit erreicht jedoch dann ihre Grenzen, wenn beitragsfreie Bezüge verglichen werden, auf die **kein** Anspruch besteht (zB der Arbeitnehmer ist erst zwei Jahre im Betrieb beschäftigt und es wird, obwohl im Dienstvertrag keine freiwillige Abfertigung zugesichert wurde, eine Abfertigung in den Vergleich aufgenommen).

Lohnsteuer (§ 67 Abs 8 lit a EStG)

2518 Auf gerichtlichen oder außergerichtlichen Vergleichen beruhende Vergleichssummen sind, soweit sie **nicht** nach § 67 Abs 3 EStG (gesetzliche Abfertigung), § 67 Abs 6 EStG (freiwillige Abfertigung) oder dem letzten Satz (Anspruch gegenüber einer BV-Kasse) mit dem festen Steuersatz zu versteuern sind, gemäß § 67 Abs 10 EStG (nach dem Tarif) im Kalendermonat der Zahlung zu erfassen. Dabei ist nach Abzug der darauf entfallenden Beiträge iSd § 62 Z 3, 4 und 5 EStG (Sozialversicherungsbeiträge) **ein Fünftel steuerfrei** zu belassen, höchstens jedoch ein **Fünftel des Neunfachen der monatlichen SV-Höchstbeitragsgrundlage** (voraussichtlicher Wert 2023: € 5.850 × 9 = € 52.650 : 5 = € 10.530,–).

2519 Als Vergleichssummen iSd § 67 Abs 8 lit a EStG sind nicht nur Zahlungen aufgrund gerichtlicher oder außergerichtlicher Vergleiche, sondern auch Bereinigungen und Nachzahlungen aufgrund von Gerichtsurteilen oder Bescheiden von Verwaltungsbehörden zu verstehen (vgl VwGH 21. 1. 1987, 85/13/0113; VwGH 26. 7. 1995, 92/15/0104). Die Vergleichssummenbesteuerung ist idR vergangenheitsbezogen. Es ist daher nicht erforderlich, dass eine Vergleichs-

277. Vergleichssummen

summe neben laufenden Bezügen bezahlt wird. Der Zweck der Bestimmung liegt in der pauschalen Berücksichtigung allfälliger steuerfreier Zulagen und Zuschläge oder sonstiger Bezüge sowie als Abschlag für einen Progressionseffekt durch die Zusammenballung von Bezügen.

2520 Der Regelung des § 67 Abs 8 lit a EStG, wonach aufgrund eines Vergleiches geleistete Zahlungen „im Kalendermonat der Zahlung zu erfassen sind", kommt bei Zahlungen, die iZm einer Kündigungsanfechtung oder einer Anfechtung der Entlassung stehen, keine Bedeutung zu, wenn die Kündigung oder Entlassung aufgrund einer Vereinbarung zwischen Arbeitgeber und Arbeitnehmer nicht effektuiert wird und der aufgrund dieser Vereinbarung zu zahlende Betrag auf einzelne Komponenten aufgeteilt und bestimmten Zeiträumen zugeordnet werden kann (VwGH 16. 6. 2021, Ro 2020/15/0023). Im Anwendungsbereich des § 79 Abs 2 EStG sind daher diese Bezüge dem Vorjahr zuzuordnen und entsprechend zu besteuern.

277.3 Kündigungsanfechtung

2521 Zahlungen iZm einer Kündigungsanfechtungsklage sind als Vergleichssumme zu versteuern.

277.4 Vergleichssumme im Zusammenhang mit Anwartschaft gegenüber einer BV-Kasse

2522 Fallen derartige Vergleichssummen bei oder nach Beendigung des Dienstverhältnisses an und werden sie für Zeiträume ausbezahlt, für die eine Anwartschaft gegenüber einer BV-Kasse besteht, sind sie bis zu einem Betrag von **€ 7.500,–** mit dem festen Steuersatz von 6% zu versteuern; wobei die Bestimmungen betreffend steuerfreien Teil, Freigrenze und Jahressechstel nicht anzuwenden sind. Vergleichszahlungen, die den Betrag von € 7.500,– übersteigen, bleiben nach Abzug der darauf entfallenden Sozialversicherung im Ausmaß eines Fünftels des € 7.500,– übersteigenden Betrags steuerfrei, höchstens jedoch ein Fünftel des Neunfachen der monatlichen SV-Höchstbeitragsgrundlage. Die einbehaltenen Sozialversicherungsbeiträge sind den jeweiligen Teilbeträgen anteilsmäßig zuzuordnen.

2523 Diese Bestimmung ist nur dann anzuwenden, wenn der Dienstnehmer mit seinen **kompletten** Abfertigungsansprüchen in das neue System gewechselt ist bzw nur mehr Anspruch auf Abfertigung iSd BMSVG hat.

277.5 Gemeinsame Versteuerung mit anderen Bezügen

2524 Bei der Lohnsteuerberechnung gemäß § 67 Abs 10 EStG (Besteuerung nach der Tabelle) ist ein **monatlicher** Lohnzahlungszeitraum zu unterstellen. Werden im Kalendermonat der Auszahlung Vergleichssummen, Kündigungsentschädigungen und Nachzahlungen für abgelaufene Kalenderjahre, die nicht auf einer willkürlichen Verschiebung des Auszahlungszeitpunktes beruhen, gleichzeitig mit laufenden Bezügen, die zum Tarif zu versteuern sind, ausgezahlt, sind sie den laufenden Bezügen des Kalendermonats zuzurechnen und gemeinsam nach dem Monatstarif (unter Berücksichtigung eines monatlichen Lohnzahlungszeitraumes) zu versteuern. In diesem Fall ist am Lohnzettel als Zeitpunkt der Beendigung des Dienstverhältnisses der Tag der tatsächlichen Beendigung des Dienstverhältnisses anzuführen (LStR Rz 1101).

277.6 Aufteilung einer Vergleichssumme

Vergleichssummen sind nur dann auf die einzelnen Komponenten (gesetzliche und freiwillige Abfertigung, Kostenersätze gemäß § 26 EStG, steuerfreie Bezüge gemäß § 3 Abs 1 EStG) aufzuteilen, wenn eindeutig erkennbar ist, in welchem Ausmaß die Vergleichssumme auf einen derartigen Betrag entfällt. **2525**

Dies wird insb dann der Fall sein, wenn Gegenstand des Verfahrens nur ein derartiger Anspruch war, oder wenn von mehreren Ansprüchen durch (Teil-)Vergleich ein solcher Anspruch verglichen wurde, während die übrigen Ansprüche strittig blieben, oder wenn in sonst erkennbarer Weise erklärt wurde, welcher von mehreren Ansprüchen mit welchem Betrag verglichen wurde. **2526**

Eine bloße Aussage in einem Vergleich, dass die Zahlung eine Abfertigung darstellt, ist dann **nicht** ausreichend, wenn sie nicht dem **wahren wirtschaftlichen Gehalt** entspricht (LStR Rz 1103). Jedoch lässt alleine die Formulierung im Vergleich, wonach mit diesem sämtliche Forderungen und Ansprüche bereinigt und verglichen seien, einen solchen Rückschluss nicht zu, wenn der Arbeitnehmer nach einvernehmlicher Beendigung des Dienstverhältnisses neben einer Reihe weiterer Ansprüche auch einen die Vergleichssumme betragsmäßig übersteigenden Abfertigungsanspruch iSd § 67 Abs 3 EStG gegen seinen ehemaligen Arbeitgeber klagsweise geltend gemacht hat (VwGH 27. 1. 2016, 2013/13/0001). **2527**

277.7 Enthaltene steuerfreie Bezüge

In einer Vergleichssumme enthaltene Kostenersätze gemäß § 26 EStG (Tagesgelder, Kilometergelder) behalten ihre Steuerfreiheit. **2528**

Steuerfreie Bezüge gemäß § 3 Abs 1 EStG bleiben dann steuerfrei, wenn sie ohne Rücksicht auf die Höhe anderer Bezugsteile und ohne Rücksicht auf die Modalitäten der Auszahlung bzw Gewährung steuerfrei sind (zB begünstigte Auslandstätigkeit). **2529**

Die Steuerfreiheit von Kostenersätzen gemäß § 26 EStG sowie die steuerfreien Ersätze gemäß § 3 Abs 1 EStG tritt jedoch nur dann ein, wenn das Gericht eine genaue Aufteilung der Bezugsarten vornimmt. **2530**

Gelangen steuerfreie Bezugsteile gemäß § 68 EStG (Zulagen und Zuschläge) zur Auszahlung, sind diese nach dem Tarif zu versteuern. **2531**

277.8 Ausnahmen von der Besteuerung als Vergleichssumme

Nicht als Vergleichssumme gelten infolge gesetzlicher Regelung (bei genauer Aufteilung der Vergleichssumme) **2532**

- ✓ gesetzliche Abfertigung (§ 67 Abs 3 EStG) oder
- ✓ freiwillige Abfertigungen (§ 67 Abs 6 EStG).

Ebenso können **2533**

- ✓ Pensionsabfindungen (§ 67 Abs 8 lit e EStG) und
- ✓ Zahlungen aufgrund eines Sozialplans (§ 67 Abs 8 lit f EStG)

nicht Gegenstand einer Vergleichszahlung sein. Sie sind entweder mit dem festen Steuersatz oder nach dem Tarif zu versteuern.

277. Vergleichssummen

DB – DZ – KommSt

2534 Vergleichssummen sind entsprechend der gesetzlichen Bestimmungen des FLAG und des KommStG beitragspflichtig.

Betriebliche Vorsorgekasse

2535 Für die Bemessungsgrundlage sind die Bestimmungen des ASVG anzuwenden. Sind Vergleichssummen beitragsfrei, ist auch kein Beitrag für die Betriebliche Vorsorgekasse zu entrichten. Besteht jedoch Beitragspflicht, besteht auch Beitragspflicht für die Betriebliche Vorsorgekasse.

Beispiel – Vergleich ohne Aufteilung durch das Gericht

Angabe
Angestellter
Entlassung 31. 3. 2023
Gehalt € 2.544,00
Kündigungsfrist laut DV 6 Monate
abzugeltender Urlaub 30 WT
kein Anspruch gegenüber einer BV-Kasse

Klage – Forderung	
Ersätze gemäß § 26 EStG	€ 158,40
Abfertigung (6 ME)	€ 17.808,00
Kündigungsentschädigung	€ 17.808,00
Ersatzleistung	€ 3.424,62
Gesamtforderung	€ 39.199,02
Vergleich – brutto	€ 20.000,00
Auszahlung Mai 2023	

Anteil der einzelnen Forderung zur Gesamtforderung in %

Ersatz § 26	0,47%
Abfertigung	45,43%
KE	45,43%
Ersatzleistung	8,74%
	100,00%

Aufteilung der Vergleichssumme

Ersatz § 26 EStG	0,40% € 20.000,00	€	80,00
Abfertigung	45,43% € 20.000,00	€	9.086,00
KE	45,43% € 20.000,00	€	9.086,00
Ersatzleistung	8,74% € 20.000,00	€	1.748,00
		€	20.000,00

Berechnung der Sozialversicherung und der Lohnsteuer
Beitragsgrundlage Sozialversicherung

Ersätze gemäß § 26 EStG	beitragsfrei
Abfertigung	beitragsfrei
KE – Anteil lfd Bezug	€ 7.788,00
KE – Anteil Sonderzahlung	€ 1.298,00
UE – Anteil lfd Bezug	€ 1.498,29

277.8 Ausnahmen von der Besteuerung als Vergleichssumme

UE – Anteil Sonderzahlung	€ 249,71	

Verlängerung der Pflichtversicherung

Bruttogehalt	€ 2.544,00	: 30 =	€ 84,80 täglich
Anteil lfd Bezug KE	€ 7.788,00		
Anteil lfd Bezug Ersatzleistung	€ 1.498,29		
	€ 9.286,29	: 84,80 =	€ 109,51
Pflichtversicherungsverlängerung in Tagen			109
		April	30
		Mai	31
		Juni	30
		Juli	18

Ermittlung Anteil Arbeitslosenversicherungsbeitrag des AN
Laufende Bezüge:

Anteil lfd Bezug KE		€ 7.788,00	
Anteil lfd Bezug UE		€ 1.498,29	
Gesamt	129 Tage	€ 9.286,29	
April – Juli	122 Tage	€ 10.350,14	(10.944,00 : 129 × 122)
Rest August	7 Tage	€ 593,86	(10.944,00 : 129 × 7)

Sonderzahlungen:
Sonderzahlungen sind dem arbeitsrechtlichen Stichtag = 31. 3. 2023 zuzurechnen.

Anteilige Sonderzahlungen 1. 1. bis 31. 3. 2023	€ 1.272,00
Anteil KE	€ 1.298,00
Anteil UE	€ 249,71
Sonderzahlungen – gesamt	€ 2.819,71

Da der Betrag von € 2.228,00 überschritten wird, kommt es zu keiner Reduktion des Arbeitslosenversicherungsbeitrags.

Abrechnung laufende Bezüge KE und UE

Anteil lfd Bezüge (April bis Juni)	€ 7.752,77	18,12%	€ 1.404,80	
Anteil lfd Bezüge (Juli)	€ 1.533,52	15,12%	€ 231,87	€ 1.636,67
Anteil Sonderzahlungen				
	€ 1.547,71	17,12%	€ 264,97	
		Sozialversicherung – gesamt		€ 1.901,64

Berechnung – Lohnsteuer

Vergleichssumme gesamt	€ 20.000,00		
abzüglich Sozialversicherung	€ 1.901,64		
Zwischensumme	€ 18.098,36		
abzüglich 1/5	€ 3.619,67		
Lohnsteuerbemessungsgrundlage	€ 14.478,69	Lohnsteuer	€ 6.033,08
		Netto	**€ 12.065,28**

277. Vergleichssummen

Vergleichszahlung – Anspruch gegenüber einer Betrieblichen Vorsorgekasse

Angabe				
Angestellter				
Entlassung	31. 3. 2023			
Gehalt	€ 2.544,00			
Kündigungsfrist laut DV	6 Monate			
abzugeltender Urlaub (UE)	30 Werktage			

Klage – Forderung	
Kündigungsentschädigung	€ 17.808,00
Ersatzleistung	€ 3.424,62
Gesamtforderung	€ 21.232,62
Vergleich – brutto	**€ 16.500,00**
davon KE	€ 13.838,71
UE	€ 2.661,29
Auszahlung Mai 2023	

€ 16.500,00

Beitragsgrundlage Sozialversicherung
KE – Anteil lfd Bezug (€ 13.838,71 – € 1.976,96)   € 11.861,75
KE – Anteil Sonderzahlung (= 1/7 von € 13.838,71) € 1.976,96
UE – Anteil lfd Bezug (€ 2.661,29 – € 380,18)   € 2.281,11
UE – Anteil Sonderzahlung (= 1/7 von € 2.661,29) €   380,18

Verlängerung der Pflichtversicherung
Bruttogehalt   € 2.544,00 : 30 =   € 84,80   täglich
Anteil lfd Bezug KE + UE   € 14.142,86 : 84,80 = € 166,78 = **166 Tage**

April	30
Mai	31
Juni	30
Juli	31
August	31
September	13

Ermittlung Anteil Arbeitslosenversicherungsbeitrag des AN
Laufende Bezüge:
Anteil lfd Bezug KE   € 11.861,75
Anteil lfd Bezug UE   € 2.281,11
(166 Tage)   € 14.142,86
(April – August =   € 13.035,28   (€ 14.142,86 : 166 × 153)   18,12% € 2.361,99
153 Tage)
(September = 13 Tage) € 1.107,57   (€ 14.142,86 : 166 × 13)   15,12% €   167,46

Sonderzahlungen:
Sonderzahlungen sind dem arbeitsrechtlichen Stichtag = 31. 3. 2023 zuzurechnen.
Anteilige Sonderzahlungen 1. 1. bis 31. 3. 2023   € 1.272,00
Anteil KE   € 1.976,96
Anteil UE   €   380,18
Sonderzahlungen – gesamt   € 3.629,14

Da der Betrag von € 2.228,00 überschritten wird, kommt es zu keiner Reduktion des Arbeitslosenversicherungsbeitrags.

Anteil Sonderzahlungen (KE 1.976,96 + UE 380,18)	€ 2.357,14	17,12%	€ 403,54	
		Sozialversicherung – gesamt		€ 2.932,99
Lohnsteuer				
Gesamtvergleich	€ 16.500,00	100%		
	€ 7.500,00	45,45%		
	€ 9.000,00	54,55%		
Aufteilung SV				
Gesamt	€ 2.932,99			
45,45%	€ 1.333,04			
54,55%	€ 1.599,95			
Berechnung Lohnsteuer				
fester Steuersatz	€ 7.500,00			
–SV (45,45%)	€ 1.333,04			
	€ 6.166,96 × 6%			€ 370,02
Tarif	(€ 16.500 – € 7.500)	€ 9.000,00		
SV – 54,55%	€ 1.599,95			
	€ 7.400,05			
– 1/5 steuerfrei	€ 1.480,01			
LSt-Bemessungsgrundlage	€ 5.920,04			€ 1.790,77
		Vergleich – Netto		**€11.776,24**
BVK-Beitrag	€ 16.500,00 × 1,53% =			€ 252,45

278. Verjährung

Das Recht, die Lohnsteuer, den Dienstgeberbeitrag zum Ausgleichsfonds für Familienbeihilfen festzusetzen, verjährt in **fünf Jahren.** Die Frist beginnt mit dem Ablauf des Jahres, in dem der Abgabenanspruch entstanden ist. Der Abgabenanspruch entsteht für Steuerabzugsbeträge im Zeitpunkt des Zufließens der steuerabzugspflichtigen Einkünfte. Da für den Dienstgeberbeitrag gemäß § 43 Abs 2 FLAG die Bestimmungen über den Steuerabzug vom Arbeitslohn sinngemäß anzuwenden sind, gilt dieser Zeitpunkt auch für den Dienstgeberbeitrag. **2536**

Das Recht, eine fällige Abgabe einzuheben und zwangsweise einzubringen, verjährt binnen fünf Jahren nach Ablauf des Kalenderjahres, in welchem die Abgabe fällig geworden ist, keinesfalls jedoch früher als das Recht zur Festsetzung der Abgabe (§ 238 BAO). **2537**

Die Verjährung fälliger Abgaben wird durch jede zur Durchsetzung des Anspruches unternommene, nach außen erkennbare Amtshandlung, wie durch Zustellung einer Mahnung, durch Vollstreckungsmaßnahmen, durch Bewilligung einer Zahlungserleichterung (Stundung, Ratenbewilligung) oder bei Selbstberechnungsabgaben (wie zB die Lohnsteuer) durch Erlassung eines Abgabenbescheids (§ 201 BAO) bzw Haftungsbescheids (§ 202 BAO) unterbrochen. **2538**

Mit Ablauf des Kalenderjahres, in welchem die Unterbrechung eingetreten ist, beginnt die Verjährungsfrist neu zu laufen (§ 238 BAO). **2539**

279. Verkehrsabsetzbetrag (§ 33 Abs 5 EStG)

2540 Ein **Verkehrsabsetzbetrag** von **jährlich € 421,-** steht allen Arbeitnehmern zu, die Einkünfte aus einem bestehenden Dienstverhältnis beziehen, und zwar auch dann, wenn sie nicht dem Lohnsteuerabzug unterliegen.

2541 Dieser Absetzbetrag deckt den normalen Aufwand für Fahrten zwischen Wohnung und Arbeitsstätte ab. Über den Normalfall hinaus sind Aufwendungen für Fahrten zwischen Wohnung und Arbeitsstätte durch § 16 Abs 1 Z 6 EStG (Pendlerpauschale) sowie § 33 Abs 5 Z 4 EStG (Pendlereuro) zu berücksichtigen.

2542 Der **erhöhte Verkehrsabsetzbetrag** beträgt **€ 726,-** und steht Pendlern mit Anspruch auf ein Pendlerpauschale zu, deren Einkommen nicht höher als € 12.835,- im Jahr ist. Bei Einkommen zwischen € 12.835,- und € 13.676,- schleift sich der erhöhte Verkehrsabsetzbetrag gleichmäßig auf den Verkehrsabsetzbetrag von € 421,- ein.

2543 Der (erhöhte) Verkehrsabsetzbetrag erhöht sich um (weitere) **€ 684,- (Zuschlag)**, wenn das Einkommen des Steuerpflichtigen € 16.832,- im Kalenderjahr nicht übersteigt. Der Zuschlag vermindert sich zwischen Einkommen von € 16.832,- und € 25.774,- gleichmäßig einschleifend auf null. Der Zuschlag zum (erhöhten) Verkehrsabsetzbetrag wird nur in der Veranlagung und nicht bereits bei der Lohnverrechnung berücksichtigt.

2544 Der (erhöhte) Verkehrsabsetzbetrag samt Zuschlag beträgt somit

Einkommen	Verkehrsabsetzbetrag	Zuschlag	Anmerkung
bis € 12.835,-	€ 726,-	€ 684,-	Erhöhter Verkehrsabsetzbetrag bei Anspruch auf ein Pendlerpauschale
€ 12.835,- – € 13.676,-	€ 726,- – € 421,-	€ 684,-	Erhöhter Verkehrsabsetzbetrag wird eingeschliffen
€ 13.676,- – € 16.832,-	€ 421,-	€ 684,-	
€ 16.832,- – € 25.774,-	€ 421,-	€ 684,- – € 0,-	Zuschlag wird eingeschliffen
ab € 25.774,-	€ 421,-	€ 0,-	

> Siehe auch „Erhöhter Verkehrsabsetzbetrag" und „Pendlerpauschale".

280. Verpflichtender gemeinsamer Lohnsteuerabzug (§ 47 Abs 4 EStG)

2545 Gemäß der V des BMF betreffend die gemeinsame Versteuerung mehrerer Pensionen ist eine gemeinsame Versteuerung (bei weiterhin getrennter Auszahlung) vorzunehmen, wenn folgende steuerpflichtige Bezüge gleichzeitig einer Person zufließen:

- ✓ Pensionen und Bezüge aus einer Unfallversorgung nach ASVG, BSVG, GSVG, B-KUVG sowie nach dem Bundesbahn-Pensionsgesetz 2000 (BB-PG),
- ✓ Bezüge und Vorteile aus einem früheren Dienstverhältnis zum Bund und
- ✓ Ruhe(Versorgungs)bezüge iSd Bezügegesetzes und des Verfassungsgerichtshofgesetzes.

2546 § 7 Abs 2 der V ist auch auf Bezüge und Vorteile aus einem früheren Dienstverhältnis zu einem Bundesland oder zur Gemeinde Wien und auf Bezüge und Vorteile aus inländischen Pensionskassen die gemeinsame Versteuerungsvorschrift anzuwenden (LStR Rz 1022).

Die gemeinsame Versteuerung hat jene bezugsauszahlende Stelle vorzunehmen, die den **höheren** steuerpflichtigen Bezug auszahlt, ausgenommen bei Zusammentreffen mit Bezügen aus einer gesetzlichen Unfallversorgung (siehe LStR Rz 39) oder mit Bezügen von einer Pensionskasse. In diesen Fällen hat die gemeinsame Versteuerung immer der Pensionsversicherungsträger bzw die pensionsauszahlende Stelle vorzunehmen. Die gemeinsame Versteuerung kann unterbleiben, wenn die laufend einzubehaltende Lohnsteuer höher ist als der Bezug, den die für die Versteuerung zuständige bezugsauszahlende Stelle auszahlt (LStR Rz 1023). 2547

Werden von einer auszahlenden Stelle im Kalenderjahr keine laufenden Bezüge, sondern lediglich nicht steuerbare Leistungen, steuerfreie Bezüge oder Bezüge, die mit einem festen Steuersatz gemäß § 67 Abs 4 oder 8 lit e EStG zu versteuern sind, ausgezahlt, hat hinsichtlich dieser Bezüge keine gemeinsame Versteuerung zu erfolgen. 2548

Bei gleichzeitigem Zufließen von steuerpflichtigen Bezügen iSd § 47 Abs 4 EStG, die nicht gemäß § 1 und § 2 der V zwingend gemeinsam zu versteuern sind, kann eine gemeinsame Versteuerung von jener bezugsauszahlenden Stelle vorgenommen werden, die den höheren steuerpflichtigen Bezug auszahlt (LStR Rz 1024). 2549

Wird eine gemeinsame Versteuerung nicht durchgeführt, sind die Bezüge gemäß § 41 Abs 1 EStG zu veranlagen (LStR Rz 1025). 2550

280.1 Freiwilliger gemeinsamer Lohnsteuerabzug (§ 47 Abs 5 EStG)

Werden Bezüge oder Vorteile aus einem früheren Dienstverhältnis neben einer Pension aus der gesetzlichen Sozialversicherung ausbezahlt, so kann der Sozialversicherungsträger eine gemeinsame Versteuerung dieser Bezüge vornehmen. In diesem Fall hat der Sozialversicherungsträger einen einheitlichen Lohnzettel auszustellen (LStR Rz 1026). 2551

281. Vertretungsärzte/Notärzte

Einkünfte als Vertretungsarzt sowohl für eine regelmäßige als auch für eine fallweise Vertretung des Ordinationsstätteninhabers oder der Gesellschafter der Gruppenpraxis ist eine freiberufliche ärztliche Tätigkeit, sofern der vertretende Arzt und der vertretene Arzt nicht überwiegend gleichzeitig in der Ordinationsstätte oder Gruppenpraxis ärztlich tätig sind. 2552

In diesen Fällen besteht keine Pflichtversicherung nach dem ASVG sondern eine Pflichtversicherung nach dem FSVG. 2553

Einkünfte aus selbständiger Arbeit iSd § 22 Z 1 lit b EStG liegen bei Einkünften aus freiberuflicher Tätigkeit vor. Dazu zählen die Tätigkeit als Vertretungsarzt gemäß § 47a Abs 4 Ärztegesetz oder eine Tätigkeit als Notarzt im landesgesetzlich geregelten Rettungsdienst iSd § 49 Abs 3 Z 26a ASVG. Diese Einkünfte begründen keine Pflichtversicherung nach dem ASVG, sondern eine Pflichtversicherung in der Unfall- und Pensionsversicherung nach dem FSVG. 2554

282. Verzugszinsen in der Sozialversicherung

2555 Erfolgt innerhalb der Zahlungsfrist kein Zahlungseingang (Verbuchung bzw Wertstellung), so müssen von den rückständigen Beiträgen Verzugszinsen in der Höhe von **4%** pa über dem am 31. 10. des Vorjahres gültigen Basiszinssatzes berechnet werden.

283. Volontäre

2556 Volontäre sind Personen, die ohne eine schulische Verpflichtung

- ✓ zum Zweck der Erweiterung von praktischen Kenntnissen und Fähigkeiten
- ✓ ohne Arbeitspflicht und ohne Entgeltanspruch

kurzfristig in einem Betrieb beschäftigt werden.

Mangels Vorliegen einer Arbeitnehmerschaft sind die arbeitsrechtlichen Bestimmungen wie etwa Urlaubsgesetz, Entgeltfortzahlungsgesetz oder Angestelltengesetz nicht anzuwenden. Der Volontär unterliegt auch keinen kollektivvertraglichen Regelungen, zB über ein Mindestentgelt oder Sonderzahlungen.

2557 Ist der Volontär ohne Arbeitsverpflichtung in einem Betrieb tätig und bezieht er auch kein Entgelt, liegt im Bereich der Sozialversicherung nur Teilversicherung im Bereich der Unfallversicherung vor. Der Volontär ist vor Arbeitsbeginn bei der zuständigen Allgemeinen Unfallversicherungsanstalt anzumelden (Abmeldung binnen sieben Tagen). Die Beitragsvorschreibung erfolgt durch den Unfallversicherungsträger auf Basis der geltenden Satzungen.

Bezahlt der Arbeitgeber dem Volontär ein Taschengeld, besteht grundsätzlich Lohnsteuerpflicht. Der Volontär gilt daher als Dienstnehmer iSd ASVG und die Meldung hat bei der zuständigen ÖGK zu erfolgen. Übersteigt das Taschengeld nicht die Geringfügigkeitsgrenze (2023: voraussichtlich € 500,91 monatlich), fällt nur der Unfallversicherungsbeitrag (eventuell Pauschale Dienstgeberabgabe) an. Übersteigt das Entgelt die Geringfügigkeitsgrenze, ist der Volontär je nach vereinbarter Tätigkeit zu melden.

2558 Für Volontäre sieht das EStG keine Begünstigung vor. Bezieht der Volontär ein Entgelt, unterliegt er grundsätzlich der Lohnsteuerpflicht. Auch für Volontäre ist ein Lohnzettel zu übermitteln.

2559 Auch im Bereich der Lohnnebenkosten sind keine Begünstigungen vorgesehen. Erhält der Volontär ein Taschengeld, unterliegt dieses im Bereich des DB, DZ und der KommSt der Beitragspflicht.

284. Vorschüsse

2560 Der Arbeitslohn ist grundsätzlich ohne Rücksicht auf die Fälligkeit im Zeitpunkt des Zufließens zu versteuern. Es ist ohne Bedeutung, ob der Arbeitslohn bereits verdient ist (Abschlagszahlung) oder ob es sich um eine Vorauszahlung auf künftigen Arbeitslohn (Vorschuss) handelt (§ 78 Abs 1 EStG).

Ein Vorschuss gilt dann als Zufluss von Arbeitslohn, wenn der Vorschuss zu den seiner Hingabe unmittelbar nachfolgenden Lohnzahlungszeitpunkten zur Gänze zurückzuzahlen ist. Ist dies nicht der Fall (der Vorschuss wird erst mit weiter in der Zukunft liegenden Lohnansprüchen verrechnet), kommt dem Vorschuss in Wahrheit der Charakter eines Darlehens zu. Die Versteuerung als Arbeitslohn erfolgt dann zu jenem Zeitpunkt, zu dem Anspruch auf den entsprechenden Teil des Arbeitslohns besteht (VwGH 20. 11. 1996, 95/15/0202). Soweit Vorschüsse nicht bereits im Zeitpunkt des Zufließens als Arbeitslohn zu erfassen sind, liegt dem Grunde nach ein Gehaltsvorschuss oder Arbeitgeberdarlehen iSd SachbezugswerteV vor.

➢ Siehe „Sachbezüge".

285. Vorübergehend beschäftigte Arbeitnehmer

Lohnsteuer

➢ Siehe „Pauschalierung von Lohnsteuer".

Sozialversicherung

Als vorübergehend fallweise beschäftigt gelten Dienstnehmer dann, wenn sie unregelmäßig tageweise beim selben Dienstgeber beschäftigt werden. Der einzelne Arbeitseinsatz muss für kürzer als eine Woche vereinbart werden. Gibt es eine im Voraus bestimmte, periodisch wiederkehrende Arbeitsleistung, so liegt kein fallweises, sondern ein durchgehendes Beschäftigungsverhältnis vor. Keinesfalls darf das Dienstverhältnis unbefristet abgeschlossen werden (zB eine Bedienerin, die pro Woche nur an einem Tag arbeitet). **2561**

Fallweise Beschäftigte unterliegen der Vollversicherung (Kranken-, Unfall- und Pensionsversicherung), wenn das gebührende Entgelt die Geringfügigkeitsgrenze von € 500,91 (voraussichtlicher Wert 2023) übersteigt. **2562**

Die allgemeinen Anmeldebestimmungen sind auch für fallweise Beschäftigte anzuwenden. **2563**

286. Werbungskosten gemäß § 16 EStG

Werbungskosten sind Aufwendungen zur Erwerbung, Sicherung und Erhaltung der Einnahmen (§ 16 Abs 1 EStG); sie sind daher immer streng von den nicht abzugsfähigen Ausgaben iSd § 20 EStG abzugrenzen (sogenannte Repräsentationsaufwendungen, Lebenshaltungskosten). **2564**

Manche Werbungskosten werden vom Arbeitgeber direkt bei der Lohnsteuerberechnung berücksichtigt (zB SV, Beiträge zu Berufsständen, Wohnbauförderung, Rückzahlung von Arbeitslohn), manche nur über Antrag beim Arbeitgeber von diesem (zB Pendlerpauschale). Die anderen Werbungskosten müssen bei der Veranlagung geltend gemacht werden, auch wenn schon ein Freibetragsbescheid ausgestellt worden ist (zB Betriebsratsumlage, Aufwendungen für Arbeitsmittel wie Werkzeug, PC oder Kfz, Familienheimfahrten, doppelte Haushaltsführung, Telefonkosten, Kosten für typische Berufskleidung, Fortbildungs-, Ausbildungs- und Umschulungskosten, Reisekosten, die nicht oder nur zum Teil vom Arbeitgeber ersetzt werden). **2565**

Für bestimmte Werbungskosten sieht der Gesetzgeber ein **Werbungskostenpauschale** in Höhe von **€ 132,– jährlich** vor, das bereits in allen Lohnsteuertabellen – mit Ausnahme der Pensionistentabelle – berücksichtigt, dh im Tarif eingebaut, ist. Daher können derartige Wer- **2566**

286. Werbungskosten gemäß § 16 EStG

bungskosten nur dann zu einem Freibetrag führen, wenn die Werbungskosten höher sind als der angeführte Pauschbetrag.

2567 **Ohne Kürzung um das Werbungskostenpauschale** sind die in § 16 Abs 3 letzter Satz EStG angeführten Beträge (wie zB Pflichtversicherungsbeiträge, Kammerumlagen, Gewerkschaftsbeiträge, Wohnbauförderung, Pendlerpauschale samt die dem Arbeitnehmer erwachsenden Kosten beim Werkverkehr, Rückzahlung von Arbeitslohn) vom Arbeitgeber direkt abzusetzen.

2568 Werbungskosten sind grundsätzlich der Höhe nach nachzuweisen, falls nicht pauschale Regelungen vorgesehen sind (zB Reisekosten gemäß § 16 Abs 1 Z 9 EStG oder Regelungen aufgrund der Verordnung zu § 17 Abs 6 EStG); nur in Fällen, in denen ein derartiger Nachweis üblicherweise nicht möglich ist, genügt eine **Glaubhaftmachung.**

2569 Aus dem Umstand, dass der Arbeitgeber Kosten nicht ersetzt, kann nicht abgeleitet werden, dass diese Kosten nicht notwendig waren und deshalb keine Werbungskosten darstellen (VwGH 22. 12. 1980, 2001/79).

2570 Werbungskosten sind grundsätzlich in dem Kalenderjahr abzusetzen, in dem sie geleistet werden. Werden Werbungskosten aus Fremdmitteln getätigt, so führt bereits die Verausgabung der Fremdmittel und nicht erst die Rückzahlung zu Werbungskosten.

286.1 Gewerkschaftsbeiträge und ähnliche Beiträge für Berufsverbände und Interessensvertretungen

2571 Gewerkschaftsbeiträge sind Werbungskosten, soweit sie von aktiven oder im Ruhestand befindlichen Arbeitnehmern in angemessener, statutenmäßig festgesetzter Höhe geleistet werden. Dies gilt auch für Beiträge an andere Berufsvertretungen und Interessensverbände iSd § 16 Abs 1 Z 3 lit b EStG (siehe EStR 2000 Rz 1415–1420). Die Behandlung von Beiträgen an andere Einrichtungen und von Beiträgen zu Vereinigungen, die der beruflichen Fortbildung des Arbeitnehmers dienen, ist nach dem allgemeinen Werbungskostenbegriff zu beurteilen (VwGH 28. 4. 1987, 86/14/0174; betreffend Beiträge eines Geografieprofessors zu einer geografischen Gesellschaft). Beiträge zu Interessensvertretungen von Pensionisten (zB Seniorenbund, Pensionistenverband) sind als Werbungskosten abzugsfähig.

2572 Werden Berufsförderungsbeiträge vom Arbeitgeber (von der pensionsauszahlenden Stelle) einbehalten und an die Interessensvertretung weitergeleitet, so hat eine Berücksichtigung bereits beim **laufenden Lohnsteuerabzug** unmittelbar durch den Arbeitgeber zu erfolgen.

2573 Werden derartige Beträge von einem aktiven Arbeitnehmer selbst bezahlt, so hat eine Berücksichtigung im Veranlagungsverfahren zu erfolgen.

2574 Bei Einkünften, die den Anspruch auf den Pensionistenabsetzbetrag begründen, kann eine Berücksichtigung der vom Pensionisten selbst bezahlten Beiträge im Rahmen der von der pensionsauszahlenden Stelle vorzunehmenden Aufrollung (§ 77 Abs 3 EStG) vorgenommen werden. Werden diese Aufwendungen bei der Aufrollung durch die pensionsauszahlende Stelle nicht berücksichtigt (zB bei verspäteter Geltendmachung), so kann die Geltendmachung auch im Rahmen eines Veranlagungsverfahrens beim FA erfolgen. Unabhängig von der Art der Berücksichtigung sind Berufsförderungsbeiträge nicht auf das Werbungskostenpauschale anzurechnen.

286.4 Fahrtkosten

> **Gewerkschaftsbeiträge (Betriebsratsumlage) als Werbungskosten**
>
> Werden vom Arbeitnehmer monatlich (direkt!) Gewerkschaftsbeiträge entrichtet und bei der Veranlagung geltend gemacht, wird dieser Betrag zur Gänze als Werbungskosten berücksichtigt, da Gewerkschaftsbeiträge nicht auf das Werbungskostenpauschale anzurechnen sind.
> Werden vom Arbeitgeber sowohl Gewerkschaftsbeiträge als auch die Betriebsratsumlage abgezogen, muss die Betriebsratsumlage als Werbungskosten bei der Veranlagung beantragt werden (und kann nur mit dem Betrag als Werbungskosten berücksichtigt werden, der über das Werbungskostenpauschale von € 132,– hinausgeht), während der Gewerkschaftsbeitrag schon vom Arbeitgeber ungekürzt gemäß § 62 Z 3 EStG direkt berücksichtigt werden kann.

286.2 Betriebsratsumlage

Die Betriebsratsumlage kann **nicht** durch den Arbeitgeber im Zug der Lohnabrechnung berücksichtigt werden und ist daher stets im Rahmen der (Arbeitnehmer-)Veranlagung geltend zu machen. Sie wird auf das Werbungskostenpauschale angerechnet. **2575**

286.3 Reisekosten (§ 16 Abs 1 Z 9 EStG)

Eine Reise iSd § 16 Abs 1 Z 9 EStG liegt vor, wenn **2576**

- ✓ sich der Steuerpflichtige zwecks Verrichtung beruflicher Obliegenheiten oder sonst aus beruflichem Anlass mindestens 25 Kilometer vom Mittelpunkt der Tätigkeit entfernt und
- ✓ eine Reisedauer von mehr als drei Stunden bei Inlandsreisen und bei Auslandsreisen vorliegt und
- ✓ kein weiterer Mittelpunkt der Tätigkeit begründet wird.

286.4 Fahrtkosten

Fahrtkosten stellen keine spezifischen Reisekosten iSd § 16 Abs 1 Z 9 EStG dar, sondern sind als Werbungskosten allgemeiner Art gemäß § 16 Abs 1 EStG zu berücksichtigen (VwGH 8. 10. 1998, 97/15/0073). Da sie aber idR in Verbindung mit Reisekosten anfallen, werden sie in diesem Zusammenhang angeführt. **2577**

Fahrtkosten stellen unabhängig davon, ob das genannte Erfordernis einer Reise erfüllt ist, im tatsächlichen Ausmaß Werbungskosten dar. Für die Berücksichtigung von Fahrtkosten als Werbungskosten ist daher weder die Zurücklegung größerer Entfernungen noch das Überschreiten einer bestimmten Dauer erforderlich. **2578**

Der Anspruch auf Fahrtkosten besteht grundsätzlich unabhängig vom Anspruch auf Tagesgelder. Daher stehen Fahrtkosten auch bei Begründung eines weiteren Mittelpunkts der Tätigkeit zu, es sei denn, es liegen Fahrten zwischen Wohnung und Arbeitsstätte vor. **2579**

Als Werbungskosten sind Fahrtkosten grundsätzlich – also auch bei Verwendung eines eigenen Kfz – in Höhe der **tatsächlichen** Aufwendungen zu berücksichtigen (vgl VwGH 8. 10. 1998, 97/15/0073). Benützt der Arbeitnehmer ein privates Kfz, steht ihm hierfür bei beruflichen Fahrten von **nicht mehr als 30.000 Kilometern** im Kalenderjahr das amtliche Kilometergeld zu. Anstelle des Kilometergelds können auch die nachgewiesenen tatsächlichen Kosten geltend gemacht werden. Bei beruflichen Fahrten von mehr als 30.000 Kilometern im Kalenderjahr stehen als Werbungskosten entweder das amtliche Kilometergeld für 30.000 Kilometer oder die tatsächlich nachgewiesenen Kosten für die gesamten beruflichen Fahrten zu. **2580**

286.5 Schäden aufgrund höherer Gewalt

2581 Zusätzlich zu den Sätzen des § 26 Z 4 lit a EStG können Schäden aufgrund höherer Gewalt (insb Reparaturaufwand nach Unfall oder Steinschlag), die sich im Rahmen der beruflichen Verwendung des Fahrzeugs ereignen, als Werbungskosten geltend gemacht werden, soweit der Schaden nicht durch eine Versicherung (Haftpflichtversicherung des Unfallgegners, eigene Kaskoversicherung) gedeckt ist. Eine berufliche Verwendung ist auch bei Unfällen im Rahmen von Familienheimfahrten (siehe LStR Rz 354 ff) gegeben sowie auf Fahrten zwischen Wohnung und Arbeitsstätte (siehe LStR Rz 373).

2582 Führt die berufliche Verwendung zu einem **Totalschaden** bzw zu einer beträchtlichen Wertminderung, so kann eine Absetzung für außergewöhnliche technische Abnutzung vorgenommen werden. Dabei ist – ausgehend von den Anschaffungs- oder Herstellungskosten – zunächst ein rechnerischer „Restwert" durch Ansatz einer gewöhnlichen Absetzung für Abnutzung bis zum Schadenseintritt zu ermitteln. In Fällen, in denen der Steuerpflichtige eine (anteilige) AfA bisher nicht in tatsächlicher Höhe geltend gemacht hat, richtet sich die Höhe der gewöhnlichen AfA zur Ermittlung des fiktiven Restbuchwerts nach der bisherigen Nutzungsdauer und der vor dem Schadenseintritt noch zu erwartenden Restnutzungsdauer. Von der Absetzung für außergewöhnliche technische Abnutzung ist kein Privatanteil auszuscheiden. Davon sind der nach dem Schadensfall verbliebene Zeitwert (Verkaufserlös des Wracks) und allfällige Versicherungsersätze in Abzug zu bringen (vgl VwGH 23. 5. 1990, 89/13/0278). Werden Aufwendungen dieser Art am Privatfahrzeug des Steuerpflichtigen durch den Arbeitgeber getragen, so liegt steuerpflichtiger Arbeitslohn vor; die Reparaturkosten zur Behebung der Schäden stellen jedoch Werbungskosten dar (VwGH 16. 3. 1989, 89/14/0056). Muss der Arbeitnehmer Reparaturaufwendungen für ein arbeitgebereigenes Fahrzeug ersetzen, so liegen gleichfalls Werbungskosten vor. In all diesen Fällen kommt ein Werbungskostenabzug aber nur dann in Betracht, wenn der berufliche Zusammenhang nicht durch auf privaten Umständen beruhenden Ursachen überlagert wird. Dies ist insb anzunehmen, wenn der Steuerpflichtige zum Unfallzeitpunkt alkoholisiert war oder Verkehrsvorschriften nicht nur leicht fahrlässig missachtet hat (VwGH 21. 10. 1999, 94/15/0193; VwGH 25. 1. 2000, 97/14/0071).

286.6 Abgrenzung zu Fahrten zwischen Wohnung und Arbeitsstätte

2583 Fahrten zwischen Wohnung und Arbeitsstätte sind gemäß § 16 Abs 1 Z 6 EStG durch den Verkehrsabsetzbetrag und ein gegebenenfalls zustehendes Pendlerpauschale sowie den Pendlereuro abgegolten. Arbeitsstätte (Dienstort) ist jener Ort, an dem der Arbeitnehmer für den Arbeitgeber regelmäßig tätig wird. Tatsächliche Fahrtkosten (zB Kilometergeld) können daher für derartige Fahrten nicht berücksichtigt werden.

2584 Verlagert sich das regelmäßige Tätigwerden zu einer neuen Arbeitsstätte (Dienstort), sind die Fahrten vom Wohnort zu dieser Arbeitsstätte (Dienstort) als Fahrten zwischen Wohnung und Arbeitsstätte gemäß § 16 Abs 1 Z 6 EStG zu berücksichtigen. Hinsichtlich Abgrenzung Fahrtkosten zu einem Einsatzort und Fahrten Wohnung – Arbeitsstätte bzw Fahrtkosten zwischen mehreren Mittelpunkten der Tätigkeit siehe „Reisekosten".

286.7 Verpflegungsmehraufwand

2585 Die Abgeltung des Verpflegungsmehraufwands setzt – abgesehen von der Abgeltung eines allfälligen Kaufkraftunterschieds bei Auslandsaufenthalten – eine Reise voraus. Wird an ei-

286.10 Nächtigungskosten als Werbungskosten

nem Einsatzort, in einem Einsatzgebiet oder bei Fahrtätigkeit ein weiterer Mittelpunkt der Tätigkeit begründet, stehen Tagesgelder nur für die jeweilige Anfangsphase (**fünf** bzw **15 Tage**) zu. Dies gilt grundsätzlich in gleicher Weise für **Inlands-** wie auch für **Auslandsreisen**. Im Fall von Werbungskosten besteht **keine** Möglichkeit, Tagesgelder für einen Zeitraum von sechs **Monaten** zu erhalten.

Die Berücksichtigung der Aufwendungen ist mit den in § 26 Z 4 EStG angeführten Sätzen begrenzt. Höhere Beträge sind auch im Fall des Nachweises tatsächlicher Kosten nicht zu berücksichtigen. Dabei steht das volle Tagesgeld für 24 Stunden zu. **2586**

Auch bei eintägigen Reisen ist laut Finanzverwaltung – trotz gegenteiliger Judikatur (siehe zB BFG 11. 7. 2016, RV/5100808/2013) – ein Verpflegungsmehraufwand gegeben und es steht daher Taggeld zu (siehe LStR Rz 311). **2587**

286.8 Mittelpunkt der Tätigkeit an einem Einsatzort

➤ Siehe dazu „Reisekosten".

286.9 Tagesgelder bei eintägigen Reisen

Der die Berücksichtigung von Verpflegungsmehraufwendungen tragende Gedanke besteht darin, dass in typisierender Betrachtungsweise dem auf Reisen befindlichen Steuerpflichtigen die Kenntnis der günstigsten Verpflegungsmöglichkeit – zum Unterschied vom sich an seiner ständigen Arbeitsstätte aufhaltenden Steuerpflichtigen – fehlt. Eine derartige Unkenntnis besteht auch bei bloß eintägigen Reisen. **2588**

Während im Rahmen des § 26 Z 4 EStG Arbeitgeberersätze auch bei einer eintägigen Dienstreise nicht steuerbar sind, würde die Verweigerung der Anerkennung von Verpflegungsmehraufwand als Werbungskosten zu einer ungerechtfertigten Schlechterstellung von Arbeitnehmern führen, denen im Fall einer eintägigen Reise Tagesgelder nicht oder nicht in voller Höhe vom Arbeitgeber ersetzt werden. **2589**

Eine Änderung der LStR ist daher derzeit nicht beabsichtigt. Tagesgelder sind daher weiterhin auch für eintägige Dienstreisen als Werbungskosten zu gewähren. **2590**

286.10 Nächtigungskosten als Werbungskosten

Voraussetzung für Werbungskosten ist das Vorliegen einer tatsächlichen Nächtigung, die mit Aufwendungen verbunden ist. Der Nächtigungsaufwand ist alternativ in Höhe der nachgewiesenen tatsächlichen Kosten oder in Höhe der in § 26 Z 4 lit c und e EStG genannten Sätze absetzbar. Bei Inlandsreisen sind ohne Nachweis der tatsächlichen Kosten € 15,–, bei Auslandsreisen der jeweilige Höchstsatz für Bundesbedienstete pro Nächtigung absetzbar. **2591**

Der zu berücksichtigende Nächtigungsaufwand umfasst sowohl die Kosten der Nächtigung selbst als auch die Kosten des Frühstücks. Die Kosten des Frühstücks können nur zusätzlich zu tatsächlich nachgewiesenen Übernachtungskosten oder bei Fehlen eines Anspruchs auf den Pauschalbetrag bei Beistellung der Unterkunft durch den Arbeitgeber, nicht aber neben dem Pauschalbetrag abgesetzt werden. **2592**

286. Werbungskosten gemäß § 16 EStG

2593 Der Pauschalbetrag kann nicht zum Ansatz kommen, wenn Aufwendungen für den Arbeitnehmer (zB durch unentgeltliche Zurverfügungstellung eines Nächtigungsquartiers durch den Arbeitgeber oder durch andere Personen) gar nicht anfallen (vgl VwGH 15. 11. 1994, 90/14/0216; VwGH 6. 2. 1990, 89/14/0031).

2594 Steht einem Arbeitnehmer für die Nächtigung eine Unterkunft zur Verfügung (zB Schlafkabine bei Lkw-Fahrern), sind nur die zusätzlichen tatsächlichen Aufwendungen (zB für ein Frühstück oder für die Benützung eines Bads auf Autobahnstationen) als Werbungskosten absetzbar. Kann die Höhe dieser tatsächlichen Aufwendungen nicht nachgewiesen werden, sind sie im Schätzungsweg bei Inlandsreisen mit **€ 4,40** bzw bei Auslandsreisen mit **€ 5,85 pro Nächtigung** anzusetzen. Übersteigen die steuerfreien Ersätze gemäß § 26 Z 4 allerdings den geschätzten Aufwand von € 4,40 bzw € 5,85 pro Nächtigung, stehen keine Werbungskosten zu.

2595 Die genannten Kosten für ein Frühstück stehen auch dann zu, wenn dem Arbeitnehmer aufgrund einer lohngestaltenden Vorschrift (zB Reisegebührenvorschrift für Bundesbedienstete) eine Tagesgebühr ausbezahlt wird, die rechnerisch auch die Kosten des Frühstücks umfasst.

> **Beispiel**
>
> Das Tagesgeld für eine Inlandsdienstreise beträgt gemäß § 13 Abs 1 RGV im Tarif I € 26,40; davon entfallen rechnerisch 15% (€ 3,96) auf das Frühstück (§ 17 Abs 3 RGV). Für die Nächtigung wird ein Zimmer unentgeltlich zur Verfügung gestellt. Die tatsächlichen Aufwendungen für das Frühstück – bzw im Schätzungsweg – € 4,40 (€ 5,85 im Ausland) können als Werbungskosten geltend gemacht werden. Die Tagesgebühr ist im Ausmaß von € 26,40 gemäß § 26 Z 4 lit b EStG nicht steuerpflichtig.

286.11 Nächtigungskosten im Zusammenhang mit einer doppelten Haushaltsführung

2596 Nächtigungskosten können auch außerhalb einer Reise nach den allgemeinen Grundsätzen Werbungskosten darstellen. Dies ist zB der Fall, wenn die Voraussetzungen einer doppelten Haushaltsführung vorliegen (siehe LStR Rz 341) oder sich der Steuerpflichtige aufgrund der Begründung eines (weiteren) Mittelpunkts der Tätigkeit nicht mehr auf Reise befindet (nach fünf bzw 15 Tagen). Die Nächtigungskosten sind in diesem Fall nur in tatsächlicher Höhe abzugsfähig, die Berücksichtigung von Pauschalsätzen kommt nicht in Betracht. Die Kosten des Frühstücks können nicht berücksichtigt werden.

286.12 Nichtselbständig tätige Tagesmütter – Werbungskosten

➤ Siehe „Tagesmütter".

286.13 Weitere Werbungskosten

Siehe LStR Rz 223 – 395.

286.14 Werbungskosten aufgrund der Verordnung zu § 17 Abs 6 EStG

Artisten (LStR Rz 398)

5% der Bemessungsgrundlage, **höchstens € 2.628,–** jährlich. **2597**

Als Artisten gelten ua Auftretende bei Zirkusveranstaltungen und auf Showbühnen. Nicht als Artisten gelten ua außerhalb von Show- und Zirkusveranstaltungen auftretende Turner, Tänzer, Amateur- und Profisportler. **2598**

Bühnenangehörige (LStR Rz 399)

Bühnenangehörige, soweit sie dem Schauspielergesetz unterliegen, andere auf Bühnen auftretende Personen, Filmschauspieler: **2599**

5% der Bemessungsgrundlage, **höchstens € 2.628,–** jährlich. **2600**

Zu dieser Berufsgruppe gehören ua Schauspieler, Humoristen, Komiker, Conférencier, Sänger, Chansonniers, Chorsänger, Statisten, Solotänzer, Mitglieder eines Balletts, Tänzer in Nachtlokalen, weiters Personen, die als Darsteller in Filmen oder Werbesendungen auftreten. **2601**

Nicht zu dieser Berufsgruppe gehören ua Theaterdirektoren, Verwaltungspersonal von Theatern, technisches Bühnenpersonal, Mitglieder des Bedienungspersonals von Kabaretts, Showbühnen und Nachtlokalen (zB Barkeeper, Bardamen), Tanzlehrer, Bedienstete von Tanzschulen, Billeteure, sonstiges Hilfspersonal, weiters Regisseure, Regieassistenten, Tonmeister, Tontechniker, Filmgeschäftsführer. **2602**

Als Bühne gilt jeder Ort, an dem vor Publikum aufgetreten wird (zB Theater, Freiluftbühne, Festzelt). **2603**

Fernsehschaffende (LStR Rz 400)

Fernsehschaffende, die regelmäßig (mehrmals im Monat) auf dem Bildschirm erscheinen: **2604**

7,5% der Bemessungsgrundlage, **höchstens € 3.942,–** jährlich.

Zu dieser Berufsgruppe gehören ua folgende Personen, wenn sie regelmäßig auf dem Bildschirm erscheinen: Kommentatoren, Moderatoren, Diskussionsleiter, Fernsehsprecher, Programmansager. **2605**

Nicht zu dieser Berufsgruppe gehören ua technisches Personal, Kameraleute, Tonmeister, Regisseure. **2606**

Schauspieler in Fernsehfilmen und Werbespots gelten als Filmschauspieler, Voraussetzung für die Gewährung des Pauschales sind durchschnittlich zwei Fernsehauftritte pro Monat, also mindestens 24 pro Kalenderjahr. Bei unterjähriger Tätigkeit ist die Zahl der erforderlichen Auftritte entsprechend zu aliquotieren. **2607**

Journalisten (LStR Rz 401)

7,5% der Bemessungsgrundlage, **höchstens € 3.942,–** jährlich. **2608**

Der Begriff des Journalisten ist gemäß dem Sprachgebrauch zu verstehen (VwGH 29. 9. 2004, 2004/13/0089 iVm VwGH 22. 4. 1992, 92/14/0002). Die Pauschalierung der Werbungskosten **2609**

286. Werbungskosten gemäß § 16 EStG

stellt auf die Besonderheit der journalistischen Tätigkeit ab und nicht auf die Art des Dienstverhältnisses zu einem bestimmten Dienstgeber.

2610 Die Tätigkeit des Journalisten ist dadurch gekennzeichnet, dass eine Person an der Berichterstattung und/oder Kommentierung von aktuellem Geschehen (Neuigkeiten, also Tagesereignissen) in Medien – und sei es auch redaktionell – mitwirkt (VwGH 22. 4. 1992, 92/14/0002). Unter Tagesgeschehen ist alles zu verstehen, was Aktualität hat, also nicht nur die jedermann interessierenden täglichen Ereignisse, sondern auch aktuelle Erscheinungen, die lediglich auf Fachinteresse stoßen und nur von Zeit zu Zeit auftreten. Die Vermittlung kann sowohl in der Verfassung von Berichten und/oder Kommentaren bestehen als auch in der Sammlung, Sichtung, Auswahl und Verbesserung derartigen Materials. Journalistisch ist deshalb nicht nur die Tätigkeit des Reporters, der an Ort und Stelle oder an der Quelle die Neuigkeiten erhebt und weiterleitet, sondern auch die Tätigkeit in der Redaktion durch den Schriftleiter (Redakteur), der ua Beiträge auswählt, bearbeitet oder auch selbst schreibt.

2611 Journalist ist der Überbegriff, der jedenfalls Reporter und Redakteure (Schriftleiter) umfasst. Als Journalist ist somit einerseits derjenige anzusehen, der für eine regelmäßig erscheinende Zeitung, Zeitschrift oder sonstige Publikation (zB Online-Ausgabe einer Zeitung) oder für einen Nachrichtendienst aktuelle Informationen des Tagesgeschehens sammelt und entsprechend verarbeitet, indem er sie in eine für die Weiterverbreitung geeignete Form bringt. Die Verordnung über die Aufstellung von Durchschnittssätzen für Werbungskosten ist aber andererseits auch für Arbeitnehmer anwendbar, die nicht bei Zeitungsunternehmen beschäftigt sind bzw die nicht dem Journalistengesetz unterliegen.

2612 Regelmäßig erscheinende Publikationen und Druckwerke (Zeitungen, Zeitschriften) sind solche, die wenigstens vier mal im Kalenderjahr wiederkehrend erscheinen (vgl § 1 Abs 1 Z 2 und 5 Mediengesetz). Nachrichtendienste müssen mindestens einmal wöchentlich erscheinen.

2613 Zu den Journalisten zählen demnach regelmäßig Chefredakteure, andere Schriftleiter, Redakteure, andere ausschließlich journalistisch tätige Mitarbeiter (zB Redakteuraspiranten), nicht hingegen auch mit kommerziellen oder verlegerischen Fragen beschäftigte Personen. Ebenso gehören zu dieser Berufsgruppe Korrespondenten ausländischer Zeitungen, Zeitschriften, Nachrichtenagenturen, Rundfunk- und Fernsehgesellschaften, die als Journalisten beim Bundespressedienst des Bundeskanzleramts akkreditiert sind.

2614 Journalisten sind auch journalistische Mitarbeiter iSd § 17 Abs 3 ORF-Gesetz, die an der journalistischen Gestaltung von Programmen im Hörfunk und Fernsehen mitwirken, insb Redakteure, Reporter, Korrespondenten und Gestalter. Ebenso gelten als Journalisten Personen, die eine gleichartige Tätigkeit bei anderen Radio- und Fernsehgesellschaften ausführen.

2615 Nicht als Journalisten gelten ua Personen, die fallweise Artikel oder Kommentare in Zeitungen veröffentlichen, sowie Pressereferenten oder Pressesprecher von Unternehmen oder anderen Institutionen, und zwar auch dann, wenn für sie ein Presseausweis ausgestellt wurde, weiters Mitarbeiter in Redaktionen, die grafische oder technische Arbeiten, Schreibarbeiten oder Kanzleiarbeiten bzw sonstige Verwaltungsarbeiten und Hilfsdienste ausführen.

Musiker (LStR Rz 402)

2616 5% der Bemessungsgrundlage, **höchstens € 2.628,–** jährlich.

2617 Als Musiker gelten ua Angehörige von Orchestern und Kapellen, weiters Dirigenten und Kapellmeister, Solisten und Barpianisten.

Nicht zu dieser Berufsgruppe gehören ua Musiklehrer, unabhängig davon, ob sie an allgemein bildenden Schulen oder an Musikschulen tätig sind oder im Rahmen eines anderen Dienstverhältnisses Musikunterricht für ein bestimmtes Instrument erteilen. Sänger gelten als Bühnenangehörige. **2618**

Forstarbeiter, Förster im Revierdienst und Berufsjäger im Revierdienst (LStR Rz 403)

Forstarbeiter ohne Motorsäge, Förster im Revierdienst und Berufsjäger im Revierdienst: **2619**

5% der Bemessungsgrundlage, **höchstens € 1.752,–** jährlich.

Forstarbeiter mit Motorsäge: **2620**

10% der Bemessungsgrundlage, **höchstens € 2.628,–** jährlich.

Als Forstarbeiter gelten Personen, die bei Schlägerungsarbeiten mitwirken, sowie Personen, die mit Aufforstungs- und Kulturpflegearbeiten unter Einsatz von Motorsensen und Kulturwerkzeugen betraut sind. **2621**

Nicht als Forstarbeiter gelten Personen, die im Rahmen von Forstbetrieben andere Tätigkeiten ausführen (zB Kraftfahrzeuglenker oder in Sägewerksbetrieben beschäftigte Arbeitnehmer oder sonstige Arbeiter land- und forstwirtschaftlicher Betriebe). **2622**

Maßgeblich für den höheren Pauschbetrag (mit Motorsäge) ist nicht der Besitz der Motorsäge, sondern die überwiegende Tätigkeit unter Verwendung der Motorsäge im Lohnzahlungszeitraum. **2623**

Zur Tätigkeit als Förster im Revierdienst und Berufsjäger im Revierdienst gehört sowohl die Tätigkeit im Außendienst als auch die für diese Tätigkeit erforderliche Innendienstarbeit. Von der Gesamtarbeitszeit muss dabei mehr als die Hälfte im Revier (Außendienst) verbracht werden. **2624**

Hausbesorger (LStR Rz 404)

15% der Bemessungsgrundlage, **höchstens € 3.504,–** jährlich. **2625**

Zu dieser Berufsgruppe gehören nur Personen, die dem Hausbesorgergesetz unterliegen und deren Dienstverhältnis vor dem 1. 7. 2000 abgeschlossen wurde (§ 31 HBG). Arbeitnehmer, welche nach dem 30. 6. 2000 ein Dienstverhältnis als Hausbesorger begründet haben, sind daher von der gegenständlichen Verordnung ausgenommen und können demnach Werbungskosten nur in tatsächlicher Höhe geltend machen. Nicht als Hausbesorger gelten Portiere, Schulwarte und andere Personen, auch wenn sie Tätigkeiten verrichten, die der eines Hausbesorgers ähnlich sind. **2626**

Heimarbeiter (LStR Rz 405)

10% der Bemessungsgrundlage, **höchstens € 2.628,–** jährlich. **2627**

Als Heimarbeiter gelten ausschließlich Personen, die dem Heimarbeitsgesetz 1960 unterliegen. Andere Personen, die eine nichtselbständige Tätigkeit von zu Hause aus durchführen, gelten nicht als Heimarbeiter (zB ein Vertreter, der von zu Hause aus tätig wird, Sekretariatsarbeit in der eigenen Wohnung). **2628**

286. Werbungskosten gemäß § 16 EStG

Vertreter (LStR Rz 406)

2629 5% der Bemessungsgrundlage, **höchstens € 2.190,–** jährlich.

2630 Der Arbeitnehmer muss ausschließlich Vertretertätigkeit ausüben. Zur Vertretertätigkeit gehört sowohl die Tätigkeit im Außendienst als auch die für konkrete Aufträge erforderliche Tätigkeit im Innendienst. Von der Gesamtarbeitszeit muss dabei mehr als die Hälfte im Außendienst verbracht werden.

2631 Vertreter sind Personen, die im Außendienst zum Zwecke der Anbahnung und des Abschlusses von Geschäften und zur Kundenbetreuung tätig sind. Wesentlich ist, dass eine Außendiensttätigkeit vorliegt, deren vorrangiges Ziel die Herbeiführung von Geschäftsabschlüssen für den Arbeitgeber ist (VwGH 27. 4. 2017, Ra 2015/15/0072). Eine andere Außendiensttätigkeit, deren vorrangiges Ziel nicht die Herbeiführung von Geschäftsabschlüssen ist, zählt nicht als Vertretertätigkeit (zB Kontrolltätigkeit oder Inkassotätigkeit).

Mitglieder einer Stadt-, Gemeinde- oder Ortsvertretung (LStR Rz 406 a)

2632 15% der Bemessungsgrundlage, **mindestens € 438,–** jährlich, **höchstens € 2.628,–** jährlich.

2633 Der Mindestbetrag kann nicht zu negativen Einkünften führen.

2634 Die Werbungskostenpauschalierung gilt nur für Mitglieder einer Stadt-, Gemeinde- oder Ortsvertretung; für andere politische Funktionäre ist sie nicht anzuwenden. Zu den Mitgliedern einer Stadt-, Gemeinde- oder Ortsvertretung zählen zB Bürgermeister, Vizebürgermeister, Stadträte, geschäftsführende Gemeinderäte, Gemeindevertreter, Bezirks- und Ortsvertreter, Bezirksvorsteher sowie deren Vertreter.

> **Gemeindevertreter**
>
> a) Bezieht ein Gemeindevertreter (Reise-)Kostenersätze und Entschädigungen von insgesamt € 650,– jährlich, so stehen ihm pauschale Werbungskosten in Höhe von € 438,– zu.
> b) Bezieht ein Gemeindevertreter (Reise-)Kostenersätze und Entschädigungen von zwölfmal € 400,–, insgesamt € 4.800,– jährlich, so stehen ihm pauschale Werbungskosten in Höhe von € 720,– (15% von € 4.800,–) zu.
> c) Bezieht ein Bürgermeister einen Bezug von 14-mal € 2.550,–, stehen ihm pauschale Werbungskosten in Höhe von € 2.628,– zu (15% von der Bemessungsgrundlage von zwölfmal € 2.550,– = € 30.600,–; das wären € 4.590,–; höchstens wird aber nur ein Betrag von € 2.628,– angesetzt).

Expatriates (LStR Rz 406 b)

2635 20% der Bemessungsgrundlage, höchstens € 10.000,– jährlich.

2636 Expatriates sind Arbeitnehmer,

- ✓ die im Auftrag eines ausländischen Arbeitgebers in Österreich im Rahmen eines Dienstverhältnisses zu einem österreichischen Arbeitgeber (Konzerngesellschaft oder inländische Betriebsstätte iSd § 81 EStG) für **höchstens fünf Jahre** beschäftigt werden,
- ✓ die während der **letzten zehn Jahre** keinen Wohnsitz im Inland hatten,
- ✓ die ihren bisherigen Wohnsitz im Ausland beibehalten und
- ✓ für deren Einkünfte Österreich das Besteuerungsrecht zukommt.

2637 Die Beschäftigung in Österreich darf nicht **länger als fünf Jahre** dauern.

286.14 Werbungskosten aufgrund der Verordnung zu § 17 Abs 6 EStG

Ist von vornherein eine längere Beschäftigungsdauer vorgesehen, liegt keine vorübergehende Beschäftigung in diesem Sinne vor. Eine längere Beschäftigungsdauer ist auch dann anzunehmen, wenn dem Beschäftigten im Falle eines befristeten Dienstverhältnisses die Möglichkeit eingeräumt wird, das Beschäftigungsverhältnis über fünf Jahre hinaus zu verlängern. Wird die Option auf Vertragsverlängerung nicht in Anspruch genommen, liegt ein rückwirkendes Ereignis iSd § 295a BAO vor, das zu einer Bescheidänderung zu Gunsten des Arbeitnehmers im Rahmen der Veranlagung führen kann. **2638**

§ 26 Z 4 EStG-Zuwendungen (zB vom Dienstgeber bezahlte Tages- und Nächtigungsgelder, ausbezahltes Kilometergeld) kürzen den Pauschbetrag nicht. **2639**

Umfang der Tätigkeit (LStR Rz 407)

Die angeführten Pauschbeträge können nur von Arbeitnehmern in Anspruch genommen werden, deren Tätigkeit im Rahmen eines Dienstverhältnisses ausschließlich einer oder mehrerer der angeführten Berufsgruppen entspricht. Umfasst das Dienstverhältnis auch andere, nicht in der Verordnung über die Aufstellung von Durchschnittssätzen für Werbungskostenangeführte Tätigkeiten, steht der Pauschbetrag nicht zu, eine Aliquotierung des Pauschbetrags bei nicht ausschließlicher Tätigkeit ist nicht möglich. **2640**

Mehrere Tätigkeiten

Werden im Rahmen eines Dienstverhältnisses zwei Tätigkeiten ausgeübt, die beide bei ausschließlicher Ausübung die Zuerkennung eines Pauschbetrags vermitteln, dann ist im Fall eines unterschiedlich hohen Pauschales auf das Überwiegen abzustellen. **2641**

> **Beispiel – Mehrere Tätigkeiten**
>
> Eine Fernsehsprecherin wird im Rahmen eines einheitlichen Dienstverhältnisses auch als Darstellerin in Fernsehfilmen tätig. Die Tätigkeit als Fernsehsprecherin überwiegt. Es steht der höhere Pauschbetrag von 7,5% der Bemessungsgrundlage (höchstens € 3.942,- jährlich) zu.

Unterschiedliche Tätigkeiten

Werden zwei unterschiedliche Tätigkeiten, für die Pauschbeträge grundsätzlich vorgesehen sind, im Rahmen verschiedener Dienstverhältnisse ausgeübt, dann ist der Pauschbetrag jeweils von den maßgeblichen Bezügen der anspruchsvermittelnden Tätigkeiten zu berechnen. Ebenso können beide Höchstbeträge ausgeschöpft werden. **2642**

> **Unterschiedliche Tätigkeiten**
>
> Ein nichtselbständiger Hausbesorger ist nebenberuflich nichtselbständig im Rahmen einer Musikkapelle tätig. Es steht der Pauschbetrag für nichtselbständige Musiker hinsichtlich der Tätigkeit als Musiker bis zum Höchstbetrag von € 2.628,- jährlich, hinsichtlich der Tätigkeit als Hausbesorger steht der entsprechende Pauschbetrag bis zum Höchstbetrag von € 3.504,- jährlich zu.

286. Werbungskosten gemäß § 16 EStG

Höchstbeträge

2643 Die angeführten Pauschbeträge sind Jahresbeträge; der zu berücksichtigende Werbungskostenpauschbetrag ergibt sich bei ganzjähriger Tätigkeit daher nur aufgrund des Jahreseinkommens und nicht als Summe von monatlichen Höchstbeträgen. Bei nicht ganzjähriger Tätigkeit ist der Werbungskostenpauschbetrag durch Anwendung des vorgesehenen Prozentsatzes auf das im unterjährigen Tätigkeitszeitraum bezogene Einkommen zu ermitteln, der Jahreshöchstbetrag ist entsprechend der Dauer der Tätigkeit zu aliquotieren. Unvollständige Monate zu Beginn oder bei Beendigung des Dienstverhältnisses werden dabei als volle Monate gerechnet. Der **Erholungsurlaub unterbricht** die Tätigkeit **nicht.** Karenzurlaub, Krankenstand, Waffenübungen beim Bundesheer, Sonderurlaube, Dienstzuteilungen, Dienstfreistellungen und alle anderen zusammenhängenden Unterbrechungen von mehr als einem Monat kürzen den Tätigkeitszeitraum um die vollen Monate der Unterbrechung. Mehrere nicht zusammenhängende Unterbrechungen sind nicht zu addieren.

2644 Die Prozentsätze und der Höchstbetrag sind nicht auf die monatlich zugeflossenen Einnahmen (Bemessungsgrundlage), sondern auf die während des Zeitraums der Berufsausübung angefallenen Einnahmen anzuwenden. Unterschiedlich hohe Monatsbezüge werden dadurch automatisch ausgeglichen.

> **Berechnung**
>
> Die Tätigkeit als Forstarbeiter mit Motorsäge wird im ersten Quartal eines Kalenderjahrs ausgeübt. Die Einkünfte betragen im Jänner € 700,–, im Februar € 1.400,– und im März € 3.500,–. Bei monatlicher Berechnung würden sich Pauschbeträge von € 428,– ergeben, tatsächlich beträgt der Pauschbetrag € 560,–, der mögliche Höchstbetrag von € 657,– (für drei Monate) wird im Tätigkeitszeitraum hingegen nicht erreicht.

Anrechnung des allgemeinen Werbungskostenpauschbetrags gemäß § 16 Abs 3 EStG

2645 Auf den Pauschbetrag gemäß § 17 Abs 6 EStG wird im Rahmen des Freibetrags- und Veranlagungsverfahrens automatisch der allgemeine Werbungskostenpauschbetrag gemäß § 16 Abs 3 EStG angerechnet. Bei mehreren Pauschbeträgen gemäß § 17 Abs 6 erfolgt die Kürzung nur einmal. Der Pauschbetrag für Expatriates kann anstelle des Werbungskostenpauschalbetrags gemäß § 16 Abs 3 EStG entweder vom Arbeitgeber gemäß § 62 EStG bei der Lohnverrechnung berücksichtigt oder in der (Arbeitnehmer-)Veranlagung beantragt werden.

Bemessungsgrundlage und Berücksichtigung im Veranlagungsverfahren

2646 Bemessungsgrundlage für die Ermittlung der Pauschalbeträge sind die Bruttobezüge abzüglich der steuerfreien Bezüge und abzüglich der sonstigen Bezüge, soweit diese nicht wie ein laufender Bezug nach dem Lohnsteuertarif zu versteuern sind (Bruttobezüge gemäß Kennzahl 210 abzüglich der Bezüge gemäß der Kennzahlen 215 und 220 des amtlichen Lohnzettelvordrucks L 16). Bei nicht ganzjähriger Tätigkeit sind die sich aus § 1 ergebenden Beträge anteilig zu berücksichtigen; hierbei gelten angefangene Monate als volle Monate. Die Berücksichtigung der Pauschalbeträge erfolgt im Veranlagungsverfahren bzw im Weg eines Freibetragsbescheids gemäß § 63 EStG. Ausgenommen davon ist der Pauschalbetrag der Expatriates. Dieser kann auch im Wege der Lohnverrechnung berücksichtigt werden.

286.14 Werbungskosten aufgrund der Verordnung zu § 17 Abs 6 EStG

Die Berücksichtigung erfolgt auf Antrag des Abgabepflichtigen. Der sich ergebende Pauschalbetrag wird zusammen mit allfälligen anderen Werbungskosten aus anderen Dienstverhältnissen sowie allfälligen Sonderausgaben und außergewöhnlichen Belastungen im Freibetragsbescheid, der aufgrund eines Einkommensteuerbescheids ergeht, ausgewiesen und gemäß § 63 Abs 3 EStG in den Freibetrag auf der Mitteilung zur Vorlage beim Arbeitgeber mit einbezogen. **2647**

Ein gesonderter Ausweis des Pauschalbetrags erfolgt nicht. Der Arbeitgeber hat daher – wie in allen anderen Fällen – lediglich einen Freibetrag aufgrund der vorgelegten Mitteilung für den Arbeitgeber zu berücksichtigen. **2648**

Zur Geltendmachung eines Pauschbetrags ist vom Arbeitnehmer eine Bestätigung des Arbeitgebers der Steuererklärung beizulegen. Eine Durchschrift dieser Bestätigung ist zum Lohnkonto zu nehmen. **2649**

Aus der Bestätigung muss hervorgehen: **2650**
- ✓ die ausgeübte Tätigkeit (Berufsgruppe),
- ✓ der Umstand, dass die Tätigkeit ausschließlich ausgeübt wird,
- ✓ der Zeitraum der Tätigkeit und allfällige Unterbrechungen,
- ✓ bei Fernsehschaffenden die Anzahl der Auftritte,
- ✓ Kostenersätze

Pauschbeträge und Betriebsausgaben

Wird eine Tätigkeit teils nichtselbständig, teils selbständig ausgeübt und werden bei der selbständig ausgeübten Tätigkeit Betriebsausgaben geltend gemacht, können Pauschbeträge iS dieser Verordnung nicht in Anspruch genommen werden. **2651**

Kostenersätze

Vom Arbeitgeber gezahlte Tages- und Nächtigungsgelder sowie Kilometergelder gemäß 26 Z 4 oder § 3 Abs 1 Z 16 b EStG, kürzen den Pauschbetrag, ausgenommen bei Expatriates (siehe LStR Rz 406 b). Dies gilt weiters bei Kostenersätzen für Arbeitskleidung (§ 26 Z 1 EStG) und für Fortbildungskosten (§ 26 Z 3 EStG). Das vom Arbeitgeber gewährte Homeoffice-Pauschale gemäß § 26 Z 9 EStG kürzt nicht den Pauschbetrag. **2652**

Nicht als Kostenersätze zählen Betriebsmittel oder sonstige Leistungen (zB Werkverkehr), die der Arbeitgeber dem Arbeitnehmer im ausschließlichen Interesse des Arbeitgebers zur Verfügung stellt. **2653**

Nicht als Kostenersätze iS der Verordnung gelten daher insb: **2654**
- ✓ die Zurverfügungstellung eines Dienstkraftwagens für berufliche Fahrten,
- ✓ die Bereitstellung von sonstigen Transportmitteln und Transportmöglichkeiten bei Dienstreisen,
- ✓ die Bereitstellung von Schlafmöglichkeiten oder Unterkunft bei Dienstreisen,
- ✓ durchlaufende Gelder (§ 26 Z 2 EStG).

Zusätzlich zum Pauschbetrag können grundsätzlich keine anderen (auch keine außerordentlichen) Werbungskosten aus dieser Tätigkeit (zB Fortbildungskosten) geltend gemacht werden. Es bleibt dem Steuerpflichtigen aber stets unbenommen, seine gesamten tatsächlichen Kosten geltend zu machen. **2655**

287. Werkverkehr

2656 Jene Werbungskosten, die auf das allgemeine Werbungskostenpauschale nicht anzurechnen sind (wie etwa Beiträge zur gesetzlichen Sozialversicherung, das Homeoffice-Pauschale und das Pendlerpauschale), können neben dem Werbungskostenpauschale geltend gemacht werden. Weiters können Werbungskosten, die von der Pauschalierung nicht erfasst sind, weil sie in keinem unmittelbaren wirtschaftlichen Zusammenhang mit der Tätigkeit stehen, zusätzlich zum Pauschbetrag berücksichtigt werden.

> **Beispiel**
>
> Ein Versicherungsvertreter besucht eine technisch orientierte Fachhochschule. Das dort erlernte Wissen kann für den ausgeübten Beruf als Vertreter nicht genutzt werden. Diese auf die Ausübung eines neuen Berufsbilds abzielende umfassende Umschulungsmaßnahme ist neben dem Vertreterpauschale als Werbungskosten zu berücksichtigen.

287. Werkverkehr (§ 26 Z 5 lit a EStG)

2657 Werkverkehr liegt vor, wenn der Arbeitgeber seine Arbeitnehmer zwischen Wohnung und Arbeitsstätte mit Fahrzeugen in der Art eines Massenbeförderungsmittels befördert oder befördern lässt.

Werkverkehr ist dann anzunehmen, wenn die Beförderung der Arbeitnehmer mit größeren Bussen, mit arbeitgebereigenen oder angemieteten Kleinbussen oder mit anderen Fahrzeugen nach Art eines Linienverkehrs, die im Unternehmen des Arbeitgebers zur Beförderung eingesetzt werden, erfolgt.

➤ Siehe auch „Öffi-Ticket".

287.1 Werkverkehr – Spezialfahrzeuge

2658 Werkverkehr ist auch dann anzunehmen, wenn es sich um Spezialfahrzeuge handelt, die aufgrund ihrer Ausstattung eine andere private Nutzung praktisch ausschließen, wie Einsatzfahrzeuge, Pannenfahrzeuge. Der Umstand, dass ein Klein-Lkw durch den Arbeitgeber eingesetzt wird, führt nicht zu einem Werkverkehr.

2659 Bei Berufschauffeuren ist Werkverkehr dann anzunehmen, wenn das verwendete Fahrzeug (Pkw, Kombi) nach Dienstverrichtung mit nach Hause genommen wird, aber für Privatfahrten nicht verwendet werden darf.

2660 Werkverkehr nach Art eines Linienverkehrs ist anzunehmen, wenn der Arbeitgeber seine Arbeitnehmer mit arbeitgebereigenen Fahrzeugen (auch Pkw, Kombi) oder durch angemietete Fahrzeuge (einschließlich Taxi) nach Art eines Linienverkehrs befördern lässt. Voraussetzung ist, dass eine Mehrzahl von Arbeitnehmern gemeinsam und regelmäßig befördert wird. Die Beförderungskapazität eines eingesetzten Pkw oder Kombi muss idR zu 80% ausgeschöpft sein (bei fünfsitzigem Pkw müssen somit zumindest Fahrer und drei Beifahrer das Kfz benützen). Bei Zutreffen dieser Voraussetzungen ist ein Werkverkehr bei Arbeitnehmern anzunehmen, die über Auftrag des Arbeitgebers von einem Arbeitnehmer mit dem Arbeitgeberfahrzeug mitgenommen werden.

287.2 Steuerliche Behandlung des Werkverkehrs

Der Vorteil des Arbeitnehmers aus der Beförderung im Werkverkehr stellt keinen steuerpflichtigen Sachbezug dar (LStR Rz 747). **2661**

Nutzt der Arbeitnehmer an der Mehrzahl der Arbeitstage im Lohnzahlungszeitraum die Beförderung im Werkverkehr und muss er trotz des bestehenden Werkverkehrs eine bestimmte Wegstrecke zwischen Wohnung und Einstiegsstelle zurücklegen, steht ihm für diese Teilstrecke das Pendlerpauschale zu. **2662**

Muss der Arbeitnehmer für den Werkverkehr bezahlen, sind diese Kosten als Werbungskosten abzugsfähig, allerdings nur bis zur maximalen Höhe des in seinem konkreten Fall in Frage kommenden Pendlerpauschales der gesamten Strecke von der Wohnung zur Arbeitsstätte. Für jenen Teil der Fahrtstrecke, für den ein Werkverkehr (wenn auch mit einem Kostenbeitrag des Arbeitnehmers) zur Verfügung steht, steht kein Pendlereuro zu. **2663**

> **Beispiel – Kostenbeitrag Werkverkehr**
>
> Ein Arbeitnehmer wird auf der gesamten Strecke Wohnung – Arbeitsstätte im Werkverkehr befördert. Er leistet einen Kostenbeitrag für den Werkverkehr in Höhe von € 40,– monatlich. Das für die Entfernung Wohnung – Arbeitsstätte zustehende Pendlerpauschale beträgt € 58,–. Der Arbeitgeber kann im Zuge der Lohnabrechnung die € 40,– als „fiktives Pendlerpauschale" berücksichtigen. Ein Pendlereuro steht jedoch nicht zu.
> **Variante:** Er leistet einen Kostenbeitrag für den Werkverkehr in Höhe von € 60,– monatlich. Das für die Entfernung Wohnung – Arbeitsstätte zustehende Pendlerpauschale beträgt € 58,–. Der Arbeitgeber kann im Zuge der Lohnabrechnung maximal den Betrag von € 58,– als „fiktives Pendlerpauschale" berücksichtigen. Ein Pendlereuro steht jedoch nicht zu.

Wenn auf einer Wegstrecke kein Massenbeförderungsmittel verkehrt, aber ein Werkverkehr eingerichtet ist, den der Arbeitnehmer trotz Zumutbarkeit der Benützung nicht in Anspruch nimmt, so steht für die Wegstrecke, auf der Werkverkehr eingerichtet ist, ebenfalls das Pendlerpauschale zu (UFS Wien 9. 7. 2013, RV/3202-W/11; VwGH 27. 7. 2016, 2013/13/0088). **2664**

Muss ein Arbeitnehmer trotz eingerichteten Werkverkehrs bestimmte Wegstrecken zwischen Wohnung und Einstiegstelle des Werkverkehrs zurücklegen, so ist die Wegstrecke zwischen Wohnung und Einstiegstelle so zu behandeln wie die Wegstrecke zwischen Wohnung und Arbeitsstätte. Die Einstiegstelle des Werkverkehrs wird somit für Belange des Pendlerpauschales mit der Arbeitsstätte gleichgesetzt. Die Höhe des Pendlerpauschales für diese Teilstrecke ist jedoch mit dem fiktiven Pendlerpauschale für die Gesamtstrecke (inkl Werkverkehr) begrenzt. **2665**

➢ Siehe auch „Pendlerpauschale".

Wird ein Arbeitnehmer im Rahmen eines Werkverkehrs befördert, ist die Anzahl der Monate am Lohnzettel zu vermerken. **2666**

288. Werkzeuggeld

Unter Werkzeuggeldern sind Vergütungen zu verstehen, die der Arbeitnehmer vom Arbeitgeber zwecks Anschaffung, Instandhaltung und Betrieb von für seine Tätigkeit erforderlichen Arbeitsgeräten erhält. **2667**

2668 Im Bereich der Sozialversicherung ist das Werkzeuggeld beitragspflichtig.

2669 Das EStG sieht für derartige Leistungen des Arbeitgebers keine Begünstigung vor. Das Werkzeuggeld ist daher zur Gänze steuerpflichtig.

Der Arbeitnehmer hat jedoch die Möglichkeit, im Rahmen der Arbeitnehmerveranlagung Arbeitsmittel als Werbungskosten geltend zu machen.

2670 Im Bereich des DB, DZ und der KommSt gibt es ebenfalls keine Begünstigung. Das Werkzeuggeld ist daher den Bemessungsgrundlagen hinzuzurechnen.

289. Widerrechtlich beschaffte Bezüge

2671 Vorteile aus dem Dienstverhältnis liegen auch vor, wenn sich der Arbeitnehmer diese Vorteile ohne Willensübereinstimmung mit dem Arbeitgeber aneignet. Derartige Vorteile unterliegen nicht dem Steuerabzug vom Arbeitslohn, sondern sind im Wege der Veranlagung zu erfassen (VwGH 15. 11. 1995, 92/13/0274; VwGH 25. 2. 1997, 95/14/0112; VwGH 28. 5. 1998, 96/15/0114, VwGH 26. 11. 2002, 99/15/0154).

2672 Diese Bezüge sind nicht in die Beitragsgrundlage zum Ausgleichsfonds für Familienbeihilfen und zur KommSt einzubeziehen (VwGH 18. 3. 1959, 1857/57).

290. Wiedereingliederungsteilzeitgesetz

2673 Um eine bessere Wiedereingliederung von Menschen, die für längere Zeit physisch oder psychisch erkrankt sind, zu fördern, besteht ein arbeits- und sozialversicherungsrechtliches Modell, das es betroffenen Arbeitnehmern ermöglicht, schrittweise in den Arbeitsprozess zurückzukehren.

Nach **mindestens sechswöchigem ununterbrochenem Krankenstand** besteht die Möglichkeit der Vereinbarung einer Wiedereingliederungsteilzeit zwischen Arbeitgeber und Arbeitnehmer für die Dauer von bis zu **sechs Monaten**.

290.1 Voraussetzungen

2674 Das Arbeitsverhältnis muss vor der Vereinbarung **mindestens drei Monate** bestanden haben. Allfällige Karenzzeiten sowie alle Zeiten des Krankenstands sind auf die Mindestbeschäftigungszeit anzurechnen.

2675 Der Arbeitnehmer muss im Rahmen der Wiedereingliederungsteilzeit als absolut arbeitsfähig eingestuft sein und die Wiedereingliederungsteilzeit muss spätestens einen Monat nach Ende der Arbeitsunfähigkeit angetreten werden.

2676 Die Wiedereingliederungsteilzeit muss schriftlich zwischen Arbeitgeber und Arbeitnehmer vereinbart werden. Weiters muss ein Wiedereingliederungsplan gemäß § 1 Abs 2 Arbeit- und-Gesundheit-Gesetz (AGG) vorliegen. In Betrieben mit Betriebsrat muss dieser den Verhandlungen beigezogen werden.

2677 Der Verlauf der jeweils monatlich festgelegten Arbeitszeit muss innerhalb des Wiedereingliederungszeitraums ansteigen oder gleichbleiben.

290.2 Rahmen der Arbeitszeitreduktion

Die geleistete Arbeitszeit muss – bezogen auf die Gesamtdauer der Wiedereingliederungsteilzeit – 50% – 75% des bisherigen Umfangs betragen. Es ist daher möglich, die Wiedereingliederungsteilzeit zunächst im Ausmaß von weniger als 50% zu beginnen, wenn die Arbeitszeitreduktion während der gesamten Wiedereingliederungsteilzeit im Durchschnitt zwischen 50% und 75% beträgt. **2678**

Während der Wiedereingliederungsteilzeit darf die vereinbarte wöchentliche Normalarbeitszeit zwölf Stunden nicht unterschreiten und muss das dem Arbeitnehmer im Kalendermonat gebührende Entgelt über der Geringfügigkeitsgrenze liegen. **2679**

In der Vereinbarung kann die wöchentliche Normalarbeitszeit für bestimmte Monate auch von der Bandbreite abweichen. Bei der Festlegung dieser abweichenden Verteilung darf das Stundenausmaß 30% der ursprünglichen wöchentlichen Normalarbeitszeit nicht unterschreiten. **2680**

Im Rahmen der Wiedereingliederungsteilzeit darf seitens des Arbeitgebers keine Mehrarbeit und auch keine Änderung der Lage der Arbeitszeit angeordnet werden. Die freiwillige Leistung von Mehrarbeit ist jedoch zulässig. **2681**

Nach Antritt der Wiedereingliederungsteilzeit darf die Vereinbarung zwei Mal im Einvernehmen zwischen Arbeitgeber und Arbeitnehmer hinsichtlich der Dauer und des zulässigen Stundenausmaßes geändert werden. Änderungen sind ebenfalls schriftlich zu vereinbaren. **2682**

Sowohl bei der Äußerung der Absicht oder tatsächlichen Inanspruchnahme der Wiedereingliederungsteilzeit als auch bei Ablehnung der Maßnahmen soll ein Motivkündigungsschutz gewährt werden. **2683**

290.3 **Wiedereingliederungsgeld**

Voraussetzung für den Anspruch auf Wiedereingliederungsgeld ist die Genehmigung der Geldleistung durch den chef- und kontrollärztlichen Dienst. **2684**

Das Wiedereingliederungsgeld gebührt im Ausmaß des erhöhten Krankengeldes und ist entsprechend der vereinbarten wöchentlichen Normalarbeitszeit zu aliquotieren. **2685**

> **Beispiel**
>
> Ist eine wöchentliche Normalarbeitszeit von 50% vereinbart, gebühren 50% des errechneten Wiedereingliederungsgeldes; bei einer wöchentlichen Normalarbeitszeit von 75% gebühren 25% des errechneten Wiedereingliederungsgeldes.

Jene Zeiten, in denen der Arbeitnehmer nur noch Anspruch auf die Hälfte oder weniger als die Hälfte seines Entgeltes hat und somit ein höheres Wiedereingliederungsgeld zu bezahlen ist, sind auf die Höchstdauer des Krankengeldanspruches anzurechnen. **2686**

Nach Ende der Wiedereingliederungsteilzeit kann ein neuerlicher Anspruch auf Wiedereingliederungsgeld erst nach Ablauf von 18 Monaten entstehen. **2687**

Das **Wiedereingliederungsgeld** gemäß § 143d ASVG stellt Einkünfte aus nichtselbständiger Arbeit dar. Bei Auszahlung von Bezügen aus einer gesetzlichen KV oder UV sowie aus einer KV oder UV der Versorgungs- und Unterstützungseinrichtungen der Kammern der selbständig Erwerbstätigen gemäß § 25 Abs 1 Z 1 lit c und e EStG, bei Auszahlung von Rehabilitationsgeld gemäß § 143a ASVG und **bei Auszahlung von Wiedereingliederungsgeld gemäß § 143d ASVG** ist eine vorläufige Besteuerung durch die Versicherungsträger in Form eines festen Steuersatzes in Höhe von 20% vorgesehen (nicht davon betroffen sind beschränkt Steuerpflichtige und Fälle der gemeinsamen Versteuerung – siehe LStR Rz 1022, 1023 und 1179). Dieser Steuersatz ist auf das jeweilige steuerpflichtige Tagesgeld, gekürzt um den Freibetrag von € 30,– täglich, anzuwenden. Bei einem monatlichen Lohnzahlungszeitraum beträgt die Kürzung € 900,–. Wird ein 13. bzw 14. Bezug zusätzlich ausgezahlt, hat von diesen Bezügen ein vorläufiger Lohnsteuerabzug zu unterbleiben.

291. Wiener Dienstgeberabgabe

2688 Für bestehende Dienstverhältnisse in Wien hat der Dienstgeber eine Abgabe zu entrichten. Ein Dienstverhältnis besteht dann in Wien, wenn der Beschäftigungsort des Dienstnehmers in Wien liegt.

2689 Wird die Beschäftigung abwechselnd an verschiedenen Orten ausgeübt, aber von einer festen Arbeitsstätte aus, so gilt diese feste Arbeitsstätte als Beschäftigungsort.

2690 Wird eine Beschäftigung ohne feste Arbeitsstätte ausgeübt, gilt der Wohnsitz des Dienstnehmers als Beschäftigungsort.

> **Beispiel – Beschäftigung ohne feste Arbeitsstätte**
>
> Ein deutsches Unternehmen **ohne** Betriebsstätte in Österreich beschäftigt einen in Wien wohnhaften Arbeitnehmer. Dieses Beschäftigungsverhältnis unterliegt der Wiener Dienstgeberabgabe.

2691 Als feste Arbeitsstätten sind insb anzusehen
- die Stätte, an der sich die Geschäftsleitung befindet
- Zweigniederlassungen, Fabrikationsstätten, Warenlager, Ein- und Verkaufsstellen, Landungsbrücken (Anlegestellen von Schifffahrtsgesellschaften), Kontore und sonstige Geschäftseinrichtungen, die dem Unternehmer (Mitunternehmer) oder seinem ständigen Vertreter (zB Prokurist) zur Ausübung der Tätigkeit dienen
- Bauausführungen, deren Dauer sechs Monate überstiegen hat oder voraussichtlich übersteigen wird.

2692 Abgabepflichtig ist jeder Dienstgeber (physische oder juristische Person), der mindestens einen Arbeitnehmer beschäftigt.

2693 Von der Abgabe sind befreit:
- Gebietskörperschaften mit Ausnahme der von ihnen verwalteten Betriebe, Unternehmungen, Anstalten, Stiftungen und Fonds
- Dienstverhältnisse, bei denen die Dienstnehmer das 55. Lebensjahr überschritten haben
- Dienstverhältnisse iS des Behindertengesetzes, Opferfürsorgegesetzes und Behinderteneinstellungsgesetzes
- Lehrverhältnisse iS des Berufsausbildungsgesetzes
- Dienstverhältnisse, bei denen die vom Dienstnehmer zu leistende Arbeitszeit wöchentlich das Ausmaß von zehn Stunden nicht übersteigt
- Dienstverhältnisse mit Hausbesorgern
- Präsenzdiener, Zivildiener, Ausbildungsdienst der Frauen

✓ Arbeitnehmerinnen nach dem Mutterschutzgesetz, während des Beschäftigungsverbotes vor und nach der Geburt und während der Karenz nach dem Mutterschutzgesetz.

Die Abgabe beträgt für jeden Dienstnehmer und für jede angefangene Woche eines bestehenden Dienstverhältnisses € 2,–. **2694**

Die Abrechnung der Dienstgeberabgabe hat für Arbeiter und Angestellte in vier- und fünfwöchentlichen Beitragszeiträumen zu erfolgen. Der Abrechnungszeitraum beginnt mit der Kalenderwoche, in die der Monatserste fällt und die darauffolgenden vollen Kalenderwochen des Kalendermonats. **2695**

Abrechnung Juni 2023

Der Abrechnungszeitraum beginnt mit der 22. Lohnwoche und endet mit der 25. Lohnwoche (29. 5. 2023 bis 25. 6. 2023) – somit ein vierwöchiger Abrechnungszeitraum.

Eine bereits geleistete Abgabe wird über Antrag des Abgabenpflichtigen rückerstattet, wenn die Entgelte (Löhne, Gehälter) des Vorjahres monatlich € 218,02 nicht erreicht haben und das steuerliche Einkommen des Dienstgebers im gleichen Zeitraum € 2.180,19 nicht überstiegen hat. Der Betrag erhöht sich um 20% für den Ehegatten und für jede Person, zu deren Unterhalt der Abgabenpflichtige gesetzlich verpflichtet ist, um weitere 10%. Der Antrag ist bis zum Ende des folgenden Kalenderjahres einzubringen. Bei bis zu drei Arbeitnehmern kann die Abgabe vierteljährlich entrichtet werden. Die Abgabe ist am 15. des Folgemonates fällig. **2696**

Bis zum 31. 3. des Folgejahres hat der Abgabenpflichtige die Abgabenschuld des Vorjahres beim Magistrat schriftlich zu erklären. In der Erklärung sind auch jene Dienstverhältnisse anzugeben, für die eine Abgabe nicht zu entrichten war (Befreiungen). **2697**

Um eine Pauschalierung der Dienstgeberabgabe können Dienstgeber beim Magistrat ansuchen, wenn die Beschäftigtenzahl nur geringen Schwankungen unterworfen ist. Pro Abrechnungszeitraum ist bei einer Pauschalierung immer der gleiche Abgabenbetrag zu entrichten. Der Pauschalbetrag wird von Amts wegen festgesetzt. Eine Abgabenerklärung ist auch im Falle der Pauschalierung abzugeben. In diesem Fall ist das Monatspauschale mit dem Hinweis „Pauschalierung gemäß § 6 Abs. 3 Wr. DAG" anzugeben.

292. Wohnbauförderungsbeitrag (WFB)

Mit dem Wohnbauförderungsgesetz 2018 wurde der Wohnbauförderungsbeitrag zu einer ausschließlichen Landesabgabe mit voller Autonomie für die Länder hinsichtlich des Tarifs. Die Gesetzgebungskompetenz liegt beim Bund. Die Landesgesetzgeber können aber die Höhe des Tarifs festlegen, und zwar ohne bundesgesetzliche Vorgabe einer Ober- oder Untergrenze. Unterjährige Tarifänderungen, ebenso wie unterschiedliche Tarife innerhalb eines Landes, sind unzulässig. **2698**

Die Bestimmungen über Abgabenpflicht, Befreiungen, Einhebung und Abfuhr der Abgabe entsprechen im Wesentlichen dem Bundesgesetz über die Einhebung eines Wohnbauförderungsbeitrags. **2699**

Der Wohnbauförderungsbeitrag für 2023 beträgt in allen Bundesländern 1% der allgemeinen Beitragsgrundlage (nicht von der Sonderzahlung) und ist jeweils zur Hälfte von Dienstgeber und Dienstnehmer zu tragen. **2700**

2701 Kein Wohnbauförderungsbeitrag ist bspw für Lehrlinge, Dienstnehmer im Gründungsjahr bei Vorliegen der Voraussetzungen des NeuFÖG oder für geringfügig beschäftigte Dienstnehmer zu entrichten.

2702 Auch für freie Dienstverhältnisse nach § 4 Abs 4 ASVG fällt kein Wohnbauförderungsbeitrag an.

293. Zählgeld (Fehlgeld, Mankogeld)

2703 Arbeitnehmer, die im Kassen- oder Zähldienst beschäftigt werden, erhalten meist ein Zählgeld (Fehl- oder Mankogeld). Ansprüche können sich auch aus dem anzuwendenden Kollektivvertrag ergeben (zB KV Handelsangestellte).

Sozialversicherung

2704 Zählgeld (Fehlgeld, Mankogeld) ist in der Sozialversicherung beitragspflichtig.

Lohnsteuer

2705 Im Bereich des EStG ist keine Begünstigung für ein Zählgeld vorgesehen. Derartige Bezüge sind daher voll steuerpflichtig.

Eventuelle Kassenfehlbeträge, die der Dienstnehmer dem Arbeitgeber ersetzt hat, sind Werbungskosten und im Wege der Arbeitnehmerveranlagung zu beantragen.

DB – DZ – KommSt

2706 Das Zählgeld unterliegt zur Gänze der Beitragspflicht.

294. Zehrgeld

> Siehe „Reisekosten".

295. Zeitkonto, Zeitwertkonto

Lohnsteuer

2707 Auch bei Arbeitszeitmodellen (zB Altersteilzeit, Zeitwertkonto, Langzeitkonto, Lebensarbeitszeitkonto, Sabbatical und ähnliche), nach welchen der Arbeitnehmer idR seine volle Normalarbeitszeit leistet, aber ein Teil dieser Arbeitszeit vorerst nicht finanziell abgegolten, sondern auf ein „Zeitkonto" übertragen wird, um vom Arbeitnehmer zu einem späteren Zeitpunkt konsumiert zu werden (bezahlte „Auszeit"), ist nach den allgemeinen Grundsätzen auf den Zeitpunkt des Zuflusses abzustellen (siehe auch „Zeitliche Zuordnung von Einnahmen und Ausgaben"). Dies gilt auch für die Freizeitoption („Freizeit statt Arbeit"), zB nach dem KV für Arbeiter und Angestellte in der Elektro- und Elektronikindustrie idF ab 1. 5. 2013.

Beruht ein solches Arbeitszeitmodell auf einer ausdrücklichen Regelung in einer lohngestaltenden Vorschrift iSd § 68 Abs 5 Z 1–6 EStG, bewirken die Zeitgutschriften in der Ansparphase noch keine wirtschaftliche Verfügungsmacht für den Arbeitnehmer und somit noch keinen steuerlichen Zufluss. **2708**

Für den Fall der ausnahmsweisen vorzeitigen Auszahlung der erworbenen Entgeltansprüche (zB bei Beendigung des Arbeitsverhältnisses) gelten die Ausführungen in Punkt „Gleitzeit" sinngemäß.

DB – DZ – KommSt

Da erst im Zuflusszeitpunkt Einkünfte aus nichtselbständiger Tätigkeit (§ 25 Abs 1 Z 1 lit a EStG) gegeben sind, liegt auch erst zu diesem Zeitpunkt eine Beitragspflicht (DB, DZ und KommSt) nach den Bestimmungen des § 41 FLAG sowie § 5 KommStG vor. **2709**

Sozialversicherung

Sozialversicherungsrechtlich handelt es sich bei einer Abfindung von Sabbaticalzeitguthaben um beitragspflichtiges Entgelt iSd § 49 Abs 1 ASVG, das jenem Beitragszeitraum zugeordnet wird, in welchem die Abgeltung ausbezahlt wird. Weder liegen Sonderzahlungen iSd § 49 Abs 2 ASVG vor, noch hat eine „Aufrollung" der einzelnen monatlichen Beitragszeiträume, aus denen das Guthaben stammt, zu erfolgen. **2710**

Zu einer Verlängerung der Pflichtversicherung kommt es nicht, weil die Bestimmung des § 11 Abs 2 Satz 2 ASVG neben einer Kündigungsentschädigung ausdrücklich nur auf eine „Ersatzleistung für Urlaubsentgelt (Urlaubsabfindung, Urlaubsentschädigung)" abstellt. Um eine solche handelt es sich bei der Abgeltung von Sabbaticalzeitguthaben nicht (vgl VwGH 3. 4. 2019, Ro 2018/08/0017). **2711**

296. Zeitliche Zuordnung von Einnahmen und Ausgaben (§ 19 EStG)

Ein Zufluss von Einnahmen iSd § 19 Abs 1 EStG erfolgt in jenem Jahr, in dem der Steuerpflichtige rechtlich und wirtschaftlich die Verfügungsmacht über die Einnahmen erhält (vgl VwGH 5. 3. 1986, 85/13/0085). Der Tatbestand des Zufließens ist weiters dann erfüllt, wenn der Betrag einer im Voraus bestimmten Verwendung zugeführt worden ist. Ein Zufluss ist somit auch dann erfolgt, wenn die Auszahlung von Arbeitslohn (Teil des Arbeitslohns) deswegen unterbleibt, weil diese Mittel unmittelbar zur Abdeckung bereits bestehender Verpflichtungen des Arbeitnehmers verwendet werden (VwGH 30. 5. 1989, 86/14/0062). **2712**

Regelmäßig wiederkehrende Einnahmen, die dem Steuerpflichtigen kurze Zeit vor Beginn oder kurze Zeit nach Beendigung des Kalenderjahrs, zu dem sie wirtschaftlich gehören, zugeflossen sind, gelten als in diesem Kalenderjahr bezogen. Als „kurze Zeit" iSd § 19 Abs 1 EStG kann im Hinblick auf die Bestimmung des § 79 Abs 1 EStG von einem Zeitraum von bis zu 15 Tagen ausgegangen werden. **2713**

Auch der Verzicht auf die Rückzahlung eines Arbeitgeberdarlehens führt zu Einkünften aus nichtselbständiger Tätigkeit, und zwar in jenem Zeitpunkt, in dem der Arbeitnehmer von diesem Verzicht Kenntnis erlangt. **2714**

296. Zeitliche Zuordnung von Einnahmen und Ausgaben

2715 Sachbezüge gelten dann als zugeflossen, wenn der Steuerpflichtige die rechtliche Möglichkeit erlangt, darüber frei zu verfügen. Bei der Überlassung einer Dienstwohnung bzw eines firmeneigenen Kfz zur Benutzung für Privatfahrten erfolgt der Zufluss in jenem Zeitpunkt, zu dem die Verfügungsmacht übertragen wird und nicht etwa zu dem Zeitpunkt, in dem das Wirtschaftsgut benutzt wird.

296.1 Pensionsnachzahlungen

2716 Nachzahlungen von Pensionen, über deren Bezug bescheidmäßig abgesprochen wird, gelten in den Kalendermonaten als zugeflossen, für die der Anspruch besteht. **Rückzahlungen von Pensionen,** über deren Bezug bescheidmäßig abgesprochen wird, gelten in dem Kalenderjahr als abgeflossen, für das der Anspruch bestand bzw für das sie getätigt wurden.

> **Beispiel**
>
> Aus rechtlichen Gründen wird im Jahr 2023 ein Pensionsanspruch rückwirkend ab Juli 2022 zuerkannt. Die Nachzahlung der Beträge erfolgt im Jahr 2023. Der Zufluss gilt in jenem Jahr, für das der Betrag geleistet wurde. Es werden auch Lohnzettel für die von der Nachzahlung betroffenen Jahre ausgestellt.

2717 Käme es durch eine derartige Pensionsnachzahlung zu einer rückwirkenden Überschreitung des maßgeblichen Grenzbetrags für den Alleinverdienerabsetzbetrag, bestehen keine Bedenken, aus Billigkeitsgründen von einer Pflichtveranlagung abzusehen (LStR Rz 773b).

2718 Sonstige verspätete Auszahlungen bzw die Nachzahlung von Ansprüchen, über die nicht gesondert bescheidmäßig abgesprochen wurde (zB Pensionen von der Ärztekammer), sind weiterhin nach dem Zuflussprinzip zu erfassen.

296.2 Nachzahlungen aus dem Insolvenzverfahren

2719 Nachzahlungen aus dem Insolvenzverfahren werden jenem Kalenderjahr zugeordnet, in dem der Anspruch entstanden ist. Die Nachzahlungen aus dem Insolvenzverfahren werden daher im Fall von Insolvenzen jenem Kalendermonat zugeordnet, in dem der Anspruch entstanden ist. Zur zeitlichen Zuordnung von Kündigungsentschädigungen bzw Urlaubsersatzleistungen im Insolvenzverfahren siehe VwGH 19. 9. 2013, 2011/15/0185 bzw BFG 26. 3. 2014, RV/6100510/2013.

2720 Nachzahlungen in einem Insolvenzverfahren sind, soweit sie Bezüge gemäß § 67 Abs 3 (gesetzliche Abfertigungen), Abs 6 (freiwillige Abfertigungen) oder Abs 8 lit e (Pensionsabfindungen) oder Abs 8 lit f (Sozialplanzahlungen) EStG betreffen, mit 6% zu versteuern. Von den übrigen Nachzahlungen ist nach Abzug der darauf entfallenden Sozialversicherungsbeiträge ein Fünftel steuerfrei zu belassen. Nachzahlungen für Bezüge für eine begünstigte Auslandstätigkeit gemäß § 3 Abs 1 Z 10 EStG behalten im Rahmen der gesetzlichen Bestimmungen ihre Steuerfreiheit, wobei in diesen Fällen kein steuerfreies Fünftel zu berücksichtigen ist. Der verbleibende Betrag ist als laufender Bezug mit einer vorläufigen laufenden Lohnsteuer in Höhe von 15% zu versteuern.

> Siehe dazu auch „Nachzahlungen in einem Insolvenzverfahren".

296.3 Nachzahlungen von Rehabilitationsgeld, Krankengeld und Leistungen aus der Arbeitslosenversicherung

Das Rehabilitationsgeld sowie das Krankengeld werden nicht im Jahr des Zuflusses besteuert, sondern dem Jahr zugerechnet werden, für das der Anspruch besteht. Diese Regelung gilt gleichermaßen für das Wiedereingliederungsgeld. 2721

Da bspw bis zur Entscheidung über das Rehabilitationsgeld in vielen Fällen ein Vorschuss des AMS geleistet wird, gelten auch das versicherungsmäßige Arbeitslosengeld, das Umschulungsgeld, die Notstandshilfe oder an deren Stelle tretende Ersatzleistungen in dem Kalenderjahr, für das der Anspruch besteht bzw für das sie getätigt werden, als zugeflossen. 2722

Die Zurechnung zum Anspruchsjahr gilt ebenso für Rückzahlungen der genannten Leistungen. 2723

Dies gilt für Zahlungen, Nachzahlungen und Rückzahlungen ab 1. 1. 2022 (zu den Übergangsbestimmungen siehe § 124 b Z 399 EStG). 2724

297. Zukunftssicherung des Arbeitgebers für den Arbeitnehmer (§ 3 Abs 1 Z 15 a EStG)

Aufwendungen des Arbeitgebers für die Zukunftssicherung (§ 3 Abs 1 Z 15 lit a EStG; LStR Rz 81 bis Rz 84) seiner Arbeitnehmer sind Aufwendungen für alle Arbeitnehmer oder bestimmte Gruppen oder solche, die dem Betriebsratsfonds zufließen **und** für den einzelnen Arbeitnehmer **€ 300,– jährlich** nicht übersteigen. 2725

Unter Zukunftssicherung sind Ausgaben des Arbeitgebers für Versicherungs- oder Versorgungseinrichtungen zu verstehen, die dazu dienen, Arbeitnehmer (§ 47 Abs 1 EStG) oder diesen nahe stehende Personen für den Fall der Krankheit, der Invalidität, Pflegebedürftigkeit, des Alters oder des Todes des Arbeitnehmers abzusichern (VwGH 26. 11. 1971, 2003/70). Das gilt auch für andere freiwillige soziale Zuwendungen, die der Arbeitgeber für alle Arbeitnehmer oder bestimmte Gruppen zur Zukunftssicherung seiner Arbeitnehmer aufwendet. Der Anwendung der Befreiungsvorschrift steht auch nicht der Umstand entgegen, dass der begünstigte Arbeitnehmer der einzige Arbeitnehmer des Unternehmens ist. Das Gesetz verlangt nicht, dass für alle Arbeitnehmer oder alle Arbeitnehmer einer bestimmten Berufsgruppe die gleiche Form der Zukunftssicherung gewählt wird. Es ist daher ohne weiteres möglich, dass für einen Teil der in Betracht kommenden Arbeitnehmer eine Lebensversicherung und für einen anderen Teil eine Unfall- oder Krankenversicherung gewählt wird, oder – sofern dies sachlich gerechtfertigt ist – betragsmäßig unterschiedliche Versicherungsleistungen für den einzelnen Arbeitnehmer erbracht werden. Werden vom Arbeitgeber besondere Maßnahmen für die Zukunftssicherung individuell nur bei Erfüllung bestimmter Zielvorgaben zugesichert, handelt es sich um Leistungsbelohnungen, die gemäß § 67 Abs 1 und 2 EStG zu versteuern sind. 2726

Als Zuwendungen des Arbeitgebers für die Zukunftssicherung seiner Arbeitnehmer iSd § 3 Abs 1 Z 15 lit a EStG gelten auch Beiträge, die der Arbeitgeber an Pflegeversicherungen, die den Charakter einer Kranken- oder Rentenversicherung ab Eintritt einer Pflegebedürftigkeit haben, oder Pensionszusatzversicherungen gemäß § 108 a EStG für seine Arbeitnehmer einzahlt. Hinsichtlich der Prämienbegünstigung siehe LStR Rz 1343 ff. Beiträge an eine Zukunftsvorsorgeeinrichtung iSd § 108 g EStG sowie Zuwendungen des Arbeitgebers an eine Mitarbei- 2727

297. Zukunftssicherung des Arbeitgebers für den Arbeitnehmer

terversorgungskasse sind keine Zuwendungen für die Zukunftssicherung iSd § 3 Abs 1 Z 15 lit a EStG.

2728 Der Freibetrag von € 300,- steht bei **jedem** Arbeitgeber zu und kann gegebenenfalls von mehreren Arbeitgebern **gleichzeitig** berücksichtigt werde. Es kommt zu keiner Rückführung auf das einfache Ausmaß im Zug der Arbeitnehmerveranlagung.

2729 Prämien für eine Zukunftsvorsorge können monatlich, aber auch in größeren Zeiträumen geleistet werden (siehe dazu LStR Rz 84). Der Arbeitgeber hat die gesamten Beiträge für die Zukunftsvorsorge so lange steuerfrei zu behandeln, bis der Jahreshöchstbetrag von € 300,- erreicht ist. Darüber hinausgehende Zahlungen sind zur Gänze lohnsteuerpflichtig.

2730 Wird der Freibetrag von € 300,- überschritten, so werden die übersteigenden Aufwendungen des Arbeitgebers beim Arbeitnehmer steuerpflichtiger Bezug. Vom Arbeitnehmer kann der den Freibetrag von € 300,- übersteigende (steuerpflichtige) Betrag bei Vorliegen der entsprechenden Voraussetzungen als Sonderausgabe geltend gemacht werden. Eine kumulative Anwendung des § 3 Abs 1 Z 15 lit a und § 18 Abs 1 Z 2 EStG innerhalb des Freibetrags von € 300,- ist nicht zulässig (VwGH 7. 5. 1979, 3513/78).

2731 Barzuschüsse des Arbeitgebers an den Arbeitnehmer stellen keine steuerfreie Zukunftsvorsorgemaßnahme iSd § 3 Abs 1 Z 15 lit a EStG dar, sondern sind steuerpflichtiger Arbeitslohn.

297.1 Er- und Ablebensversicherung

2732 Werden die Zuwendungen des Arbeitgebers für die Zukunftssicherung seiner Arbeitnehmer in Form von Beiträgen für eine Er- und Ablebensversicherung oder eine Erlebensversicherung geleistet, gilt Folgendes:

- ✓ Beiträge zu Er- und Ablebensversicherungen sind nur dann steuerfrei, wenn für den Fall des Ablebens des Versicherten mindestens die für den Erlebensfall vereinbarte Versicherungssumme zur Auszahlung gelangt und die Laufzeit der Versicherung nicht vor dem Beginn des Bezugs einer gesetzlichen Alterspension oder vor Ablauf von 15 Jahren endet (gilt für Versicherungsverträge, die nach dem 30. 6. 2011 abgeschlossen werden – vorher zehn Jahre).
- ✓ Beiträge zu Er- und Ablebensversicherungen, bei denen für den Fall des Ablebens des Versicherten nicht mindestens die für den Erlebensfall vereinbarte Versicherungssumme zur Auszahlung gelangt, und Beiträge zu Erlebensversicherungen sind nur dann steuerfrei, wenn die Laufzeit der Versicherung nicht vor dem Beginn des Bezugs einer gesetzlichen Alterspension endet.
- ✓ Die Versicherungspolizze ist beim Arbeitgeber oder einem vom Arbeitgeber und der Arbeitnehmervertretung bestimmten Rechtsträger zu hinterlegen.
- ✓ Werden Versicherungsprämien zu einem früheren Zeitpunkt rückgekauft oder sonst rückvergütet, hat der Arbeitgeber die steuerfrei belassenen Beiträge als sonstigen Bezug gemäß § 67 Abs 10 EStG zu versteuern, es sei denn, der Rückkauf oder die Rückvergütung erfolgt bei oder nach Beendigung des Dienstverhältnisses. Bei einem Rückkauf oder einer Rückvergütung bei oder nach Beendigung des Dienstverhältnisses unterbleibt die Besteuerung.

2733 Wurde bei bestehenden Versicherungen entsprechend der bisherigen Verwaltungspraxis (LStR Rz 81) auf ein Pensionsantrittsalter abgestellt, kann die Laufzeit dieser Versicherungen verlängert werden. Dies stellt keine „steuerschädliche" Novation dar. Die Versteuerung unterbleibt, wenn der Rückkauf oder die Rückvergütung bei oder nach Beendigung des Dienstverhältnisses erfolgt. In LStR Rz 81e werden klarstellende Aussagen zur Leistung von Zukunftssicherungsmaßnahmen des Arbeitgebers bei gleichzeitigem Gehaltsverzicht getroffen.

Fondsgebundene Lebensversicherungen sind unter den gleichen Voraussetzungen wie Er- und Ablebensversicherungen zulässig. Hinsichtlich des gleichteiligen Risikos siehe LStR Rz 474. **2734**

297.2 Durch Arbeitnehmer abgeschlossene Versicherung

Wird zwischen Arbeitgeber und Arbeitnehmer vereinbart, dass der Arbeitgeber Beiträge in eine bereits durch den Arbeitnehmer abgeschlossene Versicherung (zB Kranken- oder Er- und Ablebensversicherung) einzahlt, liegen keine Zuwendungen des Arbeitgebers für die Zukunftssicherung seiner Arbeitnehmer iSd § 3 Abs 1 Z 15 lit a EStG vor, weil die Betriebsbezogenheit (zB Gruppenmerkmal, Hinterlegung, Fristen und Kontrolle und Vollziehung durch den Arbeitgeber) nicht gegeben ist. Außerdem liegt keine Zukunftssicherung des Arbeitgebers vor, wenn bisher regelmäßig vom Arbeitnehmer geleistete Beiträge zukünftig durch den Arbeitgeber übernommen werden (LStR Rz 83). **2735**

297.3 Beendigung eines Dienstverhältnisses

Bei Beendigung eines Dienstverhältnisses endet auch die Zukunftssicherungsmaßnahme iZm diesem Dienstverhältnis. Eine Übernahme von bestehenden Versicherungsverträgen in eine Zukunftssicherungsmaßnahme des neuen Dienstgebers ist nicht zulässig; zur Übertragung der Ansprüche siehe LStR Rz 84. Beim neuen Arbeitgeber beginnen die Fristen für derartige Zukunftssicherungsmaßnahmen neu zu laufen. **2736**

297.4 Pensionisten

Für Pensionisten kann die Begünstigung des § 3 Abs 1 Z 15 lit a EStG für reine Risikoversicherungen (zB Kranken- oder Unfallversicherung) in Anspruch genommen werden; dies gilt auch für jene öffentlich Bediensteten, die nicht in Pension gehen, sondern in den Ruhestand versetzt werden. Es bestehen keine Bedenken, Kapitalversicherungen, bei denen für den Fall des Ablebens des Versicherten mindestens die für den Erlebensfall vereinbarte Versicherungssumme zur Auszahlung gelangt, in diesem Zusammenhang als Risikoversicherungen anzusehen. **2737**

297.5 Nachversteuerung durch den Arbeitgeber

Werden Versicherungsprämien vor Ablauf der Mindestlaufzeiten (LStR Rz 81a) rückgekauft oder sonst rückvergütet, hat der Arbeitgeber die steuerfrei belassenen Beiträge als sonstigen Bezug gemäß § 67 Abs 10 EStG zu versteuern. Die Versteuerung unterbleibt, wenn der Rückkauf oder die Rückvergütung bei oder nach Beendigung des Dienstverhältnisses erfolgt. **2738**

> **Zukunftssicherung des Arbeitgebers**
>
> Der Arbeitgeber leistet als zukunftssichernde Maßnahme ab Oktober 2014 für einen Arbeitnehmer eine jährliche Prämie zu einer Erlebensversicherung im Ausmaß des jährlichen Höchstbetrags gemäß § 3 Abs 1 Z 15 lit a EStG. Im Dezember 2023 wird die Versicherung vom Arbeitnehmer aufgelöst und rückgekauft. Der Arbeitnehmer hat das Dienstverhältnis nicht beendet und bezieht auch keine gesetzliche Alterspension. Es hat eine Versteuerung gemäß § 67 Abs 10 EStG zu erfolgen. Für den Zeitraum bis Dezember 2022 wurden € 290,69 steuerfrei belassen. Für den Zeitraum 2014–2023 wurden zehn Mal € 300,– steuerfrei belassen (€ 3.000,–). Im Kalendermonat der Rückzahlung bzw im Kalendermonat der Verständigung des Arbeitgebers von der Rückzahlung hat der

297. Zukunftssicherung des Arbeitgebers für den Arbeitnehmer

Arbeitgeber den bis zum Rückkauf steuerfrei belassenen Betrag in Höhe von € 3.290,69 gemäß § 67 Abs 10 EStG zu versteuern.

297.6 Hinterlegung der Versicherungspolizzen

2739 Zur Sicherstellung einer widmungsgemäßen Verwendung der vom Arbeitgeber für Er- und Ablebensversicherungen geleisteten Beiträge sowie zur Sicherstellung der Mindestlaufzeiten ist die Versicherungspolizze beim Arbeitgeber oder einem vom Arbeitgeber und der Arbeitnehmervertretung bestimmten Rechtsträger zu hinterlegen.

297.7 Bezugsumwandlung

2740 Die Steuerbefreiung des § 3 Abs 1 Z 15 lit a EStG kommt – bei Zutreffen aller anderen Voraussetzungen – auch dann zum Tragen, wenn vom Arbeitgeber bestehende Bezugsansprüche des Arbeitnehmers durch Maßnahmen zur Zukunftssicherung abgegolten werden. Werden daher vom Arbeitgeber aufgrund einer mit dem Arbeitnehmer vereinbarten Bezugsumwandlung Bezugsansprüche nicht bar ausgezahlt, sondern als Zuwendung für die Zukunftssicherung iSd obigen Bestimmungen geleistet, sind sie ebenfalls bis zum Höchstbetrag steuerfrei. Das VwGH-Erkenntnis vom 16. 6. 2004, 2001/08/0028, wonach im Fall einer Bezugsumwandlung eine Einkommensverwendung durch den Arbeitnehmer und kein Beitrag des Arbeitgebers vorliegt, sodass sich an der Beitragspflicht für jenen Entgeltteil, der in die Pensionsvorsorge einbezahlt wird, nichts ändert, ist für die Beurteilung der Lohnsteuerfreiheit gemäß § 3 Abs 1 Z 15 lit a EStG nicht anzuwenden.

2741 Die Begünstigung steht auch dann zu, wenn durch die Bezugsumwandlung der kollektivvertragliche Mindestlohn unterschritten wird. Voraussetzung ist, dass der Arbeitgeber diese Zukunftssicherung allen Arbeitnehmern oder Gruppen von Arbeitnehmern anbietet. Nehmen nicht alle Arbeitnehmer oder alle Arbeitnehmer der Gruppe von diesem Angebot Gebrauch, ist das für die Steuerbefreiung der Zukunftssicherung der teilnehmenden Arbeitnehmer nicht schädlich (LStR Rz 81 e).

297.8 Beitragszahlungen des Arbeitnehmers

2742 Beitragszahlungen des Arbeitnehmers zu einer Zukunftsvorsorgemaßnahme des Arbeitgebers sind für die Steuerbefreiung gemäß § 3 Abs 1 Z 15 lit a EStG des Arbeitgeberbeitrags nicht schädlich; sie sind als Leistungen des Arbeitnehmers in den Freibetrag von € 300,– nicht einzubeziehen.

297.9 Übertragung der Zukunftsvorsorgemaßnahme an den neuen Arbeitgeber

2743 Scheidet der Arbeitnehmer aus dem Unternehmen aus und wird durch den neuen Arbeitgeber ebenfalls eine Zukunftsvorsorgemaßnahme angeboten, ist es zulässig, dass Ansprüche aus einer Zukunftsvorsorgemaßnahme des alten Arbeitgebers auf eine Zukunftsvorsorgemaßnahme des neuen Arbeitgebers übertragen werden.

297.10 Jährliche Prämienleistung

Werden Beiträge iSd § 3 Abs 1 Z 15 lit a EStG in größeren Zeiträumen als den Lohnabrechnungszeiträumen geleistet (jährlich oder vierteljährlich), sind diese Beträge als sonstiger Bezug zu werten und erhöhen daher nicht das Jahressechstel (VwGH 19. 3. 1997, 95/13/0070). Diese Beitragszahlungen sind aber auch nicht auf das Jahressechstel anzurechnen, sodass die begünstigte Besteuerung für den 13. und 14. Bezug in vollem Umfang erhalten bleibt. Über den steuerfreien Betrag von € 300,– jährlich hinaus geleistete Beiträge des Arbeitgebers sind nach den Bestimmungen des § 67 Abs 10 EStG zu versteuern. **2744**

Sozialversicherung

Die Ausnahmebestimmung des § 49 Abs 3 Z 18 ASVG gilt auch dann, wenn der Dienstgeber zwar allen Dienstnehmern oder bestimmten Gruppen von Dienstnehmern eine Zukunftssicherung anbietet, von diesem Angebot aber nicht alle Dienstnehmer (einer bestimmten Gruppe) Gebrauch machen, und zwar insb in den Fällen, in denen der Dienstnehmer anteilsmäßig Leistungen für die Zukunftssicherung zu erbringen hat. Das Anbot muss aber von seinen objektiven Voraussetzungen her so beschaffen sein, dass es geeignet ist, von allen Arbeitnehmern (einer bestimmten Gruppe) auch tatsächlich angenommen zu werden (VwGH 2. 7. 1991, 89/08/0111). **2745**

Nach LStR Rz 81 kommt die Steuerbefreiung des § 3 Abs 1 Z 15 lit a EStG – bei Zutreffen aller anderen Voraussetzungen – auch dann zum Tragen, wenn vom Arbeitgeber bestehende Bezugsansprüche des Arbeitnehmers durch Maßnahmen zur Zukunftssicherung abgegolten werden („Bezugsumwandlung"). Für die sozialversicherungsrechtliche Beurteilung bedeutet das, dass dadurch keine Reduzierung der Beitragsgrundlage erfolgt, weil diese steuerfreie Bezugsumwandlung im Ausnahmenkatalog des § 49 Abs 3 ASVG nicht ausdrücklich angeführt ist. Derartige Bezugsumwandlungen sind daher beitragspflichtig und führen somit zu keiner Verringerung der Beitragsgrundlage. **2746**

DB, DZ und KommSt

Nach den Bestimmungen des § 41 Abs 4 lit c FLAG und § 5 Abs 2 lit c KommStG gehören Leistungen des Arbeitgebers für die Zukunftssicherung seiner Arbeitnehmer nicht zur Bemessungsgrundlage beim DB, DZ und KommSt. **2747**

298. Zuschlag zum Dienstgeberbeitrag

Der DZ wird aufgrund der Bestimmungen des § 122 WKG eingehoben. Es handelt sich dabei um eine Kammerumlage (Kammerumlage 2). Freiberuflich Tätige (zB Ärzte, Architekten udgl) unterliegen daher nicht der Beitragspflicht. **2748**

Die Bemessungsgrundlage ist ident mit der des Dienstgeberbeitrags (siehe „Dienstgeberbeitrag zum Ausgleichsfonds für Familienbeihilfe [DB]"). Bei als Betreiber von Alten- und Pflegeheimen tätigen Mitgliedern ist die Bemessungsgrundlage um 80% zu kürzen. **2749**

Die Beitragshöhe beträgt 2023: **2750**

Bundesland	DZ 2023
Burgenland	0,42%
Kärnten	0,39%

299. Zuschläge für Sonntags- und Nachtarbeit

Niederösterreich	0,38%
Oberösterreich	0,34%
Salzburg	0,39%
Steiermark	0,37%
Tirol	0,41%
Vorarlberg	0,37%
Wien	0,38%

2751 Unterhält ein Dienstgeber in verschiedenen Bundesländern Betriebsstätten und wird auch dort Personal beschäftigt, ist für die ausbezahlten Löhne und Gehälter der jeweilige Satz des Bundeslandes anzuwenden.

2752 Der DZ ist bis zum 15. des Folgemonats an das zuständige FA zu entrichten.

299. Zuschläge für Sonntags- und Nachtarbeit (§ 68 EStG)

2753 Das Gesetz unterscheidet zwischen Überstunden, die an Wochentagen mit Ausnahme der Nachtarbeit erbracht werden (§ 68 Abs 2 EStG) und Überstunden, die an Sonntagen, Feiertagen oder während der Nacht geleistet werden (§ 68 Abs 1 EStG). Zuschläge für Sonntags-, Feiertags-, Nachtarbeit und Arbeit an Ersatzruhetagen und mit diesen Arbeiten zusammenhängende Überstundenzuschläge sind (gemeinsam mit den Schmutz-, Erschwernis- und Gefahrenzulagen) bis höchstens € 360,– monatlich steuerfrei.

299.1 Sonntagsarbeit

2754 Einen gesetzlichen Zuschlag für Sonntagsarbeit gibt es nicht. Die Regelungen finden sich im anzuwendenden Kollektivvertrag.

2755 Verteilt sich die wöchentliche Normalarbeitszeit auf fünf oder sechs Arbeitstage (Montag bis Freitag) und der Dienstnehmer arbeitet an einem Sonntag, so steht dem Arbeitnehmer für die geleisteten Stunden sowohl ein

- ✓ Überstundengrundlohn als auch ein
- ✓ Überstundenzuschlag zu.

2756 Der Überstunden**zuschlag** sowie ein eventuell gezahlter Sonntagszuschlag ist gemäß den Bestimmungen des § 68 Abs 1 EStG (€ 360,– monatlich) lohnsteuerfrei.

> **Sonntagsarbeit, regelmäßig**
>
> Ein Arbeitnehmer arbeitet **regelmäßig** jeden zweiten Sonntag und erhält für jede Arbeitsstunde einen Zuschlag für Sonntagsarbeit im Ausmaß von 100% seines Grundstundenlohns; am darauf folgenden Montag hat er arbeitsfrei. Er erfüllt lediglich seine Normalarbeitszeit. Die gezahlten Zuschläge sind zur Gänze als Sonntagszuschläge im Rahmen des § 68 Abs 1 EStG steuerfrei, da der dazugehörende Grundlohn bereits mit dem Wochenlohn oder Monatsbezug vergütet worden ist.

300. Zuschüsse des Arbeitgebers für Carsharing emissionsfreier Fahrzeuge

Sonntagsarbeit, fallweise

Ein Arbeitnehmer arbeitet **ausnahmsweise** zusätzlich an einem Sonntag. Er erhält dafür pro Stunde 200% seines Stundenlohns. Nur die Hälfte von dieser Vergütung stellt einen steuerbegünstigten Zuschlag gemäß § 68 Abs 1 EStG dar, die andere Hälfte ist als Grundlohn ein steuerpflichtiger Bezug, da diese zusätzliche Arbeitszeit mit dem gezahlten Normalarbeitslohn nicht abgegolten ist. Werden für diese Sonntagsarbeit pro Stunde 300% des Stundenlohns gezahlt, sind 200% als Zuschlag im Rahmen des § 68 Abs 1 EStG steuerfrei.

299.2 Zuschläge für Ersatzruhetage

Sieht eine lohngestaltende Vorschrift iSd § 68 Abs 5 Z 1–6 EStG vor, dass an Sonntagen regelmäßig Arbeitsleistungen zu erbringen sind und dafür ein Wochentag als Ersatzruhetag (Wochenruhe) zusteht, sind Zuschläge und Überstundenzuschläge am Ersatzruhetag wie Zuschläge gemäß § 68 Abs 1 EStG zu behandeln, wenn derartige Zuschläge für an Sonntagen geleistete Arbeits- oder Überstundenleistungen aufgrund arbeitsrechtlicher Vorschriften nicht zustehen. **2757**

Der Ersatzruhetag tritt in diesem Fall an die Stelle des Sonntags. Alle Zuschläge, die für diesen Ersatzruhetag gewährt werden, sind steuerlich wie Sonntagszuschläge zu behandeln und daher steuerfrei. Ebenso sind Zuschläge für Überstunden wie Sonntagsüberstundenzuschläge gemäß § 68 Abs 1 EStG zu behandeln. Es gilt der Grundsatz, dass entweder für den Sonntag oder für den Ersatzruhetag die Steuerfreiheit der Zuschläge gemäß § 68 Abs 1 EStG zusteht. Für beide Tage kann die Steuerfreiheit gemäß § 68 Abs 1 EStG nicht gewährt werden. Stehen nach Maßgabe der lohngestaltenden Vorschrift für den Sonntag und für den Ersatzruhetag Zuschläge zu, dann sind die Zuschläge für den Sonntag steuerfrei gemäß § 68 Abs 1 EStG zu behandeln, während jene für den Ersatzruhetag steuerpflichtig sind bzw Überstundenzuschläge gegebenenfalls nur nach § 68 Abs 2 EStG begünstigt behandelt werden können. **2758**

300. Zuschüsse des Arbeitgebers für Carsharing emissionsfreier Fahrzeuge

Zuschüsse des Arbeitgebers für nicht beruflich veranlasste Fahrten im Rahmen von Carsharing sind unter folgenden Voraussetzungen bis zu € 200,– pro Kalenderjahr steuerfrei (§ 3 Abs 1 Z 16d EStG): **2759**

- ✓ Der Zuschuss darf nur für die Nutzung von Kraftfahrzeugen, Fahrrädern oder Krafträdern mit einen CO_2-Emissionswert von 0 Gramm pro Kilometer verwendet werden.
- ✓ Der Zuschuss muss direkt an den Carsharing-Anbieter oder in Form von Gutscheinen geleistet werden.

Die Steuerbefreiung gilt für Zuschüsse des Arbeitgebers ab 1. 1. 2023 für die Nutzung CO_2-emissionsfreier Fahrzeuge im Rahmen von Carsharing-Plattformen bis zu einer Höhe von € 200,– pro Jahr. Der Arbeitgeber kann den Zuschuss entweder direkt an den Anbieter der Fahrzeuge leisten oder dem Arbeitnehmer einen Gutschein zur Verfügung stellen. In beiden Fällen muss sichergestellt sein, dass mit dem Zuschuss ausschließlich Fahrzeuge mit einem CO_2-Emissionswert von 0 (nach WLTP bzw WMTC) genutzt werden können. **2760**

Von der Befreiung sind Kraftfahrzeuge, Fahrräder und Krafträder umfasst. Das beinhaltet neben Autos, Motorrädern und E-Bikes insb auch E-Scooter. **2761**

2762 Carsharing iSd Steuerbefreiung bezieht sich auf die Benutzung von Fahrzeugen, die einer unbestimmten Anzahl von Fahrern auf der Grundlage einer Rahmenvereinbarung und eines die Energiekosten miteinschließenden Zeit- oder Kilometertarifs – oder Mischformen solcher Tarife – angeboten werden und vom Arbeitnehmer selbständig reserviert und genutzt werden können. Das Kriterium der selbständigen Reservierung und Nutzung ist dabei auch dann erfüllt, wenn keine physische Interaktion des Kunden (des Arbeitnehmers) mit dem Anbieter des Fahrzeuges notwendig ist, um das Fahrzeug zu nutzen (typischerweise, weil das Fahrzeug mit Hilfe einer Online-Plattform gebucht wird).

301. Zuschuss des Arbeitgebers für Kinderbetreuung (§ 3 Abs 1 Z 13 lit b EStG)

2763 Arbeitgeber können Arbeitnehmern einen Zuschuss für die Kinderbetreuung gewähren. Begünstigt sind Arbeitnehmer, denen für das Kind mehr als sechs Monate im Kalenderjahr der Kinderabsetzbetrag zusteht. Kinderbetreuungszuschüsse an freie Dienstnehmer sind nicht steuerbefreit. Wird der Kinderabsetzbetrag dem (Ehe)Partner des Arbeitnehmers gewährt, dann steht die Steuerbefreiung nicht zu.

2764 Begünstigtes Kind ist eines nach § 106 Abs 1 EStG, für das dem Arbeitnehmer selbst der Kinderabsetzbetrag zusteht und das zu Beginn des Kalenderjahres das zehnte Lebensjahr noch nicht vollendet hat. Der Kinderabsetzbetrag steht nur dann zu, wenn sich das Kind ständig im Inland, in einem Mitgliedstaat der Europäischen Union oder einem Staat des Europäischen Wirtschaftsraums bzw der Schweiz aufhält.

> **Beispiel**
>
> Wird das Kind im Februar 2023 zehn Jahre alt, kann der Arbeitgeber auch dann einen Kinderbetreuungszuschuss bis zu € 1.000,– steuerfrei belassen, wenn dieser erst im Dezember 2023 geleistet wird.

2765 Pro begünstigtem Kind ist höchstens ein Zuschuss von € 1.000,– jährlich steuerfrei.

> **Beispiel**
>
> Eine Arbeitgeberin gewährt ihrer alleinerziehenden Arbeitnehmerin im Kalenderjahr 2023 für ihre fünfjährige Tochter einen Zuschuss zum Kindergarten von € 1.100,–, für ihren achtjährigen Sohn einen Zuschuss zum Hort von € 1.000,– und einen Zuschuss von € 1.000,– für ihre fünfzehnjährige Tochter.
> Die Arbeitgeberin wendet insgesamt € 3.100,– an Zuschüssen auf, die bei ihr eine Betriebsausgabe darstellen.
> Für die fünfjährige Tochter und den achtjährigen Sohn sind in Summe € 2.000,– steuer- und sozialabgabenfrei. Der Zuschuss für die fünfzehnjährige Tochter ist nicht begünstigt und somit zur Gänze steuerpflichtig. Bei der fünfjährigen Tochter sind vom Zuschuss in Höhe von € 1.100,– € 100,– steuerpflichtig.

2766 Die Steuerfreiheit liegt nur dann vor, wenn der Arbeitgeber allen Arbeitnehmern oder Gruppen von Arbeitnehmern, für die ein Zuschuss steuerfrei gewährt werden kann, diesen Vorteil einräumt.

301. Zuschuss des Arbeitgebers für Kinderbetreuung

Beispiele für das Vorliegen der Steuerfreiheit bei allen oder Gruppen von Arbeitnehmerinnen: **2767**

- ✓ alle Arbeitnehmerinnen, die für ein Kind bis zum zehnten Lebensjahr den Kinderabsetzbetrag beziehen, erhalten einen Zuschuss von € 1.000,– jährlich;
- ✓ alle Außendienstmitarbeiterinnen, nicht jedoch Innendienstmitarbeiterinnen;
- ✓ alle Arbeiterinnen, nicht jedoch Angestellte;
- ✓ alle Innendienstmitarbeiterinnen mit Kindern bis zum sechsten Lebensjahr.

Das Gruppenmerkmal ist nicht erfüllt, wenn nur bestimmte Personen oder leitende Angestellte den Zuschuss erhalten. Ebenso ist es nicht zulässig, dass nur alleinerziehende Personen den Zuschuss erhalten, weil diese Abgrenzung nicht betriebsbezogen ist. **2768**

Der Arbeitnehmer hat dem Arbeitgeber schriftlich Folgendes zu erklären (Formular L 35): **2769**

- ✓ Der Kinderabsetzbetrag steht zu;
- ✓ Sozialversicherungsnummer oder Kennnummer der Europäischen Krankenversicherungskarte des Kindes;
- ✓ Geburtsdatum des Kindes, sofern dies nicht aus der Versicherungsnummer hervorgeht;
- ✓ Erklärung, dass gleichzeitig von keinem anderen Arbeitgeber ein Zuschuss geleistet wird. Hat ein früherer Arbeitgeber im Kalenderjahr einen steuerfreien Zuschuss für dieses Kind gewährt, ist die Höhe des gewährten Zuschusses in die Erklärung aufzunehmen. Der Folgearbeitgeber darf nur den Differenzbetrag auf den Höchstbetrag von € 2.000,– steuerfrei belassen.

Der Inhalt der Erklärung gilt bis zum Ende des Kalenderjahres, in dem das begünstigte Kind das zehnte Lebensjahr vollendet. **2770**

Wird einem Arbeitgeber eine solche Erklärung nicht vorgelegt, oder geht aus einer solchen Erklärung hervor, dass bereits ein anderer Arbeitgeber einen steuerfreien Zuschuss bis zur Höchstgrenze von € 1.000,– geleistet hat, darf der Arbeitgeber den Zuschuss nicht steuerfrei behandeln. **2771**

Der Arbeitnehmer hat dem Arbeitgeber den Wegfall der Voraussetzungen (zB Wegfall des Kinderabsetzbetrags vor Ablauf der mindestens siebenmonatigen Bezugsfrist) innerhalb eines Monats zu melden. Ab dem Zeitpunkt dieser Meldung hat der Arbeitgeber die geänderten Verhältnisse zu berücksichtigen. Fällt die Steuerfreiheit eines bereits ausgezahlten Zuschusses weg, ist die Lohnsteuer neu zu berechnen. **2772**

Die Erklärung ist zum Lohnkonto zu nehmen. **2773**

Der Zuschuss ist entweder direkt an eine institutionelle Kinderbetreuungseinrichtung oder an eine pädagogisch qualifizierte Person zu leisten. Er kann jedoch auch in Form von Gutscheinen (analog Essensbons) geleistet werden, wenn sichergestellt ist, dass die Gutscheine ausschließlich bei institutionellen Kinderbetreuungseinrichtungen eingelöst werden können. Wird der Zuschuss direkt an den Arbeitnehmer in Geld ausgezahlt, liegt immer steuerpflichtiger Arbeitslohn vor. **2774**

Der steuerfreie Zuschuss ist unter „sonstige steuerfreie Bezüge" am Lohnzettel auszuweisen. **2775**

Wird der Zuschuss für Kinderbetreuungskosten ganz oder teilweise an Stelle des bisher gezahlten steuerpflichtigen Arbeitslohns oder der Lohnerhöhungen, auf die jeweils ein arbeitsrechtlicher Anspruch besteht, geleistet, können diese nicht steuerfrei ausgezahlt werden. **2776**

Wurde vom Arbeitgeber bisher ein zweckgewidmeter freiwilliger Zuschuss für Kinderbetreuung gezahlt, kann dieser bei unmittelbarer Zahlung an die Kinderbetreuungseinrichtung oder pädagogisch qualifizierte Person bzw bei Übergabe von Kinderbetreuungsgutscheinen bis zu **2777**

302. Zuschüsse aus Sozialfonds

einer Höhe von € 1.000,– gemäß § 3 Abs 1 Z 13 lit b EStG steuerfrei behandelt werden. In diesem Fall liegt keine Gehaltsumwandlung vor.

Sozialversicherung

2778 Im Rahmen des Sozialversicherungsrechts ist ein derartiger Zuschuss gemäß § 49 Abs 3 Z 11 ASVG bis zur Höhe von € 1.000,– von Sozialabgaben befreit. Für die Voraussetzungen der Beitragsfreiheit gelten die Bestimmungen wie im Steuerrecht.

DB – DZ – KommSt

2779 Nach den Bestimmungen des § 41 Abs 4 lit c FLAG und § 5 Abs 2 lit c KommStG gehören Zuschüsse des Arbeitgebers für Kinderbetreuung nicht zur Bemessungsgrundlage bei DB, DZ und KommSt.

302. Zuschüsse aus Sozialfonds (§ 3 Abs 1 Z 38 EStG)

Lohnsteuer

2780 Zuschüsse oder sonstige Leistungen (zB für Weiterbildungs- oder Umschulungsmaßnahmen) der kollektivvertraglich begründeten gemeinsamen Einrichtungen der Sozialpartner für das Bewachungsgewerbe und für das Denkmal-, Fassaden- und Gebäudereinigungsgewerbe (die bestehenden Einrichtungen werden als „Sozialfonds" bezeichnet), die nach dem 30. 6. 2022 ausbezahlt werden und auf die kein Rechtsanspruch besteht, sind bis zu den im Gesetz festgelegten Obergrenzen im Kalenderjahr des Zuflusses von der Einkommensteuer befreit.

2781 Wenn in anderen Kollektivverträgen vergleichbare Einrichtungen geschaffen werden, können auch deren Leistungen, soweit sie den weiteren Voraussetzungen genügen, steuerfrei bleiben.

2782 Diese Zuschüsse oder sonstigen Leistungen können aktiven bzw ehemaligen Arbeitnehmern in folgenden Fällen steuerfrei gewährt werden:
- ✓ Bei Arbeitslosigkeit bis zu einem Gesamtbetrag von € 1.500,– pro Arbeitnehmer und Kalenderjahr;
- ✓ für nachweislich nach Ende eines Arbeitsverhältnisses absolvierte Weiterbildungen und Umschulungen bis zu einem Gesamtbetrag von € 1.500,– pro Arbeitnehmer und Kalenderjahr;
- ✓ bei einem mindestens 24 Tage andauernden Krankenstand, der während eines Arbeitsverhältnisses begonnen hat, bis zu einem Gesamtbetrag von € 4.000,– pro Arbeitnehmer und Kalenderjahr.

2783 Arbeitslosenunterstützung, Weiterbildungsunterstützung und Krankenstandsunterstützung können in einem Kalenderjahr kumulativ – innerhalb der jeweils geltenden Grenze – in Anspruch genommen werden.

2784 Weiters ist als steuerfrei zu behandeln:
- ✓ Im Todesfall des Arbeitnehmers in Folge eines Arbeitsunfalles werden die Zuschüsse oder sonstigen Leistungen einem Angehörigen bis zu einem Gesamtbetrag von € 5.000,- im Kalenderjahr gewährt.

✓ In sachlich begründeten besonderen berufsspezifischen Härtefällen werden Zuschüsse an Arbeitnehmer oder an deren Angehörige bis zu einem Gesamtbetrag von € 5.000,– pro Einzelfall gewährt.

Das heißt im Todesfall des Arbeitnehmers in Folge eines Arbeitsunfalles können einem Angehörigen unabhängig von den Zuschüssen oder sonstigen Leistungen (Arbeitslosenunterstützung, Weiterbildungsunterstützung und Krankenstandsunterstützung) Zuschüsse bis zu einem Gesamtbetrag von € 5.000,– im Kalenderjahr (§ 25 BAO) steuerfrei gewährt werden. In sachlich begründeten besonderen berufsspezifischen Härtefällen können die Zuschüsse – ebenfalls kumulativ zu etwaigen weiteren steuerfreien genannten Leistungen – an Arbeitnehmer oder an deren Angehörige bis zu einem Gesamtbetrag von € 5.000,– pro Einzelfall steuerfrei gewährt werden. **2785**

Der kollektivvertragliche Beitrag des Arbeitgebers an die Einrichtung darf höchstens 0,5% des gebührenden Entgelts (Geld- und Sachbezüge) und der Sonderzahlungen, jeweils gemäß § 49 ASVG, auch über die ASVG-Höchstbeitragsgrundlage hinaus, betragen. **2786**

Die diese Zuschüsse oder sonstigen Leistungen gewährende Einrichtung hat bis 31. 1. des Folgejahres dem FA des Empfängers des Zuschusses oder der sonstigen Leistung eine Mitteilung zu übersenden, die neben Namen und Anschrift des Empfängers des Zuschusses oder der sonstigen Leistung seine Sozialversicherungsnummer und die Höhe der Zuschüsse oder sonstigen Leistungen enthalten muss. Diese Mitteilung kann entfallen, wenn die entsprechenden Daten durch Datenträgeraustausch übermittelt werden. **2787**

Sozialversicherung

Zuschüsse oder sonstige Leistungen an aktive bzw ehemalige Arbeitnehmer bei einem mindestens 24 Tage andauernden Krankenstand, der während eines Arbeitsverhältnisses begonnen hat, bis zu einem Gesamtbetrag von € 4.000,– pro Arbeitnehmer und Kalenderjahr und Zuschüsse an Arbeitnehmer oder an deren Angehörige in sachlich begründeten besonderen berufsspezifischen Härtefällen bis zu einem Gesamtbetrag von € 5.000,– pro Einzelfall sind sozialversicherungsfrei (§ 49 Abs 3 Z 32 ASVG). **2788**

303. Zuzugsbegünstigung (§ 103 EStG)

Für die Zielgruppe der Wissenschafter und Forscher wurden Anreize für deren Zuzug nach Österreich geschaffen. Ergänzend zur Beseitigung der steuerlichen Mehrbelastung der Auslandseinkünfte wurde ein pauschaler Freibetrag vorgesehen, in dem der Zuzugsmehraufwand und der auf die Inlandseinkünfte entfallende Steuernachteil pauschal abgegolten werden soll. **2789**

Der Zuzugsfreibetrag beträgt 30% der Einkünfte aus in- und ausländischer wissenschaftlicher Tätigkeit, insoweit diese nach dem Tarif (§ 33 Abs 1 EStG) versteuert werden. Die Einschränkung auf die Tarifeinkünfte bezweckt die Vermeidung von Doppelbegünstigungen. Beispielsweise bedingen der Gewinnfreibetrag (§ 10 EStG) und die Sechstelbegünstigung (§ 67 Abs 1 EStG) eine Kürzung der Bemessungsgrundlage für den Zuzugsfreibetrag. Bei der Ermittlung der Bemessungsgrundlage für den Zuzugsfreibetrag sind sowohl die in- als auch die ausländischen Einkünfte dieser Art heranzuziehen. Einkünfte iSd § 103 Abs 1 EStG (Auslandseinkünfte), die nach § 103 Abs 3 EStG einem Durchschnittsteuersatz unterliegen, sind jedoch aufgrund des Ausschlusses von nicht dem Tarif unterliegenden Einkünften von § 103 Abs 1a EStG nicht erfasst. In diesem Fall könnte sich die Begünstigung nach § 103 Abs 1a EStG nur auf die unter § 98 EStG fallenden Einkünfte (Inlandseinkünfte) erstrecken. Der Zuzugsfreibe- **2790**

303. Zuzugsbegünstigung

trag entfällt aliquot auf die Einkünfte, welche seine Bemessungsgrundlage begründen; bilden Einkünfte, die zB aufgrund eines DBA unter Progressionsvorbehalt befreit sind, einen Teil der Bemessungsgrundlage, mindert der Freibetrag diesbezüglich lediglich den Progressionsvorhalt.

2791 Wird der Freibetrag gewährt, können daneben keine weiteren Betriebsausgaben, Werbungskosten oder außergewöhnliche Belastungen, die iZm dem Zuzug stehen, geltend gemacht werden. Pauschal abgegoltene Aufwendungen (zB Basispauschalierung iSd § 17 Abs 1 EStG, Werbungskostenpauschale für Expatriates iSd § 1 Z 11 Verordnung über die Aufstellung von Durchschnittssätzen für Werbungskosten) sind mit dem Zuzugsfreibetrag zur Gänze abgegolten.

2792 Über die Gewährung des Zuzugsfreibetrags wird ebenso wie bei der Zuzugsbegünstigung nach Abs 1 auf Antrag bescheidmäßig abgesprochen. Die Gewährung eines Zuzugsfreibetrags bedarf eines gesonderten Antrags.

2793 Der Zuzugsmehraufwand umfasst Unterschiede im Preisniveau, Kosten für den Umzug im weiteren Sinne (Wohnungssuche, Beantragung und Änderung von Dokumenten, medizinische Überprüfungen etc), Kosten für eine doppelte Haushaltsführung einschließlich Fahrtkosten, Kosten für Sprachkurse zum Erlernen der deutschen Sprache, Besuch von Privatschulen der Kinder etc. Die iZm dem Zuzug stehenden tatsächlichen Betriebsausgaben, Werbungskosten oder außergewöhnlichen Belastungen sind mit dem Zuzugsfreibetrag abgegolten. Der Freibetrag ist auf 60 Monate ab dem Zuzugszeitpunkt beschränkt.

2794 Der BMF ist ermächtigt (§ 103 Abs 3 EStG), das Verfahren betreffend die Erteilung der Zuzugsbegünstigung mit Verordnung zu regeln und hat dies mit der ZuzugsbegünstigungsV 2016 getan.

2795 Ziel der Verordnung ist es, das Verfahren zur Erteilung einer Zuzugsbegünstigung zu vereinfachen und zu beschleunigen.

2796 Anträge auf die Beseitigung steuerlicher Mehrbelastungen (§ 103 Abs 1 EStG) und die Zuerkennung des Zuzugsfreibetrags (§ 103 Abs 1 a EStG) sind beim BMF schriftlich einzubringen. Die Zuzugsbegünstigung (§ 103 Abs 1 und Abs 1 a EStG) wird bescheidmäßig für die gesamte Begünstigungsdauer gewährt.

2797 Der Arbeitgeber kann den Zuzugsfreibetrag gemäß § 103 Abs 1 a EStG bereits im Rahmen der Lohnverrechnung berücksichtigen. Daher wurde der Zuzugsfreibetrag in den Katalog des § 62 EStG aufgenommen. Der Zuzugsfreibetrag wird für einen Zeitraum von fünf Jahren gewährt. Die Möglichkeit der Überprüfung im Rahmen der Veranlagung seitens der Finanzverwaltung ist sichergestellt, indem der Zuzugsfreibetrag – in analoger Behandlung eines Freibetragsbescheids gemäß § 63 EStG – auch in den Katalog der Pflichtveranlagungstatbestände in § 41 Abs 1 EStG aufgenommen wurde.

Checklisten

	Seite
Jahresarbeiten in der Lohnverrechnung	495
Steuerspar-Checkliste	495
Kontroll-Checkliste	497
Meldungs-Checkliste	502
Erledigungs-Checkliste	507

Jahresarbeiten in der Lohnverrechnung[1]

Das Jahresende naht – was sollte bis dahin noch erledigt werden bzw welche Meldungen sind vom Arbeitgeber zu erstatten?

Die folgenden Checklisten zeigen, was Sie auf keinen Fall vergessen sollten. Sie beschreiben außerdem, wie Sie Ihre Abgabenlast noch in den letzten Wochen des Jahres senken können.

I) Haben Sie die folgenden Steuersparmöglichkeiten für die Arbeitnehmer genutzt?	
Bezugsoptimierung	Wurde der Einsatz bspw der folgenden **Gestaltungsmöglichkeiten** im Unternehmen überlegt? ✓ Gewährung einer **Firmen-Wohnung** ✓ Zuweisung eines **Firmen-Pkw** mit **Privatnutzungsmöglichkeit** Diese Maßnahmen führen – je nach konkreter Umsetzung – entweder zu einem **höheren Nettobezug** (zusätzliche Gewährung dieser fringe benefits anstelle von Prämien oder freiwilligen Gehaltserhöhungen) oder **geringeren Arbeitgeberkosten** (Gewährung der fringe benefits und Verringerung des Bruttojahresbezugs).
Dienst- oder Firmenjubiläen	Werden aus Anlass eines Dienst- oder Firmenjubiläums Sachzuwendungen gewährt? Im Rahmen derartiger Anlässe können Sachzuwendungen (keine Geldgeschenke) bis zu einer Höhe von **€ 186,– jährlich** pro Dienstnehmer steuerfrei zugewendet werden.
Essensbons	Gibt der Arbeitgeber seinen Arbeitnehmern Essensbons, dann sind diese **bis € 8,– pro Arbeitstag steuerfrei.*** Bei 20 Arbeitstagen pro Monat können die Mitarbeiter daher Bons im Wert von insgesamt € 160,– (bei zehn Arbeitsmonaten: € 1.600,– pro Jahr) steuerfrei(*) einlösen. Eine interessante Alternative zu freiwilligen Leistungsprämien. In der **Sozialversicherung** besteht **Beitragsfreiheit** analog den steuerlichen Bestimmungen. **(*) „Steuerfrei" bedeutet in diesem Zusammenhang, dass weder Lohnsteuer noch Sozialversicherungsbeiträge oder Gehaltsnebenkosten anfallen.**
Fortbildung	Steuersparend ist es, wenn der Arbeitgeber seinen Mitarbeitern anstelle von Prämien Fortbildungen bezahlt. Hiebei kann es sich bspw um Sprachkurse, aber auch um persönlichkeitsbildende Kurse, wie zB Rhetorik, Konfliktmanagement, Präsentation etc, handeln. **Vorteile** für den **Arbeitgeber:** ✓ **keine Gehaltsnebenkosten** ✓ die in den Rechnungen enthaltene **Umsatzsteuer** kann sich der Arbeitgeber vom FA **zurückholen** ✓ teilweise **fördert** das **AMS** vom Arbeitgeber bezahlte Fort- bzw Ausbildungskosten bei bestimmten Personen (zB älteren Mitarbeitern) durch Zuschüsse
Gesundheitsvorsorge	Aktionen im Bereich der betrieblichen Gesundheitsvorsorge, zB Grippeschutzimpfungen, die der Arbeitgeber allen Arbeitnehmern oder bestimmten Arbeitnehmergruppen anbietet, sind **steuerfrei** und **lohnnebenkostenfrei**.

---

[1] Mit freundlicher Genehmigung durch Herrn Ing. Mag. *Patka*.

Jahresarbeiten in der Lohnverrechnung

Jahressechstel	**Tipps** zur **optimalen Ausnutzung** des Jahressechstels mit 6% Lohnsteuer: Werden neben den regelmäßigen Monatsbezügen noch andere Bezüge (zB Überstundenvergütungen, Nachtarbeitszuschläge, Schmutz-, Erschwernis- oder Gefahrenzulagen) ausbezahlt oder etwa Sachbezüge nur zwölfmal jährlich verrechnet, dann wird das **Jahressechstel** durch Urlaubs- und Weihnachtsgeld idR **nicht optimal ausgenutzt.** In diesem Fall könnte in Höhe des **restlichen Jahressechstels** noch eine **Prämie** ausbezahlt werden, die nur mit 6% versteuert werden muss.
Kinderbetreuungszuschuss	Leistet der Arbeitgeber für **alle** Arbeitnehmer oder für **sachlich bestimmte Arbeitnehmergruppen** einen **Zuschuss** für die **Kinderbetreuung** durch eine ✓ **institutionelle Kinderbetreuungseinrichtung** (zB Hort, Kindergarten etc) oder durch eine ✓ **pädagogisch qualifizierte Person,** dann ist dieser Zuschuss bis **maximal € 1.000,– jährlich pro Kind** bis zum **zehnten Lebensjahr** lohnsteuer-, sozialversicherungs- und lohnnebenkostenfrei. Voraussetzung für die **Abgabenfreiheit** ist, dass der Zuschuss ✓ direkt an die institutionelle Kinderbetreuungseinrichtung oder an die ✓ pädagogisch qualifizierte Person geleistet wird (keine Zahlung an den Arbeitnehmer). **Gutscheine** können **nur** an die **institutionelle Kinderbetreuungseinrichtung** übergeben werden. Auch in der **Sozialversicherung** besteht **Beitragsfreiheit.**
Mitarbeiterbeteiligung	Gibt der Arbeitgeber oder ein Konzernunternehmen an alle Arbeitnehmer oder an sachlich bestimmte Arbeitnehmergruppen **verbilligt** oder **kostenlos Anteile** (Aktien, Anteile an GmbHs, echte stille Beteiligungen) ab, dann ist nur der **lohnwerte Vorteil** steuerpflichtig (bzw SV-pflichtig), der den **Freibetrag** von **€ 3.000,–** (gilt pro Jahr und pro Arbeitnehmer) übersteigt. Bei Mitarbeiterbeteiligungen über Stiftungen können bis zu **€ 4.500,–** steuer- und sozialversicherungsfrei gewährt werden. Ab dem Jahr 2022 können steuerfreie Mitarbeitergewinnbeteiligungen in Höhe von bis zu € 3.000,– pro Mitarbeiter und Jahr gewährt werden. Die Obergrenze gilt auch in all jenen Fällen, in den der Arbeitnehmer die Mitarbeitergewinnbeteiligung von mehreren Arbeitgebern ausbezahlt bekommt (Pflichtveranlagungstatbestand).
Ökologisierung	Steuerbegünstigte „ökologische" Maßnahmen für Arbeitnehmer: ✓ Kein Sachbezug bei Nullemissionsfahrzeugen (insb Elektroautos/Elektrokrafträder aber auch [Elektro]fahrräder) ✓ Kein Sachbezug für Ladeeinrichtung des Arbeitnehmers bis € 2.000,– für ein arbeitgebereigenes Elektroauto ✓ Steuerfreie/r Kostenersatz/Kostentragung für das Aufladen eines arbeitgebereigener Elektroautos bzw steuerfreies unentgeltliches Aufladen beim Arbeitgeber ✓ Steuerfreies Öffi-Ticket ✓ Steuerbegünstigtes Homeoffice ✓ Steuerfreie Zuschüsse für Carsharing
Weihnachtsfeier und Weihnachtsgeschenke	Für die **Teilnahme** an **Betriebsveranstaltungen** (zB Weihnachtsfeiern) gibt es pro **Arbeitnehmer** und **Jahr** einen Steuerfreibetrag in Höhe von **€ 365,–.** Dieser Freibetrag gilt für die zusammengerechneten Kosten aller Betriebsveranstaltungen im Jahr.

Jahresarbeiten in der Lohnverrechnung

	Sachzuwendungen (zB Weihnachtsgeschenke) an Mitarbeiter sind bis maximal **€ 186,–** pro Jahr und Arbeitnehmer steuerfrei. Sachgeschenke sind bspw Warengutscheine, Goldmünzen. Auch die **Autobahnvignette** kann als **Sachgeschenk** des Arbeitgebers **steuerfrei** den Arbeitnehmern zugewendet werden. Geldgeschenke sind hingegen steuerpflichtig. Der Arbeitgeber darf die geldwerten Vorteile **nicht pauschal versteuern.** Vielmehr muss er **genaue Aufzeichnungen** über die jeweils teilnehmenden Personen dann führen, **wenn anzunehmen** ist, dass **obige Freibeträge überschritten** werden. So kann der steuerfreie Sachbezug für die einzelnen Arbeitnehmer festgestellt werden. Daneben können weitere Sachzuwendungen anlässlich von Dienst- oder Firmenjubiläen bis zu einem Gesamtbetrag von **€ 186,–** jährlich steuerfrei behandelt werden.
Zukunftssicherung	Die Zukunftssicherung für alle Arbeitnehmer (oder für sachlich bestimmte Arbeitnehmergruppen, wie bspw für Außendienstmitarbeiter) ist bis **€ 300,– pro Jahr und Arbeitnehmer** steuerfrei. Darunter fallen bspw Prämienzahlungen für Lebens-, Kranken- und Unfallversicherungen, Beiträge an Pensionsinvestmentfonds. **Achtung:** Im Falle einer Bezugsumwandlung schreibt die ÖGK Sozialversicherungsbeiträge vor.

II) Was noch bis zum 31. 12. zu kontrollieren ist – der Check am Jahresende mit wichtigen arbeits-, lohnsteuer- und sozialversicherungsrechtlichen Hinweisen	
Alleinverdiener-/ Alleinerzieher-absetzbetrag	a) Wurde dieser Absetzbetrag berücksichtigt? → Wenn ja → **Check:** E 30-Formular muss vorliegen. b) **Check:** Unter Umständen beim Arbeitnehmer nachfragen, ob die Voraussetzungen nach wie vor gegeben sind. **Check:** indexierten AVAB/AEAB (für Kinder in EU/EWR/Schweiz) berücksichtigen.
Arbeitnehmeranteil – Sozialversicherung	**Check:** Wurde in der Gehaltsverrechnung das Erkenntnis des VwGH 28. 10. 2009, 2008/15/0279 bzw das Urteil UFS 18. 7. 2011, RV/0633-G/09, umgesetzt? – **Verminderung der Gehaltsnebenkosten!** Werden vom **Dienstgeber** aufgrund einer **gesetzlichen Verpflichtung Sozialversicherungsanteile** des **Dienstnehmers übernommen** (bspw Sozialversicherungsbeiträge iZm PLB-Prüfungen, Altersteilzeit, Refundierung des Sozialversicherungsbeitrages an Vorstand), stellt dies laut KommSt-Information einen **Vorteil** aus dem Dienstverhältnis dar und erhöht somit die Grundlage für die Berechnung von KommSt, DB und DZ. Sozialversicherungsbeiträge, die vom Dienstgeber freiwillig übernommen werden, erhöhen stets die Lohnnebenkosten.
Arbeitslosenver-sicherungsbeiträge	**Check,** ob der **Arbeitnehmeranteil** der Arbeitslosenversicherungsbeiträge für **Niedrigverdiener reduziert** wurde: für 2023 <table><tr><th>monatliche Beitragsgrundlage (in €)</th><th>AlV-Beitrag</th><th>Verrechnungsgruppe</th></tr><tr><td>bis 1.885</td><td>0%</td><td>A03</td></tr><tr><td>von 1.885,01 bis 2.056</td><td>1%</td><td>A02</td></tr><tr><td>von 2.056,01 bis 2.228</td><td>2%</td><td>A01</td></tr><tr><td>über 2.288</td><td>3%</td><td>–</td></tr></table>

Jahresarbeiten in der Lohnverrechnung

	Der **Arbeitgeberanteil** bleibt **unverändert** bei **3%**.
Aufrollung	War der Arbeitnehmer **ganzjährig** beim Arbeitgeber beschäftigt und waren die **monatlichen Bezüge unterschiedlich hoch** bzw legt der Arbeitnehmer Belege über ÖGB-Beiträge vor, dann kann der Arbeitgeber die zu erwartende Lohnsteuergutschrift durch eine Aufrollung vorwegnehmen, ausgenommen dem Fall, der Arbeitgeber hat einen Freibetrag berücksichtigt oder der Arbeitnehmer hat Krankengeld bezogen.
Bonusmeilen	**Check:** ✓ **Lohnsteuer:** Bonusmeilen sind **nicht lohnsteuerpflichtig** → Arbeitnehmer hat die Vorteile daraus (zB Wert des Gratisflugs) in seiner **ESt-Erklärung** anzugeben. Die ESt-Erklärungspflicht entfällt für jene Jahre, in denen der Arbeitgeber einen Sachbezug angesetzt hat bzw abgeprüft ist (PLB). ✓ **DB, DZ, KommSt:** keine Abgabenpflicht → uU Anträge auf Rückerstattung, sofern noch keine PLB diese Jahre abgeprüft hat. ✓ **SV-, BV-Beiträge:** a) Liegt eine vom **Arbeitnehmer schriftlich** abgegebene **Erklärung** vor, dass er an **keinem Kundenbindungs-(Vielflieger-) Programm** teilnimmt? Wenn ja UND wenn keine Anzeichen bestehen, dass diese Erklärung unrichtig ist, dann liegt **kein Bonusmeilen-Sachbezugsthema** vor. b) In **allen anderen Fällen** verlangt die ÖGK, dass ein **Sachbezug** angesetzt wird (Bewertung hat sich am **Endpreis des Abgabeortes** zu orientieren). Der Vorteil aus **Bonusmeilen** ist laut ÖGK als **laufender Bezug** zu behandeln.
BV-Beiträge	Der Arbeitgeber hat auch **während bestimmter entgeltfreier Zeiten** (für die Dauer des Anspruchs auf Kranken- bzw Wochengeld, Präsenz-/Zivildienst) für den Arbeitnehmer **Abfertigung-„Neu"-Beiträge zu entrichten**. **Check:** Wurde die Beitragsentrichtung während des Jahres durchgeführt? → Wenn nein → Nachholung der unterlassenen Beitragsentrichtung im Dezember
Expatriates	**Check:** Berücksichtigung des Werbungskostenpauschales in Höhe von 20% (maximal € 10.000,– pro Jahr)
Fahrtenbuch	Egal, ob Dienstreisen mit dem Privat-Pkw oder Privatfahrten mit dem Firmen-Pkw durchgeführt wurden, die zeitnahe Führung eines Fahrtenbuchs wird zumindest erforderlich sein. **Checkliste** bezüglich der aufzuzeichnenden Inhalte: ✓ Angabe des benutzten Kraftfahrzeugs ✓ Datum der Reise (= Reisetag) ✓ Abfahrts- und Ankunftszeitpunkt (Uhrzeit) = Reisedauer ✓ die Anzahl der gefahrenen Kilometer (unter Anführung des jeweiligen Anfangs- und Endkilometerstands) ✓ Ausgangs- und Zielpunkt der Reise; Reiseweg ✓ Zweck der Dienstreise ✓ Unterschrift des Reisenden (VwGH 23. 5. 1990, 86/13/0181) **Praxishinweise für im Excel geführte Fahrtenbücher** 1) Im **Excel** geführte Fahrtenbücher sind **formell nicht ordnungsgemäß**. Der Grund: Die nachträgliche, „spurenlose" Datenveränderung.

Jahresarbeiten in der Lohnverrechnung

	Wird die Journalfunktion von Excel verwendet, kann Excel genutzt werden. 2) Formell nicht ordnungsgemäß **heißt** aber **nicht automatisch** auch, dass das Fahrtenbuch **inhaltlich unrichtig** ist. 3) Ist insgesamt die **Kilometeranzahl** unter Berücksichtigung aller vorhandenen Beweismittel **plausibel** und kann die Finanzbehörde **nicht** schlüssig **darlegen,** dass **nachträglich Datenveränderungen** vorgenommen wurden, dann sind die im – formell nicht ordnungsgemäßen – Fahrtenbuch ausgewiesenen Kilometer anzuerkennen.
Familienbonus Plus	**Check:** E 30-Formular muss vorliegen. **Check:** indexierten Familienbonus Plus (für Kinder in EU/EWR/Schweiz) berücksichtigen.
Kfz-Sachbezug	Wurde der **reduzierte Sachbezug** (halber Sachbezug oder „Mini-Sachbezug") abgerechnet? → Wenn ja → Check: Ein ordnungsgemäß und zeitnah geführtes Fahrtenbuch (oder eine ähnliche Aufzeichnung) muss vorliegen (siehe auch Hinweise unter „Fahrtenbuch").
Kilometergeld	**Check:** Wurde die **Jahres-Obergrenze** (€ 12.600,–) für das maximale Ausmaß an abgabenfreien Kilometergeldern **beachtet?**
Lehrlinge	**Ausbildungsübertritt** Möglichkeit einer **außerordentlichen vorzeitigen Auflösung** des Lehrverhältnisses durch den Lehrberechtigten bzw den Lehrling, wenn die Lehrzeit mindestens drei Jahre beträgt – zum Ende des ersten bzw zweiten Lehrjahres möglich. Bei Auflösung durch den Lehrberechtigten ist vor der Auflösungserklärung ein **Mediationsverfahren** notwendig. **Hinweise zu Förderungen** Zahlreiche **Infos** finden Sie unter **www.lehre-foerdern.at**.
Lohnwerte Vorteile	**Check:** a) Wurden Mitarbeitern **lohnwerte Vorteile** (Incentives, Mitarbeiterrabatte, Einkaufsgutscheine, dem Arbeitnehmer bezahlte Jahreskarte bzw ÖBB Vorteilscard etc) gewährt? b) **Wenn JA,** wurden diese **Lohnabgaben versteuert?** c) **Wenn NEIN,** liegen ausreichend **Dokumentationen** vor, die belegen, warum kein lohnwerter Vorteil gegeben ist? **Dokumentationsbeispiele:** ✓ **Rabatte:** Rabatte in dieser Höhe werden auch anderen Endverbrauchern gewährt bzw steuerfreie Mitarbeiterrabatteregelung ist anwendbar (20% oder € 1.000,– Freibetrag) → kein Sachbezug ✓ **Jahreskarte:** im Falle eines steuerfreien Öffi-Tickets muss ein entsprechender Beleg vorliegen und das Ticket muss entweder am Wohnort oder am Arbeitsort des Arbeitnehmers gültig sein. → kein Sachbezug ✓ **ÖBB-Vorteilskarte:** jährliche Kostenersparnis für den Arbeitgeber, berechnet aus der Preisdifferenz zwischen ÖBB Vorteilscard und Businesscard, ist größer als der Anschaffungspreis der ÖBB Vorteilscard → kein Sachbezug

Jahresarbeiten in der Lohnverrechnung

	✓ **Incentive-Reise:** war „Arbeitsreise" und keine „Lustreise", da der Arbeitnehmer intensive Kundenbetreuung und Produktpräsentationen durchführen musste → kein Sachbezug
Mehrarbeitszuschlag bei Teilzeitbeschäftigten	**Checkliste** zur **Vermeidung** des **Mehrarbeitszuschlags:** 1) **Passen** Sie die betragliche Situation dem **Ist-Arbeitszeitbedarf** an. 2) Prüfen Sie, ob überhaupt **zuschlagspflichtige Mehrarbeit** vorliegt. 3) Überlegen Sie Maßnahmen, wie Sie die Auszahlung des **Mehrarbeitszuschlags verhindern** können. **Beispiele:** Gleitzeitregelung Vereinbarung einer unregelmäßig verteilten Arbeitszeit All-in-Vereinbarung *(„mit dem überkollektivvertraglichen Gehalt sind allfällige Mehrarbeitszuschläge mit abgedeckt")*
Nachweise	**Check:** Liegen – falls erforderlich – die folgenden Nachweise vor? ✓ Arbeitgeber-**Vordienstzeitennachweise,** falls eine freiwillige Abfertigung unter Anwendung der „Zwölftel-Regelung" abgerechnet wurde ✓ Nachweis der **Hinterlegung** bei Zukunftssicherungsmaßnahmen („300-Euro-System") bzw Mitarbeiterbeteiligungen ✓ **Überstundennachweise** (inkl Nachweis über die betriebliche Notwendigkeit, Überstunden während der Nacht oder an Sonn-/Feiertagen leisten zu müssen) ✓ **Tätigkeitsnachweise** bei SEG-Zulagen (Nachweise, dass die Tätigkeit überwiegend im Lohnzahlungszeitraum in erheblichem Maße eine Verschmutzung bewirkt, eine außerordentliche Erschwernis darstellt bzw unter gefährlichen Umständen stattfindet)
Pendlerpauschale/ Pendlereuro	**Check:** Liegt von allen Arbeitnehmern, bei denen ein Pendlerpauschale und ein Pendlereuro berücksichtigt wird, ein Ausdruck aus dem Pendlerrechner vor?
Reisekostenabrechnung	**Check:** ✓ Liegen alle Reisekostennachweise (Reisekostenabrechnung, Fahrtenbücher; siehe auch Hinweise unter „Fahrtenbuch") vor? ✓ Wurden auch die steuerfreien Diäten, die pauschalen Nächtigungsgelder und die steuerfreien Kilometergelder über das Lohnkonto geführt? ✓ Sieht der Kollektivvertrag im Bereich der Reisekosten die Möglichkeit vor, dass **Betriebsvereinbarungen** abgeschlossen werden können (zB für die Spesenvergütungen iZm Auslandsdienstreisen oder für Dienstreisen am Dienstort [Kollektivvertrag für Handelsangestellte]), dann **prüfen** Sie, ob Sie diese **Möglichkeit** in ausreichendem Maße genutzt haben.
Schmutz-, Erschwernis- und Gefahrenzulagen	Diese sind gemäß LStR Rz 1132 einmal im Kalenderjahr steuerpflichtig abzurechnen, wenn sich aus dem konkreten Urlaubsverbrauch nichts anderes ergibt.
Schnittberechnungen für Nicht-Leistungszeiten	Das Ausfallsprinzip sieht vor, dass variable Bezüge (wie Vergütung für Überstunden oder Zulagen) auch in Nicht-Leistungszeiten (wie zB während Urlaub, Krankenstand) zu berücksichtigen sind. **Check:** Wurde das Ausfallsprinzip während des Jahres berücksichtigt? → Wenn nein → Schnittberechnung und Abrechnung im Dezember.

Jahresarbeiten in der Lohnverrechnung

Überstunden	**Check:** a) **Überstundenpauschale:** Sind im **Jahresdurchschnitt ausreichend** viele **Überstunden** gemacht worden, die die Gewährung der Steuerbegünstigung (für **zehn Überstundenzuschläge,** maximal € 86,– pro Monat) **rechtfertigen?** b) **All-In:** Wurde der **(zwingende) Teiler** von **203** verwendet? c) Die Inanspruchnahme der steuerfreien Zuschläge setzt voraus, dass der Arbeitnehmer die Überstunden im Jahresdurchschnitt auch im erforderlichen Ausmaß tatsächlich leistet. Hierbei ist bei einer All-In-Vereinbarung der Überstundenteiler 203 heranzuziehen. **ACHTUNG:** Bei **Gleitzeit** liegen für Vollzeitkräfte üblicherweise nur am Ende der Gleitzeitperiode Überstunden im Ausmaß der nicht übertragbaren Zeitguthaben vor, womit auch nur in diesen Fällen die steuerfreien zehn 50%igen-Zuschläge (maximal € 86,–) berücksichtigt werden können. Sofern daher keine nichterlaubten Überstunden vorliegen (mehr als zehn Stunden täglich und/oder mehr als 50 Stunden wöchentlich) können nur zehn 50%ige Überstunden steuerfrei im Auszahlungsmonat (also nur einmal bei jährlicher Gleitzeitperiode) abgerechnet werden. d) **Deckungsprüfung:** Auch **bei pauschaler Überstundenabgeltung** (Überstundenpauschale, All-in) darf der Arbeitnehmer **nicht schlechter gestellt** werden als bei Einzelverrechnung und er darf auch nicht unter das kollektivvertragliche Mindestgehalt rutschen. Es ist daher vom Arbeitgeber **jährlich** eine **Deckungsprüfung (= Vergleichsrechnung) durchzuführen,** in der der Arbeitgeber den pauschalen Abgeltungen den fiktiven Betrag gegenüberstellt, den der Arbeitnehmer für die geleisteten Mehr- und Überstunden bei Einzelverrechnung erhalten hätte. **Führt** der **Arbeitgeber** diese **Deckungsrechnung nicht durch,** dann **verfällt** der **Anspruch** des Arbeitnehmers **nicht** und es steht dem Arbeitnehmer die dreijährige Verjährungsfrist zur Verfügung. e) **Überstundennachweise:** Hat ein Arbeitnehmer in früheren Lohnzahlungszeiträumen **Überstunden aufgezeichnet,** die ausreichen für die **volle Nutzung** der Steuerbegünstigung (maximal zehn Überstundenzuschläge; maximal € 86,– pro Monat)? **wenn JA Plausibilität reicht aus** **wenn NEIN Überstundennachweise** für **sechs Monate** erforderlich (gilt auch für Neueintritte) f) **Arbeitszeitaufzeichnungen:** **Werden keine Arbeitszeitaufzeichnungen** geführt, dann hat der Arbeitgeber mit den folgenden **Konsequenzen** zu rechnen: ✓ **Verwaltungsstrafe** **Verfallsfrist beginnt nicht zu laufen,** sodass dem Arbeitnehmer die dreijährige Verjährungsfrist zur Verfügung steht.
Zuschläge	**Check:** Wurden die steuerfreien Zuschläge für Sonn-, Feiertags- und Nachtarbeit während des Urlaubs steuerpflichtig abgerechnet? → Wenn nein → Zuschläge in der Dezember-Abrechnung steuerpflichtig behandeln.

Jahresarbeiten in der Lohnverrechnung

III) Welche Meldungen sind vom Arbeitgeber jährlich um das Jahresende herum zu erstatten?

Thema	Inhalt der Meldung	Wann ist zu melden?
Dienstgeberbeitrag, Dienstgeberzuschlag	**Keine gesonderte Jahresmeldung** erforderlich – die Meldungen über die Höhe des Dienstgeberbeitrags zum FLAF und des Zuschlags zum DB erfolgen vielmehr monatlich mittels Eintragung auf dem Erlagschein	keine gesonderten Jahresmeldungen erforderlich
Dienstgeberabgabe-Erklärung („U-Bahnsteuererklärung")	Der Arbeitgeber hat in Form der **Dienstgeberabgabe-Erklärung** die im vorangegangenen Kalenderjahr entstandene **Abgabenschuld** beim zuständigen Magistrat zu melden unter Ausweisung der Dienstverhältnisse, für die zufolge der Befreiungsbestimmungen nicht zu entrichten war.	bis zum 31. 3. des Folgejahres – grundsätzlich elektronisch im Weg von Finanz-Online
Kommunalsteuererklärung	Der Arbeitgeber hat in Form der Kommunalsteuererklärung die gesamte auf das Unternehmen entfallende **jährliche Bemessungsgrundlage,** die eine Darstellung der Aufteilung auf die beteiligten Gemeinden zu enthalten hat, zu melden. Anders als „früher" ist für **Unternehmen mit Betriebsstätten in mehreren Gemeinden** nur mehr **eine einzige Kommunalsteuererklärung bei elektronischer Übermittlung abzugeben!**	bis zum 31. 3. des Folgejahres – grundsätzlich elektronisch im Weg von Finanz-Online
Lohnkonto	Jeder Arbeitgeber hat für jeden Arbeitnehmer ein **Lohnkonto** zu führen, **mit folgendem Inhalt** (gemäß § 76 Abs 1 EStG und der Lohnkontenverordnung 2006): ✓ **Name** ✓ **Versicherungsnummer** ✓ **Wohnsitz** ✓ **Alleinverdiener-/Alleinerzieherabsetzbetrag** und **Kinderzuschläge** zum Alleinverdiener-/Alleinerzieherabsetzbetrag laut Antrag des Arbeitnehmers ✓ **Name und Versicherungsnummer des (Ehe-)Partners,** wenn der Alleinverdienerabsetzbetrag berücksichtigt wurde ✓ **Name und Versicherungsnummer des (jüngsten) Kindes,** wenn der Alleinerzieherabsetzbetrag berücksichtigt wurde ✓ **Name und Versicherungsnummer des/der Kind(er),** wenn der Kinderzuschlag berücksichtigt wurde ✓ **Pendlerpauschalbeträge/Pendlereuro** bzw **Kosten des Arbeitnehmers für die Beförderung im Werkverkehr** (maximal bis zur Höhe des jeweils anzuwendenden Pendlerpauschales) ✓ Anzahl der Kalendermonate, in denen dem Arbeitnehmer ein arbeitgebereigenes	hiebei handelt es sich um keine Meldepflicht im herkömmlichen Sinn, sondern lediglich um eine laufende Führungspflicht

Jahresarbeiten in der Lohnverrechnung

Kraftfahrzeug für Fahrten zwischen Wohnung und Arbeitsstätte zur Verfügung gestellt wurde
- ✓ **Freibeträge** laut Mitteilung zur Vorlage beim Arbeitgeber
- ✓ Name, Versicherungsnummer und Geburtsdatum des Kindes (der Kinder), wenn ein Familienbonus Plus gemäß § 33 Abs 3a EStG berücksichtigt wurde, sowie die Anzahl der Monate und die Höhe des berücksichtigten Familienbonus Plus

Darüber hinaus sind – gemäß Lohnkontenverordnung 2006 – die folgenden Daten in das Lohnkonto einzutragen:

- ✓ Der gezahlte **Arbeitslohn** einschließlich der **sonstigen Bezüge** und **Vorteile** iSd § 25 EStG (Sachbezüge wie bspw die Privatnutzung eines firmeneigenen Pkw etc) **ohne jeden Abzug unter Angabe des Zahltags und des Lohnzahlungszeitraums.** Der Zahltag ist grundsätzlich der Tag der Bezahlung durch den Arbeitgeber. Es bestehen keine Bedenken, wenn bei regelmäßiger Lohnzahlung der Fälligkeitstag laut Kollektivvertrag oder der Tag, der der betrieblichen Übung entspricht, eingetragen wird. Die Bezüge sind getrennt nach laufenden und sonstigen Bezügen im Lohnkonto einzutragen.
- ✓ In der **Praxis** ist es aufgrund der Abrechnung mit Lohn- und Gehaltsverrechnungsprogrammen üblich, die **verschiedenen Lohnarten** (Löhne, Gehälter, Überstundengrundlöhne, Überstundenzuschläge, Schmutzzulagen etc) **einzeln anzuführen.**
- ✓ Die einbehaltene Lohnsteuer, getrennt nach laufender Tariflohnsteuer und fester Lohnsteuer für die sonstigen Bezüge.
- ✓ Die **Beitragsgrundlagen** für die Berechnung der **Sozialversicherungsbeiträge** inkl **Arbeiterkammerumlage** und **Wohnbauförderungsbeitrag** (getrennt nach laufenden Bezügen und Sonderzahlungen) sowie die **Betriebsratsumlage.**
- ✓ Die vom Arbeitgeber **einbehaltenen Sozialversicherungsbeiträge** (inkl Arbeiterkammerumlage und Wohnbauförderungsbeitrag, getrennt nach Sozialversicherungsbeiträgen für die laufenden Bezüge und Sozialversicherungsbeiträgen für die Sonderzahlungen) sowie die **Betriebsratsumlage.**
- ✓ Die vom Arbeitgeber einbehaltenen **Gewerkschaftsbeiträge.**

Jahresarbeiten in der Lohnverrechnung

	✓ Die vom Arbeitgeber berücksichtigten **Pendlerpauschalbeträge**. ✓ Der **erstattete** (rückgezahlte) **Arbeitslohn**. ✓ Die Bemessungsgrundlage für die **betrieblichen Vorsorgebeiträge** (Abfertigung „Neu") und der vom Arbeitgeber geleistete betriebliche Vorsorgebeitrag. ✓ Die Beiträge an **ausländische Pensionskassen**. ✓ Sofern der Arbeitgeber Betriebsstätten in mehreren Gemeinden hat, die **Betriebsstätte** und der Zeitraum, in dem der Arbeitnehmer bei dieser Betriebsstätte tätig ist sowie die jeweils erhebungsberechtigte Gemeinde. ✓ Die Bemessungsgrundlage für den **Dienstgeberbeitrag** gemäß FLAG (DB) und für den **Zuschlag zum Dienstgeberbeitrag** gemäß Wirtschaftskammergesetz (DZ) sowie die geleisteten Beiträge. ✓ Die **Bezeichnung** des für den Arbeitnehmer **zuständigen Sozialversicherungsträgers**. ✓ Anzahl der Monate, in denen der Arbeitnehmer im Werkverkehr befördert wurde. ✓ Anzahl der Monate, in denen dem Arbeitnehmer ein arbeitgebereigenes Kfz für Fahrten zwischen Wohnung und Arbeitsstätte zur Verfügung gestellt wurde. ✓ Erhöhter Pensionistenabsetzbetrag. ✓ Anzahl der Monate, in denen der Arbeitnehmer auf Kosten des Arbeitgebers im Werkverkehr oder mit einem Öffi-Ticket befördert wird, sowie die vom Arbeitgeber bezahlten Kosten des Öffi-Tickets. ✓ Mitarbeiterrabatte gemäß § 3 Abs 1 Z 21 EStG, die im Einzelfall 20% übersteigen. ✓ Die Anzahl der Homeoffice-Tage, an denen der Arbeitnehmer seine berufliche Tätigkeit für den Arbeitgeber ausschließlich in seiner Wohnung ausgeübt hat. ✓ Betrag der vom Arbeitgeber bezahlten Homeoffice-Pauschale.	
Lohnzettel = L16	Der **Lohnzettel** ist – in das vorgegebene Formular – unter Zugrundelegung der **Eintragungen im Lohnkonto auszustellen**. → **Lohnzettel bei Erhalt von Auslandseinkünften** a) **Mehrere Lohnzettel sind auszustellen** Bezieht der Arbeitnehmer während des Kalenderjahres neben seinen inländischen, lohnsteuerpflichtigen Bezügen vom selben Arbeitgeber auch **steuerfreie Bezüge** gemäß **§ 3 Abs 1 Z 10 EStG** (begünstigte	**Ende Februar des Folgejahres** bei elektronischer Übermittlung – mangelt es an den technischen Voraussetzungen (und nur dann) für eine elektronische Übermittlung, so ist ein Papierlohnzettel bis Ende Januar des

Jahresarbeiten in der Lohnverrechnung

	Auslandstätigkeit: Bauausführungen, Montagen etc), dann sind **mehrere getrennte Lohnzettel** auszustellen. Bei der Übermittlung ist darauf zu achten, dass der **„Inlandslohnzettel"** mit der **Lohnzettelart 1** und der **„Auslandslohnzettel"** mit der **Lohnzettelart 23 bzw 24** bzw 8 übermittelt wird. b) **Mehrere Lohnzettel sind auszustellen** Bezieht der Arbeitnehmer während des Kalenderjahres neben seinen inländischen, lohnsteuerpflichtigen Bezügen vom selben Arbeitgeber auch **gemäß DBA steuerfreie Bezüge,** dann sind **zwei getrennte Lohnzettel** auszustellen (LStR Rz 1228). Bei der Übermittlung ist darauf zu achten, dass der **„Inlandslohnzettel"** mit der **Lohnzettelart 1** und der **„Auslandslohnzettel"** mit der **Lohnzettelart 8** übermittelt wird. Bei DBA mit Anrechnungsmethode ist der „Auslandslohnzettel" mit der Lohnzettelart 24 zu übermitteln.	Folgejahres zu übermitteln
Meldung gemäß § 109 a EStG	→ **Wer ist zu melden?** Für **natürliche Personen** und **Personenvereinigungen** (Personengemeinschaften) ohne eigene Rechtspersönlichkeit ist für **folgende Tätigkeiten** eine **Meldung** zu erstellen, sofern diese die Leistungen **außerhalb eines Dienstverhältnisses** erbringen. Die **Tätigkeiten** sind: ✓ Leistungen als **Mitglied des Aufsichtsrats, Verwaltungsrats** und andere Leistungen von mit der Überwachung der Geschäftsführung beauftragten Personen (iSd § 6 Abs 1 Z 9 lit b UStG), ✓ Leistungen als **Bausparkassenvertreter und Versicherungsvertreter** (iSd § 6 Abs 1 Z 13 UStG), ✓ Leistungen als **Stiftungsvorstand** (§ 15 Privatstiftungsgesetz), ✓ Leistungen als **Vortragender, Lehrender und Unterrichtender,** ✓ Leistungen als **Kolporteur und Zeitungszusteller,** ✓ Leistungen als **Privatgeschäftsvermittler,** ✓ Leistungen als **Funktionär von öffentlich – rechtlichen Körperschaften,** wenn die Tätigkeit zu **Funktionsgebühren** nach § 29 Z 4 EStG führt, ✓ sonstige Leistungen, die im Rahmen eines **freien Dienstvertrags** erbracht werden und der Versicherungspflicht gemäß **§ 4 Abs 4 ASVG** unterliegen.	Ende Februar des Folgejahres bei elektronischer Übermittlung – mangelt es an den technischen Voraussetzungen (und nur dann) für eine elektronische Übermittlung, so ist ein Papierlohnzettel bis Ende Januar des Folgejahres zu übermitteln

Jahresarbeiten in der Lohnverrechnung

	Ausnahmen für die Erstellung einer Mitteilung Eine Mitteilung kann unterbleiben, wenn das einer Person oder Personenvereinigung (Personengemeinschaft) **im Kalenderjahr** ✓ insgesamt geleistete **(Gesamt-)Entgelt** einschließlich allfälliger Reisekostensätze **nicht mehr als € 900,–** und ✓ das (Gesamt)Entgelt einschließlich allfälliger Reisekostensätze **für jede einzelne Leistung nicht mehr als € 450,–** beträgt. Für das Unterbleiben der Mitteilungspflicht müssen **beide Voraussetzungen** gemeinsam vorliegen. → **Was ist zu melden?** 1. Name (Firma), Wohnanschrift bzw Sitz der Geschäftsleitung, bei natürlichen Personen weiters die Versicherungsnummer nach § 31 ASVG (bei Nichtvorhandensein jedenfalls das Geburtsdatum), bei Personenvereinigungen (Personengemeinschaften) ohne eigene Rechtspersönlichkeit die Finanzamts- und Steuernummer; 2. Art der erbrachten Leistung; 3. Kalenderjahr, in dem das Entgelt geleistet wurde; 4. Entgelt und die darauf entfallende ausgewiesene Umsatzsteuer.	
Schwerarbeitermeldung	Der Arbeitgeber hat der zuständigen ÖGK – über ELDA – hinsichtlich der bei ihm beschäftigten ✓ **männlichen Versicherten** nach Vollendung des **40.** Lebensjahres und für ✓ **weibliche Versicherte** nach Vollendung des **35.** Lebensjahres **folgende Daten** zu melden: ✓ alle **Tätigkeiten,** die auf das Vorliegen von Schwerarbeit schließen lassen ✓ die **Namen und Sozialversicherungsnummern** jener Personen, die diese Tätigkeiten verrichten, und ✓ die **Dauer der Schwerarbeitstätigkeiten.** **Keine Meldung** ist zu erstatten, wenn an weniger als an 15 Arbeitstagen im Kalendermonat (bei Vollzeitbeschäftigung) Schwerarbeit geleistet wurde.	**bis zum 28. 2. des Folgejahres**

Erledigungs-Checkliste[1])

Die nachfolgende Checkliste soll helfen, die unternehmensinternen Verantwortlichkeiten festzulegen und zu dokumentieren.

Wer ...	... macht was	... bis wann
	Ausstellen des Arbeitsvertrags[2])	idealerweise vor Arbeitsantritt, spätestens aber binnen eines Monats ab Aufnahme der Beschäftigung
	Werden dem Arbeitnehmer Betriebsmittel wie Handy, Firmenauto etc zur Verfügung gestellt, so sollten Vereinbarungen betreffend die Nutzung und Inbetriebnahme durch den Arbeitnehmer geschlossen werden	spätestens mit Bereitstellung der Betriebsmittel
	Prüfung des Vorliegens einer Beschäftigungsbewilligung und Kopie im Personalakt	vor Arbeitsantritt
	Einstufung des Arbeitnehmers in das kollektivvertragliche Schema,[3]) Vordienstzeiten ausdrücklich nachgefragt, Nachweis zum Personalakt genommen und angerechnet?	im Zuge der Erstellung des Arbeitsvertrags
	Einstufung in ein innerbetriebliches Schema?	vor Arbeitsantritt
	Entgeltfindung: O Festlegung Grundlohn/Gehalt O Pauschale Abgeltung von Überstunden? O Funktionszulagen? O SEG-Zulagen? O Sonstige Zulagen? O Sachbezüge wie Pkw, Parkplatz, Dienstwohnung etc? O Reisespesen?	vor Arbeitsantritt

[1]) Mit freundlicher Genehmigung der Kanzlei Patka.
[2]) Der **Ausstellung** eines **Arbeitsvertrags** sollte gegenüber der Ausstellung eines Dienstzettels immer der **Vorrang** gegeben werden:
  ✓ Bei einem Dienstzettel handelt es sich gleichsam um ein „Protokoll" über jene Inhalte, auf die man sich im persönlichen Gespräch geeinigt hat. Durch Ausstellen eines Dienstzettels kann man aber keine neuen Rechte und Pflichten begründen.
  ✓ In einem schriftlichen Arbeitsvertrag kann man auch Regelungen vereinbaren, die man zuvor nicht mündlich besprochen hat.
  ✓ Somit kommt es nicht so leicht zu Beweisproblemen, wenn Uneinigkeit darüber besteht, was mündlich vereinbart wurde.
  ✓ Da einige Inhalte des Dienstzettels bzw Arbeitsvertrags unmittelbaren Einfluss auf das Entgelt des Arbeitnehmers haben, können die dort getroffenen Regelungen mittelbaren Einfluss auf das Ergebnis einer PLB haben (Stichwort: „Anspruchslohnprinzip" in der Sozialversicherung!).
[3]) Um sowohl mögliche Nachforderungen des Arbeitnehmers wie auch allfällige Nachforderungen der Behörden im Rahmen einer PLB zu vermeiden, ist die **korrekte Einstufung** des Arbeitnehmers besonders **wichtig**. Dabei hat der Arbeitgeber den Arbeitnehmer ausdrücklich nach Vordienstzeiten zu befragen und darf (und soll!) die entsprechenden Nachweise verlangen.

Erledigungs-Checkliste

Wer ...	... macht was	... bis wann
	○ Provisionen, Prämien, Bonifikationen? ○ Rufbereitschaft?	
	Vergabe einer Personalnummer	vor Arbeitsantritt
	Anmeldung bei der ÖGK	vor Arbeitsantritt
	Erfassung aller Stammdaten: Name Adresse Familienstand (wichtig für Pflegefreistellungen) Kinder (wichtig für Pflegefreistellungen)	vor Arbeitsantritt
	Anlegen des Arbeitnehmers im Lohnverrechnungsprogramm	
	Arbeitnehmer im Zeit-/Reiseerfassungssystem oder in den anderen im Betrieb installierten lohnverrechnungsrelevanten Programmen angelegt?	vor bzw spätestens mit Arbeitsantritt
	Meldung an den Betriebsrat	vor Arbeitsantritt
	Berücksichtigung Pendlerpauschale, AVAB, AEAB und Freibetragsbescheid jeweils nach Beantragung des Arbeitnehmers bzw Vorlage des Bescheids	nach Beantragung bzw Vorlage des Arbeitnehmers
	Beobachtung Ablauf Probezeit/Befristung	bis Ablauf Probezeit/Befristung

Tabellenteil

	Seite
Allgemeine Voraussetzungen zur Steuerberechnung	511
Taglohn	527
Anschlusstabelle	533
Monatslohn Aktive	535
Anschlusstabelle	581
Pensionsbezug	583
Anschlusstabelle	585
Nettotabelle 1 (Nettobezug → Bruttobezug)	587
Nettotabelle 2 (Bruttobezug → Nettobezug)	591
Sozialversicherungstabellen	595
Einleitung	595
SV-Tabellen	597

Allgemeine Voraussetzungen zur Steuerberechnung

§ 33 EStG: Steuersätze und Steuerabsetzbeträge

„§ 33. (1) Die Einkommensteuer beträgt jährlich

für die ersten 11.693 Euro	0%
für Einkommensteile über 11.693 Euro bis 19.134 Euro	20%
für Einkommensteile über 19.134 Euro bis 32.075 Euro	30%
für Einkommensteile über 32.075 Euro bis 62.080 Euro	41% (ab 1. 1. 2024: 40%)
für Einkommensteile über 62.080 Euro bis 93.120 Euro	48%
für Einkommensteile über 93.120 Euro	50%

Für Einkommensteile über eine Million Euro beträgt der Steuersatz in den Kalenderjahren 2016 bis 2025 55%.

(1 a) Die für die Anwendung der Steuersätze für Einkommensteile bis eine Million Euro festgesetzten Grenzbeträge sowie die für die Anwendung des Abs. 4, des Abs. 5 Z 1 bis 3, des Abs. 6 und des Abs. 8 festgesetzten Beträge unterliegen einer Inflationsanpassung nach Maßgabe des § 33a. Gleiches gilt für die in § 1 Abs. 4, § 34 Abs. 4 zweiter Teilstrich, § 35 Abs. 1 dritter Teilstrich, § 42 Abs. 1 Z 3, § 99 Abs. 2 Z 2 und § 102 Abs. 3 festgesetzten Beträge sowie die Einkunftsgrenzen des § 4 Abs. 4 Z 8 lit. b.

(2) Von dem sich nach Abs. 1 ergebenden Betrag sind Absetzbeträge in folgender Reihenfolge abzuziehen

1. Der Familienbonus Plus gemäß Abs. 3a; der Familienbonus Plus ist insoweit nicht abzuziehen, als er jene Steuer übersteigt, die auf das gemäß Abs. 1 zu versteuernde Einkommen entfällt.

2. Die Absetzbeträge nach Abs. 4 bis 6.

(3) 1. Steuerpflichtigen, denen auf Grund des Familienlastenausgleichsgesetzes 1967 Familienbeihilfe gewährt wird, steht im Wege der gemeinsamen Auszahlung mit der Familienbeihilfe ein Kinderabsetzbetrag von monatlich 58,40 Euro für jedes Kind zu. Für Kinder, die sich ständig außerhalb eines Mitgliedstaates der Europäischen Union, eines Staates des Europäischen Wirtschaftsraumes oder der Schweiz aufhalten, steht kein Kinderabsetzbetrag zu. Wurden Kinderabsetzbeträge zu Unrecht bezogen, ist § 26 des Familienlastenausgleichsgesetzes 1967 anzuwenden.

2. Der Kinderabsetzbetrag ist mit Wirksamkeit ab 1. Jänner eines jeden Kalenderjahres mit dem Anpassungsfaktor des § 108 f ASVG zu vervielfachen. Der Vervielfachung ist der im vorangegangenen Kalenderjahr geltende Betrag zugrunde zu legen. Der vervielfachte Betrag ist kaufmännisch auf eine Dezimalstelle zu runden. Der Bundesminister für Finanzen hat den für das folgende Kalenderjahr geltenden Betrag bis spätestens 15. November jeden Jahres zu ermitteln und mit Verordnung kundzumachen.

(3 a) Für ein Kind, für das Familienbeihilfe nach dem Familienlastenausgleichsgesetz 1967 gewährt wird und das sich ständig in einem Mitgliedstaat der EU oder Hoheitsgebiet einer anderen Vertragspartei des Abkommens über den Europäischen Wirtschaftsraum oder der Schweiz aufhält, steht auf Antrag ein Familienbonus Plus nach Maßgabe der folgenden Bestimmungen zu:

1. Der Familienbonus Plus beträgt

a) bis zum Ablauf des Monats, in dem das Kind das 18. Lebensjahr vollendet, für jeden Kalendermonat 166,68 Euro,

Allgemeine Voraussetzungen zur Steuerberechnung

b) nach Ablauf des Monats, in dem das Kind das 18. Lebensjahr vollendet, für jeden Kalendermonat 54,18 Euro.

2. *[aufgehoben durch BGBl I 2022/135]*

3. Der Familienbonus Plus ist in der Veranlagung entsprechend der Antragstellung durch den Steuerpflichtigen wie folgt zu berücksichtigen:

a) Für ein Kind, für das im jeweiligen Monat kein Unterhaltsabsetzbetrag nach Abs. 4 Z 3 zusteht:

– Beim Familienbeihilfenberechtigten oder dessen (Ehe-)Partner der nach Z 1 oder Z 2 zustehende Betrag oder

– beim Familienbeihilfenberechtigten und dessen (Ehe-)Partner jeweils die Hälfte des nach Z 1 oder Z 2 zustehenden Betrages.

b) Für ein Kind, für das im jeweiligen Monat ein Unterhaltsabsetzbetrag nach Abs. 4 Z 3 zusteht:

– Beim Familienbeihilfenberechtigten oder vom Steuerpflichtigen, dem für das Kind der Unterhaltsabsetzbetrag zusteht, der nach Z 1 oder Z 2 zustehende Betrag oder

– beim Familienbeihilfenberechtigten und dem Steuerpflichtigen, dem für das Kind der Unterhaltsabsetzbetrag zusteht, jeweils die Hälfte des nach Z 1 oder Z 2 zustehenden Betrages.

Für einen Monat, für den kein Unterhaltsabsetzbetrag zusteht, steht dem Unterhaltsverpflichteten kein Familienbonus Plus zu.

c) Die Aufteilung des Familienbonus Plus gemäß lit. a und b ist bei gleichbleibenden Verhältnissen für das gesamte Kalenderjahr einheitlich zu beantragen. Wird von den Anspruchsberechtigten die Berücksichtigung in einer Höhe beantragt, die insgesamt über das nach Z 1 oder Z 2 zustehende Ausmaß hinausgeht, ist jeweils die Hälfte des monatlich zustehenden Betrages zu berücksichtigen.

d) Der Antrag kann zurückgezogen werden. Ein Zurückziehen ist bis fünf Jahre nach Eintritt der Rechtskraft des Bescheides möglich und gilt nach Eintritt der Rechtskraft als rückwirkendes Ereignis im Sinne des § 295a der Bundesabgabenordnung sowohl für den Zurückziehenden als auch für den anderen Antragsberechtigten gemäß lit. a oder b. Wird der Antrag zurückgezogen, kann der gemäß lit. a oder b andere Antragsberechtigte den ganzen nach Z 1 oder Z 2 zustehenden Betrag beantragen.

4. (Ehe-)Partner im Sinne der Z 3 ist eine Person, mit der der Familienbeihilfenberechtigte verheiratet ist, eine eingetragene Partnerschaft nach dem Eingetragene Partnerschaft-Gesetz – EPG begründet hat oder für mehr als sechs Monate im Kalenderjahr in einer Lebensgemeinschaft lebt. Die Frist von sechs Monaten im Kalenderjahr gilt nicht, wenn dem nicht die Familienbeihilfe beziehenden Partner in den restlichen Monaten des Kalenderjahres, in denen die Lebensgemeinschaft nicht besteht, der Unterhaltsabsetzbetrag für dieses Kind zusteht.

5. *[aufgehoben durch BGBl I 2022/135]*

6. In der Steuererklärung ist die Versicherungsnummer (§ 31 ASVG) oder die persönliche Kennnummer der Europäischen Krankenversicherungskarte (§ 31a ASVG) jedes Kindes, für das ein Familienbonus Plus beantragt wird, anzugeben.

7. Der Bundesminister für Finanzen hat die technischen Voraussetzungen für die Berücksichtigung des Familienbonus Plus im Rahmen der Veranlagung zur Verfügung zu stellen.

Allgemeine Voraussetzungen zur Steuerberechnung

(4) Darüber hinaus stehen folgende Absetzbeträge zu, wenn sich das Kind ständig in einem Mitgliedstaat der EU oder Hoheitsgebiet einer anderen Vertragspartei des Abkommens über den Europäischen Wirtschaftsraum oder der Schweiz aufhält:

1. Alleinverdienenden steht ein Alleinverdienerabsetzbetrag zu. Dieser beträgt jährlich

– bei einem Kind (§ 106 Abs. 1) 520 Euro,

– bei zwei Kindern (§ 106 Abs. 1) 704 Euro.

Dieser Betrag erhöht sich für das dritte und jedes weitere Kind (§ 106 Abs. 1) um jeweils 232 Euro jährlich.

Alleinverdienende sind Steuerpflichtige mit mindestens einem Kind (§ 106 Abs. 1), die mehr als sechs Monate im Kalenderjahr verheiratet oder eingetragene Partner sind und von ihren unbeschränkt steuerpflichtigen Ehegatten oder eingetragenen Partnern nicht dauernd getrennt leben oder die mehr als sechs Monate mit einer unbeschränkt steuerpflichtigen Person in einer Lebensgemeinschaft leben. Für Steuerpflichtige im Sinne des § 1 Abs. 4 ist die unbeschränkte Steuerpflicht des Ehegatten oder eingetragenen Partners nicht erforderlich. Voraussetzung ist, dass der (Ehe-)Partner (§ 106 Abs. 3) Einkünfte von höchstens 6 312 Euro jährlich erzielt. Die nach § 3 Abs. 1 Z 4 lit. a, weiters nach § 3 Abs. 1 Z 10, 11 und 32 und auf Grund zwischenstaatlicher oder anderer völkerrechtlicher Vereinbarungen steuerfreien Einkünfte sind in diese Grenzen mit einzubeziehen. Andere steuerfreie Einkünfte sind nicht zu berücksichtigen. Der Alleinverdienerabsetzbetrag steht nur einem der (Ehe-)Partner zu. Erfüllen beide (Ehe-)Partner die Voraussetzungen im Sinne der vorstehenden Sätze, hat jener (Ehe-)Partner Anspruch auf den Alleinverdienerabsetzbetrag, der die höheren Einkünfte im Sinne der Z 1 erzielt. Haben beide (Ehe-)Partner keine oder gleich hohe Einkünfte im Sinne der Z 1, steht der Absetzbetrag dem haushaltsführenden (Ehe-)Partner zu.

2. Alleinerziehenden steht ein Alleinerzieherabsetzbetrag zu. Dieser beträgt jährlich

– bei einem Kind (§ 106 Abs. 1) 520 Euro,

– bei zwei Kindern (§ 106 Abs. 1) 704 Euro.

Dieser Betrag erhöht sich für das dritte und jedes weitere Kind (§ 106 Abs. 1) um jeweils 232 Euro jährlich. Alleinerziehende sind Steuerpflichtige, die mit mindestens einem Kind (§ 106 Abs. 1) mehr als sechs Monate im Kalenderjahr nicht in einer Gemeinschaft mit einem (Ehe-)Partner leben.

3. Steuerpflichtigen, die für ein Kind den gesetzlichen Unterhalt leisten, steht ein Unterhaltsabsetzbetrag von 31 Euro monatlich zu. Dabei gilt:

a) Der Unterhaltsabsetzbetrag steht zu, wenn das Kind nicht dem Haushalt des Steuerpflichtigen zugehört (§ 2 Abs. 5 Familienlastenausgleichsgesetz 1967) und weder ihm noch seinem von ihm nicht dauernd getrennt lebenden (Ehe-)Partner Familienbeihilfe für das Kind gewährt wird.

b) Leistet ein Steuerpflichtiger für mehr als ein nicht haushaltszugehöriges Kind den gesetzlichen Unterhalt, steht für das zweite Kind ein Absetzbetrag von 47 Euro und für jedes weitere Kind ein Absetzbetrag von jeweils 62 Euro monatlich zu.

c) Erfüllen mehrere Personen in Bezug auf ein Kind die Voraussetzungen für den Unterhaltsabsetzbetrag, steht der Absetzbetrag nur einmal zu.

d) Wird die Unterhaltsverpflichtung im Kalenderjahr nicht zur Gänze erfüllt, steht der Unterhaltsabsetzbetrag nur für jene Monate zu, für die rechnerisch die volle Unterhaltsleistung erfüllt wurde, wobei vorrangig die zeitlich am weitesten zurückliegende Unterhaltsverpflichtung getilgt wird.

Allgemeine Voraussetzungen zur Steuerberechnung

e) Nachzahlungen von gesetzlichen Unterhaltsleistungen sind ausschließlich im Kalenderjahr der Zahlung zu berücksichtigen.

4. *[aufgehoben durch BGBl I 2022/135]*

(5) Bei Einkünften aus einem bestehenden Dienstverhältnis stehen folgende Absetzbeträge zu:

1. Ein Verkehrsabsetzbetrag von 421 Euro jährlich.

2. Bei Anspruch auf ein Pendlerpauschale gemäß § 16 Abs. 1 Z 6 erhöht sich der Verkehrsabsetzbetrag auf 726 Euro, wenn das Einkommen des Steuerpflichtigen 12 835 Euro im Kalenderjahr nicht übersteigt. Der erhöhte Verkehrsabsetzbetrag vermindert sich zwischen Einkommen von 12 835 Euro und 13 676 Euro gleichmäßig einschleifend auf 421 Euro.

3. Der Verkehrsabsetzbetrag gemäß Z 1 oder 2 erhöht sich um 684 Euro (Zuschlag), wenn das Einkommen des Steuerpflichtigen 16 832 Euro im Kalenderjahr nicht übersteigt. Der Zuschlag vermindert sich zwischen Einkommen von 16 832 Euro und 25 774 Euro gleichmäßig einschleifend auf null.

4. Ein Pendlereuro in Höhe von jährlich zwei Euro pro Kilometer der einfachen Fahrtstrecke zwischen Wohnung und Arbeitsstätte, wenn der Arbeitnehmer Anspruch auf ein Pendlerpauschale gemäß § 16 Abs. 1 Z 6 hat. Für die Berücksichtigung des Pendlereuros gelten die Bestimmungen des § 16 Abs. 1 Z 6 lit. b und lit. e bis j entsprechend.

5. *[aufgehoben durch BGBl I 2015/118]*

(6) Stehen einem Steuerpflichtigen die Absetzbeträge nach Abs. 5 nicht zu und erhält er Bezüge oder Vorteile im Sinne des § 25 Abs. 1 Z 1 oder 2 für frühere Dienstverhältnisse, Pensionen und gleichartige Bezüge im Sinne des § 25 Abs. 1 Z 3 oder Abs. 1 Z 4 bis 5, steht ein Pensionistenabsetzbetrag gemäß Z 1 und Z 2 oder gemäß Z 3 zu. Bei Einkünften, die den Anspruch auf einen Pensionistenabsetzbetrag begründen, steht der Werbungskostenpauschbetrag nach § 16 Abs. 3 nicht zu. Für die Berücksichtigung des Pensionistenabsetzbetrages gilt:

1. Ein erhöhter Pensionistenabsetzbetrag steht zu, wenn

– der Steuerpflichtige mehr als sechs Monate im Kalenderjahr verheiratet oder eingetragener Partner ist und vom (Ehe-)Partner nicht dauernd getrennt lebt,

– der (Ehe-)Partner (§ 106 Abs. 3) Einkünfte im Sinne des Abs. 4 Z 1 von höchstens 2 315 Euro jährlich erzielt und

– der Steuerpflichtige keinen Anspruch auf den Alleinverdienerabsetzbetrag hat.

2. Der erhöhte Pensionistenabsetzbetrag beträgt 1 278 Euro, wenn die laufenden Pensionseinkünfte des Steuerpflichtigen 20 967 Euro im Kalenderjahr nicht übersteigen. Dieser Absetzbetrag vermindert sich gleichmäßig einschleifend zwischen zu versteuernden laufenden Pensionseinkünften von 20 967 Euro und 26 826 Euro auf null.

3. Liegen die Voraussetzungen für einen erhöhten Pensionistenabsetzbetrag nach der Z 1 nicht vor, beträgt der Pensionistenabsetzbetrag 868 Euro. Dieser Absetzbetrag vermindert sich gleichmäßig einschleifend zwischen zu versteuernden laufenden Pensionseinkünften von 18 410 Euro und 26 826 Euro auf null.

(7) Ergibt sich bei Steuerpflichtigen, die

– zumindest an 30 Tagen im Kalenderjahr steuerpflichtige Einkünfte gemäß § 2 Abs. 3 Z 1 bis 4 erzielen, oder

Allgemeine Voraussetzungen zur Steuerberechnung

– ganzjährig Leistungen nach dem Kinderbetreuungsgeldgesetz (KBGG), BGBl. I Nr. 103/2001, oder Pflegekarenzgeld bezogen haben,

nach Abs. 1 eine Einkommensteuer unter 550 Euro, gilt bei Vorhandensein eines Kindes (§ 106 Abs. 1) Folgendes:

Die Differenz zwischen 550 Euro und der Einkommensteuer nach Abs. 1 ist als Kindermehrbetrag zu erstatten, wenn

a) der Alleinverdiener- oder Alleinerzieherabsetzbetrag zusteht oder

b) sich auch beim (Ehe)Partner gemäß § 106 Abs. 3, der Einkünfte gemäß § 2 Abs. 3 Z 1 bis 4 erzielt, eine Einkommensteuer nach Abs. 1 unter 550 Euro ergibt; in diesem Fall hat nur der Familienbeihilfeberechtigte Anspruch auf den Kindermehrbetrag.

Dieser Betrag erhöht sich für jedes weitere Kind (§ 106 Abs. 1) um den Betrag von 550 Euro.

(8) 1. Ergibt sich nach Abs. 1 und 2 eine Einkommensteuer unter null, ist insoweit der Alleinverdienerabsetzbetrag oder der Alleinerzieherabsetzbetrag zu erstatten.

2. Ergibt sich bei Steuerpflichtigen, die Anspruch auf den Verkehrsabsetzbetrag haben, nach Abs. 1 und 2 eine Einkommensteuer unter null, sind 55% der Werbungskosten im Sinne des § 16 Abs. 1 Z 3 lit. a (ausgenommen Betriebsratsumlagen) und des § 16 Abs. 1 Z 4 und 5, höchstens aber 421 Euro jährlich rückzuerstatten (SV-Rückerstattung). Bei Steuerpflichtigen, die Anspruch auf ein Pendlerpauschale gemäß § 16 Abs. 1 Z 6 haben, sind höchstens 526 Euro rückzuerstatten. Bei Steuerpflichtigen, die Anspruch auf den Zuschlag gemäß Abs. 5 Z 3 haben, ist der maximale Betrag der SV-Rückerstattung um 684 Euro zu erhöhen (SV-Bonus).

3. Ergibt sich bei Steuerpflichtigen, die Anspruch auf den (erhöhten) Pensionistenabsetzbetrag haben, nach Abs. 1 und 2 eine Einkommensteuer unter null, sind 80% der Werbungskosten im Sinne des § 16 Abs. 1 Z 4, höchstens aber 579 Euro jährlich, rückzuerstatten (SV-Rückerstattung). Die Rückerstattung vermindert sich um steuerfreie Zulagen gemäß § 3 Abs. 1 Z 4 lit. f.

4. Auf Grund zwischenstaatlicher oder anderer völkerrechtlicher Vereinbarungen steuerfreie Einkünfte sind für Zwecke der Berechnung der Einkommensteuer gemäß Z 1 bis 3 wie steuerpflichtige Einkünfte zu behandeln. Der Kinderabsetzbetrag gemäß Abs. 3 bleibt bei der Berechnung außer Ansatz.

5. Die Erstattung erfolgt im Wege der Veranlagung gemäß § 41 und ist mit der nach Abs. 1 und 2 berechneten Einkommensteuer unter null begrenzt.

(9) *[aufgehoben durch BGBl I 2015/118]*

(9a) *[aufgehoben durch BGBl I 2015/118]*

(10) Ein im Rahmen einer Veranlagung bei der Berechnung der Steuer anzuwendender Durchschnittssteuersatz ist vorbehaltlich des Abs. 11 nach Berücksichtigung der Abzüge nach den Abs. 3a bis 6 (ausgenommen Kinderabsetzbeträge nach Abs. 3) zu ermitteln. Diese Abzüge sind nach Anwendung des Durchschnittssteuersatzes nicht nochmals abzuziehen.

(11) Ist bei der Berechnung der Steuer ein Progressionsvorbehalt aus der Anwendung eines Doppelbesteuerungsabkommens zu berücksichtigen, gilt für die Steuerberechnung Folgendes: Der Durchschnittssteuersatz ist zunächst ohne Berücksichtigung der Abzüge gemäß Abs. 3a bis 6 zu ermitteln. Von der unter Anwendung dieses Durchschnittssteuersatzes ermittelten Steuer sind die Abzüge gemäß Abs. 4 bis 6 (ausgenommen Kinderabsetzbeträge nach Abs. 3) abzuziehen."

[IdF Teuerungs-Entlastungspaket Teil II und III]

Allgemeine Voraussetzungen zur Steuerberechnung

Die Einkommensteuer ist für das Kalenderjahr 2023 wie folgt zu berechnen:

Einkommen (EK)	Einkommensteuer in Euro (ohne Berücksichtigung von Absetzbeträgen)	Grenz-steuersatz
bis € 11.693	0	0%
über € 11.693 bis € 19.134	([EK – 11.693] x 1.488,20) : 7.441	20%
über € 19.134 bis € 32.075	([(EK – 19.134) x 3.882,30] : 12.941) + 1.488,20	30%
über € 32.075 bis € 62.080	([(EK – 32.075) x 12.302,05] : 30.005) + 5.370,50	41%
über € 62.080 bis € 93.120	([(EK – 62.080) x 14.899,20] : 31.040) + 17.672,55	48%
über € 93.120 bis € 1.000.000	([(EK – 93.120) x 453.440] : 906.880) + 32.571,75	50%
über € 1.000.000	([EK – 1,000.000] x 0,55) + 486.011,75	55%

Berechnung der Lohnsteuer

Schrittweise Berechnung nach § 33 EStG

Der zum laufenden Tarif zu versteuernde Arbeitslohn (vor Abzug des Werbungskostenpauschbetrags – der Sonderausgabenpauschbetrag entfällt ab dem Kalenderjahr 2021) ist auf ganze Cent kaufmännisch auf- oder abzurunden und bei einem monatlichen Lohnzahlungszeitraum mit dem Faktor 12 bzw bei einem täglichen Lohnzahlungszeitraum mit dem Faktor 360 auf ein Jahreseinkommen hochzurechnen. Von diesem Betrag ist der Werbungskostenpauschbetrag (ausgenommen bei Pensionisten) abzuziehen. Auf das so errechnete Jahreseinkommen ist der Einkommensteuertarif (§ 33 EStG) anzuwenden und der erhaltene Betrag um die in § 66 Abs 1 EStG angeführten Absetzbeträge nach allfälliger Anwendung der Einschleifbestimmungen für den Pensionistenabsetzbetrag zu kürzen. Dabei sind die Rechnungen aus Gründen der genauen Ermittlung der Einkommensteuer (Lohnsteuer) so auszuführen, dass die Zwischenbeträge mindestens drei Dezimalstellen ausweisen. Ist das errechnete Ergebnis positiv, dann ist dieses durch den Hochrechnungsfaktor zu dividieren und auf ganze Cent kaufmännisch auf- oder abzurunden. Ergibt sich ein negativer Betrag, ist die Lohnsteuer null.

Beispiel 2023

Angestellter mit einer monatlichen Lohnsteuerbemessungsgrundlage von € 1.714,37 –
MIT Alleinverdienerabsetzbetrag und zwei Kinder
Ermittlung Lohnsteuer

monatliche Bemessungsgrundlage   € 1.714,37 × 12 =
                                 € 20.572,44

abzüglich
– Werbungskostenpauschale   €   132,00
Einkommen   € 20.440,44

Formel

$$\frac{\text{Einkommen} - €\,19.134}{€\,12.941} \times €\,3.882,30 + €\,1.488,20$$

Berechnung

€ 20.440,44
€ – 19.134,00
€   1.306,44 : € 12.941
€   0,100954 × € 3.882,30
€   391,93

Allgemeine Voraussetzungen zur Steuerberechnung

	€	1.488,20
	€	1.880,13
abzüglich		
Verkehrsabsetzbetrag	€	− 421,00
Alleinverdienerabsetzbetrag – zwei Kinder	€	− 704,00
Lohnsteuer – jährlich	€	755,13 : 12
Lohnsteuer – monatlich	€	**62,93**

Effektivtabellen

LSt-Tabellen für unselbständig Beschäftigte

Für das Jahr 2019

Monats-lohn bis	Grenz-steuer-satz	Abzug	Absetzbeträge						
			Familienbonus <18 Jahre		Familienbonus ≥18 Jahre		Verkehrs-absetz-betrag	Alleinverdiener-/Alleinerzie-herabsetzbetrag		
			ganz	halb	ganz	halb		für 1 Kind	für 2 Kinder	für jedes weitere Kind
932,67	0,00%									
1.516,00	25,00%	233,17	125,00	62,50	41,68	20,84	33,33	41,17	55,75	+18,33
2.599,33	35,00%	384,77	125,00	62,50	41,68	20,84	33,33	41,17	55,75	+18,33
5.016,00	42,00%	566,72	125,00	62,50	41,68	20,84	33,33	41,17	55,75	+18,33
7.516,00	48,00%	867,68	125,00	62,50	41,68	20,84	33,33	41,17	55,75	+18,33
83.349,33	50,00%	1.018,00	125,00	62,50	41,68	20,84	33,33	41,17	55,75	+18,33
darüber	55,00%	5.185,47	125,00	62,50	41,68	20,84	33,33	41,17	55,75	+18,33

Monatslohn = Bruttobezug abzüglich SV-Beiträge und Freibeträge, jedoch vor Abzug von Werbungskostenpauschale (€ 132,– pa) und Sonderausgabenpauschale (€ 60,– pa).

Der Familienbonus ist als erster Absetzbetrag bis maximal null abzuziehen.

Der erhöhte Verkehrsabsetzbetrag ist in der Tabelle nicht berücksichtigt.

Tageslohn bis	Grenz-steuer-satz	Abzug	Absetzbeträge						
			Familienbonus <18 Jahre		Familienbonus ≥18 Jahre		Verkehrs-absetz-betrag	Alleinverdiener-/Alleinerzie-herabsetzbetrag		
			ganz	halb	ganz	halb		für 1 Kind	für 2 Kinder	für jedes weitere Kind
31,09	0,00%									
50,53	25,00%	7,772	4,167	2,083	1,389	0,695	1,111	1,372	1,858	+0,611
86,64	35,00%	12,826	4,167	2,083	1,389	0,695	1,111	1,372	1,858	+0,611
167,20	42,00%	18,891	4,167	2,083	1,389	0,695	1,111	1,372	1,858	+0,611
250,53	48,00%	28,923	4,167	2,083	1,389	0,695	1,111	1,372	1,858	+0,611
2.778,31	50,00%	33,933	4,167	2,083	1,389	0,695	1,111	1,372	1,858	+0,611
darüber	55,00%	172,849	4,167	2,083	1,389	0,695	1,111	1,372	1,858	+0,611

Allgemeine Voraussetzungen zur Steuerberechnung

Tageslohn = siehe Monatslohn.

Der Familienbonus ist als erster Absetzbetrag bis maximal null abzuziehen.

Der erhöhte Verkehrsabsetzbetrag ist in der Tabelle nicht berücksichtigt.

Für das Jahr 2020

Monatslohn bis	Grenzsteuersatz	Abzug	Absetzbeträge							
			Familienbonus <18 Jahre		Familienbonus ≥18 Jahre		Verkehrsabsetzbetrag	Alleinverdiener-/Alleinerzieherabsetzbetrag		
			ganz	halb	ganz	halb		für 1 Kind	für 2 Kinder	für jedes weitere Kind
932,67	0,00%									
1.516,00	20,00%	186,53	125,00	62,50	41,68	20,84	33,33	41,17	55,75	+18,33
2.599,33	35,00%	413,93	125,00	62,50	41,68	20,84	33,33	41,17	55,75	+18,33
5.016,00	42,00%	595,89	125,00	62,50	41,68	20,84	33,33	41,17	55,75	+18,33
7.516,00	48,00%	896,85	125,00	62,50	41,68	20,84	33,33	41,17	55,75	+18,33
83.349,33	50,00%	1.047,17	125,00	62,50	41,68	20,84	33,33	41,17	55,75	+18,33
darüber	55,00%	5.214,63	125,00	62,50	41,68	20,84	33,33	41,17	55,75	+18,33

Monatslohn = Bruttobezug abzüglich SV-Beiträge und Freibeträge, jedoch vor Abzug von Werbungskostenpauschale (€ 132,– pa) und Sonderausgabenpauschale (€ 60,– pa).

Der Familienbonus ist als erster Absetzbetrag bis maximal null abzuziehen.

Der erhöhte Verkehrsabsetzbetrag ist in der Tabelle nicht berücksichtigt.

Tageslohn bis	Grenzsteuersatz	Abzug	Absetzbeträge							
			Familienbonus <18 Jahre		Familienbonus ≥18 Jahre		Verkehrsabsetzbetrag	Alleinverdiener-/Alleinerzieherabsetzbetrag		
			ganz	halb	ganz	halb		für 1 Kind	für 2 Kinder	für jedes weitere Kind
31,09	0,00%									
50,53	20,00%	6,218	4,167	2,083	1,389	0,695	1,111	1,372	1,858	+0,611
86,64	35,00%	13,798	4,167	2,083	1,389	0,695	1,111	1,372	1,858	+0,611
167,20	42,00%	19,863	4,167	2,083	1,389	0,695	1,111	1,372	1,858	+0,611
250,53	48,00%	29,895	4,167	2,083	1,389	0,695	1,111	1,372	1,858	+0,611
2.778,31	50,00%	34,906	4,167	2,083	1,389	0,695	1,111	1,372	1,858	+0,611
darüber	55,00%	173,821	4,167	2,083	1,389	0,695	1,111	1,372	1,858	+0,611

Tageslohn = siehe Monatslohn.

Der Familienbonus ist als erster Absetzbetrag bis maximal null abzuziehen.

Der erhöhte Verkehrsabsetzbetrag ist in der Tabelle nicht berücksichtigt.

Allgemeine Voraussetzungen zur Steuerberechnung

Ab dem Jahr 2021

Monatslohn bis	Grenzsteuersatz	Abzug	Absetzbeträge								
			Familienbonus <18 Jahre		Familienbonus ≥18 Jahre		Verkehrsabsetzbetrag	Alleinverdiener-/Alleinerzieherabsetzbetrag			
			ganz	halb	ganz	halb			für 1 Kind	für 2 Kinder	für jedes weitere Kind
927,67	0,00%										
1.511,00	20,00%	185,53	125,00	62,50	41,68	20,84	33,33		41,17	55,75	+18,33
2.594,33	35,00%	412,18	125,00	62,50	41,68	20,84	33,33		41,17	55,75	+18,33
5.011,00	42,00%	593,79	125,00	62,50	41,68	20,84	33,33		41,17	55,75	+18,33
7.511,00	48,00%	894,45	125,00	62,50	41,68	20,84	33,33		41,17	55,75	+18,33
83.344,33	50,00%	1.044,67	125,00	62,50	41,68	20,84	33,33		41,17	55,75	+18,33
darüber	55,00%	5.211,88	125,00	62,50	41,68	20,84	33,33		41,17	55,75	+18,33

Monatslohn = Bruttobezug abzüglich SV-Beiträge und Freibeträge, jedoch vor Abzug des Werbungskostenpauschales (€ 132,– pa).

Der Familienbonus ist als erster Absetzbetrag bis maximal null abzuziehen.

Der erhöhte Verkehrsabsetzbetrag ist in der Tabelle nicht berücksichtigt.

> **Hinweis**
>
> Ab dem Kalenderjahr 2021 entfällt das Sonderausgabenpauschale in Höhe von € 60,– jährlich (§ 124b Z 286 EStG). Dadurch ergeben sich auch Änderungen in den Effektivtabellen gegenüber dem Kalenderjahr 2020.

Tageslohn bis	Grenzsteuersatz	Abzug	Absetzbeträge								
			Familienbonus <18 Jahre		Familienbonus ≥18 Jahre		Verkehrsabsetzbetrag	Alleinverdiener-/Alleinerzieherabsetzbetrag			
			ganz	halb	ganz	halb			für 1 Kind	für 2 Kinder	für jedes weitere Kind
30,92	0,00%										
50,37	20,00%	6,184	4,167	2,083	1,389	0,695	1,111		1,372	1,858	+0,611
86,48	35,00%	13,739	4,167	2,083	1,389	0,695	1,111		1,372	1,858	+0,611
167,03	42,00%	19,793	4,167	2,083	1,389	0,695	1,111		1,372	1,858	+0,611
250,37	48,00%	29,815	4,167	2,083	1,389	0,695	1,111		1,372	1,858	+0,611
2.778,14	50,00%	34,822	4,167	2,083	1,389	0,695	1,111		1,372	1,858	+0,611
darüber	55,00%	173,729	4,167	2,083	1,389	0,695	1,111		1,372	1,858	+0,611

Tageslohn = siehe Monatslohn

Der Familienbonus ist als erster Absetzbetrag bis maximal null abzuziehen.

Der erhöhte Verkehrsabsetzbetrag ist in der Tabelle nicht berücksichtigt.

Allgemeine Voraussetzungen zur Steuerberechnung

Hinweis

Ab dem Kalenderjahr 2021 entfällt das Sonderausgabenpauschale in Höhe von € 60,– jährlich (§ 124 b Z 286 EStG). Dadurch ergeben sich auch Änderungen in den Effektivtabellen gegenüber dem Kalenderjahr 2020.

Ab 1. 1. 2022 („Übergangsregelung" – „Ökosoziales Steuerreformgesetz 2022")**

Monats-lohn bis	Grenz-steuer-satz	Abzug	Absetzbeträge							
			Familienbonus Plus <18 Jahre		Familienbonus Plus ≥18 Jahre		Verkehrs-absetz-betrag	Alleinverdiener-/Alleinerzie-herabsetzbetrag		
			ganz	halb	ganz	halb		für 1 Kind	für 2 Kinder	für jedes weitere Kind
927,67	0,00%									
1.511,00	20,00%	185,53	166,68	83,34	54,18	27,09	33,33	41,17	55,75	18,33
2.594,33	32,50%	374,41	166,68	83,34	54,18	27,09	33,33	41,17	55,75	18,33
5.011,00	42,00%	620,87	166,68	83,34	54,18	27,09	33,33	41,17	55,75	18,33
7.511,00	48,00%	921,53	166,68	83,34	54,18	27,09	33,33	41,17	55,75	18,33
83.344,33	50,00%	1.071,75	166,68	83,34	54,18	27,09	33,33	41,17	55,75	18,33
darüber	55,00%	5.238,97	166,68	83,34	54,18	27,09	33,33	41,17	55,75	18,33

Hinweis

- Monatslohn = Bruttobezug abzüglich SV-Beiträge und Freibeträge, jedoch vor Abzug von Werbungskostenpauschale (€ 132,– pa).
- Der Familienbonus Plus ist als erster Absetzbetrag bis maximal null abzuziehen.
- Der erhöhte Verkehrsabsetzbetrag und der Zuschlag zum Verkehrsabsetzbetrag sind in der Tabelle nicht berücksichtigt.

** „Übergangsregelung 2022" – „Ökosoziales Steuerreformgesetz 2022"

Die Senkung des Steuersatzes von 35% auf 30% tritt mit 1. 7. 2022 in Kraft und ist erstmalig anzuwenden, wenn
- die Einkommensteuer veranlagt oder durch Veranlagung festgesetzt wird, bei der Veranlagung für das Kalenderjahr 2023,
- die Einkommensteuer (Lohnsteuer) durch Abzug eingehoben wird, für Lohnzahlungszeiträume, die nach dem 31. 12. 2022 enden.

Für das Kalenderjahr 2022 ist die Senkung des Steuersatzes von 35% auf 30% wie folgt zu berücksichtigen:
- Wenn die Einkommensteuer veranlagt oder durch Veranlagung festgesetzt wird, ist für das gesamte Kalenderjahr ein Steuersatz von 32,5% anzuwenden.
- Wenn die Einkommensteuer (Lohnsteuer) durch Abzug eingehoben wird, ist für Lohnzahlungszeiträume, die nach dem 31. 12. 2021 enden, ein Steuersatz von 32,5% anzuwenden. Wurde für derartige Lohnzahlungszeiträume der Steuersatz von 32,5% noch nicht berücksichtigt, hat der Arbeitgeber für seine Arbeitnehmer eine Aufrollung gemäß § 77 Abs 3 EStG so bald wie möglich, jedoch spätestens bis 31. 5. 2022 durchzuführen, sofern die technischen und organisatorischen Möglichkeiten dazu vorliegen.

Allgemeine Voraussetzungen zur Steuerberechnung

Tageslohn bis	Grenz-steuer-satz	Abzug	Absetzbeträge							
			Familienbonus Plus <18 Jahre		Familienbonus Plus ≥18 Jahre		Verkehrs-absetz-betrag	Alleinverdiener-/Alleinerzie-herabsetzbetrag		
			ganz	halb	ganz	halb		für 1 Kind	für 2 Kinder	für je-des weitere Kind
30,92	0,00%									
50,37	20,00%	6,184	5,556	2,778	1,806	0,903	1,111	1,372	1,858	0,611
86,48	32,50%	12,480	5,556	2,778	1,806	0,903	1,111	1,372	1,858	0,611
167,03	42,00%	20,696	5,556	2,778	1,806	0,903	1,111	1,372	1,858	0,611
250,37	48,00%	30,718	5,556	2,778	1,806	0,903	1,111	1,372	1,858	0,611
2.778,14	50,00%	35,725	5,556	2,778	1,806	0,903	1,111	1,372	1,858	0,611
darüber	55,00%	174,632	5,556	2,778	1,806	0,903	1,111	1,372	1,858	0,611

Die Hinweise bei der Effektivtabelle „Monatslohn" gelten entsprechend auch für die Effektivtabelle „Tageslohn".

Ab 1. 1. 2023 („Übergangsregelung" – „Ökosoziales Steuerreformgesetz 2022")**

Monatslohn bis	Grenz-steuer-satz	Abzug	Absetzbeträge							
			Familienbonus Plus <18 Jahre		Familienbonus Plus ≥18 Jahre		Verkehrs-absetz-betrag	Alleinverdiener-/Alleinerzie-herabsetzbetrag		
			ganz	halb	ganz	halb		für 1 Kind	für 2 Kinder	für je-des weitere Kind
985,42	0,00%									
1.605,50	20,00%	197,08	166,68	83,34	54,18	27,09	35,08	43,33	58,67	19,33
2.683,92	30,00%	357,63	166,68	83,34	54,18	27,09	35,08	43,33	58,67	19,33
5.184,33	41,00%	652,86	166,68	83,34	54,18	27,09	35,08	43,33	58,67	19,33
7.771,00	48,00%	1.015,77	166,68	83,34	54,18	27,09	35,08	43,33	58,67	19,33
83.344,33	50,00%	1.171,19	166,68	83,34	54,18	27,09	35,08	43,33	58,67	19,33
darüber	55,00%	5.338,40	166,68	83,34	54,18	27,09	35,08	43,33	58,67	19,33

Hinweis

- Monatslohn = Bruttobezug abzüglich SV-Beiträge und Freibeträge, jedoch vor Abzug von Werbungskostenpauschale (€ 132,– pa).
- Der Familienbonus Plus ist als erster Absetzbetrag bis maximal null abzuziehen.
- Der erhöhte Verkehrsabsetzbetrag und der Zuschlag zum Verkehrsabsetzbetrag sind in der Tabelle nicht berücksichtigt.

** „Übergangsregelung 2023" – „Ökosoziales Steuerreformgesetz 2022"

Die Senkung des Steuersatzes von 42% auf 40% tritt mit 1. 7. 2023 in Kraft und ist erstmalig anzuwenden, wenn
- die Einkommensteuer veranlagt oder durch Veranlagung festgesetzt wird, bei der Veranlagung für das Kalenderjahr 2024,
- die Einkommensteuer (Lohnsteuer) durch Abzug eingehoben wird, für Lohnzahlungszeiträume, die nach dem 31. 12. 2023 enden.

Allgemeine Voraussetzungen zur Steuerberechnung

Für das Kalenderjahr 2023 ist die Senkung des Steuersatzes von 42% auf 40% wie folgt zu berücksichtigen:
- Wenn die Einkommensteuer veranlagt oder durch Veranlagung festgesetzt wird, ist für das gesamte Kalenderjahr ein Steuersatz von 41% anzuwenden.
- Wenn die Einkommensteuer (Lohnsteuer) durch Abzug eingehoben wird, ist für Lohnzahlungszeiträume, die nach dem 31. 12. 2022 enden, ein Steuersatz von 41% anzuwenden.

Tageslohn bis	Grenz-steuer-satz	Abzug	Absetzbeträge							
			Familienbonus Plus <18 Jahre		Familienbonus Plus ≥18 Jahre		Verkehrs-absetz-betrag	Alleinverdiener-/Alleinerzie-herabsetzbetrag		
			ganz	halb	ganz	halb		für 1 Kind	für 2 Kinder	für jedes weitere Kind
32,85	0,00%									
53,52	20,00%	6,569	5,556	2,778	1,806	0,903	1,169	1,444	1,956	0,644
89,46	30,00%	11,921	5,556	2,778	1,806	0,903	1,169	1,444	1,956	0,644
172,81	41,00%	21,762	5,556	2,778	1,806	0,903	1,169	1,444	1,956	0,644
259,03	48,00%	33,859	5,556	2,778	1,806	0,903	1,169	1,444	1,956	0,644
2.778,14	50,00%	39,040	5,556	2,778	1,806	0,903	1,169	1,444	1,956	0,644
darüber	55,00%	177,947	5,556	2,778	1,806	0,903	1,169	1,444	1,956	0,644

Die Hinweise bei der Effektivtabelle „Monatslohn" gelten entsprechend auch für die Effektivtabelle „Tageslohn".

LSt-Tabellen für Pensionisten

Für das Jahr 2019

Monats-lohn bis	Grenz-steuer-satz	Abzug	Absetzbeträge							
			Familienbonus <18 Jahre		Familienbonus ≥18 Jahre		Pensio-nistenab-setzbe-trag	Alleinverdiener-/Alleinerzie-herabsetzbetrag		
			ganz	halb	ganz	halb		für 1 Kind	für 2 Kinder	für jedes weitere Kind
921,67	0,00%									
1.416,67	25,00%	230,42	125,00	62,50	41,68	20,84	33,33	41,17	55,75	+18,33
1.505,00	25,00%	230,42	125,00	62,50	41,68	20,84	33,33–0*	41,17	55,75	+18,33
2.083,33	35,00%	380,92	125,00	62,50	41,68	20,84		41,17	55,75	+18,33
2.588,33	35,00%	380,92	125,00	62,50	41,68	20,84		41,17	55,75	+18,33
5.005,00	42,00%	562,10	125,00	62,50	41,68	20,84		41,17	55,75	+18,33
7.505,00	48,00%	862,40	125,00	62,50	41,68	20,84		41,17	55,75	+18,33
83.338,33	50,00%	1.012,50	125,00	62,50	41,68	20,84		41,17	55,75	+18,33
darüber	55,00%	5.179,42	125,00	62,50	41,68	20,84		41,17	55,75	+18,33

Monatspension = Bruttopension abzüglich SV-Beiträge und Freibeträge, jedoch vor Abzug des Sonderausgabenpauschales (€ 60,– pa).

Der Familienbonus ist als erster Absetzbetrag bis maximal null abzuziehen.

Allgemeine Voraussetzungen zur Steuerberechnung

Für das Jahr 2020

Monats-lohn bis	Grenz-steuer-satz	Abzug	Absetzbeträge							
			Familienbonus <18 Jahre		Familienbonus ≥18 Jahre		Pensio-nistenab-setzbe-trag	Alleinverdiener-/Alleinerzie-herabsetzbetrag		
			ganz	halb	ganz	halb		für 1 Kind	für 2 Kinder	für je-des weitere Kind
921,67	0,00%									
1.416,67	20,00%	184,33	125,00	62,50	41,68	20,84	50,00	41,17	55,75	+18,33
1.505,00	20,00%	184,33	125,00	62,50	41,68	20,84	50,00–0*	41,17	55,75	+18,33
2.083,33	35,00%	410,08	125,00	62,50	41,68	20,84		41,17	55,75	+18,33
2.588,33	35,00%	410,08	125,00	62,50	41,68	20,84		41,17	55,75	+18,33
5.005,00	42,00%	591,27	125,00	62,50	41,68	20,84		41,17	55,75	+18,33
7.505,00	48,00%	891,57	125,00	62,50	41,68	20,84		41,17	55,75	+18,33
83.338,33	50,00%	1.041,57	125,00	62,50	41,68	20,84		41,17	55,75	+18,33
darüber	55,00%	5.208,58	125,00	62,50	41,68	20,84		41,17	55,75	+18,33

Monatspension = Bruttopension abzüglich SV-Beiträge und Freibeträge, jedoch vor Abzug des Sonderausgabenpauschales (€ 60,– pa).

Der Familienbonus ist als erster Absetzbetrag bis maximal null abzuziehen.

Ab dem Jahr 2021

Monats-lohn bis	Grenz-steuer-satz	Abzug	Absetzbeträge							
			Familienbonus <18 Jahre		Familienbonus ≥18 Jahre		Pensio-nistenab-setzbe-trag	Alleinverdiener-/Alleinerzie-herabsetzbetrag		
			ganz	halb	ganz	halb		für 1 Kind	für 2 Kinder	für je-des weitere Kind
916,67	0,00%									
1.416,67	20,00%	183,33	125,00	62,50	41,68	20,84	50,00	41,17	55,75	+18,33
1.500,00	20,00%	183,33	125,00	62,50	41,68	20,84	50,00–0*	41,17	55,75	+18,33
2.083,33	35,00%	408,33	125,00	62,50	41,68	20,84		41,17	55,75	+18,33
2.583,33	35,00%	408,33	125,00	62,50	41,68	20,84		41,17	55,75	+18,33
5.000,00	42,00%	589,17	125,00	62,50	41,68	20,84		41,17	55,75	+18,33
7.500,00	48,00%	889,17	125,00	62,50	41,68	20,84		41,17	55,75	+18,33
83.333,33	50,00%	1.039,17	125,00	62,50	41,68	20,84		41,17	55,75	+18,33
darüber	55,00%	5.205,83	125,00	62,50	41,68	20,84		41,17	55,75	+18,33

Hinweis

- Monatspension = Bruttopension abzüglich SV-Beiträge und Freibeträge.
- Ab dem Kalenderjahr 2021 entfällt das Sonderausgabenpauschale in Höhe von € 60,– jährlich (§ 124b Z 286 EStG). Dadurch ergeben sich auch Änderungen in der LSt-Tabelle gegenüber dem Kalenderjahr 2020.
- Der Familienbonus ist als erster Absetzbetrag bis maximal null abzuziehen.

Allgemeine Voraussetzungen zur Steuerberechnung

- Pensionisten steht kein Verkehrsabsetzbetrag zu. Dafür steht ein Pensionistenabsetzbetrag zu (siehe unten).
- Der erhöhte Pensionistenabsetzbetrag ist in der Tabelle nicht berücksichtigt.

* Einschleifregelung Pensionistenabsetzbetrag

Der Pensionistenabsetzbetrag vermindert sich gleichmäßig einschleifend zwischen jährlich € 17.000,– und € 25.000,– auf null.
Formel für die Verschleifung des Pensionistenabsetzbetrages:
(2.083,33 – monatliche Pensionseinkünfte) x 50,– : 666,67

Sonderregelung Ökosoziale Steuerreformgesetz 2022

Der Pensionistenabsetzbetrag wird ab 1. 1. 2021 auf € 825,– (bisher € 600,–) angehoben.
Der Pensionistenabsetzbetrag vermindert sich gleichmäßig einschleifend zwischen jährlich € 17.500,– und € 25.500,– auf null.
Formel für die Verschleifung des Pensionistenabsetzbetrages:
(€ 2.125,– monatliche Pensionseinkünfte) x 68,75 : 666,67
Die Erhöhung des Pensionistenabsetzbetrages und die Anhebung der Grenzen für die Einschleifregelung wurden rückwirkend ab dem Jahr 2021 eingeführt und sind daher nur in der Veranlagung 2021 zu berücksichtigen.

Ab 1. 1. 2022 für Pensionisten („Übergangsregelung" – „Ökosoziales Steuerreformgesetz 2022")**

Monats-lohn bis	Grenz-steuer-satz	Abzug	Absetzbeträge							
			Familienbonus Plus <18 Jahre		Familienbonus Plus ≥18 Jahre		Pensio-nistenab-setzbe-trag	Alleinverdiener-/Alleinerzie-herabsetzbetrag		
			ganz	halb	ganz	halb		für 1 Kind	für 2 Kinder	für jedes weitere Kind
916,67	0,00%									
1.458,33	20,00%	183,33	166,68	83,34	54,18	27,09	68,75	41,17	55,75	18,33
1.500,00	20,00%	183,33	166,68	83,34	54,18	27,09	68,75–0*	41,17	55,75	18,33
2.125,00	32,50%	370,83	166,68	83,34	54,18	27,09	68,75–0*	41,17	55,75	18,33
2.583,33	32,50%	370,83	166,68	83,34	54,18	27,09		41,17	55,75	18,33
5.000,00	42,00%	616,25	166,68	83,34	54,18	27,09		41,17	55,75	18,33
7.500,00	48,00%	916,25	166,68	83,34	54,18	27,09		41,17	55,75	18,33
83.333,33	50,00%	1.066,25	166,68	83,34	54,18	27,09		41,17	55,75	18,33
darüber	55,00%	5.232,92	166,68	83,34	54,18	27,09		41,17	55,75	18,33

Hinweis

- Monatspension = Bruttopension abzüglich SV-Beiträge und Freibeträge.
- Der Familienbonus Plus ist als erster Absetzbetrag bis maximal null abzuziehen.
- Pensionisten steht kein Verkehrsabsetzbetrag zu. Dafür steht ein Pensionistenabsetzbetrag zu (siehe unten).
- Der erhöhte Pensionistenabsetzbetrag ist in der Tabelle nicht berücksichtigt.

Allgemeine Voraussetzungen zur Steuerberechnung

* Einschleifregelung Pensionistenabsetzbetrag

Der Pensionistenabsetzbetrag vermindert sich gleichmäßig einschleifend zwischen jährlich € 17.500,- und € 25.500,- auf null.
Formel für die Verschleifung des Pensionistenabsetzbetrages:
(€ 2.125,- – monatliche Pensionseinkünfte) x € 68,75/666,67

Ab 1. 1. 2023 für Pensionisten („Übergangsregelung" laut Begutachtungsentwurf „Ökosoziales Steuerreformgesetz 2022")**

Monats-pension bis	Grenz-steuer-satz	Abzug	Absetzbeträge							
			Familienbonus Plus <18 Jahre		Familienbonus Plus ≥18 Jahre		Pensio-nistenab-setzbe-trag	Alleinverdiener-/Alleinerzie-herabsetzbetrag		
			ganz	halb	ganz	halb		für 1 Kind	für 2 Kinder	für jedes weitere Kind
974,42	0,00%									
1.534,17	20,00%	194,88	166,68	83,34	54,18	27,09	72,33	43,33	58,67	19,33
1.594,50	20,00%	194,88	166,68	83,34	54,18	27,09	72,33–0*	43,33	58,67	19,33
2.235,50	30,00%	354,33	166,68	83,34	54,18	27,09	72,33–0*	43,33	58,67	19,33
2.672,92	30,00%	354,33	166,68	83,34	54,18	27,09		43,33	58,67	19,33
5.173,33	41,00%	648,35	166,68	83,34	54,18	27,09		43,33	58,67	19,33
7.760,00	48,00%	1.010,49	166,68	83,34	54,18	27,09		43,33	58,67	19,33
83.333,33	50,00%	1.165,69	166,68	83,34	54,18	27,09		43,33	58,67	19,33
darüber	55,00%	5.332,35	166,68	83,34	54,18	27,09		43,33	58,67	19,33

Hinweis

- Monatspension = Bruttopension abzüglich SV-Beiträge und Freibeträge.
- Der Familienbonus Plus ist als erster Absetzbetrag bis maximal null abzuziehen.
- Pensionisten steht kein Verkehrsabsetzbetrag zu. Dafür steht ein Pensionistenabsetzbetrag zu (siehe unten).
- Der erhöhte Pensionistenabsetzbetrag ist in der Tabelle nicht berücksichtigt.

* Einschleifregelung Pensionistenabsetzbetrag

Der Pensionistenabsetzbetrag vermindert sich gleichmäßig einschleifend zwischen jährlich € 18.410,- und € 26.826,- auf null.
Formel für die Verschleifung des Pensionistenabsetzbetrages:
(€ 2.235,50 – monatliche Pensionseinkünfte) x € 72,33/701,33

Berechnung mittels Effektiv-Tarif

Die Lohnsteuer kann auch direkt unter Anwendung des so genannten Effektiv-Tarifs (siehe LStR Rz 1406 und 1406a) berechnet werden. Der anteilige Werbungskostenpauschbetrag (monatlich € 11,–, täglich € 0,376) ist in der Effektiv-Tabelle 2023 bereits berücksichtigt. Der Monatslohn ist mit dem Prozentsatz der entsprechenden Stufe zu multiplizieren und da-

Allgemeine Voraussetzungen zur Steuerberechnung

von der entsprechende Abzugsbetrag abzuziehen. Die errechnete Lohnsteuer ist auf ganze Cent kaufmännisch auf- oder abzurunden.

Beispiel 1 – 2023

Monatslohnsteuer
Monatslohn einer Angestellten **mit** Alleinverdiener(erzieher)absetzbetrag, € 1.714,37
zwei Kindern, abzüglich Sozialversicherungsbeiträge:
Berechnung der Lohnsteuer:

Stufe bis	€ 2.683,92		
	€ 1.714,37 x 30% =	€	514,31
– Abzugsbetrag		€	– 357,63
– AVAB/AEAB für zwei Kinder		€	– 58,67
– Verkehrsabsetzbetrag		€	– 35,08
Monatslohnsteuer		€	**62,93**

Beispiel 2 – tägliche Berechnung – 2023

Tageslohnsteuer
Tageslohn eines Arbeiters **ohne** Alleinverdiener(erzieher)absetzbetrag € 77,53
abzüglich Sozialversicherungsbeiträge:
Berechnung der Lohnsteuer:

Stufe bis	€ 89,46		
	€ 77,53 x 30% =	€	23,259
– Abzugsbetrag		€	11,921
– Verkehrsabsetzbetrag		€	1,169
Monatslohnsteuer		€	**10,17**

Beispiel 3 – 2023

Monatslohnsteuer
Pensionsbezüge eines Pensionisten, abzüglich Sozialversicherungsbeiträge: € 1.714,37
Berechnung der Lohnsteuer:

Stufe bis	€ 2.672,92		
	€ 1.714,37 x 30% =	€	514,31
– Abzugsbetrag		€	– 354,33
– Pensionistenabsetzbetrag	(2.235,50 – 1.714,37) x € 72,33 : 701,33		– 53,75
Monatslohnsteuer		€	**106,23**

von **38,70** bis **49,20** TAGLOHN

Die folgende Tabelle enthält eine Berechnung des Taglohns in 10-Cent-Schritten. Eine Cent-genaue Berechnung (bis zum Betrag von € 103,65) finden Sie unter rdb.at/lohnsteuer.

Be-mes-sung	ohne AV	mit AV/1 Ki	mit AV/2 Ki	mit AV/3 Ki	Be-mes-sung	ohne AV	mit AV/1 Ki	mit AV/2 Ki	mit AV/3 Ki
38,70	0,00	0,00	0,00	0,00	44,00	1,06	0,00	0,00	0,00
38,80	0,02	0,00	0,00	0,00	44,10	1,08	0,00	0,00	0,00
38,90	0,04	0,00	0,00	0,00	44,20	1,10	0,00	0,00	0,00
39,00	0,06	0,00	0,00	0,00	44,30	1,12	0,00	0,00	0,00
39,10	0,08	0,00	0,00	0,00	44,40	1,14	0,00	0,00	0,00
39,20	0,10	0,00	0,00	0,00	44,50	1,16	0,00	0,00	0,00
39,30	0,12	0,00	0,00	0,00	44,60	1,18	0,00	0,00	0,00
39,40	0,14	0,00	0,00	0,00	44,70	1,20	0,00	0,00	0,00
39,50	0,16	0,00	0,00	0,00	44,80	1,22	0,00	0,00	0,00
39,60	0,18	0,00	0,00	0,00	44,90	1,24	0,00	0,00	0,00
39,70	0,20	0,00	0,00	0,00	45,00	1,26	0,00	0,00	0,00
39,80	0,22	0,00	0,00	0,00	45,10	1,28	0,00	0,00	0,00
39,90	0,24	0,00	0,00	0,00	45,20	1,30	0,00	0,00	0,00
40,00	0,26	0,00	0,00	0,00	45,30	1,32	0,00	0,00	0,00
40,10	0,28	0,00	0,00	0,00	45,40	1,34	0,00	0,00	0,00
40,20	0,30	0,00	0,00	0,00	45,50	1,36	0,00	0,00	0,00
40,30	0,32	0,00	0,00	0,00	45,60	1,38	0,00	0,00	0,00
40,40	0,34	0,00	0,00	0,00	45,70	1,40	0,00	0,00	0,00
40,50	0,36	0,00	0,00	0,00	45,80	1,42	0,00	0,00	0,00
40,60	0,38	0,00	0,00	0,00	45,90	1,44	0,00	0,00	0,00
40,70	0,40	0,00	0,00	0,00	46,00	1,46	0,02	0,00	0,00
40,80	0,42	0,00	0,00	0,00	46,10	1,48	0,04	0,00	0,00
40,90	0,44	0,00	0,00	0,00	46,20	1,50	0,06	0,00	0,00
41,00	0,46	0,00	0,00	0,00	46,30	1,52	0,08	0,00	0,00
41,10	0,48	0,00	0,00	0,00	46,40	1,54	0,10	0,00	0,00
41,20	0,50	0,00	0,00	0,00	46,50	1,56	0,12	0,00	0,00
41,30	0,52	0,00	0,00	0,00	46,60	1,58	0,14	0,00	0,00
41,40	0,54	0,00	0,00	0,00	46,70	1,60	0,16	0,00	0,00
41,50	0,56	0,00	0,00	0,00	46,80	1,62	0,18	0,00	0,00
41,60	0,58	0,00	0,00	0,00	46,90	1,64	0,20	0,00	0,00
41,70	0,60	0,00	0,00	0,00	47,00	1,66	0,22	0,00	0,00
41,80	0,62	0,00	0,00	0,00	47,10	1,68	0,24	0,00	0,00
41,90	0,64	0,00	0,00	0,00	47,20	1,70	0,26	0,00	0,00
42,00	0,66	0,00	0,00	0,00	47,30	1,72	0,28	0,00	0,00
42,10	0,68	0,00	0,00	0,00	47,40	1,74	0,30	0,00	0,00
42,20	0,70	0,00	0,00	0,00	47,50	1,76	0,32	0,00	0,00
42,30	0,72	0,00	0,00	0,00	47,60	1,78	0,34	0,00	0,00
42,40	0,74	0,00	0,00	0,00	47,70	1,80	0,36	0,00	0,00
42,50	0,76	0,00	0,00	0,00	47,80	1,82	0,38	0,00	0,00
42,60	0,78	0,00	0,00	0,00	47,90	1,84	0,40	0,00	0,00
42,70	0,80	0,00	0,00	0,00	48,00	1,86	0,42	0,00	0,00
42,80	0,82	0,00	0,00	0,00	48,10	1,88	0,44	0,00	0,00
42,90	0,84	0,00	0,00	0,00	48,20	1,90	0,46	0,00	0,00
43,00	0,86	0,00	0,00	0,00	48,30	1,92	0,48	0,00	0,00
43,10	0,88	0,00	0,00	0,00	48,40	1,94	0,50	0,00	0,00
43,20	0,90	0,00	0,00	0,00	48,50	1,96	0,52	0,01	0,00
43,30	0,92	0,00	0,00	0,00	48,60	1,98	0,54	0,03	0,00
43,40	0,94	0,00	0,00	0,00	48,70	2,00	0,56	0,05	0,00
43,50	0,96	0,00	0,00	0,00	48,80	2,02	0,58	0,07	0,00
43,60	0,98	0,00	0,00	0,00	48,90	2,04	0,60	0,09	0,00
43,70	1,00	0,00	0,00	0,00	49,00	2,06	0,62	0,11	0,00
43,80	1,02	0,00	0,00	0,00	49,10	2,08	0,64	0,13	0,00
43,90	1,04	0,00	0,00	0,00	49,20	2,10	0,66	0,15	0,00

TAGLOHN

von **49,30** bis **60,40**

Be-mes-sung	ohne AV	mit AV/1 Ki	mit AV/2 Ki	mit AV/3 Ki	Be-mes-sung	ohne AV	mit AV/1 Ki	mit AV/2 Ki	mit AV/3 Ki
49,30	2,12	0,68	0,17	0,00	54,90	3,38	1,94	1,42	0,78
49,40	2,14	0,70	0,19	0,00	55,00	3,41	1,97	1,45	0,81
49,50	2,16	0,72	0,21	0,00	55,10	3,44	2,00	1,48	0,84
49,60	2,18	0,74	0,23	0,00	55,20	3,47	2,02	1,51	0,87
49,70	2,20	0,76	0,25	0,00	55,30	3,50	2,06	1,54	0,90
49,80	2,22	0,78	0,27	0,00	55,40	3,53	2,09	1,57	0,93
49,90	2,24	0,80	0,29	0,00	55,50	3,56	2,12	1,60	0,96
50,00	2,26	0,82	0,31	0,00	55,60	3,59	2,15	1,63	0,99
50,10	2,28	0,84	0,33	0,00	55,70	3,62	2,17	1,66	1,02
50,20	2,30	0,86	0,35	0,00	55,80	3,65	2,21	1,69	1,05
50,30	2,32	0,88	0,37	0,00	55,90	3,68	2,23	1,72	1,08
50,40	2,34	0,90	0,39	0,00	56,00	3,71	2,27	1,75	1,11
50,50	2,36	0,92	0,41	0,00	56,10	3,74	2,29	1,78	1,14
50,60	2,38	0,94	0,43	0,00	56,20	3,77	2,33	1,81	1,17
50,70	2,40	0,96	0,45	0,00	56,30	3,80	2,36	1,84	1,20
50,80	2,42	0,98	0,47	0,00	56,40	3,83	2,38	1,87	1,23
50,90	2,44	1,00	0,49	0,00	56,50	3,86	2,42	1,90	1,26
51,00	2,46	1,02	0,51	0,00	56,60	3,89	2,44	1,93	1,29
51,10	2,48	1,04	0,53	0,00	56,70	3,92	2,48	1,96	1,32
51,20	2,50	1,06	0,55	0,00	56,80	3,95	2,50	1,99	1,35
51,30	2,52	1,08	0,57	0,00	56,90	3,98	2,54	2,02	1,38
51,40	2,54	1,10	0,59	0,00	57,00	4,01	2,57	2,05	1,41
51,50	2,56	1,12	0,61	0,00	57,10	4,04	2,60	2,08	1,44
51,60	2,58	1,14	0,63	0,00	57,20	4,07	2,63	2,11	1,47
51,70	2,60	1,16	0,65	0,00	57,30	4,10	2,65	2,14	1,50
51,80	2,62	1,18	0,67	0,02	57,40	4,13	2,69	2,17	1,53
51,90	2,64	1,20	0,69	0,04	57,50	4,16	2,72	2,20	1,56
52,00	2,66	1,22	0,71	0,06	57,60	4,19	2,75	2,23	1,59
52,10	2,68	1,24	0,73	0,08	57,70	4,22	2,78	2,26	1,62
52,20	2,70	1,26	0,75	0,10	57,80	4,25	2,81	2,29	1,65
52,30	2,72	1,28	0,77	0,12	57,90	4,28	2,84	2,32	1,68
52,40	2,74	1,30	0,79	0,14	58,00	4,31	2,87	2,35	1,71
52,50	2,76	1,32	0,81	0,16	58,10	4,34	2,90	2,38	1,74
52,60	2,78	1,34	0,83	0,18	58,20	4,37	2,93	2,41	1,77
52,70	2,80	1,36	0,85	0,20	58,30	4,40	2,96	2,44	1,80
52,80	2,82	1,38	0,87	0,22	58,40	4,43	2,99	2,47	1,83
52,90	2,84	1,40	0,89	0,24	58,50	4,46	3,02	2,50	1,86
53,00	2,86	1,42	0,91	0,26	58,60	4,49	3,05	2,53	1,89
53,10	2,88	1,44	0,93	0,28	58,70	4,52	3,08	2,56	1,92
53,20	2,90	1,46	0,95	0,30	58,80	4,55	3,11	2,59	1,95
53,30	2,92	1,48	0,97	0,32	58,90	4,58	3,13	2,62	1,98
53,40	2,94	1,50	0,99	0,34	59,00	4,61	3,17	2,65	2,01
53,50	2,96	1,52	1,01	0,36	59,10	4,64	3,20	2,68	2,04
53,60	2,99	1,54	1,03	0,39	59,20	4,67	3,23	2,71	2,07
53,70	3,02	1,57	1,06	0,42	59,30	4,70	3,26	2,74	2,10
53,80	3,05	1,61	1,09	0,45	59,40	4,73	3,29	2,77	2,13
53,90	3,08	1,64	1,12	0,48	59,50	4,76	3,32	2,80	2,16
54,00	3,11	1,67	1,15	0,51	59,60	4,79	3,35	2,83	2,19
54,10	3,14	1,70	1,18	0,54	59,70	4,82	3,38	2,86	2,22
54,20	3,17	1,73	1,21	0,57	59,80	4,85	3,40	2,89	2,25
54,30	3,20	1,75	1,24	0,60	59,90	4,88	3,44	2,92	2,28
54,40	3,23	1,78	1,27	0,63	60,00	4,91	3,47	2,95	2,31
54,50	3,26	1,81	1,30	0,66	60,10	4,94	3,50	2,98	2,34
54,60	3,29	1,85	1,33	0,69	60,20	4,97	3,53	3,01	2,37
54,70	3,32	1,88	1,36	0,72	60,30	5,00	3,56	3,04	2,40
54,80	3,35	1,91	1,39	0,75	60,40	5,03	3,59	3,07	2,43

von **60,50** bis **71,60** TAGLOHN

Bemessung	ohne AV	mit AV/1 Ki	mit AV/2 Ki	mit AV/3 Ki	Bemessung	ohne AV	mit AV/1 Ki	mit AV/2 Ki	mit AV/3 Ki
60,50	5,06	3,62	3,10	2,46	66,10	6,74	5,30	4,78	4,14
60,60	5,09	3,65	3,13	2,49	66,20	6,77	5,33	4,81	4,17
60,70	5,12	3,68	3,16	2,52	66,30	6,80	5,36	4,84	4,20
60,80	5,15	3,71	3,19	2,55	66,40	6,83	5,39	4,87	4,23
60,90	5,18	3,74	3,22	2,58	66,50	6,86	5,42	4,90	4,26
61,00	5,21	3,77	3,25	2,61	66,60	6,89	5,45	4,93	4,29
61,10	5,24	3,80	3,28	2,64	66,70	6,92	5,48	4,96	4,32
61,20	5,27	3,83	3,31	2,67	66,80	6,95	5,51	4,99	4,35
61,30	5,30	3,86	3,34	2,70	66,90	6,98	5,54	5,02	4,38
61,40	5,33	3,88	3,37	2,73	67,00	7,01	5,57	5,05	4,41
61,50	5,36	3,92	3,40	2,76	67,10	7,04	5,60	5,08	4,44
61,60	5,39	3,95	3,43	2,79	67,20	7,07	5,63	5,11	4,47
61,70	5,42	3,98	3,46	2,82	67,30	7,10	5,66	5,14	4,50
61,80	5,45	4,01	3,49	2,85	67,40	7,13	5,69	5,17	4,53
61,90	5,48	4,04	3,52	2,88	67,50	7,16	5,72	5,20	4,56
62,00	5,51	4,07	3,55	2,91	67,60	7,19	5,75	5,23	4,59
62,10	5,54	4,09	3,58	2,94	67,70	7,22	5,78	5,26	4,62
62,20	5,57	4,13	3,61	2,97	67,80	7,25	5,81	5,29	4,65
62,30	5,60	4,16	3,64	3,00	67,90	7,28	5,84	5,32	4,68
62,40	5,63	4,18	3,67	3,03	68,00	7,31	5,87	5,35	4,71
62,50	5,66	4,22	3,70	3,06	68,10	7,34	5,90	5,38	4,74
62,60	5,69	4,25	3,73	3,09	68,20	7,37	5,93	5,41	4,77
62,70	5,72	4,28	3,76	3,12	68,30	7,40	5,96	5,44	4,80
62,80	5,75	4,30	3,79	3,15	68,40	7,43	5,99	5,47	4,83
62,90	5,78	4,34	3,82	3,18	68,50	7,46	6,02	5,50	4,86
63,00	5,81	4,37	3,85	3,21	68,60	7,49	6,05	5,53	4,89
63,10	5,84	4,39	3,88	3,24	68,70	7,52	6,08	5,56	4,92
63,20	5,87	4,43	3,91	3,27	68,80	7,55	6,11	5,59	4,95
63,30	5,90	4,46	3,94	3,30	68,90	7,58	6,14	5,62	4,98
63,40	5,93	4,49	3,97	3,33	69,00	7,61	6,17	5,65	5,01
63,50	5,96	4,51	4,00	3,36	69,10	7,64	6,20	5,68	5,04
63,60	5,99	4,55	4,03	3,39	69,20	7,67	6,23	5,71	5,07
63,70	6,02	4,58	4,06	3,42	69,30	7,70	6,26	5,74	5,10
63,80	6,05	4,61	4,09	3,45	69,40	7,73	6,29	5,77	5,13
63,90	6,08	4,63	4,12	3,48	69,50	7,76	6,32	5,80	5,16
64,00	6,11	4,67	4,15	3,51	69,60	7,79	6,35	5,83	5,19
64,10	6,14	4,70	4,18	3,54	69,70	7,82	6,38	5,86	5,22
64,20	6,17	4,72	4,21	3,57	69,80	7,85	6,41	5,89	5,25
64,30	6,20	4,76	4,24	3,60	69,90	7,88	6,44	5,92	5,28
64,40	6,23	4,79	4,27	3,63	70,00	7,91	6,47	5,95	5,31
64,50	6,26	4,82	4,30	3,66	70,10	7,94	6,50	5,98	5,34
64,60	6,29	4,84	4,33	3,69	70,20	7,97	6,53	6,01	5,37
64,70	6,32	4,88	4,36	3,72	70,30	8,00	6,56	6,04	5,40
64,80	6,35	4,91	4,39	3,75	70,40	8,03	6,59	6,07	5,43
64,90	6,38	4,93	4,42	3,78	70,50	8,06	6,62	6,10	5,46
65,00	6,41	4,97	4,45	3,81	70,60	8,09	6,65	6,13	5,49
65,10	6,44	5,00	4,48	3,84	70,70	8,12	6,68	6,16	5,52
65,20	6,47	5,03	4,51	3,87	70,80	8,15	6,71	6,19	5,55
65,30	6,50	5,05	4,54	3,90	70,90	8,18	6,74	6,22	5,58
65,40	6,53	5,09	4,57	3,93	71,00	8,21	6,77	6,25	5,61
65,50	6,56	5,12	4,60	3,96	71,10	8,24	6,80	6,28	5,64
65,60	6,59	5,15	4,63	3,99	71,20	8,27	6,83	6,31	5,67
65,70	6,62	5,18	4,66	4,02	71,30	8,30	6,86	6,34	5,70
65,80	6,65	5,21	4,69	4,05	71,40	8,33	6,89	6,37	5,73
65,90	6,68	5,24	4,72	4,08	71,50	8,36	6,92	6,40	5,76
66,00	6,71	5,27	4,75	4,11	71,60	8,39	6,95	6,43	5,79

TAGLOHN

von **71,70** bis **82,80**

Bemessung	ohne AV	mit AV/1 Ki	mit AV/2 Ki	mit AV/3 Ki	Bemessung	ohne AV	mit AV/1 Ki	mit AV/2 Ki	mit AV/3 Ki
71,70	8,42	6,98	6,46	5,82	**77,30**	10,10	8,66	8,14	7,50
71,80	8,45	7,01	6,49	5,85	**77,40**	10,13	8,69	8,17	7,53
71,90	8,48	7,04	6,52	5,88	**77,50**	10,16	8,72	8,20	7,56
72,00	8,51	7,07	6,55	5,91	**77,60**	10,19	8,75	8,23	7,59
72,10	8,54	7,10	6,58	5,94	**77,70**	10,22	8,78	8,26	7,62
72,20	8,57	7,13	6,61	5,97	**77,80**	10,25	8,81	8,29	7,65
72,30	8,60	7,16	6,64	6,00	**77,90**	10,28	8,84	8,32	7,68
72,40	8,63	7,19	6,67	6,03	**78,00**	10,31	8,87	8,35	7,71
72,50	8,66	7,22	6,70	6,06	**78,10**	10,34	8,90	8,38	7,74
72,60	8,69	7,25	6,73	6,09	**78,20**	10,37	8,93	8,41	7,77
72,70	8,72	7,28	6,76	6,12	**78,30**	10,40	8,96	8,44	7,80
72,80	8,75	7,31	6,79	6,15	**78,40**	10,43	8,99	8,47	7,83
72,90	8,78	7,34	6,82	6,18	**78,50**	10,46	9,02	8,50	7,86
73,00	8,81	7,37	6,85	6,21	**78,60**	10,49	9,05	8,53	7,89
73,10	8,84	7,40	6,88	6,24	**78,70**	10,52	9,08	8,56	7,92
73,20	8,87	7,43	6,91	6,27	**78,80**	10,55	9,11	8,59	7,95
73,30	8,90	7,46	6,94	6,30	**78,90**	10,58	9,14	8,62	7,98
73,40	8,93	7,49	6,97	6,33	**79,00**	10,61	9,17	8,65	8,01
73,50	8,96	7,52	7,00	6,36	**79,10**	10,64	9,20	8,68	8,04
73,60	8,99	7,55	7,03	6,39	**79,20**	10,67	9,23	8,71	8,07
73,70	9,02	7,58	7,06	6,42	**79,30**	10,70	9,26	8,74	8,10
73,80	9,05	7,61	7,09	6,45	**79,40**	10,73	9,29	8,77	8,13
73,90	9,08	7,64	7,12	6,48	**79,50**	10,76	9,32	8,80	8,16
74,00	9,11	7,67	7,15	6,51	**79,60**	10,79	9,35	8,83	8,19
74,10	9,14	7,70	7,18	6,54	**79,70**	10,82	9,38	8,86	8,22
74,20	9,17	7,73	7,21	6,57	**79,80**	10,85	9,41	8,89	8,25
74,30	9,20	7,76	7,24	6,60	**79,90**	10,88	9,44	8,92	8,28
74,40	9,23	7,79	7,27	6,63	**80,00**	10,91	9,47	8,95	8,31
74,50	9,26	7,82	7,30	6,66	**80,10**	10,94	9,50	8,98	8,34
74,60	9,29	7,85	7,33	6,69	**80,20**	10,97	9,53	9,01	8,37
74,70	9,32	7,88	7,36	6,72	**80,30**	11,00	9,56	9,04	8,40
74,80	9,35	7,91	7,39	6,75	**80,40**	11,03	9,59	9,07	8,43
74,90	9,38	7,94	7,42	6,78	**80,50**	11,06	9,62	9,10	8,46
75,00	9,41	7,97	7,45	6,81	**80,60**	11,09	9,65	9,13	8,49
75,10	9,44	8,00	7,48	6,84	**80,70**	11,12	9,68	9,16	8,52
75,20	9,47	8,03	7,51	6,87	**80,80**	11,15	9,71	9,19	8,55
75,30	9,50	8,06	7,54	6,90	**80,90**	11,18	9,74	9,22	8,58
75,40	9,53	8,09	7,57	6,93	**81,00**	11,21	9,77	9,25	8,61
75,50	9,56	8,12	7,60	6,96	**81,10**	11,24	9,80	9,28	8,64
75,60	9,59	8,15	7,63	6,99	**81,20**	11,27	9,83	9,31	8,67
75,70	9,62	8,18	7,66	7,02	**81,30**	11,30	9,86	9,34	8,70
75,80	9,65	8,21	7,69	7,05	**81,40**	11,33	9,89	9,37	8,73
75,90	9,68	8,24	7,72	7,08	**81,50**	11,36	9,92	9,40	8,76
76,00	9,71	8,27	7,75	7,11	**81,60**	11,39	9,95	9,43	8,79
76,10	9,74	8,30	7,78	7,14	**81,70**	11,42	9,98	9,46	8,82
76,20	9,77	8,33	7,81	7,17	**81,80**	11,45	10,01	9,49	8,85
76,30	9,80	8,36	7,84	7,20	**81,90**	11,48	10,04	9,52	8,88
76,40	9,83	8,39	7,87	7,23	**82,00**	11,51	10,07	9,55	8,91
76,50	9,86	8,42	7,90	7,26	**82,10**	11,54	10,10	9,58	8,94
76,60	9,89	8,45	7,93	7,29	**82,20**	11,57	10,13	9,61	8,97
76,70	9,92	8,48	7,96	7,32	**82,30**	11,60	10,16	9,64	9,00
76,80	9,95	8,51	7,99	7,35	**82,40**	11,63	10,19	9,67	9,03
76,90	9,98	8,54	8,02	7,38	**82,50**	11,66	10,22	9,70	9,06
77,00	10,01	8,57	8,05	7,41	**82,60**	11,69	10,25	9,73	9,09
77,10	10,04	8,60	8,08	7,44	**82,70**	11,72	10,28	9,76	9,12
77,20	10,07	8,63	8,11	7,47	**82,80**	11,75	10,31	9,79	9,15

von **82,90** bis **94,00** TAGLOHN

Bemessung	ohne AV	mit AV/1 Ki	mit AV/2 Ki	mit AV/3 Ki	Bemessung	ohne AV	mit AV/1 Ki	mit AV/2 Ki	mit AV/3 Ki
82,90	11,78	10,34	9,82	9,18	**88,50**	13,46	12,02	11,50	10,86
83,00	11,81	10,37	9,85	9,21	**88,60**	13,49	12,05	11,53	10,89
83,10	11,84	10,40	9,88	9,24	**88,70**	13,52	12,08	11,56	10,92
83,20	11,87	10,43	9,91	9,27	**88,80**	13,55	12,11	11,59	10,95
83,30	11,90	10,46	9,94	9,30	**88,90**	13,58	12,14	11,62	10,98
83,40	11,93	10,49	9,97	9,33	**89,00**	13,61	12,17	11,65	11,01
83,50	11,96	10,52	10,00	9,36	**89,10**	13,64	12,20	11,68	11,04
83,60	11,99	10,55	10,03	9,39	**89,20**	13,67	12,23	11,71	11,07
83,70	12,02	10,58	10,06	9,42	**89,30**	13,70	12,26	11,74	11,10
83,80	12,05	10,61	10,09	9,45	**89,40**	13,73	12,29	11,77	11,13
83,90	12,08	10,64	10,12	9,48	**89,50**	13,76	12,32	11,81	11,16
84,00	12,11	10,67	10,15	9,51	**89,60**	13,80	12,36	11,85	11,20
84,10	12,14	10,70	10,18	9,54	**89,70**	13,85	12,40	11,89	11,25
84,20	12,17	10,73	10,21	9,57	**89,80**	13,89	12,44	11,93	11,29
84,30	12,20	10,76	10,24	9,60	**89,90**	13,93	12,48	11,97	11,33
84,40	12,23	10,79	10,27	9,63	**90,00**	13,97	12,52	12,01	11,37
84,50	12,26	10,82	10,30	9,66	**90,10**	14,01	12,57	12,05	11,41
84,60	12,29	10,85	10,33	9,69	**90,20**	14,05	12,61	12,10	11,45
84,70	12,32	10,88	10,36	9,72	**90,30**	14,09	12,65	12,14	11,49
84,80	12,35	10,91	10,39	9,75	**90,40**	14,13	12,69	12,18	11,53
84,90	12,38	10,94	10,42	9,78	**90,50**	14,17	12,73	12,22	11,57
85,00	12,41	10,97	10,45	9,81	**90,60**	14,21	12,77	12,26	11,61
85,10	12,44	11,00	10,48	9,84	**90,70**	14,26	12,81	12,30	11,66
85,20	12,47	11,03	10,51	9,87	**90,80**	14,30	12,85	12,34	11,70
85,30	12,50	11,06	10,54	9,90	**90,90**	14,34	12,89	12,38	11,74
85,40	12,53	11,09	10,57	9,93	**91,00**	14,38	12,93	12,42	11,78
85,50	12,56	11,12	10,60	9,96	**91,10**	14,42	12,98	12,46	11,82
85,60	12,59	11,15	10,63	9,99	**91,20**	14,46	13,02	12,51	11,86
85,70	12,62	11,18	10,66	10,02	**91,30**	14,50	13,06	12,55	11,90
85,80	12,65	11,21	10,69	10,05	**91,40**	14,54	13,10	12,59	11,94
85,90	12,68	11,24	10,72	10,08	**91,50**	14,58	13,14	12,63	11,98
86,00	12,71	11,27	10,75	10,11	**91,60**	14,62	13,18	12,67	12,02
86,10	12,74	11,30	10,78	10,14	**91,70**	14,67	13,22	12,71	12,07
86,20	12,77	11,33	10,81	10,17	**91,80**	14,71	13,26	12,75	12,11
86,30	12,80	11,36	10,84	10,20	**91,90**	14,75	13,30	12,79	12,15
86,40	12,83	11,39	10,87	10,23	**92,00**	14,79	13,34	12,83	12,19
86,50	12,86	11,42	10,90	10,26	**92,10**	14,83	13,39	12,87	12,23
86,60	12,89	11,45	10,93	10,29	**92,20**	14,87	13,43	12,92	12,27
86,70	12,92	11,48	10,96	10,32	**92,30**	14,91	13,47	12,96	12,31
86,80	12,95	11,51	10,99	10,35	**92,40**	14,95	13,51	13,00	12,35
86,90	12,98	11,54	11,02	10,38	**92,50**	14,99	13,55	13,04	12,39
87,00	13,01	11,57	11,05	10,41	**92,60**	15,03	13,59	13,08	12,43
87,10	13,04	11,60	11,08	10,44	**92,70**	15,08	13,63	13,12	12,48
87,20	13,07	11,63	11,11	10,47	**92,80**	15,12	13,67	13,16	12,52
87,30	13,10	11,66	11,14	10,50	**92,90**	15,16	13,71	13,20	12,56
87,40	13,13	11,69	11,17	10,53	**93,00**	15,20	13,75	13,24	12,60
87,50	13,16	11,72	11,20	10,56	**93,10**	15,24	13,80	13,28	12,64
87,60	13,19	11,75	11,23	10,59	**93,20**	15,28	13,84	13,33	12,68
87,70	13,22	11,78	11,26	10,62	**93,30**	15,32	13,88	13,37	12,72
87,80	13,25	11,81	11,29	10,65	**93,40**	15,36	13,92	13,41	12,76
87,90	13,28	11,84	11,32	10,68	**93,50**	15,40	13,96	13,45	12,80
88,00	13,31	11,87	11,35	10,71	**93,60**	15,44	14,00	13,49	12,84
88,10	13,34	11,90	11,38	10,74	**93,70**	15,49	14,04	13,53	12,89
88,20	13,37	11,93	11,41	10,77	**93,80**	15,53	14,08	13,57	12,93
88,30	13,40	11,96	11,44	10,80	**93,90**	15,57	14,12	13,61	12,97
88,40	13,43	11,99	11,47	10,83	**94,00**	15,61	14,16	13,65	13,01

TAGLOHN

von **94,10** bis **105,20**

Bemessung	ohne AV	mit AV/1 Ki	mit AV/2 Ki	mit AV/3 Ki	Bemessung	ohne AV	mit AV/1 Ki	mit AV/2 Ki	mit AV/3 Ki
94,10	15,65	14,21	13,69	13,05	99,70	17,95	16,50	15,99	15,35
94,20	15,69	14,25	13,74	13,09	99,80	17,99	16,54	16,03	15,39
94,30	15,73	14,29	13,78	13,13	99,90	18,03	16,58	16,07	15,43
94,40	15,77	14,33	13,82	13,17	100,00	18,07	16,62	16,11	15,47
94,50	15,81	14,37	13,86	13,21	100,10	18,11	16,66	16,15	15,51
94,60	15,85	14,41	13,90	13,25	100,20	18,15	16,71	16,20	15,55
94,70	15,90	14,45	13,94	13,30	100,30	18,19	16,75	16,24	15,59
94,80	15,94	14,49	13,98	13,34	100,40	18,23	16,79	16,28	15,63
94,90	15,98	14,53	14,02	13,38	100,50	18,27	16,83	16,32	15,67
95,00	16,02	14,57	14,06	13,42	100,60	18,31	16,87	16,36	15,71
95,10	16,06	14,62	14,10	13,46	100,70	18,36	16,91	16,40	15,76
95,20	16,10	14,66	14,15	13,50	100,80	18,40	16,95	16,44	15,80
95,30	16,14	14,70	14,19	13,54	100,90	18,44	16,99	16,48	15,84
95,40	16,18	14,74	14,23	13,58	101,00	18,48	17,03	16,52	15,88
95,50	16,22	14,78	14,27	13,62	101,10	18,52	17,07	16,56	15,92
95,60	16,26	14,82	14,31	13,66	101,20	18,56	17,12	16,61	15,96
95,70	16,30	14,86	14,35	13,71	101,30	18,60	17,16	16,65	16,00
95,80	16,35	14,90	14,39	13,75	101,40	18,64	17,20	16,69	16,04
95,90	16,39	14,94	14,43	13,79	101,50	18,68	17,24	16,73	16,08
96,00	16,43	14,98	14,47	13,83	101,60	18,72	17,28	16,77	16,12
96,10	16,47	15,03	14,51	13,87	101,70	18,77	17,32	16,81	16,16
96,20	16,51	15,07	14,56	13,91	101,80	18,81	17,36	16,85	16,21
96,30	16,55	15,11	14,60	13,95	101,90	18,85	17,40	16,89	16,25
96,40	16,59	15,15	14,64	13,99	102,00	18,89	17,44	16,93	16,29
96,50	16,63	15,19	14,68	14,03	102,10	18,93	17,48	16,97	16,33
96,60	16,67	15,23	14,72	14,07	102,20	18,97	17,53	17,02	16,37
96,70	16,72	15,27	14,76	14,12	102,30	19,01	17,57	17,06	16,41
96,80	16,76	15,31	14,80	14,16	102,40	19,05	17,61	17,10	16,45
96,90	16,80	15,35	14,84	14,20	102,50	19,09	17,65	17,14	16,49
97,00	16,84	15,39	14,88	14,24	102,60	19,13	17,69	17,18	16,53
97,10	16,88	15,44	14,92	14,28	102,70	19,18	17,73	17,22	16,57
97,20	16,92	15,48	14,97	14,32	102,80	19,22	17,77	17,26	16,62
97,30	16,96	15,52	15,01	14,36	102,90	19,26	17,81	17,30	16,66
97,40	17,00	15,56	15,05	14,40	103,00	19,30	17,85	17,34	16,70
97,50	17,04	15,60	15,09	14,44	103,10	19,34	17,89	17,38	16,74
97,60	17,08	15,64	15,13	14,48	103,20	19,38	17,94	17,43	16,78
97,70	17,13	15,68	15,17	14,53	103,30	19,42	17,98	17,47	16,82
97,80	17,17	15,72	15,21	14,57	103,40	19,46	18,02	17,51	16,86
97,90	17,21	15,76	15,25	14,61	103,50	19,50	18,06	17,55	16,90
98,00	17,25	15,80	15,29	14,65	103,60	19,54	18,10	17,59	16,94
98,10	17,29	15,85	15,33	14,69	103,70	19,59	18,14	17,63	16,98
98,20	17,33	15,89	15,38	14,73	103,80	19,63	18,18	17,67	17,03
98,30	17,37	15,93	15,42	14,77	103,90	19,67	18,22	17,71	17,07
98,40	17,41	15,97	15,46	14,81	104,00	19,71	18,26	17,75	17,11
98,50	17,45	16,01	15,50	14,85	104,10	19,75	18,30	17,79	17,15
98,60	17,49	16,05	15,54	14,89	104,20	19,79	18,35	17,84	17,19
98,70	17,54	16,09	15,58	14,94	104,30	19,83	18,39	17,88	17,23
98,80	17,58	16,13	15,62	14,98	104,40	19,87	18,43	17,92	17,27
98,90	17,62	16,17	15,66	15,02	104,50	19,91	18,47	17,96	17,31
99,00	17,66	16,21	15,70	15,06	104,60	19,95	18,51	18,00	17,35
99,10	17,70	16,25	15,74	15,10	104,70	20,00	18,55	18,04	17,39
99,20	17,74	16,30	15,79	15,14	104,80	20,04	18,59	18,08	17,44
99,30	17,78	16,34	15,83	15,18	104,90	20,08	18,63	18,12	17,48
99,40	17,82	16,38	15,87	15,22	105,00	20,12	18,67	18,16	17,52
99,50	17,86	16,42	15,91	15,26	105,10	20,16	18,72	18,20	17,56
99,60	17,90	16,46	15,95	15,30	105,20	20,20	18,76	18,25	17,60

Anschlusstabelle
für Bemessungsgrundlagen von mehr als € 105,20

Bemessungs-grundlage Euro	Lohnsteuer **ohne** Alleinverdiener-/Alleinerzieher-Absetzbetrag	Lohnsteuer **mit***) Alleinverdiener-/Alleinerzieher-Absetzbetrag	Bemessungs-grundlage Euro	Lohnsteuer **ohne** Alleinverdiener-/Alleinerzieher-Absetzbetrag	Lohnsteuer **mit***) Alleinverdiener-/Alleinerzieher-Absetzbetrag
bis 172,81	41% abzüglich 22,93	41% abzüglich 24,38	bis 2.778,14	50% abzüglich 40,21	50% abzüglich 41,65
bis 259,03	48% abzüglich 35,03	48% abzüglich 36,47	ab 2.778,15	55% abzüglich 179,12	55% abzüglich 180,56

*) Alleinverdiener gilt ab 2019 ausschließlich in Verbindung mit Kindern im EU/EWR-Raum bzw. in der Schweiz.

Das Ergebnis ist bei Alleinverdienern/Alleinerziehern mit mehr als einem Kinder um folgende Beträge zu kürzen und auf volle Cent zu runden:

2. Kind   **jedes weitere Kind**
       € 0,512   € 0,644

Seit 2019 steht für Kinder im EU/EWR-Raum bzw. in der Schweiz zusätzlich der Familienbonus Plus zu.

Das Ergebnis ist bei Anspruch auf den Familienbonus Plus um folgende Beträge zu kürzen und auf volle Cent zu runden:

Kinder bis 18 Jahre   **Kinder über 18 Jahre**
voll   geteilt   voll   geteilt
€ 5,556   € 2,778   € 1,806   € 0,903

von **1.160** bis **1.271** — **MONATSLOHN AKTIVE**

Be-mes-sung	ohne AV	mit AV/1 Ki	mit AV/2 Ki	mit AV/3 Ki	% für Cent	Be-mes-sung	ohne AV	mit AV/1 Ki	mit AV/2 Ki	mit AV/3 Ki	% für Cent
1.160	0,00	0,00	0,00	0,00	0,00	1.216	11,03	0,00	0,00	0,00	20,00
1.161	0,03	0,00	0,00	0,00	3,30	1.217	11,23	0,00	0,00	0,00	20,00
1.162	0,23	0,00	0,00	0,00	20,00	1.218	11,43	0,00	0,00	0,00	20,00
1.163	0,43	0,00	0,00	0,00	20,00	1.219	11,63	0,00	0,00	0,00	20,00
1.164	0,63	0,00	0,00	0,00	20,00	1.220	11,83	0,00	0,00	0,00	20,00
1.165	0,83	0,00	0,00	0,00	20,00	1.221	12,03	0,00	0,00	0,00	20,00
1.166	1,03	0,00	0,00	0,00	20,00	1.222	12,23	0,00	0,00	0,00	20,00
1.167	1,23	0,00	0,00	0,00	20,00	1.223	12,43	0,00	0,00	0,00	20,00
1.168	1,43	0,00	0,00	0,00	20,00	1.224	12,63	0,00	0,00	0,00	20,00
1.169	1,63	0,00	0,00	0,00	20,00	1.225	12,83	0,00	0,00	0,00	20,00
1.170	1,83	0,00	0,00	0,00	20,00	1.226	13,03	0,00	0,00	0,00	20,00
1.171	2,03	0,00	0,00	0,00	20,00	1.227	13,23	0,00	0,00	0,00	20,00
1.172	2,23	0,00	0,00	0,00	20,00	1.228	13,43	0,00	0,00	0,00	20,00
1.173	2,43	0,00	0,00	0,00	20,00	1.229	13,63	0,00	0,00	0,00	20,00
1.174	2,63	0,00	0,00	0,00	20,00	1.230	13,83	0,00	0,00	0,00	20,00
1.175	2,83	0,00	0,00	0,00	20,00	1.231	14,03	0,00	0,00	0,00	20,00
1.176	3,03	0,00	0,00	0,00	20,00	1.232	14,23	0,00	0,00	0,00	20,00
1.177	3,23	0,00	0,00	0,00	20,00	1.233	14,43	0,00	0,00	0,00	20,00
1.178	3,43	0,00	0,00	0,00	20,00	1.234	14,63	0,00	0,00	0,00	20,00
1.179	3,63	0,00	0,00	0,00	20,00	1.235	14,83	0,00	0,00	0,00	20,00
1.180	3,83	0,00	0,00	0,00	20,00	1.236	15,03	0,00	0,00	0,00	20,00
1.181	4,03	0,00	0,00	0,00	20,00	1.237	15,23	0,00	0,00	0,00	20,00
1.182	4,23	0,00	0,00	0,00	20,00	1.238	15,43	0,00	0,00	0,00	20,00
1.183	4,43	0,00	0,00	0,00	20,00	1.239	15,63	0,00	0,00	0,00	20,00
1.184	4,63	0,00	0,00	0,00	20,00	1.240	15,83	0,00	0,00	0,00	20,00
1.185	4,83	0,00	0,00	0,00	20,00	1.241	16,03	0,00	0,00	0,00	20,00
1.186	5,03	0,00	0,00	0,00	20,00	1.242	16,23	0,00	0,00	0,00	20,00
1.187	5,23	0,00	0,00	0,00	20,00	1.243	16,43	0,00	0,00	0,00	20,00
1.188	5,43	0,00	0,00	0,00	20,00	1.244	16,63	0,00	0,00	0,00	20,00
1.189	5,63	0,00	0,00	0,00	20,00	1.245	16,83	0,00	0,00	0,00	20,00
1.190	5,83	0,00	0,00	0,00	20,00	1.246	17,03	0,00	0,00	0,00	20,00
1.191	6,03	0,00	0,00	0,00	20,00	1.247	17,23	0,00	0,00	0,00	20,00
1.192	6,23	0,00	0,00	0,00	20,00	1.248	17,43	0,00	0,00	0,00	20,00
1.193	6,43	0,00	0,00	0,00	20,00	1.249	17,63	0,00	0,00	0,00	20,00
1.194	6,63	0,00	0,00	0,00	20,00	1.250	17,83	0,00	0,00	0,00	20,00
1.195	6,83	0,00	0,00	0,00	20,00	1.251	18,03	0,00	0,00	0,00	20,00
1.196	7,03	0,00	0,00	0,00	20,00	1.252	18,23	0,00	0,00	0,00	20,00
1.197	7,23	0,00	0,00	0,00	20,00	1.253	18,43	0,00	0,00	0,00	20,00
1.198	7,43	0,00	0,00	0,00	20,00	1.254	18,63	0,00	0,00	0,00	20,00
1.199	7,63	0,00	0,00	0,00	20,00	1.255	18,83	0,00	0,00	0,00	20,00
1.200	7,83	0,00	0,00	0,00	20,00	1.256	19,03	0,00	0,00	0,00	20,00
1.201	8,03	0,00	0,00	0,00	20,00	1.257	19,23	0,00	0,00	0,00	20,00
1.202	8,23	0,00	0,00	0,00	20,00	1.258	19,43	0,00	0,00	0,00	20,00
1.203	8,43	0,00	0,00	0,00	20,00	1.259	19,63	0,00	0,00	0,00	20,00
1.204	8,63	0,00	0,00	0,00	20,00	1.260	19,83	0,00	0,00	0,00	20,00
1.205	8,83	0,00	0,00	0,00	20,00	1.261	20,03	0,00	0,00	0,00	20,00
1.206	9,03	0,00	0,00	0,00	20,00	1.262	20,23	0,00	0,00	0,00	20,00
1.207	9,23	0,00	0,00	0,00	20,00	1.263	20,43	0,00	0,00	0,00	20,00
1.208	9,43	0,00	0,00	0,00	20,00	1.264	20,63	0,00	0,00	0,00	20,00
1.209	9,63	0,00	0,00	0,00	20,00	1.265	20,83	0,00	0,00	0,00	20,00
1.210	9,83	0,00	0,00	0,00	20,00	1.266	21,03	0,00	0,00	0,00	20,00
1.211	10,03	0,00	0,00	0,00	20,00	1.267	21,23	0,00	0,00	0,00	20,00
1.212	10,23	0,00	0,00	0,00	20,00	1.268	21,43	0,00	0,00	0,00	20,00
1.213	10,43	0,00	0,00	0,00	20,00	1.269	21,63	0,00	0,00	0,00	20,00
1.214	10,63	0,00	0,00	0,00	20,00	1.270	21,83	0,00	0,00	0,00	20,00
1.215	10,83	0,00	0,00	0,00	20,00	1.271	22,03	0,00	0,00	0,00	20,00

MONATSLOHN AKTIVE von **1.272** bis **1.383**

Bemessung	ohne AV	mit AV/1 Ki	mit AV/2 Ki	mit AV/3 Ki	% für Cent	Bemessung	ohne AV	mit AV/1 Ki	mit AV/2 Ki	mit AV/3 Ki	% für Cent
1.272	22,23	0,00	0,00	0,00	20,00	1.328	33,43	0,00	0,00	0,00	20,00
1.273	22,43	0,00	0,00	0,00	20,00	1.329	33,63	0,00	0,00	0,00	20,00
1.274	22,63	0,00	0,00	0,00	20,00	1.330	33,83	0,00	0,00	0,00	20,00
1.275	22,83	0,00	0,00	0,00	20,00	1.331	34,03	0,00	0,00	0,00	20,00
1.276	23,03	0,00	0,00	0,00	20,00	1.332	34,23	0,00	0,00	0,00	20,00
1.277	23,23	0,00	0,00	0,00	20,00	1.333	34,43	0,00	0,00	0,00	20,00
1.278	23,43	0,00	0,00	0,00	20,00	1.334	34,63	0,00	0,00	0,00	20,00
1.279	23,63	0,00	0,00	0,00	20,00	1.335	34,83	0,00	0,00	0,00	20,00
1.280	23,83	0,00	0,00	0,00	20,00	1.336	35,03	0,00	0,00	0,00	20,00
1.281	24,03	0,00	0,00	0,00	20,00	1.337	35,23	0,00	0,00	0,00	20,00
1.282	24,23	0,00	0,00	0,00	20,00	1.338	35,43	0,00	0,00	0,00	20,00
1.283	24,43	0,00	0,00	0,00	20,00	1.339	35,63	0,00	0,00	0,00	20,00
1.284	24,63	0,00	0,00	0,00	20,00	1.340	35,83	0,00	0,00	0,00	20,00
1.285	24,83	0,00	0,00	0,00	20,00	1.341	36,03	0,00	0,00	0,00	20,00
1.286	25,03	0,00	0,00	0,00	20,00	1.342	36,23	0,00	0,00	0,00	20,00
1.287	25,23	0,00	0,00	0,00	20,00	1.343	36,43	0,00	0,00	0,00	20,00
1.288	25,43	0,00	0,00	0,00	20,00	1.344	36,63	0,00	0,00	0,00	20,00
1.289	25,63	0,00	0,00	0,00	20,00	1.345	36,83	0,00	0,00	0,00	20,00
1.290	25,83	0,00	0,00	0,00	20,00	1.346	37,03	0,00	0,00	0,00	20,00
1.291	26,03	0,00	0,00	0,00	20,00	1.347	37,23	0,00	0,00	0,00	20,00
1.292	26,23	0,00	0,00	0,00	20,00	1.348	37,43	0,00	0,00	0,00	20,00
1.293	26,43	0,00	0,00	0,00	20,00	1.349	37,63	0,00	0,00	0,00	20,00
1.294	26,63	0,00	0,00	0,00	20,00	1.350	37,83	0,00	0,00	0,00	20,00
1.295	26,83	0,00	0,00	0,00	20,00	1.351	38,03	0,00	0,00	0,00	20,00
1.296	27,03	0,00	0,00	0,00	20,00	1.352	38,23	0,00	0,00	0,00	20,00
1.297	27,23	0,00	0,00	0,00	20,00	1.353	38,43	0,00	0,00	0,00	20,00
1.298	27,43	0,00	0,00	0,00	20,00	1.354	38,63	0,00	0,00	0,00	20,00
1.299	27,63	0,00	0,00	0,00	20,00	1.355	38,83	0,00	0,00	0,00	20,00
1.300	27,83	0,00	0,00	0,00	20,00	1.356	39,03	0,00	0,00	0,00	20,00
1.301	28,03	0,00	0,00	0,00	20,00	1.357	39,23	0,00	0,00	0,00	20,00
1.302	28,23	0,00	0,00	0,00	20,00	1.358	39,43	0,00	0,00	0,00	20,00
1.303	28,43	0,00	0,00	0,00	20,00	1.359	39,63	0,00	0,00	0,00	20,00
1.304	28,63	0,00	0,00	0,00	20,00	1.360	39,83	0,00	0,00	0,00	20,00
1.305	28,83	0,00	0,00	0,00	20,00	1.361	40,03	0,00	0,00	0,00	20,00
1.306	29,03	0,00	0,00	0,00	20,00	1.362	40,23	0,00	0,00	0,00	20,00
1.307	29,23	0,00	0,00	0,00	20,00	1.363	40,43	0,00	0,00	0,00	20,00
1.308	29,43	0,00	0,00	0,00	20,00	1.364	40,63	0,00	0,00	0,00	20,00
1.309	29,63	0,00	0,00	0,00	20,00	1.365	40,83	0,00	0,00	0,00	20,00
1.310	29,83	0,00	0,00	0,00	20,00	1.366	41,03	0,00	0,00	0,00	20,00
1.311	30,03	0,00	0,00	0,00	20,00	1.367	41,23	0,00	0,00	0,00	20,00
1.312	30,23	0,00	0,00	0,00	20,00	1.368	41,43	0,00	0,00	0,00	20,00
1.313	30,43	0,00	0,00	0,00	20,00	1.369	41,63	0,00	0,00	0,00	20,00
1.314	30,63	0,00	0,00	0,00	20,00	1.370	41,83	0,00	0,00	0,00	20,00
1.315	30,83	0,00	0,00	0,00	20,00	1.371	42,03	0,00	0,00	0,00	20,00
1.316	31,03	0,00	0,00	0,00	20,00	1.372	42,23	0,00	0,00	0,00	20,00
1.317	31,23	0,00	0,00	0,00	20,00	1.373	42,43	0,00	0,00	0,00	20,00
1.318	31,43	0,00	0,00	0,00	20,00	1.374	42,63	0,00	0,00	0,00	20,00
1.319	31,63	0,00	0,00	0,00	20,00	1.375	42,83	0,00	0,00	0,00	20,00
1.320	31,83	0,00	0,00	0,00	20,00	1.376	43,03	0,00	0,00	0,00	20,00
1.321	32,03	0,00	0,00	0,00	20,00	1.377	43,23	0,00	0,00	0,00	20,00
1.322	32,23	0,00	0,00	0,00	20,00	1.378	43,43	0,10	0,00	0,00	20,00
1.323	32,43	0,00	0,00	0,00	20,00	1.379	43,63	0,30	0,00	0,00	20,00
1.324	32,63	0,00	0,00	0,00	20,00	1.380	43,83	0,50	0,00	0,00	20,00
1.325	32,83	0,00	0,00	0,00	20,00	1.381	44,03	0,70	0,00	0,00	20,00
1.326	33,03	0,00	0,00	0,00	20,00	1.382	44,23	0,90	0,00	0,00	20,00
1.327	33,23	0,00	0,00	0,00	20,00	1.383	44,43	1,10	0,00	0,00	20,00

von **1.384** bis **1.495** MONATSLOHN AKTIVE

Bemessung	ohne AV	mit AV/1 Ki	mit AV/2 Ki	mit AV/3 Ki	% für Cent	Bemessung	ohne AV	mit AV/1 Ki	mit AV/2 Ki	mit AV/3 Ki	% für Cent
1.384	44,63	1,30	0,00	0,00	20,00	1.440	55,83	12,50	0,00	0,00	20,00
1.385	44,83	1,50	0,00	0,00	20,00	1.441	56,03	12,70	0,00	0,00	20,00
1.386	45,03	1,70	0,00	0,00	20,00	1.442	56,23	12,90	0,00	0,00	20,00
1.387	45,23	1,90	0,00	0,00	20,00	1.443	56,43	13,10	0,00	0,00	20,00
1.388	45,43	2,10	0,00	0,00	20,00	1.444	56,63	13,30	0,00	0,00	20,00
1.389	45,63	2,30	0,00	0,00	20,00	1.445	56,83	13,50	0,00	0,00	20,00
1.390	45,83	2,50	0,00	0,00	20,00	1.446	57,03	13,70	0,00	0,00	20,00
1.391	46,03	2,70	0,00	0,00	20,00	1.447	57,23	13,90	0,00	0,00	20,00
1.392	46,23	2,90	0,00	0,00	20,00	1.448	57,43	14,10	0,00	0,00	20,00
1.393	46,43	3,10	0,00	0,00	20,00	1.449	57,63	14,30	0,00	0,00	20,00
1.394	46,63	3,30	0,00	0,00	20,00	1.450	57,83	14,50	0,00	0,00	20,00
1.395	46,83	3,50	0,00	0,00	20,00	1.451	58,03	14,70	0,00	0,00	20,00
1.396	47,03	3,70	0,00	0,00	20,00	1.452	58,23	14,90	0,00	0,00	20,00
1.397	47,23	3,90	0,00	0,00	20,00	1.453	58,43	15,10	0,00	0,00	20,00
1.398	47,43	4,10	0,00	0,00	20,00	1.454	58,63	15,30	0,00	0,00	20,00
1.399	47,63	4,30	0,00	0,00	20,00	1.455	58,83	15,50	0,17	0,00	20,00
1.400	47,83	4,50	0,00	0,00	20,00	1.456	59,03	15,70	0,37	0,00	20,00
1.401	48,03	4,70	0,00	0,00	20,00	1.457	59,23	15,90	0,57	0,00	20,00
1.402	48,23	4,90	0,00	0,00	20,00	1.458	59,43	16,10	0,77	0,00	20,00
1.403	48,43	5,10	0,00	0,00	20,00	1.459	59,63	16,30	0,97	0,00	20,00
1.404	48,63	5,30	0,00	0,00	20,00	1.460	59,83	16,50	1,17	0,00	20,00
1.405	48,83	5,50	0,00	0,00	20,00	1.461	60,03	16,70	1,37	0,00	20,00
1.406	49,03	5,70	0,00	0,00	20,00	1.462	60,23	16,90	1,57	0,00	20,00
1.407	49,23	5,90	0,00	0,00	20,00	1.463	60,43	17,10	1,77	0,00	20,00
1.408	49,43	6,10	0,00	0,00	20,00	1.464	60,63	17,30	1,97	0,00	20,00
1.409	49,63	6,30	0,00	0,00	20,00	1.465	60,83	17,50	2,17	0,00	20,00
1.410	49,83	6,50	0,00	0,00	20,00	1.466	61,03	17,70	2,37	0,00	20,00
1.411	50,03	6,70	0,00	0,00	20,00	1.467	61,23	17,90	2,57	0,00	20,00
1.412	50,23	6,90	0,00	0,00	20,00	1.468	61,43	18,10	2,77	0,00	20,00
1.413	50,43	7,10	0,00	0,00	20,00	1.469	61,63	18,30	2,97	0,00	20,00
1.414	50,63	7,30	0,00	0,00	20,00	1.470	61,83	18,50	3,17	0,00	20,00
1.415	50,83	7,50	0,00	0,00	20,00	1.471	62,03	18,70	3,37	0,00	20,00
1.416	51,03	7,70	0,00	0,00	20,00	1.472	62,23	18,90	3,57	0,00	20,00
1.417	51,23	7,90	0,00	0,00	20,00	1.473	62,43	19,10	3,77	0,00	20,00
1.418	51,43	8,10	0,00	0,00	20,00	1.474	62,63	19,30	3,97	0,00	20,00
1.419	51,63	8,30	0,00	0,00	20,00	1.475	62,83	19,50	4,17	0,00	20,00
1.420	51,83	8,50	0,00	0,00	20,00	1.476	63,03	19,70	4,37	0,00	20,00
1.421	52,03	8,70	0,00	0,00	20,00	1.477	63,23	19,90	4,57	0,00	20,00
1.422	52,23	8,90	0,00	0,00	20,00	1.478	63,43	20,10	4,77	0,00	20,00
1.423	52,43	9,10	0,00	0,00	20,00	1.479	63,63	20,30	4,97	0,00	20,00
1.424	52,63	9,30	0,00	0,00	20,00	1.480	63,83	20,50	5,17	0,00	20,00
1.425	52,83	9,50	0,00	0,00	20,00	1.481	64,03	20,70	5,37	0,00	20,00
1.426	53,03	9,70	0,00	0,00	20,00	1.482	64,23	20,90	5,57	0,00	20,00
1.427	53,23	9,90	0,00	0,00	20,00	1.483	64,43	21,10	5,77	0,00	20,00
1.428	53,43	10,10	0,00	0,00	20,00	1.484	64,63	21,30	5,97	0,00	20,00
1.429	53,63	10,30	0,00	0,00	20,00	1.485	64,83	21,50	6,17	0,00	20,00
1.430	53,83	10,50	0,00	0,00	20,00	1.486	65,03	21,70	6,37	0,00	20,00
1.431	54,03	10,70	0,00	0,00	20,00	1.487	65,23	21,90	6,57	0,00	20,00
1.432	54,23	10,90	0,00	0,00	20,00	1.488	65,43	22,10	6,77	0,00	20,00
1.433	54,43	11,10	0,00	0,00	20,00	1.489	65,63	22,30	6,97	0,00	20,00
1.434	54,63	11,30	0,00	0,00	20,00	1.490	65,83	22,50	7,17	0,00	20,00
1.435	54,83	11,50	0,00	0,00	20,00	1.491	66,03	22,70	7,37	0,00	20,00
1.436	55,03	11,70	0,00	0,00	20,00	1.492	66,23	22,90	7,57	0,00	20,00
1.437	55,23	11,90	0,00	0,00	20,00	1.493	66,43	23,10	7,77	0,00	20,00
1.438	55,43	12,10	0,00	0,00	20,00	1.494	66,63	23,30	7,97	0,00	20,00
1.439	55,63	12,30	0,00	0,00	20,00	1.495	66,83	23,50	8,17	0,00	20,00

MONATSLOHN AKTIVE von **1.496** bis **1.607**

Be-mes-sung	ohne AV	mit AV/1 Ki	mit AV/2 Ki	mit AV/3 Ki	% für Cent	Be-mes-sung	ohne AV	mit AV/1 Ki	mit AV/2 Ki	mit AV/3 Ki	% für Cent
1.496	67,03	23,70	8,37	0,00	20,00	1.552	78,23	34,90	19,57	0,23	20,00
1.497	67,23	23,90	8,57	0,00	20,00	1.553	78,43	35,10	19,77	0,43	20,00
1.498	67,43	24,10	8,77	0,00	20,00	1.554	78,63	35,30	19,97	0,63	20,00
1.499	67,63	24,30	8,97	0,00	20,00	1.555	78,83	35,50	20,17	0,83	20,00
1.500	67,83	24,50	9,17	0,00	20,00	1.556	79,03	35,70	20,37	1,03	20,00
1.501	68,03	24,70	9,37	0,00	20,00	1.557	79,23	35,90	20,57	1,23	20,00
1.502	68,23	24,90	9,57	0,00	20,00	1.558	79,43	36,10	20,77	1,43	20,00
1.503	68,43	25,10	9,77	0,00	20,00	1.559	79,63	36,30	20,97	1,63	20,00
1.504	68,63	25,30	9,97	0,00	20,00	1.560	79,83	36,50	21,17	1,83	20,00
1.505	68,83	25,50	10,17	0,00	20,00	1.561	80,03	36,70	21,37	2,03	20,00
1.506	69,03	25,70	10,37	0,00	20,00	1.562	80,23	36,90	21,57	2,23	20,00
1.507	69,23	25,90	10,57	0,00	20,00	1.563	80,43	37,10	21,77	2,43	20,00
1.508	69,43	26,10	10,77	0,00	20,00	1.564	80,63	37,30	21,97	2,63	20,00
1.509	69,63	26,30	10,97	0,00	20,00	1.565	80,83	37,50	22,17	2,83	20,00
1.510	69,83	26,50	11,17	0,00	20,00	1.566	81,03	37,70	22,37	3,03	20,00
1.511	70,03	26,70	11,37	0,00	20,00	1.567	81,23	37,90	22,57	3,23	20,00
1.512	70,23	26,90	11,57	0,00	20,00	1.568	81,43	38,10	22,77	3,43	20,00
1.513	70,43	27,10	11,77	0,00	20,00	1.569	81,63	38,30	22,97	3,63	20,00
1.514	70,63	27,30	11,97	0,00	20,00	1.570	81,83	38,50	23,17	3,83	20,00
1.515	70,83	27,50	12,17	0,00	20,00	1.571	82,03	38,70	23,37	4,03	20,00
1.516	71,03	27,70	12,37	0,00	20,00	1.572	82,23	38,90	23,57	4,23	20,00
1.517	71,23	27,90	12,57	0,00	20,00	1.573	82,43	39,10	23,77	4,43	20,00
1.518	71,43	28,10	12,77	0,00	20,00	1.574	82,63	39,30	23,97	4,63	20,00
1.519	71,63	28,30	12,97	0,00	20,00	1.575	82,83	39,50	24,17	4,83	20,00
1.520	71,83	28,50	13,17	0,00	20,00	1.576	83,03	39,70	24,37	5,03	20,00
1.521	72,03	28,70	13,37	0,00	20,00	1.577	83,23	39,90	24,57	5,23	20,00
1.522	72,23	28,90	13,57	0,00	20,00	1.578	83,43	40,10	24,77	5,43	20,00
1.523	72,43	29,10	13,77	0,00	20,00	1.579	83,63	40,30	24,97	5,63	20,00
1.524	72,63	29,30	13,97	0,00	20,00	1.580	83,83	40,50	25,17	5,83	20,00
1.525	72,83	29,50	14,17	0,00	20,00	1.581	84,03	40,70	25,37	6,03	20,00
1.526	73,03	29,70	14,37	0,00	20,00	1.582	84,23	40,90	25,57	6,23	20,00
1.527	73,23	29,90	14,57	0,00	20,00	1.583	84,43	41,10	25,77	6,43	20,00
1.528	73,43	30,10	14,77	0,00	20,00	1.584	84,63	41,30	25,97	6,63	20,00
1.529	73,63	30,30	14,97	0,00	20,00	1.585	84,83	41,50	26,17	6,83	20,00
1.530	73,83	30,50	15,17	0,00	20,00	1.586	85,03	41,70	26,37	7,03	20,00
1.531	74,03	30,70	15,37	0,00	20,00	1.587	85,23	41,90	26,57	7,23	20,00
1.532	74,23	30,90	15,57	0,00	20,00	1.588	85,43	42,10	26,77	7,43	20,00
1.533	74,43	31,10	15,77	0,00	20,00	1.589	85,63	42,30	26,97	7,63	20,00
1.534	74,63	31,30	15,97	0,00	20,00	1.590	85,83	42,50	27,17	7,83	20,00
1.535	74,83	31,50	16,17	0,00	20,00	1.591	86,03	42,70	27,37	8,03	20,00
1.536	75,03	31,70	16,37	0,00	20,00	1.592	86,23	42,90	27,57	8,23	20,00
1.537	75,23	31,90	16,57	0,00	20,00	1.593	86,43	43,10	27,77	8,43	20,00
1.538	75,43	32,10	16,77	0,00	20,00	1.594	86,63	43,30	27,97	8,63	20,00
1.539	75,63	32,30	16,97	0,00	20,00	1.595	86,83	43,50	28,17	8,83	20,00
1.540	75,83	32,50	17,17	0,00	20,00	1.596	87,03	43,70	28,37	9,03	20,00
1.541	76,03	32,70	17,37	0,00	20,00	1.597	87,23	43,90	28,57	9,23	20,00
1.542	76,23	32,90	17,57	0,00	20,00	1.598	87,43	44,10	28,77	9,43	20,00
1.543	76,43	33,10	17,77	0,00	20,00	1.599	87,63	44,30	28,97	9,63	20,00
1.544	76,63	33,30	17,97	0,00	20,00	1.600	87,83	44,50	29,17	9,83	20,00
1.545	76,83	33,50	18,17	0,00	20,00	1.601	88,03	44,70	29,37	10,03	20,00
1.546	77,03	33,70	18,37	0,00	20,00	1.602	88,23	44,90	29,57	10,23	20,00
1.547	77,23	33,90	18,57	0,00	20,00	1.603	88,43	45,10	29,77	10,43	20,00
1.548	77,43	34,10	18,77	0,00	20,00	1.604	88,63	45,30	29,97	10,63	20,00
1.549	77,63	34,30	18,97	0,00	20,00	1.605	88,83	45,50	30,17	10,83	20,00
1.550	77,83	34,50	19,17	0,00	20,00	1.606	89,08	45,75	30,42	11,08	25,00
1.551	78,03	34,70	19,37	0,03	20,00	1.607	89,38	46,05	30,72	11,38	30,00

von **1.608** bis **1.719** MONATSLOHN AKTIVE

Bemessung	ohne AV	mit AV/1 Ki	mit AV/2 Ki	mit AV/3 Ki	% für Cent	Bemessung	ohne AV	mit AV/1 Ki	mit AV/2 Ki	mit AV/3 Ki	% für Cent
1.608	89,68	46,35	31,02	11,68	30,00	1.664	106,48	63,15	47,82	28,48	30,00
1.609	89,98	46,65	31,32	11,98	30,00	1.665	106,78	63,45	48,12	28,78	30,00
1.610	90,28	46,95	31,62	12,28	30,00	1.666	107,08	63,75	48,42	29,08	30,00
1.611	90,58	47,25	31,92	12,58	30,00	1.667	107,38	64,05	48,72	29,38	30,00
1.612	90,88	47,55	32,22	12,88	30,00	1.668	107,68	64,35	49,02	29,68	30,00
1.613	91,18	47,85	32,52	13,18	30,00	1.669	107,98	64,65	49,32	29,98	30,00
1.614	91,48	48,15	32,82	13,48	30,00	1.670	108,28	64,95	49,62	30,28	30,00
1.615	91,78	48,45	33,12	13,78	30,00	1.671	108,58	65,25	49,92	30,58	30,00
1.616	92,08	48,75	33,42	14,08	30,00	1.672	108,88	65,55	50,22	30,88	30,00
1.617	92,38	49,05	33,72	14,38	30,00	1.673	109,18	65,85	50,52	31,18	30,00
1.618	92,68	49,35	34,02	14,68	30,00	1.674	109,48	66,15	50,82	31,48	30,00
1.619	92,98	49,65	34,32	14,98	30,00	1.675	109,78	66,45	51,12	31,78	30,00
1.620	93,28	49,95	34,62	15,28	30,00	1.676	110,08	66,75	51,42	32,08	30,00
1.621	93,58	50,25	34,92	15,58	30,00	1.677	110,38	67,05	51,72	32,38	30,00
1.622	93,88	50,55	35,22	15,88	30,00	1.678	110,68	67,35	52,02	32,68	30,00
1.623	94,18	50,85	35,52	16,18	30,00	1.679	110,98	67,65	52,32	32,98	30,00
1.624	94,48	51,15	35,82	16,48	30,00	1.680	111,28	67,95	52,62	33,28	30,00
1.625	94,78	51,45	36,12	16,78	30,00	1.681	111,58	68,25	52,92	33,58	30,00
1.626	95,08	51,75	36,42	17,08	30,00	1.682	111,88	68,55	53,22	33,88	30,00
1.627	95,38	52,05	36,72	17,38	30,00	1.683	112,18	68,85	53,52	34,18	30,00
1.628	95,68	52,35	37,02	17,68	30,00	1.684	112,48	69,15	53,82	34,48	30,00
1.629	95,98	52,65	37,32	17,98	30,00	1.685	112,78	69,45	54,12	34,78	30,00
1.630	96,28	52,95	37,62	18,28	30,00	1.686	113,08	69,75	54,42	35,08	30,00
1.631	96,58	53,25	37,92	18,58	30,00	1.687	113,38	70,05	54,72	35,38	30,00
1.632	96,88	53,55	38,22	18,88	30,00	1.688	113,68	70,35	55,02	35,68	30,00
1.633	97,18	53,85	38,52	19,18	30,00	1.689	113,98	70,65	55,32	35,98	30,00
1.634	97,48	54,15	38,82	19,48	30,00	1.690	114,28	70,95	55,62	36,28	30,00
1.635	97,78	54,45	39,12	19,78	30,00	1.691	114,58	71,25	55,92	36,58	30,00
1.636	98,08	54,75	39,42	20,08	30,00	1.692	114,88	71,55	56,22	36,88	30,00
1.637	98,38	55,05	39,72	20,38	30,00	1.693	115,18	71,85	56,52	37,18	30,00
1.638	98,68	55,35	40,02	20,68	30,00	1.694	115,48	72,15	56,82	37,48	30,00
1.639	98,98	55,65	40,32	20,98	30,00	1.695	115,78	72,45	57,12	37,78	30,00
1.640	99,28	55,95	40,62	21,28	30,00	1.696	116,08	72,75	57,42	38,08	30,00
1.641	99,58	56,25	40,92	21,58	30,00	1.697	116,38	73,05	57,72	38,38	30,00
1.642	99,88	56,55	41,22	21,88	30,00	1.698	116,68	73,35	58,02	38,68	30,00
1.643	100,18	56,85	41,52	22,18	30,00	1.699	116,98	73,65	58,32	38,98	30,00
1.644	100,48	57,15	41,82	22,48	30,00	1.700	117,28	73,95	58,62	39,28	30,00
1.645	100,78	57,45	42,12	22,78	30,00	1.701	117,58	74,25	58,92	39,58	30,00
1.646	101,08	57,75	42,42	23,08	30,00	1.702	117,88	74,55	59,22	39,88	30,00
1.647	101,38	58,05	42,72	23,38	30,00	1.703	118,18	74,85	59,52	40,18	30,00
1.648	101,68	58,35	43,02	23,68	30,00	1.704	118,48	75,15	59,82	40,48	30,00
1.649	101,98	58,65	43,32	23,98	30,00	1.705	118,78	75,45	60,12	40,78	30,00
1.650	102,28	58,95	43,62	24,28	30,00	1.706	119,08	75,75	60,42	41,08	30,00
1.651	102,58	59,25	43,92	24,58	30,00	1.707	119,38	76,05	60,72	41,38	30,00
1.652	102,88	59,55	44,22	24,88	30,00	1.708	119,68	76,35	61,02	41,68	30,00
1.653	103,18	59,85	44,52	25,18	30,00	1.709	119,98	76,65	61,32	41,98	30,00
1.654	103,48	60,15	44,82	25,48	30,00	1.710	120,28	76,95	61,62	42,28	30,00
1.655	103,78	60,45	45,12	25,78	30,00	1.711	120,58	77,25	61,92	42,58	30,00
1.656	104,08	60,75	45,42	26,08	30,00	1.712	120,88	77,55	62,22	42,88	30,00
1.657	104,38	61,05	45,72	26,38	30,00	1.713	121,18	77,85	62,52	43,18	30,00
1.658	104,68	61,35	46,02	26,68	30,00	1.714	121,48	78,15	62,82	43,48	30,00
1.659	104,98	61,65	46,32	26,98	30,00	1.715	121,78	78,45	63,12	43,78	30,00
1.660	105,28	61,95	46,62	27,28	30,00	1.716	122,08	78,75	63,42	44,08	30,00
1.661	105,58	62,25	46,92	27,58	30,00	1.717	122,38	79,05	63,72	44,38	30,00
1.662	105,88	62,55	47,22	27,88	30,00	1.718	122,68	79,35	64,02	44,68	30,00
1.663	106,18	62,85	47,52	28,18	30,00	1.719	122,98	79,65	64,32	44,98	30,00

MONATSLOHN AKTIVE von **1.720** bis **1.831**

Be-mes-sung	ohne AV	mit AV/1 Ki	mit AV/2 Ki	mit AV/3 Ki	% für Cent	Be-mes-sung	ohne AV	mit AV/1 Ki	mit AV/2 Ki	mit AV/3 Ki	% für Cent
1.720	123,28	79,95	64,62	45,28	30,00	1.776	140,08	96,75	81,42	62,08	30,00
1.721	123,58	80,25	64,92	45,58	30,00	1.777	140,38	97,05	81,72	62,38	30,00
1.722	123,88	80,55	65,22	45,88	30,00	1.778	140,68	97,35	82,02	62,68	30,00
1.723	124,18	80,85	65,52	46,18	30,00	1.779	140,98	97,65	82,32	62,98	30,00
1.724	124,48	81,15	65,82	46,48	30,00	1.780	141,28	97,95	82,62	63,28	30,00
1.725	124,78	81,45	66,12	46,78	30,00	1.781	141,58	98,25	82,92	63,58	30,00
1.726	125,08	81,75	66,42	47,08	30,00	1.782	141,88	98,55	83,22	63,88	30,00
1.727	125,38	82,05	66,72	47,38	30,00	1.783	142,18	98,85	83,52	64,18	30,00
1.728	125,68	82,35	67,02	47,68	30,00	1.784	142,48	99,15	83,82	64,48	30,00
1.729	125,98	82,65	67,32	47,98	30,00	1.785	142,78	99,45	84,12	64,78	30,00
1.730	126,28	82,95	67,62	48,28	30,00	1.786	143,08	99,75	84,42	65,08	30,00
1.731	126,58	83,25	67,92	48,58	30,00	1.787	143,38	100,05	84,72	65,38	30,00
1.732	126,88	83,55	68,22	48,88	30,00	1.788	143,68	100,35	85,02	65,68	30,00
1.733	127,18	83,85	68,52	49,18	30,00	1.789	143,98	100,65	85,32	65,98	30,00
1.734	127,48	84,15	68,82	49,48	30,00	1.790	144,28	100,95	85,62	66,28	30,00
1.735	127,78	84,45	69,12	49,78	30,00	1.791	144,58	101,25	85,92	66,58	30,00
1.736	128,08	84,75	69,42	50,08	30,00	1.792	144,88	101,55	86,22	66,88	30,00
1.737	128,38	85,05	69,72	50,38	30,00	1.793	145,18	101,85	86,52	67,18	30,00
1.738	128,68	85,35	70,02	50,68	30,00	1.794	145,48	102,15	86,82	67,48	30,00
1.739	128,98	85,65	70,32	50,98	30,00	1.795	145,78	102,45	87,12	67,78	30,00
1.740	129,28	85,95	70,62	51,28	30,00	1.796	146,08	102,75	87,42	68,08	30,00
1.741	129,58	86,25	70,92	51,58	30,00	1.797	146,38	103,05	87,72	68,38	30,00
1.742	129,88	86,55	71,22	51,88	30,00	1.798	146,68	103,35	88,02	68,68	30,00
1.743	130,18	86,85	71,52	52,18	30,00	1.799	146,98	103,65	88,32	68,98	30,00
1.744	130,48	87,15	71,82	52,48	30,00	1.800	147,28	103,95	88,62	69,28	30,00
1.745	130,78	87,45	72,12	52,78	30,00	1.801	147,58	104,25	88,92	69,58	30,00
1.746	131,08	87,75	72,42	53,08	30,00	1.802	147,88	104,55	89,22	69,88	30,00
1.747	131,38	88,05	72,72	53,38	30,00	1.803	148,18	104,85	89,52	70,18	30,00
1.748	131,68	88,35	73,02	53,68	30,00	1.804	148,48	105,15	89,82	70,48	30,00
1.749	131,98	88,65	73,32	53,98	30,00	1.805	148,78	105,45	90,12	70,78	30,00
1.750	132,28	88,95	73,62	54,28	30,00	1.806	149,08	105,75	90,42	71,08	30,00
1.751	132,58	89,25	73,92	54,58	30,00	1.807	149,38	106,05	90,72	71,38	30,00
1.752	132,88	89,55	74,22	54,88	30,00	1.808	149,68	106,35	91,02	71,68	30,00
1.753	133,18	89,85	74,52	55,18	30,00	1.809	149,98	106,65	91,32	71,98	30,00
1.754	133,48	90,15	74,82	55,48	30,00	1.810	150,28	106,95	91,62	72,28	30,00
1.755	133,78	90,45	75,12	55,78	30,00	1.811	150,58	107,25	91,92	72,58	30,00
1.756	134,08	90,75	75,42	56,08	30,00	1.812	150,88	107,55	92,22	72,88	30,00
1.757	134,38	91,05	75,72	56,38	30,00	1.813	151,18	107,85	92,52	73,18	30,00
1.758	134,68	91,35	76,02	56,68	30,00	1.814	151,48	108,15	92,82	73,48	30,00
1.759	134,98	91,65	76,32	56,98	30,00	1.815	151,78	108,45	93,12	73,78	30,00
1.760	135,28	91,95	76,62	57,28	30,00	1.816	152,08	108,75	93,42	74,08	30,00
1.761	135,58	92,25	76,92	57,58	30,00	1.817	152,38	109,05	93,72	74,38	30,00
1.762	135,88	92,55	77,22	57,88	30,00	1.818	152,68	109,35	94,02	74,68	30,00
1.763	136,18	92,85	77,52	58,18	30,00	1.819	152,98	109,65	94,32	74,98	30,00
1.764	136,48	93,15	77,82	58,48	30,00	1.820	153,28	109,95	94,62	75,28	30,00
1.765	136,78	93,45	78,12	58,78	30,00	1.821	153,58	110,25	94,92	75,58	30,00
1.766	137,08	93,75	78,42	59,08	30,00	1.822	153,88	110,55	95,22	75,88	30,00
1.767	137,38	94,05	78,72	59,38	30,00	1.823	154,18	110,85	95,52	76,18	30,00
1.768	137,68	94,35	79,02	59,68	30,00	1.824	154,48	111,15	95,82	76,48	30,00
1.769	137,98	94,65	79,32	59,98	30,00	1.825	154,78	111,45	96,12	76,78	30,00
1.770	138,28	94,95	79,62	60,28	30,00	1.826	155,08	111,75	96,42	77,08	30,00
1.771	138,58	95,25	79,92	60,58	30,00	1.827	155,38	112,05	96,72	77,38	30,00
1.772	138,88	95,55	80,22	60,88	30,00	1.828	155,68	112,35	97,02	77,68	30,00
1.773	139,18	95,85	80,52	61,18	30,00	1.829	155,98	112,65	97,32	77,98	30,00
1.774	139,48	96,15	80,82	61,48	30,00	1.830	156,28	112,95	97,62	78,28	30,00
1.775	139,78	96,45	81,12	61,78	30,00	1.831	156,58	113,25	97,92	78,58	30,00

von **1.832** bis **1.943** **MONATSLOHN AKTIVE**

Be-mes-sung	ohne AV	mit AV/1 Ki	mit AV/2 Ki	mit AV/3 Ki	% für Cent	Be-mes-sung	ohne AV	mit AV/1 Ki	mit AV/2 Ki	mit AV/3 Ki	% für Cent
1.832	156,88	113,55	98,22	78,88	30,00	1.888	173,68	130,35	115,02	95,68	30,00
1.833	157,18	113,85	98,52	79,18	30,00	1.889	173,98	130,65	115,32	95,98	30,00
1.834	157,48	114,15	98,82	79,48	30,00	1.890	174,28	130,95	115,62	96,28	30,00
1.835	157,78	114,45	99,12	79,78	30,00	1.891	174,58	131,25	115,92	96,58	30,00
1.836	158,08	114,75	99,42	80,08	30,00	1.892	174,88	131,55	116,22	96,88	30,00
1.837	158,38	115,05	99,72	80,38	30,00	1.893	175,18	131,85	116,52	97,18	30,00
1.838	158,68	115,35	100,02	80,68	30,00	1.894	175,48	132,15	116,82	97,48	30,00
1.839	158,98	115,65	100,32	80,98	30,00	1.895	175,78	132,45	117,12	97,78	30,00
1.840	159,28	115,95	100,62	81,28	30,00	1.896	176,08	132,75	117,42	98,08	30,00
1.841	159,58	116,25	100,92	81,58	30,00	1.897	176,38	133,05	117,72	98,38	30,00
1.842	159,88	116,55	101,22	81,88	30,00	1.898	176,68	133,35	118,02	98,68	30,00
1.843	160,18	116,85	101,52	82,18	30,00	1.899	176,98	133,65	118,32	98,98	30,00
1.844	160,48	117,15	101,82	82,48	30,00	1.900	177,28	133,95	118,62	99,28	30,00
1.845	160,78	117,45	102,12	82,78	30,00	1.901	177,58	134,25	118,92	99,58	30,00
1.846	161,08	117,75	102,42	83,08	30,00	1.902	177,88	134,55	119,22	99,88	30,00
1.847	161,38	118,05	102,72	83,38	30,00	1.903	178,18	134,85	119,52	100,18	30,00
1.848	161,68	118,35	103,02	83,68	30,00	1.904	178,48	135,15	119,82	100,48	30,00
1.849	161,98	118,65	103,32	83,98	30,00	1.905	178,78	135,45	120,12	100,78	30,00
1.850	162,28	118,95	103,62	84,28	30,00	1.906	179,08	135,75	120,42	101,08	30,00
1.851	162,58	119,25	103,92	84,58	30,00	1.907	179,38	136,05	120,72	101,38	30,00
1.852	162,88	119,55	104,22	84,88	30,00	1.908	179,68	136,35	121,02	101,68	30,00
1.853	163,18	119,85	104,52	85,18	30,00	1.909	179,98	136,65	121,32	101,98	30,00
1.854	163,48	120,15	104,82	85,48	30,00	1.910	180,28	136,95	121,62	102,28	30,00
1.855	163,78	120,45	105,12	85,78	30,00	1.911	180,58	137,25	121,92	102,58	30,00
1.856	164,08	120,75	105,42	86,08	30,00	1.912	180,88	137,55	122,22	102,88	30,00
1.857	164,38	121,05	105,72	86,38	30,00	1.913	181,18	137,85	122,52	103,18	30,00
1.858	164,68	121,35	106,02	86,68	30,00	1.914	181,48	138,15	122,82	103,48	30,00
1.859	164,98	121,65	106,32	86,98	30,00	1.915	181,78	138,45	123,12	103,78	30,00
1.860	165,28	121,95	106,62	87,28	30,00	1.916	182,08	138,75	123,42	104,08	30,00
1.861	165,58	122,25	106,92	87,58	30,00	1.917	182,38	139,05	123,72	104,38	30,00
1.862	165,88	122,55	107,22	87,88	30,00	1.918	182,68	139,35	124,02	104,68	30,00
1.863	166,18	122,85	107,52	88,18	30,00	1.919	182,98	139,65	124,32	104,98	30,00
1.864	166,48	123,15	107,82	88,48	30,00	1.920	183,28	139,95	124,62	105,28	30,00
1.865	166,78	123,45	108,12	88,78	30,00	1.921	183,58	140,25	124,92	105,58	30,00
1.866	167,08	123,75	108,42	89,08	30,00	1.922	183,88	140,55	125,22	105,88	30,00
1.867	167,38	124,05	108,72	89,38	30,00	1.923	184,18	140,85	125,52	106,18	30,00
1.868	167,68	124,35	109,02	89,68	30,00	1.924	184,48	141,15	125,82	106,48	30,00
1.869	167,98	124,65	109,32	89,98	30,00	1.925	184,78	141,45	126,12	106,78	30,00
1.870	168,28	124,95	109,62	90,28	30,00	1.926	185,08	141,75	126,42	107,08	30,00
1.871	168,58	125,25	109,92	90,58	30,00	1.927	185,38	142,05	126,72	107,38	30,00
1.872	168,88	125,55	110,22	90,88	30,00	1.928	185,68	142,35	127,02	107,68	30,00
1.873	169,18	125,85	110,52	91,18	30,00	1.929	185,98	142,65	127,32	107,98	30,00
1.874	169,48	126,15	110,82	91,48	30,00	1.930	186,28	142,95	127,62	108,28	30,00
1.875	169,78	126,45	111,12	91,78	30,00	1.931	186,58	143,25	127,92	108,58	30,00
1.876	170,08	126,75	111,42	92,08	30,00	1.932	186,88	143,55	128,22	108,88	30,00
1.877	170,38	127,05	111,72	92,38	30,00	1.933	187,18	143,85	128,52	109,18	30,00
1.878	170,68	127,35	112,02	92,68	30,00	1.934	187,48	144,15	128,82	109,48	30,00
1.879	170,98	127,65	112,32	92,98	30,00	1.935	187,78	144,45	129,12	109,78	30,00
1.880	171,28	127,95	112,62	93,28	30,00	1.936	188,08	144,75	129,42	110,08	30,00
1.881	171,58	128,25	112,92	93,58	30,00	1.937	188,38	145,05	129,72	110,38	30,00
1.882	171,88	128,55	113,22	93,88	30,00	1.938	188,68	145,35	130,02	110,68	30,00
1.883	172,18	128,85	113,52	94,18	30,00	1.939	188,98	145,65	130,32	110,98	30,00
1.884	172,48	129,15	113,82	94,48	30,00	1.940	189,28	145,95	130,62	111,28	30,00
1.885	172,78	129,45	114,12	94,78	30,00	1.941	189,58	146,25	130,92	111,58	30,00
1.886	173,08	129,75	114,42	95,08	30,00	1.942	189,88	146,55	131,22	111,88	30,00
1.887	173,38	130,05	114,72	95,38	30,00	1.943	190,18	146,85	131,52	112,18	30,00

MONATSLOHN AKTIVE von **1.944** bis **2.055**

Be-mes-sung	ohne AV	mit AV/1 Ki	mit AV/2 Ki	mit AV/3 Ki	% für Cent	Be-mes-sung	ohne AV	mit AV/1 Ki	mit AV/2 Ki	mit AV/3 Ki	% für Cent
1.944	190,48	147,15	131,82	112,48	30,00	2.000	207,28	163,95	148,62	129,28	30,00
1.945	190,78	147,45	132,12	112,78	30,00	2.001	207,58	164,25	148,92	129,58	30,00
1.946	191,08	147,75	132,42	113,08	30,00	2.002	207,88	164,55	149,22	129,88	30,00
1.947	191,38	148,05	132,72	113,38	30,00	2.003	208,18	164,85	149,52	130,18	30,00
1.948	191,68	148,35	133,02	113,68	30,00	2.004	208,48	165,15	149,82	130,48	30,00
1.949	191,98	148,65	133,32	113,98	30,00	2.005	208,78	165,45	150,12	130,78	30,00
1.950	192,28	148,95	133,62	114,28	30,00	2.006	209,08	165,75	150,42	131,08	30,00
1.951	192,58	149,25	133,92	114,58	30,00	2.007	209,38	166,05	150,72	131,38	30,00
1.952	192,88	149,55	134,22	114,88	30,00	2.008	209,68	166,35	151,02	131,68	30,00
1.953	193,18	149,85	134,52	115,18	30,00	2.009	209,98	166,65	151,32	131,98	30,00
1.954	193,48	150,15	134,82	115,48	30,00	2.010	210,28	166,95	151,62	132,28	30,00
1.955	193,78	150,45	135,12	115,78	30,00	2.011	210,58	167,25	151,92	132,58	30,00
1.956	194,08	150,75	135,42	116,08	30,00	2.012	210,88	167,55	152,22	132,88	30,00
1.957	194,38	151,05	135,72	116,38	30,00	2.013	211,18	167,85	152,52	133,18	30,00
1.958	194,68	151,35	136,02	116,68	30,00	2.014	211,48	168,15	152,82	133,48	30,00
1.959	194,98	151,65	136,32	116,98	30,00	2.015	211,78	168,45	153,12	133,78	30,00
1.960	195,28	151,95	136,62	117,28	30,00	2.016	212,08	168,75	153,42	134,08	30,00
1.961	195,58	152,25	136,92	117,58	30,00	2.017	212,38	169,05	153,72	134,38	30,00
1.962	195,88	152,55	137,22	117,88	30,00	2.018	212,68	169,35	154,02	134,68	30,00
1.963	196,18	152,85	137,52	118,18	30,00	2.019	212,98	169,65	154,32	134,98	30,00
1.964	196,48	153,15	137,82	118,48	30,00	2.020	213,28	169,95	154,62	135,28	30,00
1.965	196,78	153,45	138,12	118,78	30,00	2.021	213,58	170,25	154,92	135,58	30,00
1.966	197,08	153,75	138,42	119,08	30,00	2.022	213,88	170,55	155,22	135,88	30,00
1.967	197,38	154,05	138,72	119,38	30,00	2.023	214,18	170,85	155,52	136,18	30,00
1.968	197,68	154,35	139,02	119,68	30,00	2.024	214,48	171,15	155,82	136,48	30,00
1.969	197,98	154,65	139,32	119,98	30,00	2.025	214,78	171,45	156,12	136,78	30,00
1.970	198,28	154,95	139,62	120,28	30,00	2.026	215,08	171,75	156,42	137,08	30,00
1.971	198,58	155,25	139,92	120,58	30,00	2.027	215,38	172,05	156,72	137,38	30,00
1.972	198,88	155,55	140,22	120,88	30,00	2.028	215,68	172,35	157,02	137,68	30,00
1.973	199,18	155,85	140,52	121,18	30,00	2.029	215,98	172,65	157,32	137,98	30,00
1.974	199,48	156,15	140,82	121,48	30,00	2.030	216,28	172,95	157,62	138,28	30,00
1.975	199,78	156,45	141,12	121,78	30,00	2.031	216,58	173,25	157,92	138,58	30,00
1.976	200,08	156,75	141,42	122,08	30,00	2.032	216,88	173,55	158,22	138,88	30,00
1.977	200,38	157,05	141,72	122,38	30,00	2.033	217,18	173,85	158,52	139,18	30,00
1.978	200,68	157,35	142,02	122,68	30,00	2.034	217,48	174,15	158,82	139,48	30,00
1.979	200,98	157,65	142,32	122,98	30,00	2.035	217,78	174,45	159,12	139,78	30,00
1.980	201,28	157,95	142,62	123,28	30,00	2.036	218,08	174,75	159,42	140,08	30,00
1.981	201,58	158,25	142,92	123,58	30,00	2.037	218,38	175,05	159,72	140,38	30,00
1.982	201,88	158,55	143,22	123,88	30,00	2.038	218,68	175,35	160,02	140,68	30,00
1.983	202,18	158,85	143,52	124,18	30,00	2.039	218,98	175,65	160,32	140,98	30,00
1.984	202,48	159,15	143,82	124,48	30,00	2.040	219,28	175,95	160,62	141,28	30,00
1.985	202,78	159,45	144,12	124,78	30,00	2.041	219,58	176,25	160,92	141,58	30,00
1.986	203,08	159,75	144,42	125,08	30,00	2.042	219,88	176,55	161,22	141,88	30,00
1.987	203,38	160,05	144,72	125,38	30,00	2.043	220,18	176,85	161,52	142,18	30,00
1.988	203,68	160,35	145,02	125,68	30,00	2.044	220,48	177,15	161,82	142,48	30,00
1.989	203,98	160,65	145,32	125,98	30,00	2.045	220,78	177,45	162,12	142,78	30,00
1.990	204,28	160,95	145,62	126,28	30,00	2.046	221,08	177,75	162,42	143,08	30,00
1.991	204,58	161,25	145,92	126,58	30,00	2.047	221,38	178,05	162,72	143,38	30,00
1.992	204,88	161,55	146,22	126,88	30,00	2.048	221,68	178,35	163,02	143,68	30,00
1.993	205,18	161,85	146,52	127,18	30,00	2.049	221,98	178,65	163,32	143,98	30,00
1.994	205,48	162,15	146,82	127,48	30,00	2.050	222,28	178,95	163,62	144,28	30,00
1.995	205,78	162,45	147,12	127,78	30,00	2.051	222,58	179,25	163,92	144,58	30,00
1.996	206,08	162,75	147,42	128,08	30,00	2.052	222,88	179,55	164,22	144,88	30,00
1.997	206,38	163,05	147,72	128,38	30,00	2.053	223,18	179,85	164,52	145,18	30,00
1.998	206,68	163,35	148,02	128,68	30,00	2.054	223,48	180,15	164,82	145,48	30,00
1.999	206,98	163,65	148,32	128,98	30,00	2.055	223,78	180,45	165,12	145,78	30,00

von **2.056** bis **2.167** **MONATSLOHN AKTIVE**

Be-mes-sung	ohne AV	mit AV/1 Ki	mit AV/2 Ki	mit AV/3 Ki	% für Cent	Be-mes-sung	ohne AV	mit AV/1 Ki	mit AV/2 Ki	mit AV/3 Ki	% für Cent
2.056	224,08	180,75	165,42	146,08	30,00	2.112	240,88	197,55	182,22	162,88	30,00
2.057	224,38	181,05	165,72	146,38	30,00	2.113	241,18	197,85	182,52	163,18	30,00
2.058	224,68	181,35	166,02	146,68	30,00	2.114	241,48	198,15	182,82	163,48	30,00
2.059	224,98	181,65	166,32	146,98	30,00	2.115	241,78	198,45	183,12	163,78	30,00
2.060	225,28	181,95	166,62	147,28	30,00	2.116	242,08	198,75	183,42	164,08	30,00
2.061	225,58	182,25	166,92	147,58	30,00	2.117	242,38	199,05	183,72	164,38	30,00
2.062	225,88	182,55	167,22	147,88	30,00	2.118	242,68	199,35	184,02	164,68	30,00
2.063	226,18	182,85	167,52	148,18	30,00	2.119	242,98	199,65	184,32	164,98	30,00
2.064	226,48	183,15	167,82	148,48	30,00	2.120	243,28	199,95	184,62	165,28	30,00
2.065	226,78	183,45	168,12	148,78	30,00	2.121	243,58	200,25	184,92	165,58	30,00
2.066	227,08	183,75	168,42	149,08	30,00	2.122	243,88	200,55	185,22	165,88	30,00
2.067	227,38	184,05	168,72	149,38	30,00	2.123	244,18	200,85	185,52	166,18	30,00
2.068	227,68	184,35	169,02	149,68	30,00	2.124	244,48	201,15	185,82	166,48	30,00
2.069	227,98	184,65	169,32	149,98	30,00	2.125	244,78	201,45	186,12	166,78	30,00
2.070	228,28	184,95	169,62	150,28	30,00	2.126	245,08	201,75	186,42	167,08	30,00
2.071	228,58	185,25	169,92	150,58	30,00	2.127	245,38	202,05	186,72	167,38	30,00
2.072	228,88	185,55	170,22	150,88	30,00	2.128	245,68	202,35	187,02	167,68	30,00
2.073	229,18	185,85	170,52	151,18	30,00	2.129	245,98	202,65	187,32	167,98	30,00
2.074	229,48	186,15	170,82	151,48	30,00	2.130	246,28	202,95	187,62	168,28	30,00
2.075	229,78	186,45	171,12	151,78	30,00	2.131	246,58	203,25	187,92	168,58	30,00
2.076	230,08	186,75	171,42	152,08	30,00	2.132	246,88	203,55	188,22	168,88	30,00
2.077	230,38	187,05	171,72	152,38	30,00	2.133	247,18	203,85	188,52	169,18	30,00
2.078	230,68	187,35	172,02	152,68	30,00	2.134	247,48	204,15	188,82	169,48	30,00
2.079	230,98	187,65	172,32	152,98	30,00	2.135	247,78	204,45	189,12	169,78	30,00
2.080	231,28	187,95	172,62	153,28	30,00	2.136	248,08	204,75	189,42	170,08	30,00
2.081	231,58	188,25	172,92	153,58	30,00	2.137	248,38	205,05	189,72	170,38	30,00
2.082	231,88	188,55	173,22	153,88	30,00	2.138	248,68	205,35	190,02	170,68	30,00
2.083	232,18	188,85	173,52	154,18	30,00	2.139	248,98	205,65	190,32	170,98	30,00
2.084	232,48	189,15	173,82	154,48	30,00	2.140	249,28	205,95	190,62	171,28	30,00
2.085	232,78	189,45	174,12	154,78	30,00	2.141	249,58	206,25	190,92	171,58	30,00
2.086	233,08	189,75	174,42	155,08	30,00	2.142	249,88	206,55	191,22	171,88	30,00
2.087	233,38	190,05	174,72	155,38	30,00	2.143	250,18	206,85	191,52	172,18	30,00
2.088	233,68	190,35	175,02	155,68	30,00	2.144	250,48	207,15	191,82	172,48	30,00
2.089	233,98	190,65	175,32	155,98	30,00	2.145	250,78	207,45	192,12	172,78	30,00
2.090	234,28	190,95	175,62	156,28	30,00	2.146	251,08	207,75	192,42	173,08	30,00
2.091	234,58	191,25	175,92	156,58	30,00	2.147	251,38	208,05	192,72	173,38	30,00
2.092	234,88	191,55	176,22	156,88	30,00	2.148	251,68	208,35	193,02	173,68	30,00
2.093	235,18	191,85	176,52	157,18	30,00	2.149	251,98	208,65	193,32	173,98	30,00
2.094	235,48	192,15	176,82	157,48	30,00	2.150	252,28	208,95	193,62	174,28	30,00
2.095	235,78	192,45	177,12	157,78	30,00	2.151	252,58	209,25	193,92	174,58	30,00
2.096	236,08	192,75	177,42	158,08	30,00	2.152	252,88	209,55	194,22	174,88	30,00
2.097	236,38	193,05	177,72	158,38	30,00	2.153	253,18	209,85	194,52	175,18	30,00
2.098	236,68	193,35	178,02	158,68	30,00	2.154	253,48	210,15	194,82	175,48	30,00
2.099	236,98	193,65	178,32	158,98	30,00	2.155	253,78	210,45	195,12	175,78	30,00
2.100	237,28	193,95	178,62	159,28	30,00	2.156	254,08	210,75	195,42	176,08	30,00
2.101	237,58	194,25	178,92	159,58	30,00	2.157	254,38	211,05	195,72	176,38	30,00
2.102	237,88	194,55	179,22	159,88	30,00	2.158	254,68	211,35	196,02	176,68	30,00
2.103	238,18	194,85	179,52	160,18	30,00	2.159	254,98	211,65	196,32	176,98	30,00
2.104	238,48	195,15	179,82	160,48	30,00	2.160	255,28	211,95	196,62	177,28	30,00
2.105	238,78	195,45	180,12	160,78	30,00	2.161	255,58	212,25	196,92	177,58	30,00
2.106	239,08	195,75	180,42	161,08	30,00	2.162	255,88	212,55	197,22	177,88	30,00
2.107	239,38	196,05	180,72	161,38	30,00	2.163	256,18	212,85	197,52	178,18	30,00
2.108	239,68	196,35	181,02	161,68	30,00	2.164	256,48	213,15	197,82	178,48	30,00
2.109	239,98	196,65	181,32	161,98	30,00	2.165	256,78	213,45	198,12	178,78	30,00
2.110	240,28	196,95	181,62	162,28	30,00	2.166	257,08	213,75	198,42	179,08	30,00
2.111	240,58	197,25	181,92	162,58	30,00	2.167	257,38	214,05	198,72	179,38	30,00

MONATSLOHN AKTIVE — von **2.168** bis **2.279**

Be-mes-sung	ohne AV	mit AV/1 Ki	mit AV/2 Ki	mit AV/3 Ki	% für Cent	Be-mes-sung	ohne AV	mit AV/1 Ki	mit AV/2 Ki	mit AV/3 Ki	% für Cent
2.168	257,68	214,35	199,02	179,68	30,00	2.224	274,48	231,15	215,82	196,48	30,00
2.169	257,98	214,65	199,32	179,98	30,00	2.225	274,78	231,45	216,12	196,78	30,00
2.170	258,28	214,95	199,62	180,28	30,00	2.226	275,08	231,75	216,42	197,08	30,00
2.171	258,58	215,25	199,92	180,58	30,00	2.227	275,38	232,05	216,72	197,38	30,00
2.172	258,88	215,55	200,22	180,88	30,00	2.228	275,68	232,35	217,02	197,68	30,00
2.173	259,18	215,85	200,52	181,18	30,00	2.229	275,98	232,65	217,32	197,98	30,00
2.174	259,48	216,15	200,82	181,48	30,00	2.230	276,28	232,95	217,62	198,28	30,00
2.175	259,78	216,45	201,12	181,78	30,00	2.231	276,58	233,25	217,92	198,58	30,00
2.176	260,08	216,75	201,42	182,08	30,00	2.232	276,88	233,55	218,22	198,88	30,00
2.177	260,38	217,05	201,72	182,38	30,00	2.233	277,18	233,85	218,52	199,18	30,00
2.178	260,68	217,35	202,02	182,68	30,00	2.234	277,48	234,15	218,82	199,48	30,00
2.179	260,98	217,65	202,32	182,98	30,00	2.235	277,78	234,45	219,12	199,78	30,00
2.180	261,28	217,95	202,62	183,28	30,00	2.236	278,08	234,75	219,42	200,08	30,00
2.181	261,58	218,25	202,92	183,58	30,00	2.237	278,38	235,05	219,72	200,38	30,00
2.182	261,88	218,55	203,22	183,88	30,00	2.238	278,68	235,35	220,02	200,68	30,00
2.183	262,18	218,85	203,52	184,18	30,00	2.239	278,98	235,65	220,32	200,98	30,00
2.184	262,48	219,15	203,82	184,48	30,00	2.240	279,28	235,95	220,62	201,28	30,00
2.185	262,78	219,45	204,12	184,78	30,00	2.241	279,58	236,25	220,92	201,58	30,00
2.186	263,08	219,75	204,42	185,08	30,00	2.242	279,88	236,55	221,22	201,88	30,00
2.187	263,38	220,05	204,72	185,38	30,00	2.243	280,18	236,85	221,52	202,18	30,00
2.188	263,68	220,35	205,02	185,68	30,00	2.244	280,48	237,15	221,82	202,48	30,00
2.189	263,98	220,65	205,32	185,98	30,00	2.245	280,78	237,45	222,12	202,78	30,00
2.190	264,28	220,95	205,62	186,28	30,00	2.246	281,08	237,75	222,42	203,08	30,00
2.191	264,58	221,25	205,92	186,58	30,00	2.247	281,38	238,05	222,72	203,38	30,00
2.192	264,88	221,55	206,22	186,88	30,00	2.248	281,68	238,35	223,02	203,68	30,00
2.193	265,18	221,85	206,52	187,18	30,00	2.249	281,98	238,65	223,32	203,98	30,00
2.194	265,48	222,15	206,82	187,48	30,00	2.250	282,28	238,95	223,62	204,28	30,00
2.195	265,78	222,45	207,12	187,78	30,00	2.251	282,58	239,25	223,92	204,58	30,00
2.196	266,08	222,75	207,42	188,08	30,00	2.252	282,88	239,55	224,22	204,88	30,00
2.197	266,38	223,05	207,72	188,38	30,00	2.253	283,18	239,85	224,52	205,18	30,00
2.198	266,68	223,35	208,02	188,68	30,00	2.254	283,48	240,15	224,82	205,48	30,00
2.199	266,98	223,65	208,32	188,98	30,00	2.255	283,78	240,45	225,12	205,78	30,00
2.200	267,28	223,95	208,62	189,28	30,00	2.256	284,08	240,75	225,42	206,08	30,00
2.201	267,58	224,25	208,92	189,58	30,00	2.257	284,38	241,05	225,72	206,38	30,00
2.202	267,88	224,55	209,22	189,88	30,00	2.258	284,68	241,35	226,02	206,68	30,00
2.203	268,18	224,85	209,52	190,18	30,00	2.259	284,98	241,65	226,32	206,98	30,00
2.204	268,48	225,15	209,82	190,48	30,00	2.260	285,28	241,95	226,62	207,28	30,00
2.205	268,78	225,45	210,12	190,78	30,00	2.261	285,58	242,25	226,92	207,58	30,00
2.206	269,08	225,75	210,42	191,08	30,00	2.262	285,88	242,55	227,22	207,88	30,00
2.207	269,38	226,05	210,72	191,38	30,00	2.263	286,18	242,85	227,52	208,18	30,00
2.208	269,68	226,35	211,02	191,68	30,00	2.264	286,48	243,15	227,82	208,48	30,00
2.209	269,98	226,65	211,32	191,98	30,00	2.265	286,78	243,45	228,12	208,78	30,00
2.210	270,28	226,95	211,62	192,28	30,00	2.266	287,08	243,75	228,42	209,08	30,00
2.211	270,58	227,25	211,92	192,58	30,00	2.267	287,38	244,05	228,72	209,38	30,00
2.212	270,88	227,55	212,22	192,88	30,00	2.268	287,68	244,35	229,02	209,68	30,00
2.213	271,18	227,85	212,52	193,18	30,00	2.269	287,98	244,65	229,32	209,98	30,00
2.214	271,48	228,15	212,82	193,48	30,00	2.270	288,28	244,95	229,62	210,28	30,00
2.215	271,78	228,45	213,12	193,78	30,00	2.271	288,58	245,25	229,92	210,58	30,00
2.216	272,08	228,75	213,42	194,08	30,00	2.272	288,88	245,55	230,22	210,88	30,00
2.217	272,38	229,05	213,72	194,38	30,00	2.273	289,18	245,85	230,52	211,18	30,00
2.218	272,68	229,35	214,02	194,68	30,00	2.274	289,48	246,15	230,82	211,48	30,00
2.219	272,98	229,65	214,32	194,98	30,00	2.275	289,78	246,45	231,12	211,78	30,00
2.220	273,28	229,95	214,62	195,28	30,00	2.276	290,08	246,75	231,42	212,08	30,00
2.221	273,58	230,25	214,92	195,58	30,00	2.277	290,38	247,05	231,72	212,38	30,00
2.222	273,88	230,55	215,22	195,88	30,00	2.278	290,68	247,35	232,02	212,68	30,00
2.223	274,18	230,85	215,52	196,18	30,00	2.279	290,98	247,65	232,32	212,98	30,00

von **2.280** bis **2.391** — **MONATSLOHN AKTIVE**

Bemessung	ohne AV	mit AV/1 Ki	mit AV/2 Ki	mit AV/3 Ki	% für Cent	Bemessung	ohne AV	mit AV/1 Ki	mit AV/2 Ki	mit AV/3 Ki	% für Cent
2.280	291,28	247,95	232,62	213,28	30,00	2.336	308,08	264,75	249,42	230,08	30,00
2.281	291,58	248,25	232,92	213,58	30,00	2.337	308,38	265,05	249,72	230,38	30,00
2.282	291,88	248,55	233,22	213,88	30,00	2.338	308,68	265,35	250,02	230,68	30,00
2.283	292,18	248,85	233,52	214,18	30,00	2.339	308,98	265,65	250,32	230,98	30,00
2.284	292,48	249,15	233,82	214,48	30,00	2.340	309,28	265,95	250,62	231,28	30,00
2.285	292,78	249,45	234,12	214,78	30,00	2.341	309,58	266,25	250,92	231,58	30,00
2.286	293,08	249,75	234,42	215,08	30,00	2.342	309,88	266,55	251,22	231,88	30,00
2.287	293,38	250,05	234,72	215,38	30,00	2.343	310,18	266,85	251,52	232,18	30,00
2.288	293,68	250,35	235,02	215,68	30,00	2.344	310,48	267,15	251,82	232,48	30,00
2.289	293,98	250,65	235,32	215,98	30,00	2.345	310,78	267,45	252,12	232,78	30,00
2.290	294,28	250,95	235,62	216,28	30,00	2.346	311,08	267,75	252,42	233,08	30,00
2.291	294,58	251,25	235,92	216,58	30,00	2.347	311,38	268,05	252,72	233,38	30,00
2.292	294,88	251,55	236,22	216,88	30,00	2.348	311,68	268,35	253,02	233,68	30,00
2.293	295,18	251,85	236,52	217,18	30,00	2.349	311,98	268,65	253,32	233,98	30,00
2.294	295,48	252,15	236,82	217,48	30,00	2.350	312,28	268,95	253,62	234,28	30,00
2.295	295,78	252,45	237,12	217,78	30,00	2.351	312,58	269,25	253,92	234,58	30,00
2.296	296,08	252,75	237,42	218,08	30,00	2.352	312,88	269,55	254,22	234,88	30,00
2.297	296,38	253,05	237,72	218,38	30,00	2.353	313,18	269,85	254,52	235,18	30,00
2.298	296,68	253,35	238,02	218,68	30,00	2.354	313,48	270,15	254,82	235,48	30,00
2.299	296,98	253,65	238,32	218,98	30,00	2.355	313,78	270,45	255,12	235,78	30,00
2.300	297,28	253,95	238,62	219,28	30,00	2.356	314,08	270,75	255,42	236,08	30,00
2.301	297,58	254,25	238,92	219,58	30,00	2.357	314,38	271,05	255,72	236,38	30,00
2.302	297,88	254,55	239,22	219,88	30,00	2.358	314,68	271,35	256,02	236,68	30,00
2.303	298,18	254,85	239,52	220,18	30,00	2.359	314,98	271,65	256,32	236,98	30,00
2.304	298,48	255,15	239,82	220,48	30,00	2.360	315,28	271,95	256,62	237,28	30,00
2.305	298,78	255,45	240,12	220,78	30,00	2.361	315,58	272,25	256,92	237,58	30,00
2.306	299,08	255,75	240,42	221,08	30,00	2.362	315,88	272,55	257,22	237,88	30,00
2.307	299,38	256,05	240,72	221,38	30,00	2.363	316,18	272,85	257,52	238,18	30,00
2.308	299,68	256,35	241,02	221,68	30,00	2.364	316,48	273,15	257,82	238,48	30,00
2.309	299,98	256,65	241,32	221,98	30,00	2.365	316,78	273,45	258,12	238,78	30,00
2.310	300,28	256,95	241,62	222,28	30,00	2.366	317,08	273,75	258,42	239,08	30,00
2.311	300,58	257,25	241,92	222,58	30,00	2.367	317,38	274,05	258,72	239,38	30,00
2.312	300,88	257,55	242,22	222,88	30,00	2.368	317,68	274,35	259,02	239,68	30,00
2.313	301,18	257,85	242,52	223,18	30,00	2.369	317,98	274,65	259,32	239,98	30,00
2.314	301,48	258,15	242,82	223,48	30,00	2.370	318,28	274,95	259,62	240,28	30,00
2.315	301,78	258,45	243,12	223,78	30,00	2.371	318,58	275,25	259,92	240,58	30,00
2.316	302,08	258,75	243,42	224,08	30,00	2.372	318,88	275,55	260,22	240,88	30,00
2.317	302,38	259,05	243,72	224,38	30,00	2.373	319,18	275,85	260,52	241,18	30,00
2.318	302,68	259,35	244,02	224,68	30,00	2.374	319,48	276,15	260,82	241,48	30,00
2.319	302,98	259,65	244,32	224,98	30,00	2.375	319,78	276,45	261,12	241,78	30,00
2.320	303,28	259,95	244,62	225,28	30,00	2.376	320,08	276,75	261,42	242,08	30,00
2.321	303,58	260,25	244,92	225,58	30,00	2.377	320,38	277,05	261,72	242,38	30,00
2.322	303,88	260,55	245,22	225,88	30,00	2.378	320,68	277,35	262,02	242,68	30,00
2.323	304,18	260,85	245,52	226,18	30,00	2.379	320,98	277,65	262,32	242,98	30,00
2.324	304,48	261,15	245,82	226,48	30,00	2.380	321,28	277,95	262,62	243,28	30,00
2.325	304,78	261,45	246,12	226,78	30,00	2.381	321,58	278,25	262,92	243,58	30,00
2.326	305,08	261,75	246,42	227,08	30,00	2.382	321,88	278,55	263,22	243,88	30,00
2.327	305,38	262,05	246,72	227,38	30,00	2.383	322,18	278,85	263,52	244,18	30,00
2.328	305,68	262,35	247,02	227,68	30,00	2.384	322,48	279,15	263,82	244,48	30,00
2.329	305,98	262,65	247,32	227,98	30,00	2.385	322,78	279,45	264,12	244,78	30,00
2.330	306,28	262,95	247,62	228,28	30,00	2.386	323,08	279,75	264,42	245,08	30,00
2.331	306,58	263,25	247,92	228,58	30,00	2.387	323,38	280,05	264,72	245,38	30,00
2.332	306,88	263,55	248,22	228,88	30,00	2.388	323,68	280,35	265,02	245,68	30,00
2.333	307,18	263,85	248,52	229,18	30,00	2.389	323,98	280,65	265,32	245,98	30,00
2.334	307,48	264,15	248,82	229,48	30,00	2.390	324,28	280,95	265,62	246,28	30,00
2.335	307,78	264,45	249,12	229,78	30,00	2.391	324,58	281,25	265,92	246,58	30,00

MONATSLOHN AKTIVE — von **2.392** bis **2.503**

Be-mes-sung	ohne AV	mit AV/1 Ki	mit AV/2 Ki	mit AV/3 Ki	% für Cent	Be-mes-sung	ohne AV	mit AV/1 Ki	mit AV/2 Ki	mit AV/3 Ki	% für Cent
2.392	324,88	281,55	266,22	246,88	30,00	2.448	341,68	298,35	283,02	263,68	30,00
2.393	325,18	281,85	266,52	247,18	30,00	2.449	341,98	298,65	283,32	263,98	30,00
2.394	325,48	282,15	266,82	247,48	30,00	2.450	342,28	298,95	283,62	264,28	30,00
2.395	325,78	282,45	267,12	247,78	30,00	2.451	342,58	299,25	283,92	264,58	30,00
2.396	326,08	282,75	267,42	248,08	30,00	2.452	342,88	299,55	284,22	264,88	30,00
2.397	326,38	283,05	267,72	248,38	30,00	2.453	343,18	299,85	284,52	265,18	30,00
2.398	326,68	283,35	268,02	248,68	30,00	2.454	343,48	300,15	284,82	265,48	30,00
2.399	326,98	283,65	268,32	248,98	30,00	2.455	343,78	300,45	285,12	265,78	30,00
2.400	327,28	283,95	268,62	249,28	30,00	2.456	344,08	300,75	285,42	266,08	30,00
2.401	327,58	284,25	268,92	249,58	30,00	2.457	344,38	301,05	285,72	266,38	30,00
2.402	327,88	284,55	269,22	249,88	30,00	2.458	344,68	301,35	286,02	266,68	30,00
2.403	328,18	284,85	269,52	250,18	30,00	2.459	344,98	301,65	286,32	266,98	30,00
2.404	328,48	285,15	269,82	250,48	30,00	2.460	345,28	301,95	286,62	267,28	30,00
2.405	328,78	285,45	270,12	250,78	30,00	2.461	345,58	302,25	286,92	267,58	30,00
2.406	329,08	285,75	270,42	251,08	30,00	2.462	345,88	302,55	287,22	267,88	30,00
2.407	329,38	286,05	270,72	251,38	30,00	2.463	346,18	302,85	287,52	268,18	30,00
2.408	329,68	286,35	271,02	251,68	30,00	2.464	346,48	303,15	287,82	268,48	30,00
2.409	329,98	286,65	271,32	251,98	30,00	2.465	346,78	303,45	288,12	268,78	30,00
2.410	330,28	286,95	271,62	252,28	30,00	2.466	347,08	303,75	288,42	269,08	30,00
2.411	330,58	287,25	271,92	252,58	30,00	2.467	347,38	304,05	288,72	269,38	30,00
2.412	330,88	287,55	272,22	252,88	30,00	2.468	347,68	304,35	289,02	269,68	30,00
2.413	331,18	287,85	272,52	253,18	30,00	2.469	347,98	304,65	289,32	269,98	30,00
2.414	331,48	288,15	272,82	253,48	30,00	2.470	348,28	304,95	289,62	270,28	30,00
2.415	331,78	288,45	273,12	253,78	30,00	2.471	348,58	305,25	289,92	270,58	30,00
2.416	332,08	288,75	273,42	254,08	30,00	2.472	348,88	305,55	290,22	270,88	30,00
2.417	332,38	289,05	273,72	254,38	30,00	2.473	349,18	305,85	290,52	271,18	30,00
2.418	332,68	289,35	274,02	254,68	30,00	2.474	349,48	306,15	290,82	271,48	30,00
2.419	332,98	289,65	274,32	254,98	30,00	2.475	349,78	306,45	291,12	271,78	30,00
2.420	333,28	289,95	274,62	255,28	30,00	2.476	350,08	306,75	291,42	272,08	30,00
2.421	333,58	290,25	274,92	255,58	30,00	2.477	350,38	307,05	291,72	272,38	30,00
2.422	333,88	290,55	275,22	255,88	30,00	2.478	350,68	307,35	292,02	272,68	30,00
2.423	334,18	290,85	275,52	256,18	30,00	2.479	350,98	307,65	292,32	272,98	30,00
2.424	334,48	291,15	275,82	256,48	30,00	2.480	351,28	307,95	292,62	273,28	30,00
2.425	334,78	291,45	276,12	256,78	30,00	2.481	351,58	308,25	292,92	273,58	30,00
2.426	335,08	291,75	276,42	257,08	30,00	2.482	351,88	308,55	293,22	273,88	30,00
2.427	335,38	292,05	276,72	257,38	30,00	2.483	352,18	308,85	293,52	274,18	30,00
2.428	335,68	292,35	277,02	257,68	30,00	2.484	352,48	309,15	293,82	274,48	30,00
2.429	335,98	292,65	277,32	257,98	30,00	2.485	352,78	309,45	294,12	274,78	30,00
2.430	336,28	292,95	277,62	258,28	30,00	2.486	353,08	309,75	294,42	275,08	30,00
2.431	336,58	293,25	277,92	258,58	30,00	2.487	353,38	310,05	294,72	275,38	30,00
2.432	336,88	293,55	278,22	258,88	30,00	2.488	353,68	310,35	295,02	275,68	30,00
2.433	337,18	293,85	278,52	259,18	30,00	2.489	353,98	310,65	295,32	275,98	30,00
2.434	337,48	294,15	278,82	259,48	30,00	2.490	354,28	310,95	295,62	276,28	30,00
2.435	337,78	294,45	279,12	259,78	30,00	2.491	354,58	311,25	295,92	276,58	30,00
2.436	338,08	294,75	279,42	260,08	30,00	2.492	354,88	311,55	296,22	276,88	30,00
2.437	338,38	295,05	279,72	260,38	30,00	2.493	355,18	311,85	296,52	277,18	30,00
2.438	338,68	295,35	280,02	260,68	30,00	2.494	355,48	312,15	296,82	277,48	30,00
2.439	338,98	295,65	280,32	260,98	30,00	2.495	355,78	312,45	297,12	277,78	30,00
2.440	339,28	295,95	280,62	261,28	30,00	2.496	356,08	312,75	297,42	278,08	30,00
2.441	339,58	296,25	280,92	261,58	30,00	2.497	356,38	313,05	297,72	278,38	30,00
2.442	339,88	296,55	281,22	261,88	30,00	2.498	356,68	313,35	298,02	278,68	30,00
2.443	340,18	296,85	281,52	262,18	30,00	2.499	356,98	313,65	298,32	278,98	30,00
2.444	340,48	297,15	281,82	262,48	30,00	2.500	357,28	313,95	298,62	279,28	30,00
2.445	340,78	297,45	282,12	262,78	30,00	2.501	357,58	314,25	298,92	279,58	30,00
2.446	341,08	297,75	282,42	263,08	30,00	2.502	357,88	314,55	299,22	279,88	30,00
2.447	341,38	298,05	282,72	263,38	30,00	2.503	358,18	314,85	299,52	280,18	30,00

von **2.504** bis **2.615** — **MONATSLOHN AKTIVE**

Bemessung	ohne AV	mit AV/1 Ki	mit AV/2 Ki	mit AV/3 Ki	% für Cent	Bemessung	ohne AV	mit AV/1 Ki	mit AV/2 Ki	mit AV/3 Ki	% für Cent
2.504	358,48	315,15	299,82	280,48	30,00	2.560	375,28	331,95	316,62	297,28	30,00
2.505	358,78	315,45	300,12	280,78	30,00	2.561	375,58	332,25	316,92	297,58	30,00
2.506	359,08	315,75	300,42	281,08	30,00	2.562	375,88	332,55	317,22	297,88	30,00
2.507	359,38	316,05	300,72	281,38	30,00	2.563	376,18	332,85	317,52	298,18	30,00
2.508	359,68	316,35	301,02	281,68	30,00	2.564	376,48	333,15	317,82	298,48	30,00
2.509	359,98	316,65	301,32	281,98	30,00	2.565	376,78	333,45	318,12	298,78	30,00
2.510	360,28	316,95	301,62	282,28	30,00	2.566	377,08	333,75	318,42	299,08	30,00
2.511	360,58	317,25	301,92	282,58	30,00	2.567	377,38	334,05	318,72	299,38	30,00
2.512	360,88	317,55	302,22	282,88	30,00	2.568	377,68	334,35	319,02	299,68	30,00
2.513	361,18	317,85	302,52	283,18	30,00	2.569	377,98	334,65	319,32	299,98	30,00
2.514	361,48	318,15	302,82	283,48	30,00	2.570	378,28	334,95	319,62	300,28	30,00
2.515	361,78	318,45	303,12	283,78	30,00	2.571	378,58	335,25	319,92	300,58	30,00
2.516	362,08	318,75	303,42	284,08	30,00	2.572	378,88	335,55	320,22	300,88	30,00
2.517	362,38	319,05	303,72	284,38	30,00	2.573	379,18	335,85	320,52	301,18	30,00
2.518	362,68	319,35	304,02	284,68	30,00	2.574	379,48	336,15	320,82	301,48	30,00
2.519	362,98	319,65	304,32	284,98	30,00	2.575	379,78	336,45	321,12	301,78	30,00
2.520	363,28	319,95	304,62	285,28	30,00	2.576	380,08	336,75	321,42	302,08	30,00
2.521	363,58	320,25	304,92	285,58	30,00	2.577	380,38	337,05	321,72	302,38	30,00
2.522	363,88	320,55	305,22	285,88	30,00	2.578	380,68	337,35	322,02	302,68	30,00
2.523	364,18	320,85	305,52	286,18	30,00	2.579	380,98	337,65	322,32	302,98	30,00
2.524	364,48	321,15	305,82	286,48	30,00	2.580	381,28	337,95	322,62	303,28	30,00
2.525	364,78	321,45	306,12	286,78	30,00	2.581	381,58	338,25	322,92	303,58	30,00
2.526	365,08	321,75	306,42	287,08	30,00	2.582	381,88	338,55	323,22	303,88	30,00
2.527	365,38	322,05	306,72	287,38	30,00	2.583	382,18	338,85	323,52	304,18	30,00
2.528	365,68	322,35	307,02	287,68	30,00	2.584	382,48	339,15	323,82	304,48	30,00
2.529	365,98	322,65	307,32	287,98	30,00	2.585	382,78	339,45	324,12	304,78	30,00
2.530	366,28	322,95	307,62	288,28	30,00	2.586	383,08	339,75	324,42	305,08	30,00
2.531	366,58	323,25	307,92	288,58	30,00	2.587	383,38	340,05	324,72	305,38	30,00
2.532	366,88	323,55	308,22	288,88	30,00	2.588	383,68	340,35	325,02	305,68	30,00
2.533	367,18	323,85	308,52	289,18	30,00	2.589	383,98	340,65	325,32	305,98	30,00
2.534	367,48	324,15	308,82	289,48	30,00	2.590	384,28	340,95	325,62	306,28	30,00
2.535	367,78	324,45	309,12	289,78	30,00	2.591	384,58	341,25	325,92	306,58	30,00
2.536	368,08	324,75	309,42	290,08	30,00	2.592	384,88	341,55	326,22	306,88	30,00
2.537	368,38	325,05	309,72	290,38	30,00	2.593	385,18	341,85	326,52	307,18	30,00
2.538	368,68	325,35	310,02	290,68	30,00	2.594	385,48	342,15	326,82	307,48	30,00
2.539	368,98	325,65	310,32	290,98	30,00	2.595	385,78	342,45	327,12	307,78	30,00
2.540	369,28	325,95	310,62	291,28	30,00	2.596	386,08	342,75	327,42	308,08	30,00
2.541	369,58	326,25	310,92	291,58	30,00	2.597	386,38	343,05	327,72	308,38	30,00
2.542	369,88	326,55	311,22	291,88	30,00	2.598	386,68	343,35	328,02	308,68	30,00
2.543	370,18	326,85	311,52	292,18	30,00	2.599	386,98	343,65	328,32	308,98	30,00
2.544	370,48	327,15	311,82	292,48	30,00	2.600	387,28	343,95	328,62	309,28	30,00
2.545	370,78	327,45	312,12	292,78	30,00	2.601	387,58	344,25	328,92	309,58	30,00
2.546	371,08	327,75	312,42	293,08	30,00	2.602	387,88	344,55	329,22	309,88	30,00
2.547	371,38	328,05	312,72	293,38	30,00	2.603	388,18	344,85	329,52	310,18	30,00
2.548	371,68	328,35	313,02	293,68	30,00	2.604	388,48	345,15	329,82	310,48	30,00
2.549	371,98	328,65	313,32	293,98	30,00	2.605	388,78	345,45	330,12	310,78	30,00
2.550	372,28	328,95	313,62	294,28	30,00	2.606	389,08	345,75	330,42	311,08	30,00
2.551	372,58	329,25	313,92	294,58	30,00	2.607	389,38	346,05	330,72	311,38	30,00
2.552	372,88	329,55	314,22	294,88	30,00	2.608	389,68	346,35	331,02	311,68	30,00
2.553	373,18	329,85	314,52	295,18	30,00	2.609	389,98	346,65	331,32	311,98	30,00
2.554	373,48	330,15	314,82	295,48	30,00	2.610	390,28	346,95	331,62	312,28	30,00
2.555	373,78	330,45	315,12	295,78	30,00	2.611	390,58	347,25	331,92	312,58	30,00
2.556	374,08	330,75	315,42	296,08	30,00	2.612	390,88	347,55	332,22	312,88	30,00
2.557	374,38	331,05	315,72	296,38	30,00	2.613	391,18	347,85	332,52	313,18	30,00
2.558	374,68	331,35	316,02	296,68	30,00	2.614	391,48	348,15	332,82	313,48	30,00
2.559	374,98	331,65	316,32	296,98	30,00	2.615	391,78	348,45	333,12	313,78	30,00

MONATSLOHN AKTIVE

von **2.616** bis **2.727**

Be-mes-sung	ohne AV	mit AV/1 Ki	mit AV/2 Ki	mit AV/3 Ki	% für Cent	Be-mes-sung	ohne AV	mit AV/1 Ki	mit AV/2 Ki	mit AV/3 Ki	% für Cent
2.616	392,08	348,75	333,42	314,08	30,00	2.672	408,88	365,55	350,22	330,88	30,00
2.617	392,38	349,05	333,72	314,38	30,00	2.673	409,18	365,85	350,52	331,18	30,00
2.618	392,68	349,35	334,02	314,68	30,00	2.674	409,48	366,15	350,82	331,48	30,00
2.619	392,98	349,65	334,32	314,98	30,00	2.675	409,78	366,45	351,12	331,78	30,00
2.620	393,28	349,95	334,62	315,28	30,00	2.676	410,08	366,75	351,42	332,08	30,00
2.621	393,58	350,25	334,92	315,58	30,00	2.677	410,38	367,05	351,72	332,38	30,00
2.622	393,88	350,55	335,22	315,88	30,00	2.678	410,68	367,35	352,02	332,68	30,00
2.623	394,18	350,85	335,52	316,18	30,00	2.679	410,98	367,65	352,32	332,98	30,00
2.624	394,48	351,15	335,82	316,48	30,00	2.680	411,28	367,95	352,62	333,28	30,00
2.625	394,78	351,45	336,12	316,78	30,00	2.681	411,58	368,25	352,92	333,58	30,00
2.626	395,08	351,75	336,42	317,08	30,00	2.682	411,88	368,55	353,22	333,88	30,00
2.627	395,38	352,05	336,72	317,38	30,00	2.683	412,18	368,85	353,52	334,18	30,00
2.628	395,68	352,35	337,02	317,68	30,00	2.684	412,49	369,16	353,83	334,49	30,90
2.629	395,98	352,65	337,32	317,98	30,00	2.685	412,90	369,57	354,24	334,90	41,00
2.630	396,28	352,95	337,62	318,28	30,00	2.686	413,31	369,98	354,65	335,31	41,10
2.631	396,58	353,25	337,92	318,58	30,00	2.687	413,72	370,39	355,06	335,72	41,00
2.632	396,88	353,55	338,22	318,88	30,00	2.688	414,13	370,80	355,47	336,13	41,00
2.633	397,18	353,85	338,52	319,18	30,00	2.689	414,54	371,21	355,88	336,54	41,00
2.634	397,48	354,15	338,82	319,48	30,00	2.690	414,95	371,62	356,29	336,95	41,00
2.635	397,78	354,45	339,12	319,78	30,00	2.691	415,36	372,03	356,70	337,36	41,00
2.636	398,08	354,75	339,42	320,08	30,00	2.692	415,77	372,44	357,11	337,77	41,00
2.637	398,38	355,05	339,72	320,38	30,00	2.693	416,18	372,85	357,52	338,18	40,90
2.638	398,68	355,35	340,02	320,68	30,00	2.694	416,59	373,26	357,93	338,59	41,00
2.639	398,98	355,65	340,32	320,98	30,00	2.695	417,00	373,67	358,34	339,00	41,10
2.640	399,28	355,95	340,62	321,28	30,00	2.696	417,41	374,08	358,75	339,41	41,00
2.641	399,58	356,25	340,92	321,58	30,00	2.697	417,82	374,49	359,16	339,82	41,00
2.642	399,88	356,55	341,22	321,88	30,00	2.698	418,23	374,90	359,57	340,23	41,00
2.643	400,18	356,85	341,52	322,18	30,00	2.699	418,64	375,31	359,98	340,64	41,00
2.644	400,48	357,15	341,82	322,48	30,00	2.700	419,05	375,72	360,39	341,05	41,00
2.645	400,78	357,45	342,12	322,78	30,00	2.701	419,46	376,13	360,80	341,46	41,00
2.646	401,08	357,75	342,42	323,08	30,00	2.702	419,87	376,54	361,21	341,87	41,00
2.647	401,38	358,05	342,72	323,38	30,00	2.703	420,28	376,95	361,62	342,28	41,00
2.648	401,68	358,35	343,02	323,68	30,00	2.704	420,69	377,36	362,03	342,69	41,00
2.649	401,98	358,65	343,32	323,98	30,00	2.705	421,10	377,77	362,44	343,10	40,90
2.650	402,28	358,95	343,62	324,28	30,00	2.706	421,51	378,18	362,85	343,51	41,00
2.651	402,58	359,25	343,92	324,58	30,00	2.707	421,92	378,59	363,26	343,92	41,00
2.652	402,88	359,55	344,22	324,88	30,00	2.708	422,33	379,00	363,67	344,33	41,00
2.653	403,18	359,85	344,52	325,18	30,00	2.709	422,74	379,41	364,08	344,74	41,00
2.654	403,48	360,15	344,82	325,48	30,00	2.710	423,15	379,82	364,49	345,15	41,00
2.655	403,78	360,45	345,12	325,78	30,00	2.711	423,56	380,23	364,90	345,56	41,10
2.656	404,08	360,75	345,42	326,08	30,00	2.712	423,97	380,64	365,31	345,97	41,00
2.657	404,38	361,05	345,72	326,38	30,00	2.713	424,38	381,05	365,72	346,38	41,00
2.658	404,68	361,35	346,02	326,68	30,00	2.714	424,79	381,46	366,13	346,79	41,00
2.659	404,98	361,65	346,32	326,98	30,00	2.715	425,20	381,87	366,54	347,20	41,00
2.660	405,28	361,95	346,62	327,28	30,00	2.716	425,61	382,28	366,95	347,61	41,00
2.661	405,58	362,25	346,92	327,58	30,00	2.717	426,02	382,69	367,36	348,02	41,00
2.662	405,88	362,55	347,22	327,88	30,00	2.718	426,43	383,10	367,77	348,43	40,90
2.663	406,18	362,85	347,52	328,18	30,00	2.719	426,84	383,51	368,18	348,84	41,00
2.664	406,48	363,15	347,82	328,48	30,00	2.720	427,25	383,92	368,59	349,25	41,10
2.665	406,78	363,45	348,12	328,78	30,00	2.721	427,66	384,33	369,00	349,66	40,90
2.666	407,08	363,75	348,42	329,08	30,00	2.722	428,07	384,74	369,41	350,07	41,10
2.667	407,38	364,05	348,72	329,38	30,00	2.723	428,48	385,15	369,82	350,48	41,00
2.668	407,68	364,35	349,02	329,68	30,00	2.724	428,89	385,56	370,23	350,89	41,00
2.669	407,98	364,65	349,32	329,98	30,00	2.725	429,30	385,97	370,64	351,30	41,00
2.670	408,28	364,95	349,62	330,28	30,00	2.726	429,71	386,38	371,05	351,71	41,00
2.671	408,58	365,25	349,92	330,58	30,00	2.727	430,12	386,79	371,46	352,12	41,00

von **2.728** bis **2.839** **MONATSLOHN AKTIVE**

Be-mes-sung	ohne AV	mit AV/1 Ki	mit AV/2 Ki	mit AV/3 Ki	% für Cent	Be-mes-sung	ohne AV	mit AV/1 Ki	mit AV/2 Ki	mit AV/3 Ki	% für Cent
2.728	430,53	387,20	371,87	352,53	41,00	2.784	453,49	410,16	394,83	375,49	41,00
2.729	430,94	387,61	372,28	352,94	41,00	2.785	453,90	410,57	395,24	375,90	41,00
2.730	431,35	388,02	372,69	353,35	40,90	2.786	454,31	410,98	395,65	376,31	41,10
2.731	431,76	388,43	373,10	353,76	41,00	2.787	454,72	411,39	396,06	376,72	40,90
2.732	432,17	388,84	373,51	354,17	41,00	2.788	455,13	411,80	396,47	377,13	41,10
2.733	432,58	389,25	373,92	354,58	41,00	2.789	455,54	412,21	396,88	377,54	41,00
2.734	432,99	389,66	374,33	354,99	41,00	2.790	455,95	412,62	397,29	377,95	41,00
2.735	433,40	390,07	374,74	355,40	41,00	2.791	456,36	413,03	397,70	378,36	41,00
2.736	433,81	390,48	375,15	355,81	41,10	2.792	456,77	413,44	398,11	378,77	41,00
2.737	434,22	390,89	375,56	356,22	40,90	2.793	457,18	413,85	398,52	379,18	40,90
2.738	434,63	391,30	375,97	356,63	41,10	2.794	457,59	414,26	398,93	379,59	41,00
2.739	435,04	391,71	376,38	357,04	41,00	2.795	458,00	414,67	399,34	380,00	41,10
2.740	435,45	392,12	376,79	357,45	41,00	2.796	458,41	415,08	399,75	380,41	40,90
2.741	435,86	392,53	377,20	357,86	41,00	2.797	458,82	415,49	400,16	380,82	41,10
2.742	436,27	392,94	377,61	358,27	41,00	2.798	459,23	415,90	400,57	381,23	41,00
2.743	436,68	393,35	378,02	358,68	40,90	2.799	459,64	416,31	400,98	381,64	41,00
2.744	437,09	393,76	378,43	359,09	41,00	2.800	460,05	416,72	401,39	382,05	41,00
2.745	437,50	394,17	378,84	359,50	41,10	2.801	460,46	417,13	401,80	382,46	41,00
2.746	437,91	394,58	379,25	359,91	40,90	2.802	460,87	417,54	402,21	382,87	41,00
2.747	438,32	394,99	379,66	360,32	41,10	2.803	461,28	417,95	402,62	383,28	41,00
2.748	438,73	395,40	380,07	360,73	41,00	2.804	461,69	418,36	403,03	383,69	41,00
2.749	439,14	395,81	380,48	361,14	41,00	2.805	462,10	418,77	403,44	384,10	40,90
2.750	439,55	396,22	380,89	361,55	41,00	2.806	462,51	419,18	403,85	384,51	41,10
2.751	439,96	396,63	381,30	361,96	41,00	2.807	462,92	419,59	404,26	384,92	41,00
2.752	440,37	397,04	381,71	362,37	41,00	2.808	463,33	420,00	404,67	385,33	40,90
2.753	440,78	397,45	382,12	362,78	41,00	2.809	463,74	420,41	405,08	385,74	41,10
2.754	441,19	397,86	382,53	363,19	41,00	2.810	464,15	420,82	405,49	386,15	41,00
2.755	441,60	398,27	382,94	363,60	40,90	2.811	464,56	421,23	405,90	386,56	41,00
2.756	442,01	398,68	383,35	364,01	41,10	2.812	464,97	421,64	406,31	386,97	40,90
2.757	442,42	399,09	383,76	364,42	41,00	2.813	465,38	422,05	406,72	387,38	41,10
2.758	442,83	399,50	384,17	364,83	40,90	2.814	465,79	422,46	407,13	387,79	41,00
2.759	443,24	399,91	384,58	365,24	41,00	2.815	466,20	422,87	407,54	388,20	41,00
2.760	443,65	400,32	384,99	365,65	41,00	2.816	466,61	423,28	407,95	388,61	41,00
2.761	444,06	400,73	385,40	366,06	41,10	2.817	467,02	423,69	408,36	389,02	41,00
2.762	444,47	401,14	385,81	366,47	40,90	2.818	467,43	424,10	408,77	389,43	40,90
2.763	444,88	401,55	386,22	366,88	41,10	2.819	467,84	424,51	409,18	389,84	41,00
2.764	445,29	401,96	386,63	367,29	41,00	2.820	468,25	424,92	409,59	390,25	41,10
2.765	445,70	402,37	387,04	367,70	41,00	2.821	468,66	425,33	410,00	390,66	40,90
2.766	446,11	402,78	387,45	368,11	41,00	2.822	469,07	425,74	410,41	391,07	41,10
2.767	446,52	403,19	387,86	368,52	41,00	2.823	469,48	426,15	410,82	391,48	41,00
2.768	446,93	403,60	388,27	368,93	40,90	2.824	469,89	426,56	411,23	391,89	41,00
2.769	447,34	404,01	388,68	369,34	41,00	2.825	470,30	426,97	411,64	392,30	41,00
2.770	447,75	404,42	389,09	369,75	41,10	2.826	470,71	427,38	412,05	392,71	41,00
2.771	448,16	404,83	389,50	370,16	40,90	2.827	471,12	427,79	412,46	393,12	41,00
2.772	448,57	405,24	389,91	370,57	41,10	2.828	471,53	428,20	412,87	393,53	41,00
2.773	448,98	405,65	390,32	370,98	41,00	2.829	471,94	428,61	413,28	393,94	40,90
2.774	449,39	406,06	390,73	371,39	41,00	2.830	472,35	429,02	413,69	394,35	41,00
2.775	449,80	406,47	391,14	371,80	41,00	2.831	472,76	429,43	414,10	394,76	41,10
2.776	450,21	406,88	391,55	372,21	41,00	2.832	473,17	429,84	414,51	395,17	41,00
2.777	450,62	407,29	391,96	372,62	41,00	2.833	473,58	430,25	414,92	395,58	40,90
2.778	451,03	407,70	392,37	373,03	41,00	2.834	473,99	430,66	415,33	395,99	41,10
2.779	451,44	408,11	392,78	373,44	41,00	2.835	474,40	431,07	415,74	396,40	41,00
2.780	451,85	408,52	393,19	373,85	40,90	2.836	474,81	431,48	416,15	396,81	41,00
2.781	452,26	408,93	393,60	374,26	41,10	2.837	475,22	431,89	416,56	397,22	40,90
2.782	452,67	409,34	394,01	374,67	41,00	2.838	475,63	432,30	416,97	397,63	41,10
2.783	453,08	409,75	394,42	375,08	40,90	2.839	476,04	432,71	417,38	398,04	41,00

MONATSLOHN AKTIVE von **2.840** bis **2.951**

Bemessung	ohne AV	mit AV/1 Ki	mit AV/2 Ki	mit AV/3 Ki	% für Cent	Bemessung	ohne AV	mit AV/1 Ki	mit AV/2 Ki	mit AV/3 Ki	% für Cent
2.840	476,45	433,12	417,79	398,45	41,00	2.896	499,41	456,08	440,75	421,41	41,10
2.841	476,86	433,53	418,20	398,86	41,00	2.897	499,82	456,49	441,16	421,82	41,00
2.842	477,27	433,94	418,61	399,27	41,00	2.898	500,23	456,90	441,57	422,23	40,90
2.843	477,68	434,35	419,02	399,68	40,90	2.899	500,64	457,31	441,98	422,64	41,10
2.844	478,09	434,76	419,43	400,09	41,00	2.900	501,05	457,72	442,39	423,05	41,00
2.845	478,50	435,17	419,84	400,50	41,00	2.901	501,46	458,13	442,80	423,46	40,90
2.846	478,91	435,58	420,25	400,91	41,00	2.902	501,87	458,54	443,21	423,87	41,10
2.847	479,32	435,99	420,66	401,32	41,10	2.903	502,28	458,95	443,62	424,28	40,90
2.848	479,73	436,40	421,07	401,73	41,00	2.904	502,69	459,36	444,03	424,69	41,10
2.849	480,14	436,81	421,48	402,14	41,00	2.905	503,10	459,77	444,44	425,10	40,90
2.850	480,55	437,22	421,89	402,55	41,00	2.906	503,51	460,18	444,85	425,51	41,00
2.851	480,96	437,63	422,30	402,96	40,90	2.907	503,92	460,59	445,26	425,92	41,10
2.852	481,37	438,04	422,71	403,37	41,10	2.908	504,33	461,00	445,67	426,33	40,90
2.853	481,78	438,45	423,12	403,78	41,00	2.909	504,74	461,41	446,08	426,74	41,00
2.854	482,19	438,86	423,53	404,19	41,00	2.910	505,15	461,82	446,49	427,15	41,10
2.855	482,60	439,27	423,94	404,60	40,90	2.911	505,56	462,23	446,90	427,56	41,00
2.856	483,01	439,68	424,35	405,01	41,00	2.912	505,97	462,64	447,31	427,97	40,90
2.857	483,42	440,09	424,76	405,42	41,10	2.913	506,38	463,05	447,72	428,38	41,10
2.858	483,83	440,50	425,17	405,83	40,90	2.914	506,79	463,46	448,13	428,79	41,00
2.859	484,24	440,91	425,58	406,24	41,00	2.915	507,20	463,87	448,54	429,20	41,00
2.860	484,65	441,32	425,99	406,65	41,10	2.916	507,61	464,28	448,95	429,61	41,00
2.861	485,06	441,73	426,40	407,06	41,00	2.917	508,02	464,69	449,36	430,02	41,00
2.862	485,47	442,14	426,81	407,47	41,00	2.918	508,43	465,10	449,77	430,43	41,00
2.863	485,88	442,55	427,22	407,88	41,00	2.919	508,84	465,51	450,18	430,84	40,90
2.864	486,29	442,96	427,63	408,29	41,00	2.920	509,25	465,92	450,59	431,25	41,10
2.865	486,70	443,37	428,04	408,70	41,00	2.921	509,66	466,33	451,00	431,66	40,90
2.866	487,11	443,78	428,45	409,11	41,00	2.922	510,07	466,74	451,41	432,07	41,00
2.867	487,52	444,19	428,86	409,52	40,90	2.923	510,48	467,15	451,82	432,48	41,10
2.868	487,93	444,60	429,27	409,93	41,00	2.924	510,89	467,56	452,23	432,89	41,00
2.869	488,34	445,01	429,68	410,34	41,00	2.925	511,30	467,97	452,64	433,30	40,90
2.870	488,75	445,42	430,09	410,75	41,10	2.926	511,71	468,38	453,05	433,71	41,10
2.871	489,16	445,83	430,50	411,16	40,90	2.927	512,12	468,79	453,46	434,12	41,00
2.872	489,57	446,24	430,91	411,57	41,00	2.928	512,53	469,20	453,87	434,53	41,00
2.873	489,98	446,65	431,32	411,98	41,10	2.929	512,94	469,61	454,28	434,94	41,00
2.874	490,39	447,06	431,73	412,39	41,00	2.930	513,35	470,02	454,69	435,35	40,90
2.875	490,80	447,47	432,14	412,80	40,90	2.931	513,76	470,43	455,10	435,76	41,10
2.876	491,21	447,88	432,55	413,21	41,10	2.932	514,17	470,84	455,51	436,17	40,90
2.877	491,62	448,29	432,96	413,62	41,00	2.933	514,58	471,25	455,92	436,58	41,00
2.878	492,03	448,70	433,37	414,03	41,00	2.934	514,99	471,66	456,33	436,99	41,00
2.879	492,44	449,11	433,78	414,44	40,90	2.935	515,40	472,07	456,74	437,40	41,00
2.880	492,85	449,52	434,19	414,85	41,10	2.936	515,81	472,48	457,15	437,81	41,10
2.881	493,26	449,93	434,60	415,26	41,00	2.937	516,22	472,89	457,56	438,22	40,90
2.882	493,67	450,34	435,01	415,67	40,90	2.938	516,63	473,30	457,97	438,63	41,00
2.883	494,08	450,75	435,42	416,08	41,10	2.939	517,04	473,71	458,38	439,04	41,10
2.884	494,49	451,16	435,83	416,49	41,00	2.940	517,45	474,12	458,79	439,45	41,00
2.885	494,90	451,57	436,24	416,90	40,90	2.941	517,86	474,53	459,20	439,86	40,90
2.886	495,31	451,98	436,65	417,31	41,10	2.942	518,27	474,94	459,61	440,27	41,10
2.887	495,72	452,39	437,06	417,72	41,00	2.943	518,68	475,35	460,02	440,68	40,90
2.888	496,13	452,80	437,47	418,13	41,00	2.944	519,09	475,76	460,43	441,09	41,00
2.889	496,54	453,21	437,88	418,54	41,00	2.945	519,50	476,17	460,84	441,50	41,00
2.890	496,95	453,62	438,29	418,95	41,00	2.946	519,91	476,58	461,25	441,91	41,00
2.891	497,36	454,03	438,70	419,36	40,90	2.947	520,32	476,99	461,66	442,32	41,10
2.892	497,77	454,44	439,11	419,77	41,10	2.948	520,73	477,40	462,07	442,73	40,90
2.893	498,18	454,85	439,52	420,18	40,90	2.949	521,14	477,81	462,48	443,14	41,10
2.894	498,59	455,26	439,93	420,59	41,00	2.950	521,55	478,22	462,89	443,55	41,00
2.895	499,00	455,67	440,34	421,00	41,00	2.951	521,96	478,63	463,30	443,96	40,90

von **2.952** bis **3.063** **MONATSLOHN AKTIVE**

Be-mes-sung	ohne AV	mit AV/1 Ki	mit AV/2 Ki	mit AV/3 Ki	% für Cent	Be-mes-sung	ohne AV	mit AV/1 Ki	mit AV/2 Ki	mit AV/3 Ki	% für Cent
2.952	522,37	479,04	463,71	444,37	41,10	**3.008**	545,33	502,00	486,67	467,33	41,00
2.953	522,78	479,45	464,12	444,78	40,90	**3.009**	545,74	502,41	487,08	467,74	40,90
2.954	523,19	479,86	464,53	445,19	41,10	**3.010**	546,15	502,82	487,49	468,15	41,10
2.955	523,60	480,27	464,94	445,60	40,90	**3.011**	546,56	503,23	487,90	468,56	41,00
2.956	524,01	480,68	465,35	446,01	41,00	**3.012**	546,97	503,64	488,31	468,97	41,00
2.957	524,42	481,09	465,76	446,42	41,10	**3.013**	547,38	504,05	488,72	469,38	41,00
2.958	524,83	481,50	466,17	446,83	41,00	**3.014**	547,79	504,46	489,13	469,79	41,00
2.959	525,24	481,91	466,58	447,24	40,90	**3.015**	548,20	504,87	489,54	470,20	41,00
2.960	525,65	482,32	466,99	447,65	41,10	**3.016**	548,61	505,28	489,95	470,61	41,00
2.961	526,06	482,73	467,40	448,06	41,00	**3.017**	549,02	505,69	490,36	471,02	41,00
2.962	526,47	483,14	467,81	448,47	41,00	**3.018**	549,43	506,10	490,77	471,43	41,00
2.963	526,88	483,55	468,22	448,88	41,00	**3.019**	549,84	506,51	491,18	471,84	41,00
2.964	527,29	483,96	468,63	449,29	41,00	**3.020**	550,25	506,92	491,59	472,25	40,90
2.965	527,70	484,37	469,04	449,70	41,00	**3.021**	550,66	507,33	492,00	472,66	41,10
2.966	528,11	484,78	469,45	450,11	41,00	**3.022**	551,07	507,74	492,41	473,07	41,00
2.967	528,52	485,19	469,86	450,52	41,00	**3.023**	551,48	508,15	492,82	473,48	41,00
2.968	528,93	485,60	470,27	450,93	41,00	**3.024**	551,89	508,56	493,23	473,89	41,00
2.969	529,34	486,01	470,68	451,34	41,00	**3.025**	552,30	508,97	493,64	474,30	41,00
2.970	529,75	486,42	471,09	451,75	41,00	**3.026**	552,71	509,38	494,05	474,71	41,00
2.971	530,16	486,83	471,50	452,16	41,00	**3.027**	553,12	509,79	494,46	475,12	40,90
2.972	530,57	487,24	471,91	452,57	41,00	**3.028**	553,53	510,20	494,87	475,53	41,10
2.973	530,98	487,65	472,32	452,98	41,00	**3.029**	553,94	510,61	495,28	475,94	41,00
2.974	531,39	488,06	472,73	453,39	41,00	**3.030**	554,35	511,02	495,69	476,35	41,00
2.975	531,80	488,47	473,14	453,80	41,00	**3.031**	554,76	511,43	496,10	476,76	41,00
2.976	532,21	488,88	473,55	454,21	41,00	**3.032**	555,17	511,84	496,51	477,17	41,00
2.977	532,62	489,29	473,96	454,62	41,00	**3.033**	555,58	512,25	496,92	477,58	41,00
2.978	533,03	489,70	474,37	455,03	41,00	**3.034**	555,99	512,66	497,33	477,99	41,00
2.979	533,44	490,11	474,78	455,44	41,00	**3.035**	556,40	513,07	497,74	478,40	41,00
2.980	533,85	490,52	475,19	455,85	41,00	**3.036**	556,81	513,48	498,15	478,81	41,00
2.981	534,26	490,93	475,60	456,26	41,00	**3.037**	557,22	513,89	498,56	479,22	41,00
2.982	534,67	491,34	476,01	456,67	41,00	**3.038**	557,63	514,30	498,97	479,63	40,90
2.983	535,08	491,75	476,42	457,08	41,00	**3.039**	558,04	514,71	499,38	480,04	41,10
2.984	535,49	492,16	476,83	457,49	41,00	**3.040**	558,45	515,12	499,79	480,45	41,00
2.985	535,90	492,57	477,24	457,90	40,90	**3.041**	558,86	515,53	500,20	480,86	41,00
2.986	536,31	492,98	477,65	458,31	41,10	**3.042**	559,27	515,94	500,61	481,27	41,00
2.987	536,72	493,39	478,06	458,72	41,00	**3.043**	559,68	516,35	501,02	481,68	40,90
2.988	537,13	493,80	478,47	459,13	40,90	**3.044**	560,09	516,76	501,43	482,09	41,10
2.989	537,54	494,21	478,88	459,54	41,10	**3.045**	560,50	517,17	501,84	482,50	40,90
2.990	537,95	494,62	479,29	459,95	41,00	**3.046**	560,91	517,58	502,25	482,91	41,00
2.991	538,36	495,03	479,70	460,36	41,00	**3.047**	561,32	517,99	502,66	483,32	41,10
2.992	538,77	495,44	480,11	460,77	41,00	**3.048**	561,73	518,40	503,07	483,73	41,00
2.993	539,18	495,85	480,52	461,18	40,90	**3.049**	562,14	518,81	503,48	484,14	40,90
2.994	539,59	496,26	480,93	461,59	41,10	**3.050**	562,55	519,22	503,89	484,55	41,10
2.995	540,00	496,67	481,34	462,00	40,90	**3.051**	562,96	519,63	504,30	484,96	41,00
2.996	540,41	497,08	481,75	462,41	41,00	**3.052**	563,37	520,04	504,71	485,37	40,90
2.997	540,82	497,49	482,16	462,82	41,10	**3.053**	563,78	520,45	505,12	485,78	41,00
2.998	541,23	497,90	482,57	463,23	41,00	**3.054**	564,19	520,86	505,53	486,19	41,00
2.999	541,64	498,31	482,98	463,64	40,90	**3.055**	564,60	521,27	505,94	486,60	41,10
3.000	542,05	498,72	483,39	464,05	41,10	**3.056**	565,01	521,68	506,35	487,01	40,90
3.001	542,46	499,13	483,80	464,46	41,00	**3.057**	565,42	522,09	506,76	487,42	41,10
3.002	542,87	499,54	484,21	464,87	40,90	**3.058**	565,83	522,50	507,17	487,83	41,00
3.003	543,28	499,95	484,62	465,28	41,00	**3.059**	566,24	522,91	507,58	488,24	40,90
3.004	543,69	500,36	485,03	465,69	41,10	**3.060**	566,65	523,32	507,99	488,65	41,10
3.005	544,10	500,77	485,44	466,10	41,00	**3.061**	567,06	523,73	508,40	489,06	41,00
3.006	544,51	501,18	485,85	466,51	40,90	**3.062**	567,47	524,14	508,81	489,47	41,00
3.007	544,92	501,59	486,26	466,92	41,10	**3.063**	567,88	524,55	509,22	489,88	41,00

MONATSLOHN AKTIVE   von **3.064** bis **3.175**

Bemessung	ohne AV	mit AV/1 Ki	mit AV/2 Ki	mit AV/3 Ki	% für Cent	Bemessung	ohne AV	mit AV/1 Ki	mit AV/2 Ki	mit AV/3 Ki	% für Cent
3.064	568,29	524,96	509,63	490,29	41,00	3.120	591,25	547,92	532,59	513,25	40,90
3.065	568,70	525,37	510,04	490,70	41,00	3.121	591,66	548,33	533,00	513,66	41,10
3.066	569,11	525,78	510,45	491,11	41,00	3.122	592,07	548,74	533,41	514,07	41,00
3.067	569,52	526,19	510,86	491,52	41,00	3.123	592,48	549,15	533,82	514,48	41,00
3.068	569,93	526,60	511,27	491,93	41,00	3.124	592,89	549,56	534,23	514,89	41,00
3.069	570,34	527,01	511,68	492,34	41,00	3.125	593,30	549,97	534,64	515,30	40,90
3.070	570,75	527,42	512,09	492,75	40,90	3.126	593,71	550,38	535,05	515,71	41,10
3.071	571,16	527,83	512,50	493,16	41,10	3.127	594,12	550,79	535,46	516,12	40,90
3.072	571,57	528,24	512,91	493,57	41,00	3.128	594,53	551,20	535,87	516,53	41,00
3.073	571,98	528,65	513,32	493,98	41,00	3.129	594,94	551,61	536,28	516,94	41,10
3.074	572,39	529,06	513,73	494,39	41,00	3.130	595,35	552,02	536,69	517,35	41,00
3.075	572,80	529,47	514,14	494,80	41,00	3.131	595,76	552,43	537,10	517,76	41,00
3.076	573,21	529,88	514,55	495,21	41,00	3.132	596,17	552,84	537,51	518,17	41,00
3.077	573,62	530,29	514,96	495,62	40,90	3.133	596,58	553,25	537,92	518,58	41,00
3.078	574,03	530,70	515,37	496,03	41,10	3.134	596,99	553,66	538,33	518,99	41,00
3.079	574,44	531,11	515,78	496,44	41,00	3.135	597,40	554,07	538,74	519,40	41,00
3.080	574,85	531,52	516,19	496,85	41,00	3.136	597,81	554,48	539,15	519,81	41,00
3.081	575,26	531,93	516,60	497,26	41,00	3.137	598,22	554,89	539,56	520,22	41,00
3.082	575,67	532,34	517,01	497,67	41,00	3.138	598,63	555,30	539,97	520,63	41,00
3.083	576,08	532,75	517,42	498,08	41,00	3.139	599,04	555,71	540,38	521,04	41,00
3.084	576,49	533,16	517,83	498,49	41,00	3.140	599,45	556,12	540,79	521,45	41,00
3.085	576,90	533,57	518,24	498,90	41,00	3.141	599,86	556,53	541,20	521,86	41,00
3.086	577,31	533,98	518,65	499,31	41,00	3.142	600,27	556,94	541,61	522,27	41,00
3.087	577,72	534,39	519,06	499,72	41,00	3.143	600,68	557,35	542,02	522,68	41,00
3.088	578,13	534,80	519,47	500,13	41,00	3.144	601,09	557,76	542,43	523,09	41,00
3.089	578,54	535,21	519,88	500,54	41,00	3.145	601,50	558,17	542,84	523,50	41,00
3.090	578,95	535,62	520,29	500,95	41,00	3.146	601,91	558,58	543,25	523,91	40,90
3.091	579,36	536,03	520,70	501,36	41,00	3.147	602,32	558,99	543,66	524,32	41,10
3.092	579,77	536,44	521,11	501,77	41,00	3.148	602,73	559,40	544,07	524,73	41,00
3.093	580,18	536,85	521,52	502,18	40,90	3.149	603,14	559,81	544,48	525,14	40,90
3.094	580,59	537,26	521,93	502,59	41,10	3.150	603,55	560,22	544,89	525,55	41,00
3.095	581,00	537,67	522,34	503,00	40,90	3.151	603,96	560,63	545,30	525,96	41,00
3.096	581,41	538,08	522,75	503,41	41,00	3.152	604,37	561,04	545,71	526,37	41,00
3.097	581,82	538,49	523,16	503,82	41,10	3.153	604,78	561,45	546,12	526,78	41,00
3.098	582,23	538,90	523,57	504,23	41,00	3.154	605,19	561,86	546,53	527,19	41,00
3.099	582,64	539,31	523,98	504,64	40,90	3.155	605,60	562,27	546,94	527,60	41,10
3.100	583,05	539,72	524,39	505,05	41,10	3.156	606,01	562,68	547,35	528,01	40,90
3.101	583,46	540,13	524,80	505,46	40,90	3.157	606,42	563,09	547,76	528,42	41,00
3.102	583,87	540,54	525,21	505,87	41,00	3.158	606,83	563,50	548,17	528,83	41,10
3.103	584,28	540,95	525,62	506,28	41,00	3.159	607,24	563,91	548,58	529,24	40,90
3.104	584,69	541,36	526,03	506,69	41,00	3.160	607,65	564,32	548,99	529,65	41,00
3.105	585,10	541,77	526,44	507,10	41,10	3.161	608,06	564,73	549,40	530,06	41,10
3.106	585,51	542,18	526,85	507,51	40,90	3.162	608,47	565,14	549,81	530,47	41,00
3.107	585,92	542,59	527,26	507,92	41,00	3.163	608,88	565,55	550,22	530,88	41,00
3.108	586,33	543,00	527,67	508,33	41,10	3.164	609,29	565,96	550,63	531,29	41,00
3.109	586,74	543,41	528,08	508,74	40,90	3.165	609,70	566,37	551,04	531,70	41,00
3.110	587,15	543,82	528,49	509,15	41,10	3.166	610,11	566,78	551,45	532,11	41,00
3.111	587,56	544,23	528,90	509,56	41,00	3.167	610,52	567,19	551,86	532,52	41,00
3.112	587,97	544,64	529,31	509,97	41,00	3.168	610,93	567,60	552,27	532,93	41,00
3.113	588,38	545,05	529,72	510,38	41,00	3.169	611,34	568,01	552,68	533,34	41,00
3.114	588,79	545,46	530,13	510,79	41,00	3.170	611,75	568,42	553,09	533,75	40,90
3.115	589,20	545,87	530,54	511,20	41,00	3.171	612,16	568,83	553,50	534,16	41,10
3.116	589,61	546,28	530,95	511,61	41,00	3.172	612,57	569,24	553,91	534,57	41,00
3.117	590,02	546,69	531,36	512,02	41,00	3.173	612,98	569,65	554,32	534,98	41,00
3.118	590,43	547,10	531,77	512,43	41,00	3.174	613,39	570,06	554,73	535,39	41,00
3.119	590,84	547,51	532,18	512,84	41,00	3.175	613,80	570,47	555,14	535,80	40,90

MONATSLOHN AKTIVE

von **3.176** bis **3.287**

Be-mes-sung	ohne AV	mit AV/1 Ki	mit AV/2 Ki	mit AV/3 Ki	% für Cent	Be-mes-sung	ohne AV	mit AV/1 Ki	mit AV/2 Ki	mit AV/3 Ki	% für Cent
3.176	614,21	570,88	555,55	536,21	41,10	**3.232**	637,17	593,84	578,51	559,17	41,10
3.177	614,62	571,29	555,96	536,62	40,90	**3.233**	637,58	594,25	578,92	559,58	41,00
3.178	615,03	571,70	556,37	537,03	41,00	**3.234**	637,99	594,66	579,33	559,99	40,90
3.179	615,44	572,11	556,78	537,44	41,10	**3.235**	638,40	595,07	579,74	560,40	41,10
3.180	615,85	572,52	557,19	537,85	41,00	**3.236**	638,81	595,48	580,15	560,81	41,00
3.181	616,26	572,93	557,60	538,26	40,90	**3.237**	639,22	595,89	580,56	561,22	41,00
3.182	616,67	573,34	558,01	538,67	41,10	**3.238**	639,63	596,30	580,97	561,63	41,00
3.183	617,08	573,75	558,42	539,08	41,00	**3.239**	640,04	596,71	581,38	562,04	41,00
3.184	617,49	574,16	558,83	539,49	41,00	**3.240**	640,45	597,12	581,79	562,45	41,00
3.185	617,90	574,57	559,24	539,90	41,00	**3.241**	640,86	597,53	582,20	562,86	41,00
3.186	618,31	574,98	559,65	540,31	41,00	**3.242**	641,27	597,94	582,61	563,27	41,00
3.187	618,72	575,39	560,06	540,72	41,00	**3.243**	641,68	598,35	583,02	563,68	41,00
3.188	619,13	575,80	560,47	541,13	41,00	**3.244**	642,09	598,76	583,43	564,09	41,00
3.189	619,54	576,21	560,88	541,54	41,00	**3.245**	642,50	599,17	583,84	564,50	41,00
3.190	619,95	576,62	561,29	541,95	41,00	**3.246**	642,91	599,58	584,25	564,91	41,00
3.191	620,36	577,03	561,70	542,36	41,00	**3.247**	643,32	599,99	584,66	565,32	41,00
3.192	620,77	577,44	562,11	542,77	41,00	**3.248**	643,73	600,40	585,07	565,73	41,00
3.193	621,18	577,85	562,52	543,18	41,00	**3.249**	644,14	600,81	585,48	566,14	41,00
3.194	621,59	578,26	562,93	543,59	41,00	**3.250**	644,55	601,22	585,89	566,55	41,00
3.195	622,00	578,67	563,34	544,00	41,00	**3.251**	644,96	601,63	586,30	566,96	41,00
3.196	622,41	579,08	563,75	544,41	41,00	**3.252**	645,37	602,04	586,71	567,37	40,90
3.197	622,82	579,49	564,16	544,82	41,00	**3.253**	645,78	602,45	587,12	567,78	41,10
3.198	623,23	579,90	564,57	545,23	41,00	**3.254**	646,19	602,86	587,53	568,19	40,90
3.199	623,64	580,31	564,98	545,64	40,90	**3.255**	646,60	603,27	587,94	568,60	41,10
3.200	624,05	580,72	565,39	546,05	41,10	**3.256**	647,01	603,68	588,35	569,01	40,90
3.201	624,46	581,13	565,80	546,46	40,90	**3.257**	647,42	604,09	588,76	569,42	41,00
3.202	624,87	581,54	566,21	546,87	41,00	**3.258**	647,83	604,50	589,17	569,83	41,10
3.203	625,28	581,95	566,62	547,28	41,00	**3.259**	648,24	604,91	589,58	570,24	40,90
3.204	625,69	582,36	567,03	547,69	41,00	**3.260**	648,65	605,32	589,99	570,65	41,00
3.205	626,10	582,77	567,44	548,10	41,10	**3.261**	649,06	605,73	590,40	571,06	41,10
3.206	626,51	583,18	567,85	548,51	40,90	**3.262**	649,47	606,14	590,81	571,47	41,00
3.207	626,92	583,59	568,26	548,92	41,00	**3.263**	649,88	606,55	591,22	571,88	40,90
3.208	627,33	584,00	568,67	549,33	41,10	**3.264**	650,29	606,96	591,63	572,29	41,10
3.209	627,74	584,41	569,08	549,74	40,90	**3.265**	650,70	607,37	592,04	572,70	41,00
3.210	628,15	584,82	569,49	550,15	41,00	**3.266**	651,11	607,78	592,45	573,11	41,00
3.211	628,56	585,23	569,90	550,56	41,10	**3.267**	651,52	608,19	592,86	573,52	41,00
3.212	628,97	585,64	570,31	550,97	41,00	**3.268**	651,93	608,60	593,27	573,93	41,00
3.213	629,38	586,05	570,72	551,38	40,90	**3.269**	652,34	609,01	593,68	574,34	41,00
3.214	629,79	586,46	571,13	551,79	41,10	**3.270**	652,75	609,42	594,09	574,75	40,90
3.215	630,20	586,87	571,54	552,20	41,00	**3.271**	653,16	609,83	594,50	575,16	41,10
3.216	630,61	587,28	571,95	552,61	41,00	**3.272**	653,57	610,24	594,91	575,57	40,90
3.217	631,02	587,69	572,36	553,02	41,00	**3.273**	653,98	610,65	595,32	575,98	41,10
3.218	631,43	588,10	572,77	553,43	41,00	**3.274**	654,39	611,06	595,73	576,39	40,90
3.219	631,84	588,51	573,18	553,84	41,00	**3.275**	654,80	611,47	596,14	576,80	41,00
3.220	632,25	588,92	573,59	554,25	40,90	**3.276**	655,21	611,88	596,55	577,21	41,10
3.221	632,66	589,33	574,00	554,66	41,10	**3.277**	655,62	612,29	596,96	577,62	40,90
3.222	633,07	589,74	574,41	555,07	41,00	**3.278**	656,03	612,70	597,37	578,03	41,00
3.223	633,48	590,15	574,82	555,48	41,00	**3.279**	656,44	613,11	597,78	578,44	41,10
3.224	633,89	590,56	575,23	555,89	41,00	**3.280**	656,85	613,52	598,19	578,85	41,00
3.225	634,30	590,97	575,64	556,30	40,90	**3.281**	657,26	613,93	598,60	579,26	40,90
3.226	634,71	591,38	576,05	556,71	41,10	**3.282**	657,67	614,34	599,01	579,67	41,10
3.227	635,12	591,79	576,46	557,12	40,90	**3.283**	658,08	614,75	599,42	580,08	41,00
3.228	635,53	592,20	576,87	557,53	41,00	**3.284**	658,49	615,16	599,83	580,49	40,90
3.229	635,94	592,61	577,28	557,94	41,10	**3.285**	658,90	615,57	600,24	580,90	41,10
3.230	636,35	593,02	577,69	558,35	41,00	**3.286**	659,31	615,98	600,65	581,31	41,00
3.231	636,76	593,43	578,10	558,76	40,90	**3.287**	659,72	616,39	601,06	581,72	41,00

MONATSLOHN AKTIVE — von 3.288 bis 3.399

Be-mes-sung	ohne AV	mit AV/1 Ki	mit AV/2 Ki	mit AV/3 Ki	% für Cent	Be-mes-sung	ohne AV	mit AV/1 Ki	mit AV/2 Ki	mit AV/3 Ki	% für Cent
3.288	660,13	616,80	601,47	582,13	41,00	3.344	683,09	639,76	624,43	605,09	41,10
3.289	660,54	617,21	601,88	582,54	41,00	3.345	683,50	640,17	624,84	605,50	40,90
3.290	660,95	617,62	602,29	582,95	41,00	3.346	683,91	640,58	625,25	605,91	41,10
3.291	661,36	618,03	602,70	583,36	41,00	3.347	684,32	640,99	625,66	606,32	41,00
3.292	661,77	618,44	603,11	583,77	41,00	3.348	684,73	641,40	626,07	606,73	41,00
3.293	662,18	618,85	603,52	584,18	40,90	3.349	685,14	641,81	626,48	607,14	40,90
3.294	662,59	619,26	603,93	584,59	41,10	3.350	685,55	642,22	626,89	607,55	41,10
3.295	663,00	619,67	604,34	585,00	40,90	3.351	685,96	642,63	627,30	607,96	41,00
3.296	663,41	620,08	604,75	585,41	41,10	3.352	686,37	643,04	627,71	608,37	40,90
3.297	663,82	620,49	605,16	585,82	41,00	3.353	686,78	643,45	628,12	608,78	41,10
3.298	664,23	620,90	605,57	586,23	41,00	3.354	687,19	643,86	628,53	609,19	41,00
3.299	664,64	621,31	605,98	586,64	40,90	3.355	687,60	644,27	628,94	609,60	41,00
3.300	665,05	621,72	606,39	587,05	41,10	3.356	688,01	644,68	629,35	610,01	41,00
3.301	665,46	622,13	606,80	587,46	41,00	3.357	688,42	645,09	629,76	610,42	41,00
3.302	665,87	622,54	607,21	587,87	40,90	3.358	688,83	645,50	630,17	610,83	41,00
3.303	666,28	622,95	607,62	588,28	41,10	3.359	689,24	645,91	630,58	611,24	41,00
3.304	666,69	623,36	608,03	588,69	41,00	3.360	689,65	646,32	630,99	611,65	40,90
3.305	667,10	623,77	608,44	589,10	41,00	3.361	690,06	646,73	631,40	612,06	41,10
3.306	667,51	624,18	608,85	589,51	41,00	3.362	690,47	647,14	631,81	612,47	41,00
3.307	667,92	624,59	609,26	589,92	40,90	3.363	690,88	647,55	632,22	612,88	40,90
3.308	668,33	625,00	609,67	590,33	41,10	3.364	691,29	647,96	632,63	613,29	41,10
3.309	668,74	625,41	610,08	590,74	40,90	3.365	691,70	648,37	633,04	613,70	41,00
3.310	669,15	625,82	610,49	591,15	41,00	3.366	692,11	648,78	633,45	614,11	41,00
3.311	669,56	626,23	610,90	591,56	41,10	3.367	692,52	649,19	633,86	614,52	41,00
3.312	669,97	626,64	611,31	591,97	41,00	3.368	692,93	649,60	634,27	614,93	40,90
3.313	670,38	627,05	611,72	592,38	40,90	3.369	693,34	650,01	634,68	615,34	41,10
3.314	670,79	627,46	612,13	592,79	41,10	3.370	693,75	650,42	635,09	615,75	40,90
3.315	671,20	627,87	612,54	593,20	41,00	3.371	694,16	650,83	635,50	616,16	41,10
3.316	671,61	628,28	612,95	593,61	41,00	3.372	694,57	651,24	635,91	616,57	40,90
3.317	672,02	628,69	613,36	594,02	41,00	3.373	694,98	651,65	636,32	616,98	41,10
3.318	672,43	629,10	613,77	594,43	40,90	3.374	695,39	652,06	636,73	617,39	40,90
3.319	672,84	629,51	614,18	594,84	41,10	3.375	695,80	652,47	637,14	617,80	41,00
3.320	673,25	629,92	614,59	595,25	40,90	3.376	696,21	652,88	637,55	618,21	41,00
3.321	673,66	630,33	615,00	595,66	41,10	3.377	696,62	653,29	637,96	618,62	41,00
3.322	674,07	630,74	615,41	596,07	40,90	3.378	697,03	653,70	638,37	619,03	41,00
3.323	674,48	631,15	615,82	596,48	41,10	3.379	697,44	654,11	638,78	619,44	41,00
3.324	674,89	631,56	616,23	596,89	40,90	3.380	697,85	654,52	639,19	619,85	41,00
3.325	675,30	631,97	616,64	597,30	41,00	3.381	698,26	654,93	639,60	620,26	40,90
3.326	675,71	632,38	617,05	597,71	41,10	3.382	698,67	655,34	640,01	620,67	41,10
3.327	676,12	632,79	617,46	598,12	40,90	3.383	699,08	655,75	640,42	621,08	41,00
3.328	676,53	633,20	617,87	598,53	41,00	3.384	699,49	656,16	640,83	621,49	40,90
3.329	676,94	633,61	618,28	598,94	41,10	3.385	699,90	656,57	641,24	621,90	41,10
3.330	677,35	634,02	618,69	599,35	41,00	3.386	700,31	656,98	641,65	622,31	41,00
3.331	677,76	634,43	619,10	599,76	40,90	3.387	700,72	657,39	642,06	622,72	41,00
3.332	678,17	634,84	619,51	600,17	41,10	3.388	701,13	657,80	642,47	623,13	41,00
3.333	678,58	635,25	619,92	600,58	41,00	3.389	701,54	658,21	642,88	623,54	41,00
3.334	678,99	635,66	620,33	600,99	40,90	3.390	701,95	658,62	643,29	623,95	41,00
3.335	679,40	636,07	620,74	601,40	41,10	3.391	702,36	659,03	643,70	624,36	41,00
3.336	679,81	636,48	621,15	601,81	41,00	3.392	702,77	659,44	644,11	624,77	41,00
3.337	680,22	636,89	621,56	602,22	41,00	3.393	703,18	659,85	644,52	625,18	40,90
3.338	680,63	637,30	621,97	602,63	41,00	3.394	703,59	660,26	644,93	625,59	41,10
3.339	681,04	637,71	622,38	603,04	41,00	3.395	704,00	660,67	645,34	626,00	40,90
3.340	681,45	638,12	622,79	603,45	41,00	3.396	704,41	661,08	645,75	626,41	41,10
3.341	681,86	638,53	623,20	603,86	41,00	3.397	704,82	661,49	646,16	626,82	40,90
3.342	682,27	638,94	623,61	604,27	41,00	3.398	705,23	661,90	646,57	627,23	41,10
3.343	682,68	639,35	624,02	604,68	40,90	3.399	705,64	662,31	646,98	627,64	40,90

von **3.400** bis **3.511** — **MONATSLOHN AKTIVE**

Bemessung	ohne AV	mit AV/1 Ki	mit AV/2 Ki	mit AV/3 Ki	% für Cent	Bemessung	ohne AV	mit AV/1 Ki	mit AV/2 Ki	mit AV/3 Ki	% für Cent
3.400	706,05	662,72	647,39	628,05	41,10	3.456	729,01	685,68	670,35	651,01	41,00
3.401	706,46	663,13	647,80	628,46	41,00	3.457	729,42	686,09	670,76	651,42	41,00
3.402	706,87	663,54	648,21	628,87	40,90	3.458	729,83	686,50	671,17	651,83	41,00
3.403	707,28	663,95	648,62	629,28	41,10	3.459	730,24	686,91	671,58	652,24	41,00
3.404	707,69	664,36	649,03	629,69	41,00	3.460	730,65	687,32	671,99	652,65	41,00
3.405	708,10	664,77	649,44	630,10	41,00	3.461	731,06	687,73	672,40	653,06	41,00
3.406	708,51	665,18	649,85	630,51	41,00	3.462	731,47	688,14	672,81	653,47	41,00
3.407	708,92	665,59	650,26	630,92	41,00	3.463	731,88	688,55	673,22	653,88	41,00
3.408	709,33	666,00	650,67	631,33	41,00	3.464	732,29	688,96	673,63	654,29	41,00
3.409	709,74	666,41	651,08	631,74	41,00	3.465	732,70	689,37	674,04	654,70	41,00
3.410	710,15	666,82	651,49	632,15	41,00	3.466	733,11	689,78	674,45	655,11	41,00
3.411	710,56	667,23	651,90	632,56	41,00	3.467	733,52	690,19	674,86	655,52	41,00
3.412	710,97	667,64	652,31	632,97	41,00	3.468	733,93	690,60	675,27	655,93	40,90
3.413	711,38	668,05	652,72	633,38	40,90	3.469	734,34	691,01	675,68	656,34	41,10
3.414	711,79	668,46	653,13	633,79	41,10	3.470	734,75	691,42	676,09	656,75	40,90
3.415	712,20	668,87	653,54	634,20	41,00	3.471	735,16	691,83	676,50	657,16	41,10
3.416	712,61	669,28	653,95	634,61	41,00	3.472	735,57	692,24	676,91	657,57	40,90
3.417	713,02	669,69	654,36	635,02	41,00	3.473	735,98	692,65	677,32	657,98	41,10
3.418	713,43	670,10	654,77	635,43	40,90	3.474	736,39	693,06	677,73	658,39	40,90
3.419	713,84	670,51	655,18	635,84	41,10	3.475	736,80	693,47	678,14	658,80	41,00
3.420	714,25	670,92	655,59	636,25	40,90	3.476	737,21	693,88	678,55	659,21	41,00
3.421	714,66	671,33	656,00	636,66	41,10	3.477	737,62	694,29	678,96	659,62	41,00
3.422	715,07	671,74	656,41	637,07	40,90	3.478	738,03	694,70	679,37	660,03	41,00
3.423	715,48	672,15	656,82	637,48	41,10	3.479	738,44	695,11	679,78	660,44	41,00
3.424	715,89	672,56	657,23	637,89	40,90	3.480	738,85	695,52	680,19	660,85	41,10
3.425	716,30	672,97	657,64	638,30	41,00	3.481	739,26	695,93	680,60	661,26	40,90
3.426	716,71	673,38	658,05	638,71	41,00	3.482	739,67	696,34	681,01	661,67	41,00
3.427	717,12	673,79	658,46	639,12	41,00	3.483	740,08	696,75	681,42	662,08	41,10
3.428	717,53	674,20	658,87	639,53	41,00	3.484	740,49	697,16	681,83	662,49	40,90
3.429	717,94	674,61	659,28	639,94	41,00	3.485	740,90	697,57	682,24	662,90	41,10
3.430	718,35	675,02	659,69	640,35	41,10	3.486	741,31	697,98	682,65	663,31	41,00
3.431	718,76	675,43	660,10	640,76	40,90	3.487	741,72	698,39	683,06	663,72	41,00
3.432	719,17	675,84	660,51	641,17	41,10	3.488	742,13	698,80	683,47	664,13	41,00
3.433	719,58	676,25	660,92	641,58	41,00	3.489	742,54	699,21	683,88	664,54	41,00
3.434	719,99	676,66	661,33	641,99	40,90	3.490	742,95	699,62	684,29	664,95	41,00
3.435	720,40	677,07	661,74	642,40	41,10	3.491	743,36	700,03	684,70	665,36	41,00
3.436	720,81	677,48	662,15	642,81	41,00	3.492	743,77	700,44	685,11	665,77	41,00
3.437	721,22	677,89	662,56	643,22	41,00	3.493	744,18	700,85	685,52	666,18	40,90
3.438	721,63	678,30	662,97	643,63	41,00	3.494	744,59	701,26	685,93	666,59	41,10
3.439	722,04	678,71	663,38	644,04	41,00	3.495	745,00	701,67	686,34	667,00	40,90
3.440	722,45	679,12	663,79	644,45	41,00	3.496	745,41	702,08	686,75	667,41	41,10
3.441	722,86	679,53	664,20	644,86	41,00	3.497	745,82	702,49	687,16	667,82	40,90
3.442	723,27	679,94	664,61	645,27	41,00	3.498	746,23	702,90	687,57	668,23	41,10
3.443	723,68	680,35	665,02	645,68	40,90	3.499	746,64	703,31	687,98	668,64	40,90
3.444	724,09	680,76	665,43	646,09	41,10	3.500	747,05	703,72	688,39	669,05	41,00
3.445	724,50	681,17	665,84	646,50	40,90	3.501	747,46	704,13	688,80	669,46	41,10
3.446	724,91	681,58	666,25	646,91	41,10	3.502	747,87	704,54	689,21	669,87	40,90
3.447	725,32	681,99	666,66	647,32	40,90	3.503	748,28	704,95	689,62	670,28	41,00
3.448	725,73	682,40	667,07	647,73	41,10	3.504	748,69	705,36	690,03	670,69	41,10
3.449	726,14	682,81	667,48	648,14	40,90	3.505	749,10	705,77	690,44	671,10	41,00
3.450	726,55	683,22	667,89	648,55	41,00	3.506	749,51	706,18	690,85	671,51	41,00
3.451	726,96	683,63	668,30	648,96	41,10	3.507	749,92	706,59	691,26	671,92	41,00
3.452	727,37	684,04	668,71	649,37	40,90	3.508	750,33	707,00	691,67	672,33	41,00
3.453	727,78	684,45	669,12	649,78	41,10	3.509	750,74	707,41	692,08	672,74	41,00
3.454	728,19	684,86	669,53	650,19	41,00	3.510	751,15	707,82	692,49	673,15	41,00
3.455	728,60	685,27	669,94	650,60	41,00	3.511	751,56	708,23	692,90	673,56	41,00

MONATSLOHN AKTIVE — von 3.512 bis 3.623

Be-mes-sung	ohne AV	mit AV/1 Ki	mit AV/2 Ki	mit AV/3 Ki	% für Cent	Be-mes-sung	ohne AV	mit AV/1 Ki	mit AV/2 Ki	mit AV/3 Ki	% für Cent
3.512	751,97	708,64	693,31	673,97	41,00	3.568	774,93	731,60	716,27	696,93	40,90
3.513	752,38	709,05	693,72	674,38	41,00	3.569	775,34	732,01	716,68	697,34	41,10
3.514	752,79	709,46	694,13	674,79	41,00	3.570	775,75	732,42	717,09	697,75	40,90
3.515	753,20	709,87	694,54	675,20	41,00	3.571	776,16	732,83	717,50	698,16	41,10
3.516	753,61	710,28	694,95	675,61	41,00	3.572	776,57	733,24	717,91	698,57	41,00
3.517	754,02	710,69	695,36	676,02	41,00	3.573	776,98	733,65	718,32	698,98	41,00
3.518	754,43	711,10	695,77	676,43	40,90	3.574	777,39	734,06	718,73	699,39	40,90
3.519	754,84	711,51	696,18	676,84	41,10	3.575	777,80	734,47	719,14	699,80	41,10
3.520	755,25	711,92	696,59	677,25	40,90	3.576	778,21	734,88	719,55	700,21	40,90
3.521	755,66	712,33	697,00	677,66	41,10	3.577	778,62	735,29	719,96	700,62	41,00
3.522	756,07	712,74	697,41	678,07	41,00	3.578	779,03	735,70	720,37	701,03	41,00
3.523	756,48	713,15	697,82	678,48	41,00	3.579	779,44	736,11	720,78	701,44	41,00
3.524	756,89	713,56	698,23	678,89	40,90	3.580	779,85	736,52	721,19	701,85	41,00
3.525	757,30	713,97	698,64	679,30	41,10	3.581	780,26	736,93	721,60	702,26	40,90
3.526	757,71	714,38	699,05	679,71	40,90	3.582	780,67	737,34	722,01	702,67	41,00
3.527	758,12	714,79	699,46	680,12	41,00	3.583	781,08	737,75	722,42	703,08	41,10
3.528	758,53	715,20	699,87	680,53	41,00	3.584	781,49	738,16	722,83	703,49	40,90
3.529	758,94	715,61	700,28	680,94	41,00	3.585	781,90	738,57	723,24	703,90	41,00
3.530	759,35	716,02	700,69	681,35	41,10	3.586	782,31	738,98	723,65	704,31	41,10
3.531	759,76	716,43	701,10	681,76	40,90	3.587	782,72	739,39	724,06	704,72	41,00
3.532	760,17	716,84	701,51	682,17	41,00	3.588	783,13	739,80	724,47	705,13	40,90
3.533	760,58	717,25	701,92	682,58	41,10	3.589	783,54	740,21	724,88	705,54	41,00
3.534	760,99	717,66	702,33	682,99	40,90	3.590	783,95	740,62	725,29	705,95	41,10
3.535	761,40	718,07	702,74	683,40	41,00	3.591	784,36	741,03	725,70	706,36	40,90
3.536	761,81	718,48	703,15	683,81	41,10	3.592	784,77	741,44	726,11	706,77	41,10
3.537	762,22	718,89	703,56	684,22	41,00	3.593	785,18	741,85	726,52	707,18	40,90
3.538	762,63	719,30	703,97	684,63	41,00	3.594	785,59	742,26	726,93	707,59	41,10
3.539	763,04	719,71	704,38	685,04	40,90	3.595	786,00	742,67	727,34	708,00	40,90
3.540	763,45	720,12	704,79	685,45	41,10	3.596	786,41	743,08	727,75	708,41	41,10
3.541	763,86	720,53	705,20	685,86	40,90	3.597	786,82	743,49	728,16	708,82	40,90
3.542	764,27	720,94	705,61	686,27	41,10	3.598	787,23	743,90	728,57	709,23	41,10
3.543	764,68	721,35	706,02	686,68	40,90	3.599	787,64	744,31	728,98	709,64	40,90
3.544	765,09	721,76	706,43	687,09	41,10	3.600	788,05	744,72	729,39	710,05	41,10
3.545	765,50	722,17	706,84	687,50	40,90	3.601	788,46	745,13	729,80	710,46	41,00
3.546	765,91	722,58	707,25	687,91	41,10	3.602	788,87	745,54	730,21	710,87	40,90
3.547	766,32	722,99	707,66	688,32	40,90	3.603	789,28	745,95	730,62	711,28	41,00
3.548	766,73	723,40	708,07	688,73	41,10	3.604	789,69	746,36	731,03	711,69	41,10
3.549	767,14	723,81	708,48	689,14	40,90	3.605	790,10	746,77	731,44	712,10	41,00
3.550	767,55	724,22	708,89	689,55	41,10	3.606	790,51	747,18	731,85	712,51	40,90
3.551	767,96	724,63	709,30	689,96	41,00	3.607	790,92	747,59	732,26	712,92	41,10
3.552	768,37	725,04	709,71	690,37	40,90	3.608	791,33	748,00	732,67	713,33	41,00
3.553	768,78	725,45	710,12	690,78	41,00	3.609	791,74	748,41	733,08	713,74	40,90
3.554	769,19	725,86	710,53	691,19	41,10	3.610	792,15	748,82	733,49	714,15	41,00
3.555	769,60	726,27	710,94	691,60	41,00	3.611	792,56	749,23	733,90	714,56	41,00
3.556	770,01	726,68	711,35	692,01	40,90	3.612	792,97	749,64	734,31	714,97	41,00
3.557	770,42	727,09	711,76	692,42	41,10	3.613	793,38	750,05	734,72	715,38	41,00
3.558	770,83	727,50	712,17	692,83	41,00	3.614	793,79	750,46	735,13	715,79	40,90
3.559	771,24	727,91	712,58	693,24	41,00	3.615	794,20	750,87	735,54	716,20	41,10
3.560	771,65	728,32	712,99	693,65	41,00	3.616	794,61	751,28	735,95	716,61	41,00
3.561	772,06	728,73	713,40	694,06	41,00	3.617	795,02	751,69	736,36	717,02	41,00
3.562	772,47	729,14	713,81	694,47	41,00	3.618	795,43	752,10	736,77	717,43	40,90
3.563	772,88	729,55	714,22	694,88	41,00	3.619	795,84	752,51	737,18	717,84	41,10
3.564	773,29	729,96	714,63	695,29	40,90	3.620	796,25	752,92	737,59	718,25	40,90
3.565	773,70	730,37	715,04	695,70	41,10	3.621	796,66	753,33	738,00	718,66	41,10
3.566	774,11	730,78	715,45	696,11	41,00	3.622	797,07	753,74	738,41	719,07	41,00
3.567	774,52	731,19	715,86	696,52	41,00	3.623	797,48	754,15	738,82	719,48	41,00

von **3.624** bis **3.735** **MONATSLOHN AKTIVE**

Bemessung	ohne AV	mit AV/1 Ki	mit AV/2 Ki	mit AV/3 Ki	% für Cent	Bemessung	ohne AV	mit AV/1 Ki	mit AV/2 Ki	mit AV/3 Ki	% für Cent
3.624	797,89	754,56	739,23	719,89	40,90	3.680	820,85	777,52	762,19	742,85	41,00
3.625	798,30	754,97	739,64	720,30	41,10	3.681	821,26	777,93	762,60	743,26	41,00
3.626	798,71	755,38	740,05	720,71	41,00	3.682	821,67	778,34	763,01	743,67	40,90
3.627	799,12	755,79	740,46	721,12	40,90	3.683	822,08	778,75	763,42	744,08	41,10
3.628	799,53	756,20	740,87	721,53	41,10	3.684	822,49	779,16	763,83	744,49	40,90
3.629	799,94	756,61	741,28	721,94	40,90	3.685	822,90	779,57	764,24	744,90	41,00
3.630	800,35	757,02	741,69	722,35	41,10	3.686	823,31	779,98	764,65	745,31	41,10
3.631	800,76	757,43	742,10	722,76	40,90	3.687	823,72	780,39	765,06	745,72	41,00
3.632	801,17	757,84	742,51	723,17	41,00	3.688	824,13	780,80	765,47	746,13	40,90
3.633	801,58	758,25	742,92	723,58	41,10	3.689	824,54	781,21	765,88	746,54	41,00
3.634	801,99	758,66	743,33	723,99	40,90	3.690	824,95	781,62	766,29	746,95	41,10
3.635	802,40	759,07	743,74	724,40	41,00	3.691	825,36	782,03	766,70	747,36	40,90
3.636	802,81	759,48	744,15	724,81	41,10	3.692	825,77	782,44	767,11	747,77	41,10
3.637	803,22	759,89	744,56	725,22	41,00	3.693	826,18	782,85	767,52	748,18	40,90
3.638	803,63	760,30	744,97	725,63	40,90	3.694	826,59	783,26	767,93	748,59	41,10
3.639	804,04	760,71	745,38	726,04	41,00	3.695	827,00	783,67	768,34	749,00	40,90
3.640	804,45	761,12	745,79	726,45	41,10	3.696	827,41	784,08	768,75	749,41	41,10
3.641	804,86	761,53	746,20	726,86	40,90	3.697	827,82	784,49	769,16	749,82	40,90
3.642	805,27	761,94	746,61	727,27	41,10	3.698	828,23	784,90	769,57	750,23	41,10
3.643	805,68	762,35	747,02	727,68	40,90	3.699	828,64	785,31	769,98	750,64	40,90
3.644	806,09	762,76	747,43	728,09	41,10	3.700	829,05	785,72	770,39	751,05	41,10
3.645	806,50	763,17	747,84	728,50	40,90	3.701	829,46	786,13	770,80	751,46	41,00
3.646	806,91	763,58	748,25	728,91	41,10	3.702	829,87	786,54	771,21	751,87	40,90
3.647	807,32	763,99	748,66	729,32	40,90	3.703	830,28	786,95	771,62	752,28	41,00
3.648	807,73	764,40	749,07	729,73	41,10	3.704	830,69	787,36	772,03	752,69	41,10
3.649	808,14	764,81	749,48	730,14	40,90	3.705	831,10	787,77	772,44	753,10	41,00
3.650	808,55	765,22	749,89	730,55	41,10	3.706	831,51	788,18	772,85	753,51	40,90
3.651	808,96	765,63	750,30	730,96	41,00	3.707	831,92	788,59	773,26	753,92	41,10
3.652	809,37	766,04	750,71	731,37	40,90	3.708	832,33	789,00	773,67	754,33	41,00
3.653	809,78	766,45	751,12	731,78	41,00	3.709	832,74	789,41	774,08	754,74	40,90
3.654	810,19	766,86	751,53	732,19	41,10	3.710	833,15	789,82	774,49	755,15	41,10
3.655	810,60	767,27	751,94	732,60	41,00	3.711	833,56	790,23	774,90	755,56	41,00
3.656	811,01	767,68	752,35	733,01	40,90	3.712	833,97	790,64	775,31	755,97	41,00
3.657	811,42	768,09	752,76	733,42	41,10	3.713	834,38	791,05	775,72	756,38	41,00
3.658	811,83	768,50	753,17	733,83	41,00	3.714	834,79	791,46	776,13	756,79	40,90
3.659	812,24	768,91	753,58	734,24	40,90	3.715	835,20	791,87	776,54	757,20	41,10
3.660	812,65	769,32	753,99	734,65	41,10	3.716	835,61	792,28	776,95	757,61	40,90
3.661	813,06	769,73	754,40	735,06	41,00	3.717	836,02	792,69	777,36	758,02	41,10
3.662	813,47	770,14	754,81	735,47	41,00	3.718	836,43	793,10	777,77	758,43	40,90
3.663	813,88	770,55	755,22	735,88	41,00	3.719	836,84	793,51	778,18	758,84	41,10
3.664	814,29	770,96	755,63	736,29	40,90	3.720	837,25	793,92	778,59	759,25	40,90
3.665	814,70	771,37	756,04	736,70	41,10	3.721	837,66	794,33	779,00	759,66	41,10
3.666	815,11	771,78	756,45	737,11	40,90	3.722	838,07	794,74	779,41	760,07	41,00
3.667	815,52	772,19	756,86	737,52	41,10	3.723	838,48	795,15	779,82	760,48	41,00
3.668	815,93	772,60	757,27	737,93	40,90	3.724	838,89	795,56	780,23	760,89	40,90
3.669	816,34	773,01	757,68	738,34	41,10	3.725	839,30	795,97	780,64	761,30	41,10
3.670	816,75	773,42	758,09	738,75	40,90	3.726	839,71	796,38	781,05	761,71	41,00
3.671	817,16	773,83	758,50	739,16	41,10	3.727	840,12	796,79	781,46	762,12	40,90
3.672	817,57	774,24	758,91	739,57	41,00	3.728	840,53	797,20	781,87	762,53	41,10
3.673	817,98	774,65	759,32	739,98	41,00	3.729	840,94	797,61	782,28	762,94	41,00
3.674	818,39	775,06	759,73	740,39	40,90	3.730	841,35	798,02	782,69	763,35	41,00
3.675	818,80	775,47	760,14	740,80	41,10	3.731	841,76	798,43	783,10	763,76	41,00
3.676	819,21	775,88	760,55	741,21	41,00	3.732	842,17	798,84	783,51	764,17	41,00
3.677	819,62	776,29	760,96	741,62	40,90	3.733	842,58	799,25	783,92	764,58	41,00
3.678	820,03	776,70	761,37	742,03	41,10	3.734	842,99	799,66	784,33	764,99	41,00
3.679	820,44	777,11	761,78	742,44	41,00	3.735	843,40	800,07	784,74	765,40	40,90

MONATSLOHN AKTIVE von **3.736** bis **3.847**

Bemessung	ohne AV	mit AV/1 Ki	mit AV/2 Ki	mit AV/3 Ki	% für Cent	Bemessung	ohne AV	mit AV/1 Ki	mit AV/2 Ki	mit AV/3 Ki	% für Cent
3.736	843,81	800,48	785,15	765,81	41,10	3.792	866,77	823,44	808,11	788,77	41,00
3.737	844,22	800,89	785,56	766,22	41,00	3.793	867,18	823,85	808,52	789,18	40,90
3.738	844,63	801,30	785,97	766,63	40,90	3.794	867,59	824,26	808,93	789,59	41,10
3.739	845,04	801,71	786,38	767,04	41,00	3.795	868,00	824,67	809,34	790,00	40,90
3.740	845,45	802,12	786,79	767,45	41,10	3.796	868,41	825,08	809,75	790,41	41,10
3.741	845,86	802,53	787,20	767,86	40,90	3.797	868,82	825,49	810,16	790,82	40,90
3.742	846,27	802,94	787,61	768,27	41,10	3.798	869,23	825,90	810,57	791,23	41,10
3.743	846,68	803,35	788,02	768,68	40,90	3.799	869,64	826,31	810,98	791,64	40,90
3.744	847,09	803,76	788,43	769,09	41,10	3.800	870,05	826,72	811,39	792,05	41,10
3.745	847,50	804,17	788,84	769,50	40,90	3.801	870,46	827,13	811,80	792,46	40,90
3.746	847,91	804,58	789,25	769,91	41,00	3.802	870,87	827,54	812,21	792,87	41,00
3.747	848,32	804,99	789,66	770,32	40,90	3.803	871,28	827,95	812,62	793,28	41,00
3.748	848,73	805,40	790,07	770,73	41,10	3.804	871,69	828,36	813,03	793,69	41,00
3.749	849,14	805,81	790,48	771,14	40,90	3.805	872,10	828,77	813,44	794,10	41,10
3.750	849,55	806,22	790,89	771,55	41,10	3.806	872,51	829,18	813,85	794,51	40,90
3.751	849,96	806,63	791,30	771,96	40,90	3.807	872,92	829,59	814,26	794,92	41,10
3.752	850,37	807,04	791,71	772,37	41,00	3.808	873,33	830,00	814,67	795,33	41,00
3.753	850,78	807,45	792,12	772,78	41,00	3.809	873,74	830,41	815,08	795,74	40,90
3.754	851,19	807,86	792,53	773,19	41,10	3.810	874,15	830,82	815,49	796,15	41,10
3.755	851,60	808,27	792,94	773,60	41,00	3.811	874,56	831,23	815,90	796,56	41,00
3.756	852,01	808,68	793,35	774,01	40,90	3.812	874,97	831,64	816,31	796,97	41,00
3.757	852,42	809,09	793,76	774,42	41,10	3.813	875,38	832,05	816,72	797,38	41,00
3.758	852,83	809,50	794,17	774,83	41,00	3.814	875,79	832,46	817,13	797,79	40,90
3.759	853,24	809,91	794,58	775,24	40,90	3.815	876,20	832,87	817,54	798,20	41,10
3.760	853,65	810,32	794,99	775,65	41,10	3.816	876,61	833,28	817,95	798,61	40,90
3.761	854,06	810,73	795,40	776,06	41,00	3.817	877,02	833,69	818,36	799,02	41,10
3.762	854,47	811,14	795,81	776,47	41,00	3.818	877,43	834,10	818,77	799,43	40,90
3.763	854,88	811,55	796,22	776,88	41,00	3.819	877,84	834,51	819,18	799,84	41,10
3.764	855,29	811,96	796,63	777,29	40,90	3.820	878,25	834,92	819,59	800,25	40,90
3.765	855,70	812,37	797,04	777,70	41,10	3.821	878,66	835,33	820,00	800,66	41,10
3.766	856,11	812,78	797,45	778,11	40,90	3.822	879,07	835,74	820,41	801,07	40,90
3.767	856,52	813,19	797,86	778,52	41,10	3.823	879,48	836,15	820,82	801,48	41,10
3.768	856,93	813,60	798,27	778,93	40,90	3.824	879,89	836,56	821,23	801,89	40,90
3.769	857,34	814,01	798,68	779,34	41,10	3.825	880,30	836,97	821,64	802,30	41,10
3.770	857,75	814,42	799,09	779,75	40,90	3.826	880,71	837,38	822,05	802,71	41,00
3.771	858,16	814,83	799,50	780,16	41,10	3.827	881,12	837,79	822,46	803,12	40,90
3.772	858,57	815,24	799,91	780,57	40,90	3.828	881,53	838,20	822,87	803,53	41,10
3.773	858,98	815,65	800,32	780,98	41,10	3.829	881,94	838,61	823,28	803,94	41,00
3.774	859,39	816,06	800,73	781,39	40,90	3.830	882,35	839,02	823,69	804,35	41,00
3.775	859,80	816,47	801,14	781,80	41,10	3.831	882,76	839,43	824,10	804,76	41,00
3.776	860,21	816,88	801,55	782,21	41,00	3.832	883,17	839,84	824,51	805,17	41,00
3.777	860,62	817,29	801,96	782,62	40,90	3.833	883,58	840,25	824,92	805,58	41,00
3.778	861,03	817,70	802,37	783,03	41,10	3.834	883,99	840,66	825,33	805,99	41,00
3.779	861,44	818,11	802,78	783,44	41,00	3.835	884,40	841,07	825,74	806,40	41,00
3.780	861,85	818,52	803,19	783,85	41,00	3.836	884,81	841,48	826,15	806,81	41,00
3.781	862,26	818,93	803,60	784,26	41,00	3.837	885,22	841,89	826,56	807,22	41,00
3.782	862,67	819,34	804,01	784,67	41,00	3.838	885,63	842,30	826,97	807,63	41,00
3.783	863,08	819,75	804,42	785,08	41,00	3.839	886,04	842,71	827,38	808,04	40,90
3.784	863,49	820,16	804,83	785,49	41,00	3.840	886,45	843,12	827,79	808,45	41,10
3.785	863,90	820,57	805,24	785,90	41,00	3.841	886,86	843,53	828,20	808,86	41,00
3.786	864,31	820,98	805,65	786,31	41,00	3.842	887,27	843,94	828,61	809,27	41,00
3.787	864,72	821,39	806,06	786,72	41,00	3.843	887,68	844,35	829,02	809,68	40,90
3.788	865,13	821,80	806,47	787,13	40,90	3.844	888,09	844,76	829,43	810,09	41,10
3.789	865,54	822,21	806,88	787,54	41,00	3.845	888,50	845,17	829,84	810,50	40,90
3.790	865,95	822,62	807,29	787,95	41,10	3.846	888,91	845,58	830,25	810,91	41,10
3.791	866,36	823,03	807,70	788,36	41,00	3.847	889,32	845,99	830,66	811,32	40,90

von **3.848** bis **3.959** MONATSLOHN AKTIVE

Be-mes-sung	ohne AV	mit AV/1 Ki	mit AV/2 Ki	mit AV/3 Ki	% für Cent	Be-mes-sung	ohne AV	mit AV/1 Ki	mit AV/2 Ki	mit AV/3 Ki	% für Cent
3.848	889,73	846,40	831,07	811,73	41,10	3.904	912,69	869,36	854,03	834,69	41,00
3.849	890,14	846,81	831,48	812,14	40,90	3.905	913,10	869,77	854,44	835,10	41,10
3.850	890,55	847,22	831,89	812,55	41,10	3.906	913,51	870,18	854,85	835,51	40,90
3.851	890,96	847,63	832,30	812,96	40,90	3.907	913,92	870,59	855,26	835,92	41,00
3.852	891,37	848,04	832,71	813,37	41,00	3.908	914,33	871,00	855,67	836,33	41,10
3.853	891,78	848,45	833,12	813,78	41,00	3.909	914,74	871,41	856,08	836,74	40,90
3.854	892,19	848,86	833,53	814,19	41,00	3.910	915,15	871,82	856,49	837,15	41,00
3.855	892,60	849,27	833,94	814,60	41,10	3.911	915,56	872,23	856,90	837,56	41,10
3.856	893,01	849,68	834,35	815,01	40,90	3.912	915,97	872,64	857,31	837,97	41,00
3.857	893,42	850,09	834,76	815,42	41,00	3.913	916,38	873,05	857,72	838,38	41,00
3.858	893,83	850,50	835,17	815,83	41,10	3.914	916,79	873,46	858,13	838,79	40,90
3.859	894,24	850,91	835,58	816,24	40,90	3.915	917,20	873,87	858,54	839,20	41,10
3.860	894,65	851,32	835,99	816,65	41,10	3.916	917,61	874,28	858,95	839,61	40,90
3.861	895,06	851,73	836,40	817,06	41,00	3.917	918,02	874,69	859,36	840,02	41,10
3.862	895,47	852,14	836,81	817,47	41,00	3.918	918,43	875,10	859,77	840,43	40,90
3.863	895,88	852,55	837,22	817,88	41,00	3.919	918,84	875,51	860,18	840,84	41,10
3.864	896,29	852,96	837,63	818,29	40,90	3.920	919,25	875,92	860,59	841,25	40,90
3.865	896,70	853,37	838,04	818,70	41,10	3.921	919,66	876,33	861,00	841,66	41,10
3.866	897,11	853,78	838,45	819,11	40,90	3.922	920,07	876,74	861,41	842,07	40,90
3.867	897,52	854,19	838,86	819,52	41,10	3.923	920,48	877,15	861,82	842,48	41,10
3.868	897,93	854,60	839,27	819,93	40,90	3.924	920,89	877,56	862,23	842,89	40,90
3.869	898,34	855,01	839,68	820,34	41,10	3.925	921,30	877,97	862,64	843,30	41,00
3.870	898,75	855,42	840,09	820,75	40,90	3.926	921,71	878,38	863,05	843,71	41,10
3.871	899,16	855,83	840,50	821,16	41,10	3.927	922,12	878,79	863,46	844,12	40,90
3.872	899,57	856,24	840,91	821,57	40,90	3.928	922,53	879,20	863,87	844,53	41,00
3.873	899,98	856,65	841,32	821,98	41,10	3.929	922,94	879,61	864,28	844,94	41,10
3.874	900,39	857,06	841,73	822,39	40,90	3.930	923,35	880,02	864,69	845,35	41,00
3.875	900,80	857,47	842,14	822,80	41,00	3.931	923,76	880,43	865,10	845,76	40,90
3.876	901,21	857,88	842,55	823,21	41,10	3.932	924,17	880,84	865,51	846,17	41,10
3.877	901,62	858,29	842,96	823,62	40,90	3.933	924,58	881,25	865,92	846,58	41,00
3.878	902,03	858,70	843,37	824,03	41,00	3.934	924,99	881,66	866,33	846,99	41,00
3.879	902,44	859,11	843,78	824,44	41,10	3.935	925,40	882,07	866,74	847,40	41,00
3.880	902,85	859,52	844,19	824,85	41,00	3.936	925,81	882,48	867,15	847,81	41,00
3.881	903,26	859,93	844,60	825,26	41,00	3.937	926,22	882,89	867,56	848,22	41,00
3.882	903,67	860,34	845,01	825,67	41,00	3.938	926,63	883,30	867,97	848,63	41,00
3.883	904,08	860,75	845,42	826,08	41,00	3.939	927,04	883,71	868,38	849,04	40,90
3.884	904,49	861,16	845,83	826,49	41,00	3.940	927,45	884,12	868,79	849,45	41,10
3.885	904,90	861,57	846,24	826,90	41,00	3.941	927,86	884,53	869,20	849,86	41,00
3.886	905,31	861,98	846,65	827,31	41,00	3.942	928,27	884,94	869,61	850,27	41,00
3.887	905,72	862,39	847,06	827,72	41,00	3.943	928,68	885,35	870,02	850,68	40,90
3.888	906,13	862,80	847,47	828,13	41,00	3.944	929,09	885,76	870,43	851,09	41,10
3.889	906,54	863,21	847,88	828,54	40,90	3.945	929,50	886,17	870,84	851,50	40,90
3.890	906,95	863,62	848,29	828,95	41,10	3.946	929,91	886,58	871,25	851,91	41,10
3.891	907,36	864,03	848,70	829,36	41,00	3.947	930,32	886,99	871,66	852,32	41,00
3.892	907,77	864,44	849,11	829,77	41,00	3.948	930,73	887,40	872,07	852,73	41,00
3.893	908,18	864,85	849,52	830,18	40,90	3.949	931,14	887,81	872,48	853,14	40,90
3.894	908,59	865,26	849,93	830,59	41,10	3.950	931,55	888,22	872,89	853,55	41,10
3.895	909,00	865,67	850,34	831,00	40,90	3.951	931,96	888,63	873,30	853,96	40,90
3.896	909,41	866,08	850,75	831,41	41,10	3.952	932,37	889,04	873,71	854,37	41,00
3.897	909,82	866,49	851,16	831,82	41,00	3.953	932,78	889,45	874,12	854,78	41,00
3.898	910,23	866,90	851,57	832,23	41,00	3.954	933,19	889,86	874,53	855,19	41,00
3.899	910,64	867,31	851,98	832,64	40,90	3.955	933,60	890,27	874,94	855,60	41,10
3.900	911,05	867,72	852,39	833,05	41,00	3.956	934,01	890,68	875,35	856,01	40,90
3.901	911,46	868,13	852,80	833,46	41,00	3.957	934,42	891,09	875,76	856,42	41,00
3.902	911,87	868,54	853,21	833,87	41,00	3.958	934,83	891,50	876,17	856,83	41,10
3.903	912,28	868,95	853,62	834,28	41,00	3.959	935,24	891,91	876,58	857,24	40,90

rdb.at/lohnsteuer

MONATSLOHN AKTIVE von **3.960** bis **4.071**

Bemessung	ohne AV	mit AV/1 Ki	mit AV/2 Ki	mit AV/3 Ki	% für Cent	Bemessung	ohne AV	mit AV/1 Ki	mit AV/2 Ki	mit AV/3 Ki	% für Cent
3.960	935,65	892,32	876,99	857,65	41,00	4.016	958,61	915,28	899,95	880,61	40,90
3.961	936,06	892,73	877,40	858,06	41,10	4.017	959,02	915,69	900,36	881,02	41,10
3.962	936,47	893,14	877,81	858,47	41,00	4.018	959,43	916,10	900,77	881,43	40,90
3.963	936,88	893,55	878,22	858,88	40,90	4.019	959,84	916,51	901,18	881,84	41,10
3.964	937,29	893,96	878,63	859,29	41,00	4.020	960,25	916,92	901,59	882,25	40,90
3.965	937,70	894,37	879,04	859,70	41,10	4.021	960,66	917,33	902,00	882,66	41,10
3.966	938,11	894,78	879,45	860,11	40,90	4.022	961,07	917,74	902,41	883,07	41,00
3.967	938,52	895,19	879,86	860,52	41,10	4.023	961,48	918,15	902,82	883,48	41,00
3.968	938,93	895,60	880,27	860,93	40,90	4.024	961,89	918,56	903,23	883,89	40,90
3.969	939,34	896,01	880,68	861,34	41,10	4.025	962,30	918,97	903,64	884,30	41,00
3.970	939,75	896,42	881,09	861,75	40,90	4.026	962,71	919,38	904,05	884,71	41,00
3.971	940,16	896,83	881,50	862,16	41,10	4.027	963,12	919,79	904,46	885,12	41,00
3.972	940,57	897,24	881,91	862,57	40,90	4.028	963,53	920,20	904,87	885,53	41,00
3.973	940,98	897,65	882,32	862,98	41,10	4.029	963,94	920,61	905,28	885,94	41,00
3.974	941,39	898,06	882,73	863,39	40,90	4.030	964,35	921,02	905,69	886,35	41,00
3.975	941,80	898,47	883,14	863,80	41,00	4.031	964,76	921,43	906,10	886,76	40,90
3.976	942,21	898,88	883,55	864,21	41,10	4.032	965,17	921,84	906,51	887,17	41,00
3.977	942,62	899,29	883,96	864,62	40,90	4.033	965,58	922,25	906,92	887,58	41,10
3.978	943,03	899,70	884,37	865,03	41,00	4.034	965,99	922,66	907,33	887,99	41,00
3.979	943,44	900,11	884,78	865,44	41,10	4.035	966,40	923,07	907,74	888,40	41,00
3.980	943,85	900,52	885,19	865,85	41,00	4.036	966,81	923,48	908,15	888,81	41,00
3.981	944,26	900,93	885,60	866,26	40,90	4.037	967,22	923,89	908,56	889,22	41,00
3.982	944,67	901,34	886,01	866,67	41,10	4.038	967,63	924,30	908,97	889,63	40,90
3.983	945,08	901,75	886,42	867,08	41,00	4.039	968,04	924,71	909,38	890,04	41,00
3.984	945,49	902,16	886,83	867,49	40,90	4.040	968,45	925,12	909,79	890,45	41,10
3.985	945,90	902,57	887,24	867,90	41,10	4.041	968,86	925,53	910,20	890,86	40,90
3.986	946,31	902,98	887,65	868,31	41,00	4.042	969,27	925,94	910,61	891,27	41,10
3.987	946,72	903,39	888,06	868,72	41,00	4.043	969,68	926,35	911,02	891,68	41,00
3.988	947,13	903,80	888,47	869,13	41,00	4.044	970,09	926,76	911,43	892,09	41,00
3.989	947,54	904,21	888,88	869,54	40,90	4.045	970,50	927,17	911,84	892,50	40,90
3.990	947,95	904,62	889,29	869,95	41,10	4.046	970,91	927,58	912,25	892,91	41,00
3.991	948,36	905,03	889,70	870,36	41,00	4.047	971,32	927,99	912,66	893,32	40,90
3.992	948,77	905,44	890,11	870,77	41,00	4.048	971,73	928,40	913,07	893,73	41,10
3.993	949,18	905,85	890,52	871,18	40,90	4.049	972,14	928,81	913,48	894,14	41,00
3.994	949,59	906,26	890,93	871,59	41,10	4.050	972,55	929,22	913,89	894,55	41,00
3.995	950,00	906,67	891,34	872,00	40,90	4.051	972,96	929,63	914,30	894,96	41,00
3.996	950,41	907,08	891,75	872,41	41,10	4.052	973,37	930,04	914,71	895,37	40,90
3.997	950,82	907,49	892,16	872,82	41,00	4.053	973,78	930,45	915,12	895,78	41,00
3.998	951,23	907,90	892,57	873,23	41,00	4.054	974,19	930,86	915,53	896,19	41,10
3.999	951,64	908,31	892,98	873,64	40,90	4.055	974,60	931,27	915,94	896,60	41,00
4.000	952,05	908,72	893,39	874,05	41,10	4.056	975,01	931,68	916,35	897,01	41,00
4.001	952,46	909,13	893,80	874,46	41,00	4.057	975,42	932,09	916,76	897,42	40,90
4.002	952,87	909,54	894,21	874,87	40,90	4.058	975,83	932,50	917,17	897,83	41,10
4.003	953,28	909,95	894,62	875,28	41,10	4.059	976,24	932,91	917,58	898,24	40,90
4.004	953,69	910,36	895,03	875,69	40,90	4.060	976,65	933,32	917,99	898,65	41,10
4.005	954,10	910,77	895,44	876,10	41,10	4.061	977,06	933,73	918,40	899,06	41,00
4.006	954,51	911,18	895,85	876,51	40,90	4.062	977,47	934,14	918,81	899,47	40,90
4.007	954,92	911,59	896,26	876,92	41,00	4.063	977,88	934,55	919,22	899,88	41,00
4.008	955,33	912,00	896,67	877,33	41,10	4.064	978,29	934,96	919,63	900,29	41,00
4.009	955,74	912,41	897,08	877,74	40,90	4.065	978,70	935,37	920,04	900,70	41,10
4.010	956,15	912,82	897,49	878,15	41,00	4.066	979,11	935,78	920,45	901,11	40,90
4.011	956,56	913,23	897,90	878,56	41,10	4.067	979,52	936,19	920,86	901,52	41,10
4.012	956,97	913,64	898,31	878,97	40,90	4.068	979,93	936,60	921,27	901,93	40,90
4.013	957,38	914,05	898,72	879,38	41,00	4.069	980,34	937,01	921,68	902,34	41,10
4.014	957,79	914,46	899,13	879,79	41,00	4.070	980,75	937,42	922,09	902,75	40,90
4.015	958,20	914,87	899,54	880,20	41,10	4.071	981,16	937,83	922,50	903,16	41,10

von **4.072** bis **4.183** MONATSLOHN AKTIVE

Be-mes-sung	ohne AV	mit AV/1 Ki	mit AV/2 Ki	mit AV/3 Ki	% für Cent	Be-mes-sung	ohne AV	mit AV/1 Ki	mit AV/2 Ki	mit AV/3 Ki	% für Cent
4.072	981,57	938,24	922,91	903,57	40,90	4.128	1004,53	961,20	945,87	926,53	41,10
4.073	981,98	938,65	923,32	903,98	41,10	4.129	1004,94	961,61	946,28	926,94	41,00
4.074	982,39	939,06	923,73	904,39	40,90	4.130	1005,35	962,02	946,69	927,35	41,00
4.075	982,80	939,47	924,14	904,80	41,10	4.131	1005,76	962,43	947,10	927,76	40,90
4.076	983,21	939,88	924,55	905,21	41,00	4.132	1006,17	962,84	947,51	928,17	41,00
4.077	983,62	940,29	924,96	905,62	40,90	4.133	1006,58	963,25	947,92	928,58	41,00
4.078	984,03	940,70	925,37	906,03	41,00	4.134	1006,99	963,66	948,33	928,99	41,10
4.079	984,44	941,11	925,78	906,44	41,00	4.135	1007,40	964,07	948,74	929,40	41,00
4.080	984,85	941,52	926,19	906,85	41,00	4.136	1007,81	964,48	949,15	929,81	41,00
4.081	985,26	941,93	926,60	907,26	41,10	4.137	1008,22	964,89	949,56	930,22	40,90
4.082	985,67	942,34	927,01	907,67	41,00	4.138	1008,63	965,30	949,97	930,63	41,00
4.083	986,08	942,75	927,42	908,08	41,00	4.139	1009,04	965,71	950,38	931,04	41,00
4.084	986,49	943,16	927,83	908,49	40,90	4.140	1009,45	966,12	950,79	931,45	41,10
4.085	986,90	943,57	928,24	908,90	41,00	4.141	1009,86	966,53	951,20	931,86	40,90
4.086	987,31	943,98	928,65	909,31	41,10	4.142	1010,27	966,94	951,61	932,27	41,10
4.087	987,72	944,39	929,06	909,72	40,90	4.143	1010,68	967,35	952,02	932,68	41,00
4.088	988,13	944,80	929,47	910,13	41,10	4.144	1011,09	967,76	952,43	933,09	41,00
4.089	988,54	945,21	929,88	910,54	40,90	4.145	1011,50	968,17	952,84	933,50	40,90
4.090	988,95	945,62	930,29	910,95	41,10	4.146	1011,91	968,58	953,25	933,91	41,10
4.091	989,36	946,03	930,70	911,36	41,00	4.147	1012,32	968,99	953,66	934,32	40,90
4.092	989,77	946,44	931,11	911,77	41,00	4.148	1012,73	969,40	954,07	934,73	41,10
4.093	990,18	946,85	931,52	912,18	40,90	4.149	1013,14	969,81	954,48	935,14	41,00
4.094	990,59	947,26	931,93	912,59	41,10	4.150	1013,55	970,22	954,89	935,55	41,00
4.095	991,00	947,67	932,34	913,00	40,90	4.151	1013,96	970,63	955,30	935,96	41,00
4.096	991,41	948,08	932,75	913,41	41,10	4.152	1014,37	971,04	955,71	936,37	40,90
4.097	991,82	948,49	933,16	913,82	41,00	4.153	1014,78	971,45	956,12	936,78	41,00
4.098	992,23	948,90	933,57	914,23	41,00	4.154	1015,19	971,86	956,53	937,19	41,00
4.099	992,64	949,31	933,98	914,64	40,90	4.155	1015,60	972,27	956,94	937,60	41,10
4.100	993,05	949,72	934,39	915,05	41,00	4.156	1016,01	972,68	957,35	938,01	41,00
4.101	993,46	950,13	934,80	915,46	41,00	4.157	1016,42	973,09	957,76	938,42	41,00
4.102	993,87	950,54	935,21	915,87	41,10	4.158	1016,83	973,50	958,17	938,83	41,00
4.103	994,28	950,95	935,62	916,28	41,00	4.159	1017,24	973,91	958,58	939,24	40,90
4.104	994,69	951,36	936,03	916,69	41,00	4.160	1017,65	974,32	958,99	939,65	41,10
4.105	995,10	951,77	936,44	917,10	41,00	4.161	1018,06	974,73	959,40	940,06	41,00
4.106	995,51	952,18	936,85	917,51	40,90	4.162	1018,47	975,14	959,81	940,47	40,90
4.107	995,92	952,59	937,26	917,92	41,10	4.163	1018,88	975,55	960,22	940,88	41,00
4.108	996,33	953,00	937,67	918,33	41,00	4.164	1019,29	975,96	960,63	941,29	41,10
4.109	996,74	953,41	938,08	918,74	41,00	4.165	1019,70	976,37	961,04	941,70	40,90
4.110	997,15	953,82	938,49	919,15	40,90	4.166	1020,11	976,78	961,45	942,11	41,10
4.111	997,56	954,23	938,90	919,56	41,10	4.167	1020,52	977,19	961,86	942,52	41,00
4.112	997,97	954,64	939,31	919,97	40,90	4.168	1020,93	977,60	962,27	942,93	40,90
4.113	998,38	955,05	939,72	920,38	41,10	4.169	1021,34	978,01	962,68	943,34	41,10
4.114	998,79	955,46	940,13	920,79	40,90	4.170	1021,75	978,42	963,09	943,75	40,90
4.115	999,20	955,87	940,54	921,20	41,10	4.171	1022,16	978,83	963,50	944,16	41,10
4.116	999,61	956,28	940,95	921,61	40,90	4.172	1022,57	979,24	963,91	944,57	40,90
4.117	1000,02	956,69	941,36	922,02	41,00	4.173	1022,98	979,65	964,32	944,98	41,10
4.118	1000,43	957,10	941,77	922,43	41,00	4.174	1023,39	980,06	964,73	945,39	40,90
4.119	1000,84	957,51	942,18	922,84	41,10	4.175	1023,80	980,47	965,14	945,80	41,10
4.120	1001,25	957,92	942,59	923,25	40,90	4.176	1024,21	980,88	965,55	946,21	41,00
4.121	1001,66	958,33	943,00	923,66	41,10	4.177	1024,62	981,29	965,96	946,62	41,00
4.122	1002,07	958,74	943,41	924,07	41,00	4.178	1025,03	981,70	966,37	947,03	41,00
4.123	1002,48	959,15	943,82	924,48	41,00	4.179	1025,44	982,11	966,78	947,44	41,00
4.124	1002,89	959,56	944,23	924,89	40,90	4.180	1025,85	982,52	967,19	947,85	41,00
4.125	1003,30	959,97	944,64	925,30	41,00	4.181	1026,26	982,93	967,60	948,26	41,00
4.126	1003,71	960,38	945,05	925,71	41,00	4.182	1026,67	983,34	968,01	948,67	41,00
4.127	1004,12	960,79	945,46	926,12	41,00	4.183	1027,08	983,75	968,42	949,08	41,00

MONATSLOHN AKTIVE — von 4.184 bis 4.295

Bemessung	ohne AV	mit AV/1 Ki	mit AV/2 Ki	mit AV/3 Ki	% für Cent	Bemessung	ohne AV	mit AV/1 Ki	mit AV/2 Ki	mit AV/3 Ki	% für Cent
4.184	1027,49	984,16	968,83	949,49	41,00	4.240	1050,45	1007,12	991,79	972,45	41,00
4.185	1027,90	984,57	969,24	949,90	41,00	4.241	1050,86	1007,53	992,20	972,86	41,00
4.186	1028,31	984,98	969,65	950,31	41,00	4.242	1051,27	1007,94	992,61	973,27	41,00
4.187	1028,72	985,39	970,06	950,72	41,00	4.243	1051,68	1008,35	993,02	973,68	41,00
4.188	1029,13	985,80	970,47	951,13	41,00	4.244	1052,09	1008,76	993,43	974,09	41,00
4.189	1029,54	986,21	970,88	951,54	40,90	4.245	1052,50	1009,17	993,84	974,50	41,00
4.190	1029,95	986,62	971,29	951,95	41,10	4.246	1052,91	1009,58	994,25	974,91	41,00
4.191	1030,36	987,03	971,70	952,36	41,00	4.247	1053,32	1009,99	994,66	975,32	40,90
4.192	1030,77	987,44	972,11	952,77	41,00	4.248	1053,73	1010,40	995,07	975,73	41,10
4.193	1031,18	987,85	972,52	953,18	41,00	4.249	1054,14	1010,81	995,48	976,14	41,00
4.194	1031,59	988,26	972,93	953,59	41,00	4.250	1054,55	1011,22	995,89	976,55	41,00
4.195	1032,00	988,67	973,34	954,00	40,90	4.251	1054,96	1011,63	996,30	976,96	41,00
4.196	1032,41	989,08	973,75	954,41	41,10	4.252	1055,37	1012,04	996,71	977,37	41,00
4.197	1032,82	989,49	974,16	954,82	41,00	4.253	1055,78	1012,45	997,12	977,78	41,00
4.198	1033,23	989,90	974,57	955,23	41,00	4.254	1056,19	1012,86	997,53	978,19	41,00
4.199	1033,64	990,31	974,98	955,64	41,00	4.255	1056,60	1013,27	997,94	978,60	41,00
4.200	1034,05	990,72	975,39	956,05	40,90	4.256	1057,01	1013,68	998,35	979,01	41,00
4.201	1034,46	991,13	975,80	956,46	41,10	4.257	1057,42	1014,09	998,76	979,42	41,00
4.202	1034,87	991,54	976,21	956,87	41,00	4.258	1057,83	1014,50	999,17	979,83	41,00
4.203	1035,28	991,95	976,62	957,28	41,00	4.259	1058,24	1014,91	999,58	980,24	41,00
4.204	1035,69	992,36	977,03	957,69	41,00	4.260	1058,65	1015,32	999,99	980,65	41,00
4.205	1036,10	992,77	977,44	958,10	41,00	4.261	1059,06	1015,73	1000,40	981,06	41,00
4.206	1036,51	993,18	977,85	958,51	40,90	4.262	1059,47	1016,14	1000,81	981,47	41,00
4.207	1036,92	993,59	978,26	958,92	41,10	4.263	1059,88	1016,55	1001,22	981,88	41,00
4.208	1037,33	994,00	978,67	959,33	41,00	4.264	1060,29	1016,96	1001,63	982,29	41,00
4.209	1037,74	994,41	979,08	959,74	41,00	4.265	1060,70	1017,37	1002,04	982,70	41,00
4.210	1038,15	994,82	979,49	960,15	41,00	4.266	1061,11	1017,78	1002,45	983,11	41,00
4.211	1038,56	995,23	979,90	960,56	41,00	4.267	1061,52	1018,19	1002,86	983,52	41,00
4.212	1038,97	995,64	980,31	960,97	41,00	4.268	1061,93	1018,60	1003,27	983,93	41,00
4.213	1039,38	996,05	980,72	961,38	41,00	4.269	1062,34	1019,01	1003,68	984,34	41,00
4.214	1039,79	996,46	981,13	961,79	40,90	4.270	1062,75	1019,42	1004,09	984,75	41,00
4.215	1040,20	996,87	981,54	962,20	41,10	4.271	1063,16	1019,83	1004,50	985,16	41,00
4.216	1040,61	997,28	981,95	962,61	40,90	4.272	1063,57	1020,24	1004,91	985,57	41,00
4.217	1041,02	997,69	982,36	963,02	41,10	4.273	1063,98	1020,65	1005,32	985,98	41,00
4.218	1041,43	998,10	982,77	963,43	41,00	4.274	1064,39	1021,06	1005,73	986,39	41,00
4.219	1041,84	998,51	983,18	963,84	41,00	4.275	1064,80	1021,47	1006,14	986,80	41,00
4.220	1042,25	998,92	983,59	964,25	40,90	4.276	1065,21	1021,88	1006,55	987,21	41,00
4.221	1042,66	999,33	984,00	964,66	41,10	4.277	1065,62	1022,29	1006,96	987,62	41,00
4.222	1043,07	999,74	984,41	965,07	40,90	4.278	1066,03	1022,70	1007,37	988,03	41,00
4.223	1043,48	1000,15	984,82	965,48	41,10	4.279	1066,44	1023,11	1007,78	988,44	41,00
4.224	1043,89	1000,56	985,23	965,89	41,00	4.280	1066,85	1023,52	1008,19	988,85	41,00
4.225	1044,30	1000,97	985,64	966,30	41,00	4.281	1067,26	1023,93	1008,60	989,26	41,00
4.226	1044,71	1001,38	986,05	966,71	41,00	4.282	1067,67	1024,34	1009,01	989,67	41,00
4.227	1045,12	1001,79	986,46	967,12	41,00	4.283	1068,08	1024,75	1009,42	990,08	41,00
4.228	1045,53	1002,20	986,87	967,53	41,00	4.284	1068,49	1025,16	1009,83	990,49	41,00
4.229	1045,94	1002,61	987,28	967,94	41,00	4.285	1068,90	1025,57	1010,24	990,90	41,00
4.230	1046,35	1003,02	987,69	968,35	41,00	4.286	1069,31	1025,98	1010,65	991,31	41,00
4.231	1046,76	1003,43	988,10	968,76	41,00	4.287	1069,72	1026,39	1011,06	991,72	41,00
4.232	1047,17	1003,84	988,51	969,17	41,00	4.288	1070,13	1026,80	1011,47	992,13	41,00
4.233	1047,58	1004,25	988,92	969,58	41,00	4.289	1070,54	1027,21	1011,88	992,54	41,00
4.234	1047,99	1004,66	989,33	969,99	41,00	4.290	1070,95	1027,62	1012,29	992,95	41,00
4.235	1048,40	1005,07	989,74	970,40	41,00	4.291	1071,36	1028,03	1012,70	993,36	41,00
4.236	1048,81	1005,48	990,15	970,81	41,00	4.292	1071,77	1028,44	1013,11	993,77	41,00
4.237	1049,22	1005,89	990,56	971,22	41,00	4.293	1072,18	1028,85	1013,52	994,18	41,00
4.238	1049,63	1006,30	990,97	971,63	41,00	4.294	1072,59	1029,26	1013,93	994,59	41,00
4.239	1050,04	1006,71	991,38	972,04	41,00	4.295	1073,00	1029,67	1014,34	995,00	41,00

von **4.296** bis **4.407** **MONATSLOHN AKTIVE**

Be-mes-sung	ohne AV	mit AV/1 Ki	mit AV/2 Ki	mit AV/3 Ki	% für Cent	Be-mes-sung	ohne AV	mit AV/1 Ki	mit AV/2 Ki	mit AV/3 Ki	% für Cent
4.296	1073,41	1030,08	1014,75	995,41	41,00	4.352	1096,37	1053,04	1037,71	1018,37	41,00
4.297	1073,82	1030,49	1015,16	995,82	41,00	4.353	1096,78	1053,45	1038,12	1018,78	41,00
4.298	1074,23	1030,90	1015,57	996,23	41,00	4.354	1097,19	1053,86	1038,53	1019,19	41,00
4.299	1074,64	1031,31	1015,98	996,64	41,00	4.355	1097,60	1054,27	1038,94	1019,60	41,00
4.300	1075,05	1031,72	1016,39	997,05	41,00	4.356	1098,01	1054,68	1039,35	1020,01	41,00
4.301	1075,46	1032,13	1016,80	997,46	41,00	4.357	1098,42	1055,09	1039,76	1020,42	41,00
4.302	1075,87	1032,54	1017,21	997,87	41,00	4.358	1098,83	1055,50	1040,17	1020,83	41,00
4.303	1076,28	1032,95	1017,62	998,28	41,00	4.359	1099,24	1055,91	1040,58	1021,24	41,00
4.304	1076,69	1033,36	1018,03	998,69	41,00	4.360	1099,65	1056,32	1040,99	1021,65	41,00
4.305	1077,10	1033,77	1018,44	999,10	41,00	4.361	1100,06	1056,73	1041,40	1022,06	41,00
4.306	1077,51	1034,18	1018,85	999,51	41,00	4.362	1100,47	1057,14	1041,81	1022,47	41,00
4.307	1077,92	1034,59	1019,26	999,92	41,00	4.363	1100,88	1057,55	1042,22	1022,88	41,00
4.308	1078,33	1035,00	1019,67	1000,33	41,00	4.364	1101,29	1057,96	1042,63	1023,29	41,00
4.309	1078,74	1035,41	1020,08	1000,74	41,00	4.365	1101,70	1058,37	1043,04	1023,70	41,00
4.310	1079,15	1035,82	1020,49	1001,15	41,00	4.366	1102,11	1058,78	1043,45	1024,11	41,00
4.311	1079,56	1036,23	1020,90	1001,56	41,00	4.367	1102,52	1059,19	1043,86	1024,52	41,00
4.312	1079,97	1036,64	1021,31	1001,97	41,00	4.368	1102,93	1059,60	1044,27	1024,93	41,00
4.313	1080,38	1037,05	1021,72	1002,38	41,00	4.369	1103,34	1060,01	1044,68	1025,34	40,90
4.314	1080,79	1037,46	1022,13	1002,79	41,00	4.370	1103,75	1060,42	1045,09	1025,75	41,10
4.315	1081,20	1037,87	1022,54	1003,20	41,00	4.371	1104,16	1060,83	1045,50	1026,16	41,00
4.316	1081,61	1038,28	1022,95	1003,61	40,90	4.372	1104,57	1061,24	1045,91	1026,57	41,00
4.317	1082,02	1038,69	1023,36	1004,02	41,10	4.373	1104,98	1061,65	1046,32	1026,98	41,00
4.318	1082,43	1039,10	1023,77	1004,43	41,00	4.374	1105,39	1062,06	1046,73	1027,39	41,00
4.319	1082,84	1039,51	1024,18	1004,84	41,00	4.375	1105,80	1062,47	1047,14	1027,80	41,00
4.320	1083,25	1039,92	1024,59	1005,25	41,00	4.376	1106,21	1062,88	1047,55	1028,21	41,00
4.321	1083,66	1040,33	1025,00	1005,66	41,00	4.377	1106,62	1063,29	1047,96	1028,62	41,00
4.322	1084,07	1040,74	1025,41	1006,07	40,90	4.378	1107,03	1063,70	1048,37	1029,03	41,00
4.323	1084,48	1041,15	1025,82	1006,48	41,10	4.379	1107,44	1064,11	1048,78	1029,44	41,00
4.324	1084,89	1041,56	1026,23	1006,89	41,00	4.380	1107,85	1064,52	1049,19	1029,85	41,00
4.325	1085,30	1041,97	1026,64	1007,30	41,00	4.381	1108,26	1064,93	1049,60	1030,26	41,00
4.326	1085,71	1042,38	1027,05	1007,71	41,00	4.382	1108,67	1065,34	1050,01	1030,67	41,00
4.327	1086,12	1042,79	1027,46	1008,12	41,00	4.383	1109,08	1065,75	1050,42	1031,08	41,00
4.328	1086,53	1043,20	1027,87	1008,53	41,00	4.384	1109,49	1066,16	1050,83	1031,49	41,00
4.329	1086,94	1043,61	1028,28	1008,94	41,00	4.385	1109,90	1066,57	1051,24	1031,90	41,00
4.330	1087,35	1044,02	1028,69	1009,35	41,00	4.386	1110,31	1066,98	1051,65	1032,31	41,00
4.331	1087,76	1044,43	1029,10	1009,76	41,00	4.387	1110,72	1067,39	1052,06	1032,72	41,00
4.332	1088,17	1044,84	1029,51	1010,17	41,00	4.388	1111,13	1067,80	1052,47	1033,13	41,00
4.333	1088,58	1045,25	1029,92	1010,58	41,00	4.389	1111,54	1068,21	1052,88	1033,54	41,00
4.334	1088,99	1045,66	1030,33	1010,99	41,00	4.390	1111,95	1068,62	1053,29	1033,95	41,00
4.335	1089,40	1046,07	1030,74	1011,40	41,00	4.391	1112,36	1069,03	1053,70	1034,36	41,00
4.336	1089,81	1046,48	1031,15	1011,81	41,00	4.392	1112,77	1069,44	1054,11	1034,77	41,00
4.337	1090,22	1046,89	1031,56	1012,22	41,00	4.393	1113,18	1069,85	1054,52	1035,18	41,00
4.338	1090,63	1047,30	1031,97	1012,63	41,00	4.394	1113,59	1070,26	1054,93	1035,59	41,00
4.339	1091,04	1047,71	1032,38	1013,04	41,00	4.395	1114,00	1070,67	1055,34	1036,00	41,00
4.340	1091,45	1048,12	1032,79	1013,45	41,00	4.396	1114,41	1071,08	1055,75	1036,41	41,00
4.341	1091,86	1048,53	1033,20	1013,86	41,00	4.397	1114,82	1071,49	1056,16	1036,82	41,00
4.342	1092,27	1048,94	1033,61	1014,27	41,00	4.398	1115,23	1071,90	1056,57	1037,23	41,00
4.343	1092,68	1049,35	1034,02	1014,68	41,00	4.399	1115,64	1072,31	1056,98	1037,64	41,00
4.344	1093,09	1049,76	1034,43	1015,09	41,00	4.400	1116,05	1072,72	1057,39	1038,05	41,00
4.345	1093,50	1050,17	1034,84	1015,50	41,00	4.401	1116,46	1073,13	1057,80	1038,46	41,00
4.346	1093,91	1050,58	1035,25	1015,91	41,00	4.402	1116,87	1073,54	1058,21	1038,87	41,00
4.347	1094,32	1050,99	1035,66	1016,32	41,00	4.403	1117,28	1073,95	1058,62	1039,28	41,00
4.348	1094,73	1051,40	1036,07	1016,73	41,00	4.404	1117,69	1074,36	1059,03	1039,69	41,00
4.349	1095,14	1051,81	1036,48	1017,14	41,00	4.405	1118,10	1074,77	1059,44	1040,10	41,00
4.350	1095,55	1052,22	1036,89	1017,55	41,00	4.406	1118,51	1075,18	1059,85	1040,51	41,00
4.351	1095,96	1052,63	1037,30	1017,96	41,00	4.407	1118,92	1075,59	1060,26	1040,92	41,00

MONATSLOHN AKTIVE

von **4.408** bis **4.519**

Bemessung	ohne AV	mit AV/1 Ki	mit AV/2 Ki	mit AV/3 Ki	% für Cent	Bemessung	ohne AV	mit AV/1 Ki	mit AV/2 Ki	mit AV/3 Ki	% für Cent
4.408	1119,33	1076,00	1060,67	1041,33	41,00	4.464	1142,29	1098,96	1083,63	1064,29	41,00
4.409	1119,74	1076,41	1061,08	1041,74	41,00	4.465	1142,70	1099,37	1084,04	1064,70	41,00
4.410	1120,15	1076,82	1061,49	1042,15	41,00	4.466	1143,11	1099,78	1084,45	1065,11	41,00
4.411	1120,56	1077,23	1061,90	1042,56	41,00	4.467	1143,52	1100,19	1084,86	1065,52	41,00
4.412	1120,97	1077,64	1062,31	1042,97	41,00	4.468	1143,93	1100,60	1085,27	1065,93	41,00
4.413	1121,38	1078,05	1062,72	1043,38	41,00	4.469	1144,34	1101,01	1085,68	1066,34	40,90
4.414	1121,79	1078,46	1063,13	1043,79	41,00	4.470	1144,75	1101,42	1086,09	1066,75	41,10
4.415	1122,20	1078,87	1063,54	1044,20	41,00	4.471	1145,16	1101,83	1086,50	1067,16	41,00
4.416	1122,61	1079,28	1063,95	1044,61	41,00	4.472	1145,57	1102,24	1086,91	1067,57	41,00
4.417	1123,02	1079,69	1064,36	1045,02	41,00	4.473	1145,98	1102,65	1087,32	1067,98	41,00
4.418	1123,43	1080,10	1064,77	1045,43	41,00	4.474	1146,39	1103,06	1087,73	1068,39	41,00
4.419	1123,84	1080,51	1065,18	1045,84	41,00	4.475	1146,80	1103,47	1088,14	1068,80	41,00
4.420	1124,25	1080,92	1065,59	1046,25	41,00	4.476	1147,21	1103,88	1088,55	1069,21	41,00
4.421	1124,66	1081,33	1066,00	1046,66	41,00	4.477	1147,62	1104,29	1088,96	1069,62	41,00
4.422	1125,07	1081,74	1066,41	1047,07	40,90	4.478	1148,03	1104,70	1089,37	1070,03	41,00
4.423	1125,48	1082,15	1066,82	1047,48	41,10	4.479	1148,44	1105,11	1089,78	1070,44	41,00
4.424	1125,89	1082,56	1067,23	1047,89	41,00	4.480	1148,85	1105,52	1090,19	1070,85	41,00
4.425	1126,30	1082,97	1067,64	1048,30	41,00	4.481	1149,26	1105,93	1090,60	1071,26	41,00
4.426	1126,71	1083,38	1068,05	1048,71	41,00	4.482	1149,67	1106,34	1091,01	1071,67	41,00
4.427	1127,12	1083,79	1068,46	1049,12	41,00	4.483	1150,08	1106,75	1091,42	1072,08	41,00
4.428	1127,53	1084,20	1068,87	1049,53	41,00	4.484	1150,49	1107,16	1091,83	1072,49	41,00
4.429	1127,94	1084,61	1069,28	1049,94	41,00	4.485	1150,90	1107,57	1092,24	1072,90	41,00
4.430	1128,35	1085,02	1069,69	1050,35	41,00	4.486	1151,31	1107,98	1092,65	1073,31	41,00
4.431	1128,76	1085,43	1070,10	1050,76	41,00	4.487	1151,72	1108,39	1093,06	1073,72	41,00
4.432	1129,17	1085,84	1070,51	1051,17	41,00	4.488	1152,13	1108,80	1093,47	1074,13	41,00
4.433	1129,58	1086,25	1070,92	1051,58	41,00	4.489	1152,54	1109,21	1093,88	1074,54	41,00
4.434	1129,99	1086,66	1071,33	1051,99	41,00	4.490	1152,95	1109,62	1094,29	1074,95	41,00
4.435	1130,40	1087,07	1071,74	1052,40	41,00	4.491	1153,36	1110,03	1094,70	1075,36	41,00
4.436	1130,81	1087,48	1072,15	1052,81	41,00	4.492	1153,77	1110,44	1095,11	1075,77	41,00
4.437	1131,22	1087,89	1072,56	1053,22	41,00	4.493	1154,18	1110,85	1095,52	1076,18	41,00
4.438	1131,63	1088,30	1072,97	1053,63	41,00	4.494	1154,59	1111,26	1095,93	1076,59	41,00
4.439	1132,04	1088,71	1073,38	1054,04	41,00	4.495	1155,00	1111,67	1096,34	1077,00	41,00
4.440	1132,45	1089,12	1073,79	1054,45	41,00	4.496	1155,41	1112,08	1096,75	1077,41	41,00
4.441	1132,86	1089,53	1074,20	1054,86	41,00	4.497	1155,82	1112,49	1097,16	1077,82	41,00
4.442	1133,27	1089,94	1074,61	1055,27	41,00	4.498	1156,23	1112,90	1097,57	1078,23	41,00
4.443	1133,68	1090,35	1075,02	1055,68	41,00	4.499	1156,64	1113,31	1097,98	1078,64	41,00
4.444	1134,09	1090,76	1075,43	1056,09	41,00	4.500	1157,05	1113,72	1098,39	1079,05	41,00
4.445	1134,50	1091,17	1075,84	1056,50	41,00	4.501	1157,46	1114,13	1098,80	1079,46	41,00
4.446	1134,91	1091,58	1076,25	1056,91	41,00	4.502	1157,87	1114,54	1099,21	1079,87	41,00
4.447	1135,32	1091,99	1076,66	1057,32	41,00	4.503	1158,28	1114,95	1099,62	1080,28	41,00
4.448	1135,73	1092,40	1077,07	1057,73	41,00	4.504	1158,69	1115,36	1100,03	1080,69	41,00
4.449	1136,14	1092,81	1077,48	1058,14	41,00	4.505	1159,10	1115,77	1100,44	1081,10	41,00
4.450	1136,55	1093,22	1077,89	1058,55	41,00	4.506	1159,51	1116,18	1100,85	1081,51	41,00
4.451	1136,96	1093,63	1078,30	1058,96	41,00	4.507	1159,92	1116,59	1101,26	1081,92	41,00
4.452	1137,37	1094,04	1078,71	1059,37	41,00	4.508	1160,33	1117,00	1101,67	1082,33	41,00
4.453	1137,78	1094,45	1079,12	1059,78	41,00	4.509	1160,74	1117,41	1102,08	1082,74	41,00
4.454	1138,19	1094,86	1079,53	1060,19	41,00	4.510	1161,15	1117,82	1102,49	1083,15	41,00
4.455	1138,60	1095,27	1079,94	1060,60	41,00	4.511	1161,56	1118,23	1102,90	1083,56	41,00
4.456	1139,01	1095,68	1080,35	1061,01	41,00	4.512	1161,97	1118,64	1103,31	1083,97	41,00
4.457	1139,42	1096,09	1080,76	1061,42	41,00	4.513	1162,38	1119,05	1103,72	1084,38	41,00
4.458	1139,83	1096,50	1081,17	1061,83	41,00	4.514	1162,79	1119,46	1104,13	1084,79	41,00
4.459	1140,24	1096,91	1081,58	1062,24	41,00	4.515	1163,20	1119,87	1104,54	1085,20	41,00
4.460	1140,65	1097,32	1081,99	1062,65	41,00	4.516	1163,61	1120,28	1104,95	1085,61	41,00
4.461	1141,06	1097,73	1082,40	1063,06	41,00	4.517	1164,02	1120,69	1105,36	1086,02	41,00
4.462	1141,47	1098,14	1082,81	1063,47	41,00	4.518	1164,43	1121,10	1105,77	1086,43	41,00
4.463	1141,88	1098,55	1083,22	1063,88	41,00	4.519	1164,84	1121,51	1106,18	1086,84	41,00

von **4.520** bis **4.631** — **MONATSLOHN AKTIVE**

Be-mes-sung	ohne AV	mit AV/1 Ki	mit AV/2 Ki	mit AV/3 Ki	% für Cent	Be-mes-sung	ohne AV	mit AV/1 Ki	mit AV/2 Ki	mit AV/3 Ki	% für Cent
4.520	1165,25	1121,92	1106,59	1087,25	41,00	4.576	1188,21	1144,88	1129,55	1110,21	41,00
4.521	1165,66	1122,33	1107,00	1087,66	41,00	4.577	1188,62	1145,29	1129,96	1110,62	41,00
4.522	1166,07	1122,74	1107,41	1088,07	40,90	4.578	1189,03	1145,70	1130,37	1111,03	41,00
4.523	1166,48	1123,15	1107,82	1088,48	41,10	4.579	1189,44	1146,11	1130,78	1111,44	41,00
4.524	1166,89	1123,56	1108,23	1088,89	41,00	4.580	1189,85	1146,52	1131,19	1111,85	41,00
4.525	1167,30	1123,97	1108,64	1089,30	41,00	4.581	1190,26	1146,93	1131,60	1112,26	41,00
4.526	1167,71	1124,38	1109,05	1089,71	41,00	4.582	1190,67	1147,34	1132,01	1112,67	41,00
4.527	1168,12	1124,79	1109,46	1090,12	41,00	4.583	1191,08	1147,75	1132,42	1113,08	41,00
4.528	1168,53	1125,20	1109,87	1090,53	41,00	4.584	1191,49	1148,16	1132,83	1113,49	41,00
4.529	1168,94	1125,61	1110,28	1090,94	41,00	4.585	1191,90	1148,57	1133,24	1113,90	41,00
4.530	1169,35	1126,02	1110,69	1091,35	41,00	4.586	1192,31	1148,98	1133,65	1114,31	41,00
4.531	1169,76	1126,43	1111,10	1091,76	41,00	4.587	1192,72	1149,39	1134,06	1114,72	41,00
4.532	1170,17	1126,84	1111,51	1092,17	41,00	4.588	1193,13	1149,80	1134,47	1115,13	41,00
4.533	1170,58	1127,25	1111,92	1092,58	41,00	4.589	1193,54	1150,21	1134,88	1115,54	41,00
4.534	1170,99	1127,66	1112,33	1092,99	41,00	4.590	1193,95	1150,62	1135,29	1115,95	41,00
4.535	1171,40	1128,07	1112,74	1093,40	41,00	4.591	1194,36	1151,03	1135,70	1116,36	40,90
4.536	1171,81	1128,48	1113,15	1093,81	41,00	4.592	1194,77	1151,44	1136,11	1116,77	41,10
4.537	1172,22	1128,89	1113,56	1094,22	41,00	4.593	1195,18	1151,85	1136,52	1117,18	41,00
4.538	1172,63	1129,30	1113,97	1094,63	41,00	4.594	1195,59	1152,26	1136,93	1117,59	41,00
4.539	1173,04	1129,71	1114,38	1095,04	41,00	4.595	1196,00	1152,67	1137,34	1118,00	41,00
4.540	1173,45	1130,12	1114,79	1095,45	41,00	4.596	1196,41	1153,08	1137,75	1118,41	41,00
4.541	1173,86	1130,53	1115,20	1095,86	41,00	4.597	1196,82	1153,49	1138,16	1118,82	40,90
4.542	1174,27	1130,94	1115,61	1096,27	41,00	4.598	1197,23	1153,90	1138,57	1119,23	41,10
4.543	1174,68	1131,35	1116,02	1096,68	41,00	4.599	1197,64	1154,31	1138,98	1119,64	41,00
4.544	1175,09	1131,76	1116,43	1097,09	40,90	4.600	1198,05	1154,72	1139,39	1120,05	41,00
4.545	1175,50	1132,17	1116,84	1097,50	41,10	4.601	1198,46	1155,13	1139,80	1120,46	41,00
4.546	1175,91	1132,58	1117,25	1097,91	41,00	4.602	1198,87	1155,54	1140,21	1120,87	41,00
4.547	1176,32	1132,99	1117,66	1098,32	41,00	4.603	1199,28	1155,95	1140,62	1121,28	41,00
4.548	1176,73	1133,40	1118,07	1098,73	41,00	4.604	1199,69	1156,36	1141,03	1121,69	41,00
4.549	1177,14	1133,81	1118,48	1099,14	41,00	4.605	1200,10	1156,77	1141,44	1122,10	41,00
4.550	1177,55	1134,22	1118,89	1099,55	41,00	4.606	1200,51	1157,18	1141,85	1122,51	41,00
4.551	1177,96	1134,63	1119,30	1099,96	41,00	4.607	1200,92	1157,59	1142,26	1122,92	41,00
4.552	1178,37	1135,04	1119,71	1100,37	41,00	4.608	1201,33	1158,00	1142,67	1123,33	41,00
4.553	1178,78	1135,45	1120,12	1100,78	41,00	4.609	1201,74	1158,41	1143,08	1123,74	41,00
4.554	1179,19	1135,86	1120,53	1101,19	41,00	4.610	1202,15	1158,82	1143,49	1124,15	41,00
4.555	1179,60	1136,27	1120,94	1101,60	41,00	4.611	1202,56	1159,23	1143,90	1124,56	41,00
4.556	1180,01	1136,68	1121,35	1102,01	41,00	4.612	1202,97	1159,64	1144,31	1124,97	41,00
4.557	1180,42	1137,09	1121,76	1102,42	41,00	4.613	1203,38	1160,05	1144,72	1125,38	41,00
4.558	1180,83	1137,50	1122,17	1102,83	41,00	4.614	1203,79	1160,46	1145,13	1125,79	41,00
4.559	1181,24	1137,91	1122,58	1103,24	41,00	4.615	1204,20	1160,87	1145,54	1126,20	41,00
4.560	1181,65	1138,32	1122,99	1103,65	41,00	4.616	1204,61	1161,28	1145,95	1126,61	41,00
4.561	1182,06	1138,73	1123,40	1104,06	41,00	4.617	1205,02	1161,69	1146,36	1127,02	41,00
4.562	1182,47	1139,14	1123,81	1104,47	41,00	4.618	1205,43	1162,10	1146,77	1127,43	41,00
4.563	1182,88	1139,55	1124,22	1104,88	41,00	4.619	1205,84	1162,51	1147,18	1127,84	41,00
4.564	1183,29	1139,96	1124,63	1105,29	41,00	4.620	1206,25	1162,92	1147,59	1128,25	41,00
4.565	1183,70	1140,37	1125,04	1105,70	41,00	4.621	1206,66	1163,33	1148,00	1128,66	41,00
4.566	1184,11	1140,78	1125,45	1106,11	41,00	4.622	1207,07	1163,74	1148,41	1129,07	40,90
4.567	1184,52	1141,19	1125,86	1106,52	41,00	4.623	1207,48	1164,15	1148,82	1129,48	41,10
4.568	1184,93	1141,60	1126,27	1106,93	41,00	4.624	1207,89	1164,56	1149,23	1129,89	41,00
4.569	1185,34	1142,01	1126,68	1107,34	40,90	4.625	1208,30	1164,97	1149,64	1130,30	41,00
4.570	1185,75	1142,42	1127,09	1107,75	41,10	4.626	1208,71	1165,38	1150,05	1130,71	41,00
4.571	1186,16	1142,83	1127,50	1108,16	41,00	4.627	1209,12	1165,79	1150,46	1131,12	41,00
4.572	1186,57	1143,24	1127,91	1108,57	41,00	4.628	1209,53	1166,20	1150,87	1131,53	41,00
4.573	1186,98	1143,65	1128,32	1108,98	41,00	4.629	1209,94	1166,61	1151,28	1131,94	41,00
4.574	1187,39	1144,06	1128,73	1109,39	41,00	4.630	1210,35	1167,02	1151,69	1132,35	41,00
4.575	1187,80	1144,47	1129,14	1109,80	41,00	4.631	1210,76	1167,43	1152,10	1132,76	41,00

MONATSLOHN AKTIVE von **4.632** bis **4.743**

Bemessung	ohne AV	mit AV/1 Ki	mit AV/2 Ki	mit AV/3 Ki	% für Cent	Bemessung	ohne AV	mit AV/1 Ki	mit AV/2 Ki	mit AV/3 Ki	% für Cent
4.632	1211,17	1167,84	1152,51	1133,17	41,00	4.688	1234,13	1190,80	1175,47	1156,13	41,00
4.633	1211,58	1168,25	1152,92	1133,58	41,00	4.689	1234,54	1191,21	1175,88	1156,54	41,00
4.634	1211,99	1168,66	1153,33	1133,99	41,00	4.690	1234,95	1191,62	1176,29	1156,95	41,00
4.635	1212,40	1169,07	1153,74	1134,40	41,00	4.691	1235,36	1192,03	1176,70	1157,36	40,90
4.636	1212,81	1169,48	1154,15	1134,81	41,00	4.692	1235,77	1192,44	1177,11	1157,77	41,10
4.637	1213,22	1169,89	1154,56	1135,22	41,00	4.693	1236,18	1192,85	1177,52	1158,18	41,00
4.638	1213,63	1170,30	1154,97	1135,63	41,00	4.694	1236,59	1193,26	1177,93	1158,59	41,00
4.639	1214,04	1170,71	1155,38	1136,04	41,00	4.695	1237,00	1193,67	1178,34	1159,00	41,00
4.640	1214,45	1171,12	1155,79	1136,45	41,00	4.696	1237,41	1194,08	1178,75	1159,41	41,00
4.641	1214,86	1171,53	1156,20	1136,86	41,00	4.697	1237,82	1194,49	1179,16	1159,82	40,90
4.642	1215,27	1171,94	1156,61	1137,27	41,00	4.698	1238,23	1194,90	1179,57	1160,23	41,10
4.643	1215,68	1172,35	1157,02	1137,68	41,00	4.699	1238,64	1195,31	1179,98	1160,64	41,00
4.644	1216,09	1172,76	1157,43	1138,09	40,90	4.700	1239,05	1195,72	1180,39	1161,05	41,00
4.645	1216,50	1173,17	1157,84	1138,50	41,10	4.701	1239,46	1196,13	1180,80	1161,46	41,00
4.646	1216,91	1173,58	1158,25	1138,91	41,00	4.702	1239,87	1196,54	1181,21	1161,87	41,00
4.647	1217,32	1173,99	1158,66	1139,32	41,00	4.703	1240,28	1196,95	1181,62	1162,28	41,00
4.648	1217,73	1174,40	1159,07	1139,73	41,00	4.704	1240,69	1197,36	1182,03	1162,69	41,00
4.649	1218,14	1174,81	1159,48	1140,14	41,00	4.705	1241,10	1197,77	1182,44	1163,10	41,00
4.650	1218,55	1175,22	1159,89	1140,55	41,00	4.706	1241,51	1198,18	1182,85	1163,51	41,00
4.651	1218,96	1175,63	1160,30	1140,96	41,00	4.707	1241,92	1198,59	1183,26	1163,92	41,00
4.652	1219,37	1176,04	1160,71	1141,37	41,00	4.708	1242,33	1199,00	1183,67	1164,33	41,00
4.653	1219,78	1176,45	1161,12	1141,78	41,00	4.709	1242,74	1199,41	1184,08	1164,74	41,00
4.654	1220,19	1176,86	1161,53	1142,19	41,00	4.710	1243,15	1199,82	1184,49	1165,15	41,00
4.655	1220,60	1177,27	1161,94	1142,60	41,00	4.711	1243,56	1200,23	1184,90	1165,56	41,00
4.656	1221,01	1177,68	1162,35	1143,01	41,00	4.712	1243,97	1200,64	1185,31	1165,97	41,00
4.657	1221,42	1178,09	1162,76	1143,42	41,00	4.713	1244,38	1201,05	1185,72	1166,38	41,00
4.658	1221,83	1178,50	1163,17	1143,83	41,00	4.714	1244,79	1201,46	1186,13	1166,79	41,00
4.659	1222,24	1178,91	1163,58	1144,24	41,00	4.715	1245,20	1201,87	1186,54	1167,20	41,00
4.660	1222,65	1179,32	1163,99	1144,65	41,00	4.716	1245,61	1202,28	1186,95	1167,61	41,00
4.661	1223,06	1179,73	1164,40	1145,06	41,00	4.717	1246,02	1202,69	1187,36	1168,02	41,00
4.662	1223,47	1180,14	1164,81	1145,47	41,00	4.718	1246,43	1203,10	1187,77	1168,43	41,00
4.663	1223,88	1180,55	1165,22	1145,88	41,00	4.719	1246,84	1203,51	1188,18	1168,84	41,00
4.664	1224,29	1180,96	1165,63	1146,29	41,00	4.720	1247,25	1203,92	1188,59	1169,25	41,00
4.665	1224,70	1181,37	1166,04	1146,70	41,00	4.721	1247,66	1204,33	1189,00	1169,66	41,00
4.666	1225,11	1181,78	1166,45	1147,11	41,00	4.722	1248,07	1204,74	1189,41	1170,07	41,00
4.667	1225,52	1182,19	1166,86	1147,52	41,00	4.723	1248,48	1205,15	1189,82	1170,48	41,00
4.668	1225,93	1182,60	1167,27	1147,93	41,00	4.724	1248,89	1205,56	1190,23	1170,89	41,00
4.669	1226,34	1183,01	1167,68	1148,34	41,00	4.725	1249,30	1205,97	1190,64	1171,30	41,00
4.670	1226,75	1183,42	1168,09	1148,75	41,00	4.726	1249,71	1206,38	1191,05	1171,71	41,00
4.671	1227,16	1183,83	1168,50	1149,16	41,00	4.727	1250,12	1206,79	1191,46	1172,12	41,00
4.672	1227,57	1184,24	1168,91	1149,57	41,00	4.728	1250,53	1207,20	1191,87	1172,53	41,00
4.673	1227,98	1184,65	1169,32	1149,98	41,00	4.729	1250,94	1207,61	1192,28	1172,94	41,00
4.674	1228,39	1185,06	1169,73	1150,39	41,00	4.730	1251,35	1208,02	1192,69	1173,35	41,00
4.675	1228,80	1185,47	1170,14	1150,80	41,00	4.731	1251,76	1208,43	1193,10	1173,76	41,00
4.676	1229,21	1185,88	1170,55	1151,21	41,00	4.732	1252,17	1208,84	1193,51	1174,17	41,00
4.677	1229,62	1186,29	1170,96	1151,62	41,00	4.733	1252,58	1209,25	1193,92	1174,58	41,00
4.678	1230,03	1186,70	1171,37	1152,03	41,00	4.734	1252,99	1209,66	1194,33	1174,99	41,00
4.679	1230,44	1187,11	1171,78	1152,44	41,00	4.735	1253,40	1210,07	1194,74	1175,40	41,00
4.680	1230,85	1187,52	1172,19	1152,85	41,00	4.736	1253,81	1210,48	1195,15	1175,81	41,00
4.681	1231,26	1187,93	1172,60	1153,26	41,00	4.737	1254,22	1210,89	1195,56	1176,22	41,00
4.682	1231,67	1188,34	1173,01	1153,67	41,00	4.738	1254,63	1211,30	1195,97	1176,63	41,00
4.683	1232,08	1188,75	1173,42	1154,08	41,00	4.739	1255,04	1211,71	1196,38	1177,04	41,00
4.684	1232,49	1189,16	1173,83	1154,49	41,00	4.740	1255,45	1212,12	1196,79	1177,45	41,00
4.685	1232,90	1189,57	1174,24	1154,90	41,00	4.741	1255,86	1212,53	1197,20	1177,86	41,00
4.686	1233,31	1189,98	1174,65	1155,31	41,00	4.742	1256,27	1212,94	1197,61	1178,27	41,00
4.687	1233,72	1190,39	1175,06	1155,72	41,00	4.743	1256,68	1213,35	1198,02	1178,68	41,00

von **4.744** bis **4.855** MONATSLOHN AKTIVE

Bemessung	ohne AV	mit AV/1 Ki	mit AV/2 Ki	mit AV/3 Ki	% für Cent	Bemessung	ohne AV	mit AV/1 Ki	mit AV/2 Ki	mit AV/3 Ki	% für Cent
4.744	1257,09	1213,76	1198,43	1179,09	40,90	4.800	1280,05	1236,72	1221,39	1202,05	41,00
4.745	1257,50	1214,17	1198,84	1179,50	41,10	4.801	1280,46	1237,13	1221,80	1202,46	41,00
4.746	1257,91	1214,58	1199,25	1179,91	41,00	4.802	1280,87	1237,54	1222,21	1202,87	41,00
4.747	1258,32	1214,99	1199,66	1180,32	41,00	4.803	1281,28	1237,95	1222,62	1203,28	41,00
4.748	1258,73	1215,40	1200,07	1180,73	41,00	4.804	1281,69	1238,36	1223,03	1203,69	41,00
4.749	1259,14	1215,81	1200,48	1181,14	41,00	4.805	1282,10	1238,77	1223,44	1204,10	41,00
4.750	1259,55	1216,22	1200,89	1181,55	41,00	4.806	1282,51	1239,18	1223,85	1204,51	41,00
4.751	1259,96	1216,63	1201,30	1181,96	41,00	4.807	1282,92	1239,59	1224,26	1204,92	41,00
4.752	1260,37	1217,04	1201,71	1182,37	41,00	4.808	1283,33	1240,00	1224,67	1205,33	41,00
4.753	1260,78	1217,45	1202,12	1182,78	41,00	4.809	1283,74	1240,41	1225,08	1205,74	41,00
4.754	1261,19	1217,86	1202,53	1183,19	41,00	4.810	1284,15	1240,82	1225,49	1206,15	41,00
4.755	1261,60	1218,27	1202,94	1183,60	41,00	4.811	1284,56	1241,23	1225,90	1206,56	41,00
4.756	1262,01	1218,68	1203,35	1184,01	41,00	4.812	1284,97	1241,64	1226,31	1206,97	41,00
4.757	1262,42	1219,09	1203,76	1184,42	41,00	4.813	1285,38	1242,05	1226,72	1207,38	41,00
4.758	1262,83	1219,50	1204,17	1184,83	41,00	4.814	1285,79	1242,46	1227,13	1207,79	41,00
4.759	1263,24	1219,91	1204,58	1185,24	41,00	4.815	1286,20	1242,87	1227,54	1208,20	41,00
4.760	1263,65	1220,32	1204,99	1185,65	41,00	4.816	1286,61	1243,28	1227,95	1208,61	41,00
4.761	1264,06	1220,73	1205,40	1186,06	41,00	4.817	1287,02	1243,69	1228,36	1209,02	41,00
4.762	1264,47	1221,14	1205,81	1186,47	41,00	4.818	1287,43	1244,10	1228,77	1209,43	41,00
4.763	1264,88	1221,55	1206,22	1186,88	41,00	4.819	1287,84	1244,51	1229,18	1209,84	41,00
4.764	1265,29	1221,96	1206,63	1187,29	41,00	4.820	1288,25	1244,92	1229,59	1210,25	41,00
4.765	1265,70	1222,37	1207,04	1187,70	41,00	4.821	1288,66	1245,33	1230,00	1210,66	41,00
4.766	1266,11	1222,78	1207,45	1188,11	41,00	4.822	1289,07	1245,74	1230,41	1211,07	41,00
4.767	1266,52	1223,19	1207,86	1188,52	41,00	4.823	1289,48	1246,15	1230,82	1211,48	41,00
4.768	1266,93	1223,60	1208,27	1188,93	41,00	4.824	1289,89	1246,56	1231,23	1211,89	41,00
4.769	1267,34	1224,01	1208,68	1189,34	41,00	4.825	1290,30	1246,97	1231,64	1212,30	41,00
4.770	1267,75	1224,42	1209,09	1189,75	41,00	4.826	1290,71	1247,38	1232,05	1212,71	41,00
4.771	1268,16	1224,83	1209,50	1190,16	41,00	4.827	1291,12	1247,79	1232,46	1213,12	41,00
4.772	1268,57	1225,24	1209,91	1190,57	41,00	4.828	1291,53	1248,20	1232,87	1213,53	41,00
4.773	1268,98	1225,65	1210,32	1190,98	41,00	4.829	1291,94	1248,61	1233,28	1213,94	41,00
4.774	1269,39	1226,06	1210,73	1191,39	41,00	4.830	1292,35	1249,02	1233,69	1214,35	41,00
4.775	1269,80	1226,47	1211,14	1191,80	41,00	4.831	1292,76	1249,43	1234,10	1214,76	41,00
4.776	1270,21	1226,88	1211,55	1192,21	41,00	4.832	1293,17	1249,84	1234,51	1215,17	41,00
4.777	1270,62	1227,29	1211,96	1192,62	41,00	4.833	1293,58	1250,25	1234,92	1215,58	41,00
4.778	1271,03	1227,70	1212,37	1193,03	41,00	4.834	1293,99	1250,66	1235,33	1215,99	41,00
4.779	1271,44	1228,11	1212,78	1193,44	41,00	4.835	1294,40	1251,07	1235,74	1216,40	41,00
4.780	1271,85	1228,52	1213,19	1193,85	41,00	4.836	1294,81	1251,48	1236,15	1216,81	41,00
4.781	1272,26	1228,93	1213,60	1194,26	41,00	4.837	1295,22	1251,89	1236,56	1217,22	41,00
4.782	1272,67	1229,34	1214,01	1194,67	41,00	4.838	1295,63	1252,30	1236,97	1217,63	41,00
4.783	1273,08	1229,75	1214,42	1195,08	41,00	4.839	1296,04	1252,71	1237,38	1218,04	41,00
4.784	1273,49	1230,16	1214,83	1195,49	41,00	4.840	1296,45	1253,12	1237,79	1218,45	41,00
4.785	1273,90	1230,57	1215,24	1195,90	41,00	4.841	1296,86	1253,53	1238,20	1218,86	41,00
4.786	1274,31	1230,98	1215,65	1196,31	41,00	4.842	1297,27	1253,94	1238,61	1219,27	41,00
4.787	1274,72	1231,39	1216,06	1196,72	41,00	4.843	1297,68	1254,35	1239,02	1219,68	41,00
4.788	1275,13	1231,80	1216,47	1197,13	41,00	4.844	1298,09	1254,76	1239,43	1220,09	40,90
4.789	1275,54	1232,21	1216,88	1197,54	41,00	4.845	1298,50	1255,17	1239,84	1220,50	41,10
4.790	1275,95	1232,62	1217,29	1197,95	41,00	4.846	1298,91	1255,58	1240,25	1220,91	41,00
4.791	1276,36	1233,03	1217,70	1198,36	40,90	4.847	1299,32	1255,99	1240,66	1221,32	41,00
4.792	1276,77	1233,44	1218,11	1198,77	41,10	4.848	1299,73	1256,40	1241,07	1221,73	41,00
4.793	1277,18	1233,85	1218,52	1199,18	41,00	4.849	1300,14	1256,81	1241,48	1222,14	41,00
4.794	1277,59	1234,26	1218,93	1199,59	41,00	4.850	1300,55	1257,22	1241,89	1222,55	41,00
4.795	1278,00	1234,67	1219,34	1200,00	41,00	4.851	1300,96	1257,63	1242,30	1222,96	41,00
4.796	1278,41	1235,08	1219,75	1200,41	41,00	4.852	1301,37	1258,04	1242,71	1223,37	41,00
4.797	1278,82	1235,49	1220,16	1200,82	40,90	4.853	1301,78	1258,45	1243,12	1223,78	41,00
4.798	1279,23	1235,90	1220,57	1201,23	41,10	4.854	1302,19	1258,86	1243,53	1224,19	41,00
4.799	1279,64	1236,31	1220,98	1201,64	41,00	4.855	1302,60	1259,27	1243,94	1224,60	41,00

MONATSLOHN AKTIVE von **4.856** bis **4.967**

Be-mes-sung	ohne AV	mit AV/1 Ki	mit AV/2 Ki	mit AV/3 Ki	% für Cent	Be-mes-sung	ohne AV	mit AV/1 Ki	mit AV/2 Ki	mit AV/3 Ki	% für Cent
4.856	1303,01	1259,68	1244,35	1225,01	41,00	4.912	1325,97	1282,64	1267,31	1247,97	41,00
4.857	1303,42	1260,09	1244,76	1225,42	41,00	4.913	1326,38	1283,05	1267,72	1248,38	41,00
4.858	1303,83	1260,50	1245,17	1225,83	41,00	4.914	1326,79	1283,46	1268,13	1248,79	41,00
4.859	1304,24	1260,91	1245,58	1226,24	41,00	4.915	1327,20	1283,87	1268,54	1249,20	41,00
4.860	1304,65	1261,32	1245,99	1226,65	41,00	4.916	1327,61	1284,28	1268,95	1249,61	41,00
4.861	1305,06	1261,73	1246,40	1227,06	41,00	4.917	1328,02	1284,69	1269,36	1250,02	41,00
4.862	1305,47	1262,14	1246,81	1227,47	41,00	4.918	1328,43	1285,10	1269,77	1250,43	41,00
4.863	1305,88	1262,55	1247,22	1227,88	41,00	4.919	1328,84	1285,51	1270,18	1250,84	40,90
4.864	1306,29	1262,96	1247,63	1228,29	41,00	4.920	1329,25	1285,92	1270,59	1251,25	41,10
4.865	1306,70	1263,37	1248,04	1228,70	41,00	4.921	1329,66	1286,33	1271,00	1251,66	41,00
4.866	1307,11	1263,78	1248,45	1229,11	40,90	4.922	1330,07	1286,74	1271,41	1252,07	41,00
4.867	1307,52	1264,19	1248,86	1229,52	41,10	4.923	1330,48	1287,15	1271,82	1252,48	41,00
4.868	1307,93	1264,60	1249,27	1229,93	41,00	4.924	1330,89	1287,56	1272,23	1252,89	41,00
4.869	1308,34	1265,01	1249,68	1230,34	41,00	4.925	1331,30	1287,97	1272,64	1253,30	41,00
4.870	1308,75	1265,42	1250,09	1230,75	41,00	4.926	1331,71	1288,38	1273,05	1253,71	41,00
4.871	1309,16	1265,83	1250,50	1231,16	41,00	4.927	1332,12	1288,79	1273,46	1254,12	41,00
4.872	1309,57	1266,24	1250,91	1231,57	41,00	4.928	1332,53	1289,20	1273,87	1254,53	41,00
4.873	1309,98	1266,65	1251,32	1231,98	41,00	4.929	1332,94	1289,61	1274,28	1254,94	41,00
4.874	1310,39	1267,06	1251,73	1232,39	41,00	4.930	1333,35	1290,02	1274,69	1255,35	41,00
4.875	1310,80	1267,47	1252,14	1232,80	41,00	4.931	1333,76	1290,43	1275,10	1255,76	41,00
4.876	1311,21	1267,88	1252,55	1233,21	41,00	4.932	1334,17	1290,84	1275,51	1256,17	41,00
4.877	1311,62	1268,29	1252,96	1233,62	41,00	4.933	1334,58	1291,25	1275,92	1256,58	40,90
4.878	1312,03	1268,70	1253,37	1234,03	41,00	4.934	1334,99	1291,66	1276,33	1256,99	41,10
4.879	1312,44	1269,11	1253,78	1234,44	41,00	4.935	1335,40	1292,07	1276,74	1257,40	41,00
4.880	1312,85	1269,52	1254,19	1234,85	41,00	4.936	1335,81	1292,48	1277,15	1257,81	41,00
4.881	1313,26	1269,93	1254,60	1235,26	41,00	4.937	1336,22	1292,89	1277,56	1258,22	41,00
4.882	1313,67	1270,34	1255,01	1235,67	41,00	4.938	1336,63	1293,30	1277,97	1258,63	41,00
4.883	1314,08	1270,75	1255,42	1236,08	41,00	4.939	1337,04	1293,71	1278,38	1259,04	41,00
4.884	1314,49	1271,16	1255,83	1236,49	41,00	4.940	1337,45	1294,12	1278,79	1259,45	41,00
4.885	1314,90	1271,57	1256,24	1236,90	41,00	4.941	1337,86	1294,53	1279,20	1259,86	41,00
4.886	1315,31	1271,98	1256,65	1237,31	41,00	4.942	1338,27	1294,94	1279,61	1260,27	41,00
4.887	1315,72	1272,39	1257,06	1237,72	41,00	4.943	1338,68	1295,35	1280,02	1260,68	41,00
4.888	1316,13	1272,80	1257,47	1238,13	41,00	4.944	1339,09	1295,76	1280,43	1261,09	41,00
4.889	1316,54	1273,21	1257,88	1238,54	41,00	4.945	1339,50	1296,17	1280,84	1261,50	41,00
4.890	1316,95	1273,62	1258,29	1238,95	41,00	4.946	1339,91	1296,58	1281,25	1261,91	41,00
4.891	1317,36	1274,03	1258,70	1239,36	40,90	4.947	1340,32	1296,99	1281,66	1262,32	41,00
4.892	1317,77	1274,44	1259,11	1239,77	41,10	4.948	1340,73	1297,40	1282,07	1262,73	41,00
4.893	1318,18	1274,85	1259,52	1240,18	41,00	4.949	1341,14	1297,81	1282,48	1263,14	41,00
4.894	1318,59	1275,26	1259,93	1240,59	41,00	4.950	1341,55	1298,22	1282,89	1263,55	41,00
4.895	1319,00	1275,67	1260,34	1241,00	41,00	4.951	1341,96	1298,63	1283,30	1263,96	41,00
4.896	1319,41	1276,08	1260,75	1241,41	41,00	4.952	1342,37	1299,04	1283,71	1264,37	41,00
4.897	1319,82	1276,49	1261,16	1241,82	40,90	4.953	1342,78	1299,45	1284,12	1264,78	41,00
4.898	1320,23	1276,90	1261,57	1242,23	41,10	4.954	1343,19	1299,86	1284,53	1265,19	40,90
4.899	1320,64	1277,31	1261,98	1242,64	41,00	4.955	1343,60	1300,27	1284,94	1265,60	41,10
4.900	1321,05	1277,72	1262,39	1243,05	41,00	4.956	1344,01	1300,68	1285,35	1266,01	41,00
4.901	1321,46	1278,13	1262,80	1243,46	41,00	4.957	1344,42	1301,09	1285,76	1266,42	41,00
4.902	1321,87	1278,54	1263,21	1243,87	41,00	4.958	1344,83	1301,50	1286,17	1266,83	40,90
4.903	1322,28	1278,95	1263,62	1244,28	41,00	4.959	1345,24	1301,91	1286,58	1267,24	41,10
4.904	1322,69	1279,36	1264,03	1244,69	41,00	4.960	1345,65	1302,32	1286,99	1267,65	41,00
4.905	1323,10	1279,77	1264,44	1245,10	41,00	4.961	1346,06	1302,73	1287,40	1268,06	41,00
4.906	1323,51	1280,18	1264,85	1245,51	41,00	4.962	1346,47	1303,14	1287,81	1268,47	41,00
4.907	1323,92	1280,59	1265,26	1245,92	41,00	4.963	1346,88	1303,55	1288,22	1268,88	41,00
4.908	1324,33	1281,00	1265,67	1246,33	41,00	4.964	1347,29	1303,96	1288,63	1269,29	41,00
4.909	1324,74	1281,41	1266,08	1246,74	41,00	4.965	1347,70	1304,37	1289,04	1269,70	41,00
4.910	1325,15	1281,82	1266,49	1247,15	41,00	4.966	1348,11	1304,78	1289,45	1270,11	40,90
4.911	1325,56	1282,23	1266,90	1247,56	41,00	4.967	1348,52	1305,19	1289,86	1270,52	41,10

von **4.968** bis **5.079** — MONATSLOHN AKTIVE

Be-mes-sung	ohne AV	mit AV/1 Ki	mit AV/2 Ki	mit AV/3 Ki	% für Cent	Be-mes-sung	ohne AV	mit AV/1 Ki	mit AV/2 Ki	mit AV/3 Ki	% für Cent
4.968	1348,93	1305,60	1290,27	1270,93	41,00	5.024	1371,89	1328,56	1313,23	1293,89	41,00
4.969	1349,34	1306,01	1290,68	1271,34	41,00	5.025	1372,30	1328,97	1313,64	1294,30	41,00
4.970	1349,75	1306,42	1291,09	1271,75	41,00	5.026	1372,71	1329,38	1314,05	1294,71	41,00
4.971	1350,16	1306,83	1291,50	1272,16	41,00	5.027	1373,12	1329,79	1314,46	1295,12	41,00
4.972	1350,57	1307,24	1291,91	1272,57	40,90	5.028	1373,53	1330,20	1314,87	1295,53	41,00
4.973	1350,98	1307,65	1292,32	1272,98	41,10	5.029	1373,94	1330,61	1315,28	1295,94	40,90
4.974	1351,39	1308,06	1292,73	1273,39	41,00	5.030	1374,35	1331,02	1315,69	1296,35	41,10
4.975	1351,80	1308,47	1293,14	1273,80	41,00	5.031	1374,76	1331,43	1316,10	1296,76	41,00
4.976	1352,21	1308,88	1293,55	1274,21	41,00	5.032	1375,17	1331,84	1316,51	1297,17	41,00
4.977	1352,62	1309,29	1293,96	1274,62	41,00	5.033	1375,58	1332,25	1316,92	1297,58	40,90
4.978	1353,03	1309,70	1294,37	1275,03	41,00	5.034	1375,99	1332,66	1317,33	1297,99	41,10
4.979	1353,44	1310,11	1294,78	1275,44	41,00	5.035	1376,40	1333,07	1317,74	1298,40	41,00
4.980	1353,85	1310,52	1295,19	1275,85	41,00	5.036	1376,81	1333,48	1318,15	1298,81	41,00
4.981	1354,26	1310,93	1295,60	1276,26	41,00	5.037	1377,22	1333,89	1318,56	1299,22	41,00
4.982	1354,67	1311,34	1296,01	1276,67	41,00	5.038	1377,63	1334,30	1318,97	1299,63	41,00
4.983	1355,08	1311,75	1296,42	1277,08	41,00	5.039	1378,04	1334,71	1319,38	1300,04	41,00
4.984	1355,49	1312,16	1296,83	1277,49	41,00	5.040	1378,45	1335,12	1319,79	1300,45	41,00
4.985	1355,90	1312,57	1297,24	1277,90	41,00	5.041	1378,86	1335,53	1320,20	1300,86	41,00
4.986	1356,31	1312,98	1297,65	1278,31	41,00	5.042	1379,27	1335,94	1320,61	1301,27	41,00
4.987	1356,72	1313,39	1298,06	1278,72	41,00	5.043	1379,68	1336,35	1321,02	1301,68	41,00
4.988	1357,13	1313,80	1298,47	1279,13	41,00	5.044	1380,09	1336,76	1321,43	1302,09	41,00
4.989	1357,54	1314,21	1298,88	1279,54	41,00	5.045	1380,50	1337,17	1321,84	1302,50	41,00
4.990	1357,95	1314,62	1299,29	1279,95	41,00	5.046	1380,91	1337,58	1322,25	1302,91	41,00
4.991	1358,36	1315,03	1299,70	1280,36	41,00	5.047	1381,32	1337,99	1322,66	1303,32	41,00
4.992	1358,77	1315,44	1300,11	1280,77	41,00	5.048	1381,73	1338,40	1323,07	1303,73	41,00
4.993	1359,18	1315,85	1300,52	1281,18	41,00	5.049	1382,14	1338,81	1323,48	1304,14	41,00
4.994	1359,59	1316,26	1300,93	1281,59	41,00	5.050	1382,55	1339,22	1323,89	1304,55	41,00
4.995	1360,00	1316,67	1301,34	1282,00	41,00	5.051	1382,96	1339,63	1324,30	1304,96	41,00
4.996	1360,41	1317,08	1301,75	1282,41	40,90	5.052	1383,37	1340,04	1324,71	1305,37	41,00
4.997	1360,82	1317,49	1302,16	1282,82	41,00	5.053	1383,78	1340,45	1325,12	1305,78	41,00
4.998	1361,23	1317,90	1302,57	1283,23	41,10	5.054	1384,19	1340,86	1325,53	1306,19	40,90
4.999	1361,64	1318,31	1302,98	1283,64	41,00	5.055	1384,60	1341,27	1325,94	1306,60	41,10
5.000	1362,05	1318,72	1303,39	1284,05	41,00	5.056	1385,01	1341,68	1326,35	1307,01	41,00
5.001	1362,46	1319,13	1303,80	1284,46	41,00	5.057	1385,42	1342,09	1326,76	1307,42	41,00
5.002	1362,87	1319,54	1304,21	1284,87	41,00	5.058	1385,83	1342,50	1327,17	1307,83	40,90
5.003	1363,28	1319,95	1304,62	1285,28	41,00	5.059	1386,24	1342,91	1327,58	1308,24	41,10
5.004	1363,69	1320,36	1305,03	1285,69	41,00	5.060	1386,65	1343,32	1327,99	1308,65	41,00
5.005	1364,10	1320,77	1305,44	1286,10	41,00	5.061	1387,06	1343,73	1328,40	1309,06	41,00
5.006	1364,51	1321,18	1305,85	1286,51	41,00	5.062	1387,47	1344,14	1328,81	1309,47	41,00
5.007	1364,92	1321,59	1306,26	1286,92	41,00	5.063	1387,88	1344,55	1329,22	1309,88	41,00
5.008	1365,33	1322,00	1306,67	1287,33	40,90	5.064	1388,29	1344,96	1329,63	1310,29	41,00
5.009	1365,74	1322,41	1307,08	1287,74	41,10	5.065	1388,70	1345,37	1330,04	1310,70	41,00
5.010	1366,15	1322,82	1307,49	1288,15	41,00	5.066	1389,11	1345,78	1330,45	1311,11	40,90
5.011	1366,56	1323,23	1307,90	1288,56	41,00	5.067	1389,52	1346,19	1330,86	1311,52	41,10
5.012	1366,97	1323,64	1308,31	1288,97	41,00	5.068	1389,93	1346,60	1331,27	1311,93	41,00
5.013	1367,38	1324,05	1308,72	1289,38	41,00	5.069	1390,34	1347,01	1331,68	1312,34	41,00
5.014	1367,79	1324,46	1309,13	1289,79	41,00	5.070	1390,75	1347,42	1332,09	1312,75	41,00
5.015	1368,20	1324,87	1309,54	1290,20	41,00	5.071	1391,16	1347,83	1332,50	1313,16	40,90
5.016	1368,61	1325,28	1309,95	1290,61	41,00	5.072	1391,57	1348,24	1332,91	1313,57	41,00
5.017	1369,02	1325,69	1310,36	1291,02	40,90	5.073	1391,98	1348,65	1333,32	1313,98	41,10
5.018	1369,43	1326,10	1310,77	1291,43	41,10	5.074	1392,39	1349,06	1333,73	1314,39	41,00
5.019	1369,84	1326,51	1311,18	1291,84	41,00	5.075	1392,80	1349,47	1334,14	1314,80	41,00
5.020	1370,25	1326,92	1311,59	1292,25	41,00	5.076	1393,21	1349,88	1334,55	1315,21	41,00
5.021	1370,66	1327,33	1312,00	1292,66	40,90	5.077	1393,62	1350,29	1334,96	1315,62	41,00
5.022	1371,07	1327,74	1312,41	1293,07	41,10	5.078	1394,03	1350,70	1335,37	1316,03	41,00
5.023	1371,48	1328,15	1312,82	1293,48	41,00	5.079	1394,44	1351,11	1335,78	1316,44	41,00

MONATSLOHN AKTIVE

von **5.080** bis **5.191**

Be-mes-sung	ohne AV	mit AV/1 Ki	mit AV/2 Ki	mit AV/3 Ki	% für Cent	Be-mes-sung	ohne AV	mit AV/1 Ki	mit AV/2 Ki	mit AV/3 Ki	% für Cent
5.080	1394,85	1351,52	1336,19	1316,85	41,00	**5.136**	1417,81	1374,48	1359,15	1339,81	41,00
5.081	1395,26	1351,93	1336,60	1317,26	41,00	**5.137**	1418,22	1374,89	1359,56	1340,22	41,00
5.082	1395,67	1352,34	1337,01	1317,67	41,00	**5.138**	1418,63	1375,30	1359,97	1340,63	41,00
5.083	1396,08	1352,75	1337,42	1318,08	41,00	**5.139**	1419,04	1375,71	1360,38	1341,04	41,00
5.084	1396,49	1353,16	1337,83	1318,49	41,00	**5.140**	1419,45	1376,12	1360,79	1341,45	41,00
5.085	1396,90	1353,57	1338,24	1318,90	41,00	**5.141**	1419,86	1376,53	1361,20	1341,86	41,00
5.086	1397,31	1353,98	1338,65	1319,31	41,00	**5.142**	1420,27	1376,94	1361,61	1342,27	41,00
5.087	1397,72	1354,39	1339,06	1319,72	41,00	**5.143**	1420,68	1377,35	1362,02	1342,68	41,00
5.088	1398,13	1354,80	1339,47	1320,13	41,00	**5.144**	1421,09	1377,76	1362,43	1343,09	41,00
5.089	1398,54	1355,21	1339,88	1320,54	41,00	**5.145**	1421,50	1378,17	1362,84	1343,50	41,00
5.090	1398,95	1355,62	1340,29	1320,95	41,00	**5.146**	1421,91	1378,58	1363,25	1343,91	41,00
5.091	1399,36	1356,03	1340,70	1321,36	41,00	**5.147**	1422,32	1378,99	1363,66	1344,32	41,00
5.092	1399,77	1356,44	1341,11	1321,77	41,00	**5.148**	1422,73	1379,40	1364,07	1344,73	41,00
5.093	1400,18	1356,85	1341,52	1322,18	41,00	**5.149**	1423,14	1379,81	1364,48	1345,14	41,00
5.094	1400,59	1357,26	1341,93	1322,59	41,00	**5.150**	1423,55	1380,22	1364,89	1345,55	41,00
5.095	1401,00	1357,67	1342,34	1323,00	41,00	**5.151**	1423,96	1380,63	1365,30	1345,96	41,00
5.096	1401,41	1358,08	1342,75	1323,41	40,90	**5.152**	1424,37	1381,04	1365,71	1346,37	41,00
5.097	1401,82	1358,49	1343,16	1323,82	41,10	**5.153**	1424,78	1381,45	1366,12	1346,78	41,00
5.098	1402,23	1358,90	1343,57	1324,23	41,00	**5.154**	1425,19	1381,86	1366,53	1347,19	41,00
5.099	1402,64	1359,31	1343,98	1324,64	41,00	**5.155**	1425,60	1382,27	1366,94	1347,60	41,00
5.100	1403,05	1359,72	1344,39	1325,05	41,00	**5.156**	1426,01	1382,68	1367,35	1348,01	41,00
5.101	1403,46	1360,13	1344,80	1325,46	41,00	**5.157**	1426,42	1383,09	1367,76	1348,42	41,00
5.102	1403,87	1360,54	1345,21	1325,87	41,00	**5.158**	1426,83	1383,50	1368,17	1348,83	41,00
5.103	1404,28	1360,95	1345,62	1326,28	41,00	**5.159**	1427,24	1383,91	1368,58	1349,24	41,00
5.104	1404,69	1361,36	1346,03	1326,69	41,00	**5.160**	1427,65	1384,32	1368,99	1349,65	41,00
5.105	1405,10	1361,77	1346,44	1327,10	41,00	**5.161**	1428,06	1384,73	1369,40	1350,06	41,00
5.106	1405,51	1362,18	1346,85	1327,51	41,00	**5.162**	1428,47	1385,14	1369,81	1350,47	41,00
5.107	1405,92	1362,59	1347,26	1327,92	41,00	**5.163**	1428,88	1385,55	1370,22	1350,88	41,00
5.108	1406,33	1363,00	1347,67	1328,33	40,90	**5.164**	1429,29	1385,96	1370,63	1351,29	41,00
5.109	1406,74	1363,41	1348,08	1328,74	41,10	**5.165**	1429,70	1386,37	1371,04	1351,70	41,00
5.110	1407,15	1363,82	1348,49	1329,15	41,00	**5.166**	1430,11	1386,78	1371,45	1352,11	40,90
5.111	1407,56	1364,23	1348,90	1329,56	41,00	**5.167**	1430,52	1387,19	1371,86	1352,52	41,10
5.112	1407,97	1364,64	1349,31	1329,97	41,00	**5.168**	1430,93	1387,60	1372,27	1352,93	41,00
5.113	1408,38	1365,05	1349,72	1330,38	41,00	**5.169**	1431,34	1388,01	1372,68	1353,34	41,00
5.114	1408,79	1365,46	1350,13	1330,79	41,00	**5.170**	1431,75	1388,42	1373,09	1353,75	41,00
5.115	1409,20	1365,87	1350,54	1331,20	41,00	**5.171**	1432,16	1388,83	1373,50	1354,16	40,90
5.116	1409,61	1366,28	1350,95	1331,61	41,00	**5.172**	1432,57	1389,24	1373,91	1354,57	41,00
5.117	1410,02	1366,69	1351,36	1332,02	40,90	**5.173**	1432,98	1389,65	1374,32	1354,98	41,10
5.118	1410,43	1367,10	1351,77	1332,43	41,10	**5.174**	1433,39	1390,06	1374,73	1355,39	41,00
5.119	1410,84	1367,51	1352,18	1332,84	41,00	**5.175**	1433,80	1390,47	1375,14	1355,80	41,00
5.120	1411,25	1367,92	1352,59	1333,25	41,00	**5.176**	1434,21	1390,88	1375,55	1356,21	41,00
5.121	1411,66	1368,33	1353,00	1333,66	40,90	**5.177**	1434,62	1391,29	1375,96	1356,62	41,00
5.122	1412,07	1368,74	1353,41	1334,07	41,10	**5.178**	1435,03	1391,70	1376,37	1357,03	41,00
5.123	1412,48	1369,15	1353,82	1334,48	41,00	**5.179**	1435,44	1392,11	1376,78	1357,44	41,00
5.124	1412,89	1369,56	1354,23	1334,89	41,00	**5.180**	1435,85	1392,52	1377,19	1357,85	41,00
5.125	1413,30	1369,97	1354,64	1335,30	41,00	**5.181**	1436,26	1392,93	1377,60	1358,26	41,00
5.126	1413,71	1370,38	1355,05	1335,71	41,00	**5.182**	1436,67	1393,34	1378,01	1358,67	41,00
5.127	1414,12	1370,79	1355,46	1336,12	41,00	**5.183**	1437,08	1393,75	1378,42	1359,08	41,00
5.128	1414,53	1371,20	1355,87	1336,53	41,00	**5.184**	1437,49	1394,16	1378,83	1359,49	41,00
5.129	1414,94	1371,61	1356,28	1336,94	40,90	**5.185**	1437,95	1394,62	1379,28	1359,95	45,60
5.130	1415,35	1372,02	1356,69	1337,35	41,10	**5.186**	1438,43	1395,10	1379,76	1360,43	48,00
5.131	1415,76	1372,43	1357,10	1337,76	41,00	**5.187**	1438,91	1395,58	1380,24	1360,91	48,00
5.132	1416,17	1372,84	1357,51	1338,17	41,00	**5.188**	1439,39	1396,06	1380,72	1361,39	48,00
5.133	1416,58	1373,25	1357,92	1338,58	40,90	**5.189**	1439,87	1396,54	1381,20	1361,87	48,00
5.134	1416,99	1373,66	1358,33	1338,99	41,10	**5.190**	1440,35	1397,02	1381,68	1362,35	48,00
5.135	1417,40	1374,07	1358,74	1339,40	41,00	**5.191**	1440,83	1397,50	1382,16	1362,83	48,00

MONATSLOHN AKTIVE

von **5.192** bis **5.303**

Bemessung	ohne AV	mit AV/1 Ki	mit AV/2 Ki	mit AV/3 Ki	% für Cent	Bemessung	ohne AV	mit AV/1 Ki	mit AV/2 Ki	mit AV/3 Ki	% für Cent
5.192	1441,31	1397,98	1382,64	1363,31	48,00	5.248	1468,19	1424,86	1409,52	1390,19	48,00
5.193	1441,79	1398,46	1383,12	1363,79	48,00	5.249	1468,67	1425,34	1410,00	1390,67	48,00
5.194	1442,27	1398,94	1383,60	1364,27	48,00	5.250	1469,15	1425,82	1410,48	1391,15	48,00
5.195	1442,75	1399,42	1384,08	1364,75	48,00	5.251	1469,63	1426,30	1410,96	1391,63	48,00
5.196	1443,23	1399,90	1384,56	1365,23	48,00	5.252	1470,11	1426,78	1411,44	1392,11	48,00
5.197	1443,71	1400,38	1385,04	1365,71	48,00	5.253	1470,59	1427,26	1411,92	1392,59	48,00
5.198	1444,19	1400,86	1385,52	1366,19	48,00	5.254	1471,07	1427,74	1412,40	1393,07	48,00
5.199	1444,67	1401,34	1386,00	1366,67	48,00	5.255	1471,55	1428,22	1412,88	1393,55	48,00
5.200	1445,15	1401,82	1386,48	1367,15	48,00	5.256	1472,03	1428,70	1413,36	1394,03	48,00
5.201	1445,63	1402,30	1386,96	1367,63	48,00	5.257	1472,51	1429,18	1413,84	1394,51	48,00
5.202	1446,11	1402,78	1387,44	1368,11	48,00	5.258	1472,99	1429,66	1414,32	1394,99	48,00
5.203	1446,59	1403,26	1387,92	1368,59	48,00	5.259	1473,47	1430,14	1414,80	1395,47	48,00
5.204	1447,07	1403,74	1388,40	1369,07	48,00	5.260	1473,95	1430,62	1415,28	1395,95	48,00
5.205	1447,55	1404,22	1388,88	1369,55	48,00	5.261	1474,43	1431,10	1415,76	1396,43	48,00
5.206	1448,03	1404,70	1389,36	1370,03	48,00	5.262	1474,91	1431,58	1416,24	1396,91	48,00
5.207	1448,51	1405,18	1389,84	1370,51	48,00	5.263	1475,39	1432,06	1416,72	1397,39	48,00
5.208	1448,99	1405,66	1390,32	1370,99	48,00	5.264	1475,87	1432,54	1417,20	1397,87	48,00
5.209	1449,47	1406,14	1390,80	1371,47	48,00	5.265	1476,35	1433,02	1417,68	1398,35	48,00
5.210	1449,95	1406,62	1391,28	1371,95	48,00	5.266	1476,83	1433,50	1418,16	1398,83	48,00
5.211	1450,43	1407,10	1391,76	1372,43	48,00	5.267	1477,31	1433,98	1418,64	1399,31	48,00
5.212	1450,91	1407,58	1392,24	1372,91	48,00	5.268	1477,79	1434,46	1419,12	1399,79	48,00
5.213	1451,39	1408,06	1392,72	1373,39	48,00	5.269	1478,27	1434,94	1419,60	1400,27	48,00
5.214	1451,87	1408,54	1393,20	1373,87	48,00	5.270	1478,75	1435,42	1420,08	1400,75	48,00
5.215	1452,35	1409,02	1393,68	1374,35	48,00	5.271	1479,23	1435,90	1420,56	1401,23	48,00
5.216	1452,83	1409,50	1394,16	1374,83	48,00	5.272	1479,71	1436,38	1421,04	1401,71	48,00
5.217	1453,31	1409,98	1394,64	1375,31	48,00	5.273	1480,19	1436,86	1421,52	1402,19	48,00
5.218	1453,79	1410,46	1395,12	1375,79	48,00	5.274	1480,67	1437,34	1422,00	1402,67	48,00
5.219	1454,27	1410,94	1395,60	1376,27	48,00	5.275	1481,15	1437,82	1422,48	1403,15	48,00
5.220	1454,75	1411,42	1396,08	1376,75	48,00	5.276	1481,63	1438,30	1422,96	1403,63	48,00
5.221	1455,23	1411,90	1396,56	1377,23	48,00	5.277	1482,11	1438,78	1423,44	1404,11	48,00
5.222	1455,71	1412,38	1397,04	1377,71	48,00	5.278	1482,59	1439,26	1423,92	1404,59	48,00
5.223	1456,19	1412,86	1397,52	1378,19	48,00	5.279	1483,07	1439,74	1424,40	1405,07	48,00
5.224	1456,67	1413,34	1398,00	1378,67	48,00	5.280	1483,55	1440,22	1424,88	1405,55	48,00
5.225	1457,15	1413,82	1398,48	1379,15	48,00	5.281	1484,03	1440,70	1425,36	1406,03	48,00
5.226	1457,63	1414,30	1398,96	1379,63	48,00	5.282	1484,51	1441,18	1425,84	1406,51	48,00
5.227	1458,11	1414,78	1399,44	1380,11	48,00	5.283	1484,99	1441,66	1426,32	1406,99	48,00
5.228	1458,59	1415,26	1399,92	1380,59	48,00	5.284	1485,47	1442,14	1426,80	1407,47	48,00
5.229	1459,07	1415,74	1400,40	1381,07	48,00	5.285	1485,95	1442,62	1427,28	1407,95	48,00
5.230	1459,55	1416,22	1400,88	1381,55	48,00	5.286	1486,43	1443,10	1427,76	1408,43	48,00
5.231	1460,03	1416,70	1401,36	1382,03	48,00	5.287	1486,91	1443,58	1428,24	1408,91	48,00
5.232	1460,51	1417,18	1401,84	1382,51	48,00	5.288	1487,39	1444,06	1428,72	1409,39	48,00
5.233	1460,99	1417,66	1402,32	1382,99	48,00	5.289	1487,87	1444,54	1429,20	1409,87	48,00
5.234	1461,47	1418,14	1402,80	1383,47	48,00	5.290	1488,35	1445,02	1429,68	1410,35	48,00
5.235	1461,95	1418,62	1403,28	1383,95	48,00	5.291	1488,83	1445,50	1430,16	1410,83	48,00
5.236	1462,43	1419,10	1403,76	1384,43	48,00	5.292	1489,31	1445,98	1430,64	1411,31	48,00
5.237	1462,91	1419,58	1404,24	1384,91	48,00	5.293	1489,79	1446,46	1431,12	1411,79	48,00
5.238	1463,39	1420,06	1404,72	1385,39	48,00	5.294	1490,27	1446,94	1431,60	1412,27	48,00
5.239	1463,87	1420,54	1405,20	1385,87	48,00	5.295	1490,75	1447,42	1432,08	1412,75	48,00
5.240	1464,35	1421,02	1405,68	1386,35	48,00	5.296	1491,23	1447,90	1432,56	1413,23	48,00
5.241	1464,83	1421,50	1406,16	1386,83	48,00	5.297	1491,71	1448,38	1433,04	1413,71	48,00
5.242	1465,31	1421,98	1406,64	1387,31	48,00	5.298	1492,19	1448,86	1433,52	1414,19	48,00
5.243	1465,79	1422,46	1407,12	1387,79	48,00	5.299	1492,67	1449,34	1434,00	1414,67	48,00
5.244	1466,27	1422,94	1407,60	1388,27	48,00	5.300	1493,15	1449,82	1434,48	1415,15	48,00
5.245	1466,75	1423,42	1408,08	1388,75	48,00	5.301	1493,63	1450,30	1434,96	1415,63	48,00
5.246	1467,23	1423,90	1408,56	1389,23	48,00	5.302	1494,11	1450,78	1435,44	1416,11	48,00
5.247	1467,71	1424,38	1409,04	1389,71	48,00	5.303	1494,59	1451,26	1435,92	1416,59	48,00

MONATSLOHN AKTIVE   von **5.304** bis **5.415**

Be-mes-sung	ohne AV	mit AV/1 Ki	mit AV/2 Ki	mit AV/3 Ki	% für Cent	Be-mes-sung	ohne AV	mit AV/1 Ki	mit AV/2 Ki	mit AV/3 Ki	% für Cent
5.304	1495,07	1451,74	1436,40	1417,07	48,00	5.360	1521,95	1478,62	1463,28	1443,95	48,00
5.305	1495,55	1452,22	1436,88	1417,55	48,00	5.361	1522,43	1479,10	1463,76	1444,43	48,00
5.306	1496,03	1452,70	1437,36	1418,03	48,00	5.362	1522,91	1479,58	1464,24	1444,91	48,00
5.307	1496,51	1453,18	1437,84	1418,51	48,00	5.363	1523,39	1480,06	1464,72	1445,39	48,00
5.308	1496,99	1453,66	1438,32	1418,99	48,00	5.364	1523,87	1480,54	1465,20	1445,87	48,00
5.309	1497,47	1454,14	1438,80	1419,47	48,00	5.365	1524,35	1481,02	1465,68	1446,35	48,00
5.310	1497,95	1454,62	1439,28	1419,95	48,00	5.366	1524,83	1481,50	1466,16	1446,83	48,00
5.311	1498,43	1455,10	1439,76	1420,43	48,00	5.367	1525,31	1481,98	1466,64	1447,31	48,00
5.312	1498,91	1455,58	1440,24	1420,91	48,00	5.368	1525,79	1482,46	1467,12	1447,79	48,00
5.313	1499,39	1456,06	1440,72	1421,39	48,00	5.369	1526,27	1482,94	1467,60	1448,27	48,00
5.314	1499,87	1456,54	1441,20	1421,87	48,00	5.370	1526,75	1483,42	1468,08	1448,75	48,00
5.315	1500,35	1457,02	1441,68	1422,35	48,00	5.371	1527,23	1483,90	1468,56	1449,23	48,00
5.316	1500,83	1457,50	1442,16	1422,83	48,00	5.372	1527,71	1484,38	1469,04	1449,71	48,00
5.317	1501,31	1457,98	1442,64	1423,31	48,00	5.373	1528,19	1484,86	1469,52	1450,19	48,00
5.318	1501,79	1458,46	1443,12	1423,79	48,00	5.374	1528,67	1485,34	1470,00	1450,67	48,00
5.319	1502,27	1458,94	1443,60	1424,27	48,00	5.375	1529,15	1485,82	1470,48	1451,15	48,00
5.320	1502,75	1459,42	1444,08	1424,75	48,00	5.376	1529,63	1486,30	1470,96	1451,63	48,00
5.321	1503,23	1459,90	1444,56	1425,23	48,00	5.377	1530,11	1486,78	1471,44	1452,11	48,00
5.322	1503,71	1460,38	1445,04	1425,71	48,00	5.378	1530,59	1487,26	1471,92	1452,59	48,00
5.323	1504,19	1460,86	1445,52	1426,19	48,00	5.379	1531,07	1487,74	1472,40	1453,07	48,00
5.324	1504,67	1461,34	1446,00	1426,67	48,00	5.380	1531,55	1488,22	1472,88	1453,55	48,00
5.325	1505,15	1461,82	1446,48	1427,15	48,00	5.381	1532,03	1488,70	1473,36	1454,03	48,00
5.326	1505,63	1462,30	1446,96	1427,63	48,00	5.382	1532,51	1489,18	1473,84	1454,51	48,00
5.327	1506,11	1462,78	1447,44	1428,11	48,00	5.383	1532,99	1489,66	1474,32	1454,99	48,00
5.328	1506,59	1463,26	1447,92	1428,59	48,00	5.384	1533,47	1490,14	1474,80	1455,47	48,00
5.329	1507,07	1463,74	1448,40	1429,07	48,00	5.385	1533,95	1490,62	1475,28	1455,95	48,00
5.330	1507,55	1464,22	1448,88	1429,55	48,00	5.386	1534,43	1491,10	1475,76	1456,43	48,00
5.331	1508,03	1464,70	1449,36	1430,03	48,00	5.387	1534,91	1491,58	1476,24	1456,91	48,00
5.332	1508,51	1465,18	1449,84	1430,51	48,00	5.388	1535,39	1492,06	1476,72	1457,39	48,00
5.333	1508,99	1465,66	1450,32	1430,99	48,00	5.389	1535,87	1492,54	1477,20	1457,87	48,00
5.334	1509,47	1466,14	1450,80	1431,47	48,00	5.390	1536,35	1493,02	1477,68	1458,35	48,00
5.335	1509,95	1466,62	1451,28	1431,95	48,00	5.391	1536,83	1493,50	1478,16	1458,83	48,00
5.336	1510,43	1467,10	1451,76	1432,43	48,00	5.392	1537,31	1493,98	1478,64	1459,31	48,00
5.337	1510,91	1467,58	1452,24	1432,91	48,00	5.393	1537,79	1494,46	1479,12	1459,79	48,00
5.338	1511,39	1468,06	1452,72	1433,39	48,00	5.394	1538,27	1494,94	1479,60	1460,27	48,00
5.339	1511,87	1468,54	1453,20	1433,87	48,00	5.395	1538,75	1495,42	1480,08	1460,75	48,00
5.340	1512,35	1469,02	1453,68	1434,35	48,00	5.396	1539,23	1495,90	1480,56	1461,23	48,00
5.341	1512,83	1469,50	1454,16	1434,83	48,00	5.397	1539,71	1496,38	1481,04	1461,71	48,00
5.342	1513,31	1469,98	1454,64	1435,31	48,00	5.398	1540,19	1496,86	1481,52	1462,19	48,00
5.343	1513,79	1470,46	1455,12	1435,79	48,00	5.399	1540,67	1497,34	1482,00	1462,67	48,00
5.344	1514,27	1470,94	1455,60	1436,27	48,00	5.400	1541,15	1497,82	1482,48	1463,15	48,00
5.345	1514,75	1471,42	1456,08	1436,75	48,00	5.401	1541,63	1498,30	1482,96	1463,63	48,00
5.346	1515,23	1471,90	1456,56	1437,23	48,00	5.402	1542,11	1498,78	1483,44	1464,11	48,00
5.347	1515,71	1472,38	1457,04	1437,71	48,00	5.403	1542,59	1499,26	1483,92	1464,59	48,00
5.348	1516,19	1472,86	1457,52	1438,19	48,00	5.404	1543,07	1499,74	1484,40	1465,07	48,00
5.349	1516,67	1473,34	1458,00	1438,67	48,00	5.405	1543,55	1500,22	1484,88	1465,55	48,00
5.350	1517,15	1473,82	1458,48	1439,15	48,00	5.406	1544,03	1500,70	1485,36	1466,03	48,00
5.351	1517,63	1474,30	1458,96	1439,63	48,00	5.407	1544,51	1501,18	1485,84	1466,51	48,00
5.352	1518,11	1474,78	1459,44	1440,11	48,00	5.408	1544,99	1501,66	1486,32	1466,99	48,00
5.353	1518,59	1475,26	1459,92	1440,59	48,00	5.409	1545,47	1502,14	1486,80	1467,47	48,00
5.354	1519,07	1475,74	1460,40	1441,07	48,00	5.410	1545,95	1502,62	1487,28	1467,95	48,00
5.355	1519,55	1476,22	1460,88	1441,55	48,00	5.411	1546,43	1503,10	1487,76	1468,43	48,00
5.356	1520,03	1476,70	1461,36	1442,03	48,00	5.412	1546,91	1503,58	1488,24	1468,91	48,00
5.357	1520,51	1477,18	1461,84	1442,51	48,00	5.413	1547,39	1504,06	1488,72	1469,39	48,00
5.358	1520,99	1477,66	1462,32	1442,99	48,00	5.414	1547,87	1504,54	1489,20	1469,87	48,00
5.359	1521,47	1478,14	1462,80	1443,47	48,00	5.415	1548,35	1505,02	1489,68	1470,35	48,00

von **5.416** bis **5.527** MONATSLOHN AKTIVE

Be-mes-sung	ohne AV	mit AV/1 Ki	mit AV/2 Ki	mit AV/3 Ki	% für Cent	Be-mes-sung	ohne AV	mit AV/1 Ki	mit AV/2 Ki	mit AV/3 Ki	% für Cent
5.416	1548,83	1505,50	1490,16	1470,83	48,00	5.472	1575,71	1532,38	1517,04	1497,71	48,00
5.417	1549,31	1505,98	1490,64	1471,31	48,00	5.473	1576,19	1532,86	1517,52	1498,19	48,00
5.418	1549,79	1506,46	1491,12	1471,79	48,00	5.474	1576,67	1533,34	1518,00	1498,67	48,00
5.419	1550,27	1506,94	1491,60	1472,27	48,00	5.475	1577,15	1533,82	1518,48	1499,15	48,00
5.420	1550,75	1507,42	1492,08	1472,75	48,00	5.476	1577,63	1534,30	1518,96	1499,63	48,00
5.421	1551,23	1507,90	1492,56	1473,23	48,00	5.477	1578,11	1534,78	1519,44	1500,11	48,00
5.422	1551,71	1508,38	1493,04	1473,71	48,00	5.478	1578,59	1535,26	1519,92	1500,59	48,00
5.423	1552,19	1508,86	1493,52	1474,19	48,00	5.479	1579,07	1535,74	1520,40	1501,07	48,00
5.424	1552,67	1509,34	1494,00	1474,67	48,00	5.480	1579,55	1536,22	1520,88	1501,55	48,00
5.425	1553,15	1509,82	1494,48	1475,15	48,00	5.481	1580,03	1536,70	1521,36	1502,03	48,00
5.426	1553,63	1510,30	1494,96	1475,63	48,00	5.482	1580,51	1537,18	1521,84	1502,51	48,00
5.427	1554,11	1510,78	1495,44	1476,11	48,00	5.483	1580,99	1537,66	1522,32	1502,99	48,00
5.428	1554,59	1511,26	1495,92	1476,59	48,00	5.484	1581,47	1538,14	1522,80	1503,47	48,00
5.429	1555,07	1511,74	1496,40	1477,07	48,00	5.485	1581,95	1538,62	1523,28	1503,95	48,00
5.430	1555,55	1512,22	1496,88	1477,55	48,00	5.486	1582,43	1539,10	1523,76	1504,43	48,00
5.431	1556,03	1512,70	1497,36	1478,03	48,00	5.487	1582,91	1539,58	1524,24	1504,91	48,00
5.432	1556,51	1513,18	1497,84	1478,51	48,00	5.488	1583,39	1540,06	1524,72	1505,39	48,00
5.433	1556,99	1513,66	1498,32	1478,99	48,00	5.489	1583,87	1540,54	1525,20	1505,87	48,00
5.434	1557,47	1514,14	1498,80	1479,47	48,00	5.490	1584,35	1541,02	1525,68	1506,35	48,00
5.435	1557,95	1514,62	1499,28	1479,95	48,00	5.491	1584,83	1541,50	1526,16	1506,83	48,00
5.436	1558,43	1515,10	1499,76	1480,43	48,00	5.492	1585,31	1541,98	1526,64	1507,31	48,00
5.437	1558,91	1515,58	1500,24	1480,91	48,00	5.493	1585,79	1542,46	1527,12	1507,79	48,00
5.438	1559,39	1516,06	1500,72	1481,39	48,00	5.494	1586,27	1542,94	1527,60	1508,27	48,00
5.439	1559,87	1516,54	1501,20	1481,87	48,00	5.495	1586,75	1543,42	1528,08	1508,75	48,00
5.440	1560,35	1517,02	1501,68	1482,35	48,00	5.496	1587,23	1543,90	1528,56	1509,23	48,00
5.441	1560,83	1517,50	1502,16	1482,83	48,00	5.497	1587,71	1544,38	1529,04	1509,71	48,00
5.442	1561,31	1517,98	1502,64	1483,31	48,00	5.498	1588,19	1544,86	1529,52	1510,19	48,00
5.443	1561,79	1518,46	1503,12	1483,79	48,00	5.499	1588,67	1545,34	1530,00	1510,67	48,00
5.444	1562,27	1518,94	1503,60	1484,27	48,00	5.500	1589,15	1545,82	1530,48	1511,15	48,00
5.445	1562,75	1519,42	1504,08	1484,75	48,00	5.501	1589,63	1546,30	1530,96	1511,63	48,00
5.446	1563,23	1519,90	1504,56	1485,23	48,00	5.502	1590,11	1546,78	1531,44	1512,11	48,00
5.447	1563,71	1520,38	1505,04	1485,71	48,00	5.503	1590,59	1547,26	1531,92	1512,59	48,00
5.448	1564,19	1520,86	1505,52	1486,19	48,00	5.504	1591,07	1547,74	1532,40	1513,07	48,00
5.449	1564,67	1521,34	1506,00	1486,67	48,00	5.505	1591,55	1548,22	1532,88	1513,55	48,00
5.450	1565,15	1521,82	1506,48	1487,15	48,00	5.506	1592,03	1548,70	1533,36	1514,03	48,00
5.451	1565,63	1522,30	1506,96	1487,63	48,00	5.507	1592,51	1549,18	1533,84	1514,51	48,00
5.452	1566,11	1522,78	1507,44	1488,11	48,00	5.508	1592,99	1549,66	1534,32	1514,99	48,00
5.453	1566,59	1523,26	1507,92	1488,59	48,00	5.509	1593,47	1550,14	1534,80	1515,47	48,00
5.454	1567,07	1523,74	1508,40	1489,07	48,00	5.510	1593,95	1550,62	1535,28	1515,95	48,00
5.455	1567,55	1524,22	1508,88	1489,55	48,00	5.511	1594,43	1551,10	1535,76	1516,43	48,00
5.456	1568,03	1524,70	1509,36	1490,03	48,00	5.512	1594,91	1551,58	1536,24	1516,91	48,00
5.457	1568,51	1525,18	1509,84	1490,51	48,00	5.513	1595,39	1552,06	1536,72	1517,39	48,00
5.458	1568,99	1525,66	1510,32	1490,99	48,00	5.514	1595,87	1552,54	1537,20	1517,87	48,00
5.459	1569,47	1526,14	1510,80	1491,47	48,00	5.515	1596,35	1553,02	1537,68	1518,35	48,00
5.460	1569,95	1526,62	1511,28	1491,95	48,00	5.516	1596,83	1553,50	1538,16	1518,83	48,00
5.461	1570,43	1527,10	1511,76	1492,43	48,00	5.517	1597,31	1553,98	1538,64	1519,31	48,00
5.462	1570,91	1527,58	1512,24	1492,91	48,00	5.518	1597,79	1554,46	1539,12	1519,79	48,00
5.463	1571,39	1528,06	1512,72	1493,39	48,00	5.519	1598,27	1554,94	1539,60	1520,27	48,00
5.464	1571,87	1528,54	1513,20	1493,87	48,00	5.520	1598,75	1555,42	1540,08	1520,75	48,00
5.465	1572,35	1529,02	1513,68	1494,35	48,00	5.521	1599,23	1555,90	1540,56	1521,23	48,00
5.466	1572,83	1529,50	1514,16	1494,83	48,00	5.522	1599,71	1556,38	1541,04	1521,71	48,00
5.467	1573,31	1529,98	1514,64	1495,31	48,00	5.523	1600,19	1556,86	1541,52	1522,19	48,00
5.468	1573,79	1530,46	1515,12	1495,79	48,00	5.524	1600,67	1557,34	1542,00	1522,67	48,00
5.469	1574,27	1530,94	1515,60	1496,27	48,00	5.525	1601,15	1557,82	1542,48	1523,15	48,00
5.470	1574,75	1531,42	1516,08	1496,75	48,00	5.526	1601,63	1558,30	1542,96	1523,63	48,00
5.471	1575,23	1531,90	1516,56	1497,23	48,00	5.527	1602,11	1558,78	1543,44	1524,11	48,00

MONATSLOHN AKTIVE

von **5.528** bis **5.639**

Be-mes-sung	ohne AV	mit AV/1 Ki	mit AV/2 Ki	mit AV/3 Ki	% für Cent	Be-mes-sung	ohne AV	mit AV/1 Ki	mit AV/2 Ki	mit AV/3 Ki	% für Cent
5.528	1602,59	1559,26	1543,92	1524,59	48,00	**5.584**	1629,47	1586,14	1570,80	1551,47	48,00
5.529	1603,07	1559,74	1544,40	1525,07	48,00	**5.585**	1629,95	1586,62	1571,28	1551,95	48,00
5.530	1603,55	1560,22	1544,88	1525,55	48,00	**5.586**	1630,43	1587,10	1571,76	1552,43	48,00
5.531	1604,03	1560,70	1545,36	1526,03	48,00	**5.587**	1630,91	1587,58	1572,24	1552,91	48,00
5.532	1604,51	1561,18	1545,84	1526,51	48,00	**5.588**	1631,39	1588,06	1572,72	1553,39	48,00
5.533	1604,99	1561,66	1546,32	1526,99	48,00	**5.589**	1631,87	1588,54	1573,20	1553,87	48,00
5.534	1605,47	1562,14	1546,80	1527,47	48,00	**5.590**	1632,35	1589,02	1573,68	1554,35	48,00
5.535	1605,95	1562,62	1547,28	1527,95	48,00	**5.591**	1632,83	1589,50	1574,16	1554,83	48,00
5.536	1606,43	1563,10	1547,76	1528,43	48,00	**5.592**	1633,31	1589,98	1574,64	1555,31	48,00
5.537	1606,91	1563,58	1548,24	1528,91	48,00	**5.593**	1633,79	1590,46	1575,12	1555,79	48,00
5.538	1607,39	1564,06	1548,72	1529,39	48,00	**5.594**	1634,27	1590,94	1575,60	1556,27	48,00
5.539	1607,87	1564,54	1549,20	1529,87	48,00	**5.595**	1634,75	1591,42	1576,08	1556,75	48,00
5.540	1608,35	1565,02	1549,68	1530,35	48,00	**5.596**	1635,23	1591,90	1576,56	1557,23	48,00
5.541	1608,83	1565,50	1550,16	1530,83	48,00	**5.597**	1635,71	1592,38	1577,04	1557,71	48,00
5.542	1609,31	1565,98	1550,64	1531,31	48,00	**5.598**	1636,19	1592,86	1577,52	1558,19	48,00
5.543	1609,79	1566,46	1551,12	1531,79	48,00	**5.599**	1636,67	1593,34	1578,00	1558,67	48,00
5.544	1610,27	1566,94	1551,60	1532,27	48,00	**5.600**	1637,15	1593,82	1578,48	1559,15	48,00
5.545	1610,75	1567,42	1552,08	1532,75	48,00	**5.601**	1637,63	1594,30	1578,96	1559,63	48,00
5.546	1611,23	1567,90	1552,56	1533,23	48,00	**5.602**	1638,11	1594,78	1579,44	1560,11	48,00
5.547	1611,71	1568,38	1553,04	1533,71	48,00	**5.603**	1638,59	1595,26	1579,92	1560,59	48,00
5.548	1612,19	1568,86	1553,52	1534,19	48,00	**5.604**	1639,07	1595,74	1580,40	1561,07	48,00
5.549	1612,67	1569,34	1554,00	1534,67	48,00	**5.605**	1639,55	1596,22	1580,88	1561,55	48,00
5.550	1613,15	1569,82	1554,48	1535,15	48,00	**5.606**	1640,03	1596,70	1581,36	1562,03	48,00
5.551	1613,63	1570,30	1554,96	1535,63	48,00	**5.607**	1640,51	1597,18	1581,84	1562,51	48,00
5.552	1614,11	1570,78	1555,44	1536,11	48,00	**5.608**	1640,99	1597,66	1582,32	1562,99	48,00
5.553	1614,59	1571,26	1555,92	1536,59	48,00	**5.609**	1641,47	1598,14	1582,80	1563,47	48,00
5.554	1615,07	1571,74	1556,40	1537,07	48,00	**5.610**	1641,95	1598,62	1583,28	1563,95	48,00
5.555	1615,55	1572,22	1556,88	1537,55	48,00	**5.611**	1642,43	1599,10	1583,76	1564,43	48,00
5.556	1616,03	1572,70	1557,36	1538,03	48,00	**5.612**	1642,91	1599,58	1584,24	1564,91	48,00
5.557	1616,51	1573,18	1557,84	1538,51	48,00	**5.613**	1643,39	1600,06	1584,72	1565,39	48,00
5.558	1616,99	1573,66	1558,32	1538,99	48,00	**5.614**	1643,87	1600,54	1585,20	1565,87	48,00
5.559	1617,47	1574,14	1558,80	1539,47	48,00	**5.615**	1644,35	1601,02	1585,68	1566,35	48,00
5.560	1617,95	1574,62	1559,28	1539,95	48,00	**5.616**	1644,83	1601,50	1586,16	1566,83	48,00
5.561	1618,43	1575,10	1559,76	1540,43	48,00	**5.617**	1645,31	1601,98	1586,64	1567,31	48,00
5.562	1618,91	1575,58	1560,24	1540,91	48,00	**5.618**	1645,79	1602,46	1587,12	1567,79	48,00
5.563	1619,39	1576,06	1560,72	1541,39	48,00	**5.619**	1646,27	1602,94	1587,60	1568,27	48,00
5.564	1619,87	1576,54	1561,20	1541,87	48,00	**5.620**	1646,75	1603,42	1588,08	1568,75	48,00
5.565	1620,35	1577,02	1561,68	1542,35	48,00	**5.621**	1647,23	1603,90	1588,56	1569,23	48,00
5.566	1620,83	1577,50	1562,16	1542,83	48,00	**5.622**	1647,71	1604,38	1589,04	1569,71	48,00
5.567	1621,31	1577,98	1562,64	1543,31	48,00	**5.623**	1648,19	1604,86	1589,52	1570,19	48,00
5.568	1621,79	1578,46	1563,12	1543,79	48,00	**5.624**	1648,67	1605,34	1590,00	1570,67	48,00
5.569	1622,27	1578,94	1563,60	1544,27	48,00	**5.625**	1649,15	1605,82	1590,48	1571,15	48,00
5.570	1622,75	1579,42	1564,08	1544,75	48,00	**5.626**	1649,63	1606,30	1590,96	1571,63	48,00
5.571	1623,23	1579,90	1564,56	1545,23	48,00	**5.627**	1650,11	1606,78	1591,44	1572,11	48,00
5.572	1623,71	1580,38	1565,04	1545,71	48,00	**5.628**	1650,59	1607,26	1591,92	1572,59	48,00
5.573	1624,19	1580,86	1565,52	1546,19	48,00	**5.629**	1651,07	1607,74	1592,40	1573,07	48,00
5.574	1624,67	1581,34	1566,00	1546,67	48,00	**5.630**	1651,55	1608,22	1592,88	1573,55	48,00
5.575	1625,15	1581,82	1566,48	1547,15	48,00	**5.631**	1652,03	1608,70	1593,36	1574,03	48,00
5.576	1625,63	1582,30	1566,96	1547,63	48,00	**5.632**	1652,51	1609,18	1593,84	1574,51	48,00
5.577	1626,11	1582,78	1567,44	1548,11	48,00	**5.633**	1652,99	1609,66	1594,32	1574,99	48,00
5.578	1626,59	1583,26	1567,92	1548,59	48,00	**5.634**	1653,47	1610,14	1594,80	1575,47	48,00
5.579	1627,07	1583,74	1568,40	1549,07	48,00	**5.635**	1653,95	1610,62	1595,28	1575,95	48,00
5.580	1627,55	1584,22	1568,88	1549,55	48,00	**5.636**	1654,43	1611,10	1595,76	1576,43	48,00
5.581	1628,03	1584,70	1569,36	1550,03	48,00	**5.637**	1654,91	1611,58	1596,24	1576,91	48,00
5.582	1628,51	1585,18	1569,84	1550,51	48,00	**5.638**	1655,39	1612,06	1596,72	1577,39	48,00
5.583	1628,99	1585,66	1570,32	1550,99	48,00	**5.639**	1655,87	1612,54	1597,20	1577,87	48,00

von **5.640** bis **5.751** MONATSLOHN AKTIVE

Be-mes-sung	ohne AV	mit AV/1 Ki	mit AV/2 Ki	mit AV/3 Ki	% für Cent	Be-mes-sung	ohne AV	mit AV/1 Ki	mit AV/2 Ki	mit AV/3 Ki	% für Cent
5.640	1656,35	1613,02	1597,68	1578,35	48,00	5.696	1683,23	1639,90	1624,56	1605,23	48,00
5.641	1656,83	1613,50	1598,16	1578,83	48,00	5.697	1683,71	1640,38	1625,04	1605,71	48,00
5.642	1657,31	1613,98	1598,64	1579,31	48,00	5.698	1684,19	1640,86	1625,52	1606,19	48,00
5.643	1657,79	1614,46	1599,12	1579,79	48,00	5.699	1684,67	1641,34	1626,00	1606,67	48,00
5.644	1658,27	1614,94	1599,60	1580,27	48,00	5.700	1685,15	1641,82	1626,48	1607,15	48,00
5.645	1658,75	1615,42	1600,08	1580,75	48,00	5.701	1685,63	1642,30	1626,96	1607,63	48,00
5.646	1659,23	1615,90	1600,56	1581,23	48,00	5.702	1686,11	1642,78	1627,44	1608,11	48,00
5.647	1659,71	1616,38	1601,04	1581,71	48,00	5.703	1686,59	1643,26	1627,92	1608,59	48,00
5.648	1660,19	1616,86	1601,52	1582,19	48,00	5.704	1687,07	1643,74	1628,40	1609,07	48,00
5.649	1660,67	1617,34	1602,00	1582,67	48,00	5.705	1687,55	1644,22	1628,88	1609,55	48,00
5.650	1661,15	1617,82	1602,48	1583,15	48,00	5.706	1688,03	1644,70	1629,36	1610,03	48,00
5.651	1661,63	1618,30	1602,96	1583,63	48,00	5.707	1688,51	1645,18	1629,84	1610,51	48,00
5.652	1662,11	1618,78	1603,44	1584,11	48,00	5.708	1688,99	1645,66	1630,32	1610,99	48,00
5.653	1662,59	1619,26	1603,92	1584,59	48,00	5.709	1689,47	1646,14	1630,80	1611,47	48,00
5.654	1663,07	1619,74	1604,40	1585,07	48,00	5.710	1689,95	1646,62	1631,28	1611,95	48,00
5.655	1663,55	1620,22	1604,88	1585,55	48,00	5.711	1690,43	1647,10	1631,76	1612,43	48,00
5.656	1664,03	1620,70	1605,36	1586,03	48,00	5.712	1690,91	1647,58	1632,24	1612,91	48,00
5.657	1664,51	1621,18	1605,84	1586,51	48,00	5.713	1691,39	1648,06	1632,72	1613,39	48,00
5.658	1664,99	1621,66	1606,32	1586,99	48,00	5.714	1691,87	1648,54	1633,20	1613,87	48,00
5.659	1665,47	1622,14	1606,80	1587,47	48,00	5.715	1692,35	1649,02	1633,68	1614,35	48,00
5.660	1665,95	1622,62	1607,28	1587,95	48,00	5.716	1692,83	1649,50	1634,16	1614,83	48,00
5.661	1666,43	1623,10	1607,76	1588,43	48,00	5.717	1693,31	1649,98	1634,64	1615,31	48,00
5.662	1666,91	1623,58	1608,24	1588,91	48,00	5.718	1693,79	1650,46	1635,12	1615,79	48,00
5.663	1667,39	1624,06	1608,72	1589,39	48,00	5.719	1694,27	1650,94	1635,60	1616,27	48,00
5.664	1667,87	1624,54	1609,20	1589,87	48,00	5.720	1694,75	1651,42	1636,08	1616,75	48,00
5.665	1668,35	1625,02	1609,68	1590,35	48,00	5.721	1695,23	1651,90	1636,56	1617,23	48,00
5.666	1668,83	1625,50	1610,16	1590,83	48,00	5.722	1695,71	1652,38	1637,04	1617,71	48,00
5.667	1669,31	1625,98	1610,64	1591,31	48,00	5.723	1696,19	1652,86	1637,52	1618,19	48,00
5.668	1669,79	1626,46	1611,12	1591,79	48,00	5.724	1696,67	1653,34	1638,00	1618,67	48,00
5.669	1670,27	1626,94	1611,60	1592,27	48,00	5.725	1697,15	1653,82	1638,48	1619,15	48,00
5.670	1670,75	1627,42	1612,08	1592,75	48,00	5.726	1697,63	1654,30	1638,96	1619,63	48,00
5.671	1671,23	1627,90	1612,56	1593,23	48,00	5.727	1698,11	1654,78	1639,44	1620,11	48,00
5.672	1671,71	1628,38	1613,04	1593,71	48,00	5.728	1698,59	1655,26	1639,92	1620,59	48,00
5.673	1672,19	1628,86	1613,52	1594,19	48,00	5.729	1699,07	1655,74	1640,40	1621,07	48,00
5.674	1672,67	1629,34	1614,00	1594,67	48,00	5.730	1699,55	1656,22	1640,88	1621,55	48,00
5.675	1673,15	1629,82	1614,48	1595,15	48,00	5.731	1700,03	1656,70	1641,36	1622,03	48,00
5.676	1673,63	1630,30	1614,96	1595,63	48,00	5.732	1700,51	1657,18	1641,84	1622,51	48,00
5.677	1674,11	1630,78	1615,44	1596,11	48,00	5.733	1700,99	1657,66	1642,32	1622,99	48,00
5.678	1674,59	1631,26	1615,92	1596,59	48,00	5.734	1701,47	1658,14	1642,80	1623,47	48,00
5.679	1675,07	1631,74	1616,40	1597,07	48,00	5.735	1701,95	1658,62	1643,28	1623,95	48,00
5.680	1675,55	1632,22	1616,88	1597,55	48,00	5.736	1702,43	1659,10	1643,76	1624,43	48,00
5.681	1676,03	1632,70	1617,36	1598,03	48,00	5.737	1702,91	1659,58	1644,24	1624,91	48,00
5.682	1676,51	1633,18	1617,84	1598,51	48,00	5.738	1703,39	1660,06	1644,72	1625,39	48,00
5.683	1676,99	1633,66	1618,32	1598,99	48,00	5.739	1703,87	1660,54	1645,20	1625,87	48,00
5.684	1677,47	1634,14	1618,80	1599,47	48,00	5.740	1704,35	1661,02	1645,68	1626,35	48,00
5.685	1677,95	1634,62	1619,28	1599,95	48,00	5.741	1704,83	1661,50	1646,16	1626,83	48,00
5.686	1678,43	1635,10	1619,76	1600,43	48,00	5.742	1705,31	1661,98	1646,64	1627,31	48,00
5.687	1678,91	1635,58	1620,24	1600,91	48,00	5.743	1705,79	1662,46	1647,12	1627,79	48,00
5.688	1679,39	1636,06	1620,72	1601,39	48,00	5.744	1706,27	1662,94	1647,60	1628,27	48,00
5.689	1679,87	1636,54	1621,20	1601,87	48,00	5.745	1706,75	1663,42	1648,08	1628,75	48,00
5.690	1680,35	1637,02	1621,68	1602,35	48,00	5.746	1707,23	1663,90	1648,56	1629,23	48,00
5.691	1680,83	1637,50	1622,16	1602,83	48,00	5.747	1707,71	1664,38	1649,04	1629,71	48,00
5.692	1681,31	1637,98	1622,64	1603,31	48,00	5.748	1708,19	1664,86	1649,52	1630,19	48,00
5.693	1681,79	1638,46	1623,12	1603,79	48,00	5.749	1708,67	1665,34	1650,00	1630,67	48,00
5.694	1682,27	1638,94	1623,60	1604,27	48,00	5.750	1709,15	1665,82	1650,48	1631,15	48,00
5.695	1682,75	1639,42	1624,08	1604,75	48,00	5.751	1709,63	1666,30	1650,96	1631,63	48,00

MONATSLOHN AKTIVE

von **5.752** bis **5.863**

Be-mes-sung	ohne AV	mit AV/1 Ki	mit AV/2 Ki	mit AV/3 Ki	% für Cent	Be-mes-sung	ohne AV	mit AV/1 Ki	mit AV/2 Ki	mit AV/3 Ki	% für Cent
5.752	1710,11	1666,78	1651,44	1632,11	48,00	5.808	1736,99	1693,66	1678,32	1658,99	48,00
5.753	1710,59	1667,26	1651,92	1632,59	48,00	5.809	1737,47	1694,14	1678,80	1659,47	48,00
5.754	1711,07	1667,74	1652,40	1633,07	48,00	5.810	1737,95	1694,62	1679,28	1659,95	48,00
5.755	1711,55	1668,22	1652,88	1633,55	48,00	5.811	1738,43	1695,10	1679,76	1660,43	48,00
5.756	1712,03	1668,70	1653,36	1634,03	48,00	5.812	1738,91	1695,58	1680,24	1660,91	48,00
5.757	1712,51	1669,18	1653,84	1634,51	48,00	5.813	1739,39	1696,06	1680,72	1661,39	48,00
5.758	1712,99	1669,66	1654,32	1634,99	48,00	5.814	1739,87	1696,54	1681,20	1661,87	48,00
5.759	1713,47	1670,14	1654,80	1635,47	48,00	5.815	1740,35	1697,02	1681,68	1662,35	48,00
5.760	1713,95	1670,62	1655,28	1635,95	48,00	5.816	1740,83	1697,50	1682,16	1662,83	48,00
5.761	1714,43	1671,10	1655,76	1636,43	48,00	5.817	1741,31	1697,98	1682,64	1663,31	48,00
5.762	1714,91	1671,58	1656,24	1636,91	48,00	5.818	1741,79	1698,46	1683,12	1663,79	48,00
5.763	1715,39	1672,06	1656,72	1637,39	48,00	5.819	1742,27	1698,94	1683,60	1664,27	48,00
5.764	1715,87	1672,54	1657,20	1637,87	48,00	5.820	1742,75	1699,42	1684,08	1664,75	48,00
5.765	1716,35	1673,02	1657,68	1638,35	48,00	5.821	1743,23	1699,90	1684,56	1665,23	48,00
5.766	1716,83	1673,50	1658,16	1638,83	48,00	5.822	1743,71	1700,38	1685,04	1665,71	48,00
5.767	1717,31	1673,98	1658,64	1639,31	48,00	5.823	1744,19	1700,86	1685,52	1666,19	48,00
5.768	1717,79	1674,46	1659,12	1639,79	48,00	5.824	1744,67	1701,34	1686,00	1666,67	48,00
5.769	1718,27	1674,94	1659,60	1640,27	48,00	5.825	1745,15	1701,82	1686,48	1667,15	48,00
5.770	1718,75	1675,42	1660,08	1640,75	48,00	5.826	1745,63	1702,30	1686,96	1667,63	48,00
5.771	1719,23	1675,90	1660,56	1641,23	48,00	5.827	1746,11	1702,78	1687,44	1668,11	48,00
5.772	1719,71	1676,38	1661,04	1641,71	48,00	5.828	1746,59	1703,26	1687,92	1668,59	48,00
5.773	1720,19	1676,86	1661,52	1642,19	48,00	5.829	1747,07	1703,74	1688,40	1669,07	48,00
5.774	1720,67	1677,34	1662,00	1642,67	48,00	5.830	1747,55	1704,22	1688,88	1669,55	48,00
5.775	1721,15	1677,82	1662,48	1643,15	48,00	5.831	1748,03	1704,70	1689,36	1670,03	48,00
5.776	1721,63	1678,30	1662,96	1643,63	48,00	5.832	1748,51	1705,18	1689,84	1670,51	48,00
5.777	1722,11	1678,78	1663,44	1644,11	48,00	5.833	1748,99	1705,66	1690,32	1670,99	48,00
5.778	1722,59	1679,26	1663,92	1644,59	48,00	5.834	1749,47	1706,14	1690,80	1671,47	48,00
5.779	1723,07	1679,74	1664,40	1645,07	48,00	5.835	1749,95	1706,62	1691,28	1671,95	48,00
5.780	1723,55	1680,22	1664,88	1645,55	48,00	5.836	1750,43	1707,10	1691,76	1672,43	48,00
5.781	1724,03	1680,70	1665,36	1646,03	48,00	5.837	1750,91	1707,58	1692,24	1672,91	48,00
5.782	1724,51	1681,18	1665,84	1646,51	48,00	5.838	1751,39	1708,06	1692,72	1673,39	48,00
5.783	1724,99	1681,66	1666,32	1646,99	48,00	5.839	1751,87	1708,54	1693,20	1673,87	48,00
5.784	1725,47	1682,14	1666,80	1647,47	48,00	5.840	1752,35	1709,02	1693,68	1674,35	48,00
5.785	1725,95	1682,62	1667,28	1647,95	48,00	5.841	1752,83	1709,50	1694,16	1674,83	48,00
5.786	1726,43	1683,10	1667,76	1648,43	48,00	5.842	1753,31	1709,98	1694,64	1675,31	48,00
5.787	1726,91	1683,58	1668,24	1648,91	48,00	5.843	1753,79	1710,46	1695,12	1675,79	48,00
5.788	1727,39	1684,06	1668,72	1649,39	48,00	5.844	1754,27	1710,94	1695,60	1676,27	48,00
5.789	1727,87	1684,54	1669,20	1649,87	48,00	5.845	1754,75	1711,42	1696,08	1676,75	48,00
5.790	1728,35	1685,02	1669,68	1650,35	48,00	5.846	1755,23	1711,90	1696,56	1677,23	48,00
5.791	1728,83	1685,50	1670,16	1650,83	48,00	5.847	1755,71	1712,38	1697,04	1677,71	48,00
5.792	1729,31	1685,98	1670,64	1651,31	48,00	5.848	1756,19	1712,86	1697,52	1678,19	48,00
5.793	1729,79	1686,46	1671,12	1651,79	48,00	5.849	1756,67	1713,34	1698,00	1678,67	48,00
5.794	1730,27	1686,94	1671,60	1652,27	48,00	5.850	1757,15	1713,82	1698,48	1679,15	48,00
5.795	1730,75	1687,42	1672,08	1652,75	48,00	5.851	1757,63	1714,30	1698,96	1679,63	48,00
5.796	1731,23	1687,90	1672,56	1653,23	48,00	5.852	1758,11	1714,78	1699,44	1680,11	48,00
5.797	1731,71	1688,38	1673,04	1653,71	48,00	5.853	1758,59	1715,26	1699,92	1680,59	48,00
5.798	1732,19	1688,86	1673,52	1654,19	48,00	5.854	1759,07	1715,74	1700,40	1681,07	48,00
5.799	1732,67	1689,34	1674,00	1654,67	48,00	5.855	1759,55	1716,22	1700,88	1681,55	48,00
5.800	1733,15	1689,82	1674,48	1655,15	48,00	5.856	1760,03	1716,70	1701,36	1682,03	48,00
5.801	1733,63	1690,30	1674,96	1655,63	48,00	5.857	1760,51	1717,18	1701,84	1682,51	48,00
5.802	1734,11	1690,78	1675,44	1656,11	48,00	5.858	1760,99	1717,66	1702,32	1682,99	48,00
5.803	1734,59	1691,26	1675,92	1656,59	48,00	5.859	1761,47	1718,14	1702,80	1683,47	48,00
5.804	1735,07	1691,74	1676,40	1657,07	48,00	5.860	1761,95	1718,62	1703,28	1683,95	48,00
5.805	1735,55	1692,22	1676,88	1657,55	48,00	5.861	1762,43	1719,10	1703,76	1684,43	48,00
5.806	1736,03	1692,70	1677,36	1658,03	48,00	5.862	1762,91	1719,58	1704,24	1684,91	48,00
5.807	1736,51	1693,18	1677,84	1658,51	48,00	5.863	1763,39	1720,06	1704,72	1685,39	48,00

MONATSLOHN AKTIVE

von **5.864** bis **5.975**

Bemessung	ohne AV	mit AV/1 Ki	mit AV/2 Ki	mit AV/3 Ki	% für Cent	Bemessung	ohne AV	mit AV/1 Ki	mit AV/2 Ki	mit AV/3 Ki	% für Cent
5.864	1763,87	1720,54	1705,20	1685,87	48,00	**5.920**	1790,75	1747,42	1732,08	1712,75	48,00
5.865	1764,35	1721,02	1705,68	1686,35	48,00	**5.921**	1791,23	1747,90	1732,56	1713,23	48,00
5.866	1764,83	1721,50	1706,16	1686,83	48,00	**5.922**	1791,71	1748,38	1733,04	1713,71	48,00
5.867	1765,31	1721,98	1706,64	1687,31	48,00	**5.923**	1792,19	1748,86	1733,52	1714,19	48,00
5.868	1765,79	1722,46	1707,12	1687,79	48,00	**5.924**	1792,67	1749,34	1734,00	1714,67	48,00
5.869	1766,27	1722,94	1707,60	1688,27	48,00	**5.925**	1793,15	1749,82	1734,48	1715,15	48,00
5.870	1766,75	1723,42	1708,08	1688,75	48,00	**5.926**	1793,63	1750,30	1734,96	1715,63	48,00
5.871	1767,23	1723,90	1708,56	1689,23	48,00	**5.927**	1794,11	1750,78	1735,44	1716,11	48,00
5.872	1767,71	1724,38	1709,04	1689,71	48,00	**5.928**	1794,59	1751,26	1735,92	1716,59	48,00
5.873	1768,19	1724,86	1709,52	1690,19	48,00	**5.929**	1795,07	1751,74	1736,40	1717,07	48,00
5.874	1768,67	1725,34	1710,00	1690,67	48,00	**5.930**	1795,55	1752,22	1736,88	1717,55	48,00
5.875	1769,15	1725,82	1710,48	1691,15	48,00	**5.931**	1796,03	1752,70	1737,36	1718,03	48,00
5.876	1769,63	1726,30	1710,96	1691,63	48,00	**5.932**	1796,51	1753,18	1737,84	1718,51	48,00
5.877	1770,11	1726,78	1711,44	1692,11	48,00	**5.933**	1796,99	1753,66	1738,32	1718,99	48,00
5.878	1770,59	1727,26	1711,92	1692,59	48,00	**5.934**	1797,47	1754,14	1738,80	1719,47	48,00
5.879	1771,07	1727,74	1712,40	1693,07	48,00	**5.935**	1797,95	1754,62	1739,28	1719,95	48,00
5.880	1771,55	1728,22	1712,88	1693,55	48,00	**5.936**	1798,43	1755,10	1739,76	1720,43	48,00
5.881	1772,03	1728,70	1713,36	1694,03	48,00	**5.937**	1798,91	1755,58	1740,24	1720,91	48,00
5.882	1772,51	1729,18	1713,84	1694,51	48,00	**5.938**	1799,39	1756,06	1740,72	1721,39	48,00
5.883	1772,99	1729,66	1714,32	1694,99	48,00	**5.939**	1799,87	1756,54	1741,20	1721,87	48,00
5.884	1773,47	1730,14	1714,80	1695,47	48,00	**5.940**	1800,35	1757,02	1741,68	1722,35	48,00
5.885	1773,95	1730,62	1715,28	1695,95	48,00	**5.941**	1800,83	1757,50	1742,16	1722,83	48,00
5.886	1774,43	1731,10	1715,76	1696,43	48,00	**5.942**	1801,31	1757,98	1742,64	1723,31	48,00
5.887	1774,91	1731,58	1716,24	1696,91	48,00	**5.943**	1801,79	1758,46	1743,12	1723,79	48,00
5.888	1775,39	1732,06	1716,72	1697,39	48,00	**5.944**	1802,27	1758,94	1743,60	1724,27	48,00
5.889	1775,87	1732,54	1717,20	1697,87	48,00	**5.945**	1802,75	1759,42	1744,08	1724,75	48,00
5.890	1776,35	1733,02	1717,68	1698,35	48,00	**5.946**	1803,23	1759,90	1744,56	1725,23	48,00
5.891	1776,83	1733,50	1718,16	1698,83	48,00	**5.947**	1803,71	1760,38	1745,04	1725,71	48,00
5.892	1777,31	1733,98	1718,64	1699,31	48,00	**5.948**	1804,19	1760,86	1745,52	1726,19	48,00
5.893	1777,79	1734,46	1719,12	1699,79	48,00	**5.949**	1804,67	1761,34	1746,00	1726,67	48,00
5.894	1778,27	1734,94	1719,60	1700,27	48,00	**5.950**	1805,15	1761,82	1746,48	1727,15	48,00
5.895	1778,75	1735,42	1720,08	1700,75	48,00	**5.951**	1805,63	1762,30	1746,96	1727,63	48,00
5.896	1779,23	1735,90	1720,56	1701,23	48,00	**5.952**	1806,11	1762,78	1747,44	1728,11	48,00
5.897	1779,71	1736,38	1721,04	1701,71	48,00	**5.953**	1806,59	1763,26	1747,92	1728,59	48,00
5.898	1780,19	1736,86	1721,52	1702,19	48,00	**5.954**	1807,07	1763,74	1748,40	1729,07	48,00
5.899	1780,67	1737,34	1722,00	1702,67	48,00	**5.955**	1807,55	1764,22	1748,88	1729,55	48,00
5.900	1781,15	1737,82	1722,48	1703,15	48,00	**5.956**	1808,03	1764,70	1749,36	1730,03	48,00
5.901	1781,63	1738,30	1722,96	1703,63	48,00	**5.957**	1808,51	1765,18	1749,84	1730,51	48,00
5.902	1782,11	1738,78	1723,44	1704,11	48,00	**5.958**	1808,99	1765,66	1750,32	1730,99	48,00
5.903	1782,59	1739,26	1723,92	1704,59	48,00	**5.959**	1809,47	1766,14	1750,80	1731,47	48,00
5.904	1783,07	1739,74	1724,40	1705,07	48,00	**5.960**	1809,95	1766,62	1751,28	1731,95	48,00
5.905	1783,55	1740,22	1724,88	1705,55	48,00	**5.961**	1810,43	1767,10	1751,76	1732,43	48,00
5.906	1784,03	1740,70	1725,36	1706,03	48,00	**5.962**	1810,91	1767,58	1752,24	1732,91	48,00
5.907	1784,51	1741,18	1725,84	1706,51	48,00	**5.963**	1811,39	1768,06	1752,72	1733,39	48,00
5.908	1784,99	1741,66	1726,32	1706,99	48,00	**5.964**	1811,87	1768,54	1753,20	1733,87	48,00
5.909	1785,47	1742,14	1726,80	1707,47	48,00	**5.965**	1812,35	1769,02	1753,68	1734,35	48,00
5.910	1785,95	1742,62	1727,28	1707,95	48,00	**5.966**	1812,83	1769,50	1754,16	1734,83	48,00
5.911	1786,43	1743,10	1727,76	1708,43	48,00	**5.967**	1813,31	1769,98	1754,64	1735,31	48,00
5.912	1786,91	1743,58	1728,24	1708,91	48,00	**5.968**	1813,79	1770,46	1755,12	1735,79	48,00
5.913	1787,39	1744,06	1728,72	1709,39	48,00	**5.969**	1814,27	1770,94	1755,60	1736,27	48,00
5.914	1787,87	1744,54	1729,20	1709,87	48,00	**5.970**	1814,75	1771,42	1756,08	1736,75	48,00
5.915	1788,35	1745,02	1729,68	1710,35	48,00	**5.971**	1815,23	1771,90	1756,56	1737,23	48,00
5.916	1788,83	1745,50	1730,16	1710,83	48,00	**5.972**	1815,71	1772,38	1757,04	1737,71	48,00
5.917	1789,31	1745,98	1730,64	1711,31	48,00	**5.973**	1816,19	1772,86	1757,52	1738,19	48,00
5.918	1789,79	1746,46	1731,12	1711,79	48,00	**5.974**	1816,67	1773,34	1758,00	1738,67	48,00
5.919	1790,27	1746,94	1731,60	1712,27	48,00	**5.975**	1817,15	1773,82	1758,48	1739,15	48,00

MONATSLOHN AKTIVE von **5.976** bis **6.087**

Be-mes-sung	ohne AV	mit AV/1 Ki	mit AV/2 Ki	mit AV/3 Ki	% für Cent	Be-mes-sung	ohne AV	mit AV/1 Ki	mit AV/2 Ki	mit AV/3 Ki	% für Cent
5.976	1817,63	1774,30	1758,96	1739,63	48,00	6.032	1844,51	1801,18	1785,84	1766,51	48,00
5.977	1818,11	1774,78	1759,44	1740,11	48,00	6.033	1844,99	1801,66	1786,32	1766,99	48,00
5.978	1818,59	1775,26	1759,92	1740,59	48,00	6.034	1845,47	1802,14	1786,80	1767,47	48,00
5.979	1819,07	1775,74	1760,40	1741,07	48,00	6.035	1845,95	1802,62	1787,28	1767,95	48,00
5.980	1819,55	1776,22	1760,88	1741,55	48,00	6.036	1846,43	1803,10	1787,76	1768,43	48,00
5.981	1820,03	1776,70	1761,36	1742,03	48,00	6.037	1846,91	1803,58	1788,24	1768,91	48,00
5.982	1820,51	1777,18	1761,84	1742,51	48,00	6.038	1847,39	1804,06	1788,72	1769,39	48,00
5.983	1820,99	1777,66	1762,32	1742,99	48,00	6.039	1847,87	1804,54	1789,20	1769,87	48,00
5.984	1821,47	1778,14	1762,80	1743,47	48,00	6.040	1848,35	1805,02	1789,68	1770,35	48,00
5.985	1821,95	1778,62	1763,28	1743,95	48,00	6.041	1848,83	1805,50	1790,16	1770,83	48,00
5.986	1822,43	1779,10	1763,76	1744,43	48,00	6.042	1849,31	1805,98	1790,64	1771,31	48,00
5.987	1822,91	1779,58	1764,24	1744,91	48,00	6.043	1849,79	1806,46	1791,12	1771,79	48,00
5.988	1823,39	1780,06	1764,72	1745,39	48,00	6.044	1850,27	1806,94	1791,60	1772,27	48,00
5.989	1823,87	1780,54	1765,20	1745,87	48,00	6.045	1850,75	1807,42	1792,08	1772,75	48,00
5.990	1824,35	1781,02	1765,68	1746,35	48,00	6.046	1851,23	1807,90	1792,56	1773,23	48,00
5.991	1824,83	1781,50	1766,16	1746,83	48,00	6.047	1851,71	1808,38	1793,04	1773,71	48,00
5.992	1825,31	1781,98	1766,64	1747,31	48,00	6.048	1852,19	1808,86	1793,52	1774,19	48,00
5.993	1825,79	1782,46	1767,12	1747,79	48,00	6.049	1852,67	1809,34	1794,00	1774,67	48,00
5.994	1826,27	1782,94	1767,60	1748,27	48,00	6.050	1853,15	1809,82	1794,48	1775,15	48,00
5.995	1826,75	1783,42	1768,08	1748,75	48,00	6.051	1853,63	1810,30	1794,96	1775,63	48,00
5.996	1827,23	1783,90	1768,56	1749,23	48,00	6.052	1854,11	1810,78	1795,44	1776,11	48,00
5.997	1827,71	1784,38	1769,04	1749,71	48,00	6.053	1854,59	1811,26	1795,92	1776,59	48,00
5.998	1828,19	1784,86	1769,52	1750,19	48,00	6.054	1855,07	1811,74	1796,40	1777,07	48,00
5.999	1828,67	1785,34	1770,00	1750,67	48,00	6.055	1855,55	1812,22	1796,88	1777,55	48,00
6.000	1829,15	1785,82	1770,48	1751,15	48,00	6.056	1856,03	1812,70	1797,36	1778,03	48,00
6.001	1829,63	1786,30	1770,96	1751,63	48,00	6.057	1856,51	1813,18	1797,84	1778,51	48,00
6.002	1830,11	1786,78	1771,44	1752,11	48,00	6.058	1856,99	1813,66	1798,32	1778,99	48,00
6.003	1830,59	1787,26	1771,92	1752,59	48,00	6.059	1857,47	1814,14	1798,80	1779,47	48,00
6.004	1831,07	1787,74	1772,40	1753,07	48,00	6.060	1857,95	1814,62	1799,28	1779,95	48,00
6.005	1831,55	1788,22	1772,88	1753,55	48,00	6.061	1858,43	1815,10	1799,76	1780,43	48,00
6.006	1832,03	1788,70	1773,36	1754,03	48,00	6.062	1858,91	1815,58	1800,24	1780,91	48,00
6.007	1832,51	1789,18	1773,84	1754,51	48,00	6.063	1859,39	1816,06	1800,72	1781,39	48,00
6.008	1832,99	1789,66	1774,32	1754,99	48,00	6.064	1859,87	1816,54	1801,20	1781,87	48,00
6.009	1833,47	1790,14	1774,80	1755,47	48,00	6.065	1860,35	1817,02	1801,68	1782,35	48,00
6.010	1833,95	1790,62	1775,28	1755,95	48,00	6.066	1860,83	1817,50	1802,16	1782,83	48,00
6.011	1834,43	1791,10	1775,76	1756,43	48,00	6.067	1861,31	1817,98	1802,64	1783,31	48,00
6.012	1834,91	1791,58	1776,24	1756,91	48,00	6.068	1861,79	1818,46	1803,12	1783,79	48,00
6.013	1835,39	1792,06	1776,72	1757,39	48,00	6.069	1862,27	1818,94	1803,60	1784,27	48,00
6.014	1835,87	1792,54	1777,20	1757,87	48,00	6.070	1862,75	1819,42	1804,08	1784,75	48,00
6.015	1836,35	1793,02	1777,68	1758,35	48,00	6.071	1863,23	1819,90	1804,56	1785,23	48,00
6.016	1836,83	1793,50	1778,16	1758,83	48,00	6.072	1863,71	1820,38	1805,04	1785,71	48,00
6.017	1837,31	1793,98	1778,64	1759,31	48,00	6.073	1864,19	1820,86	1805,52	1786,19	48,00
6.018	1837,79	1794,46	1779,12	1759,79	48,00	6.074	1864,67	1821,34	1806,00	1786,67	48,00
6.019	1838,27	1794,94	1779,60	1760,27	48,00	6.075	1865,15	1821,82	1806,48	1787,15	48,00
6.020	1838,75	1795,42	1780,08	1760,75	48,00	6.076	1865,63	1822,30	1806,96	1787,63	48,00
6.021	1839,23	1795,90	1780,56	1761,23	48,00	6.077	1866,11	1822,78	1807,44	1788,11	48,00
6.022	1839,71	1796,38	1781,04	1761,71	48,00	6.078	1866,59	1823,26	1807,92	1788,59	48,00
6.023	1840,19	1796,86	1781,52	1762,19	48,00	6.079	1867,07	1823,74	1808,40	1789,07	48,00
6.024	1840,67	1797,34	1782,00	1762,67	48,00	6.080	1867,55	1824,22	1808,88	1789,55	48,00
6.025	1841,15	1797,82	1782,48	1763,15	48,00	6.081	1868,03	1824,70	1809,36	1790,03	48,00
6.026	1841,63	1798,30	1782,96	1763,63	48,00	6.082	1868,51	1825,18	1809,84	1790,51	48,00
6.027	1842,11	1798,78	1783,44	1764,11	48,00	6.083	1868,99	1825,66	1810,32	1790,99	48,00
6.028	1842,59	1799,26	1783,92	1764,59	48,00	6.084	1869,47	1826,14	1810,80	1791,47	48,00
6.029	1843,07	1799,74	1784,40	1765,07	48,00	6.085	1869,95	1826,62	1811,28	1791,95	48,00
6.030	1843,55	1800,22	1784,88	1765,55	48,00	6.086	1870,43	1827,10	1811,76	1792,43	48,00
6.031	1844,03	1800,70	1785,36	1766,03	48,00	6.087	1870,91	1827,58	1812,24	1792,91	48,00

von **6.088** bis **6.199** — **MONATSLOHN AKTIVE**

Be-mes-sung	ohne AV	mit AV/1 Ki	mit AV/2 Ki	mit AV/3 Ki	% für Cent	Be-mes-sung	ohne AV	mit AV/1 Ki	mit AV/2 Ki	mit AV/3 Ki	% für Cent
6.088	1871,39	1828,06	1812,72	1793,39	48,00	6.144	1898,27	1854,94	1839,60	1820,27	48,00
6.089	1871,87	1828,54	1813,20	1793,87	48,00	6.145	1898,75	1855,42	1840,08	1820,75	48,00
6.090	1872,35	1829,02	1813,68	1794,35	48,00	6.146	1899,23	1855,90	1840,56	1821,23	48,00
6.091	1872,83	1829,50	1814,16	1794,83	48,00	6.147	1899,71	1856,38	1841,04	1821,71	48,00
6.092	1873,31	1829,98	1814,64	1795,31	48,00	6.148	1900,19	1856,86	1841,52	1822,19	48,00
6.093	1873,79	1830,46	1815,12	1795,79	48,00	6.149	1900,67	1857,34	1842,00	1822,67	48,00
6.094	1874,27	1830,94	1815,60	1796,27	48,00	6.150	1901,15	1857,82	1842,48	1823,15	48,00
6.095	1874,75	1831,42	1816,08	1796,75	48,00	6.151	1901,63	1858,30	1842,96	1823,63	48,00
6.096	1875,23	1831,90	1816,56	1797,23	48,00	6.152	1902,11	1858,78	1843,44	1824,11	48,00
6.097	1875,71	1832,38	1817,04	1797,71	48,00	6.153	1902,59	1859,26	1843,92	1824,59	48,00
6.098	1876,19	1832,86	1817,52	1798,19	48,00	6.154	1903,07	1859,74	1844,40	1825,07	48,00
6.099	1876,67	1833,34	1818,00	1798,67	48,00	6.155	1903,55	1860,22	1844,88	1825,55	48,00
6.100	1877,15	1833,82	1818,48	1799,15	48,00	6.156	1904,03	1860,70	1845,36	1826,03	48,00
6.101	1877,63	1834,30	1818,96	1799,63	48,00	6.157	1904,51	1861,18	1845,84	1826,51	48,00
6.102	1878,11	1834,78	1819,44	1800,11	48,00	6.158	1904,99	1861,66	1846,32	1826,99	48,00
6.103	1878,59	1835,26	1819,92	1800,59	48,00	6.159	1905,47	1862,14	1846,80	1827,47	48,00
6.104	1879,07	1835,74	1820,40	1801,07	48,00	6.160	1905,95	1862,62	1847,28	1827,95	48,00
6.105	1879,55	1836,22	1820,88	1801,55	48,00	6.161	1906,43	1863,10	1847,76	1828,43	48,00
6.106	1880,03	1836,70	1821,36	1802,03	48,00	6.162	1906,91	1863,58	1848,24	1828,91	48,00
6.107	1880,51	1837,18	1821,84	1802,51	48,00	6.163	1907,39	1864,06	1848,72	1829,39	48,00
6.108	1880,99	1837,66	1822,32	1802,99	48,00	6.164	1907,87	1864,54	1849,20	1829,87	48,00
6.109	1881,47	1838,14	1822,80	1803,47	48,00	6.165	1908,35	1865,02	1849,68	1830,35	48,00
6.110	1881,95	1838,62	1823,28	1803,95	48,00	6.166	1908,83	1865,50	1850,16	1830,83	48,00
6.111	1882,43	1839,10	1823,76	1804,43	48,00	6.167	1909,31	1865,98	1850,64	1831,31	48,00
6.112	1882,91	1839,58	1824,24	1804,91	48,00	6.168	1909,79	1866,46	1851,12	1831,79	48,00
6.113	1883,39	1840,06	1824,72	1805,39	48,00	6.169	1910,27	1866,94	1851,60	1832,27	48,00
6.114	1883,87	1840,54	1825,20	1805,87	48,00	6.170	1910,75	1867,42	1852,08	1832,75	48,00
6.115	1884,35	1841,02	1825,68	1806,35	48,00	6.171	1911,23	1867,90	1852,56	1833,23	48,00
6.116	1884,83	1841,50	1826,16	1806,83	48,00	6.172	1911,71	1868,38	1853,04	1833,71	48,00
6.117	1885,31	1841,98	1826,64	1807,31	48,00	6.173	1912,19	1868,86	1853,52	1834,19	48,00
6.118	1885,79	1842,46	1827,12	1807,79	48,00	6.174	1912,67	1869,34	1854,00	1834,67	48,00
6.119	1886,27	1842,94	1827,60	1808,27	48,00	6.175	1913,15	1869,82	1854,48	1835,15	48,00
6.120	1886,75	1843,42	1828,08	1808,75	48,00	6.176	1913,63	1870,30	1854,96	1835,63	48,00
6.121	1887,23	1843,90	1828,56	1809,23	48,00	6.177	1914,11	1870,78	1855,44	1836,11	48,00
6.122	1887,71	1844,38	1829,04	1809,71	48,00	6.178	1914,59	1871,26	1855,92	1836,59	48,00
6.123	1888,19	1844,86	1829,52	1810,19	48,00	6.179	1915,07	1871,74	1856,40	1837,07	48,00
6.124	1888,67	1845,34	1830,00	1810,67	48,00	6.180	1915,55	1872,22	1856,88	1837,55	48,00
6.125	1889,15	1845,82	1830,48	1811,15	48,00	6.181	1916,03	1872,70	1857,36	1838,03	48,00
6.126	1889,63	1846,30	1830,96	1811,63	48,00	6.182	1916,51	1873,18	1857,84	1838,51	48,00
6.127	1890,11	1846,78	1831,44	1812,11	48,00	6.183	1916,99	1873,66	1858,32	1838,99	48,00
6.128	1890,59	1847,26	1831,92	1812,59	48,00	6.184	1917,47	1874,14	1858,80	1839,47	48,00
6.129	1891,07	1847,74	1832,40	1813,07	48,00	6.185	1917,95	1874,62	1859,28	1839,95	48,00
6.130	1891,55	1848,22	1832,88	1813,55	48,00	6.186	1918,43	1875,10	1859,76	1840,43	48,00
6.131	1892,03	1848,70	1833,36	1814,03	48,00	6.187	1918,91	1875,58	1860,24	1840,91	48,00
6.132	1892,51	1849,18	1833,84	1814,51	48,00	6.188	1919,39	1876,06	1860,72	1841,39	48,00
6.133	1892,99	1849,66	1834,32	1814,99	48,00	6.189	1919,87	1876,54	1861,20	1841,87	48,00
6.134	1893,47	1850,14	1834,80	1815,47	48,00	6.190	1920,35	1877,02	1861,68	1842,35	48,00
6.135	1893,95	1850,62	1835,28	1815,95	48,00	6.191	1920,83	1877,50	1862,16	1842,83	48,00
6.136	1894,43	1851,10	1835,76	1816,43	48,00	6.192	1921,31	1877,98	1862,64	1843,31	48,00
6.137	1894,91	1851,58	1836,24	1816,91	48,00	6.193	1921,79	1878,46	1863,12	1843,79	48,00
6.138	1895,39	1852,06	1836,72	1817,39	48,00	6.194	1922,27	1878,94	1863,60	1844,27	48,00
6.139	1895,87	1852,54	1837,20	1817,87	48,00	6.195	1922,75	1879,42	1864,08	1844,75	48,00
6.140	1896,35	1853,02	1837,68	1818,35	48,00	6.196	1923,23	1879,90	1864,56	1845,23	48,00
6.141	1896,83	1853,50	1838,16	1818,83	48,00	6.197	1923,71	1880,38	1865,04	1845,71	48,00
6.142	1897,31	1853,98	1838,64	1819,31	48,00	6.198	1924,19	1880,86	1865,52	1846,19	48,00
6.143	1897,79	1854,46	1839,12	1819,79	48,00	6.199	1924,67	1881,34	1866,00	1846,67	48,00

MONATSLOHN AKTIVE — von 6.200 bis 6.311

Be-mes-sung	ohne AV	mit AV/1 Ki	mit AV/2 Ki	mit AV/3 Ki	% für Cent	Be-mes-sung	ohne AV	mit AV/1 Ki	mit AV/2 Ki	mit AV/3 Ki	% für Cent
6.200	1925,15	1881,82	1866,48	1847,15	48,00	6.256	1952,03	1908,70	1893,36	1874,03	48,00
6.201	1925,63	1882,30	1866,96	1847,63	48,00	6.257	1952,51	1909,18	1893,84	1874,51	48,00
6.202	1926,11	1882,78	1867,44	1848,11	48,00	6.258	1952,99	1909,66	1894,32	1874,99	48,00
6.203	1926,59	1883,26	1867,92	1848,59	48,00	6.259	1953,47	1910,14	1894,80	1875,47	48,00
6.204	1927,07	1883,74	1868,40	1849,07	48,00	6.260	1953,95	1910,62	1895,28	1875,95	48,00
6.205	1927,55	1884,22	1868,88	1849,55	48,00	6.261	1954,43	1911,10	1895,76	1876,43	48,00
6.206	1928,03	1884,70	1869,36	1850,03	48,00	6.262	1954,91	1911,58	1896,24	1876,91	48,00
6.207	1928,51	1885,18	1869,84	1850,51	48,00	6.263	1955,39	1912,06	1896,72	1877,39	48,00
6.208	1928,99	1885,66	1870,32	1850,99	48,00	6.264	1955,87	1912,54	1897,20	1877,87	48,00
6.209	1929,47	1886,14	1870,80	1851,47	48,00	6.265	1956,35	1913,02	1897,68	1878,35	48,00
6.210	1929,95	1886,62	1871,28	1851,95	48,00	6.266	1956,83	1913,50	1898,16	1878,83	48,00
6.211	1930,43	1887,10	1871,76	1852,43	48,00	6.267	1957,31	1913,98	1898,64	1879,31	48,00
6.212	1930,91	1887,58	1872,24	1852,91	48,00	6.268	1957,79	1914,46	1899,12	1879,79	48,00
6.213	1931,39	1888,06	1872,72	1853,39	48,00	6.269	1958,27	1914,94	1899,60	1880,27	48,00
6.214	1931,87	1888,54	1873,20	1853,87	48,00	6.270	1958,75	1915,42	1900,08	1880,75	48,00
6.215	1932,35	1889,02	1873,68	1854,35	48,00	6.271	1959,23	1915,90	1900,56	1881,23	48,00
6.216	1932,83	1889,50	1874,16	1854,83	48,00	6.272	1959,71	1916,38	1901,04	1881,71	48,00
6.217	1933,31	1889,98	1874,64	1855,31	48,00	6.273	1960,19	1916,86	1901,52	1882,19	48,00
6.218	1933,79	1890,46	1875,12	1855,79	48,00	6.274	1960,67	1917,34	1902,00	1882,67	48,00
6.219	1934,27	1890,94	1875,60	1856,27	48,00	6.275	1961,15	1917,82	1902,48	1883,15	48,00
6.220	1934,75	1891,42	1876,08	1856,75	48,00	6.276	1961,63	1918,30	1902,96	1883,63	48,00
6.221	1935,23	1891,90	1876,56	1857,23	48,00	6.277	1962,11	1918,78	1903,44	1884,11	48,00
6.222	1935,71	1892,38	1877,04	1857,71	48,00	6.278	1962,59	1919,26	1903,92	1884,59	48,00
6.223	1936,19	1892,86	1877,52	1858,19	48,00	6.279	1963,07	1919,74	1904,40	1885,07	48,00
6.224	1936,67	1893,34	1878,00	1858,67	48,00	6.280	1963,55	1920,22	1904,88	1885,55	48,00
6.225	1937,15	1893,82	1878,48	1859,15	48,00	6.281	1964,03	1920,70	1905,36	1886,03	48,00
6.226	1937,63	1894,30	1878,96	1859,63	48,00	6.282	1964,51	1921,18	1905,84	1886,51	48,00
6.227	1938,11	1894,78	1879,44	1860,11	48,00	6.283	1964,99	1921,66	1906,32	1886,99	48,00
6.228	1938,59	1895,26	1879,92	1860,59	48,00	6.284	1965,47	1922,14	1906,80	1887,47	48,00
6.229	1939,07	1895,74	1880,40	1861,07	48,00	6.285	1965,95	1922,62	1907,28	1887,95	48,00
6.230	1939,55	1896,22	1880,88	1861,55	48,00	6.286	1966,43	1923,10	1907,76	1888,43	48,00
6.231	1940,03	1896,70	1881,36	1862,03	48,00	6.287	1966,91	1923,58	1908,24	1888,91	48,00
6.232	1940,51	1897,18	1881,84	1862,51	48,00	6.288	1967,39	1924,06	1908,72	1889,39	48,00
6.233	1940,99	1897,66	1882,32	1862,99	48,00	6.289	1967,87	1924,54	1909,20	1889,87	48,00
6.234	1941,47	1898,14	1882,80	1863,47	48,00	6.290	1968,35	1925,02	1909,68	1890,35	48,00
6.235	1941,95	1898,62	1883,28	1863,95	48,00	6.291	1968,83	1925,50	1910,16	1890,83	48,00
6.236	1942,43	1899,10	1883,76	1864,43	48,00	6.292	1969,31	1925,98	1910,64	1891,31	48,00
6.237	1942,91	1899,58	1884,24	1864,91	48,00	6.293	1969,79	1926,46	1911,12	1891,79	48,00
6.238	1943,39	1900,06	1884,72	1865,39	48,00	6.294	1970,27	1926,94	1911,60	1892,27	48,00
6.239	1943,87	1900,54	1885,20	1865,87	48,00	6.295	1970,75	1927,42	1912,08	1892,75	48,00
6.240	1944,35	1901,02	1885,68	1866,35	48,00	6.296	1971,23	1927,90	1912,56	1893,23	48,00
6.241	1944,83	1901,50	1886,16	1866,83	48,00	6.297	1971,71	1928,38	1913,04	1893,71	48,00
6.242	1945,31	1901,98	1886,64	1867,31	48,00	6.298	1972,19	1928,86	1913,52	1894,19	48,00
6.243	1945,79	1902,46	1887,12	1867,79	48,00	6.299	1972,67	1929,34	1914,00	1894,67	48,00
6.244	1946,27	1902,94	1887,60	1868,27	48,00	6.300	1973,15	1929,82	1914,48	1895,15	48,00
6.245	1946,75	1903,42	1888,08	1868,75	48,00	6.301	1973,63	1930,30	1914,96	1895,63	48,00
6.246	1947,23	1903,90	1888,56	1869,23	48,00	6.302	1974,11	1930,78	1915,44	1896,11	48,00
6.247	1947,71	1904,38	1889,04	1869,71	48,00	6.303	1974,59	1931,26	1915,92	1896,59	48,00
6.248	1948,19	1904,86	1889,52	1870,19	48,00	6.304	1975,07	1931,74	1916,40	1897,07	48,00
6.249	1948,67	1905,34	1890,00	1870,67	48,00	6.305	1975,55	1932,22	1916,88	1897,55	48,00
6.250	1949,15	1905,82	1890,48	1871,15	48,00	6.306	1976,03	1932,70	1917,36	1898,03	48,00
6.251	1949,63	1906,30	1890,96	1871,63	48,00	6.307	1976,51	1933,18	1917,84	1898,51	48,00
6.252	1950,11	1906,78	1891,44	1872,11	48,00	6.308	1976,99	1933,66	1918,32	1898,99	48,00
6.253	1950,59	1907,26	1891,92	1872,59	48,00	6.309	1977,47	1934,14	1918,80	1899,47	48,00
6.254	1951,07	1907,74	1892,40	1873,07	48,00	6.310	1977,95	1934,62	1919,28	1899,95	48,00
6.255	1951,55	1908,22	1892,88	1873,55	48,00	6.311	1978,43	1935,10	1919,76	1900,43	48,00

Anschlusstabelle
für Bemessungsgrundlagen von mehr als € 6.311,00

Bemessungs-grundlage Euro	Lohnsteuer ohne	Lohnsteuer mit*)	Bemessungs-grundlage Euro	Lohnsteuer ohne	Lohnsteuer mit*)
	Alleinverdiener-/Alleinerzieher-Absetzbetrag			Alleinverdiener-/Alleinerzieher-Absetzbetrag	
bis 5.184,33	41% abzüglich 687,94	41% abzüglich 731,27	bis 83.344,33	50% abzüglich 1.206,27	50% abzüglich 1.249,60
bis 7.771,00	48% abzüglich 1.050,85	48% abzüglich 1.094,18	ab 83.344,34	55% abzüglich 5.373,48	55% abzüglich 5.416,81

*) Alleinverdiener gilt ab 2019 ausschließlich in Verbindung mit Kindern im EU/EWR-Raum bzw. in der Schweiz.

Das Ergebnis ist bei Alleinverdienern/Alleinerziehern mit mehr als einem Kinder um folgende Beträge zu kürzen und auf volle Cent zu runden:

2. Kind   **jedes weitere Kind**
       € 15,33   € 19,33

*) Ab 2019 steht für Kinder im EU/EWR -Raum bzw. in der Schweiz zusätzlich der Familienbonus Plus zu. Auch dieser wird an das Preisniveau des Wohnsitzstaates angepasst.

Das Ergebnis ist bei Anspruch auf den Familienbonus Plus um folgende Beträge zu kürzen und auf volle Cent zu runden:

Kinder bis 18 Jahre   **Kinder über 18 Jahre**
voll   geteilt   voll   geteilt
    € 166,68   € 83,34   € 54,18   € 27,09

von **1.330** bis **2.380** — **PENSIONSBEZUG**

Die folgende Tabelle enthält eine Berechnung des Pensionsbezugs in 10-Euro-Schritten.
Eine Euro-genaue Berechnung (bis zum Betrag von € 4.465,–) finden Sie unter rdb.at/lohnsteuer.

Bemessung	ohne AVAB	mit AVAB – mit Kindern	% für Cent	mit AVAB – ohne Kinder	% für Cent	Bemessung	ohne AVAB	mit AVAB – mit Kindern	% für Cent	mit AVAB – ohne Kinder	% für Cent
1.330	0,00	0,00	0,00	0,00	0,00	1.860	164,94	121,61	40,30	121,76	51,80
1.340	0,78	0,00	0,00	0,00	0,00	1.870	168,97	125,64	40,30	126,94	51,80
1.350	2,78	0,00	0,00	0,00	0,00	1.880	173,00	129,67	40,30	132,12	51,80
1.360	4,78	0,00	0,00	0,00	0,00	1.890	177,03	133,70	40,40	137,30	51,80
1.370	6,78	0,00	0,00	0,00	0,00	1.900	181,06	137,73	40,30	142,49	51,80
1.380	8,78	0,00	0,00	0,00	0,00	1.910	185,10	141,76	40,30	147,67	51,80
1.390	10,78	0,00	0,00	0,00	0,00	1.920	189,13	145,79	40,30	152,85	51,80
1.400	12,78	0,00	0,00	0,00	0,00	1.930	193,16	149,82	40,30	158,03	51,80
1.410	14,78	0,00	0,00	0,00	0,00	1.940	197,19	153,86	40,30	163,21	51,80
1.420	16,78	0,00	0,00	0,00	0,00	1.950	201,22	157,89	40,30	168,39	51,80
1.430	18,78	0,00	0,00	0,00	0,00	1.960	205,25	161,92	40,30	173,57	51,80
1.440	20,78	0,00	0,00	0,00	0,00	1.970	209,28	165,95	40,30	178,75	51,80
1.450	22,78	0,00	0,00	0,00	0,00	1.980	213,32	169,98	40,30	183,94	51,80
1.460	24,78	0,00	0,00	0,00	0,00	1.990	217,35	174,01	40,30	189,12	51,80
1.470	26,78	0,00	0,00	0,00	0,00	2.000	221,38	178,05	40,40	194,30	51,80
1.480	28,78	0,00	0,00	0,00	0,00	2.010	225,41	182,08	40,30	199,48	51,80
1.490	30,78	0,00	0,00	0,00	0,00	2.020	229,44	186,11	40,30	204,66	51,90
1.500	32,78	0,00	0,00	0,00	0,00	2.030	233,47	190,14	40,30	209,84	51,80
1.510	34,78	0,00	0,00	0,62	20,00	2.040	237,50	194,17	40,30	215,02	51,80
1.520	36,78	0,00	0,00	2,62	20,00	2.050	241,54	198,20	40,30	220,20	51,80
1.530	38,78	0,00	0,00	4,62	20,00	2.060	245,57	202,23	40,30	225,39	51,90
1.540	41,39	0,00	0,00	6,62	20,00	2.070	249,60	206,26	40,30	230,57	51,80
1.550	44,42	1,08	30,30	8,62	20,00	2.080	253,63	210,30	40,40	235,75	51,80
1.560	47,45	4,11	30,30	10,62	20,00	2.090	257,66	214,33	40,30	240,93	51,80
1.570	50,48	7,15	30,30	12,62	20,00	2.100	261,69	218,36	40,30	246,11	51,90
1.580	53,51	10,18	30,30	14,62	20,00	2.110	265,72	222,39	40,30	251,29	51,80
1.590	56,54	13,21	30,30	16,62	20,00	2.120	269,75	226,42	40,30	256,47	51,80
1.600	60,12	16,79	40,30	19,17	30,00	2.130	273,79	230,45	40,30	261,65	51,80
1.610	64,16	20,82	40,30	22,17	30,00	2.140	277,82	234,48	40,30	266,84	51,80
1.620	68,19	24,85	40,40	25,17	30,00	2.150	281,85	238,52	40,30	272,02	51,80
1.630	72,22	28,88	40,30	28,17	30,00	2.160	285,88	242,55	40,30	277,20	51,80
1.640	76,25	32,92	40,30	31,17	30,00	2.170	289,91	246,58	40,30	282,38	51,80
1.650	80,28	36,95	40,30	34,17	30,00	2.180	293,94	250,61	40,30	287,56	51,80
1.660	84,31	40,98	40,30	37,17	30,00	2.190	297,97	254,64	40,40	292,74	51,80
1.670	88,34	45,01	40,30	40,17	30,00	2.200	302,01	258,67	40,30	297,92	51,80
1.680	92,37	49,04	40,30	43,17	30,00	2.210	306,04	262,70	40,30	303,10	51,80
1.690	96,41	53,07	40,30	46,17	30,00	2.220	310,07	266,74	40,30	308,29	51,80
1.700	100,44	57,10	40,40	49,17	30,00	2.230	314,10	270,77	40,30	313,47	51,80
1.710	104,47	61,14	40,30	52,17	30,00	2.240	317,67	274,33	30,00	317,67	30,00
1.720	108,50	65,17	40,30	55,17	30,00	2.250	320,67	277,33	30,00	320,67	30,00
1.730	112,53	69,20	40,30	58,17	30,00	2.260	323,67	280,33	30,00	323,67	30,00
1.740	116,56	73,23	40,30	61,17	30,00	2.270	326,67	283,33	30,00	326,67	30,00
1.750	120,59	77,26	40,30	64,77	51,90	2.280	329,67	286,33	30,00	329,67	30,00
1.760	124,63	81,29	40,30	69,95	51,80	2.290	332,67	289,33	30,00	332,67	30,00
1.770	128,66	85,32	40,30	75,13	51,80	2.300	335,67	292,33	30,00	335,67	30,00
1.780	132,69	89,35	40,30	80,31	51,80	2.310	338,67	295,33	30,00	338,67	30,00
1.790	136,72	93,39	40,30	85,49	51,90	2.320	341,67	298,33	30,00	341,67	30,00
1.800	140,75	97,42	40,30	90,67	51,80	2.330	344,67	301,33	30,00	344,67	30,00
1.810	144,78	101,45	40,40	95,85	51,80	2.340	347,67	304,33	30,00	347,67	30,00
1.820	148,81	105,48	40,30	101,04	51,80	2.350	350,67	307,33	30,00	350,67	30,00
1.830	152,85	109,51	40,30	106,22	51,90	2.360	353,67	310,33	30,00	353,67	30,00
1.840	156,88	113,54	40,30	111,40	51,80	2.370	356,67	313,33	30,00	356,67	30,00
1.850	160,91	117,57	40,30	116,58	51,80	2.380	359,67	316,33	30,00	359,67	30,00

PENSIONSBEZUG von **2.390** bis **3.500**

Bemessung	ohne AVAB	mit AVAB – mit Kindern	% für Cent	mit AVAB – ohne Kinder	% für Cent	Bemessung	ohne AVAB	mit AVAB – mit Kindern	% für Cent	mit AVAB – ohne Kinder	% für Cent
2.390	362,67	319,33	30,00	362,67	30,00	2.950	561,15	517,81	41,10	561,15	41,00
2.400	365,67	322,33	30,00	365,67	30,00	2.960	565,25	521,91	41,10	565,25	41,00
2.410	368,67	325,33	30,00	368,67	30,00	2.970	569,35	526,01	40,90	569,35	41,00
2.420	371,67	328,33	30,00	371,67	30,00	2.980	573,45	530,11	41,00	573,45	41,00
2.430	374,67	331,33	30,00	374,67	30,00	2.990	577,55	534,21	41,00	577,55	41,00
2.440	377,67	334,33	30,00	377,67	30,00	3.000	581,65	538,31	41,10	581,65	41,00
2.450	380,67	337,33	30,00	380,67	30,00	3.010	585,75	542,41	41,00	585,75	41,00
2.460	383,67	340,33	30,00	383,67	30,00	3.020	589,85	546,51	40,90	589,85	41,00
2.470	386,67	343,33	30,00	386,67	30,00	3.030	593,95	550,61	41,00	593,95	41,00
2.480	389,67	346,33	30,00	389,67	30,00	3.040	598,05	554,71	41,00	598,05	41,00
2.490	392,67	349,33	30,00	392,67	30,00	3.050	602,15	558,81	41,10	602,15	41,00
2.500	395,67	352,33	30,00	395,67	30,00	3.060	606,25	562,91	41,00	606,25	41,00
2.510	398,67	355,33	30,00	398,67	30,00	3.070	610,35	567,01	40,90	610,35	41,00
2.520	401,67	358,33	30,00	401,67	30,00	3.080	614,45	571,11	41,00	614,45	41,00
2.530	404,67	361,33	30,00	404,67	30,00	3.090	618,55	575,21	41,00	618,55	41,00
2.540	407,67	364,33	30,00	407,67	30,00	3.100	622,65	579,31	41,00	622,65	41,00
2.550	410,67	367,33	30,00	410,67	30,00	3.110	626,75	583,41	41,00	626,75	41,00
2.560	413,67	370,33	30,00	413,67	30,00	3.120	630,85	587,51	40,90	630,85	41,00
2.570	416,67	373,33	30,00	416,67	30,00	3.130	634,95	591,61	41,00	634,95	41,00
2.580	419,67	376,33	30,00	419,67	30,00	3.140	639,05	595,71	41,10	639,05	41,00
2.590	422,67	379,33	30,00	422,67	30,00	3.150	643,15	599,81	41,00	643,15	41,00
2.600	425,67	382,33	30,00	425,67	30,00	3.160	647,25	603,91	41,00	647,25	41,00
2.610	428,67	385,33	30,00	428,67	30,00	3.170	651,35	608,01	40,90	651,35	41,00
2.620	431,67	388,33	30,00	431,67	30,00	3.180	655,45	612,11	41,00	655,45	41,00
2.630	434,67	391,33	30,00	434,67	30,00	3.190	659,55	616,21	41,10	659,55	41,00
2.640	437,67	394,33	30,00	437,67	30,00	3.200	663,65	620,31	41,00	663,65	41,00
2.650	440,67	397,33	30,00	440,67	30,00	3.210	667,75	624,41	40,90	667,75	41,00
2.660	443,67	400,33	30,00	443,67	30,00	3.220	671,85	628,51	40,90	671,85	41,00
2.670	446,67	403,33	30,00	446,67	30,00	3.230	675,95	632,61	41,00	675,95	41,00
2.680	450,45	407,11	41,00	450,45	41,00	3.240	680,05	636,71	41,10	680,05	41,00
2.690	454,55	411,21	40,90	454,55	41,00	3.250	684,15	640,81	41,00	684,15	41,00
2.700	458,65	415,31	41,10	458,65	41,00	3.260	688,25	644,91	41,10	688,25	41,00
2.710	462,75	419,41	41,00	462,75	41,00	3.270	692,35	649,01	40,90	692,35	41,00
2.720	466,85	423,51	41,00	466,85	41,00	3.280	696,45	653,11	41,00	696,45	41,00
2.730	470,95	427,61	41,00	470,95	41,00	3.290	700,55	657,21	41,10	700,55	41,00
2.740	475,05	431,71	40,90	475,05	41,00	3.300	704,65	661,31	41,00	704,65	41,00
2.750	479,15	435,81	41,10	479,15	41,00	3.310	708,75	665,41	41,10	708,75	41,00
2.760	483,25	439,91	41,00	483,25	41,00	3.320	712,85	669,51	40,90	712,85	41,00
2.770	487,35	444,01	41,00	487,35	41,00	3.330	716,95	673,61	41,00	716,95	41,00
2.780	491,45	448,11	41,00	491,45	41,00	3.340	721,05	677,71	41,10	721,05	41,00
2.790	495,55	452,21	41,00	495,55	41,00	3.350	725,15	681,81	41,00	725,15	41,00
2.800	499,65	456,31	41,10	499,65	41,00	3.360	729,25	685,91	41,10	729,25	41,00
2.810	503,75	460,41	40,90	503,75	41,00	3.370	733,35	690,01	41,00	733,35	41,00
2.820	507,85	464,51	41,10	507,85	41,00	3.380	737,45	694,11	41,00	737,45	41,00
2.830	511,95	468,61	41,00	511,95	41,00	3.390	741,55	698,21	41,10	741,55	41,00
2.840	516,05	472,71	41,00	516,05	41,00	3.400	745,65	702,31	41,00	745,65	41,00
2.850	520,15	476,81	41,10	520,15	41,00	3.410	749,75	706,41	41,10	749,75	41,00
2.860	524,25	480,91	41,10	524,25	41,00	3.420	753,85	710,51	41,00	753,85	41,00
2.870	528,35	485,01	41,00	528,35	41,00	3.430	757,95	714,61	41,00	757,95	41,00
2.880	532,45	489,11	41,00	532,45	41,00	3.440	762,05	718,71	41,00	762,05	41,00
2.890	536,55	493,21	41,00	536,55	41,00	3.450	766,15	722,81	41,00	766,15	41,00
2.900	540,65	497,31	41,10	540,65	41,00	3.460	770,25	726,91	41,10	770,25	41,00
2.910	544,75	501,41	41,10	544,75	41,00	3.470	774,35	731,01	41,00	774,35	41,00
2.920	548,85	505,51	41,00	548,85	41,00	3.480	778,45	735,11	41,00	778,45	41,00
2.930	552,95	509,61	41,00	552,95	41,00	3.490	782,55	739,21	41,00	782,55	41,00
2.940	557,05	513,71	41,00	557,05	41,00	3.500	786,65	743,31	41,00	786,65	41,00

Anschlusstabelle
für Bemessungsgrundlagen von mehr als € 3.500,00

Bemessungs-grundlage Euro	Lohnsteuer **ohne** Alleinverdiener-/Alleinerzieher-Absetzbetrag	Lohnsteuer **mit*)** Alleinverdiener-/Alleinerzieher-Absetzbetrag	Bemessungs-grundlage Euro	Lohnsteuer **ohne** Alleinverdiener-/Alleinerzieher-Absetzbetrag	Lohnsteuer **mit*)** Alleinverdiener-/Alleinerzieher-Absetzbetrag
bis 5.173,33	41% abzüglich 648,35	41% abzüglich 691,68	bis 83.333,33	50% abzüglich 1.165,69	50% abzüglich 1.209,02
bis 7.760,00	48% abzüglich 1.010,49	48% abzüglich 1.053,82	ab 83.333,34	55% abzüglich 5.332,35	55% abzüglich 5.375,68

*) Alleinverdiener gilt ab 2019 ausschließlich in Verbindung mit Kindern im EU/EWR-Raum bzw. in der Schweiz.

Das Ergebnis ist bei Alleinverdienern/Alleinerziehern mit mehr als einem Kinder um folgende Beträge zu kürzen und auf volle Cent zu runden:

2. Kind	jedes weitere Kind
€ 15,33	€ 19,33

*) Ab 2019 steht für Kinder im EU/EWR-Raum bzw. in der Schweiz zusätzlich der Familienbonus Plus zu.

Das Ergebnis ist bei Anspruch auf den Familienbonus Plus um folgende Beträge zu kürzen und auf volle Cent zu runden:

Kinder bis 18 Jahre		Kinder über 18 Jahre	
voll	geteilt	voll	geteilt
€ 166,68	€ 83,34	€ 54,18	€ 27,09

von 300 bis 1.370 (Nettobezug → Bruttobezug) **NETTOTABELLE 1**

Mit diesen Nettotabellen soll für jeden Arbeitgeber (oder Arbeitnehmer) die Möglichkeit geschaffen werden, rasch nachschlagen zu können, wie hoch der Bruttoaufwand bei einem bestimmten beabsichtigten Nettoabzug ist. Bei dieser Berechnung sind selbstverständlich persönliche steuerfreie Bezugsteile und etwaige Freibeträge ebenso wenig wie der Alleinverdiener-/Alleinerzieherabsetzbetrag berücksichtigt. Die Nettotabellen wurden unter Berücksichtigung der SV-Höchstbeitragsgrundlage erstellt.

Arbeiter und Angestellte						Arbeiter und Angestellte					
Brutto	SV	LSt	Netto	13. Bezug	14. Bezug	Brutto	SV	LSt	Netto	13. Bezug	14. Bezug
353,44	53,44	0,00	300	303,53	303,53	989,63	149,63	0,00	840	849,89	849,89
365,22	55,22	0,00	310	313,65	313,65	1001,41	151,41	0,00	850	860,01	860,01
377,00	57,00	0,00	320	323,77	323,77	1013,19	153,19	0,00	860	870,13	870,13
388,78	58,78	0,00	330	333,88	333,88	1024,98	154,98	0,00	870	880,25	880,25
400,56	60,56	0,00	340	344,00	344,00	1036,76	156,76	0,00	880	890,37	890,37
412,35	62,35	0,00	350	354,13	354,13	1048,54	158,54	0,00	890	900,49	900,49
424,13	64,13	0,00	360	364,24	364,24	1060,32	160,32	0,00	900	893,16	855,96
435,91	65,91	0,00	370	374,36	374,36	1072,10	162,10	0,00	910	902,68	865,48
447,69	67,69	0,00	380	384,48	384,48	1083,88	163,88	0,00	920	912,19	874,99
459,47	69,47	0,00	390	394,59	394,59	1095,67	165,67	0,00	930	921,70	884,50
471,25	71,25	0,00	400	404,71	404,71	1107,45	167,45	0,00	940	931,22	894,02
483,03	73,03	0,00	410	414,83	414,83	1119,23	169,23	0,00	950	940,72	903,52
494,82	74,82	0,00	420	424,95	424,95	1131,01	171,01	0,00	960	950,23	913,03
506,60	76,60	0,00	430	435,07	435,07	1142,79	172,79	0,00	970	959,74	922,54
518,38	78,38	0,00	440	445,18	445,18	1154,57	174,57	0,00	980	969,25	932,05
530,16	80,16	0,00	450	455,30	455,30	1166,35	176,35	0,00	990	978,76	941,56
541,94	81,94	0,00	460	465,42	465,42	1178,13	178,13	0,00	1.000	988,27	951,07
553,72	83,72	0,00	470	475,53	475,53	1189,92	179,92	0,00	1.010	997,79	960,59
565,50	85,50	0,00	480	485,65	485,65	1201,70	181,70	0,00	1.020	1007,30	970,10
577,28	87,28	0,00	490	495,77	495,77	1213,48	183,48	0,00	1.030	1016,81	979,61
589,07	89,07	0,00	500	505,89	505,89	1225,26	185,26	0,00	1.040	1026,31	989,11
600,85	90,85	0,00	510	516,01	516,01	1237,04	187,04	0,00	1.050	1035,83	998,63
612,63	92,63	0,00	520	526,13	526,13	1248,82	188,82	0,00	1.060	1045,34	1008,14
624,41	94,41	0,00	530	536,24	536,24	1260,60	190,60	0,00	1.070	1054,84	1017,64
636,19	96,19	0,00	540	546,36	546,36	1272,38	192,38	0,00	1.080	1064,36	1027,16
647,97	97,97	0,00	550	556,48	556,48	1284,17	194,17	0,00	1.090	1073,88	1036,68
659,75	99,75	0,00	560	566,59	566,59	1295,95	195,95	0,00	1.100	1083,38	1046,18
671,54	101,54	0,00	570	576,72	576,72	1307,73	197,73	0,00	1.110	1092,90	1055,70
683,32	103,32	0,00	580	586,84	586,84	1319,51	199,51	0,00	1.120	1102,41	1065,21
695,10	105,10	0,00	590	596,95	596,95	1331,29	201,29	0,00	1.130	1111,91	1074,71
706,88	106,88	0,00	600	607,07	607,07	1343,07	203,07	0,00	1.140	1121,42	1084,22
718,66	108,66	0,00	610	617,19	617,19	1354,85	204,85	0,00	1.150	1130,94	1093,74
730,44	110,44	0,00	620	627,30	627,30	1366,64	206,64	0,00	1.160	1140,45	1103,25
742,22	112,22	0,00	630	637,42	637,42	1381,12	208,83	2,29	1.170	1152,14	1114,94
754,00	114,00	0,00	640	647,54	647,54	1395,84	211,05	4,79	1.180	1164,02	1126,82
765,79	115,79	0,00	650	657,66	657,66	1410,57	213,28	7,29	1.190	1175,92	1138,72
777,57	117,57	0,00	660	667,78	667,78	1425,30	215,51	9,79	1.200	1187,81	1150,61
789,35	119,35	0,00	670	677,89	677,89	1440,02	217,73	12,29	1.210	1199,69	1162,49
801,13	121,13	0,00	680	688,01	688,01	1454,75	219,96	14,79	1.220	1211,58	1174,38
812,91	122,91	0,00	690	698,13	698,13	1469,47	222,18	17,29	1.230	1223,46	1186,26
824,69	124,69	0,00	700	708,24	708,24	1484,20	224,41	19,79	1.240	1235,35	1198,15
836,47	126,47	0,00	710	718,36	718,36	1498,93	226,64	22,29	1.250	1247,24	1210,04
848,26	128,26	0,00	720	728,49	728,49	1513,66	228,87	24,79	1.260	1259,13	1221,93
860,04	130,04	0,00	730	738,60	738,60	1528,38	231,09	27,29	1.270	1271,02	1233,82
871,82	131,82	0,00	740	748,72	748,72	1543,11	233,32	29,79	1.280	1282,91	1245,71
883,60	133,60	0,00	750	758,84	758,84	1557,84	235,55	32,29	1.290	1294,80	1257,60
895,38	135,38	0,00	760	768,95	768,95	1572,56	237,77	34,79	1.300	1306,68	1269,48
907,16	137,16	0,00	770	779,07	779,07	1587,29	240,00	37,29	1.310	1318,57	1281,37
918,94	138,94	0,00	780	789,19	789,19	1602,02	242,23	39,79	1.320	1330,46	1293,26
930,73	140,73	0,00	790	799,31	799,31	1616,74	244,45	42,29	1.330	1342,35	1305,15
942,51	142,51	0,00	800	809,43	809,43	1631,47	246,68	44,79	1.340	1354,24	1317,04
954,29	144,29	0,00	810	819,54	819,54	1646,20	248,91	47,29	1.350	1366,13	1328,93
966,07	146,07	0,00	820	829,66	829,66	1660,92	251,13	49,79	1.360	1378,02	1340,82
977,85	147,85	0,00	830	839,78	839,78	1675,65	253,36	52,29	1.370	1389,91	1352,71

NETTOTABELLE 1 (Nettobezug → Bruttobezug) von **1.380** bis **2.570**

Arbeiter und Angestellte						Arbeiter und Angestellte					
Brutto	SV	LSt	**Netto**	13. Bezug	14. Bezug	Brutto	SV	LSt	**Netto**	13. Bezug	14. Bezug
1690,38	255,59	54,79	**1.380**	1401,80	1364,60	2769,36	501,81	287,55	**1.980**	2194,74	2157,54
1705,10	257,81	57,29	**1.390**	1413,68	1376,48	2786,80	504,97	291,83	**1.990**	2208,32	2171,12
1719,83	260,04	59,79	**1.400**	1425,57	1388,37	2804,25	508,13	296,12	**2.000**	2221,91	2184,71
1734,56	262,27	62,29	**1.410**	1437,46	1400,26	2821,70	511,29	300,40	**2.010**	2235,51	2198,31
1749,28	264,49	64,79	**1.420**	1449,34	1412,14	2839,14	514,45	304,69	**2.020**	2249,10	2211,90
1764,01	266,72	67,29	**1.430**	1461,23	1424,03	2856,60	517,62	308,98	**2.030**	2262,70	2225,50
1778,74	268,95	69,79	**1.440**	1473,13	1435,93	2874,04	520,78	313,26	**2.040**	2276,28	2239,08
1793,46	271,17	72,29	**1.450**	1485,01	1447,81	2891,49	523,94	317,55	**2.050**	2289,88	2252,68
1808,19	273,40	74,79	**1.460**	1496,90	1459,70	2908,93	527,10	321,83	**2.060**	2303,46	2266,26
1822,92	275,63	77,29	**1.470**	1508,79	1471,59	2926,38	530,26	326,12	**2.070**	2317,06	2279,86
1837,64	277,85	79,79	**1.480**	1520,67	1483,47	2943,83	533,42	330,41	**2.080**	2330,66	2293,46
1852,37	280,08	82,29	**1.490**	1532,57	1495,37	2961,27	536,58	334,69	**2.090**	2344,24	2307,04
1889,36	304,57	84,79	**1.500**	1544,67	1507,47	2978,73	539,75	338,98	**2.100**	2357,84	2320,64
1904,26	306,97	87,29	**1.510**	1556,56	1519,36	2996,17	542,91	343,26	**2.110**	2371,44	2334,24
1919,90	309,49	90,41	**1.520**	1569,03	1531,83	3013,62	546,07	347,55	**2.120**	2385,03	2347,83
1936,92	312,23	94,69	**1.530**	1582,62	1545,42	3031,06	549,23	351,83	**2.130**	2398,61	2361,41
1953,96	314,98	98,98	**1.540**	1596,21	1559,01	3048,51	552,39	356,12	**2.140**	2412,21	2375,01
1970,98	317,72	103,26	**1.550**	1609,79	1572,59	3065,96	555,55	360,41	**2.150**	2425,81	2388,61
1988,02	320,47	107,55	**1.560**	1623,38	1586,18	3083,40	558,71	364,69	**2.160**	2439,39	2402,19
2005,04	323,21	111,83	**1.570**	1636,97	1599,77	3100,86	561,88	368,98	**2.170**	2452,99	2415,79
2022,08	325,96	116,12	**1.580**	1650,56	1613,36	3118,30	565,04	373,26	**2.180**	2466,58	2429,38
2063,72	353,31	120,41	**1.590**	1664,39	1627,19	3135,75	568,20	377,55	**2.190**	2480,18	2442,98
2080,95	356,26	124,69	**1.600**	1677,97	1640,77	3153,19	571,36	381,83	**2.200**	2493,76	2456,56
2098,19	359,21	128,98	**1.610**	1691,56	1654,36	3170,64	574,52	386,12	**2.210**	2507,36	2470,16
2115,42	362,16	133,26	**1.620**	1705,15	1667,95	3188,09	577,68	390,41	**2.220**	2520,95	2483,75
2132,66	365,11	137,55	**1.630**	1718,75	1681,55	3205,53	580,84	394,69	**2.230**	2534,54	2497,34
2149,89	368,06	141,83	**1.640**	1732,33	1695,13	3222,99	584,01	398,98	**2.240**	2548,14	2510,94
2167,13	371,01	146,12	**1.650**	1745,92	1708,72	3240,43	587,17	403,26	**2.250**	2561,73	2524,53
2184,37	373,96	150,41	**1.660**	1759,52	1722,32	3257,88	590,33	407,55	**2.260**	2575,32	2538,12
2228,49	403,80	154,69	**1.670**	1773,35	1736,15	3275,32	593,49	411,83	**2.270**	2588,91	2551,71
2245,95	406,97	158,98	**1.680**	1786,95	1749,75	3295,54	597,15	418,39	**2.280**	2604,66	2567,46
2263,39	410,13	163,26	**1.690**	1800,55	1763,35	3316,25	600,91	425,34	**2.290**	2620,80	2583,60
2280,84	413,29	167,55	**1.700**	1814,14	1776,94	3336,95	604,66	432,29	**2.300**	2636,92	2599,72
2298,28	416,45	171,83	**1.710**	1827,72	1790,52	3357,65	608,41	439,24	**2.310**	2653,05	2615,85
2315,73	419,61	176,12	**1.720**	1841,32	1804,12	3378,35	612,16	446,19	**2.320**	2669,18	2631,98
2333,18	422,77	180,41	**1.730**	1854,92	1817,72	3399,05	615,91	453,14	**2.330**	2685,30	2648,10
2350,62	425,93	184,69	**1.740**	1868,50	1831,30	3419,75	619,66	460,09	**2.340**	2701,43	2664,23
2368,08	429,10	188,98	**1.750**	1882,11	1844,91	3440,45	623,41	467,04	**2.350**	2717,56	2680,36
2385,52	432,26	193,26	**1.760**	1895,69	1858,49	3461,15	627,16	473,99	**2.360**	2733,68	2696,48
2402,97	435,42	197,55	**1.770**	1909,29	1872,09	3481,85	630,91	480,94	**2.370**	2749,81	2712,61
2420,41	438,58	201,83	**1.780**	1922,88	1885,68	3502,55	634,66	487,89	**2.380**	2765,94	2728,74
2437,86	441,74	206,12	**1.790**	1936,47	1899,27	3523,25	638,41	494,84	**2.390**	2782,07	2744,87
2455,31	444,90	210,41	**1.800**	1950,06	1912,86	3543,94	642,16	501,78	**2.400**	2798,19	2760,99
2472,75	448,06	214,69	**1.810**	1963,65	1926,45	3564,65	645,92	508,73	**2.410**	2814,32	2777,12
2490,21	451,23	218,98	**1.820**	1977,26	1940,06	3585,35	649,67	515,68	**2.420**	2830,45	2793,25
2507,65	454,39	223,26	**1.830**	1990,84	1953,64	3606,05	653,42	522,63	**2.430**	2846,57	2809,37
2525,10	457,55	227,55	**1.840**	2004,43	1967,23	3626,75	657,17	529,58	**2.440**	2862,70	2825,50
2542,54	460,71	231,83	**1.850**	2018,02	1980,82	3647,45	660,92	536,53	**2.450**	2878,83	2841,63
2559,99	463,87	236,12	**1.860**	2031,62	1994,42	3668,15	664,67	543,48	**2.460**	2894,95	2857,75
2577,44	467,03	240,41	**1.870**	2045,21	2008,01	3688,85	668,42	550,43	**2.470**	2911,08	2873,88
2594,88	470,19	244,69	**1.880**	2058,80	2021,60	3709,55	672,17	557,38	**2.480**	2927,21	2890,01
2612,34	473,36	248,98	**1.890**	2072,40	2035,20	3730,25	675,92	564,33	**2.490**	2943,33	2906,13
2629,78	476,52	253,26	**1.900**	2085,99	2048,79	3750,95	679,67	571,28	**2.500**	2959,46	2922,26
2647,23	479,68	257,55	**1.910**	2099,58	2062,38	3771,65	683,42	578,23	**2.510**	2975,58	2938,38
2664,67	482,84	261,83	**1.920**	2113,17	2075,97	3792,34	687,17	585,17	**2.520**	2991,70	2954,50
2682,12	486,00	266,12	**1.930**	2126,76	2089,56	3813,05	690,93	592,12	**2.530**	3007,84	2970,64
2699,57	489,16	270,40	**1.940**	2140,36	2103,16	3833,75	694,68	599,07	**2.540**	3023,97	2986,77
2717,01	492,32	274,69	**1.950**	2153,95	2116,75	3854,45	698,43	606,02	**2.550**	3040,10	3002,90
2734,47	495,49	278,98	**1.960**	2167,55	2130,35	3875,15	702,18	612,97	**2.560**	3056,22	3019,02
2751,91	498,65	283,26	**1.970**	2181,13	2143,93	3895,85	705,93	619,92	**2.570**	3072,35	3035,15

von **2.580** bis **3.770** (Nettobezug → Bruttobezug) **NETTOTABELLE 1**

Arbeiter und Angestellte						Arbeiter und Angestellte					
Brutto	SV	LSt	**Netto**	13. Bezug	14. Bezug	Brutto	SV	LSt	**Netto**	13. Bezug	14. Bezug
3916,55	709,68	626,87	**2.580**	3088,48	3051,28	5158,55	934,73	1043,82	**3.180**	4056,09	4018,89
3937,25	713,43	633,82	**2.590**	3104,60	3067,40	5179,25	938,48	1050,77	**3.190**	4072,21	4035,01
3957,95	717,18	640,77	**2.600**	3120,73	3083,53	5199,95	942,23	1057,72	**3.200**	4088,34	4051,14
3978,65	720,93	647,72	**2.610**	3136,86	3099,66	5220,65	945,98	1064,67	**3.210**	4104,47	4067,27
3999,35	724,68	654,66	**2.620**	3152,98	3115,78	5241,34	949,73	1071,61	**3.220**	4120,58	4083,38
4020,04	728,43	661,61	**2.630**	3169,10	3131,90	5262,04	953,48	1078,56	**3.230**	4136,71	4099,51
4040,74	732,18	668,56	**2.640**	3185,22	3148,02	5282,74	957,23	1085,51	**3.240**	4152,83	4115,63
4061,45	735,94	675,51	**2.650**	3201,36	3164,16	5303,45	960,99	1092,46	**3.250**	4168,97	4131,77
4082,15	739,69	682,46	**2.660**	3217,49	3180,29	5324,15	964,74	1099,41	**3.260**	4185,10	4147,90
4102,85	743,44	689,41	**2.670**	3233,61	3196,41	5344,85	968,49	1106,36	**3.270**	4201,22	4164,02
4123,55	747,19	696,36	**2.680**	3249,74	3212,54	5365,55	972,24	1113,31	**3.280**	4217,35	4180,15
4144,25	750,94	703,31	**2.690**	3265,86	3228,66	5386,25	975,99	1120,26	**3.290**	4233,47	4196,27
4164,95	754,69	710,26	**2.700**	3282,00	3244,80	5406,95	979,74	1127,21	**3.300**	4249,60	4212,40
4185,65	758,44	717,21	**2.710**	3298,13	3260,93	5427,65	983,49	1134,16	**3.310**	4265,73	4228,53
4206,35	762,19	724,16	**2.720**	3314,25	3277,05	5448,35	987,24	1141,11	**3.320**	4281,85	4244,65
4227,05	765,94	731,11	**2.730**	3330,38	3293,18	5469,05	990,99	1148,06	**3.330**	4297,99	4260,79
4247,75	769,69	738,06	**2.740**	3346,51	3309,31	5489,74	994,74	1155,00	**3.340**	4314,11	4276,91
4268,44	773,44	745,00	**2.750**	3362,62	3325,42	5510,44	998,49	1161,95	**3.350**	4330,23	4293,03
4289,14	777,19	751,95	**2.760**	3378,75	3341,55	5531,14	1002,24	1168,90	**3.360**	4346,36	4309,16
4309,85	780,95	758,90	**2.770**	3394,88	3357,68	5551,85	1006,00	1175,85	**3.370**	4362,49	4325,29
4330,55	784,70	765,85	**2.780**	3411,01	3373,81	5572,55	1009,75	1182,80	**3.380**	4378,62	4341,42
4351,25	788,45	772,80	**2.790**	3427,14	3389,94	5593,25	1013,50	1189,75	**3.390**	4394,75	4357,55
4371,95	792,20	779,75	**2.800**	3443,26	3406,06	5613,95	1017,25	1196,70	**3.400**	4410,87	4373,67
4392,65	795,95	786,70	**2.810**	3459,39	3422,19	5634,65	1021,00	1203,65	**3.410**	4427,00	4389,80
4413,35	799,70	793,65	**2.820**	3475,51	3438,31	5655,35	1024,75	1210,60	**3.420**	4443,12	4405,92
4434,05	803,45	800,60	**2.830**	3491,64	3454,44	5676,05	1028,50	1217,55	**3.430**	4459,25	4422,05
4454,75	807,20	807,55	**2.840**	3507,77	3470,57	5696,75	1032,25	1224,50	**3.440**	4475,38	4438,18
4475,45	810,95	814,50	**2.850**	3523,90	3486,70	5717,45	1036,00	1231,45	**3.450**	4491,50	4454,30
4496,15	814,70	821,45	**2.860**	3540,03	3502,83	5738,14	1039,75	1238,39	**3.460**	4507,62	4470,42
4516,84	818,45	828,39	**2.870**	3556,15	3518,95	5758,84	1043,50	1245,34	**3.470**	4523,75	4486,55
4537,54	822,20	835,34	**2.880**	3572,27	3535,07	5779,54	1047,25	1252,29	**3.480**	4539,88	4502,68
4558,25	825,96	842,29	**2.890**	3588,41	3551,21	5800,25	1051,01	1259,24	**3.490**	4556,01	4518,81
4578,95	829,71	849,24	**2.900**	3604,53	3567,33	5820,95	1054,76	1266,19	**3.500**	4572,14	4534,94
4599,65	833,46	856,19	**2.910**	3620,66	3583,46	5841,65	1058,51	1273,14	**3.510**	4588,27	4551,07
4620,35	837,21	863,14	**2.920**	3636,79	3599,59	5860,11	1060,02	1280,09	**3.520**	4602,65	4568,70
4641,05	840,96	870,09	**2.930**	3652,91	3615,71	5877,06	1060,02	1287,04	**3.530**	4615,86	4587,36
4661,75	844,71	877,04	**2.940**	3669,04	3631,84	5894,01	1060,02	1293,99	**3.540**	4629,06	4606,02
4682,45	848,46	883,99	**2.950**	3685,16	3647,96	5910,96	1060,02	1300,94	**3.550**	4642,26	4624,69
4703,15	852,21	890,94	**2.960**	3701,29	3664,09	5927,91	1060,02	1307,89	**3.560**	4655,47	4643,35
4723,85	855,96	897,89	**2.970**	3717,42	3680,22	5944,86	1060,02	1314,84	**3.570**	4668,67	4662,01
4744,55	859,71	904,84	**2.980**	3733,54	3696,34	5961,80	1060,02	1321,78	**3.580**	4681,87	4680,65
4765,24	863,46	911,78	**2.990**	3749,66	3712,46	5978,75	1060,02	1328,73	**3.590**	4695,08	4699,31
4785,94	867,21	918,73	**3.000**	3765,79	3728,59	5995,70	1060,02	1335,68	**3.600**	4708,29	4717,97
4806,65	870,97	925,68	**3.010**	3781,92	3744,72	6012,65	1060,02	1342,63	**3.610**	4721,48	4736,64
4827,35	874,72	932,63	**3.020**	3798,06	3760,86	6029,60	1060,02	1349,58	**3.620**	4734,69	4755,30
4848,05	878,47	939,58	**3.030**	3814,18	3776,98	6046,55	1060,02	1356,53	**3.630**	4747,90	4773,96
4868,75	882,22	946,53	**3.040**	3830,31	3793,11	6063,50	1060,02	1363,48	**3.640**	4761,10	4792,62
4889,45	885,97	953,48	**3.050**	3846,44	3809,24	6080,45	1060,02	1370,43	**3.650**	4774,31	4811,28
4910,15	889,72	960,43	**3.060**	3862,56	3825,36	6097,40	1060,02	1377,38	**3.660**	4787,52	4829,94
4930,85	893,47	967,38	**3.070**	3878,69	3841,49	6114,35	1060,02	1384,33	**3.670**	4800,72	4848,60
4951,55	897,22	974,33	**3.080**	3894,82	3857,62	6131,30	1060,02	1391,28	**3.680**	4813,92	4867,26
4972,25	900,97	981,28	**3.090**	3910,94	3873,74	6148,25	1060,02	1398,23	**3.690**	4827,13	4885,92
4992,95	904,72	988,23	**3.100**	3927,07	3889,87	6165,19	1060,02	1405,17	**3.700**	4840,33	4904,57
5013,64	908,47	995,17	**3.110**	3943,18	3905,98	6182,14	1060,02	1412,12	**3.710**	4853,53	4923,23
5034,34	912,22	1002,12	**3.120**	3959,31	3922,11	6199,09	1060,02	1419,07	**3.720**	4866,74	4941,89
5055,05	915,98	1009,07	**3.130**	3975,45	3938,25	6216,04	1060,02	1426,02	**3.730**	4879,94	4960,56
5075,75	919,73	1016,02	**3.140**	3991,57	3954,37	6232,99	1060,02	1432,97	**3.740**	4893,15	4979,22
5096,45	923,48	1022,97	**3.150**	4007,70	3970,50	6250,69	1060,02	1440,67	**3.750**	4906,94	4998,70
5117,15	927,23	1029,92	**3.160**	4023,82	3986,62	6269,92	1060,02	1449,90	**3.760**	4921,92	5019,87
5137,85	930,98	1036,87	**3.170**	4039,96	4002,76	6289,15	1060,02	1459,13	**3.770**	4936,90	5041,04

NETTOTABELLE 1 (Nettobezug → Bruttobezug) von **3.780** bis **4.000**

Arbeiter und Angestellte						Arbeiter und Angestellte					
Brutto	SV	LSt	**Netto**	13. Bezug	14. Bezug	Brutto	SV	LSt	**Netto**	13. Bezug	14. Bezug
6308,38	1060,02	1468,36	**3.780**	4951,88	5062,22	6539,15	1060,02	1579,13	**3.900**	5131,67	5316,27
6327,62	1060,02	1477,60	**3.790**	4966,87	5083,40	6558,38	1060,02	1588,36	**3.910**	5146,64	5337,45
6346,85	1060,02	1486,83	**3.800**	4981,85	5104,57	6577,62	1060,02	1597,60	**3.920**	5161,64	5358,63
6366,08	1060,02	1496,06	**3.810**	4996,84	5125,74	6596,85	1060,02	1606,83	**3.930**	5176,62	5379,80
6385,31	1060,02	1505,29	**3.820**	5011,82	5146,90	6616,08	1060,02	1616,06	**3.940**	5191,61	5400,97
6404,54	1060,02	1514,52	**3.830**	5026,80	5168,08	6635,31	1060,02	1625,29	**3.950**	5206,59	5422,14
6423,77	1060,02	1523,75	**3.840**	5041,78	5189,25	6654,54	1060,02	1634,52	**3.960**	5221,56	5443,31
6443,00	1060,02	1532,98	**3.850**	5056,76	5210,42	6673,77	1060,02	1643,75	**3.970**	5236,55	5464,48
6462,23	1060,02	1542,21	**3.860**	5071,75	5231,59	6693,00	1060,02	1652,98	**3.980**	5251,53	5485,65
6481,46	1060,02	1551,44	**3.870**	5086,72	5252,77	6712,23	1060,02	1662,21	**3.990**	5266,51	5506,82
6500,69	1060,02	1560,67	**3.880**	5101,70	5273,94	6731,46	1060,02	1671,44	**4.000**	5281,49	5528,00
6519,92	1060,02	1569,90	**3.890**	5116,69	5295,10						

von 350 bis 2.825 (Bruttobezug → Nettobezug) **NETTOTABELLE 2**

Aus der nachfolgenden Tabelle kann für bestimmte runde Bruttobezüge rasch abgelesen werden, wie viel an SV-Beiträgen und Lohnsteuer anfällt und wie viel Nettobezug verbleibt.
Im Übrigen wird auf die Ausführungen auf Seite 587 hingewiesen.

Arbeiter und Angestellte						Arbeiter und Angestellte					
Brutto	SV	LSt	Netto	13. Bezug	14. Bezug	Brutto	SV	LSt	Netto	13. Bezug	14. Bezug
350	52,92	0,00	297,08	300,58	300,58	1.600	241,92	39,45	1318,63	1328,84	1291,64
375	56,70	0,00	318,30	322,05	322,05	1.625	245,70	43,69	1335,61	1349,02	1311,82
400	60,48	0,00	339,52	343,52	343,52	1.650	249,48	47,94	1352,58	1369,20	1332,00
425	64,26	0,00	360,74	364,99	364,99	1.675	253,26	52,18	1369,56	1389,38	1352,18
450	68,04	0,00	381,96	386,46	386,46	1.700	257,04	56,43	1386,53	1409,56	1372,36
475	71,82	0,00	403,18	407,93	407,93	1.725	260,82	60,67	1403,51	1429,74	1392,54
500	75,60	0,00	424,40	429,40	429,40	1.750	264,60	64,91	1420,49	1449,93	1412,73
525	79,38	0,00	445,62	450,87	450,87	1.775	268,38	69,16	1437,46	1470,11	1432,91
550	83,16	0,00	466,84	472,34	472,34	1.800	272,16	73,40	1454,44	1490,29	1453,09
575	86,94	0,00	488,06	493,81	493,81	1.825	275,94	77,64	1471,42	1510,47	1473,27
600	90,72	0,00	509,28	515,28	515,28	1.850	279,72	81,89	1488,39	1530,65	1493,45
625	94,50	0,00	530,50	536,75	536,75	1.875	283,50	86,13	1505,37	1550,83	1513,64
650	98,28	0,00	551,72	558,22	558,22	1.900	306,28	86,58	1507,14	1553,16	1515,96
675	102,06	0,00	572,94	579,69	579,69	1.925	310,31	91,69	1523,00	1573,10	1535,90
700	105,84	0,00	594,16	601,16	601,16	1.950	314,34	97,98	1537,68	1593,05	1555,85
725	109,62	0,00	615,38	622,63	622,63	1.975	318,37	104,27	1552,36	1613,00	1575,80
750	113,40	0,00	636,60	644,10	644,10	2.000	322,40	110,56	1567,04	1632,94	1595,74
775	117,18	0,00	657,82	665,57	665,57	2.025	326,43	116,85	1581,72	1652,89	1615,69
800	120,96	0,00	679,04	687,04	687,04	2.050	330,46	123,15	1596,39	1672,84	1635,64
825	124,74	0,00	700,26	708,51	708,51	2.075	355,24	123,21	1596,55	1673,28	1636,08
850	128,52	0,00	721,48	729,98	729,98	2.100	359,52	129,43	1611,05	1692,99	1655,79
875	132,30	0,00	742,70	751,45	751,45	2.125	363,80	135,64	1625,56	1712,70	1675,50
900	136,08	0,00	763,92	772,92	772,92	2.150	368,08	141,86	1640,06	1732,41	1695,21
925	139,86	0,00	785,14	794,39	794,39	2.175	372,36	148,07	1654,57	1752,13	1714,93
950	143,64	0,00	806,36	815,86	815,86	2.200	376,64	154,29	1669,07	1771,84	1734,64
975	147,42	0,00	827,58	837,33	837,33	2.225	380,92	160,51	1683,57	1791,55	1754,35
1.000	151,20	0,00	848,80	858,80	858,80	2.250	407,70	159,97	1682,33	1790,11	1752,91
1.025	154,98	0,00	870,02	880,27	880,27	2.275	412,23	166,11	1696,66	1809,59	1772,39
1.050	158,76	0,00	891,24	901,74	901,74	2.300	416,76	172,26	1710,98	1829,07	1791,87
1.075	162,54	0,00	912,46	905,02	867,82	2.325	421,29	178,40	1725,31	1848,54	1811,34
1.100	166,32	0,00	933,68	925,20	888,00	2.350	425,82	184,54	1739,64	1868,02	1830,82
1.125	170,10	0,00	954,90	945,38	908,18	2.375	430,35	190,68	1753,97	1887,50	1850,30
1.150	173,88	0,00	976,12	965,56	928,36	2.400	434,88	196,82	1768,30	1906,97	1869,77
1.175	177,66	0,00	997,34	985,74	948,54	2.425	439,41	202,96	1782,63	1926,45	1889,25
1.200	181,44	0,00	1018,56	1005,93	968,73	2.450	443,94	209,10	1796,96	1945,93	1908,73
1.225	185,22	0,00	1039,78	1026,11	988,91	2.475	448,47	215,24	1811,29	1965,40	1928,20
1.250	189,00	0,00	1061,00	1046,29	1009,09	2.500	453,00	221,38	1825,62	1984,88	1947,68
1.275	192,78	0,00	1082,22	1066,47	1029,27	2.525	457,53	227,52	1839,95	2004,36	1967,16
1.300	196,56	0,00	1103,44	1086,65	1049,45	2.550	462,06	233,67	1854,27	2023,83	1986,63
1.325	200,34	0,00	1124,66	1106,84	1069,64	2.575	466,59	239,81	1868,60	2043,31	2006,11
1.350	204,12	0,00	1145,88	1127,02	1089,82	2.600	471,12	245,95	1882,93	2062,79	2025,59
1.375	207,90	1,25	1165,85	1147,20	1110,00	2.625	475,65	252,09	1897,26	2082,26	2045,06
1.400	211,68	5,50	1182,82	1167,38	1130,18	2.650	480,18	258,23	1911,59	2101,74	2064,54
1.425	215,46	9,74	1199,80	1187,56	1150,36	2.675	484,71	264,37	1925,92	2121,22	2084,02
1.450	219,24	13,99	1216,77	1207,74	1170,54	2.700	489,24	270,51	1940,25	2140,69	2103,49
1.475	223,02	18,23	1233,75	1227,93	1190,73	2.725	493,77	276,65	1954,58	2160,17	2122,97
1.500	226,80	22,47	1250,73	1248,11	1210,91	2.750	498,30	282,79	1968,91	2179,65	2142,45
1.525	230,58	26,72	1267,70	1268,29	1231,09	2.775	502,83	288,93	1983,24	2199,12	2161,92
1.550	234,36	30,96	1284,68	1288,47	1251,27	2.800	507,36	295,08	1997,56	2218,60	2181,40
1.575	238,14	35,21	1301,65	1308,65	1271,45	2.825	511,89	301,22	2011,89	2238,08	2200,88

NETTOTABELLE 2 (Bruttobezug → Nettobezug) von **2.850** bis **5.475**

Brutto	SV	LSt	Netto	13. Bezug	14. Bezug	Brutto	SV	LSt	Netto	13. Bezug	14. Bezug
2.850	516,42	307,36	2026,22	2257,56	2220,36	**4.175**	756,51	713,63	2704,86	3289,83	3252,63
2.875	520,95	313,50	2040,55	2277,03	2239,83	**4.200**	761,04	722,03	2716,93	3309,30	3272,10
2.900	525,48	319,64	2054,88	2296,51	2259,31	**4.225**	765,57	730,42	2729,01	3328,78	3291,58
2.925	530,01	325,78	2069,21	2315,99	2278,79	**4.250**	770,10	738,81	2741,09	3348,26	3311,06
2.950	534,54	331,92	2083,54	2335,46	2298,26	**4.275**	774,63	747,20	2753,17	3367,73	3330,53
2.975	539,07	338,06	2097,87	2354,94	2317,74	**4.300**	779,16	755,60	2765,24	3387,21	3350,01
3.000	543,60	344,20	2112,20	2374,42	2337,22	**4.325**	783,69	763,99	2777,32	3406,69	3369,49
3.025	548,13	350,34	2126,53	2393,89	2356,69	**4.350**	788,22	772,38	2789,40	3426,16	3388,96
3.050	552,66	356,49	2140,85	2413,37	2376,17	**4.375**	792,75	780,78	2801,47	3445,64	3408,44
3.075	557,19	362,63	2155,18	2432,85	2395,65	**4.400**	797,28	789,17	2813,55	3465,12	3427,92
3.100	561,72	368,77	2169,51	2452,32	2415,12	**4.425**	801,81	797,56	2825,63	3484,59	3447,39
3.125	566,25	374,91	2183,84	2471,80	2434,60	**4.450**	806,34	805,95	2837,71	3504,07	3466,87
3.150	570,78	381,05	2198,17	2491,28	2454,08	**4.475**	810,87	814,35	2849,78	3523,55	3486,35
3.175	575,31	387,19	2212,50	2510,75	2473,55	**4.500**	815,40	822,74	2861,86	3543,02	3505,82
3.200	579,84	393,33	2226,83	2530,23	2493,03	**4.525**	819,93	831,13	2873,94	3562,50	3525,30
3.225	584,37	399,47	2241,16	2549,71	2512,51	**4.550**	824,46	839,52	2886,02	3581,98	3544,78
3.250	588,90	405,61	2255,49	2569,18	2531,98	**4.575**	828,99	847,92	2898,09	3601,45	3564,25
3.275	593,43	411,75	2269,82	2588,66	2551,46	**4.600**	833,52	856,31	2910,17	3620,93	3583,73
3.300	597,96	419,89	2282,15	2608,14	2570,94	**4.625**	838,05	864,70	2922,25	3640,41	3603,21
3.325	602,49	428,28	2294,23	2627,61	2590,41	**4.650**	842,58	873,10	2934,32	3659,88	3622,68
3.350	607,02	436,67	2306,31	2647,09	2609,89	**4.675**	847,11	881,49	2946,40	3679,36	3642,16
3.375	611,55	445,07	2318,38	2666,57	2629,37	**4.700**	851,64	889,88	2958,48	3698,84	3661,64
3.400	616,08	453,46	2330,46	2686,04	2648,84	**4.725**	856,17	898,27	2970,56	3718,32	3681,12
3.425	620,61	461,85	2342,54	2705,52	2668,32	**4.750**	860,70	906,67	2982,63	3737,79	3700,59
3.450	625,14	470,25	2354,61	2725,00	2687,80	**4.775**	865,23	915,06	2994,71	3757,27	3720,07
3.475	629,67	478,64	2366,69	2744,48	2707,28	**4.800**	869,76	923,45	3006,79	3776,75	3739,55
3.500	634,20	487,03	2378,77	2763,95	2726,75	**4.825**	874,29	931,84	3018,87	3796,22	3759,02
3.525	638,73	495,42	2390,85	2783,43	2746,23	**4.850**	878,82	940,24	3030,94	3815,70	3778,50
3.550	643,26	503,82	2402,92	2802,91	2765,71	**4.875**	883,35	948,63	3043,02	3835,18	3797,98
3.575	647,79	512,21	2415,00	2822,38	2785,18	**4.900**	887,88	957,02	3055,10	3854,65	3817,45
3.600	652,32	520,60	2427,08	2841,86	2804,66	**4.925**	892,41	965,41	3067,18	3874,13	3836,93
3.625	656,85	528,99	2439,16	2861,34	2824,14	**4.950**	896,94	973,81	3079,25	3893,61	3856,41
3.650	661,38	537,39	2451,23	2880,81	2843,61	**4.975**	901,47	982,20	3091,33	3913,08	3875,88
3.675	665,91	545,78	2463,31	2900,29	2863,09	**5.000**	906,00	990,59	3103,41	3932,56	3895,36
3.700	670,44	554,17	2475,39	2919,77	2882,57	**5.025**	910,53	998,99	3115,48	3952,04	3914,84
3.725	674,97	562,57	2487,46	2939,24	2902,04	**5.050**	915,06	1007,38	3127,56	3971,51	3934,31
3.750	679,50	570,96	2499,54	2958,72	2921,52	**5.075**	919,59	1015,77	3139,64	3990,99	3953,79
3.775	684,03	579,35	2511,62	2978,20	2941,00	**5.100**	924,12	1024,16	3151,72	4010,47	3973,27
3.800	688,56	587,74	2523,70	2997,67	2960,47	**5.125**	928,65	1032,56	3163,79	4029,94	3992,74
3.825	693,09	596,14	2535,77	3017,15	2979,95	**5.150**	933,18	1040,95	3175,87	4049,42	4012,22
3.850	697,62	604,53	2547,85	3036,63	2999,43	**5.175**	937,71	1049,34	3187,95	4068,90	4031,70
3.875	702,15	612,92	2559,93	3056,10	3018,90	**5.200**	942,24	1057,73	3200,03	4088,37	4051,17
3.900	706,68	621,31	2572,01	3075,58	3038,38	**5.225**	946,77	1066,13	3212,10	4107,85	4070,65
3.925	711,21	629,71	2584,08	3095,06	3057,86	**5.250**	951,30	1074,52	3224,18	4127,33	4090,13
3.950	715,74	638,10	2596,16	3114,53	3077,33	**5.275**	955,83	1082,91	3236,26	4146,80	4109,60
3.975	720,27	646,49	2608,24	3134,01	3096,81	**5.300**	960,36	1091,31	3248,33	4166,28	4129,08
4.000	724,80	654,88	2620,32	3153,49	3116,29	**5.325**	964,89	1099,70	3260,41	4185,76	4148,56
4.025	729,33	663,28	2632,39	3172,96	3135,76	**5.350**	969,42	1108,09	3272,49	4205,24	4168,04
4.050	733,86	671,67	2644,47	3192,44	3155,24	**5.375**	973,95	1116,48	3284,57	4224,71	4187,51
4.075	738,39	680,06	2656,55	3211,92	3174,72	**5.400**	978,48	1124,88	3296,64	4244,19	4206,99
4.100	742,92	688,46	2668,62	3231,40	3194,20	**5.425**	983,01	1133,27	3308,72	4263,67	4226,47
4.125	747,45	696,85	2680,70	3250,87	3213,67	**5.450**	987,54	1141,66	3320,80	4283,14	4245,94
4.150	751,98	705,24	2692,78	3270,35	3233,15	**5.475**	992,07	1150,05	3332,88	4302,62	4265,42

von **5.500** bis **6.000** (Bruttobezug → Nettobezug) **NETTOTABELLE 2**

Brutto	Arbeiter und Angestellte					Brutto	Arbeiter und Angestellte				
	SV	LSt	Netto	13. Bezug	14. Bezug		SV	LSt	Netto	13. Bezug	14. Bezug
5.500	996,60	1158,45	3344,95	4322,10	4284,90	5.775	1046,43	1250,77	3477,80	4536,34	4499,14
5.525	1001,13	1166,84	3357,03	4341,57	4304,37	5.800	1050,96	1259,16	3489,88	4555,82	4518,62
5.550	1005,66	1175,23	3369,11	4361,05	4323,85	5.825	1055,49	1267,55	3501,96	4575,29	4538,09
5.575	1010,19	1183,63	3381,18	4380,53	4343,33	5.850	1060,02	1275,94	3514,04	4594,77	4557,57
5.600	1014,72	1192,02	3393,26	4400,00	4362,80	5.875	1060,02	1286,19	3528,79	4614,25	4585,09
5.625	1019,25	1200,41	3405,34	4419,48	4382,28	5.900	1060,02	1296,44	3543,54	4633,72	4612,62
5.650	1023,78	1208,80	3417,42	4438,96	4401,76	5.925	1060,02	1306,69	3558,29	4653,20	4640,14
5.675	1028,31	1217,20	3429,49	4458,43	4421,23	5.950	1060,02	1316,94	3573,04	4672,68	4667,66
5.700	1032,84	1225,59	3441,57	4477,91	4440,71	5.975	1060,02	1327,19	3587,79	4692,16	4695,19
5.725	1037,37	1233,98	3453,65	4497,39	4460,19	6.000	1060,02	1337,44	3602,54	4711,63	4722,71
5.750	1041,90	1242,37	3465,73	4516,86	4479,66						

Abkürzungen zu den Sozialversicherungstabellen

w.	weiblich
m.	männlich
DG	Dienstgeber
DN	Dienstnehmer
L+F	land- und forstwirtschaftliche Betriebe
AV	Arbeitslosenversicherungsbeitrag
PV	Pensionsversicherungsbeitrag
LAG	Landarbeitergesetz
EFZG	Entgeltfortzahlungsgesetz
AngG	Angestelltengesetz
... ab 60 Jahre **mit** Anspruch auf Alterspens./ab 63 Jahre	Personen, die das 60. Lebensjahr vollendet und Anspruch auf die gesetzliche Alterspension haben. Personen, die das 63. Lebensjahr vollendet haben.
... ab 60 Jahre **ohne** Anspruch auf Alterspens.	Personen, die das 60. Lebensjahr vollendet und keinen Anspruch auf die gesetzliche Alterspension haben.
... ab w. 60/m. 65 Jahre bis w. 63/m. 68 Jahre mit Anspruch auf Alterspens.	Frauen, die das 60. Lebensjahr vollendet und Anspruch auf Alterspension haben bis zur Vollendung des 63. Lebensjahr. Männer, die das 65. Lebensjahr vollendet und Anspruch auf Alterspension haben bis zur Vollendung des 68. Lebensjahr.
Bonus	Einstellung und Vollendung des 50. Lebensjahrs. bis 31. 08. 2009

Anmerkung zu den Sozialversicherungstabellen

*) Zur Entlastung der Dienstnehmer im Niedriglohnbereich wird der Beitrag zur Arbeitslosenversicherung auf Dienstnehmerseite (AV-DN) für laufende Bezüge und Sonderzahlungen wie folgt gestrichen bzw reduziert:

monatliche Beitragsgrundlage	Kürzung in %	
	Allgemein	Lehrlinge Eintritt ab 1. 1. 2016
bis 1.885,00	3,0	1,2
bis 2.056,00	2,0	0,2
bis 2.228,00	1,0	0,0
über 2.228,00	0,0	0,0

Das „laufende" Entgelt sowie die Sonderzahlungen (wie zB UZ, WR, Bilanzgeld) im jeweiligen Beitragszeitraum sind getrennt zu betrachten.

SV-TABELLEN

Die kompletten Tabellen finden Sie in der Online-Version unter rdb.at/lohnsteuer.

Tarif	Bezeichnung	Nebenbeiträge	Ab-schläge	%-Satz DN lfd	%-Satz DN SZ	%-Satz DG lfd	%-Satz DG SZ	AV-DN*)
	Gebiets- und Betriebskrankenkasse							
	Allgemein							
B001	Arbeiter	AK IE WF		18,12	17,12	21,03	20,53	J
B001	Arbeiter Bonus ab 50 Jahre (Eintritt bis 31. 08. 2009)	AK IE WF	A11	18,12	17,12	18,03	17,53	J
B001	Arbeiter w. ab Mindestalter für Pension	AK WF	A10	15,12	14,12	17,93	17,43	
B001	Arbeiter ab 60 Jahre ohne Anspruch auf Alterspens.	AK IE WF	A09	18,12	17,12	19,93	19,43	J
B001	Arbeiter Bonus ab 60 Jahre ohne Anspruch auf Alterspens.	AK IE WF	A09 A11	18,12	17,12	16,93	16,43	J
B001	Arbeiter ab 60 Jahre mit Anspruch auf Alterspens./ab 63 Jahre	AK WF	A09 A10	15,12	14,12	16,83	16,33	
B001	Arbeiter ab w. 60/m. 65 Jahre bis w. 63/m. 68 Jahre mit Anspruch auf Alterspens.	AK WF	A09 A10 A15	10,00	9,00	10,55	10,05	
B001E 01	Arbeiter (Nachtschwerarbeit)	AK IE WF NB		18,12	17,12	24,83	24,33	J
B001E 01	Arbeiter (Nachtschwerarbeit) Bonus ab 50 Jahre (Eintritt bis 31. 08. 2009)	AK IE WF NB	A11	18,12	17,12	21,83	21,33	J
B001E 01	Arbeiter (Nachtschwerarbeit) w. ab Mindestalter für Pension	AK WF NB	A10	15,12	14,12	21,73	21,23	
B001E 01	Arbeiter (Nachtschwerarbeit) ab 60 Jahre ohne Anspruch auf Alterspens.	AK IE WF NB	A09	18,12	17,12	23,73	23,23	J
B001E 01	Arbeiter (Nachtschwerarbeit) Bonus ab 60 Jahre ohne Anspruch auf Alterspens.	AK IE WF NB	A09 A11	18,12	17,12	20,73	20,23	J
B001E 01	Arbeiter (Nachtschwerarbeit) ab 60 Jahre mit Anspruch auf Alterspens./ab 63 Jahre	AK WF NB	A09 A10	15,12	14,12	20,63	20,13	
B001E 01	Arbeiter (Nachtschwerarbeit) ab w. 60/m. 65 Jahre bis w. 63/m. 68 Jahre mit Anspruch auf Alterspens.	AK WF NB	A09 A10 A15	10,00	9,00	14,35	13,85	
B001E 01E02	Bauarbeiter (Nachtschwerarbeit)	AK IE WF SW NB		18,82	17,82	25,53	25,03	J
B001E 01E02	Bauarbeiter (Nachtschwerarbeit) Bonus ab 50 Jahre (Eintritt bis 31. 08. 2009)	AK IE WF SW NB	A11	18,82	17,82	22,53	22,03	J
B001E 01E02	Bauarbeiter (Nachtschwerarbeit) w. ab Mindestalter für Pension	AK WF SW NB	A10	15,82	14,82	22,43	21,93	
B001E 01E02	Bauarbeiter (Nachtschwerarbeit) ab 60 Jahre ohne Anspruch auf Alterspens.	AK IE WF SW NB	A09	18,82	17,82	24,43	23,93	J
B001E 01E02	Bauarbeiter (Nachtschwerarbeit) Bonus ab 60 Jahre ohne Anspruch auf Alterspens.	AK IE WF SW NB	A09 A11	18,82	17,82	21,43	20,93	J
B001E 01E02	Bauarbeiter (Nachtschwerarbeit) ab 60 Jahre mit Anspruch auf Alterspens./ab 63 Jahre	AK WF SW NB	A09 A10	15,82	14,82	21,33	20,83	
B001E 01E02	Bauarbeiter (Nachtschwerarbeit) ab w. 60/m. 65 Jahre bis w. 63/m. 68 Jahre mit Anspruch auf Alterspens.	AK WF SW NB	A09 A10 A15	10,70	9,70	15,05	14,55	
B001E 02	Bauarbeiter	AK IE WF SW		18,82	17,82	21,73	21,23	J
B001E 02	Bauarbeiter Bonus ab 50 Jahre (Eintritt bis 31. 08. 2009)	AK IE WF SW	A11	18,82	17,82	18,73	18,23	J
B001E 02	Bauarbeiter w. ab Mindestalter für Pension	AK WF SW	A10	15,82	14,82	18,63	18,13	
B001E 02	Bauarbeiter ab 60 Jahre ohne Anspruch auf Alterspens.	AK IE WF SW	A09	18,82	17,82	20,63	20,13	J

SV-TABELLEN

Tarif	Bezeichnung	Nebenbeiträge	Ab-schläge	%-Satz DN lfd	%-Satz DN SZ	%-Satz DG lfd	%-Satz DG SZ	AV-DN*)
B001E 02	Bauarbeiter Bonus ab 60 Jahre ohne Anspruch auf Alterspens.	AK IE WF SW	A09 A11	18,82	17,82	17,63	17,13	J
B001E 02	Bauarbeiter ab 60 Jahre mit Anspruch auf Alterspens./ab 63 Jahre	AK WF SW	A09 A10	15,82	14,82	17,53	17,03	
B001E 02	Bauarbeiter ab w. 60/m. 65 Jahre bis w. 63/m. 68 Jahre mit Anspruch auf Alterspens.	AK WF SW	A09 A10 A15	10,70	9,70	11,25	10,75	
B001E 03	Arbeiter (schulpflichtig)	AK WF		15,12	14,12	17,93	17,43	
B002	Angestellte	AK IE WF		18,12	17,12	21,03	20,53	J
B002	Angestellte Bonus ab 50 Jahre (Eintritt bis 31. 08. 2009)	AK IE WF	A11	18,12	17,12	18,03	17,53	J
B002	Angestellte w. ab Mindestalter für Pension	AK WF	A10	15,12	14,12	17,93	17,43	
B002	Angestellte ab 60 Jahre ohne Anspruch auf Alterspens.	AK IE WF	A09	18,12	17,12	19,93	19,43	J
B002	Angestellte Bonus ab 60 Jahre ohne Anspruch auf Alterspens.	AK IE WF	A09 A11	18,12	17,12	16,93	16,43	J
B002	Angestellte ab 60 Jahre mit Anspruch auf Alterspens./ab 63 Jahre	AK WF	A09 A10	15,12	14,12	16,83	16,33	
B002	Angestellte ab w. 60/m. 65 Jahre bis w. 63/m. 68 Jahre mit Anspruch auf Alterspens.	AK WF	A09 A10 A15	10,00	9,00	10,55	10,05	
B002E 01	Angestellte (Nachtschwerarbeit)	AK IE WF NB		18,12	17,12	24,83	24,33	J
B002E 01	Angestellte (Nachtschwerarbeit) Bonus ab 50 Jahre (Eintritt bis 31. 08. 2009)	AK IE WF NB	A11	18,12	17,12	21,83	21,33	J
B002E 01	Angestellte (Nachtschwerarbeit) w. ab Mindestalter für Pension	AK WF NB	A10	15,12	14,12	21,73	21,23	
B002E 01	Angestellte (Nachtschwerarbeit) ab 60 Jahre ohne Anspruch auf Alterspens.	AK IE WF NB	A09	18,12	17,12	23,73	23,23	J
B002E 01	Angestellte (Nachtschwerarbeit) Bonus ab 60 Jahre ohne Anspruch auf Alterspens.	AK IE WF NB	A09 A11	18,12	17,12	20,73	20,23	J
B002E 01	Angestellte (Nachtschwerarbeit) ab 60 Jahre mit Anspruch auf Alterspens./ab 63 Jahre	AK WF NB	A09 A10	15,12	14,12	20,63	20,13	
B002E 01	Angestellte (Nachtschwerarbeit) ab w. 60/m. 65 Jahre bis w. 63/m. 68 Jahre mit Anspruch auf Alterspens.	AK WF NB	A09 A10 A15	10,00	9,00	14,35	13,85	
B002E 03	Angestellte (schulpflichtig)	AK WF		15,12	14,12	17,93	17,43	
B002E 09	Angestellte (Entwicklungshelfer)	AK IE WF		18,12	17,12	21,03	20,53	J
B002E 09	Angestellte (Entwicklungshelfer) Bonus ab 50 Jahre (Eintritt bis 31. 08. 2009)	AK IE WF	A11	18,12	17,12	18,03	17,53	J
B002E 09	Angestellte (Entwicklungshelfer) w. ab Mindestalter für Pension	AK WF	A10	15,12	14,12	17,93	17,43	
B002E 09	Angestellte (Entwicklungshelfer) ab 60 Jahre ohne Anspruch auf Alterspens.	AK IE WF	A09	18,12	17,12	19,93	19,43	J
B002E 09	Angestellte (Entwicklungshelfer) Bonus ab 60 Jahre ohne Anspruch auf Alterspens.	AK IE WF	A09 A11	18,12	17,12	16,93	16,43	J
B002E 09	Angestellte (Entwicklungshelfer) ab 60 Jahre mit Anspruch auf Alterspens./ab 63 Jahre	AK WF	A09 A10	15,12	14,12	16,83	16,33	
B002E 09	Angestellte (Entwicklungshelfer) ab w. 60/m. 65 Jahre bis w. 63/m. 68 Jahre mit Anspruch auf Alterspens.	AK WF	A09 A10 A15	10,00	9,00	10,55	10,05	

SV-TABELLEN

Tarif	Bezeichnung	Nebenbeiträge	Ab-schläge	%-Satz DN lfd	%-Satz DN SZ	%-Satz DG lfd	%-Satz DG SZ	AV-DN*)
B002E 10	Angestellte (Entwicklungshelfer) – Altfall	AK IE WF		18,12	17,12	21,03	20,53	J
B002E 10	Angestellte (Entwicklungshelfer) – Altfall Bonus ab 50 Jahre (Eintritt bis 31. 08. 2009)	AK IE WF	A11	18,12	17,12	18,03	17,53	J
B002E 10	Angestellte (Entwicklungshelfer) – Altfall w. ab Mindestalter für Pension	AK WF	A10	15,12	14,12	17,93	17,43	
B002E 10	Angestellte (Entwicklungshelfer) – Altfall ab 60 Jahre ohne Anspruch auf Alterspens.	AK IE WF	A09	18,12	17,12	19,93	19,43	J
B002E 10	Angestellte (Entwicklungshelfer) – Altfall Bonus ab 60 Jahre ohne Anspruch auf Alterspens.	AK IE WF	A09 A11	18,12	17,12	16,93	16,43	J
B002E 10	Angestellte (Entwicklungshelfer) – Altfall ab 60 Jahre mit Anspruch auf Alterspens./ab 63 Jahre	AK WF	A09 A10	15,12	14,12	16,83	16,33	
B002E 10	Angestellte (Entwicklungshelfer) – Altfall ab w. 60/m. 65 Jahre bis w. 63/m. 68 Jahre mit Anspruch auf Alterspens.	AK WF	A09 A10 A15	10,00	9,00	10,55	10,05	
B004	Pharmazeutische Fachkräfte oder Berufsanwärter der Wirtschaftstreuhänder	IE WF		17,62	17,12	21,03	20,53	J
B004	Pharmazeutische Fachkräfte oder Berufsanwärter der Wirtschaftstreuhänder Bonus ab 50 Jahre (Eintritt bis 31. 08. 2009)	IE WF	A11	17,62	17,12	18,03	17,53	J
B004	Pharmazeutische Fachkräfte oder Berufsanwärter der Wirtschaftstreuhänder w. ab Mindestalter für Pension	WF	A10	14,62	14,12	17,93	17,43	
B004	Pharmazeutische Fachkräfte oder Berufsanwärter der Wirtschaftstreuhänder ab 60 Jahre ohne Anspruch auf Alterspens.	IE WF	A09	17,62	17,12	19,93	19,43	J
B004	Pharmazeutische Fachkräfte oder Berufsanwärter der Wirtschaftstreuhänder Bonus ab 60 Jahre ohne Anspruch auf Alterspens.	IE WF	A09 A11	17,62	17,12	16,93	16,43	J
B004	Pharmazeutische Fachkräfte oder Berufsanwärter der Wirtschaftstreuhänder ab 60 Jahre mit Anspruch auf Alterspens./ab 63 Jahre	WF	A09 A10	14,62	14,12	16,83	16,33	
B004	Pharmazeutische Fachkräfte oder Berufsanwärter der Wirtschaftstreuhänder ab w. 60/m. 65 Jahre bis w. 63/m. 68 Jahre mit Anspruch auf Alterspens.	WF	A09 A10 A15	9,50	9,00	10,55	10,05	
B005	Handelsrechtliche Geschäftsführer einer GmbH	IE WF		17,62	17,12	21,03	20,53	J
B005	Handelsrechtliche Geschäftsführer einer GmbH Bonus ab 50 Jahre (Eintritt bis 31. 08. 2009)	IE WF	A11	17,62	17,12	18,03	17,53	J
B005	Handelsrechtliche Geschäftsführer einer GmbH w. ab Mindestalter für Pension	WF	A10	14,62	14,12	17,93	17,43	
B005	Handelsrechtliche Geschäftsführer einer GmbH ab 60 Jahre ohne Anspruch auf Alterspens.	IE WF	A09	17,62	17,12	19,93	19,43	J
B005	Handelsrechtliche Geschäftsführer einer GmbH Bonus ab 60 Jahre ohne Anspruch auf Alterspens.	IE WF	A09 A11	17,62	17,12	16,93	16,43	J

SV-TABELLEN

Tarif	Bezeichnung	Nebenbeiträge	Ab-schläge	%-Satz DN lfd	%-Satz DN SZ	%-Satz DG lfd	%-Satz DG SZ	AV-DN*)
B005	Handelsrechtliche Geschäftsführer einer GmbH ab 60 Jahre mit Anspruch auf Alterspens./ab 63 Jahre	WF	A09 A10	14,62	14,12	16,83	16,33	
B005	Handelsrechtliche Geschäftsführer einer GmbH ab w. 60/m. 65 Jahre bis w. 63/m. 68 Jahre mit Anspruch auf Alterspens.	WF	A09 A10 A15	9,50	9,00	10,55	10,05	
B005E 01	Handelsrechtliche Geschäftsführer einer GmbH (Nachtschwerarbeit)	IE WF NB		17,62	17,12	24,83	24,33	J
B005E 01	Handelsrechtliche Geschäftsführer einer GmbH (Nachtschwerarbeit) Bonus ab 50 Jahre (Eintritt bis 31. 08. 2009)	IE WF NB	A11	17,62	17,12	21,83	21,33	J
B005E 01	Handelsrechtliche Geschäftsführer einer GmbH (Nachtschwerarbeit) w. ab Mindestalter für Pension	WF NB	A10	14,62	14,12	21,73	21,23	
B005E 01	Handelsrechtliche Geschäftsführer einer GmbH (Nachtschwerarbeit) ab 60 Jahre ohne Anspruch auf Alterspens.	IE WF NB	A09	17,62	17,12	23,73	23,23	J
B005E 01	Handelsrechtliche Geschäftsführer einer GmbH (Nachtschwerarbeit) Bonus ab 60 Jahre ohne Anspruch auf Alterspens.	IE WF NB	A09 A11	17,62	17,12	20,73	20,23	J
B005E 01	Handelsrechtliche Geschäftsführer einer GmbH (Nachtschwerarbeit) ab 60 Jahre mit Anspruch auf Alterspens./ab 63 Jahre	WF NB	A09 A10	14,62	14,12	20,63	20,13	
B005E 01	Handelsrechtliche Geschäftsführer einer GmbH (Nachtschwerarbeit) ab w. 60/m. 65 Jahre bis w. 63/m. 68 Jahre mit Anspruch auf Alterspens.	WF NB	A09 A10 A15	9,50	9,00	14,35	13,85	
B006	Anlernlinge bei Ziviltechnikern, Vermessungstechnikern, Wirtschaftstreuhändern und zahnärztliche Ordinationshilfenanlernlinge	IE WF		17,62	17,12	21,03	20,53	J
B006	Anlernlinge bei Ziviltechnikern, Vermessungstechnikern, Wirtschaftstreuhändern und zahnärztliche Ordinationshilfenanlernlinge Bonus ab 50 Jahre (Eintritt bis 31. 08. 2009)	IE WF	A11	17,62	17,12	18,03	17,53	J
B006	Anlernlinge bei Ziviltechnikern, Vermessungstechnikern, Wirtschaftstreuhändern und zahnärztliche Ordinationshilfenanlernlinge w. ab Mindestalter für Pension	WF	A10	14,62	14,12	17,93	17,43	
B006	Anlernlinge bei Ziviltechnikern, Vermessungstechnikern, Wirtschaftstreuhändern und zahnärztliche Ordinationshilfenanlernlinge ab 60 Jahre ohne Anspruch auf Alterspens.	IE WF	A09	17,62	17,12	19,93	19,43	J
B006	Anlernlinge bei Ziviltechnikern, Vermessungstechnikern, Wirtschaftstreuhändern und zahnärztliche Ordinationshilfenanlernlinge Bonus ab 60 Jahre ohne Anspruch auf Alterspens.	IE WF	A09 A11	17,62	17,12	16,93	16,43	J
B006	Anlernlinge bei Ziviltechnikern, Vermessungstechnikern, Wirtschaftstreuhändern und zahnärztliche Ordinationshilfenanlernlinge ab 60 Jahre mit Anspruch auf Alterspens./ab 63 Jahre	WF	A09 A10	14,62	14,12	16,83	16,33	

SV-TABELLEN

Tarif	Bezeichnung	Nebenbeiträge	Ab-schläge	%-Satz DN lfd	%-Satz DN SZ	%-Satz DG lfd	%-Satz DG SZ	AV-DN*)
B006	Anlernlinge bei Ziviltechnikern, Vermessungstechnikern, Wirtschaftstreuhändern und zahnärztliche Ordinationshilfenanlernlinge ab w. 60/m. 65 Jahre bis w. 63/m. 68 Jahre mit Anspruch auf Alterspens.	WF	A09 A10 A15	9,50	9,00	10,55	10,05	
B007	Angestellte Ärzte	IE WF		17,62	17,12	21,03	20,53	J
B007	Angestellte Ärzte Bonus ab 50 Jahre (Eintritt bis 31. 08. 2009)	IE WF	A11	17,62	17,12	18,03	17,53	J
B007	Angestellte Ärzte w. ab Mindestalter für Pension	WF	A10	14,62	14,12	17,93	17,43	
B007	Angestellte Ärzte ab 60 Jahre ohne Anspruch auf Alterspens.	IE WF	A09	17,62	17,12	19,93	19,43	J
B007	Angestellte Ärzte Bonus ab 60 Jahre ohne Anspruch auf Alterspens.	IE WF	A09 A11	17,62	17,12	16,93	16,43	J
B007	Angestellte Ärzte ab 60 Jahre mit Anspruch auf Alterspens./ab 63 Jahre	WF	A09 A10	14,62	14,12	16,83	16,33	
B007	Angestellte Ärzte ab w. 60/m. 65 Jahre bis w. 63/m. 68 Jahre mit Anspruch auf Alterspens.	WF	A09 A10 A15	9,50	9,00	10,55	10,05	
B008	Geistliche der evangelischen Kirche	IE WF		17,62	17,12	21,03	20,53	J
B008	Geistliche der evangelischen Kirche Bonus ab 50 Jahre (Eintritt bis 31. 08. 2009)	IE WF	A11	17,62	17,12	18,03	17,53	J
B008	Geistliche der evangelischen Kirche w. ab Mindestalter für Pension	WF	A10	14,62	14,12	17,93	17,43	
B008	Geistliche der evangelischen Kirche ab 60 Jahre ohne Anspruch auf Alterspens.	IE WF	A09	17,62	17,12	19,93	19,43	J
B008	Geistliche der evangelischen Kirche Bonus ab 60 Jahre ohne Anspruch auf Alterspens.	IE WF	A09 A11	17,62	17,12	16,93	16,43	J
B008	Geistliche der evangelischen Kirche ab 60 Jahre mit Anspruch auf Alterspens./ab 63 Jahre	WF	A09 A10	14,62	14,12	16,83	16,33	
B008	Geistliche der evangelischen Kirche ab w. 60/m. 65 Jahre bis w. 63/m. 68 Jahre mit Anspruch auf Alterspens.	WF	A09 A10 A15	9,50	9,00	10,55	10,05	
B008E 11	Geistliche der evangelischen Kirche/Geistlicher Amtsträger definitiv bestellt	WF		14,62	14,12	17,93	17,43	
B008E 11	Geistliche der evangelischen Kirche/Geistlicher Amtsträger definitiv bestellt ab 60 Jahre ohne Anspruch auf Alterspens.	WF	A09	14,62	14,12	16,83	16,33	
B008E 11	Geistliche der evangelischen Kirche/Geistlicher Amtsträger definitiv bestellt ab w. 60/m. 65 Jahre bis w. 63/m. 68 Jahre mit Anspruch auf Alterspens.	WF	A09 A15	9,50	9,00	10,55	10,05	
B010	Geringfügig beschäftigte Arbeiter			0,00	0,00	1,10	1,10	
B010	Geringfügig beschäftigte Arbeiter ab 60 Jahre ohne Anspruch auf Alterspens.		A09	0,00	0,00	0,00	0,00	
B010E 12	Geringfügig beschäftigte Arbeiter (keine AK- oder LK-Zugehörigkeit)			0,00	0,00	1,10	1,10	
B010E 12	Geringfügig beschäftigte Arbeiter (keine AK- oder LK-Zugehörigkeit) ab 60 Jahre ohne Anspruch auf Alterspens.		A09	0,00	0,00	0,00	0,00	
B012	Qualifizierte Praktikanten	IE		17,12	17,12	20,53	20,53	J
B012	Qualifizierte Praktikanten w. ab Mindestalter für Pension		A10	14,12	14,12	17,43	17,43	

SV-TABELLEN

Tarif	Bezeichnung	Nebenbeiträge	Ab-schläge	%-Satz DN lfd	%-Satz DN SZ	%-Satz DG lfd	%-Satz DG SZ	AV-DN*)
B012	Qualifizierte Praktikanten ab 60 Jahre ohne Anspruch auf Alterspens.	IE	A09	17,12	17,12	19,43	19,43	J
B012	Qualifizierte Praktikanten ab 60 Jahre mit Anspruch auf Alterspens./ab 63 Jahre		A09 A10	14,12	14,12	16,33	16,33	
B012	Qualifizierte Praktikanten ab w. 60/m. 65 Jahre bis w. 63/m. 68 Jahre mit Anspruch auf Alterspens.		A09 A10 A15	9,00	9,00	10,05	10,05	
B013	Angestellte – Sonderfall (nur WF)	WF		17,62	17,12	20,93	20,43	J
B013	Angestellte – Sonderfall (nur WF) Bonus ab 50 Jahre (Eintritt bis 31. 08. 2009)	WF	A11	17,62	17,12	17,93	17,43	J
B013	Angestellte – Sonderfall (nur WF) w. ab Mindestalter für Pension	WF	A12	14,62	14,12	17,93	17,43	
B013	Angestellte – Sonderfall (nur WF) ab 60 Jahre ohne Anspruch auf Alterspens.	WF	A09	17,62	17,12	19,83	19,33	J
B013	Angestellte – Sonderfall (nur WF) Bonus ab 60 Jahre ohne Anspruch auf Alterspens.	WF	A09 A11	17,62	17,12	16,83	16,33	J
B013	Angestellte – Sonderfall (nur WF) ab 60 Jahre mit Anspruch auf Alterspens./ab 63 Jahre	WF	A09 A12	14,62	14,12	16,83	16,33	
B013	Angestellte – Sonderfall (nur WF) ab w. 60/m. 65 Jahre bis w. 63/m. 68 Jahre mit Anspruch auf Alterspens.	WF	A09 A12 A15	9,50	9,00	10,55	10,05	
B014	Angestellte – Sonderfall (nur WF und IE)	IE WF		17,62	17,12	21,03	20,53	J
B014	Angestellte – Sonderfall (nur WF und IE) Bonus ab 50 Jahre (Eintritt bis 31. 08. 2009)	IE WF	A11	17,62	17,12	18,03	17,53	J
B014	Angestellte – Sonderfall (nur WF und IE) w. ab Mindestalter für Pension	WF	A10	14,62	14,12	17,93	17,43	
B014	Angestellte – Sonderfall (nur WF und IE) ab 60 Jahre ohne Anspruch auf Alterspens.	IE WF	A09	17,62	17,12	19,93	19,43	J
B014	Angestellte – Sonderfall (nur WF und IE) Bonus ab 60 Jahre ohne Anspruch auf Alterspens.	IE WF	A09 A11	17,62	17,12	16,93	16,43	J
B014	Angestellte – Sonderfall (nur WF und IE) ab 60 Jahre mit Anspruch auf Alterspens./ab 63 Jahre	WF	A09 A10	14,62	14,12	16,83	16,33	
B014	Angestellte – Sonderfall (nur WF und IE) ab w. 60/m. 65 Jahre bis w. 63/m. 68 Jahre mit Anspruch auf Alterspens.	WF	A09 A10 A15	9,50	9,00	10,55	10,05	
B015	Krankenpflegeschüler			14,12	14,12	17,43	17,43	
B015	Krankenpflegeschüler ab 60 Jahre ohne Anspruch auf Alterspens.		A09	14,12	14,12	16,33	16,33	
B015	Krankenpflegeschüler ab w. 60/m. 65 Jahre bis w. 63/m. 68 Jahre mit Anspruch auf Alterspens.		A09 A15	9,00	9,00	10,05	10,05	
B016	Studierende nach MTD-Gesetz oder Hebammengesetz			14,12	14,12	17,43	17,43	
B016	Studierende nach MTD-Gesetz oder Hebammengesetz ab 60 Jahre ohne Anspruch auf Alterspens.		A09	14,12	14,12	16,33	16,33	
B016	Studierende nach MTD-Gesetz oder Hebammengesetz ab w. 60/m. 65 Jahre bis w. 63/m. 68 Jahre mit Anspruch auf Alterspens.		A09 A15	9,00	9,00	10,05	10,05	

SV-TABELLEN

Tarif	Bezeichnung	Nebenbeiträge	Ab-schläge	%-Satz DN lfd	%-Satz DN SZ	%-Satz DG lfd	%-Satz DG SZ	AV-DN*)
B021	Arbeiter ohne Entgelt im elterlichen Betrieb ab Vollendung 17. LJ			0,00	0,00	31,55	31,55	
B021	Arbeiter ohne Entgelt im elterlichen Betrieb ab Vollendung 17. LJ ab 60 Jahre ohne Anspruch auf Alterspens.		A09	0,00	0,00	30,45	30,45	
B022	Arbeiter (nur AV)	IE		3,00	3,00	3,10	3,10	J
B022	Arbeiter (nur AV) Bonus ab 50 Jahre (Eintritt bis 31. 08. 2009)	IE	A11	3,00	3,00	0,10	0,10	J
B022	Arbeiter (nur AV) w. ab Mindestalter für Pension		A10	0,00	0,00	0,00	0,00	
B023	Angestellte ohne Entgelt im elterlichen Betrieb ab Vollendung 17. LJ			0,00	0,00	31,55	31,55	
B023	Angestellte ohne Entgelt im elterlichen Betrieb ab Vollendung 17. LJ ab 60 Jahre ohne Anspruch auf Alterspens.		A09	0,00	0,00	30,45	30,45	
B024	Angestellte – Salzburger Sparkasse (Altfall)	AK IE WF		14,25	13,25	17,25	16,75	J
B024	Angestellte – Salzburger Sparkasse (Altfall) Bonus ab 50 Jahre (Eintritt bis 31. 08. 2009)	AK IE WF	A11	14,25	13,25	14,25	13,75	J
B024	Angestellte – Salzburger Sparkasse (Altfall) w. ab Mindestalter für Pension	AK WF	A10	11,25	10,25	14,15	13,65	
B024	Angestellte – Salzburger Sparkasse (Altfall) ab 60 Jahre ohne Anspruch auf Alterspens.	AK IE WF	A09	14,25	13,25	16,15	15,65	J
B024	Angestellte – Salzburger Sparkasse (Altfall) Bonus ab 60 Jahre ohne Anspruch auf Alterspens.	AK IE WF	A09 A11	14,25	13,25	13,15	12,65	J
B024	Angestellte – Salzburger Sparkasse (Altfall) ab 60 Jahre mit Anspruch auf Alterspens./ab 63 Jahre	AK WF	A09 A10	11,25	10,25	13,05	12,55	
B024	Angestellte – Salzburger Sparkasse (Altfall) ab w. 60/m. 65 Jahre bis w. 63/m. 68 Jahre mit Anspruch auf Alterspens.	AK WF	A09 A10 A15	6,13	5,13	6,77	6,27	
B025	Angestellte (nur AV)	IE		3,00	3,00	3,10	3,10	J
B025	Angestellte (nur AV) Bonus ab 50 Jahre (Eintritt bis 31. 08. 2009)	IE	A11	3,00	3,00	0,10	0,10	J
B025	Angestellte (nur AV) w. ab Mindestalter für Pension		A10	0,00	0,00	0,00	0,00	
B026	Angestellte (nur PV)			10,25	10,25	12,55	12,55	
B026	Angestellte (nur PV) ab w. 60/m. 65 Jahre bis w. 63/m. 68 Jahre mit Anspruch auf Alterspens.		A15	5,13	5,13	6,27	6,27	
B027	Angestellte (nur PV+UV)			10,25	10,25	13,65	13,65	
B027	Angestellte (nur PV+UV) ab 60 Jahre ohne Anspruch auf Alterspens.		A09	10,25	10,25	12,55	12,55	
B027	Angestellte (nur PV+UV) ab w. 60/m. 65 Jahre bis w. 63/m. 68 Jahre mit Anspruch auf Alterspens.		A09 A15	5,13	5,13	6,27	6,27	
B028	Vorstandsmitglieder bzw. Geschäftsleiter			31,55	31,55	0,00	0,00	
B028	Vorstandsmitglieder bzw. Geschäftsleiter ab 60 Jahre ohne Anspruch auf Alterspens.		A09	30,45	30,45	0,00	0,00	
B028	Vorstandsmitglieder bzw. Geschäftsleiter ab w. 60/m. 65 Jahre bis w. 63/m. 68 Jahre mit Anspruch auf Alterspens.		A09 A15	19,05	19,05	0,00	0,00	

SV-TABELLEN

Tarif	Bezeichnung	Nebenbeiträge	Ab-schläge	%-Satz DN lfd	%-Satz DN SZ	%-Satz DG lfd	%-Satz DG SZ	AV-DN*)
B029	Geschäftsführer Ziviltechnikergesellschaft (mit AK)	AK IE WF		7,87	6,87	8,48	7,98	J
B029	Geschäftsführer Ziviltechnikergesellschaft (mit AK) Bonus ab 50 Jahre (Eintritt bis 31. 08. 2009)	AK IE WF	A11	7,87	6,87	5,48	4,98	J
B029	Geschäftsführer Ziviltechnikergesellschaft (mit AK) w. ab Mindestalter für Pension	AK WF	A10	4,87	3,87	5,38	4,88	
B029	Geschäftsführer Ziviltechnikergesellschaft (mit AK) ab 60 Jahre ohne Anspruch auf Alterspens.	AK IE WF	A09	7,87	6,87	7,38	6,88	J
B029	Geschäftsführer Ziviltechnikergesellschaft (mit AK) Bonus ab 60 Jahre ohne Anspruch auf Alterspens.	AK IE WF	A09 A11	7,87	6,87	4,38	3,88	J
B029	Geschäftsführer Ziviltechnikergesellschaft (mit AK) ab 60 Jahre mit Anspruch auf Alterspens./ab 63 Jahre	AK WF	A09 A10	4,87	3,87	4,28	3,78	
B030	Geringfügig beschäftigte Angestellte			0,00	0,00	1,10	1,10	
B030	Geringfügig beschäftigte Angestellte ab 60 Jahre ohne Anspruch auf Alterspens.		A09	0,00	0,00	0,00	0,00	
B030E 12	Geringfügig beschäftigte Angestellte (keine AK- oder LK-Zugehörigkeit)			0,00	0,00	1,10	1,10	
B030E 12	Geringfügig beschäftigte Angestellte (keine AK- oder LK-Zugehörigkeit) ab 60 Jahre ohne Anspruch auf Alterspens.		A09	0,00	0,00	0,00	0,00	
B031	Angestellte Rechtsanwälte, Rechtsanwaltsanwärter, Geschäftsführer von Zivil-technikergesellschaften	IE WF		7,37	6,87	8,48	7,98	J
B031	Angestellte Rechtsanwälte, Rechtsanwaltsanwärter, Geschäftsführer von Zivil-technikergesellschaften Bonus ab 50 Jahre (Eintritt bis 31. 08. 2009)	IE WF	A11	7,37	6,87	5,48	4,98	J
B031	Angestellte Rechtsanwälte, Rechtsanwaltsanwärter, Geschäftsführer von Zivil-technikergesellschaften w. ab Mindestalter für Pension	WF	A10	4,37	3,87	5,38	4,88	
B031	Angestellte Rechtsanwälte, Rechtsanwaltsanwärter, Geschäftsführer von Zivil-technikergesellschaften ab 60 Jahre ohne Anspruch auf Alterspens.	IE WF	A09	7,37	6,87	7,38	6,88	J
B031	Angestellte Rechtsanwälte, Rechtsanwaltsanwärter, Geschäftsführer von Zivil-technikergesellschaften Bonus ab 60 Jahre ohne Anspruch auf Alterspens.	IE WF	A09 A11	7,37	6,87	4,38	3,88	J
B031	Angestellte Rechtsanwälte, Rechtsanwaltsanwärter, Geschäftsführer von Zivil-technikergesellschaften ab 60 Jahre mit Anspruch auf Alterspens./ab 63 Jahre	WF	A09 A10	4,37	3,87	4,28	3,78	
B032	Vorstandsmitglieder bzw. Geschäftsleiter (ohne PV)			8,75	8,75	0,00	0,00	
B032	Vorstandsmitglieder bzw. Geschäftsleiter (ohne PV) ab 60 Jahre ohne Anspruch auf Alterspens.		A09	7,65	7,65	0,00	0,00	
B044	Angestelltenlehrlinge			13,12	13,12	15,43	15,43	J
B044E 01	Angestelltenlehrlinge (Nachtschwerarbeit)	NB		13,12	13,12	19,23	19,23	J

SV-TABELLEN

Tarif	Bezeichnung	Nebenbeiträge	Ab-schläge	%-Satz DN lfd	%-Satz DN SZ	%-Satz DG lfd	%-Satz DG SZ	AV-DN*)
B045	Arbeiterlehrlinge			13,12	13,12	15,43	15,43	J
B045E 01	Arbeiterlehrlinge (Nachtschwerarbeit)	NB		13,12	13,12	19,23	19,23	J
B045E 01E02	Bauarbeiterlehrlinge (Nachtschwerarbeit)	SW NB		13,82	13,82	19,93	19,93	J
B045E 02	Bauarbeiterlehrlinge	SW		13,82	13,82	16,13	16,13	J
	Freie Dienstnehmer							
B051	Freie Dienstnehmer – Arbeiter	AK IE		17,62	17,12	20,53	20,53	J
B051	Freie Dienstnehmer – Arbeiter Bonus ab 50 Jahre (Eintritt bis 31. 08. 2009)	AK IE	A11	17,62	17,12	17,53	17,53	J
B051	Freie Dienstnehmer – Arbeiter w. ab Mindestalter für Pension	AK	A10	14,62	14,12	17,43	17,43	
B051	Freie Dienstnehmer – Arbeiter ab 60 Jahre ohne Anspruch auf Alterspens.	AK IE	A09	17,62	17,12	19,43	19,43	J
B051	Freie Dienstnehmer – Arbeiter Bonus ab 60 Jahre ohne Anspruch auf Alterspens.	AK IE	A09 A11	17,62	17,12	16,43	16,43	J
B051	Freie Dienstnehmer – Arbeiter ab 60 Jahre mit Anspruch auf Alterspens./ab 63 Jahre	AK	A09 A10	14,62	14,12	16,33	16,33	
B051	Freie Dienstnehmer – Arbeiter ab w. 60/m. 65 Jahre bis w. 63/m. 68 Jahre mit Anspruch auf Alterspens.	AK	A09 A10 A15	9,50	9,00	10,05	10,05	
B051E 06	Freie Dienstnehmer – Arbeiter mit SZ	AK IE		17,62	17,12	20,53	20,53	J
B051E 06	Freie Dienstnehmer – Arbeiter mit SZ Bonus ab 50 Jahre (Eintritt bis 31. 08. 2009)	AK IE	A11	17,62	17,12	17,53	17,53	J
B051E 06	Freie Dienstnehmer – Arbeiter mit SZ w. ab Mindestalter für Pension	AK	A10	14,62	14,12	17,43	17,43	
B051E 06	Freie Dienstnehmer – Arbeiter mit SZ ab 60 Jahre ohne Anspruch auf Alterspens.	AK IE	A09	17,62	17,12	19,43	19,43	J
B051E 06	Freie Dienstnehmer – Arbeiter mit SZ Bonus ab 60 Jahre ohne Anspruch auf Alterspens.	AK IE	A09 A11	17,62	17,12	16,43	16,43	J
B051E 06	Freie Dienstnehmer – Arbeiter mit SZ ab 60 Jahre mit Anspruch auf Alterspens./ab 63 Jahre	AK	A09 A10	14,62	14,12	16,33	16,33	
B051E 06	Freie Dienstnehmer – Arbeiter mit SZ ab w. 60/m. 65 Jahre bis w. 63/m. 68 Jahre mit Anspruch auf Alterspens.	AK	A09 A10 A15	9,50	9,00	10,05	10,05	
B052	Freie Dienstnehmer – Arbeiter (ohne AK/LK)	IE		17,12	17,12	20,53	20,53	J
B052	Freie Dienstnehmer – Arbeiter (ohne AK/LK) Bonus ab 50 Jahre (Eintritt bis 31. 08. 2009)	IE	A11	17,12	17,12	17,53	17,53	J
B052	Freie Dienstnehmer – Arbeiter (ohne AK/LK) w. ab Mindestalter für Pension		A10	14,12	14,12	17,43	17,43	
B052	Freie Dienstnehmer – Arbeiter (ohne AK/LK) ab 60 Jahre ohne Anspruch auf Alterspens.	IE	A09	17,12	17,12	19,43	19,43	J
B052	Freie Dienstnehmer – Arbeiter (ohne AK/LK) Bonus ab 60 Jahre ohne Anspruch auf Alterspens.	IE	A09 A11	17,12	17,12	16,43	16,43	J
B052	Freie Dienstnehmer – Arbeiter (ohne AK/LK) ab 60 Jahre mit Anspruch auf Alterspens./ab 63 Jahre		A09 A10	14,12	14,12	16,33	16,33	
B052	Freie Dienstnehmer – Arbeiter (ohne AK/LK) ab w. 60/m. 65 Jahre bis w. 63/m. 68 Jahre mit Anspruch auf Alterspens.		A09 A10 A15	9,00	9,00	10,05	10,05	

SV-TABELLEN

Tarif	Bezeichnung	Nebenbeiträge	Abschläge	%-Satz DN lfd	%-Satz DN SZ	%-Satz DG lfd	%-Satz DG SZ	AV-DN*)
B052E 06	Freie Dienstnehmer – Arbeiter (ohne AK/LK) mit SZ	IE		17,12	17,12	20,53	20,53	J
B052E 06	Freie Dienstnehmer – Arbeiter (ohne AK/LK) mit SZ Bonus ab 50 Jahre (Eintritt bis 31. 08. 2009)	IE	A11	17,12	17,12	17,53	17,53	J
B052E 06	Freie Dienstnehmer – Arbeiter (ohne AK/LK) mit SZ w. ab Mindestalter für Pension		A10	14,12	14,12	17,43	17,43	
B052E 06	Freie Dienstnehmer – Arbeiter (ohne AK/LK) mit SZ ab 60 Jahre ohne Anspruch auf Alterspens.	IE	A09	17,12	17,12	19,43	19,43	J
B052E 06	Freie Dienstnehmer – Arbeiter (ohne AK/LK) mit SZ Bonus ab 60 Jahre ohne Anspruch auf Alterspens.	IE	A09 A11	17,12	17,12	16,43	16,43	J
B052E 06	Freie Dienstnehmer – Arbeiter (ohne AK/LK) mit SZ ab 60 Jahre mit Anspruch auf Alterspens./ab 63 Jahre		A09 A10	14,12	14,12	16,33	16,33	
B052E 06	Freie Dienstnehmer – Arbeiter (ohne AK/LK) mit SZ ab w. 60/m. 65 Jahre bis w. 63/m. 68 Jahre mit Anspruch auf Alterspens.		A09 A10 A15	9,00	9,00	10,05	10,05	
B053	Freie Dienstnehmer – Angestellte	AK IE		17,62	17,12	20,53	20,53	J
B053	Freie Dienstnehmer – Angestellte Bonus ab 50 Jahre (Eintritt bis 31. 08. 2009)	AK IE	A11	17,62	17,12	17,53	17,53	J
B053	Freie Dienstnehmer – Angestellte w. ab Mindestalter für Pension	AK	A10	14,62	14,12	17,43	17,43	
B053	Freie Dienstnehmer – Angestellte ab 60 Jahre ohne Anspruch auf Alterspens.	AK IE	A09	17,62	17,12	19,43	19,43	J
B053	Freie Dienstnehmer – Angestellte Bonus ab 60 Jahre ohne Anspruch auf Alterspens.	AK IE	A09 A11	17,62	17,12	16,43	16,43	J
B053	Freie Dienstnehmer – Angestellte ab 60 Jahre mit Anspruch auf Alterspens./ab 63 Jahre	AK	A09 A10	14,62	14,12	16,33	16,33	
B053	Freie Dienstnehmer – Angestellte ab w. 60/m. 65 Jahre bis w. 63/m. 68 Jahre mit Anspruch auf Alterspens.	AK	A09 A10 A15	9,50	9,00	10,05	10,05	
B053E 06	Freie Dienstnehmer – Angestellte mit SZ	AK IE		17,62	17,12	20,53	20,53	J
B053E 06	Freie Dienstnehmer – Angestellte mit SZ Bonus ab 50 Jahre (Eintritt bis 31. 08. 2009)	AK IE	A11	17,62	17,12	17,53	17,53	J
B053E 06	Freie Dienstnehmer – Angestellte mit SZ w. ab Mindestalter für Pension	AK	A10	14,62	14,12	17,43	17,43	
B053E 06	Freie Dienstnehmer – Angestellte mit SZ ab 60 Jahre ohne Anspruch auf Alterspens.	AK IE	A09	17,62	17,12	19,43	19,43	J
B053E 06	Freie Dienstnehmer – Angestellte mit SZ Bonus ab 60 Jahre ohne Anspruch auf Alterspens.	AK IE	A09 A11	17,62	17,12	16,43	16,43	J
B053E 06	Freie Dienstnehmer – Angestellte mit SZ ab 60 Jahre mit Anspruch auf Alterspens./ab 63 Jahre	AK	A09 A10	14,62	14,12	16,33	16,33	
B053E 06	Freie Dienstnehmer – Angestellte mit SZ ab w. 60/m. 65 Jahre bis w. 63/m. 68 Jahre mit Anspruch auf Alterspens.	AK	A09 A10 A15	9,50	9,00	10,05	10,05	

SV-TABELLEN

Tarif	Bezeichnung	Nebenbeiträge	Abschläge	%-Satz DN lfd	%-Satz DN SZ	%-Satz DG lfd	%-Satz DG SZ	AV-DN*)
B054	Freie Dienstnehmer – Angestellte (ohne AK/LK)	IE		17,12	17,12	20,53	20,53	J
B054	Freie Dienstnehmer – Angestellte (ohne AK/LK) Bonus ab 50 Jahre (Eintritt bis 31. 08. 2009)	IE	A11	17,12	17,12	17,53	17,53	J
B054	Freie Dienstnehmer – Angestellte (ohne AK/LK) w. ab Mindestalter für Pension		A10	14,12	14,12	17,43	17,43	
B054	Freie Dienstnehmer – Angestellte (ohne AK/LK) ab 60 Jahre ohne Anspruch auf Alterspens.	IE	A09	17,12	17,12	19,43	19,43	J
B054	Freie Dienstnehmer – Angestellte (ohne AK/LK) Bonus ab 60 Jahre ohne Anspruch auf Alterspens.	IE	A09 A11	17,12	17,12	16,43	16,43	J
B054	Freie Dienstnehmer – Angestellte (ohne AK/LK) ab 60 Jahre mit Anspruch auf Alterspens./ab 63 Jahre		A09 A10	14,12	14,12	16,33	16,33	
B054	Freie Dienstnehmer – Angestellte (ohne AK/LK) ab w. 60/m. 65 Jahre bis w. 63/m. 68 Jahre mit Anspruch auf Alterspens.		A09 A10 A15	9,00	9,00	10,05	10,05	
B054E 06	Freie Dienstnehmer – Angestellte (ohne AK/LK) mit SZ	IE		17,12	17,12	20,53	20,53	J
B054E 06	Freie Dienstnehmer – Angestellte (ohne AK/LK) mit SZ Bonus ab 50 Jahre (Eintritt bis 31. 08. 2009)	IE	A11	17,12	17,12	17,53	17,53	J
B054E 06	Freie Dienstnehmer – Angestellte (ohne AK/LK) mit SZ w. ab Mindestalter für Pension		A10	14,12	14,12	17,43	17,43	
B054E 06	Freie Dienstnehmer – Angestellte (ohne AK/LK) mit SZ ab 60 Jahre ohne Anspruch auf Alterspens.	IE	A09	17,12	17,12	19,43	19,43	J
B054E 06	Freie Dienstnehmer – Angestellte (ohne AK/LK) mit SZ Bonus ab 60 Jahre ohne Anspruch auf Alterspens.	IE	A09 A11	17,12	17,12	16,43	16,43	J
B054E 06	Freie Dienstnehmer – Angestellte (ohne AK/LK) mit SZ ab 60 Jahre mit Anspruch auf Alterspens./ab 63 Jahre		A09 A10	14,12	14,12	16,33	16,33	
B054E 06	Freie Dienstnehmer – Angestellte (ohne AK/LK) mit SZ ab w. 60/m. 65 Jahre bis w. 63/m. 68 Jahre mit Anspruch auf Alterspens.		A09 A10 A15	9,00	9,00	10,05	10,05	
B060	Geringfügig beschäftigte freie Dienstnehmer – Arbeiter			0,00	0,00	1,10	1,10	
B060	Geringfügig beschäftigte freie Dienstnehmer – Arbeiter ab 60 Jahre ohne Anspruch auf Alterspens.		A09	0,00	0,00	0,00	0,00	
B060E 06	Geringfügig beschäftigte freie Dienstnehmer – Arbeiter mit SZ			0,00	0,00	1,10	1,10	
B060E 06	Geringfügig beschäftigte freie Dienstnehmer – Arbeiter mit SZ ab 60 Jahre ohne Anspruch auf Alterspens.		A09	0,00	0,00	0,00	0,00	
B061	Geringfügig beschäftigte freie Dienstnehmer – Angestellte			0,00	0,00	1,10	1,10	
B061	Geringfügig beschäftigte freie Dienstnehmer – Angestellte ab 60 Jahre ohne Anspruch auf Alterspens.		A09	0,00	0,00	0,00	0,00	

SV-TABELLEN

Tarif	Bezeichnung	Nebenbeiträge	Abschläge	%-Satz DN lfd	%-Satz DN SZ	%-Satz DG lfd	%-Satz DG SZ	AV-DN*)
B061E 06	Geringfügig beschäftigte freie Dienstnehmer – Angestellte mit SZ			0,00	0,00	1,10	1,10	
B061E 06	Geringfügig beschäftigte freie Dienstnehmer – Angestellte mit SZ ab 60 Jahre ohne Anspruch auf Alterspens.		A09	0,00	0,00	0,00	0,00	
	Land- und Forstwirtschaft							
B100	Angestellte – Bund, Land, Gemeinde – L +F (mit AK)	AK		17,62	17,12	20,43	20,43	J
B100	Angestellte – Bund, Land, Gemeinde – L +F (mit AK) Bonus ab 50 Jahre (Eintritt bis 31. 08. 2009)	AK	A11	17,62	17,12	17,43	17,43	J
B100	Angestellte – Bund, Land, Gemeinde – L +F (mit AK) w. ab Mindestalter für Pension	AK	A12	14,62	14,12	17,43	17,43	
B100	Angestellte – Bund, Land, Gemeinde – L +F (mit AK) ab 60 Jahre ohne Anspruch auf Alterspens.	AK	A09	17,62	17,12	19,33	19,33	J
B100	Angestellte – Bund, Land, Gemeinde – L +F (mit AK) Bonus ab 60 Jahre ohne Anspruch auf Alterspens.	AK	A09 A11	17,62	17,12	16,33	16,33	J
B100	Angestellte – Bund, Land, Gemeinde – L +F (mit AK) ab 60 Jahre mit Anspruch auf Alterspens./ab 63 Jahre	AK	A09 A12	14,62	14,12	16,33	16,33	
B100	Angestellte – Bund, Land, Gemeinde – L +F (mit AK) ab w. 60/m. 65 Jahre bis w. 63/m. 68 Jahre mit Anspruch auf Alterspens.	AK	A09 A12 A15	9,50	9,00	10,05	10,05	
B101	Land- und Forstarbeiter	LK IE		17,87	17,12	20,53	20,53	J
B101	Land- und Forstarbeiter Bonus ab 50 Jahre (Eintritt bis 31. 08. 2009)	LK IE	A11	17,87	17,12	17,53	17,53	J
B101	Land- und Forstarbeiter w. ab Mindestalter für Pension	LK	A10	14,87	14,12	17,43	17,43	
B101	Land- und Forstarbeiter ab 60 Jahre ohne Anspruch auf Alterspens.	LK IE	A09	17,87	17,12	19,43	19,43	J
B101	Land- und Forstarbeiter Bonus ab 60 Jahre ohne Anspruch auf Alterspens.	LK IE	A09 A11	17,87	17,12	16,43	16,43	J
B101	Land- und Forstarbeiter ab 60 Jahre mit Anspruch auf Alterspens./ab 63 Jahre	LK	A09 A10	14,87	14,12	16,33	16,33	
B101	Land- und Forstarbeiter ab w. 60/m. 65 Jahre bis w. 63/m. 68 Jahre mit Anspruch auf Alterspens.	LK	A09 A10 A15	9,75	9,00	10,05	10,05	
B101E 01	Land- und Forstarbeiter (Nachtschwerarbeit)	LK IE NB		17,87	17,12	24,33	24,33	J
B101E 01	Land- und Forstarbeiter (Nachtschwerarbeit) Bonus ab 50 Jahre (Eintritt bis 31. 08. 2009)	LK IE NE	A11	17,87	17,12	21,33	21,33	J
B101E 01	Land- und Forstarbeiter (Nachtschwerarbeit) w. ab Mindestalter für Pension	LK NB	A10	14,87	14,12	21,23	21,23	
B101E 01	Land- und Forstarbeiter (Nachtschwerarbeit) ab 60 Jahre ohne Anspruch auf Alterspens.	LK IE NB	A09	17,87	17,12	23,23	23,23	J
B101E 01	Land- und Forstarbeiter (Nachtschwerarbeit) Bonus ab 60 Jahre ohne Anspruch auf Alterspens.	LK IE NB	A09 A11	17,87	17,12	20,23	20,23	J

SV-TABELLEN

Tarif	Bezeichnung	Nebenbeiträge	Abschläge	%-Satz DN lfd	%-Satz DN SZ	%-Satz DG lfd	%-Satz DG SZ	AV-DN*)
B101E 01	Land- und Forstarbeiter (Nachtschwerarbeit) ab 60 Jahre mit Anspruch auf Alterspens./ab 63 Jahre	LK NB	A09 A10	14,87	14,12	20,13	20,13	
B101E 01	Land- und Forstarbeiter (Nachtschwerarbeit) ab w. 60/m. 65 Jahre bis w. 63/m. 68 Jahre mit Anspruch auf Alterspens.	LK NB	A09 A10 A15	9,75	9,00	13,85	13,85	
B101E 03	Land- und Forstarbeiter (schulpflichtig)	LK		14,87	14,12	17,43	17,43	
B102	Land- und Forstarbeiter (mit AK)	AK IE		17,62	17,12	20,53	20,53	J
B102	Land- und Forstarbeiter (mit AK) Bonus ab 50 Jahre (Eintritt bis 31. 08. 2009)	AK IE	A11	17,62	17,12	17,53	17,53	J
B102	Land- und Forstarbeiter (mit AK) w. ab Mindestalter für Pension	AK	A10	14,62	14,12	17,43	17,43	
B102	Land- und Forstarbeiter (mit AK) ab 60 Jahre ohne Anspruch auf Alterspens.	AK IE	A09	17,62	17,12	19,43	19,43	J
B102	Land- und Forstarbeiter (mit AK) Bonus ab 60 Jahre ohne Anspruch auf Alterspens.	AK IE	A09 A11	17,62	17,12	16,43	16,43	J
B102	Land- und Forstarbeiter (mit AK) ab 60 Jahre mit Anspruch auf Alterspens./ab 63 Jahre	AK	A09 A10	14,62	14,12	16,33	16,33	
B102	Land- und Forstarbeiter (mit AK) ab w. 60/m. 65 Jahre bis w. 63/m. 68 Jahre mit Anspruch auf Alterspens.	AK	A09 A10 A15	9,50	9,00	10,05	10,05	
B102E 03	Land- und Forstarbeiter (mit AK) (schulpflichtig)	AK		14,62	14,12	17,43	17,43	
B103	Land- und Forstarbeiter (ohne AK/LK)	IE		17,12	17,12	20,53	20,53	J
B103	Land- und Forstarbeiter (ohne AK/LK) Bonus ab 50 Jahre (Eintritt bis 31. 08. 2009)	IE	A11	17,12	17,12	17,53	17,53	J
B103	Land- und Forstarbeiter (ohne AK/LK) w. ab Mindestalter für Pension		A10	14,12	14,12	17,43	17,43	
B103	Land- und Forstarbeiter (ohne AK/LK) ab 60 Jahre ohne Anspruch auf Alterspens.	IE	A09	17,12	17,12	19,43	19,43	J
B103	Land- und Forstarbeiter (ohne AK/LK) Bonus ab 60 Jahre ohne Anspruch auf Alterspens.	IE	A09 A11	17,12	17,12	16,43	16,43	J
B103	Land- und Forstarbeiter (ohne AK/LK) ab 60 Jahre mit Anspruch auf Alterspens./ab 63 Jahre		A09 A10	14,12	14,12	16,33	16,33	
B103	Land- und Forstarbeiter (ohne AK/LK) ab w. 60/m. 65 Jahre bis w. 63/m. 68 Jahre mit Anspruch auf Alterspens.		A09 A10 A15	9,00	9,00	10,05	10,05	
B104	Land- und Forstarbeiter (mit LK und WF)	LK IE WF		18,37	17,12	21,03	20,53	J
B104	Land- und Forstarbeiter (mit LK und WF) Bonus ab 50 Jahre (Eintritt bis 31. 08. 2009)	LK IE WF	A11	18,37	17,12	18,03	17,53	J
B104	Land- und Forstarbeiter (mit LK und WF) w. ab Mindestalter für Pension	LK WF	A10	15,37	14,12	17,93	17,43	
B104	Land- und Forstarbeiter (mit LK und WF) ab 60 Jahre ohne Anspruch auf Alterspens.	LK IE WF	A09	18,37	17,12	19,93	19,43	J
B104	Land- und Forstarbeiter (mit LK und WF) Bonus ab 60 Jahre ohne Anspruch auf Alterspens.	LK IE WF	A09 A11	18,37	17,12	16,93	16,43	J
B104	Land- und Forstarbeiter (mit LK und WF) ab 60 Jahre mit Anspruch auf Alterspens./ab 63 Jahre	LK WF	A09 A10	15,37	14,12	16,83	16,33	

SV-TABELLEN

Tarif	Bezeichnung	Nebenbeiträge	Abschläge	%-Satz DN lfd	%-Satz DN SZ	%-Satz DG lfd	%-Satz DG SZ	AV-DN*)
B104	Land- und Forstarbeiter (mit LK und WF) ab w. 60/m. 65 Jahre bis w. 63/m. 68 Jahre mit Anspruch auf Alterspens.	LK WF	A09 A10 A15	10,25	9,00	10,55	10,05	
B105	Arbeiter (mit LK)	LK IE WF		18,37	17,12	21,03	20,53	J
B105	Arbeiter (mit LK) Bonus ab 50 Jahre (Eintritt bis 31. 08. 2009)	LK IE WF	A11	18,37	17,12	18,03	17,53	J
B105	Arbeiter (mit LK) w. ab Mindestalter für Pension	LK WF	A10	15,37	14,12	17,93	17,43	
B105	Arbeiter (mit LK) ab 60 Jahre ohne Anspruch auf Alterspens.	LK IE WF	A09	18,37	17,12	19,93	19,43	J
B105	Arbeiter (mit LK) Bonus ab 60 Jahre ohne Anspruch auf Alterspens.	LK IE WF	A09 A11	18,37	17,12	16,93	16,43	J
B105	Arbeiter (mit LK) ab 60 Jahre mit Anspruch auf Alterspens./ab 63 Jahre	LK WF	A09 A10	15,37	14,12	16,83	16,33	
B105	Arbeiter (mit LK) ab w. 60/m. 65 Jahre bis w. 63/m. 68 Jahre mit Anspruch auf Alterspens.	LK WF	A09 A10 A15	10,25	9,00	10,55	10,05	
B105E 02	Bauarbeiter (mit LK)	LK IE WF SW		19,07	17,82	21,73	21,23	J
B105E 02	Bauarbeiter (mit LK) Bonus ab 50 Jahre (Eintritt bis 31. 08. 2009)	LK IE WF SW	A11	19,07	17,82	18,73	18,23	J
B105E 02	Bauarbeiter (mit LK) w. ab Mindestalter für Pension	LK WF SW	A10	16,07	14,82	18,63	18,13	
B105E 02	Bauarbeiter (mit LK) ab 60 Jahre ohne Anspruch auf Alterspens.	LK IE WF SW	A09	19,07	17,82	20,63	20,13	J
B105E 02	Bauarbeiter (mit LK) Bonus ab 60 Jahre ohne Anspruch auf Alterspens.	LK IE WF SW	A09 A11	19,07	17,82	17,63	17,13	J
B105E 02	Bauarbeiter (mit LK) ab 60 Jahre mit Anspruch auf Alterspens./ab 63 Jahre	LK WF SW	A09 A10	16,07	14,82	17,53	17,03	
B105E 02	Bauarbeiter (mit LK) ab w. 60/m. 65 Jahre bis w. 63/m. 68 Jahre mit Anspruch auf Alterspens.	LK WF SW	A09 A10 A15	10,95	9,70	11,25	10,75	
B106	Gutsangestellte	LK IE		17,87	17,12	20,53	20,53	J
B106	Gutsangestellte Bonus ab 50 Jahre (Eintritt bis 31. 08. 2009)	LK IE	A11	17,87	17,12	17,53	17,53	J
B106	Gutsangestellte w. ab Mindestalter für Pension	LK	A10	14,87	14,12	17,43	17,43	
B106	Gutsangestellte ab 60 Jahre ohne Anspruch auf Alterspens.	LK IE	A09	17,87	17,12	19,43	19,43	J
B106	Gutsangestellte Bonus ab 60 Jahre ohne Anspruch auf Alterspens.	LK IE	A09 A11	17,87	17,12	16,43	16,43	J
B106	Gutsangestellte ab 60 Jahre mit Anspruch auf Alterspens./ab 63 Jahre	LK	A09 A10	14,87	14,12	16,33	16,33	
B106	Gutsangestellte ab w. 60/m. 65 Jahre bis w. 63/m. 68 Jahre mit Anspruch auf Alterspens.	LK	A09 A10 A15	9,75	9,00	10,05	10,05	
B107	Gutsangestellte (mit AK)	AK IE		17,62	17,12	20,53	20,53	J
B107	Gutsangestellte (mit AK) Bonus ab 50 Jahre (Eintritt bis 31. 08. 2009)	AK IE	A11	17,62	17,12	17,53	17,53	J
B107	Gutsangestellte (mit AK) w. ab Mindestalter für Pension	AK	A10	14,62	14,12	17,43	17,43	
B107	Gutsangestellte (mit AK) ab 60 Jahre ohne Anspruch auf Alterspens.	AK IE	A09	17,62	17,12	19,43	19,43	J
B107	Gutsangestellte (mit AK) Bonus ab 60 Jahre ohne Anspruch auf Alterspens.	AK IE	A09 A11	17,62	17,12	16,43	16,43	J

SV-TABELLEN

Tarif	Bezeichnung	Nebenbeiträge	Abschläge	%-Satz DN lfd	%-Satz DN SZ	%-Satz DG lfd	%-Satz DG SZ	AV-DN*)
B107	Gutsangestellte (mit AK) ab 60 Jahre mit Anspruch auf Alterspens./ab 63 Jahre	AK	A09 A10	14,62	14,12	16,33	16,33	
B107	Gutsangestellte (mit AK) ab w. 60/m. 65 Jahre bis w. 63/m. 68 Jahre mit Anspruch auf Alterspens.	AK	A09 A10 A15	9,50	9,00	10,05	10,05	
B108	Gutsangestellte (ohne AK/LK)	IE		17,12	17,12	20,53	20,53	J
B108	Gutsangestellte (ohne AK/LK) Bonus ab 50 Jahre (Eintritt bis 31. 08. 2009)	IE	A11	17,12	17,12	17,53	17,53	J
B108	Gutsangestellte (ohne AK/LK) w. ab Mindestalter für Pension		A10	14,12	14,12	17,43	17,43	
B108	Gutsangestellte (ohne AK/LK) ab 60 Jahre ohne Anspruch auf Alterspens.	IE	A09	17,12	17,12	19,43	19,43	J
B108	Gutsangestellte (ohne AK/LK) Bonus ab 60 Jahre ohne Anspruch auf Alterspens.	IE	A09 A11	17,12	17,12	16,43	16,43	J
B108	Gutsangestellte (ohne AK/LK) ab 60 Jahre mit Anspruch auf Alterspens./ab 63 Jahre		A09 A10	14,12	14,12	16,33	16,33	
B108	Gutsangestellte (ohne AK/LK) ab w. 60/m. 65 Jahre bis w. 63/m. 68 Jahre mit Anspruch auf Alterspens.		A09 A10 A15	9,00	9,00	10,05	10,05	
B109	Angestellte – L+F (mit LK)	LK IE WF		18,37	17,12	21,03	20,53	J
B109	Angestellte – L+F (mit LK) Bonus ab 50 Jahre (Eintritt bis 31. 08. 2009)	LK IE WF	A11	18,37	17,12	18,03	17,53	J
B109	Angestellte – L+F (mit LK) w. ab Mindestalter für Pension	LK WF	A10	15,37	14,12	17,93	17,43	
B109	Angestellte – L+F (mit LK) ab 60 Jahre ohne Anspruch auf Alterspens.	LK IE WF	A09	18,37	17,12	19,93	19,43	J
B109	Angestellte – L+F (mit LK) Bonus ab 60 Jahre ohne Anspruch auf Alterspens.	LK IE WF	A09 A11	18,37	17,12	16,93	16,43	J
B109	Angestellte – L+F (mit LK) ab 60 Jahre mit Anspruch auf Alterspens./ab 63 Jahre	LK WF	A09 A10	15,37	14,12	16,83	16,33	
B109	Angestellte – L+F (mit LK) ab w. 60/m. 65 Jahre bis w. 63/m. 68 Jahre mit Anspruch auf Alterspens.	LK WF	A09 A10 A15	10,25	9,00	10,55	10,05	
B110	Geringfügig beschäftigte Land- und Forstarbeiter			0,00	0,00	1,10	1,10	
B110	Geringfügig beschäftigte Land- und Forstarbeiter ab 60 Jahre ohne Anspruch auf Alterspens.		A09	0,00	0,00	0,00	0,00	
B135	Geringfügig beschäftigte Gutsangestellte (LK)			0,00	0,00	1,10	1,10	
B135	Geringfügig beschäftigte Gutsangestellte (LK) ab 60 Jahre ohne Anspruch auf Alterspens.		A09	0,00	0,00	0,00	0,00	
B138	Arbeiterlehrlinge – L+F			13,12	13,12	15,43	15,43	J
B139	Arbeiterlehrlinge – L+F (mit LK)	LK		13,87	13,12	15,43	15,43	J
B148	Angestelltenlehrlinge – L+F			13,12	13,12	15,43	15,43	J
B149	Angestelltenlehrlinge – L+F (mit LK)	LK		13,87	13,12	15,43	15,43	J
	Land- und Forstwirtschaft Freie Dienstnehmer							
B151	Freie Dienstnehmer – Arbeiter – L+F	LK IE		17,87	17,12	20,53	20,53	J
B151	Freie Dienstnehmer – Arbeiter – L+F Bonus ab 50 Jahre (Eintritt bis 31. 08. 2009)	LK IE	A11	17,87	17,12	17,53	17,53	J
B151	Freie Dienstnehmer – Arbeiter – L+F w. ab Mindestalter für Pension	LK	A10	14,87	14,12	17,43	17,43	

SV-TABELLEN

Tarif	Bezeichnung	Nebenbeiträge	Abschläge	%-Satz DN lfd	%-Satz DN SZ	%-Satz DG lfd	%-Satz DG SZ	AV-DN*)
B151	Freie Dienstnehmer – Arbeiter – L+F ab 60 Jahre ohne Anspruch auf Alterspens.	LK IE	A09	17,87	17,12	19,43	19,43	J
B151	Freie Dienstnehmer – Arbeiter – L+F Bonus ab 60 Jahre ohne Anspruch auf Alterspens.	LK IE	A09 A11	17,87	17,12	16,43	16,43	J
B151	Freie Dienstnehmer – Arbeiter – L+F ab 60 Jahre mit Anspruch auf Alterspens./ab 63 Jahre	LK	A09 A10	14,87	14,12	16,33	16,33	
B151	Freie Dienstnehmer – Arbeiter – L+F ab w. 60/m. 65 Jahre bis w. 63/m. 68 Jahre mit Anspruch auf Alterspens.	LK	A09 A10 A15	9,75	9,00	10,05	10,05	
B151E 06	Freie Dienstnehmer – Arbeiter – L+F mit SZ	LK IE		17,87	17,12	20,53	20,53	J
B151E 06	Freie Dienstnehmer – Arbeiter – L+F mit SZ Bonus ab 50 Jahre (Eintritt bis 31. 08. 2009)	LK IE	A11	17,87	17,12	17,53	17,53	J
B151E 06	Freie Dienstnehmer – Arbeiter – L+F mit SZ w. ab Mindestalter für Pension	LK	A10	14,87	14,12	17,43	17,43	
B151E 06	Freie Dienstnehmer – Arbeiter – L+F mit SZ ab 60 Jahre ohne Anspruch auf Alterspens.	LK IE	A09	17,87	17,12	19,43	19,43	J
B151E 06	Freie Dienstnehmer – Arbeiter – L+F mit SZ Bonus ab 60 Jahre ohne Anspruch auf Alterspens.	LK IE	A09 A11	17,87	17,12	16,43	16,43	J
B151E 06	Freie Dienstnehmer – Arbeiter – L+F mit SZ ab 60 Jahre mit Anspruch auf Alterspens./ab 63 Jahre	LK	A09 A10	14,87	14,12	16,33	16,33	
B151E 06	Freie Dienstnehmer – Arbeiter – L+F mit SZ ab w. 60/m. 65 Jahre bis w. 63/m. 68 Jahre mit Anspruch auf Alterspens.	LK	A09 A10 A15	9,75	9,00	10,05	10,05	
B152	Freie Dienstnehmer – Angestellte – L+F	LK IE		17,87	17,12	20,53	20,53	J
B152	Freie Dienstnehmer – Angestellte – L+F Bonus ab 50 Jahre (Eintritt bis 31. 08. 2009)	LK IE	A11	17,87	17,12	17,53	17,53	J
B152	Freie Dienstnehmer – Angestellte – L+F w. ab Mindestalter für Pension	LK	A10	14,87	14,12	17,43	17,43	
B152	Freie Dienstnehmer – Angestellte – L+F ab 60 Jahre ohne Anspruch auf Alterspens.	LK IE	A09	17,87	17,12	19,43	19,43	J
B152	Freie Dienstnehmer – Angestellte – L+F Bonus ab 60 Jahre ohne Anspruch auf Alterspens.	LK IE	A09 A11	17,87	17,12	16,43	16,43	J
B152	Freie Dienstnehmer – Angestellte – L+F ab 60 Jahre mit Anspruch auf Alterspens./ab 63 Jahre	LK	A09 A10	14,87	14,12	16,33	16,33	
B152	Freie Dienstnehmer – Angestellte – L+F ab w. 60/m. 65 Jahre bis w. 63/m. 68 Jahre mit Anspruch auf Alterspens.	LK	A09 A10 A15	9,75	9,00	10,05	10,05	
B152E 06	Freie Dienstnehmer – Angestellte – L+F mit SZ	LK IE		17,87	17,12	20,53	20,53	J
B152E 06	Freie Dienstnehmer – Angestellte – L+F mit SZ Bonus ab 50 Jahre (Eintritt bis 31. 08. 2009)	LK IE	A11	17,87	17,12	17,53	17,53	J
B152E 06	Freie Dienstnehmer – Angestellte – L+F mit SZ w. ab Mindestalter für Pension	LK	A10	14,87	14,12	17,43	17,43	

SV-TABELLEN

Tarif	Bezeichnung	Nebenbeiträge	Ab-schläge	%-Satz DN lfd	%-Satz DN SZ	%-Satz DG lfd	%-Satz DG SZ	AV-DN*)
B152E 06	Freie Dienstnehmer – Angestellte – L+F mit SZ ab 60 Jahre ohne Anspruch auf Alterspens.	LK IE	A09	17,87	17,12	19,43	19,43	J
B152E 06	Freie Dienstnehmer – Angestellte – L+F mit SZ Bonus ab 60 Jahre ohne Anspruch auf Alterspens.	LK IE	A09 A11	17,87	17,12	16,43	16,43	J
B152E 06	Freie Dienstnehmer – Angestellte – L+F mit SZ ab 60 Jahre mit Anspruch auf Alterspens./ab 63 Jahre	LK	A09 A10	14,87	14,12	16,33	16,33	
B152E 06	Freie Dienstnehmer – Angestellte – L+F mit SZ ab w. 60/m. 65 Jahre bis w. 63/m. 68 Jahre mit Anspruch auf Alterspens.	LK	A09 A10 A15	9,75	9,00	10,05	10,05	
B153	Jägerlehrlinge			13,12	13,12	15,43	15,43	J
B155	Jägerlehrlinge (mit LK)	LK		13,87	13,12	15,43	15,43	J
B160	Geringfügig beschäftigte freie Dienstnehmer – Arbeiter – L+F			0,00	0,00	1,10	1,10	
B160	Geringfügig beschäftigte freie Dienstnehmer – Arbeiter – L+F ab 60 Jahre ohne Anspruch auf Alterspens.		A09	0,00	0,00	0,00	0,00	
B160E 06	Geringfügig beschäftigte freie Dienstnehmer – Arbeiter – L+F mit SZ			0,00	0,00	1,10	1,10	
B160E 06	Geringfügig beschäftigte freie Dienstnehmer – Arbeiter – L+F mit SZ ab 60 Jahre ohne Anspruch auf Alterspens.		A09	0,00	0,00	0,00	0,00	
B161	Geringfügig beschäftigte freie Dienstnehmer – Angestellte – L+F			0,00	0,00	1,10	1,10	
B161	Geringfügig beschäftigte freie Dienstnehmer – Angestellte – L+F ab 60 Jahre ohne Anspruch auf Alterspens.		A09	0,00	0,00	0,00	0,00	
B161E 06	Geringfügig beschäftigte freie Dienstnehmer – Angestellte – L+F mit SZ			0,00	0,00	1,10	1,10	
B161E 06	Geringfügig beschäftigte freie Dienstnehmer – Angestellte – L+F mit SZ ab 60 Jahre ohne Anspruch auf Alterspens.		A09	0,00	0,00	0,00	0,00	
	Bund, Land, Gemeinde							
B201	Arbeiter – Bund, Land, Gemeinde (mit AK)	AK WF		18,12	17,12	20,93	20,43	J
B201	Arbeiter – Bund, Land, Gemeinde (mit AK) Bonus ab 50 Jahre (Eintritt bis 31. 08. 2009)	AK WF	A11	18,12	17,12	17,93	17,43	J
B201	Arbeiter – Bund, Land, Gemeinde (mit AK) w. ab Mindestalter für Pension	AK WF	A12	15,12	14,12	17,93	17,43	
B201	Arbeiter – Bund, Land, Gemeinde (mit AK) ab 60 Jahre ohne Anspruch auf Alterspens.	AK WF	A09	18,12	17,12	19,83	19,33	J
B201	Arbeiter – Bund, Land, Gemeinde (mit AK) Bonus ab 60 Jahre ohne Anspruch auf Alterspens.	AK WF	A09 A11	18,12	17,12	16,83	16,33	J
B201	Arbeiter – Bund, Land, Gemeinde (mit AK) ab 60 Jahre mit Anspruch auf Alterspens./ab 63 Jahre	AK WF	A09 A12	15,12	14,12	16,83	16,33	
B201	Arbeiter – Bund, Land, Gemeinde (mit AK) ab w. 60/m. 65 Jahre bis w. 63/m. 68 Jahre mit Anspruch auf Alterspens.	AK WF	A09 A12 A15	10,00	9,00	10,55	10,05	

SV-TABELLEN

Tarif	Bezeichnung	Nebenbeiträge	Ab-schläge	%-Satz DN lfd	%-Satz DN SZ	%-Satz DG lfd	%-Satz DG SZ	AV-DN*)
B201E 01	Arbeiter – Bund, Land, Gemeinde (mit AK) (Nachtschwerarbeit)	AK WF NB		18,12	17,12	24,73	24,23	J
B201E 01	Arbeiter – Bund, Land, Gemeinde (mit AK) (Nachtschwerarbeit) Bonus ab 50 Jahre (Eintritt bis 31. 08. 2009)	AK WF NB	A11	18,12	17,12	21,73	21,23	J
B201E 01	Arbeiter – Bund, Land, Gemeinde (mit AK) (Nachtschwerarbeit) w. ab Mindestalter für Pension	AK WF NB	A12	15,12	14,12	21,73	21,23	
B201E 01	Arbeiter – Bund, Land, Gemeinde (mit AK) (Nachtschwerarbeit) ab 60 Jahre ohne Anspruch auf Alterspens.	AK WF NB	A09	18,12	17,12	23,63	23,13	J
B201E 01	Arbeiter – Bund, Land, Gemeinde (mit AK) (Nachtschwerarbeit) Bonus ab 60 Jahre ohne Anspruch auf Alterspens.	AK WF NB	A09 A11	18,12	17,12	20,63	20,13	J
B201E 01	Arbeiter – Bund, Land, Gemeinde (mit AK) (Nachtschwerarbeit) ab 60 Jahre mit Anspruch auf Alterspens./ab 63 Jahre	AK WF NB	A09 A12	15,12	14,12	20,63	20,13	
B201E 01	Arbeiter – Bund, Land, Gemeinde (mit AK) (Nachtschwerarbeit) ab w. 60/m. 65 Jahre bis w. 63/m. 68 Jahre mit Anspruch auf Alterspens.	AK WF NB	A09 A12 A15	10,00	9,00	14,35	13,85	
B201E 02	Bauarbeiter – Bund, Land, Gemeinde (mit AK)	AK WF SW		18,82	17,82	21,63	21,13	J
B201E 02	Bauarbeiter – Bund, Land, Gemeinde (mit AK) Bonus ab 50 Jahre (Eintritt bis 31. 08. 2009)	AK WF SW	A11	18,82	17,82	18,63	18,13	J
B201E 02	Bauarbeiter – Bund, Land, Gemeinde (mit AK) w. ab Mindestalter für Pension	AK WF SW	A12	15,82	14,82	18,63	18,13	
B201E 02	Bauarbeiter – Bund, Land, Gemeinde (mit AK) ab 60 Jahre ohne Anspruch auf Alterspens.	AK WF SW	A09	18,82	17,82	20,53	20,03	J
B201E 02	Bauarbeiter – Bund, Land, Gemeinde (mit AK) Bonus ab 60 Jahre ohne Anspruch auf Alterspens.	AK WF SW	A09 A11	18,82	17,82	17,53	17,03	J
B201E 02	Bauarbeiter – Bund, Land, Gemeinde (mit AK) ab 60 Jahre mit Anspruch auf Alterspens./ab 63 Jahre	AK WF SW	A09 A12	15,82	14,82	17,53	17,03	
B201E 02	Bauarbeiter – Bund, Land, Gemeinde (mit AK) ab w. 60/m. 65 Jahre bis w. 63/m. 68 Jahre mit Anspruch auf Alterspens.	AK WF SW	A09 A12 A15	10,70	9,70	11,25	10,75	
B201E 03	Arbeiter – Bund, Land, Gemeinde (mit AK) (schulpflichtig)	AK WF		15,12	14,12	17,93	17,43	
B201E 04	Arbeiter – Bund, Land, Gemeinde (mit AK)/Bezug von Vorruhestandsgeld	AK WF		15,12	14,12	16,83	16,33	
B201E 04	Arbeiter – Bund, Land, Gemeinde (mit AK)/Bezug von Vorruhestandsgeld ab w. 60/m. 65 Jahre bis w. 63/m. 68 Jahre mit Anspruch auf Alterspens.	AK WF	A15	10,00	9,00	10,55	10,05	
B202	Arbeiter – Bund, Land, Gemeinde (ohne AK)	WF		17,62	17,12	20,93	20,43	J
B202	Arbeiter – Bund, Land, Gemeinde (ohne AK) Bonus ab 50 Jahre (Eintritt bis 31. 08. 2009)	WF	A11	17,62	17,12	17,93	17,43	J
B202	Arbeiter – Bund, Land, Gemeinde (ohne AK) w. ab Mindestalter für Pension	WF	A12	14,62	14,12	17,93	17,43	

SV-TABELLEN

Tarif	Bezeichnung	Nebenbeiträge	Ab-schläge	%-Satz DN lfd	%-Satz DN SZ	%-Satz DG lfd	%-Satz DG SZ	AV-DN*)
B202	Arbeiter – Bund, Land, Gemeinde (ohne AK) ab 60 Jahre ohne Anspruch auf Alterspens.	WF	A09	17,62	17,12	19,83	19,33	J
B202	Arbeiter – Bund, Land, Gemeinde (ohne AK) Bonus ab 60 Jahre ohne Anspruch auf Alterspens.	WF	A09 A11	17,62	17,12	16,83	16,33	J
B202	Arbeiter – Bund, Land, Gemeinde (ohne AK) ab 60 Jahre mit Anspruch auf Alterspens./ab 63 Jahre	WF	A09 A12	14,62	14,12	16,83	16,33	J
B202	Arbeiter – Bund, Land, Gemeinde (ohne AK) ab w. 60/m. 65 Jahre bis w. 63/m. 68 Jahre mit Anspruch auf Alterspens.	WF	A09 A12 A15	9,50	9,00	10,55	10,05	
B202E 01	Arbeiter – Bund, Land, Gemeinde (ohne AK) (Nachtschwerarbeit)	WF NB		17,62	17,12	24,73	24,23	J
B202E 01	Arbeiter – Bund, Land, Gemeinde (ohne AK) (Nachtschwerarbeit) Bonus ab 50 Jahre (Eintritt bis 31. 08. 2009)	WF NB	A11	17,62	17,12	21,73	21,23	J
B202E 01	Arbeiter – Bund, Land, Gemeinde (ohne AK) (Nachtschwerarbeit) w. ab Mindestalter für Pension	WF NB	A12	14,62	14,12	21,73	21,23	
B202E 01	Arbeiter – Bund, Land, Gemeinde (ohne AK) (Nachtschwerarbeit) ab 60 Jahre ohne Anspruch auf Alterspens.	WF NB	A09	17,62	17,12	23,63	23,13	J
B202E 01	Arbeiter – Bund, Land, Gemeinde (ohne AK) (Nachtschwerarbeit) Bonus ab 60 Jahre ohne Anspruch auf Alterspens.	WF NB	A09 A11	17,62	17,12	20,63	20,13	J
B202E 01	Arbeiter – Bund, Land, Gemeinde (ohne AK) (Nachtschwerarbeit) ab 60 Jahre mit Anspruch auf Alterspens./ab 63 Jahre	WF NB	A09 A12	14,62	14,12	20,63	20,13	
B202E 01	Arbeiter – Bund, Land, Gemeinde (ohne AK) (Nachtschwerarbeit) ab w. 60/m. 65 Jahre bis w. 63/m. 68 Jahre mit Anspruch auf Alterspens.	WF NB	A09 A12 A15	9,50	9,00	14,35	13,85	
B202E 02	Bauarbeiter – Bund, Land, Gemeinde (ohne AK)	WF SW		18,32	17,82	21,63	21,13	J
B202E 02	Bauarbeiter – Bund, Land, Gemeinde (ohne AK) Bonus ab 50 Jahre (Eintritt bis 31. 08. 2009)	WF SW	A11	18,32	17,82	18,63	18,13	J
B202E 02	Bauarbeiter – Bund, Land, Gemeinde (ohne AK) w. ab Mindestalter für Pension	WF SW	A12	15,32	14,82	18,63	18,13	
B202E 02	Bauarbeiter – Bund, Land, Gemeinde (ohne AK) ab 60 Jahre ohne Anspruch auf Alterspens.	WF SW	A09	18,32	17,82	20,53	20,03	J
B202E 02	Bauarbeiter – Bund, Land, Gemeinde (ohne AK) Bonus ab 60 Jahre ohne Anspruch auf Alterspens.	WF SW	A09 A11	18,32	17,82	17,53	17,03	J
B202E 02	Bauarbeiter – Bund, Land, Gemeinde (ohne AK) ab 60 Jahre mit Anspruch auf Alterspens./ab 63 Jahre	WF SW	A09 A12	15,32	14,82	17,53	17,03	
B202E 02	Bauarbeiter – Bund, Land, Gemeinde (ohne AK) ab w. 60/m. 65 Jahre bis w. 63/m. 68 Jahre mit Anspruch auf Alterspens.	WF SW	A09 A12 A15	10,20	9,70	11,25	10,75	
B202E 03	Arbeiter – Bund, Land, Gemeinde (ohne AK) (schulpflichtig)	WF		14,62	14,12	17,93	17,43	
B202E 04	Arbeiter – Bund, Land, Gemeinde (ohne AK)/Bezug von Vorruhestandsgeld	WF		14,62	14,12	16,83	16,33	

SV-TABELLEN

Tarif	Bezeichnung	Nebenbeiträge	Ab-schläge	%-Satz DN lfd	%-Satz DN SZ	%-Satz DG lfd	%-Satz DG SZ	AV-DN*)
B202E 04	Arbeiter – Bund, Land, Gemeinde (ohne AK)/Bezug von Vorruhestandsgeld ab w. 60/m. 65 Jahre bis w. 63/m. 68 Jahre mit Anspruch auf Alterspens.	WF	A15	9,50	9,00	10,55	10,05	
B203	Hausbesorger – Bund, Land, Gemeinde	AK		17,62	17,12	20,43	20,43	J
B203	Hausbesorger – Bund, Land, Gemeinde Bonus ab 50 Jahre (Eintritt bis 31. 08. 2009)	AK	A11	17,62	17,12	17,43	17,43	J
B203	Hausbesorger – Bund, Land, Gemeinde w. ab Mindestalter für Pension	AK	A12	14,62	14,12	17,43	17,43	
B203	Hausbesorger – Bund, Land, Gemeinde ab 60 Jahre ohne Anspruch auf Alterspens.	AK	A09	17,62	17,12	19,33	19,33	J
B203	Hausbesorger – Bund, Land, Gemeinde Bonus ab 60 Jahre ohne Anspruch auf Alterspens.	AK	A09 A11	17,62	17,12	16,33	16,33	J
B203	Hausbesorger – Bund, Land, Gemeinde ab 60 Jahre mit Anspruch auf Alterspens./ab 63 Jahre	AK	A09 A12	14,62	14,12	16,33	16,33	
B203	Hausbesorger – Bund, Land, Gemeinde ab w. 60/m. 65 Jahre bis w. 63/m. 68 Jahre mit Anspruch auf Alterspens.	AK	A09 A12 A15	9,50	9,00	10,05	10,05	
B204	Arbeiter – Bundesforschung oder Landwirtschaftskammer (mit WF+IE)	IE WF		17,62	17,12	21,03	20,53	J
B204	Arbeiter – Bundesforschung oder Landwirtschaftskammer (mit WF+IE) Bonus ab 50 Jahre (Eintritt bis 31. 08. 2009)	IE WF	A11	17,62	17,12	18,03	17,53	J
B204	Arbeiter – Bundesforschung oder Landwirtschaftskammer (mit WF+IE) w. ab Mindestalter für Pension	WF	A10	14,62	14,12	17,93	17,43	
B204	Arbeiter – Bundesforschung oder Landwirtschaftskammer (mit WF+IE) ab 60 Jahre ohne Anspruch auf Alterspens.	IE WF	A09	17,62	17,12	19,93	19,43	J
B204	Arbeiter – Bundesforschung oder Landwirtschaftskammer (mit WF+IE) Bonus ab 60 Jahre ohne Anspruch auf Alterspens.	IE WF	A09 A11	17,62	17,12	16,93	16,43	J
B204	Arbeiter – Bundesforschung oder Landwirtschaftskammer (mit WF+IE) ab 60 Jahre mit Anspruch auf Alterspens./ab 63 Jahre	WF	A09 A10	14,62	14,12	16,83	16,33	
B204	Arbeiter – Bundesforschung oder Landwirtschaftskammer (mit WF+IE) ab w. 60/m. 65 Jahre bis w. 63/m. 68 Jahre mit Anspruch auf Alterspens.	WF	A09 A10 A15	9,50	9,00	10,55	10,05	
B205	Angestellte – Bund, Land, Gemeinde (mit AK)	AK WF		18,12	17,12	20,93	20,43	J
B205	Angestellte – Bund, Land, Gemeinde (mit AK) Bonus ab 50 Jahre (Eintritt bis 31. 08. 2009)	AK WF	A11	18,12	17,12	17,93	17,43	J
B205	Angestellte – Bund, Land, Gemeinde (mit AK) w. ab Mindestalter für Pension	AK WF	A12	15,12	14,12	17,93	17,43	
B205	Angestellte – Bund, Land, Gemeinde (mit AK) ab 60 Jahre ohne Anspruch auf Alterspens.	AK WF	A09	18,12	17,12	19,83	19,33	J

SV-TABELLEN

Tarif	Bezeichnung	Nebenbeiträge	Ab-schläge	%-Satz DN lfd	%-Satz DN SZ	%-Satz DG lfd	%-Satz DG SZ	AV-DN*)
B205	Angestellte – Bund, Land, Gemeinde (mit AK) Bonus ab 60 Jahre ohne Anspruch auf Alterspens.	AK WF	A09 A11	18,12	17,12	16,83	16,33	J
B205	Angestellte – Bund, Land, Gemeinde (mit AK) ab 60 Jahre mit Anspruch auf Alterspens./ab 63 Jahre	AK WF	A09 A12	15,12	14,12	16,83	16,33	
B205	Angestellte – Bund, Land, Gemeinde (mit AK) ab w. 60/m. 65 Jahre bis w. 63/m. 68 Jahre mit Anspruch auf Alterspens.	AK WF	A09 A12 A15	10,00	9,00	10,55	10,05	
B205E 01	Angestellte – Bund, Land, Gemeinde (mit AK) (Nachtschwerarbeit)	AK WF NB		18,12	17,12	24,73	24,23	J
B205E 01	Angestellte – Bund, Land, Gemeinde (mit AK) (Nachtschwerarbeit) Bonus ab 50 Jahre (Eintritt bis 31. 08. 2009)	AK WF NB	A11	18,12	17,12	21,73	21,23	J
B205E 01	Angestellte – Bund, Land, Gemeinde (mit AK) (Nachtschwerarbeit) w. ab Mindestalter für Pension	AK WF NB	A12	15,12	14,12	21,73	21,23	
B205E 01	Angestellte – Bund, Land, Gemeinde (mit AK) (Nachtschwerarbeit) ab 60 Jahre ohne Anspruch auf Alterspens.	AK WF NB	A09	18,12	17,12	23,63	23,13	J
B205E 01	Angestellte – Bund, Land, Gemeinde (mit AK) (Nachtschwerarbeit) Bonus ab 60 Jahre ohne Anspruch auf Alterspens.	AK WF NB	A09 A11	18,12	17,12	20,63	20,13	J
B205E 01	Angestellte – Bund, Land, Gemeinde (mit AK) (Nachtschwerarbeit) ab 60 Jahre mit Anspruch auf Alterspens./ab 63 Jahre	AK WF NB	A09 A12	15,12	14,12	20,63	20,13	
B205E 01	Angestellte – Bund, Land, Gemeinde (mit AK) (Nachtschwerarbeit) ab w. 60/m. 65 Jahre bis w. 63/m. 68 Jahre mit Anspruch auf Alterspens.	AK WF NB	A09 A12 A15	10,00	9,00	14,35	13,85	
B205E 04	Angestellte – Bund, Land, Gemeinde (mit AK)/Bezug von Vorruhestandsgeld	AK WF		15,12	14,12	16,83	16,33	
B205E 04	Angestellte – Bund, Land, Gemeinde (mit AK)/Bezug von Vorruhestandsgeld ab w. 60/m. 65 Jahre bis w. 63/m. 68 Jahre mit Anspruch auf Alterspens.	AK WF	A15	10,00	9,00	10,55	10,05	
B206	Angestellte – Bund, Land, Gemeinde (ohne AK)	WF		17,62	17,12	20,93	20,43	J
B206	Angestellte – Bund, Land, Gemeinde (ohne AK) Bonus ab 50 Jahre (Eintritt bis 31. 08. 2009)	WF	A11	17,62	17,12	17,93	17,43	J
B206	Angestellte – Bund, Land, Gemeinde (ohne AK) w. ab Mindestalter für Pension	WF	A12	14,62	14,12	17,93	17,43	
B206	Angestellte – Bund, Land, Gemeinde (ohne AK) ab 60 Jahre ohne Anspruch auf Alterspens.	WF	A09	17,62	17,12	19,83	19,33	J
B206	Angestellte – Bund, Land, Gemeinde (ohne AK) Bonus ab 60 Jahre ohne Anspruch auf Alterspens.	WF	A09 A11	17,62	17,12	16,83	16,33	J
B206	Angestellte – Bund, Land, Gemeinde (ohne AK) ab 60 Jahre mit Anspruch auf Alterspens./ab 63 Jahre	WF	A09 A12	14,62	14,12	16,83	16,33	
B206	Angestellte – Bund, Land, Gemeinde (ohne AK) ab w. 60/m. 65 Jahre bis w. 63/m. 68 Jahre mit Anspruch auf Alterspens.	WF	A09 A12 A15	9,50	9,00	10,55	10,05	

SV-TABELLEN

Tarif	Bezeichnung	Nebenbeiträge	Abschläge	%-Satz DN lfd	%-Satz DN SZ	%-Satz DG lfd	%-Satz DG SZ	AV-DN*)
B206E 01	Angestellte – Bund, Land, Gemeinde (ohne AK) (Nachtschwerarbeit)	WF NB		17,62	17,12	24,73	24,23	J
B206E 01	Angestellte – Bund, Land, Gemeinde (ohne AK) (Nachtschwerarbeit) Bonus ab 50 Jahre (Eintritt bis 31. 08. 2009)	WF NB	A11	17,62	17,12	21,73	21,23	J
B206E 01	Angestellte – Bund, Land, Gemeinde (ohne AK) (Nachtschwerarbeit) w. ab Mindestalter für Pension	WF NB	A12	14,62	14,12	21,73	21,23	
B206E 01	Angestellte – Bund, Land, Gemeinde (ohne AK) (Nachtschwerarbeit) ab 60 Jahre ohne Anspruch auf Alterspens.	WF NB	A09	17,62	17,12	23,63	23,13	J
B206E 01	Angestellte – Bund, Land, Gemeinde (ohne AK) (Nachtschwerarbeit) Bonus ab 60 Jahre ohne Anspruch auf Alterspens.	WF NB	A09 A11	17,62	17,12	20,63	20,13	J
B206E 01	Angestellte – Bund, Land, Gemeinde (ohne AK) (Nachtschwerarbeit) ab 60 Jahre mit Anspruch auf Alterspens./ab 63 Jahre	WF NB	A09 A12	14,62	14,12	20,63	20,13	
B206E 01	Angestellte – Bund, Land, Gemeinde (ohne AK) (Nachtschwerarbeit) ab w. 60/m. 65 Jahre bis w. 63/m. 68 Jahre mit Anspruch auf Alterspens.	WF NB	A09 A12 A15	9,50	9,00	14,35	13,85	
B206E 04	Angestellte – Bund, Land, Gemeinde (ohne AK)/Bezug von Vorruhestandsgeld	WF		14,62	14,12	16,83	16,33	
B206E 04	Angestellte – Bund, Land, Gemeinde (ohne AK)/Bezug von Vorruhestandsgeld ab w. 60/m. 65 Jahre bis w. 63/m. 68 Jahre mit Anspruch auf Alterspens.	WF	A15	9,50	9,00	10,55	10,05	
B207	Teilnehmer einer Eignungsausbildung nach VbG			17,12	17,12	20,43	20,43	J
B207	Teilnehmer einer Eignungsausbildung nach VbG w. ab Mindestalter für Pension		A12	14,12	14,12	17,43	17,43	
B207	Teilnehmer einer Eignungsausbildung nach VbG ab 60 Jahre ohne Anspruch auf Alterspens.		A09	17,12	17,12	19,33	19,33	J
B207	Teilnehmer einer Eignungsausbildung nach VbG ab 60 Jahre mit Anspruch auf Alterspens./ab 63 Jahre		A09 A12	14,12	14,12	16,33	16,33	
B207	Teilnehmer einer Eignungsausbildung nach VbG ab w. 60/m. 65 Jahre bis w. 63/m. 68 Jahre mit Anspruch auf Alterspens.		A09 A12 A15	9,00	9,00	10,05	10,05	
B212	Qualifizierte Praktikanten – Bund, Land, Gemeinde und Verwaltungspraktikanten Bund			17,12	17,12	20,43	20,43	J
B212	Qualifizierte Praktikanten – Bund, Land, Gemeinde und Verwaltungspraktikanten Bund w. ab Mindestalter für Pension		A12	14,12	14,12	17,43	17,43	
B212	Qualifizierte Praktikanten – Bund, Land, Gemeinde und Verwaltungspraktikanten Bund ab 60 Jahre ohne Anspruch auf Alterspens.		A09	17,12	17,12	19,33	19,33	J
B212	Qualifizierte Praktikanten – Bund, Land, Gemeinde und Verwaltungspraktikanten Bund ab 60 Jahre mit Anspruch auf Alterspens./ab 63 Jahre		A09 A12	14,12	14,12	16,33	16,33	

SV-TABELLEN

Tarif	Bezeichnung	Nebenbeiträge	Abschläge	%-Satz DN lfd	%-Satz DN SZ	%-Satz DG lfd	%-Satz DG SZ	AV-DN*)
B212	Qualifizierte Praktikanten – Bund, Land, Gemeinde und Verwaltungspraktikanten Bund ab w. 60/m. 65 Jahre bis w. 63/m. 68 Jahre mit Anspruch auf Alterspens.		A09 A12 A15	9,00	9,00	10,05	10,05	
B251	Arbeiter – Bund, Land, Gemeinde – L+F (mit LK)	LK		17,87	17,12	20,43	20,43	J
B251	Arbeiter – Bund, Land, Gemeinde – L+F (mit LK) Bonus ab 50 Jahre (Eintritt bis 31. 08. 2009)	LK	A11	17,87	17,12	17,43	17,43	J
B251	Arbeiter – Bund, Land, Gemeinde – L+F (mit LK) w. ab Mindestalter für Pension	LK	A12	14,87	14,12	17,43	17,43	
B251	Arbeiter – Bund, Land, Gemeinde – L+F (mit LK) ab 60 Jahre ohne Anspruch auf Alterspens.	LK	A09	17,87	17,12	19,33	19,33	J
B251	Arbeiter – Bund, Land, Gemeinde – L+F (mit LK) Bonus ab 60 Jahre ohne Anspruch auf Alterspens.	LK	A09 A11	17,87	17,12	16,33	16,33	J
B251	Arbeiter – Bund, Land, Gemeinde – L+F (mit LK) ab 60 Jahre mit Anspruch auf Alterspens./ab 63 Jahre	LK	A09 A12	14,87	14,12	16,33	16,33	
B251	Arbeiter – Bund, Land, Gemeinde – L+F (mit LK) ab w. 60/m. 65 Jahre bis w. 63/m. 68 Jahre mit Anspruch auf Alterspens.	LK	A09 A12 A15	9,75	9,00	10,05	10,05	
B251E 04	Arbeiter – Bund, Land, Gemeinde – L+F (mit LK)/Bezug von Vorruhestandsgeld	LK		14,87	14,12	16,33	16,33	
B251E 04	Arbeiter – Bund, Land, Gemeinde – L+F (mit LK)/Bezug von Vorruhestandsgeld ab w. 60/m. 65 Jahre bis w. 63/m. 68 Jahre mit Anspruch auf Alterspens.	LK	A15	9,75	9,00	10,05	10,05	
B252	Arbeiter – Bund, Land, Gemeinde – L+F (mit AK)	AK		17,62	17,12	20,43	20,43	J
B252	Arbeiter – Bund, Land, Gemeinde – L+F (mit AK) Bonus ab 50 Jahre (Eintritt bis 31. 08. 2009)	AK	A11	17,62	17,12	17,43	17,43	J
B252	Arbeiter – Bund, Land, Gemeinde – L+F (mit AK) w. ab Mindestalter für Pension	AK	A12	14,62	14,12	17,43	17,43	
B252	Arbeiter – Bund, Land, Gemeinde – L+F (mit AK) ab 60 Jahre ohne Anspruch auf Alterspens.	AK	A09	17,62	17,12	19,33	19,33	J
B252	Arbeiter – Bund, Land, Gemeinde – L+F (mit AK) Bonus ab 60 Jahre ohne Anspruch auf Alterspens.	AK	A09 A11	17,62	17,12	16,33	16,33	J
B252	Arbeiter – Bund, Land, Gemeinde – L+F (mit AK) ab 60 Jahre mit Anspruch auf Alterspens./ab 63 Jahre	AK	A09 A12	14,62	14,12	16,33	16,33	
B252	Arbeiter – Bund, Land, Gemeinde – L+F (mit AK) ab w. 60/m. 65 Jahre bis w. 63/m. 68 Jahre mit Anspruch auf Alterspens.	AK	A09 A12 A15	9,50	9,00	10,05	10,05	
B253	Arbeiter – Bund, Land, Gemeinde – L+F (ohne AK/LK)			17,12	17,12	20,43	20,43	J
B253	Arbeiter – Bund, Land, Gemeinde – L+F (ohne AK/LK) Bonus ab 50 Jahre (Eintritt bis 31. 08. 2009)		A11	17,12	17,12	17,43	17,43	J

SV-TABELLEN

Tarif	Bezeichnung	Nebenbeiträge	Ab-schläge	%-Satz DN lfd	%-Satz DN SZ	%-Satz DG lfd	%-Satz DG SZ	AV-DN*)
B253	Arbeiter – Bund, Land, Gemeinde – L+F (ohne AK/LK) w. ab Mindestalter für Pension		A12	14,12	14,12	17,43	17,43	
B253	Arbeiter – Bund, Land, Gemeinde – L+F (ohne AK/LK) ab 60 Jahre ohne Anspruch auf Alterspens.		A09	17,12	17,12	19,33	19,33	J
B253	Arbeiter – Bund, Land, Gemeinde – L+F (ohne AK/LK) Bonus ab 60 Jahre ohne Anspruch auf Alterspens.		A09 A11	17,12	17,12	16,33	16,33	J
B253	Arbeiter – Bund, Land, Gemeinde – L+F (ohne AK/LK) ab 60 Jahre mit Anspruch auf Alterspens./ab 63 Jahre		A09 A12	14,12	14,12	16,33	16,33	
B253	Arbeiter – Bund, Land, Gemeinde – L+F (ohne AK/LK) ab w. 60/m. 65 Jahre bis w. 63/m. 68 Jahre mit Anspruch auf Alterspens.		A09 A12 A15	9,00	9,00	10,05	10,05	
B254	Arbeiter – Bund, Land, Gemeinde – L+F (mit LK und WF)	LK WF		18,37	17,12	20,93	20,43	J
B254	Arbeiter – Bund, Land, Gemeinde – L+F (mit LK und WF) Bonus ab 50 Jahre (Eintritt bis 31. 08. 2009)	LK WF	A11	18,37	17,12	17,93	17,43	J
B254	Arbeiter – Bund, Land, Gemeinde – L+F (mit LK und WF) w. ab Mindestalter für Pension	LK WF	A12	15,37	14,12	17,93	17,43	
B254	Arbeiter – Bund, Land, Gemeinde – L+F (mit LK und WF) ab 60 Jahre ohne Anspruch auf Alterspens.	LK WF	A09	18,37	17,12	19,83	19,33	J
B254	Arbeiter – Bund, Land, Gemeinde – L+F (mit LK und WF) Bonus ab 60 Jahre ohne Anspruch auf Alterspens.	LK WF	A09 A11	18,37	17,12	16,83	16,33	J
B254	Arbeiter – Bund, Land, Gemeinde – L+F (mit LK und WF) ab 60 Jahre mit Anspruch auf Alterspens./ab 63 Jahre	LK WF	A09 A12	15,37	14,12	16,83	16,33	
B254	Arbeiter – Bund, Land, Gemeinde – L+F (mit LK und WF) ab w. 60/m. 65 Jahre bis w. 63/m. 68 Jahre mit Anspruch auf Alterspens.	LK WF	A09 A12 A15	10,25	9,00	10,55	10,05	
B254E 04	Arbeiter – Bund, Land, Gemeinde – L+F (mit LK und WF)/Bezug von Vorruhestandsgeld	LK WF		15,37	14,12	16,83	16,33	
B254E 04	Arbeiter – Bund, Land, Gemeinde – L+F (mit LK und WF)/Bezug von Vorruhestandsgeld ab w. 60/m. 65 Jahre bis w. 63/m. 68 Jahre mit Anspruch auf Alterspens.	LK WF	A15	10,25	9,00	10,55	10,05	
B255	Arbeiter – Bund, Land, Gemeinde – L+F (mit AK und WF)	AK WF		18,12	17,12	20,93	20,43	J
B255	Arbeiter – Bund, Land, Gemeinde – L+F (mit AK und WF) Bonus ab 50 Jahre (Eintritt bis 31. 08. 2009)	AK WF	A11	18,12	17,12	17,93	17,43	J
B255	Arbeiter – Bund, Land, Gemeinde – L+F (mit AK und WF) w. ab Mindestalter für Pension	AK WF	A12	15,12	14,12	17,93	17,43	
B255	Arbeiter – Bund, Land, Gemeinde – L+F (mit AK und WF) ab 60 Jahre ohne Anspruch auf Alterspens.	AK WF	A09	18,12	17,12	19,83	19,33	J

SV-TABELLEN

Tarif	Bezeichnung	Nebenbeiträge	Abschläge	%-Satz DN lfd	%-Satz DN SZ	%-Satz DG lfd	%-Satz DG SZ	AV-DN*)
B255	Arbeiter – Bund, Land, Gemeinde – L+F (mit AK und WF) Bonus ab 60 Jahre ohne Anspruch auf Alterspens.	AK WF	A09 A11	18,12	17,12	16,83	16,33	J
B255	Arbeiter – Bund, Land, Gemeinde – L+F (mit AK und WF) ab 60 Jahre mit Anspruch auf Alterspens./ab 63 Jahre	AK WF	A09 A12	15,12	14,12	16,83	16,33	
B255	Arbeiter – Bund, Land, Gemeinde – L+F (mit AK und WF) ab w. 60/m. 65 Jahre bis w. 63/m. 68 Jahre mit Anspruch auf Alterspens.	AK WF	A09 A12 A15	10,00	9,00	10,55	10,05	
B261	Angestellte – Bund, Land, Gemeinde – L+F (mit LK)	LK		17,87	17,12	20,43	20,43	J
B261	Angestellte – Bund, Land, Gemeinde – L+F (mit LK) Bonus ab 50 Jahre (Eintritt bis 31. 08. 2009)	LK	A11	17,87	17,12	17,43	17,43	J
B261	Angestellte – Bund, Land, Gemeinde – L+F (mit LK) w. ab Mindestalter für Pension	LK	A12	14,87	14,12	17,43	17,43	
B261	Angestellte – Bund, Land, Gemeinde – L+F (mit LK) ab 60 Jahre ohne Anspruch auf Alterspens.	LK	A09	17,87	17,12	19,33	19,33	J
B261	Angestellte – Bund, Land, Gemeinde – L+F (mit LK) Bonus ab 60 Jahre ohne Anspruch auf Alterspens.	LK	A09 A11	17,87	17,12	16,33	16,33	J
B261	Angestellte – Bund, Land, Gemeinde – L+F (mit LK) ab 60 Jahre mit Anspruch auf Alterspens./ab 63 Jahre	LK	A09 A12	14,87	14,12	16,33	16,33	
B261	Angestellte – Bund, Land, Gemeinde – L+F (mit LK) ab w. 60/m. 65 Jahre bis w. 63/m. 68 Jahre mit Anspruch auf Alterspens.	LK	A09 A12 A15	9,75	9,00	10,05	10,05	
B262	Angestellte – Bund, Land, Gemeinde – L+F (mit LK und WF)	LK WF		18,37	17,12	20,93	20,43	J
B262	Angestellte – Bund, Land, Gemeinde – L+F (mit LK und WF) Bonus ab 50 Jahre (Eintritt bis 31. 08. 2009)	LK WF	A11	18,37	17,12	17,93	17,43	J
B262	Angestellte – Bund, Land, Gemeinde – L+F (mit LK und WF) w. ab Mindestalter für Pension	LK WF	A12	15,37	14,12	17,93	17,43	
B262	Angestellte – Bund, Land, Gemeinde – L+F (mit LK und WF) ab 60 Jahre ohne Anspruch auf Alterspens.	LK WF	A09	18,37	17,12	19,83	19,33	J
B262	Angestellte – Bund, Land, Gemeinde – L+F (mit LK und WF) Bonus ab 60 Jahre ohne Anspruch auf Alterspens.	LK WF	A09 A11	18,37	17,12	16,83	16,33	J
B262	Angestellte – Bund, Land, Gemeinde – L+F (mit LK und WF) ab 60 Jahre mit Anspruch auf Alterspens./ab 63 Jahre	LK WF	A09 A12	15,37	14,12	16,83	16,33	
B262	Angestellte – Bund, Land, Gemeinde – L+F (mit LK und WF) ab w. 60/m. 65 Jahre bis w. 63/m. 68 Jahre mit Anspruch auf Alterspens.	LK WF	A09 A12 A15	10,25	9,00	10,55	10,05	
B262E 04	Angestellte – Bund, Land, Gemeinde – L+F (mit LK und WF)/Bezug von Vorruhestandsgeld	LK WF		15,37	14,12	16,83	16,33	

SV-TABELLEN

Tarif	Bezeichnung	Nebenbeiträge	Ab-schläge	%-Satz DN lfd	%-Satz DN SZ	%-Satz DG lfd	%-Satz DG SZ	AV-DN*)
B262E 04	Angestellte – Bund, Land, Gemeinde – L+F (mit LK und WF)/Bezug von Vorruhestandsgeld ab w. 60/m. 65 Jahre bis w. 63/m. 68 Jahre mit Anspruch auf Alterspens.	LK WF	A15	10,25	9,00	10,55	10,05	
B263	Angestellte – Bund, Land, Gemeinde – L+F (ohne AK/LK)			17,12	17,12	20,43	20,43	J
B263	Angestellte – Bund, Land, Gemeinde – L+F (ohne AK/LK) Bonus ab 50 Jahre (Eintritt bis 31. 08. 2009)		A11	17,12	17,12	17,43	17,43	J
B263	Angestellte – Bund, Land, Gemeinde – L+F (ohne AK/LK) w. ab Mindestalter für Pension		A12	14,12	14,12	17,43	17,43	
B263	Angestellte – Bund, Land, Gemeinde – L+F (ohne AK/LK) ab 60 Jahre ohne Anspruch auf Alterspens.		A09	17,12	17,12	19,33	19,33	J
B263	Angestellte – Bund, Land, Gemeinde – L+F (ohne AK/LK) Bonus ab 60 Jahre ohne Anspruch auf Alterspens.		A09 A11	17,12	17,12	16,33	16,33	J
B263	Angestellte – Bund, Land, Gemeinde – L+F (ohne AK/LK) ab 60 Jahre mit Anspruch auf Alterspens./ab 63 Jahre		A09 A12	14,12	14,12	16,33	16,33	
B263	Angestellte – Bund, Land, Gemeinde – L+F (ohne AK/LK) ab w. 60/m. 65 Jahre bis w. 63/m. 68 Jahre mit Anspruch auf Alterspens.		A09 A12 A15	9,00	9,00	10,05	10,05	
	Bund, Land, Gemeinde							
B271	Freie Dienstnehmer – Arbeiter – Bund, Land, Gemeinde			17,12	17,12	20,43	20,43	J
B271	Freie Dienstnehmer – Arbeiter – Bund, Land, Gemeinde Bonus ab 50 Jahre (Eintritt bis 31. 08. 2009)		A11	17,12	17,12	17,43	17,43	J
B271	Freie Dienstnehmer – Arbeiter – Bund, Land, Gemeinde w. ab Mindestalter für Pension		A12	14,12	14,12	17,43	17,43	
B271	Freie Dienstnehmer – Arbeiter – Bund, Land, Gemeinde ab 60 Jahre ohne Anspruch auf Alterspens.		A09	17,12	17,12	19,33	19,33	J
B271	Freie Dienstnehmer – Arbeiter – Bund, Land, Gemeinde Bonus ab 60 Jahre ohne Anspruch auf Alterspens.		A09 A11	17,12	17,12	16,33	16,33	J
B271	Freie Dienstnehmer – Arbeiter – Bund, Land, Gemeinde ab 60 Jahre mit Anspruch auf Alterspens./ab 63 Jahre		A09 A12	14,12	14,12	16,33	16,33	
B271	Freie Dienstnehmer – Arbeiter – Bund, Land, Gemeinde ab w. 60/m. 65 Jahre bis w. 63/m. 68 Jahre mit Anspruch auf Alterspens.		A09 A12 A15	9,00	9,00	10,05	10,05	
B271E 06	Freie Dienstnehmer – Arbeiter – Bund, Land, Gemeinde mit SZ			17,12	17,12	20,43	20,43	J
B271E 06	Freie Dienstnehmer – Arbeiter – Bund, Land, Gemeinde mit SZ Bonus ab 50 Jahre (Eintritt bis 31. 08. 2009)		A11	17,12	17,12	17,43	17,43	J
B271E 06	Freie Dienstnehmer – Arbeiter – Bund, Land, Gemeinde mit SZ w. ab Mindestalter für Pension		A12	14,12	14,12	17,43	17,43	

SV-TABELLEN

Tarif	Bezeichnung	Nebenbeiträge	Abschläge	%-Satz DN lfd	%-Satz DN SZ	%-Satz DG lfd	%-Satz DG SZ	AV-DN*)
B271E 06	Freie Dienstnehmer – Arbeiter – Bund, Land, Gemeinde mit SZ ab 60 Jahre ohne Anspruch auf Alterspens.		A09	17,12	17,12	19,33	19,33	J
B271E 06	Freie Dienstnehmer – Arbeiter – Bund, Land, Gemeinde mit SZ Bonus ab 60 Jahre ohne Anspruch auf Alterspens.		A09 A11	17,12	17,12	16,33	16,33	J
B271E 06	Freie Dienstnehmer – Arbeiter – Bund, Land, Gemeinde mit SZ ab 60 Jahre mit Anspruch auf Alterspens./ab 63 Jahre		A09 A12	14,12	14,12	16,33	16,33	
B271E 06	Freie Dienstnehmer – Arbeiter – Bund, Land, Gemeinde mit SZ ab w. 60/m. 65 Jahre bis w. 63/m. 68 Jahre mit Anspruch auf Alterspens.		A09 A12 A15	9,00	9,00	10,05	10,05	
B272	Freie Dienstnehmer – Arbeiter – Bund, Land, Gemeinde – L+F (mit LK)	LK		17,87	17,12	20,43	20,43	J
B272	Freie Dienstnehmer – Arbeiter – Bund, Land, Gemeinde – L+F (mit LK) Bonus ab 50 Jahre (Eintritt bis 31. 08. 2009)	LK	A11	17,87	17,12	17,43	17,43	J
B272	Freie Dienstnehmer – Arbeiter – Bund, Land, Gemeinde – L+F (mit LK) w. ab Mindestalter für Pension	LK	A12	14,87	14,12	17,43	17,43	
B272	Freie Dienstnehmer – Arbeiter – Bund, Land, Gemeinde – L+F (mit LK) ab 60 Jahre ohne Anspruch auf Alterspens.	LK	A09	17,87	17,12	19,33	19,33	J
B272	Freie Dienstnehmer – Arbeiter – Bund, Land, Gemeinde – L+F (mit LK) Bonus ab 60 Jahre ohne Anspruch auf Alterspens.	LK	A09 A11	17,87	17,12	16,33	16,33	J
B272	Freie Dienstnehmer – Arbeiter – Bund, Land, Gemeinde – L+F (mit LK) ab 60 Jahre mit Anspruch auf Alterspens./ab 63 Jahre	LK	A09 A12	14,87	14,12	16,33	16,33	
B272	Freie Dienstnehmer – Arbeiter – Bund, Land, Gemeinde – L+F (mit LK) ab w. 60/m. 65 Jahre bis w. 63/m. 68 Jahre mit Anspruch auf Alterspens.	LK	A09 A12 A15	9,75	9,00	10,05	10,05	
B272E 06	Freie Dienstnehmer – Arbeiter – Bund, Land, Gemeinde – L+F (mit LK) mit SZ	LK		17,87	17,12	20,43	20,43	J
B272E 06	Freie Dienstnehmer – Arbeiter – Bund, Land, Gemeinde – L+F (mit LK) mit SZ Bonus ab 50 Jahre (Eintritt bis 31. 08. 2009)	LK	A11	17,87	17,12	17,43	17,43	J
B272E 06	Freie Dienstnehmer – Arbeiter – Bund, Land, Gemeinde – L+F (mit LK) mit SZ w. ab Mindestalter für Pension	LK	A12	14,87	14,12	17,43	17,43	
B272E 06	Freie Dienstnehmer – Arbeiter – Bund, Land, Gemeinde – L+F (mit LK) mit SZ ab 60 Jahre ohne Anspruch auf Alterspens.	LK	A09	17,87	17,12	19,33	19,33	J
B272E 06	Freie Dienstnehmer – Arbeiter – Bund, Land, Gemeinde – L+F (mit LK) mit SZ Bonus ab 60 Jahre ohne Anspruch auf Alterspens.	LK	A09 A11	17,87	17,12	16,33	16,33	J
B272E 06	Freie Dienstnehmer – Arbeiter – Bund, Land, Gemeinde – L+F (mit LK) mit SZ ab 60 Jahre mit Anspruch auf Alterspens./ab 63 Jahre	LK	A09 A12	14,87	14,12	16,33	16,33	

SV-TABELLEN

Tarif	Bezeichnung	Nebenbeiträge	Ab-schläge	%-Satz DN lfd	%-Satz DN SZ	%-Satz DG lfd	%-Satz DG SZ	AV-DN*)
B272E 06	Freie Dienstnehmer – Arbeiter – Bund, Land, Gemeinde – L+F (mit LK) mit SZ ab w. 60/m. 65 Jahre bis w. 63/m. 68 Jahre mit Anspruch auf Alterspens.	LK	A09 A12 A15	9,75	9,00	10,05	10,05	
B273	Freie Dienstnehmer – Angestellte – Bund, Land, Gemeinde			17,12	17,12	20,43	20,43	J
B273	Freie Dienstnehmer – Angestellte – Bund, Land, Gemeinde Bonus ab 50 Jahre (Eintritt bis 31. 08. 2009)		A11	17,12	17,12	17,43	17,43	J
B273	Freie Dienstnehmer – Angestellte – Bund, Land, Gemeinde w. ab Mindestalter für Pension		A12	14,12	14,12	17,43	17,43	
B273	Freie Dienstnehmer – Angestellte – Bund, Land, Gemeinde ab 60 Jahre ohne Anspruch auf Alterspens.		A09	17,12	17,12	19,33	19,33	J
B273	Freie Dienstnehmer – Angestellte – Bund, Land, Gemeinde Bonus ab 60 Jahre ohne Anspruch auf Alterspens.		A09 A11	17,12	17,12	16,33	16,33	J
B273	Freie Dienstnehmer – Angestellte – Bund, Land, Gemeinde ab 60 Jahre mit Anspruch auf Alterspens./ab 63 Jahre		A09 A12	14,12	14,12	16,33	16,33	
B273	Freie Dienstnehmer – Angestellte – Bund, Land, Gemeinde ab w. 60/m. 65 Jahre bis w. 63/m. 68 Jahre mit Anspruch auf Alterspens.		A09 A12 A15	9,00	9,00	10,05	10,05	
B273E 06	Freie Dienstnehmer – Angestellte – Bund, Land, Gemeinde mit SZ			17,12	17,12	20,43	20,43	J
B273E 06	Freie Dienstnehmer – Angestellte – Bund, Land, Gemeinde mit SZ Bonus ab 50 Jahre (Eintritt bis 31. 08. 2009)		A11	17,12	17,12	17,43	17,43	J
B273E 06	Freie Dienstnehmer – Angestellte – Bund, Land, Gemeinde mit SZ w. ab Mindestalter für Pension		A12	14,12	14,12	17,43	17,43	
B273E 06	Freie Dienstnehmer – Angestellte – Bund, Land, Gemeinde mit SZ ab 60 Jahre ohne Anspruch auf Alterspens.		A09	17,12	17,12	19,33	19,33	J
B273E 06	Freie Dienstnehmer – Angestellte – Bund, Land, Gemeinde mit SZ Bonus ab 60 Jahre ohne Anspruch auf Alterspens.		A09 A11	17,12	17,12	16,33	16,33	J
B273E 06	Freie Dienstnehmer – Angestellte – Bund, Land, Gemeinde mit SZ ab 60 Jahre mit Anspruch auf Alterspens./ab 63 Jahre		A09 A12	14,12	14,12	16,33	16,33	
B273E 06	Freie Dienstnehmer – Angestellte – Bund, Land, Gemeinde mit SZ ab w. 60/m. 65 Jahre bis w. 63/m. 68 Jahre mit Anspruch auf Alterspens.		A09 A12 A15	9,00	9,00	10,05	10,05	
B274	Freie Dienstnehmer – Angestellte – Bund, Land, Gemeinde – L+F (mit LK)	LK		17,87	17,12	20,43	20,43	J
B274	Freie Dienstnehmer – Angestellte – Bund, Land, Gemeinde – L+F (mit LK) Bonus ab 50 Jahre (Eintritt bis 31. 08. 2009)	LK	A11	17,87	17,12	17,43	17,43	J
B274	Freie Dienstnehmer – Angestellte – Bund, Land, Gemeinde – L+F (mit LK) w. ab Mindestalter für Pension	LK	A12	14,87	14,12	17,43	17,43	

SV-TABELLEN

Tarif	Bezeichnung	Nebenbeiträge	Ab-schläge	%-Satz DN lfd	%-Satz DN SZ	%-Satz DG lfd	%-Satz DG SZ	AV-DN*)
B274	Freie Dienstnehmer – Angestellte – Bund, Land, Gemeinde – L+F (mit LK) ab 60 Jahre ohne Anspruch auf Alterspens.	LK	A09	17,87	17,12	19,33	19,33	J
B274	Freie Dienstnehmer – Angestellte – Bund, Land, Gemeinde – L+F (mit LK) Bonus ab 60 Jahre ohne Anspruch auf Alterspens.	LK	A09 A11	17,87	17,12	16,33	16,33	J
B274	Freie Dienstnehmer – Angestellte – Bund, Land, Gemeinde – L+F (mit LK) ab 60 Jahre mit Anspruch auf Alterspens./ab 63 Jahre	LK	A09 A12	14,87	14,12	16,33	16,33	
B274	Freie Dienstnehmer – Angestellte – Bund, Land, Gemeinde – L+F (mit LK) ab w. 60/m. 65 Jahre bis w. 63/m. 68 Jahre mit Anspruch auf Alterspens.	LK	A09 A12 A15	9,75	9,00	10,05	10,05	
B274E 06	Freie Dienstnehmer – Angestellte – Bund, Land, Gemeinde – L+F (mit LK) mit SZ	LK		17,87	17,12	20,43	20,43	J
B274E 06	Freie Dienstnehmer – Angestellte – Bund, Land, Gemeinde – L+F (mit LK) mit SZ Bonus ab 50 Jahre (Eintritt bis 31. 08. 2009)	LK	A11	17,87	17,12	17,43	17,43	J
B274E 06	Freie Dienstnehmer – Angestellte – Bund, Land, Gemeinde – L+F (mit LK) mit SZ w. ab Mindestalter für Pension	LK	A12	14,87	14,12	17,43	17,43	
B274E 06	Freie Dienstnehmer – Angestellte – Bund, Land, Gemeinde – L+F (mit LK) mit SZ ab 60 Jahre ohne Anspruch auf Alterspens.	LK	A09	17,87	17,12	19,33	19,33	J
B274E 06	Freie Dienstnehmer – Angestellte – Bund, Land, Gemeinde – L+F (mit LK) mit SZ Bonus ab 60 Jahre ohne Anspruch auf Alterspens.	LK	A09 A11	17,87	17,12	16,33	16,33	J
B274E 06	Freie Dienstnehmer – Angestellte – Bund, Land, Gemeinde – L+F (mit LK) mit SZ ab 60 Jahre mit Anspruch auf Alterspens./ab 63 Jahre	LK	A09 A12	14,87	14,12	16,33	16,33	
B274E 06	Freie Dienstnehmer – Angestellte – Bund, Land, Gemeinde – L+F (mit LK) mit SZ ab w. 60/m. 65 Jahre bis w. 63/m. 68 Jahre mit Anspruch auf Alterspens.	LK	A09 A12 A15	9,75	9,00	10,05	10,05	
B275	Freie Dienstnehmer – Angestellte – Bund, Land, Gemeinde (mit AK)	AK		17,62	17,12	20,43	20,43	J
B275	Freie Dienstnehmer – Angestellte – Bund, Land, Gemeinde (mit AK) Bonus ab 50 Jahre (Eintritt bis 31. 08. 2009)	AK	A11	17,62	17,12	17,43	17,43	J
B275	Freie Dienstnehmer – Angestellte – Bund, Land, Gemeinde (mit AK) w. ab Mindestalter für Pension	AK	A12	14,62	14,12	17,43	17,43	
B275	Freie Dienstnehmer – Angestellte – Bund, Land, Gemeinde (mit AK) ab 60 Jahre ohne Anspruch auf Alterspens.	AK	A09	17,62	17,12	19,33	19,33	J
B275	Freie Dienstnehmer – Angestellte – Bund, Land, Gemeinde (mit AK) Bonus ab 60 Jahre ohne Anspruch auf Alterspens.	AK	A09 A11	17,62	17,12	16,33	16,33	J

SV-TABELLEN

Tarif	Bezeichnung	Nebenbeiträge	Ab-schläge	%-Satz DN lfd	%-Satz DN SZ	%-Satz DG lfd	%-Satz DG SZ	AV-DN*)
B275	Freie Dienstnehmer – Angestellte – Bund, Land, Gemeinde (mit AK) ab 60 Jahre mit Anspruch auf Alterspens./ab 63 Jahre	AK	A09 A12	14,62	14,12	16,33	16,33	
B275	Freie Dienstnehmer – Angestellte – Bund, Land, Gemeinde (mit AK) ab w. 60/m. 65 Jahre bis w. 63/m. 68 Jahre mit Anspruch auf Alterspens.	AK	A09 A12 A15	9,50	9,00	10,05	10,05	
B275E 06	Freie Dienstnehmer – Angestellte – Bund, Land, Gemeinde (mit AK) mit SZ	AK		17,62	17,12	20,43	20,43	J
B275E 06	Freie Dienstnehmer – Angestellte – Bund, Land, Gemeinde (mit AK) mit SZ Bonus ab 50 Jahre (Eintritt bis 31. 08. 2009)	AK	A11	17,62	17,12	17,43	17,43	J
B275E 06	Freie Dienstnehmer – Angestellte – Bund, Land, Gemeinde (mit AK) mit SZ w. ab Mindestalter für Pension	AK	A12	14,62	14,12	17,43	17,43	
B275E 06	Freie Dienstnehmer – Angestellte – Bund, Land, Gemeinde (mit AK) mit SZ ab 60 Jahre ohne Anspruch auf Alterspens.	AK	A09	17,62	17,12	19,33	19,33	J
B275E 06	Freie Dienstnehmer – Angestellte – Bund, Land, Gemeinde (mit AK) mit SZ Bonus ab 60 Jahre ohne Anspruch auf Alterspens.	AK	A09 A11	17,62	17,12	16,33	16,33	J
B275E 06	Freie Dienstnehmer – Angestellte – Bund, Land, Gemeinde (mit AK) mit SZ ab 60 Jahre mit Anspruch auf Alterspens./ab 63 Jahre	AK	A09 A12	14,62	14,12	16,33	16,33	
B275E 06	Freie Dienstnehmer – Angestellte – Bund, Land, Gemeinde (mit AK) mit SZ ab w. 60/m. 65 Jahre bis w. 63/m. 68 Jahre mit Anspruch auf Alterspens.	AK	A09 A12 A15	9,50	9,00	10,05	10,05	
B276	Freie Dienstnehmer – Arbeiter – Bund, Land, Gemeinde (mit AK)	AK		17,62	17,12	20,43	20,43	J
B276	Freie Dienstnehmer – Arbeiter – Bund, Land, Gemeinde (mit AK) Bonus ab 50 Jahre (Eintritt bis 31. 08. 2009)	AK	A11	17,62	17,12	17,43	17,43	J
B276	Freie Dienstnehmer – Arbeiter – Bund, Land, Gemeinde (mit AK) w. ab Mindestalter für Pension	AK	A12	14,62	14,12	17,43	17,43	
B276	Freie Dienstnehmer – Arbeiter – Bund, Land, Gemeinde (mit AK) ab 60 Jahre ohne Anspruch auf Alterspens.	AK	A09	17,62	17,12	19,33	19,33	J
B276	Freie Dienstnehmer – Arbeiter – Bund, Land, Gemeinde (mit AK) Bonus ab 60 Jahre ohne Anspruch auf Alterspens.	AK	A09 A11	17,62	17,12	16,33	16,33	J
B276	Freie Dienstnehmer – Arbeiter – Bund, Land, Gemeinde (mit AK) ab 60 Jahre mit Anspruch auf Alterspens./ab 63 Jahre	AK	A09 A12	14,62	14,12	16,33	16,33	
B276	Freie Dienstnehmer – Arbeiter – Bund, Land, Gemeinde (mit AK) ab w. 60/m. 65 Jahre bis w. 63/m. 68 Jahre mit Anspruch auf Alterspens.	AK	A09 A12 A15	9,50	9,00	10,05	10,05	
B276E 06	Freie Dienstnehmer – Arbeiter – Bund, Land, Gemeinde (mit AK) mit SZ	AK		17,62	17,12	20,43	20,43	J

SV-TABELLEN

Tarif	Bezeichnung	Nebenbeiträge	Ab-schläge	%-Satz DN lfd	SZ	%-Satz DG lfd	SZ	AV-DN*)
B276E 06	Freie Dienstnehmer – Arbeiter – Bund, Land, Gemeinde (mit AK) mit SZ Bonus ab 50 Jahre (Eintritt bis 31. 08. 2009)	AK	A11	17,62	17,12	17,43	17,43	J
B276E 06	Freie Dienstnehmer – Arbeiter – Bund, Land, Gemeinde (mit AK) mit SZ w. ab Mindestalter für Pension	AK	A12	14,62	14,12	17,43	17,43	
B276E 06	Freie Dienstnehmer – Arbeiter – Bund, Land, Gemeinde (mit AK) mit SZ ab 60 Jahre ohne Anspruch auf Alterspens.	AK	A09	17,62	17,12	19,33	19,33	J
B276E 06	Freie Dienstnehmer – Arbeiter – Bund, Land, Gemeinde (mit AK) mit SZ Bonus ab 60 Jahre ohne Anspruch auf Alterspens.	AK	A09 A11	17,62	17,12	16,33	16,33	J
B276E 06	Freie Dienstnehmer – Arbeiter – Bund, Land, Gemeinde (mit AK) mit SZ ab 60 Jahre mit Anspruch auf Alterspens./ab 63 Jahre	AK	A09 A12	14,62	14,12	16,33	16,33	
B276E 06	Freie Dienstnehmer – Arbeiter – Bund, Land, Gemeinde (mit AK) mit SZ ab w. 60/m. 65 Jahre bis w. 63/m. 68 Jahre mit Anspruch auf Alterspens.	AK	A09 A12 A15	9,50	9,00	10,05	10,05	
B277	Angestellte Bund, Land, Gemeinde (nur PV+WF)	WF		10,75	10,25	13,05	12,55	
B277	Angestellte Bund, Land, Gemeinde (nur PV+WF) ab w. 60/m. 65 Jahre bis w. 63/m. 68 Jahre mit Anspruch auf Alterspens.	WF	A15	5,63	5,13	6,77	6,27	

Anhang

42.2a Fahrtenbuch

1405b

Datum	Kilometerstand	Ausgangs- und Zielpunkt	Zweck der Reise	Berufliche Kilometer	Private Kilometer	Sonstige Vermerke

Summe/Übertrag		Gesamt-Kilometer	Beruflich	Privat	Sonstiges

FAHRTENBUCH

Name: _____
Fahrzeug: _____
Zeitraum: _____

(MUSTER)

Stichwortverzeichnis

A

Abfertigung Rz 1
- Abfertigung neu Rz 43
- Altersteilzeit Rz 36
- Änderungskündigung Rz 38
- anrechenbare Zeiten Rz 7
- Auszahlung Rz 19
- - Auszahlung bei Pension Rz 21
- Berechnung Rz 13
- besondere Berechnungsgrundlagen Rz 18
- BUAK Rz 2448
- Entgelt Rz 15
- freiwillige Rz 47
- - Lohnsteuer Rz 49
- - Sozialversicherung Rz 48
- gesetzliche und kollektivvertragliche Rz 3
- Höhe der Abfertigung Rz 10
- Lohnsteuer Rz 23
- - Prozentsatzmethode Rz 30
- Mutterschutz Rz 4
- Pension Rz 5
- Sozialversicherung Rz 22
- Teilzeitbeschäftigung Rz 4
- Tod des Arbeitnehmers Rz 6
- Witwer-/Witwenpension Rz 46
Abfuhr der Lohnsteuer Rz 86
- Bezüge des Vorjahres Rz 87
Abgabenänderungsgesetz 2016 Rz 1317
Abgangsentschädigung Rz 93
Abgeordnete zum EU-Parlament Rz 98
Abschlagszahlung Rz 575
Abschlussprämie Rz 99
Absetzbeträge Rz 100
Abtretung von Pensionsansprüchen Rz 102
Alimente an die geschiedene Ehegattin Rz 103
All In Vertrag
- Deckungsprüfung Rz 122
- Mindestentgelt Rz 122
Alleinerzieherabsetzbetrag Rz 104
Alleinverdienerabsetzbetrag Rz 107–109
- Grenzbetrag Rz 110
- Insolvenzverfahren Rz 114

- Nachzahlung von Pensionen Rz 113
Alleinverdiener-/Alleinerzieher-/Unterhaltsabsetzbetrag Rz 120
Alter des Arbeitnehmers
- DB – DZ – KommSt Rz 133
- Insolvenzentgeltsicherungsfond Rz 131
- Sozialversicherung Rz 128
Altersteilzeit Rz 135
- Förderung AMS Rz 143
- Lohnausgleich Rz 141
- Varianten Rz 139
Amtsbescheinigungen Rz 150
Anmeldung Arbeitnehmer Rz 152
- Lohnsteuer Rz 152
- Sozialversicherung Rz 154
Anmeldung fallweise Beschäftigter Rz 156
Anonymverfügungen Rz 842
Arbeitgeber Rz 159
Arbeitgeberdarlehen Rz 505
Arbeitnehmer Rz 161
Arbeitsessen Rz 166; siehe auch Reisekosten
- Ausland Rz 170
- Inland Rz 167
Arbeitskleidung Rz 171
- Geldzuwendungen Rz 172
- Lohnnebenkosten Rz 175
- Reinigung Rz 171
- Sozialversicherung Rz 173
Arbeitslohn Rz 177
Arbeitslosengeld Rz 178
Arbeitslosenversicherung Rz 182
- freie Dienstnehmer Rz 182
- geringes Einkommen Rz 184
- unbezahlter Urlaub Rz 187
Arbeitslosigkeit Rz 178
Arbeitsschutzkleidung Rz 189
Arbeitszeitmodelle Rz 2707
Aufrollung der Lohnzahlungszeiträume Rz 194; siehe auch Sonstige Bezüge
Aufwandsentschädigung, siehe Reisekosten
Ausbildungskosten Rz 208
Außergewöhnliche Belastungen Rz 246
- Berufsausbildung eines Kindes Rz 258

Stichwortverzeichnis

- Nutzung Pkw Rz 272
- ohne Selbstbehalt Rz 272
- Selbstbehalt Rz 268
- Unterhaltsleistungen Rz 254

Ausgleichstaxe Rz 212–213
Auskunftspflicht der Behörden Rz 214
Auslagenersatz Rz 217
- Geldstrafen Rz 220
- pauschaler Auslagenersatz Rz 219
- Vertretungskosten Hausbesorger Rz 221

Auslandstätigkeit Rz 223
- begünstigte Tätigkeit Rz 227
- Einsatzort Rz 226
- erschwerende Umstände Rz 232
- Monat Rz 230
- Verlust der Steuerfreiheit Rz 239

Autorenhonorare Rz 279

B

Bauarbeiter-Urlaubs- und Abfertigungskasse Rz 2448
Bausparen Rz 281
- Erstattung Rz 283
- Prämie Rz 286

Beförderung der Arbeitnehmer Rz 804
- Massenverkehrsmittel Rz 804

Begleitungsfreistellung, siehe Pflegefreistellung
Begräbniskosten Rz 289
- anerkanntes Ausmaß Rz 289
- Grabpflege Rz 291
- Trauerkleidung Rz 291
- Überführungskosten Rz 290
- Zuschüsse des Arbeitgebers Rz 293

Begünstigte Auslandstätigkeit, siehe Auslandseinkünfte inländischer Arbeitnehmer
Behinderte Rz 297
- Begünstigte Behinderte Rz 320
- Freibetrag Rz 304; Rz 309
- Krankendiätverpflegung Rz 307
- Kündigungsschutz Rz 317
- Lohnverrechnung Rz 316
- Minderung der Erwerbsfähigkeit Rz 307
- Nachweis Rz 300

Bemessungsgrundlage Rz 325
Berechnung der Lohnsteuer Rz 337; Rz 2779
Beruflich veranlasste Reisen, siehe Reisekosten
Beschränkte Steuerpflicht Rz 359
Betriebsausflüge, siehe Betriebsveranstaltungen

Betriebsausgabenabzugsverbot Rz 54; Rz 2266–2269
Betriebshilfe Rz 417
Betriebskosten, siehe Sachbezüge – Dienstwohnung
Betriebsratsumlage Rz 421; siehe auch Gewerkschaftsbeitrag; Werbungskosten
Betriebsstätte Rz 422
Betriebsurlaub Rz 430
Betriebsveranstaltungen Rz 431
- Firmenjubiläum Rz 435
- Sachzuwendungen Rz 433

Betrugsbekämpfung Rz 440
- Bauwirtschaft Rz 449

Bezugsumwandlung, Elektro-Kfz, Fahrräder Rz 453
Bilanzgeld Rz 473
Bildungskarenz Rz 178; Rz 477
- dienstzeitabhängige Ansprüche Rz 482
- Sonderzahlungen Rz 481
- Urlaubsanspruch Rz 480
- Weiterbildungsgeld Rz 479

Bildungsteilzeit Rz 488
- BMSVG Rz 491

Blindenbeihilfe Rz 496
BMSVG Rz 384
- Beginn Beitragspflicht Rz 390
- Beitragsentrichtung Rz 404
- Beitragshöhe Rz 390
- Bemessungsgrundlage Rz 393
- – Sonderfälle Rz 396
- freie Dienstnehmer Rz 385
- steuerliche Auswirkung Rz 406
- Vorstandsmitglieder Rz 385
- Wiedereinstellungszusagen Rz 388

Bundesfinanzgericht Rz 497

C

COVID-19-Kurzarbeit Rz 1137
- Betriebliche Vorsorge Rz 1174
- Kurzarbeitsbeihilfe Rz 1158
- Kurzarbeitsunterstützung Rz 1163
- Sozialversicherung Rz 1164

COVID-19-Test Rz 327; Rz 1009

D

Darlehen, siehe Sachbezüge

Stichwortverzeichnis

Diäten, siehe Reisekosten
Dienstgeberbeitrag Rz 506
– Arbeitslöhne Rz 512
– Dienstnehmer Rz 508
– freie Dienstnehmer Rz 508
– Kapitalgesellschaften beteiligte Personen Rz 508
Dienstleistungsscheck Rz 529
Dienstreise, siehe Reisekosten
Dienstverhältnis Rz 162; Rz 538
– Sozialversicherung Rz 163
– zwischen nahen Angehörigen Rz 545 – 547
Dienstwohnung, siehe Sachbezüge
Diversionszahlung, siehe Prozesskosten
Doppelte Haushaltsführung Rz 548
– Verlegung Familienwohnsitz Rz 549
Durchlaufende Gelder Rz 555
Durchzahlerregelung, siehe Reisekosten

E

E-Card-Gebühr, siehe Service-Entgelt
Effektivtabellen Rz 339
Einkommen, Einkünfte Rz 572
Einkünfte von dritter Seite Rz 575 – 580
– Lohnnebenkosten Rz 582
– Sozialversicherung Rz 580
Einmalprämie Rz 583
– Höchstbeitragsgrundlage Rz 585
– Lohnsteuer Rz 586
Einsatzgebiet, siehe Reisekosten
Einsatzort, siehe Reisekosten
Einschleifregel Rz 588
ELDA, siehe Lohnzettel
Emissionswerte, siehe Sachbezüge
Entfernungssockel, siehe Pendlerpauschale
Entfernungszulage, siehe Reisekosten
Entgelt Rz 589
Entgelt – Sozialversicherung, siehe Laufende Bezüge
Entgeltfortzahlung, siehe Lohnfortzahlung im Krankheitsfall
Entschädigung
– Gleichbehandlungsgesetz Rz 606
– Verdienstentgang Rz 593
Entsendung, siehe Auslandstätigkeit
Entwicklungshelfer Rz 615
Epidemiegesetz, Entschädigung Rz 609

Erhöhter Verkehrsabsetzbetrag Rz 1498; siehe auch Verkehrsabsetzbetrag
Ersatzruhetag, siehe Zuschläge für Sonntags-, Feiertags-, Nachtarbeit

F

Fachbücher Rz 504
Fachzeitschriften Rz 504
Fahrtätigkeit, siehe Reisekosten
Fahrtenbuch, siehe Reisekosten
Fahrtkosten, siehe Reisekosten; Werbungskosten
Fälligkeit
– Bezüge des Vorjahres Rz 627
– DB – DZ – KommSt Rz 631
– Lohnsteuer Rz 625
– regelmäßig verschobene Auszahlung Rz 627
– regelmäßig wiederkehrende Bezüge Rz 626
– Sozialversicherungsbeiträge Rz 628
– – Lohnsummenverfahren Rz 629
– – Vorschreibeverfahren Rz 630
Fallweise Beschäftigte Rz 2561
Familienbeihilfe Rz 633
– eigene Einkünfte Rz 635
– Zuverdienstgrenze Rz 635
Familienbonus Plus Rz 644
– Absetzbetrag Rz 649
– Anspruchsberechtigte Rz 658
– beschränkt Steuerpflichtige Rz 677
– Höhe Rz 653
– Inanspruchnahme durch Unterhaltsabsetzbetragsberechtigten Rz 670
– Lohnverrechnung Rz 679
– meldepflichtige Änderungen Rz 688
– Monatslohnzettel Rz 678
– Veranlagung Rz 690
Familienheimfahrten Rz 696; siehe auch Reisekosten
– Höchstbetrag Rz 696
Familienhospizkarenz Rz 704
– BMSVG Rz 713
– Dauer Rz 707
– freie Dienstnehmer Rz 716
– nahe Angehörige Rz 704
Familienzeitbonus Rz 721 – 730; Rz 1062
Familienzeitbonusgesetz Rz 721
Fehlgeld, siehe Zählgeld

Stichwortverzeichnis

Feiertag Rz 749
- Feiertagsarbeitsentgelt Rz 749
- - Lohnsteuer Rz 750
- - Sozialversicherung Rz 752
- Feiertagsentgelt Rz 732; Rz 738
- - Lohnsteuer Rz 738
- - Sozialversicherung Rz 739
- Feiertagsüberstunde Rz 754
- - Lohnsteuer Rz 755
- - Sozialversicherung Rz 756
- Krankenstand Rz 743
- Persönlicher Feiertag Rz 740
Ferialpraktikanten Rz 758
- Arbeitnehmer Rz 762
- Arbeitsentgelt Rz 761
- ausländische Praktikanten Rz 774
- Hochschulabsolvent Rz 770
- Hotel- und Gastgewerbe Rz 773
- Sozialversicherung Rz 763
- Taschengeld Rz 763
Finanz-Organisationsreformgesetz Rz 778
Folgeprovisionen Rz 786; siehe auch Provisionen
- Lohnnebenkosten Rz 790
- Lohnsteuer Rz 788
- Sozialversicherung Rz 787
Formel 7, siehe Sonstige Bezüge
Fortbildungskosten Rz 208; Rz 792
Freibetragsbescheid Rz 347; Rz 796
- kein Freibetragsbescheid Rz 798
freie oder verbilligte Mahlzeiten Rz 806
- Rechtsanspruch Rz 807
Freie Station, siehe Sachbezüge
Freigrenze, siehe Sonstige Bezüge
Freiwillige Abfertigung, siehe Abfertigungen
Freiwillige soziale Zuwendungen Rz 834
- Katastrophenschäden Rz 836
Fremdgeschäftsführer, siehe Geschäftsführer
Funktionaler Arbeitsplatz, siehe Reisekosten

G

Geburtenbeihilfe Rz 633
Gefahrenzulagen, siehe Schmutz-, Erschwernis- und Gefahrenzulage
Gehaltsvorschuss Rz 505; siehe auch Sachbezüge
Gehaltszettel, siehe Lohnsteuerabzug
Geldbußen Rz 840; siehe auch Prozesskosten

Geldstrafen Rz 840; siehe auch Auslagenersatz
Gemeinsame Auszahlung von Pensionen Rz 845
Gemeinsamer Lohnsteuerabzug Rz 2545
Geringfügig beschäftigte Dienstnehmer Rz 852
- Anmeldung SV Rz 861
- Fälligkeit der Beiträge Rz 863
- Lohnnebenkosten Rz 869
- monatliche Beitragsgrundlagenmeldung Rz 863
- pauschale Dienstgeberabgabe Rz 862
Gesamtbetrag, Alleinverdienerabsetzbetrag Rz 937
Geschäftsführer Rz 870
- Beteiligung > 25% Rz 881
- Beteiligung am Unternehmen Rz 872
- Fremdgeschäftsführer Rz 871
- Lohnnebenkosten Rz 879
- Sozialversicherung Rz 875
Getränke, freie oder verbilligte Rz 803
Gewerkschaftsbeitrag Rz 351; siehe auch Werbungskosten
- Betriebsratsumlage Rz 354; Rz 418
- pensionsauszahlende Stelle Rz 355
- Werbungskosten Rz 354
Gewinnbeteiligung Rz 902; siehe auch Abfertigung
- Lohnnebenkosten Rz 926
- Sozialversicherung Rz 925
Gleichbehandlungsgesetz, siehe Entschädigung – Gleichbehandlungsgesetz
Gleitzeitguthaben Rz 927
- Ende Dienstverhältnis Rz 930
- Überstunden Rz 927
Grabpflege, siehe Begräbniskosten
Gratifikationen Rz 934
- Lohnnebenkosten Rz 936
- Sozialversicherung Rz 935
Grenzgänger Rz 940
- sonstige Bezüge Rz 2200
Grundlohn Rz 177
Gruppenmerkmal Rz 955
Gutscheine für Mahlzeiten Rz 808

H

Haftung Rz 962
- Lohnnebenkosten Rz 971
- Sozialversicherung Rz 970

Stichwortverzeichnis

Haustrunk Rz 824
Hochrechnung Rz 973
Höchstbeitragsgrundlage Rz 859
Homeoffice Rz 975
- Arbeitsmittel Rz 997
- Arbeitsrecht Rz 999
- Lohnkonto Rz 984
- Mobiliar Rz 994
- Pauschale Rz 976
- Pendlerpauschale Rz 986
- Werbungskosten Rz 987

I

Incentive-Reisen, siehe Sachbezüge
Indexierung
- Familienbeihilfe Rz 118; Rz 655
- Familienbonus Plus Rz 118; Rz 655
- Kinderabsetzbetrag Rz 118; Rz 655
Insolvenz-Entgelt Rz 1010
- Lohnzettel Rz 1011
- Quotenzahlungen Rz 1016
Insolvenz-Entgeltsicherungsbeitrag Rz 1019
Interessenvertretungen, siehe Gewerkschaftsbeitrag

J

Jahresnetzkarte Rz 1023
Jahressechstel, siehe Sonstige Bezüge
Jobticket (Öffi-Ticket), siehe Pendlerpauschale
Jubiläumsgelder Rz 1026
- BMSVG Rz 1035
- freiwillige Abfertigung Rz 1033
- Lohnnebenkosten Rz 1034
- Lohnsteuer Rz 1031
- Sachgeschenke Rz 1030
- Sozialversicherung Rz 1029
Jubiläumsgeschenke, siehe Jubiläumsgelder
Junge Aktien, siehe Sonderausgaben

K

Kalte Progression Rz 1036
Kammerumlage, Ärztekammer Rz 1045
Kammerumlage 2, siehe Zuschlag zum Dienstgeberbeitrag
Keine Barzahlung für Dienstnehmer bei Bauleistungen Rz 449 – 452

Kilometergeld Rz 1051; siehe auch Reisekosten
- geringeres Kilometergeld Rz 1054
- Lohnnebenkosten Rz 1057
- Parkgebühren Rz 1055
- Sozialversicherung Rz 1056
Kinderbetreuungskosten Rz 1066
Kindermehrbetrag Rz 676
Kinderzuschlag, siehe Alleinverdienerabsetzbetrag
Kirchenbeiträge Rz 1068; siehe auch Sonderausgaben
- maximale Höhe Rz 1068
Kommunalsteuer Rz 1072 – 1081
Konkurrenzklausel Rz 1085
- Karenzentschädigung – Steuerliche Behandlung Rz 1090
Kontoführung, siehe Sachbezüge
Konventionalstrafe Rz 1092
Kraftfahrzeug als Arbeitsmittel Rz 201
- maximale Kilometerleistung Rz 202
Krankenentgelt
- Feuerwehreinsatz Rz 1103
- Lohnsteuer Rz 1104
- Sozialversicherung Rz 1108
Krankengeld Rz 1102; Rz 1113
- Krankengeldzuschüsse Rz 1117
Krankenversicherung Rz 830
- Freiwillige Beiträge Rz 830
- geringfügige Beschäftigungen Rz 832
Kundenbindungsprogramme, siehe Sachbezüge
Kündigungsanfechtungsklage, siehe Vergleichssummen
Kündigungsentschädigung Rz 1120
- Abfertigungen Rz 1127
- Abgangsentschädigung Rz 1129
- Anrechnung Rz 1123
- Auszahlung Rz 1126
- BMSVG Rz 1132
- Geltendmachung Rz 1124
- Lohnnebenkosten Rz 1134
- Lohnsteuer Rz 1127
- Sozialversicherung Rz 1128
Kündigungsschutz, siehe Behinderte
Künstliche Befruchtung Rz 1135
Kurzarbeitsbeihilfe, Prüfung Rz 1193

Stichwortverzeichnis

L

Laufende Bezüge Rz 1197
- BMSVG Rz 1203
- Lohnnebenkosten Rz 1204
- Lohnsteuer Rz 1199
- Sozialversicherung Rz 1200

Laufender Arbeitslohn, siehe Laufende Bezüge

Lehrbeauftragte Rz 1205
- Dienstverhältnis Rz 1206
- Fachhochschule Rz 1210
- Lohnnebenkosten Rz 1216
- Wochenstunden Rz 1209

Lehrlinge Rz 1218
- Lohnnebenkosten Rz 1222
- Lohnsteuer Rz 1219

Lehrlingsfreifahrt, siehe Pendlerpauschale

Lohn- und Sozialdumping Rz 1322–1340

Lohnbescheinigung Rz 1223

Lohnfortzahlung im Katastrophenfall Rz 1258

Lohnfortzahlung im Krankheitsfall Rz 1226
- BMSVG Rz 1256
- Lohnnebenkosten Rz 1257
- Lohnsteuer Rz 1253
- Sozialversicherung Rz 1255

Lohnkonto Rz 1262
- Lohnkontenverordnung Rz 1268

Lohnsteuerabzug Rz 565; Rz 1274
- Abschlagszahlung Rz 567
- Gehaltszettel Rz 571
- Nettolohnvereinbarung Rz 570
- Sachbezüge Rz 568

Lohnsteuerabzug in besonderen Fällen, siehe Lohnsteuertarif

Lohnsteueranmeldung Rz 1285

Lohnsteuernachforderung, Pauschalierung Rz 1448

Lohnsteuerprüfung
- pauschale Berechnung der Lohnsteuernachforderung Rz 1304
- Prüfungsauftrag Rz 1294
- Schlussbesprechung Rz 1307

Lohnsteuertarif Rz 1314
- Bemessungsgrundlage Rz 1315

Lohnzahlungszeitraum Rz 1341
- Doppelbesteuerung Rz 1344
- Ein- oder Austritt Rz 1342

Lohnzettel Rz 1347
- Eröffnung eines Insolvenzverfahrens Rz 1358
- Abgabetermine Rz 1351
- berichtigter Lohnzettel Rz 1359
- Doppelbesteuerungsabkommen Rz 1366
- ELDA, siehe Lohnzettel
- händische Übermittlung Rz 1348
- Inhalt Rz 1362
- Krankengeldbezug Rz 1355
- Lohnzettelarten Rz 1366
- Übermittlung Rz 1348
- unterjährige Beendigung Rz 1354

M

Mankogeld, siehe Zählgeld

Massenverkehrsmittel, siehe Beförderung der Arbeitnehmer

Mehrarbeitszeit Rz 1369
- BVK Rz 1374
- Lohnnebenkosten Rz 1375
- Lohnsteuer Rz 1371
- Sozialversicherung Rz 1373
- Teilzeitbeschäftigte Rz 1370

Mehrarbeitszuschläge, siehe Überstundenzuschläge

Mitarbeiterbeteiligung Rz 1375

Mitarbeiterbeteiligungsstiftung Rz 1376

Mitarbeiterrabatte Rz 1381

Mitglieder des Betriebsrates Rz 825
- Personalvertreter Rz 825

Mitversicherung Rz 1396

Montagezulage Rz 1397

N

Nachtarbeit, siehe Überstundenzuschläge

Nächtigungsgeld, siehe Reisekosten

Nachträgliche Zahlung, siehe Nachzahlungen

Nachtschwerarbeitsbeitrag Rz 1398

Nachzahlungen Rz 1406
- Altersteilzeit Rz 1418
- bis 15. 2. des Folgejahres Rz 1410
- BVK Rz 1423
- Insolvenz Rz 1400
- laufendes Kalenderjahr Rz 1417
- Lohnnebenkosten Rz 1424
- nach dem 15. 2. des Folgejahres Rz 1413

Stichwortverzeichnis

- Sozialversicherung Rz 1420
- willkürliche Verschiebung Rz 1413–1416

Nettolohnvereinbarung Rz 1425; siehe auch Lohnsteuerabzug
- bei illegaler Beschäftigung Rz 440–448
- bei wissentlicher Unterlassung des Lohnsteuerabzuges Rz 442

Neugründungs-Förderungsgesetz Rz 1426
- Sozialversicherung Rz 1432

Notstandshilfe Rz 178

O

Ökosoziale Steuerreform
- Absenkung Einkommensteuertarif Rz 344
- thermische Sanierung Rz 2088

Opferausweise Rz 150
Optionen, siehe Sachbezüge
Ordensangehörige Rz 1436

P

Papamonat Rz 2113
Parkgebühren, siehe Reisekosten
Partnerschaftsbonus Rz 1059
Pauschalierung – Lohnsteuer Rz 1440
- Berufsgruppen Rz 1442
- körperlich Tätige Rz 1440

Pendlereuro, siehe Pendlerpauschale
Pendlerpauschale Rz 1451
- Antragstellung Rz 1483
- befristete Erhöhung Rz 1493
- Entfernungssockel Rz 1479
- Fahrten zu anderem Einsatzort Rz 1530
- Feiertage Rz 1455
- Firmenauto Rz 1504
- gemeinsame Regelungen Werkverkehr und Öffi-Ticket Rz 1525
- Gleitzeit Rz 1468
- großes Pendlerpauschale Rz 1459
- kleines Pendlerpauschale Rz 1458
- Krankenstand Rz 1455
- Kundenbesuche Rz 1501
- Lehrlingsfreifahrt Rz 1503
- mehrere Dienstverhältnisse Rz 1489
- mehrere Wohnsitze Rz 1466
- Öffi-Ticket Rz 1510–1518
- – Lohnnebenkosten Rz 1529
- – Sozialversicherung Rz 1528

- Pendlereuro Rz 1482
- Pendlerrechner Rz 1470
- Pendlerverordnung Rz 1476
- sonstige Verhinderungsfälle Rz 1456
- Urlaub Rz 1455
- Veranlagung Rz 1491
- Voraussetzungen Rz 1454
- Wechselschicht Rz 1467
- Werkverkehr Rz 1507–1508

Pendlerrechner, siehe Pendlerpauschale
Pendlerverordnung, siehe Pendlerpauschale
Pensionistenabsetzbetrag Rz 1536
- Einschleifung Rz 1537

Pensionsabfindungen Rz 1542
- Anspruchsvoraussetzungen Rz 1543
- Auszahlungszeitpunkt Rz 1547
- Barwert Rz 1545
- Lohnnebenkosten Rz 1558
- Pensionskasse Rz 1548
- Sozialversicherung Rz 1555
- Teilbeträge Rz 1549

Pensionsbezüge Rz 1560
Pensionskassenbeiträge Rz 1564
Personalrabatte, siehe Mitarbeiterrabatte
Personalvertreter, siehe Mitglieder des Betriebsrates

Pflegefreistellung Rz 1574
- Begleitfreistellung Rz 1587
- Entgeltfortzahlungsanspruch Rz 1599
- erweiterter Freistellungsanspruch Rz 1594
- Freizeitanspruch Rz 1592
- Nachweis Rz 1589
- nahe Angehörige Rz 1583
- notwendige Pflege Rz 1577
- Unterbrechung Urlaub Rz 1597

Pflegegeld Rz 1600
Pflegekarenz Rz 1601
- Anspruchsvoraussetzungen Rz 1605
- nahe Angehörige Rz 1607
- Pflegekarenzgeld Rz 1619
- Sonderzahlungen Rz 1611

Pflegetätigkeit Rz 1636
Pflegeteilzeit
- Anspruchsvoraussetzungen Rz 1620
- BMSVG Rz 1632
- Kündigung Rz 1633
- mehrere Personen Rz 1624
- nahe Angehörige Rz 1627
- Pflegekarenzgeld Rz 1635

Stichwortverzeichnis

- Sonderzahlungen Rz 1631
Pflichtbeiträge Rz 1638
- Rückzahlung Rz 1643
- Service-Entgelt Rz 1640
Pflichtveranlagung Rz 1645; Rz 2478
- Tatbestände Rz 1645
Poolschwestern Rz 1652
Postensuchtage Rz 1656; siehe auch Urlaubsersatzleistung
- Abgeltung in Bargeld Rz 1657
- Lohnnebenkosten Rz 1659
- Sozialversicherung Rz 1658
Prämien Rz 1660
- BVK Rz 1664
- Lohnnebenkosten Rz 1665
- Sozialversicherung Rz 1663
Prämien für Diensterfindungen Rz 1666
- Ermäßigung der Progression – Hälftesteuersatz Rz 1667
Prämien für Verbesserungsvorschläge Rz 1672
Prämienbegünstigte Pensionsvorsorge Rz 1675
Prämienbegünstigte Zukunftsvorsorge Rz 1683
- Prämie Rz 1683
- Sonderausgaben Rz 1687
Provisionen Rz 1688; siehe auch Abschlussprämie
- Folgeprovisionen Rz 1692
- Sozialversicherung Rz 1693
Prozesskosten Rz 1695
- Diversionszahlung Rz 1696
- Geldbußen Rz 1698
- Strafen Rz 1698

R

Regelbedarfsätze Rz 1719
Regionaler Klimabonus Rz 1721
Rehabilitationsgeld Rz 1722
- Pflichtveranlagung Rz 1724
- Sozialversicherung Rz 1723
Reinigung Berufskleidung, siehe Arbeitskleidung
Reisekosten Rz 1725
- 1. Tatbestand Rz 1770
- 2. Tatbestand Rz 1779
- § 3 Abs 1 Z 16b EStG Rz 1816
- Anschlussurlaub Rz 1863
- Arbeitskräfteüberlassung Rz 1823
- Arbeitsrecht Rz 1725

- Außendiensttätigkeit Rz 1818
- Auslandsreisesätze Rz 1810
- Baustelle Rz 1763
- Baustellen- und Montagetätigkeiten Rz 1821
- beruflich veranlasste Reisen Rz 1882
- Betriebsräte Rz 1881
- Dienstreise Rz 1731
- Durchzahlerregelung Rz 1813
- Einsatzgebiet Rz 1773
- Einsatzort Rz 1771
- Entfernungssockel Rz 1765
- Essenskürzung
- - Ausland Rz 1812
- - Inland Rz 1787
- Fahrtätigkeit Rz 1776; Rz 1820
- Familienheimfahrten Rz 1751
- funktionaler Arbeitsplatz Rz 1733
- gemischte Reise Rz 1807
- Geschäftsführer Rz 1845
- Große Dienstreise Rz 1779
- Kilometergelder Rz 1735
- - Abgeltung von Aufwendungen Rz 1738
- - Fahrtenbuch Rz 1744
- - - Excel Rz 1745
- - geringeres Kilometergeld Rz 1743
- - Höchstgrenze Rz 1741
- - limitierte Rz 1749
- - mitreisende Personen Rz 1737
- - Parkgebühren Rz 1747
- - Pauschale Rz 1748
- Kleine Dienstreise Rz 1770
- leitende Angestellte Rz 1845
- lohngestaltende Vorschriften Rz 1837
- Nächtigungsgeld Rz 1793
- - pauschales Nächtigungsgeld Rz 1799
- - tatsächliche Kosten Rz 1801
- Pauschalvergütung Dienstreise Rz 1858
- Personalvertreter Rz 1881
- Sportler Rz 1865
- Tages- Nächtigungsgelder Rz 1770
- Tagesgeld Rz 1784
- - Auslandsreisen Rz 1803
- - Ziellandprinzip Rz 1805
- Versetzung Rz 1757
- vorübergehende Dienstzuteilung Rz 1758
- vorübergehende Tätigkeit Rz 1824
Reisekostenvergütungen, siehe Reisekosten
Renten aus der Unfallversicherung Rz 1888

Stichwortverzeichnis

Repräsentationsaufwendungen Rz 1892
Rückzahlung
- von Arbeitslohn Rz 1893
- von Pflichtbeiträgen Rz 1901

S

Sabbaticalzeitguthaben, sozialversicherungsrechtliche Behandlung Rz 2710
Sachbezüge Rz 1902
- Aliquotierung Rz 2049
- arbeitsplatznahe Unterkunft Rz 2013
- Bonusmeilen Rz 2028
- - Lohnsteuer Rz 2029
- - Sozialversicherung Rz 2030
- Darlehen - Gehaltsvorschuss Rz 2035
- - Lohnsteuer Rz 2039
- - Sozialversicherung Rz 2038
- - Zinssatz Rz 2036
- Dienstwohnung Rz 1985
- - Abschläge Rz 1996
- - angemietete Wohnung Rz 2005
- - Ausstattung der Wohnung Rz 2003
- - Betriebskosten Rz 2004
- - Betriebsvermögen des Arbeitgebers Rz 1988
- - fremdüblicher Mietwert Rz 2002
- - Gas- und Stromkosten Rz 2011
- - Hausbesorger Rz 1997
- - Heizkosten Rz 2006
- - Land- und Forstwirtschaft Rz 2024
- - mietrechtliche Normwohnung Rz 1992
- - Mietzinsbeschränkung Rz 2010
- - Portiere Rz 1997
- - Quadratmeterpreise Rz 1989
- - Wohnnutzfläche Rz 1991
- - Wohnraum - mehrere Arbeitnehmer Rz 2012
- E-Ladestation Rz 1966
- Entzug des Sachbezugs Rz 1915
- Einkommensteuer Rz 896
- Firmenauto
- - Anschaffungspreis Rz 1947
- - Elektroautos Rz 1930
- - Emissionswerte Rz 1937
- - Fahrgemeinschaft Rz 1957
- - Fahrzeugwechsel Rz 1958
- - Gebrauchtfahrzeug Rz 1949
- - geringerer Sachbezugswert Rz 1938

- - halber Sachbezugswert Rz 1925
- - - Kilometergrenze Rz 1927
- - kein Sachbezugswert Rz 1930
- - Kostenbeitrag Rz 1943
- - Leasingfahrzeug Rz 1952
- - mehrere Fahrzeuge Rz 1956
- - Mini-Sachbezug Rz 1938
- - Monatsauto Rz 1949
- - Poolfahrzeuge Rz 1954
- - Sozialversicherung Rz 1974
- - Spezialfahrzeuge Rz 1962
- - Verkauf an Dienstnehmer Rz 1959
- - voller Sachbezugswert Rz 1923
- - Vorführwagen Rz 1950
- freie Station Rz 2032
- - Gast- und Schankgewerbe Rz 2034
- Incentive-Reise Rz 2045
- Kfz Abstell- oder Garagenplatz, Parkraumbewirtschaftung Rz 1979
- Lohnnebenkosten Rz 2053
- Optionen Rz 2040
- Sozialversicherung Rz 2052
Schadenersatzleistungen Rz 2056; siehe auch Entschädigung für Verdienstentgang
- sexuelle Belästigung Rz 2058
Schlechtwetterentschädigungsbeitrag Rz 2059
Schmutz-, Erschwernis- und Gefahrenzulagen Rz 2060
- Angemessenheit Rz 2064
- formelle Voraussetzungen Rz 2063
- lohngestaltende Vorschrift Rz 2062
- regelmäßiges Entgelt Rz 2068
Schüler oder Studenten, siehe Ferialpraktikanten
Schulfahrtbeihilfe Rz 633
Schulstartgeld Rz 634
Service-Entgelt Rz 560; siehe auch E-Card
- Abgabenfreiheit Rz 561
- Abgabenpflicht Rz 560
- Höhe Rz 564
Solidarabgabe, siehe Sonstige Bezüge
Sonderausgaben Rz 2080
- freiwillige Weiterversicherung Rz 2082
- junge Aktien Rz 2084
- Kirchenbeiträge Rz 1069
- Renten und dauernde Lasten Rz 2082
- Spenden Rz 2086
- Steuerberatungskosten Rz 2082 - 2085

Stichwortverzeichnis

- Topfsonderausgaben Rz 2080
Sonderzahlungen, siehe Sonstige Bezüge
Sonntagsarbeit, siehe Zuschläge für Sonntags-, Feiertags-, Nachtarbeit
Sonstige Bezüge Rz 2089
- abgabenmäßige Behandlung Rz 2128
- - Lohnsteuer Rz 2146
- - - Aufrollung Rz 2235
- - - BUAK Rz 2228
- - - Einmalprämie Rz 2233
- - - Einschleifregel Rz 2237
- - - Formel 7 Rz 2204
- - - Freigrenze Rz 2155; Rz 2216
- - - Jahressechstel Rz 2158
- - - Provisionen Rz 2206
- - - Sechsteloptimierung Rz 2204–2208
- - - Sechstelüberhang Rz 2226
- - - Solidarabgabe Rz 2157
- - - steuerfreier Teil Rz 2213
- - - Steuersätze Rz 2153
- - Sozialversicherung Rz 2128
- - - Arbeitslosenversicherung Rz 2139
- - - Dienstnehmeranteil Rz 2138
- - - Höchstbeitragsgrundlage Rz 2144
- Aliquotierung Rz 2103
- Arbeitsrecht Rz 2089
- Aufrollungsverpflichtung Rz 2238
- Austritt des Arbeitnehmers Rz 2120
- Bildungskarenz Rz 2110
- BMSVG Rz 2242
- Elternteilzeit Rz 2111
- Ende Lehrverhältnis Rz 2104
- Fälligkeit Rz 2091
- Familienhospizkarenz Rz 2112
- freiwillig gewährte Sonderzahlung Rz 2127
- Höhe der Sonderzahlungen Rz 2094
- Jahressechstel – Kontollsechstel Rz 2171
- Kürzung entgeltfreie Zeiten Rz 2116
- Lohnnebenkosten Rz 2239
- unbezahlter Urlaub Rz 2114
- Veranlagung Rz 2244
Sozialplanzahlungen Rz 2245
- BMSVG Rz 2258
- Lohnsteuer Rz 2247
- Sozialversicherung Rz 2263
- Voraussetzungen Rz 2245

Sozialversicherungs-Zuordnungsgesetz Rz 1700
- Bindungswirkung der Versicherungszuordnung für die steuerliche Qualifikation der Einkünfte Rz 1715
- Ungebühr entrichtete Beiträge bei Umqualifizierung Rz 1717
Versicherungszuordnung
- auf Antrag Rz 1714
- aufgrund der Anmeldung zur Pflichtversicherung Rz 1702
- - betroffene Personen Rz 1704
- im Rahmen einer PLB Rz 1706
Spenden, siehe Sonderausgaben
Spezialfahrzeuge, siehe Sachbezüge
Sprachkurse Rz 2281
Sterbebegleitung, siehe Familienhospizkarenz
Steuerberatungskosten, siehe Sonderausgaben
Steuererklärungspflicht Rz 2284
Steuerschuldner Rz 2289
- Schwarzlohnzahlungen Rz 2294
Stockablösen Rz 789; Rz 2306
Storno Urlaub Rz 602
Störzulage, siehe Reisekosten
Strafen, siehe Prozesskosten
SV-Rückerstattung Rz 2309
- Pendlerpauschale Rz 2313
- Pensionisten Rz 2316

T

Tagesgelder, siehe Reisekosten
Tagesmütter Rz 2320
Tantiemen Rz 2326
Teuerungs-Entlastungspaket Rz 2335
- Teil II Rz 344
Teuerungsprämie Rz 1646; Rz 2335
Tod eines Dienstnehmers Rz 2350
- Abfertigung Rz 2358
- Arbeitnehmerveranlagung Rz 2363
Trauerkleidung, siehe Begräbniskosten
Trinkgelder Rz 2366
- Lohnnebenkosten Rz 2377
- Sozialversicherung Rz 2376

U

Überbrückungshilfe Rz 179
Überführungskosten, siehe Begräbniskosten

Stichwortverzeichnis

Übernommene Dienstnehmeranteile zur Sozialversicherung Rz 2377
- Altersteilzeit Rz 2382
- Kurzarbeitsunterstützung Rz 2387
- PLB Rz 2383
- Sachbezüge Rz 2378
- Schlechtwetterentschädigung Rz 2380
- Vorstände Rz 2386
- Werbungskosten Rz 2389

Überstundenpauschale, siehe Überstundenzuschläge

Überstundenzuschläge Rz 2390
- § 68 Abs 2 EStG Rz 2393
- Herausschälen Rz 2403
- lohngestaltende Vorschrift Rz 2396
- Nachtarbeit Rz 2406
- Sonntags-, Feiertags- und Nachtzuschläge Rz 2392
- Teilzeit Rz 2400
- Überstundenpauschale Rz 2417
- überwiegende Nachtarbeit Rz 2410

Überwälzung der Lohnsteuer Rz 2427
Umschulungsmaßnahmen Rz 2429
Umzugskostenvergütungen Rz 2435
Unentgeltliche Mitarbeit von Vereinsmitgliedern Rz 2508
Unterhaltsabsetzbetrag Rz 2442
Urlaubsersatzleistung
- freiwillige Abfertigung Rz 2473
- Jahressechstel Rz 2470
- Postensuchtage Rz 2475

V

Veränderliche Werte SV Rz 2477
Verdienstentgangsentschädigungen Rz 596
Vereinsmitglieder Rz 2488
- Dienstnehmer Rz 2501
- gewählte Funktionäre Rz 2489
- Gewerbetreibende Rz 2498
- Reisekosten Rz 2491
- Sozialversicherung Rz 2500
- Werbungskosten Rz 2490

Vergleichssummen Rz 2509
- Aufteilung Rz 2525
- BMSVG Rz 2522
- Kündigungsanfechtungsklage Rz 2521
- Lohnsteuer Rz 2518
- Sozialversicherung Rz 2511

Verjährung Rz 2536
- Lohnsteuer Rz 2536

Verkehrsabsetzbetrag Rz 2540; siehe auch Pendlerpauschale
- erhöhter Verkehrsabsetzbetrag Rz 2542

Vertretungsarzt Rz 2552
Volontäre Rz 2556
Vorführwagen, siehe Sachbezüge
Vorschüsse Rz 2560
Vorschusszahlung Rz 575

W

Weiterbildungsgeld Rz 178; siehe auch Bildungskarenz
Werbungskosten Rz 2564
- Betriebsratsumlage Rz 2575
- Fahrtkosten Rz 2577
- - Kilometergeld Rz 2580
- Gewerkschaftsbeiträge Rz 2571
- Nächtigungskosten Rz 2591
- Reisekosten Rz 2576
- Schäden aufgrund höherer Gewalt Rz 2581
- Taggelder Rz 2588
- Verpflegungsmehraufwand Rz 2585
- Wohnung – Arbeitsstätte Rz 2583

Werbungskostenpauschale Rz 2597
- Artisten Rz 2598
- Bühnenangehörige Rz 2599
- Expatriates Rz 2635
- Filmschaffende Rz 2604
- Forstarbeiter Rz 2619
- Förster Rz 2619
- Hausbesorger Rz 2626
- Heimarbeiter Rz 2628
- Journalisten Rz 2609
- Musiker Rz 2617
- Politische Funktionäre Rz 2634
- Vertreter Rz 2630

Werkverkehr Rz 2657; siehe auch Pendlerpauschale
- Lohnsteuer Rz 2661
- Spezialfahrzeuge Rz 2658

Werkzeuggelder Rz 2667
Wiedereingliederungsgeld Rz 2684 – 2685
Wiedereingliederungsteilzeit Rz 2673 – 2677
Wiener Dienstgeberabgabe Rz 2688
Wohnbauförderungsbeitrag Rz 2700

Stichwortverzeichnis

Z

Ziellandprinzip, siehe Reisekosten
Zufluss von Einnahmen Rz 2712
- Insolvenzverfahren Rz 2719
- Pensionsnachzahlungen Rz 2716
Zukunftssicherung Rz 2725
- Bezugsumwandlung Rz 2740
- Ende Dienstverhältnis Rz 2736
- Er- und Ablebensversicherung Rz 2732
- jährliche Prämienleistung Rz 2744
- Lohnnebenkosten Rz 2747
- Pensionisten Rz 2737

Zuschläge für Sonntags-, Feiertags-, Nachtarbeit Rz 2753
- Ersatzruhetag Rz 2757
- Sonntagsarbeit Rz 2754
Zuschuss für die Kinderbetreuung Rz 2763
- Lohnnebenkosten Rz 2779
- Sozialversicherung Rz 2778
Zuschüsse
- des Arbeitgebers, Carsharing Rz 2759
- Sozialfonds Rz 2780
Zuverdienstgrenze, siehe Familienbeihilfe
Zuzugsbegünstigung Rz 2789